SINAIS e SISTEMAS
2ª EDIÇÃO

SINAIS e SISTEMAS
2ª EDIÇÃO

Alan V. Oppenheim | Alan S. Willsky
Massachusetts Institute of Technology

Com colaboração de S. Hamid Nawab
Boston University

Tradutores
Daniel Vieira
Rogério Bettoni

Revisores técnicos
Profa. Dra. Maria D. Miranda
Departamento de Telecomunicações e Controle
Escola Politécnica da Universidade de São Paulo

Prof. Dr. Marcio Eisencraft
Centro de Engenharia, Modelagem e Ciências Sociais Aplicadas
Universidade Federal do ABC

Pearson

© 2010 by Pearson Education do Brasil
© 1997, 1983 by Pearson Education, Inc.
Tradução autorizada a partir da edição original em inglês, Signals & systems, 2ª ed. publicada pela
Pearson Education, Inc., sob o selo Prentice Hall.

Todos os direitos reservados. Nenhuma parte desta publicação poderá ser reproduzida ou transmitida de qualquer modo ou por qualquer outro meio, eletrônico ou mecânico, incluindo fotocópia, gravação ou qualquer outro tipo de sistema de armazenamento e transmissão de informação, sem prévia autorização,
por escrito, da Pearson Education do Brasil.

Diretor editorial: Roger Trimer
Gerente editorial: Sabrina Cairo
Supervisor de produção editorial: Marcelo Françozo
Editora plena: Thelma Babaoka
Editora assistente: Sirlene Barbosa
Preparação: Renata Gonçalves
Revisão: Maria Alice Costa e Norma Gusukuma
Capa: Alexandre Mieda
Diagramação: Globaltec Artes Gráficas Ltda.

Dados Internacionais de Catalogação na Publicação (CIP)
(Câmara Brasileira do Livro, SP, Brasil)

Oppenheim, Alan V.
 Sinais e sistemas / Alan V. Oppenheim, Alan S. Willsky com S. Hamid Nawab ; tradução Daniel Vieira ; revisão técnica Marcio Eisencraft; Maria D. Miranda. -- São Paulo : Pearson Prentice Hall, 2010.

 Título original: Signals & systems.
 2. ed. americana.
 Bibliografia.
 ISBN 978-85-7605-504-4

 1. Análise de sistemas 2. Teoria de sinais (Telecomunicação) I. Willsky, Alan S. II. Nawab, S. Hamid. III. Título.

09-10002   CDD-621.38223

Índices para catálogo sistemático:
1. Sinais e sistemas : Tecnologia   621.38223

Printed in Brazil by Reproset RPPA 224012

Direitos exclusivos cedidos à
Pearson Education do Brasil Ltda.,
uma empresa do grupo Pearson Education
Avenida Santa Marina, 1193
CEP 05036-001 - São Paulo - SP - Brasil
Fone: 11 2178-8609 e 11 2178-8653
pearsonuniversidades@pearson.com

Distribuição
Grupo A Educação
www.grupoa.com.br
Fone: 0800 703 3444

Para Phyllis, Jason e Justine

Para Susana, Lydia e Kate

Sumário

1 Sinais e sistemas 1

1.0 Introdução 1

1.1 Sinais de tempo contínuo e de tempo discreto 1
- 1.1.1 Exemplos e representação matemática 1
- 1.1.2 Energia e potência de um sinal 4

1.2 Transformações da variável independente 5
- 1.2.1 Exemplos de transformações da variável independente 5
- 1.2.2 Sinais periódicos 7
- 1.2.3 Sinais com simetria par e com simetria ímpar 9

1.3 Sinais senoidais e exponenciais 10
- 1.3.1 Sinais senoidais e exponenciais complexas de tempo contínuo 10
- 1.3.2 Sinais senoidais e exponenciais complexas de tempo discreto 14
- 1.3.3 Propriedades de periodicidade das exponenciais complexas de tempo discreto 16

1.4 Funções impulso unitário e degrau unitário 20
- 1.4.1 Sequências impulso unitário e degrau unitário de tempo discreto 20
- 1.4.2 Funções impulso unitário e degrau unitário de tempo contínuo 21

1.5 Sistemas de tempo contínuo e de tempo discreto 25
- 1.5.1 Exemplos simples de sistemas 25
- 1.5.2 Interconexões de sistemas 27

1.6 Propriedades básicas de sistemas 28
- 1.6.1 Sistemas com e sem memória 29
- 1.6.2 Sistemas inversos e invertibilidade 29
- 1.6.3 Causalidade 30
- 1.6.4 Estabilidade 31
- 1.6.5 Invariância no tempo 33
- 1.6.6 Linearidade 34

1.7 Resumo 36

2 Sistemas lineares invariantes no tempo 47

2.0 Introdução 47

2.1 Sistemas LIT de tempo discreto: a soma de convolução 47
- 2.1.1 A representação de sinais de tempo discreto em termos de impulsos 47
- 2.1.2 A resposta ao impulso unitário e a representação por soma de convolução dos sistemas de tempo discreto LIT 48

2.2 Sistemas LIT de tempo contínuo: a integral de convolução 56
- 2.2.1 A representação de sinais de tempo contínuo em termos de impulsos 56
- 2.2.2 A resposta ao impulso unitário e a representação por integral de convolução dos sistemas de tempo contínuo LIT 58

2.3 Propriedades dos sistemas lineares invariantes no tempo 62
- 2.3.1 A propriedade comutativa 62
- 2.3.2 A propriedade distributiva 63
- 2.3.3 A propriedade associativa 64
- 2.3.4 Sistemas LIT com e sem memória 65
- 2.3.5 Sistemas LIT invertíveis 66
- 2.3.6 Causalidade dos sistemas LIT 67
- 2.3.7 Estabilidade para sistemas LIT 68
- 2.3.8 A resposta ao degrau unitário de um sistema LIT 69

2.4 Sistemas LIT causais descritos por equações diferenciais e de diferenças 69
- 2.4.1 Equações diferenciais lineares com coeficientes constantes 70
- 2.4.2 Equações de diferenças lineares com coeficientes constantes 73
- 2.4.3 Representações em diagrama de blocos de sistemas de primeira ordem descritos por equações diferenciais e de diferenças 74

2.5 Funções de singularidade 76
- 2.5.1 O impulso unitário como um pulso idealizado 77
- 2.5.2 Definindo o impulso unitário por meio da convolução 79
- 2.5.3 *Doublets* unitários e outras funções de singularidade 80

2.6 Resumo 82

3 Representação de sinais periódicos em série de Fourier 104

3.0 Introdução 104

3.1 Uma perspectiva histórica 104

3.2 Resposta dos sistemas LIT às exponenciais complexas 107

3.3 Representação de sinais periódicos de tempo contínuo em série de Fourier 109
- 3.3.1 Combinações lineares de exponenciais complexas harmonicamente relacionadas 109
- 3.3.2 Determinação da representação de um sinal periódico de tempo contínuo em série de Fourier 112

3.4 Convergência da série de Fourier 115

3.5 Propriedades da série de Fourier de tempo contínuo 118
- 3.5.1 Linearidade 119
- 3.5.2 Deslocamento no tempo 119
- 3.5.3 Reflexão no tempo 119
- 3.5.4 Mudança de escala no tempo 120
- 3.5.5 Multiplicação 120
- 3.5.6 Conjugação e simetria conjugada 120
- 3.5.7 Relação de Parseval para sinais periódicos de tempo contínuo 120
- 3.5.8 Resumo das propriedades da série de Fourier de tempo contínuo 121
- 3.5.9 Exemplos 122

3.6 Representação de sinais periódicos de tempo discreto em série de Fourier 124
- 3.6.1 Combinações lineares de exponenciais complexas harmonicamente relacionadas 125
- 3.6.2 Determinação da representação de um sinal periódico em série de Fourier 125

3.7 Propriedades da série de Fourier de tempo discreto 131
- 3.7.1 Multiplicação 132
- 3.7.2 Primeira diferença 132
- 3.7.3 Relação de Parseval para sinais periódicos de tempo discreto 132
- 3.7.4 Exemplos 132

3.8 Série de Fourier e sistemas LIT 134

3.9 Filtragem 137
- 3.9.1 Filtros formadores em frequência 137
- 3.9.2 Filtros seletivos em frequência 141

3.10 Exemplos de filtros de tempo contínuo descritos por equações diferenciais 142
- 3.10.1 Um filtro passa-baixas *RC* simples 143
- 3.10.2 Um filtro passa-altas *RC* simples 144

3.11 Exemplos de filtros de tempo discreto descritos por equações de diferenças 145
- 3.11.1 Filtros recursivos de tempo discreto de primeira ordem 146
- 3.11.2 Filtros não recursivos de tempo discreto 147

3.12 Resumo 149

4 A transformada de Fourier de tempo contínuo 165

4.0 Introdução

4.1 Representação de sinais aperiódicos: a transformada de Fourier de tempo contínuo 165
- 4.1.1 Dedução da representação por transformada de Fourier para um sinal aperiódico 165
- 4.1.2 Convergência das transformadas de Fourier 168
- 4.1.3 Exemplos de transformadas de Fourier de tempo contínuo 169

4.2 Transformada de Fourier para sinais periódicos 171

- **4.3** Propriedades da transformada de Fourier de tempo contínuo 174
  - 4.3.1 Linearidade 175
  - 4.3.2 Deslocamento no tempo 175
  - 4.3.3 Conjugação e simetria conjugada 176
  - 4.3.4 Diferenciação e integração 177
  - 4.3.5 Mudança de escala no tempo e na frequência 178
  - 4.3.6 Dualidade 179
  - 4.3.7 Relação de Parseval 180
- **4.4** A propriedade da convolução 181
  - 4.4.1 Exemplos 183
- **4.5** A propriedade da multiplicação 186
  - 4.5.1 Filtragem seletiva em frequência com frequência central variável 188
- **4.6** Tabelas de propriedades de Fourier e de pares básicos da transformada de Fourier 189
- **4.7** Sistemas caracterizados por equações diferenciais lineares com coeficientes constantes 192
- **4.8** Resumo 193

5 A transformada de Fourier de tempo discreto 207

- **5.0** Introdução 207
- **5.1** Representação de sinais aperiódicos: a transformada de Fourier de tempo discreto 207
  - 5.1.1 Dedução da transformada de Fourier de tempo discreto 207
  - 5.1.2 Exemplos de transformadas de Fourier de tempo discreto 209
  - 5.1.3 Considerações sobre a convergência associada da transformada de Fourier de tempo discreto 212
- **5.2** Transformada de Fourier para sinais periódicos 212
- **5.3** Propriedades da transformada de Fourier de tempo discreto 215
  - 5.3.1 Periodicidade da transformada de Fourier de tempo discreto 216
  - 5.3.2 Linearidade da transformada de Fourier 216
  - 5.3.3 Deslocamento no tempo e deslocamento na frequência 216
  - 5.3.4 Conjugação e simetria conjugada 217
  - 5.3.5 Diferenciação e acumulação 217
  - 5.3.6 Reflexão no tempo 218
  - 5.3.7 Expansão no tempo 218
  - 5.3.8 Diferenciação na frequência 220
  - 5.3.9 Relação de Parseval 220
- **5.4** A propriedade da convolução 221
  - 5.4.1 Exemplos 221
- **5.5** A propriedade da multiplicação 224
- **5.6** Tabelas de propriedades da transformada de Fourier e pares básicos da transformada de Fourier 224
- **5.7** Dualidade 227
  - 5.7.1 Dualidade na série de Fourier de tempo discreto 227
  - 5.7.2 Dualidade entre a transformada de Fourier de tempo discreto e a série de Fourier de tempo contínuo 228
- **5.8** Sistemas caracterizados por equações de diferenças lineares com coeficientes constantes 229
- **5.9** Resumo 231

6 Caracterização no tempo e na frequência dos sinais e sistemas 245

- **6.0** Introdução 245
- **6.1** A representação magnitude-fase da transformada de Fourier 245
- **6.2** A representação magnitude-fase da resposta em frequência dos sistemas LIT 248
  - 6.2.1 Fase linear e não linear 249
  - 6.2.2 Atraso de grupo 250
  - 6.2.3 Gráficos do logaritmo da magnitude e diagramas de Bode 255
- **6.3** Propriedades no domínio do tempo dos filtros seletivos em frequência ideais 256
- **6.4** Aspectos no domínio da frequência e no domínio do tempo dos filtros não ideais 258
- **6.5** Sistemas de primeira ordem e de segunda ordem de tempo contínuo 262
  - 6.5.1 Sistemas de primeira ordem de tempo contínuo 262
  - 6.5.2 Sistemas de segunda ordem de tempo contínuo 265
  - 6.5.3 Diagramas de Bode para respostas em frequência racionais 268

- 6.6 Sistemas de primeira ordem e de segunda ordem de tempo discreto   270
  - 6.6.1 Sistemas de primeira ordem de tempo discreto   271
  - 6.6.2 Sistemas de segunda ordem de tempo discreto   272
- 6.7 Exemplos de análise de sistemas no domínio do tempo e da frequência   280
  - 6.7.1 Análise de um sistema de suspensão de automóveis   280
  - 6.7.2 Exemplos de filtros não recursivos de tempo discreto   282
- 6.8 Resumo   287

7 Amostragem   305

- 7.0 Introdução   305
- 7.1 Representação de um sinal de tempo contínuo por suas amostras: o teorema da amostragem   305
  - 7.1.1 Amostragem com trem de impulsos   306
  - 7.1.2 Amostragem com um retentor de ordem zero   307
- 7.2 Reconstrução de um sinal a partir de suas amostras usando interpolação   309
- 7.3 O efeito da subamostragem: *aliasing*   311
- 7.4 Processamento em tempo discreto de sinais de tempo contínuo   316
  - 7.4.1 Diferenciador digital   321
  - 7.4.2 Atraso de meia amostra   322
- 7.5 Amostragem de sinais de tempo discreto   324
  - 7.5.1 Amostragem com trem de impulsos   324
  - 7.5.2 Dizimação e interpolação de tempo discreto   325
- 7.6 Resumo   329

8 Sistemas de comunicação   345

- 8.0 Introdução   345
- 8.1 Modulação em amplitude senoidal e exponencial complexa   346
  - 8.1.1 Modulação em amplitude com uma portadora exponencial complexa   346
  - 8.1.2 Modulação em amplitude com uma portadora senoidal   347
- 8.2 Demodulação para AM senoidal   348
  - 8.2.1 Demodulação síncrona   348
  - 8.2.2 Demodulação assíncrona   350
- 8.3 Multiplexação por divisão de frequência   353
- 8.4 Modulação em amplitude senoidal de banda lateral única   356
- 8.5 Modulação em amplitude com uma portadora trem de pulsos   358
  - 8.5.1 Modulação de uma portadora trem de pulsos   358
  - 8.5.2 Multiplexação por divisão de tempo   360
- 8.6 Modulação por amplitude de pulso   360
  - 8.6.1 Sinais modulados por amplitude de pulso   360
  - 8.6.2 Interferência intersimbólica em sistemas PAM   361
  - 8.6.3 Modulação digital por amplitude de pulso e por código de pulso   364
- 8.7 Modulação em frequência senoidal   364
  - 8.7.1 Modulação em frequência de banda estreita   366
  - 8.7.2 Modulação em frequência de banda larga   367
  - 8.7.3 Sinal modulante onda quadrada periódica   369
- 8.8 Modulação de tempo discreto   370
  - 8.8.1 Modulação em amplitude senoidal de tempo discreto   370
  - 8.8.2 Transmodulação de tempo discreto   372
- 8.9 Resumo   373

9 A transformada de Laplace   391

- 9.0 Introdução   391
- 9.1 A transformada de Laplace   391
- 9.2 A região de convergência para transformada de Laplace   395
- 9.3 A transformada inversa de Laplace   400
- 9.4 Cálculo geométrico da transformada de Fourier a partir do diagrama de polos e zeros   402
  - 9.4.1 Sistemas de primeira ordem   403
  - 9.4.2 Sistemas de segunda ordem   404
  - 9.4.3 Sistemas passa-tudo   407
- 9.5 Propriedades da transformada de Laplace   408
  - 9.5.1 Linearidade da transformada de Laplace   408

9.5.2 Deslocamento no tempo 408
9.5.3 Deslocamento no domínio s 409
9.5.4 Mudança de escala no tempo 409
9.5.5 Conjugação 410
9.5.6 Propriedade de convolução 410
9.5.7 Diferenciação no domínio do tempo 410
9.5.8 Diferenciação no domínio s 411
9.5.9 Integração no domínio do tempo 411
9.5.10 Os teoremas dos valores inicial e final 412
9.5.11 Tabela de propriedades 412

9.6 Alguns pares da transformada de Laplace 412

9.7 Análise e caracterização de sistemas LIT usando a transformada de Laplace 412
9.7.1 Causalidade 413
9.7.2 Estabilidade 415
9.7.3 Sistemas LIT caracterizados por equações diferenciais lineares com coeficientes constantes 417
9.7.4 Exemplos relacionando o comportamento do sistema à função de sistema 418
9.7.5 Filtros Butterworth 420

9.8 Álgebra da função de sistema e representações em diagrama de blocos 422
9.8.1 Funções de sistema para interconexões de sistemas LIT 422
9.8.2 Representações por diagrama de blocos para sistemas LIT causais descritos por equações diferenciais e funções de sistema racionais 422

9.9 A transformada de Laplace unilateral 426
9.9.1 Exemplos de transformadas de Laplace unilateral 426
9.9.2 Propriedades da transformada de Laplace unilateral 427
9.9.3 Resolvendo equações diferenciais usando a transformada de Laplace unilateral 429

9.10 Resumo 430

10 A transformada z 442

10.0 Introdução 442

10.1 A transformada z 442

10.2 A região de convergência para a transformada z 446

10.3 A transformada z inversa 451

10.4 Cálculo geométrico da transformada de Fourier a partir do diagrama de polos e zeros 454
10.4.1 Sistemas de primeira ordem 455
10.4.2 Sistemas de segunda ordem 455

10.5 Propriedades da transformada z 457
10.5.1 Linearidade 457
10.5.2 Deslocamento no tempo 458
10.5.3 Mudança de escala no domínio z 458
10.5.4 Reflexão no tempo 459
10.5.5 Expansão do tempo 459
10.5.6 Conjugação 459
10.5.7 A propriedade da convolução 459
10.5.8 Diferenciação no domínio z 460
10.5.9 O teorema do valor inicial 461
10.5.10 Resumo das propriedades 462

10.6 Alguns pares comuns da transformada z 462

10.7 Análise e caracterização de sistemas LIT usando transformadas z 462
10.7.1 Causalidade 463
10.7.2 Estabilidade 463
10.7.3 Sistemas LIT caracterizados por equações de diferenças lineares com coeficientes constantes 465
10.7.4 Exemplos relacionando o comportamento do sistema à função de sistema 466

10.8 Álgebra da função de sistema e representações em diagrama de blocos 467
10.8.1 Funções de sistema de interconexões de sistemas LIT 467
10.8.2 Representações em diagrama de blocos para sistemas LIT causais descritos por equações de diferenças e funções de sistema racionais 467

10.9 A transformada z unilateral 470
10.9.1 Exemplos de transformadas z unilaterais e transformadas inversas 471
10.9.2 Propriedades da transformada z unilateral 472
10.9.3 Resolvendo equações de diferenças usando a transformada z unilateral 474

10.10 Resumo 475

11 Sistemas lineares com realimentação 486

11.0 Introdução 486

11.1 Sistemas com realimentação linear 488

11.2 Algumas aplicações e consequências da realimentação 489
- 11.2.1 Projeto de sistema inverso 489
- 11.2.2 Compensação de elementos não ideais 490
- 11.2.3 Estabilização de sistemas instáveis 490
- 11.2.4 Sistemas com realimentação de dados amostrados 493
- 11.2.5 Sistemas de rastreio 494
- 11.2.6 Desestabilização causada pela realimentação 496

11.3 Análise do lugar das raízes para sistemas lineares com realimentação 497
- 11.3.1 Um exemplo introdutório 497
- 11.3.2 Equação para polos em malha fechada 498
- 11.3.3 Pontos terminais do lugar das raízes: polos em malha fechada para $K = 0$ e $|K| = +\infty$ 499
- 11.3.4 O critério de ângulo 499
- 11.3.5 Propriedades do lugar das raízes 501

11.4 O critério de estabilidade de Nyquist 504
- 11.4.1 A propriedade do mapeamento 506
- 11.4.2 O critério de Nyquist para sistemas de tempo contínuo com realimentação 507
- 11.4.3 O critério de Nyquist para sistemas de tempo discreto com realimentação 510

11.5 Margens de ganho e de fase 512

11.6 Resumo 517

Apêndice Expansão em frações parciais 541

A.1 Introdução 541

A.2 Expansão em frações parciais e sinais e sistemas de tempo contínuo 542

A.3 Expansão em frações parciais e sinais e sistemas de tempo discreto 545

Bibliografia 548

Respostas 553

Índice remissivo 560

Prefácio

Esta é a segunda edição de um livro-texto para cursos de graduação em sinais e sistemas. Embora esses cursos sejam frequentemente encontrados em currículos de engenharia elétrica, os conceitos e as técnicas que formam a base do assunto são de importância fundamental em todas as áreas da engenharia. De fato, o escopo do potencial e das aplicações reais dos métodos de análise de sinais e sistemas continua a se expandir à medida que os engenheiros são confrontados com novos desafios envolvendo a síntese ou a análise de processos complexos. Por essas razões, pensamos que um curso de sinais e sistemas não apenas é um elemento essencial em um programa de engenharia, mas também pode ser um dos cursos mais gratificantes, empolgantes e úteis que os estudantes de engenharia realizam durante sua educação universitária.

Nosso tratamento do assunto sinais e sistemas, nesta segunda edição, mantém a mesma filosofia geral da primeira edição mas com significativa reescrita, reestruturação e acréscimos. Estas mudanças foram elaboradas pensando em ajudar tanto ao professor, na apresentação do assunto, quanto ao aluno a dominá-lo. No prefácio da primeira edição afirmamos que nossa abordagem geral em sinais e sistemas foi guiada pelos desenvolvimentos contínuos em tecnologias para projeto e implementação de sinais e sistemas, que tornaram cada vez mais importante ao aluno ter igual familiaridade com técnicas adequadas para analisar e sintetizar sistemas de tempo contínuo e de tempo discreto. No momento em que escrevemos o prefácio desta segunda edição, esta observação e premissa são ainda mais verdadeira que antes, assim, embora os alunos dos cursos de sinais e sistemas certamente devam ter um alicerce sólido em disciplinas baseadas nas leis da física, eles também precisam ter um conhecimento sólido no uso dos computadores para a análise de fenômenos e a implementação de sistemas e algoritmos. Como consequência, os currículos de engenharia agora refletem uma combinação de assuntos, alguns envolvendo modelos de tempo contínuo e outros focalizando o uso de computadores e representações discretas. Por esses motivos, os cursos de sinais e sistemas que reúnem conceitos de tempo discreto e de tempo contínuo de um modo unificado desempenham um papel cada vez mais fundamental na educação dos alunos de engenharia e em sua formação para desenvolvimentos atuais e futuros em suas áreas de atuação.

É com esses objetivos em mente que estruturamos este livro, para desenvolver em paralelo os métodos de análise para sinais e sistemas de tempo contínuo e de tempo discreto. Essa técnica também oferece uma vantagem pedagógica distinta e extremamente importante. Especificamente, podemos extrair as semelhanças entre os métodos de tempo contínuo e de tempo discreto a fim de compartilhar ideias e percepções desenvolvidas em cada domínio. De modo semelhante, podemos explorar as diferenças entre eles para aguçar uma compreensão das propriedades distintas de cada um.

Organizando o material, tanto originalmente, quanto agora, na segunda edição, consideramos essencial apresentar ao aluno alguns dos usos importantes dos métodos básicos que são desenvolvidos no livro. Isso fornece ao estudante uma visão ampla e geral da gama de aplicações das técnicas estudadas, bem como orientações de estudos adicionais, além de ajudar no aprofundamento do conhecimento. Para conseguir esse objetivo, incluímos tratamentos introdutórios sobre os assuntos de filtragem, comunicações, amostragem, processamento em tempo discreto de sinais de tempo contínuo e realimentação. De fato, em uma das principais mudanças nesta edição, apresentamos o conceito de filtragem no domínio da frequência bem no início de nossa abordagem da análise de Fourier, com a finalidade de oferecer motivação e compreensão para esse tópico tão importante. Além disso, novamente, incluímos uma bibliografia atualizada ao final do livro, para auxiliar o aluno que estiver interessado em buscar estudos adicionais e mais avançados dos métodos e aplicações da análise de sinais e sistemas.

A organização do livro reflete nossa convicção de que o domínio completo de um assunto dessa natureza não pode ser obtido sem uma quantidade significativa de prática no uso e na aplicação das ferramentas que são desenvolvidas. Consequentemente, na segunda edição aumentamos de forma significativa a quantidade de exemplos práticos em cada capítulo. Também ampliamos um dos principais aspectos da primeira edição, os problemas do final de capítulo. Como na primeira edição foi incluído uma quantidade substancial de problemas, totalizando mais de 600. A maioria dos problemas incluídos aqui é nova e, portanto, eles oferecem flexibilidade adicional para o professor na preparação de trabalhos de casa. Além disso, para melhorar a utilidade dos problemas para o aluno e o professor, fizemos diversas mudanças na organização e na apresentação dos problemas. Particularmente, organizamos os problemas em cada capítulo sob vários títulos específicos, cada um cobrindo o material do capítulo inteiro, mas com um objetivo diferente. As duas primeiras seções dos problemas em cada capítulo enfatizam a mecânica do uso dos conceitos e métodos básicos apresentados. Para a primeira dessas duas seções, que tem o título Problemas básicos com respostas, também fornecemos respostas (mas não soluções) ao final do livro. Essas respostas oferecem um modo simples e imediato para o aluno verificar seu conhecimento do assunto. Os problemas na primeira seção geralmente são apropriados para a inclusão em lição de casa. Além do mais, para dar ao professor flexibilidade adicional para determinar as lições de casa, oferecemos uma segunda seção de Problemas básicos, para os quais as respostas não foram incluídas.

Uma terceira seção de problemas em cada capítulo, organizada sob o título de Problemas avançados, é orientada à exploração e à elaboração a partir das bases e implicações práticas do material no texto. Esses problemas frequentemente envolvem deduções matemáticas e o uso mais sofisticado dos conceitos e dos métodos apresentados no capítulo. Alguns capítulos também incluem uma seção de Problemas de extensão que envolvem extensões do material presente no capítulo e/ou envolve o uso do conhecimento de aplicações que está fora do escopo do texto principal (como sistemas mecânicos ou circuitos avançados). Esperamos que a variedade e a quantidade geral de problemas em cada capítulo ofereçam aos alunos meios para desenvolver seu conhecimento do material e aos professores, a flexibilidade considerável na montagem de trabalhos de casa, adequados às necessidades específicas de seus alunos. Também está disponível para os professores, via editora, um manual de soluções.

Um outro reforço adicional significativo a esta segunda edição é a disponibilização do livro auxiliar LIT *Exploration in signals and systems using MATLAB*, de Buck, Daniel e Singer. Este livro contém exercícios computacionais baseados em MATLAB® para cada tópico do texto e deve ser de grande valor para professores e alunos.[1]

Os estudantes que usarem este livro devem ter um conhecimento básico de cálculo, além de alguma experiência na manipulação de números complexos e algum contato com equações diferenciais. Com essa base, o livro é autocontido. Especificamente, não se presume qualquer experiência anterior com análise de sistemas, convolução, análise de Fourier ou transformadas de Laplace e *z*. Antes de aprender o assunto de sinais e sistemas, a maioria dos estudantes já terá feito algum curso sobre teoria básica de circuitos para engenheiros elétricos ou fundamentos de dinâmica para engenheiros mecânicos. Esses assuntos relacionam-se a algumas das ideias básicas que são desenvolvidas de maneira mais completa neste texto. Esse conhecimento prévio certamente poderá ser de grande valor para que os alunos adquiram uma perspectiva adicional enquanto utilizam o livro.

O Prólogo, que vem após este prefácio, foi escrito para oferecer ao leitor motivação e perspectiva para o assunto de sinais e sistemas em geral, bem como apresentar nossa abordagem do assunto em particular. Começamos o Capítulo 1 introduzindo algumas das ideias elementares relacionadas à representação matemática de sinais e sistemas. Discutimos transformações (como deslocamentos de tempo e mudança de escala) da variável independente de um sinal. Também apresentamos alguns dos sinais mais importantes e básicos de tempo contínuo e de tempo discreto, as exponenciais reais e complexas e o degrau unitário e o impulso unitário de tempo contínuo e de tempo discreto. Esse capítulo também introduz as representações em diagrama de blocos das interconexões de sistemas e discute diversas propriedades básicas de sistemas, como causalidade, linearidade e invariância no tempo. No Capítulo 2, usamos como base essas duas últimas propriedades, juntamente com a propriedade de amostragem dos impulsos unitários para desenvolver a representação por soma da convolução para sistemas lineares, invariantes no tempo (LIT) de tempo discreto e a representação por integral de convolução para os sistemas LIT de tempo contínuo. Nesse tratamento, usamos a intuição obti-

---

[1] Essa obra não estará presente nesta edição (N.E.).

da do nosso desenvolvimento do caso de tempo discreto como um auxílio na dedução e compreensão de seu correspondente de tempo contínuo. Depois, passamos para uma discussão de sistemas LIT causais, caracterizados por equações diferenciais e de diferenças. Nessa discussão introdutória, revemos as ideias básicas envolvidas na solução de equações diferenciais lineares (que a maioria dos alunos já tiveram anteriormente) e também oferecemos uma discussão acerca de métodos análogos para as equações de diferenças lineares. Contudo, o foco principal do nosso desenvolvimento nesse capítulo não está nos métodos de solução, pois as abordagens mais convenientes são desenvolvidas posteriormente, usando métodos de transformada. Em vez disso, nessa primeira visão, nossa intenção é oferecer ao aluno alguma apreciação dessas classes de sistemas extremamente importantes, que serão encontradas com frequência nos capítulos seguintes. Por último, o Capítulo 2 conclui com uma breve discussão sobre as funções de singularidade — degraus, impulsos, *doublets* e assim por diante — no contexto do seu papel na descrição e análise dos sistemas LIT de tempo contínuo. Em particular, enfatizamos a interpretação desses sinais em termos de como eles são definidos sob convolução — ou seja, em termos das respostas de sistemas LIT a esses sinais idealizados.

Os capítulos 3 a 6 apresentam um desenvolvimento completo e autocontido dos métodos de análise de Fourier em tempo contínuo e em tempo discreto e, juntos, representam a reorganização e revisão mais significativas desta edição. Conforme indicamos anteriormente, introduzimos o conceito da filtragem no domínio de frequência muito mais cedo no desenvolvimento, a fim de fornecer motivação e uma aplicação concreta dos métodos de Fourier a serem desenvolvidos. Como na primeira edição, iniciamos as discussões no Capítulo 3 enfatizando e ilustrando os dois motivos fundamentais para o importante papel que a análise de Fourier desempenha no estudo de sinais e sistemas em tempo contínuo e em tempo discreto: (1) classes de sinais extremamente amplas podem ser representadas como somas ponderadas ou integrais de exponenciais complexas; e (2) a resposta de um sistema LIT a uma entrada exponencial complexa é a mesma exponencial multiplicada por um número complexo característico do sistema. No entanto, em contraste com a primeira edição, o foco de atenção no Capítulo 3 está nas representações da série de Fourier para sinais periódicos em tempo contínuo e em tempo discreto. Dessa maneira, não apenas apresentamos e examinamos muitas das propriedades das representações de Fourier sem a generalização matemática adicional exigida para obter a transformada de Fourier para sinais aperiódicos, mas também podemos apresentar a aplicação na filtragem em um estágio muito mais cedo no desenvolvimento. Em particular, tirando proveito do fato de que as exponenciais complexas são autofunções dos sistemas LIT, introduzimos a resposta em frequência de um sistema LIT e a utilizamos para discutir o conceito de filtragem seletiva em frequência, para introduzir filtros ideais e oferecer vários exemplos de filtros não ideais descritos por equações diferenciais e de diferenças. Desse modo, com um mínimo de preliminares matemáticas, oferecemos ao aluno uma apreciação mais profunda do que significa uma representação de Fourier e por que ela é tão útil.

Os capítulos 4 e 5, então, baseiam-se nos fundamentos do Capítulo 3 enquanto desenvolvemos primeiro a transformada de Fourier de tempo contínuo no Capítulo 4 e, de modo paralelo, a transformada de Fourier de tempo discreto no Capítulo 5. Nos dois capítulos, deduzimos a representação da transformada de Fourier de um sinal aperiódico como o limite da série de Fourier para um sinal cujo período se torna arbitrariamente grande. Esse ponto de vista enfatiza a relação próxima entre séries e transformadas de Fourier, que desenvolvemos com mais detalhes nas seções seguintes e que nos permite transferir a intuição desenvolvida para as séries de Fourier no Capítulo 3 para o contexto mais geral das transformadas de Fourier. Nos dois capítulos, incluímos uma discussão das muitas propriedades importantes das transformadas de Fourier, com ênfase especial imposta sobre as propriedades de convolução e multiplicação. Em particular, a propriedade de convolução permite-nos dar uma segunda abordagem no assunto de filtragem seletiva em frequência, ao passo que a propriedade de multiplicação serve como ponto de partida para nosso tratamento de amostragem e modulação, nos capítulos seguintes. Por fim, nas últimas seções dos capítulos 4 e 5, usamos métodos de transformada para determinar as respostas em frequência dos sistemas LIT descritos por equações diferenciais e de diferenças e para fornecer vários exemplos ilustrativos de como as transformadas de Fourier podem ser usadas para calcular as respostas para tais sistemas. Suplementando essas discussões (e os tratamentos posteriores das transformadas de Laplace e *z*), incluímos um Apêndice no final do livro que inclui uma descrição do método de expansão em frações parciais.

Nosso tratamento da análise de Fourier nesses dois capítulos é característica do tratamento paralelo que desenvolvemos. Especificamente, em nossa discussão no Capítulo 5, podemos ampliar grande parte das ideias desenvolvidas no Capítulo 4 para o caso de tempo contínuo e, mais para o final do Capítulo 5, enfatizamos a dualidade completa nas representações de Fourier em tempo contínuo e em tempo discreto. Além disso, focalizamos melhor a natureza especial de cada domínio, comparando as diferenças entre a análise de Fourier de tempo contínuo e de tempo discreto.

Conforme notarão os familiarizados com a primeira edição, os tamanhos e os escopos dos capítulos 4 e 5 nesta edição são consideravelmente menores que seus correspondentes na edição anterior. Isso se deve não apenas ao fato de que as séries de Fourier agora são tratadas em um capítulo separado, mas também à passagem de vários tópicos para o Capítulo 6. O resultado, acreditamos, tem vários benefícios significativos. Primeiro, a apresentação em três capítulos mais curtos dos conceitos básicos e resultados da análise de Fourier, com a introdução do conceito de filtragem seletiva em frequência, deve ajudar o aluno na organização do seu entendimento desse material e no desenvolvimento da intuição sobre o domínio de frequência e apreciação de suas aplicações potenciais. Depois, com os capítulos 3 a 5 como base, podemos nos empenhar em uma visão mais detalhada de diversos tópicos e aplicações importantes. No Capítulo 6, examinamos mais profundamente as características no domínio do tempo e frequência dos sistemas LIT. Por exemplo, apresentamos as representações de magnitude-fase e gráfico de Bode para respostas em frequência e discutimos o efeito da fase de resposta em frequência sobre as características no domínio do tempo da saída de um sistema LIT. Além disso, examinamos o comportamento no domínio do tempo e frequência dos filtros ideais e não ideais e os compromissos entre estes, que precisam ser analisados na prática. Também examinamos cuidadosamente os sistemas de primeira e segunda ordens e seus papéis como blocos de montagem básicos para síntese e análise de sistema mais complexas em tempo contínuo e em tempo discreto. Por fim, discutimos vários outros exemplos mais complexos de filtros em tempo contínuo e em tempo discreto. Esses exemplos, juntamente com os vários outros aspectos da filtragem, explorados nos problemas ao final do capítulo, oferecem ao aluno uma apreciação da riqueza e forma desse importante assunto. Embora cada um dos tópicos do Capítulo 6 estivesse presente na primeira edição, acreditamos que, reorganizando-os e coletando-os em um capítulo separado, após o desenvolvimento básico da análise de Fourier, simplificamos a introdução desse assunto importante nos capítulo 3 a 5 e apresentamos no Capítulo 6 uma imagem consideravelmente mais coesa das questões de domínio de tempo e frequência.

Em resposta a sugetões e preferências expressas por muitos leitores da primeira edição, modificamos a notação na discussão das transformadas de Fourier para que seja mais consistente com a notação mais utilizada para as transformadas de Fourier de tempo contínuo e de tempo discreto. Especificamente, a partir do Capítulo 3, agora indicamos a transformada de Fourier de tempo contínuo como $X(j\omega)$ e a transformada de Fourier de tempo discreto como $X(e^{j\omega})$. Assim como com todas as opções de notação, não existe uma única melhor escolha para a notação das transformadas de Fourier.

Nosso tratamento da amostragem no Capítulo 7 preocupa-se principalmente com o teorema da amostragem e suas implicações. Entretanto, para termos um panorama desse assunto, começamos discutindo os conceitos gerais da representação de um sinal de tempo contínuo em termos de suas amostras e a reconstrução de sinais usando a interpolação. Após usar os métodos no domínio da frequência para deduzir o teorema da amostragem, consideramos os domínios da frequência e do tempo para fornecer intuição com relação ao fenômeno de *aliasing* resultante da subamostragem. Um dos usos muito importantes da amostragem consiste no processamento em tempo discreto dos sinais de tempo contínuo, um tópico que exploramos com mais detalhes nesse capítulo. Depois disso, passamos para a amostragem de sinais em tempo discreto. O resultado básico por trás da amostragem em tempo discreto é desenvolvido de maneira que corresponda ao que é usado em tempo contínuo, e as aplicações desse resultado aos problemas de dizimação e interpolação são descritas no capítulo. Novamente, várias outras aplicações, tanto em tempo contínuo quanto em tempo discreto, são tratadas nos problemas.

Mais uma vez, o leitor acostumado com nossa primeira edição notará uma mudança, nesse caso envolvendo a troca de apresentação entre amostragem e comunicações. Decidimos colocar a amostragem antes das comunicações na segunda edição, tanto porque podemos apelar para a intuição simples para motivar e descrever os processos de amostragem e reconstrução a partir de amostras, quanto porque essa ordem de apresentação permite-nos, no Capítulo 8, explicar mais facilmente as formas de sistemas de comunicação que são estreitamente relacionadas à amostragem ou contar fundamentalmente com o uso de uma versão amostrada do sinal a ser transmitido.

Nossa abordagem de comunicações no Capítulo 8 inclui uma discussão detalhada da amplitude modulada (AM) senoidal de tempo contínuo, que começa com a aplicação direta da propriedade de multiplicação para descrever o efeito da AM senoidal no domínio de frequência e para sugerir como o sinal modulado original pode ser recuperado. Depois disso, desenvolvemos uma série de questões e aplicações adicionais relacionadas à modulação senoidal, incluindo a multiplexação por divisão de frequência e modulação de banda lateral única. Muitos outros exemplos e aplicações são descritos nos problemas. Vários tópicos adicionais são abordados no capítulo 8. O primeiro deles é a modulação de amplitude de um trem de pulsos e a multiplexação por divisão de tempo, que tem uma conexão estreita com o tópico de amostragem no Capítulo 7. De fato, tornamos esse vínculo ainda mais explícito e oferecemos uma visão do importante campo das comunicações digitais, introduzindo e descrevendo rapidamente os tópicos de modulação por amplitude de pulso (PAM) e interferência intersimbólica. Por último, nossa discussão de frequência modulada (FM) oferece ao leitor uma visão de um problema de modulação não linear. Embora a análise de sistemas de FM não seja tão simples quanto para o caso da AM, nossa abordagem introdutória indica como os métodos de domínio de frequência podem ser usados para obter uma percepção significativa das características dos sinais e sistemas de FM. No decorrer dessas discussões e em muitos outros aspectos da modulação e comunicações, explorados nos problemas desse capítulo, acreditamos que o aluno possa apreciar a riqueza do campo de comunicações e o papel central que as ferramentas de análise de sinais e sistemas desempenham nele.

Os capítulos 9 e 10 tratam das transformadas de Laplace e z, respectivamente. Em sua maior parte, focalizamos as versões bilaterais dessas transformadas, embora, na última seção de cada capítulo, abordemos as transformadas unilaterais e seu uso na solução de equações diferenciais e de diferenças com condições iniciais não nulas. Os dois capítulos incluem discussões sobre: a relação estreita entre essas transformadas e as transformadas de Fourier; a classe de transformadas racionais e sua representação em termos de polos e zeros; a região de convergência de uma transformada de Laplace ou z e sua relação com as propriedades do sinal com o qual está associada; transformadas inversas usando expansão em frações parciais; o cálculo geométrico de funções de sistema e respostas em frequência a partir de diagramas de polos e zero; e propriedades básicas da transformada. Além disso, em cada capítulo, examinamos as propriedades e os usos das funções de sistema para sistemas LIT. Incluímos nessas discussões a determinação das funções de sistema para os sistemas caracterizados por equações diferenciais e de diferenças; o uso da álgebra de função de sistema para interconexões de sistemas LIT; e a construção das representações de diagrama de blocos em cascata, de forma paralela e direta, para sistemas com funções de sistemas racionais.

As ferramentas das transformadas de Laplace e z formam a base para nosso exame de sistemas com realimentação linear no Capítulo 11. Começamos esse capítulo descrevendo uma série de usos e propriedades importantes dos sistemas com realimentação, incluindo a estabilização de sistemas instáveis, projeto de sistemas de rastreamento e redução da sensibilidade de sistemas. Em subsequentes seções, usamos as ferramentas que desenvolvemos nos capítulos anteriores para examinar três tópicos que são importantes para os sistemas de realimentação de tempo contínuo e de tempo discreto. São estes: a análise pelo lugar das raízes; diagramas de Nyquist e o critério de Nyquist; e diagramas de magnitude/fase e os conceitos de margens de ganho e fase para sistemas com realimentação estáveis.

O assunto de sinais e sistemas é extraordinariamente rico, e diversas abordagens podem ser usadas na elaboração de um curso introdutório. Foi nossa intenção com a primeira edição e novamente com esta segunda edição fornecer aos professores muita flexibilidade na estruturação de suas apresentações do assunto. Para obter essa flexibilidade e maximizar a utilidade deste livro para os professores, escolhemos apresentar abordagens completas e profundas de um conjunto coeso de tópicos, que forma o núcleo da maioria dos cursos introdutórios sobre sinais e sistemas. Alcançando essa profundidade, necessariamente omitimos introduções a tópicos como descrições de sinais aleatórios e modelos de espaço de estado, que às vezes são incluídos nos primeiros cursos sobre sinais e sistemas. Tradicionalmente, em muitas escolas, esses assuntos não são contemplados em cursos introdutórios, mas são desenvolvidos com mais profundidade em cursos de graduação posteriores ou em cursos dedicados explicitamente à sua investigação. Embora não tenhamos incluído uma introdução a espaço de estados no livro, os professores de cursos introdutórios podem facilmente incorporá-la nas abordagens de equações diferenciais e de diferenças, que podem ser encontradas no decorrer do livro. Em particular, as discussões nos capítulos 9 e 10 sobre representações em diagrama de blocos para sistemas com funções de sistemas racionais e sobre transformadas unilaterais e seu uso na solução de equações diferenciais e de diferenças com condições iniciais formam pontos de partida naturais para as discussões das representações no espaço de estados.

Um curso típico de um semestre no nível de segundo ano, usando este livro, abordaria os capítulos 1 a 5 com razoável profundidade (embora vários tópicos em cada capítulo possam ser facilmente omitidos, a critério do professor), com tópicos selecionados escolhidos nos capítulos restantes. Por exemplo, uma possibilidade é apresentar vários dos tópicos básicos nos capítulos 6 a 8 juntamente com um tratamento das transformadas de Laplace e z e talvez uma breve introdução ao uso dos conceitos da função de sistema para analisar os sistemas com realimentação. Diversos formatos alternativos são possíveis, incluindo um que incorpore uma introdução ao espaço de estado ou um em que o foco maior seja em sistemas de tempo contínuo, tirando a ênfase dos capítulos 5 e 10 e os tópicos de tempo discreto nos capítulos 3, 7, 8 e 11.

Além desses formatos de curso, este livro pode ser usado como texto básico de dois semestres seguidos de cursos sobre sistemas lineares. Como alternativa, as partes do livro não usadas em um primeiro curso sobre sinais e sistemas podem, juntamente com outras fontes, formar a base para um curso subsequente. Por exemplo, grande parte do material neste livro forma uma ponte direta para assuntos como análise de espaço de estado, sistemas de controle, processamento digital de sinais, comunicações e processamento estatístico de sinais. Consequentemente, um curso subsequente pode ser construído utilizando alguns dos tópicos deste livro com material suplementar, a fim de oferecer uma introdução a um ou mais desses assuntos avançados. De fato, um novo curso seguindo esse modelo foi desenvolvido no Massachusets Institute of Technology — MIT e provou não apenas ser um curso popular entre nossos alunos, mas também um componente crucial do nosso currículo de sinais e sistemas.

Como ocorreu na primeira edição, no processo de escrita deste livro recebemos auxílio, sugestões e apoio de diversos colegas, alunos e amigos. As ideias e pontos de vista que formam o núcleo deste livro continuaram a evoluir como resultado de nossas próprias experiências no ensino de sinais e sistemas e das influências de muitos colegas e alunos com os quais trabalhamos. Gostaríamos de agradecer ao professor Ian T. Young por suas contribuições à primeira edição deste livro e agradecer e dar as boas-vindas ao professor Hamid Nawab, pelo papel significativo que ele desempenhou no desenvolvimento e na reestruturação completa dos exemplos e problemas para esta segunda edição. Também expressamos nosso apreço por John Buck, Michael Daniel e Andrew Singer por escreverem o livro complementar envolvendo MATLAB para este livro.[2] Além disso, gostaríamos de agradecer a Jason Oppenheim pelo uso de uma de suas fotografias originais[3] e a Vivian Berman por suas ideias e ajuda para chegarmos a um projeto de capa. Além disso, conforme indicado na página de agradecimentos a seguir, somos profundamente gratos aos muitos alunos e colegas que dedicaram uma quantidade de horas significativa a uma série de aspectos da preparação desta segunda edição.

Também gostaríamos de expressar nossos sinceros agradecimentos ao Sr. Ray Stata e à Analog Devices, Inc. por seu suporte generoso e contínuo ao processamento de sinais e a este texto por meio do patrocínio da Cadeira de Distinto Professor em Engenharia Elétrica. Também agradecemos ao MIT por oferecer suporte e um ambiente estimulante para desenvolvermos nossas ideias.

O encorajamento, a paciência, o suporte técnico e o entusiasmo fornecidos pela Prentice-Hall, e em particular por Marcia Horton, Tom Robbins, Don Fowley e seus predecessores, além de Ralph Pescatore, da TKM Productions, e o pessoal de produção na Prentice-Hall, foram fundamentais para tornar esta segunda edição uma realidade.

Alan V. Oppenheim
Alan S. Willsky
Cambridge, Massachusetts

Prefácio da editora sobre a edição brasileira

Assim como a obra norte-americana, esta edição de *Sinais e sistemas*, além de trazer todo o conteúdo já consagrado do livro original, conta também com um site de apoio com material exclusivo para os professores que adotam a obra.

No site www.grupoa.com.br professores e alunos podem acessar os seguintes materiais adicionais:

Esse material é de uso exclusivo para professores e está protegido por senha. Para ter acesso a ele, os professores que adotam o livro devem entrar em contato através do e-mail divulgacao@grupoa.com.br.

---

[2] Essa obra não estará presente nesta edição (N.E.).
[3] Fotografia presente na edição em língua inglesa (N.E.).

Agradecimentos

Na produção desta edição, tivemos a felicidade de receber assistência de muitos colegas, alunos e amigos, que foram extremamente generosos com seu tempo. Expressamos nosso profundo reconhecimento a:

Jon Maiara e **Ashok Popat**, por sua ajuda na criação de muitas das figuras e imagens. **Babak Ayazifar** e **Austin Frakt**, por sua ajuda na atualização e montagem da bibliografia.

Ramamurthy Mani, por preparar o manual de soluções para o texto e por sua ajuda na criação de muitas das figuras.

Michael Daniel, pela coordenação e gerenciamento dos arquivos em LaTeX à medida que os vários rascunhos desta edição eram produzidos e modificados.

John Buck, por sua leitura atenta do rascunho inteiro desta obra.

Robert Becker, **Sally Bemus**, **Maggie Beucler**, **Ben Halpern**, **Jon Maira**, **Chirag Patel** e **Jerry Weinstein**, por seus esforços na produção dos diversos rascunhos deste livro em LaTeX.

E a todos os que ajudaram na revisão cuidadosa das provas de página:

Babak Ayazifar
Richard Barron
Rebecca Bates
George Bevis
Sarit Birzon
Nabil Bitar
Nirav Dagli
Anne Findlay
Austin Frakt
Siddhartha Gupta
Christoforos Hadjicostis
Terrence Ho
Mark Ibanez
Seema Jaggi
Patrick Kreidl
Christina Lamarre
Nicholas Laneman
Li Lee
Sean Lindsay
Jeffrey T. Ludwig
Seth Pappas
Adrienne Prahler
Ryan Riddolls
Alan Seefeldt
Sekhar Tatikonda
Shawn Verbout
Kathleen Wage
Alex Wang
Joseph Winograd

Agradecimentos da editora sobre a edição brasileira

Agradecemos a todos os profissionais que trabalharam na produção desta edição de *Sinais e sistemas*, em especial aos revisores técnicos, a professora doutora **Maria D. Miranda**, do Departamento de Telecomunicações e Controle da Escola Politécnica da Universidade de São Paulo e ao professor doutor **Marcio Eisencraft**, do Centro de Engenharia, Modelagem e Ciências Sociais Aplicadas da Universidade Federal do ABC, pela atenção, pelo cuidado com a revisão e, principalmente, pela preocupação em manter a obra fiel à edição original.

Agradecemos também aos demais professores que colaboraram com a avaliação desta edição, auxiliando-nos a manter a qualidade do livro:

Newton Maruyama
Renato da Rocha Lopes
José Carlos de Souza Jr.
Eduardo Lobo Lustosa Cabral
Ivan R. S. Casella
José Carlos Teixeira de Barrros Moraes
Eduardo de Azevedo Botler
Marco Antonio A. Melo
Magda A. S. Duro

Prólogo

Os conceitos de sinais e sistemas surgem em diversos campos, e as ideias e técnicas associadas a esses conceitos desempenham um papel importante em áreas diversificadas da ciência e tecnologia, como comunicações, aeronáutica e astronáutica, projeto de circuitos, acústica, sismologia, engenharia biomédica, sistemas de geração e distribuição de energia, controle de processos químicos e processamento de voz. Embora a natureza física dos sinais e sistemas que surgem nessas várias especialidades possa ser drasticamente diferente, todos eles possuem duas características muito básicas em comum. Os sinais, que são funções de uma ou mais variáveis independentes, contêm informações sobre o comportamento ou natureza de algum fenômeno, enquanto os sistemas respondem a sinais em particular, produzindo outros sinais ou algum comportamento desejado. Tensões e correntes como uma função do tempo em um circuito elétrico são exemplos de sinais, e um circuito por si só é um exemplo de um sistema, que, nesse caso, responde a tensões e correntes aplicadas. Como outro exemplo, quando um motorista de automóvel pressiona o pedal do acelerador, o veículo responde aumentando a velocidade. Nesse caso, o sistema é o automóvel, a pressão sobre o pedal do acelerador é a entrada do sistema e a velocidade do veículo é a resposta. Um programa de computador para o diagnóstico automatizado de eletrocardiogramas pode ser visto como um sistema que tem como sua entrada um eletrocardiograma digitalizado e que produz estimativas de parâmetros, como a frequência cardíaca, como saídas. Uma câmera é um sistema que recebe luz de diversas fontes, inclusive refletidas de objetos, e produz uma fotografia. Um braço de robô é um sistema cujos movimentos são a resposta a entradas de controle.

Nos muitos contextos em que surgem sinais e sistemas, existem diversos problemas e questões importantes. Em alguns casos, somos apresentados a um sistema específico e estamos interessados em caracterizá-lo em detalhes para entender como ele responderá a várias entradas. Exemplos incluem a análise de um circuito a fim de quantificar sua resposta a diferentes fontes de tensão e corrente; e a determinação das características de resposta de uma aeronave tanto aos comandos do piloto quanto às rajadas de vento.

Em outros problemas de análise de sinais e sistemas, em vez de analisar os sistemas existentes, nosso interesse pode estar focalizado no projeto de sistemas para processar sinais de maneiras particulares. Um contexto muito comum em que esses problemas surgem é no projeto de sistemas para melhorar ou restaurar sinais que foram degradados de alguma maneira. Por exemplo, quando um piloto está se comunicando com uma torre de controle de tráfego aéreo, a comunicação pode ser degradada pelo alto nível de ruído de fundo na cabine. Neste e em muitos casos semelhantes, é possível projetar sistemas que retenham o sinal desejado — nesse caso, a voz do piloto — e rejeitem (pelo menos, aproximadamente) o sinal indesejado, ou seja, o ruído. Um conjunto de objetivos semelhante também pode ser encontrado na área geral de restauração e melhoria de imagens. Por exemplo, as imagens de sondas espaciais ou de satélites de observação da Terra tipicamente representam versões degradadas das cenas apresentadas, devido a limitações do equipamento de imagem, efeitos atmosféricos e erros na transmissão de sinais no retorno das imagens à Terra. Consequentemente, as imagens retornadas do espaço costumam ser processadas por sistemas para compensar algumas dessas degradações. Além disso, tais imagens usualmente são processadas para melhorar certas características, como linhas (correspondentes, por exemplo, a leitos de rio ou falhas geológicas) ou limites de regiões em que existem contrastes nítidos na cor ou no brilho.

Além da melhoria e restauração, em muitas aplicações há a necessidade de projetar sistemas para extrair informações específicas dos sinais. A estimativa da frequência cardíaca a partir de um eletrocardiograma é um exemplo. Outro exemplo está na projeção econômica. Podemos, por exemplo, querer analisar o histórico de uma série temporal econômica, como um conjunto de médias de ações, para estimar tendências e outras características, como variações sazonais, que podem ser úteis para fazer previsões sobre o comportamento futuro. Em outras aplicações, o foco pode estar no projeto de sinais com propriedades particulares. Especificamente, em aplicações de comunicações, há uma atenção considerável no projeto de sinais de modo a atender às restrições e aos requisitos para a transmissão bem-sucedida. Por exemplo, a comunicação por longa distância através da atmosfera requer o uso de sinais com frequências em determinada parte do espectro eletromagnético. O projeto de sinais de comunicação também deve levar em consideração a necessidade de recepção confiável na presença tanto de distorção devido à transmissão pela atmosfera quanto de interferência de outros sinais sendo transmitidos simultaneamente por outros usuários.

Outra classe de aplicações muito importante, em que aparecem os conceitos e as técnicas de análise de sinais e sistemas, são aquelas aplicações em que queremos modificar ou controlar as características de determinado sistema, talvez pela escolha de sinais de entrada específicos ou pela combinação do sistema com outros sistemas. Como ilustração desse tipo de aplicação tem-se o projeto de sistemas de controle para regular plantas de processamento químico. As plantas desse tipo são equipadas com diversos sensores, que medem sinais físicos como temperatura, umidade e composição química. O sistema de controle em tal planta responde aos sinais dos sensores ajustando quantidades como taxas de fluxo e temperatura, a fim de regular o processo químico em andamento. O projeto de pilotos automáticos de aeronaves e sistemas de controle por computador representa outro exemplo. Nesse caso, os sinais medindo velocidade da aeronave, altitude e direção são usados pelo sistema de controle da aeronave para ajustar as variáveis como a aceleração e a posição do leme de direção e dos *ailerons*. Esses ajustes são feitos para garantir que a aeronave siga um curso especificado, para suavizar a viagem da aeronave e para melhorar a capacidade de resposta aos comandos do piloto. Nesse caso e no exemplo anterior de controle de processo químico, um conceito importante, conhecido como realimentação, desempenha um papel fundamental, pois os sinais medidos são realimentados e usados para ajustar as características de resposta de um sistema.

Os exemplos citados nos parágrafos anteriores representam apenas algumas de uma variedade extraordinariamente grande de aplicações para os conceitos de sinais e sistemas. A importância desses conceitos vem não apenas da diversidade de fenômenos e processos em que eles surgem, mas também de um acervo de ideias, técnicas analíticas e metodologias que existem e estão sendo desenvolvidas e usadas para solucionar problemas envolvendo sinais e sistemas. A história desse desenvolvimento remete a muitos séculos, e apesar de a maior parte desse trabalho ter sido motivada por aplicações específicas, muitas dessas ideias provaram ter importância essencial para problemas em uma variedade muito maior de contextos do que aqueles para os quais foram intencionadas originalmente. Por exemplo, as ferramentas de análise de Fourier, que formam a base para a análise de domínio de frequência de sinais e sistemas e que desenvolveremos em detalhes neste livro foram estudadas desde os problemas de astronomia analisados pelos antigos babilônios até o desenvolvimento da física matemática nos séculos XVIII e XIX.

Em alguns dos exemplos que mencionamos, os sinais variam continuamente no tempo, enquanto em outros, sua evolução é descrita apenas em instantes discretos no tempo. Por exemplo, na análise de circuitos elétricos e sistemas mecânicos, preocupamo-nos com sinais que variam continuamente. Por outro lado, a média de fechamento diário no mercado de ações é, por sua própria natureza, um sinal que evolui em pontos discretos no tempo (ou seja, no fechamento de cada dia). Em vez de uma curva como uma função de uma variável contínua, então, a média de fechamento do mercado de ações é uma sequência de números associados a instantes de tempo discretos em que ela é especificada. Essa distinção na descrição básica da evolução dos sinais e dos sistemas que respondem ou processam esses sinais leva naturalmente a duas estruturas paralelas para análise de sinais e sistemas — uma para fenômenos e processos que são descritos em tempo contínuo e uma para aqueles que são descritos em tempo discreto.

Os conceitos e técnicas associados a sinais e sistemas de tempo contínuo e a sinais e sistemas de tempo discreto possuem uma história rica e, em conceito, são bastante relacionados. Historicamente, porém, como suas aplicações no passado foram um tanto diferentes, em sua maior parte, eles têm sido estudados e desenvolvidos separadamente. Os sinais e sistemas de tempo contínuo possuem raízes muito fortes nos problemas associados à física e, no passado mais recente, a circuitos elétricos e comunicações. As técnicas de sinais e sistemas de tempo discreto possuem raízes fortes na análise numérica, estatística e análise de série de tempo associadas a aplicações como análise de dados econômicos e demográficos. Durante as últimas décadas, contudo, áreas que usam sinais e sistemas de tempo contínuo e de tempo discreto tornaram-se cada vez mais entrelaçadas e as aplicações, altamente inter-relacionadas. O principal incentivo para isso veio dos incríveis avanços na tecnologia para a implementação de sistemas e para a geração de sinais. Especificamente, o desenvolvimento continuado de computadores digitais de alta velocidade, os circuitos integrados e as técnicas sofisticadas de fabricação de dispositivos de alta densidade têm tornado cada vez mais vantajoso considerar o processamento de sinais de tempo contínuo representando-o por amostras no tempo (ou seja, convertendo-os em sinais de tempo discreto). Como um exemplo, o sistema de controle de computador para uma aeronave moderna de alto desempenho digitaliza saídas do sensor, como a velocidade do veículo, a fim de produzir uma sequência de medições amostradas, que são então processadas pelo sistema de controle.

Em virtude do inter-relacionamento crescente entre sinais e sistemas de tempo contínuo e sinais e sistemas de tempo discreto e por causa da relação estreita entre os conceitos e as técnicas associados a cada um, decidimos desenvolver, neste texto, os conceitos de sinais e sistemas de tempo contínuo e de tempo discreto em paralelo. Como muitos dos conceitos são semelhantes (mas não idênticos), tratando-os em paralelo, podem-se compartilhar percepção e intuição, e as semelhanças e as diferenças entre eles tornam-se mais bem focadas. Além disso, conforme será evidente enquanto prosseguimos com o material, existem alguns conceitos que são inerentemente mais fáceis de entender em uma estrutura do que na outra e, uma vez compreendidos, a ideia é facilmente transferível. Além disso, esse tratamento paralelo facilita bastante a nossa compreensão do contexto prático muito importante em que tempo contínuo e tempo discreto são reunidos, ou seja, a amostragem de sinais de tempo contínuo e o processamento de sinais de tempo contínuo usando sistemas de tempo discreto.

Conforme descrevemos até aqui, as noções de sinais e sistemas são conceitos extremamente genéricos. Nesse nível de generalidade, porém, somente declarações abrangentes podem ser feitas sobre a natureza dos sinais e sistemas, e suas propriedades podem ser discutidas apenas em termos mais elementares. Por outro lado, uma noção importante e fundamental no tratamento de sinais e de sistemas é que, escolhendo cuidadosamente as subclasses de cada um, com propriedades em particular que possam então ser exploradas, podemos analisar e caracterizar esses sinais e sistemas com maior profundidade. O foco principal neste livro é em particular na classe de sistemas lineares invariantes no tempo. As propriedades de linearidade e invariância no tempo que definem essa classe levam a uma espécie marcante de conceitos e técnicas que não apenas são de importância prática essencial, mas também são analiticamente tratáveis e intelectualmente gratificantes.

Como enfatizamos neste prólogo, a análise de sinais e de sistemas tem uma longa história, da qual surgiram algumas técnicas básicas e princípios fundamentais que possuem áreas de aplicação extremamente amplas. De fato, a análise de sinais e de sistemas está constantemente evoluindo e se desenvolvendo em resposta a novos problemas, técnicas e oportunidades. Realmente, esperamos que esse desenvolvimento tenha ritmo acelerado à medida que a tecnologia aperfeiçoada possibilite a implementação de sistemas e técnicas de processamento de sinais cada vez mais complexos. No futuro, veremos ferramentas e conceitos de sinais e de sistemas aplicados a um escopo de aplicações em expansão. Por esses motivos, pensamos que o tópico de análise de sinais e de sistemas representa um acervo de conhecimento que é fundamental para cientistas e engenheiros. Escolhemos o conjunto de tópicos apresentados neste livro, a organização da apresentação e os problemas em cada capítulo de um modo que acreditamos ser mais útil ao leitor, para obter um alicerce sólido nos fundamentos de análise de sinais e de sistemas; para ganhar compreensão acerca de algumas aplicações muito importantes e básicas desses fundamentos aos problemas de filtragem, amostragem, comunicações e análise de sistema com realimentação; para desenvolver gosto por uma técnica extremamente poderosa e amplamente aplicável para a formulação e a solução de problemas complexos.

Capítulo 1 — Sinais e sistemas

1.0 Introdução

Como descrevemos no Prólogo, noções intuitivas de sinais e sistemas surgem em ampla variedade de contextos. Além disso, como veremos neste livro, existe um esquema de análise — isto é, uma linguagem adequada para descrever sinais e sistemas e um conjunto extremamente poderoso de ferramentas para analisá-los — que se aplica igualmente bem em problemas originários de diversos domínios. Neste capítulo, começaremos a desenvolver nosso esquema de análise para sinais e sistemas introduzindo sua descrição matemática e suas representações. Nos capítulos seguintes, tomaremos esses fundamentos como base para desenvolver e descrever métodos e conceitos adicionais, que aumentam consideravelmente tanto a nossa compreensão dos sinais e sistemas como a nossa habilidade de analisar e resolver problemas envolvendo sinais e sistemas que surgem em ampla gama de aplicações.

1.1 Sinais de tempo contínuo e de tempo discreto

1.1.1 Exemplos e representação matemática

Os sinais podem descrever uma grande variedade de fenômenos físicos. Embora os sinais possam ser representados de diferentes maneiras, a informação do sinal está sempre contida em algum tipo de variação. Por exemplo, considere o circuito simples na Figura 1.1. Nesse caso, as variações ao longo do tempo nas tensões da fonte (v_s) e no capacitor (v_c) são exemplos de sinais. De modo semelhante, conforme a Figura 1.2, as variações ao longo do tempo da força f aplicada e da velocidade v resultante do automóvel são exemplos de sinais. Como outro exemplo, considere o mecanismo vocal humano, que produz fala ao gerar flutuações na pressão acústica. A Figura 1.3 ilustra uma gravação de um sinal de fala, obtido com o uso de um microfone para detectar as variações na pressão acústica, que depois são convertidas em um sinal elétrico. Como podemos observar na figura, sons diferentes correspondem a diferentes variações da pressão acústica, e o sistema vocal humano produz a fala inteligível ao gerar sequências específicas dessas variações. Por outro lado, o que importa para a imagem monocromática, como mostrado na Figura 1.4, é a variação de brilho ao longo da imagem.

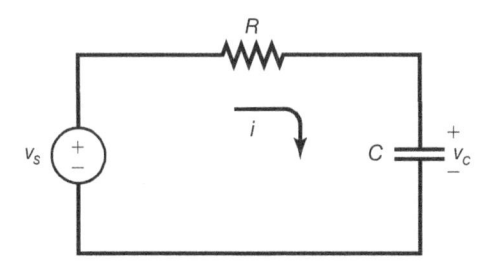

Figura 1.1 Circuito RC simples sendo v_s a tensão da fonte e v_c a tensão no capacitor.

Sinais são representados matematicamente como funções de uma ou mais variáveis independentes. Por exemplo, um sinal de fala pode ser representado matematicamente pela pressão acústica como uma função do tempo e uma imagem pode ser representada pelo brilho como uma função de duas variáveis espaciais. Neste livro, nossa atenção é voltada para os sinais envolvendo uma única variável independente. Por conveniência, geralmente vamos nos referir à variável independente como tempo, embora ela possa não representar de fato o tempo em aplicações específicas. Por exemplo, na geofísica, sinais representando variações de quantidades físicas, como densidade, porosidade e resistividade elétrica,

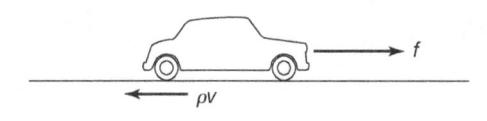

Figura 1.2 Automóvel respondendo a uma força (f) aplicada do motor e a uma força de atrito (ρv) proporcional a sua velocidade (v).

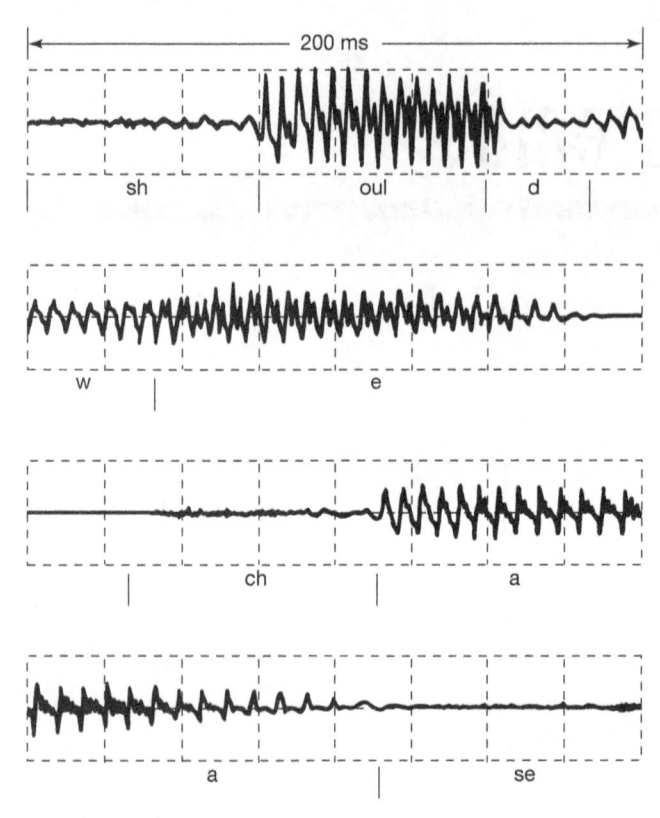

Figura 1.3 Exemplo de uma gravação de fala. (Adaptado de Oppenheim, A. V. (ed.). *Applications of digital signal processing*. Englewood Cliffs, N. J.: Prentice-Hall, Inc., 1978, p. 121.) O sinal representa variações de pressão acústica em função do tempo para as palavras faladas em inglês "*should we chase*". A primeira linha da figura corresponde à palavra '*should*', a segunda linha corresponde à palavra 'we' e as últimas duas linhas, à palavra '*chase*'. (Indicamos o início e o final aproximado de cada som sucessivo em cada palavra.)

em função da profundidade, são usados para estudar a estrutura da Terra. Além disso, o conhecimento das variações da pressão do ar, da temperatura e da velocidade do vento em função da altitude é extremamente importante em pesquisas meteorológicas. A Figura 1.5 mostra um exemplo de média anual típica do perfil do vento vertical em função da altura. A medida de variações da velocidade do vento em função da altura é usada para examinar padrões climáticos, bem como as condições do vento que podem afetar uma aeronave durante a aproximação para o pouso e para o pouso em si.

Ao longo do livro, consideraremos dois tipos básicos de sinais: sinais de tempo contínuo e sinais de tempo discreto. No caso dos sinais de tempo contínuo, a variável independente é contínua e, portanto, esses sinais são definidos em um conjunto contínuo de valores da variável independente. Em contrapartida, os sinais de tempo discreto são definidos somente em instantes discretos, ou seja, a variável independente assume apenas um conjunto discreto de valores. Um sinal de fala em função do tempo e a pressão atmosférica em função da altitude são exemplos de sinais de tempo contínuo. O índice semanal Dow-Jones da Bolsa de Valores de Nova York, como ilustrado na Figura 1.6, é um exemplo de sinal de tempo discreto. Outros exemplos de sinais de tempo discreto podem ser encontrados em estudos demográficos nos quais várias características, como renda média, índice de criminalidade ou quantos quilos de peixe foram pescados, são associadas a variáveis discretas como tamanho da família, população total ou tipo de navio de pesca, respectivamente.

Para distinguir os sinais de tempo contínuo dos sinais de tempo discreto, usaremos o símbolo t para represen-

Figura 1.4 Imagem monocromática.

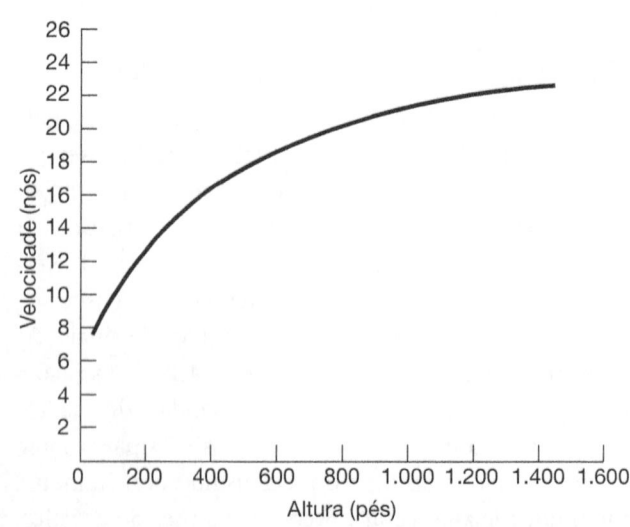

Figura 1.5 Média anual típica do perfil do vento vertical. (Adaptado de Crawford e Hudson. *National Severe Storms Laboratory Report*. ESSA ERLTM-NSSL 48, ago. 1970.)

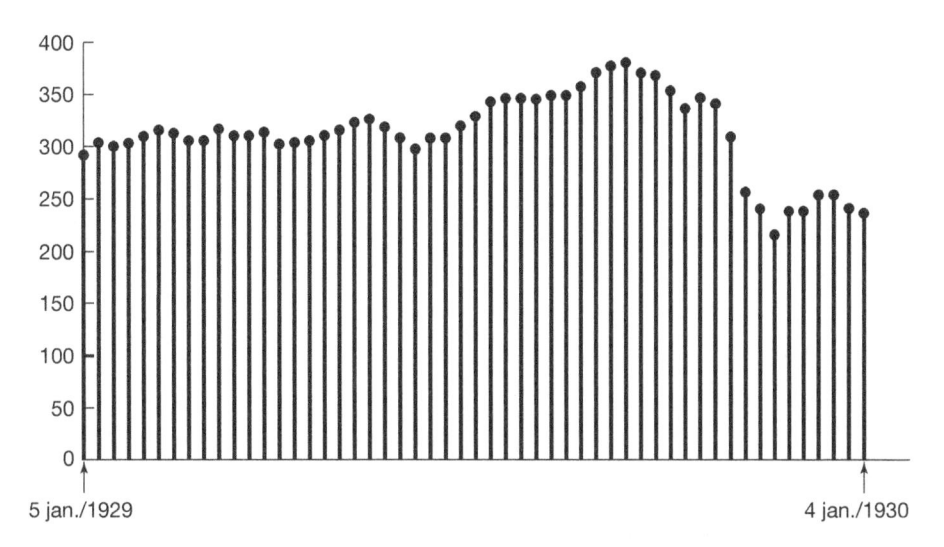

Figura 1.6 Exemplo de sinal de tempo discreto: índice semanal Dow-Jones da Bolsa de Valores de Nova York, de 5 de janeiro de 1929 a 4 de janeiro de 1930.

tar a variável independente de tempo contínuo e n para representar a variável independente de tempo discreto. Para os sinais de tempo contínuo, ainda, usaremos a variável independente entre parênteses (·), e para os sinais de tempo discreto, utilizaremos a variável independente entre colchetes [·]. Em muitos casos será útil representar os sinais graficamente. Exemplos de um sinal de tempo contínuo $x(t)$ e de um sinal de tempo discreto $x[n]$ são mostrados na Figura 1.7. É importante notar que o sinal de tempo discreto $x[n]$ é definido *apenas* para valores inteiros da variável independente. Nossa escolha da representação gráfica de $x[n]$ ressalta esse fato, e, ocasionalmente, para maior ênfase, vamos nos referir a $x[n]$ como uma *sequência* de tempo discreto.

Um sinal de tempo discreto $x[n]$ pode representar um fenômeno para o qual a variável independente é inerentemente discreta. Sinais como dados demográficos são exemplos de tal caso. Por outro lado, uma classe muito importante de sinais de tempo discreto decorre da *amostragem* de sinais de tempo contínuo. Nesse caso, o sinal de

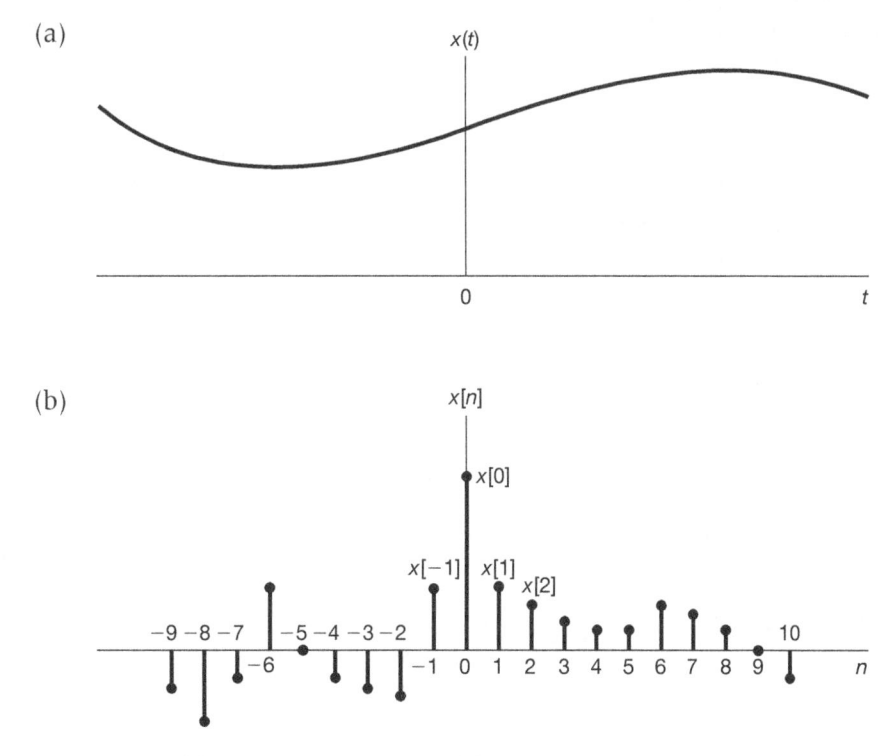

Figura 1.7 Representações gráficas de (a) sinais de tempo contínuo e (b) sinais de tempo discreto.

tempo discreto $x[n]$ representa amostras sucessivas de um fenômeno para o qual a variável independente é contínua. Devido à sua velocidade, capacidade computacional e flexibilidade, os processadores digitais modernos são usados para implementar muitos sistemas práticos, que vão dos pilotos automáticos até os sistemas de áudio digital. Sistemas desse tipo requerem o uso de sequências de tempo discreto, representando versões amostradas de sinais de tempo contínuo — por exemplo, posição da aeronave, velocidade e direção para um piloto automático ou fala e música para um sistema de áudio. Além disso, imagens em jornais — ou neste livro, por exemplo — consistem, de fato, em uma rede muito fina de pontos, e cada um desses pontos representa uma amostra do brilho do ponto correspondente na imagem original. No entanto, independentemente da fonte dos dados, o sinal $x[n]$ é definido somente para valores inteiros de n. Não faz sentido referir-se tanto à amostra 3,5 de um sinal de fala digital quanto à renda média de uma família com 2,5 membros.

Ao longo de quase todo o livro, trataremos os sinais de tempo discreto e os sinais de tempo contínuo separadamente, porém em paralelo, de forma que os conhecimentos desenvolvidos para um caso possam auxiliar a compreensão do outro. No Capítulo 7, voltaremos à questão da amostragem e, nesse contexto, utilizaremos conjuntamente os conceitos de tempo discreto e de tempo contínuo para examinar a relação entre um sinal de tempo contínuo e um sinal de tempo discreto obtido a partir de sua amostragem.

1.1.2 Energia e potência de um sinal

A partir dos diferentes exemplos até agora citados, podemos notar que os sinais podem representar ampla gama de fenômenos. Em muitas aplicações, os sinais que consideramos estão diretamente relacionados a quantidades físicas e a partir deles pode-se extrair a potência ou energia de um sistema físico. Por exemplo, se $v(t)$ e $i(t)$ são, respectivamente, a tensão e a corrente através de um resistor com resistência R, então a potência instantânea é

$$p(t) = v(t)i(t) = \frac{1}{R}v^2(t). \quad (1.1)$$

A *energia* total dissipada no intervalo de tempo $t_1 \leq t \leq t_2$ é

$$\int_{t_1}^{t_2} p(t)\,dt = \int_{t_1}^{t_2} \frac{1}{R}v^2(t)\,dt, \quad (1.2)$$

e a *potência média* durante esse intervalo de tempo é

$$\frac{1}{t_2-t_1}\int_{t_1}^{t_2} p(t)\,dt = \frac{1}{t_2-t_1}\int_{t_1}^{t_2}\frac{1}{R}v^2(t)\,dt. \quad (1.3)$$

De modo similar, para o automóvel da Figura 1.2, a potência instantânea dissipada por meio do atrito é $p(t) = \rho v^2(t)$, e então podemos definir a energia total e a potência média em um intervalo de tempo da mesma forma como nas equações 1.2 e 1.3.

Tendo como motivação exemplos físicos simples como estes, é usual considerar a mesma terminologia para potência e energia de *qualquer* sinal de tempo contínuo $x(t)$ e de *qualquer* sinal de tempo discreto $x[n]$. Além disso, como veremos a seguir, muitas vezes, na prática, é conveniente considerar sinais que assumem valores complexos. Nesse caso, a energia total no intervalo de tempo $t_1 \leq t \leq t_2$ do sinal de tempo contínuo $x(t)$ é definida como

$$\int_{t_1}^{t_2} |x(t)|^2 \, dt, \quad (1.4)$$

em que $|x|$ denota o módulo do número x, possivelmente complexo. A potência média é obtida dividindo-se a Equação 1.4 pelo comprimento, $t_2 - t_1$, do intervalo de tempo. Do mesmo modo, a energia total em um sinal de tempo discreto $x[n]$ no intervalo de tempo $n_1 \leq n \leq n_2$ é definida como

$$\sum_{n=n_1}^{n_2} |x[n]|^2, \quad (1.5)$$

e dividindo-se pelo número de pontos no intervalo, $n_2 - n_1 + 1$, resulta na potência média no intervalo. É importante lembrar que os termos 'potência' e 'energia' são usados aqui independentemente de as quantidades nas equações 1.4 e 1.5 serem de fato relacionadas à energia física.[1] Contudo, será mais prático usar esses termos de modo geral.

Além do mais, será de nosso interesse, em muitos sistemas, examinar a potência e a energia em sinais ao longo de um intervalo de tempo com duração infinita, isto é, para $-\infty < t < +\infty$ ou para $-\infty < n < +\infty$.

---

[1] Mesmo que essa relação exista, as equações 1.4 e 1.5 podem ter dimensões e escalas erradas. Por exemplo, comparando as equações 1.2 e 1.4, vemos que se $x(t)$ representa a tensão de um resistor, então a Equação 1.4 deve ser dividida pela resistência (medida, por exemplo, em ohms) para obtermos unidade de energia física.

Nesses casos, definimos a energia total como limites das equações 1.4 e 1.5. Ou seja, em tempo contínuo,

$$E_\infty \triangleq \lim_{T\to\infty} \int_{-T}^{T} |x(t)|^2\, dt = \int_{-\infty}^{+\infty} |x(t)|^2\, d, \quad (1.6)$$

e em tempo discreto,

$$E_\infty \triangleq \lim_{N\to\infty} \sum_{n=-N}^{+N} |x[n]|^2 = \sum_{n=-\infty}^{+\infty} |x[n]|^2. \quad (1.7)$$

Note-se que, para alguns sinais, a integral na Equação 1.6 ou a soma na Equação 1.7 podem não convergir — por exemplo, se $x(t)$ ou $x[n]$ forem iguais a um valor constante diferente de zero para todo t ou n. Sinais desse tipo têm energia infinita, enquanto sinais com $E_\infty < \infty$ têm energia finita.

De modo análogo, podemos definir a potência média em um intervalo de duração infinita como

$$P_\infty \triangleq \lim_{T\to\infty} \frac{1}{2T} \int_{-T}^{T} |x(t)|^2\, dt \quad (1.8)$$

e

$$P_\infty \triangleq \lim_{N\to\infty} \frac{1}{2N+1} \sum_{n=-N}^{+N} |x[n]|^2 \quad (1.9)$$

em tempo contínuo e tempo discreto, respectivamente. Com essas definições, podemos identificar três importantes classes de sinais. A primeira é a classe de sinais com energia total finita, isto é, os sinais para os quais $E_\infty < \infty$. Um sinal desse tipo deve ter uma potência média igual a zero, pois, no caso do tempo contínuo, por exemplo, vemos a partir da Equação 1.8 que

$$P_\infty = \lim_{T\to\infty} \frac{E_\infty}{2T} = 0. \quad (1.10)$$

Um exemplo de um sinal de energia finita é um sinal de valor 1 para $0 \leq t \leq 1$ e 0 caso contrário. Nesse caso, $E_\infty = 1$ e $P_\infty = 0$.

Uma segunda classe de sinais é composta por aqueles com potência média finita P_∞. A partir do que acabamos de ver, se $P_\infty > 0$, necessariamente $E_\infty = \infty$. Isso faz sentido, pois, se há uma energia média diferente de zero por unidade de tempo (isto é, potência diferente de zero), então integrá-la ou somá-la em um intervalo de tempo infinito resulta em uma quantidade infinita de energia. Por exemplo, o sinal constante $x[n] = 4$ tem energia infinita, mas potência média $P_\infty = 16$. Há também sinais para os quais nem P_∞ nem E_∞ são finitos. Um exemplo simples é o sinal $x(t) = t$. Encontraremos outros exemplos de sinais em todas essas classes no restante deste capítulo e nos próximos.

1.2 Transformações da variável independente

Um conceito fundamental na análise de sinais e sistemas é o de transformação de um sinal. Por exemplo, no sistema de controle de uma aeronave, os sinais correspondentes às ações do piloto são transformados pelos sistemas elétricos e mecânicos em mudanças no impulso da aeronave, ou as posições das superfícies de controle da aeronave, como o leme de direção ou os *ailerons*, que, por sua vez, são transformados pela dinâmica e cinemática do veículo em mudanças na velocidade e no rumo da aeronave. Outro exemplo pode ser um sistema de áudio de alta fidelidade cujo sinal de entrada que representa música gravada em uma fita cassete ou em um CD é modificado para melhorar características desejáveis, remover ruído de gravação ou equalizar os diversos componentes do sinal (como graves e agudos). Nesta seção, abordamos uma classe bem limitada, porém importante, de transformações elementares de sinais que envolvem a modificação simples da variável independente, isto é, o eixo do tempo. Como veremos nesta seção e nas posteriores deste capítulo, essas transformações elementares nos permitem apresentar diversas propriedades básicas dos sinais e sistemas. Em capítulos posteriores veremos que elas também têm um papel importante na definição e caracterização de classes muito mais ricas e importantes de sistemas.

1.2.1 Exemplos de transformações da variável independente

Um exemplo simples e muito importante de transformação da variável independente de um sinal é um *deslocamento no tempo*. Um deslocamento no tempo em tempo discreto é mostrado na Figura 1.8, na qual temos dois sinais $x[n]$ e $x[n - n_0]$ que são idênticos na forma, mas um está deslocado em relação ao outro. Também encontraremos deslocamentos do tempo em tempo contínuo, como ilustrado na Figura 1.9, em que $x(t - t_0)$ representa uma versão atrasada (se t_0 é positivo) ou adiantada (se t_0 é negativo) de $x(t)$. Sinais relacionados dessa maneira surgem em aplicações como radar, sonar e processamento de sinais sísmicos, em que diversos receptores em diferentes lugares observam um sinal transmitido por um meio (água, rocha, ar etc.). Nesse caso, a diferença no tempo de propagação do ponto de origem do sinal transmitido para

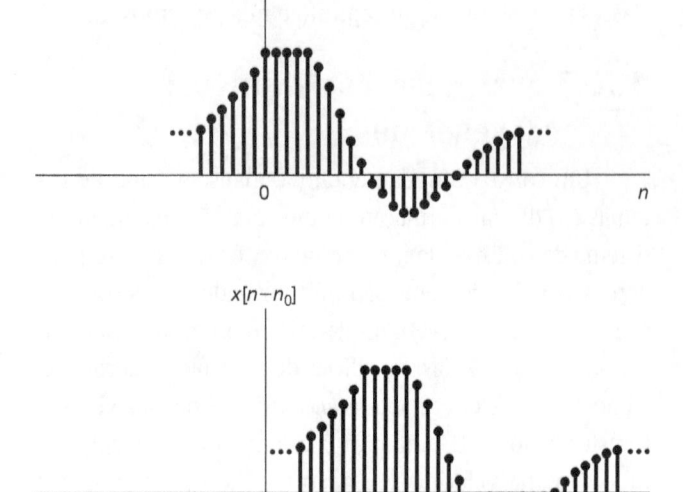

Figura 1.8 Sinais de tempo discreto relacionados por um deslocamento no tempo. Nesta figura, $n_0 > 0$, de modo que $x[n - n_0]$ é uma versão atrasada de $x[n]$ (isto é, cada ponto em $x[n]$ aparece atrasado em $x[n - n_0]$).

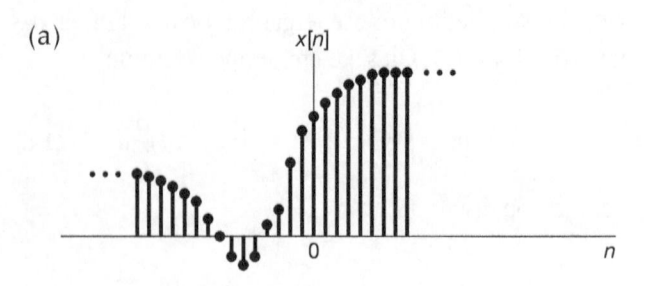

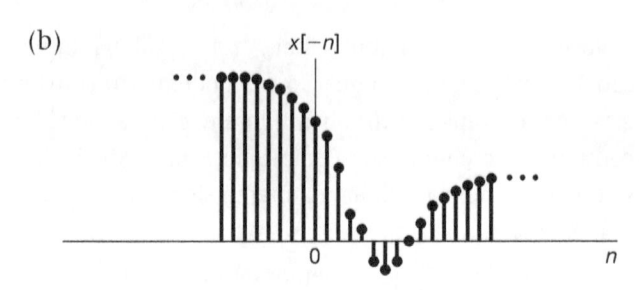

Figura 1.10 (a) Sinal de tempo discreto $x[n]$; (b) sua reflexão $x[-n]$ em relação a $n = 0$.

quaisquer dois receptores resulta em um deslocamento do tempo entre os sinais nos dois receptores.

Outra transformação básica do eixo do tempo é a *reflexão no tempo*. Por exemplo, como ilustra a Figura 1.10, o sinal $x[-n]$ é obtido a partir do sinal $x[n]$ pela reflexão em relação a $n = 0$ (isto é, espelhando o sinal). Do mesmo modo, como mostra a Figura 1.11, o sinal $x(-t)$ é obtido a partir do sinal $x(t)$ pela reflexão em relação a $t = 0$. Logo, se

$x(t)$ representa uma gravação de áudio em fita, então $x(-t)$ é a mesma gravação tocada do fim para o começo. Outra transformação é a de *mudança de escala no tempo*. Na Figura 1.12, mostramos três sinais, $x(t)$, $x(2t)$ e $x(t/2)$, que são relacionados por mudanças lineares de escala na variável independente. Se considerarmos novamente o exemplo

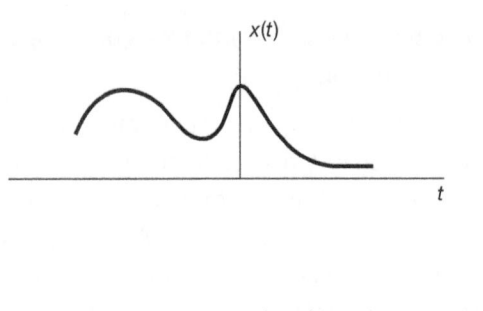

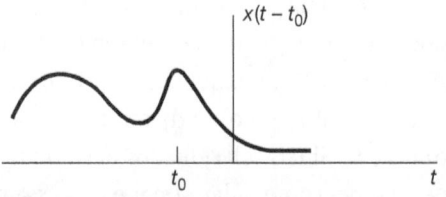

Figura 1.9 Sinais de tempo contínuo relacionados por um deslocamento no tempo. Nesta figura, $t_0 < 0$, de modo que $x(t - t_0)$ é uma versão adiantada de $x(t)$ (isto é, cada ponto em $x(t)$ aparece antes em $x(t - t_0)$).

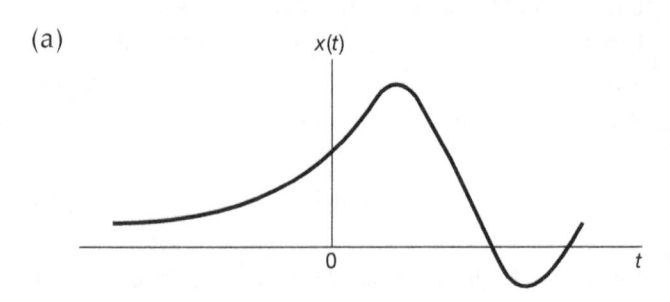

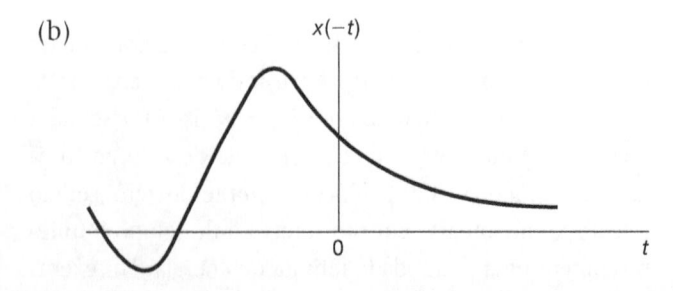

Figura 1.11 (a) Sinal de tempo contínuo $x(t)$; (b) sua reflexão $x(-t)$ em relação a $t = 0$.

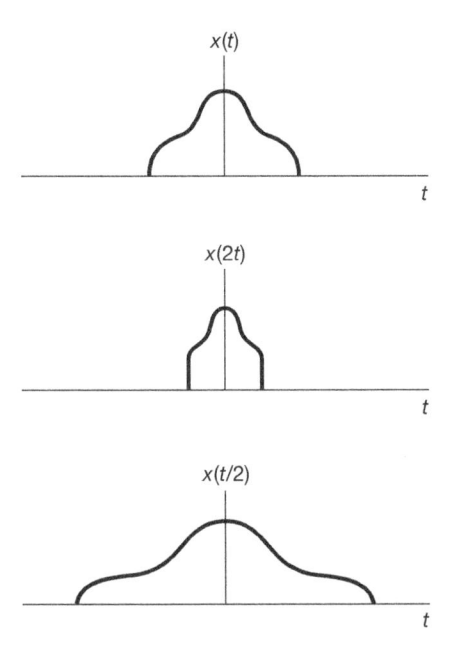

Figura 1.12 Sinais de tempo contínuo relacionados por mudança de escala no tempo.

de $x(t)$ como uma gravação em fita magnética, então $x(2t)$ será essa gravação reproduzida com o dobro da velocidade e $x(t/2)$, com a metade da velocidade.

É interessante determinar o efeito da transformação da variável independente do sinal $x(t)$ para se obter um sinal da forma $x(\alpha t + \beta)$, em que α e β são números dados. Uma transformação como esta da variável independente preserva a forma de $x(t)$, exceto pelo fato de que o sinal resultante pode ser linearmente estendido se $|\alpha| > 1$, linearmente comprimido se $|\alpha| < 1$, refletido no tempo se $\alpha < 0$, e deslocado no tempo se β for diferente de zero. Isso é ilustrado no conjunto de exemplos a seguir.

Exemplo 1.1

Dado o sinal $x(t)$ mostrado na Figura 1.13(a) (veja p. 8), o sinal $x(t + 1)$ corresponde a um adiantamento (deslocamento para a esquerda) por uma unidade ao longo do eixo t, conforme ilustra a Figura 1.13(b). Especificamente, percebemos que o valor de $x(t)$ em $t = t_0$ ocorre em $x(t + 1)$ no instante $t = t_0 - 1$. Por exemplo, o valor de $x(t)$ em $t = 1$ é encontrado em $x(t + 1)$ em $t = 1 - 1 = 0$. Igualmente, se $x(t)$ é zero para $t < 0$, temos $x(t + 1)$ igual a zero para $t < -1$. De modo semelhante, se $x(t)$ é zero para $t > 2$, $x(t + 1)$ é zero para $t > 1$.

Consideremos também o sinal $x(-t + 1)$, que pode ser obtido ao substituirmos t por $-t$ em $x(t + 1)$. Isto é, $x(-t + 1)$ é a versão em tempo refletido de $x(t + 1)$. Assim, $x(-t + 1)$ pode ser obtido graficamente espelhando-se $x(t + 1)$ em relação ao eixo t, como mostra a Figura 1.13(c).

Exemplo 1.2

Dado o sinal $x(t)$, mostrado na Figura 1.13(a), o sinal $x(\frac{3}{2} t)$ corresponde a uma compressão linear de $x(t)$ por um fator de $\frac{2}{3}$, como ilustrado na Figura 1.13(d). Notamos, especificamente, que o valor de $x(t)$ em $t = t_0$ acontece em $x(\frac{3}{2} t)$ para $t = \frac{2}{3} t_0$. Por exemplo, o valor de $x(t)$ em $t = 1$ acontece em $x(\frac{3}{2} t)$ no instante $t = \frac{2}{3}(1) = \frac{2}{3}$. Também, como $x(t)$ é zero para $t < 0$, teremos $x(\frac{3}{2} t)$ igual a zero para $t < 0$. De modo semelhante, como $x(t)$ é zero para $t > 2$, então $x(\frac{3}{2} t)$ é zero para $t > \frac{4}{3}$.

Exemplo 1.3

Suponha que gostaríamos de determinar o efeito de transformar a variável independente de um dado sinal, $x(t)$, para obter um sinal da forma $x(\alpha t + \beta)$, em que α e β são números dados. Um método sistemático de fazer isso é, primeiro, atrasar ou adiantar $x(t)$ de acordo com o valor de β e, depois, efetuar a mudança de escala no tempo e/ou a reflexão no tempo no sinal resultante de acordo com o valor de α. O sinal adiantado ou atrasado será linearmente estendido se $|\alpha| < 1$, linearmente comprimido se $|\alpha| > 1$ e refletido no tempo se $\alpha < 0$.

Para ilustrar esse método, vamos mostrar como $x(\frac{3}{2} t + 1)$ pode ser determinado para o sinal $x(t)$ exibido na Figura 1.13(a). Sendo $\beta = 1$, primeiro adiantamos (deslocamos para a esquerda) $x(t)$ de 1, como mostra a Figura 1.13(b). Sendo $|\alpha| = \frac{3}{2}$, podemos comprimir linearmente o sinal deslocado da Figura 1.13(b) por um fator de $\frac{2}{3}$ para obter o sinal mostrado na Figura 1.13(e).

Além de serem usadas na representação de fenômenos físicos como o deslocamento no tempo em um sinal de sonar ou a aceleração ou reflexão de uma fita de áudio, as transformações da variável independente são extremamente úteis na análise de sinais e sistemas. Na Seção 1.6 e no Capítulo 2, usaremos transformações da variável independente para apresentar e analisar as propriedades dos sistemas. Essas transformações também são importantes para definirmos e examinarmos algumas propriedades importantes dos sinais.

1.2.2 Sinais periódicos

Uma classe fundamental de sinais que encontraremos com frequência em todo o livro é a classe dos sinais *periódicos*. Um sinal periódico de tempo contínuo $x(t)$ tem a propriedade de que existe um valor positivo T para o qual

$$x(t) = x(t + T) \quad (1.11)$$

para todos os valores de t. Em outras palavras, um sinal periódico tem a propriedade de não se modificar pelo deslocamento no tempo de T. Nesse caso, dizemos que $x(t)$

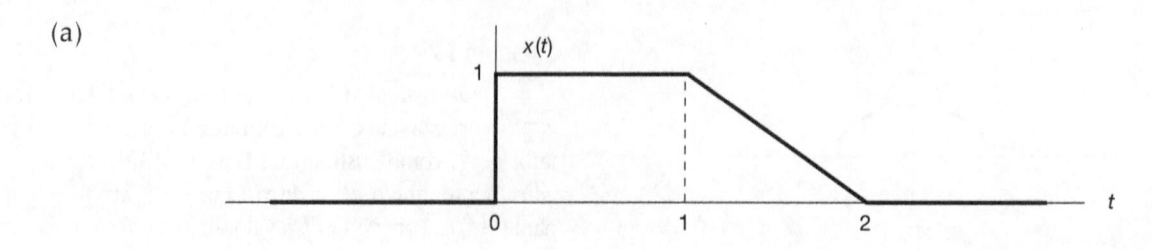

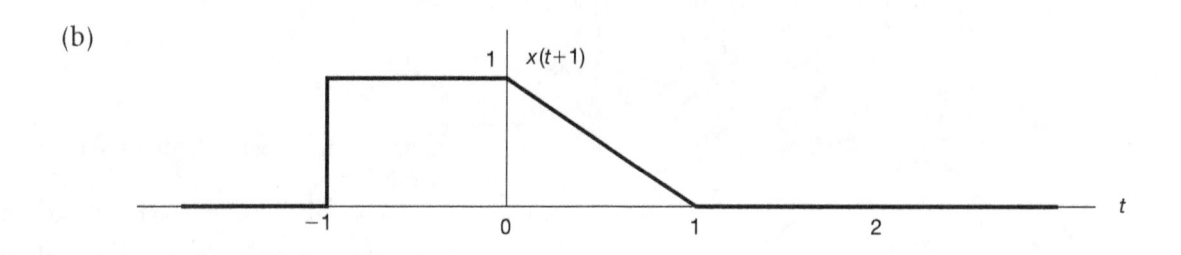

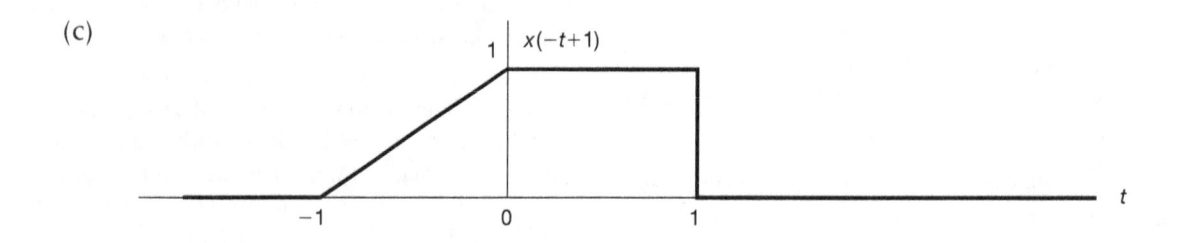

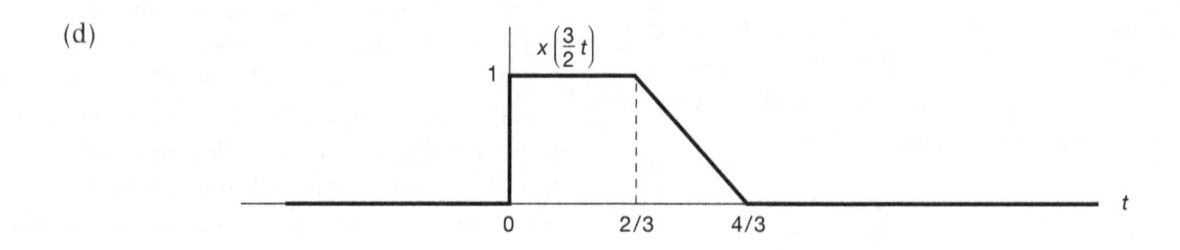

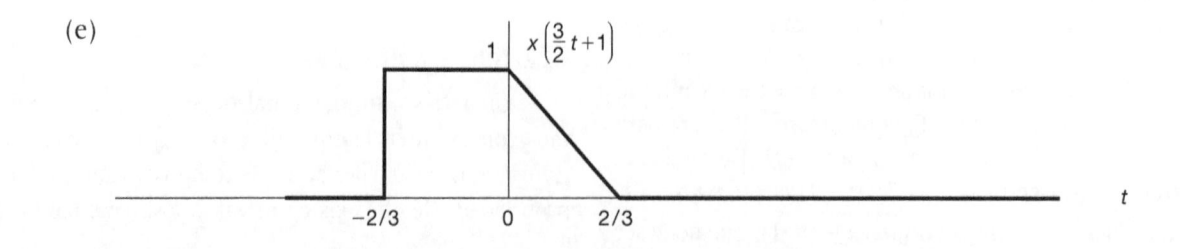

Figura 1.13 (a) Sinal de tempo contínuo $x(t)$ usado nos exemplos 1.1 a 1.3 para ilustrar as transformações da variável independente; (b) sinal deslocado no tempo $x(t+1)$; (c) sinal $x(-t+1)$ obtido por um deslocamento no tempo e uma reflexão no tempo; (d) sinal comprimido no tempo $x(\frac{3}{2}t)$ e (e) sinal $x(\frac{3}{2}t+1)$ obtido por mudança de escala e deslocamento no tempo.

é *periódico com período T*. Sinais periódicos de tempo contínuo aparecem em muitos contextos. Por exemplo, como ilustrado no Problema 2.61, as respostas naturais de sistemas em que a energia é conservada, como os circuitos *LC* ideais sem dissipação de energia resistiva e os sistemas mecânicos ideais sem perdas por atrito, são periódicas e, na verdade, são compostas de alguns dos sinais periódicos básicos que apresentaremos na Seção 1.3.

Uma ilustração de sinal periódico de tempo contínuo é dada na Figura 1.14. Podemos rapidamente inferir, a partir da figura ou da Equação 1.11, que, se $x(t)$ é periódico com período T, então $x(t) = x(t + mT)$ para todo t e para qualquer número inteiro m. Assim, $x(t)$ também é periódico com período $2T$, $3T$, $4T$,... O *período fundamental* T_0 de $x(t)$ é o menor valor positivo de T para o qual a Equação 1.11 é satisfeita. Essa definição do período fundamental é adequada, exceto se $x(t)$ for uma constante. Nesse caso, o período fundamental é indefinido, já que $x(t)$ é periódico para *qualquer* escolha de T (de modo que não há valor positivo menor). Um sinal $x(t)$ que não é periódico será chamado sinal *aperiódico*.

Os sinais periódicos são definidos de modo análogo em tempo discreto. Especificamente, um sinal de tempo discreto $x[n]$ é periódico com período N, em que N é um número inteiro positivo, se ele não é modificado por um deslocamento no tempo de N, isto é, se

$$x[n] = x[n + N] \quad (1.12)$$

para todos os valores de n. Se a Equação 1.12 é válida, então $x[n]$ também é periódico com período $2N$, $3N$,... O *período fundamental* N_0 é o menor valor positivo de N para o qual é válida a Equação 1.12. Um exemplo de sinal periódico de tempo discreto com período fundamental $N_0 = 3$ é mostrado na Figura 1.15.

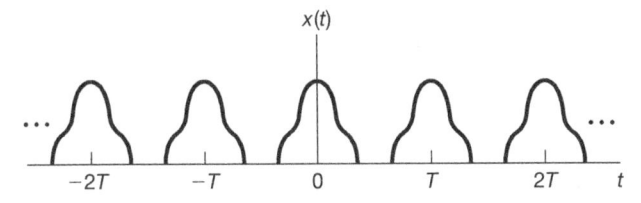

Figura 1.14 Sinal periódico de tempo contínuo.

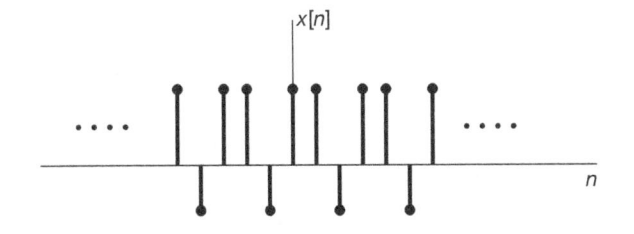

Figura 1.15 Sinal periódico de tempo discreto com período fundamental $N_0 = 3$.

Exemplo 1.4

Vamos ilustrar o tipo de problema que pode ser encontrado para determinar se dado sinal é ou não periódico. O sinal cuja periodicidade devemos verificar é dado por

$$x(t) = \begin{cases} \cos(t) & \text{se } t < 0 \\ \sen(t) & \text{se } t \geq 0 \end{cases}. \quad (1.13)$$

Sabemos pela trigonometria que $\cos(t + 2\pi) = \cos(t)$ e $\sen(t + 2\pi) = \sen(t)$. Logo, considerando $t > 0$ e $t < 0$ separadamente, vemos que $x(t)$ se repete a cada intervalo de comprimento 2π. No entanto, conforme ilustrado na Figura 1.16, $x(t)$ também tem uma descontinuidade na origem do tempo que não é recorrente em momento nenhum. Como toda característica na forma de um sinal periódico *deve* recorrer periodicamente, concluímos que o sinal $x(t)$ não é periódico.

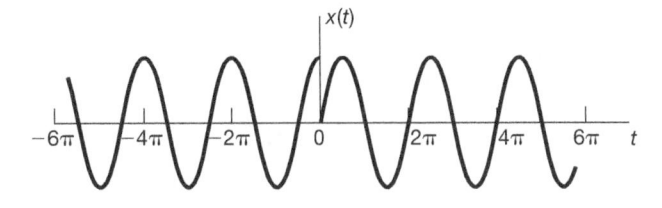

Figura 1.16 Sinal $x(t)$ considerado no Exemplo 1.4.

1.2.3 Sinais com simetria par e com simetria ímpar

Outro grupo de propriedades úteis dos sinais relaciona-se a sua simetria com relação à reflexão no tempo. Definimos um sinal $x(t)$ ou $x[n]$ como sinal com simetria *par* se ele é idêntico ao seu equivalente espelhado no tempo, isto é, ao seu reflexo em relação à origem. Em tempo contínuo, um sinal tem simetria par se

$$x(-t) = x(t), \quad (1.14)$$

enquanto um sinal de tempo discreto tem simetria par se

$$x[-n] = x[n]. \quad (1.15)$$

Um sinal é tido como de simetria *ímpar* se

$$x(-t) = -x(t), \quad (1.16)$$

$$x[-n] = -x[n]. \quad (1.17)$$

Um sinal ímpar deve necessariamente ser 0 em $t = 0$ ou $n = 0$, pois as equações 1.16 e 1.17 determinam que $x(0) = -x(0)$ e $x[0] = -x[0]$. Exemplos de sinais de tempo contínuo com simetria par e com simetria ímpar são mostrados na Figura 1.17.

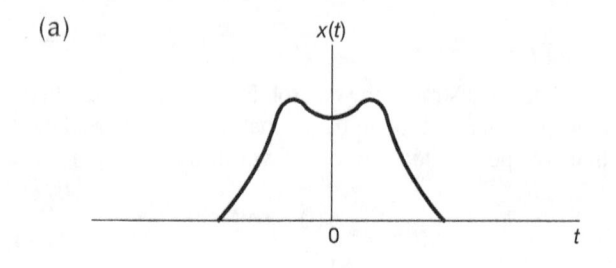

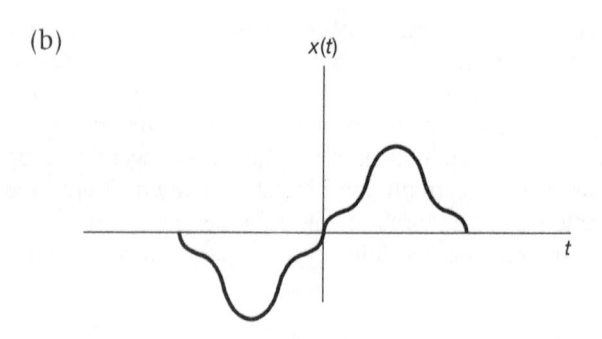

Figura 1.17 (a) Sinal de tempo contínuo com simetria par; (b) sinal de tempo contínuo com simetria ímpar.

É importante destacar que qualquer sinal pode ser decomposto em uma soma de dois sinais, um com simetria par e outro com simetria ímpar. Para entender esse fato, considere o sinal

$$\mathcal{E}v\{x(t)\} = \frac{1}{2}[x(t) + x(-t)], \qquad (1.18)$$

definido como a *parte par* de $x(t)$. De modo semelhante, a *parte ímpar* de $x(t)$ é dada por

$$\mathcal{O}d\{x(t)\} = \frac{1}{2}[x(t) - x(-t)]. \qquad (1.19)$$

É um exercício simples verificar que a parte par é de fato par, que a ímpar é de fato ímpar e que $x(t)$ é a soma das duas. Definições exatamente análogas são válidas no caso do tempo discreto. Um exemplo de decomposição par–ímpar de um sinal de tempo discreto é dado na Figura 1.18.

1.3 Sinais senoidais e exponenciais

Nesta seção e na próxima, apresentamos diversos sinais básicos de tempo contínuo e de tempo discreto. Esses sinais não só ocorrem com frequência, mas também servem como elementos básicos a partir dos quais podemos construir muitos outros sinais.

1.3.1 Sinais senoidais e exponenciais complexas de tempo contínuo

O *sinal exponencial complexo* de tempo contínuo tem a forma

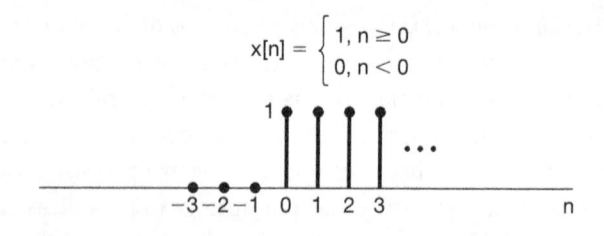

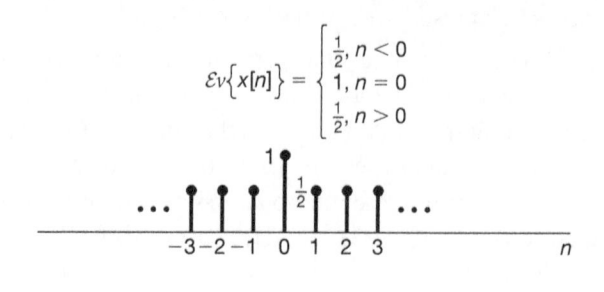

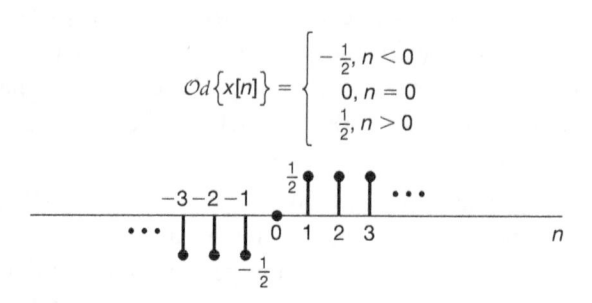

$$x(t) = C e^{at}, \qquad (1.20)$$

Figura 1.18 Exemplo de decomposição par-ímpar de um sinal de tempo discreto.

em que C e a são, em geral, números complexos. Dependendo dos valores desses parâmetros, a exponencial complexa pode assumir várias características diferentes.

Sinais exponenciais reais

Conforme ilustrado na Figura 1.19, se C e a são reais [neste caso $x(t)$ é chamado de *exponencial real*], há basicamente dois tipos de comportamento. Se a é positivo, então, enquanto t aumenta, $x(t)$ é uma exponencial crescente, uma forma usada na descrição de diferentes processos físicos, inclusive reações em cadeia em explosões atômicas e reações químicas complexas. Se a é negativo, então $x(t)$ é uma exponencial decrescente, um sinal que também é usado para descrever uma ampla variedade de fenômenos, inclusive processos de decaimento radioativo e as respostas de circuitos RC e sistemas mecânicos amortecidos. Em particular, como mostram os problemas 2.61 e 2.62, as respostas naturais do circuito na Figura 1.1 e do automóvel na Figura 1.2 são exponenciais decrescentes. Além disso, notamos que para $a = 0$, $x(t)$ é constante.

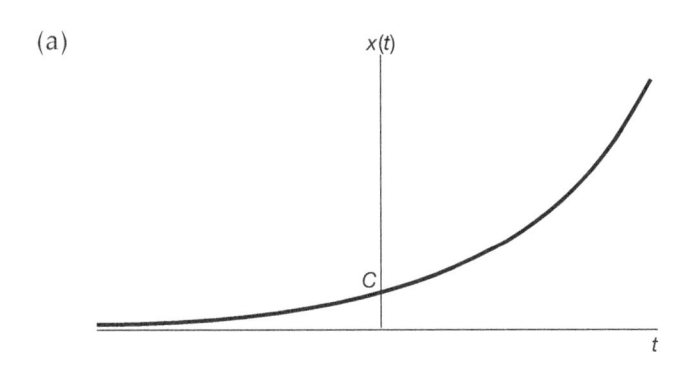

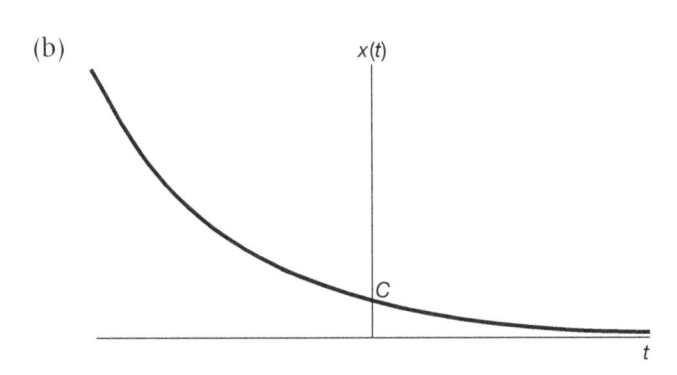

Figura 1.19 Exponencial real de tempo contínuo $x(t) = C e^{at}$: (a) $a > 0$; (b) $a < 0$.

Sinais senoidais e exponenciais complexas periódicas

Uma segunda classe importante de exponenciais complexas é obtida no caso em que a é puramente imaginário. Particularmente, considere

$$x(t) = e^{j\omega_0 t}. \quad (1.21)$$

Uma propriedade importante desse sinal é que ele é periódico. Para verificar, lembremos da Equação 1.11 em que $x(t)$ será periódico com período T se

$$e^{j\omega_0 t} = e^{j\omega_0(t + T)}. \quad (1.22)$$

Ou, como

$$e^{j\omega_0(t + T)} = e^{j\omega_0 t} e^{j\omega_0 T},$$

segue-se que para a periodicidade, devemos ter

$$e^{j\omega_0 T} = 1. \quad (1.23)$$

Se $\omega_0 = 0$, então $x(t) = 1$, que é periódico para qualquer valor de T. Se $\omega_0 \neq 0$, então o período fundamental T_0 de $x(t)$ — isto é, o menor valor positivo de T para o qual a Equação 1.23 é válida — é

$$T_0 = \frac{2\pi}{|\omega_0|}. \quad (1.24)$$

Portanto, os sinais $e^{j\omega_0 t}$ e $e^{-j\omega_0 t}$ têm o mesmo período fundamental.

Um sinal diretamente relacionado à exponencial complexa periódica é o *sinal senoidal*

$$x(t) = A\cos(\omega_0 t + \phi), \quad (1.25)$$

como ilustrado na Figura 1.20. Sendo a unidade de t em segundos, as unidades de ϕ e ω_0 são radianos e radianos por segundo, respectivamente. Também é comum escrevermos $\omega_0 = 2\pi f_0$, sendo que f_0 tem a unidade de ciclos por segundo, ou hertz (Hz). Assim como o sinal exponencial complexo, o sinal senoidal é periódico com período fundamental T_0 dado pela Equação 1.24. Sinais exponenciais complexos e sinais senoidais também são usados para descrever as características de muitos processos físicos — em particular, sistemas físicos nos quais a energia é conservada. Por exemplo, conforme mostrado no Problema 2.61, a resposta natural de um circuito LC é senoidal, bem como o movimento harmônico simples de um sistema mecânico consistindo em uma massa conectada por uma mola a uma base fixa. As variações de pressão acústica correspondentes a um único tom musical também são senoidais.

Usando a relação de Euler,[2] a exponencial complexa na Equação 1.21 pode ser escrita em termos de sinais senoidais com o mesmo período fundamental:

$$e^{j\omega_0 t} = \cos \omega_0 t + j \operatorname{sen} \omega_0 t. \quad (1.26)$$

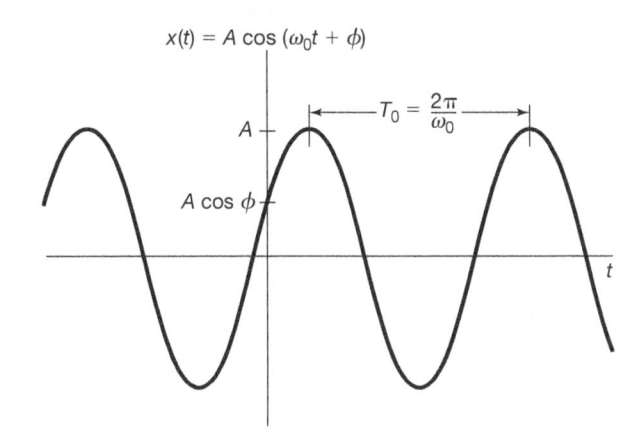

Figura 1.20 Sinal senoidal de tempo contínuo.

---

[2] A relação de Euler e outras ideias básicas relacionadas à manipulação de exponenciais e números complexos são consideradas na seção de revisão matemática dos problemas no final deste capítulo.

Do mesmo modo, o sinal senoidal da Equação 1.25 pode ser escrito em termos de exponenciais complexas periódicas, novamente com o mesmo período fundamental:

$$A\cos(\omega_0 t + \phi) = \frac{A}{2}e^{j\phi}e^{j\omega_0 t} + \frac{A}{2}e^{-j\phi}e^{-j\omega_0 t}. \quad (1.27)$$

Note que as duas exponenciais na Equação 1.27 têm amplitudes complexas. Alternativamente, podemos expressar um sinal senoidal em termos de um sinal exponencial complexo como

$$A\cos(\omega_0 t + \phi) = A\mathcal{R}e\{e^{j(\omega_0 t + \phi)}\}, \quad (1.28)$$

em que, se c é um número complexo, $\mathcal{R}e\{c\}$ denota sua parte real. Também usaremos a notação $\mathcal{I}m\{c\}$ para a parte imaginária de c, de modo que, por exemplo,

$$A\,\text{sen}(\omega_0 t + \phi) = A\,\mathcal{I}m\{e^{j(\omega_0 t + \phi)}\}. \quad (1.29)$$

A partir da Equação 1.24, vemos que o período fundamental T_0 de um sinal senoidal de tempo contínuo ou de uma exponencial periódica complexa é inversamente proporcional a $|\omega_0|$, à qual nos referiremos como *frequência fundamental*. A Figura 1.21 nos mostra graficamente o que isso significa. Se diminuímos o módulo de ω_0, reduziremos a taxa de oscilação e, com isso, aumentamos o período. Efeitos exatamente opostos ocorrem se aumentamos o módulo de ω_0. Considere agora $\omega_0 = 0$. Nesse caso, como mencionamos anteriormente, $x(t)$ é constante e, portanto, periódico com período T para todo valor positivo de T. Assim, o período fundamental de um sinal constante é indefinido. Por outro lado, não há ambiguidade em definirmos a frequência fundamental de um sinal constante como sendo zero. Ou seja, um sinal constante tem taxa de oscilação zero.

Sinais periódicos — particularmente o sinal exponencial complexo periódico na Equação 1.21 e o sinal senoidal na Equação 1.25 — são importantes exemplos de sinais com energia total infinita, mas com potência média finita. Por exemplo, considere o sinal exponencial periódico complexo da Equação 1.21 e suponha que calculemos a energia total e a potência média nesse sinal durante um período:

$$E_{\text{período}} = \int_0^{T_0} |e^{j\omega_0 t}|^2 \, dt$$

$$= \int_0^{T_0} 1 \cdot dt = T_0, \quad (1.30)$$

$$P_{\text{período}} = \frac{1}{T_0} E_{\text{período}} = 1. \quad (1.31)$$

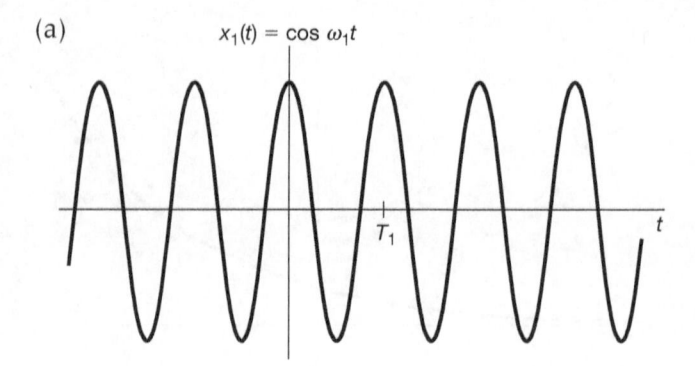

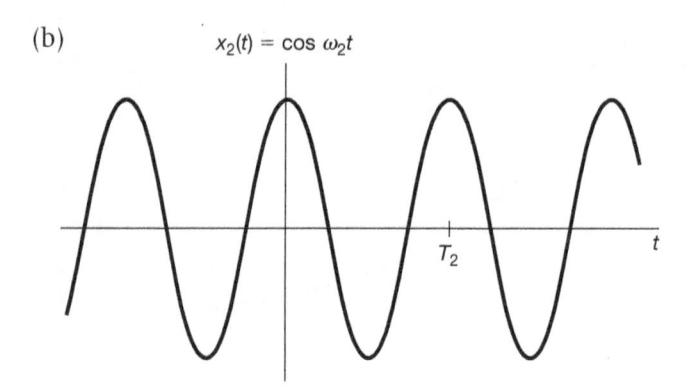

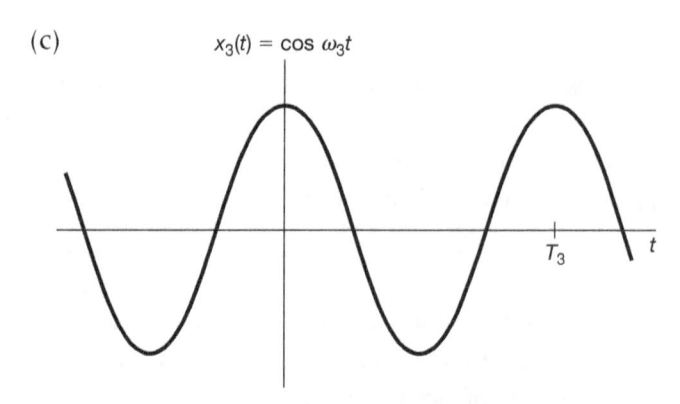

(a) $x_1(t) = \cos \omega_1 t$

(b) $x_2(t) = \cos \omega_2 t$

(c) $x_3(t) = \cos \omega_3 t$

Figura 1.21 Relação entre a frequência fundamental e o período dos sinais senoidais de tempo contínuo; aqui, $\omega_1 > \omega_2 > \omega_3$, que implica $T_1 < T_2 < T_3$.

Como há um número infinito de períodos, pois t varia de $-\infty$ a $+\infty$, a energia total integrada durante todo o tempo é infinita. No entanto, em cada período o sinal tem exatamente a mesma forma. Uma vez que a potência média do sinal é igual a 1 em cada período, a média retirada durante múltiplos períodos sempre resulta em uma potência média igual a 1. Ou seja, o sinal exponencial periódico complexo tem potência média finita igual a

$$P_\infty = \lim_{T \to \infty} \frac{1}{2T} \int_{-T}^{T} |e^{j\omega_0 t}|^2 \, dt = 1. \quad (1.32)$$

O Problema 1.3 fornece exemplos adicionais de cálculos de potência e energia para sinais periódicos e aperiódicos.

Sinais exponenciais periódicos complexos têm um papel importante na maior parte da nossa abordagem dos sinais e sistemas, em parte porque servem como elementos básicos extremamente úteis para muitos outros sinais. Será bastante útil considerarmos, também, conjuntos de sinais exponenciais complexos *harmonicamente relacionados* — isto é, conjuntos de sinais exponenciais periódicos, sendo todos periódicos com um período comum T_0. De modo mais específico, uma condição necessária para que uma exponencial complexa $e^{j\omega t}$ seja periódica com período T_0 é que

$$e^{j\omega T_0} = 1, \quad (1.33)$$

o que significa que ωT_0 é múltiplo de 2π, isto é,

$$\omega T_0 = 2\pi k, \quad k = 0, \pm 1, \pm 2, \ldots \quad (1.34)$$

Assim, se definirmos

$$\omega_0 = \frac{2\pi}{T_0}, \quad (1.35)$$

vemos que, para satisfazer a Equação 1.34, ω deve ser um número inteiro múltiplo de ω_0. Ou seja, um conjunto de exponenciais complexas harmonicamente relacionadas é um conjunto de exponenciais periódicas com frequências fundamentais que são múltiplas de uma única frequência positiva ω_0:

$$\phi_k(t) = e^{jk\omega_0 t}, \quad k = 0, \pm 1, \pm 2, \ldots \quad (1.36)$$

Para $k = 0$, $\phi_k(t)$ é uma constante, enquanto para qualquer outro valor de k, $\phi_k(t)$ é periódico com frequência fundamental $|k|\omega_0$ e período fundamental

$$\frac{2\pi}{|k|\omega_0} = \frac{T_0}{|k|}. \quad (1.37)$$

A k-ésima harmônica $\phi_k(t)$ continua sendo periódica com período T_0, também, já que qualquer intervalo de comprimento T_0 contém exatamente $|k|$ de seus períodos fundamentais.

O uso que fazemos do termo 'harmônica' é consistente com sua utilização em música, em que se refere a tons resultantes de variações na pressão acústica em frequências que são múltiplos inteiros de uma frequência fundamental. Por exemplo, o padrão das vibrações de uma corda em um instrumento como um violino pode ser descrito como uma superposição — isto é, uma soma ponderada — de exponenciais periódicas harmonicamente relacionadas. No Capítulo 3, veremos que é possível montar uma classe bem rica de sinais periódicos usando os sinais harmonicamente relacionados da Equação 1.36 como elementos básicos.

Exemplo 1.5

Às vezes é desejável expressar a soma de dois sinais exponenciais complexos como o produto de um único sinal exponencial complexo e um único sinal senoidal. Por exemplo, suponha que se deseje representar em gráfico o módulo do sinal

$$x(t) = e^{j2t} + e^{j3t}. \quad (1.38)$$

Para isso, primeiro coloca-se em evidência uma exponencial complexa do membro direito da Equação 1.38, onde a frequência desse fator exponencial é tomada como a média das frequências das duas exponenciais na soma. Fazendo isso, obtemos

$$x(t) = e^{j2,5t}(e^{-j0,5t} + e^{j0,5t}), \quad (1.39)$$

que, pela relação de Euler, pode ser reescrito como

$$x(t) = 2e^{j2,5t}\cos(0,5t). \quad (1.40)$$

A partir desta equação, obtemos diretamente uma expressão para o módulo de $x(t)$:

$$|x(t)| = 2|\cos(0,5t)|. \quad (1.41)$$

Aqui, usamos o fato de que o módulo da exponencial complexa $e^{j2,5t}$ é sempre unitário. Logo, $|x(t)|$ é o que se costuma chamar de uma senoide retificada em onda completa, como mostra a Figura 1.22.

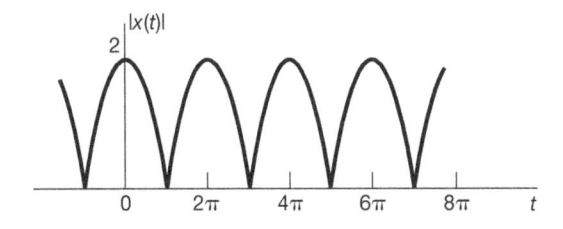

Figura 1.22 Sinal senoidal retificado em onda completa do Exemplo 1.5.

Sinais exponenciais complexos gerais

O caso mais geral de um sinal exponencial complexo pode ser expresso e interpretado em termos dos dois casos que examinamos até agora: a exponencial real e a exponencial periódica complexa. Especificamente, considere uma exponencial complexa Ce^{at}, na qual C é expresso na forma polar e a, na forma retangular. Ou seja,

$$C = |C|e^{j\theta}$$

e

$$a = r + j\omega_0$$

Então,

$$Ce^{at} = |C|e^{j\theta} e^{(r + j\omega_0)t} = |C|e^{rt} e^{j(\omega_0 t + \theta)}. \quad (1.42)$$

Usando a relação de Euler, podemos expandi-la como

$$Ce^{at} = |C|e^{rt}\cos(\omega_0 t + \theta) + j|C|e^{rt}\text{sen}(\omega_0 t + \theta). \quad (1.43)$$

Portanto, para $r = 0$, as partes real e imaginária de uma exponencial complexa são senoidais. Para $r > 0$, elas correspondem a sinais senoidais multiplicados por uma exponencial crescente, e para $r < 0$ elas correspondem a sinais senoidais multiplicados por uma exponencial decrescente. Esses dois casos são mostrados na Figura 1.23. As linhas pontilhadas na figura correspondem às funções $\pm|C|e^{rt}$. A partir da Equação 1.42, vemos que $|C|e^{rt}$ é o módulo da exponencial complexa. Assim, as curvas pontilhadas agem como uma envoltória das oscilações na figura porque os picos das oscilações só encostam nessas curvas. Dessa forma, a envoltória proporciona um modo prático para visualizarmos a tendência geral na amplitude das oscilações.

Sinais senoidais multiplicados por exponenciais decrescentes são comumente chamados *sinais senoidais amortecidos*. Exemplos de senoidais amortecidos podem ser observados na resposta dos circuitos *RLC* e em sistemas mecânicos contendo tanto forças de amortecimento quanto forças restauradoras, como sistemas de suspensão de automóveis. Esse tipo de sistema tem mecanismos que dissipam a energia (resistores, forças de amortecimento como atrito) com oscilações que diminuem com o tempo. Exemplos ilustrando sistemas desse tipo e suas respostas naturais senoidais amortecidas podem ser vistos nos problemas 2.61 e 2.62.

1.3.2 Sinais senoidais e exponenciais complexas de tempo discreto

Assim como em tempo contínuo, um importante sinal de tempo discreto é a *sequência* ou o *sinal exponencial complexo*, definido como

$$x[n] = C\alpha^n, \quad (1.44)$$

em que C e α são, em geral, números complexos. Também podemos expressar essa equação na forma

$$x[n] = Ce^{\beta n}, \quad (1.45)$$

sendo

$$\alpha = e^{\beta}.$$

Embora a forma da sequência exponencial complexa de tempo discreto dada na Equação 1.45 seja parecida à forma da exponencial de tempo contínuo, costuma ser mais conveniente expressar a sequência exponencial complexa de tempo discreto na forma da Equação 1.44.

Sinais exponenciais reais

Se C e α são reais, podemos ter diferentes tipos de comportamento, como ilustrado na Figura 1.24. Se $|\alpha| > 1$, o módulo do sinal cresce exponencialmente com n, ao passo que se $|\alpha| < 1$, temos uma exponencial decrescente. Além disso, se α é positivo, todos os valores de $C\alpha^n$ terão o mesmo sinal, mas se α é negativo, o sinal de $x[n]$ é alternado. Note também que se $\alpha = 1$, então $x[n]$ é uma constante, mas se $\alpha = -1$, o valor de $x[n]$ é alternado entre $+C$ e $-C$. Exponenciais de tempo discreto e valor real são geralmente usadas para descrever o crescimento

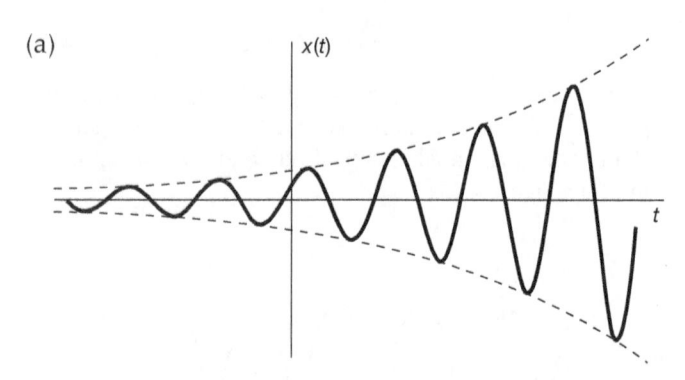

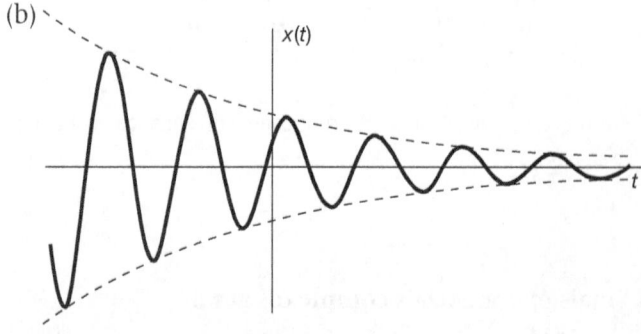

Figura 1.23 (a) Sinal senoidal crescente $x(t) = Ce^{rt}\cos(\omega_0 t + \theta)$, $r > 0$; (b) senoidal decrescente $x(t) = Ce^{rt}\cos(\omega_0 t + \theta)$, $r < 0$.

(a)

(b)

(c)

(d)

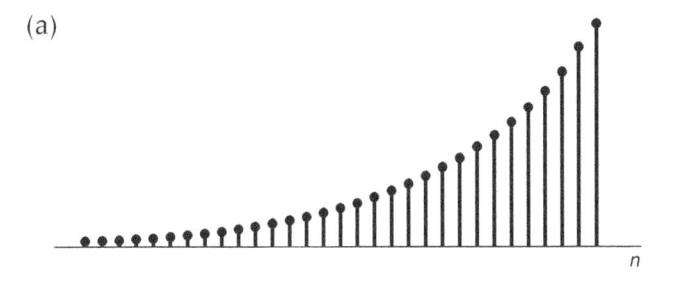

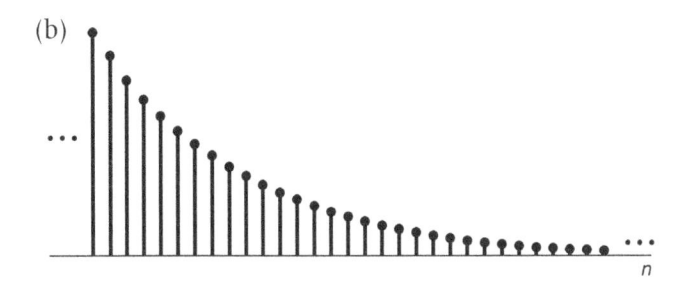

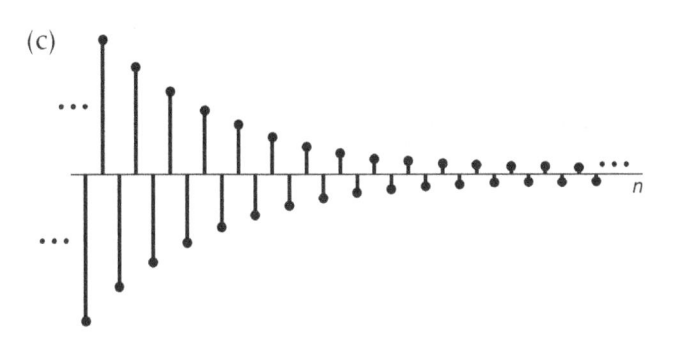

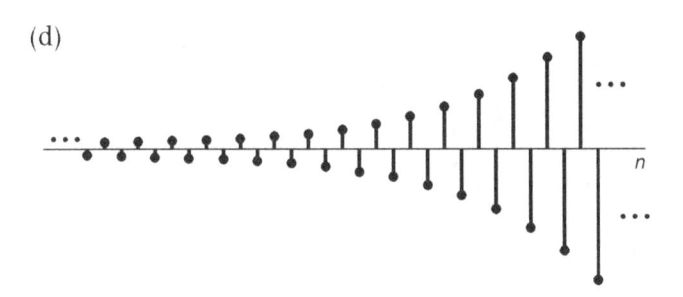

Figura 1.24 Sinal exponencial real $x[n] = C\alpha^n$: (a) $\alpha > 1$; (b) $0 < \alpha < 1$; (c) $-1 < \alpha < 0$; (d) $\alpha < -1$.

populacional de geração em geração e o rendimento total sobre o investimento como uma função de dia, mês ou quadrimestre.

Sinais senoidais

Outro importante sinal exponencial complexo é obtido pelo uso da forma dada na Equação 1.45 e restringindo β a um número puramente imaginário (de modo que $|\alpha| = 1$). Especificamente, considere

$$x[n] = e^{j\omega_0 n}. \quad (1.46)$$

Assim como em tempo contínuo, esse sinal está diretamente relacionado ao sinal senoidal

$$x[n] = A\cos(\omega_0 n + \phi). \quad (1.47)$$

Se assumimos n como adimensional, então tanto ω_0 quanto ϕ têm unidades de radianos. Três exemplos de sequências senoidais são mostrados na Figura 1.25.

Como anteriormente, a relação de Euler permite-nos relacionar senoides e exponenciais complexas:

$$e^{j\omega_0 n} = \cos \omega_0 n + j \operatorname{sen} \omega_0 n \quad (1.48)$$

e

$$A\cos(\omega_0 n + \phi) = \frac{A}{2}e^{j\phi}e^{j\omega_0 n} + \frac{A}{2}e^{-j\phi}e^{-j\omega_0 n}. \quad (1.49)$$

Os sinais nas equações 1.46 e 1.47 são exemplos de sinais de tempo discreto com energia total infinita, mas potência média finita. Por exemplo, como $|e^{j\omega_0 n}|^2 = 1$, qualquer amostra do sinal representado na Equação 1.46 contribui com 1 para a energia do sinal. Assim, a energia total para $-\infty < n < \infty$ é infinita, enquanto a potência média por amostra é obviamente igual a 1. Outros exemplos de cálculos da energia e da potência dos sinais de tempo discreto são dados no Problema 1.3.

Sinais exponenciais complexos gerais

O sinal exponencial complexo geral de tempo discreto pode ser representado e interpretado em termos de sinais senoidais e exponenciais reais. Mais especificamente, se escrevemos C e α na forma polar, isto é,

$$C = |C|e^{j\theta}$$

e

$$\alpha = |\alpha|e^{j\omega_0},$$

então

$$C\alpha^n = |C||\alpha|^n \cos(\omega_0 n + \theta) + j|C||\alpha|^n \operatorname{sen}(\omega_0 n + \theta). \quad (1.50)$$

Portanto, para $|\alpha| = 1$, a parte real e a parte imaginária de uma sequência exponencial complexa são senoidais. Para $|\alpha| < 1$ elas correspondem a sequências senoidais multiplicadas por uma sequência exponencial decrescente, ao passo que para $|\alpha| > 1$, elas correspondem a sequências senoidais multiplicadas por uma sequência exponencial crescente. Exemplos desses sinais são representados na Figura 1.26.

(a) $x[n] = \cos(2\pi n/12)$

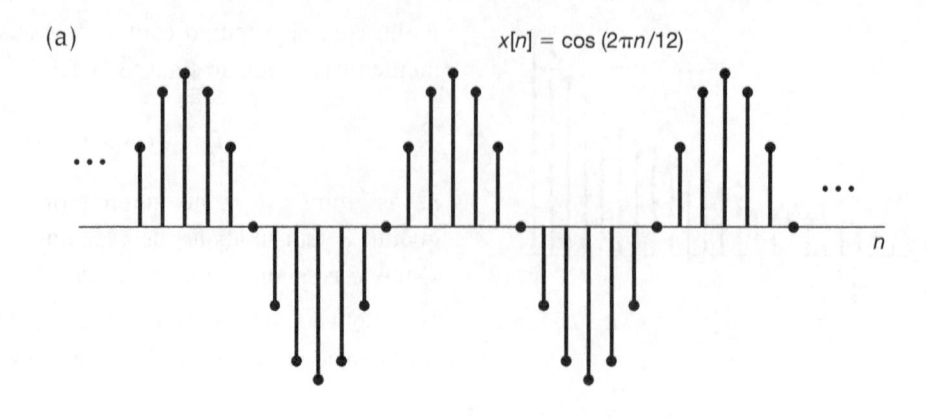

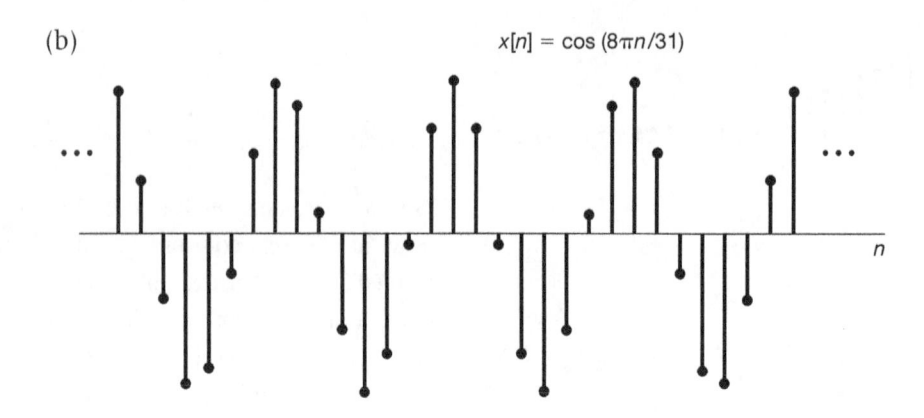

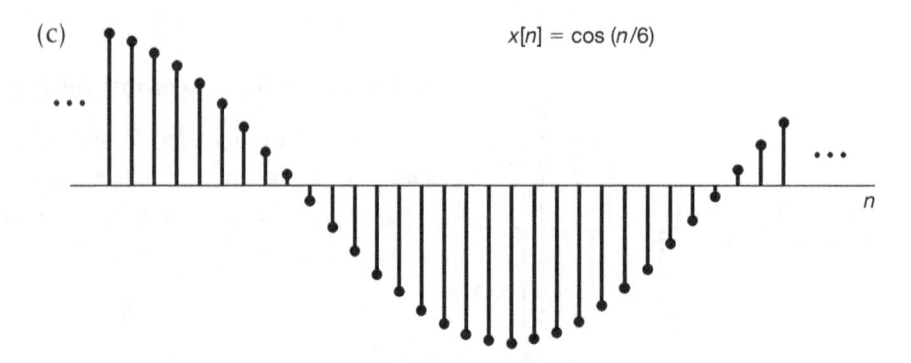

(b) $x[n] = \cos(8\pi n/31)$

(c) $x[n] = \cos(n/6)$

Figura 1.25 Sinais senoidais de tempo discreto.

1.3.3 Propriedades de periodicidade das exponenciais complexas de tempo discreto

Apesar de haver muitas semelhanças entre os sinais de tempo contínuo e os sinais de tempo discreto, também há uma quantidade significativa de diferenças. Uma dessas diferenças diz respeito aos sinais exponenciais de tempo discreto $e^{j\omega_0 n}$. Na Seção 1.3.1, identificamos as duas propriedades a seguir de seu equivalente de tempo contínuo $e^{j\omega_0 t}$: (1) quanto maior é o módulo de ω_0, maior a taxa de oscilação do sinal; e (2) $e^{j\omega_0 t}$ é periódico para qualquer valor de ω_0. Nesta seção, descrevemos as versões de tempo discreto das duas propriedades, e, como veremos, há diferenças nítidas entre cada uma delas e sua correspondente de tempo contínuo.

O fato de a primeira dessas propriedades ser diferente no tempo discreto é uma consequência direta de outra distinção extremamente importante entre exponenciais complexas de tempo contínuo e de tempo discreto. Especificamente, considere o sinal exponencial complexo de tempo discreto com frequência $\omega_0 + 2\pi$:

$$e^{j(\omega_0 + 2\pi)n} = e^{j2\pi n}e^{j\omega_0 n} = e^{j\omega_0 n}. \qquad (1.51)$$

(a)

(b)

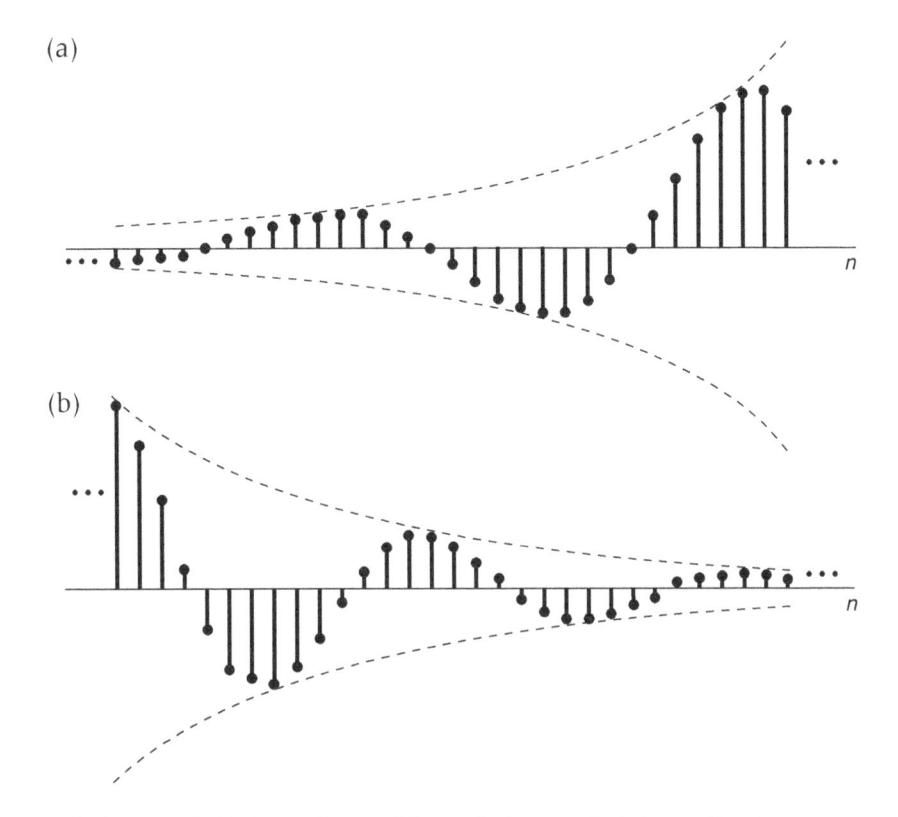

Figura 1.26 (a) Sinais senoidais crescentes de tempo discreto; (b) senoide decrescente de tempo discreto.

Da Equação 1.51, vemos que o sinal exponencial na frequência $\omega_0 + 2\pi$ é o *mesmo* na frequência ω_0. Logo, temos uma situação bem diferente do caso do tempo contínuo, em que os sinais $e^{j\omega_0 t}$ são todos distintos para valores distintos de ω_0. No tempo discreto, esses sinais não são distintos, pois o sinal de frequência ω_0 é idêntico aos sinais de frequências $\omega_0 \pm 2\pi$, $\omega_0 \pm 4\pi$ e assim por diante. Dessa forma, ao considerarmos os sinais exponenciais complexos de tempo discreto, precisamos apenas considerar ω_0 em um intervalo de comprimento 2π. De acordo com a Equação 1.51, embora qualquer intervalo de comprimento 2π possa ser usado, na maioria das vezes usaremos o intervalo $0 \leq \omega_0 < 2\pi$ ou o intervalo $-\pi \leq \omega_0 < \pi$.

Devido à periodicidade indicada na Equação 1.51, o sinal $e^{j\omega_0 n}$ *não* tem uma taxa crescente de oscilação com o aumento do módulo de ω_0. Em vez disso, como ilustra a Figura 1.27, quando aumentamos ω_0 a partir de 0, obtemos sinais que oscilam cada vez mais rápido até alcançar $\omega_0 = \pi$. À medida que continuamos a aumentar ω_0, *diminuímos* a taxa de oscilação até chegar em $\omega_0 = 2\pi$, o que gera a mesma sequência constante que $\omega_0 = 0$. Portanto, os sinais exponenciais de baixa frequência (ou seja, variação lenta) de tempo discreto têm valores de ω_0 próximos de 0, 2π e qualquer outro múltiplo par de π, e os valores das altas frequências (que correspondem a variações rápidas) estão próximos de $\omega_0 = \pm\pi$ e outros múltiplos ímpares de π. Note-se que, em particular, para $\omega_0 = \pi$ ou qualquer múltiplo ímpar de π,

$$e^{j\pi n} = (e^{j\pi})^n = (-1)^n, \quad (1.52)$$

de modo que esse sinal oscila rapidamente, mudando o sinal em todos os instantes de tempo — como ilustrado na Figura 1.27(e).

A segunda propriedade que devemos considerar diz respeito à periodicidade do sinal exponencial complexo de tempo discreto. Para que o sinal $e^{j\omega_0 N}$ seja periódico com período $N > 0$, devemos ter

$$e^{j\omega_0 (n+N)} = e^{j\omega_0 n}, \quad (1.53)$$

ou, de modo equivalente,

$$e^{j\omega_0 N} = 1. \quad (1.54)$$

Para que a Equação 1.54 seja satisfeita, $\omega_0 N$ deve ser múltiplo de 2π. Ou seja, deve haver um número inteiro m de modo que

$$\omega_0 N = 2\pi m, \quad (1.55)$$

ou, de modo equivalente,

$$\frac{\omega_0}{2\pi} = \frac{m}{N}. \quad (1.56)$$

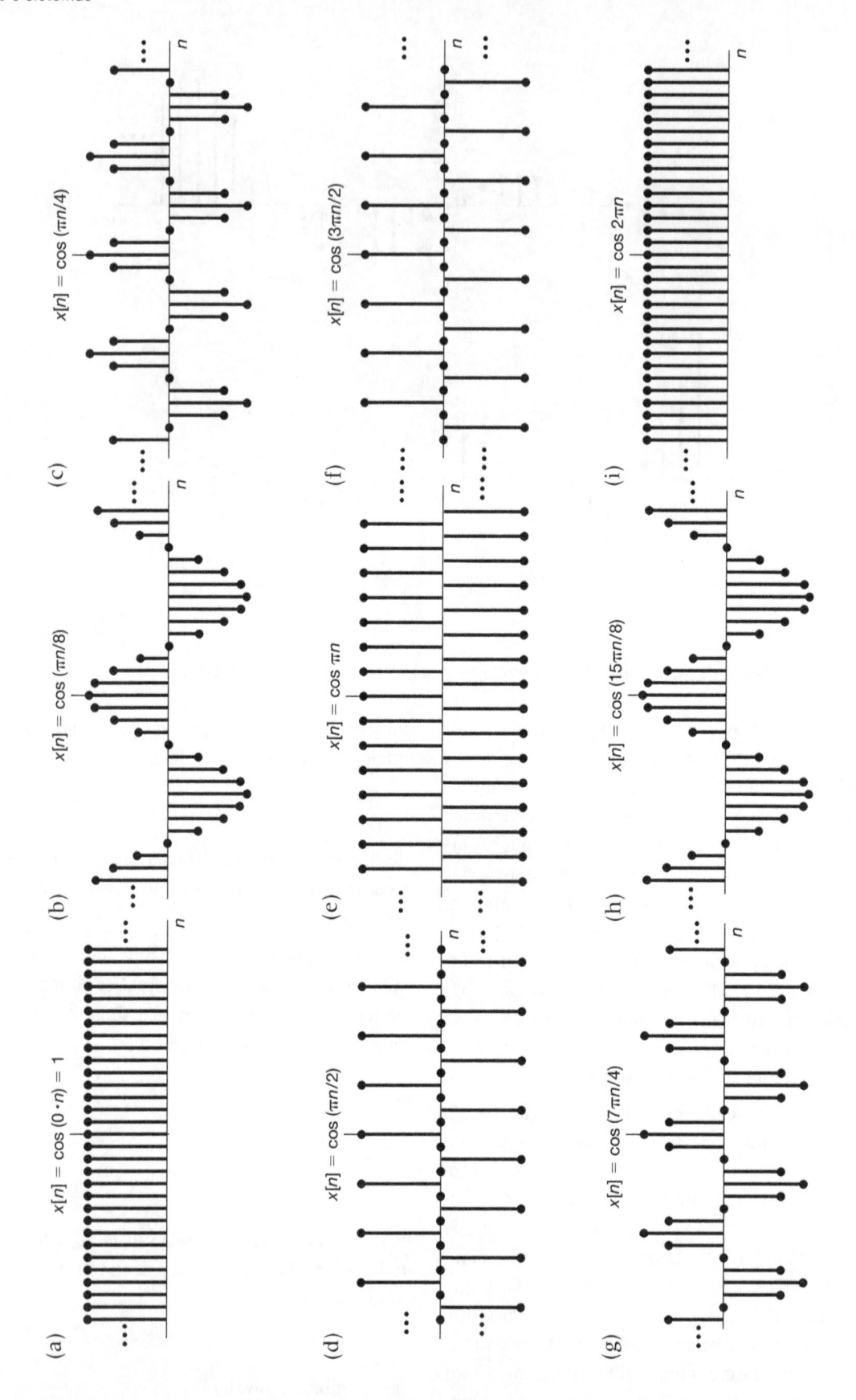

Figura 1.27 Sequências senoidais de tempo discreto para diferentes frequências.

De acordo com a Equação 1.56, o sinal $e^{j\omega_0 n}$ é periódico se $\omega_0/2\pi$ é um número racional, caso contrário, ele é não periódico. Essas mesmas observações são válidas para as sequências senoidais de tempo discreto. Por exemplo, os sinais representados na Figura 1.25(a) e (b) são periódicos, mas o sinal na Figura 1.25(c) não é.

Usando os cálculos que acabamos de fazer, também podemos determinar a frequência e o período fundamental das exponenciais complexas de tempo discreto, sendo que definimos a frequência fundamental de um sinal periódico de tempo discreto da mesma forma que fizemos no tempo contínuo. Ou seja, se $x[n]$ é periódico com período fundamental N, sua frequência fundamental é $2\pi/N$. Considere, então, uma exponencial periódica complexa $x[n] = e^{j\omega_0 n}$ com $\omega_0 \neq 0$. Como acabamos de ver, ω_0 deve satisfazer a Equação 1.56 para algum par de números inteiros m e N, sendo $N > 0$. No Problema 1.35, mostraremos que se $\omega_0 \neq 0$ e se N e m não têm nenhum fator em comum, então o período fundamental de $x[n]$ é N. Usando este fato com a Equação 1.56, encontramos que a frequência fundamental do sinal periódico $e^{j\omega_0 n}$ é

$$\frac{2\pi}{N} = \frac{\omega_0}{m}. \qquad (1.57)$$

Note-se que o período fundamental também pode ser escrito como

$$N = m\left(\frac{2\pi}{\omega_0}\right). \qquad (1.58)$$

Essas duas últimas expressões diferem novamente de suas equivalentes de tempo contínuo. Na Tabela 1.1, resumimos algumas das diferenças entre o sinal de tempo contínuo $e^{j\omega_0 t}$ e o sinal de tempo discreto $e^{j\omega_0 n}$. Note-se que, como no caso do tempo contínuo, o sinal constante de tempo discreto resultante da escolha $\omega_0 = 0$ tem uma frequência fundamental igual a zero, e seu período fundamental é indefinido.

Para compreender melhor essas propriedades, vamos examinar mais uma vez os sinais representados na Figura 1.25. Primeiro, considere a sequência $x[n] = \cos(2\pi n/12)$, mostrada na Figura 1.25(a), que podemos interpretar como um conjunto de amostras do sinal senoidal de tempo contínuo $x(t) = \cos(2\pi t/12)$ em instantes de tempo inteiros. Nesse caso, $x(t)$ é periódico com período fundamental 12 e $x[n]$ também é periódico com período fundamental 12. Ou seja, os valores de $x[n]$ repetem-se a cada 12 pontos, exatamente no mesmo passo que o período fundamental de $x(t)$.

Em contrapartida, considere o sinal $x[n] = \cos(8\pi n/31)$, representado na Figura 1.25(b), o qual pode ser visto como o conjunto de amostras de $x(t) = \cos(8\pi t/31)$ em instantes de tempo inteiros. Nesse caso, $x(t)$ é periódico com período fundamental $31/4$. Por outro lado, $x[n]$ é periódico com período fundamental 31. A razão dessa diferença é que o sinal de tempo discreto é definido somente para valores inteiros da variável independente. Por isso, não há nenhuma amostra no instante $t = 31/4$ quando $x(t)$ completa um período (começando em $t = 0$). Do mesmo modo, não há nenhuma amostra em $t = 2 \cdot 31/4$ ou $t = 3 \cdot 31/4$, quando $x(t)$ completa dois ou três períodos, mas há uma amostra em $t = 4 \cdot 31/4 = 31$, quando $x(t)$ completa *quatro* períodos. Isso pode ser visto na Figura 1.25(b), em que o padrão dos valores $x[n]$ *não* se repete a cada ciclo de valores positivos e negativos. Em vez disso, o padrão repete-se depois de quatro desses ciclos, isto é, a cada 31 pontos.

De modo semelhante, o sinal $x[n] = \cos(n/6)$ pode ser visto como um conjunto de amostras do sinal $x(t) = \cos(t/6)$ em instantes de tempo inteiros. Nesse caso, os valores de $x(t)$ em instantes de tempo inteiros nunca se repetem, uma vez que esses pontos de amostragem nun-

TABELA 1.1 Comparação dos sinais $e^{j\omega_0 t}$ e $e^{j\omega_0 n}$.

$e^{j\omega_0 t}$	$e^{j\omega_0 n}$
Sinais diferentes para valores diferentes de ω_0	Sinais idênticos para valores de ω_0 espaçados por múltiplos de 2π
Periódico para qualquer escolha de ω_0	Periódico somente se $\omega_0 = 2\pi m/N$ para valores inteiros de $N > 0$ e m
Frequência fundamental ω_0	Frequência fundamental* ω_0/m
Período fundamental $\omega_0 = 0$: indefinido $\omega_0 \neq 0$: $\frac{2\pi}{\omega_0}$	Período fundamental* $\omega_0 = 0$: indefinido $\omega_0 \neq 0$: $m\left(\frac{2\pi}{\omega_0}\right)$

*Supõe que m e N não têm fatores em comum.

ca atingem um intervalo que seja um múltiplo exato do período, 12π, de $x(t)$. Dessa forma, $x[n]$ não é periódico, apesar do olhar visualmente interpolar entre os pontos amostrados, sugerindo a envoltória $x(t)$, que é periódica. O uso do conceito de amostragem para entender a periodicidade das sequências senoidais de tempo discreto é explorado adiante no Problema 1.36.

Exemplo 1.6

Suponha que vamos determinar o período fundamental do sinal de tempo discreto

$$x[n] = e^{j(2\pi/3)n} + e^{j(3\pi/4)n}. \qquad (1.59)$$

A primeira exponencial do membro direito da Equação 1.59 tem período fundamental 3. Embora essa verificação possa ser feita a partir da Equação 1.58, há uma forma mais simples de se obter a resposta. Em particular, note que o ângulo $(2\pi/3)n$ da primeira parcela deve ser aumentado por um múltiplo de 2π para que os valores dessa exponencial comecem a se repetir. Assim, vemos imediatamente que se n for aumentado em 3, o ângulo será aumentado por um único múltiplo de 2π. Quanto à segunda parcela, vemos que aumentar o ângulo $(3\pi/4)$ em 2π exigiria que n fosse aumentado em 8/3, o que é impossível, pois n está limitado a ser um número inteiro. Da mesma forma, aumentar o ângulo em 4π exigiria um incremento não inteiro de 16/3 para n. No entanto, aumentar o ângulo em 6π requer um aumento de 8 para n; então, o período fundamental da segunda parcela é 8.

Agora, para que o sinal inteiro $x[n]$ se repita, cada uma das parcelas da Equação 1.59 deve passar por um número inteiro de seu próprio período fundamental. O menor incremento de n que satisfaz essa exigência é 24. Ou seja, durante um intervalo de 24 pontos, a primeira parcela do membro direito da Equação 1.59 passará por oito de seus períodos fundamentais, a segunda parcela por três de seus períodos fundamentais, e o sinal resultante $x[n]$ passará exatamente por um de seus períodos fundamentais.

Assim como no tempo contínuo, também é importante considerar, na análise de sinais e sistemas de tempo discreto, conjuntos de exponenciais periódicas harmonicamente relacionadas — isto é, exponenciais periódicas com um período comum N. A partir da Equação 1.56, sabemos que esses são exatamente os sinais que estão em frequências múltiplas de $2\pi/N$. Ou seja,

$$\phi_k[n] = e^{jk(2\pi/N)n}, \qquad k = 0, \pm 1, \ldots \qquad (1.60)$$

No caso do tempo contínuo, todas as exponenciais complexas harmonicamente relacionadas $e^{jk(2\pi/T)t}$, $k = 0, \pm 1, \pm 2$, ..., são distintas. No entanto, devido à Equação 1.51, este *não* é o caso em tempo discreto. Especificamente,

$$\phi_{k+N}[n] = e^{j(k+N)(2\pi/N)n}$$
$$= e^{jk(2\pi/N)n}e^{j2\pi n} = \phi_k[n]. \qquad (1.61)$$

Isso implica que há somente N exponenciais periódicas distintas no conjunto dado na Equação 1.60. Por exemplo,

$$\phi_0[n] = 1, \phi_1[n] = e^{j2\pi n/N}, \phi_2[n]$$
$$= e^{j4\pi n/N}, \ldots, \phi_{N-1}[n] = e^{j2\pi(N-1)n/N} \qquad (1.62)$$

são todos distintos, e qualquer outro $\phi_k[n]$ é idêntico a um desses (por exemplo, $\phi_N[n] = \phi_0[n]$ e $\phi_{-1}[n] = \phi_{N-1}[n]$).

1.4 Funções impulso unitário e degrau unitário

Nesta seção, apresentamos vários outros sinais elementares — especificamente, as funções impulso unitário e degrau unitário de tempo contínuo e tempo discreto — que também são bastante importantes na análise de sinais e sistemas. No Capítulo 2, veremos como podemos usar sinais de impulso unitário como elementos básicos para a construção e a representação de outros sinais. Começamos com o caso de tempo discreto.

1.4.1 Sequências impulso unitário e degrau unitário de tempo discreto

Um dos sinais de tempo discreto mais simples é o *impulso unitário* (ou *amostra unitária*), definido como

$$\delta[n] = \begin{cases} 0, & n \neq 0 \\ 1, & n = 0 \end{cases} \qquad (1.63)$$

e que é mostrado na Figura 1.28. Em todo o livro, usaremos $\delta[n]$ para nos referirmos indistintamente ao impulso unitário ou amostra unitária.

Outro sinal elementar de tempo discreto é o *degrau unitário* de tempo discreto, denotado como $u[n]$ e definido por

$$u[n] = \begin{cases} 0, & n < 0 \\ 1, & n \geq 0 \end{cases}. \qquad (1.64)$$

A sequência degrau unitário está ilustrada na Figura 1.29.

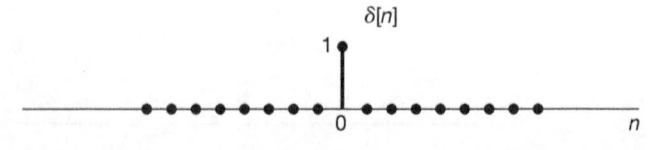

Figura 1.28 Impulso (amostra) unitário de tempo discreto.

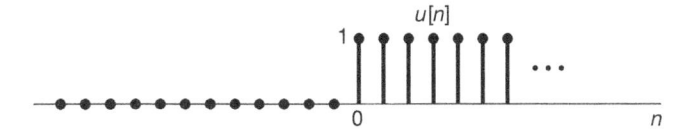

Figura 1.29 Sequência degrau unitário de tempo discreto.

Há uma relação direta entre o impulso unitário de tempo discreto e o degrau unitário de tempo discreto. Particularmente, o impulso unitário de tempo discreto é a *primeira diferença* do degrau de tempo discreto

$$\delta[n] = u[n] - u[n-1]. \quad (1.65)$$

Por outro lado, o degrau unitário de tempo discreto é a *soma cumulativa* da amostra unitária, ou seja,

$$u[n] = \sum_{m=-\infty}^{n} \delta[m]. \quad (1.66)$$

A Equação 1.66 é ilustrada graficamente na Figura 1.30. Como o único valor diferente de zero da amostra unitária está no ponto em que seu argumento é zero, vemos na figura que a soma cumulativa da Equação 1.66 é 0 para $n < 0$ e 1 para $n \geq 0$. Além disso, ao mudar a variável do somatório de m para $k = n - m$ na Equação 1.66, observamos que o degrau unitário de tempo discreto pode ser escrito em termos da amostra unitária da seguinte forma:

$$u[n] = \sum_{k=\infty}^{0} \delta[n-k],$$

ou, de modo equivalente,

$$u[n] = \sum_{k=0}^{\infty} \delta[n-k]. \quad (1.67)$$

A Equação 1.67 é ilustrada na Figura 1.31. Nesse caso, o valor diferente de zero de $\delta[n-k]$ está no valor de k igual a n, de modo que novamente percebemos que o somatório na Equação 1.67 é 0 para $n < 0$ e 1 para $n \geq 0$.

Uma interpretação da Equação 1.67 seria como uma superposição de impulsos atrasados; isto é, podemos ver a equação como a soma de um impulso unitário $\delta[n]$ em $n = 0$, um impulso unitário $\delta[n-1]$ em $n = 1$, outro, $\delta[n-2]$ em $n = 2$ etc. Faremos uso explícito dessa interpretação no Capítulo 2.

A sequência impulso unitário pode ser usada para amostrar o valor de um sinal em $n = 0$. Em particular, como $\delta[n]$ é diferente de zero (e igual a 1) somente para $n = 0$, segue que

$$x[n]\delta[n] = x[0]\delta[n]. \quad (1.68)$$

De forma geral, se consideramos um impulso unitário $\delta[n - n_0]$ em $n = n_0$, então

$$x[n]\delta[n - n_0] = x[n_0]\delta[n - n_0]. \quad (1.69)$$

A propriedade de amostragem do impulso unitário será de extrema importância nos capítulos 2 e 7.

1.4.2 Funções impulso unitário e degrau unitário de tempo contínuo

A *função degrau unitário* de tempo contínuo $u(t)$ é definida de maneira semelhante à sua correspondente de tempo discreto. Especificamente,

$$u(t) = \begin{cases} 0, & t < 0 \\ 1, & t > 0 \end{cases}, \quad (1.70)$$

como mostrado na Figura 1.32. Veja que o degrau unitário é descontínuo em $t = 0$. A *função impulso unitário* de tempo contínuo $\delta(t)$ está relacionada ao degrau uni-

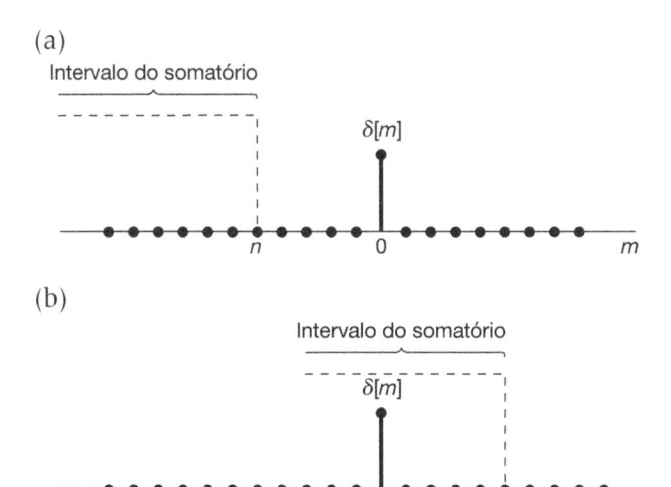

Figura 1.30 Soma cumulativa da Equação 1.66: (a) $n < 0$; (b) $n > 0$.

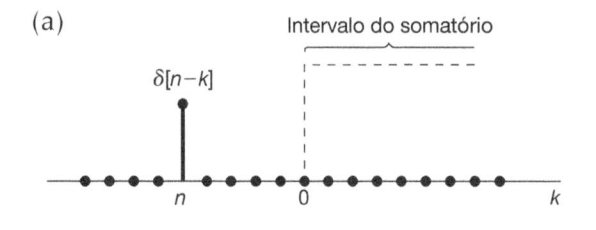

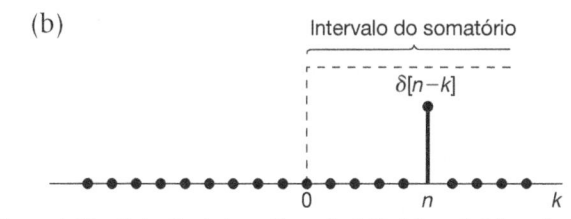

Figura 1.31 Relação dada na Equação 1.67: (a) $n < 0$; (b) $n > 0$.

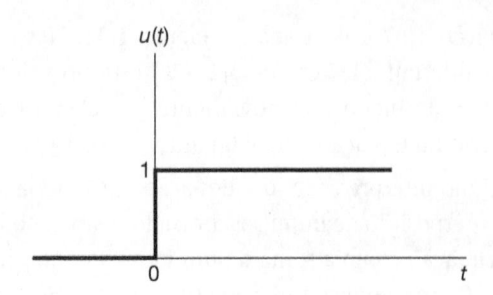

Figura 1.32 Função degrau unitário de tempo contínuo.

tário de modo análogo à relação entre as funções degrau e o impulso unitário de tempo discreto. Particularmente, o degrau unitário de tempo contínuo é a *integral cumulativa* do impulso unitário

$$u(t) = \int_{-\infty}^{t} \delta(\tau)d\tau. \quad (1.71)$$

Isso também sugere uma relação entre $\delta(t)$ e $u(t)$ análoga à expressão para $\delta[n]$ na Equação 1.65. Particularmente, segue da Equação 1.71 que o impulso unitário de tempo contínuo pode ser obtido como a *primeira derivada* do degrau unitário de tempo contínuo:

$$\delta(t) = \frac{du(t)}{dt}. \quad (1.72)$$

Em oposição ao caso de tempo discreto, há uma dificuldade formal com essa equação como uma representação da função impulso unitário, pois $u(t)$ é descontínuo em $t = 0$ e, como consequência, é formalmente não diferenciável. Podemos, no entanto, interpretar a Equação 1.72 considerando uma aproximação do degrau unitário $u_\Delta(t)$, como ilustrado na Figura 1.33, que passa do valor 0 para o valor 1 em curto intervalo de duração Δ. O degrau unitário, obviamente, muda de valor instantaneamente e, por isso, pode ser visto como uma idealização de $u_\Delta(t)$ para Δ tão curto que sua duração não tem a mínima importância para nenhum propósito prático. Formalmente, $u(t)$ é o limite de $u_\Delta(t)$ quando $\Delta \to 0$. Consideremos a derivada

$$\delta_\Delta(t) = \frac{du_\Delta(t)}{dt}, \quad (1.73)$$

como mostra a Figura 1.34.

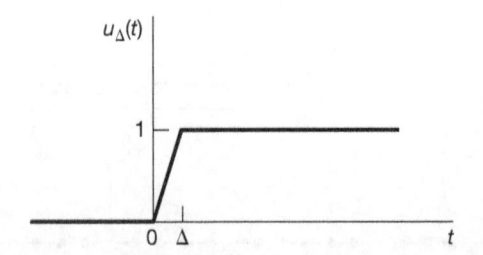

Figura 1.33 Aproximação contínua do degrau unitário, $u_\Delta(t)$.

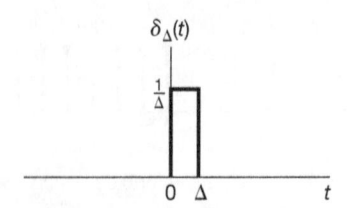

Figura 1.34 Derivada de $u_\Delta(t)$.

Note-se que $\delta_\Delta(t)$ é um pulso curto, de duração Δ e com área unitária para qualquer valor de Δ. Quando $\Delta \to 0$, $\delta_\Delta(t)$ torna-se mais estreito e mais alto, mantendo sua área unitária. Sua forma limite

$$\delta(t) = \lim_{\Delta \to 0} \delta_\Delta(t), \quad (1.74)$$

pode ser vista como uma idealização do pulso curto $\delta_\Delta(t)$ à medida que a duração Δ se torna insignificante. Como $\delta(t)$ não tem duração, mas área unitária, adotamos sua notação gráfica conforme a Figura 1.35, na qual a seta em $t = 0$ indica que a área do pulso se concentra em $t = 0$ e a altura da seta e o '1' perto dela são usados para representar a *área* do impulso. De forma geral, um impulso $k\delta(t)$ terá uma área k, portanto,

$$\int_{-\infty}^{t} k\delta(\tau)d\tau = ku(t).$$

Um impulso com área k é mostrado na Figura 1.36, em que a altura da flecha usada para descrever o impulso é escolhida como proporcional à área do impulso.

Tal como no tempo discreto, pode-se fornecer uma interpretação gráfica simples da integral da Equação 1.71; isso é mostrado na Figura 1.37. Como a área do impulso unitário de tempo contínuo $\delta(\tau)$ está concentrada em $\tau = 0$, notamos que a integral é 0 para $t < 0$ e 1 para $t > 0$. Além disso, vemos que a relação na Equação 1.71 entre o impulso e o degrau unitários de tempo contínuo pode ser reescrita de forma diferente, análoga à forma de tempo discreto na Equação 1.67, mudando a variável da integração de τ para $\sigma = t - \tau$:

$$u(t) = \int_{-\infty}^{t} \delta(\tau)d\tau = \int_{\infty}^{0} \delta(t-\sigma)(-d\sigma),$$

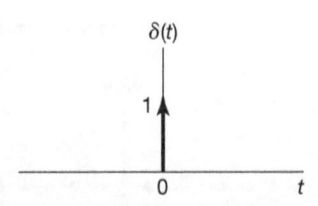

Figura 1.35 Impulso unitário de tempo contínuo.

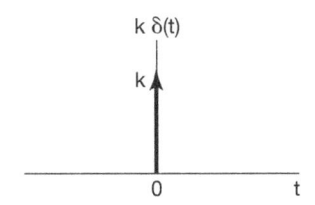

Figura 1.36 Impulso com área k.

ou, de modo equivalente,

$$u(t) = \int_0^\infty \delta(t-\sigma)d\sigma. \quad (1.75)$$

A interpretação gráfica dessa forma de relação entre $u(t)$ e $\delta(t)$ é dada na Figura 1.38. Já que, nesse caso, a área de $\delta(t - \sigma)$ está concentrada no ponto $\sigma = t$, vemos novamente que a integral na Equação 1.75 é 0 para $t < 0$ e 1 para $t > 0$. Esse tipo de interpretação gráfica do comportamento do impulso unitário sob integração será extremamente útil no Capítulo 2.

Assim como o impulso de tempo discreto, o impulso de tempo contínuo tem uma propriedade de amostragem muito importante. Em particular, por diversas razões, será útil considerar o produto de um impulso e funções de tempo contínuo $x(t)$ mais bem comportadas. A interpretação dessa quantidade é desenvolvida mais facilmente usando-se a definição de $\delta(t)$ de acordo com a Equação 1.74. Especificamente, considere

$$x_1(t) = x(t)\delta_\Delta(t).$$

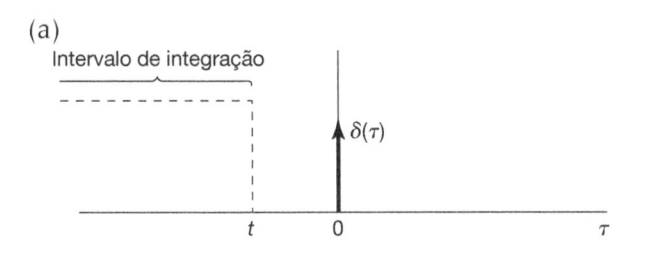

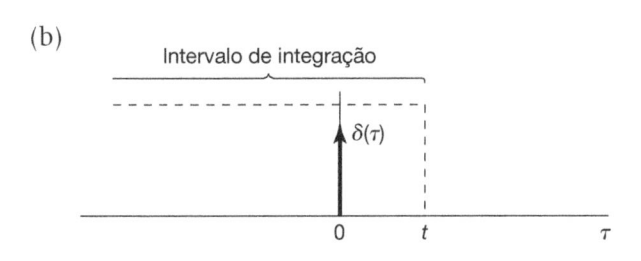

Figura 1.37 Integral cumulativa dada na Equação 1.71: (a) $t < 0$; (b) $t > 0$.

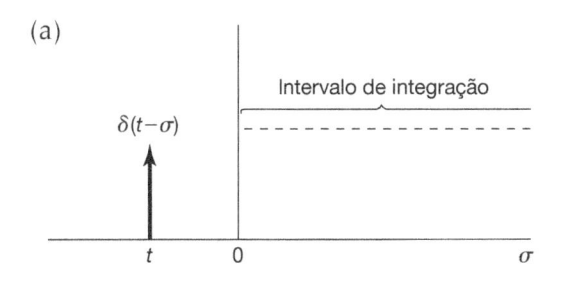

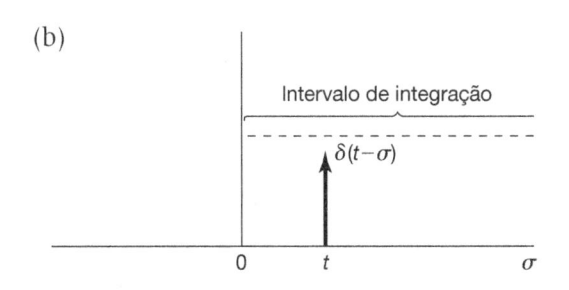

Figura 1.38 Relação dada na Equação 1.75; (a) $t < 0$; (b) $t > 0$.

Na Figura 1.39(a) esboçamos as duas funções de tempo $x(t)$ e $\delta_\Delta(t)$, e na Figura 1.39(b) temos uma visão ampliada da porção diferente de zero de seu produto. Por construção, $x_1(t)$ é zero fora do intervalo $0 \leq t \leq \Delta$. Para Δ suficientemente pequeno de modo que $x(t)$ seja aproximadamente constante nesse intervalo,

$$x(t)\delta_\Delta(t) \approx x(0)\delta_\Delta(t).$$

Visto que $\delta(t)$ é o limite de $\delta_\Delta(t)$ quando $\Delta \to 0$, segue-se que

$$x(t)\delta(t) = x(0)\delta(t). \quad (1.76)$$

Usando o mesmo argumento, temos uma expressão análoga para um impulso concentrado em um ponto arbitrário, t_0, ou seja,

$$x(t)\delta(t - t_0) = x(t_0)\delta(t - t_0).$$

Embora nossa discussão do impulso unitário nesta seção tenha sido um tanto informal, ela nos proporciona uma intuição importante sobre esse sinal que será bastante útil no decorrer de todo o livro. Como declaramos anteriormente, o impulso unitário deve ser visto como uma idealização. Como ilustramos e discutimos detalhadamente na Seção 2.5, qualquer sistema físico real tem alguma inércia associada a ele e, por essa razão, não responde instantaneamente a entradas. Consequentemente, se um pulso de duração suficientemente curta é aplicado a um sistema desse tipo, a resposta do sistema não será

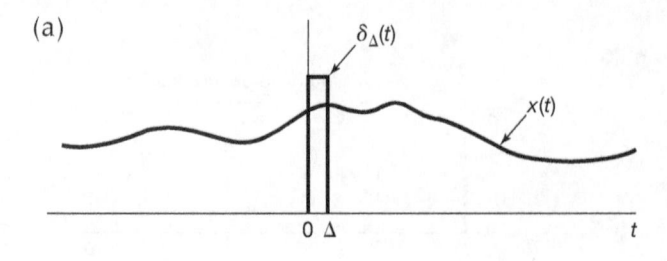

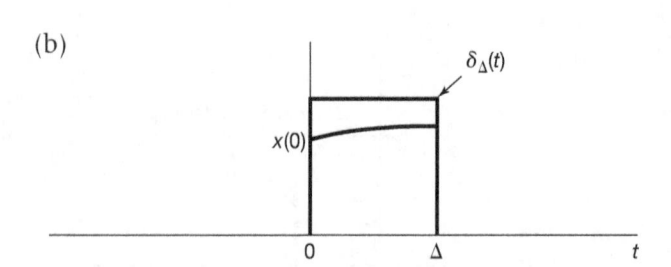

Figura 1.39 O produto $x(t)\,\delta_\Delta(t)$: (a) gráficos das duas funções; (b) visão ampliada da porção diferente de zero de seu produto.

nitidamente influenciada pela duração do pulso nem pelos detalhes do formato do pulso. Em vez disso, a característica primária do pulso que terá importância é o efeito final e integrado do pulso — isto é, sua área. Para os sistemas que respondem muito mais rápido que outros, o pulso deverá ter uma duração muito mais curta antes que os detalhes da forma do pulso ou sua duração deixem de ser importantes. No entanto, para todo sistema físico, podemos sempre encontrar um pulso que é "curto o suficiente". O impulso unitário, então, é uma idealização desse conceito — o pulso que é curto o suficiente para *qualquer* sistema. Como veremos no Capítulo 2, a resposta de um sistema ao pulso idealizado tem um papel fundamental na análise dos sinais e sistemas, e, no processo de desenvolvimento e entendimento desse papel, desenvolveremos um raciocínio mais detalhado sobre o sinal idealizado.[3]

---

[3] O impulso unitário e outras funções relacionadas (que costumam ser denominadas coletivamente como *funções de singularidade*) foram amplamente estudados no campo da Matemática com nomes alternativos de *funções generalizadas* e *teoria das distribuições*. Para discussões mais detalhadas do assunto, ver *Distribution theory and transform analysis*, de ZEMANIAN, A. H. (Nova York: McGraw-Hill Book Company, 1965); *Generalized functions*, de HOSKINS, R. F. (Nova York: Halsted Press, 1979), ou um texto mais aprofundado, *Fourier analysis and generalized functions*, de LIGHTHILL, M. J. (Nova York: Cambridge University Press, 1958). Nossa discussão das funções de singularidade na Seção 2.5 foi diretamente influenciada pela teoria matemática descrita nesses textos e, portanto, fornece uma introdução informal aos conceitos que dão suporte a esse tópico na Matemática.

Exemplo 1.7

Considere o sinal $x(t)$ com descontinuidades representado na Figura 1.40(a). Por conta da relação entre o impulso unitário de tempo contínuo e o degrau unitário, podemos com facilidade calcular e representar graficamente a derivada desse sinal. De modo mais específico, a derivada de $x(t)$ é claramente 0, exceto nas descontinuidades. No caso do degrau unitário, vimos (Equação 1.72) que a diferenciação dá origem a um impulso unitário localizado no ponto da descontinuidade. Além disso, multiplicando os dois lados da Equação 1.72 por qualquer número k, vemos que a derivada de um degrau unitário com uma descontinuidade de tamanho k dá origem a um impulso de área k no ponto da descontinuidade. Essa regra também é válida para qualquer outro sinal com um salto de descontinuidade, como $x(t)$ na Figura 1.40(a). Consequentemente, podemos esboçar sua derivada $\dot{x}(t)$, como na Figura 1.40(b), em que um impulso é colocado em cada descontinuidade de $x(t)$, com área igual ao tamanho da descontinuidade. Veja que, por exemplo, a descontinuidade de $x(t)$ em $t = 2$ tem valor de -3, de modo que um impulso com área -3 está localizado em $t = 2$ no sinal $\dot{x}(t)$.

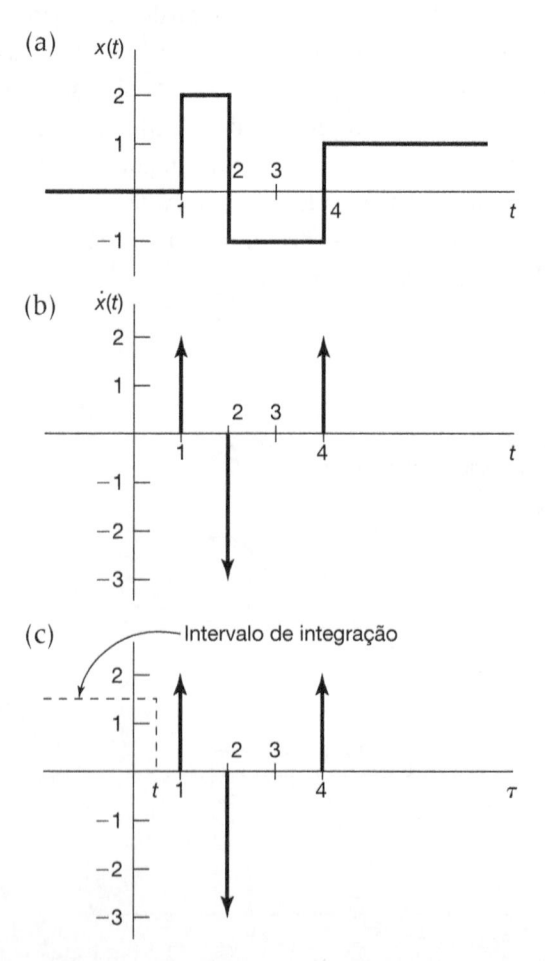

Figura 1.40 (a) Sinal descontínuo $x(t)$ analisado no Exemplo 1.7; (b) sua derivada $\dot{x}(t)$; (c) representação da reconstrução de $x(t)$ como integral de $\dot{x}(t)$, ilustrada para um valor de t entre 0 e 1.

Para conferir nosso resultado, verificamos que podemos recuperar $x(t)$ a partir de $\dot{x}(t)$. Mais especificamente, como $x(t)$ e $\dot{x}(t)$ são ambos zero para $t \leq 0$, precisamos apenas conferir que para $t > 0$,

$$x(t) = \int_0^t \dot{x}(\tau) d\tau. \qquad (1.77)$$

Conforme ilustrado na Figura 1.40(c), para $t < 1$, a integral no membro direito da Equação 1.77 é zero, pois nenhum dos impulsos que constituem $\dot{x}(t)$ está dentro do intervalo da integração. Para $1 < t < 2$, o primeiro impulso (localizado em $t = 1$) é o único dentro do intervalo da integração, e, portanto, a integral na Equação 1.77 é igual a 2, a área desse impulso. Para $2 < t < 4$, os dois primeiros impulsos estão dentro do intervalo da integração, e a integral acumula a soma de ambas as áreas, ou seja, $2 - 3 = -1$. Por fim, para $t > 4$, todos os três impulsos estão dentro do intervalo da integração, de modo que a integral é igual à soma de todas as três áreas — isto é, $2 - 3 + 2 = +1$. O resultado é exatamente o sinal $x(t)$ representado na Figura 1.40(a).

1.5 Sistemas de tempo contínuo e de tempo discreto

Os sistemas físicos, em sentido amplo, são uma interconexão de componentes, dispositivos ou subsistemas. Em contextos que vão desde as comunicações e o processamento de sinais até os motores eletromecânicos, veículos automotores e plantas de processamento químico, um *sistema* pode ser visto como um processo em que os sinais de entrada são transformados pelo sistema ou induzem o sistema a responder de alguma forma, resultando em outros sinais de saída. Por exemplo, um sistema de alta fidelidade toma um sinal de áudio gravado e gera uma reprodução daquele sinal. Se o sistema de alta fidelidade tem controles de tom, podemos mudar a qualidade tonal do sinal reproduzido. Da mesma forma, o circuito na Figura 1.1 pode ser visto como um sistema com tensão de entrada $v_s(t)$ e tensão de saída $v_c(t)$, enquanto o automóvel na Figura 1.2 pode ser tido como um sistema com entrada igual à força $f(t)$ e saída igual à velocidade $v(t)$ do veículo. Um sistema de realce de imagem transforma uma imagem de entrada em uma imagem de saída com algumas propriedades desejadas, como contraste melhorado.

Um *sistema de tempo contínuo* é um sistema em que os sinais de entrada de tempo contínuo são aplicados e resultam em sinais de saída de tempo contínuo. Os sistemas desse tipo serão representados em ilustrações, como na Figura 1.41(a), em que $x(t)$ é a entrada e $y(t)$ é a saída.

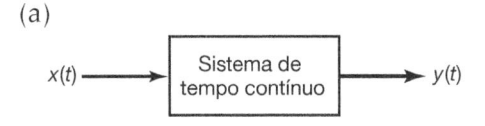

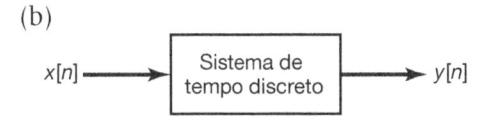

Figura 1.41 (a) Sistema de tempo contínuo; (b) sistema de tempo discreto.

Alternativamente, representaremos, de forma frequente, a relação entrada-saída de um sistema de tempo contínuo pela notação

$$x(t) \rightarrow y(t). \qquad (1.78)$$

Do mesmo modo, um *sistema de tempo discreto* — isto é, um sistema que transforma entradas de tempo discreto em saídas de tempo discreto — será esboçado como na Figura 1.41(b) e, por vezes, representado simbolicamente como

$$x[n] \rightarrow y[n]. \qquad (1.79)$$

Na maior parte deste livro, trataremos os sistemas de tempo discreto e os sistemas de tempo contínuo separadamente, mas em paralelo. No Capítulo 7, colocaremos juntos os sistemas de tempo discreto e de tempo contínuo por meio do conceito de amostragem e desenvolveremos algumas ideias sobre o uso dos sistemas de tempo discreto para processar sinais de tempo contínuo que foram amostrados.

1.5.1 Exemplos simples de sistemas

Uma das motivações mais importantes para o desenvolvimento de ferramentas gerais para a análise e o projeto de sistemas é o fato de sistemas de muitas aplicações diferentes terem descrições matemáticas muito parecidas. Para ilustrar esse fato, começamos com alguns exemplos simples.

Exemplo 1.8

Vejamos o circuito RC representado na Figura 1.1. Se consideramos $v_s(t)$ como o sinal de entrada e $v_c(t)$ como o sinal de saída, podemos usar a análise simples do circuito para obter uma equação descrevendo a relação entre a entrada e a saída. De modo explícito, a partir da lei de Ohm, a corrente

$i(t)$ que passa pelo resistor é proporcional (com proporcionalidade constante $1/R$) à queda de tensão no resistor; isto é,

$$i(t) = \frac{v_s(t) - v_c(t)}{R}. \quad (1.80)$$

Do mesmo modo, usando a relação constitutiva de um capacitor, podemos relacionar $i(t)$ à taxa de mudança com o tempo da tensão no capacitor:

$$i(t) = C \frac{dv_c(t)}{dt}. \quad (1.81)$$

Igualando o segundo membro das equações 1.80 e 1.81, obtemos uma equação diferencial que descreve a relação entre a entrada $v_s(t)$ e a saída $v_c(t)$:

$$\frac{dv_c(t)}{dt} + \frac{1}{RC} v_c(t) = \frac{1}{RC} v_s(t). \quad (1.82)$$

Exemplo 1.9

Oberve a Figura 1.2, na qual consideramos a força $f(t)$ como entrada e a velocidade $v(t)$ como saída. Se m denota a massa do automóvel e ρv a resistência devida ao atrito, então, igualando a aceleração — isto é, a derivada no tempo da velocidade — com a força resultante dividida pela massa, obtemos

$$\frac{dv(t)}{dt} = \frac{1}{m}[f(t) - \rho v(t)], \quad (1.83)$$

isto é,

$$\frac{dv(t)}{dt} + \frac{\rho}{m} v(t) = \frac{1}{m} f(t). \quad (1.84)$$

Examinando e comparando as equações 1.82 e 1.84 nos exemplos apresentados anteriormente, vemos que as relações entrada-saída representadas nessas duas equações para esses dois sistemas físicos bem diferentes são basicamente as mesmas. Particularmente, elas são exemplos de equações diferenciais lineares de primeira ordem da forma

$$\frac{dy(t)}{dt} + ay(t) = bx(t), \quad (1.85)$$

sendo $x(t)$ a entrada, $y(t)$ a saída e a e b constantes. Este é um exemplo bem simples do fato de que, ao desenvolver métodos para analisar classes gerais de sistemas como o representado pela Equação 1.85, podemos usá-los em ampla variedade de aplicações.

Exemplo 1.10

Como simples exemplo de um sistema de tempo discreto, considere um modelo de balanço mensal em uma conta bancária. Especificamente, seja $y[n]$ o saldo no fim do n-ésimo mês e suponha que $y[n]$ evolua de mês a mês segundo a equação

$$y[n] = 1{,}01 y[n-1] + x[n], \quad (1.86)$$

ou, de modo equivalente,

$$y[n] - 1{,}01 y[n-1] = x[n], \quad (1.87)$$

em que $x[n]$ representa o depósito líquido (isto é, depósito menos retiradas) durante o n-ésimo mês e o termo $1{,}01 y[n-1]$ representa o fato de acumularmos 1% de juros todo mês.

Exemplo 1.11

Como segundo exemplo, considere uma simulação digital simples da equação diferencial da Equação 1.84 na qual representamos o tempo em intervalos discretos de comprimento Δ e aproximamos $dv(t)/dt$ em $t = n\Delta$ pela primeira diferença regressiva, isto é,

$$\frac{v(n\Delta) - v((n-1)\Delta)}{\Delta}.$$

Nesse caso, fazendo $v[n] = v(n\Delta)$ e $f[n] = f(n\Delta)$, chegamos ao seguinte modelo de tempo discreto relacionando os sinais amostrados $f[n]$ e $v[n]$:

$$v[n] - \frac{m}{(m + \rho\Delta)} v[n-1] = \frac{\Delta}{(m + \rho\Delta)} f[n]. \quad (1.88)$$

Comparando as equações 1.87 e 1.88, vemos que ambas são exemplos da mesma equação de diferença linear de primeira ordem, a saber,

$$y[n] + ay[n-1] = bx[n]. \quad (1.89)$$

Como sugerem os exemplos anteriores, as descrições matemáticas de sistemas a partir de uma grande variedade de aplicações geralmente têm muito em comum, e é esse fato que fornece uma forte motivação para o desenvolvimento de ferramentas amplamente aplicáveis para a análise de sinais e sistemas. A chave para obter esse sucesso é a identificação de classes de sistemas que tenham duas características importantes: (1) os sistemas nessa classe têm propriedades e estruturas que podemos explorar para compreender seu comportamento e desenvolver ferramentas eficazes para sua análise; e (2) muitos sistemas de importância prática podem ser modelados precisamente usando sistemas dessa classe. É na primeira dessas características que a maior parte deste livro se concentra, pois desenvolvemos ferramentas para uma classe particular de sistemas definidos como sistemas lineares e invariantes no tempo. Na próxima seção, apresentaremos as propriedades que caracterizam essa classe, bem como várias outras propriedades básicas muito importantes de sistemas.

A segunda característica mencionada no parágrafo anterior é de importância evidente para que qualquer técnica de análise de sistemas tenha valor prático. É um fato bastante consolidado que uma gama muito ampla de sistemas físicos (inclusive aqueles dos exemplos 1.8 a 1.10) pode ser formulada dentro da classe de sistemas na qual nos concentramos neste livro. No entanto, um ponto crítico é que *qualquer* modelo usado na descrição ou análise de um sistema físico representa uma idealização desse sistema e, portanto, qualquer análise resultante será tão boa quanto o próprio modelo. Por exemplo, o modelo linear simples de um resistor na Equação 1.80 e de um capacitor na Equação 1.81 são idealizações. Entretanto, essas idealizações são bastante precisas para capacitores e resistores reais em muitas aplicações e, dessa forma, análises que aplicam essas idealizações fornecem conclusões e resultados úteis, desde que as tensões e correntes permaneçam dentro das condições de operação sob as quais esses modelos lineares simples são válidos. De modo semelhante, o uso de uma força linear retardadora para representar efeitos de atrito na Equação 1.83 é uma aproximação com uma faixa de validade. Consequentemente, embora não abordemos essa questão neste livro, é importante lembrar que um componente essencial da prática da engenharia quando usamos os métodos desenvolvidos aqui consiste em identificar a faixa de validade das hipóteses usadas em um modelo e garantir que toda análise ou projeto baseado naquele modelo não viole aquelas hipóteses.

1.5.2 Interconexões de sistemas

Um conceito importante que usaremos em todo o livro é o de interconexão de sistemas. Muitos sistemas reais são construídos como interconexões de diversos subsistemas. Podemos citar como exemplo um sistema de áudio, que envolve a interconexão de um receptor de rádio, um CD player ou um toca-fitas com um amplificador e uma ou mais caixas acústicas. Outros exemplos são: uma aeronave controlada digitalmente, que é a interconexão da aeronave, descrita por suas equações de movimento e as forças aerodinâmicas que a afetam; os sensores, que medem diversas variáveis da aeronave, como acelerações, taxas de rotação e rumo; um piloto automático, que responde às variáveis medidas e a entradas de comando do piloto (como a direção, a altitude e a velocidade desejadas); e os atuadores, que respondem a entradas fornecidas pelo piloto automático para usar as superfícies de controle da aeronave (leme, cauda, *ailerons*) de forma a mudar as forças aerodinâmicas na aeronave. Interpretando um sistema desse tipo como uma interconexão de seus componentes, podemos usar nosso entendimento dos componentes e de como eles estão interconectados para analisar a operação e o comportamento do sistema como um todo. Além disso, ao descrever um sistema em termos de interconexão dos subsistemas mais simples, podemos na verdade definir formas úteis para construir sistemas complexos a partir de elementos fundamentais básicos e mais simples.

Apesar de ser possível construir uma variedade de interconexões de sistemas, alguns tipos básicos são frequentemente encontrados. Uma interconexão em *série* ou *cascata* de dois sistemas é mostrada na Figura 1.42(a). Diagramas como este são chamados de *diagramas de blocos*. Aqui, a saída do Sistema 1 é a entrada para o Sistema 2, e o sistema como um todo transforma uma entrada processando-a primeiro pelo Sistema 1 e depois pelo Sistema 2. Um exemplo de interconexão em série é um receptor de rádio seguido de um amplificador. Semelhantemente, pode-se definir uma interconexão em série de três ou mais sistemas.

Uma *interconexão paralela* de dois sistemas é ilustrada na Figura 1.42(b). Aqui, o mesmo sinal de entrada é aplicado aos Sistemas 1 e 2. O símbolo '⊕' na figura significa adição, de modo que a saída da interconexão paralela é a soma das saídas dos Sistemas 1 e 2. Um exemplo de interconexão paralela é um sistema simples de áudio com vários microfones ligados a um amplificador e a um sistema de caixas acústicas único. Além da interconexão paralela simples na Figura 1.42(b), podemos definir as interconexões paralelas de mais de dois sistemas e combinar a interconexão paralela com a interconexão em cascata para obter interconexões mais complicadas. Um exemplo desse tipo de interconexão é dado na Figura 1.42(c).[4]

Outro tipo importante de interconexão de sistemas é a *interconexão com realimentação*, cujo exemplo pode ser visto na Figura 1.43. Aqui, a saída do Sistema 1 é a entrada para o Sistema 2, ao passo que a saída do Sistema 2 é realimentada e adicionada à entrada externa para produzir a entrada total do Sistema 1. Sistemas com realimentação podem ser encontrados em uma grande variedade de aplicações. Por exemplo, um sistema de piloto automático em um automóvel mede a velocidade

---

[4] Quando for apropriado, também usaremos o símbolo ⊗ em nossa representação gráfica dos sistemas para denotar a operação de multiplicação de dois sinais (ver, por exemplo, a Figura 4.26).

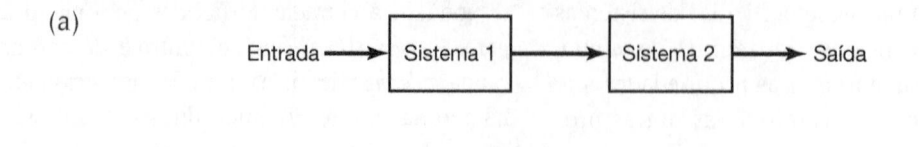

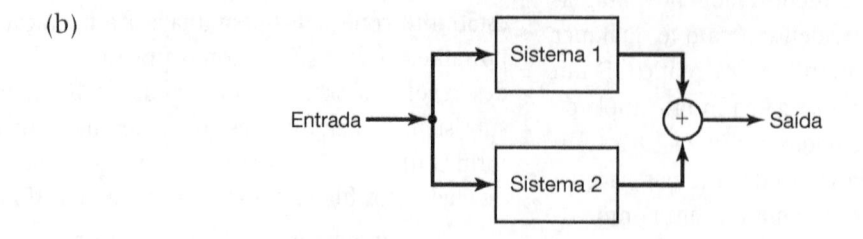

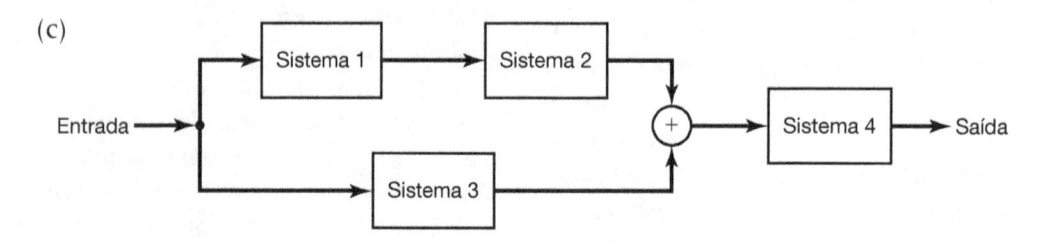

Figura 1.42 Interconexão de dois sistemas: (a) interconexão em série (cascata); (b) interconexão paralela; (c) interconexão série-paralela.

do veículo e ajusta o fluxo de combustível para manter a velocidade no nível desejado. Da mesma forma, uma aeronave controlada digitalmente é projetada, geralmente, como um sistema com realimentação no qual as diferenças entre a velocidade real e a velocidade desejada, o rumo ou a altitude são realimentados por meio do piloto automático para corrigir essas discrepâncias. Também é frequentemente útil considerar os circuitos elétricos como contendo interconexões com realimentação. Como exemplo, considere o circuito representado na Figura 1.44(a). Conforme indicado na Figura 1.44(b), esse sistema pode ser visto como uma interconexão com realimentação dos dois elementos do circuito.

1.6 Propriedades básicas de sistemas

Nesta seção, apresentamos e discutimos várias propriedades básicas dos sistemas de tempo discreto e de tempo contínuo. Essas propriedades têm interpretações físicas importantes e descrições matemáticas relativamente simples usando a linguagem de sinais e sistemas que começamos a desenvolver.

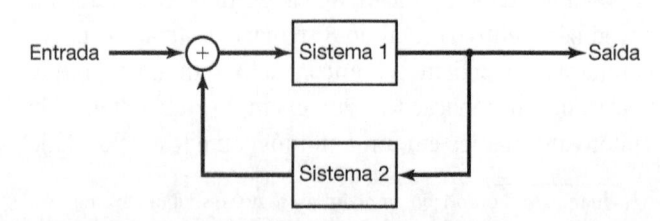

Figura 1.43 Interconexão com realimentação.

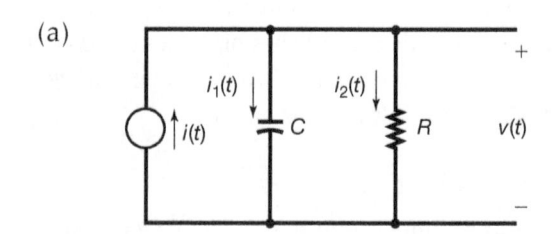

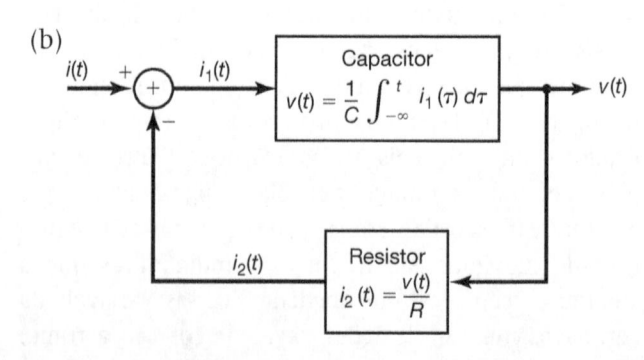

Figura 1.44 (a) Circuito elétrico simples; (b) diagrama de blocos no qual o circuito é representado como a interconexão com realimentação dos dois elementos do circuito.

1.6.1 Sistemas com e sem memória

Um sistema é dito *sem memória* se sua saída para cada valor da variável independente em um dado instante é depende da entrada somente naquele mesmo instante. Por exemplo, o sistema descrito pela relação

$$y[n] = (2x[n] - x^2[n])^2 \qquad (1.90)$$

é sem memória, pois o valor de $y[n]$ em qualquer instante particular n_0 depende somente do valor de $x[n]$ naquele mesmo instante. De forma semelhante, um resistor é um sistema sem memória; sendo a entrada $x(t)$ tida como a corrente e a tensão tida como a saída $y(t)$, a relação entrada-saída do resistor é

$$y(t) = Rx(t), \qquad (1.91)$$

em que R é a resistência. Um sistema sem memória particularmente simples é o *sistema identidade* cuja saída é idêntica à entrada. Ou seja, a relação entrada-saída para o sistema identidade de tempo contínuo é

$$y(t) = x(t),$$

e a relação correspondente de tempo discreto é

$$y[n] = x[n].$$

Um exemplo de sistema de tempo discreto com memória é um *acumulador* ou *somador*

$$y[n] = \sum_{k=-\infty}^{n} x[k], \qquad (1.92)$$

e um segundo exemplo seria o *atracador*

$$y[n] = x[n-1]. \qquad (1.93)$$

Um capacitor é um exemplo de sistema de tempo contínuo com memória, pois se a entrada é tida como a corrente, e a saída é a tensão, então

$$y(t) = \frac{1}{C} \int_{-\infty}^{t} x(\tau) d\tau, \qquad (1.94)$$

sendo C a capacitância.

Em linhas gerais, o conceito de memória em um sistema corresponde à presença de um mecanismo que retém ou guarda a informação sobre os valores de entrada em instantes que não o atual. Por exemplo, o atraso na Equação 1.93 deve reter ou guardar o valor precedente da entrada. Da mesma maneira, o acumulador na Equação 1.92 deve 'lembrar-se' ou guardar a informação sobre entradas passadas. Particularmente, o acumulador computa a soma cumulativa de todas as entradas até o instante atual e, portanto, em cada instante do tempo, o acumulador adiciona o valor de entrada atual ao valor precedente da soma cumulativa. Em outras palavras, a relação entre a entrada e a saída de um acumulador pode ser descrita como

$$y[n] = \sum_{k=-\infty}^{n-1} x[k] + x[n], \qquad (1.95)$$

ou, de maneira equivalente,

$$y[n] = y[n-1] + x[n]. \qquad (1.96)$$

Representado na forma da última equação, para obter a saída do instante corrente n, o acumulador deve lembrar-se do somatório dos valores de entrada anteriores, que é exatamente o valor precedente da saída do acumulador.

Em muitos sistemas físicos, a memória está diretamente associada ao armazenamento de energia. Por exemplo, o capacitor na Equação 1.94 armazena energia acumulando carga elétrica, representada como a integral da corrente. Portanto, o circuito RC simples no Exemplo 1.8 e na Figura 1.1 tem memória fisicamente armazenada no capacitor. Do mesmo modo, o automóvel na Figura 1.2 tem memória armazenada em sua energia cinética. Em sistemas de tempo discretos implementados com computadores ou microprocessadores digitais, a memória é tipicamente associada, de forma direta, aos registros de armazenamento que retêm valores entre os pulsos do relógio.

Apesar de o conceito de memória em um sistema geralmente sugerir o armazenamento de valores *passados* de entrada e de saída, nossa definição formal também nos leva a nos referirmos a um sistema como tendo memória se a saída corrente for dependente de valores *futuros* da entrada e da saída. Apesar de sistemas com essa dependência de valores futuros poderem, a princípio, não parecer naturais, eles, na verdade, formam uma importante classe de sistemas, como discutiremos adiante na Seção 1.6.3.

1.6.2 Sistemas inversos e invertibilidade

Dizemos que um sistema é *invertível* se entradas distintas levam a saídas distintas. Conforme a Figura 1.45(a) para o caso do tempo discreto, se um sistema é invertível, então um sistema inverso existe de modo que, quando colocado em cascata com o sistema original, produz uma saída $w[n]$ igual à entrada $x[n]$ do primeiro sistema. Portanto, a interconexão em série na Figura 1.45(a) tem uma relação entrada-saída total que é a mesma do sistema identidade.

Um exemplo de um sistema invertível de tempo contínuo é

$$y(t) = 2x(t), \qquad (1.97)$$

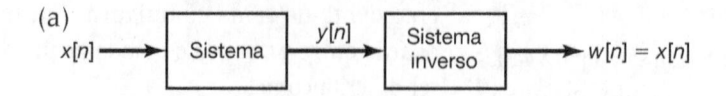

Figura 1.45 Conceito de um sistema inverso para: (a) um sistema invertível geral; (b) sistema invertível descrito pela Equação 1.97; (c) sistema invertível definido na Equação 1.92.

para o qual o sistema inverso é

$$w(t) = \frac{1}{2} y(t). \quad (1.98)$$

Esse exemplo é ilustrado na Figura 1.45(b). Outro exemplo de sistema invertível é o acumulador da Equação 1.92. Para esse sistema, a diferença entre dois valores sucessivos da saída é precisamente o último valor de entrada. Portanto, nesse caso, o sistema inverso é

$$w[n] = y[n] - y[n-1], \quad (1.99)$$

como ilustrado na Figura 1.45(c). Exemplos de sistemas não invertíveis são

$$y[n] = 0, \quad (1.100)$$

isto é, o sistema que produz a sequência de saída igual a zero para qualquer sequência de entrada, e

$$y(t) = x^2(t), \quad (1.101)$$

caso em que não podemos determinar o sinal da entrada a partir do conhecimento da saída.

O conceito de invertibilidade é importante em muitos contextos. Um exemplo pode ser observado em sistemas de codificação usados em muitas aplicações de comunicações. Em um sistema desse tipo, um sinal que queremos transmitir é aplicado como entrada em um sistema conhecido como codificador. Há muitas razões para essa codificação, desde o desejo de se criptografar a mensagem original por segurança ou para a comunicação privada até o objetivo de dar alguma redundância ao sinal (por exemplo, acrescentando o que chamamos bits de paridade), de modo que quaisquer erros que ocorram na transmissão possam ser detectados e, possivelmente, corrigidos. Para uma codificação *sem perdas*, a entrada do codificador deve ser recuperável a partir da saída, isto é, o codificador deve ser invertível.

1.6.3 Causalidade

Um sistema é *causal* se a saída, em qualquer tempo, depender dos valores da entrada somente nos instantes presente e passados. Um sistema assim frequentemente é chamado de sistema *não antecipativo*, pois a saída do sistema não antecipa valores futuros da entrada. Consequentemente, se duas entradas para um sistema causal são idênticas até determinado ponto no tempo t_0 ou n_0, as saídas correspondentes também devem ser iguais até esse mesmo instante. O circuito *RC* da Figura 1.1 é causal, visto que a tensão do capacitor responde apenas aos valores presentes e passados da fonte de tensão. Da mesma forma, o movimento de um automóvel é causal, pois ele não antecipa ações futuras do motorista. Os sistemas descritos nas equações 1.92 a 1.94 também são causais, mas os sistemas definidos por

$$y[n] = x[n] - x[n+1] \quad (1.102)$$

e

$$y(t) = x(t+1) \quad (1.103)$$

não são. Todos os sistemas sem memória são causais, porque a saída responde somente ao valor corrente da entrada.

Embora os sistemas causais sejam de grande importância, eles não constituem, de modo algum, os únicos sistemas de significância prática. Por exemplo, a causalidade nem sempre é uma restrição essencial em aplicações nas quais a variável independente não é o tempo, como no processamento de imagens. Além disso, quando processamos dados que foram gravados previamente, como costuma acontecer com sinais de fala, geofísicos ou meteorológicos, entre muitos outros, não estamos limitados ao processamento causal. Dando outro exemplo, em muitas aplicações, incluindo análises históricas do mercado de ações e estudos demográficos, podemos estar interessados em determinar uma tendência que varia lentamente nos dados que também contêm flutuações de alta frequência sobre aquela tendência. Nesse caso, é comum optar-se pelo cálculo da média dos dados sobre um intervalo para suavizar as flutuações e manter somente a tendência. Um exemplo de sistema de média não causal é

$$y[n] = \frac{1}{2M+1}\sum_{k=-M}^{+M} x[n-k]. \quad (1.104)$$

Exemplo 1.12

Ao verificar a causalidade de um sistema, é importante observar cuidadosamente a relação entrada-saída. Para ilustrar alguns problemas envolvidos nessa tarefa, vamos verificar a causalidade de dois sistemas particulares.

O primeiro sistema é definido por

$$y[n] = x[-n]. \quad (1.105)$$

Veja que a saída $y[n_0]$ em um tempo positivo n_0 depende apenas do valor do sinal de entrada $x[-n_0]$ no tempo $(-n_0)$, que é negativo e, portanto, no passado de n_0. Poderíamos concluir precipitadamente neste ponto que o dado sistema é causal. No entanto, devemos sempre ter cuidado e testar a relação entrada-saída para *todos* os instantes. Em particular, para $n < 0$, por exemplo, $n = -4$, vemos que $y[-4] = x[4]$, de modo que a saída nesse instante depende de um valor futuro da entrada. Logo, o sistema não é causal.

Também é importante distinguir cuidadosamente os efeitos da entrada dos efeitos de quaisquer outras funções usadas na definição do sistema. Por exemplo, considere o sistema

$$y(t) = x(t)\cos(t+1). \quad (1.106)$$

Nesse sistema, a saída em qualquer tempo t é igual à entrada naquele mesmo tempo multiplicada por um número que varia com o tempo. Mais especificamente, podemos reescrever a Equação 1.106 como

$$y(t) = x(t)g(t),$$

sendo $g(t)$ uma função que varia no tempo, a saber $g(t) = \cos(t+1)$. Portanto, somente o valor da entrada $x(t)$ influencia o valor corrente da saída $y(t)$, e concluímos que esse sistema é causal (e, na verdade, sem memória).

1.6.4 Estabilidade

Estabilidade é outra propriedade importante dos sistemas. Informalmente, um sistema estável é aquele em que pequenas entradas levam a respostas que não são divergentes. Por exemplo, considere o pêndulo na Figura 1.46(a), no qual a entrada é a força aplicada $x(t)$ e a saída é o desvio angular $y(t)$ a partir da vertical. Nesse caso, a gravidade aplica uma força restauradora que tende a fazer que o pêndulo regresse para a posição vertical, e as perdas por atrito devido a resistência do ar tendem a desacelerá-lo. Consequentemente, se uma pequena força $x(t)$ é aplicada, o desvio resultante da vertical também será pequeno. Em contraste, para o pêndulo invertido na Figura 1.46(b), o efeito da gravidade é aplicar uma força que tende a *aumentar* o desvio da vertical. Portanto, uma pequena força aplicada leva a um grande desvio vertical que faz que o pêndulo caia, independentemente de quaisquer forças de retardamento devido ao atrito.

O sistema na Figura 1.46(a) é um exemplo de sistema estável, e o sistema na Figura 1.46(b), instável. Modelos para reações em cadeia ou para crescimento populacional com distribuição de suprimentos ilimitada e nenhum predador, por exemplo, são sistemas instáveis, pois a resposta ao sistema cresce sem limites em resposta a pequenas entradas. Outro exemplo de sistema instável é o modelo para o balanço de uma conta bancária na Equação 1.86, pois se for feito um depósito inicial (isto

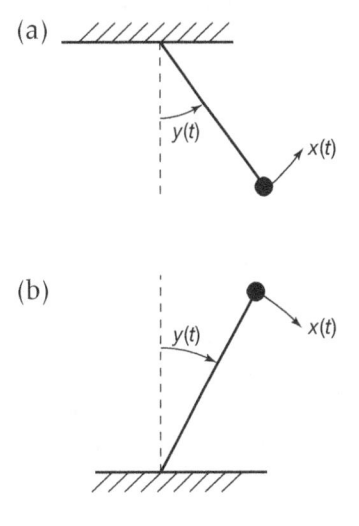

Figura 1.46 (a) Pêndulo estável; (b) pêndulo invertido instável.

é, $x[0]$ = um montante positivo) e não houver retiradas posteriores, o depósito crescerá todos os meses sem limite por causa do efeito composto do pagamento de juros.

Também há inúmeros exemplos de sistemas estáveis. A estabilidade dos sistemas físicos geralmente resulta da presença de mecanismos que dissipam energia. Por exemplo, assumindo valores positivos para os componentes no circuito RC simples do Exemplo 1.8, o resistor dissipa energia, e esse circuito é um sistema estável. O sistema no Exemplo 1.9 também é estável por causa da dissipação de energia por meio do atrito.

Os exemplos anteriores ajudam-nos a compreender o conceito de estabilidade. Mais formalmente, se a entrada para um sistema estável é limitada (isto é, se seu módulo não cresce sem limites), então a saída também deve ser limitada e, portanto, não pode divergir. Esta é a definição de estabilidade que usaremos em todo o livro. Por exemplo, considere a aplicação de uma força constante $f(t) = F$ ao automóvel da Figura 1.2, com o veículo inicialmente em repouso. Nesse caso, a velocidade do carro aumentará, mas não sem limite, pois a força de retardo por atrito também aumenta com a velocidade. Na verdade, a velocidade continuará crescendo até que a força de atrito entre em equilíbrio exato com a força aplicada; então, a partir da Equação 1.84, vemos que esse valor da velocidade terminal V deve satisfazer

$$\frac{\rho}{m}V = \frac{1}{m}F, \quad (1.107)$$

isto é,

$$V = \frac{F}{\rho}. \quad (1.108)$$

Como outro exemplo, considere o sistema de tempo discreto definido pela Equação 1.104 e suponha que a entrada $x[n]$ seja limitada em módulo por um número, digamos, B, para todos os valores de n. Então, o maior valor possível para o módulo de $y[n]$ também é B, porque $y[n]$ é a média de um conjunto finito de valores da entrada. Portanto, $y[n]$ é limitado e o sistema é estável. Por outro lado, considere o acumulador descrito pela Equação 1.92. Ao contrário do sistema na Equação 1.104, esse sistema soma *todos* os valores passados da entrada em vez de apenas um conjunto finito de valores, e o sistema é instável, pois a soma pode crescer continuamente mesmo se $x[n]$ for limitado. Por exemplo, se a entrada para o acumulador for um degrau unitário $u[n]$, a saída será

$$y[n] = \sum_{k=-\infty}^{n} u[k] = (n+1)u[n].$$

Ou seja, $y[0] = 1, y[1] = 2, y[2] = 3$ e assim por diante, e $y[n]$ cresce sem limite.

∎

Exemplo 1.13

Para verificarmos se um sistema é instável quando suspeitamos disso, basta usar a estratégia útil de procurar por uma entrada limitada *específica* que leva a uma saída ilimitada. Encontrar um exemplo desse tipo permite-nos concluir que o sistema é instável. Se tal exemplo não existe ou é difícil de ser encontrado, devemos verificar a estabilidade usando um método que não utiliza exemplos específicos de sinais de entrada. Para ilustrar essa abordagem, vamos verificar a estabilidade de dois sistemas,

$$S_1: y(t) = tx(t) \quad (1.109)$$

e

$$S_2: y(t) = e^{x(t)}. \quad (1.110)$$

Procurando um contraexemplo específico para refutar a estabilidade, podemos tentar entradas limitadas simples, como uma constante ou um degrau unitário. Para o sistema S_1 na Equação 1.109, uma entrada constante $x(t) = 1$ resulta em $y(t) = t$, que é ilimitado, pois não importa que constante escolhamos, $|y(t)|$ excederá essa constante para algum t. Concluímos que o sistema S_1 é instável.

Para o sistema S_2, que é estável, seríamos incapazes de encontrar uma entrada limitada que resultasse em uma saída ilimitada. Então, devemos verificar que todas as entradas limitadas resultam em saídas limitadas. Especificamente, suponhamos que B seja um número positivo arbitrário, e que $x(t)$ seja um sinal arbitrário limitado por B; ou seja, não estamos supondo nada sobre $x(t)$ exceto que

$$|x(t)| < B, \quad (1.111)$$

ou

$$-B < x(t) < B, \quad (1.112)$$

para todo t. Usando a definição de S_2 na Equação 1.110, vemos que se $x(t)$ satisfaz a Equação 1.111, então $y(t)$ deve satisfazer

$$e^{-B} < |y(t)| < e^{B}. \quad (1.113)$$

Concluímos que, se qualquer entrada para S_2 é limitada por um número positivo arbitrário B, estará garantido que a saída correspondente é limitada por e^B. Portanto, S_2 é estável.

∎

Os conceitos e as propriedades dos sistemas que apresentamos até agora nesta seção são de grande importância, e examinaremos algumas delas mais detalhadamente neste livro. No entanto, ainda faltam duas propriedades adicionais — invariância no tempo e linearidade — que representam um papel fundamental nos próximos capítulos; no restante desta seção apresentaremos discussões iniciais desses conceitos muito importantes.

1.6.5 Invariância do tempo

Conceitualmente, um sistema é *invariante no tempo* se o comportamento e as características do sistema são fixos ao longo do tempo. Por exemplo, o circuito *RC* da Figura 1.1 é invariante no tempo se os valores de resistência e capacitância *R* e *C* são constantes no decorrer do tempo: Esperaríamos obter amanhã exatamente os mesmos resultados de um experimento que fizemos hoje com esse circuito. Por outro lado, se os valores de *R* e *C* são modificados ou flutuam ao longo do tempo, então esperamos que os resultados de nosso experimento dependam do instante em que ele é executado. De maneira semelhante, se o coeficiente de atrito *b* e a massa *m* do automóvel na Figura 1.2 são constantes, esperamos que o veículo responda da mesma forma independentemente de quando o dirigimos. Por outro lado, se enchemos o porta-malas do automóvel com malas pesadas em um dia, e assim aumentarmos *m*, esperamos que o carro se comporte de maneira diferente em outros instantes, quando não estiver extremamente carregado.

A propriedade da invariância no tempo pode ser descrita de forma bem simples nos termos da linguagem de sinais e sistemas que apresentamos. Especificamente, um sistema é invariante no tempo se um deslocamento no tempo do sinal de entrada resulta em um deslocamento no tempo idêntico no sinal de saída. Ou seja, se $y[n]$ é a saída de um sistema invariante no tempo e de tempo discreto quando $x[n]$ é a entrada, então $y[n - n_0]$ é a saída quando $x[n - n_0]$ é aplicado. No tempo contínuo, sendo $y(t)$ a saída correspondente à entrada $x(t)$, um sistema invariante no tempo terá $y(t - t_0)$ como saída quando $x(t - t_0)$ for a entrada.

Para ver como determinar se um sistema é ou não invariante no tempo, e para compreender um pouco mais essa propriedade, considere os seguintes exemplos:

Exemplo 1.14

Considere o sistema de tempo contínuo definido por

$$y(t) = \text{sen}[x(t)]. \quad (1.114)$$

Para verificar se esse sistema é *invariante no tempo*, devemos determinar se a propriedade de invariância no tempo é válida para *qualquer* entrada e para *qualquer* deslocamento no tempo t_0. Portanto, consideremos $x_1(t)$ como uma entrada arbitrária para esse sistema, e seja

$$y_1(t) = \text{sen}[x_1(t)] \quad (1.115)$$

a saída correspondente. Então, consideremos uma segunda entrada obtida pelo deslocamento invariante $x_1(t)$ no tempo:

$$x_2(t) = x_1(t - t_0). \quad (1.116)$$

A saída correspondente a essa entrada é

$$y_2(t) = \text{sen}[x_2(t)] = \text{sen}[x_1(t - t_0)]. \quad (1.117)$$

De modo semelhante, a partir da Equação 1.115,

$$y_1(t - t_0) = \text{sen}[x_1(t - t_0)]. \quad (1.118)$$

Comparando as equações 1.117 e 1.118, vemos que $y_2(t) = y_1(t - t_0)$ e que, portanto, esse sistema é *invariante no tempo*.

Exemplo 1.15

Como segundo exemplo, considere o sistema de tempo discreto

$$y[n] = nx[n]. \quad (1.119)$$

Trata-se de um sistema variante no tempo, fato que pode ser verificado usando-se o mesmo procedimento formal utilizado no exemplo anterior (ver Problema 1.28). No entanto, quando se suspeita que um sistema seja variante no tempo, um método bastante útil para tirar a dúvida é procurar um contraexemplo — isto é, usar nossa intuição para encontrar um sinal de entrada para o qual a condição de invariância no tempo seja violada. Em particular, o sistema neste exemplo representa um sistema com um ganho variante no tempo. Por exemplo, se sabemos que o valor corrente da entrada é 1, não podemos determinar o valor corrente de saída sem conhecer o tempo corrente.

Consequentemente, considere o sinal de entrada $x_1[n] = \delta[n]$, que produz uma saída $y_1[n]$ idêntica a 0 (já que $n\delta[n] = 0$). No entanto, a entrada $x_2[n] = \delta[n - 1]$ gera a saída $y_2[n] = n\delta[n - 1] = \delta[n - 1]$. Dessa forma, enquanto $x_2[n]$ é uma versão deslocada de $x_1[n]$, $y_2[n]$ não é uma versão deslocada de $y_1[n]$.

Enquanto o sistema no exemplo anterior tem um ganho variante no tempo e, como resultado, é um sistema variante no tempo, o sistema na Equação 1.97 tem um ganho constante e, de fato, é invariante no tempo. Outros exemplos de sistemas invariantes no tempo são dados pelas equações 1.91 a 1.104. No exemplo seguinte é apresentado um sistema variante no tempo de tempo contínuo.

Exemplo 1.16

Considere o sistema

$$y(t) = x(2t). \quad (1.120)$$

Este sistema representa uma mudança de escala no tempo. Ou seja, $y(t)$ é uma versão comprimida no tempo (por um fator de 2) de $x(t)$. Intuitivamente, então, todo deslocamento no tempo na entrada também será comprimido por um fator de 2, e é por essa razão que o sistema não é invariante no tempo. Para demonstrar isso por meio de um contraexemplo, considere a entrada $x_1(t)$ mostrada na Figura 1.47(a) e a saída resultante $y_1(t)$ representada na Figura 1.47(b). Se deslocamos a entrada de 2 — isto é, consideramos $x_2(t) = x_1(t-2)$, como mostra a Figura 1.47(c) — obtemos a saída resultante $y_2(t) = x_2(2t)$ mostrada na Figura 1.47(d). Comparando as figuras 1.47(d) e (e), notamos que $y_2(t) \neq y_1(t-2)$, de modo que o sistema não é invariante no tempo. (De fato, $y_2(t) = y_1(t-1)$, portanto o deslocamento no tempo da saída só tem metade do tamanho que deveria ter para a invariância no tempo devido à compressão no tempo causada pelo sistema.)

1.6.6 Linearidade

Um *sistema linear*, de tempo contínuo ou tempo discreto, é um sistema que tem a importante propriedade de superposição: se uma entrada consiste de uma soma ponderada de diversos sinais, então a saída é a superposição — isto é, a soma ponderada — das respostas do sistema a cada um desses sinais. Mais precisamente, suponhamos que $y_1(t)$ seja a resposta de um sistema de tempo contínuo a uma entrada $x_1(t)$, e que $y_2(t)$ seja a saída correspondente à entrada $x_2(t)$. Então, o sistema é linear se:

1. A resposta a $x_1(t) + x_2(t)$ é $y_1(t) + y_2(t)$.
2. A resposta a $ax_1(t)$ é $ay_1(t)$, em que a é qualquer constante complexa.

A primeira das duas propriedades é conhecida como propriedade da *aditividade*; a segunda é conhecida como propriedade da mudança de escala ou *homogeneidade*. Embora tenhamos feito essa descrição usando sinais de tempo contínuo, a mesma definição é válida em tempo discreto. Os sistemas especificados pelas equações 1.91 a 1.100, 1.102 a 1.104 e 1.119 são lineares, enquanto os definidos pelas equações 1.101 e 1.114 são não lineares. Note-se que um sistema pode ser linear sem ser invariante no tempo, como na Equação 1.119, e pode ser invariante no tempo sem ser linear, como nas equações 1.101 e 1.114.

As duas propriedades definindo um sistema linear podem ser combinadas em uma única relação:

tempo contínuo: $ax_1(t) + bx_2(t) \rightarrow ay_1(t) + by_2(t)$, (**1.121**)

tempo discreto: $ax_1[n] + bx_2[n] \rightarrow ay_1[n] + by_2[n]$. (**1.122**)

Aqui, a e b são constantes complexas quaisquer. Além disso, torna-se bastante claro, a partir da definição de linearidade, que se $x_k[n]$, $k = 1, 2, 3,...$, é um conjunto de entradas para um sistema linear de tempo discreto com saídas correspondentes $y_k[n]$, $k = 1, 2, 3,...$, então a resposta a uma combinação linear dessas entradas dada por

$$x[n] = \sum_k a_k x_k[n]$$
$$= a_1 x_1[n] + a_2 x_2[n] + a_3 x_3[n] + \dots \quad (1.123)$$

é

$$y[n] = \sum_k a_k y_k[n]$$
$$= a_1 y_1[n] + a_2 y_2[n] + a_3 y_3[n] + \dots \quad (1.124)$$

Esse fato bem importante é conhecido como *propriedade de superposição*, que vale para sistemas lineares de tempo discreto e de tempo contínuo.

Uma consequência direta da propriedade de superposição é que, para os sistemas lineares, uma entrada que é zero o tempo todo resulta em uma saída que é zero o tempo todo. Por exemplo, se $x[n] \rightarrow y[n]$, então a propriedade de homogeneidade nos diz que

$$0 = 0 \cdot x[n] \rightarrow 0 \cdot y[n] = 0. \quad (1.125)$$

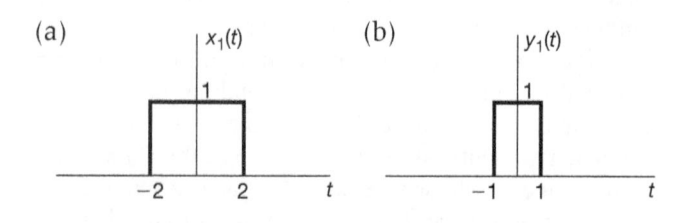

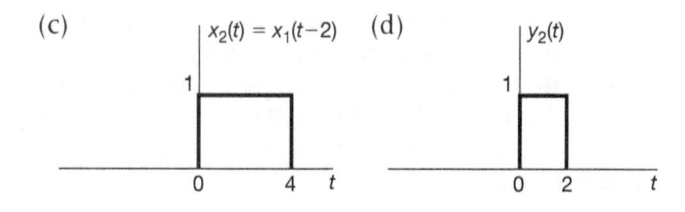

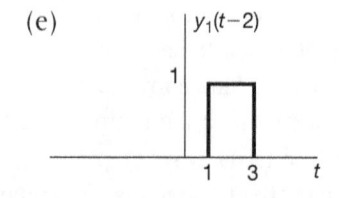

Figura 1.47 (a) Entrada $x_1(t)$ para o sistema do Exemplo 1.16; (b) saída $y_1(t)$ correspondente a $x_1(t)$; (c) entrada deslocada $x_2(t) = x_1(t-2)$; (d) saída $y_2(t)$ correspondente a $x_2(t)$; (e) sinal deslocado $y_1(t-2)$. Note-se que $y_2(t) \neq y_1(t-2)$, mostrando que o sistema não é invariante no tempo.

Nos próximos exemplos, ilustramos como a linearidade de dado sistema pode ser verificada diretamente pela aplicação da definição.

Exemplo 1.17

Considere um sistema S cuja entrada $x(t)$ e a saída $y(t)$ são relacionadas por

$$y(t) = tx(t)$$

Para determinar se S é linear ou não, consideramos duas entradas arbitrárias $x_1(t)$ e $x_2(t)$.

$$x_1(t) \to y_1(t) = tx_1(t)$$
$$x_2(t) \to y_2(t) = tx_2(t)$$

Suponhamos que $x_3(t)$ seja uma combinação linear de $x_1(t)$ e $x_2(t)$. Ou seja,

$$x_3(t) = ax_1(t) + bx_2(t)$$

em que a e b são escalares arbitrários. Se $x_3(t)$ é a entrada para S, então a saída correspondente pode ser expressa como

$$\begin{aligned} y_3(t) &= tx_3(t) \\ &= t(ax_1(t) + bx_2(t)) \\ &= atx_1(t) + btx_2(t) \\ &= ay_1(t) + by_2(t) \end{aligned}$$

Concluímos que o sistema S é linear.

Exemplo 1.18

Vamos aplicar o procedimento de verificação da linearidade do exemplo anterior para outro sistema S cuja entrada $x(t)$ e a saída $y(t)$ são relacionadas por

$$y(t) = x^2(t)$$

Definindo $x_1(t)$, $x_2(t)$ e $x_3(t)$ como no exemplo anterior, temos

$$x_1(t) \to y_1(t) = x_1^2(t)$$
$$x_2(t) \to y_2(t) = x_2^2(t)$$

e

$$\begin{aligned} x_3(t) \to y_3(t) &= x_3^2(t) \\ &= (ax_1(t) + bx_2(t))^2 \\ &= a^2 x_1^2(t) + b^2 x_2^2(t) + 2ab x_1(t)x_2(t) \\ &= a^2 y_1(t) + b^2 y_2(t) + 2ab x_1(t)x_2(t) \end{aligned}$$

Claramente, podemos especificar $x_1(t)$, $x_2(t)$, a e b de tal forma que $y_3(t)$ não é o mesmo que $ay_1(t) + by_2(t)$. Por exemplo, se $x_1(t) = 1$, $x_2(t) = 0$, $a = 2$ e $b = 0$, então $y_3(t) = [2x_1(t)]^2 = 4$, mas $2y_1(t) = 2[x_1(t)]^2 = 2$. Concluímos que o sistema S é não linear.

Exemplo 1.19

Ao verificar a linearidade de um sistema, é importante lembrar que o sistema deve satisfazer a propriedade de homogeneidade e de aditividade, e que é permitido que os sinais, bem como quaisquer constantes de mudança de escala, sejam complexos. Para enfatizar a importância desses pontos, considere o sistema especificado por

$$y[n] = \mathcal{Re}\{x[n]\}. \quad (1.126)$$

Como mostrado no Problema 1.29, esse sistema é aditivo; no entanto, ele não satisfaz a propriedade de homogeneidade, como demonstraremos agora. Seja

$$x_1[n] = r[n] + js[n] \quad (1.127)$$

uma entrada complexa arbitrária com partes real e imaginária $r[n]$ e $s[n]$, respectivamente, de modo que a saída correspondente é

$$y_1[n] = r[n]. \quad (1.128)$$

Agora, considere a mudança de escala de $x_1[n]$ por um número complexo, por exemplo, $a = j$; isto é, considere a entrada

$$\begin{aligned} x_2[n] &= jx_1[n] = j(r[n] + js[n]) \\ &= -s[n] + jr[n]. \end{aligned} \quad (1.129)$$

A saída correspondente a $x_2[n]$ é

$$y_2[n] = \mathcal{Re}\{x_2[n]\} = -s[n], \quad (1.130)$$

que não é igual à versão com mudança de escala de $y_1[n]$,

$$ay_1[n] = jr[n]. \quad (1.131)$$

Concluímos que o sistema viola a propriedade de homogeneidade e que, por isso, não é linear.

Exemplo 1.20

Considere o sistema

$$y[n] = 2x[n] + 3. \quad (1.132)$$

Esse sistema não é linear, como pode ser verificado de diversas maneiras. Por exemplo, o sistema viola a propriedade de aditividade: Se $x_1[n] = 2$ e $x_2[n] = 3$, então

$$x_1[n] \to y_1[n] = 2x_1[n] + 3 = 7, \quad (1.133)$$

$$x_2[n] \to y_2[n] = 2x_2[n] + 3 = 9. \quad (1.134)$$

No entanto, a resposta a $x_3[n] = x_1[n] + x_2[n]$ é

$$y_3[n] = 2[x_1[n] + x_2[n]] + 3 = 13, \quad (1.135)$$

que não é igual a $y_1[n] + y_2[n] = 16$. Por outro lado, como $y[n] = 3$ se $x[n] = 0$, vemos que o sistema viola a propriedade "entrada-nula/saída-nula" dos sistemas lineares dada pela Equação 1.125.

Pode ser surpreendente que o sistema no exemplo apresentado não seja linear, já que a Equação 1.132 é linear. Por outro lado, como mostra a Figura 1.48, a saída desse sistema pode ser representada como a soma da saída de um sistema linear e outro sinal igual à *resposta à entrada nula* do sistema. Para o sistema na Equação 1.132, o sistema linear é

$$x[n] \to 2x[n],$$

e a resposta à entrada nula é

$$y_0[n] = 3.$$

Na verdade, há classes amplas de sistemas de tempo contínuo e de tempo discreto que podem ser representadas como na Figura 1.48 — ou seja, para as quais a saída do sistema de modo geral consiste na superposição da resposta de um sistema linear com uma resposta à entrada nula. Conforme mostra o Problema 1.47, sistemas desse tipo correspondem à classe dos *sistemas lineares incrementais* — isto é, sistemas de tempo contínuo ou discreto que respondem linearmente a *mudanças* na entrada. Em outras palavras, a *diferença* entre as respostas a quaisquer duas entradas para um sistema linear incremental é uma função linear (isto é, aditiva e homogênea) da *diferença* entre duas entradas. Por exemplo, se $x_1[n]$ e $x_2[n]$ são duas entradas para o sistema especificado pela Equação 1.132 e se $y_1[n]$ e $y_2[n]$ são as saídas correspondentes, então

$$y_1[n] - y_2[n] = 2x_1[n] + 3 - \{2x_2[n] + 3\}$$
$$= 2\{x_1[n] - x_2[n]\}. \quad (1.136)$$

1.7 Resumo

Neste capítulo, desenvolvemos diversos conceitos relacionados aos sinais e sistemas de tempo discreto e de tempo contínuo. Apresentamos uma visão intuitiva do que são os sinais e sistemas, por meio de vários exemplos e de uma representação matemática para os sinais

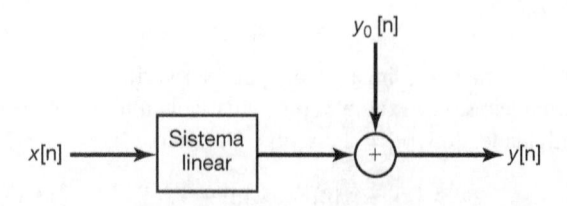

Figura 1.48 Estrutura de um sistema linear incremental. Aqui, $y_0[n]$ é a resposta à entrada nula do sistema.

e sistemas que usaremos em todo o livro. De modo mais específico, mostramos representações gráficas e matemáticas dos sinais e usamos essas representações para executar transformações da variável independente. Também definimos e examinamos diversos sinais básicos, tanto de tempo contínuo como de tempo discreto. Estes incluíram sinais exponenciais complexos, sinais senoidais e funções degrau e impulso unitário. Além disso, investigamos o conceito de periodicidade para sinais de tempo contínuo e de tempo discreto.

Ao desenvolvermos algumas das ideias básicas relacionadas aos sistemas, apresentamos diagramas de blocos para facilitar nossas discussões relacionadas à interconexão dos sistemas e definimos várias propriedades importantes dos sistemas, entre elas a causalidade, a estabilidade, a invariância no tempo e a linearidade.

O principal foco deste livro será a classe de sistemas lineares invariantes no tempo (LIT), tanto de tempo contínuo como de tempo discreto. Esses sistemas têm um papel particularmente importante no projeto e na análise dos sistemas, em parte devido ao fato de que muitos sistemas encontrados na natureza podem ser satisfatoriamente modelados como lineares e invariantes no tempo. Além disso, como veremos nos próximos capítulos, as propriedades de linearidade e invariância no tempo permitem-nos analisar detalhadamente o comportamento dos sistemas LIT.

Capítulo 1 – Problemas

Os **problemas básicos** dão ênfase aos mecanismos de uso dos conceitos e métodos de modo semelhante aos ilustrados nos exemplos resolvidos no texto.

Os **problemas avançados** exploram e aprofundam os fundamentos e implicações práticas do conteúdo textual.

A primeira seção de problemas pertence à categoria básica, e as respostas são fornecidas no final do livro. As duas seções posteriores contêm problemas que pertencem, respectivamente, às categorias básica e avançada. Uma seção final, **Revisão matemática**, fornece problemas práticos sobre as ideias fundamentais de álgebra e aritmética complexas.

Problemas básicos com respostas

1.1 Expresse cada um dos seguintes números complexos na forma cartesiana $(x + jy)$: $\frac{1}{2}e^{j\pi}, \frac{1}{2}e^{-j\pi}, e^{j\pi/2}, e^{-j\pi/2}$, $e^{j5\pi/2}, \sqrt{2}e^{j\pi/4}, \sqrt{2}e^{j9\pi/4}, \sqrt{2}e^{-j9\pi/4}, \sqrt{2}e^{-j\pi/4}$.

1.2 Expresse cada um dos seguintes números complexos na forma polar $(re^{j\theta}, \text{com} -\pi < \theta \leq \pi)$: $5, -2, -3j,$

$\frac{1}{2} - j\frac{\sqrt{3}}{2}$, $1 + j$, $(1 - j)^2$, $j(1 - j)$, $(1 + j)/(1 - j)$, $(\sqrt{2} + j\sqrt{2})/(1 + j\sqrt{3})$.

1.3 Determine os valores de P_∞ e E_∞ para cada um dos seguintes sinais:

(a) $x_1(t) = e^{-2t}u(t)$
(b) $x_2(t) = e^{j(2t + \pi/4)}$
(c) $x_3(t) = \cos(t)$
(d) $x_1[n] = (\frac{1}{2})^n u[n]$
(e) $x_2[n] = e^{j(\pi/2n + \pi/8)}$
(f) $x_3[n] = \cos(\frac{\pi}{4}n)$

1.4 Suponhamos que $x[n]$ seja um sinal com $x[n] = 0$ para $n < -2$ e $n > 4$. Para cada um dos sinais dados a seguir, determine os valores de n para os quais os sinais são garantidamente iguais a zero.

(a) $x[n - 3]$
(b) $x[n + 4]$
(c) $x[-n]$
(d) $x[-n + 2]$
(e) $x[-n - 2]$

1.5 Suponhamos que $x(t)$ seja um sinal com $x(t) = 0$ para $t < 3$. Para os sinais dados a seguir, determine os valores de t para os quais eles são garantidamente iguais a zero.

(a) $x(1 - t)$
(b) $x(1 - t) + x(2 - t)$
(c) $x(1 - t)x(2 - t)$
(d) $x(3t)$
(e) $x(t/3)$

1.6 Determine se cada um dos sinais a seguir é ou não periódico:

(a) $x_1(t) = 2e^{j(t + \pi/4)}u(t)$
(b) $x_2[n] = u[n] + u[-n]$
(c) $x_3[n] = \sum_{k=-\infty}^{\infty} \{\delta[n - 4k] - \delta[n - 1 - 4k]\}$

1.7 Para cada um dos sinais dados a seguir, determine todos os valores da variável independente para os quais a parte par do sinal seja garantidamente zero.

(a) $x_1[n] = u[n] - u[n - 4]$
(b) $x_2(t) = \text{sen}(\frac{1}{2}t)$
(c) $x_3[n] = (\frac{1}{2})^n u[n - 3]$
(d) $x_4(t) = e^{-5t}u(t + 2)$

1.8 Expresse a parte real dos sinais a seguir na forma $Ae^{-at}\cos(\omega t + \phi)$ sendo A, a, ω e ϕ números reais com $A > 0$ e $-\pi < \phi \leq \pi$:

(a) $x_1(t) = -2$
(b) $x_2(t) = \sqrt{2}e^{j\pi/4}\cos(3t + 2\pi)$
(c) $x_3(t) = e^{-t}\text{sen}(3t + \pi)$
(d) $x_4(t) = je^{(-2 + j100)t}$

1.9 Determine se cada um dos sinais é ou não periódico. Se um sinal for periódico, especifique seu período fundamental.

(a) $x_1(t) = je^{j10t}$
(b) $x_2(t) = e^{(-1 + j)t}$
(c) $x_3[n] = e^{j7\pi n}$
(d) $x_4[n] = 3e^{j3\pi(n + 1/2)/5}$
(e) $x_5[n] = 3e^{j3/5(n + 1/2)}$

1.10 Determine o período fundamental do sinal
$x(t) = 2\cos(10t + 1) - \text{sen}(4t - 1)$.

1.11 Determine o período fundamental do sinal
$x[n] = 1 + e^{j4\pi n/7} - e^{j2\pi n/5}$.

1.12 Considere o sinal de tempo discreto

$$x[n] = 1 - \sum_{k=3}^{\infty} \delta[n - 1 - k].$$

Determine os valores dos números inteiros M e n_0 de modo que $x[n]$ possa ser expresso como

$$x[n] = u[Mn - n_0].$$

1.13 Considere o sinal de tempo contínuo

$$x(t) = \delta(t + 2) - \delta(t - 2).$$

Calcule o valor de E_∞ para o sinal

$$y(t) = \int_{-\infty}^{t} x(\tau)d\tau.$$

1.14 Considere um sinal periódico

$$x(t) = \begin{cases} 1, & 0 \leq t \leq 1 \\ -2, & 1 < t < 2 \end{cases}$$

com período $T = 2$. A derivada desse sinal está relacionada ao "trem de impulsos"

$$g(t) = \sum_{k=-\infty}^{\infty} \delta(t - 2k)$$

com período $T = 2$. Pode-se perceber que

$$\frac{dx(t)}{dt} = A_1 g(t - t_1) + A_2 g(t - t_2).$$

Determine os valores de A_1, t_1, A_2 e t_2.

1.15 Considere um sistema S com entrada $x[n]$ e saída $y[n]$. Esse sistema é obtido por uma interconexão série de um sistema S_1 seguido por um sistema S_2. As relações entrada-saída para S_1 e S_2 são

$S_1:$ $\quad y_1[n] = 2x_1[n] + 4x_1[n - 1],$

$S_2:$ $\quad y_2[n] = x_2[n - 2] + \frac{1}{2}x_2[n - 3],$

em que $x_1[n]$ e $x_2[n]$ representam sinais de entrada.

(a) Determine a relação entrada-saída para o sistema S.

(b) A relação entrada-saída do sistema S muda se a ordem de conexão em série de S_1 e S_2 for invertida (isto é, se S_2 vier depois de S_1)?

1.16 Considere um sistema de tempo discreto com entrada $x[n]$ e saída $y[n]$. A relação entrada-saída desse sistema é

$$y[n] = x[n]x[n-2].$$

(a) O sistema é sem memória?

(b) Determine a saída do sistema quando a entrada for $A\delta[n]$, em que A é um número complexo ou real qualquer.

(c) O sistema é invertível?

1.17 Considere um sistema de tempo contínuo com entrada $x(t)$ e saída $y(t)$ relacionado por

$$y(t) = x(\text{sen}(t)).$$

(a) O sistema é causal?

(b) O sistema é linear?

1.18 Considere um sistema de tempo discreto com entrada $x[n]$ e saída $y[n]$ relacionadas por

$$y[n] = \sum_{k=n-n_0}^{n+n_0} x[k],$$

sendo n_0 um número inteiro positivo finito.

(a) O sistema é linear?

(b) O sistema é invariante no tempo?

(c) Sabendo que $x[n]$ é limitado por um número inteiro finito B (isto é, $|x[n]| < B$ para todo n), podemos demonstrar que $y[n]$ é limitado por um número finito C. Concluímos que o sistema dado é estável. Expresse C em termos de B e n_0.

1.19 Para cada uma das relações entrada-saída a seguir, determine se o sistema correspondente é linear, invariante no tempo ou ambos.

(a) $y(t) = t^2 x(t-1)$

(b) $y[n] = x^2[n-2]$

(c) $y[n] = x[n+1] - x[n-1]$

(d) $y[n] = \mathcal{O}d\{x(t)\}$

1.20 Um sistema linear de tempo contínuo S com entrada $x(t)$ e saída $y(t)$ possui os seguintes pares entrada-saída:

$$x(t) = e^{j2t} \xrightarrow{S} y(t) = e^{j3t},$$

$$x(t) = e^{-j2t} \xrightarrow{S} y(t) = e^{-j3t}.$$

(a) Se $x_1(t) = \cos(2t)$, determine a saída correspondente $y_1(t)$ para o sistema S.

(b) Se $x_2(t) = \cos(2(t-\frac{1}{2}))$, determine a saída correspondente $y_2(t)$ para o sistema S.

Problemas básicos

1.21 Um sinal de tempo contínuo $x(t)$ é mostrado na Figura P1.21. Esboce e coloque a escala cuidadosamente para cada um dos seguintes sinais:

(a) $x(t-1)$

(b) $x(2-t)$

(c) $x(2t+1)$

(d) $x(4-\frac{t}{2})$

(e) $[x(t) + x(-t)]u(t)$

(f) $x(t)[\delta(t+\frac{3}{2}) - \delta(t-\frac{3}{2})]$

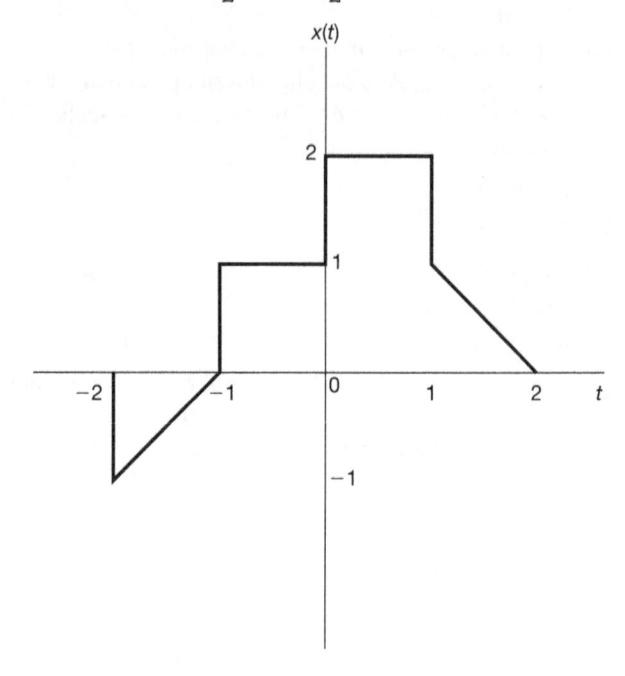

Figura P1.21

1.22 Um sinal de tempo discreto é mostrado na Figura P1.22. Esboce e coloque a escala cuidadosamente para cada um dos seguintes sinais:

(a) $x[n-4]$

(b) $x[3-n]$

(c) $x[3n]$

(d) $x[3n+1]$

(e) $x[n]u[3-n]$

(f) $x[n-2]\delta[n-2]$

(g) $\frac{1}{2}x[n] + \frac{1}{2}(-1)^n x[n]$

(h) $x[(n-1)^2]$

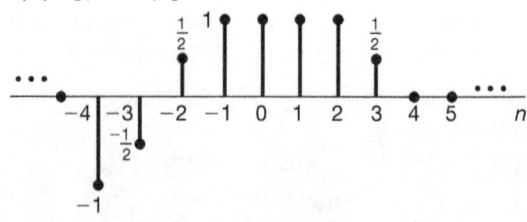

Figura P1.22

1.23 Determine e esboce as partes par e ímpar dos sinais representados na Figura P1.23. Coloque cuidadosamente escala em seus esboços.

(a)

(b)

(c)

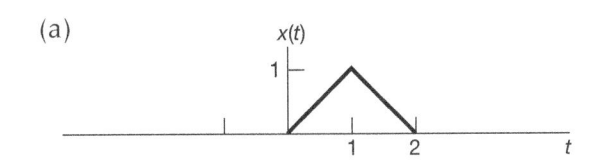

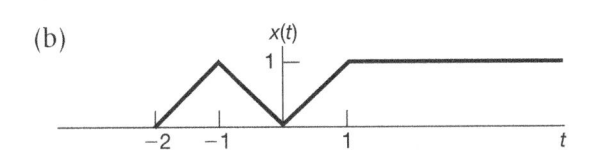

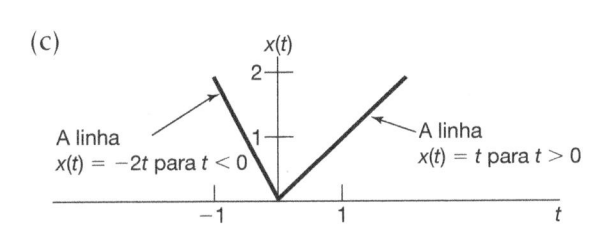

A linha $x(t) = -2t$ para $t < 0$
A linha $x(t) = t$ para $t > 0$

Figura P1.23

1.24 Determine e esboce a parte par e a parte ímpar dos sinais representados na Figura P1.24. Coloque cuidadosamente escala em seus esboços.

(a)

(b)

(c)

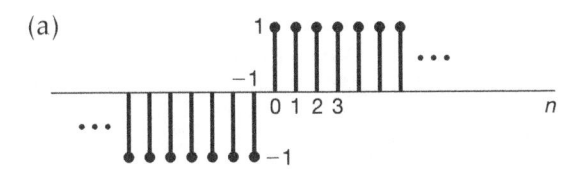

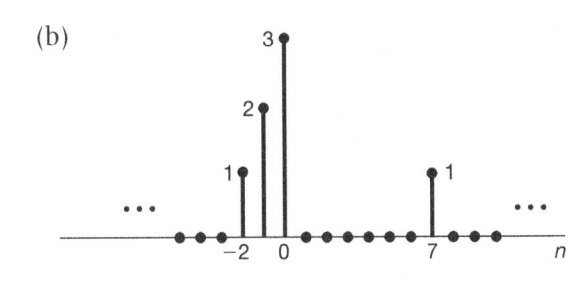

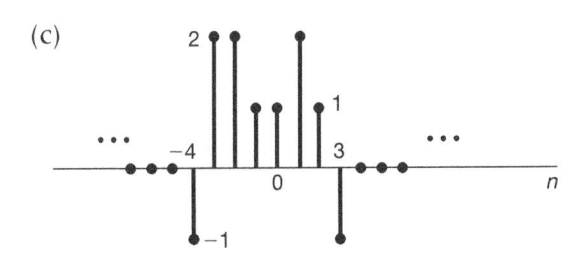

Figura P1.24

1.25 Determine se os sinais de tempo contínuo a seguir são periódicos. Se o sinal for periódico, determine seu período fundamental.

(a) $x(t) = 3\cos(4t + \frac{\pi}{3})$
(b) $x(t) = e^{j(\pi t - 1)}$
(c) $x(t) = [\cos(2t - \frac{\pi}{3})]^2$
(d) $x(t) = \mathcal{E}v\{\cos(4\pi t)u(t)\}$
(e) $x(t) = \mathcal{E}v\{\text{sen}(4\pi t)u(t)\}$
(f) $x(t) = \sum_{n=-\infty}^{\infty} e^{-(2t-n)} u(2t-n)$

1.26 Determine se os sinais de tempo discreto a seguir são periódicos. Se o sinal for periódico, determine seu período fundamental.

(a) $x[n] = \text{sen}(\frac{6\pi}{7}n + 1)$
(b) $x[n] = \cos(\frac{n}{8} - \pi)$
(c) $x[n] = \cos(\frac{\pi}{8}n^2)$
(d) $x[n] = \cos(\frac{\pi}{2}n)\cos(\frac{\pi}{4}n)$
(e) $x[n] = 2\cos(\frac{\pi}{4}n) + \text{sen}(\frac{\pi}{8}n) - 2\cos(\frac{\pi}{2}n + \frac{\pi}{6})$

1.27 Neste capítulo, apresentamos diversas propriedades gerais dos sistemas. De modo particular, um sistema pode ou não ser:

(1) Sem memória
(2) Invariante no tempo
(3) Linear
(4) Causal
(5) Estável

Determine quais dessas propriedades são válidas e quais não são para cada um dos sistemas de tempo contínuo a seguir. Justifique suas respostas. Em cada exemplo, $y(t)$ representa a saída do sistema, e $x(t)$ é a entrada do sistema.

(a) $y(t) = x(t-2) + x(2-t)$
(b) $y(t) = [\cos(3t)]x(t)$
(c) $y(t) = \int_{-\infty}^{2t} x(\tau)d\tau$
(d) $y(t) = \begin{cases} 0, & t < 0 \\ x(t) + x(t-2), & t \geq 0 \end{cases}$
(e) $y(t) = \begin{cases} 0, & x(t) < 0 \\ x(t) + x(t-2), & x(t) \geq 0 \end{cases}$
(f) $y(t) = x(t/3)$
(g) $y(t) = \frac{dx(t)}{dt}$

1.28 Determine quais das propriedades listadas no Problema 1.27 são válidas e quais não são para cada um dos sistemas de tempo discreto a seguir. Justifique suas respostas. Em cada exemplo, $y(t)$ representa a saída do sistema e $x(t)$ é a entrada do sistema.

(a) $y[n] = x[-n]$
(b) $y[n] = x[n-2] - 2x[n-8]$
(c) $y[n] = nx[n]$
(d) $y[n] = \mathcal{E}v\{x[n-1]\}$

(e) $y(n) = \begin{cases} x[n], & n \geq 1 \\ 0, & n = 0 \\ x[n+1], & n \leq -1 \end{cases}$

(f) $y(n) = \begin{cases} x[n], & n \geq 1 \\ 0, & n = 0 \\ x[n], & n \leq -1 \end{cases}$

(g) $y[n] = x[4n+1]$

1.29 (a) Mostre que o sistema de tempo discreto cuja entrada $x[n]$ e a saída $y[n]$ são relacionadas por $y[n] = \Re e\{x[n]\}$ é aditivo. Esse sistema continua sendo aditivo se sua relação entrada-saída é mudada para $y[n] = \Re e\{e^{j\pi n/4} x[n]\}$? (Não assuma $x[n]$ como real neste problema.)

(b) Discutimos no texto o fato de que a propriedade de linearidade de um sistema é equivalente ao sistema ter tanto a propriedade de aditividade como a propriedade de homogeneidade. Determine se cada um dos sistemas definidos a seguir é aditivo e/ou homogêneo. Justifique suas respostas dando uma prova para cada propriedade válida ou um contraexemplo se não for válida.

(i) $y(t) = \frac{1}{x(t)}\left[\frac{dx(t)}{dt}\right]^2$

(ii) $y(n) = \begin{cases} \frac{x[n]x[n-2]}{x[n-1]}, & x[n-1] \neq 0 \\ 0, & x[n-1] = 0 \end{cases}$

1.30 Determine se os sistemas a seguir são invertíveis. Se sim, construa o sistema inverso. Se não, encontre dois sinais de entrada para o sistema que tenham a mesma saída.

(a) $y(t) = x(t-4)$
(b) $y(t) = \cos[x(t)]$
(c) $y[n] = nx[n]$
(d) $y(t) = \int_{-\infty}^{t} x(\tau)d\tau$
(e) $y[n] = \begin{cases} x[n-1], & n \geq 1 \\ 0, & n = 0 \\ x[n], & n \leq -1 \end{cases}$
(f) $y[n] = x[n]x[n-1]$
(g) $y[n] = x[1-n]$
(h) $y(t) = \int_{-\infty}^{t} e^{-(t-\tau)} x(\tau)d\tau$
(i) $y[n] = \sum_{k=-\infty}^{n} (\frac{1}{2})^{n-k} x[k]$
(j) $y(t) = \frac{dx(t)}{dt}$
(k) $y[n] = \begin{cases} x[n+1], & n \geq 0 \\ x[n], & n \leq -1 \end{cases}$
(l) $y(t) = x(2t)$
(m) $y[n] = x[2n]$
(n) $y(n) = \begin{cases} x[n/2], & n \text{ par} \\ 0, & n \text{ ímpar} \end{cases}$

1.31 Neste problema, exemplificamos uma das consequências mais importantes das propriedades de linearidade e invariância no tempo. Especificamente, depois de conhecermos a resposta de um sistema linear ou de um sistema linear invariante no tempo (LIT) a uma única entrada ou as respostas a várias entradas, podemos computar diretamente as respostas a muitos outros sinais de entrada. Muito do restante deste livro trata da exploração deste fato para desenvolver resultados e técnicas para a análise e a síntese de sistemas LIT.

(a) Considere um sistema LIT cuja resposta ao sinal $x_1(t)$ na Figura P1.31(a) seja o sinal $y_1(t)$ ilustrado na Figura P1.31(b). Determine e esboce cuidadosamente a resposta do sistema à entrada $x_2(t)$ representada na Figura P1.31(c).

(b) Determine e esboce a resposta do sistema considerado no item (a) à entrada $x_3(t)$ mostrada na Figura P1.31(d).

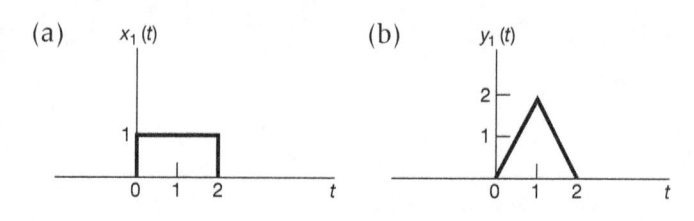

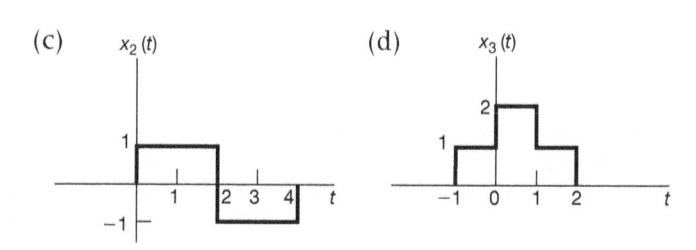

Figura P1.31

Problemas avançados

1.32 Suponhamos que $x(t)$ seja um sinal de tempo contínuo, e que

$$y_1(t) = x(2t) \text{ e } y_2(t) = x(t/2).$$

O sinal $y_1(t)$ representa uma versão mais rápida de $x(t)$ no sentido de que a duração do sinal é cortada pela metade. De modo semelhante, $y_2(t)$ representa uma versão mais lenta de $x(t)$ no sentido de que a duração do sinal é duplicada. Considere as seguintes afirmações:

(1) Se $x(t)$ é periódico, então $y_1(t)$ é periódico.
(2) Se $y_1(t)$ é periódico, então $x(t)$ é periódico.
(3) Se $x(t)$ é periódico, então $y_2(t)$ é periódico.
(4) Se $y_2(t)$ é periódico, então $x(t)$ é periódico.

Determine se cada uma das declarações é verdadeira. Se for, determine a relação entre os períodos fundamentais dos dois sinais considerados na declaração. Se a declaração for falsa, produza um contraexemplo para ela.

1.33 Suponhamos que $x[n]$ seja um sinal de tempo discreto, e que

$$y_1[n] = x[2n] \text{ e } y_2[n] = \begin{cases} x[n/2], & n \text{ par} \\ 0, & n \text{ ímpar} \end{cases}.$$

Os sinais $y_1[n]$ e $y_2[n]$, respectivamente, representam de certa forma versões mais rápidas e mais lentas de $x[n]$. No entanto, deve-se notar que as noções de tempo discreto de acelerado e desacelerado têm diferenças sutis no que se refere às suas equivalentes de tempo contínuo. Considere as seguintes declarações:

(a) Se $x[n]$ é periódico, então $y_1[n]$ é periódico.
(b) Se $y_1[n]$ é periódico, então $x[n]$ é periódico.
(c) Se $x[n]$ é periódico, então $y_2[n]$ é periódico.
(d) Se $y_2[n]$ é periódico, então $x[n]$ é periódico.

Determine se cada uma das declarações é verdadeira. Se for, determine a relação entre os períodos fundamentais dos dois sinais considerados na declaração. Se a declaração for falsa, produza um contraexemplo para ela.

1.34 Neste problema, exploramos diversas propriedades dos sinais pares e ímpares.

(a) Mostre que se $x[n]$ é um sinal ímpar, então
$$\sum_{n=-\infty}^{+\infty} x[n] = 0.$$

(b) Mostre que se $x_1[n]$ é um sinal ímpar e $x_2[n]$ é um sinal par, então $x_1[n]x_2[n]$ é um sinal ímpar.

(c) Suponha que $x[n]$ seja um sinal arbitrário com parte par e parte ímpar representadas por
$$x_e[n] = \mathcal{E}v\{x[n]\}$$
e
$$x_o[n] = \mathcal{O}d\{x[n]\}.$$
Mostre que
$$\sum_{n=-\infty}^{+\infty} x^2[n] = \sum_{n=-\infty}^{+\infty} x_e^2[n] + \sum_{n=-\infty}^{+\infty} x_o^2[n].$$

(d) Apesar de os itens (a) a (c) terem sido determinados em termos de sinais de tempo discreto, as propriedades análogas também são válidas no tempo contínuo. Para demonstrar isso, mostre que
$$\int_{-\infty}^{+\infty} x^2(t)dt = \int_{-\infty}^{+\infty} x_e^2(t)dt + \int_{-\infty}^{+\infty} x_o^2(t)dt,$$
em que $x_e(t)$ e $x_o(t)$ são, respectivamente, as partes par e ímpar de $x(t)$.

1.35 Considere o sinal exponencial periódico de tempo discreto
$$x[n] = e^{jm(2\pi/N)n}.$$
Mostre que o período fundamental desse sinal é
$$N_0 = N/\text{mdc}(m, N),$$
em que mdc(m, N) é o *maior divisor comum* de m e N — ou seja, o maior número inteiro pelo qual tanto m quanto N podem ser divididos um número inteiro de vezes. Por exemplo,
$$\text{mdc}(2,3) = 1,\ \text{mdc}(2,4) = 2,\ \text{mdc}(8, 12) = 4.$$
Note-se que $N_0 = N$ se m e N não têm fatores em comum.

1.36 Suponha que $x(t)$ seja um sinal exponencial complexo de tempo contínuo
$$x(t) = e^{j\omega_0 t}$$
com frequência fundamental ω_0 e período fundamental $T_0 = 2\pi/\omega_0$. Considere o sinal de tempo discreto obtido ao serem tomadas amostras igualmente espaçadas de $x(t)$ — isto é,
$$x[n] = x(nT) = e^{j\omega_0 nT}.$$

(a) Mostre que $x[n]$ é periódico se e somente se T/T_0 for um número racional — ou seja, se e somente se algum múltiplo do intervalo de amostragem *for exatamente igual* a um múltiplo do período de $x(t)$.

(b) Suponha que $x[n]$ seja periódico — isto é, que
$$\frac{T}{T_0} = \frac{p}{q}, \qquad \textbf{(P1.36--1)}$$
em que p e q são números inteiros. Qual é o período fundamental e qual é a frequência fundamental de $x[n]$? Expresse a frequência fundamental como uma fração de $\omega_0 T$.

(c) Supondo mais uma vez que T/T_0 satisfaça a Equação P1.36-1, determine precisamente quantos períodos de $x(t)$ são necessários para obtermos as amostras que formam um único período de $x[n]$.

1.37 Um conceito importante em muitas aplicações de comunicação é a *correlação* entre dois sinais. Nos problemas no final do Capítulo 2, teremos mais coisas a dizer sobre esse tópico e daremos algumas indicações de como ele é usado na prática. Por ora, vamos nos contentar com uma breve introdução às funções de correlação e algumas de suas propriedades.

Suponhamos que $x(t)$ e $y(t)$ sejam dois sinais; então, a *função de correlação* é definida como
$$\phi_{xy}(t) = \int_{-\infty}^{\infty} x(t+\tau)y(\tau)d\tau .$$
A função $\phi_{xx}(t)$ é geralmente chamada de *função de autocorrelação* do sinal $x(t)$, enquanto $\phi_{xy}(t)$ costuma ser denominada *função de correlação cruzada*.

(a) Qual é a relação entre $\phi_{xy}(t)$ e $\phi_{yx}(t)$?
(b) Calcule a parte ímpar de $\phi_{xx}(t)$.
(c) Suponha que $y(t) = x(t+T)$. Expresse $\phi_{xy}(t)$ e $\phi_{yy}(t)$ em termos de $\phi_{xx}(t)$.

1.38 Neste problema, examinamos algumas propriedades da função impulso unitário.

(a) Mostre que

$$\delta(2t) = \frac{1}{2}\delta(t).$$

Dica: Examine $\delta_\Delta(t)$. (Veja Figura 1.34.)

(b) Na Seção 1.4, definimos o impulso unitário de tempo contínuo como o limite do sinal $\delta_\Delta(t)$. De forma mais precisa, definimos diversas *propriedades* de $\delta(t)$ examinando as propriedades correspondentes de $\delta_\Delta(t)$. Por exemplo, como o sinal

$$u_\Delta(t) = \int_{-\infty}^{t} \delta_\Delta(\tau)\,d\tau$$

converge para o degrau unitário

$$u(t) = \lim_{\Delta \to 0} u_\Delta(t), \qquad \textbf{(P1.38-1)}$$

podemos interpretar $\delta(t)$ por meio da equação

$$u(t) = \int_{-\infty}^{t} \delta(\tau)\,d\tau$$

ou entender $\delta(t)$ como a derivada formal de $u(t)$.

Esse tipo de discussão é importante porque estamos de fato tentando definir $\delta(t)$ por meio de suas propriedades em vez de especificar seu valor para cada t, o que seria impossível. No Capítulo 2, apresentaremos uma caracterização bem simples do comportamento do impulso unitário que é extremamente útil no estudo dos sistemas lineares invariantes no tempo. Neste momento, no entanto, vamos nos concentrar na demonstração de que o essencial no uso do impulso unitário é compreender *como* ele se comporta. Para isso, considere os seis sinais representados na Figura P1.38. Mostre que cada um "se comporta como um impulso", quando $\Delta \to 0$, no sentido de que se considerarmos

$$u^i_\Delta(t) = \int_{-\infty}^{t} r^i_\Delta(\tau)\,d\tau,$$

então

$$\lim_{\Delta \to 0} u^i_\Delta(t) = u(t).$$

Em cada caso, esboce e coloque a escala cuidadosamente para o sinal $u^i_\Delta(t)$. Note que

$$r^2_\Delta(0) = r^4_\Delta(0) = 0 \text{ para todo } \Delta.$$

Dessa forma, não basta somente definir ou considerar $\delta(t)$ como zero para $t \neq 0$ e infinito para $t = 0$. Em vez disso, são as propriedades como as da Equação P1.38-1 que definem o impulso. Na Seção 2.5 definiremos toda uma classe de sinais conhecidos como *funções de singularidade*, que são relacionadas ao impulso unitário e que também são definidas em termos de suas propriedades, e não de seus valores.

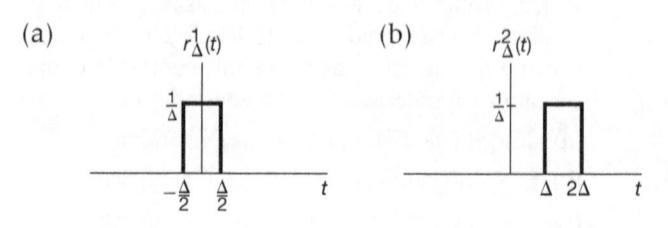

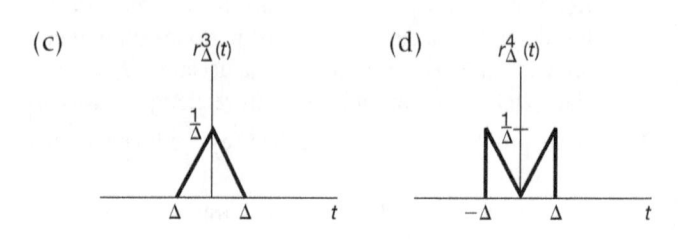

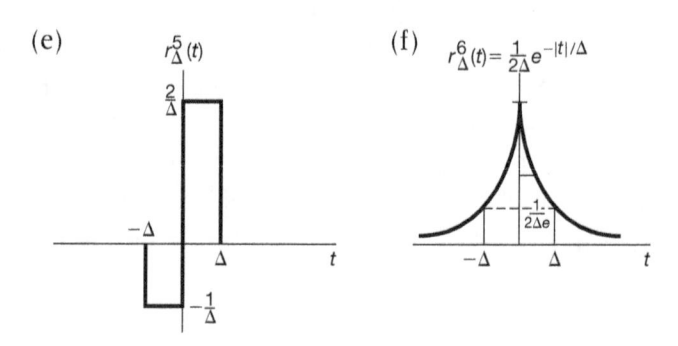

Figura P1.38

1.39 O papel de $u(t)$, $\delta(t)$ e outras funções de singularidade no estudo de sistemas lineares invariantes no tempo é o da *idealização* de um fenômeno físico, e, como veremos, o uso dessas idealizações permite-nos obter uma representação extremamente importante e muito simples de tais sistemas. No entanto, precisamos tomar cuidado ao usar funções de singularidade. Particularmente, devemos lembrar que elas são idealizações e que, portanto, sempre que efetuamos um cálculo usando essas propriedades, estamos assumindo implicitamente que o cálculo representa uma descrição precisa do comportamento dos sinais que elas almejam idealizar. Para ilustrar, considere a equação

$$x(t)\delta(t) = x(0)\delta(t). \qquad \textbf{(P1.39-1)}$$

Essa equação é baseada na observação de que

$$x(t)\delta_\Delta(t) \approx x(0)\delta_\Delta(t). \qquad \textbf{(P1.39-2)}$$

Sendo assim, calcular o limite dessa relação produz a equação idealizada dada pela Equação P1.39-1. No entanto, um exame mais cuidadoso da dedução da Equação P1.39-2 mostra que esta equação realmente só faz sentido se $x(t)$ é contínuo em $t = 0$. Caso contrário, não teremos $x(t) \approx x(0)$ para um t pequeno.

Para esclarecer esse ponto, considere o sinal degrau unitário $u(t)$. Lembre-se da Equação 1.70, onde $u(t) = 0$ para $t < 0$ e $u(t) = 1$ para $t > 0$, mas que seu valor em $t = 0$ não é definido. [Note-se, por exemplo, que $u_\Delta(0) = 0$ para todo Δ, enquanto $u_\Delta^1(0) = \frac{1}{2}$ (do Problema 1.38(b)).] O fato de $u(0)$ não ser definido não é particularmente problemático, já que os cálculos que fazemos usando $u(t)$ não se baseiam em uma escolha específica para $u(0)$. Por exemplo, se $f(t)$ é um sinal contínuo em $t = 0$, então o valor

$$\int_{-\infty}^{+\infty} f(\sigma)u(\sigma)d\sigma$$

não depende de uma escolha para $u(0)$. Por outro lado o fato de $u(0)$ ser indefinido é significativo porque implica que certos cálculos envolvendo funções de singularidade sejam indefinidos. Tente definir um valor para o produto $u(t)\delta(t)$.

Para ver que isso *não pode* ser definido, mostre que

$$\lim_{\Delta \to 0}[u_\Delta(t)\delta(t)] = 0,$$

mas

$$\lim_{\Delta \to 0}[u_\Delta(t)\delta_\Delta(t)] = \frac{1}{2}\delta(t).$$

Em geral, podemos definir o produto de dois sinais sem nenhuma dificuldade, desde que os sinais não contenham singularidades (descontinuidades, impulsos ou outras singularidades introduzidas na Seção 2.5) cujas localizações coincidam. Quando as localizações coincidem, o produto é indefinido. Como exemplo, mostre que o sinal

$$g(t) = \int_{-\infty}^{+\infty} u(\tau)\delta(t-\tau)d\tau$$

é idêntico a $u(t)$, ou seja, é 0 para $t < 0$, igual a 1 para $t > 0$ e indefinido para $t = 0$.

1.40 (a) Mostre que se um sistema é aditivo *ou* homogêneo, ele tem a propriedade de que se a entrada é idêntica a zero, então a saída é idêntica a zero.

(b) Determine um sistema (de tempo contínuo ou de tempo discreto) que *não* seja aditivo *nem* homogêneo, mas que tenha uma saída nula se a entrada for idêntica a zero.

(c) A partir do item (a), é possível concluir que, se a entrada para um sistema linear é zero entre os instantes t_1 e t_2 em tempo contínuo ou entre os instantes n_1 e n_2 em tempo discreto, então sua saída deve ser igual a zero entre esses mesmos tempos? Explique sua resposta.

1.41 Considere um sistema S com entrada $x[n]$ e saída $y[n]$ relacionadas por

$$y[n] = x[n]\{g[n] + g[n-1]\}.$$

(a) Se $g[n] = 1$ para todo n, mostre que S é invariante no tempo.

(b) Se $g[n] = n$, mostre que S não é invariante no tempo.

(c) Se $g[n] = 1 + (-1)^n$, mostre que S é invariante no tempo.

1.42 (a) A declaração a seguir é verdadeira ou falsa?

A interconexão em série de dois sistemas lineares invariantes no tempo é em si um sistema linear invariante no tempo.

Justifique sua resposta.

(b) A declaração a seguir é verdadeira ou falsa?

A interconexão em série de dois sistemas não lineares é em si não linear.

Justifique sua resposta.

(c) Considere três sistemas com as seguintes relações entrada-saída:

Sistema 1: $y[n] = \begin{cases} x[n/2], & n \text{ par} \\ 0, & n \text{ ímpar} \end{cases}$,

Sistema 2: $y[n] = x[n] + \frac{1}{2}x[n-1] + \frac{1}{4}x[n-2]$,

Sistema 3: $y[n] = x[2n]$.

Suponha que esses sistemas sejam conectados em série conforme a representação da Figura P1.42. Encontre a relação entrada-saída para o sistema interconectado como um todo. Trata-se de um sistema linear? Ele é invariante no tempo?

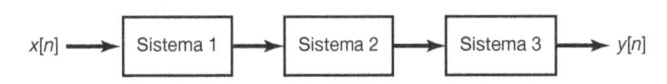

$x[n] \rightarrow$ Sistema 1 $\rightarrow$ Sistema 2 $\rightarrow$ Sistema 3 $\rightarrow y[n]$

Figura P1.42

1.43 (a) Considere um sistema invariante no tempo com entrada $x(t)$ e saída $y(t)$. Mostre que se $x(t)$ é periódico com período T, então $y(t)$ também o é. Mostre que o resultado análogo também é válido em tempo discreto.

(b) Dê um exemplo de um sistema invariante no tempo e um sinal de entrada não periódico $x(t)$ de modo que a saída correspondente $y(t)$ seja periódica.

1.44 (a) Mostre que a causalidade para um sistema linear de tempo contínuo é equivalente à seguinte declaração:

Para qualquer tempo t_0 e qualquer entrada $x(t)$ de modo que $x(t) = 0$ para $t < t_0$, a saída correspondente $y(t)$ deve ser zero para $t < t_0$.

A afirmação análoga pode ser feita para um sistema linear de tempo discreto.

(b) Encontre um sistema não linear que satisfaça a condição precedente, mas que não seja causal.

(c) Encontre um sistema não linear que seja causal, mas não satisfaça a condição.

(d) Mostre que a invertibilidade para um sistema linear de tempo discreto equivale à seguinte declaração:

A única entrada que produz $y[n] = 0$ para todo n é $x[n] = 0$ para todo n.

A declaração análoga também é verdadeira para um sistema linear de tempo contínuo.

(e) Encontre um sistema não linear que satisfaça a condição do item (d), mas que não seja invertível.

1.45 No Problema 1.37 apresentamos o conceito das funções de correlação. É importante calcular na prática a função de correlação $\phi_{hx}(t)$, em que $h(t)$ é um dado sinal fixo, mas $x(t)$ pode ser qualquer um de uma grande variedade de sinais. Nesse caso, o que se faz é projetar um sistema S com entrada $x(t)$ e saída $\phi_{hx}(t)$.

(a) S é linear? S é invariante no tempo? S é causal? Explique suas respostas.

(b) Alguma das suas respostas de (a) muda se consideramos $\phi_{xh}(t)$ como saída em vez de $\phi_{hx}(t)$?

1.46 Considere o sistema com realimentação da Figura P1.46. Suponha que $y[n] = 0$ para $n < 0$.

(a) Esboce a saída quando $x[n] = \delta[n]$.

(b) Esboce a saída quando $x[n] = u[n]$.

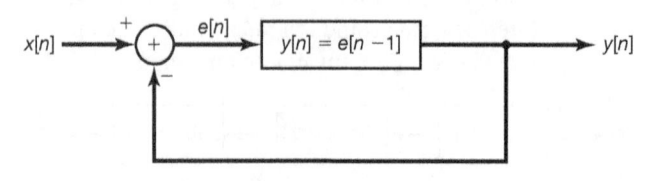

Figura P1.46

1.47 (a) Suponhamos que S represente um sistema linear incremental, e que $x_1[n]$ seja um sinal de entrada arbitrário para S com saída correspondente $y_1[n]$. Considere o sistema ilustrado na Figura P1.47(a). Mostre que esse sistema é linear e que, de fato, a relação entrada-saída geral entre $x[n]$ e $y[n]$ não depende da escolha particular de $x_1[n]$.

(b) Use o resultado de (a) para mostrar que S pode ser representado na forma mostrada na Figura 1.48.

(c) Quais dos sistemas a seguir são lineares incrementais? Justifique suas respostas. Se um sistema for linear incremental, identifique o sistema linear L e a resposta à entrada nula $y_0[n]$ ou $y_0(t)$ para a representação do sistema como mostrado na Figura 1.48.

(i) $y[n] = n + x[n] + 2x[n+4]$

(ii) $y[n] = \begin{cases} n/2, & n \text{ par} \\ (n-1)/2 + \sum_{k=-\infty}^{(n-1)/2} x[k], & n \text{ ímpar} \end{cases}$

(iii) $y[n] = \begin{cases} x[n] - x[n-1] + 3, & \text{se } x[0] \geq 0 \\ x[n] - x[n-1] - 3, & \text{se } x[0] < 0 \end{cases}$

(iv) O sistema representado na Figura P1.47(b).

(v) O sistema representado na Figura P1.47(c).

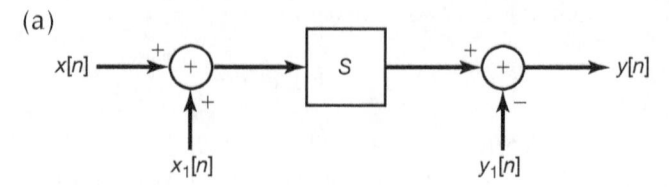

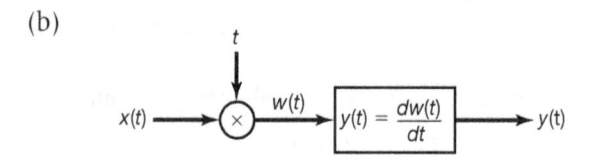

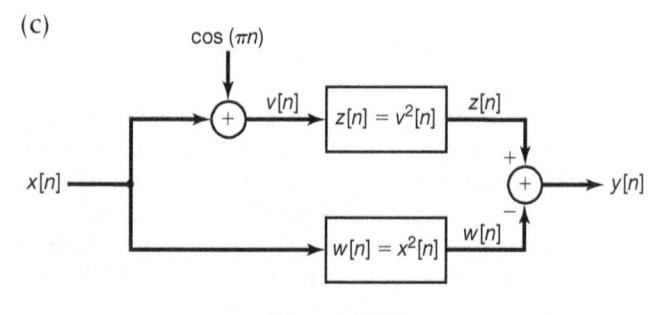

Figura P1.47

(d) Suponha que um sistema específico linear incremental tenha uma representação como mostra a Figura 1.48, com L indicando o sistema linear e $y_0[n]$ a resposta à entrada nula. Mostre que S é invariante no tempo se e somente se L for um sistema invariante no tempo e $y_0[n]$ for constante.

Revisão matemática

O número complexo z pode ser expresso de várias formas. A forma *cartesiana* ou *retangular* para z é

$$z = x + jy,$$

em que $j = \sqrt{-1}$ e x e y são números reais respectivamente chamados de *parte real* e *parte imaginária* de z. Como mostramos anteriormente, usaremos com frequência a notação

$$x = \mathcal{R}e\{z\}, \, y = \mathcal{I}m\{z\}.$$

O número complexo z também pode ser representado na *forma polar* como

$$z = re^{j\theta},$$

em que $r > 0$ é o *módulo* de z e θ é o *ângulo* ou *fase* de z. Essas quantidades geralmente são escritas como

$$r = |z|, \theta = \sphericalangle z.$$

A relação entre essas duas representações de números complexos pode ser determinada pela *relação de Euler*,

$$e^{j\theta} = \cos\theta + j\operatorname{sen}\theta,$$

ou representando graficamente z no plano complexo, como mostra a Figura P1.48, em que os eixos coordenados são $\mathcal{R}e\{z\}$ ao longo do eixo horizontal e $\mathcal{I}m\{z\}$ ao longo do eixo vertical. No que se refere a essa representação gráfica, x e y são as coordenadas cartesianas de z, e r e θ são suas coordenadas polares.

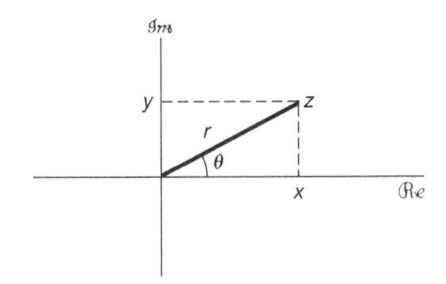

Figura P1.48

1.48 Suponhamos que z_0 seja um número complexo com coordenadas polares (r_0, θ_0) e coordenadas cartesianas (x_0, y_0). Determine expressões para as coordenadas cartesianas dos seguintes números complexos em termos de x_0 e y_0. Marque os pontos z_0, z_1, z_2, z_3, z_4 e z_5 no plano complexo quando $r_0 = 2$ e $\theta_0 = \pi/4$ e quando $r_0 = 2$ e $\theta_0 = \pi/2$. Indique nos seus gráficos as partes real e imaginária de cada ponto.

- **(a)** $z_1 = r_0 e^{-j\theta_0}$
- **(b)** $z_2 = r_0$
- **(c)** $z_3 = r_0 e^{j(\theta_0 + \pi)}$
- **(d)** $z_4 = r_0 e^{j(-\theta_0 + \pi)}$
- **(e)** $z_5 = r_0 e^{j(\theta_0 + 2\pi)}$

1.49 Expresse cada um dos números complexos a seguir na forma polar e represente-os graficamente no plano complexo, indicando o módulo e o ângulo de cada número:

- **(a)** $1 + j\sqrt{3}$
- **(b)** -5
- **(c)** $-5 - 5j$
- **(d)** $3 + 4j$
- **(e)** $(1 - j\sqrt{3})^3$
- **(f)** $(1 + j)^5$
- **(g)** $(\sqrt{3} + j^3)(1 - j)$
- **(h)** $\dfrac{2 - j(6/\sqrt{3})}{2 + j(6/\sqrt{3})}$
- **(i)** $\dfrac{1 + j\sqrt{3}}{\sqrt{3} + j}$
- **(j)** $j(1 + j)e^{j\pi/6}$
- **(k)** $(\sqrt{3} + j)2\sqrt{2}e^{-j\pi/4}$
- **(l)** $\dfrac{e^{j\pi/3} - 1}{1 + j\sqrt{3}}$

1.50 **(a)** Usando a relação de Euler ou a Figura P1.48, determine expressões para x e y em termos de r e θ.
 (b) Determine expressões para r e θ em termos de x e y.
 (c) Se tivermos apenas r e tg θ, podemos determinar unicamente x e y? Explique sua resposta.

1.51 Usando a relação de Euler, obtenha as seguintes relações:
- **(a)** $\cos\theta = \frac{1}{2}(e^{j\theta} + e^{-j\theta})$
- **(b)** $\operatorname{sen}\theta = \frac{1}{2j}(e^{j\theta} - e^{-j\theta})$
- **(c)** $\cos^2\theta = \frac{1}{2}(1 + \cos 2\theta)$
- **(d)** $(\operatorname{sen}\theta)(\operatorname{sen}\phi) = \frac{1}{2}\cos(\theta - \phi) - \frac{1}{2}\cos(\theta + \phi)$
- **(e)** $\operatorname{sen}(\theta + \phi) = \operatorname{sen}\theta\cos\phi + \cos\theta\operatorname{sen}\phi$

1.52 Suponhamos que z denote uma variável complexa, isto é,
$$z = x + jy = re^{j\theta}.$$
O *conjugado complexo* de z é
$$z^* = x - jy = re^{-j\theta}.$$
Obtenha cada uma das relações a seguir, em que z, z_1 e z_2 são números complexos:
- **(a)** $zz^* = r^2$
- **(b)** $\dfrac{z}{z^*} = e^{j2\theta}$
- **(c)** $z + z^* = 2\mathcal{R}e\{z\}$
- **(d)** $z - z^* = 2j\mathcal{I}m\{z\}$
- **(e)** $(z_1 + z_2)^* = z_1^* + z_2^*$
- **(f)** $(az_1z_2)^* = az_1^* z_2^*$ onde a é qualquer número real
- **(g)** $\left(\dfrac{z_1}{z_2}\right)^* = \dfrac{z_1^*}{z_2^*}$
- **(h)** $\mathcal{R}e\left\{\dfrac{z_1}{z_2}\right\} = \dfrac{1}{2}\left[\dfrac{z_1 z_2^* + z_1^* z_2}{z_2 z_2^*}\right]$

1.53 Demonstre as relações a seguir, sendo z, z_1 e z_2 números complexos arbitrários:
- **(a)** $(e^z)^* = e^{z^*}$
- **(b)** $z_1 z_2^* + z_1^* z_2 = 2\mathcal{R}e\{z_1 z_2^*\} = 2\mathcal{R}e\{z_1^* z_2\}$
- **(c)** $|z| = |z^*|$
- **(d)** $|z_1 z_2| = |z_1||z_2|$
- **(e)** $\mathcal{R}e\{z\} \leq |z|$, $\mathcal{I}m\{z\} \leq |z|$

(f) $|z_1 z_2^* + z_1^* z_2| \leq 2|z_1 z_2|$

(g) $(|z_1| - |z_2|)^2 \leq |z_1 + z_2|^2 \leq (|z_1| + |z_2|)^2$

1.54 As relações consideradas neste problema são usadas em muitas ocasiões no livro todo.

(a) Prove a validade da seguinte expressão:
$$\sum_{n=0}^{N-1} \alpha^n = \begin{cases} N, & \alpha = 1 \\ \frac{1-\alpha^N}{1-\alpha}, & \text{para qualquer número complexo } \alpha \neq 1. \end{cases}$$

Damos a essa representação o nome de *fórmula da soma finita*.

(b) Mostre que se $|\alpha| < 1$, então
$$\sum_{n=0}^{\infty} \alpha^n = \frac{1}{1-\alpha}.$$

Damos a essa representação o nome de *fórmula da soma infinita*.

(c) Mostre que se $|\alpha| < 1$, então
$$\sum_{n=0}^{\infty} n\alpha^n = \frac{\alpha}{(1-\alpha)^2}.$$

(d) Calcule
$$\sum_{n=k}^{\infty} \alpha^n,$$
assumindo que $|\alpha| < 1$.

1.55 Usando os resultados do Problema 1.54, calcule cada uma das somas a seguir e expresse sua resposta na forma cartesiana (retangular):

(a) $\sum_{n=0}^{9} e^{j\pi n/2}$

(b) $\sum_{n=-2}^{7} e^{j\pi n/2}$

(c) $\sum_{n=0}^{\infty} \left(\frac{1}{2}\right)^n e^{j\pi n/2}$

(d) $\sum_{n=2}^{\infty} \left(\frac{1}{2}\right)^n e^{j\pi n/2}$

(e) $\sum_{n=0}^{9} \cos\left(\frac{\pi}{2} n\right)$

(f) $\sum_{n=0}^{\infty} \left(\frac{1}{2}\right)^n \cos\left(\frac{\pi}{2} n\right)$

1.56 Calcule cada uma das integrais e expresse sua resposta na forma cartesiana (retangular):

(a) $\int_0^4 e^{j\pi t/2} dt$

(b) $\int_0^6 e^{j\pi t/2} dt$

(c) $\int_2^8 e^{j\pi t/2} dt$

(d) $\int_0^{\infty} e^{-(1+j)t} dt$

(e) $\int_0^{\infty} e^{-t} \cos(t) dt$

(f) $\int_0^{\infty} e^{-2t} \text{sen}(3t) dt$

Capítulo 2 — Sistemas lineares invariantes no tempo

2.0 Introdução

Na Seção 1.6 apresentamos e discutimos diversas propriedades básicas dos sistemas. Duas delas, a invariância no tempo e a linearidade, têm um papel fundamental na análise dos sinais e sistemas por duas razões principais. A primeira diz respeito ao fato de muitos processos físicos terem essas propriedades e, por isso, poderem ser modelados como sistemas lineares invariantes no tempo (LIT). Além disso, os sistemas LIT podem ser analisados de forma detalhada, facilitando a compreensão de suas propriedades e também fornecendo um conjunto de ferramentas poderosas que formam a base da análise de sinais e sistemas.

Um dos objetivos principais deste livro é desenvolver uma compreensão dessas propriedades e ferramentas e apresentar várias das importantes aplicações nas quais essas ferramentas são usadas. Neste capítulo, começamos o desenvolvimento mostrando e examinando uma representação fundamental e extremamente útil para os sistemas LIT e apresentando uma classe importante desses sistemas.

Uma das principais razões de os sistemas LIT serem passíveis de análise é o fato de qualquer sistema desse tipo ter a propriedade de superposição descrita na Seção 1.6.6. Como consequência, se pudermos representar a entrada de um sistema LIT em termos de uma combinação linear de um conjunto de sinais básicos, então podemos usar a superposição para computar a saída do sistema em termos de suas respostas a esses sinais básicos.

Como veremos nas próximas seções, uma das características importantes do impulso unitário, tanto de tempo discreto como de tempo contínuo, é o fato de sinais bastante gerais poderem ser representados como combinações lineares de impulsos deslocados. Esse fato, juntamente com as propriedades de superposição e invariância no tempo, permite que desenvolvamos uma caracterização completa de qualquer sistema LIT em termos de sua resposta a um impulso unitário. Tal representação, chamada soma de convolução no caso de tempo discreto e integral de convolução em tempo contínuo, fornece uma grande facilidade analítica para lidar com os sistemas LIT. Dando continuidade ao nosso desenvolvimento da soma de convolução e da integral de convolução, usamos essas caracterizações para examinar algumas das outras propriedades dos sistemas LIT. Então, consideramos a classe dos sistemas de tempo contínuo descritos por equações diferenciais lineares com coeficientes constantes e sua correspondente de tempo discreto, a classe de sistemas descrita por equações de diferenças lineares com coeficientes constantes. Nos capítulos subsequentes, teremos várias oportunidades de examinar essas duas classes muito importantes de sistemas. Por fim, estudaremos mais uma vez a função impulso unitário de tempo contínuo e vários outros sinais relacionados a ela para que possamos compreender melhor esses sinais idealizados e, especificamente, seu uso e interpretação no contexto da análise dos sistemas LIT.

2.1 Sistemas LIT de tempo discreto: a soma de convolução

2.1.1 A representação de sinais de tempo discreto em termos de impulsos

A principal ideia para a compreensão de como o impulso unitário de tempo discreto pode ser usado para formar qualquer sinal de tempo discreto é pensar em um sinal de tempo discreto como uma sequência de impulsos individuais. Para percebermos como esse quadro intuitivo pode ser transformado em uma representação matemática, considere o sinal $x[n]$ representado na Figura 2.1(a). Nas partes restantes dessa figura, traçamos cinco sequências de impulsos unitários ponderados e deslocados no tempo, nas quais o fator de escla em cada impulso é igual ao valor de $x[n]$ no instante específico em que a amostra unitária ocorre. Por exemplo,

$$x[-1]\delta[n+1] = \begin{cases} x[-1], & n=-1 \\ 0, & n\neq -1 \end{cases},$$

$$x[0]\delta[n] = \begin{cases} x[0], & n=0 \\ 0, & n\neq 0 \end{cases},$$

$$x[1]\delta[n-1] = \begin{cases} x[1], & n=1 \\ 0, & n\neq 1 \end{cases}.$$

Portanto, a soma das cinco sequências na figura é igual a $x[n]$ para $-2 \leq n \leq 2$. De modo mais geral, ao incluir impulsos adicionais ponderados e deslocados, podemos escrever

$$x[n] = \ldots + x[-3]\delta[n+3] + x[-2]\delta[n+2] + x[-1]\delta[n+1]$$
$$+ x[0]\delta[n] + x[1]\delta[n-1] + x[2]\delta[n-2]$$
$$+ x[3]\delta[n-3] + \ldots \quad (2.1)$$

Para qualquer valor de n, somente um dos termos do membro direito da Equação 2.1 é diferente de zero, e o peso associado a esse termo é precisamente $x[n]$. Escrevendo essa soma de forma mais compacta, temos

$$x[n] = \sum_{k=-\infty}^{+\infty} x[k]\delta[n-k]. \quad (2.2)$$

Esta expressão corresponde à representação de uma sequência arbitrária como combinação linear dos impulsos unitários deslocados $\delta[n-k]$, em que os pesos nessa combinação linear são $x[k]$. Como exemplo, considere $x[n] = u[n]$, o degrau unitário. Nesse caso, como $u[k] = 0$ para $k < 0$ e $u[k] = 1$ para $k \geq 0$, a Equação 2.2 torna-se

$$u[n] = \sum_{k=0}^{+\infty} \delta[n-k],$$

que é idêntica à expressão deduzida na Seção 1.4. (Ver Equação 1.67.)

A Equação 2.2 é chamada de *propriedade seletiva* do impulso unitário de tempo discreto. Como a sequência $\delta[n-k]$ é diferente de zero somente quando $k = n$, o somatório do membro direito da Equação 2.2 'vasculha' a sequência de valores $x[k]$ e extrai somente o valor correspondente a $k = n$. Na próxima subseção, exploraremos essa representação dos sinais de tempo discreto para desenvolvermos a representa-

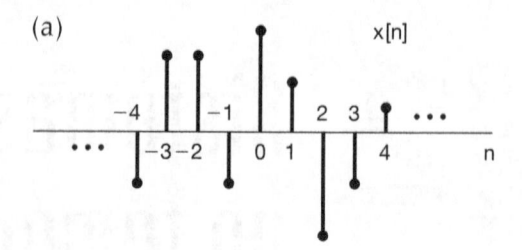

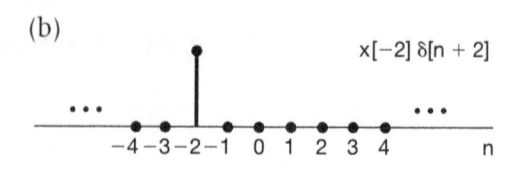

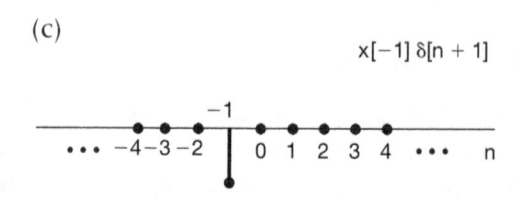

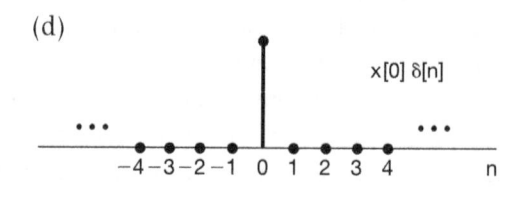

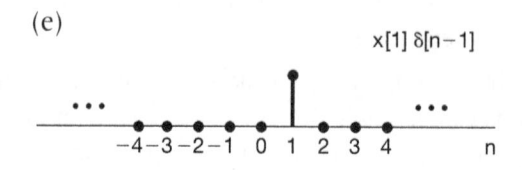

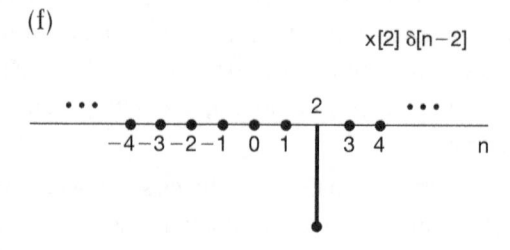

Figura 2.1 Decomposição de um sinal de tempo discreto em uma soma de impulsos ponderados e deslocados.

ção por soma de convolução para um sistema LIT de tempo discreto.

2.1.2 A resposta ao impulso unitário e a representação por soma de convolução dos sistemas de tempo discreto LIT

A importância da propriedade seletiva das equações 2.1 e 2.2 está no fato de que ela representa $x[n]$ como uma superposição de versões ponderadas de um conjunto muito simples de funções elementares, impulsos unitários deslocados $\delta[n - k]$, sendo que cada um deles é diferente de zero (com valor 1) em um único instante de tempo especificado pelo valor correspondente de k. A resposta de um sistema linear a $x[n]$ será a superposição das respostas ponderadas do sistema a cada um desses impulsos deslocados. Além disso, a propriedade de invariância no tempo nos diz que as respostas de um sistema invariante no tempo aos impulsos unitários deslocados no tempo são simplesmente versões deslocadas no tempo dessas respostas. A representação por soma de convolução para os sistemas de tempo discreto que são *tanto* lineares *quanto* invariantes no tempo resulta da junção desses dois fatos básicos.

De modo mais específico, considere a resposta de um sistema linear (mas possivelmente variante no tempo) a uma entrada arbitrária $x[n]$. Pela Equação 2.2, podemos representar a entrada como uma combinação linear de impulsos unitários deslocados. Considere que $h_k[n]$ denote a resposta do sistema linear ao impulso unitário deslocado $\delta[n - k]$. Então, a partir da propriedade de superposição para um sistema linear (equações 1.123 e 1.124), a resposta $y[n]$ do sistema linear à entrada $x[n]$ na Equação 2.2 é simplesmente a combinação linear ponderada dessas respostas básicas. Ou seja, com a entrada $x[n]$ para um sistema linear expresso na forma da Equação 2.2, a saída $y[n]$ pode ser expressa como

$$y[n] = \sum_{k=-\infty}^{+\infty} x[k] h_k[n]. \qquad (2.3)$$

Portanto, de acordo com a Equação 2.3, se soubermos qual é a resposta de um sistema linear a um conjunto de impulsos unitários deslocados, podemos construir a resposta a uma entrada arbitrária. Na Figura 2.2, temos uma interpretação da Equação 2.3. O sinal $x[n]$ é aplicado como entrada em um sistema linear cujas respostas $h_{-1}[n]$, $h_0[n]$ e $h_1[n]$ aos sinais $\delta[n + 1]$, $\delta[n]$ e $\delta[n - 1]$, respectivamente, são mostradas na Figura 2.2(b). Como $x[n]$ pode ser escrito como uma combinação linear de $\delta[n + 1]$, $\delta[n]$ e $\delta[n - 1]$, a superposição permite-nos escrever a resposta a $x[n]$ como uma combinação linear das respostas aos impulsos individuais deslocados. Os impulsos individuais ponderados e deslocados que constituem $x[n]$ são ilustrados no lado esquerdo da Figura 2.2(c), enquanto as respostas a esses sinais componentes são representadas no lado direito. Na Figura 2.2(d), retratamos a entrada efetiva $x[n]$, que é o somatório dos componentes do lado esquerdo da Figura 2.2(c), e a saída efetiva $y[n]$, que, por superposição, é o somatório dos componentes do lado direito da Figura 2.2(c). Portanto, a resposta no instante n de um sistema linear é simplesmente a superposição das respostas devido ao valor de entrada em cada instante de tempo.

Em geral, as respostas $h_k[n]$ não precisam estar relacionadas uma à outra para diferentes valores de k. No entanto, se o sistema linear também é *invariante no tempo*, então essas respostas aos impulsos unitários deslocados no tempo são todas versões deslocadas no tempo umas das outras. Especificamente, como $\delta[n - k]$ é uma versão deslocada no tempo de $\delta[n]$, a resposta $h_k[n]$ é uma versão deslocada no tempo de $h_0[n]$; isto é,

$$h_k[n] = h_0[n - k]. \qquad (2.4)$$

Para facilitar a notação, eliminaremos o subscrito em $h_0[n]$ e definiremos a *resposta ao impulso unitário (ou à mostra unitária)*

$$h[n] = h_0[n]. \qquad (2.5)$$

Ou seja, $h[n]$ é a saída do sistema LIT quando $\delta[n]$ é a entrada. Então, para um sistema LIT, a Equação 2.3 torna-se

$$\boxed{y[n] = \sum_{k=-\infty}^{+\infty} x[k] h[n - k].} \qquad (2.6)$$

Referimo-nos a esse resultado como a *soma de convolução* ou *soma de superposição*, e a operação no membro direito da Equação 2.6 é conhecida como *convolução* das sequências $x[n]$ e $h[n]$. Representaremos simbolicamente a operação da convolução como

$$y[n] = x[n] * h[n]. \qquad (2.7)$$

Note que a Equação 2.6 expressa a resposta de um sistema LIT a uma entrada arbitrária em termos da resposta do sistema ao impulso unitário. Disso, vemos que um sistema LIT é totalmente caracterizado por sua resposta a um único sinal, isto é, sua resposta ao impulso unitário.

A interpretação da Equação 2.6 é semelhante à que demos para a Equação 2.3, em que, no caso de um sistema LIT, a resposta devida ao impulso $x[k]$ aplicada no instante k é $x[k]h[n − k]$; ou seja, é uma versão ponderada

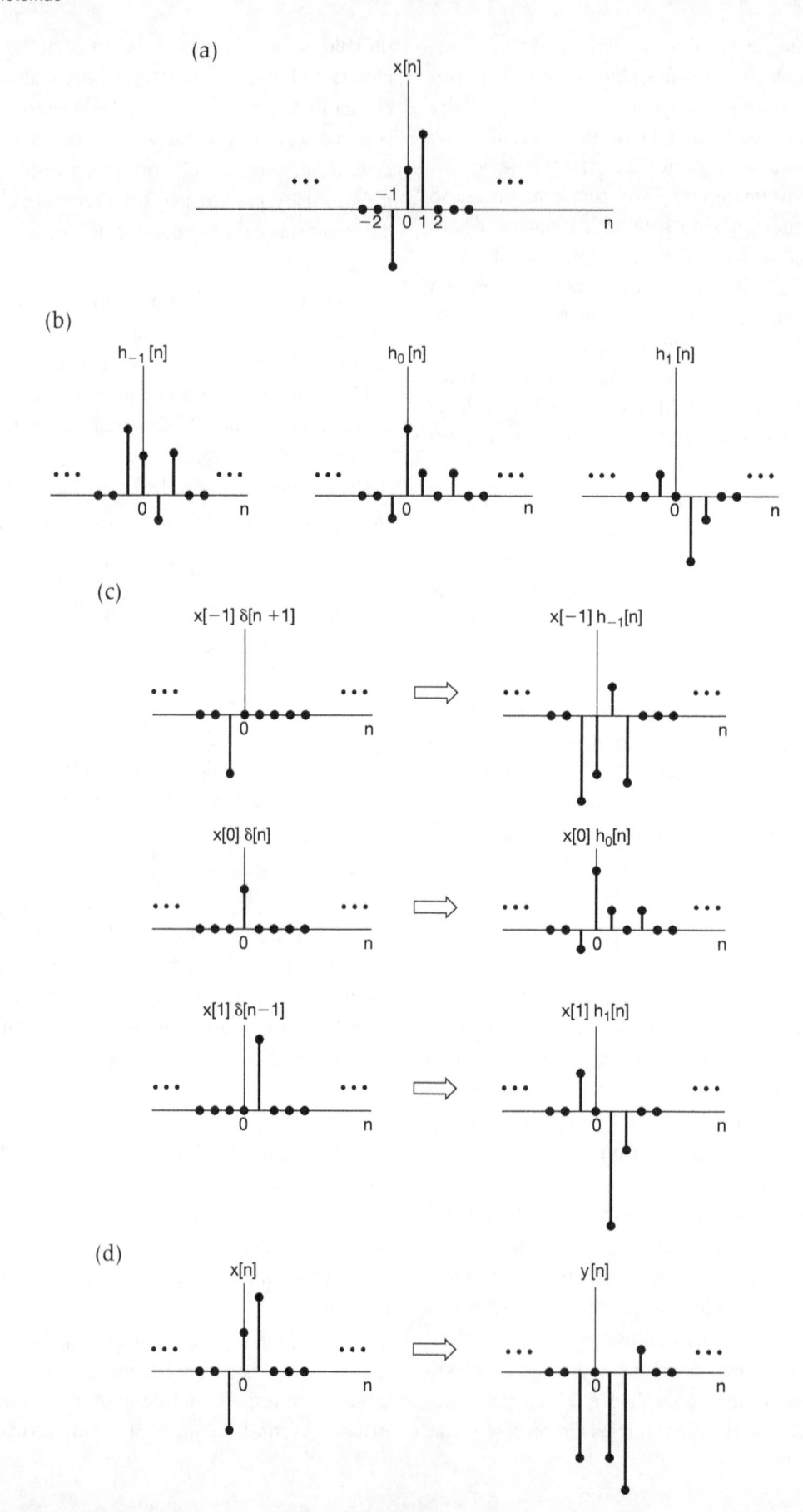

Figura 2.2 Interpretação gráfica da resposta de um sistema linear de tempo discreto conforme representado na Equação 2.3.

e deslocada (um 'eco') de $h[n]$. Como antes, a saída total é a superposição de todas essas respostas.

Exemplo 2.1

Considere um sistema LIT com resposta ao impulso $h[n]$ e entrada $x[n]$, conforme ilustrado na Figura 2.3(a). Para este caso, como somente $x[0]$ e $x[1]$ são diferentes de zero, a Equação 2.6 é reduzida a

$$y[n] = x[0]h[n-0] + x[1]h[n-1] = 0{,}5h[n] + 2h[n-1]. \quad (2.8)$$

As sequências $0{,}5h[n]$ e $2h[n-1]$ são dois ecos da resposta ao impulso, necessários para a superposição envolvida na geração de $y[n]$. Esses ecos são mostrados na Figura 2.3(b). Somando os dois ecos para cada valor de n, obtemos $y[n]$, que é mostrado na Figura 2.3(c).

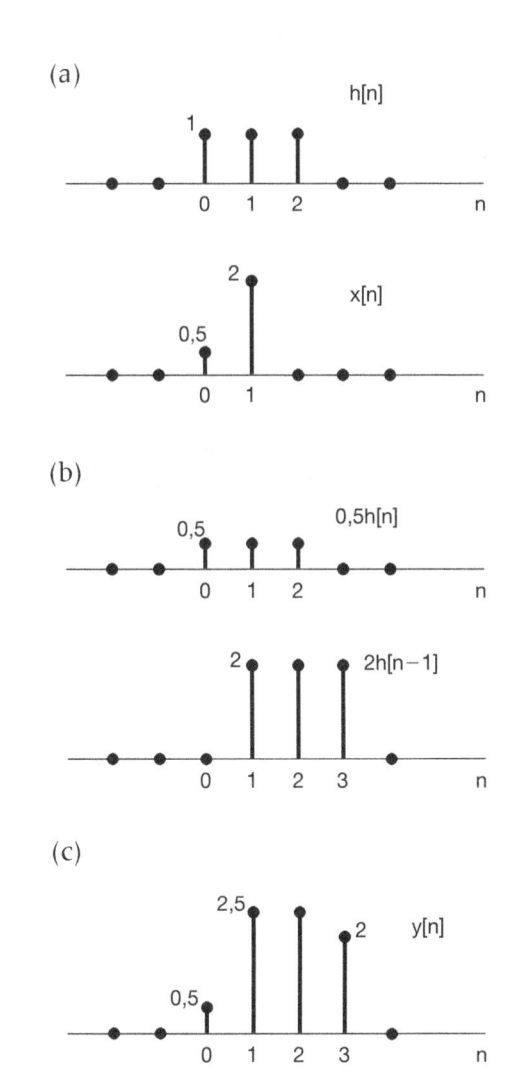

Figura 2.3 (a) Resposta ao impulso h[n] de um sistema LIT e entrada $x[n]$ para o sistema; (b) respostas ou 'ecos', $0{,}5h[n]$ e $2h[n-1]$ aos valores não nulos da entrada $x[0] = 0{,}5$ e $x[1] = 2$; (c) resposta completa $y[n]$, que é a soma dos ecos em (b).

Ao considerar o efeito da soma de superposição em cada amostra de saída individual, chegamos a outra forma muito útil de visualizar o cálculo de $y[n]$ usando o somatório de convolução. Em particular, considere o cálculo do valor de saída em um instante específico n. Uma forma particularmente conveniente de mostrar esse cálculo graficamente começa com os dois sinais $x[k]$ e $h[n-k]$ vistos como funções de k. Multiplicando essas duas funções, temos a sequência $g[k] = x[k]h[n-k]$ que, a cada instante k, é tida como uma sequência que representa a contribuição de $x[k]$ à saída no instante n. Concluímos que a soma de todas as amostras na sequência de $g[k]$ produz o valor de saída no instante n selecionado. Portanto, para calcularmos $y[n]$ para todos os valores de n, precisamos repetir esse procedimento para cada valor de n. Felizmente, mudar o valor de n tem uma interpretação gráfica bastante simples para os dois sinais $x[k]$ e $h[n-k]$ como funções de k. Os exemplos seguintes ilustram isso e o uso do ponto de vista mencionado anteriormente no cálculo da soma de convolução.

Exemplo 2.2

Consideremos mais uma vez o problema de convolução visto no Exemplo 2.1. A sequência $x[k]$ é mostrada na Figura 2.4(a), enquanto a sequência $h[n-k]$, com n fixo e vista como uma função de k, é mostrada na Figura 2.4(b) para diversos valores diferentes de n. Ao traçarmos essas sequências, usamos o fato de que $h[n-k]$ (vista como uma função de k com n fixo) é uma versão deslocada e refletida no tempo da resposta $h[k]$ ao impulso. Em particular, quando k aumenta, o argumento $n-k$ diminui, explicando a necessidade de uma reflexão no tempo de $h[k]$. Sabendo disso, então, para traçar o sinal $h[n-k]$, precisamos somente determinar seu valor para algum valor particular de k. Por exemplo, o argumento $n-k$ será igual a 0 no valor $k = n$. Portanto, se traçarmos o sinal $h[-k]$, obtemos o sinal $h[n-k]$ simplesmente deslocando-o para a direita (por n) se n for positivo, ou para a esquerda se n for negativo. O resultado para nosso exemplo para os valores de $n < 0$, $n = 0, 1, 2, 3$ e $n > 3$ é ilustrado na Figura 2.4(b).

Depois de traçar $x[k]$ e $h[n-k]$ para qualquer valor particular de n, multiplicamos esses dois sinais e somamos sobre os valores de k. Para o nosso exemplo, para $n < 0$, vemos, a partir da Figura 2.4, que $x[k]h[n-k] = 0$ para todo k, já que os valores não nulos de $x[k]$ e $h[n-k]$ não se sobrepõem. Consequentemente, $y[n] = 0$ para $n < 0$. Para $n = 0$, como o produto da sequência $x[k]$ com a sequência $h[0-k]$ tem apenas uma amostra não nula com o valor 0,5, concluímos que

$$y[0] = \sum_{k=-\infty}^{\infty} x[k]h[0-k] = 0{,}5. \quad (2.9)$$

O produto da sequência $x[k]$ com a sequência $h[1-k]$ tem duas amostras diferentes de zero, que podem ser somadas para obtermos

$$y[1] = \sum_{k=-\infty}^{\infty} x[k]h[1-k] = 0,5 + 2,0 = 2,5. \quad (2.10)$$

De maneira semelhante,

$$y[2] = \sum_{k=-\infty}^{\infty} x[k]h[2-k] = 0,5 + 2,0 = 2,5, \quad (2.11)$$

e

$$y[3] = \sum_{k=-\infty}^{\infty} x[k]h[3-k] = 2,0. \quad (2.12)$$

Por fim, para $n > 3$, o produto $x[k]\, h[n - k]$ é zero para todo k, a partir do que concluímos que $y[n] = 0$ para $n > 3$. Os valores de saída resultantes estão em concordância com todos os valores obtidos no Exemplo 2.1.

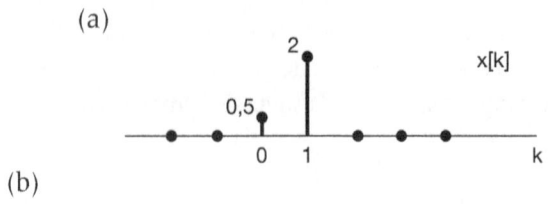

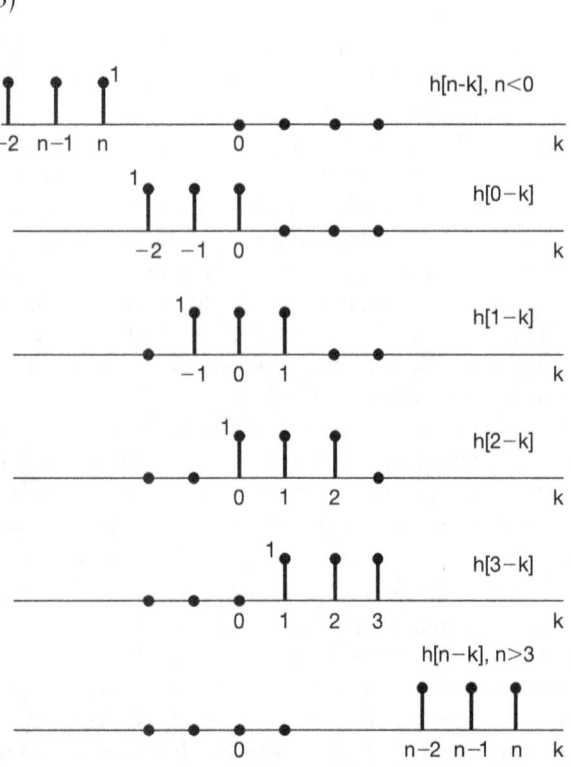

Figura 2.4 Interpretação da Equação 2.6 para os sinais $h[n]$ e $x[n]$ na Figura 2.3; (a) sinal $x[k]$ e (b) sinal $h[n - k]$ (como função de k com n fixo) para diversos valores de n ($n < 0$; $n = 0, 1, 2, 3$; $n > 3$). Cada um desses sinais é obtido pela reflexão e deslocamento da resposta ao impulso unitário $h[k]$. A resposta $y[n]$ para cada valor de n é obtida multiplicando-se os sinais $x[k]$ e $h[n - k]$ em (a) e (b) e depois somando os produtos sobre todos os valores de k. O cálculo para esse exemplo é feito detalhadamente no Exemplo 2.2.

Exemplo 2.3

Considere uma entrada $x[n]$ e uma resposta ao impulso unitário $h[n]$ dadas por

$$x[n] = \alpha^n u[n],$$
$$h[n] = u[n],$$

sendo $0 < \alpha < 1$. Esses sinais são ilustrados na Figura 2.5. Também, para nos ajudar a visualizar e calcular a convolução dos sinais, representamos na Figura 2.6 o sinal $x[k]$ seguido por $h[-k]$, $h[-1-k]$ e $h[1-k]$ (ou seja, $h[n-k]$ para $n = 0$, -1 e $+1$) e, por último, $h[n-k]$ para um valor positivo arbitrário de n e um valor negativo arbitrário de n. A partir dessa figura, notamos que para $n < 0$ não há sobreposição entre as amostras não nulas em $x[k]$ e $h[n - k]$. Portanto, para $n < 0$, $x[k]\, h[n - k] = 0$ para todos os valores de k, e por isso, a partir da Equação 2.6, vemos que $y[n] = 0$, $n < 0$. Para $n \geq 0$,

$$x[k]h[n-k] = \begin{cases} \alpha^k, & 0 \leq k \leq n \\ 0, & \text{caso contrário} \end{cases}.$$

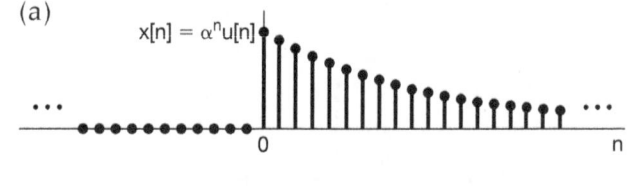

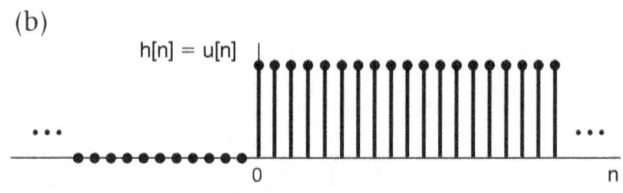

Figura 2.5 Sinais $x[n]$ e $h[n]$ no Exemplo 2.3.

Portanto, para $n \geq 0$,

$$y[n] = \sum_{k=0}^{n} \alpha^k,$$

e usando o resultado do Problema 1.54, podemos escrever:

$$y[n] = \sum_{k=0}^{n} \alpha^k = \frac{1 - \alpha^{n+1}}{1 - \alpha} \quad \text{para } n \geq 0. \quad (2.13)$$

Dessa forma, para todo n,

$$y[n] = \left(\frac{1 - \alpha^{n+1}}{1 - \alpha}\right) u[n].$$

O sinal $y[n]$ é representado na Figura 2.7.

A operação de convolução é descrita algumas vezes em termos de um 'deslizamento' da sequência $h[n - k]$ através de $x[k]$. Por exemplo, suponha que tenhamos calculado $y[n]$ para algum valor particular de n, digamos, $n = n_0$. Ou seja, traçamos o sinal $h[n_0 - k]$, multiplicamos pelo sinal $x[k]$ e somamos o resultado sobre todos os valores de k. Para calcular $y[n]$ no próximo valor de n — isto é, $n = n_0 + 1$ — precisamos traçar o sinal $h[(n_0 + 1) - k]$. No entanto, podemos fazer isso simplesmente tomando o sinal $h[n_0 - k]$ e deslocando-o à direita em uma amostra. Para cada valor sucessivo de n, continuamos esse processo de deslocar $h[n - k]$ uma amostra para a direita, multiplicando por $x[k]$ e somando o resultado sobre k.

Exemplo 2.4

Vejamos mais um exemplo. Considere as duas sequências

$$x[n] = \begin{cases} 1, & 0 \leq n \leq 4 \\ 0, & \text{caso contrário} \end{cases}$$

e

$$h[n] = \begin{cases} \alpha^n, & 0 \leq n \leq 6 \\ 0, & \text{caso contrário} \end{cases}.$$

Esses sinais são ilustrados na Figura 2.8 para um valor positivo de $\alpha > 1$. Para calcular a convolução dos dois sinais, é conveniente considerar cinco intervalos separados de n. Esses intervalos são ilustrados na Figura 2.9.

Intervalo 1. Para $n < 0$, não há sobreposição entre porções não nulas de $x[k]$ e $h[n - k]$; consequentemente, $y[n] = 0$.

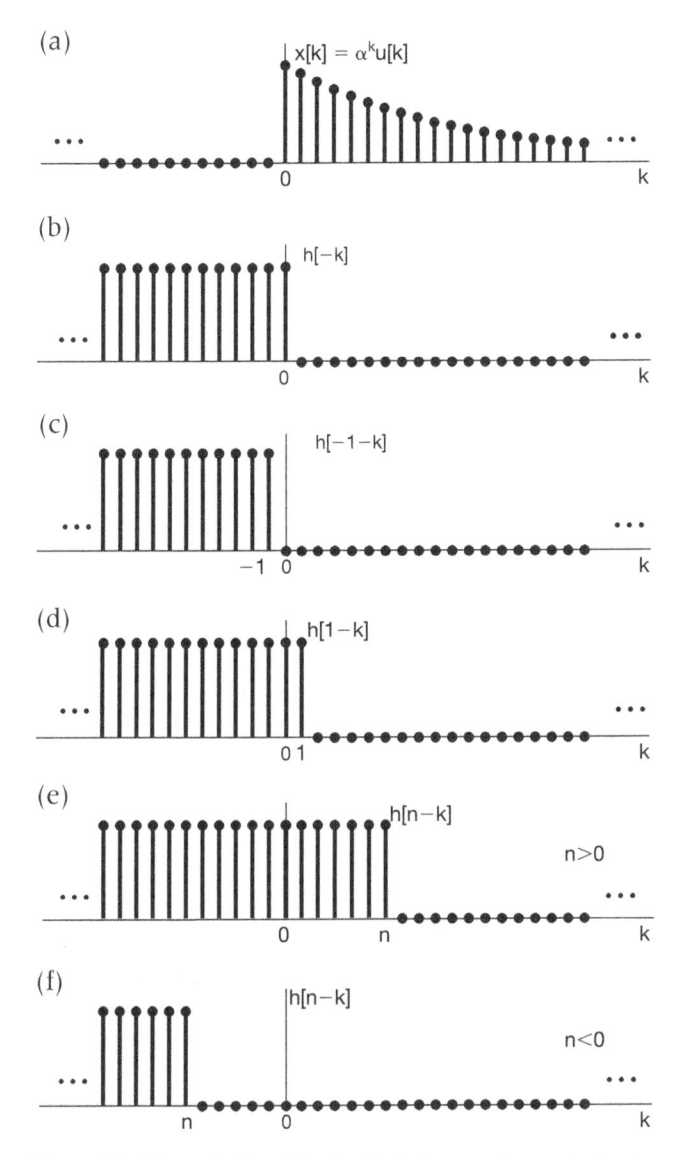

Figura 2.6 Interpretação gráfica do cálculo da soma de convolução para o Exemplo 2.3.

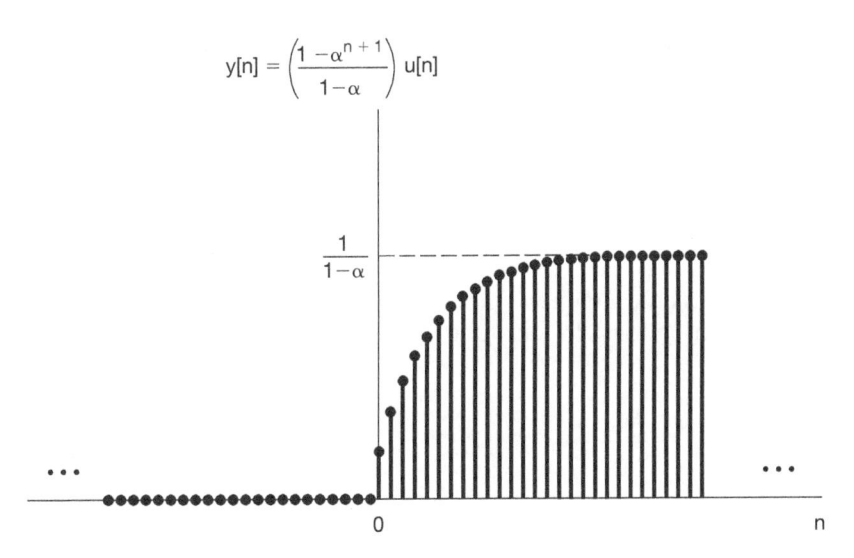

Figura 2.7 Saída para o Exemplo 2.3.

Intervalo 2. Para $0 \leq n \leq 4$,

$$x[k]h[n-k] = \begin{cases} \alpha^{n-k}, & 0 \leq k \leq n \\ 0, & \text{caso contrário} \end{cases}.$$

(a)

(b)

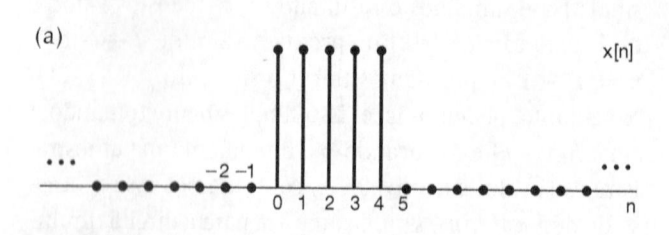

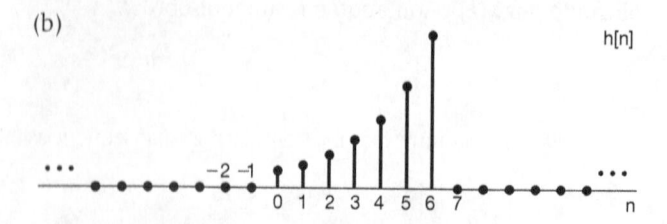

Figura 2.8 Sinais a serem convoluídos no Exemplo 2.4.

Portanto, nesse intervalo,

$$y[n] = \sum_{k=0}^{n} \alpha^{n-k}. \quad (2.14)$$

Podemos calcular essa soma usando a fórmula da soma finita, Equação 2.13. Especificamente, mudando a variável do somatório na Equação 2.14, de k para $r = n - k$, obtemos

$$y[n] = \sum_{r=0}^{n} \alpha^r = \frac{1 - \alpha^{n+1}}{1 - \alpha}.$$

Intervalo 3. Para $n > 4$, mas $n - 6 \leq 0$ (isto é, $4 < n \leq 6$),

$$x[k]h[n-k] = \begin{cases} \alpha^{n-k}, & 0 \leq k \leq 4 \\ 0, & \text{caso contrário} \end{cases}.$$

Portanto, nesse intervalo,

$$y[n] = \sum_{k=0}^{4} \alpha^{n-k}. \quad (2.15)$$

Mais uma vez, podemos usar a fórmula da soma geométrica da Equação 2.13 para calcular a Equação 2.15. Especificamente, evidenciando o termo constante α^n do somatório da Equação 2.15, o resultado é

$$y[n] = \alpha^n \sum_{k=0}^{4} (\alpha^{-1})^k = \alpha^n \frac{1 - (\alpha^{-1})^5}{1 - \alpha^{-1}}$$

$$= \frac{\alpha^{n-4} - \alpha^{n+1}}{1 - \alpha}. \quad (2.16)$$

Intervalo 4. Para $n > 6$, mas $n - 6 \leq 4$ (isto é, para $6 < n \leq 10$),

$$x[k]h[n-k] = \begin{cases} \alpha^{n-k}, & (n-6) \leq k \leq 4 \\ 0, & \text{caso contrário} \end{cases},$$

de modo que

$$y[n] = \sum_{k=n-6}^{4} \alpha^{n-k}.$$

(a)

(b)

(c)

(d)

(e)

(f)

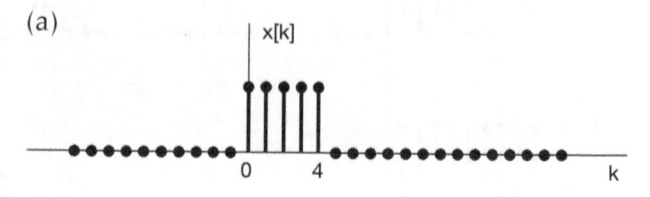

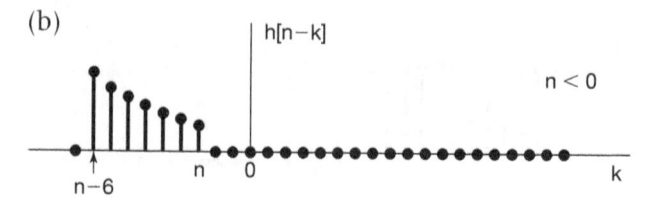

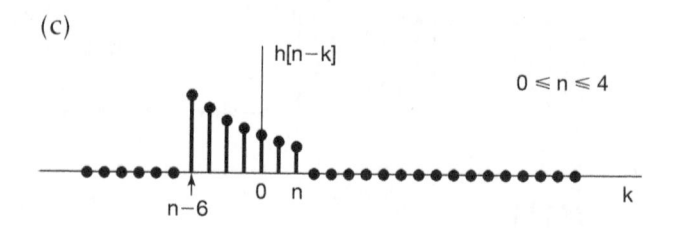

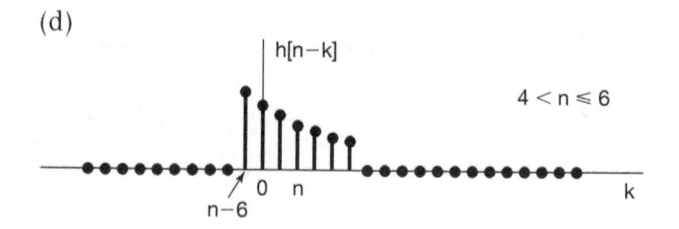

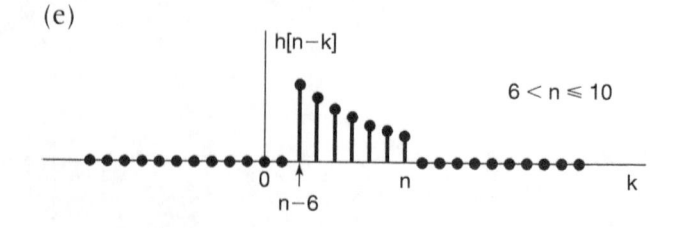

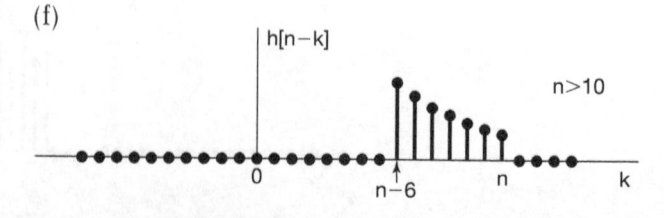

Figura 2.9 Interpretação gráfica da convolução do Exemplo 2.4.

Usamos novamente a Equação 2.13 para efetuar esse somatório. Fazendo $r = k - n + 6$, obtemos

$$y[n] = \sum_{r=0}^{10-n} \alpha^{6-r} = \alpha^6 \sum_{r=0}^{10-n} (\alpha^{-1})^r = \alpha^6 \frac{1-\alpha^{n-11}}{1-\alpha^{-1}} = \frac{\alpha^{n-4}-\alpha^7}{1-\alpha}.$$

Intervalo 5. Para $n - 6 > 4$, ou, equivalentemente, $n > 10$, não há sobreposição entre as amostras não nulas de $x[k]$ e $h[n - k]$, por essa razão,

$$y[n] = 0.$$

Resumindo, portanto, temos

$$y[n] = \begin{cases} 0, & n < 0 \\ \dfrac{1-\alpha^{n+1}}{1-\alpha}, & 0 \le n \le 4 \\ \dfrac{\alpha^{n-4}-\alpha^{n+1}}{1-\alpha}, & 4 < n \le 6, \\ \dfrac{\alpha^{n-4}-\alpha^7}{1-\alpha}, & 6 < n \le 10 \\ 0, & 10 < n \end{cases}$$

que é representado na Figura 2.10.

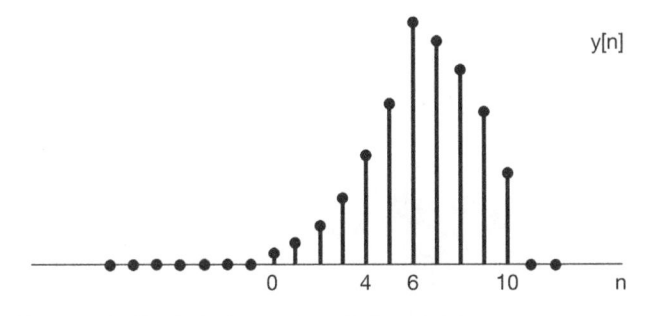

Figura 2.10 Resultado da convolução do Exemplo 2.4.

■

Exemplo 2.5

Considere um sistema LIT com entrada $x[n]$ e resposta ao impulso unitário $h[n]$ especificadas como se segue:

$$x[n] = 2^n u[-n], \qquad (2.17)$$
$$h[n] = u[n]. \qquad (2.18)$$

As sequências $x[k]$ e $h[n - k]$ estão representadas graficamente como funções de k na Figura 2.11(a). Note-se que $x[k]$ é zero para $k > 0$ e $h[n - k]$ é zero para $k > n$. Também observamos que, independentemente do valor de n, a sequência $x[k]h[n - k]$ sempre tem amostras não nulas ao longo do eixo k. Quando $n \ge 0$, $x[k]h[n - k]$ tem amostras nulas no intervalo $k \le 0$. Segue-se que, para $n \ge 0$,

$$y[n] = \sum_{k=-\infty}^{0} x[k]h[n-k] = \sum_{k=-\infty}^{0} 2^k. \qquad (2.19)$$

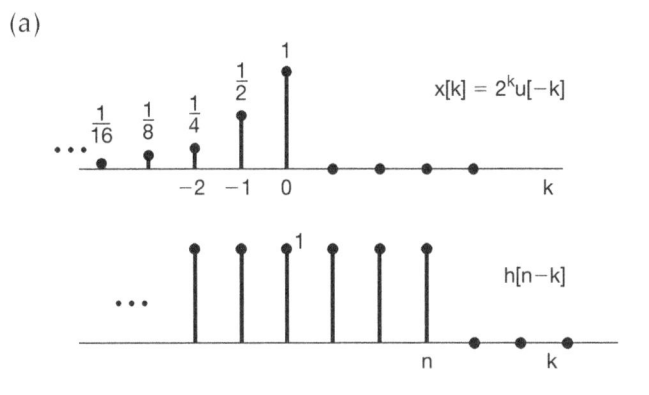

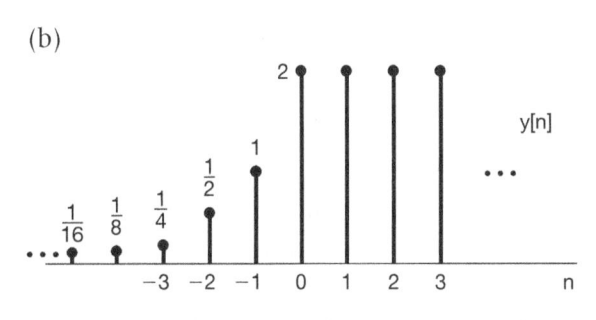

Figura 2.11 (a) Sequências $x[k]$ e $h[n-k]$ para o problema de convolução considerado no Exemplo 2.5; (b) sinal de saída resultante $y[n]$.

Para calcular a soma infinita na Equação 2.19, podemos usar a *fórmula da soma infinita*,

$$\sum_{k=0}^{\infty} \alpha^k = \frac{1}{1-\alpha}, \quad 0 < |\alpha| < 1. \qquad (2.20)$$

Mudando a variável do somatório na Equação 2.19 de k para $r = -k$, temos

$$\sum_{k=-\infty}^{0} 2^k = \sum_{r=0}^{\infty} \left(\frac{1}{2}\right)^r = \frac{1}{1-(1/2)} = 2. \qquad (2.21)$$

Portanto, $y[n]$ assume o valor constante 2 para $n \ge 0$.

Quando $n < 0$, $x[k]h[n - k]$ tem amostras diferentes de zero para $k \le n$. Segue-se que, para $n < 0$,

$$y[n] = \sum_{k=-\infty}^{n} x[k]h[n-k] = \sum_{k=-\infty}^{n} 2^k. \qquad (2.22)$$

Ao fazermos uma mudança da variável $l = -k$ e então $m = l + n$, podemos usar novamente a fórmula da soma infinita, Equação 2.20, para calcular o somatório na Equação 2.22. O resultado é o seguinte, para $n < 0$:

$$y[n] = \sum_{l=-n}^{\infty}\left(\frac{1}{2}\right)^l = \sum_{m=0}^{\infty}\left(\frac{1}{2}\right)^{m-n} = \left(\frac{1}{2}\right)^{-n}\sum_{m=0}^{\infty}\left(\frac{1}{2}\right)^m \quad (2.23)$$
$$= 2^n \cdot 2 = 2^{n+1}.$$

A sequência completa $y[n]$ está representada na Figura 2.11(b).

■

Esses exemplos ilustram a utilidade de se visualizar o cálculo da soma de convolução graficamente. Note que, além de fornecer uma forma útil de calcular a resposta de um sistema LIT, a soma de convolução também fornece uma representação extremamente útil dos sistemas LIT que nos permite examinar suas propriedades de modo bem detalhado. Em particular na Seção 2.3, descreveremos algumas propriedades da convolução e examinaremos algumas propriedades dos sistemas apresentadas no capítulo anterior para vermos como essas propriedades podem ser caracterizadas para sistemas LIT.

2.2 Sistemas LIT de tempo contínuo: a integral de convolução

De modo análogo aos resultados obtidos e discutidos na seção anterior, o objetivo desta seção é obter uma caracterização completa de um sistema LIT de tempo contínuo em termos de sua resposta ao impulso unitário. Em tempo discreto, a base para desenvolvermos a soma de convolução foi a propriedade seletiva do impulso unitário de tempo discreto — ou seja, a representação matemática de um sinal como superposição de funções de impulso unitário deslocadas e ponderadas. Intuitivamente, portanto, podemos pensar o sistema de tempo discreto como um sistema que responde a uma sequência de impulsos individuais. No tempo contínuo, não temos uma sequência discreta de valores de entrada. No entanto, como discutimos na Seção 1.4.2, se consideramos o impulso unitário como a idealização de um pulso que é tão curto que sua duração seja irrelevante para qualquer sistema físico real, podemos desenvolver uma representação para sinais arbitrários de tempo contínuo em termos desses pulsos idealizados com duração arbitrariamente pequena, ou, de modo equivalente, impulsos. Essa representação é desenvolvida na próxima subseção e, logo em seguida, prosseguiremos de forma parecida à Seção 2.1 na dedução da representação por integral de convolução para sistemas LIT de tempo contínuo.

2.2.1 A representação de sinais de tempo contínuo em termos de impulsos

Para desenvolver o correspondente de tempo contínuo da propriedade seletiva de tempo discreto da Equação 2.2, começamos considerando uma aproximação "em degraus", $\hat{x}(t)$, para um sinal de tempo contínuo $x(t)$, conforme ilustrado na Figura 2.12(a). De maneira semelhante à empregada no caso do tempo discreto, a aproximação pode ser expressa como uma combinação linear de pulsos atrasados, conforme ilustrado nas figuras 2.12(a) a (e). Se definimos

$$\delta_\Delta(t) = \begin{cases} \frac{1}{\Delta}, & 0 \leq t < \Delta, \\ 0, & \text{caso contrário} \end{cases} \quad (2.24)$$

então, como $\Delta\delta_\Delta(t)$ tem amplitude unitária, temos a expressão

$$\hat{x}(t) = \sum_{k=-\infty}^{\infty} x(k\Delta)\delta_\Delta(t - k\Delta)\Delta. \quad (2.25)$$

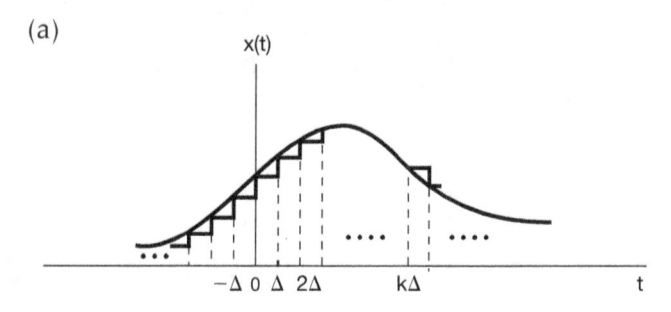

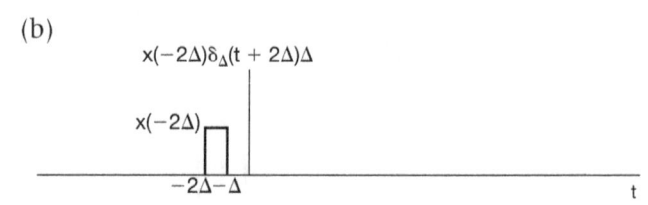

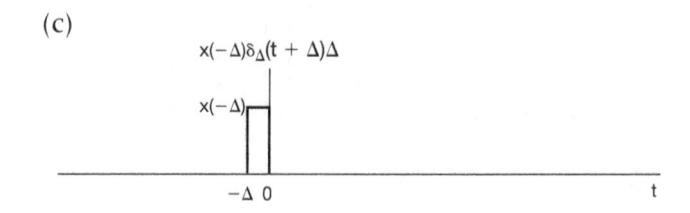

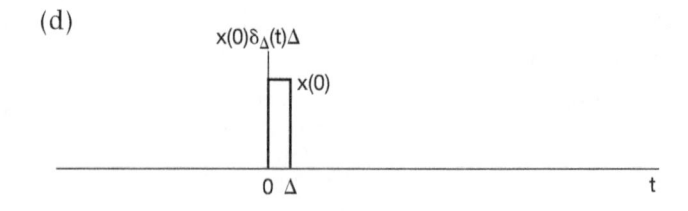

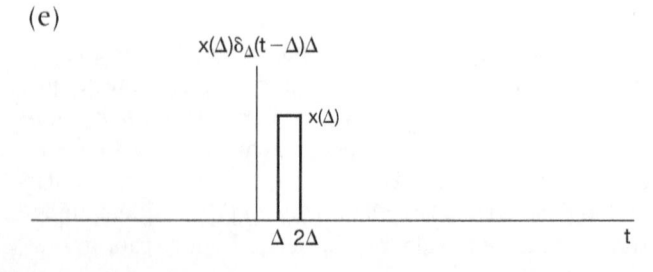

Figura 2.12 Aproximação em degraus para um sinal de tempo contínuo.

Na Figura 2.12 percebemos que, assim como no caso de tempo discreto (Equação 2.2), para qualquer valor de *t*, somente uma parcela no somatório do membro direito da Equação 2.25 é não nula.

Quando consideramos Δ se aproximando de 0, a aproximação $\hat{x}(t)$ torna-se cada vez melhor e, no limite, iguala-se a $x(t)$. Portanto,

$$x(t) = \lim_{\Delta \to 0} \sum_{k=-\infty}^{+\infty} x(k\Delta) \delta_\Delta(t - k\Delta) \Delta. \quad (2.26)$$

Além disso, quando $\Delta \to 0$, o somatório na Equação 2.26 aproxima-se de uma integral. Isso pode ser visto considerando a interpretação gráfica desta equação, ilustrada na Figura 2.13. Ilustramos os sinais $x(\tau)$, $\delta_\Delta(t - \tau)$ e seu produto. Também marcamos uma região sombreada cuja área se aproxima da área sob $x(\tau)\delta_\Delta(t - \tau)$ quando $\Delta \to 0$. Note-se que a região sombreada tem uma área igual a $x(m\Delta)$, sendo $t - \Delta < m\Delta < t$. Além disso, para esse valor de *t*, somente a parcela com $k = m$ é não nula no somatório da Equação 2.26 e, portanto, o membro direito dessa equação também é igual a $x(m\Delta)$. Consequentemente, a partir da Equação 2.26 e do argumento precedente, temos que $x(t)$ é igual ao limite quando $\Delta \to 0$ da área sob $x(\tau)\delta_\Delta(t - \tau)$. Além disso, com base na Equação 1.74, sabemos que o limite quando $\Delta \to 0$ de $\delta_\Delta(t)$ é a função impulso unitário $\delta(t)$. Logo,

$$x(t) = \int_{-\infty}^{+\infty} x(\tau) \delta(t - \tau) d\tau. \quad (2.27)$$

Como em tempo discreto, referimo-nos à Equação 2.27 como a *propriedade seletiva* do impulso de tempo contínuo. Notamos que, para o exemplo específico de $x(t) = u(t)$, a Equação 2.27 torna-se

$$u(t) = \int_{-\infty}^{+\infty} u(\tau)\delta(t - \tau)d\tau = \int_{0}^{\infty} \delta(t - \tau)d\tau. \quad (2.28)$$

já que $u(\tau) = 0$ para $\tau < 0$ e $u(\tau) = 1$ para $\tau > 0$. A Equação 2.28 é idêntica à Equação 1.75, obtida na Seção 1.4.2.

Mais uma vez, a Equação 2.27 deve ser vista como uma idealização no sentido de que, para Δ "pequeno o suficiente", a aproximação de $x(t)$ na Equação 2.25 é essencialmente exata para todo propósito prático. A Equação 2.27, portanto, simplesmente representa uma idealização da Equação 2.25 ao assumirmos Δ como arbitrariamente pequeno. Note-se também que poderíamos obter a Equação 2.27 diretamente usando várias propriedades básicas do impulso unitário que obtivemos na Seção 1.4.2.

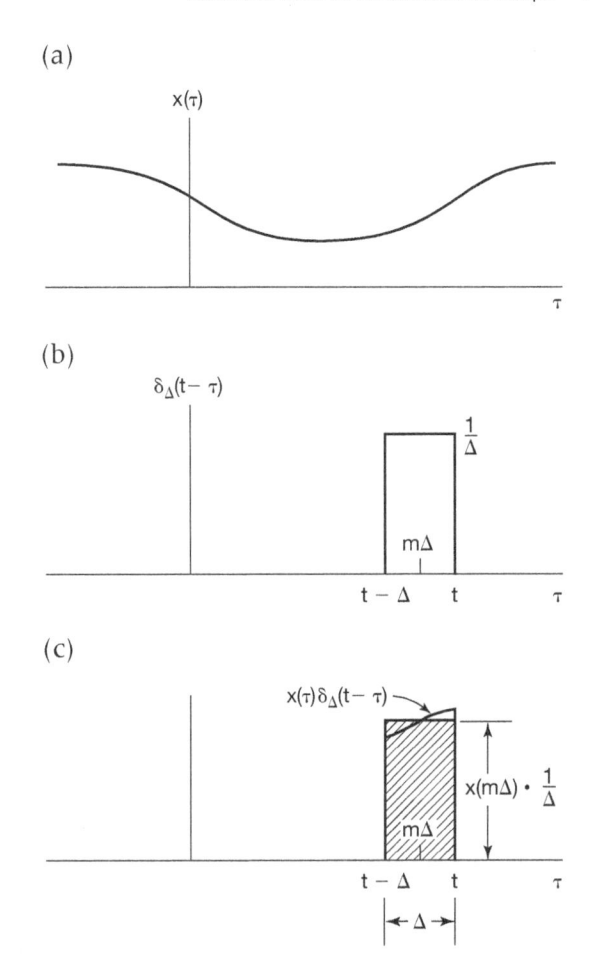

Figura 2.13 Interpretação gráfica da Equação 2.26.

Especificamente, como ilustrado na Figura 2.14(b), o sinal $\delta(t - \tau)$ (visto como uma função de τ com *t* fixo) é um impulso unitário localizado em $\tau = t$. Portanto, como mostra a Figura 2.14(c), o sinal $x(\tau)\delta(t - \tau)$ (mais uma vez visto como uma função de τ) é igual a $x(t)\delta(t - \tau)$, ou seja, é um impulso ponderado em $\tau = t$ com uma área igual ao valor de $x(t)$. Consequentemente, a integral desse sinal de $\tau = -\infty$ a $\tau = +\infty$ é igual a $x(t)$; ou seja,

$$\int_{-\infty}^{+\infty} x(\tau)\delta(t - \tau)d\tau = \int_{-\infty}^{+\infty} x(t)\delta(t - \tau)d\tau$$
$$= x(t) \int_{-\infty}^{+\infty} \delta(t - \tau)d\tau = x(t).$$

Embora essa dedução resulte diretamente da Seção 1.4.2, incluímos a demonstração dada nas equações 2.24 a 2.27 para ressaltar as semelhanças com o caso de tempo discreto e, em particular, para enfatizar a interpretação da Equação 2.27 como uma representação do sinal $x(t)$ como uma 'soma' (mais precisamente, uma integral) de impulsos deslocados e ponderados.

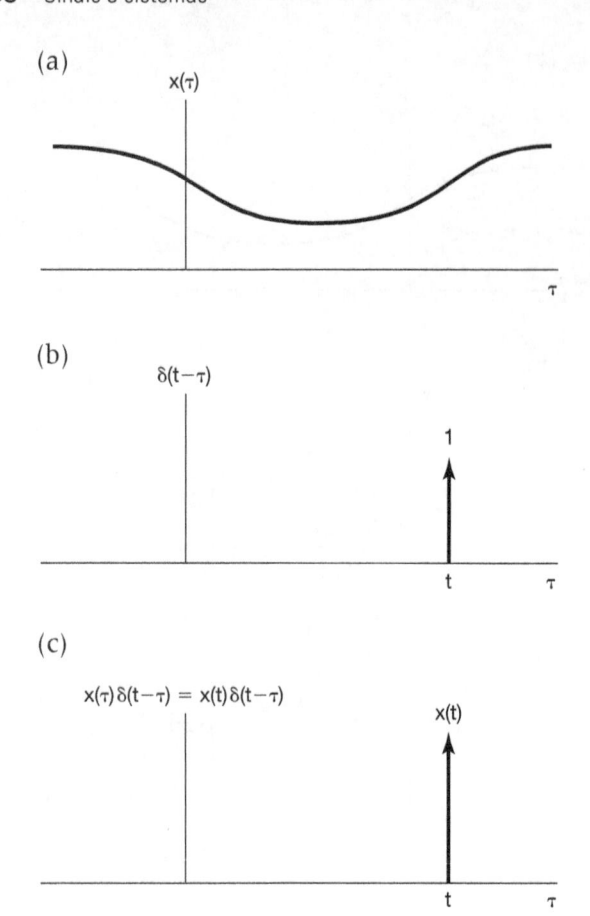

Figura 2.14 (a) Sinal arbitrário $x(\tau)$; (b) impulso $\delta(t-\tau)$ como função de τ com t fixo; (c) produto desses dois sinais.

2.2.2 A resposta ao impulso unitário e a representação por integral de convolução dos sistemas de tempo contínuo LIT

Assim como no caso do tempo discreto, a representação obtida na seção anterior mostra-nos uma forma de interpretar um sinal arbitrário de tempo contínuo como a superposição de pulsos deslocados e ponderados. Em particular, a representação aproximada da Equação 2.25 representa o sinal $\hat{x}(t)$ como um somatório de versões deslocadas e ponderadas do sinal de pulso básico $\delta_\Delta(t)$. Consequentemente, a resposta $\hat{y}(t)$ de um sistema linear a esse sinal será a superposição das respostas às versões deslocadas e ponderadas de $\delta_\Delta(t)$. De maneira mais específica, consideremos $\hat{h}_{k\Delta}(t)$ como a resposta de um sistema LIT à entrada $\delta_\Delta(t-k\Delta)$. Assim, partindo da Equação 2.25 e da propriedade de superposição, para os sistemas lineares de tempo contínuo, vemos que

$$\hat{y}(t) = \sum_{k=-\infty}^{+\infty} x(k\Delta)\hat{h}_{k\Delta}(t)\Delta. \quad (2.29)$$

A interpretação da Equação 2.29 é semelhante à interpretação da Equação 2.3 para tempo discreto.

Em particular, considere a Figura 2.15, que é o correspondente em tempo contínuo da Figura 2.2. Na Figura 2.15(a), representamos a entrada $x(t)$ e sua aproximação $\hat{x}(t)$, enquanto nas figuras 2.15(b) a (d), mostramos as respostas do sistema a três dos pulsos ponderados na expressão para $\hat{x}(t)$. Então a saída $\hat{y}(t)$ correspondente a $\hat{x}(t)$ é a superposição de todas as respostas, como indicado na Figura 2.15(e).

O que falta, portanto, é considerar o que acontece quando Δ se torna arbitrariamente pequeno — isto é, quando $\Delta \to 0$. Em particular, usando $x(t)$ conforme expresso na Equação 2.26, $\hat{x}(t)$ torna-se uma aproxima-

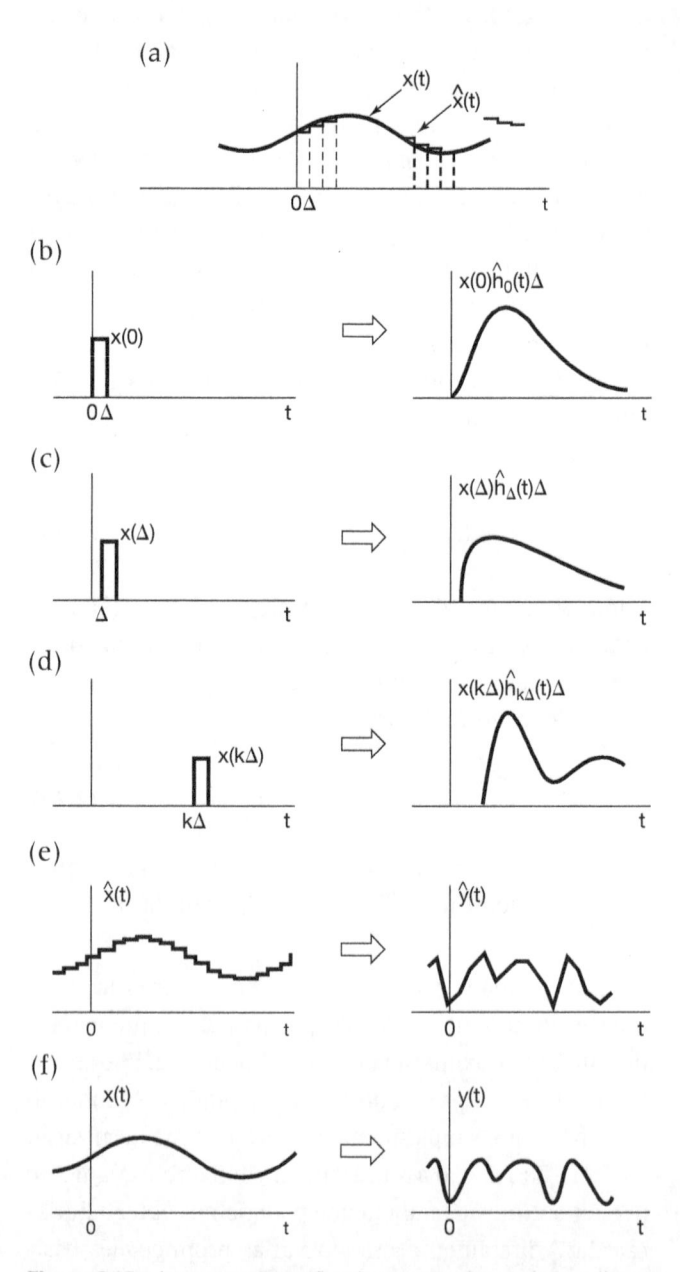

Figura 2.15 Interpretação gráfica da resposta de um sistema linear de tempo contínuo conforme expresso nas equações 2.29 e 2.30.

ção cada vez melhor de x(t) e, de fato, os dois coincidem quando $\Delta \to 0$. Como consequência, a resposta a $\hat{x}(t)$, denotada $\hat{y}(t)$ na Equação 2.29, deve convergir para $y(t)$, a resposta à entrada efetiva $x(t)$, como ilustrado na Figura 2.15(f). Além disso, como dissemos, para Δ "suficientemente pequeno", a duração do pulso $\delta_\Delta(t - k\Delta)$ não é significativa porque, no que se refere ao sistema, a resposta a esse pulso é essencialmente a mesma que a resposta a um impulso unitário no mesmo instante de tempo. Ou seja, como o pulso $\delta_\Delta(t - k\Delta)$ corresponde a um impulso unitário deslocado quando $\Delta \to 0$, a resposta $\hat{h}_{k\Delta}(t)$ a esse pulso unitário torna-se a resposta a um impulso no limite. Portanto, se $h_\tau(t)$ representa a resposta no tempo t a um impulso unitário $\delta(t - \tau)$ localizado no tempo τ, então

$$y(t) = \lim_{\Delta \to 0} \sum_{k=-\infty}^{+\infty} x(k\Delta)\hat{h}_{k\Delta}(t)\Delta. \quad (2.30)$$

Quando $\Delta \to 0$, o somatório do membro direito torna-se uma integral, como pode ser visto graficamente na Figura 2.16. Especificamente, nesta figura, o retângulo sombreado representa uma parcela no somatório do membro direito da Equação 2.30 e, quando $\Delta \to 0$, o somatório aproxima-se da área sob $x(\tau)h_\tau(t)$ vista como uma função de τ. Portanto,

$$y(t) = \int_{-\infty}^{+\infty} x(\tau)h_\tau(t)d\tau. \quad (2.31)$$

A interpretação da Equação 2.31 é análoga à interpretação da Equação 2.3. Como mostramos na Seção 2.2.1, qualquer entrada $x(t)$ pode ser representada por

$$x(t) = \int_{-\infty}^{+\infty} x(\tau)\delta(t - \tau)d\tau.$$

Ou seja, podemos intuitivamente pensar $x(t)$ como uma soma de impulsos deslocados ponderados, em que o peso do impulso $\delta(t - \tau)$ é $x(\tau)d\tau$. Com essa interpretação, a Equação 2.31 representa a superposição das respostas a cada uma dessas entradas e, por linearidade, o peso associado à resposta $h_\tau(t)$ ao impulso deslocado $\delta(t - \tau)$ também é $x(\tau)d\tau$.

A Equação 2.31 representa a forma geral da resposta de um sistema linear de tempo contínuo. Se, além de ser linear, o sistema também for invariante no tempo, então $h_\tau(t) = h_0(t - \tau)$; isto é, a resposta de um sistema LIT ao impulso unitário $\delta(t - \tau)$, que é deslocado da origem em τ segundos, é uma versão deslocada semelhante da resposta à função impulso unitário $\delta(t)$. Novamente, para facilitar a notação, eliminamos o subscrito e definimos a *resposta ao impulso unitário h(t)* como

$$h(t) = h_0(t); \quad (2.32)$$

isto é, $h(t)$ é a resposta a $\delta(t)$. Nesse caso, a Equação 2.31 torna-se

$$\boxed{y(t) = \int_{-\infty}^{+\infty} x(\tau)h(t-\tau)d\tau.} \quad (2.33)$$

A Equação 2.33, conhecida como *integral de convolução* ou *integral de superposição*, é o correspondente de tempo contínuo da soma de convolução da Equação 2.6 e corresponde à representação de um sistema LIT de tempo contínuo em termos de sua resposta a um impulso unitário. A convolução de dois sinais $x(t)$ e $h(t)$ será representada simbolicamente por

$$y(t) = x(t) * h(t). \quad (2.34)$$

Apesar de termos escolhido usar o mesmo símbolo * para denotar tanto a convolução de tempo discreto como a de tempo contínuo, o contexto será geralmente suficiente para diferenciar os dois casos.

Assim como no tempo discreto, vemos que um sistema LIT de tempo contínuo é completamente caracterizado por sua resposta ao impulso — isto é, por sua resposta a um único sinal elementar, o impulso unitário $\delta(t)$. Na próxima seção, exploramos as implicações desse fato enquanto examinamos diversas propriedades da convolução e dos sistemas LIT tanto de tempo contínuo como de tempo discreto.

O procedimento para calcular a integral de convolução é similar ao que usamos para calcular seu correspondente de tempo discreto, a soma de convolução. Especificamente, na Equação 2.33, vemos que, para qualquer valor t, a saída $y(t)$ é uma integral ponderada da entrada, em que o peso correspondente a $x(\tau)$ é $h(t - \tau)$. Para calcular essa integral para um valor específico de t, primeiro obtemos o sinal $h(t - \tau)$ (considerado uma função de τ com t fixo) de $h(\tau)$ por uma reflexão em torno da origem e um deslocamento para a direita de t se $t > 0$ ou um deslocamento para a esquerda de $|t|$ se $t < 0$.

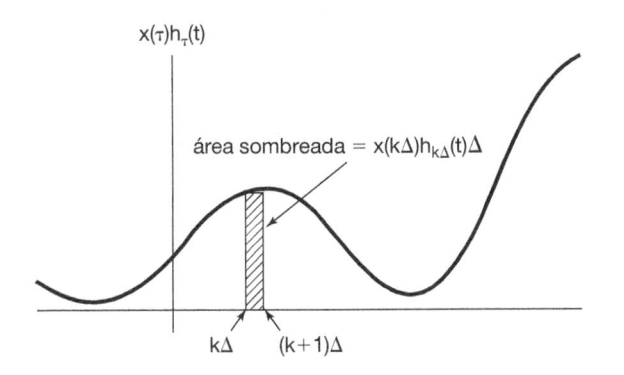

Figura 2.16 Ilustração gráfica das equações 2.30 e 2.31.

Em seguida, multiplicamos os sinais $x(\tau)$ e $h(t-\tau)$, e $y(t)$ é obtido ao integrarmos o produto resultante de $\tau = -\infty$ a $\tau = +\infty$. Para ilustrar o cálculo da integral de convolução, vejamos os exemplos seguintes.

Exemplo 2.6

Seja $x(t)$ a entrada de um sistema LIT com resposta ao impulso unitário $h(t)$, com

$$x(t) = e^{-at}u(t), \quad a > 0$$

e

$$h(t) = u(t).$$

Na Figura 2.17, representamos as funções $h(\tau)$, $x(\tau)$ e $h(t-\tau)$ para um valor negativo de t e para um valor positivo de t. De acordo com essa figura, percebemos que para $t < 0$, o produto de $x(\tau)$ e de $h(t-\tau)$ é zero e, consequentemente, $y(t)$ é zero. Para $t > 0$,

$$x(\tau)h(t-\tau) = \begin{cases} e^{-a\tau} & 0 < \tau < t \\ 0, & \text{caso contrário} \end{cases}.$$

A partir dessa expressão, podemos calcular $y(t)$ para $t > 0$:

$$y(t) = \int_0^t e^{-a\tau}\, d\tau = -\frac{1}{a}e^{-a\tau}\Big|_0^t$$

$$= \frac{1}{a}(1 - e^{-at}).$$

Então, para todo t, $y(t)$ é

$$y(t) = \frac{1}{a}(1 - e^{-at})u(t),$$

que é ilustrada na Figura 2.18.

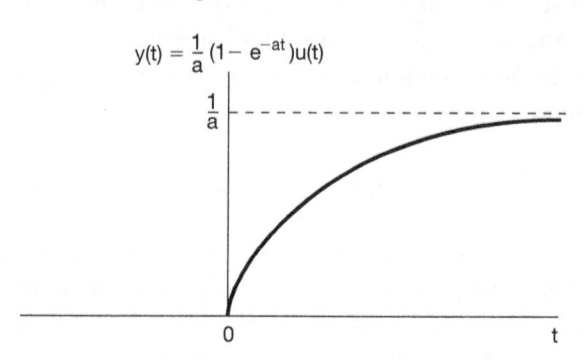

Figura 2.18 Resposta do sistema no Exemplo 2.6 com resposta ao impulso $h(t) = u(t)$ para a entrada $x(t) = e^{-at}u(t)$.

Exemplo 2.7

Considere a convolução dos dois sinais a seguir

$$x(t) = \begin{cases} 1, & 0 < t < T \\ 0, & \text{caso contrário} \end{cases},$$

$$h(t) = \begin{cases} t, & 0 < t < 2T \\ 0, & \text{caso contrário} \end{cases}.$$

Assim como no Exemplo 2.4 para a convolução de tempo discreto, é interessante considerar o cálculo de $y(t)$ em intervalos separados. Na Figura 2.19, traçamos $x(\tau)$ e ilustramos $h(t-\tau)$ em cada um dos intervalos de interesse. Para $t < 0$ e para $t > 3T$, $x(\tau)h(t-\tau) = 0$ para todos os valores de τ e, consequentemente, $y(t) = 0$. Para os outros valores, o produto $x(\tau)h(t-\tau)$ está indicado na Figura 2.20. Então, para esses três intervalos, a integração pode ser feita graficamente, tendo como resultado

$$y(t) = \begin{cases} 0, & t < 0 \\ \frac{1}{2}t^2, & 0 < t < T \\ Tt - \frac{1}{2}T^2, & T < t < 2T \\ -\frac{1}{2}t^2 + Tt + \frac{3}{2}T^2, & 2T < t < 3T \\ 0, & 3T < t \end{cases},$$

que está representado na Figura 2.21.

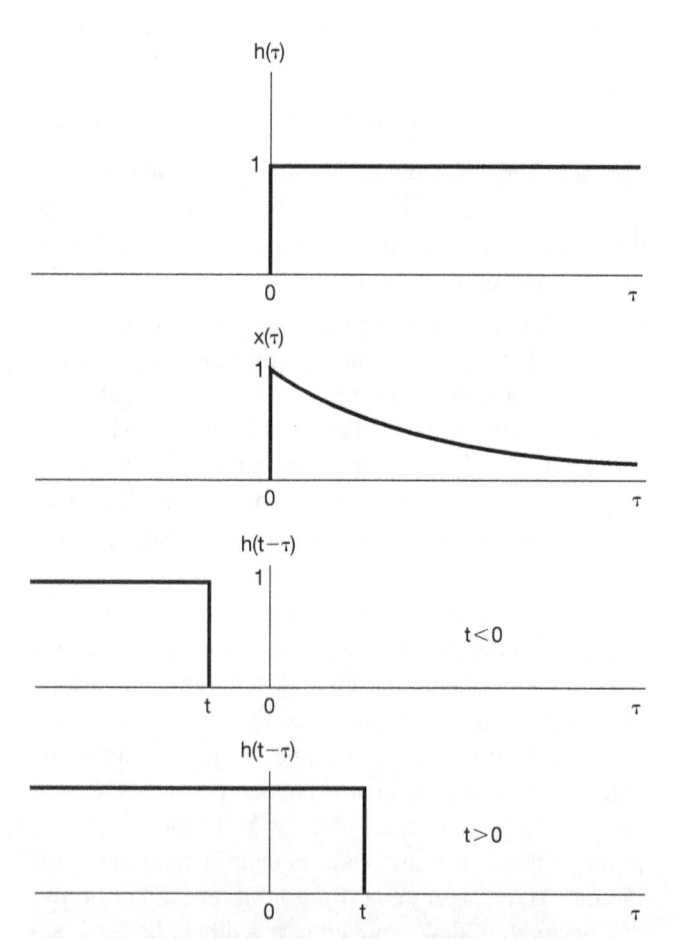

Figura 2.17 Cálculo da integral de convolução do Exemplo 2.6.

Sistemas lineares invariantes no tempo 61

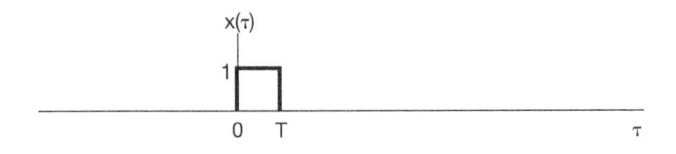

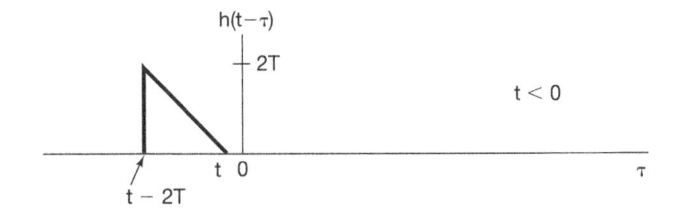

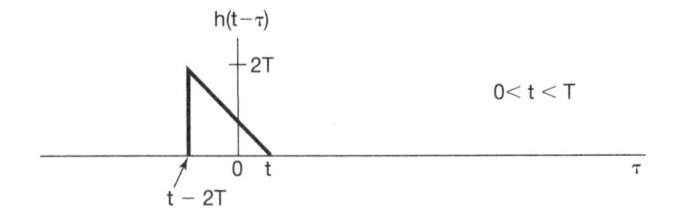

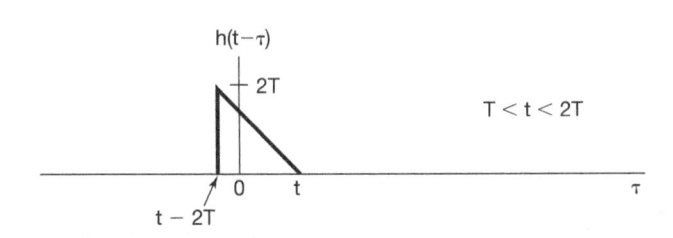

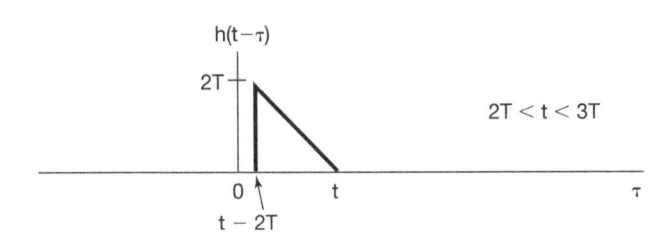

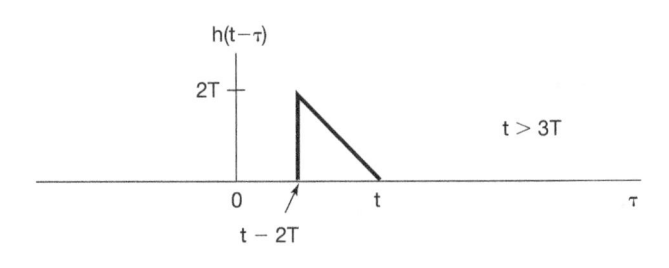

Figura 2.19 Sinais $x(\tau)$ e $h(t-\tau)$ para diferentes valores de t para o Exemplo 2.7.

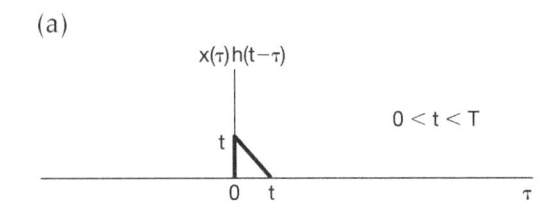

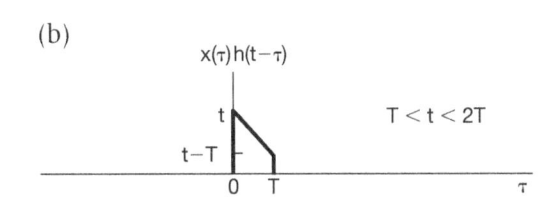

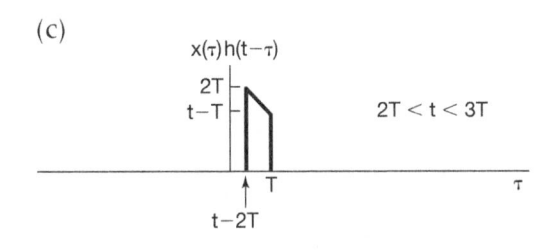

Figura 2.20 Produto $x(\tau)\,h(t-\tau)$ para o Exemplo 2.7 para as três faixas de valores de t para o qual este produto é não nulo. (Ver Figura 2.19.)

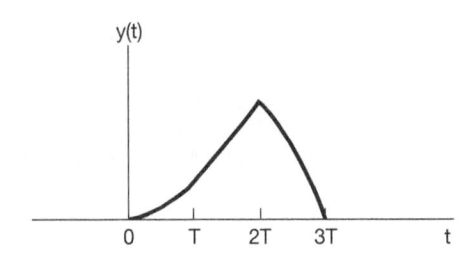

Figura 2.21 Sinal $y(t) = x(t) * h(t)$ para o Exemplo 2.7.

Exemplo 2.8

Seja $y(t)$ a convolução dos dois sinais a seguir:

$$x(t) = e^{2t}u(-t), \quad (2.35)$$

$$h(t) = u(t-3). \quad (2.36)$$

Os sinais $x(\tau)$ e $h(t-\tau)$ são representados graficamente como funções de τ na Figura 2.22(a). Primeiro, observamos que esses dois sinais têm regiões de sobreposição diferentes de zero, independentemente do valor de t. Quando $t-3 \leq 0$, o produto de $x(\tau)$ e $h(t-\tau)$ é não nulo para $-\infty < \tau < t-3$, e a integral de convolução torna-se

$$y(t) = \int_{-\infty}^{t-3} e^{2\tau}d\tau = \frac{1}{2}e^{2(t-3)}. \quad (2.37)$$

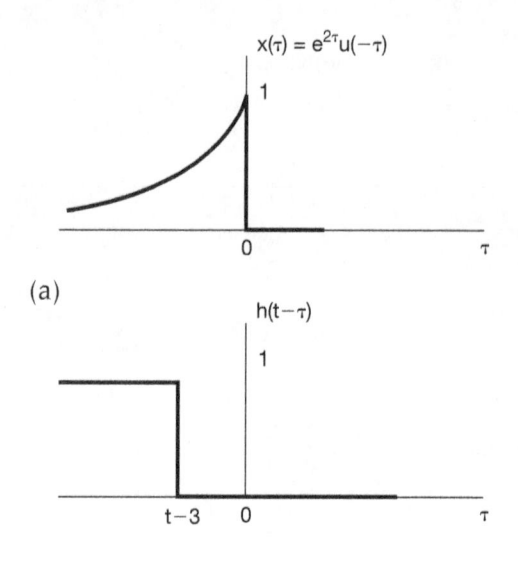

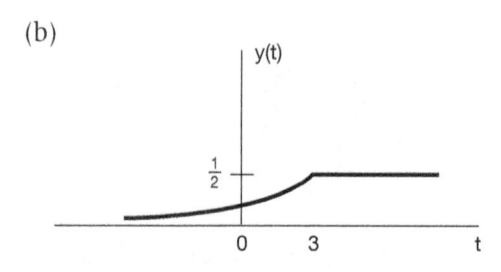

Figura 2.22 Problema de convolução considerado no Exemplo 2.8.

Para $t - 3 \geq 0$, o produto $x(\tau)h(t-\tau)$ é não nulo para $-\infty < \tau < 0$, de modo que a integral de convolução é

$$y(t) = \int_{-\infty}^{0} e^{2\tau} d\tau = \frac{1}{2}. \qquad (2.38)$$

O sinal resultante $y(t)$ é representado graficamente na Figura 2.22(b).

Conforme ilustram esses exemplos e aqueles apresentados na Seção 2.1, a interpretação gráfica da convolução de tempo discreto e de tempo contínuo é de valor considerável na visualização do cálculo das somas e das integrais de convolução.

2.3 Propriedades dos sistemas lineares invariantes no tempo

Nas duas seções anteriores, desenvolvemos representações extremamente importantes dos sistemas LIT de tempo discreto e de tempo contínuo em termos de suas respostas ao impulso unitário. No tempo discreto, a representação assume a forma da soma de convolução, enquanto sua correspondente em tempo contínuo é a integral de convolução, ambas repetidas a seguir por conveniência:

$$y[n] = \sum_{k=-\infty}^{+\infty} x[k]h[n-k] = x[n] * h[n] \qquad (2.39)$$

$$y(t) = \int_{-\infty}^{+\infty} x(\tau)h(t-\tau)d\tau = x(t) * h(t) \qquad (2.40)$$

Conforme já observado, uma consequência dessas representações é o fato de as características de um sistema LIT serem completamente determinadas por sua resposta ao impulso. É importante enfatizar que essa propriedade é válida em geral *somente* para os sistemas LIT. Em particular, conforme ilustrado no exemplo a seguir, a resposta ao impulso unitário de um sistema não linear *não* caracteriza completamente o comportamento do sistema.

Exemplo 2.9

Considere um sistema de tempo discreto com resposta ao impulso unitário

$$h[n] = \begin{cases} 1, & n = 0,1 \\ 0, & \text{caso contrário} \end{cases}. \qquad (2.41)$$

Se o sistema é LIT, então a Equação 2.41 determina por completo seu comportamento de entrada-saída. Particularmente, ao substituir a Equação 2.41 na soma de convolução, Equação 2.39, encontramos a seguinte equação explícita que descreve como a entrada e a saída desse sistema LIT estão relacionadas:

$$y[n] = x[n] + x[n-1]. \qquad (2.42)$$

Por outro lado, há *muitos* sistemas não lineares com a mesma resposta ao impulso $\delta[n]$, isto é, a dada pela Equação 2.41. Por exemplo, os dois sistemas a seguir têm essa propriedade:

$$y[n] = (x[n] + x[n-1])^2,$$
$$y[n] = \max(x[n], x[n-1]).$$

Consequentemente, se o sistema é não linear, ele não é completamente caracterizado pela resposta ao impulso da Equação 2.41.

O exemplo anterior ilustra o fato de que os sistemas LIT apresentam diversas propriedades que outros sistemas não possuem, a começar pelas representações muito especiais que eles têm em termos das integrais e da soma de convolução. No restante desta seção, exploraremos algumas dessas propriedades mais importantes e básicas.

2.3.1 A propriedade comutativa

Uma propriedade básica da convolução em tempo discreto e em tempo contínuo é que ela é uma operação *comutativa*.

Ou seja, em tempo discreto

$$x[n] * h[n] = h[n] * x[n] = \sum_{k=-\infty}^{+\infty} h[k]x[n-k], \quad (2.43)$$

e em tempo contínuo

$$x(t) * h(t) = h(t) * x(t) = \int_{-\infty}^{+\infty} h(\tau)x(t-\tau)d\tau. \quad (2.44)$$

Essas expressões podem ser verificadas de forma imediata por meio de substituição de variáveis nas equações 2.39 e 2.40. Por exemplo, no caso do tempo discreto, tomando $r = n - k$ ou, equivalentemente, $k = n - r$, a Equação 2.39 torna-se

$$\begin{aligned} x[n] * h[n] &= \sum_{k=-\infty}^{+\infty} x[k]h[n-k] \\ &= \sum_{r=-\infty}^{+\infty} x[n-r]h[r] \\ &= h[n] * x[n]. \end{aligned} \quad (2.45)$$

Com essa substituição de variáveis, os papéis de $x[n]$ e $h[n]$ são trocados. De acordo com a Equação 2.45, a saída de um sistema LIT com entrada $x[n]$ e resposta ao impulso unitário $h[n]$ é idêntica à saída de um sistema LIT com entrada $h[n]$ e resposta ao impulso unitário $x[n]$. Por exemplo, poderíamos ter calculado a convolução no Exemplo 2.4 primeiro refletindo e deslocando $x[k]$, depois multiplicando os sinais $x[n - k]$ e $h[k]$ e, por fim, somando os produtos para todos os valores de k.

De forma semelhante, a Equação 2.44 pode ser verificada por uma mudança de variáveis, e as implicações desse resultado em tempo contínuo são as mesmas. A saída de um sistema LIT com entrada $x(t)$ e resposta ao impulso unitário $h(t)$ é idêntica à saída de um sistema LIT com entrada $h(t)$ e resposta ao impulso unitário $x(t)$. Portanto, poderíamos ter calculado a convolução no Exemplo 2.7 refletindo e deslocando $x(t)$, multiplicando os sinais $x(t - \tau)$ e $h(\tau)$ e integrando no intervalo $-\infty < \tau < +\infty$. Em casos específicos, uma das duas formas de calcular convoluções, isto é, a Equação 2.39 ou a Equação 2.43 em tempo discreto e a Equação 2.40 ou a Equação 2.44 em tempo contínuo, pode ser mais fácil de visualizar, mas as duas formas sempre resultam na mesma resposta.

2.3.2 A propriedade distributiva

Outra propriedade básica da convolução é a propriedade *distributiva*. Especificamente, a convolução é distributiva com relação a adição, de modo que, em tempo discreto

$$\begin{aligned} x[n] * (h_1[n] + h_2[n]) \\ = x[n] * h_1[n] + x[n] * h_2[n], \end{aligned} \quad (2.46)$$

e em tempo contínuo

$$\begin{aligned} x(t) * [h_1(t) + h_2(t)] \\ = x(t) * h_1(t) + x(t) * h_2(t). \end{aligned} \quad (2.47)$$

Essa propriedade pode ser verificada de forma imediata.

A propriedade distributiva tem uma interpretação útil no que se refere às interconexões dos sistemas. Considere dois sistemas LIT de tempo contínuo em paralelo, como indicado na Figura 2.23(a). Os sistemas mostrados no diagrama de blocos são sistemas LIT com as respostas ao impulso unitário indicadas. Essa representação gráfica é uma forma particularmente conveniente de mostrarmos os sistemas LIT em diagramas de blocos, e ela também acentua o fato de que a resposta ao impulso de um sistema LIT caracteriza completamente seu comportamento.

Os dois sistemas, com respostas ao impulso $h_1(t)$ e $h_2(t)$, têm entradas idênticas, e suas saídas são adicionadas. Como

$$y_1(t) = x(t) * h_1(t)$$

e

$$y_2(t) = x(t) * h_2(t),$$

o sistema da Figura 2.23(a) tem saída

$$y(t) = x(t) * h_1(t) + x(t) * h_2(t), \quad (2.48)$$

correspondendo ao membro direito da Equação 2.47. O sistema da Figura 2.23(b) tem saída

$$y(t) = x(t) * [h_1(t) + h_2(t)], \quad (2.49)$$

(a)

(b)

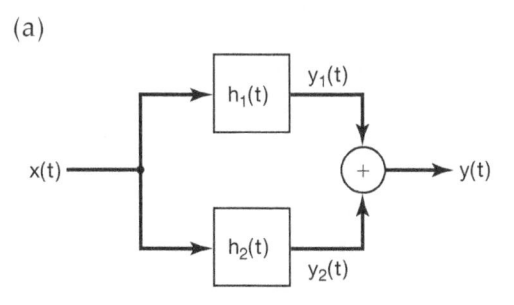

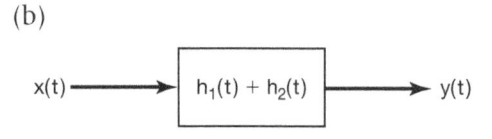

Figura 2.23 Interpretação da propriedade distributiva da convolução para uma interconexão paralela de sistemas LIT.

correspondendo ao membro esquerdo da Equação 2.47. Aplicando a Equação 2.47 à Equação 2.49 e comparando o resultado com a Equação 2.48, vemos que os sistemas nas figuras 2.23(a) e 2.23(b) são idênticos.

Há uma interpretação idêntica em tempo discreto, em que cada um dos sinais na Figura 2.23 é substituído por um correspondente de tempo discreto (isto é, $x(t)$, $h_1(t)$, $h_2(t)$, $y_1(t)$, $y_2(t)$ e $y(t)$ são substituídos por $x[n]$, $h_1[n]$, $h_2[n]$, $y_1[n]$, $y_2[n]$ e $y[n]$, respectivamente). Em suma, portanto, em virtude da propriedade distributiva da convolução, uma combinação paralela de sistemas LIT pode ser substituída por um único sistema LIT cuja resposta ao impulso unitário é a soma das respostas ao impulso unitário individuais na combinação paralela.

Além disso, como consequência da propriedade distributiva e da propriedade comutativa, temos

$$[x_1[n] + x_2[n]] * h[n] = x_1[n] * h[n] + x_2[n] * h[n] \quad (2.50)$$

e

$$[x_1(t) + x_2(t)] * h(t) = x_1(t) * h(t) + x_2(t) * h(t), \quad (2.51)$$

que simplesmente dizem que a resposta de um sistema LIT à soma de duas entradas deve ser igual à soma das respostas a esses sinais individualmente.

Conforme ilustrado no próximo exemplo, a propriedade distributiva da convolução também pode ser usada para dividir uma convolução complicada em várias convoluções simples.

Exemplo 2.10

Suponha que $y[n]$ seja a convolução das duas sequências:

$$x[n] = \left(\frac{1}{2}\right)^n u[n] + 2^n u[-n], \quad (2.52)$$

$$h[n] = u[n]. \quad (2.53)$$

Note que a sequência $x[n]$ é não nula ao longo de todo o eixo do tempo. O cálculo direto de uma convolução desse tipo é um pouco tedioso. Em vez de efetuar o cálculo diretamente, podemos usar a propriedade distributiva para expressar $y[n]$ como a soma dos resultados de dois problemas de convolução mais simples. Em particular, se consideramos $x_1[n] = (1/2)^n u[n]$ e $x_2[n] = 2^n u[-n]$, teremos

$$y[n] = (x_1[n] + x_2[n]) * h[n]. \quad (2.54)$$

Usando a propriedade distributiva da convolução, podemos reescrever a Equação 2.54 como

$$y[n] = y_1[n] + y_2[n], \quad (2.55)$$

sendo

$$y_1[n] = x_1[n] * h[n] \quad (2.56)$$

e

$$y_2[n] = x_2[n] * h[n]. \quad (2.57)$$

A convolução na Equação 2.56 para $y_1[n]$ pode ser obtida a partir do Exemplo 2.3 (com $\alpha = 1/2$), enquanto $y_2[n]$ foi calculado no Exemplo 2.5. Sua soma é $y[n]$, exibida na Figura 2.24.

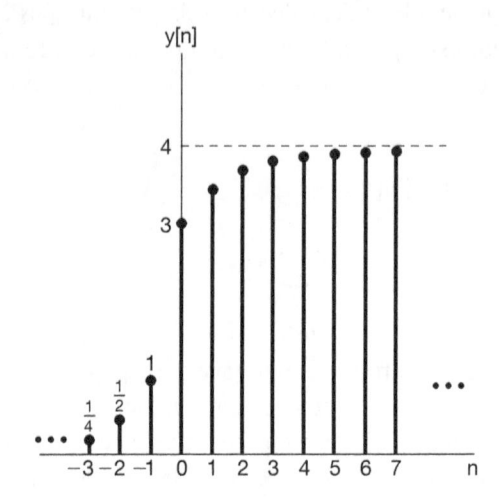

Figura 2.24 Sinal $y[n] = x[n] * h[n]$ para o Exemplo 2.10.

2.3.3 A propriedade associativa

Outra propriedade útil e importante da convolução é a *associativa*. Ou seja, em tempo discreto

$$x[n] * (h_1[n] * h_2[n]) = (x[n] * h_1[n]) * h_2[n], \quad (2.58)$$

e em tempo contínuo

$$x(t) * [h_1(t) * h_2(t)] = [x(t) * h_1(t)] * h_2(t). \quad (2.59)$$

Essa propriedade é demonstrada por manipulações diretas das somas e integrais envolvidas. Veja o Problema 2.43.

Como consequência da propriedade associativa, as expressões

$$y[n] = x[n] * h_1[n] * h_2[n] \quad (2.60)$$

e

$$y(t) = x(t) * h_1(t) * h_2(t) \quad (2.61)$$

não apresentam ambiguidade. Ou seja, de acordo com as equações 2.58 e 2.59, a ordem de convolução desses sinais não importa.

Uma interpretação dessa propriedade associativa é ilustrada para os sistemas de tempo discreto nas figuras 2.25(a) e (b). Na Figura 2.25(a),

$$y[n] = w[n] * h_2[n]$$
$$= (x[n] * h_1[n]) * h_2[n].$$

Na Figura 2.25(b)

$$y[n] = x[n] * h[n]$$
$$= x[n] * (h_1[n] * h_2[n]).$$

De acordo com a propriedade associativa, a interconexão em séries dos dois sistemas na Figura 2.25(a) é equivalente ao sistema único na Figura 2.25(b). Isso pode ser generalizado para uma quantidade arbitrária de sistemas LIT em cascata, e a interpretação análoga e a conclusão também são válidas em tempo contínuo.

Usando a propriedade comutativa juntamente com a propriedade associativa, encontramos outra propriedade muito importante dos sistemas LIT. Especificamente, a partir das figuras 2.25(a) e (b), podemos concluir que a resposta ao impulso da cascata de dois sistemas LIT é a convolução de suas respostas individuais ao impulso. Posto que a convolução é comutativa, podemos calcular essa convolução de $h_1[n]$ e $h_2[n]$ em qualquer ordem. Portanto, as figuras 2.25(b) e 2.25(c) são equivalentes e, com base na propriedade associativa, elas são, por sua vez, equivalentes ao sistema da Figura 2.25(d), que percebemos ser uma combinação em cascata de dois sistemas, assim como na Figura 2.25(a), mas com a ordem do cascateamento invertida. Consequentemente, a resposta ao impulso unitário de uma cascata de dois sistemas LIT não depende da ordem em que eles são cascateados. Na verdade, isso é válido para um número arbitrário de sistemas LIT em cascata: a ordem em que são colocados em cascata não importa no que diz respeito à resposta ao impulso geral do sistema. As mesmas conclusões se aplicam ao tempo contínuo.

É importante enfatizar que o comportamento dos sistemas LIT em cascata — e, em particular, o fato de que a resposta geral do sistema não depende da ordem dos sistemas em cascata — é específico para sistemas desse tipo. Em contraposição, a ordem dos sistemas não lineares na cascata não pode ser mudada, de modo geral, sem alterar a resposta final. Por exemplo, se tivermos dois sistemas sem memória, um sendo uma multiplicação por 2 e o outro elevando a entrada ao quadrado e, se multiplicarmos primeiro e elevarmos ao quadrado em seguida, obteremos

$$y[n] = 4x^2[n].$$

No entanto, se multiplicarmos por 2 depois de elevar ao quadrado, teremos

$$y[n] = 2x^2[n].$$

Portanto, a capacidade de alternar a ordem dos sistemas em uma cascata é característica específica dos sistemas LIT. Na verdade, conforme mostrado no Problema 2.51, precisamos da linearidade *e* da invariância no tempo para que essa propriedade seja verdadeira de modo geral.

2.3.4 Sistemas LIT com e sem memória

Conforme especificado na Seção 1.6.1, um sistema é sem memória se sua saída em qualquer instante depende apenas do valor da entrada naquele mesmo instante. Da Equação 2.39, vemos que o único modo de isso ser verdadeiro para um sistema LIT de tempo discreto é se $h[n] = 0$ para $n \neq 0$. Nesse caso, a resposta ao impulso tem a forma

$$h[n] = K\delta[n], \qquad (2.62)$$

sendo $K = h[0]$ uma constante, e a soma de convolução se reduz à relação

$$y[n] = Kx[n]. \qquad (2.63)$$

Se um sistema LIT de tempo discreto tem uma resposta ao impulso $h[n]$ que não é identicamente nula para $n \neq 0$, então o sistema tem memória. Um exemplo de sistema LIT

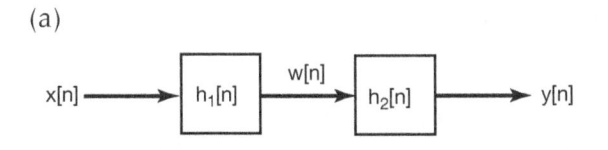

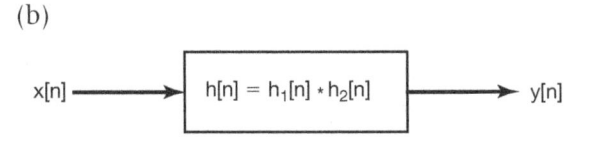

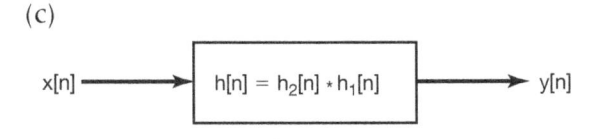

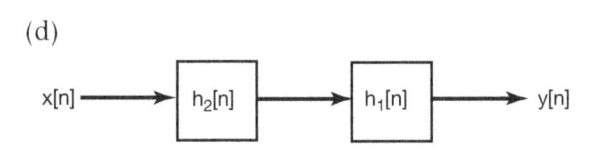

Figura 2.25 Propriedade associativa da convolução, sua implicação e a propriedade comutativa para a interconexão em séries dos sistemas LIT.

com memória é o sistema dado pela Equação 2.42. A resposta ao impulso para esse sistema, dada na Equação 2.41, é diferente de zero para $n = 1$.

Tendo como base a Equação 2.40, podemos deduzir propriedades semelhantes para os sistemas LIT de tempo contínuo com e sem memória. Em especial, um sistema LIT de tempo contínuo é sem memória se $h(t) = 0$ para $t \neq 0$, e tal sistema LIT sem memória tem a forma

$$y(t) = Kx(t), \quad (2.64)$$

para alguma constante K e tem a resposta ao impulso

$$h(t) = K\delta(t). \quad (2.65)$$

Note que se $K = 1$ nas equações 2.62 e 2.65, então esses sistemas se tornam sistemas identidades, com a saída igual à entrada e com a resposta ao impulso unitário igual ao impulso unitário. Nesse caso, as fórmulas da soma de convolução e da integral de convolução implicam

$$x[n] = x[n] * \delta[n]$$

e

$$x(t) = x(t) * \delta(t),$$

que se reduzem às propriedades seletivas dos impulsos unitários em tempo contínuo e em tempo discreto:

$$x[n] = \sum_{k=-\infty}^{+\infty} x[k]\delta[n-k]$$

$$x(t) = \int_{-\infty}^{+\infty} x(\tau)\delta(t-\tau)d\tau.$$

2.3.5 Sistemas LIT invertíveis

Considere um sistema LIT de tempo contínuo com resposta ao impulso $h(t)$. Baseado na discussão da Seção 1.6.2, esse sistema é invertível somente se um sistema inverso existe e que, quando conectado em série com o sistema original, produz uma saída igual à entrada do primeiro sistema. Além disso, se um sistema LIT é invertível, então ele tem um inverso LIT. (Ver Problema 2.50.) Então, temos a situação mostrada na Figura 2.26. Temos um sistema com resposta ao impulso $h(t)$. O sistema inverso, com resposta ao impulso $h_1(t)$, resulta em $w(t) = x(t)$ — de modo que a interconexão em série da Figura 2.26(a) é idêntica ao sistema identidade na Figura 2.26(b). Como a resposta total ao impulso na Figura 2.26(a) é $h(t) * h_1(t)$, temos a condição que $h_1(t)$ deve satisfazer para que ela seja a resposta ao impulso do sistema inverso, ou seja,

$$h(t) * h_1(t) = \delta(t). \quad (2.66)$$

(a)

(b)

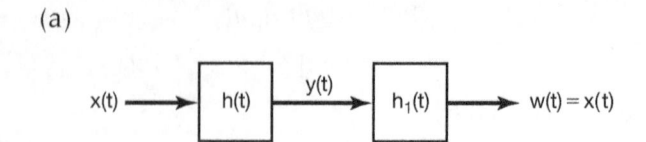

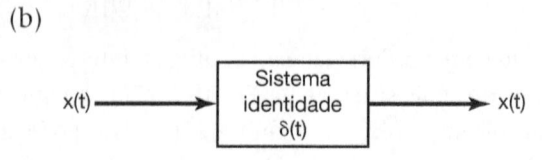

Figura 2.26 Conceito de sistema inverso para sistemas LIT de tempo contínuo. O sistema com resposta ao impulso $h_1(t)$ é o inverso do sistema com resposta ao impulso $h(t)$ se $h(t) * h_1(t) = \delta(t)$.

De modo semelhante, em tempo discreto, a resposta ao impulso $h_1[n]$ do sistema inverso para um sistema LIT com resposta ao impulso $h[n]$ deve satisfazer

$$h[n] * h_1[n] = \delta[n]. \quad (2.67)$$

Os dois exemplos a seguir ilustram a inversão e a construção de um sistema inverso.

Exemplo 2.11

Considere o sistema LIT consistindo de um deslocamento simples no tempo

$$y(t) = x(t - t_0). \quad (2.68)$$

Esse sistema é um *atrasador* se $t_0 > 0$ e um *adiantador* se $t_0 < 0$. Por exemplo, se $t_0 > 0$, então a saída no tempo t é igual ao valor da entrada no tempo anterior $t - t_0$. Se $t_0 = 0$, o sistema na Equação 2.68 é o sistema identidade e, portanto, sem memória. Para qualquer outro valor de t_0, esse sistema tem memória, pois responde ao valor da entrada em um instante diferente do instante corrente.

A resposta ao impulso para o sistema pode ser obtida a partir da Equação 2.68, assumindo-se a entrada igual a $\delta(t)$, isto é,

$$h(t) = \delta(t - t_0). \quad (2.69)$$

Logo,

$$x(t - t_0) = x(t) * \delta(t - t_0). \quad (2.70)$$

Ou seja, a convolução de um sinal com um impulso deslocado simplesmente desloca o sinal.

Para recuperar a entrada a partir da saída, isto é, inverter o sistema, só precisamos deslocar a saída no sentido contrário. O sistema com esse deslocamento de compensação é, portanto, o sistema inverso. Ou seja, se tomamos

$$h_1(t) = \delta(t + t_0),$$

então

$$h(t) * h_1(t) = \delta(t - t_0) * \delta(t + t_0) = \delta(t).$$

De modo semelhante, um deslocamento no tempo em tempo discreto tem resposta ao impulso unitário $\delta[n - n_0]$, de modo que convoluir um sinal com um impulso deslocado é o mesmo que deslocar o sinal. Além disso, o inverso do sistema LIT com resposta ao impulso $\delta[n - n_0]$ é o sistema LIT que desloca o sinal na direção oposta pela mesma quantidade — isto é, o sistema LIT com resposta ao impulso $\delta[n + n_0]$.

Exemplo 2.12

Considere um sistema LIT com resposta ao impulso

$$h[n] = u[n]. \quad (2.71)$$

Usando a soma de convolução, podemos calcular a resposta desse sistema a uma entrada arbitrária:

$$y[n] = \sum_{k=-\infty}^{+\infty} x[k]u[n-k]. \quad (2.72)$$

Como $u[n-k]$ é 0 para $n-k < 0$ e 1 para $n-k \geq 0$, a Equação 2.72 torna-se

$$y[n] = \sum_{k=-\infty}^{n} x[k]. \quad (2.73)$$

Ou seja, esse sistema, que vimos pela primeira vez na Seção 1.6.1 (ver Equação 1.92), é um somador ou acumulador que calcula a soma cumulativa de todos os valores da entrada até o instante presente. Como vimos na Seção 1.6.2, um sistema desse tipo é invertível, e seu inverso, conforme dado pela Equação 1.99, é

$$y[n] = x[n] - x[n-1], \quad (2.74)$$

que é simplesmente uma operação *de diferença de primeira ordem*. Escolhendo $x[n] = \delta[n]$, descobrimos que a resposta ao impulso do sistema inverso é

$$h_1[n] = \delta[n] - \delta[n-1]. \quad (2.75)$$

Para verificar que $h[n]$ na Equação 2.71 e $h_1[n]$ na Equação 2.75 são de fato as respostas ao impulso de sistemas LIT que são inversos um do outro, podemos testar a Equação 2.67 por cálculo direto:

$$\begin{aligned} h[n] * h_1[n] &= u[n] * \{\delta[n] - \delta[n-1]\} \\ &= u[n] * \delta[n] - u[n] * \delta[n-1] \\ &= u[n] - u[n-1] \\ &= \delta[n]. \end{aligned} \quad (2.76)$$

2.3.6 Causalidade dos sistemas LIT

Na Seção 1.6.3, apresentamos a propriedade de causalidade: a saída de um sistema causal depende apenas dos valores presentes e passados da entrada do sistema. Usando a integral e a soma de convolução, podemos relacionar essa propriedade a uma propriedade correspondente da resposta ao impulso de um sistema LIT. Em outras palavras, para que um sistema LIT de tempo discreto seja causal, $y[n]$ não deve depender de $x[k]$ para $k > n$. Tendo como base a Equação 2.39, vemos que, para que isso ocorra, todos os coeficientes $h[n - k]$ que multiplicam valores de $x[k]$ para $k > n$ devem ser nulos. Sendo assim, isso requer que a resposta ao impulso de um sistema LIT causal de tempo discreto satisfaça a condição

$$h[n] = 0 \quad \text{para } n < 0. \quad (2.77)$$

De acordo com a Equação 2.77, a resposta ao impulso de um sistema LIT causal deve ser nula antes que o impulso ocorra, o que é consistente com o conceito intuitivo de causalidade. De modo mais geral, como mostra o Problema 1.44, a causalidade de um sistema linear é equivalente à condição de *repouso inicial*, isto é, se a entrada de um sistema causal é 0 até determinado instante, então a saída também deve ser 0 até aquele instante. É importante realçar que a equivalência da causalidade e da condição de repouso inicial aplica-se somente a sistemas lineares. Por exemplo, como discutido na Seção 1.6.6, o sistema $y[n] = 2x[n] + 3$ é não linear. No entanto, ele é causal e, de fato, sem memória. Por outro lado, se $x[n] = 0$, $y[n] = 3 \neq 0$, por isso ele não satisfaz a condição de repouso inicial.

Para um sistema LIT causal de tempo discreto, a condição na Equação 2.77 implica que a representação da soma de convolução na Equação 2.39 se torna

$$y[n] = \sum_{k=-\infty}^{n} x[k]h[n-k], \quad (2.78)$$

e a forma alternativa equivalente, a Equação 2.43, torna-se

$$y[n] = \sum_{k=0}^{\infty} h[k]x[n-k]. \quad (2.79)$$

De modo semelhante, um sistema LIT de tempo contínuo é causal se

$$h(t) = 0 \quad \text{para } t < 0, \quad (2.80)$$

e, nesse caso, a integral de convolução é dada por

$$y(t) = \int_{-\infty}^{t} x(\tau)h(t-\tau)d\tau = \int_{0}^{\infty} h(\tau)x(t-\tau)d\tau. \quad (2.81)$$

Tanto o acumulador ($h[n] = u[n]$) quanto seu inverso ($h[n] = \delta[n] - \delta[n-1]$), descritos no Exemplo 2.12, satisfazem a Equação 2.77 e, portanto, são causais. O deslocamento simples no tempo com resposta ao impulso

$h(t) = \delta(t - t_0)$ é causal para $t_0 \geq 0$ (quando o deslocamento no tempo é um atraso), mas é não causal para $t_0 < 0$ (nesse caso, o deslocamento no tempo é um adiantamento, de modo que a saída antecipa valores futuros da entrada).

Por fim, apesar de a causalidade ser uma propriedade dos sistemas, ela é uma terminologia comum para se referir a um sinal, sendo causal se for nulo para $n < 0$ ou $t < 0$. A motivação para essa terminologia vem das equações 2.77 e 2.80: a causalidade de um sistema LIT é equivalente à sua resposta ao impulso ser um sinal causal.

2.3.7 Estabilidade para sistemas LIT

Lembre-se de que na Seção 1.6.4 falamos que um sistema é *estável* se toda entrada limitada produz uma saída limitada. Para determinar as condições sob as quais os sistemas LIT são estáveis, considere uma entrada $x[n]$ que é limitada em módulo:

$$|x[n]| < B \quad \text{para todo } n. \tag{2.82}$$

Suponha que essa entrada seja usada para um sistema LIT com resposta ao impulso unitário $h[n]$. Assim, usando a soma de convolução, obtemos uma expressão para o módulo da saída:

$$|y[n]| = \left|\sum_{k=-\infty}^{+\infty} h[k]x[n-k]\right|. \tag{2.83}$$

Como o módulo da soma de um conjunto de números não é maior que a soma dos módulos dos números, segue-se, da Equação 2.83, que

$$|y[n]| \leq \sum_{k=-\infty}^{+\infty} |h[k]||x[n-k]|. \tag{2.84}$$

De acordo com a Equação 2.82, $|x[n-k]| < B$ para todos os valores de k e n. Juntamente com a Equação 2.84, esse fato implica

$$|y[n]| \leq B\sum_{k=-\infty}^{+\infty} |h[k]| \quad \text{para todo } n. \tag{2.85}$$

A partir da Equação 2.85, podemos concluir que se a resposta ao impulso é *absolutamente somável*, isto é, se

$$\sum_{k=-\infty}^{+\infty} |h[k]| < \infty, \tag{2.86}$$

então $y[n]$ é limitado em módulo e, por isso, o sistema é estável. Portanto, a Equação 2.86 é uma condição suficiente para garantir a estabilidade de um sistema LIT de tempo discreto. Na verdade, essa condição também é uma condição necessária, pois, como mostrado no Problema 2.49, se a Equação 2.86 não for satisfeita, há entradas limitadas que resultam em saídas não limitadas.

Portanto, a estabilidade de um sistema LIT de tempo discreto é completamente equivalente à Equação 2.86.

No tempo contínuo, obtemos uma caracterização análoga da estabilidade em termos da resposta ao impulso de um sistema LIT. Especificamente, se $|x(t)| < B$ para todo t, então, em analogia com as equações 2.83 a 2.85, segue-se que

$$|y(t)| = \left|\int_{-\infty}^{+\infty} h(\tau)x(t-\tau)d\tau\right|$$

$$\leq \int_{-\infty}^{+\infty} |h(\tau)||x(t-\tau)|d\tau$$

$$\leq B\int_{-\infty}^{+\infty} |h(\tau)|d\tau.$$

Logo, o sistema é estável se a resposta ao impulso é *absolutamente integrável*, isto é, se

$$\int_{-\infty}^{+\infty} |h(\tau)|d\tau < \infty. \tag{2.87}$$

Assim como no tempo discreto, se a Equação 2.87 não é satisfeita, há entradas limitadas que produzem saídas ilimitadas; portanto, a estabilidade de um sistema LIT de tempo contínuo é equivalente à Equação 2.87. O uso das equações 2.86 e 2.87 para testar a estabilidade é ilustrado nos próximos dois exemplos.

Exemplo 2.13

Considere um sistema que apenas desloca a entrada no tempo — em tempo contínuo ou em tempo discreto. Então, em tempo discreto,

$$\sum_{n=-\infty}^{+\infty} |h[n]| = \sum_{n=-\infty}^{+\infty} |\delta[n-n_0]| = 1, \tag{2.88}$$

e em tempo contínuo,

$$\int_{-\infty}^{+\infty} |h(\tau)|d\tau = \int_{-\infty}^{+\infty} |\delta(\tau-t_0)|d\tau = 1, \tag{2.89}$$

concluímos, assim, que os dois sistemas são estáveis. Isso não deve ser uma novidade, pois, se um sinal é limitado em módulo, então o será qualquer versão deslocada no tempo daquele sinal.

Agora considere o acumulador descrito no Exemplo 2.12. Como discutimos na Seção 1.6.4, este é um sistema instável, pois, se aplicarmos uma entrada constante a um acumulador, a saída aumenta sem limite. Também podemos ver que esse sistema é instável a partir do fato de que sua resposta ao impulso $u[n]$ não é absolutamente somável:

$$\sum_{n=-\infty}^{\infty} |u[n]| = \sum_{n=0}^{\infty} u[n] = \infty.$$

De modo semelhante, considere o integrador, o correspondente de tempo contínuo do acumulador:

$$y(t) = \int_{-\infty}^{t} x(\tau)d\tau. \quad (2.90)$$

Este é um sistema instável exatamente pela mesma razão dada para o acumulador, isto é, uma entrada constante gera uma saída que cresce sem limite. A resposta ao impulso para o integrador pode ser encontrada ao se supor que $x(t) = \delta(t)$, e, nesse caso,

$$h(t) = \int_{-\infty}^{t} \delta(\tau)d\tau = u(t)$$

e

$$\int_{-\infty}^{+\infty} |u(\tau)| d\tau = \int_{0}^{+\infty} d\tau = \infty.$$

Como a resposta ao impulso não é absolutamente integrável, o sistema não é estável.

2.3.8 A resposta ao degrau unitário de um sistema LIT

Até agora, vimos que a representação de um sistema LIT, em função da sua resposta ao impulso unitário, nos permite obter caracterizações bem explícitas das propriedades do sistema. Especificamente, como $h[n]$ ou $h(t)$ determinam completamente o comportamento de um sistema LIT, fomos capazes de relacionar as propriedades do sistema, como estabilidade e causalidade, às propriedades da resposta ao impulso.

Há outro sinal também usado com bastante frequência na descrição do comportamento dos sistemas LIT: a *resposta ao degrau unitário*, $s[n]$ ou $s(t)$, correspondendo à saída quando $x[n] = u[n]$ ou $x(t) = u(t)$. Será útil, em certas ocasiões, fazermos referência à resposta ao degrau, por isso é importante relacioná-la à resposta ao impulso. Tendo como base a representação por soma de convolução, a resposta ao degrau de um sistema LIT de tempo discreto é a convolução do degrau unitário com a resposta ao impulso, ou seja,

$$s[n] = u[n] * h[n].$$

No entanto, pela propriedade comutativa da convolução, $s[n] = h[n] * u[n]$ e, portanto, $s[n]$ pode ser visto como a resposta à entrada $h[n]$ do sistema LIT de tempo discreto com resposta ao impulso unitário $u[n]$. Como vimos no Exemplo 2.12, $u[n]$ é a resposta ao impulso unitário do acumulador. Logo,

$$s[n] = \sum_{k=-\infty}^{n} h[k]. \quad (2.91)$$

Tendo como base essa equação e o Exemplo 2.12, fica claro que $h[n]$ pode ser recuperado a partir de $s[n]$ usando a relação

$$h[n] = s[n] - s[n-1]. \quad (2.92)$$

Ou seja, a resposta ao degrau de um sistema LIT de tempo discreto é a soma cumulativa de sua resposta ao impulso (Equação 2.91). Inversamente, a resposta ao impulso de um sistema LIT de tempo discreto é a diferença de primeira ordem de sua resposta ao degrau (Equação 2.92).

De maneira similar, em tempo contínuo, a resposta ao degrau de um sistema LIT com resposta ao impulso $h(t)$ é dada por $s(t) = u(t) * h(t)$, que também é igual à resposta de um integrador [com resposta ao impulso $u(t)$] à entrada $h(t)$. Ou seja, a resposta ao degrau unitário de um sistema LIT de tempo contínuo é a integral de sua resposta ao impulso, ou

$$s(t) = \int_{-\infty}^{t} h(\tau)d\tau, \quad (2.93)$$

e a partir da Equação 2.93, a resposta ao impulso unitário é a primeira derivada da resposta ao degrau unitário,[1] ou

$$h(t) = \frac{ds(t)}{dt} = s'(t). \quad (2.94)$$

Portanto, tanto em tempo contínuo como em tempo discreto, a resposta ao degrau unitário também pode ser usada para caracterizar um sistema LIT, já que podemos calcular a resposta ao impulso unitário a partir dela. No Problema 2.45, expressões análogas à soma de convolução e à integral de convolução são obtidas para as representações de um sistema LIT em termos da sua resposta ao degrau unitário.

2.4 Sistemas LIT causais descritos por equações diferenciais e de diferenças

Uma classe extremamente importante de sistemas de tempo contínuo é aquela em que a entrada e a saída são relacionadas por meio de uma *equação diferencial linear com coeficientes constantes*. Essas equações aparecem na descrição de uma grande variedade de sistemas e de fenômenos físicos. Por exemplo, conforme ilustramos no Capítulo 1, a resposta do circuito *RC* na Figura 1.1 e o movimento de um veículo sujeito a entradas de aceleração e forças de atrito, como representado na Figura 1.2, podem ser descritos por meio de uma equação diferencial linear com coeficientes constantes. Equações diferenciais semelhantes surgem na descrição de sistemas mecânicos contendo forças restauradoras e amortecedoras, em cinética das reações químicas e em muitos outros contextos.

---

[1] Em todo o livro, usaremos as duas notações indicadas na Equação 2.94 para nos referirmos às primeiras derivadas. Uma notação análoga será usada para derivadas mais elevadas.

Correspondentemente, uma classe importante de sistemas de tempo discreto é aquela em que a entrada e a saída são relacionadas por uma *equação de diferenças linear com coeficientes constantes*. Essas equações são usadas para descrever o comportamento sequencial de muitos processos diferentes. Por exemplo, no Exemplo 1.10, vimos como as equações de diferenças aparecem na descrição do acúmulo de capital em uma conta bancária, e, no Exemplo 1.11, vimos como elas podem ser usadas para descrever uma simulação digital de um sistema de tempo contínuo descrito por uma equação diferencial. Equações de diferenças também surgem com bastante frequência na especificação de sistemas de tempo discreto feitos para realizar operações específicas no sinal de entrada. Por exemplo, o sistema que calcula a diferença entre valores de entrada sucessivos, como na Equação 1.99, e o sistema descrito pela Equação 1.104, que calcula o valor médio da entrada sobre um intervalo, são descritos por equações de diferenças.

Em todo o livro, haverá muitas ocasiões em que consideraremos e examinaremos sistemas descritos por equações diferenciais e equações de diferenças lineares com coeficientes constantes. Nesta seção, examinamos primeiro esses sistemas para apresentarmos algumas ideias básicas envolvidas na solução de equações diferenciais e de diferenças e para expormos e explorarmos algumas propriedades dos sistemas descritos por essas equações. Nos capítulos seguintes, desenvolvemos ferramentas adicionais para a análise dos sinais e sistemas que ajudarão bastante na nossa habilidade em analisar sistemas descritos por equações desse tipo, bem como na nossa compreensão de seu comportamento e características.

2.4.1 Equações diferenciais lineares com coeficientes constantes

Para introduzir algumas ideias importantes relacionadas aos sistemas especificados por equações diferenciais lineares com coeficientes constantes, considere uma equação diferencial de primeira ordem, como na Equação 1.85, ou seja,

$$\frac{dy(t)}{dt} + 2y(t) = x(t), \qquad (2.95)$$

sendo que $y(t)$ é a saída do sistema e $x(t)$ é a entrada. Por exemplo, comparando a Equação 2.95 à Equação diferencial 1.84 para a velocidade de um veículo sujeito a forças de atrito e aplicadas, vemos que a Equação 2.95 corresponderia exatamente a esse sistema se $y(t)$ fosse identificado com a velocidade do veículo $v(t)$, se $x(t)$ fosse a força aplicada $f(t)$ e se os parâmetros na Equação 1.84 fossem normalizados em unidades tal que $b/m = 2$ e $1/m = 1$.

Um aspecto muito importante sobre as equações diferenciais como a Equação 2.95 é que elas fornecem uma especificação *implícita* do sistema. Ou seja, elas descrevem a relação entre a entrada e a saída, em vez de uma expressão explícita para a saída do sistema como uma função da entrada. Para obtermos a expressão explícita, devemos resolver a equação diferencial. Para encontrar uma solução, precisamos de mais informações, além da fornecida somente pela equação diferencial. Por exemplo, para determinar a velocidade de um automóvel no fim de um intervalo de dez segundos, quando ele foi submetido a uma aceleração constante de 1 m/s^2 por dez segundos, também precisamos saber com que velocidade o veículo se movia no *início* do intervalo. De modo semelhante, se sabemos que uma fonte de tensão constante de 1 volt é aplicada ao circuito *RC* na Figura 1.1 por dez segundos, não podemos determinar qual é a tensão do capacitor no final daquele intervalo sem saber também qual é a tensão inicial do capacitor.

De forma mais geral, para resolver uma equação diferencial, devemos especificar uma ou mais condições auxiliares; depois disso, em princípio, podemos obter uma expressão explícita para a saída em termos da entrada. Em outras palavras, uma equação diferencial como a Equação 2.95 descreve uma restrição entre a entrada e a saída de um sistema, mas para descrever o sistema completamente, também precisamos especificar condições auxiliares. Escolhas diferentes para essas condições auxiliares, portanto, levam a diferentes relações entre a entrada e a saída. De modo geral, este livro se concentra no uso das equações diferenciais para descrever sistemas LIT causais, e, para tais sistemas, as condições auxiliares assumem uma forma simples e particular. Para ilustrar este ponto e revelar algumas propriedades básicas das soluções de equações diferenciais, vejamos a solução da Equação 2.95 para um sinal de entrada específico $x(t)$.[2]

---

[2] Nossa discussão sobre a solução das equações diferenciais lineares com coeficientes constantes é breve, pois partimos do princípio de que o leitor tem alguma familiaridade com esse material. Para revisão, recomendamos alguns textos sobre a solução de equações diferenciais ordinárias, como *Ordinary Differential Equations*. 3. ed., de BIRKHOFF, G.; e ROTA, G. C. (Nova York: John Wiley and Sons, 1978), ou *Elementary Differential Equations*. 3. ed., de BOYCE, W. E.; DIPRIMA, R. C. (Nova York: John Wiley and Sons, 1977). Também há uma grande diversidade de textos que discutem equações diferenciais no contexto da teoria dos circuitos. Ver, por exemplo, *Basic Circuit Theory*, de CHUA, L. O.; DESOER, C. A.; KUH, E. S. (Nova York: McGraw-Hill Book Company, 1987). Conforme mencionado no texto, apresentamos nos capítulos seguintes outros métodos bastante úteis para resolver equações diferenciais lineares que serão suficientes para nossos propósitos. Além disso, vários exercícios envolvendo a solução de equações diferenciais são incluídos nos problemas no fim do capítulo.

Exemplo 2.14

Considere a solução da Equação 2.95 quando o sinal de entrada é

$$x(t) = K e^{3t} u(t), \qquad (2.96)$$

sendo K um número real.

A solução completa para a Equação 2.96 consiste na soma de uma *solução particular*, $y_p(t)$, e uma *solução homogênea*, $y_h(t)$, isto é,

$$y(t) = y_p(t) + y_h(t), \qquad (2.97)$$

sendo que a solução particular satisfaz a Equação 2.95 e $y_h(t)$ é uma solução da equação diferencial homogênea

$$\frac{dy(t)}{dt} + 2y(t) = 0. \qquad (2.98)$$

Um método usual para encontrar a solução particular para um sinal exponencial de entrada como o da Equação 2.96 é procurar pela chamada *resposta forçada* — isto é, um sinal com a mesma forma que a entrada. Com referência à Equação 2.95, como $x(t) = Ke^{3t}$ para $t > 0$, admitimos a hipótese de uma solução para $t > 0$ da forma

$$y_p(t) = Ye^{3t}, \qquad (2.99)$$

sendo Y um número que devemos determinar. Substituindo as equações 2.96 e 2.99 na Equação 2.95 para $t > 0$, temos

$$3Ye^{3t} + 2Ye^{3t} = Ke^{3t}. \qquad (2.100)$$

Cancelando o fator e^{3t} nos dois membros da Equação 2.100, obtemos

$$3Y + 2Y = K, \qquad (2.101)$$

ou

$$Y = \frac{K}{5}, \qquad (2.102)$$

de modo que

$$y_p(t) = \frac{K}{5}e^{3t}, \quad t > 0. \qquad (2.103)$$

Para determinar $y_h(t)$, supomos uma solução da forma

$$y_h(t) = Ae^{st}. \qquad (2.104)$$

Substituindo-a na Equação 2.98, chegamos a

$$Ase^{st} + 2Ae^{st} = Ae^{st}(s+2) = 0. \qquad (2.105)$$

A partir dessa equação, percebemos que devemos tomar $s = -2$ e que Ae^{-2t} é uma solução para a Equação 2.98 para *qualquer* escolha de A. Fazendo uso desse fato e da Equação 2.103 na Equação 2.97, obtém-se que a solução da equação diferencial para $t > 0$ é

$$y(t) = Ae^{-2t} + \frac{K}{5}e^{3t}, \quad t > 0. \qquad (2.106)$$

Como notado anteriormente, a Equação diferencial 2.95 não especifica, por si só, unicamente a resposta $y(t)$ à entrada $x(t)$ na Equação 2.96. Particularmente, a constante A na Equação 2.106 ainda não foi determinada. Para que o valor de A seja determinado, precisamos especificar uma condição auxiliar além da Equação diferencial 2.95. Como explorado no Problema 2.34, escolhas diferentes para a condição auxiliar levam a diferentes soluções $y(t)$ e, consequentemente, a relações diferentes entre a entrada e a saída. Conforme indicamos, em quase todo o livro, vamos nos concentrar nas equações diferenciais e de diferenças usadas para descrever sistemas LIT causais e, nesse caso, as condições auxiliares tomam a forma da condição inicial de repouso. Ou seja, conforme é mostrado no Problema 1.44, para um sistema LIT causal, se $x(t) = 0$ para $t < t_0$, então $y(t)$ deve ser igual a 0 para $t < t_0$. Da Equação 2.96, vemos que, para nosso exemplo, $x(t) = 0$ para $t < 0$ e, portanto, a condição de repouso inicial significa que $y(t) = 0$ para $t < 0$. Calculando a Equação 2.106 em $t = 0$ e considerando $y(0) = 0$, temos

$$0 = A + \frac{K}{5},$$

ou

$$A = -\frac{K}{5}.$$

Logo, para $t > 0$,

$$y(t) = \frac{K}{5}\left[e^{3t} - e^{-2t}\right], \qquad (2.107)$$

ao passo que para $t < 0$, $y(t) = 0$ por causa da condição de repouso inicial. Combinando esses dois casos, temos a solução completa

$$y(t) = \frac{K}{5}\left[e^{3t} - e^{-2t}\right]u(t). \qquad (2.108)$$

O Exemplo 2.14 elucida diversos pontos importantes que dizem respeito às equações diferenciais lineares com coeficientes constantes e aos sistemas que elas representam. Primeiro, a resposta a uma entrada $x(t)$ geralmente consistirá da soma de uma solução particular para a equação diferencial e uma solução homogênea — isto é, uma solução da equação diferencial com entrada nula. A solução homogênea costuma ser chamada de *resposta natural* do sistema. As respostas naturais de circuitos elétricos e sistemas mecânicos simples são exploradas nos problemas 2.61 e 2.62.

No Exemplo 2.14, também vimos que, para determinar completamente a relação entre a entrada e a saída de um sistema descrito por uma equação diferencial como a

Equação 2.95, devemos especificar condições auxiliares. Uma implicação deste fato, ilustrada no Problema 2.34, é que diferentes escolhas das condições auxiliares levam a diferentes relações entre a entrada e a saída. Como ilustramos no exemplo, empregaremos amplamente a condição de repouso inicial para sistemas descritos por equações diferenciais. No exemplo, como a entrada era 0 para $t < 0$, a condição de repouso inicial implicou a condição inicial $y(0) = 0$. Como dissemos, e conforme é ilustrado no Problema 2.33, sob a condição de repouso inicial, o sistema descrito pela Equação 2.95 é LIT e causal.[3] Por exemplo, se multiplicamos a entrada na Equação 2.96 por 2, a saída resultante seria duas vezes a saída na Equação 2.108.

É importante ressaltar que a condição de repouso inicial não especifica uma condição de zero inicial em um ponto fixo no tempo, mas ajusta esse ponto no tempo de modo que a resposta seja zero *até que* a entrada se torne diferente de zero. Portanto, se $x(t) = 0$ para $t \leq t_0$ para o sistema LIT causal descrito pela Equação 2.95, então $y(t) = 0$ para $t \leq t_0$, e usaríamos a condição inicial $y(t_0) = 0$ para obter a saída para $t > t_0$. Como exemplo físico, considere novamente o circuito na Figura 1.1, discutido também no Exemplo 1.8. O repouso inicial para esse exemplo corresponde ao princípio de que, até conectarmos uma fonte de tensão diferente de zero ao circuito, a tensão do capacitor é zero. Logo, se começarmos a usar o circuito hoje ao meio-dia, a tensão inicial do capacitor quando conectamos a fonte de tensão ao meio-dia é zero. De maneira semelhante, se começarmos a usar o circuito ao meio-dia de amanhã, a tensão inicial do capacitor no momento em que conectarmos a fonte de tensão ao meio-dia de amanhã é nula.

Esse exemplo também nos ajuda a entender por que a condição de repouso inicial torna um sistema descrito por uma equação diferencial linear com coeficientes constantes invariante no tempo. Por exemplo, se executamos um experimento em um circuito, começando a partir do repouso inicial e depois assumindo que os coeficientes R e C não mudam ao longo do tempo, esperaríamos chegar aos mesmos resultados se fizéssemos o experimento hoje ou amanhã. Ou seja, se executarmos experimentos idênticos nos dois dias, em que um circuito começa em seu repouso inicial ao meio-dia todos os dias, então esperaríamos ter respostas idênticas — isto é, respostas que são simplesmente deslocadas no tempo por um dia em relação ao outro.

Apesar de termos usado a Equação diferencial de primeira ordem 2.95 como veículo para a discussão dessas questões, as mesmas ideias se estendem de modo direto para os sistemas descritos por equações diferenciais de ordem mais elevada. Uma equação diferencial linear com coeficientes constantes de N-ésima ordem geral é dada por

$$\sum_{k=0}^{N} a_k \frac{d^k y(t)}{dt^k} = \sum_{k=0}^{M} b_k \frac{d^k x(t)}{dt^k}. \quad (2.109)$$

A ordem refere-se à derivada mais alta da saída $y(t)$ que aparece na equação. No caso de $N = 0$, a Equação 2.109 é reduzida para

$$y(t) = \frac{1}{a_0} \sum_{k=0}^{M} b_k \frac{d^k x(t)}{dt^k}. \quad (2.110)$$

Nesse caso, $y(t)$ é uma função explícita da entrada $x(t)$ e suas derivadas. Para $N \geq 1$, a Equação 2.109 descreve a saída implicitamente em termos da entrada. Nesse caso, a análise da equação procede da mesma forma que em nossa discussão acerca da equação diferencial de primeira ordem no Exemplo 2.14. A solução $y(t)$ consiste em duas partes — uma solução particular para a Equação 2.109 mais uma solução para a equação diferencial homogênea

$$\sum_{k=0}^{N} a_k \frac{d^k y(t)}{dt^k} = 0. \quad (2.111)$$

Referimo-nos às soluções dessa equação como *respostas naturais* do sistema.

Assim como no caso de primeira ordem, a Equação diferencial 2.109 não define completamente a saída em termos da entrada, e precisamos identificar condições auxiliares para determinar completamente a relação entrada--saída do sistema. Mais uma vez, escolhas diferentes para essas condições auxiliares resultam em diferentes relações entrada-saída, mas, na maioria dos casos, neste livro usaremos a condição de repouso inicial quando lidarmos com sistemas descritos por equações diferenciais. Ou seja, se $x(t) = 0$ para $t \leq t_0$, supomos que $y(t) = 0$ para $t \leq t_0$ e, portanto, a resposta para $t > t_0$ pode ser calculada a partir da Equação diferencial 2.109 com as condições iniciais

$$y(t_0) = \frac{dy(t_0)}{dt} = \ldots = \frac{d^{N-1} y(t_0)}{dt^{N-1}} = 0. \quad (2.112)$$

Sob a condição de repouso inicial, o sistema descrito pela Equação 2.109 é LIT e causal. Dadas as condições iniciais

---

[3] Na verdade, como também é mostrado no Problema 2.34, se a condição inicial para a Equação 2.95 é diferente de zero, o sistema resultante é linear por incremento. Ou seja, a resposta geral pode ser vista, de modo semelhante à Figura 1.48, como a superposição da resposta às condições iniciais isoladas (com a entrada sendo 0) e a resposta à entrada com condição inicial 0, isto é, a resposta do sistema LIT causal descrito pela Equação 2.95.

na Equação 2.112, a saída $y(t)$ pode, em princípio, ser determinada pela solução da equação diferencial da maneira usada no Exemplo 2.14 e ilustrada em diversos problemas no final do capítulo. No entanto, nos capítulos 4 e 9 desenvolveremos algumas ferramentas para a análise dos sistemas LIT de tempo contínuo que facilitam significativamente a solução das equações diferenciais e, em particular, fornecem métodos poderosos para a análise e caracterização das propriedades dos sistemas descritos por essas equações.

2.4.2 Equações de diferenças lineares com coeficientes constantes

A correspondente de tempo discreto da Equação 2.109 é a equação de diferenças linear com coeficientes constantes de N-ésima ordem

$$\sum_{k=0}^{N} a_k y[n-k] = \sum_{k=0}^{M} b_k x[n-k]. \qquad (2.113)$$

Uma equação desse tipo pode ser resolvida de maneira exatamente análoga à empregada para as equações diferenciais. (Ver Problema 2.32.)[4] Especificamente, a solução $y[n]$ pode ser escrita como a soma de uma solução particular da Equação 2.113 e uma solução da equação homogênea

$$\sum_{k=0}^{N} a_k y[n-k] = 0. \qquad (2.114)$$

As soluções dessa equação homogênea são frequentemente chamadas de respostas naturais do sistema descrito pela Equação 2.113.

Assim como em tempo contínuo, a Equação 2.113 não descreve completamente a saída em termos da entrada. Para isso, devemos especificar algumas condições auxiliares. Como há muitas escolhas possíveis para as condições iniciais que levam a diferentes relações entrada-saída, vamos nos concentrar praticamente apenas na condição de repouso inicial — isto é, se $x[n] = 0$ para $n < n_0$, então $y[n] = 0$ para $n < n_0$ também. Com o repouso inicial, o sistema descrito pela Equação 2.113 é LIT e causal.

---

[4] Para uma abordagem detalhada dos métodos de resolução de equações de diferenças lineares com coeficientes constantes, ver *Finite Difference Equations*, de LEVY, H.; LESSMAN, F. (Nova York: Macmillan, Inc., 1961), ou *Finite Difference Equations and Simulations* (Englewood Cliffs: Prentice-Hall, 1968), de HILDEBRAND, F. B. No Capítulo 6, apresentamos outro método para resolver as equações de diferenças, o qual facilita bastante a análise dos sistemas lineares invariantes no tempo que são descritos dessa forma. Além disso, indicamos ao leitor os problemas que lidam com a solução de equações de diferenças, no fim deste capítulo.

Embora todas essas propriedades possam ser desenvolvidas seguindo uma abordagem que corresponde diretamente à nossa discussão das equações diferenciais, o caso de tempo discreto oferece um caminho alternativo. Esse caminho origina-se da observação de que a Equação 2.113 pode ser reestruturada na forma

$$y[n] = \frac{1}{a_0} \left\{ \sum_{k=0}^{M} b_k x[n-k] - \sum_{k=1}^{N} a_k y[n-k] \right\}. \qquad (2.115)$$

A Equação 2.115 expressa de maneira direta a saída no tempo n em termos dos valores prévios da entrada e da saída. A partir dela, percebemos imediatamente a necessidade de condições auxiliares. Para calcularmos $y[n]$, precisamos conhecer $y[n-1], \ldots, y[n-N]$. Portanto, se temos a entrada para todo n e um conjunto de condições auxiliares como $y[-N], y[-N+1], \ldots, y[-1]$, a Equação 2.115 pode ser resolvida para valores sucessivos de $y[n]$.

Uma equação na forma da Equação 2.113 ou da Equação 2.115 é chamada de *equação recursiva*, pois ela especifica um procedimento recursivo para determinarmos a saída em termos da entrada e de saídas prévias. No caso específico de $N = 0$, a Equação 2.115 reduz-se a

$$y[n] = \sum_{k=0}^{M} \left(\frac{b_k}{a_0} \right) x[n-k]. \qquad (2.116)$$

Esse é o correspondente em tempo discreto do sistema de tempo contínuo dado na Equação 2.110. Aqui, $y[n]$ é uma função explícita dos valores presentes e prévios da entrada. Por essa razão, a Equação 2.116 costuma ser denominada *equação não recursiva*, pois não usamos recursivamente valores da saída calculados previamente para calcular o valor presente da saída. Portanto, assim como no caso do sistema dado na Equação 2.110, não precisamos de condições auxiliares para determinar $y[n]$. Além disso, a Equação 2.116 define um sistema LIT, e por cálculo direto, obtém-se que a resposta ao impulso desse sistema é

$$h[n] = \begin{cases} \dfrac{b_n}{a_0}, & 0 \leq n \leq M \\ 0, & \text{caso contrário} \end{cases}. \qquad (2.117)$$

Ou seja, a Equação 2.116 nada é além de uma soma de convolução. Note-se que a resposta ao impulso para ela tem duração finita, isto é, é diferente de zero somente durante um intervalo de tempo de duração finita. Por causa dessa propriedade, o sistema especificado pela Equação 2.116 costuma ser chamado de *sistema com resposta ao impulso de duração finita* (FIR – *Finite Impulse Response*).

Embora não sejam necessárias condições auxiliares para o caso $N = 0$, tais condições são necessárias para o caso recursivo em que $N \geq 1$. Para ilustrar a solução desse tipo de equação e para compreender um pouco mais o comportamento e as propriedades das equações de diferenças recursivas, vamos examinar um exemplo simples:

Exemplo 2.15

Considere a equação de diferença

$$y[n] - \frac{1}{2}y[n-1] = x[n]. \qquad (2.118)$$

A Equação 2.118 também pode ser expressa na forma

$$y[n] = x[n] + \frac{1}{2}y[n-1], \qquad (2.119)$$

destacando o fato de que precisamos do valor prévio da saída, $y[n-1]$, para calcular o valor corrente. Portanto, para começar a recursão, precisamos de uma condição inicial.

Por exemplo, vamos impor a condição de repouso inicial e considerar a entrada

$$x[n] = K\delta[n]. \qquad (2.120)$$

Nesse caso, como $x[n] = 0$ para $n \leq -1$, a condição de repouso inicial indica que $y[n] = 0$ para $n \leq -1$, e temos como condição inicial $y[-1] = 0$. Começando com essa condição inicial, podemos encontrar valores sucessivos de $y[n]$ para $n \geq 0$ conforme se segue:

$$y[0] = x[0] + \frac{1}{2}y[-1] = K, \qquad (2.121)$$

$$y[1] = x[1] + \frac{1}{2}y[0] = \frac{1}{2}K, \qquad (2.122)$$

$$y[2] = x[2] + \frac{1}{2}y[1] = \left(\frac{1}{2}\right)^2 K, \qquad (2.123)$$

$$\vdots$$

$$y[n] = x[n] + \frac{1}{2}y[n-1] = \left(\frac{1}{2}\right)^n K. \qquad (2.124)$$

Como o sistema especificado pela Equação 2.118 e a condição de repouso inicial é LIT, seu comportamento entrada-saída é totalmente caracterizado por sua resposta ao impulso. Estabelecendo $K = 1$, vemos que a resposta ao impulso para o sistema considerado neste exemplo é

$$h[n] = \left(\frac{1}{2}\right)^n u[n]. \qquad (2.125)$$

Note que o sistema LIT causal no Exemplo 2.15 tem resposta ao impulso de duração infinita. De fato, se $N \geq 1$ na Equação 2.113, de modo que a equação de diferenças seja recursiva, então, usualmente, o sistema LIT correspondente a essa equação, juntamente com a condição de repouso inicial, tem uma resposta ao impulso de duração infinita. Tais sistemas comumente são chamados de *sistemas com resposta ao impulso de duração infinita* (IIR– Infinite Impulse Response).

Conforme indicamos, na maior parte do livro usaremos as equações de diferenças recursivas no contexto de descrição e análise dos sistemas lineares, invariantes no tempo e causais; como consequência, assumiremos a condição de repouso inicial quase sempre. Nos capítulos 5 e 10, desenvolveremos ferramentas para a análise de sistemas de tempo discreto que nos fornecerão métodos bastante úteis e eficientes para resolver equações de diferenças lineares com coeficientes constantes e para analisar as propriedades dos sistemas que elas descrevem.

2.4.3 Representações em diagrama de blocos de sistemas de primeira ordem descritos por equações diferenciais e de diferenças

Uma propriedade importante dos sistemas descritos por equações diferenciais e de diferenças lineares com coeficientes constantes é que eles podem ser representadas de maneiras bem simples e naturais em termos de interconexões das operações elementares em diagramas de blocos. Isso é significativo por uma série de razões. Uma delas é que esse fato fornece uma representação gráfica capaz de ajudar na nossa compreensão do comportamento e das propriedades desses sistemas. Além disso, essas representações podem ter valor considerável para a simulação ou implementação dos sistemas. Por exemplo, a representação em diagrama de blocos que apresentaremos nesta seção para os sistemas em tempo contínuo é a base das primeiras simulações em computadores analógicos dos sistemas descritos por equações diferenciais e também pode ser diretamente transformada em um programa para a simulação de um sistema desse tipo em um computador digital. Além do mais, a representação correspondente para as equações de diferenças de tempo discreto sugere formas simples e eficazes nas quais os sistemas descritos pelas equações podem ser implementados em *hardware* digital. Nesta seção, ilustramos as ideias básicas por trás dessas representações em diagramas de blocos construindo-as para os sistemas causais de primeira ordem introduzidos nos exemplos 1.8 a 1.11. Nos problemas 2.57 a 2.60 e nos capítulos 9 e 10, consideramos os diagramas de blocos para sistemas descritos por outras equações diferenciais e de diferenças mais complexas.

Começamos com o caso de tempo discreto e, em particular, com o sistema causal definido pela equação de diferenças de primeira ordem

$$y[n] + ay[n-1] = bx[n]. \qquad (2.126)$$

Para criar uma representação em diagrama de blocos desse sistema, note que o cálculo da Equação 2.126 requer três operações básicas: adição, multiplicação por um coeficiente e atraso (relação entre $y[n]$ e $y[n-1]$). Portanto, vamos definir três elementos básicos do diagrama, como indicado na Figura 2.27. A fim de entendermos como esses elementos básicos podem ser usados para representar o sistema causal definido pela Equação 2.126, reescrevemos a equação na forma que sugere imediatamente um algoritmo recursivo para computar valores sucessivos da saída $y[n]$:

$$y[n] = -ay[n-1] + bx[n]. \qquad (2.127)$$

Esse algoritmo é representado graficamente na Figura 2.28, que é um exemplo de sistema com realimentação, posto que a saída é realimentada por um atraso e uma multiplicação por um coeficiente e, depois, é adicionada a $bx[n]$. A presença da realimentação é uma consequência direta da natureza recursiva da Equação 2.127.

O diagrama de blocos na Figura 2.28 deixa clara a necessidade de memória nesse sistema e a consequente exigência de condições iniciais. Especificamente, um atraso corresponde a um elemento de memória, pois o elemento deve armazenar o valor prévio de sua entrada. Portanto, o valor inicial desse elemento de memória serve como condição inicial necessária para o cálculo recursivo representado graficamente na Figura 2.28 e matematicamente na Equação 2.127. Se o sistema descrito pela Equação 2.126 está inicialmente em repouso, o valor inicial armazenado no elemento de memória é zero.

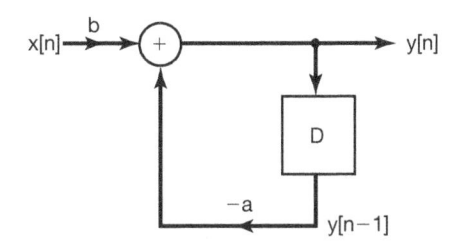

Figura 2.28 Representação em diagrama de blocos para o sistema causal de tempo discreto descrito pela Equação 2.126.

Considere em seguida o sistema causal de tempo contínuo descrito por uma equação diferencial de primeira ordem:

$$\frac{dy(t)}{dt} + ay(t) = bx(t). \qquad (2.128)$$

Como primeira tentativa de definir uma representação em diagrama de blocos para esse sistema, vamos reescrevê-la da seguinte maneira:

$$y(t) = -\frac{1}{a}\frac{dy(t)}{dt} + \frac{b}{a}x(t). \qquad (2.129)$$

O membro direito dessa equação envolve três operações básicas: adição, multiplicação por um coeficiente e diferenciação. Portanto, se definimos os três elementos básicos do diagrama indicados na Figura 2.29, podemos representar a Equação 2.129 como uma interconexão desses elementos básicos de modo análogo ao usado para

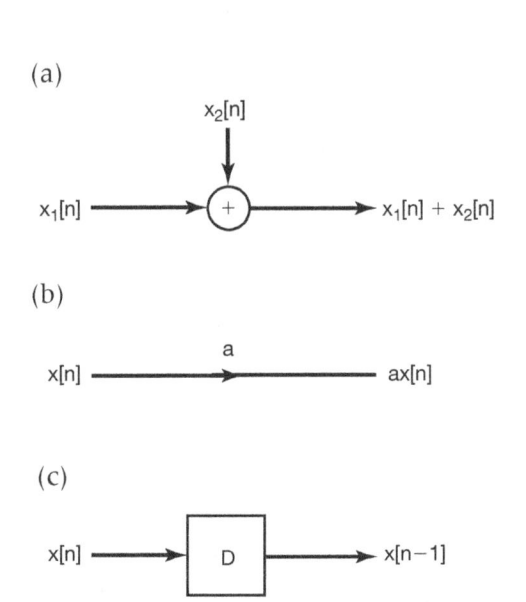

Figura 2.27 Elementos básicos para a representação em diagrama de blocos do sistema causal descrito pela Equação 2.126: (a) um somador; (b) multiplicação por um coeficiente; (c) um atraso unitário.

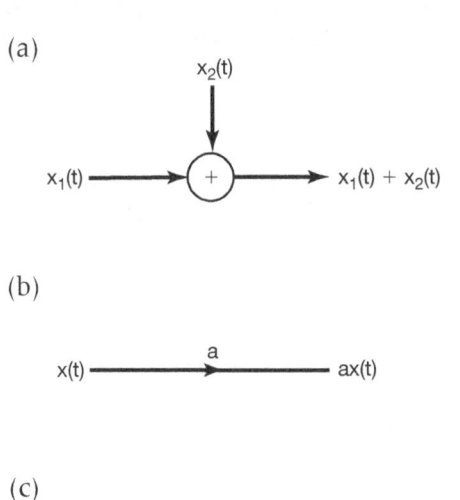

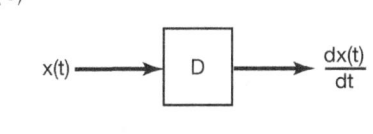

Figura 2.29 Um possível grupo de elementos básicos para a representação em diagrama de blocos do sistema de tempo contínuo descrito pela Equação 2.128: (a) um somador; (b) multiplicação por um coeficiente; (c) um diferenciador.

o sistema de tempo discreto representado anteriormente, resultando no diagrama de blocos da Figura 2.30.

Embora a Figura 2.30 seja uma representação válida do sistema causal descrito pela Equação 2.128, ela não é a representação usada mais frequentemente ou a que leva diretamente a implementações práticas, pois os diferenciadores são difíceis de implementar e extremamente sensíveis a erros e ruído. Uma implementação alternativa que é usada de modo muito mais amplo pode ser obtida primeiro reescrevendo-se a Equação 2.128 da seguinte forma:

$$\frac{dy(t)}{dt} = bx(t) - ay(t) \qquad (2.130)$$

e depois integrando de $-\infty$ até t. Especificamente, se assumimos que no sistema descrito pela Equação 2.130 o valor de $y(-\infty)$ é nulo, então a integral de $dy(t)/dt$ a partir de $-\infty$ até t é precisamente $y(t)$. Como consequência, chegamos à equação

$$y(t) = \int_{-\infty}^{t} \left[bx(\tau) - ay(\tau) \right] d\tau. \qquad (2.131)$$

Nessa forma, nosso sistema pode ser implementado com o uso do somador e do multiplicador por coeficiente como indicado na Figura 2.29, juntamente com um *integrador*, conforme definido na Figura 2.31. A Figura 2.32 é uma representação em diagrama de blocos para esse sistema usando esses três elementos.

Como os integradores podem ser implementados imediatamente usando-se amplificadores operacionais, representações como a da Figura 2.32 resultam de forma

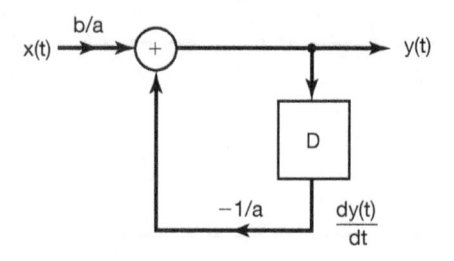

Figura 2.30 Representação em diagrama de blocos para o sistema nas equações 2.128 e 2.129 usando somadores, multiplicações por coeficientes e diferenciadores.

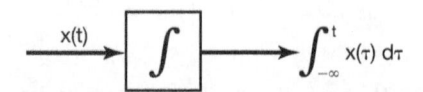

Figura 2.31 Representação gráfica de um integrador.

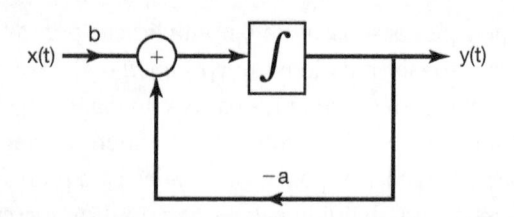

Figura 2.32 Representação em diagrama de blocos do sistema das equações 2.128 e 2.131 usando somadores, multiplicações por coeficientes e integradores.

direta em implementações analógicas, e, de fato, essa é a base tanto dos primeiros computadores analógicos como dos sistemas de computação analógicos modernos. Note-se que, em tempo contínuo, é o integrador que representa o elemento de armazenamento de memória do sistema. Isso pode ser diretamente visualizado se determinarmos a integral da Equação 2.130 a partir de um ponto finito no tempo t_0, resultando na expressão

$$y(t) = y(t_0) + \int_{t_0}^{t} \left[bx(\tau) - ay(\tau) \right] d\tau. \qquad (2.132)$$

A Equação 2.132 deixa claro o fato de que a especificação de $y(t)$ requer uma condição inicial, ou seja, o valor de $y(t_0)$. É precisamente esse valor que o integrador armazena no tempo t_0.

Apesar de termos ilustrado as construções de diagrama de blocos somente para as equações de diferença e diferenciais mais simples de primeira ordem, esses diagramas de blocos também podem ser criados para sistemas de ordem mais alta, proporcionando tanto uma intuição enriquecedora como possíveis implementações desses sistemas. Exemplos de diagramas de blocos para sistemas de ordem mais alta podem ser vistos nos problemas 2.58 e 2.60.

2.5 Funções de singularidade

Nesta seção, examinaremos a função impulso unitário de tempo contínuo para compreendermos um pouco mais desse importante sinal idealizado e apresentarmos um conjunto de sinais relacionados conhecidos coletivamente como *funções de singularidade*. Na Seção 1.4.2 sugerimos que um impulso unitário de tempo contínuo poderia ser visto como a idealização de um pulso que é "suficientemente curto" de modo que sua forma e duração não têm consequência prática — isto é, no que se refere a qualquer sistema LIT particular, toda a área sob o pulso pode ser interpretada como se tivesse sido instantaneamente aplicada. Nesta seção, daremos, primeiro, um exemplo concreto do que isso significa e, depois, usaremos a interpretação incorporada dentro do exemplo para mostrar que o segredo do uso de impulsos unitários e outras funções de singularidade está na especificação de como os sistemas LIT respondem a esses sinais idealizados, ou seja, os sinais são, em essência, definidos em termos do modo como se comportam em convolução com outros sinais.

2.5.1 O impulso unitário como um pulso idealizado

Da propriedade seletiva, Equação 2.27, o impulso unitário $\delta(t)$ é a resposta ao impulso do sistema identidade. Ou seja,

$$x(t) = x(t) * \delta(t), \quad (2.133)$$

para qualquer sinal $x(t)$. Portanto, se supusermos que $x(t) = \delta(t)$, teremos

$$\delta(t) = \delta(t) * \delta(t). \quad (2.134)$$

A Equação 2.134 é uma propriedade básica do impulso unitário, e também tem uma implicação significativa para nossa interpretação do impulso unitário como um pulso idealizado. Por exemplo, assim como na Seção 1.4.2, vamos supor que $\delta(t)$ seja a forma limite de um pulso retangular. De modo mais específico, seja $\delta_\Delta(t)$ o pulso retangular definido na Figura 1.34, e suponhamos que

$$r_\Delta(t) = \delta_\Delta(t) * \delta_\Delta(t). \quad (2.135)$$

Assim, $r_\Delta(t)$ é como está mostrado na Figura 2.33. Se quisermos interpretar $\delta(t)$ como o limite quando $\Delta \to 0$ de $\delta_\Delta(t)$, então, em virtude da Equação 2.134, o limite quando $\Delta \to 0$ para $r_\Delta(t)$ deve ser um impulso unitário. De maneira semelhante, podemos afirmar que os limites quando $\Delta \to 0$ de $r_\Delta(t) * r_\Delta(t)$ ou $r_\Delta(t) * \delta_\Delta(t)$ devem ser impulsos unitários, e assim por diante. Portanto, percebemos que, por coerência, se definirmos o impulso unitário como a forma limite de algum sinal, então há um número ilimitado de sinais que parecem diferentes, sendo que todos se comportam como um impulso no limite.

As palavras-chave do parágrafo anterior são "comportam-se como um impulso", e, como indicado, o que queremos dizer com isso é que a resposta de um sistema LIT a todos esses sinais é essencialmente idêntica, já que o pulso é "suficientemente curto", isto é, Δ é "suficientemente pequeno". O exemplo a seguir ilustra essa ideia:

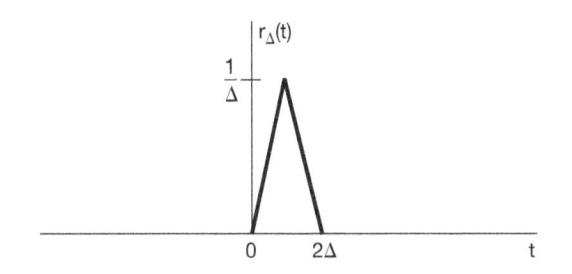

Figura 2.33 Sinal $r_\Delta(t)$ definido na Equação 2.135.

Exemplo 2.16

Considere o sistema LIT descrito pela equação diferencial de primeira ordem

$$\frac{dy(t)}{dt} + 2y(t) = x(t), \quad (2.136)$$

juntamente com a condição de repouso inicial. A Figura 2.34 (veja p. 78) retrata a resposta desse sistema a $\delta_\Delta(t)$, $r_\Delta(t)$, $r_\Delta(t) * \delta_\Delta(t)$ e $r_\Delta(t) * r_\Delta(t)$ para diversos valores de Δ. Para Δ suficientemente grande, as respostas a esses sinais de entrada diferem perceptivelmente. No entanto, para Δ suficientemente pequeno, as respostas são essencialmente indistinguíveis, de modo que todos os sinais de entrada "se comportam" da mesma maneira. Além do mais, como sugerido pela figura, a forma limite de todas as três respostas é precisamente $e^{-2t}u(t)$. Como o limite de cada um desses sinais quando $\Delta \to 0$ é o impulso unitário, concluímos que $e^{-2t}u(t)$ é a resposta ao impulso para esse sistema.[5]

É de extrema importância ressaltar que o que queremos dizer com "Δ suficientemente pequeno" depende do sistema LIT particular para o qual os pulsos precedentes são aplicados. Por exemplo, na Figura 2.35 (veja p. 79), ilustramos as respostas a esses pulsos para diferentes valores de Δ para o sistema LIT causal descrito pela equação diferencial de primeira ordem

$$\frac{dy(t)}{dt} + 20y(t) = x(t). \quad (2.137)$$

Como pode ser visto na figura, precisamos de um valor menor de Δ nesse caso para que as respostas sejam indistinguíveis umas das outras e da resposta ao impulso $h(t) = e^{-20t}u(t)$ para o sistema. Portanto, apesar de o que designamos por "Δ suficientemente pequeno" ser diferente para esses dois sistemas, podemos encontrar valores de Δ suficientemente pequenos para ambos. O impulso unitário, então, é a idealização de um pulso curto cuja duração é suficientemente curta para *todos* os sistemas.

---

[5] Nos capítulos 4 e 9, descrevemos maneiras muito mais simples de determinar a resposta ao impulso dos sistemas LIT causais descritos por equações diferenciais lineares com coeficientes constantes.

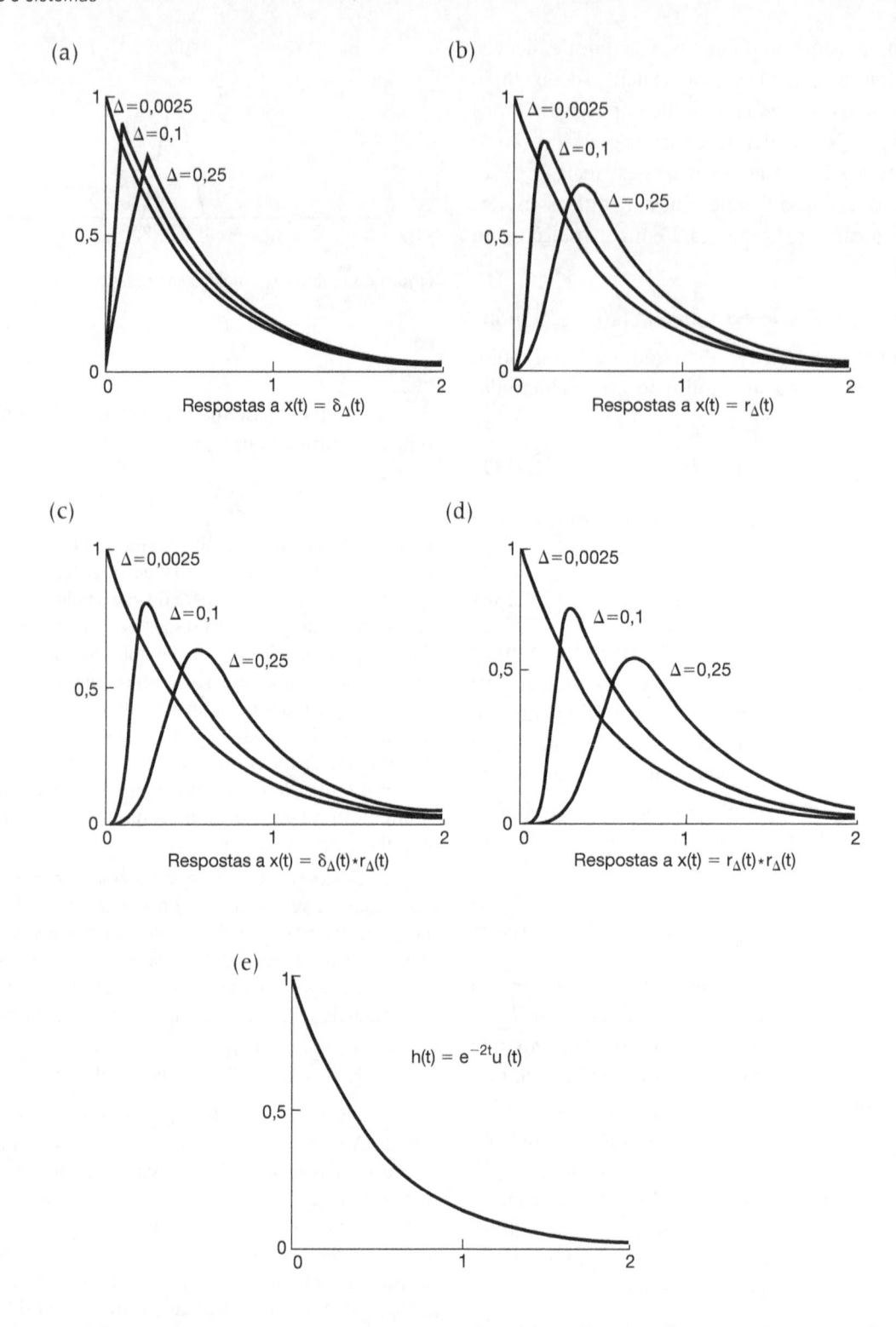

Figura 2.34 Interpretação de um impulso unitário como idealização de um pulso cuja duração é "suficientemente curta" de modo que, no que se refere à resposta de um sistema LIT a esse pulso, o pulso pode ser visto como tendo sido aplicado instantaneamente: (a) respostas do sistema LIT causal descritas pela Equação 2.136 à entrada $\delta_\Delta(t)$ para $\Delta = 0,25$, 0,1 e 0,0025; (b) respostas do mesmo sistema a $r_\Delta(t)$ para os mesmos valores de Δ; (c) respostas a $\delta_\Delta(t) * r_\Delta(t)$; (d) respostas a $r_\Delta(t) * r_\Delta(t)$; (e) resposta ao impulso $h(t) = e^{-2t}u(t)$ para o sistema. Note que, para $\Delta = 0,25$, há diferenças notáveis entre as respostas a esses diferentes sinais; no entanto, conforme Δ se torna menor, as diferenças diminuem, e todas as respostas convergem para a resposta ao impulso mostrada em (e).

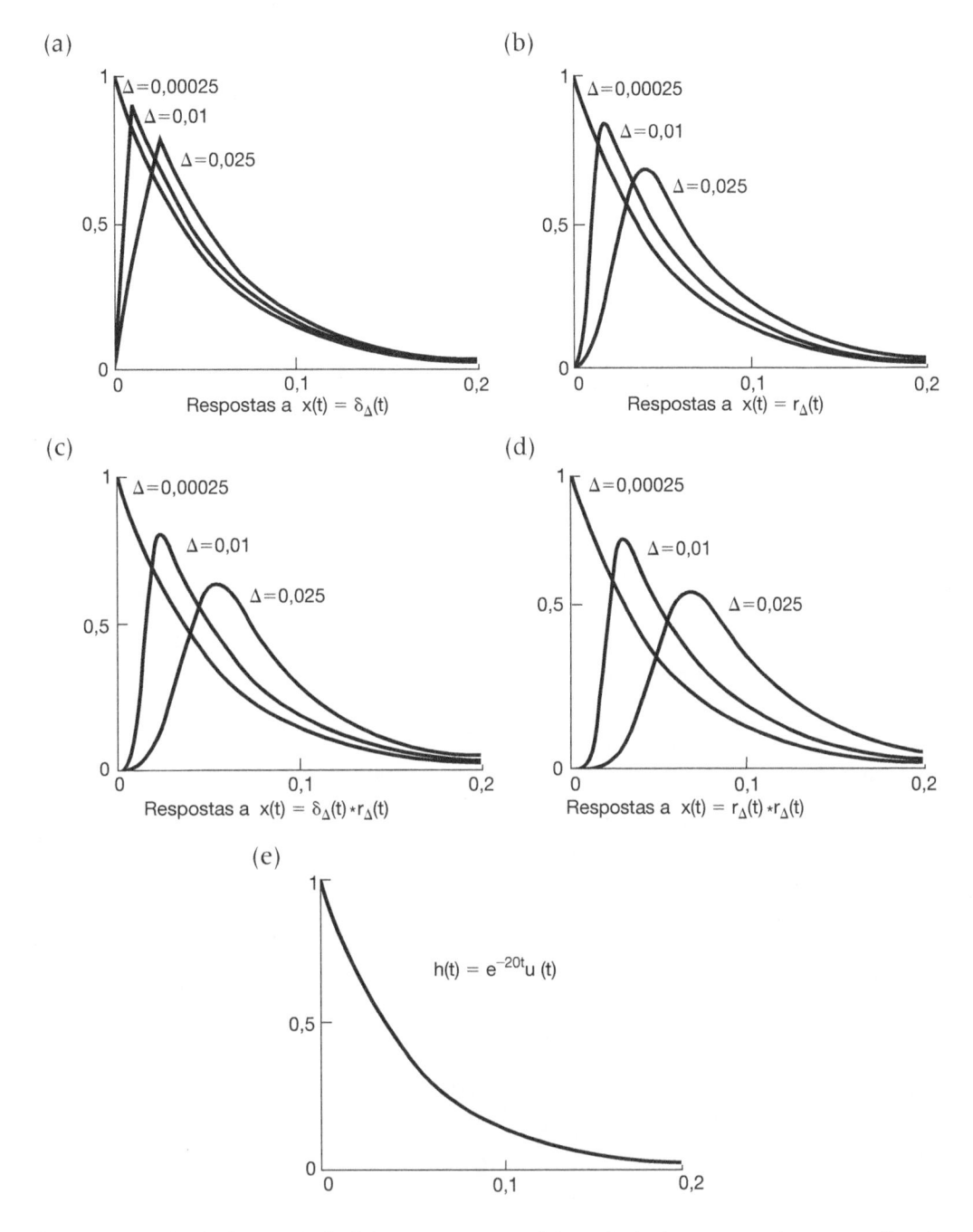

Figura 2.35 Encontrar um valor de Δ que seja "suficientemente pequeno" depende do sistema no qual estamos aplicando as entradas: (a) respostas do sistema LIT causal descrito pela Equação 2.137 à entrada $\delta_\Delta(t)$ para $\Delta = 0,025$, $0,01$ e $0,00025$; (b) respostas a $r_\Delta(t)$; (c) respostas a $\delta_\Delta(t) * r_\Delta(t)$; (d) respostas a $r_\Delta(t) * r_\Delta(t)$; (e) resposta ao impulso $h(t) = e^{-20t}u(t)$ para o sistema. Comparando essas respostas às da Figura 2.34, percebemos que é preciso usar um valor menor de Δ nesse caso antes que a duração e a forma do pulso não tenham consequência.

2.5.2 Definindo o impulso unitário por meio da convolução

Como ilustra o exemplo anterior, para um Δ suficientemente pequeno, os sinais $\delta_\Delta(t)$, $r_\Delta(t)$, $r_\Delta(t) * \delta_\Delta(t)$ e $r_\Delta(t) * r_\Delta(t)$ agem todos como impulsos quando aplicados a um sistema LIT. Na verdade, há muitos outros sinais para os quais isso também é verdadeiro. O que esse fato sugere é que deveríamos pensar um impulso unitário em termos da forma como um sistema LIT responde a ele. Embora geralmente uma função ou sinal seja definido pela quantidade que assume em cada valor da variável independente, a importância básica do impulso unitário não é o quanto ele *vale* em cada valor de *t*, mas o que ele *faz* na convolução. Portanto, do ponto de vista da análise dos sistemas lineares, devemos alternativamente *definir* o impulso unitário como um sinal que, quando aplicado a um sistema

LIT, gere a resposta ao impulso. Ou seja, definimos $\delta(t)$ como o sinal para o qual

$$x(t) = x(t) * \delta(t), \quad (2.138)$$

para qualquer $x(t)$. Nesse sentido, sinais como $\delta_\Delta(t)$, $r_\Delta(t)$ etc., que correspondem a pulsos curtos com duração cada vez menor enquanto $\Delta \to 0$, comportam-se como um impulso unitário no limite por que, se substituímos $\delta(t)$ por quaisquer desses sinais, então a Equação 2.138 é satisfeita no limite.

Todas as propriedades do impulso unitário de que precisamos podem ser obtidas a partir da *definição operacional* dada pela Equação 2.138. Por exemplo, se $x(t) = 1$ para todo t, então

$$1 = x(t) = x(t) * \delta(t) = \delta(t) * x(t)$$
$$= \int_{-\infty}^{+\infty} \delta(\tau)x(t-\tau)d\tau = \int_{-\infty}^{+\infty} \delta(\tau)d\tau,$$

de modo que o impulso unitário tem área unitária.

Às vezes é útil usarmos outra definição operacional completamente equivalente para $\delta(t)$. Para chegar nessa forma alternativa, tomamos um sinal arbitrário $g(t)$, espelhamos para obter $g(-t)$ e depois efetuamos a convolução com $\delta(t)$. Usando a Equação 2.138, obtemos

$$g(-t) = g(-t) * \delta(t) = \int_{-\infty}^{+\infty} g(\tau-t)\delta(\tau)d\tau,$$

que, para $t = 0$, resulta

$$g(0) = \int_{-\infty}^{+\infty} g(\tau)\delta(\tau)d\tau. \quad (2.139)$$

Portanto, a definição operacional de $\delta(t)$ dada pela Equação 2.138 implica a Equação 2.139. Por outro lado, a Equação 2.139 implica a Equação 2.138. Para verificarmos, seja $x(t)$ um dado sinal, fixamos um tempo t e definimos

$$g(\tau) = x(t-\tau).$$

Assim, usando a Equação 2.139, temos

$$x(t) = g(0) = \int_{-\infty}^{+\infty} g(\tau)\delta(\tau)d\tau = \int_{-\infty}^{+\infty} x(t-\tau)\delta(\tau)d\tau,$$

que é exatamente a Equação 2.138. Logo, a Equação 2.139 é uma definição operacional equivalente do impulso unitário, ou seja, o impulso unitário é o sinal que, quando multiplicado por um sinal $g(t)$ e depois integrado de $-\infty$ a $+\infty$, produz o valor $g(0)$.

Como nos preocuparemos principalmente com os sistemas LIT e, por isso, com a convolução, a descrição de $\delta(t)$ dada na Equação 2.138 será aquela à qual nos referiremos com mais frequência. No entanto, a Equação 2.139 é útil para determinarmos algumas das propriedades do impulso unitário. Por exemplo, considere o sinal $f(t)\delta(t)$, sendo que $f(t)$ é outro sinal. Então, da Equação 2.139,

$$\int_{-\infty}^{+\infty} g(\tau)f(\tau)\delta(\tau)d\tau = g(0)f(0). \quad (2.140)$$

Por outro lado, se consideramos o sinal $f(0)\delta(t)$, vemos que

$$\int_{-\infty}^{+\infty} g(\tau)f(0)\delta(\tau)d\tau = g(0)f(0). \quad (2.141)$$

Comparando as equações 2.140 e 2.141, notamos que os dois sinais $f(t)\delta(t)$ e $f(0)\delta(t)$ se comportam de modo idêntico quando são multiplicados por qualquer sinal $g(t)$ e depois integrados de $-\infty$ a $+\infty$. Consequentemente, usando essa forma da definição operacional dos sinais, concluímos que

$$f(t)\delta(t) = f(0)\delta(t), \quad (2.142)$$

que é uma propriedade que deduzimos por meios alternativos na Seção 1.4.2. (Ver Equação 1.76).

2.5.3 *Doublets* unitários e outras funções de singularidade

O impulso unitário faz parte de uma classe de sinais conhecida como *funções de singularidade*, sendo que cada uma pode ser definida operacionalmente em termos de seu comportamento na convolução. Considere o sistema LIT para o qual a saída é a derivada da entrada, isto é,

$$y(t) = \frac{dx(t)}{dt}. \quad (2.143)$$

A resposta ao impulso unitário desse sistema é a derivada do impulso unitário, que é chamada *doublet unitário* $u_1(t)$. Tendo como base a representação da convolução para sistemas LIT, temos

$$\frac{dx(t)}{dt} = x(t) * u_1(t), \quad (2.144)$$

para qualquer sinal $x(t)$. Assim como a Equação 2.138 serve como definição operacional de $\delta(t)$, tomaremos a Equação 2.144 como a definição operacional de $u_1(t)$. Da mesma forma, podemos definir $u_2(t)$, a segunda derivada de $\delta(t)$, como a resposta ao impulso de um sistema LIT que retorna a segunda derivada da entrada, isto é,

$$\frac{d^2x(t)}{dt^2} = x(t) * u_2(t). \quad (2.145)$$

Da Equação 2.144, vemos que

$$\frac{d^2x(t)}{dt^2} = \frac{d}{dt}\left(\frac{dx(t)}{dt}\right) = x(t) * u_1(t) * u_1(t), \quad (2.146)$$

e portanto,

$$u_2(t) = u_1(t) * u_1(t). \quad (2.147)$$

De modo geral, $u_k(t)$, $k > 0$, é a derivada k-ésima de $\delta(t)$ e, portanto, é a resposta ao impulso de um sistema que retorna a k-ésima derivada da entrada. Já que esse sistema pode ser obtido como a cascata de k diferenciadores, temos

$$u_k(t) = \underbrace{u_1(t) * \cdots * u_1(t)}_{k \text{ vezes}}. \quad (2.148)$$

Assim como o impulso unitário, cada uma dessas funções de singularidade tem propriedades que podem ser deduzidas de sua definição operacional. Por exemplo, se considerarmos o sinal constante $x(t) = 1$, obtemos

$$0 = \frac{dx(t)}{dt} = x(t) * u_1(t)$$
$$= \int_{-\infty}^{+\infty} u_1(\tau) x(t-\tau) d\tau = \int_{-\infty}^{+\infty} u_1(\tau) d\tau,$$

de modo que o *doublet* unitário tem área nula. Além disso, fazendo a convolução do sinal $g(-t)$ com $u_1(t)$, obtemos

$$\int_{-\infty}^{+\infty} g(\tau - t) u_1(\tau) d\tau = g(-t) * u_1(t)$$
$$= \frac{dg(-t)}{dt} = -g'(-t),$$

que, para $t = 0$, resulta

$$-g'(0) = \int_{-\infty}^{+\infty} g(\tau) u_1(\tau) d\tau. \quad (2.149)$$

De maneira análoga, podemos obter propriedades relacionadas a $u_1(t)$ e funções de singularidade de ordem mais elevada. Diversas dessas propriedades são consideradas no Problema 2.69.

Assim como acontece com o impulso unitário, cada uma dessas funções de singularidade pode ser informalmente relacionada a pulsos curtos. Por exemplo, como o *doublet* unitário é formalmente a derivada do impulso unitário, podemos entender o *doublet* como a idealização da derivada de um pulso curto com área unitária. A título de ilustração, considere o pulso curto $\delta_\Delta(t)$ na Figura 1.34. Esse pulso se comporta como um impulso quando $\Delta \to 0$. Consequentemente, podemos esperar que sua derivada se comporte como um *doublet* quando $\Delta \to 0$. Conforme verificado no Problema 2.72, $d\delta_\Delta(t)/dt$ é como representado na Figura 2.36: consiste em um impulso unitário em $t = 0$ com área $+1/\Delta$, seguido de um impulso unitário de área $-1/\Delta$ em $t = \Delta$, isto é,

$$\frac{d\delta_\Delta(t)}{dt} = \frac{1}{\Delta}[\delta(t) - \delta(t - \Delta)]. \quad (2.150)$$

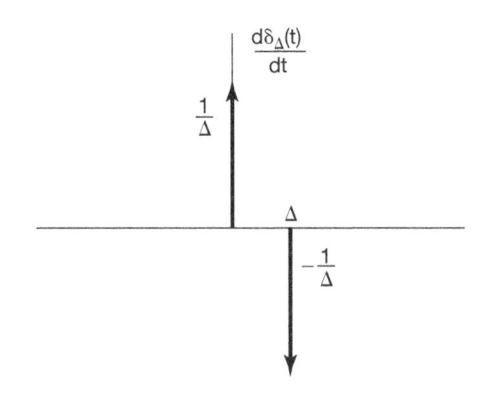

Figura 2.36 Derivada $d\delta_\Delta(t)/dt$ do pulso retangular curto $\delta_\Delta(t)$ da Figura 1.34.

Consequentemente, usando o fato de que $x(t) * \delta(t - t_0) = x(t - t_0)$ (ver Equação 2.70), obtemos

$$x(t) * \frac{d\delta_\Delta(t)}{dt} = \frac{x(t) - x(t - \Delta)}{\Delta} \cong \frac{dx(t)}{dt}, \quad (2.151)$$

sendo que a aproximação se torna mais precisa à medida que $\Delta \to 0$. Comparando a Equação 2.151 com a Equação 2.144, vemos que $d\delta_\Delta(t)/dt$ de fato se comporta como um *doublet* unitário à medida que $\Delta \to 0$.

Além das funções de singularidade que são derivadas de diferentes ordens do impulso unitário, também podemos definir os sinais que representam integrais sucessivas da função impulso unitário. Como vimos no Exemplo 2.13, o degrau unitário é a resposta ao impulso de um integrador:

$$y(t) = \int_{-\infty}^{t} x(\tau) d\tau.$$

Logo,

$$u(t) = \int_{-\infty}^{t} \delta(\tau) d\tau, \quad (2.152)$$

e também temos a seguinte definição operacional de $u(t)$:

$$x(t) * u(t) = \int_{-\infty}^{t} x(\tau) d\tau. \quad (2.153)$$

Da mesma forma, podemos definir o sistema que consiste em uma cascata de dois integradores. Sua resposta ao impulso é denotada por $u_{-2}(t)$, que é simplesmente a convolução de $u(t)$, a resposta ao impulso de um integrador, consigo mesma:

$$u_{-2}(t) = u(t) * u(t) = \int_{-\infty}^{t} u(\tau) d\tau. \quad (2.154)$$

Como $u(t)$ é igual a 0 para $t < 0$ e igual a 1 para $t > 0$, segue-se que

$$u_{-2}(t) = tu(t). \quad (2.155)$$

Esse sinal, chamado de *função rampa unitária*, é exibido na Figura 2.37. Além disso, podemos obter uma definição operacional para o comportamento de $u_{-2}(t)$ em convolução usando as equações 2.153 e 2.154:

$$x(t) * u_{-2}(t) = x(t) * u(t) * u(t)$$
$$= \left(\int_{-\infty}^{t} x(\sigma) d\sigma \right) * u(t)$$
$$= \int_{-\infty}^{t} \left(\int_{-\infty}^{\tau} x(\sigma) d\sigma \right) d\tau. \quad (2.156)$$

De maneira análoga, podemos definir integrais de ordem mais elevada de $\delta(t)$ como as respostas ao impulso das cascatas de integradores:

$$u_{-k}(t) = \underbrace{u(t) * \cdots * u(t)}_{k \text{ vezes}} = \int_{-\infty}^{t} u_{-(k-1)}(\tau) d\tau. \quad (2.157)$$

A convolução de $x(t)$ com $u_{-3}(t)$, $u_{-4}(t)$,... gera integrais de ordem correspondentemente mais altas de $x(t)$. Além disso, note-se que as integrais na Equação 2.157 podem ser calculadas diretamente (ver Problema 2.73), como foi feito na Equação 2.155, para obter

$$u_{-k}(t) = \frac{t^{k-1}}{(k-1)!} u(t). \quad (2.158)$$

Portanto, diferentemente das derivadas de $\delta(t)$, as integrais sucessivas do impulso unitário são funções que podem ser definidas para cada valor de t (Equação 2.158), assim como por seu comportamento em convolução.

Em alguns momentos será útil usarmos uma notação alternativa para $\delta(t)$ e $u(t)$,

$$\delta(t) = u_0(t), \quad (2.159)$$
$$u(t) = u_{-1}(t). \quad (2.160)$$

Com essa notação, $u_k(t)$ para $k > 0$ denota a resposta ao impulso de uma cascata de k diferenciadores, $u_0(t)$ é a resposta ao impulso do sistema identidade e, para $k < 0$, $u_k(t)$ é a resposta ao impulso de uma cascata de $|k|$ integradores. Além do mais, como um diferenciador é o sistema inverso de um integrador,

$$u(t) * u_1(t) = \delta(t),$$

ou, em nossa notação alternativa,

$$u_{-1}(t) * u_1(t) = u_0(t). \quad (2.161)$$

De modo mais abrangente, das equações 2.148, 2.157 e 2.161, vemos que para quaisquer números inteiros k e r,

$$u_k(t) * u_r(t) = u_{k+r}(t). \quad (2.162)$$

Se k e r são positivos, a Equação 2.162 estabelece que uma cascata de k diferenciadores seguida de mais r diferenciadores gera uma saída que é a $(k+r)$-ésima derivada da entrada. Da mesma maneira, se k é negativo e r é negativo, temos uma cascata de $|k|$ integradores seguida de outros $|r|$ integradores. Além disso, se k é negativo e r é positivo, temos uma cascata de $|k|$ integradores seguida de r diferenciadores, e o sistema como um todo equivale a uma cascata de $|k+r|$ integradores se $k+r<0$, uma cascata de $k+r$ integradores se $k+r>0$ ou o sistema identidade se $k+r=0$. Logo, ao definirmos as funções de singularidade em termos do seu comportamento em convolução, obtemos uma caracterização que nos permite manipulá-las com relativa facilidade e interpretá-las diretamente em termos de sua importância para os sistemas LIT. Como essa é nossa principal preocupação neste livro, a definição operacional para as funções de singularidade que apresentamos nesta seção será suficiente para nossos propósitos.[6]

2.6 Resumo

Neste capítulo, desenvolvemos representações importantes para os sistemas LIT, tanto de tempo discreto como de tempo contínuo. Em tempo discreto, obtivemos uma representação dos sinais como somas ponderadas de impulsos unitários deslocados, que depois foram usados para chegarmos à representação da soma de convolução para a resposta de um sistema LIT de tempo discreto. Em tempo contínuo, deduzimos uma representação análoga dos sinais de tempo contínuo como integrais ponderadas de impulsos unitários deslocados, os quais foram utilizados para chegarmos à representação da integral de convolução para sistemas LIT de tempo contínuo. Essas

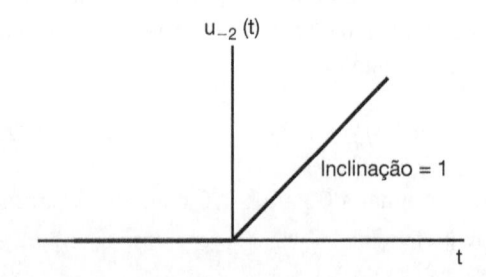

Figura 2.37 Função rampa unitária.

---

[6] Conforme mencionado no Capítulo 1, as funções de singularidade foram estudadas a fundo no campo da matemática sob nomes alternativos de *funções generalizadas* e *teoria das distribuições*. A abordagem que tomamos nesta seção é realmente bem próxima da rigorosa abordagem usada nas referências que fornecemos na nota 3 da Seção 1.4.

representações são extremamente importantes, pois nos permitem calcular a resposta de um sistema LIT para uma entrada arbitrária em termos da resposta do sistema a um impulso unitário. Além disso, na Seção 2.3, a integral e a soma de convolução deram-nos um meio de analisar as propriedades dos sistemas LIT e, particularmente, um meio de relacionar as propriedades dos sistemas LIT, incluindo a causalidade e a estabilidade, às propriedades correspondentes da resposta ao impulso unitário. Além disso, na Seção 2.5, desenvolvemos uma interpretação do impulso unitário de tempo contínuo e outras funções de singularidade relacionadas em termos de seu comportamento em convolução. Tal interpretação é particularmente útil na análise dos sistemas LIT.

Uma classe importante de sistemas de tempo contínuo consiste naqueles sistemas descritos pelas equações diferenciais lineares com coeficientes constantes. De modo semelhante, em tempo discreto, as equações de diferenças lineares com coeficientes constantes têm um papel igualmente importante. Na Seção 2.4, examinamos exemplos simples de equações diferenciais e de diferenças e discutimos algumas das propriedades dos sistemas descritos por esses tipos de equações. Especialmente, sistemas descritos por equações de diferenças lineares com coeficientes constantes e equações diferenciais lineares com coeficientes constantes juntamente com a condição de repouso inicial são causais e LIT. Nos próximos capítulos, desenvolveremos ferramentas adicionais que facilitam amplamente nossa capacidade de analisar sistemas desse tipo.

Capítulo 2 – Problemas

A primeira seção de problemas pertence à categoria básica, e as respostas são fornecidas no final do livro. As três seções posteriores contêm problemas que pertencem, respectivamente, às categorias básica, avançada e de extensão.

Os **problemas de extensão** trazem aplicações, conceitos ou métodos diferentes dos apresentados no texto.

Problemas básicos com respostas

2.1 Sejam

$$x[n] = \delta[n] + 2\delta[n-1] - \delta[n-3]$$

e

$$h[n] = 2\delta[n+1] + 2\delta[n-1].$$

Calcule e represente graficamente cada uma das convoluções a seguir

(a) $y_1[n] = x[n] * h[n]$

(b) $y_2[n] = x[n+2] * h[n]$
(c) $y_3[n] = x[n] * h[n+2]$

2.2 Considere o sinal

$$h[n] = \left(\frac{1}{2}\right)^{n-1} \{u[n+3] - u[n-10]\}.$$

Expresse A e B em termos de n de modo que a seguinte equação seja válida:

$$h[n-k] = \begin{cases} \left(\frac{1}{2}\right)^{n-k-1}, & A \leq k \leq B \\ 0, & \text{caso contrário} \end{cases}.$$

2.3 Considere uma entrada $x[n]$ e uma resposta ao impulso unitário $h[n]$ dadas por

$$x[n] = \left(\frac{1}{2}\right)^{n-2} u[n-2],$$

$$h[n] = u[n+2].$$

Determine e represente graficamente a saída $y[n] = x[n] * h[n]$.

2.4 Calcule e represente graficamente $y[n] = x[n] * h[n]$, sendo que

$$x[n] = \begin{cases} 1, & 3 \leq n \leq 8 \\ 0, & \text{caso contrário} \end{cases},$$

$$h[n] = \begin{cases} 1, & 4 \leq n \leq 15 \\ 0, & \text{caso contrário} \end{cases}.$$

2.5 Sejam

$$x[n] = \begin{cases} 1, & 0 \leq n \leq 9 \\ 0, & \text{caso contrário} \end{cases} \quad \text{e} \quad h[n] = \begin{cases} 1, & 0 \leq n \leq N \\ 0, & \text{caso contrário} \end{cases},$$

em que $N \leq 9$ é um número inteiro. Determine o valor de N dado que $y[n] = x[n] * h[n]$ e

$$y[4] = 5, \quad y[14] = 0.$$

2.6 Calcule e represente graficamente a convolução $y[n] = x[n] * h[n]$, sendo que

$$x[n] = \left(\frac{1}{3}\right)^{-n} u[-n-1] \quad \text{e} \quad h[n] = u[n-1].$$

2.7 Um sistema linear S tem a relação

$$y[n] = \sum_{k=-\infty}^{\infty} x[k]g[n-2k]$$

entre sua entrada $x[n]$ e sua saída $y[n]$, sendo $g[n] = u[n] - u[n-4]$.

(a) Determine $y[n]$ quando $x[n] = \delta[n-1]$.
(b) Determine $y[n]$ quando $x[n] = \delta[n-2]$.

(c) S é LIT?

(d) Determine $y[n]$ quando $x[n] = u[n]$.

2.8 Determine e trace a convolução dos dois sinais a seguir:

$$x(t) = \begin{cases} t+1, & 0 \leq t \leq 1 \\ 2-t, & 1 < t \leq 2 \\ 0, & \text{caso contrário} \end{cases}$$

$$h(t) = \delta(t+2) + 2\delta(t+1).$$

2.9 Seja

$$h(t) = e^{2t}u(-t+4) + e^{-2t}u(t-5).$$

Determine A e B de tal modo que

$$h(t-\tau) = \begin{cases} e^{-2(t-\tau)}, & \tau < A \\ 0, & A < \tau < B. \\ e^{2(t-\tau)}, & B < \tau \end{cases}$$

2.10 Suponha que

$$x(t) = \begin{cases} 1, & 0 \leq t \leq 1 \\ 0, & \text{caso contrário} \end{cases}$$

e que $h(t) = x(t/\alpha)$, $0 < \alpha \leq 1$.

(a) Determine e esboce $y(t) = x(t) * h(t)$.

(b) Se $dy(t)/dt$ contém somente três descontinuidades, qual é o valor de α?

2.11 Sejam

$$x(t) = u(t-3) - u(t-5) \text{ e } h(t) = e^{-3t}u(t).$$

(a) Calcule $y(t) = x(t) * h(t)$.

(b) Calcule $g(t) = (dx(t)/dt) * h(t)$.

(c) Como $g(t)$ está relacionado com $y(t)$?

2.12 Seja

$$y(t) = e^{-t}u(t) * \sum_{k=-\infty}^{\infty} \delta(t-3k).$$

Mostre que $y(t) = Ae^{-t}$ para $0 \leq t < 3$ e determine o valor de A.

2.13 Considere um sistema de tempo discreto S_1 com resposta ao impulso

$$h[n] = \left(\frac{1}{5}\right)^n u[n].$$

(a) Encontre o inteiro A tal que $h[n] - Ah[n-1] = \delta[n]$.

(b) Usando o resultado do item (a), determine a resposta ao impulso $g[n]$ de um sistema LIT S_2 que é o sistema inverso de S_1.

2.14 Qual(is) das respostas ao impulso a seguir correspondem(m) a sistemas LIT estável (eis)?

(a) $h_1(t) = e^{-(1-2j)t}u(t)$

(b) $h_2(t) = e^{-t}\cos(2t)u(t)$

2.15 Qual(is) das respostas ao impulso a seguir correspondem(m) a sistemas LIT estável (eis)?

(a) $h_1[n] = n\cos(\frac{\pi}{4}n)u[n]$

(b) $h_2(n) = 3^n u[-n+10]$

2.16 Determine se cada uma das afirmações a seguir é verdadeira ou falsa:

(a) Se $x[n] = 0$ para $n < N_1$ e $h[n] = 0$ para $n < N_2$, então $x[n] * h[n] = 0$ para $n < N_1 + N_2$.

(b) Se $y[n] = x[n] * h[n]$, então $y[n-1] = x[n-1] * h[n-1]$.

(c) Se $y(t) = x(t) * h(t)$, então $y(-t) = x(-t) * h(-t)$.

(d) Se $x(t) = 0$ para $t > T_1$ e $h(t) = 0$ para $t > T_2$, então $x(t) * h(t) = 0$ para $t > T_1 + T_2$.

2.17 Considere um sistema LIT cuja entrada $x(t)$ e saída $y(t)$ sejam relacionadas pela equação diferencial

$$\frac{d}{dt}y(t) + 4y(t) = x(t). \quad \text{(P2.17-1)}$$

O sistema também satisfaz a condição de repouso inicial.

(a) Se $x(t) = e^{(-1+3j)t}u(t)$, qual é $y(t)$?

(b) Note que $\mathcal{Re}\{x(t)\}$ satisfará a Equação P2.17-1 com $\mathcal{Re}\{y(t)\}$. Determine a saída $y(t)$ do sistema LIT se

$$x(t) = e^{-t}\cos(3t)u(t).$$

2.18 Considere um sistema LIT causal cuja entrada $x[n]$ e saída $y[n]$ sejam relacionadas pela equação de diferença

$$y[n] = \frac{1}{4}y[n-1] + x[n].$$

Determine $y[n]$ se $x[n] = \delta[n-1]$.

2.19 Considere a cascata dos dois sistemas a seguir, S_1 e S_2, como representado na Figura P2.19:

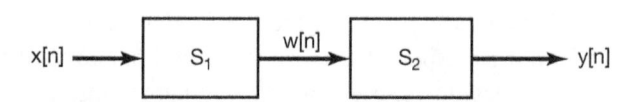

Figura P2.19

S_1: LIT causal,

$$w[n] = \frac{1}{2}w[n-1] + x[n];$$

S_2: LIT causal,

$$y[n] = \alpha y[n-1] + \beta w[n].$$

A equação de diferenças que relaciona $x[n]$ e $y[n]$ é:

$$y[n] = -\frac{1}{8}y[n-2] + \frac{3}{4}y[n-1] + x[n].$$

(a) Determine α e β.

(b) Encontre a resposta ao impulso da conexão em cascata de S_1 e S_2.

2.20 Calcule as seguintes integrais:

(a) $\int_{-\infty}^{\infty} u_0(t)\cos(t)\,dt$

(b) $\int_{0}^{5} \text{sen}(2\pi t)\delta(t+3)\,dt$

(c) $\int_{-5}^{5} u_1(1-\tau)\cos(2\pi\tau)\,d\tau$

Problemas básicos

2.21 Calcule a convolução $y[n] = x[n] * h[n]$ para os seguintes pares de sinais:

(a) $\left.\begin{array}{l} x[n] = \alpha^n u[n] \\ h[n] = \beta^n u[n] \end{array}\right\} \alpha \neq \beta$

(b) $x[n] = h[n] = \alpha^n u[n]$

(c) $x[n] = (-\frac{1}{2})^n u[n-4]$
$h[n] = 4^n u[2-n]$

(d) $x[n]$ e $h[n]$ como representados na Figura P2.21.

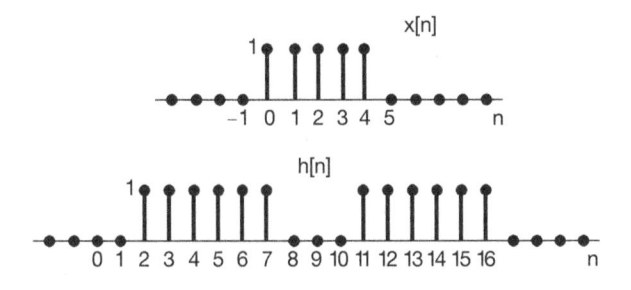

Figura P2.21

2.22 Para cada um dos pares de funções a seguir, use a integral de convolução para encontrar a resposta $y(t)$ do sistema LIT com resposta ao impulso $h(t)$ para a entrada $x(t)$. Esboce seus resultados.

(a) $\left.\begin{array}{l} x(t) = e^{-\alpha t} u(t) \\ h(t) = e^{-\beta t} u(t) \end{array}\right]$ (Calcule quando $\alpha \neq \beta$ e quando $\alpha = \beta$).

(b) $x(t) = u(t) - 2u(t-2) + u(t-5)$
$h(t) = e^{2t} u(1-t)$

(c) $x(t)$ e $h(t)$ como mostrados na Figura P2.22(a).

(d) $x(t)$ e $h(t)$ como mostrados na Figura P2.22(b).

(e) $x(t)$ e $h(t)$ como mostrados na Figura P2.22(c).

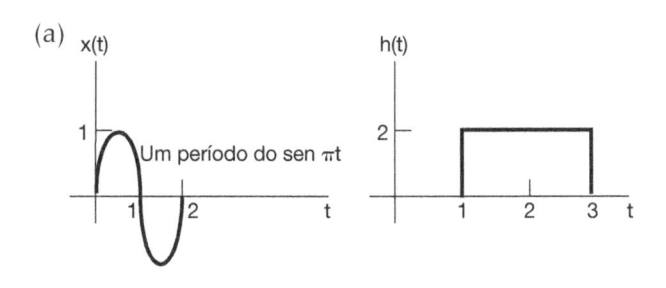

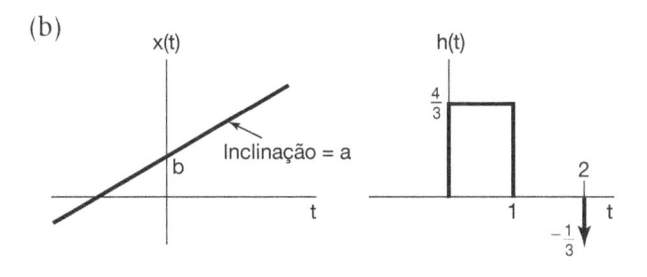

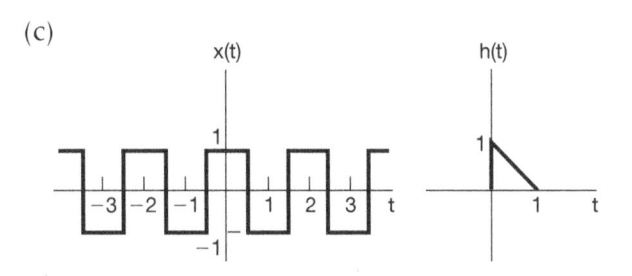

(a) [x(t): Um período do sen πt; h(t): pulso retangular de altura 2 entre 1 e 3]

(b) [x(t): reta com inclinação = a, passando por b; h(t): pulso retangular de altura 4/3 entre 1 e 2, com valor -1/3]

(c) [x(t): onda quadrada entre -1 e 1; h(t): pulso triangular decrescente de altura 1 entre 0 e 1]

Figura P2.22

2.23 Seja $h(t)$ o pulso triangular mostrado na Figura P2.23(a) e seja $x(t)$ o trem de impulsos representado na Figura P2.23(b). Ou seja,

$$x(t) = \sum_{k=-\infty}^{+\infty} \delta(t-kT).$$

Determine e esboce $y(t) = x(t) * h(t)$ para os seguintes valores de T:

(a) $T = 4$

(b) $T = 2$

(c) $T = 3/2$

(d) $T = 1$

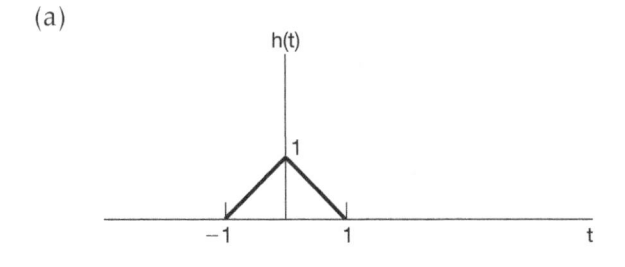

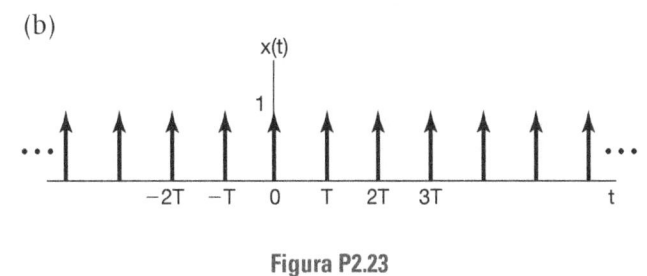

(a) [h(t): pulso triangular de altura 1 entre -1 e 1]

(b) [x(t): trem de impulsos de altura 1 espaçados por T]

Figura P2.23

2.24 Considere a interconexão em cascata dos três sistemas LIT, ilustrada na Figura P2.24(a). A resposta ao impulso $h_2[n]$ é

$$h_2[n] = u[n] - u[n-2],$$

e a resposta ao impulso global é mostrada na Figura P2.24(b).

(a)

x[n] → [h₁[n]] → [h₂[n]] → [h₂[n]] → y[n]

(b)

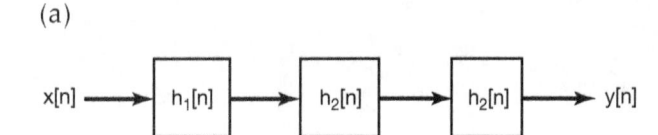

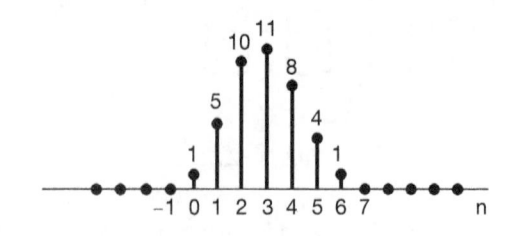

(gráfico com valores: 1, 5, 10, 11, 8, 4, 1 nas posições -1 a 7)

Figura P2.24

(a) Encontre a resposta ao impulso $h_1[n]$.
(b) Encontre a resposta do sistema global para a entrada

$$x[n] = \delta[n] - \delta[n-1].$$

2.25 Seja o sinal

$$y[n] = x[n] * h[n],$$

em que

$$x[n] = 3^n u[-n-1] + \left(\frac{1}{3}\right)^n u[n]$$

e

$$h[n] = \left(\frac{1}{4}\right)^n u[n+3].$$

(a) Determine $y[n]$ *sem* usar a propriedade distributiva da convolução.
(b) Determine $y[n]$ *usando* a propriedade distributiva da convolução.

2.26 Considere o cálculo de

$$y[n] = x_1[n] * x_2[n] * x_3[n],$$

sendo $x_1[n] = (0,5)^n u[n]$, $x_2[n] = u[n+3]$ e $x_3[n] = \delta[n] - \delta[n-1]$.

(a) Calcule a convolução $x_1[n] * x_2[n]$.
(b) Convolua o resultado do item (a) com $x_3[n]$ para calcular $y[n]$.
(c) Calcule a convolução $x_2[n] * x_3[n]$.
(d) Convolua o resultado do item (c) com $x_1[n]$ para calcular $y[n]$.

2.27 Definimos a área sob um sinal de tempo contínuo $v(t)$ como

$$A_v = \int_{-\infty}^{+\infty} v(t)dt.$$

Demonstre que se $y(t) = x(t) * h(t)$, então

$$A_y = A_x A_h.$$

2.28 A seguir, temos respostas ao impulso de sistemas LIT de tempo discreto. Determine se cada um dos sistemas é causal e/ou estável. Justifique suas respostas.

(a) $h[n] = \left(\frac{1}{5}\right)^n u[n]$
(b) $h[n] = (0,8)^n u[n+2]$
(c) $h[n] = \left(\frac{1}{2}\right)^n u[-n]$
(d) $h[n] = (5)^n u[3-n]$
(e) $h[n] = \left(-\frac{1}{2}\right)^n u[n] + (1,01)^n u[n-1]$
(f) $h[n] = \left(-\frac{1}{2}\right)^n u[n] + (1,01)^n u[1-n]$
(g) $h[n] = n\left(\frac{1}{3}\right)^n u[n-1]$

2.29 A seguir, temos respostas ao impulso de sistemas LIT de tempo contínuo. Determine se cada um dos sistemas é causal e/ou estável. Justifique suas respostas.

(a) $h(t) = e^{-4t} u(t-2)$
(b) $h(t) = e^{-6t} u(3-t)$
(c) $h(t) = e^{-2t} u(t+50)$
(d) $h(t) = e^{2t} u(-1-t)$
(e) $h(t) = e^{-6|t|}$
(f) $h(t) = te^{-t} u(t)$
(g) $h(t) = (2e^{-t} - e^{(t-100)/100}) u(t)$

2.30 Considere a equação de diferenças de primeira ordem

$$y[n] + 2y[n-1] = x[n].$$

Assumindo a condição de repouso inicial (isto é, se $x[n] = 0$ para $n < n_0$, então $y[n] = 0$ para $n < n_0$), encontre a resposta ao impulso de um sistema cuja entrada e saída sejam relacionadas por essa equação de diferenças. Você pode resolver o problema rearranjando a equação de diferença de forma a expressar $y[n]$ em função de $y[n-1]$ e $x[n]$ e gerando os valores de $y[0], y[+1], y[+2], ...$ nessa ordem.

2.31 Considere o sistema LIT inicialmente em repouso e descrito pela equação de diferença

$$y[n] + 2y[n-1] = x[n] + 2x[n-2].$$

Encontre a resposta desse sistema à entrada representada na Figura P2.31 resolvendo a equação de diferenças recursivamente.

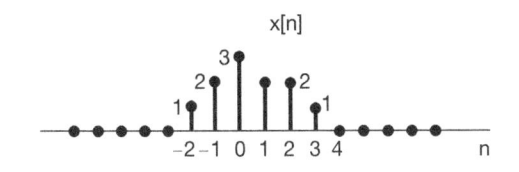

Figura P2.31

2.32 Considere a equação de diferenças

$$y[n] - \frac{1}{2}y[n-1] = x[n], \quad \text{(P2.32-1)}$$

e suponha que

$$x[n] = \left(\frac{1}{3}\right)^n u[n]. \quad \text{(P2.32-2)}$$

Assuma que a solução $y[n]$ consiste na soma de uma solução particular $y_p[n]$ para a Equação P2.32-1 e uma solução homogênea $y_h[n]$ satisfazendo a equação

$$y_h[n] - \frac{1}{2}y_h[n-1] = 0.$$

(a) Verifique que a solução homogênea é dada por

$$y_h[n] = A\left(\frac{1}{2}\right)^n.$$

(b) Vamos obter uma solução particular $y_p[n]$ tal que

$$y_p[n] - \frac{1}{2}y_p[n-1] = \left(\frac{1}{3}\right)^n u[n].$$

Assumindo que $y_p[n]$ tem a forma $B(1/3)^n$ para $n \geq 0$, e inserindo essa expressão na equação de diferenças dada anteriormente, determine o valor de B.

(c) Suponha que o sistema LIT descrito pela Equação P2.32-1 e inicialmente em repouso tenha como entrada o sinal especificado pela Equação P2.32-2. Como $x[n] = 0$ para $n < 0$, temos $y[n] = 0$ para $n < 0$. Além disso, a partir dos itens (a) e (b), temos que $y[n]$ é da forma

$$y[n] = A\left(\frac{1}{2}\right)^n + B\left(\frac{1}{3}\right)^n,$$

para $n \geq 0$. Para calcular a constante desconhecida A, precisamos especificar um valor para $y[n]$ para algum $n \geq 0$. Use a condição de repouso inicial e as equações P2.32-1 e P2.32-2 para determinar $y[0]$. A partir desse valor, determine a constante A. O resultado desse cálculo resulta na solução para a Equação de diferenças P23.2-1 sob a condição de repouso inicial, quando a entrada é dada pela Equação P2.32-2.

2.33 Considere um sistema cuja entrada $x(t)$ e a saída $y(t)$ satisfaçam a equação diferencial de primeira ordem

$$\frac{dy(t)}{dt} + 2y(t) = x(t). \quad \text{(P2.33-1)}$$

O sistema também satisfaz a condição de repouso inicial.

(a) **(i)** Determine a saída do sistema $y_1(t)$ quando a entrada é $x_1(t) = e^{3t}u(t)$.

(ii) Determine a saída do sistema $y_2(t)$ quando a entrada é $x_2(t) = e^{2t}u(t)$.

(iii) Determine a saída do sistema $y_3(t)$ quando a entrada é $x_3(t) = \alpha e^{3t}u(t) + \beta e^{2t}u(t)$, sendo α e β números reais. Mostre que $y_3(t) = \alpha y_1(t) + \beta y_2(t)$.

(iv) Agora considere $x_1(t)$ e $x_2(t)$ como sinais arbitrários tais que

$$x_1(t) = 0, \text{ para } t < t_1,$$

$$x_2(t) = 0, \text{ para } t < t_2.$$

Supondo que $y_1(t)$ seja a saída do sistema para a entrada $x_1(t)$, $y_2(t)$ seja a saída do sistema para a entrada $x_2(t)$ e $y_3(t)$ seja a saída do sistema para $x_3(t) = \alpha x_1(t) + \beta x_2(t)$, mostre que

$$y_3(t) = \alpha y_1(t) + \beta y_2(t).$$

Com isso, podemos concluir que o sistema em consideração é linear.

(b) **(i)** Determine a saída do sistema $y_1(t)$ quando a entrada é $x_1(t) = Ke^{2t}u(t)$.

(ii) Determine a saída do sistema $y_2(t)$ quando a entrada é $x_2(t) = Ke^{2(t-T)}u(t-T)$. Mostre que $y_2(t) = y_1(t-T)$.

(iii) Agora suponha que $x_1(t)$ seja um sinal arbitrário de modo que $x_1(t) = 0$ para $t < t_0$. Supondo que $y_1(t)$ seja a saída do sistema para a entrada $x_1(t)$ e $y_2(t)$ seja a saída para $x_2(t) = x_1(t-T)$, mostre que

$$y_2(t) = y_1(t-T).$$

Com isso, podemos concluir que o sistema sob consideração é invariante no tempo. Juntamente com o resultado obtido no item (a), concluímos que o sistema dado é LIT. Como esse sistema satisfaz a condição de repouso inicial, ele também é causal.

2.34 A suposição de repouso inicial corresponde a uma condição auxiliar de valor zero sendo imposta em um tempo determinado de acordo com o sinal de entrada. Neste problema, mostramos que se a condição auxiliar usada é não nula ou se ela é sempre aplicada em um tempo fixo (independentemente do sinal de entrada), o sistema correspondente não pode ser LIT. Considere um sistema cuja entrada $x(t)$ e a saída $y(t)$ satisfaçam a Equação diferencial de primeira ordem P2.33-1.

(a) Dada a condição auxiliar $y(1) = 1$, use um contraexemplo para mostrar que o sistema é não linear.

(b) Dada a condição auxiliar $y(1) = 1$, use um contraexemplo para mostrar que o sistema não é invariante no tempo.

(c) Dada a condição auxiliar $y(1) = 1$, mostre que o sistema é linear por incremento.

(d) Dada a condição auxiliar $y(1) = 0$, mostre que o sistema é linear, mas não é invariante no tempo.

(e) Dada a condição auxiliar $y(0) + y(4) = 0$, mostre que o sistema é linear, mas não é invariante no tempo.

2.35 No problema anterior, vimos que a aplicação de uma condição auxiliar em um instante fixo (independentemente do sinal de entrada) leva o sistema correspondente a ser não invariante no tempo. Neste problema, exploramos o efeito das condições auxiliares fixas na causalidade de um sistema. Considere um sistema cuja entrada $x(t)$ e a saída $y(t)$ satisfaçam a Equação diferencial de primeira ordem P2.33-1. Suponha que a condição auxiliar associada com a equação diferencial seja $y(0) = 0$. Determine a saída do sistema para cada uma das duas entradas a seguir:

(a) $x_1(t) = 0$, para todo t

(b) $x_2(t) = \begin{cases} 0, & t < -1 \\ 1, & t > -1 \end{cases}$

Observe que se $y_1(t)$ é a saída para a entrada $x_1(t)$ e $y_2(t)$ é a saída para a entrada $x_2(t)$, então $y_1(t)$ e $y_2(t)$ não são idênticas para $t < -1$, mesmo que $x_1(t)$ e $x_2(t)$ sejam idênticas para $t < -1$. Use essa observação como a base de um argumento para concluir que o sistema dado é não causal.

2.36 Considere um sistema de tempo discreto cuja entrada $x[n]$ e a saída $y[n]$ sejam relacionadas por

$$y[n] = \left(\frac{1}{2}\right) y[n-1] + x[n].$$

(a) Mostre que se esse sistema satisfaz a condição de repouso inicial (isto é, se $x[n] = 0$ para $n < n_0$, então $y[n] = 0$ para $n < n_0$), então ele é linear e invariante no tempo.

(b) Mostre que se esse sistema não satisfaz a condição de repouso inicial, mas, em vez disso, obedece à condição auxiliar $y[0] = 0$, ele é não causal. [*Dica*: Use um método semelhante ao aplicado no Problema 2.35.]

2.37 Considere um sistema cuja entrada e saída estejam relacionadas pela Equação diferencial de primeira ordem P2.33-1. Suponha que o sistema satisfaça a condição de repouso final [isto é, se $x(t) = 0$ para $t > t_0$, então $y(t) = 0$ para $t > t_0$]. Mostre que esse sistema é *não* causal. [*Dica*: Considere duas entradas para o sistema, $x_1(t) = 0$ e $x_2(t) = e^t(u(t) - u(t-1))$, que resulta nas saídas $y_1(t)$ e $y_2(t)$, respectivamente. Então, mostre que $y_1(t) \neq y_2(t)$ para $t < 0$.]

2.38 Esboce representações em diagrama de blocos para os sistemas LIT causais descritos pelas seguintes equações de diferenças:

(a) $y[n] = \frac{1}{3} y[n-1] + \frac{1}{2} x[n]$

(b) $y[n] = \frac{1}{3} y[n-1] + x[n-1]$

2.39 Esboce representações em diagrama de blocos para os sistemas LIT causais descritos pelas seguintes equações diferenciais:

(a) $y(t) = -(\frac{1}{2}) dy(t)/dt + 4x(t)$

(b) $dy(t)/dt + 3y(t) = x(t)$

Problemas avançados

2.40 (a) Considere um sistema LIT com entrada e saída relacionadas por meio da equação

$$y(t) = \int_{-\infty}^{t} e^{-(t-\tau)} x(\tau - 2) d\tau.$$

Qual é a resposta ao impulso $h(t)$ para esse sistema?

(b) Determine a resposta do sistema quando a entrada $x(t)$ é a mostrada na Figura P2.40.

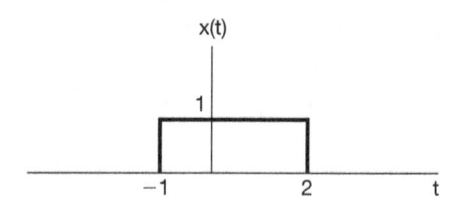

Figura P2.40

2.41 Considere o sinal

$$x[n] = \alpha^n u[n].$$

(a) Esboce o sinal $g[n] = x[n] - \alpha x[n-1]$.

(b) Use o resultado do item (a) juntamente com as propriedades de convolução para determinar uma sequência $h[n]$ de modo que

$$x[n] * h[n] = \left(\frac{1}{2}\right)^n \{u[n+2] - u[n-2]\}.$$

2.42 Suponha que o sinal

$$x(t) = u(t + 0,5) - u(t - 0,5)$$

seja convoluído com o sinal

$$h(t) = e^{j\omega_0 t}.$$

(a) Determine o valor de ω_0 que garante que

$$y(0) = 0,$$

sendo $y(t) = x(t) * h(t)$.

(b) A resposta do item anterior é única?

2.43 Uma das propriedades importantes da convolução, tanto de tempo discreto quando de tempo contínuo, é a propriedade associativa. Neste problema, vamos verificar e ilustrar essa propriedade.

(a) Prove a igualdade

$$[x(t) * h(t)] * g(t) = x(t) * [h(t) * g(t)] \quad \textbf{(P2.43–1)}$$

mostrando que os dois membros da Equação P2.43-1 são iguais a

$$\int_{-\infty}^{+\infty} \int_{-\infty}^{+\infty} x(\tau)h(\sigma)g(t-\tau-\sigma)d\tau\,d\sigma.$$

(b) Considere dois sistemas LIT com respostas à amostra unitária $h_1[n]$ e $h_2[n]$, como mostrado na Figura P2.43(a). Esses dois sistemas são cascateados conforme a Figura P2.43(b). Seja $x[n] = u[n]$.

(a)

$h_1[n] = (-\frac{1}{2})^n u[n]$

$h_2[n] = u[n] + \frac{1}{2} u[n-1]$

(b)

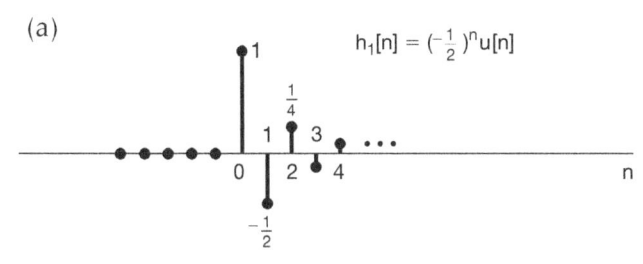

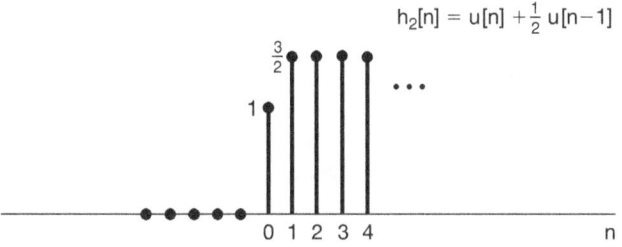

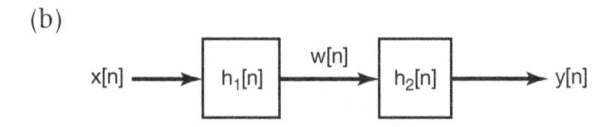

$x[n] \rightarrow \boxed{h_1[n]} \xrightarrow{w[n]} \boxed{h_2[n]} \rightarrow y[n]$

Figura P2.43

(i) Calcule $y[n]$. Para isso, calcule primeiro $w[n] = x[n] * h_1[n]$ e depois $y[n] = w[n] * h_2[n]$, ou seja, $y[n] = [x[n] * h_1[n]] * h_2[n]$.

(ii) Agora, encontre $y[n]$, primeiro convoluindo $h_1[n]$ e $h_2[n]$ para obter $g[n] = h_1[n] * h_2[n]$ e depois convoluindo $x[n]$ com $g[n]$ para obter $y[n] = x[n] * [h_1[n] * h_2[n]]$.

As respostas para (i) e (ii) devem ser idênticas, ilustrando a propriedade associativa da convolução de tempo discreto.

(c) Considere a cascata de dois sistemas LIT como na Figura P2.43(b), sendo que, neste caso,

$$h_1[n] = \operatorname{sen} 8n$$

e

$$h_2[n] = a^n u[n], |a| < 1,$$

e sendo a entrada

$$x[n] = \delta[n] - a\delta[n-1].$$

Determine a saída $y[n]$. (*Dica*: O uso das propriedades associativa e comutativa da convolução pode facilitar bastante nessa solução.)

2.44 (a) Se

$$x(t) = 0, |t| > T_1,$$

e

$$h(t) = 0, |t| > T_2,$$

então

$$x(t) * h(t) = 0, |t| > T_3$$

para algum número positivo T_3. Expresse T_3 em termos de T_1 e T_2.

(b) Um sistema LIT de tempo discreto tem entrada $x[n]$, resposta ao impulso $h[n]$ e saída $y[n]$. Se sabemos que $h[n]$ é nulo em qualquer ponto fora do intervalo $N_0 \leq n \leq N_1$ e $x[n]$ é nula em qualquer ponto fora do intervalo $N_2 \leq n \leq N_3$, então a saída $y[n]$ é obrigatoriamente nula em qualquer ponto, exceto em algum intervalo $N_4 \leq n \leq N_5$.

(i) Determine N_4 e N_5 em função de N_0, N_1, N_2 e N_3.

(ii) Se o intervalo $N_0 \leq n \leq N_1$ tem comprimento M_h, $N_2 \leq n \leq N_3$ tem comprimento M_x e $N_4 \leq n \leq N_5$ tem comprimento M_y, expresse M_y em termos de M_h e M_x.

(c) Considere um sistema LIT com a propriedade de que se a entrada $x[n] = 0$ para todo $n \geq 10$, então a saída $y[n] = 0$ para todo $n \geq 15$. Que condição $h[n]$ a resposta ao impulso do sistema $h[n]$ deve satisfazer para que isso seja verdade?

(d) Considere um sistema LIT com resposta ao impulso representada na Figura P2.44. Sobre que intervalo devemos conhecer $x(t)$ para determinar $y(0)$?

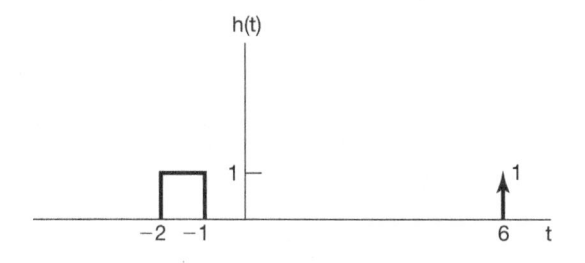

Figura P2.44

2.45 (a) Mostre que se a resposta de um sistema LIT a $x(t)$ é a saída $y(t)$, então a resposta do sistema a

$$x'(t) = \frac{dx(t)}{dt}$$

é $y'(t)$. Resolva esse problema de três formas diferentes:

(i) Diretamente, tendo como base as propriedades de linearidade e invariância no tempo, e o fato de que

$$x'(t) = \lim_{h \to 0} \frac{x(t) - x(t-h)}{h}$$

(ii) Diferenciando a integral de convolução.

(iii) Examinando o sistema na Figura P2.45.

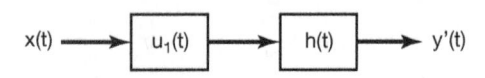

$x(t) \longrightarrow \boxed{u_1(t)} \longrightarrow \boxed{h(t)} \longrightarrow y'(t)$

Figura P2.45

(b) Demonstre a validade das seguintes relações:

(i) $y'(t) = x(t) * h'(t)$

(ii) $y(t) = \left(\int_{-\infty}^{t} x(\tau) d\tau \right) * h'(t) =$
$\int_{-\infty}^{t} [x'(\tau) * h(\tau)] d\tau = x'(t) * \left(\int_{-\infty}^{t} h(\tau) d\tau \right)$

[*Dica*: Essas demonstrações saem facilmente usando-se diagramas de blocos, como em (iii) do item (a) e levando-se em conta o fato de que $u_1(t) * u_{-1}(t) = \delta(t)$.]

(c) Um sistema LIT tem a resposta $y(t) = \text{sen } \omega_0 t$ para a entrada $x(t) = e^{-5t}u(t)$. Use o resultado do item (a) como ajuda para determinar a resposta ao impulso desse sistema.

(d) Seja $s(t)$ a resposta ao degrau unitário de um sistema de tempo contínuo. Use o item (b) para deduzir que a resposta $y(t)$ à entrada $x(t)$ é

$$y(t) = \int_{-\infty}^{+\infty} x'(\tau)s(t-\tau)d\tau. \quad \text{(P2.45-1)}$$

Mostre também que

$$x(t) = \int_{-\infty}^{+\infty} x'(\tau)u(t-\tau)d\tau. \quad \text{(P2.45-2)}$$

(e) Use a Equação P2.45-1 para determinar a resposta de um sistema LIT com resposta ao degrau

$$s(t) = (e^{-3t} - 2e^{-2t} + 1)u(t)$$

à entrada $x(t) = e^t u(t)$.

(f) Seja $s[n]$ a resposta ao degrau unitário de um sistema LIT de tempo discreto. Quais são as correspondentes em tempo discreto das equações P2.45-1 e P2.45-2?

2.46 Considere um sistema LIT S e um sinal $x(t) = 2e^{-3t}u(t-1)$. Se

$$x(t) \to y(t)$$

e

$$\frac{dx(t)}{dt} \to -3y(t) + e^{-2t}u(t),$$

determine a resposta ao impulso $h(t)$ de S.

2.47 Seja um determinado sistema linear invariante no tempo com resposta ao impulso $h_0(t)$. Temos a informação de que quando a entrada é $x_0(t)$, a saída é $y_0(t)$, esboçada na Figura P2.47. É dado o seguinte conjunto de sistemas lineares invariantes no tempo com respostas ao impulso indicadas:

Entrada $x(t)$	Resposta ao impulso $h(t)$
(a) $x(t) = 2x_0(t)$	$h(t) = h_0(t)$
(b) $x(t) = x_0(t) - x_0(t-2)$	$h(t) = h_0(t)$
(c) $x(t) = x_0(t-2)$	$h(t) = h_0(t+1)$
(d) $x(t) = x_0(-t)$	$h(t) = h_0(t)$
(e) $x(t) = x_0(-t)$	$h(t) = h_0(-t)$
(f) $x(t) = x'_0(t)$	$h(t) = h'_0(t)$

[Aqui, $x'_0(t)$ e $h'_0(t)$ denotam as primeiras derivadas de $x_0(t)$ e $h_0(t)$, respectivamente.]

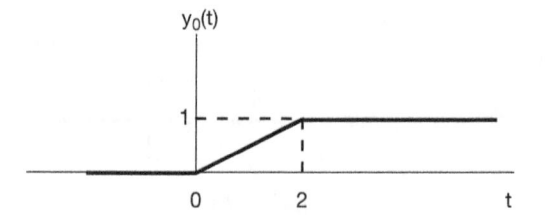

Figura P2.47

Em cada um desses casos, defina se temos ou não informação suficiente para determinar a saída $y(t)$ quando a entrada é $x(t)$ e o sistema tem resposta ao impulso $h(t)$. Se for possível determinar $y(t)$, apresente uma representação gráfica precisa dela com valores numéricos claramente indicados no gráfico.

2.48 Determine se cada uma das declarações a seguir, relativas aos sistemas LIT, é verdadeira ou falsa. Justifique suas respostas.

(a) Se $h(t)$ é a resposta ao impulso de um sistema LIT e se $h(t)$ é periódica e não nula, o sistema é instável.

(b) O inverso de um sistema LIT causal é sempre causal.

(c) Se $|h[n]| \leq K$ para cada n, sendo K um número dado, então o sistema LIT que tem $h[n]$ como resposta ao impulso é estável.

(d) Se um sistema LIT de tempo discreto tem uma resposta ao impulso $h[n]$ de duração finita, o sistema é estável.

(e) Se um sistema LIT é causal, ele é estável.

(f) A cascata de um sistema LIT não causal com um causal é necessariamente não causal.

(g) Um sistema de tempo contínuo é estável se e somente se sua resposta ao degrau $s(t)$ é absolutamente integrável — isto é, se e somente se

$$\int_{-\infty}^{\infty} |s(t)| dt < \infty.$$

(h) Um sistema de tempo discreto é causal se e somente se sua resposta ao degrau $s[n]$ é zero para $n < 0$.

2.49 No texto, mostramos que se $h[n]$ é absolutamente somável, isto é,

$$\sum_{k=-\infty}^{+\infty} |h[k]| < \infty,$$

então o sistema LIT com resposta ao impulso $h[n]$ é estável. Isso significa que esta é uma condição *suficiente* para a estabilidade. Neste problema, mostraremos que ela também é uma condição *necessária*. Considere um sistema LIT com resposta ao impulso $h[n]$ e que não é absolutamente somável, ou seja,

$$\sum_{k=-\infty}^{+\infty} |h[k]| = \infty.$$

(a) Suponha que a entrada desse sistema é

$$x[n] = \begin{cases} 0, & \text{se } h[-n] = 0 \\ \dfrac{h[-n]}{|h[-n]|}, & \text{se } h[-n] \neq 0 \end{cases}.$$

Esse sinal de entrada representa uma entrada limitada? Se sim, qual é o menor número B tal que

$$|x[n]| \leq B \text{ para todo } n?$$

(b) Calcule a saída em $n = 0$ para essa escolha específica de entrada. O resultado prova o argumento de que a somabilidade absoluta é uma condição necessária para a estabilidade?

(c) Da mesma forma, mostre que um sistema LIT de tempo contínuo é estável se e somente se a resposta ao impulso é absolutamente integrável.

2.50 Considere a cascata dos dois sistemas representados na Figura P2.50. Sabemos que o primeiro sistema, A, é LIT. Sabemos também que o segundo sistema, B, é o inverso do sistema A. Suponhamos que $y_1(t)$ represente a resposta do sistema A para $x_1(t)$, e que $y_2(t)$ represente a resposta do sistema A para $x_2(t)$.

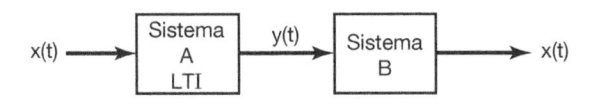

Figura P2.50

(a) Qual é a resposta do sistema B à entrada $ay_1(t) + by_2(t)$, sendo a e b constantes?

(b) Qual é a resposta do sistema B à entrada $y_1(t - \tau)$?

2.51 No texto, vimos que a relação entrada-saída global da cascata de dois sistemas LIT não depende da ordem em que é montada a cascata. Tal fato, conhecido como propriedade comutativa, depende tanto da linearidade como da invariância do tempo dos dois sistemas. Neste problema, ilustramos esse ponto.

(a) Considere dois sistemas de tempo discreto A e B, sendo o sistema A LIT com resposta à amostra unitária $h[n] = (1/2)^n u[n]$. O sistema B, por outro lado, é linear, mas variante no tempo. Especificamente, se a entrada do sistema B é $w[n]$, sua saída é

$$z[n] = nw[n].$$

Mostre que a propriedade comutativa não é válida para esses dois sistemas calculando as respostas ao impulso das combinações em cascata mostradas nas figuras P2.51(a) e (b), respectivamente.

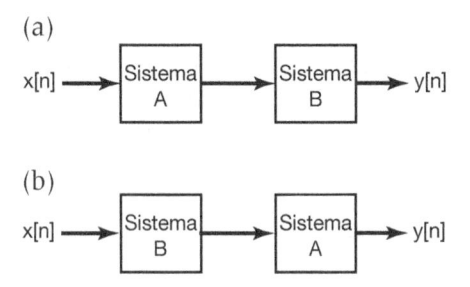

Figura P2.51

$$z[n] = w[n] + 2.$$

(b) Suponha que o sistema B seja substituído nos dois sistemas interconectados da Figura P2.51 pelo sistema com a seguinte relação entre sua entrada $w[n]$ e saída $z[n]$:

Repita os cálculos feitos no item (a) desta questão.

2.52 Considere um sistema LIT de tempo discreto com resposta à amostra unitária

$$h[n] = (n + 1)\alpha^n u[n],$$

sendo $|\alpha| < 1$. Mostre que a resposta ao degrau desse sistema é

$$s[n] = \left[\frac{1}{(\alpha-1)^2} - \frac{\alpha}{(\alpha-1)^2}\alpha^n + \frac{\alpha}{(\alpha-1)}(n+1)\alpha^n\right] u[n].$$

(*Dica*: Lembre-se de que

$$\sum_{k=0}^{N}(k+1)\alpha^k = \frac{d}{d\alpha}\sum_{k=0}^{N+1}\alpha^k.)$$

2.53 (a) Considere a equação diferencial homogênea

$$\sum_{k=0}^{N} a_k \frac{d^k y(t)}{dt^k} = 0. \qquad \textbf{(P2.53–1)}$$

Mostre que se s_0 é uma solução da equação

$$p(s) = \sum_{k=0}^{N} a_k s^k = 0, \qquad \text{(P2.53-2)}$$

então $Ae^{s_0 t}$ é uma solução da Equação P2.53-1, sendo A uma constante arbitrária complexa.

(b) O polinômio $p(s)$ na Equação P2.53-2 pode ser fatorado em termos de suas raízes $s_1, ..., s_r$ como

$$p(s) = a_N (s-s_1)^{\sigma_1} (s-s_2)^{\sigma_2} \cdots (s-s_r)^{\sigma_r},$$

sendo s_i as soluções distintas da Equação P2.53-2 e σ_i suas *multiplicidades* — isto é, o número de vezes que cada raiz aparece como solução da equação. Note que

$$\sigma_1 + \sigma_2 + ... + \sigma_r = N.$$

De modo geral, se $\sigma_i > 1$, então não só $Ae^{s_i t}$ é uma solução da Equação P2.53-1, mas também $At^j e^{s_i t}$, sendo j um número inteiro maior ou igual a zero e menor ou igual a $\sigma_i - 1$. Para ilustrar este fato, mostre que se $\sigma_i = 2$, então $Ate^{s_i t}$ é uma solução da Equação P253-1. [*Dica*: Mostre que se s é um número complexo arbitrário, então

$$\sum_{k=0}^{N} \frac{d^k (Ate^{st})}{dt^k} = Ap(s)te^{st} + A\frac{dp(s)}{ds} e^{st}.$$

Logo, a solução mais geral da Equação P2.53-1 é

$$\sum_{i=1}^{r} \sum_{j=0}^{\sigma_i - 1} A_{ij} t^j e^{s_i t}.$$

sendo A_{ij} constantes arbitrárias complexas.

(c) Resolva as equações diferenciais homogêneas a seguir com as condições auxiliares especificadas:

(i) $\frac{d^2 y(t)}{dt^2} + 3\frac{dy(t)}{dt} + 2y(t) = 0$, $y(0) = 0$, $y'(0) = 2$

(ii) $\frac{d^2 y(t)}{dt^2} + 3\frac{dy(t)}{dt} + 2y(t) = 0$, $y(0) = 1$, $y'(0) = -1$

(iii) $\frac{d^2 y(t)}{dt^2} + 3\frac{dy(t)}{dt} + 2y(t) = 0$, $y(0) = 0$, $y'(0) = 0$

(iv) $\frac{d^2 y(t)}{dt^2} + 2\frac{dy(t)}{dt} + y(t) = 0$, $y(0) = 1$, $y'(0) = 1$

(v) $\frac{d^3 y(t)}{dt^3} + \frac{d^2 y(t)}{dt^2} - \frac{dy(t)}{dt} - y(t) = 0$, $y(0) = 1$, $y'(0) = 1$, $y''(0) = -2$

(vi) $\frac{d^3 y(t)}{dt^2} + 2\frac{dy(t)}{dt} + 5y(t) = 0$, $y(0) = 1$, $y'(0) = 1$

2.54 (a) Considere a equação de diferenças homogêneas

$$\sum_{k=0}^{N} a_k y[n-k] = 0. \qquad \text{(P2.54–1)}$$

Mostre que se z_0 é uma solução da equação

$$\sum_{k=0}^{N} a_k z^{-k} = 0, \qquad \text{(P2.54–2)}$$

então Az_0^n é uma solução da Equação P2.54-1, sendo A uma constante arbitrária.

(b) Por ser mais conveniente no momento trabalharmos com polinômios que têm somente potências não negativas de z, considere a equação obtida multiplicando-se os dois lados da Equação P2.54-2 por z^N:

$$p(z) = \sum_{k=0}^{N} a_k z^{N-k} = 0. \qquad \text{(P2.54–3)}$$

O polinômio $p(z)$ pode ser fatorado da seguinte forma:

$$p(z) = a_0 (z-z_1)^{\sigma_1} \cdots (z-z_r)^{\sigma_r},$$

sendo $z_1, ..., z_r$ raízes distintas de $p(z)$.

Mostre que se $y[n] = nz^{n-1}$, então

$$\sum_{k=0}^{N} a_k y[n-k] = \frac{dp(z)}{dz} z^{n-N} + (n-N) p(z) z^{n-N-1}.$$

Use esse fato para mostrar que se $\sigma_i = 2$, então tanto Az_i^n como Bnz_i^{n-1} são soluções da Equação P2.54-1, sendo A e B constantes arbitrárias complexas. De modo mais geral, pode-se usar o mesmo procedimento para mostrar que se $\sigma_i > 1$, então

$$A\frac{n!}{r!(n-r)!} z^{n-r}$$

é uma solução da Equação P2.54-1 para $r = 0, 1, ..., \sigma_i - 1$.[7]

(c) Resolva as equações diferenciais homogêneas a seguir com as condições auxiliares especificadas:

(i) $y[n] + \frac{3}{4} y[n-1] + \frac{1}{8} y[n-2] = 0$;

$$y[0] = 1, \; y[-1] = -6$$

(ii) $y[n] - 2y[n-1] + y[n-2] = 0$; $y[0] = 1$, $y[1] = 0$

(iii) $y[n] - 2y[n-1] + y[n-2] = 0$; $y[0] = 1$, $y[10] = 21$

(iv) $y[n] - \frac{\sqrt{2}}{2} y[n-1] + \frac{1}{4} y[n-2] = 0$;

$$y[0] = 0, \; y[-1] = 1$$

2.55 No texto, descrevemos um método para resolver equações de diferenças lineares com coeficientes constantes, e outro método para resolvê-las foi ilustrado no Problema 2.30. Se a suposição de repouso inicial é feita de modo que o sistema descrito pela equação de diferenças seja LIT e causal, então, a princípio, podemos determinar a resposta ao impulso unitário $h[n]$ usando qualquer um dos procedimentos. No Capítulo 5, descrevemos outro método que nos permite determinar $h[n]$ de uma forma mais elegante. Neste problema, des-

---

[7] Aqui, usamos a notação fatorial – isto é, $k! = k(k-1)(k-2)\cdots(2)(1)$, sendo $0!$ definido como 1.

crevemos, ainda, outro método, que mostra basicamente que $h[n]$ pode ser determinada resolvendo-se a equação homogênea com as condições iniciais apropriadas.

(a) Considere o sistema inicialmente em repouso e descrito pela equação

$$y[n] - \frac{1}{2}y[n-1] = x[n]. \quad \text{(P2.55-1)}$$

Assumindo que $x[n] = \delta[n]$, quem é $y[0]$? Qual equação $h[n]$ satisfaz para $n \geq 1$, e com qual condição auxiliar? Resolva esta equação para obter uma expressão em forma fechada para $h[n]$.

(b) Considere o sistema LIT a seguir, inicialmente em repouso e descrito pela equação de diferenças

$$y[n] - \frac{1}{2}y[n-1] = x[n] + 2x[n-1]. \quad \text{(P2.55-2)}$$

Esse sistema é representado na Figura P2.55(a) como uma cascata de dois sistemas LIT que estão inicialmente em repouso. Por conta das propriedades dos sistemas LIT, podemos reverter a ordem dos sistemas na cascata para obter uma representação alternativa do mesmo sistema global, conforme ilustrado na Figura P2.55(b). Tendo em vista este fato, use o resultado do item (a) para determinar a resposta ao impulso para o sistema descrito na Equação P2.55-2.

(c) Considere novamente o sistema do item (a), com $h[n]$ representando sua resposta ao impulso. Mostre, verificando que a Equação P2.55-3 satisfaz a Equação de diferença P2.55-1, que a resposta $y[n]$ a uma entrada arbitrária $x[n]$ é, na verdade, dada pela soma de convolução

$$y[n] = \sum_{m=-\infty}^{+\infty} h[n-m]x[m]. \quad \text{(P2.55-3)}$$

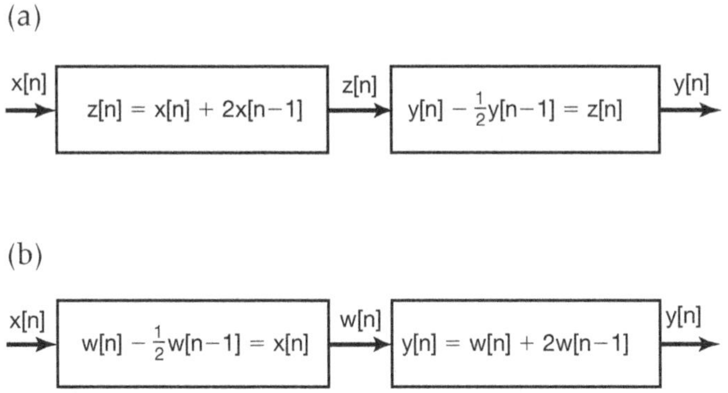

(a)

x[n] → | z[n] = x[n] + 2x[n−1] | → z[n] → | y[n] − $\frac{1}{2}$y[n−1] = z[n] | → y[n]

(b)

x[n] → | w[n] − $\frac{1}{2}$w[n−1] = x[n] | → w[n] → | y[n] = w[n] + 2w[n−1] | → y[n]

Figura P2.55

(d) Considere o sistema LIT inicialmente em repouso e descrito pela equação de diferenças

$$\sum_{k=0}^{N} a_k y[n-k] = x[n]. \quad \text{(P2.55-4)}$$

Assumindo que $a_0 \neq 0$, quem é $y[0]$ se $x[n] = \delta[n]$? Usando o resultado, especifique a equação homogênea e as condições iniciais que a resposta ao impulso do sistema deve satisfazer.

Considere agora o sistema LIT causal descrito pela equação de diferença

$$\sum_{k=0}^{N} a_k y[n-k] = \sum_{k=0}^{M} b_k x[n-k]. \quad \text{(P2.55-5)}$$

Expresse a resposta ao impulso desse sistema em termos da resposta ao impulso do sistema LIT descrito pela Equação P2.55-4.

(e) Há um método alternativo para determinar a resposta ao impulso do sistema LIT descrito pela Equação P2.55-5. Especificamente, dada a condição de repouso inicial, isto é, nesse caso, $y[-N] = y[-N+1] = ... = y[-1] = 0$, resolva a Equação P2.55-5 recursivamente quando $x[n] = \delta[n]$ para determinar $y[0],..., y[M]$. Que equações $h[n]$ satisfaz para $n \geq M$? Quais são as condições iniciais apropriadas para essa equação?

(f) Usando qualquer um dos métodos descritos nos itens (d) e (e), encontre as respostas ao impulso dos sistemas LIT causais descritos pelas seguintes equações:

(i) $y[n] - y[n-2] = x[n]$
(ii) $y[n] - y[n-2] = x[n] + 2x[n-1]$
(iii) $y[n] - y[n-2] = 2x[n] - 3x[n-4]$
(iv) $y[n] - (\sqrt{3}/2)y[n-1] + \frac{1}{4}y[n-2] = x[n]$

2.56 Neste problema, vamos considerar um procedimento que é o equivalente de tempo contínuo da técnica desenvolvida no Problema 2.55. Novamente, veremos que o problema de se determinar a resposta ao impulso $h(t)$ para $t > 0$ para um sistema LIT inicialmente em repouso e descrito por uma equação diferencial linear com coeficientes constantes se reduz ao problema de se resolver a equação homogênea com condições iniciais apropriadas.

(a) Considere o sistema LIT inicialmente em repouso e descrito pela equação diferencial

$$\frac{dy(t)}{dt} + 2y(t) = x(t). \quad \text{(P2.56-1)}$$

Suponha que $x(t) = \delta(t)$. Para determinar o valor de $y(t)$ *imediatamente depois* da aplicação do impulso unitário, considere a integração da Equação P2.56-1 de $t = 0^-$ a $t = 0^+$ (isto é, de "imediatamente antes" até "imediatamente depois" da aplicação do impulso). Com isso, chegamos a

$$y(0^+) - y(0^-) + 2\int_{0^-}^{0^+} y(\tau)d\tau =$$

$$\int_{0^-}^{0^+} \delta(\tau)d\tau = 1. \quad \text{(P2.56-2)}$$

Como o sistema está inicialmente em repouso e $x(t) = 0$ para $t < 0$, $y(0^-) = 0$. Para satisfazer a Equação P2.56-2, devemos ter $y(0^+) = 1$. Logo, como $x(t) = 0$ para $t > 0$, a resposta ao impulso de nosso sistema é a solução da equação diferencial homogênea

$$\frac{dy(t)}{dt} + 2y(t) = 0$$

com condição inicial

$$y(0^+) = 1.$$

Resolva essa equação diferencial para obter a resposta ao impulso $h(t)$ para o sistema. Confira seu resultado mostrando que

$$y(t) = \int_{-\infty}^{+\infty} h(t-\tau)x(\tau)d\tau$$

satisfaz a Equação P2.56-1 para qualquer entrada $x(t)$.

(b) Para generalizar o argumento anterior, considere um sistema LIT inicialmente em repouso e descrito pela equação diferencial

$$\sum_{k=0}^{N} a_k \frac{d^k y(t)}{dt^k} = x(t), \qquad \textbf{(P2.56–3)}$$

com $x(t) = \delta(t)$. Assuma a condição de repouso inicial que, como $x(t) = 0$ para $t < 0$, implica

$$y(0^-) = \frac{dy}{dt}(0^-) = \ldots = \frac{d^{N-1}y}{dt^{N-1}}(0^-) = 0. \quad \textbf{(P2.56–4)}$$

Aplique a integral em ambos os membros da Equação P2.56-3 de $t = 0^-$ a $t = 0^+$ e use a Equação P2.56-4 e um argumento semelhante ao usado no item (a) para mostrar que a equação resultante é satisfeita com

$$y(0^+) = \frac{dy}{dt}(0^+) = \ldots$$
$$= \frac{d^{N-2}y}{dt^{N-2}}(0^+) = 0 \qquad \textbf{(P2.56–5a)}$$

e

$$\frac{d^{N-1}y}{dt^{N-1}}(0^+) = \frac{1}{a^N}. \qquad \textbf{(P2.56–5b)}$$

Consequentemente, a resposta ao impulso do sistema para $t > 0$ pode ser obtida resolvendo-se a equação homogênea

$$\sum_{k=0}^{N} a_k \frac{d^k y(t)}{dt^k} = 0$$

com as condições iniciais dadas pelas equações P2.56-5.

(c) Considere agora o sistema LIT causal descrito pela equação diferencial

$$\sum_{k=0}^{N} a_k \frac{d^k y(t)}{dt^k} = \sum_{k=0}^{M} b_k \frac{d^k x(t)}{dt^k}. \quad \textbf{(P2.56–6)}$$

Expresse a resposta ao impulso desse sistema em função da resposta ao impulso do sistema do item (b). (*Dica*: Examine a Figura P2.56.)

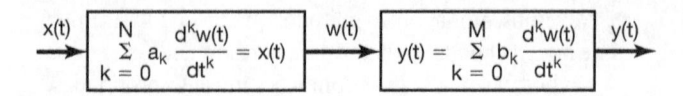

Figura P2.56

(d) Aplique os procedimentos descritos nos itens (b) e (c) para encontrar as respostas ao impulso para os sistemas LIT inicialmente em repouso e descritos pelas seguintes equações diferenciais:

(i) $\frac{d^2 y(t)}{dt^2} + 3\frac{dy(t)}{dt} + 2y(t) = x(t)$

(ii) $\frac{d^2 y(t)}{dt^2} + 2\frac{dy(t)}{dt} + 2y(t) = x(t)$

(e) Use os resultados de (b) e (c) para deduzir que, se $M \geq N$ na Equação P2.56-6, então as respostas ao impulso $h(t)$ conterão termos de singularidade concentrados em $t = 0$. Em particular, $h(t)$ conterá um termo da forma

$$\sum_{r=0}^{M-N} \alpha_r u_r(t),$$

em que α_r são constantes, e $u_r(t)$ são as funções de singularidade definidas na Seção 2.5.

(f) Encontre as respostas ao impulso dos sistemas LIT causais descritos pelas seguintes equações diferenciais:

(i) $\frac{dy(t)}{dt} + 2y(t) = 3\frac{dx(t)}{dt} + x(t)$

(ii) $\frac{d^2 y(t)}{dt^2} + 5\frac{dy(t)}{dt} + 6y(t) =$
$3\frac{d^3 y(t)}{dt^3} + 2\frac{d^2 x(t)}{dt^2} + 4\frac{dx(t)}{dt} + 3x(t)$

2.57 Considere um sistema LIT causal S cuja entrada $x[n]$ e saída $y[n]$ são relacionadas pela equação de diferenças

$$y[n] = -ay[n-1] + b_0 x[n] + b_1 x[n-1].$$

(a) Verifique que S pode ser considerado uma conexão em cascata de dois sistemas LIT causais S_1 e S_2 com a seguinte relação entrada-saída:

$$S_1 : y_1[n] = b_0 x_1[n] + b_1 x_1[n-1],$$
$$S_2 : y_2[n] = -ay_2[n-1] + x_2[n].$$

(b) Esquematize uma representação em diagrama de blocos de S_1.

(c) Esquematize uma representação em diagrama de blocos de S_2.

(d) Esquematize uma representação em diagrama de blocos de S como uma conexão em cascata da representação em diagrama de blocos de S_1 seguida da representação em diagrama de blocos de S_2.

(e) Esquematize uma representação em diagrama de blocos de S como uma conexão em cascata da representação em diagrama de blocos de S_2 seguida da representação em diagrama de blocos de S_1.

(f) Mostre que os dois elementos de atraso unitário na representação em diagrama de blocos de S obtidos no item (e) podem ser reduzidos a um único elemento de atraso unitário. O diagrama de blocos resultante é chamado realização na *Forma Direta II* de S, enquanto os diagramas de blocos obtidos nos itens (d) e (e) são conhecidos como realizações na *Forma Direta I* de S.

2.58 Considere um sistema LIT causal S cuja entrada $x[n]$ e a saída $y[n]$ sejam relacionadas pela equação de diferenças

$$2y[n] - y[n-1] + y[n-3] = x[n] - 5x[n-4].$$

(a) Verifique que S pode ser considerado uma conexão em cascata de dois sistemas LIT causais S_1 e S_2 com as seguintes relações entrada-saída:

$$S_1 : 2y_1[n] = x_1[n] - 5x_1[n-4],$$

$$S_2 : y_2[n] = \frac{1}{2} y_2[n-1] - \frac{1}{2} y_2[n-3] + x_2[n].$$

(b) Esboce uma representação em diagrama de blocos de S_1.

(c) Esboce uma representação em diagrama de blocos de S_2.

(d) Esboce uma representação em diagrama de blocos de S como uma conexão em cascata da representação em diagrama de blocos de S_1 seguida da representação em diagrama de blocos de S_2.

(e) Esboce uma representação em diagrama de blocos de S como uma conexão em cascata da representação em diagrama de blocos de S_2 seguida da representação em diagrama de blocos de S_1.

(f) Mostre que os quatro elementos de atraso na representação em diagrama de blocos de S obtidos no item (e) podem ser reduzidos a três. O diagrama de blocos resultante é chamado de realização na *Forma Direta II* de S, enquanto os diagramas de blocos obtidos nos itens (d) e (e) são conhecidos como realizações na *Forma Direta I* de S.

2.59 Considere um sistema LIT causal S cuja entrada $x(t)$ e a saída $y(t)$ sejam relacionadas pela equação diferencial

$$a_1 \frac{dy(t)}{dt} + a_0 y(t) = b_0 x(t) + b_1 \frac{dx(t)}{dt}.$$

(a) Mostre que

$$y(t) = A \int_{-\infty}^{t} y(\tau) d\tau + Bx(t) + C \int_{-\infty}^{t} x(\tau) d\tau,$$

e expresse as constantes A, B e C em função das constantes a_0, a_1, b_0 e b_1.

(b) Mostre que S pode ser considerado uma conexão em cascata dos dois sistemas LIT causais a seguir:

$$S_1 : y_1(t) = Bx_1(t) + C \int_{-\infty}^{t} x(\tau) d\tau,$$

$$S_2 : y_2(t) = A \int_{-\infty}^{t} y_2(\tau) d\tau + x_2(t).$$

(c) Esboce uma representação em diagrama de blocos de S_1.

(d) Esboce uma representação em diagrama de blocos de S_2.

(e) Esboce uma representação em diagrama de blocos de S como uma conexão em cascata da representação em diagrama de blocos de S_1 seguida da representação em diagrama de blocos de S_2.

(f) Esboce uma representação em diagrama de blocos de S como uma conexão em cascata da representação em diagrama de blocos de S_2 seguida da representação em diagrama de blocos de S_1.

(g) Mostre que os dois integradores na resposta dada no item (f) podem ser reduzidos a um. O diagrama de blocos resultante é chamado realização na *Forma Direta II* de S, enquanto os diagramas de blocos obtidos nos itens (e) e (f) são conhecidos como realizações na *Forma Direta I* de S.

2.60 Considere um sistema LIT causal S cuja entrada $x(t)$ e a saída $y(t)$ sejam relacionadas pela equação diferencial

$$a_2 \frac{d^2 y(t)}{dt^2} + a_1 \frac{dy(t)}{dt} + a_0 y(t) = b_0 x(t) + b_1 \frac{dx(t)}{dt} + b_2 \frac{d^2 x(t)}{dt^2}.$$

(a) Mostre que

$$y(t) = A \int_{-\infty}^{t} y(\tau) d\tau + B \int_{-\infty}^{t} \left(\int_{-\infty}^{\tau} y(\sigma) d\sigma \right) d\tau$$
$$+ Cx(t) + D \int_{-\infty}^{t} x(\tau) d\tau + E \int_{-\infty}^{t} \left(\int_{-\infty}^{\tau} x(\sigma) d\sigma \right) d\tau,$$

e expresse as constantes A, B, C, D e E em termos das constantes a_0, a_1, a_2, b_0, b_1 e b_2.

(b) Mostre que S pode ser considerado uma conexão em cascata dos dois sistemas LIT causais a seguir:

$$S_1 : y_1(t) = Cx_1(t) + D \int_{-\infty}^{t} x_1(\tau) d\tau + E \int_{-\infty}^{t} \left(\int_{-\infty}^{\tau} x_1(\sigma) d\sigma \right) d\tau,$$

$$S_2 : y_2(t) = A \int_{-\infty}^{t} y_2(\tau) d\tau + B \int_{-\infty}^{t} \left(\int_{-\infty}^{\tau} y_2(\sigma) d\sigma \right) d\tau + x_2(t).$$

(c) Esboce uma representação em diagrama de blocos de S_1.

(d) Esboce uma representação em diagrama de blocos de S_2.

(e) Esboce uma representação em diagrama de blocos de S como uma conexão em cascata da representação em diagrama de blocos de S_1 seguida da representação em diagrama de blocos de S_2.

(f) Esboce uma representação em diagrama de blocos de S como uma conexão em cascata da representação em diagrama de blocos de S_2 seguida da representação em diagrama de blocos de S_1.

(g) Mostre que os quatro integradores na resposta dada no item (f) podem ser reduzidos a dois. O diagrama de blocos resultante é chamado realização na *Forma Direta II* de S, enquanto os diagramas de blocos obtidos nos itens (e) e (f) são conhecidos como realizações na *Forma Direta I* de S.

Problemas de extensão

2.61 (a) No circuito mostrado na Figura P2.61(a), $x(t)$ é a tensão de entrada. A tensão $y(t)$ no capacitor é considerada como a saída do sistema.

  (i) Determine a equação diferencial relacionando $x(t)$ e $y(t)$.

  (ii) Mostre que a solução homogênea da equação diferencial do item (i) tem a forma $K_1 e^{j\omega_1 t} + K_2 e^{j\omega_2 t}$. Especifique os valores de ω_1 e ω_2.

  (iii) Mostre que, como a tensão e a corrente são reais, então a resposta natural do sistema é senoidal.

(a)

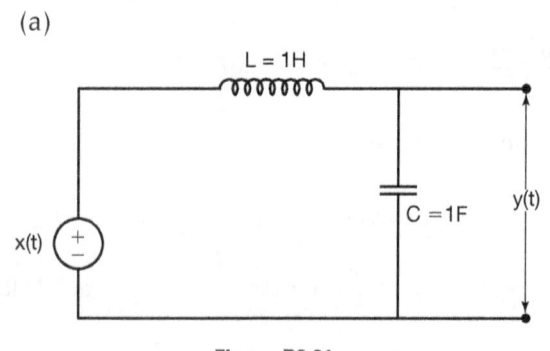

Figura P2.61a

(b) No circuito mostrado na Figura P2.61(b), $x(t)$ é a tensão de entrada. A tensão $y(t)$ que passa pelo capacitor é considerada como a saída do sistema.

(b)

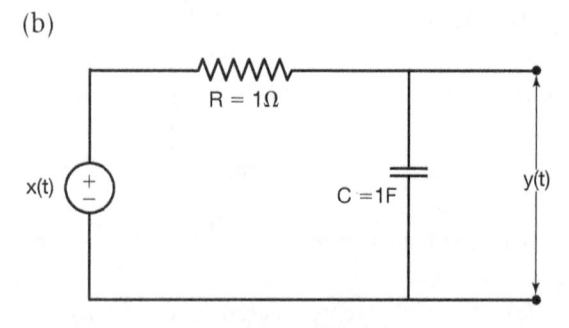

Figura P2.61b

  (i) Determine a equação diferencial relacionando $x(t)$ e $y(t)$.

  (ii) Mostre que a resposta natural desse sistema tem a forma Ke^{-at} e especifique o valor de a.

(c) No circuito mostrado na Figura P2.61(c), $x(t)$ é a tensão de entrada. A tensão $y(t)$ no capacitor é considerada como a saída do sistema.

(c)

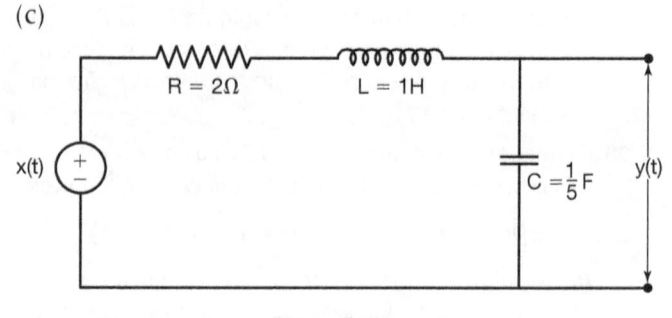

Figura P2.61c

  (i) Determine a equação diferencial relacionando $x(t)$ e $y(t)$.

  (ii) Mostre que a solução homogênea da equação diferencial do item (i) tem a forma $e^{-at}\{K_1 e^{j2t} + K_2 e^{-j2t}\}$ e especifique o valor de a.

  (iii) Mostre que, como a tensão e a corrente são reais, a resposta natural do sistema é uma senoide decrescente.

2.62 (a) No sistema mecânico mostrado na Figura P2.62(a), a força $x(t)$ aplicada à massa representa a entrada, enquanto o deslocamento $y(t)$ da massa representa a saída. Determine a equação diferencial relacionando $x(t)$ e $y(t)$. Mostre que a resposta natural desse sistema é periódica.

(b) Considere a Figura P2.62(b), em que a força $x(t)$ é a entrada e a velocidade $y(t)$ é a saída. A massa do carro é m, enquanto o coeficiente de atrito cinético é ρ. Mostre que a resposta natural desse sistema descreve com o tempo.

(c) No sistema mecânico mostrado na Figura P2.62(c), a força $x(t)$ aplicada à massa representa a entrada, enquanto o deslocamento $y(t)$ da massa representa a saída.

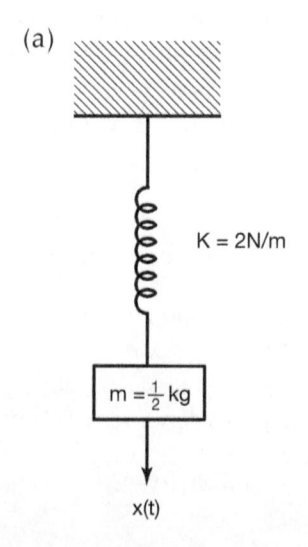

(a)

(b)

m = 1.000 kg
ρ = 0,1 N–s/m

ρy(t) → [car, m] ← x(t)

(c)

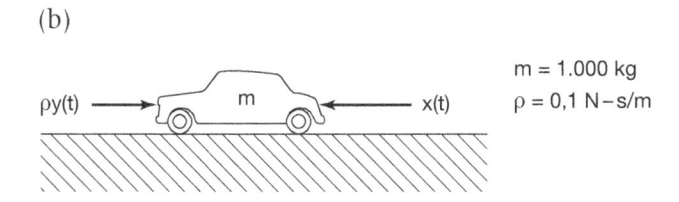

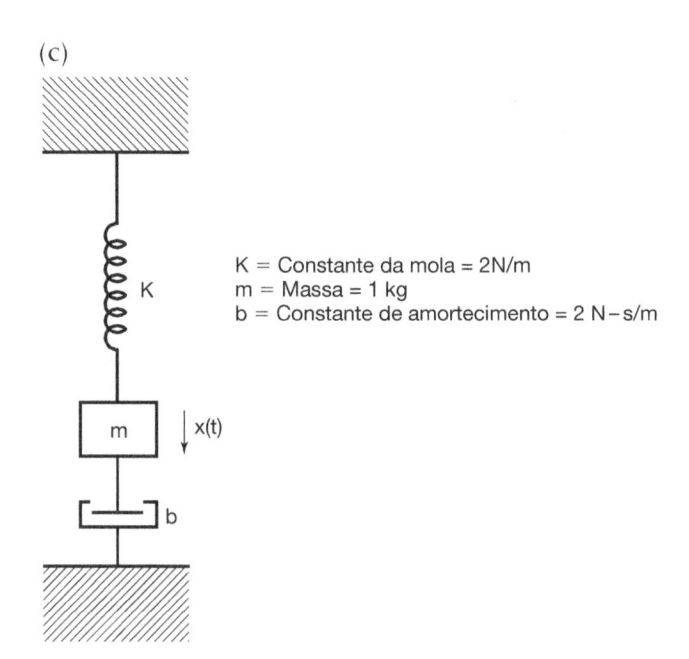

K = Constante da mola = 2N/m
m = Massa = 1 kg
b = Constante de amortecimento = 2 N–s/m

Figura P2.62

(i) Determine a equação diferencial relacionando $x(t)$ e $y(t)$.

(ii) Mostre que a solução homogênea da equação diferencial do item (i) tem a forma $e^{-at}\{K_1 e^{jt} + K_2 e^{-jt}\}$ e especifique o valor de a.

(iii) Mostre que, como a força e o deslocamento são obrigatoriamente reais, então a resposta natural do sistema é uma senoide decrescente.

2.63 Uma hipoteca de $ 100.000 deve ser retirada por pagamentos mensais *iguais* de D dólares. Os juros, compostos mensalmente, são cobrados a uma taxa de 12% ao ano sobre o saldo devedor; por exemplo, depois do primeiro mês, o total do débito é igual a

$$\$\,100.000 + \left(\frac{0{,}12}{12}\right)\$\,100.000 = \$\,101.000.$$

O problema é determinar D de modo que, depois de um tempo específico, a hipoteca seja paga integralmente, deixando um balanço final nulo.

(a) Para resolver o problema, seja $y[n]$ o saldo devedor depois do n-ésimo pagamento mensal. Suponha que o montante é emprestado no mês 0 e os pagamentos mensais começam no mês 1. Mostre que $y[n]$ satisfaz a equação de diferenças

$$y[n] - \gamma y[n-1] = -D \quad n \geq 1, \quad \textbf{(P2.63–1)}$$

com condição inicial

$$y[0] = \$\,100.000.$$

em que γ é uma constante. Determine γ.

(b) Resolva a equação de diferenças do item (a) para determinar

$$y[n] \quad \text{para } n \geq 0.$$

(*Dica*: A solução particular da Equação P2.63-1 é uma constante Y. Encontre o valor de Y e expresse $y[n]$ para $n \geq 0$ como a soma das soluções homogênea e da particular. Determine a constante desconhecida na solução homogênea calculando diretamente $y[1]$ da Equação P2.63-1 e comparando-a com a sua solução.)

(c) Se a hipoteca for retirada em 30 anos depois de 360 pagamentos mensais de D dólares, determine o valor apropriado de D.

(d) Qual é o pagamento total para o banco depois de um período de 30 anos?

(e) Por que os bancos fazem empréstimos?

2.64 Um uso importante dos sistemas inversos está nas situações em que queremos remover distorções de algum tipo. Um bom exemplo disso é o problema de remover ecos em sinais acústicos. Por exemplo, se um auditório tem um eco perceptível, então um impulso acústico inicial será seguido por versões atenuadas do som em intervalos regularmente espaçados. Consequentemente, um modelo usado com frequência para esse fenômeno é um sistema LIT com resposta ao impulso consistindo de um trem de impulsos, isto é,

$$h(t) = \sum_{k=0}^{\infty} h_k \delta(t - kT). \quad \textbf{(P2.64–1)}$$

Aqui, os ecos ocorrem em intervalos de T segundos, e h_k representa o fator de ganho do k-ésimo eco resultante de um impulso acústico inicial.

(a) Suponha que $x(t)$ represente o sinal acústico original (a música produzida por uma orquestra, por exemplo) e que $y(t) = x(t) * h(t)$ é o sinal real ouvido se nenhum tipo de processo é feito para remover os ecos. Para remover a distorção introduzida pelos ecos, suponha que um microfone seja usado para perceber $y(t)$ e que o sinal resultante seja convertido em um sinal elétrico. Também usaremos $y(t)$ para representar esse sinal, pois ele diz respeito ao equivalente elétrico do sinal acústico, e podemos ir de um ao outro via sistemas de conversão eletroacústicos.

É importante notar que o sistema com resposta ao impulso dado pela Equação P2.64-1 é invertível. Portanto, podemos encontrar um sistema LIT com resposta ao impulso $g(t)$ de modo que

$$y(t) * g(t) = x(t),$$

e então, ao processarmos o sinal elétrico $y(t)$ deste modo e depois convertê-lo de volta para um sinal acústico, conseguimos remover os ecos desagradáveis.

A resposta ao impulso necessária $g(t)$ também é um trem de impulsos:

$$g(t) = \sum_{k=0}^{\infty} g_k \delta(t - kT).$$

Determine as equações algébricas que a sequência g_k deve satisfazer e resolva essas equações para g_0, g_1 e g_2 em termos de h_k.

(b) Suponha que $h_0 = 1$, $h_1 = \frac{1}{2}$ e $h_i = 0$ para todo $i \geq 2$. Qual é a $g(t)$ neste caso?

(c) Um bom modelo para a geração de ecos é ilustrado na Figura P2.64. Assim, cada eco sucessivo representa uma versão realimentada de $y(t)$, atrasada por T segundos e ponderada por α. Tipicamente, $0 < \alpha < 1$ já que ecos sucessivos são atenuados.

(i) Qual é a resposta ao impulso desse sistema? (Assuma o repouso inicial, isto é, $y(t) = 0$ para $t < 0$ se $x(t) = 0$ para $t < 0$.)

(ii) Mostre que o sistema é estável se $0 < \alpha < 1$ e instável se $\alpha > 1$.

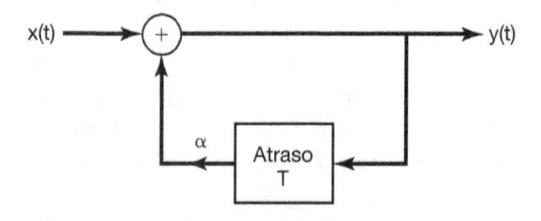

Figura P2.64

(iii) Qual é $g(t)$ neste caso? Construa uma realização do sistema inverso usando somadores, multiplicadores por escalas e elementos de atraso de T segundos.

(d) Embora tenhamos pautado a discussão anterior em termos de sistemas de tempo contínuo por causa da aplicação que temos considerado, as mesmas ideias gerais são válidas em tempo discreto. Ou seja, o sistema LIT com resposta ao impulso

$$h[n] = \sum_{k=0}^{\infty} h_k \delta[n - kN]$$

é invertível e tem como seu inverso um sistema LIT com resposta ao impulso

$$g[n] = \sum_{k=0}^{\infty} g_k \delta[n - kN].$$

Não é difícil verificar que a sequência g_k satisfaz as mesmas equações algébricas que no item (a).

Considere agora o sistema LIT de tempo discreto com resposta ao impulso

$$h[n] = \sum_{k=-\infty}^{\infty} \delta[n - kN].$$

Esse sistema *não* é invertível. Encontre duas entradas que produzam a mesma saída.

2.65 No Problema 1.45, introduzimos e examinamos algumas das propriedades básicas das funções de correlação para sinais de tempo contínuo. A correspondente de tempo discreto da função de correlação tem essencialmente as mesmas propriedades que as funções de tempo contínuo, e as duas são extremamente importantes em muitas aplicações (conforme discutido nos problemas 2.66 e 2.67). Neste problema, apresentamos a função de correlação de tempo discreto e examinamos várias de suas propriedades.

Sejam $x[n]$ e $y[n]$ dois sinais de tempo discreto com valores reais. As *funções de autocorrelação* $\phi_{xx}[n]$ e $\phi_{yy}[n]$ de $x[n]$ e $y[n]$, respectivamente, são definidas pelas expressões

$$\phi_{xx}[n] = \sum_{m=-\infty}^{+\infty} x[m+n]x[m]$$

e

$$\phi_{yy}[n] = \sum_{m=-\infty}^{+\infty} y[m+n]y[m],$$

e as *funções de correlação cruzada* são dadas por

$$\phi_{xy}[n] = \sum_{m=-\infty}^{+\infty} x[m+n]y[m]$$

e

$$\phi_{yx}[n] = \sum_{m=-\infty}^{+\infty} y[m+n]x[m].$$

Assim como em tempo contínuo, essas funções têm determinadas propriedades de simetria. Especificamente, $\phi_{xx}[n]$ e $\phi_{yy}[n]$ são funções pares, enquanto $\phi_{xy}[n] = \phi_{yx}[-n]$.

(a) Calcule as sequências de autocorrelação para os sinais $x_1[n]$, $x_2[n]$, $x_3[n]$ e $x_4[n]$ representados na Figura P2.65.

(b) Calcule as sequências de correlação cruzada

$$\phi_{x_i x_j}[n], \; i \neq j, \; i,j = 1, 2, 3, 4,$$

para $x_i[n]$, $i = 1, 2, 3, 4$, como mostrados na Figura P2.65.

(c) Suponhamos que $x[n]$ seja a entrada de um sistema LIT com resposta à amostra unitária $h[n]$ e que a saída correspondente seja $y[n]$. Encontre expressões para $\phi_{xy}[n]$ e $\phi_{yy}[n]$ em termos de $\phi_{xx}[n]$ e $h[n]$. Mostre como $\phi_{xy}[n]$ e $\phi_{yy}[n]$ podem ser vistos como a saída de sistemas LIT tendo como entrada $\phi_{xx}[n]$. (Faça isso especificando explicitamente a resposta ao impulso de cada um dos dois sistemas.)

(d) Suponhamos que $h[n] = x_1[n]$ na Figura P2.65, e suponhamos que $y[n]$ seja a saída do sistema LIT com resposta ao impulso $h[n]$ quando a entrada $x[n]$ também é igual a $x_1[n]$. Calcule $\Phi_{xy}[n]$ e $\Phi_{yy}[n]$ usando os resultados do item (c).

(c) Qual é o valor de

$$y_{ij}(t) = x_i(t) * h_j(t), \ i \neq j$$

no instante $t = 4$ para $i, j = 1, 2, 3$?

O sistema com resposta ao impulso $h_i(t)$ é conhecido como *filtro casado* para o sinal $x_i(t)$ porque a resposta ao impulso é ajustada a $x_i(t)$ para produzir o máximo sinal de saída. No próximo problema, relacionamos o conceito de filtro casado ao conceito de função de correlação para sinais de tempo contínuo.

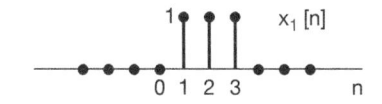

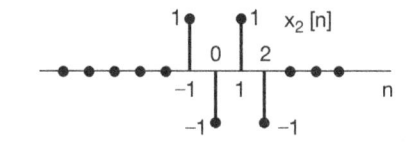

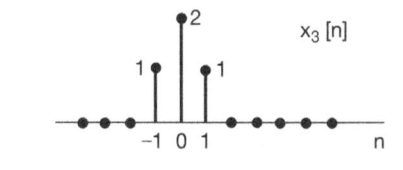

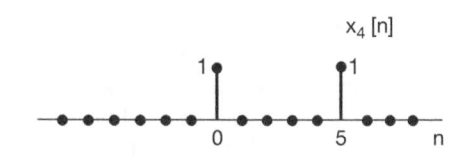

Figura P2.65

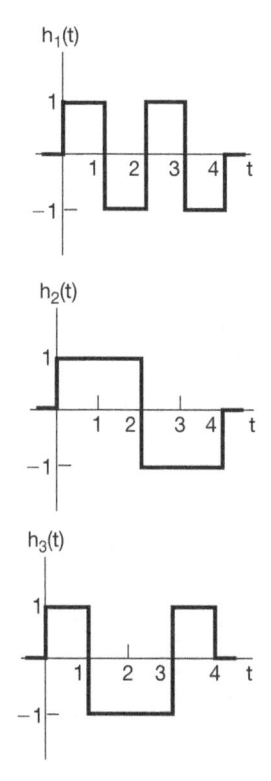

Figura P2.66

2.66 Sejam $h_1(t)$, $h_2(t)$ e $h_3(t)$, como representados na Figura P2.66, respostas ao impulso de três sistemas LIT. Esses três sinais são conhecidos como *funções de Walsh* e são de importância prática considerável porque podem ser facilmente gerados por circuito lógico digital e porque a multiplicação por cada um deles pode ser implementada de forma simples por uma chave de inversão de polaridade.

(a) Determine e esboce uma escolha para $x_1(t)$, um sinal de tempo contínuo com as seguintes propriedades:

(i) $x_1(t)$ é real.
(ii) $x_1(t) = 0$ para $t < 0$.
(iii) $|x_1(t)| \leq 1$ para $t \geq 0$.
(iv) $y_1(t) = x_1(t) * h_1(t)$ é o maior possível em $t = 4$.

(b) Repita o item (a) para $x_2(t)$ e $x_3(t)$ fazendo $y_2(t) = x_2(t) * h_2(t)$ e $y_3(t) = x_3(t) * h_3(t)$ o maior possível em $t = 4$.

2.67 A *função de correlação cruzada* entre dois sinais reais de tempo contínuo $x(t)$ e $y(t)$ é

$$\phi_{xy}(t) = \int_{-\infty}^{+\infty} x(t + \tau) y(\tau) d\tau. \quad \textbf{(P2.67-1)}$$

A *função de autocorrelação* de um sinal $x(t)$ é obtida fazendo $y(t) = x(t)$ na Equação P2.67-1

$$\phi_{xx}(t) = \int_{-\infty}^{+\infty} x(t + \tau) x(\tau) d\tau.$$

(a) Calcule a função de autocorrelação para cada um dos dois sinais $x_1(t)$ e $x_2(t)$ representados na Figura P2.67(a).

(b) Seja $x(t)$ um dado sinal e considere que $x(t)$ tem duração finita — isto é, que $x(t) = 0$ para $t < 0$ e $t > T$. Encontre a resposta ao impulso de um sistema LIT de modo que $\phi_{xx}(t - T)$ seja a saída quando $x(t)$ for a entrada.

(a) $x_1(t)$ — sinal rampa de 0 a 2, altura 1

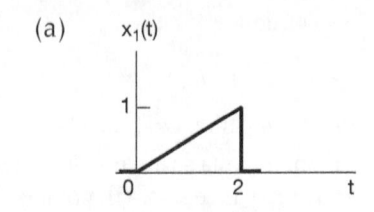

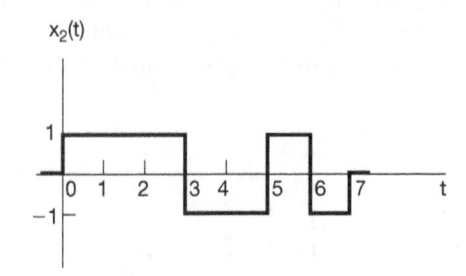

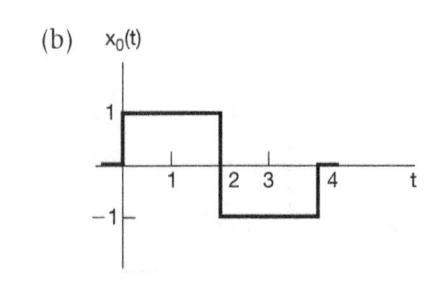

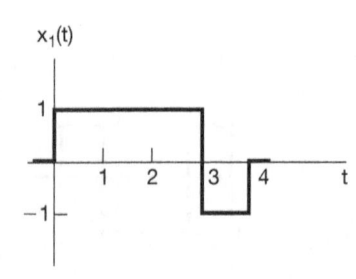

$x_2(t)$ — sinal com valores ±1 nos intervalos entre 0 e 7

(b) $x_0(t)$ — sinal ±1 entre 0 e 4

$x_1(t)$ — sinal ±1 entre 0 e 4

Figura P2.67

(c) O sistema obtido no item (b) é um *filtro casado* para o sinal $x(t)$. O fato de que essa definição de filtro casado é idêntica à dada no Problema 2.66 pode ser visto pelo seguinte:

Seja $x(t)$ como no item (b), e considere que $y(t)$ como a resposta a $x(t)$ de um sistema LIT com resposta ao impulso real $h(t)$. Considere que $h(t) = 0$ para $t < 0$ e para $t > T$. Mostre que a escolha para $h(t)$ que maximiza $y(T)$, submetida à restrição

$$\int_0^T h^2(t)\,dt = M, \text{ um número positivo fixo, } \textbf{(P2.67–2)}$$

é um escalar múltiplo da resposta ao impulso determinada no item (b). [*Dica*: A desigualdade de Schwartz estabelece que

$$\int_b^a u(t)v(t)\,dt \leq \left[\int_a^b u^2(t)\,dt\right]^{1/2}\left[\int_a^b v^2(t)\,dt\right]^{1/2}$$

para quaisquer dois sinais $u(t)$ e $v(t)$. Use-a para obter um limite para $y(T)$.]

(d) A restrição dada pela Equação P2.67-2 simplesmente fornece uma ponderação para a resposta ao impulso, já que M apenas muda o multiplicador escalar mencionado no item (c). Portanto, percebemos que a escolha particular para $h(t)$ nos itens (b) e (c) é casada ao sinal $x(t)$ para produzir máxima saída. Essa propriedade é de extrema importância em diversas aplicações, conforme mostraremos agora.

Em problemas de comunicação, frequentemente deseja-se transmitir uma de um pequeno número de possíveis informações. Por exemplo, se uma mensagem complexa é codificada em uma sequência de dígitos binários, podemos imaginar um sistema que transmite a informação bit por bit. Então, cada bit pode ser transmitido enviando um sinal, digamos, $x_0(t)$, se o bit é um 0, ou um sinal diferente, $x_1(t)$, se 1 é o que deve ser comunicado. Nesse caso, o sistema receptor desses sinais deve ser capaz de reconhecer se $x_0(t)$ ou $x_1(t)$ foi recebido. O que faz sentido, intuitivamente, é ter dois sistemas no receptor, um sintonizado a $x_0(t)$ e outro a $x_1(t)$, sendo que por 'sintonizado' designamos que o sistema gera uma saída grande depois que o sinal ao qual ele está sintonizado é recebido. A propriedade de produzir uma saída grande quando um sinal particular é recebido é exatamente a propriedade do filtro casado.

Na prática, sempre há distorção e interferência no processo de transmissão e recepção. Consequentemente, queremos maximizar a diferença entre a resposta de um filtro casado à entrada para a qual ele está casado e a resposta do filtro a um dos outros sinais que podem ser transmitidos. Para ilustrar esse ponto, considere os dois sinais $x_0(t)$ e $x_1(t)$ representados na Figura P2.67(b). Seja L_0 o filtro casado para $x_0(t)$ e L_1 o filtro casado para $x_1(t)$.

(i) Esboce as respostas de L_0 para $x_0(t)$ e $x_1(t)$. Faça o mesmo para L_1.

(ii) Compare os valores dessas respostas em $t = 4$. Como você poderia modificar $x_0(t)$ para que o receptor tenha um trabalho ainda mais fácil de distinguir entre $x_0(t)$ e $x_1(t)$, fazendo as respostas de L_0 para $x_1(t)$ e L_1 para $x_0(t)$ serem ambas zero em $t = 4$?

2.68 Outra aplicação na qual os filtros casados e as funções de correlação têm papel fundamental são os sistemas de radar. O princípio básico do radar é que um pulso eletromagnético transmitido para um alvo será refletido pelo alvo e, depois, retornará ao emissor com um atraso proporcional à distância do alvo. Teoricamente, o sinal recebido será simplesmente uma versão deslocada e possivelmente atenuada do sinal original transmitido.

Seja que $p(t)$ o pulso original emitido. Mostre que

$$\phi_{pp}(0) = \max_t \phi_{pp}(t).$$

Ou seja, $\phi_{pp}(0)$ é o maior valor assumido por $\phi_{pp}(t)$. Use essa equação para deduzir que, se a onda que volta para o emissor é

$$x(t) = \alpha p(t - t_0),$$

sendo α uma constante positiva, então

$$\phi_{xp}(t_0) = \max_t \phi_{xp}(t).$$

(*Dica*: Use a desigualdade de Schwartz.)

Portanto, o modo de funcionamento dos sistemas simples de localização por radar é baseado no uso de um filtro casado para a onda transmitida $p(t)$ e no registro do tempo em que a saída desse sistema alcança seu valor máximo.

2.69 Na Seção 2.5, caracterizamos o *doublet* unitário por meio da equação

$$x(t) * u_1(t) = \int_{-\infty}^{+\infty} x(t-\tau)u_1(\tau)d\tau = x'(t) \quad \textbf{(P2.69-1)}$$

para qualquer sinal $x(t)$. A partir dessa equação, obteremos a relação

$$\int_{-\infty}^{+\infty} g(\tau)u_1(\tau)d\tau = -g'(0). \quad \textbf{(P2.69-2)}$$

(a) Demonstre que a Equação P2.69-2 é uma descrição equivalente de $u_1(t)$ mostrando que a Equação P2.69-2 implica a Equação P2.69-1. [*Dica*: Fixe t e defina o sinal $g(\tau) = x(t-\tau)$.]

Dessa forma, vemos que caracterizar o impulso unitário ou *doublet* unitário pelo modo como se comporta em convolução é o mesmo que caracterizar como ele se comporta em integração quando multiplicado por um sinal arbitrário $g(t)$. Na verdade, como indicado na Seção 2.5, a equivalência dessas definições operacionais é válida para todos os sinais e, em particular, para todas as funções de singularidade.

(b) Seja $f(t)$ um dado sinal. Demonstre que

$$f(t)u_1(t) = f(0)u_1(t) - f'(0)\delta(t),$$

mostrando que as duas funções têm as mesmas definições operacionais.

(c) Qual é o valor de

$$\int_{-\infty}^{\infty} x(\tau)u_2(\tau)d\tau?$$

Encontre uma expressão para $f(t)u_2(t)$ análoga à expressão do item (b) para $f(t)u_1(t)$.

2.70 Fazendo uma analogia com as funções de singularidade de tempo contínuo, podemos definir um conjunto de sinais de tempo discreto. Especificamente, considere que

$$u_{-1}[n] = u[n],$$
$$u_0[n] = \delta[n],$$

e

$$u_1[n] = \delta[n] - \delta[n-1],$$

e defina

$$u_k[n] = \underbrace{u_1[n] * u_1[n] * \ldots * u_1[n]}_{k \text{ vezes}}, \quad k > 0$$

e

$$u_k[n] = \underbrace{u_{-1}[n] * u_{-1}[n] * \ldots * u_{-1}[n]}_{|k| \text{ vezes}}, \quad k < 0.$$

Note que

$$x[n] * \delta[n] = x[n],$$
$$x[n] * u[n] = \sum_{m=-\infty}^{\infty} x[m],$$

e

$$x[n] * u_1[n] = x[n] - x[n-1].$$

(a) Calcule

$$\sum_{m=-\infty}^{\infty} x[m]u_1[m].$$

(b) Mostre que

$$x[n]u_1[n] = x[0]u_1[n] - [x[1] - x[0]]\delta[n-1]$$
$$= x[1]u_1[n] - [x[1] - x[0]]\delta[n].$$

(c) Esboce os sinais $u_2[n]$ e $u_3[n]$.

(d) Esboce $u_{-2}[n]$ e $u_{-3}[n]$.

(e) Mostre que, em geral, para $k > 0$,

$$u_k[n] = \frac{(-1)^n k!}{n!(k-n)!}[u[n] - u[n-k-1]]. \quad \textbf{(P2.70-1)}$$

(*Dica*: Use indução. Partindo de (c), fica evidente que $u_k[n]$ satisfaz a Equação P2.70-1 para $k = 2$ e 3. Depois, assumindo que a Equação P2.70-1 é satisfeita por $u_k[n]$, escreva $u_{k+1}[n]$ em termos de $u_k[n]$ e mostre que a equação também é satisfeita por $u_{k+1}[n]$.)

(f) Mostre que, de modo geral, para $k > 0$,

$$u_{-k}[n] = \frac{(n+k-1)!}{n!(k-1)!}u[n]. \quad \textbf{(P2.70-2)}$$

(*Dica*: Novamente, use a indução. Note que

$$u_{-(k+1)}[n] - u_{-(k+1)}[n-1] = u_{-k}[n]. \quad \text{(P2.70-3)}$$

Então, assumindo que a Equação P2.70-2 é válida para $u_{-k}[n]$, use a Equação P2.70-3 para mostrar que a Equação P2.70-2 também é válida para $u_{-(k+1)}[n]$.)

2.71 Neste capítulo, usamos diversas propriedades e ideias que facilitam bastante a análise dos sistemas LIT. Dentre elas, há duas que queremos examinar um pouco mais a fundo. Como veremos, em alguns casos muito especiais, deve-se ter cuidado ao usar essas propriedades, que para os outros casos podem ser aplicadas sem problemas.

(a) Uma das propriedades básicas e mais importantes da convolução (tanto de tempo contínuo quanto de tempo discreto) é a associativa. Ou seja, se $x(t)$, $h(t)$ e $g(t)$ são três sinais, então

$$x(t) * [g(t) * h(t)] = [x(t) * g(t)] * h(t) \quad \text{(P2.71-1)}$$
$$= [x(t) * h(t)] * g(t).$$

Essa relação é válida desde que as três expressões sejam bem definidas e finitas. Como costuma ser o caso na prática, usaremos de modo geral a propriedade associativa sem comentários ou suposições. No entanto, há alguns casos em que ela *não* se aplica. Por exemplo, considere o sistema representado na Figura P2.71, com $h(t) = u_1(t)$ e $g(t) = u(t)$. Calcule a resposta desse sistema à entrada

$$x(t) = 1 \text{ para todo } t.$$

Figura P2.71

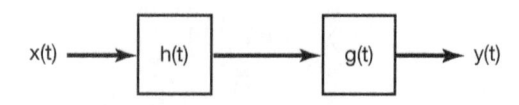

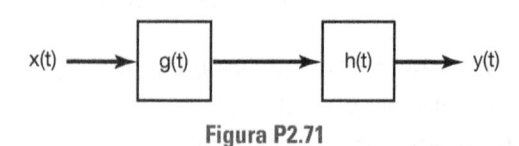

Faça isso dos três modos sugeridos pela Equação P2.71-1 e pela figura:

(i) Primeiro, convolua as duas respostas ao impulso e depois convolua o resultado com $x(t)$.

(ii) Primeiro, convolua $x(t)$ com $u_1(t)$ e depois convolua o resultado com $u(t)$.

(iii) Primeiro, convolua $x(t)$ com $u(t)$ e depois convolua o resultado com $u_1(t)$.

(b) Repita os passos de (a) para

$$x(t) = e^{-t}$$

e

$$h(t) = e^{-t}u(t),$$
$$g(t) = u_1(t) + \delta(t).$$

(c) Faça o mesmo para

$$x[n] = \left(\frac{1}{2}\right)^n,$$

$$h[n] = \left(\frac{1}{2}\right)^n u[n],$$

$$g[n] = \delta[n] - \frac{1}{2}\delta[n-1].$$

Assim, em geral, a propriedade associativa da convolução é válida se e somente se as três expressões na Equação P2.71-1 fizerem sentido (isto é, se e somente se suas interpretações referentes aos sistemas LIT são significativas). Por exemplo, no item (a), diferenciar uma constante e depois definir sua integral faz sentido, mas o processo de definir a integral da constante a partir de $t = -\infty$ e *depois* diferenciar não faz sentido, e é somente nesse caso que a propriedade associativa perde a validade.

A questão que envolve os sistemas inversos está diretamente relacionada à discussão anterior. Considere o sistema LIT com resposta ao impulso $h(t) = u(t)$. Como vimos em (a), há entradas — especificamente, $x(t) = $ constante diferente de zero — para as quais a saída desse sistema é infinita e, portanto, não faz sentido considerar a questão da inversão de tais saídas para se recuperar a entrada. No entanto, se nos limitamos às entradas que geram saídas finitas, isto é, entradas que satisfazem

$$\left|\int_{-\infty}^{t} x(\tau)d\tau\right| < \infty, \quad \text{(P2.71-2)}$$

então o sistema *é* invertível, e o sistema LIT com resposta ao impulso $u_1(t)$ é seu inverso.

(d) Mostre que o sistema LIT com resposta ao impulso $u_1(t)$ *não* é invertível. (*Dica*: Encontre duas entradas diferentes que produzam uma saída zero para todo tempo.) Contudo, mostre que o sistema é invertível se nos limitarmos às entradas que satisfazem a Equação P2.71-2. [*Dica*: No Problema 1.44 mostramos que um sistema LIT é invertível se nenhuma entrada exceto $x(t) = 0$ gera uma saída que é zero para todo tempo. Há duas entradas $x(t)$ que satisfazem a Equação P2.71-2 e que geram respostas iguais a zero quando convoluídas com $u_1(t)$?]

O que ilustramos neste problema é o seguinte:

(1) Se $x(t)$, $h(t)$ e $g(t)$ são três sinais, e se $x(t) * g(t)$, $x(t) * h(t)$ e $h(t) * g(t)$ são *todos* definidos e finitos, então a propriedade associativa, Equação P2.71-1, é válida.

(2) Seja $h(t)$ a resposta ao impulso de um sistema LIT, e suponhamos que a resposta ao impulso $g(t)$ de um segundo sistema tenha a propriedade

$$h(t) * g(t) = \delta(t). \qquad \textbf{(P2.71-3)}$$

Logo, de (1), *para* todas as entradas $x(t)$ para as quais $x(t) * h(t)$ e $x(t) * g(t)$ são definidas e de duração finita, as duas cascatas de sistemas representadas na Figura P2.71 agem como o sistema identidade e, portanto, os dois sistemas LIT podem ser considerados inversos um do outro. Por exemplo, se $h(t) = u(t)$ e $g(t) = u_1(t)$, então, desde que nos limitemos às entradas que satisfazem a Equação P2.71-2, podemos considerar esses dois sistemas como inversos.

Portanto, vemos que a propriedade associativa da Equação P2.71-1 e a definição dos inversos LIT conforme foi dada na Equação P2.71-3 são válidas, desde que todas as convoluções envolvidas sejam finitas. Como este é certamente o caso em qualquer problema prático, usaremos em geral essas propriedades sem comentários ou ressalvas. Vale notar que, embora tenhamos pautado a maior parte de nossa discussão em termos de sinais e sistemas de tempo contínuo, as mesmas ressalvas podem ser feitas em tempo discreto [como é evidente a partir de (c)].

2.72 Suponhamos que $\delta_\Delta(t)$ represente o pulso retangular de altura $\frac{1}{\Delta}$ para $0 < t \leq \Delta$. Verifique que

$$\frac{d}{dt}\delta_\Delta(t) = \frac{1}{\Delta}[\delta(t) - \delta(t - \Delta)].$$

2.73 Mostre por indução que

$$u_{-k}(t) = \frac{t^{k-1}}{(k-1)!} u(t) \text{ para } k = 1, 2, 3 \ldots$$

3 Representação de sinais periódicos em série de Fourier

3.0 Introdução

A representação e a análise dos sistemas LIT por meio da soma de convolução, conforme desenvolvido no Capítulo 2, são baseadas na representação de sinais como combinações lineares de impulsos deslocados. Neste e nos próximos dois capítulos, exploramos uma representação alternativa para sinais e sistemas LIT. Assim como no Capítulo 2, o ponto de partida para nossa discussão é o desenvolvimento de uma representação dos sinais como combinações lineares de um conjunto de sinais básicos. Para essa representação alternativa, usamos exponenciais complexas. As representações resultantes são conhecidas como série e transformada de Fourier de tempo contínuo e tempo discreto. Como veremos, estas podem ser usadas para construir classes abrangentes e úteis de sinais.

Em seguida, prosseguimos como fizemos no Capítulo 2.Ou seja, devido à propriedade de superposição, a resposta de um sistema LIT a qualquer entrada consistindo em uma combinação linear de sinais básicos é uma combinação linear das respostas individuais a cada um dos sinais básicos. No Capítulo 2, essas respostas foram todas versões deslocadas da resposta ao impulso unitário, levando à soma ou integral da convolução. Como veremos neste capítulo, a resposta de um sistema LIT a uma exponencial complexa também tem uma forma particularmente simples, que então fornece outra representação conveniente para os sistemas LIT e outro modo de analisar esses sistemas e obter compreensão sobre suas propriedades.

Neste capítulo, focamos a representação dos sinais periódicos de tempo contínuo e tempo discreto, conhecida como a série de Fourier. Nos capítulos 4 e 5, estendemos a análise para a representação com a transformada de Fourier de classes amplas de sinais aperiódicos, de energia finita. Juntas, essas representações proporcionam um dos conjuntos de ferramentas e conceitos mais poderosos e importantes para analisar, projetar e entender sinais e sistemas LIT, e dedicamos uma atenção considerável neste e nos capítulos subsequentes à exploração dos usos dos métodos de Fourier.

Começamos na próxima seção com uma breve perspectiva histórica a fim de proporcionar melhor compreensão sobre os conceitos e as questões que desenvolvemos com mais detalhes nas seções e capítulos posteriores.

3.1 Uma perspectiva histórica

O desenvolvimento da análise de Fourier tem uma longa história, envolvendo diferentes pessoas e a investigação de diversos fenômenos físicos.[1] A utilização de "somas trigonométricas" — ou seja, somas de senos e cossenos relacionados harmonicamente ou exponenciais complexas periódicas — para descrever fenômenos periódicos é datado pelo menos da época dos babilônios, que usavam ideias desse tipo para prever eventos astronômicos.[2] A história moderna sobre o assunto começa em 1748, com L. Euler, que examinou o

---

[1] O material histórico neste capítulo foi retirado das seguintes referências: GRATTAN-GUINESS, I. *Joseph Fourier, 1768-1830*. Cambridge: The MIT Press, 1972; SIMMONS, G. F. *Differential equations*: with applications and historical notes. Nova York: McGraw-Hill Book Company, 1972; LANCZOS, C. *Discourse on Fourier series*. Londres: Oliver and Boyd, 1966; EDWARDS, R. E. *Fourier series*: a modern introduction. 2. ed. Nova York: Springer-Verlag, 1970; ALEKSANDROV, A. D.; KOLMOGOROV, A. N.; LAVRENT'EV, M. A. *Mathematics*: its content, methods, and meaning, tradução de GOULD, S. H., vol. II; tradução de HIRSCH, K. vol. III. Cambridge: The MIT Press, 1969. Destes, o trabalho de Grattan-Guiness fornece o relato mais completo da vida e contribuições de Fourier. Outras referências são citadas em diferentes partes do capítulo.

[2] DYM, H.; MCKEAN, H. P. *Fourier series and integrals*. Nova York: Academic Press, 1972. Esse texto e o livro de Simmons citado na nota de rodapé nº 1 também contêm discussões sobre o problema da corda vibratória e seu papel no desenvolvimento da análise de Fourier.

movimento de uma corda vibrante. Na Figura 3.1, indicamos os primeiros "modos normais" de uma corda desse tipo. Se considerarmos a deflexão vertical $f(t, x)$ da corda no instante t e a uma distância x ao longo da corda, então, para qualquer instante fixo do tempo, os modos normais são funções senoidais de x harmonicamente relacionadas. Euler observou que, se a configuração de uma corda vibrante em algum ponto no tempo for uma combinação linear desses modos normais, o mesmo acontece com a configuração em qualquer tempo subsequente. Além do mais, Euler mostrou que é possível calcular os coeficientes da combinação linear em tempos posteriores de uma forma direta a partir dos coeficientes em um tempo anterior. Ao fazer isso, Euler realizou o mesmo tipo de cálculo que faremos na próxima seção, derivando uma das propriedades das somas trigonométricas que as tornam tão úteis para a análise de sistemas LIT. Especificamente, veremos que, se a entrada para um sistema LIT for expressa como uma combinação linear de senoides ou exponenciais complexas periódicas, a saída também pode ser expressa desta forma, com coeficientes que são relacionados de forma direta com os da entrada.

A propriedade descrita no parágrafo anterior não seria particularmente útil a menos que fosse verdade que uma grande classe de funções importantes pudesse ser representada por combinações lineares de exponenciais complexas. Em meados do século XVIII, esse ponto foi assunto de intenso debate. Em 1753, D. Bernoulli demonstrou com bases na física que todos os movimentos físicos de uma corda poderiam ser representados por combinações lineares de modos normais, mas ele não provou isso matematicamente, e suas ideias não foram amplamente aceitas. Na verdade, o próprio Euler descartou as séries trigonométricas e, em 1759, J. L. Lagrange criticou fortemente o uso das séries trigonométricas no estudo de cordas vibrantes. Sua crítica foi baseada em sua própria convicção de que era impossível representar sinais com quebras (ou seja, com descontinuidades) usando séries trigonométricas. Como essas configurações surgem do pinçar/esticar uma corda (ou seja, puxá-la e depois soltá-la), Lagrange argumentou que as séries trigonométricas tinham uso muito limitado.

Foi nesse ambiente um tanto hostil e cético que Jean Baptiste Joseph Fourier (Figura 3.2) apresentou suas ideias meio século mais tarde. Fourier nasceu em 21 de março de 1768 em Auxerre, França, e quando entrou na polêmica sobre as séries trigonométricas, já possuía uma vasta experiência científica. Suas muitas contribuições — em particular, aquelas referentes à série e à transformada, que levam seu nome — se tornam ainda mais impressionantes pelas circunstâncias sob as quais ele atuava. Suas descobertas revolucionárias, embora não completamente apreciadas durante seu tempo de vida, tiveram um grande impacto no desenvolvimento da matemática e foram e ainda são de grande importância em um vastíssimo leque de disciplinas das ciências e da engenharia.

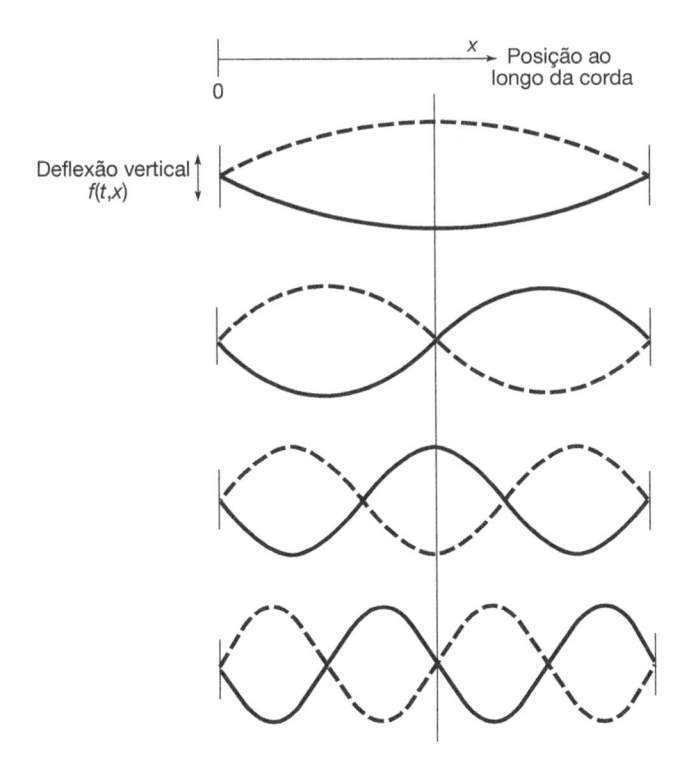

Figura 3.1 Modos normais de uma corda vibrante. (Linhas sólidas indicam a configuração de cada um desses modos em algum instante fixo no tempo, t.)

Figura 3.2 Jean Baptiste Joseph Fourier [retrato de J. B. J. Fourier, *Oeuvres de Fourier*, vol. II (Paris: Gauthier-Villars et Fils, 1980)].

Além de seus estudos em matemática, Fourier levou uma vida política ativa. De fato, durante os anos que seguiram à Revolução Francesa, suas atividades quase levaram à sua derrocada, e ele passou perto da guilhotina em duas ocasiões. Depois disso, Fourier se aliou a Napoleão Bonaparte, acompanhou-o em suas expedições ao Egito (quando Fourier coletou informações que usaria mais tarde como base para seus tratados sobre egiptologia) e, em 1802, foi indicado por Bonaparte para a posição de administrador de uma região da França centralizada em Grenoble. Foi lá, enquanto trabalhava como administrador público, que Fourier desenvolveu suas ideias sobre séries trigonométricas.

A motivação física para o trabalho de Fourier foi o fenômeno da propagação e difusão do calor. Este, por si só, foi um passo significativo, porque a maior parte da pesquisa anterior em física e matemática lidava com a mecânica racional e celeste. Por volta de 1807, Fourier tinha completado uma obra; em que observou que séries senoidais harmonicamente relacionadas eram úteis na representação da distribuição de temperatura em um corpo. Além disso, ele afirmou que 'qualquer' sinal periódico poderia ser representado por tal série. Embora a abordagem do assunto fosse significativa, muitas das ideias básicas por trás dele já eram conhecidas. Além do mais, os argumentos matemáticos de Fourier ainda eram imprecisos, e foi P. L. Dirichlet, em 1829, que forneceu condições precisas sob as quais um sinal periódico poderia ser representado por uma série de Fourier.[3] Assim, Fourier não contribuiu efetivamente para a teoria matemática da série de Fourier. Porém, ele teve a clara percepção do potencial para essa representação em série. Até certo ponto foi o seu trabalho e suas afirmações que estimularam grande parte do trabalho subsequente sobre a série de Fourier. Além disso, Fourier levou esse tipo de representação um grande passo além de qualquer um de seus predecessores: ele obteve uma representação para sinais *aperiódicos*, não como *somas* ponderadas de senoides harmonicamente relacionadas, mas como *integrais* ponderadas de senoides que *não* são todas harmonicamente relacionadas. Essa extensão da série de Fourier para a integral ou transformada de Fourier é o foco dos capítulos 4 e 5. Assim como a série de Fourier, a transformada de Fourier continua sendo uma das ferramentas mais poderosas para a análise de sistemas LIT.

Quatro matemáticos e cientistas de destaque foram indicados para examinar o artigo de Fourier de 1807. Três dos quatro — S. F. Lacroix, G. Monge e P. S. de Laplace — foram a favor da publicação do artigo, mas o quarto, J. L. Lagrange, permaneceu firme em rejeitar as séries trigonométricas, como havia feito 50 anos antes. Devido às objeções veementes de Lagrange, o artigo de Fourier nunca foi publicado. Depois de várias outras tentativas de ter seu trabalho aceito e publicado pelo Institut de France, Fourier iniciou a escrita de outra versão do seu trabalho, que apareceu com o título *Theorie analytique de la chaleur*.[4] Esse livro foi publicado em 1822, 15 anos depois de Fourier ter apresentado seus primeiros resultados ao Institut de France.

Perto do final de sua vida, Fourier recebeu algum reconhecimento merecido, mas o tributo mais significativo foi o enorme impacto de seu trabalho em muitas áreas da matemática, ciência e engenharia. A teoria da integração, topologia geral e expansões em autofunções são apenas alguns exemplos dos tópicos da matemática que possuem suas raízes na análise da série e integral de Fourier.[5] Além disso, fora os estudos originais de vibração e difusão de calor, existem inúmeros outros problemas na ciência e na engenharia em que os sinais senoidais e, portanto, a série e transformada de Fourier desempenham um papel importante. Por exemplo, os sinais senoidais surgem naturalmente na descrição do movimento dos planetas e do comportamento periódico do clima da Terra. Fontes de corrente alternada geram tensões e correntes senoidais e, como veremos, as ferramentas da análise de Fourier permitem-nos analisar a resposta de um sistema LIT, como um circuito, a tais entradas senoidais. Ademais, conforme ilustramos na Figura 3.3, as ondas no oceano consistem na combinação linear de ondas senoidais com diferentes períodos espaciais ou *comprimentos de onda*. Os sinais transmitidos por estações de rádio e televisão também são senoidais por natureza. Uma rápida leitura de qualquer texto sobre análise de Fourier mostrará a faixa de aplicações em que surgem sinais senoidais e nas quais as ferramentas da análise de Fourier são úteis, indo muito além destes poucos exemplos.

---

[3] Tanto S. D. Poisson, quanto A. L. Cauchy, obtiveram resultados sobre a convergência de séries de Fourier antes de 1829, mas o trabalho de Dirichlet representou uma extensão tão significativa de seus resultados que ele usualmente recebe o crédito por ser o primeiro a considerar a convergência da série de Fourier de forma rigorosa.

[4] Ver FOURIER, J. B. J. *The analytical theory of heat*. Tradução de A. Freeman. Nova York: Dover, 1955.

[5] Para ver mais detalhes sobre o impacto do trabalho de Fourier na matemática, consulte COPPEL, W. A. "J. B. Fourier — on the occasion of his two hundredth birthday". *American mathematical monthly*, v. 76, p. 468-483, 1969.

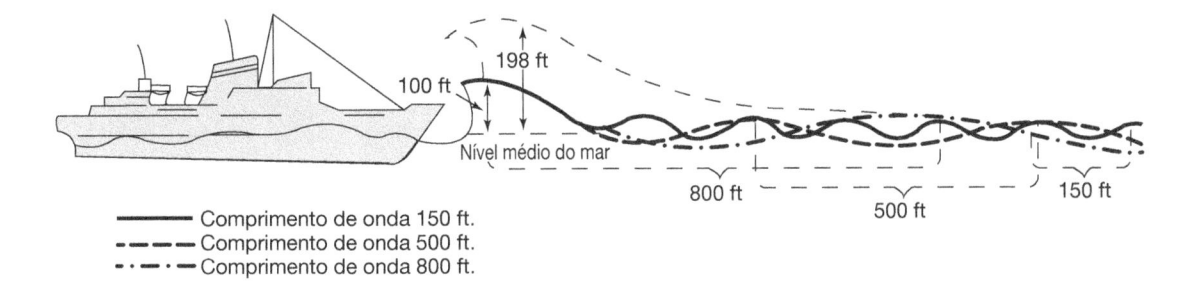

Figura 3.3 Navio encontrando a superposição de três sequenciais ondas, cada uma com um período espacial diferente. Quando essas ondas se reforçam, uma onda muito grande pode ser gerada. Em mares revoltos, pode haver uma onda gigante, indicada pela linha pontilhada. Tal situação ocorre quando as fases relativas dos componentes ficam superpostas. [Adaptado de uma ilustração de Mion, P. "Nightmare waves are all too real to deepwater sailors". In: BRITTON, P. *Smithsonian*, v. 8, p. 64-65, fev. 1978.]

Embora muitas das aplicações citadas no parágrafo anterior, bem como o trabalho original de Fourier e seus contemporâneos sobre problemas da física matemática, focalizem os fenômenos em tempo contínuo, as ferramentas da análise de Fourier para sinais e sistemas de tempo discreto têm suas próprias raízes históricas e conjunto de aplicações igualmente rico. Em particular, conceitos e métodos de tempo discreto são fundamentais para a área de análise numérica. As fórmulas para o processamento de conjuntos discretos de pontos de dados para produzir aproximações numéricas para interpolação, integração e diferenciação estavam sendo investigadas desde a época de Newton, no século XVII. Além disso, o problema de prever o movimento de um corpo celeste, dada uma sequência de observações do corpo, incentiva a investigação das séries de tempo harmônicas nos séculos XVIII e XIX por eminentes cientistas e matemáticos, incluindo Gauss, e desse modo proporcionou um segundo cenário em que grande parte dos trabalhos iniciais em sinais e sistemas de tempo discreto foi realizada.

Em meados da década de 1960, um algoritmo, conhecido atualmente como transformada rápida de Fourier, ou FFT (*fast Fourier transform*), foi apresentado. Esse algoritmo, que foi descoberto independentemente por Cooley e Tukey em 1965, também tem uma história considerável e pode, na verdade, ser encontrado nas anotações de Gauss.[6] O que tornou sua descoberta moderna tão importante foi o fato de que a FFT mostrou-se perfeitamente adequada para uma eficiente implementação digital o que reduziu em algumas ordens de grandeza o tempo necessário para calcular as transformadas. Com essa ferramenta, muitas ideias interessantes, mas anteriormente impraticáveis, utilizando a série e transformada de Fourier de tempo discreto, de repente se tornaram realizáveis, e o desenvolvimento das técnicas de análise de sinais e sistemas de tempo discreto seguiu em um ritmo acelerado.

O que emergiu dessa longa história é uma estrutura poderosa e coesa para a análise de sinais e sistemas de tempo contínuo e de tempo discreto, e um conjunto extraordinariamente amplo de aplicações existentes e potenciais. Neste e nos próxiamos capítulos, desenvolveremos as ferramentas básicas dessa estrutura e examinaremos algumas de suas importantes implicações.

3.2 Resposta dos sistemas LIT às exponenciais complexas

Conforme indicamos na Introdução, é vantajoso, no estudo de sistemas LIT, representar sinais como combinações lineares de sinais básicos, que possuam as seguintes propriedades:

1. O conjunto de sinais básicos pode ser usado para construir uma classe ampla e útil de sinais.

2. A resposta de um sistema LIT para cada sinal deve ser simples o suficiente na sua estrutura para nos fornecer com uma representação conveniente, a resposta a qualquer sinal construído como uma combinação linear dos sinais básicos.

Grande parte da importância da análise de Fourier resulta do fato de que essas duas propriedades são satisfeitas pelo conjunto de sinais exponenciais complexas no tempo contínuo e no discreto — ou seja, sinais na forma e^{st} em tempo contínuo e z^n em tempo discreto, sendo s e z números complexos. Nas próximas seções deste capítulo e nos dois capítulos seguintes, vamos examinar a pri-

---

[6] HEIDEMAN, M. T.; JOHNSON, D. H.; BURRUS, C. S. "Gauss and the history of the fast Fourier transform". *The IEEE ASSP Magazine I*. p. 14-21, 1984.

meira propriedade em detalhes. Nesta seção, focamos a segunda propriedade e, desse modo, a fornecer motivação para o uso da série e transformada de Fourier na análise de sistemas LIT.

A importância das exponenciais complexas no estudo dos sistemas LIT decorre do fato de que a resposta de um sistema LIT para uma entrada exponencial complexa é a mesma exponencial complexa com apenas uma mudança em amplitude; ou seja,

$$\text{tempo contínuo: } e^{st} \rightarrow H(s)e^{st}, \quad (3.1)$$

$$\text{tempo discreto: } z^n \rightarrow H(z)z^n, \quad (3.2)$$

sendo $H(s)$ ou $H(z)$ o fator de amplitude complexa, em geral, uma função da variável complexa s ou z. Um sinal para o qual a saída do sistema é uma constante (possivelmente complexa) vezes a entrada é denominado uma *autofunção* do sistema, e o fator de amplitude é denominado *autovalor* do sistema.

Para mostrar que exponenciais complexas realmente são autofunções dos sistemas LIT, vamos considerar um sistema LIT de tempo contínuo com resposta ao impulso $h(t)$. Para uma entrada $x(t)$, podemos determinar a saída com a integral de convolução, de modo que, com $x(t) = e^{st}$

$$\begin{aligned} y(t) &= \int_{-\infty}^{+\infty} h(\tau)x(t-\tau)d\tau \\ &= \int_{-\infty}^{+\infty} h(\tau)e^{s(t-\tau)}d\tau. \end{aligned} \quad (3.3)$$

Expressando $e^{s(t-\tau)}$ como $e^{st}e^{-s\tau}$, e observando que e^{st} pode ser movido para fora da integral, vemos que a Equação 3.3 se torna

$$y(t) = e^{st}\int_{-\infty}^{+\infty} h(\tau)e^{-s\tau}d\tau. \quad (3.4)$$

Assumindo que a integral no membro direito da Equação 3.4 convirja, a resposta a e^{st} tem a forma

$$y(t) = H(s)e^{st}, \quad (3.5)$$

sendo $H(s)$ uma constante complexa cujo valor depende de s e que está relacionado à resposta ao impulso do sistema por

$$H(s) = \int_{-\infty}^{+\infty} h(\tau)e^{-s\tau}d\tau. \quad (3.6)$$

Consequentemente, mostramos que as exponenciais complexas são autofunções dos sistemas LIT. A constante $H(s)$ para um valor específico de s é, então, o autovalor associado à autofunção e^{st}.

De maneira similar, podemos mostrar que sequências exponenciais complexas são autofunções de sistemas LIT de tempo discreto. Isto é, suponha que um sistema LIT com resposta ao impulso $h[n]$ tenha, como entrada, a sequência

$$x[n] = z^n, \quad (3.7)$$

sendo z um número complexo. Então, a saída do sistema pode ser determinada a partir da soma de convolução como

$$\begin{aligned} y[n] &= \sum_{k=-\infty}^{+\infty} h[k]x[n-k] \\ &= \sum_{k=-\infty}^{+\infty} h[k]z^{n-k} = z^n \sum_{k=-\infty}^{+\infty} h[k]z^{-k}. \end{aligned} \quad (3.8)$$

A partir dessa expressão, vemos que, se a entrada $x[n]$ é a exponencial complexa dada pela Equação 3.7, então, assumindo que o somatório no membro direito da Equação 3.8 convirja, a saída é a mesma exponencial complexa multiplicada por uma constante que depende do valor de z. Ou seja,

$$y[n] = H(z)z^n, \quad (3.9)$$

sendo

$$H(z) = \sum_{k=-\infty}^{+\infty} h[k]z^{-k}. \quad (3.10)$$

Consequentemente, assim como no caso de tempo contínuo, exponenciais complexas são autofunções de sistemas LIT de tempo discreto. A constante $H(z)$ para um valor especificado de z é o autovalor associado à autofunção z^n.

Na análise de sistemas LIT, a utilidade de decompor sinais mais genéricos em termos de autofunções pode ser vista com um exemplo. Considere que $x(t)$ corresponda a uma combinação linear de três exponenciais complexas; isto é,

$$x(t) = a_1 e^{s_1 t} + a_2 e^{s_2 t} + a_3 e^{s_3 t}. \quad (3.11)$$

Da propriedade da autofunção, a resposta a cada exponencial separadamente é

$$\begin{aligned} a_1 e^{s_1 t} &\rightarrow a_1 H(s_1)e^{s_1 t}, \\ a_2 e^{s_2 t} &\rightarrow a_2 H(s_2)e^{s_2 t}, \\ a_3 e^{s_3 t} &\rightarrow a_3 H(s_3)e^{s_3 t}, \end{aligned}$$

e, da propriedade da superposição, a resposta à soma é a soma das respostas, de modo que

$$y(t) = a_1 H(s_1)e^{s_1 t} + a_2 H(s_2)e^{s_2 t} + a_3 H(s_3)e^{s_3 t}. \quad (3.12)$$

De forma mais geral, em tempo contínuo, a Equação 3.5, juntamente com a propriedade de superposição, implica que a representação de sinais como uma combinação linear de exponenciais complexas leva a uma expressão conveniente para a resposta de um sistema LIT. Especificamente, se a entrada para um sistema LIT de tempo contínuo for representada como uma combinação linear de exponenciais complexas, ou seja, se

$$x(t) = \sum_k a_k e^{s_k t}, \quad (3.13)$$

então a saída será

$$y(t) = \sum_k a_k H(s_k) e^{s_k t}. \quad (3.14)$$

De uma maneira exatamente análoga, se a entrada para um sistema LIT de tempo discreto for representada como uma combinação linear de exponenciais complexas, ou seja, se

$$x[n] = \sum_k a_k z_k^n, \quad (3.15)$$

então a saída será

$$y[n] = \sum_k a_k H(z_k) z_k^n. \quad (3.16)$$

Em outras palavras, tanto para tempo contínuo como para tempo discreto, se a entrada de um sistema LIT for representada como uma combinação linear de exponenciais complexas, então a saída também pode ser representada como uma combinação linear dos mesmos sinais exponenciais complexas. Cada coeficiente nessa representação da saída é obtido como o produto do coeficiente correspondente a_k da entrada e do autovalor do sistema $H(s_k)$ ou $H(z_k)$ associado à autofunção $e^{s_k t}$ ou z_k^n, respectivamente. Foi exatamente esse fato que Euler descobriu para o problema da corda vibrante, que Gauss e outros usaram na análise das séries de tempo, e que motivou Fourier e outros depois dele a considerar a questão da extensão da classe de sinais que poderia ser representada como uma combinação linear de exponenciais complexas. Nas próximas seções, examinamos essa questão para sinais periódicos, primeiro em tempo contínuo e depois em tempo discreto, e nos capítulos 4 e 5 consideramos a extensão dessas representações para sinais aperiódicos. Embora, em geral, as variáveis s e z nas equações 3.1 a 3.16 possam ser números complexos quaisquer, a análise de Fourier restringe nossa atenção a formas particulares dessas variáveis. Em particular, em tempo contínuo, focalizamos valores puramente imaginários de s — ou seja, $s = j\omega$ — e assim, consideramos apenas as exponenciais complexas na forma $e^{j\omega t}$. De modo semelhante, em tempo discreto, restringimos a faixa de valores de z àquelas de magnitude unitária — ou seja, $z = e^{j\omega}$, — de modo que focamos em exponenciais complexas na forma $e^{j\omega n}$.

■
Exemplo 3.1

Como ilustração das equações 3.5 e 3.6, considere um sistema LIT para o qual a entrada $x(t)$ e a saída $y(t)$ estão relacionadas por um deslocamento de tempo de 3, ou seja,

$$y(t) = x(t-3). \quad (3.17)$$

Se a entrada desse sistema for o sinal exponencial complexo $x(t) = e^{j2t}$, então, da Equação 3.17,

$$y(t) = e^{j2(t-3)} = e^{-j6} e^{j2t}. \quad (3.18)$$

A Equação 3.18 está na forma da Equação 3.5, como poderíamos esperar, pois e^{j2t} é uma autofunção. O autovalor associado é $H(j2) = e^{-j6}$. É muito simples confirmar a Equação 3.6 para este exemplo. Especificamente, pela Equação 3.17, a resposta ao impulso do sistema é $h(t) = \delta(t-3)$. Substituindo na Equação 3.6, obtemos

$$H(s) = \int_{-\infty}^{+\infty} \delta(\tau-3) e^{-s\tau} d\tau = e^{-3s},$$

de modo que $H(j2) = e^{-j6}$.

Como um segundo exemplo, nesse caso ilustrando as equações 3.11 e 3.12, considere o sinal de entrada $x(t) = \cos(4t) + \cos(7t)$. Da Equação 3.17, $y(t)$ será

$$y(t) = \cos(4(t-3)) + \cos(7(t-3)). \quad (3.19)$$

Para ver que isso também resultará da Equação 3.12, primeiro expandimos $x(t)$ usando a relação de Euler:

$$x(t) = \tfrac{1}{2} e^{j4t} + \tfrac{1}{2} e^{-j4t} + \tfrac{1}{2} e^{j7t} + \tfrac{1}{2} e^{-j7t} \quad (3.20)$$

Das equações 3.11 e 3.12,

$$y(t) = \tfrac{1}{2} e^{-j12} e^{j4t} + \tfrac{1}{2} e^{j12} e^{-j4t} + \tfrac{1}{2} e^{-j21} e^{j7t} + \tfrac{1}{2} e^{j21} e^{-j7t},$$

ou

$$y(t) = \tfrac{1}{2} e^{j4(t-3)} + \tfrac{1}{2} e^{-j4(t-3)} + \tfrac{1}{2} e^{j7(t-3)} + \tfrac{1}{2} e^{-j7(t-3)}$$
$$= \cos(4(t-3)) + \cos(7(t-3)).$$

Para este exemplo simples, a multiplicação de cada componente exponencial periódico de $x(t)$ — por exemplo, $\tfrac{1}{2} e^{j4t}$ — pelo autovalor correspondente — por exemplo, $H(j4) = e^{-j12}$ — efetivamente faz com que o componente de entrada se desloque no tempo por 3. Obviamente, nesse caso, podemos determinar $y(t)$ na Equação 3.19 por inspeção, em vez de empregar as equações 3.11 e 3.12. Contudo, conforme veremos, a propriedade geral representada pelas equações 3.11 e 3.12 não apenas nos permite calcular as respostas de sistemas LIT mais complexos, mas também fornece a base para representação e análise no domínio de frequência dos sistemas LIT.

■

3.3 Representação de sinais periódicos de tempo contínuo em série de Fourier

3.3.1 Combinações lineares de exponenciais complexas harmonicamente relacionadas

Conforme definido no Capítulo 1, um sinal é periódico se, para algum valor positivo de T,

$$x(t) = x(t + T) \text{ para todo } t. \quad (3.21)$$

O período fundamental de $x(t)$ é o menor valor positivo de T, diferente de zero, para o qual a Equação 3.21 é satisfeita, e o valor $\omega_0 = 2\pi/T$ é denominado frequência fundamental.

No Capítulo 1, também apresentamos dois sinais periódicos básicos, o sinal senoidal

$$x(t) = \cos \omega_0 t \quad (3.22)$$

e a exponencial complexa periódica

$$x(t) = e^{j\omega_0 t}. \quad (3.23)$$

Esses dois sinais são periódicos com frequência fundamental ω_0 e período fundamental $T = 2\pi/\omega_0$. Ao sinal na Equação 3.23 está associado o conjunto de exponenciais complexas *harmonicamente relacionadas*

$$\phi_k(t) = e^{jk\omega_0 t} = e^{jk(2\pi/T)t}, k = 0, \pm1, \pm2, \ldots \quad (3.24)$$

Cada um desses sinais tem uma frequência fundamental que é um múltiplo de ω_0 e, portanto, cada um é periódico com período T (embora, para $|k| \geq 2$, o período fundamental de $\phi_k(t)$ seja uma fração de T). Assim, uma combinação linear de exponenciais complexas harmonicamente relacionadas na forma

$$x(t) = \sum_{k=-\infty}^{+\infty} a_k e^{jk\omega_0 t} = \sum_{k=-\infty}^{+\infty} a_k e^{jk(2\pi/T)t} \quad (3.25)$$

também é periódica com período T. Na Equação 3.25, o termo para $k = 0$ é uma constante. Os termos para $k = +1$ e $k = -1$ possuem frequência fundamental igual a ω_0 e são coletivamente denominados *componentes fundamentais* ou *componentes de primeira harmônica*. Os dois termos para $k = +2$ e $k = -2$ são periódicos com metade do período (ou, de modo equivalente, o dobro da frequência) dos componentes fundamentais e são denominados *componentes de segunda harmônica*. Geralmente, os componentes para $k = +N$ e $k = -N$ são denominados componentes de n-ésima harmônica.

A representação de um sinal periódico na forma da Equação 3.25 é denominada representação por *série de Fourier*. Antes de desenvolvermos as propriedades dessa representação, vamos considerar um exemplo.

■
Exemplo 3.2
Considere um sinal periódico $x(t)$, com frequência fundamental 2π, que é expresso na forma da Equação 3.25 como

$$x(t) = \sum_{k=-3}^{+3} a_k e^{jk2\pi t} \quad (3.26)$$

sendo

$$a_0 = 1,$$
$$a_1 = a_{-1} = \frac{1}{4},$$
$$a_2 = a_{-2} = \frac{1}{2},$$
$$a_3 = a_{-3} = \frac{1}{3}.$$

Reescrevendo a Equação 3.26 e agrupando cada um dos componentes harmônicos que possuem a mesma frequência fundamental, obtemos

$$x(t) = 1 + \frac{1}{4}(e^{j2\pi t} + e^{-j2\pi t}) + \frac{1}{2}(e^{j4\pi t} + e^{-j4\pi t}) + \frac{1}{3}(e^{j6\pi t} + e^{-j6\pi t}). \quad (3.27)$$

De modo equivalente, usando a relação de Euler, podemos escrever $x(t)$ na forma

$$x(t) = 1 + \frac{1}{2}\cos 2\pi t + \cos 4\pi t + \frac{2}{3}\cos 6\pi t. \quad (3.28)$$

Na Figura 3.4, ilustramos graficamente como o sinal $x(t)$ é formado a partir de seus componentes harmônicos.

■

A Equação 3.28 é um exemplo de uma forma alternativa para a série de Fourier de sinais periódicos reais. Especificamente, suponha que $x(t)$ seja real e possa ser representado na forma da Equação 3.25. Então, como $x^*(t) = x(t)$, obtemos

$$x(t) = \sum_{k=-\infty}^{+\infty} a_k^* e^{-jk\omega_0 t}.$$

Substituindo k por $-k$ no somatório, temos

$$x(t) = \sum_{k=-\infty}^{+\infty} a_{-k}^* e^{jk\omega_0 t}$$

que, por comparação com a Equação 3.25, impõe que $a_k = a_{-k}^*$, ou, de modo equivalente, que

$$a_k^* = a_{-k}. \quad (3.29)$$

Note que este é o caso no Exemplo 3.2, em que os a_k são de fato reais e $a_k = a_{-k}$.

Para obter as formas alternativas da série de Fourier, primeiro reescrevemos o somatório na Equação 3.25 como

$$x(t) = a_0 + \sum_{k=1}^{+\infty}[a_k e^{jk\omega_0 t} + a_{-k} e^{-jk\omega_0 t}].$$

Substituindo a_k^* por a_{-k} da Equação 3.29, obtemos

$$x(t) = a_0 + \sum_{k=1}^{+\infty}[a_k e^{jk\omega_0 t} + a_k^* e^{-jk\omega_0 t}].$$

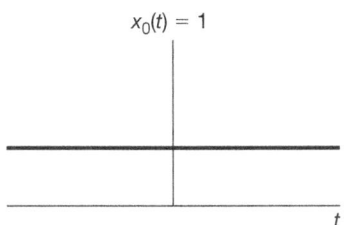

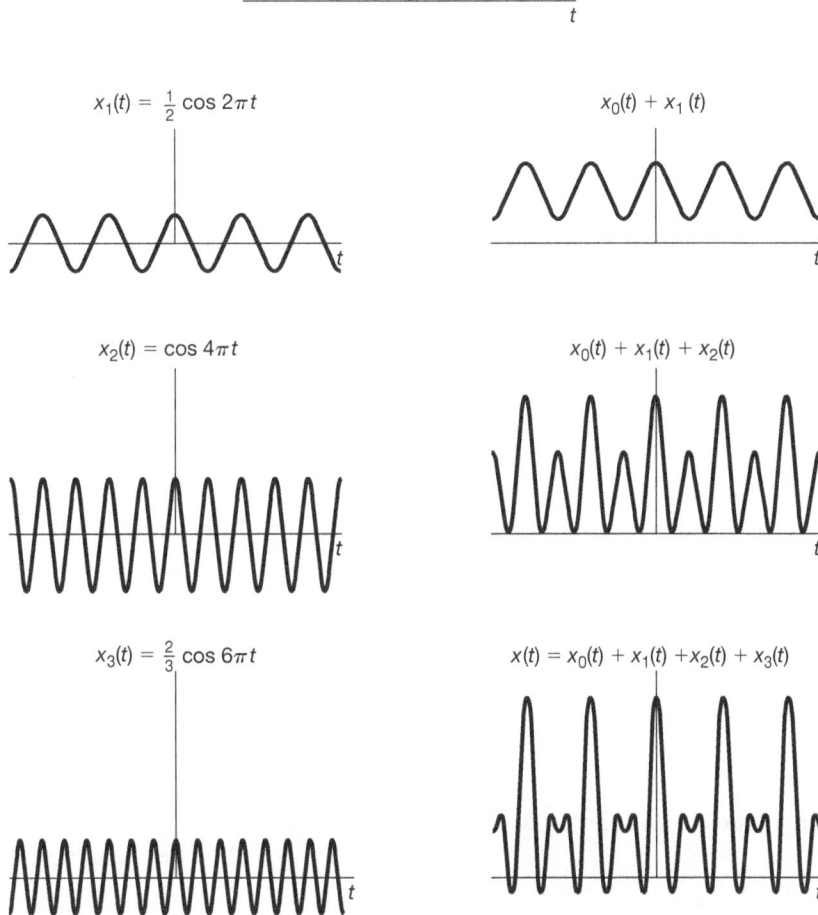

Figura 3.4 Construção do sinal $x(t)$ do Exemplo 3.2 como uma combinação linear de sinais senoidais harmonicamente relacionados.

Como as duas parcelas dentro do somatório são conjugados complexos uma da outra, podemos escrever

$$x(t) = a_0 + \sum_{k=1}^{\infty} 2\mathcal{R}e\{a_k e^{jk\omega_0 t}\}. \quad (3.30)$$

Se a_k for expresso na forma polar como

$$a_k = A_k e^{j\theta_k},$$

então a Equação 3.30 se torna

$$x(t) = a_0 + \sum_{k=1}^{\infty} 2\,\mathcal{R}e\{A_k e^{j(k\omega_0 t + \theta_k)}\}.$$

Ou seja,

$$x(t) = a_0 + 2\sum_{k=1}^{\infty} A_k \cos(k\omega_0 t + \theta_k). \quad (3.31)$$

A Equação 3.31 é uma forma comumente encontrada para a série de Fourier de sinais periódicos em tempo contínuo. Outra forma é obtida escrevendo-se a_k na forma retangular como

$$a_k = B_k + jC_k$$

sendo B_k e C_k ambos reais. Com essa expressão para a_k, a Equação 3.30 toma a forma

$$x(t) = a_0 + 2\sum_{k=1}^{\infty} [B_k \cos k\omega_0 t - C_k \operatorname{sen} k\omega_0 t]. \quad (3.32)$$

No Exemplo 3.2, os a_k são todos reais, de modo que $a_k = A_k = B_k$ e, portanto, as duas representações, equações 3.31 e 3.32, reduzem-se à mesma forma, Equação 3.28.

Assim, para funções periódicas reais, a série de Fourier em termos de exponenciais complexas, conforme a Equação 3.25, é matematicamente equivalente a qualquer uma das duas formas nas equações 3.31 e 3.32 que usam funções trigonométricas. Embora as duas últimas sejam formas comuns para a série de Fourier,[7] a forma exponencial complexa da Equação 3.25 é particularmente conveniente para nossos propósitos, de modo que usaremos essa forma quase exclusivamente.

A Equação 3.29 ilustra uma das muitas propriedades associadas à série de Fourier. Essas propriedades são constantemente muito úteis para se ganhar compreensão e para fins de cálculo, e na Seção 3.5, reuniremos as mais importantes. A dedução de várias delas é considerada nos problemas no final do capítulo. Na Seção 4.3, também demonstraremos a maior parte das propriedades dentro de um contexto amplo de transformada de Fourier.

3.3.2 Determinação da representação de um sinal periódico de tempo contínuo em série de Fourier

Supondo que determinado sinal periódico possa ser representado com a série da Equação 3.25, precisamos de um procedimento para determinar os coeficientes a_k. Multiplicando ambos os membros da Equação 3.25 por $e^{-jn\omega_0 t}$, obtemos

$$x(t)e^{-jn\omega_0 t} = \sum_{k=-\infty}^{+\infty} a_k e^{jk\omega_0 t} e^{-jn\omega_0 t}. \qquad (3.33)$$

Integrando os dois membros de 0 até $T = 2\pi/\omega_0$, temos

$$\int_0^T x(t)e^{-jn\omega_0 t}\,dt = \int_0^T \sum_{k=-\infty}^{+\infty} a_k e^{jk\omega_0 t} e^{-jn\omega_0 t}\,dt.$$

Aqui, T é o período fundamental de $x(t)$, e, consequentemente, estamos integrando em um período. Trocando a ordem da integração e somatório, temos

$$\int_0^T x(t)e^{-jn\omega_0 t}\,dt = \sum_{k=-\infty}^{+\infty} a_k \left[\int_0^T e^{j(k-n)\omega_0 t}\,dt\right]. \qquad (3.34)$$

O cálculo da integral entre colchetes é direto. Reescrevendo essa integral usando a fórmula de Euler, obtemos

$$\int_0^T e^{j(k-n)\omega_0 t}\,dt = \int_0^T \cos(k-n)\omega_0 t\,dt \\ + j\int_0^T \operatorname{sen}(k-n)\omega_0 t\,dt. \qquad (3.35)$$

Para $k \neq n$, $\cos(k-n)\omega_0 t$ e $\operatorname{sen}(k-n)\omega_0 t$ são senoidais periódicas com período fundamental $(T/|k-n|)$. Portanto, na

---
[7] De fato, em seu trabalho original, Fourier usou a forma de seno--cosseno da série de Fourier dada na Equação 3.32.

Equação 3.35, estamos integrando em um intervalo (de duração T) que é um número inteiro de períodos desses sinais. Como a integral representa a medida da área total sob uma função em um intervalo, vemos que, para $k \neq n$, ambas as integrais no membro direito da Equação 3.35 são nulas. Para $k = n$, o integrando no membro esquerdo da Equação 3.35 é igual a 1; portanto, a integral é igual a T. Em resumo, temos, então,

$$\int_0^T e^{j(k-n)\omega_0 t}\,dt = \begin{cases} T, & k=n \\ 0, & k \neq n \end{cases}$$

e, consequentemente, o membro direito da Equação 3.34 se reduz a $T\,a_n$. Portanto,

$$a_n = \frac{1}{T}\int_0^T x(t)e^{-jn\omega_0 t}\,dt, \qquad (3.36)$$

que fornece a equação para determinar os coeficientes. Além do mais, observe que, na análise da Equação 3.35, o único fato que usamos com relação ao intervalo de integração foi que estávamos integrando em um intervalo de duração T, que é um número inteiro de períodos de $\cos(k-n)\omega_0 t$ e $\operatorname{sen}(k-n)\omega_0 t$. Portanto, obteremos o mesmo resultado se integrarmos por qualquer intervalo de duração T. Ou seja, se indicarmos integração por *qualquer* intervalo de duração T por $\int_T$, temos

$$\int_T e^{j(k-n)\omega_0 t}\,dt = \begin{cases} T, & k=n \\ 0, & k \neq n \end{cases}$$

e, consequentemente,

$$a_n = \frac{1}{T}\int_T x(t)e^{-jn\omega_0 t}\,dt. \qquad (3.37)$$

Resumindo, se $x(t)$ tem uma representação em série de Fourier (ou seja, se ele puder ser expresso como uma combinação linear de exponenciais complexas harmonicamente relacionadas na forma da Equação 3.25), então os coeficientes são dados pela Equação 3.37. Esse par de equações, então, define a série de Fourier de um sinal de tempo contínuo periódico:

$$\boxed{\begin{aligned} x(t) &= \sum_{k=-\infty}^{+\infty} a_k e^{jk\omega_0 t} = \sum_{k=-\infty}^{+\infty} a_k e^{jk(2\pi/T)t}, \qquad (3.38)\\ a_k &= \frac{1}{T}\int_T x(t)e^{-jk\omega_0 t}\,dt = \frac{1}{T}\int_T x(t)e^{-jk(2\pi/T)t}\,dt. \qquad (3.39) \end{aligned}}$$

Aqui, escrevemos as expressões equivalentes da série de Fourier em termos da frequência fundamental ω_0 e do período fundamental T. A Equação 3.38 é denominada como equação de *síntese*, e a Equação 3.39, como equação de *análise*. O conjunto de coeficientes $\{a_k\}$ frequentemente é chamado de *coeficientes da série de Fourier*, ou *coeficientes espectrais* de $x(t)$.[8] Esses coeficientes complexos medem cada parcela do sinal $x(t)$ que está em cada harmônica da componente fundamental. O coeficiente a_0 é o componente dc ou componente constante de $x(t)$ e é dado pela Equação 3.39 com $k = 0$. Ou seja,

$$a_0 = \frac{1}{T}\int_T x(t)\,dt, \qquad (3.40)$$

que é simplesmente o valor médio de $x(t)$ em um período.

As equações 3.38 e 3.39 eram conhecidas de Euler e Lagrange em meados do século XVIII. Porém, eles descartaram essa linha de análise sem terem examinado a questão de quão ampla seria a classe de sinais periódicos que poderia, de fato, ser assim representada. Antes de passarmos a essa questão na próxima seção, vamos ilustrar a série de Fourier de tempo contínuo por meio de alguns exemplos.

Exemplo 3.3

Considere o sinal

$$x(t) = \operatorname{sen} \omega_0 t,$$

cuja frequência fundamental é ω_0. Uma técnica para determinar os coeficientes da série de Fourier para esse sinal é aplicar a Equação 3.39. Porém, para esse caso simples, é mais fácil expandir o sinal senoidal como uma combinação linear de exponenciais complexas e identificar as componentes da série de Fourier por inspeção. Especificamente, podemos expressar $\operatorname{sen} \omega_0 t$ como

$$\operatorname{sen} \omega_0 t = \frac{1}{2j}e^{j\omega_0 t} - \frac{1}{2j}e^{-j\omega_0 t}.$$

Comparando os membros direitos dessa equação e da Equação 3.38, obtemos

$$a_1 = \frac{1}{2j}, \qquad a_{-1} = -\frac{1}{2j},$$
$$a_k = 0, \qquad k \neq +1 \text{ ou } -1.$$

Exemplo 3.4

Seja

$$x(t) = 1 + \operatorname{sen}\omega_0 t + 2\cos\omega_0 t + \cos\left(2\omega_0 t + \frac{\pi}{4}\right),$$

que tem frequência fundamental ω_0. Assim como no Exemplo 3.3, podemos novamente expandir $x(t)$ diretamente em termos de exponenciais complexas, de modo que

$$x(t) = 1 + \frac{1}{2j}[e^{j\omega_0 t} - e^{-j\omega_0 t}] + [e^{j\omega_0 t} + e^{-j\omega_0 t}]$$
$$+ \frac{1}{2}[e^{j(2\omega_0 t + \pi/4)} + e^{-j(2\omega_0 t + \pi/4)}].$$

Agrupando os termos, obtemos

$$x(t) = 1 + \left(1 + \frac{1}{2j}\right)e^{j\omega_0 t} + \left(1 - \frac{1}{2j}\right)e^{-j\omega_0 t}$$
$$+ \left(\frac{1}{2}e^{j(\pi/4)}\right)e^{j2\omega_0 t} + \left(\frac{1}{2}e^{-j(\pi/4)}\right)e^{-j2\omega_0 t}.$$

Assim, os coeficientes da série de Fourier para este exemplo são

$$a_0 = 1$$
$$a_1 = \left(1 + \frac{1}{2j}\right) = 1 - \frac{1}{2}j,$$
$$a_{-1} = \left(1 - \frac{1}{2j}\right) = 1 + \frac{1}{2}j,$$
$$a_2 = \frac{1}{2}e^{j(\pi/4)} = \frac{\sqrt{2}}{4}(1+j),$$
$$a_{-2} = \frac{1}{2}e^{-j(\pi/4)} = \frac{\sqrt{2}}{4}(1-j),$$
$$a_k = 0, \ |k| > 2.$$

Na Figura 3.5, mostramos um gráfico de barras da magnitude e da fase de a_k.

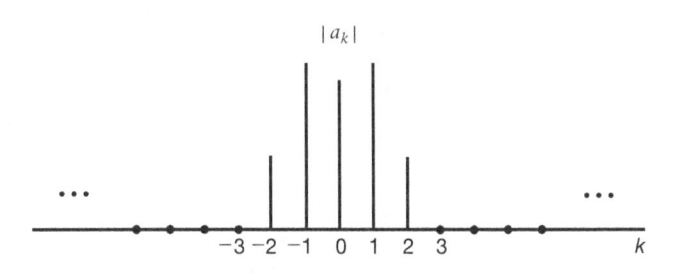

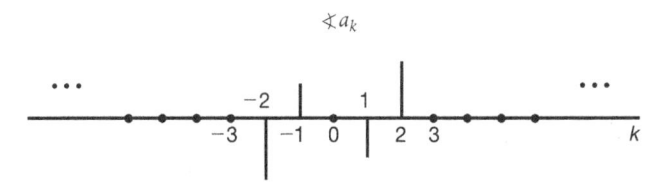

Figura 3.5 Gráficos da magnitude e fase dos coeficientes de Fourier do sinal considerado no Exemplo 3.4.

---

[8] O termo "coeficiente espectral" é derivado de problemas como a decomposição espectroscópica da luz em linhas espectrais (ou seja, em seus componentes elementares em diferentes frequências). A intensidade de qualquer linha em tal decomposição é uma medida direta da fração da energia total da luz na frequência correspondente à linha.

Exemplo 3.5

A onda quadrada periódica, esboçada na Figura 3.6 e definida em um período como

$$x(t) = \begin{cases} 1, & |t| < T_1 \\ 0, & T_1 < |t| < T/2 \end{cases} \quad (3.41)$$

é um sinal que encontraremos inúmeras vezes neste livro. Esse sinal é periódico com período fundamental T e frequência fundamental $\omega_0 = 2\pi/T$.

Para determinar os coeficientes da série de Fourier de $x(t)$, usamos a Equação 3.39. Devido à simetria de $x(t)$ em relação a $t = 0$, é conveniente escolher $-T/2 \leq t < T/2$ como o intervalo sobre o qual a integração é realizada, embora qualquer intervalo de duração T seja igualmente válido e, portanto, leve ao mesmo resultado. Usando esses limites de integração e substituindo $x(t)$ pela Equação 3.41, temos, primeiro, para $k = 0$,

$$a_0 = \frac{1}{T} \int_{-T_1}^{T_1} dt = \frac{2T_1}{T}. \quad (3.42)$$

Como já mencionado, a_0 é interpretado como o valor médio de $x(t)$, que, nesse caso, é igual à fração de cada período durante o qual $x(t) = 1$. Para $k \neq 0$, obtemos

$$a_k = \frac{1}{T}\int_{-T_1}^{T_1} e^{-jk\omega_0 t} dt = -\frac{1}{jk\omega_0 T}e^{-jk\omega_0 t}\Big|_{-T_1}^{T_1},$$

que podemos reescrever como

$$a_k = \frac{2}{k\omega_0 T}\left[\frac{e^{jk\omega_0 T_1} - e^{-jk\omega_0 T_1}}{2j}\right]. \quad (3.43)$$

Observando que o termo entre colchetes é $\text{sen}k\omega_0 T_1$, podemos expressar os coeficientes a_k como

$$a_k = \frac{2\,\text{sen}(k\omega_0 T_1)}{k\omega_0 T} = \frac{\text{sen}(k\omega_0 T_1)}{k\pi}, \quad k \neq 0 \quad (3.44)$$

em que usamos o fato de que $\omega_0 T = 2\pi$.

A Figura 3.7 mostra um gráfico de barras dos coeficientes da série de Fourier para este exemplo. Em particular, os coeficientes são apresentados graficamente para um valor fixo de T_1 e diferentes valores de T. Para este exemplo específico, os coeficientes de Fourier são reais e, consequentemente, podem ser representados graficamente com um único gráfico apenas. Geralmente, os coeficientes de Fourier são complexos, de modo que seriam necessários dois gráficos, correspondentes às partes real e imaginária, ou magnitude e fase, de cada coeficiente. Para $T = 4T_1$, $x(t)$ é uma onda quadrada que vale um em metade do período e zero na outra metade do período. Nesse caso, $\omega_0 T_1 = \pi/2$, e, da Equação 3.44,

$$a_k = \frac{\text{sen}(\pi k/2)}{k\pi}, \quad k \neq 0 \quad (3.45)$$

e

$$a_0 = \frac{1}{2}. \quad (3.46)$$

Da Equação 3.45, $a_k = 0$ para k par e não nulo. Além disso, $\text{sen}(\pi k/2)$ alterna entre ± 1 para valores ímpares sucessivos de k. Portanto,

$$a_1 = \quad a_{-1} = \frac{1}{\pi},$$

$$a_3 = \quad a_{-3} = -\frac{1}{3\pi},$$

$$a_5 = \quad a_{-5} = \frac{1}{5\pi},$$

$$\vdots$$

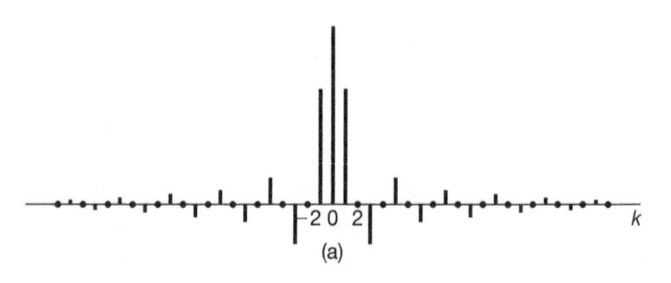

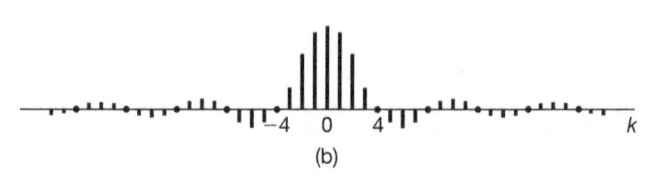

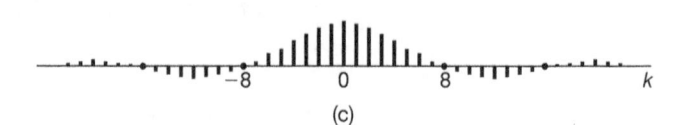

Figura 3.7 Gráficos dos coeficientes Ta_k da série de Fourier para a onda quadrada periódica com T_1 fixo e para diferentes valores de T: (a) $T = 4T_1$; (b) $T = 8T_1$; (c) $T = 16T_1$. Os coeficientes são amostras regularmente espaçadas da 'envoltória' dada por $(2\,\text{sen}\,\omega T_1)/\omega$, o qual o espaçamento entre as amostras, $2\pi/T$, diminui quando T aumenta.

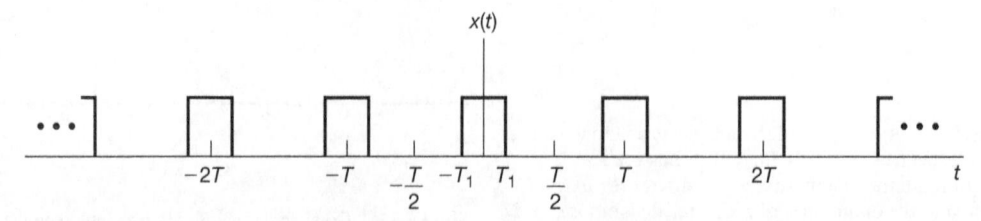

Figura 3.6 Onda quadrada periódica.

3.4 Convergência da série de Fourier

Euler e Lagrange ficariam satisfeitos com os resultados dos exemplos 3.3 e 3.4, porém eles teriam rejeitado o Exemplo 3.5, pois $x(t)$ é descontínuo, enquanto cada um de seus componentes harmônicos é contínuo. Fourier, por outro lado, considerou o mesmo exemplo e sustentou que a representação da série de Fourier da onda quadrada é válida. De fato, Fourier sustentou que *qualquer* sinal periódico poderia ser representado por uma série de Fourier. Embora isso não seja totalmente verdadeiro, a série de Fourier pode ser usada para representar uma classe extremamente ampla de sinais periódicos, incluindo a onda quadrada e todos os outros sinais periódicos que trataremos neste livro e que são de interesse na prática.

Para entender o exemplo de onda quadrada e, de modo geral, a questão da validade das representações de série de Fourier, vamos examinar o problema de aproximar determinado sinal periódico $x(t)$ por uma combinação linear de um número finito de exponenciais complexas relacionadas harmonicamente — ou seja, por uma série finita da forma

$$x_N(t) = \sum_{k=-N}^{N} a_k e^{jk\omega_0 t}. \quad (3.47)$$

Seja $e_N(t)$ o erro de aproximação, isto é,

$$e_N(t) = x(t) - x_N(t) = x(t) - \sum_{k=-N}^{+N} a_k e^{jk\omega_0 t}. \quad (3.48)$$

Para determinar o quanto é boa uma aproximação em particular, precisamos especificar uma medida quantitativa do erro da aproximação. O critério que usaremos é a energia do erro em um período:

$$E_N = \int_T |e_N(t)|^2 dt. \quad (3.49)$$

Como mostrado no Problema 3.66, a escolha em particular para os coeficientes na Equação 3.47 que minimiza a energia no erro é

$$a_k = \frac{1}{T} \int_T x(t) e^{-jk\omega_0 t} dt. \quad (3.50)$$

Comparando as equações 3.50 e 3.39, vemos que a Equação 3.50 é idêntica à expressão usada para determinar os coeficientes da série de Fourier. Assim, se $x(t)$ tem uma representação em série de Fourier, a melhor aproximação usando apenas um número finito de exponenciais complexas relacionadas harmonicamente é obtida truncando a série de Fourier para o número desejado de termos. Quando N aumenta, novos termos são acrescentadas e E_N diminui. Se, de fato, $x(t)$ tem uma representação em série de Fourier, então o limite de E_N à medida que $N \to \infty$ é zero.

Vamos agora passar à questão de quando um sinal periódico $x(t)$ tem de fato uma representação em série de Fourier. Naturalmente, para qualquer sinal, podemos tentar obter um conjunto de coeficientes de Fourier por meio do uso da Equação 3.39. Porém, em alguns casos, a integral na Equação 3.39 pode divergir; ou seja, o valor obtido para algum a_k pode ser infinito. Além do mais, mesmo que todos os coeficientes obtidos da Equação 3.39 sejam finitos, quando esses coeficientes são substituídos na Equação de síntese 3.38, a série infinita resultante pode não convergir para o sinal original $x(t)$.

Felizmente, não existem dificuldades de convergência para uma ampla classe de sinais periódicos. Por exemplo, todo sinal periódico contínuo tem uma representação de série de Fourier para a qual a energia E_N do erro de aproximação se aproxima de 0, enquanto N vai para ∞. Isso também é verdade para muitos sinais com descontinuidades. Como será muito útil incluir sinais com descontinuidades, como ondas quadradas, em nossas discussões, vale a pena investigar a questão da convergência com um pouco mais de detalhe. Especificamente, existem duas classes de condições um tanto diferentes que um sinal periódico pode satisfazer para garantir que possa ser representado por uma série de Fourier. Na discussão destes, não tentaremos fornecer uma justificativa matemática completa; tratamentos mais rigorosos poderão ser encontrados em muitos textos sobre análise de Fourier.[9]

Na classe de sinais periódicos que são representáveis em série de Fourier contém aqueles sinais que possuem energia finita em um único período, ou seja, sinais para os quais

$$\int_T |x(t)|^2 dt < \infty. \quad (3.51)$$

Quando essa condição é satisfeita, temos garantia de que os coeficientes a_k obtidos da Equação 3.39 são finitos. Além do mais, seja $x_N(t)$ a aproximação para $x(t)$ obtida usando esses coeficientes para $|k| \leq N$:

$$x_N(t) = \sum_{k=-N}^{+N} a_k e^{jk\omega_0 t}. \quad (3.52)$$

Então, temos garantia de que a energia E_N do erro de aproximação, conforme definida na Equação 3.49,

---
[9] Veja, por exemplo, CHURCHILL, R. V. *Fourier Series and boundary value problems*, 3. ed. Nova York: McGraw-Hill Book Company, 1978; KAPLAN, W. *Operational methods for linear systems*. Reading, MA: Addison-Wesley Publishing Company, 1962; e o livro de Dym e McKean referenciado na nota de rodapé nº 2 deste capítulo.

converge para 0 à medida que acrescentamos mais e mais termos, ou seja, quando $N \to \infty$. Ou seja, se definirmos

$$e(t) = x(t) - \sum_{k=-\infty}^{+\infty} a_k e^{jk\omega_0 t}, \qquad (3.53)$$

então

$$\int_T |e(t)|^2 \, dt = 0. \qquad (3.54)$$

Conforme veremos em um exemplo no final desta seção, a Equação 3.54 *não* implica que o sinal $x(t)$ e sua representação em série de Fourier

$$\sum_{k=-\infty}^{+\infty} a_k e^{jk\omega_0 t} \qquad (3.55)$$

sejam iguais para todo t. O que ela diz é que não existe energia em sua diferença.

O tipo de convergência garantida quando $x(t)$ tem energia finita em um único período é muito útil. Nesse caso, a Equação 3.54 afirma que a diferença entre $x(t)$ e sua representação de série de Fourier tem energia nula. Como os sistemas físicos respondem à energia do sinal, por esse ponto de vista, $x(t)$ e sua representação em série de Fourier são indistinguíveis. Como a maioria dos sinais periódicos que consideramos possui energia finita em um único período, eles possuem representações em série de Fourier. Além do mais, um conjunto alternativo de condições, desenvolvido por P. L. Dirichlet e também satisfeito por praticamente todos os sinais com os quais lidaremos, garante que $x(t)$ *é equivalente* à sua representação em série de Fourier, exceto em valores isolados de t para os quais $x(t)$ é descontínuo. Nesses valores, a série infinita da Equação 3.55 converge para a média dos valores de ambos os lados da descontinuidade.

As condições de Dirichlet são as seguintes:

Condição 1. Em qualquer período, $x(t)$ deve ser *absolutamente integrável*; ou seja,

$$\int_T |x(t)| \, dt < \infty. \qquad (3.56)$$

Como no caso da integrabilidade quadrática, a Equação 3.56 garante que cada coeficiente a_k será finito, pois

$$|a_k| \leq \frac{1}{T} \int_T |x(t) e^{-jk\omega_0 t}| \, dt = \frac{1}{T} \int_T |x(t)| \, dt.$$

Assim, se

$$\int_T |x(t)| \, dt < \infty,$$

então

$$|a_k| < \infty.$$

Um sinal periódico que viola a primeira condição de Dirichlet é

$$x(t) = \operatorname{sen}\left(\frac{2\pi}{t}\right), \quad 0 < t \leq 1,$$

ou seja, $x(t)$ é periódico com período 1. Esse sinal é ilustrado na Figura 3.8(a).

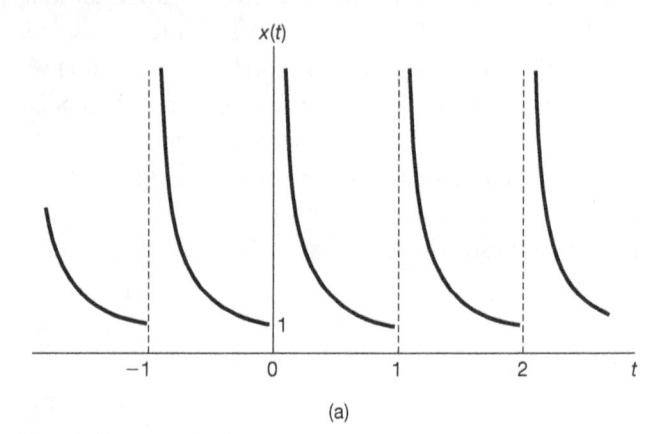

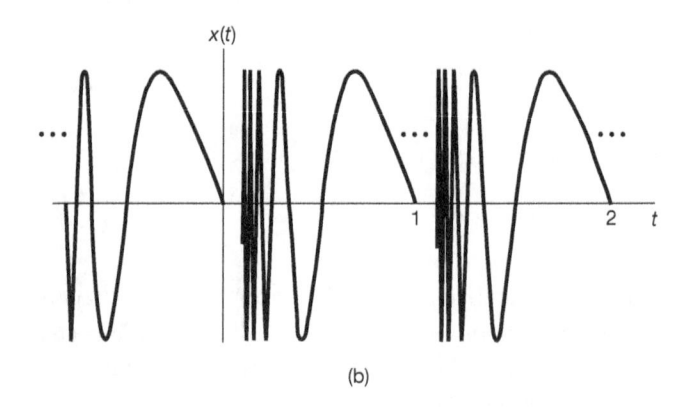

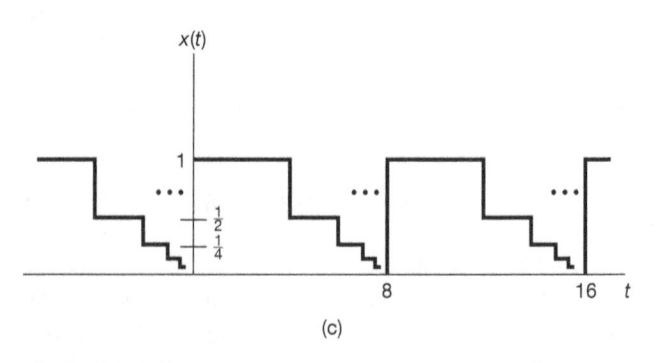

Figura 3.8 Sinais que violam as condições de Dirichlet: (a) o sinal $x(t) = 1/t$ para $0 < t \leq 1$, um sinal periódico com período 1 (esse sinal viola a primeira condição de Dirichlet); (b) o sinal periódico da Equação 3.57, que viola a segunda condição de Dirichlet; (c) um sinal periódico com período 8 que viola a terceira condição de Dirichlet [para $0 \leq t < 8$, o valor de $x(t)$ diminui por um fator de 2 sempre que a distância entre t e 8 diminui por um fator de 2; ou seja, $x(t) = 1$, $0 \leq t < 4$, $x(t) = 1/2$, $4 \leq t < 6$, $x(t) = 1/4$, $6 \leq t < 7$, $x(t) = 1/8$, $7 \leq t < 7,5$ etc.].

Condição 2. Em qualquer intervalo finito de tempo, $x(t)$ tem variação limitada; ou seja, não existe mais do que um número finito de máximos e mínimos durante qualquer período do sinal.

Um exemplo de uma função que atende a Condição 1, mas não a Condição 2, é

$$x(t) = \text{sen}\left(\frac{2\pi}{t}\right), \quad 0 < t \leq 1, \qquad (3.57)$$

conforme ilustrado na Figura 3.8(b). Para essa função, que é periódica com $T = 1$,

$$\int_0^1 |x(t)| dt < 1.$$

A função, porém, tem um número infinito de máximos e mínimos no intervalo.

Condição 3. Em qualquer intervalo de duração finita, existe apenas um número finito de descontinuidades. Além do mais, cada uma dessas descontinuidades é finita.

Um exemplo de uma função que viola a Condição 3 é ilustrado na Figura 3.8(c). O sinal, de período $T = 8$, é composto por um número infinito de seções, cada qual com metade da altura e metade da largura da seção anterior. Assim, a área sob um período da função é claramente menor que 8. Porém, existe um número infinito de descontinuidades em cada período, violando assim a Condição 3.

Como podemos ver nos exemplos dados na Figura 3.8, os sinais que não satisfazem as condições de Dirichlet geralmente são patológicos por natureza e, consequentemente, não surgem em contextos práticos em geral. Por esse motivo, a questão da convergência da série de Fourier não desempenhará um papel particularmente significativo no restante do livro. Para um sinal periódico que não possui descontinuidades, a representação por série de Fourier converge e é igual ao sinal original para todo valor de t. Para um sinal periódico, com um número finito de descontinuidades em cada período, a representação por série de Fourier se iguala ao sinal em toda parte, exceto nos pontos isolados de descontinuidade, em que a série converge para a média dos valores do sinal dos dois lados da descontinuidade. Nesse caso, a diferença entre o sinal original e sua representação por série de Fourier não contém energia e, consequentemente, os dois sinais podem ser considerados iguais para todas as finalidades práticas. Especificamente, como os sinais diferem apenas em pontos isolados, as integrais dos dois sinais em qualquer intervalo *são* idênticas. Por esse motivo, os dois sinais se comportam de forma idêntica sob convolução e, consequentemente, são idênticos do ponto de vista da análise de sistemas LIT.

Para entender melhor *como* a série de Fourier converge para um sinal periódico com descontinuidades, vamos retornar ao exemplo de uma onda quadrada. Particularmente, em 1898,[10] o físico norte-americano Albert Michelson construiu um analisador harmônico, ou seja, um dispositivo que, para qualquer sinal periódico $x(t)$, calculava a aproximação por série de Fourier truncada da Equação 3.52 para valores de N até 80. Michelson testou seu dispositivo com muitas funções, obtendo o resultado esperado que $x_N(t)$ se parecia muito com $x(t)$. Entretanto, quando ele fez experimentos com a onda quadrada, obteve um resultado importante e, para ele, muito surpreendente. Michelson preocupou-se com o comportamento observado e achou que seu dispositivo poderia ter um defeito. Ele escreveu sobre o problema para o famoso físico matemático Josiah Gibbs, que o investigou e relatou sua explicação em 1899.

O que Michelson observou está ilustrado na Figura 3.9, em que mostramos $x_N(t)$ para $x(t)$, uma onda quadrada simétrica ($T = 4T_1$), para diversos valores de N. Em cada caso a soma parcial é superposta à onda quadrada original. Como a onda quadrada satisfaz as condições de Dirichlet, o limite quando $N \to \infty$ de $x_N(t)$ nas descontinuidades deverá assumir o valor médio da descontinuidade. Vemos, pela figura, que isso de fato acontece, pois, para qualquer N, $x_N(t)$ tem exatamente esse valor nas descontinuidades. Além do mais, para qualquer outro valor de t, digamos, $t = t_1$, temos garantias de que

$$\lim_{N \to \infty} x_N(t_1) = x(t_1).$$

Portanto, o erro quadrático na representação por série de Fourier da onda quadrada tem área zero, como nas equações 3.53 e 3.54.

Para este exemplo, o efeito interessante que Michelson observou é que o comportamento da soma parcial na vizinhança da descontinuidade apresenta oscilações e que a amplitude de pico dessas ascilações não parece diminuir com o aumento de N. Gibbs mostrou que isso realmente acontece. Especificamente, para uma descontinuidade de altura unitária, a soma parcial apresenta um valor máximo de 1,09 (ou seja, um sobressinal de 9% da altura da descontinuidade), não importa quanto N se torne grande. Entretanto, deve-se ter cuidado para interpretar esse fato corretamente. Como já dissemos, para qualquer valor *fixo* de t, digamos, $t = t_1$, as somas parciais convergirão para o valor correto, e na descontinuidade elas convergirão para metade da soma dos valores do sinal em ambos os lados da descontinuidade. Contudo, quanto mais perto do instante de descontinuidade t_1 for escolhido, maior deverá ser N para reduzir o erro abaixo de uma quantidade especificada. Assim, quando N aumenta, as ondulações nas somas parciais tornam-se comprimidas em direção à descontinuidade, mas para *qualquer* valor finito de N, a

---
[10] A informação histórica usada neste exemplo foi retirada do livro de Lanczos referenciado na nota de rodapé nº 1 deste capítulo.

amplitude de pico das ondulações permanece constante. Esse comportamento passou a ser conhecido como *fenômeno de Gibbs*. A implicação é que a aproximação da série de Fourier truncada $x_N(t)$ de um sinal descontínuo $x(t)$ em geral exibirá ondulações de alta frequência e sobressinal próximo das descontinuidades. Se tal aproximação for usada na prática, um valor grande o suficiente de N deverá ser escolhido de modo a garantir que a energia total nessas ondulações seja insignificante. No limite, logicamente, sabemos que a energia do erro de aproximação desaparece e que a representação em série de Fourier de um sinal descontínuo, como a onda quadrada, converge.

3.5 Propriedades da série de Fourier de tempo contínuo

Como já mencionado, as representações por série de Fourier possuem diversas propriedades importantes, que são úteis para desenvolver compreensão conceitual em tais representações; elas também podem ajudar a reduzir a complexidade na obtenção da série de Fourier de muitos sinais. Na Tabela 3.1, resumimos essas propriedades, várias delas são consideradas nos problemas no final deste capítulo. No Capítulo 4, em que desenvolvemos a transformada de Fourier, veremos que a maioria dessas

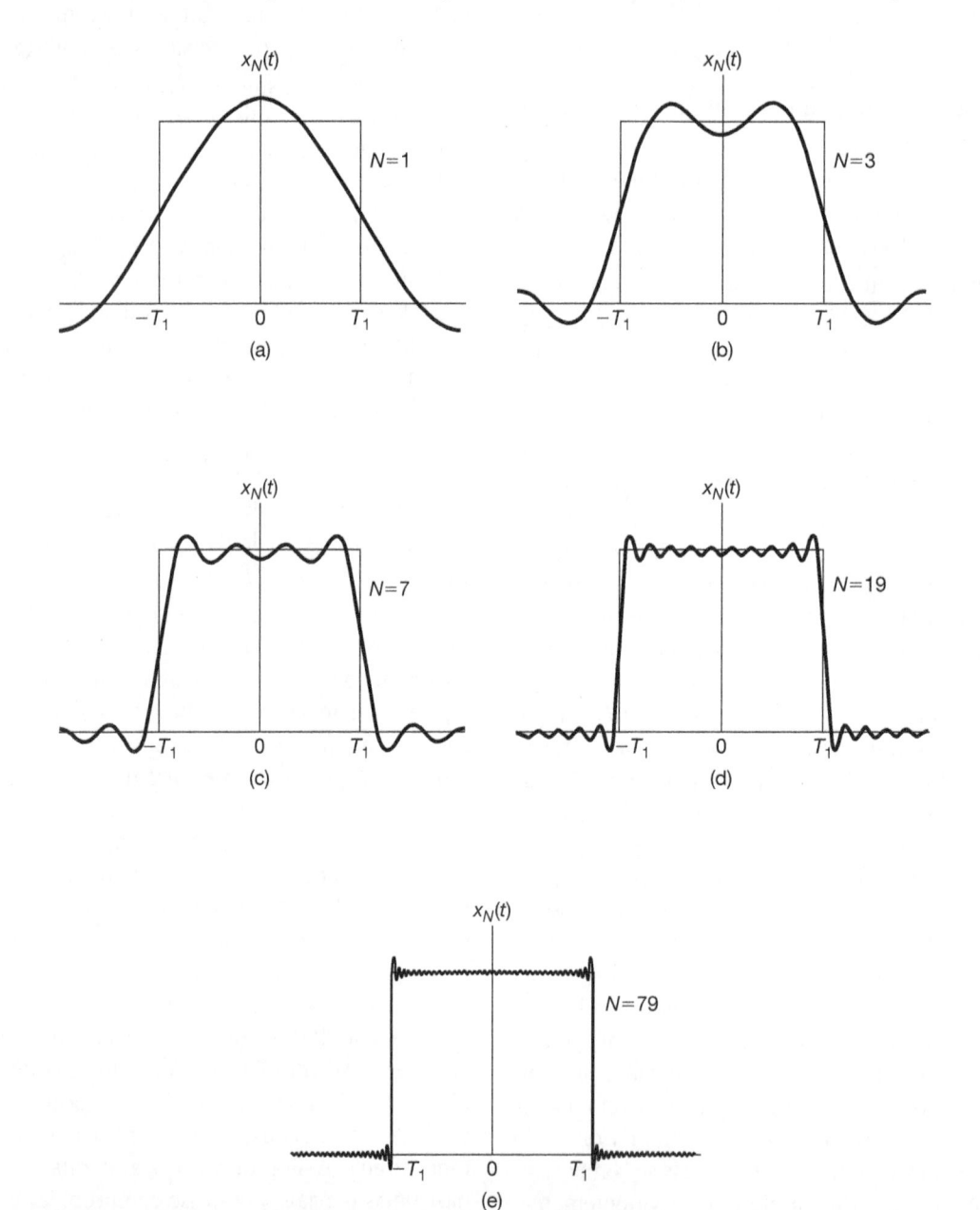

Figura 3.9 Convergência da representação em série de Fourier para uma onda quadrada: ilustração do fenômeno de Gibbs. Aqui, representamos uma aproximação de série finita $x_N(t) = \sum_{k=-N}^{N} a_k e^{jk\omega_0 t}$ para diferentes valores de N.

propriedades pode ser deduzida das propriedades correspondentes da transformada de Fourier de tempo contínuo. Consequentemente, limitamo-nos aqui à discussão de algumas dessas propriedades para ilustrar como elas podem ser obtidas, interpretadas e usadas.

Durante a discussão a seguir de propriedades selecionadas da Tabela 3.1, constataremos que é conveniente usar uma notação abreviada para indicar a relação entre um sinal periódico e seus coeficientes da série de Fourier. Especificamente, suponha que $x(t)$ seja um sinal periódico com período T e frequência fundamental $\omega_0 = 2\pi/T$. Então, se os coeficientes da série de Fourier de $x(t)$ forem denotados por a_k, usaremos a notação

$$x(t) \xleftrightarrow{SF} a_k$$

para relacionar um sinal periódico com seus coeficientes da série de Fourier.

3.5.1 Linearidade

Sejam $x(t)$ e $y(t)$ dois sinais periódicos com período T e que possuem coeficientes da série de Fourier indicados por a_k e b_k, respectivamente. Ou seja,

$$x(t) \xleftrightarrow{SF} a_k,$$
$$y(t) \xleftrightarrow{SF} b_k.$$

Como $x(t)$ e $y(t)$ têm o mesmo período T, podemos ver que qualquer combinação linear dos dois sinais também será periódica com período T. Além do mais, os coeficientes c_k da série de Fourier, da combinação linear de $x(t)$ e $y(t)$, $z(t) = Ax(t) + By(t)$, são dados pela mesma combinação linear dos coeficientes da série de Fourier para $x(t)$ e $y(t)$. Ou seja,

$$z(t) = Ax(t) + By(t) \xleftrightarrow{SF} c_k = Aa_k + Bb_k \quad . \quad \textbf{(3.58)}$$

A prova segue diretamente da aplicação da Equação 3.39. Também observamos que a propriedade de linearidade é facilmente estendida a uma combinação linear de um número arbitrário de sinais com período T.

3.5.2 Deslocamento no tempo

Quando um deslocamento de tempo é aplicado a um sinal periódico $x(t)$, o período T do sinal é preservado. Os coeficientes b_k da série de Fourier do sinal resultante $y(t) = x(t - t_0)$ podem ser expressos como

$$b_k = \frac{1}{T} \int_T x(t - t_0) e^{-jk\omega_0 t} dt. \quad \textbf{(3.59)}$$

Fazendo $\tau = t - t_0$ na integral e notando que a nova variável τ também variará sobre um intervalo de duração T, obtemos

$$\frac{1}{T} \int_T x(\tau) e^{-jk\omega_0(\tau+t_0)} d\tau = e^{-jk\omega_0 t_0} \frac{1}{T} \int_T x(\tau) e^{-jk\omega_0 \tau} d\tau$$
$$= e^{-jk\omega_0 t_0} a_k = e^{-jk(2\pi/T)t_0} a_k, \quad \textbf{(3.60)}$$

sendo a_k o k-ésimo coeficiente da série de Fourier de $x(t)$. Ou seja, se

$$x(t) \xleftrightarrow{SF} a_k$$

então

$$x(t - t_0) \xleftrightarrow{SF} e^{-jk\omega_0 t_0} a_k = e^{-jk(2\pi/T)t_0} a_k.$$

Uma consequência dessa propriedade é que, quando um sinal periódico é deslocado no tempo, as *magnitudes* de seus coeficientes da série de Fourier permanecem inalteradas. Ou seja, $|b_k| = |a_k|$.

3.5.3 Reflexão no tempo

O período T de um sinal periódico $x(t)$ também permanece inalterado quando o sinal é refletido no tempo. Para determinar os coeficientes da série de Fourier de $y(t) = x(-t)$, vamos considerar o efeito da reflexão no tempo sobre a Equação de síntese 3.38:

$$x(-t) = \sum_{k=-\infty}^{\infty} a_k e^{-jk2\pi t/T}. \quad \textbf{(3.61)}$$

Fazendo a substituição $k = -m$, obtemos

$$y(t) = x(-t) = \sum_{m=-\infty}^{\infty} a_{-m} e^{jm2\pi t/T}. \quad \textbf{(3.62)}$$

Observamos que o membro direito dessa equação tem a forma de uma equação de síntese da série de Fourier para $x(-t)$, sendo que os coeficientes da série de Fourier b_k são

$$b_k = a_{-k}. \quad \textbf{(3.63)}$$

Ou seja, se

$$x(t) \xleftrightarrow{SF} a_k,$$

então

$$x(-t) \xleftrightarrow{SF} a_{-k}.$$

Em outras palavras, a reflexão no tempo aplicada a um sinal de tempo contínuo resulta em uma reflexão no tempo da sequência correspondente dos coeficientes da série de Fourier. Uma consequência interessante da propriedade de reflexão de tempo é que, se $x(t)$ for par — ou seja, se $x(-t) = x(t)$ —, então seus coeficientes da série de

Fourier também serão pares — ou seja, $a_{-k} = a_k$. De modo semelhante, se $x(t)$ for ímpar, de modo que $x(-t) = -x(t)$, então os coeficientes da série de Fourier também o serão, ou seja, $a_{-k} = -a_k$.

3.5.4 Mudança de escala no tempo

A mudança de escala no tempo é uma operação que, em geral, muda o período do sinal original. Especificamente, se $x(t)$ é periódico com período T e frequência fundamental $\omega_0 = 2\pi/T$, então $x(\alpha t)$, sendo α um número positivo real, é periódico com período T/α e frequência fundamental $\alpha\omega_0$. Como a operação de mudança de escala se aplica diretamente a cada um dos componentes harmônicos de $x(t)$, podemos concluir que os coeficientes de Fourier para cada um desses componentes permanecem os mesmos. Ou seja, se $x(t)$ tem a representação em série de Fourier da Equação 3.38, então

$$x(\alpha t) = \sum_{k=-\infty}^{+\infty} a_k e^{jk(\alpha\omega_0)t}$$

é a representação da série de Fourier de $x(\alpha t)$. Enfatizamos que, embora os coeficientes de Fourier não tenham mudado, a representação da série de Fourier *mudou*, devido à mudança na frequência fundamental.

3.5.5 Multiplicação

Suponha que $x(t)$ e $y(t)$ sejam ambos periódicos com período T e que

$$x(t) \xleftrightarrow{S\mathcal{F}} a_k,$$
$$y(t) \xleftrightarrow{S\mathcal{F}} b_k.$$

Como o produto $x(t)y(t)$ também é periódico com período T, podemos expandi-lo em uma série de Fourier com coeficientes de série de Fourier h_k expressos em termos dos coeficientes de $x(t)$ e $y(t)$. O resultado é

$$x(t)y(t) \xleftrightarrow{S\mathcal{F}} h_k = \sum_{l=-\infty}^{\infty} a_l b_{k-l}. \quad (3.64)$$

Um modo de obter essa relação (ver Problema 3.46) é multiplicar as representações da série de Fourier de $x(t)$ e $y(t)$ e observar que o k-ésimo componente harmônico do produto terá um coeficiente que é a soma dos termos na forma $a_l b_{k-l}$. Observe que a soma no membro direito da Equação 3.64 pode ser interpretada como uma convolução de tempo discreto da sequência representando os coeficientes de Fourier de $x(t)$ e da sequência representando os coeficientes de Fourier de $y(t)$.

3.5.6 Conjugação e simetria conjugada

Aplicar o complexo conjugado em um sinal periódico $x(t)$ tem o efeito de conjugação complexa *e* reflexão no tempo sobre os coeficientes da série de Fourier correspondente. Ou seja, se

$$x(t) \xleftrightarrow{S\mathcal{F}} a_k,$$

então

$$x^*(t) \xleftrightarrow{S\mathcal{F}} a^*_{-k}. \quad (3.65)$$

Essa propriedade é facilmente provada aplicando-se o complexo conjugado em ambos os membros da Equação 3.38 e substituindo-se a variável do somatório k por seu negativo.

Algumas consequências interessantes dessa propriedade podem ser deduzidas para $x(t)$ real — ou seja, quando $x(t) = x^*(t)$. Em particular, nesse caso, vemos da Equação 3.65 que os coeficientes da série de Fourier terão *simetria conjugada*, ou seja,

$$a_{-k} = a^*_k, \quad (3.66)$$

como observado anteriormente na Equação 3.29. Isso, por sua vez, implica várias propriedades de simetria (listadas na Tabela 3.1) para as magnitudes, fases, partes reais e partes imaginárias dos coeficientes da série de Fourier de sinais reais. Por exemplo, da Equação 3.66, vemos que, se $x(t)$ é real, então a_0 é real e

$$|a_k| = |a_{-k}|.$$

Além disso, se $x(t)$ é real e par, então, da Seção 3.5.3, $a_k = a_{-k}$. Porém, da Equação 3.66, vemos que $a^*_k = a_{-k}$, de modo que $a_k = a^*_k$. Ou seja, se $x(t)$ é real e par, então seus coeficientes da série de Fourier também são. De modo semelhante, pode-se mostrar que, se $x(t)$ é real e ímpar, então seus coeficientes da série de Fourier são puramente imaginários e ímpares. Assim, por exemplo, $a_0 = 0$ se $x(t)$ for real e ímpar. Esta e as outras propriedades de simetria da série de Fourier são examinadas detalhadamente no Problema 3.42.

3.5.7 Relação de Parseval para sinais periódicos de tempo contínuo

Conforme mostra o Problema 3.46, a relação de Parseval para sinais periódicos de tempo contínuo é

$$\frac{1}{T}\int_T |x(t)|^2 dt = \sum_{k=-\infty}^{+\infty} |a_k|^2, \quad (3.67)$$

sendo a_k os coeficientes da série de Fourier de $x(t)$ e T o período do sinal.

Observe que o membro esquerdo da Equação 3.67 é a potência média (ou seja, energia por unidade de tempo) em um período do sinal periódico $x(t)$. Além disso,

$$\frac{1}{T}\int_T |a_k e^{jk\omega_0 t}|^2 dt = \frac{1}{T}\int_T |a_k|^2 dt = |a_k|^2, \quad (3.68)$$

de modo que $|a_k|^2$ é a potência média no k-ésimo componente harmônico de $x(t)$. Assim, o que a relação de Parseval assegura é que a potência total média de um sinal periódico é igual à soma das potências médias de todos os seus componentes harmônicos.

3.5.8 Resumo das propriedades da série de Fourier de tempo contínuo

Na Tabela 3.1, resumimos estas e outras propriedades importantes da série de Fourier de tempo contínuo.

Tabela 3.1 Propriedades da série de Fourier de tempo contínuo

Propriedade	Seção	Sinal periódico	Coeficientes da série de Fourier
		$x(t)$ $\left.\right\}$ Periódicos com período T e $y(t)$ $\left.\right\}$ frequência fundamental $\omega_0 = 2\pi/T$	a_k b_k
Linearidade	3.5.1	$Ax(t) + By(t)$	$Aa_k + Bb_k$
Deslocamento no tempo	3.5.2	$x(t - t_0)$	$a_k e^{-jk\omega_0 t_0} = a_k e^{-jk(2\pi/T)t_0}$
Deslocamento em frequência		$e^{jM\omega_0 t} x(t) = e^{jM(2\pi/T)t} x(t)$	a_{k-M}
Conjugação	3.5.6	$x^*(t)$	a^*_{-k}
Reflexão no tempo	3.5.3	$x(-t)$	a_{-k}
Mudança de escala no tempo	3.5.4	$x(\alpha t)$, $\alpha > 0$ (periódico com período T/α)	a_k
Convolução periódica		$\int_T x(\tau) y(t - \tau) d\tau$	$T a_k b_k$
Multiplicação	3.5.5	$x(t) y(t)$	$\sum_{l=-\infty}^{+\infty} a_l b_{k-l}$
Diferenciação		$\dfrac{dx(t)}{dt}$	$jk\omega_0 a_k = jk\dfrac{2\pi}{T}a_k$
Integração		$\int_{-\infty}^{t} x(t) dt$ (com valor finito e periódica somente se $a_0 = 0$)	$\left(\dfrac{1}{jk\omega_0}\right)a_k = \left(\dfrac{1}{jk(2\pi/T)}\right)a_k$
Simetria conjugada para sinais reais	3.5.6	$x(t)$ real	$\begin{cases} a_k = a^*_{-k} \\ \mathcal{Re}\{a_k\} = \mathcal{Re}\{a_{-k}\} \\ \mathcal{Im}\{a_k\} = -\mathcal{Im}\{a_{-k}\} \\ |a_k| = |a_{-k}| \\ \sphericalangle a_k = -\sphericalangle a_{-k} \end{cases}$
Sinais reais e pares	3.5.6	$x(t)$ real e par	a_k real e par
Sinais reais e ímpares	3.5.6	$x(t)$ real e ímpar	a_k puramente imaginário e ímpar
Decomposição par-ímpar de sinais reais		$\begin{cases} x_e(t) = \mathcal{Ev}\{x(t)\} & [x(t) \text{ real}] \\ x_0(t) = \mathcal{Od}\{x(t)\} & [x(t) \text{ real}] \end{cases}$	$\mathcal{Re}\{a_k\}$ $j\mathcal{I}\{a_k\}$

Relação de Parseval para sinais periódicos

$$\frac{1}{T}\int_T |x(t)|^2 dt = \sum_{k=-\infty}^{+\infty} |a_k|^2$$

3.5.9 Exemplos

As propriedades da série de Fourier, como aquelas listadas na Tabela 3.1, podem ser usadas para evitar parte da álgebra envolvida na determinação dos coeficientes de Fourier de determinado sinal. Ilustramos isso nos próximos três exemplos. O último exemplo nesta seção ilustra como as propriedades de um sinal podem ser usadas para caracterizá-lo com muito detalhe.

Exemplo 3.6

Considere o sinal $g(t)$ com um período fundamental de 4, conforme mostrado na Figura 3.10. Poderíamos determinar a representação por série de Fourier de $g(t)$ diretamente da Equação de análise 3.39. Em vez disso, usaremos a relação de $g(t)$ com a onda quadrada periódica simétrica $x(t)$ do Exemplo 3.5. Com relação a este exemplo, vemos que, com $T = 4$ e $T_1 = 1$,

$$g(t) = x(t-1) - 1/2. \quad (3.69)$$

A propriedade de deslocamento no tempo na Tabela 3.1 indica que, se os coeficientes da série de Fourier de $x(t)$ são denotados por a_k, os coeficientes de Fourier de $x(t-1)$ podem ser expressos como

$$b_k = a_k e^{-jk\pi/2}. \quad (3.70)$$

Os coeficientes de Fourier do *nível dc* em $g(t)$ — ou seja, o termo $-1/2$ no membro direito da Equação 3.69 — são dados por

$$c_k = \begin{cases} 0, & \text{para } k \neq 0 \\ -\frac{1}{2}, & \text{para } k = 0, \end{cases} \quad (3.71)$$

Aplicando a propriedade de linearidade da Tabela 3.1, concluímos que os coeficientes para $g(t)$ podem ser expressos como

$$d_k = \begin{cases} a_k e^{-jk\pi/2}, & \text{para } k \neq 0 \\ a_0 - \frac{1}{2}, & \text{para } k = 0, \end{cases}$$

sendo que cada a_k pode agora ser substituído pela expressão correspondente das equações 3.45 e 3.46, resultando em

$$d_k = \begin{cases} \frac{\text{sen}(\pi k/2)}{k\pi} e^{-jk\pi/2}, & \text{para } k \neq 0 \\ 0, & \text{para } k = 0 \end{cases} \quad (3.72)$$

Exemplo 3.7

Considere a forma de onda triangular $x(t)$ com período $T = 4$ e frequência fundamental $\omega_0 = \pi/2$, mostrada na Figura 3.11. A derivativa desse sinal é o sinal $g(t)$ do Exemplo 3.6. Representando os coeficientes de Fourier de $g(t)$ por d_k e os de $x(t)$ por e_k, vemos que a propriedade de diferenciação da Tabela 3.1 indica que

$$d_k = jk(\pi/2)e_k. \quad (3.73)$$

Essa equação pode ser usada para expressar e_k em termos de d_k, exceto quando $k = 0$. Especificamente, da Equação 3.72,

$$e_k = \frac{2d_k}{jk\pi} = \frac{2\,\text{sen}(\pi k/2)}{j(k\pi)^2} e^{-jk\pi/2}, \quad k \neq 0. \quad (3.74)$$

Para $k = 0$, e_0 pode ser determinado encontrando-se a área sob um período de $x(t)$ e dividindo pela extensão do período:

$$e_0 = \frac{1}{2}.$$

Exemplo 3.8

Vamos examinar algumas propriedades da representação da série de Fourier de um trem periódico de impulsos, ou *trem de impulso*. Esse sinal e sua representação em termos de exponenciais complexas desempenharão um papel importante quando abordarmos a amostragem no Capítulo 7. O trem de impulso com período T pode ser expresso como

$$x(t) = \sum_{k=-\infty}^{\infty} \delta(t - kT); \quad (3.75)$$

ele é ilustrado na Figura 3.12(a). Para determinar os coeficientes a_k da série de Fourier, usamos a Equação 3.39 e selecionamos o intervalo de integração como $-T/2 \leq t \leq T/2$, evitando

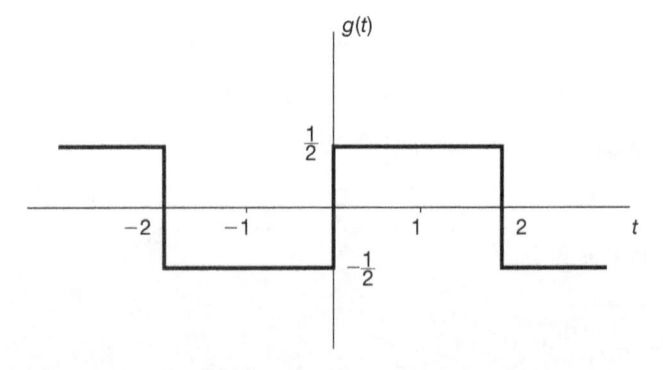

Figura 3.10 Sinal periódico do Exemplo 3.6.

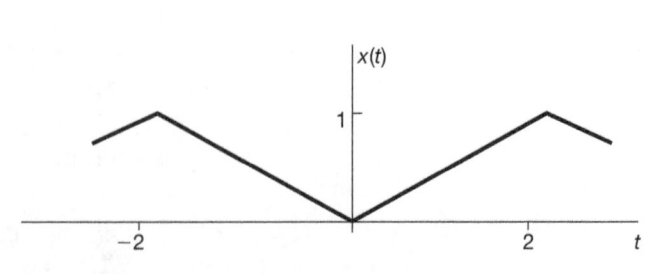

Figura 3.11 Sinal de onda triangular do Exemplo 3.7.

a colocação de impulsos nos limites da integração. Nesse intervalo, $x(t)$ é o próprio $\delta(t)$, e segue-se que

$$a_k = \frac{1}{T} \int_{-T/2}^{T/2} \delta(t) e^{-jk2\pi t/T} \, dt = \frac{1}{T} \qquad (3.76).$$

Em outras palavras, todos os coeficientes da série de Fourier do trem de impulso são idênticos. Esses coeficientes também são reais e formam uma sequência par (com relação ao índice k). Isso é de se esperar, pois, de acordo com a Tabela 3.1, qualquer sinal real e par (como nosso trem de impulso) deverá ter coeficientes de Fourier reais formando uma sequência par.

O trem de impulso também tem uma relação direta com formas de onda quadradas, como $g(t)$ na Figura 3.6, que repetimos na Figura 3.12(b). A derivada de $g(t)$ é o sinal $q(t)$ ilustrado na Figura 3.12(c). Podemos interpretar $q(t)$ como a diferença de duas versões deslocadas do trem de impulso $x(t)$. Ou seja,

$$q(t) = x(t + T_1) - x(t - T_1). \qquad (3.77)$$

Usando as propriedades da série de Fourier, podemos agora calcular os coeficientes da série de Fourier de $q(t)$ e $g(t)$ sem qualquer outro uso direto da equação de análise da série de

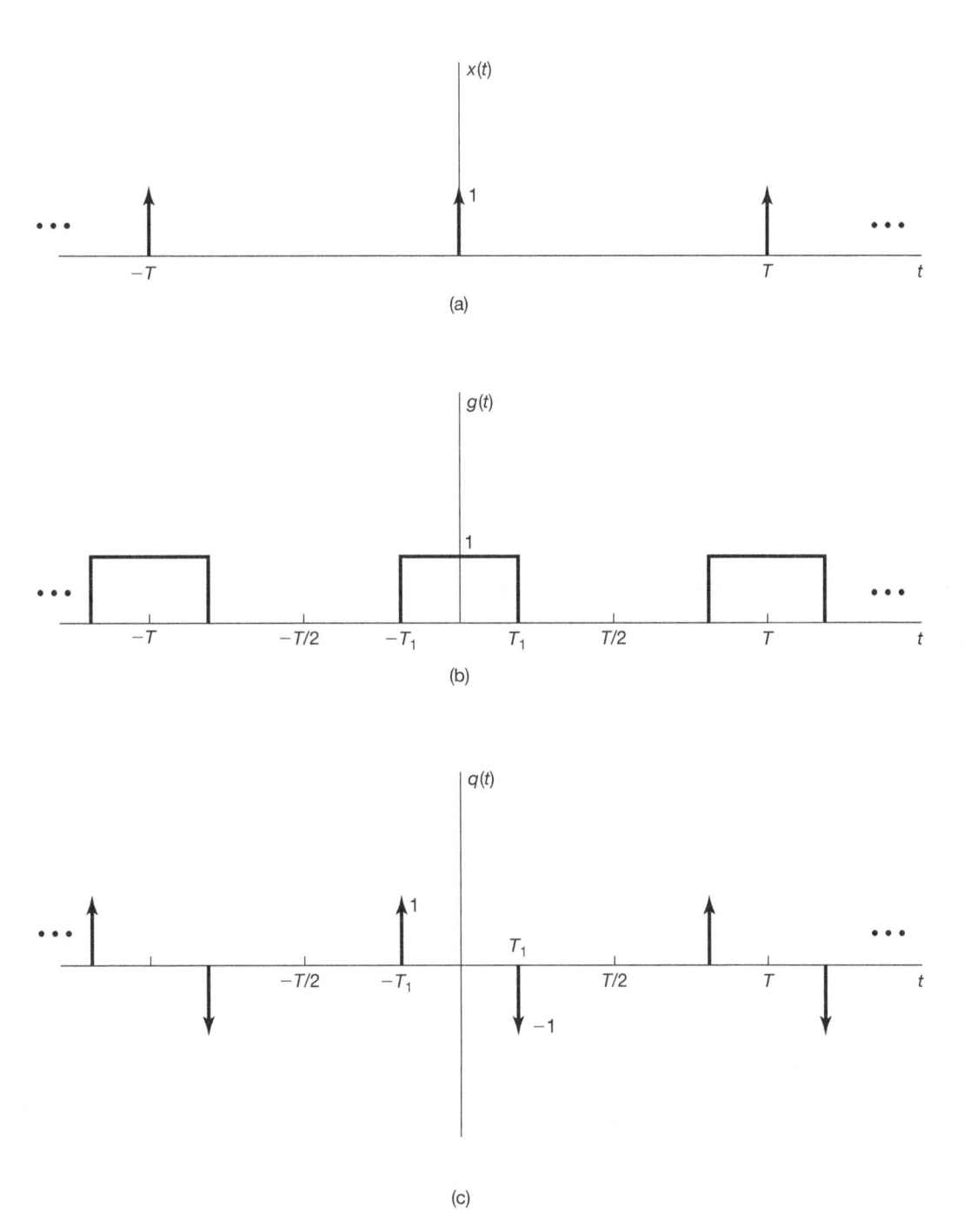

Figura 3.12 (a) Trem de impulso periódico; (b) onda quadrada periódica; (c) derivada da onda quadrada periódica em (b).

Fourier. Primeiro, pelas propriedades de deslocamento no tempo e linearidade, vemos pela Equação 3.77 que os coeficientes da série de Fourier b_k de $q(t)$ podem ser expressos em termos dos coeficientes da série de Fourier a_k de $x(t)$; ou seja,

$$b_k = e^{jk\omega_0 T_1} a_k - e^{-jk\omega_0 T_1} a_k,$$

sendo $\omega_0 = 2\pi/T$. Usando a Equação 3.76, temos, então,

$$b_k = \frac{1}{T}[e^{jk\omega_0 T_1} - e^{-jk\omega_0 T_1}] = \frac{2j\,\text{sen}(k\omega_0 T_1)}{T}.$$

Por fim, como $q(t)$ é a derivativa de $g(t)$, podemos usar a propriedade de diferenciação da Tabela 3.1 para escrever

$$b_k = jk\omega_0 c_k, \quad (3.78)$$

sendo c_k os coeficientes da série de Fourier de $g(t)$. Assim,

$$c_k = \frac{b_k}{jk\omega_0} = \frac{2j\,\text{sen}(k\omega_0 T_1)}{jk\omega_0 T} = \frac{\text{sen}(k\omega_0 T_1)}{k\pi}, \quad k \neq 0, \quad (3.79)$$

em que usamos o fato de que $\omega_0 T = 2\pi$. Observe que a Equação 3.79 é válida para $k \neq 0$, pois não podemos obter c_0 da Equação 3.78 com $k = 0$. Porém, como c_0 é apenas o valor médio de $g(t)$ por um período, podemos determiná-lo por inspeção da Figura 3.12(b):

$$c_0 = \frac{2T_1}{T}. \quad (3.80)$$

As equações 3.80 e 3.79 são idênticas às equações 3.42 e 3.44, respectivamente, para os coeficientes da série de Fourier da onda quadrada obtida no Exemplo 3.5. ∎

O próximo exemplo é escolhido para ilustrar o uso de muitas das propriedades da Tabela 3.1.

Exemplo 3.9

Suponha que são conhecidos os seguintes fatos sobre um sinal $x(t)$:

1. $x(t)$ é um sinal real.
2. $x(t)$ é periódico com período $T = 4$ e tem coeficientes da série de Fourier a_k.
3. $a_k = 0$ para $|k| > 1$.
4. O sinal com coeficientes de Fourier $b_k = e^{-j\pi k/2} a_{-k}$ é ímpar.
5. $\frac{1}{4}\int_4 |x(t)|^2 dt = 1/2$.

Vamos mostrar que essas informações são suficientes para determinar o sinal $x(t)$ com um fator de sinal. De acordo com o Fato 3, $x(t)$ tem no máximo três coeficientes a_k da série de Fourier diferentes de zero: a_0, a_1 e a_{-1}. Então, como $x(t)$ tem frequência fundamental $\omega_0 = 2\pi/4 = \pi/2$, segue-se que

$$x(t) = a_0 + a_1 e^{j\pi t/2} + a_{-1} e^{-j\pi t/2}.$$

Como $x(t)$ é real (Fato 1), podemos usar as propriedades de simetria da Tabela 3.1 para concluir que a_0 é real e $a_1 = a_{-1}^*$. Consequentemente,

$$x(t) = a_0 + a_1 e^{j\pi t/2} + (a_1 e^{j\pi t/2})^* = a_0 + 2\Re e\{a_1 e^{j\pi t/2}\}. \quad (3.81)$$

Vamos agora determinar o sinal correspondente aos coeficientes de Fourier b_k dados no Fato 4. Usando a propriedade de reflexão no tempo da Tabela 3.1, observamos que a_{-k} corresponde ao sinal $x(-t)$. Além disso, a propriedade de deslocamento no tempo da tabela indica que a multiplicação do k-ésimo coeficiente de Fourier por $e^{-jk\pi/2} = e^{-jk\omega_0}$ corresponde ao sinal básico sendo deslocado por 1 à direita (ou seja, tendo t substituído por $t - 1$). Concluímos que os coeficientes b_k correspondem ao sinal $x(-(t-1)) = x(-t+1)$, que, de acordo com o Fato 4, deve ser ímpar. Como $x(t)$ é real, $x(-t+1)$ também deve ser real. Da Tabela 3.1, segue-se, então, que os coeficientes de Fourier de $x(-t+1)$ devem ser puramente imaginários e formam uma sequência ímpar. Assim, $b_0 = 0$ e $b_{-1} = -b_1$. Como as operações de reflexão no tempo e deslocamento no tempo não podem mudar a potência média por período, o Fato 5 é mantido mesmo que $x(t)$ seja substituído por $x(-t+1)$. Ou seja,

$$\frac{1}{4}\int_4 |x(-t+1)|^2 dt = 1/2. \quad (3.82)$$

Agora, podemos usar a relação de Parseval para concluir que

$$|b_1|^2 + |b_{-1}|^2 = 1/2. \quad (3.83)$$

Substituindo $b_1 = -b_{-1}$ nessa equação, obtemos $|b_1| = 1/2$. Como sabe-se que b_1 é puramente imaginário, ele deverá ser $j/2$ ou $-j/2$.

Agora, podemos traduzir essas condições em b_0 e b_1 para afirmações equivalentes para a_0 e a_1. Primeiro, como $b_0 = 0$, o Fato 4 implica que $a_0 = 0$. Com $k = 1$, essa condição implica que $a_1 = e^{-j\pi/2} b_{-1} = -jb_{-1} = jb_1$. Assim, se tomarmos $b_1 = j/2$, então $a_1 = -1/2$, e, portanto, pela Equação 3.81, $x(t) = -\cos(\pi t/2)$. Como alternativa, se tomarmos $b_1 = -j/2$, então $a_1 = 1/2$, e, portanto, $x(t) = \cos(\pi t/2)$. ∎

3.6 Representação de sinais periódicos de tempo discreto em série de Fourier

Nesta seção, consideramos a representação por série de Fourier dos sinais periódicos de tempo discreto. Embora a discussão tenha um paralelo com a da Seção 3.3, existem algumas diferenças importantes. Em particular, a representação em série de Fourier de um sinal periódico de tempo discreto é uma série *finita*, ao contrário da representação em série infinita exigida para os sinais periódicos de tempo contínuo. Como consequência, não existem questões matemáticas de convergência, como aquelas discutidas na Seção 3.4.

3.6.1 Combinações lineares de exponenciais complexas harmonicamente relacionadas

Conforme definido no Capítulo 1, um sinal de tempo discreto $x[n]$ é periódico com período N se

$$x[n] = x[n+N]. \tag{3.84}$$

O período fundamental é o menor inteiro positivo N para o qual a Equação 3.84 é válida, e $\omega_0 = 2\pi/N$ é a frequência fundamental. Por exemplo, a exponencial complexa $e^{j(2\pi/N)n}$ é periódica com período N. Além do mais, o conjunto de todos os sinais exponenciais complexos de tempo discreto que são periódicos com período N é dado por

$$\phi_k[n] = e^{jk\omega_0 n} = e^{jk(2\pi/N)n}, \ k = 0, \pm 1, \pm 2, \ldots \tag{3.85}$$

Todos esses sinais possuem frequências fundamentais que são múltiplas de $2\pi/N$ e, assim, são harmonicamente relacionadas.

Conforme mencionamos na Seção 1.3.3, existem apenas N sinais distintos no conjunto dado pela Equação 3.85. Isso é uma consequência do fato de que as exponenciais complexas de tempo discreto, que diferem em frequência por um múltiplo de 2π, são idênticas. Especificamente, $\phi_0[n] = \phi_N[n]$, $\phi_1[n] = \phi_{N+1}[n]$ e, em geral,

$$\phi_k[n] = \phi_{k+rN}[n] \tag{3.86}$$

Ou seja, quando k é adicionado a qualquer inteiro múltiplo de N, uma sequência idêntica é gerada. Esse fato difere da situação em tempo contínuo porque os sinais $\phi_k(t)$ definidos na Equação 3.24 são todos diferentes entre si.

Agora, queremos considerar a representação de sequências periódicas mais gerais em termos de combinações lineares das sequências $\phi_k[n]$ da Equação 3.85. Essa combinação linear tem a forma

$$x[n] = \sum_k a_k \phi_k[n] = \sum_k a_k e^{jk\omega_0 n} = \sum_k a_k e^{jk(2\pi/N)n}. \tag{3.87}$$

Como as sequências $\phi_k[n]$ são distintas apenas para uma faixa de N valores sucessivos de k, o somatório na Equação 3.87 só precisa incluir termos nesse intervalo. Assim, o somatório é em k, em que k varia em um intervalo de N inteiros sucessivos, começando em qualquer valor de k. Indicamos isso expressando os limites do somatório como $k = \langle N \rangle$. Ou seja,

$$x[n] = \sum_{k=\langle N \rangle} a_k \phi_k[n] = \sum_{k=\langle N \rangle} a_k e^{jk\omega_0 n} = \sum_{k=\langle N \rangle} a_k e^{jk(2\pi/N)n} \tag{3.88}$$

Por exemplo, k poderia assumir os valores $k = 0, 1, \ldots, N-1$, ou $k = 3, 4, \ldots, N+2$. Em ambos os casos, devido à Equação 3.86, exatamente o mesmo conjunto de sequências exponenciais complexas aparece no somatório no membro direito da Equação 3.88. A Equação 3.88 é conhecida como *série de Fourier de tempo discreto*, e os coeficientes a_k, como os *coeficientes da série de Fourier*.

3.6.2 Determinação da representação de um sinal periódico em série de Fourier

Suponha agora que é dada uma sequência $x[n]$ que é periódica com período fundamental N. Gostaríamos de determinar se existe uma representação de $x[n]$ na forma da Equação 3.88 e, se existir, quais são os valores dos coeficientes a_k. Essa questão pode ser reformulada em termos de se encontrar uma solução para um conjunto de equações lineares. Especificamente, se calcularmos a Equação 3.88 em N valores sucessivos de n correspondentes a um período de $x[n]$, obteremos

$$\begin{aligned} x[0] &= \sum_{k=\langle N \rangle} a_k, \\ x[1] &= \sum_{k=\langle N \rangle} a_k e^{j2\pi k/N}, \\ &\vdots \\ x[N-1] &= \sum_{k=\langle N \rangle} a_k e^{j2\pi k(N-1)/N}. \end{aligned} \tag{3.89}$$

Assim, a Equação 3.89 representa um conjunto de N equações lineares para os N coeficientes desconhecidos a_k em que k varia sobre um conjunto de N inteiros sucessivos. Pode-se mostrar que esse conjunto de equações é linearmente independente e, consequentemente, pode ser solucionado para obtermos os coeficientes a_k em termos dos valores dados de $x[n]$. No Problema 3.32, consideramos um exemplo em que os coeficientes da série de Fourier são obtidos solucionando-se explicitamente o conjunto de N equações dadas na Equação 3.89. Contudo, seguindo etapas equivalentes àquelas usadas em tempo contínuo, é possível obter uma expressão em forma fechada para os coeficientes a_k em termos dos valores da sequência $x[n]$.

A base para esse resultado é o fato, mostrado no Problema 3.54, de que

$$\sum_{n=\langle N \rangle} e^{jk(2\pi/N)n} = \begin{cases} N, & k = 0, \pm N, \pm 2N, \ldots \\ 0, & \text{caso contrário} \end{cases}. \tag{3.90}$$

A equação 3.90 estabelece que a soma dos valores de uma exponencial complexa periódica sobre um período é zero, a menos que a exponencial complexa seja uma constante.

Agora, considere a representação em série de Fourier da Equação 3.88. Multiplicando os dois membros por $e^{-jr(2\pi/N)n}$ e somando sobre N parcelas, obtemos

$$\sum_{n=\langle N \rangle} x[n]e^{-jr(2\pi/N)n} = \sum_{n=\langle N \rangle} \sum_{k=\langle N \rangle} a_k e^{j(k-r)(2\pi/N)n}. \quad (3.91)$$

Trocando a ordem do somatório no membro direito, temos

$$\sum_{n=\langle N \rangle} x[n]e^{-jr(2\pi/N)n} = \sum_{k=\langle N \rangle} a_k \sum_{n=\langle N \rangle} e^{j(k-r)(2\pi/N)n}. \quad (3.92)$$

A partir da identidade da Equação 3.90, a soma mais interna em n no membro direito da Equação 3.92 é zero, a menos que $k-r$ seja zero ou um múltiplo inteiro de N. Portanto, se fizermos r variar a mesma faixa em que k varia no somatório externo, a soma interna no membro direito da Equação 3.92 é igual a N se $k=r$ e 0 se $k \neq r$. O membro direito da Equação 3.92, então, reduz-se a Na_r, e temos

$$a_r = \frac{1}{N} \sum_{n=\langle N \rangle} x[n]e^{-jr(2\pi/N)n}. \quad (3.93)$$

Essa é uma expressão em forma fechada para obtermos os coeficientes da série de Fourier, e temos o *par da série de Fourier de tempo discreto*:

$$x[n] = \sum_{k=\langle N \rangle} a_k e^{jk\omega_0 n} = \sum_{k=\langle N \rangle} a_k e^{jk(2\pi/N)n}, \quad (3.94)$$

$$a_k = \frac{1}{N} \sum_{n=\langle N \rangle} x[n]e^{-jk\omega_0 n} = \frac{1}{N} \sum_{n=\langle N \rangle} x[n]\, e^{-jk(2\pi/N)n}. \quad (3.95)$$

Essas equações desempenham o mesmo papel para sinais periódicos de tempo discreto que as equações 3.38 e 3.39 desempenham para os sinais periódicos de tempo contínuo, com a Equação 3.94 sendo a equação de *síntese* e a Equação 3.95, a equação de *análise*. Como em tempo contínuo, os coeficientes da série de Fourier de tempo discreto a_k frequentemente são chamados *coeficientes espectrais* de $x[n]$. Esses coeficientes especificam a decomposição de $x[n]$ em uma soma de N exponenciais complexas harmonicamente relacionadas.

Levando em conta a Equação 3.88, vemos que, se tomarmos k na faixa de 0 a $N-1$, teremos

$$x[n] = a_0 \phi_0[n] + a_1 \phi_1[n] + \ldots + a_{N-1}\phi_{N-1}[n]. \quad (3.96)$$

De modo semelhante, se k varia de 1 até N, obtemos

$$x[n] = a_1 \phi_1[n] + a_2 \phi_2[n] + \ldots + a_N \phi_N[n]. \quad (3.97)$$

Da Equação 3.86, $\phi_0[n] = \phi_N[n]$ e, portanto, ao comparar as equações 3.96 e 3.97, concluímos que $a_0 = a_N$. De modo semelhante, fazendo k variar por qualquer conjunto de N inteiros consecutivos e usando a Equação 3.86, podemos concluir que

$$a_k = a_{k+N}. \quad (3.98)$$

Ou seja, se considerarmos mais do que N valores sequenciais de k, os valores a_k repetem-se periodicamente com período N. É importante que esse fato seja interpretado cuidadosamente. Em particular, como existem apenas N exponenciais complexas distintas que são periódicas com período N, a representação em série de Fourier de tempo discreto é uma série finita com N parcelas. Portanto, se designarmos N valores consecutivos de k sobre os quais definimos a série de Fourier na Equação 3.94, obteremos um conjunto de exatamente N coeficientes de Fourier com a Equação 3.95. Por outro lado, às vezes, será conveniente usar diferentes conjuntos de N valores de k e, consequentemente, é útil considerar a Equação 3.94 como a soma sobre qualquer conjunto *arbitrário* de N valores sucessivos de k. Por esse motivo, às vezes é conveniente pensar em a_k como uma sequência definida para todos os valores de k, sendo que apenas N elementos sucessivos na sequência serão usados na representação da série de Fourier. Além disso, como $\phi_k[n]$ se repete periodicamente com período N conforme variamos k (Equação 3.86), o mesmo deverá acontecer com a_k (Equação 3.98). Esse ponto de vista é ilustrado no exemplo seguinte.

Exemplo 3.10

Considere o sinal

$$x[n] = \text{sen } \omega_0 n, \quad (3.99)$$

que é o correspondente em tempo discreto do sinal $x(t) = \text{sen } \omega_0 t$ do Exemplo 3.3. $x[n]$ é periódico apenas se $2\pi/\omega_0$ for um inteiro ou uma razão de inteiros. Para o caso em que $2\pi/\omega_0$ é um inteiro N, ou seja, quando

$$\omega_0 = \frac{2\pi}{N},$$

$x[n]$ é periódico com período fundamental N, e obtemos um resultado que é exatamente análogo ao caso em tempo contínuo. Expandindo o sinal como uma soma de duas exponenciais complexas, obtemos

$$x[n] = \frac{1}{2j}e^{j(2\pi/N)n} - \frac{1}{2j}e^{-j(2\pi/N)n}. \quad (3.100)$$

Comparando a Equação 3.100 com a Equação 3.94, vemos por inspeção que

$$a_1 = \frac{1}{2j}, \quad a_{-1} = -\frac{1}{2j} \quad (3.101)$$

e os coeficientes restantes no intervalo do somatório são zero. Conforme descrito anteriormente, esses coeficientes se repetem com período N; assim, a_{N+1} também é igual a $(1/2j)$ e a_{N-1} é igual a $(-1/2j)$. Os coeficientes da série de Fourier para este exemplo com $N = 5$ estão ilustrados na Figura 3.13. O fato de que eles se repetem periodicamente está indicado. Porém, somente um período é utilizado na Equação de síntese 3.94.

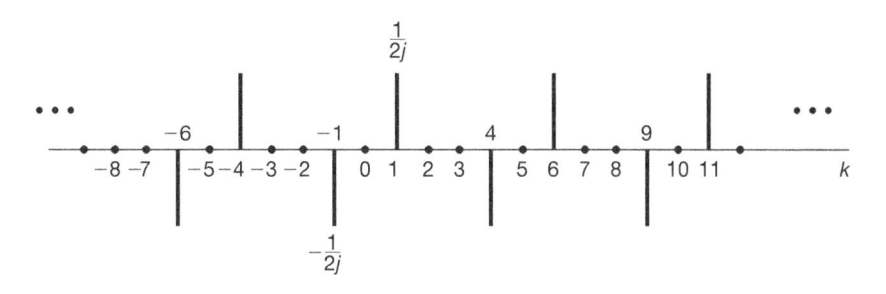

Figura 3.13 Coeficientes de Fourier para $x[n] = \text{sen}(2\pi/5)n$.

Considere agora o caso em que $2\pi/\omega_0$ é uma razão de inteiros — ou seja, quando

$$\omega_0 = \frac{2\pi M}{N}.$$

Assumindo que M e N não tenham quaisquer fatores comuns, $x[n]$ tem um período fundamental de N. Novamente, expandindo $x[n]$ como uma soma de duas exponenciais complexas, temos

$$x[n] = \frac{1}{2j} e^{jM(2\pi/N)n} - \frac{1}{2j} e^{-jM(2\pi/N)n},$$

da qual podemos determinar por inspeção que $a_M = (1/2j)$, $a_{-M} = (-1/2j)$, e os coeficientes restantes em um período N são nulos. Os coeficientes de Fourier para este exemplo com $M = 3$ e $N = 5$ são representados na Figura 3.14. Novamente, indicamos a periodicidade dos coeficientes. Por exemplo, para $N = 5$, $a_2 = a_{-3}$, que em nosso exemplo é igual a $(-1/2j)$. Observe, porém, que em qualquer período de comprimento 5 existem apenas dois coeficientes de Fourier diferentes de zero, e, portanto, existem apenas duas parcelas diferentes de zero na equação de síntese.

Exemplo 3.11

Considere o sinal

$$x[n] = 1 + \text{sen}\left(\frac{2\pi}{N}\right)n + 3\cos\left(\frac{2\pi}{N}\right)n + \cos\left(\frac{4\pi}{N}n + \frac{\pi}{2}\right).$$

O sinal é periódico com período N e, como no Exemplo 3.10, podemos expandir $x[n]$ diretamente em termos de exponenciais complexas para obter

$$[n] = 1 + \frac{1}{2j}[e^{j(2\pi/N)n} - e^{-j(2\pi/N)n}] + \frac{3}{2}[e^{j(2\pi/N)n} + e^{-j(2\pi/N)n}] + \frac{1}{2}[e^{j(4\pi n/N + \pi/2)} + e^{-j(4\pi n/N + \pi/2)}].$$

Agrupando termos, obtemos

$$x[n] = 1 + \left(\frac{3}{2} + \frac{1}{2j}\right)e^{j(2\pi/N)n} + \left(\frac{3}{2} - \frac{1}{2j}\right)e^{-j(2\pi/N)n} + \left(\frac{1}{2}e^{j\pi/2}\right)e^{j2(2\pi/N)n} + \left(\frac{1}{2}e^{-j\pi/2}\right)e^{-j2(2\pi/N)n}.$$

Assim, os coeficientes da série de Fourier para este exemplo são

$$a_0 = 1,$$
$$a_1 = \frac{3}{2} + \frac{1}{2j} = \frac{3}{2} - \frac{1}{2}j,$$
$$a_{-1} = \frac{3}{2} - \frac{1}{2j} = \frac{3}{2} + \frac{1}{2}j,$$
$$a_2 = \frac{1}{2}j,$$
$$a_{-2} = -\frac{1}{2}j,$$

com $a_k = 0$ para outros valores de k no intervalo do somatório na Equação de síntese 3.94. Novamente, os coeficientes de Fourier são periódicos com período N, de modo que, por

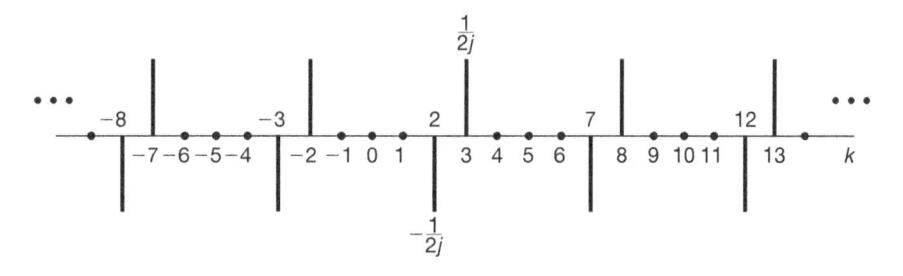

Figura 3.14 Coeficientes de Fourier para $x[n] = \text{sen } 3(2\pi/5)n$.

exemplo, $a_N = 1$, $a_{3N-1} = \frac{3}{2} + \frac{1}{2}j$ e $a_{2-N} = \frac{1}{2}j$. Na Figura 3.15(a), mostramos as partes real e imaginária desses coeficientes para $N = 10$, enquanto a magnitude e fase dos coeficientes são representadas na Figura 3.15(b).

Observe que, no Exemplo 3.11, $a_{-k} = a_k^*$ para todos os valores de k. Na verdade, essa igualdade se mantém sempre que $x[n]$ é real. Esta propriedade é idêntica àquela que discutimos na Seção 3.3 para sinais periódicos de tempo contínuo e, assim como em tempo contínuo, uma implicação é que existem duas formas alternativas para a série de Fourier de tempo discreto das sequências periódicas reais. Essas formas são semelhantes às representações

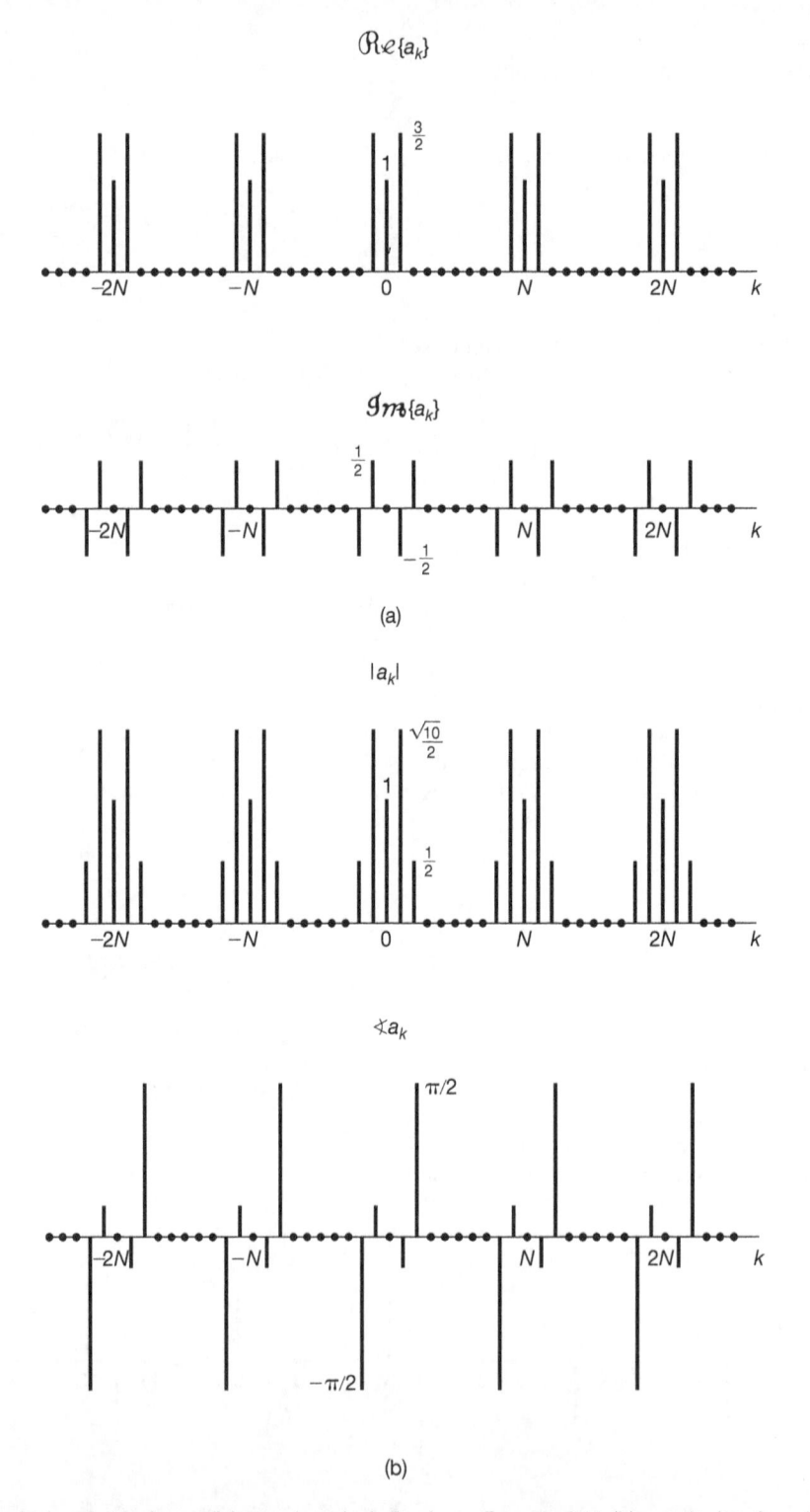

Figura 3.15 (a) Partes real e imaginária dos coeficientes da série de Fourier no Exemplo 3.11; (b) magnitude e fase dos mesmos coeficientes.

da série de Fourier de tempo contínuo dadas nas equações 3.31 e 3.32 e são examinadas no Problema 3.52. Para nossos propósitos, a forma exponencial da série de Fourier, dada nas equações 3.94 e 3.95, é particularmente conveniente, e a usaremos exclusivamente.

Exemplo 3.12

Neste exemplo, consideramos a onda quadrada periódica de tempo discreto mostrada na Figura 3.16. Podemos obter a série de Fourier para esse sinal usando a Equação 3.95. Como $x[n] = 1$ para $-N_1 \leq n \leq N_1$, é particularmente conveniente escolher o intervalo de extensão N do somatório na Equação 3.95 de modo que inclua o intervalo $-N_1 \leq n \leq N_1$. Nesse caso, podemos expressar a Equação 3.95 como

$$a_k = \frac{1}{N} \sum_{n=-N_1}^{N_1} e^{-jk(2\pi/N)n}. \quad (3.102)$$

Fazendo $m = n + N_1$, observamos que a Equação 3.102 se torna

$$a_k = \frac{1}{N} \sum_{m=0}^{2N_1} e^{-jk(2\pi/N)(m-N_1)}$$

$$= \frac{1}{N} e^{jk(2\pi/N)N_1} \sum_{m=0}^{2N_1} e^{-jk(2\pi/N)m}. \quad (3.103)$$

O somatório na Equação 3.103 consiste na soma dos primeiros $2N_1 + 1$ termos em uma série geométrica, que pode ser calculada usando-se o resultado do Problema 1.54. Assim,

$$a_k = \frac{1}{N} e^{jk(2\pi/N)N_1} \left(\frac{1 - e^{-jk2\pi(2N_1+1)/N}}{1 - e^{-jk(2\pi/N)}} \right) \quad (3.104)$$

$$= \frac{1}{N} \frac{e^{-jk(2\pi/2N)}[e^{jk2\pi(N_1+1/2)/N} - e^{-jk2\pi(N_1+1/2)/N}]}{e^{-jk(2\pi/2N)}[e^{jk(2\pi/2N)} - e^{-jk(2\pi/2N)}]}$$

$$= \frac{1}{N} \frac{\text{sen}[2\pi k(N_1+1/2)/N]}{\text{sen}(\pi k/N)}, \quad k \neq 0, \pm N, \pm 2N, \ldots$$

e

$$a_k = \frac{2N_1 + 1}{N}, \quad k = 0, \pm N, \pm 2N, \ldots. \quad (3.105)$$

Os coeficientes a_k para $2N_1 + 1 = 5$ são esboçados para $N = 10$, 20 e 40 nas figuras 3.17(a), (b) e (c), respectivamente.

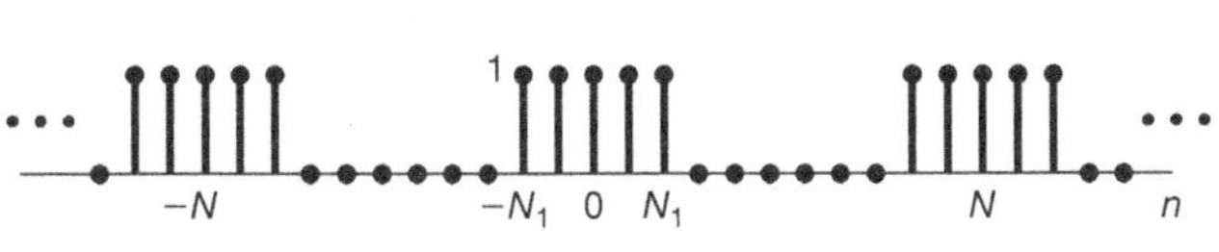

Figura 3.16 Onda quadrada periódica de tempo discreto.

Ao discutir a convergência das séries de Fourier de tempo contínuo na Seção 3.4, consideramos o exemplo de uma onda quadrada simétrica e observamos como a soma finita na Equação 3.52 convergia para a onda quadrada à medida que o número de termos se aproximava de infinito. Em particular, observamos o fenômeno de Gibbs na descontinuidade, segundo o qual, à medida que o número de termos aumentava, as ondulações na soma parcial (Figura 3.9) eram compactadas em direção à descontinuidade, com a amplitude de pico das ondulações permanecendo constante, independentemente do número de termos na soma parcial. Vamos considerar a sequência análoga de somas parciais para a onda quadrada de tempo discreto, sendo que, por conveniência, vamos assumir que o período N é ímpar. Na Figura 3.18, representamos os sinais

$$\hat{x}[n] = \sum_{k=-M}^{M} a_k e^{jk(2\pi/N)n} \quad (3.106)$$

para o exemplo da Figura 3.16 com $N = 9$, $2N_1 + 1 = 5$ e para diferentes valores de M. Para $M = 4$, a soma parcial é exatamente igual a $x[n]$. Vemos, em particular, que, ao contrário do caso de tempo contínuo, não existem questões de convergência nem fenômeno de Gibbs. De fato, não existem questões de convergência com a série de Fourier de tempo discreto em geral. O motivo para isso vem do fato de que qualquer sequência periódica de tempo discreto $x[n]$ é completamente especificada por um número *finito* N de parâmetros, a saber, os valores da sequência durante um período. A Equação 3.95, da análise da série de Fourier, simplesmente transforma esse conjunto de N parâmetros em um conjunto equivalente — os valores de N coeficientes de Fourier — e a Equação de síntese 3.94 nos diz como recuperar os valores da sequência original em termos de uma série *finita*. Assim, se N for ímpar e tomarmos $M = (N-1)/2$ na Equação 3.106, a soma inclui exatamente N termos e, consequentemente, pelas equações de síntese, temos $\hat{x}[n] = x[n]$. De modo semelhante, se N for par e considerarmos

$$\hat{x}[n] = \sum_{k=-M+1}^{M} a_k e^{jk(2\pi/N)n}, \quad (3.107)$$

então, com $M = N/2$, essa soma consiste em N termos e, novamente, podemos concluir, pela Equação 3.94, que $\hat{x}[n] = x[n]$.

Ao contrário, um sinal periódico de tempo contínuo assume um conjunto contínuo de valores em um único período, e um número infinito de coeficientes de Fourier é exigido para representá-lo. Assim, em geral, *nenhuma* das somas parciais finitas na Equação 3.52 gera os valores exatos de $x(t)$, e questões de convergência,

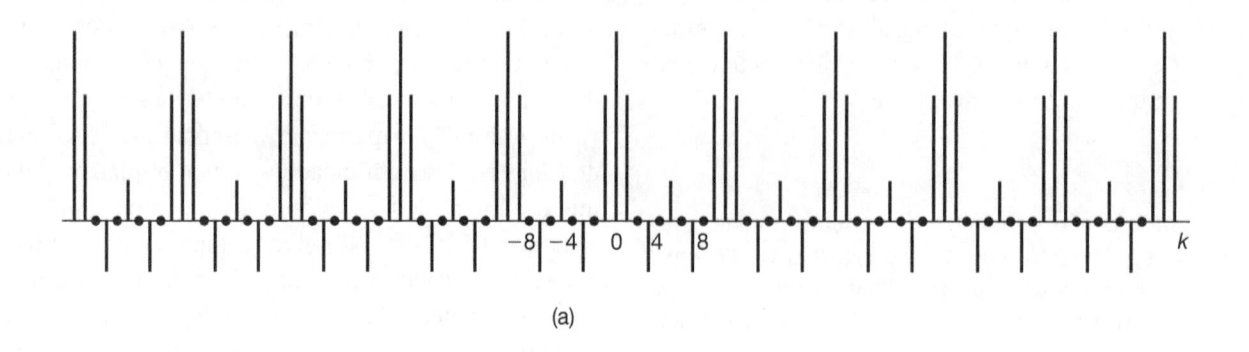

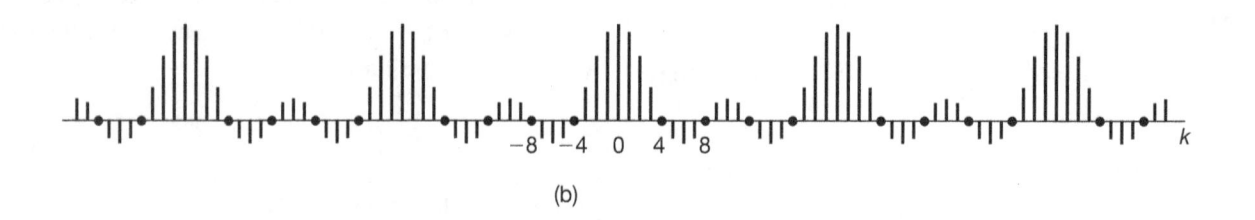

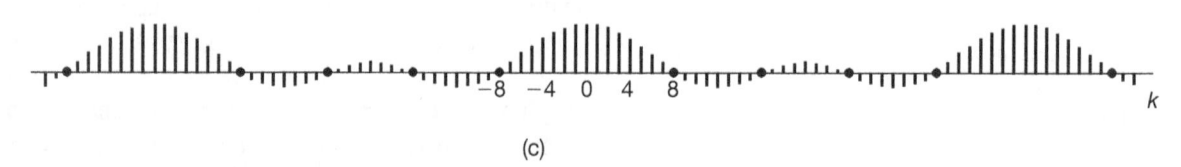

Figura 3.17 Coeficientes da série de Fourier para a onda quadrada periódica do Exemplo 3.12; gráficos de Na_k para $2N_1 + 1 = 5$ e (a) $N = 10$; (b) $N = 20$; (c) $N = 40$.

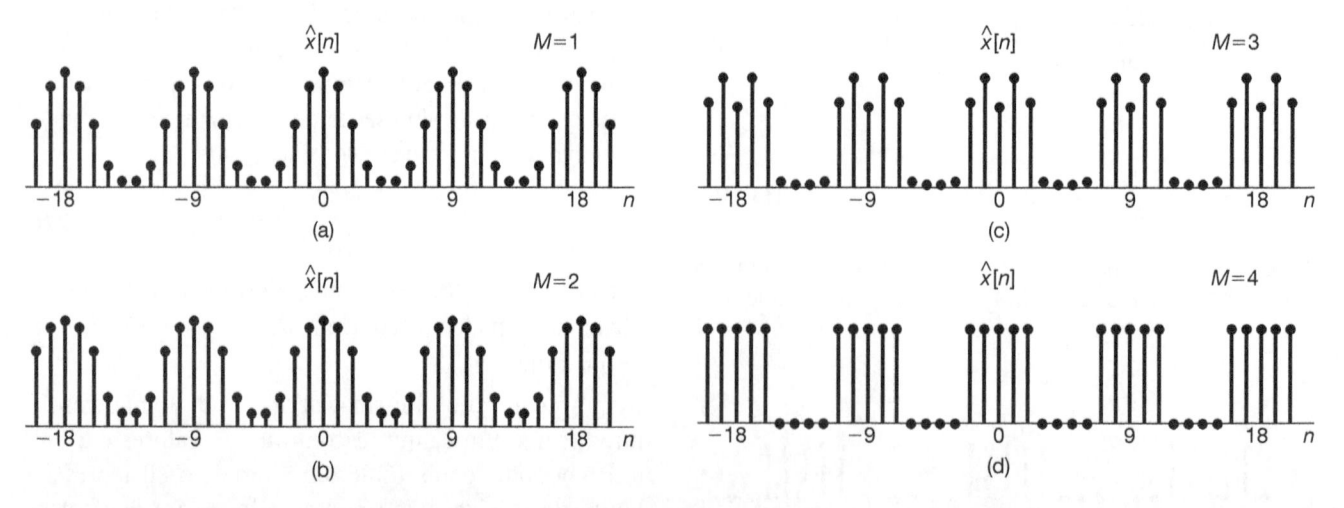

Figura 3.18 Somas parciais das equações 3.106 e 3.107 para a onda quadrada periódica da Figura 3.16 com $N = 9$ e $2N_1 + 1 = 5$; (a) $M = 1$; (b) $M = 2$; (c) $M = 3$; (d) $M = 4$.

como aquelas consideradas na Seção 3.4, surgem quando levamos em conta o problema de avaliar o limite à medida que o número de parcelas se aproxima de infinito.

3.7 Propriedades da série de Fourier de tempo discreto

Existem grandes semelhanças entre as propriedades das séries de Fourier de tempo discreto e contínuo. Isso pode ser facilmente visto comparando-se as propriedades da série de Fourier de tempo discreto resumidas na Tabela 3.2 com suas correspondentes na Tabela 3.1. As deduções de muitas dessas propriedades são muito similares àquelas das propriedades correspondentes para a série de Fourier de tempo contínuo, e várias delas são consideradas nos problemas ao final do capítulo. Além disso, no Capítulo 5, veremos que a maioria das propriedades pode ser inferida a partir das propriedades correspondentes da transformada de Fourier de tempo discreto.

Tabela 3.2 Propriedades da série de Fourier de tempo discreto

Propriedade	Sinal periódico	Coeficientes da série de Fourier
	$\left.\begin{array}{l}x[n]\\y[n]\end{array}\right\}$ Periódicas com período N e frequência fundamental $\omega_0 = 2\pi/N$	$\left.\begin{array}{l}a_k\\b_k\end{array}\right\}$ Periódico com período N
Linearidade	$Ax[n] + By[n]$	$Aa_k + Bb_k$
Deslocamento no tempo	$x[n - n_0]$	$a_k e^{-jk(2\pi/N)n_0}$
Deslocamento em frequência	$e^{jM(2\pi/N)n} x[n]$	a_{k-M}
Conjugação	$x^*[n]$	a^*_{-k}
Reflexão no tempo	$x[-n]$	a_{-k}
Mudança de escala no tempo	$x_{(m)}[n] = \begin{cases} x[n/m], & \text{se } n \text{ é múltiplo de } m \\ 0, & \text{se } n \text{ não é múltiplo de } m \end{cases}$ (periódica com período mN)	$\frac{1}{m}a_k$ (vistos como periódico com período mN)
Convolução periódica	$\sum_{r=\langle N \rangle} x[r]y[n-r]$	$Na_k b_k$
Multiplicação	$x[n]y[n]$	$\sum_{l=\langle N \rangle} a_l b_{k-l}$
Primeira diferença	$x[n] - x[n-1]$	$(1 - e^{-jk(2\pi/N)})a_k$
Soma acumulada	$\sum_{k=-\infty}^{n} x[k]$ (de valor finito e periódico apenas se $a_0 = 0$)	$\left(\frac{1}{1 - e^{-jk(2\pi/N)}}\right)a_k$
Simetria conjugada para sinais reais	$x[n]$ real	$\begin{cases} a_k = a^*_{-k} \\ \mathcal{R}e\{a_k\} = \mathcal{R}e\{a_{-k}\} \\ \mathcal{I}m\{a_k\} = -\mathcal{I}m\{a_{-k}\} \\ |a_k| = |a_{-k}| \\ \sphericalangle a_k = -\sphericalangle a_{-k} \end{cases}$
Sinais reais e pares	$x[n]$ real e par	a_k real e par
Sinais reais e ímpares	$x[n]$ real e ímpar	a_k puramente imaginário e ímpar
Decomposição par-ímpar de sinais reais	$x_e[n] = \mathcal{E}v\{x[n]\}$ $\quad [x[n]$ real$]$ $x_0[n] = \mathcal{O}d\{x[n]\}$ $\quad [x[n]$ real$]$	$\mathcal{R}e\{a_k\}$ $j\mathcal{I}m\{a_k\}$
Relação de Parseval para sinais periódicos	$\frac{1}{N}\sum_{n=\langle N \rangle} |x[n]|^2 = \sum_{k=\langle N \rangle} |a_k|^2$	

Consequentemente, limitamos a discussão nas próximas subseções a apenas algumas dessas propriedades, incluindo várias que possuem diferenças importantes com relação àquelas de tempo contínuo. Também mostramos exemplos ilustrando a utilidade de diversas propriedades da série de Fourier de tempo discreto para desenvolver ideias conceituais e ajudar a reduzir a complexidade do cálculo da série de Fourier de muitas sequências periódicas.

Assim como em tempo contínuo, em geral é conveniente usar uma notação abreviada para indicar a relação entre um sinal periódico e seus coeficientes da série de Fourier. Especificamente, se $x[n]$ for um sinal periódico com período N e com coeficientes da série de Fourier indicados por a_k, então escreveremos

$$x[n] \xleftrightarrow{SF} a_k.$$

3.7.1 Multiplicação

A propriedade de multiplicação que a representação por série de Fourier possui é um exemplo de propriedade que reflete a diferença entre tempo contínuo e tempo discreto. Pela Tabela 3.1, o produto de dois sinais de tempo contínuo de período T resulta em um sinal periódico com período T cuja sequência de coeficientes da série de Fourier é a *convolução* das sequências de coeficientes da série de Fourier dos dois sinais sendo multiplicados. Em tempo discreto, suponha que

$$x[n] \xleftrightarrow{SF} a_k$$

e

$$y[n] \xleftrightarrow{SF} b_k$$

sejam ambos periódicos com período N. Então, o produto $x[n]y[n]$ também é periódico com período N e, como mostramos no Problema 3.57, seus coeficientes de Fourier, d_k, são dados por

$$x[n]y[n] \xleftrightarrow{SF} d_k = \sum_{l=\langle N \rangle} a_l b_{k-l} \quad (3.108)$$

A Equação 3.108 é análoga à definição da convolução, exceto que a variável do somatório agora é restrita a um intervalo de N amostras consecutivas. Como pode ser visto no Problema 3.57, o somatório pode ser calculado sobre *qualquer* conjunto de N valores consecutivos de l. Referimo-nos a esse tipo de operação como uma *convolução periódica* entre as duas sequências periódicas de coeficientes de Fourier. A forma usual da soma de convolução (em que a variável do somatório varia de $-\infty$ a ∞) às vezes é chamada *convolução aperiódica*, para distingui-la da convolução periódica.

3.7.2 Primeira diferença

O paralelo em tempo discreto da propriedade de diferenciação da série de Fourier de tempo contínuo envolve o uso da operação de primeira diferença, que é definida como $x[n] - x[n-1]$. Se $x[n]$ é periódico com período N, então o mesmo ocorre com $y[n]$, pois deslocar $x[n]$ ou combinar linearmente $x[n]$ com outro sinal periódico cujo período seja N sempre resulta em um sinal periódico com período N. Além disso, se

$$x[n] \xleftrightarrow{SF} a_k,$$

então os coeficientes de Fourier correspondentes à primeira diferença de $x[n]$ podem ser expressos como

$$x[n] - x[n-1] \xleftrightarrow{SF} (1 - e^{-jk(2\pi/N)})a_k, \quad (3.109)$$

o que é facilmente obtido aplicando-se as propriedades de deslocamento de tempo e linearidade na Tabela 3.2. Um uso comum dessa propriedade apresenta-se em situações em que o cálculo dos coeficientes da série de Fourier é mais fácil para a primeira diferença do que para a sequência original. (Ver Problema 3.31.)

3.7.3 Relação de Parseval para sinais periódicos de tempo discreto

Como é mostrado no Problema 3.57, a relação de Parseval para sinais periódicos de tempo discreto é dada por

$$\frac{1}{N} \sum_{n=\langle N \rangle} |x[n]|^2 = \sum_{k=\langle N \rangle} |a_k|^2, \quad (3.110)$$

sendo a_k os coeficientes da série de Fourier de $x[n]$, e N, o período. Assim como no caso de tempo contínuo, o membro esquerdo da relação de Parseval é a potência média em um período para o sinal periódico $x[n]$. De modo semelhante, $|a_k|^2$ é a potência média na k-ésima componente harmônica de $x[n]$. Assim, mais uma vez, a relação de Parseval afirma que a potência média em um sinal periódico é igual à soma das potências médias em todas as suas componentes harmônicas. Em tempo discreto, naturalmente, só existem N componentes harmônicas distintas, e como os a_k são periódicos com período N, a soma do membro direito da Equação 3.110 pode ser feita sobre quaisquer N valores consecutivos de k.

3.7.4 Exemplos

Nesta subseção, apresentamos diversos exemplos ilustrando como as propriedades da série de Fourier de tempo discreto podem ser usadas para caracterizar os sinais periódicos de tempo discreto e calcular suas representações em série de Fourier. Especificamente, as propriedades da série de Fourier, como aquelas listadas na Tabela 3.2, podem ser usadas para simplificar o processo de determinar os coeficientes da série de Fourier de um dado sinal. Isso envolve primeiro expressar o sinal dado em termos de outros sinais cujos coeficientes da série de Fourier sejam já conhecidos ou mais fáceis de calcular. Então, usando a Tabela 3.2, podemos expressar os coeficientes da série de Fourier do sinal em questão em termos dos coeficientes da série de Fourier dos outros sinais. Esse processo é ilustrado no Exemplo 3.13. O Exemplo 3.14 apresenta a determinação de uma sequência a partir de algumas informações parciais. No Exemplo 3.15, ilustramos o uso da propriedade de convolução periódica da Tabela 3.2.

Exemplo 3.13

Vamos considerar o problema de encontrar os coeficientes da série de Fourier a_k da sequência $x[n]$ mostrada na Figura 3.19(a). Essa sequência tem um período fundamental de 5. Observamos que $x[n]$ pode ser visto como a soma da onda quadrada $x_1[n]$ da Figura 3.19(b) e a *sequência dc* $x_2[n]$ da Figura 3.19(c). Indicando os coeficientes da série de Fourier de $x_1[n]$ por b_k e os de $x_2[n]$ por c_k, usamos a propriedade de linearidade da Tabela 3.2 para concluir que

$$a_k = b_k + c_k. \qquad (3.111)$$

Pelo Exemplo 3.12 (com $N_1 = 1$ e $N = 5$), sabemos que os coeficientes da série de Fourier b_k correspondendo a $x_1[n]$ podem ser expressos como

$$b_k = \begin{cases} \dfrac{1}{5}\dfrac{\operatorname{sen}(3\pi k/5)}{\operatorname{sen}(\pi k/5)}, & \text{para } k \neq 0, \pm 5, \pm 10, \ldots \\ \dfrac{3}{5}, & \text{para } k = 0, \pm 5, \pm 10, \ldots \end{cases} \qquad (3.112)$$

A sequência $x_2[n]$ tem apenas um valor dc, que é determinado por seu coeficiente zero da série de Fourier:

$$c_0 = \frac{1}{5}\sum_{n=0}^{4} x_2[n] = 1 \qquad (3.113)$$

Como os coeficientes da série de Fourier de tempo discreto são periódicos, segue-se que $c_k = 1$ sempre que k é um múltiplo inteiro de 5. Os outros coeficientes de $x_2[n]$ devem ser zero, pois $x_2[n]$ contém apenas um componente dc. Agora, podemos substituir as expressões para b_k e c_k na Equação 3.111, para obter

$$a_k = \begin{cases} \dfrac{1}{5}\dfrac{\operatorname{sen}(3\pi k/5)}{\operatorname{sen}(\pi k/5)}, & \text{para } k \neq 0, \pm 5, \pm 10, \ldots \\ \dfrac{8}{5}, & \text{para } k = 0, \pm 5, \pm 10, \ldots \end{cases} \qquad (3.114)$$

Exemplo 3.14

Suponha que tenhamos os seguintes fatos sobre uma sequência $x[n]$:

1. $x[n]$ é periódico com período $N = 6$.
2. $\sum_{n=0}^{5} x[n] = 2$.
3. $\sum_{n=2}^{7} (-1)^n x[n] = 1$.
4. $x[n]$ tem a potência mínima por período entre o conjunto de sinais satisfazendo as três condições anteriores.

Vamos determinar a sequência $x[n]$. Indicamos os coeficientes da série de Fourier de $x[n]$ por a_k. Do Fato 2, concluímos que $a_0 = 1/3$. Observando que $(-1)^n = e^{-j\pi n} = e^{-j(2\pi/6)3n}$, vemos, pelo Fato 3, que $a_3 = 1/6$. Pela relação de Parseval (ver Tabela 3.2), a potência média em $x[n]$ é

$$P = \sum_{k=0}^{5} |a_k|^2. \qquad (3.115)$$

Como cada coeficiente diferente de zero contribui com uma quantidade positiva para P, e como os valores de a_0 e a_3 são previamente especificados, o valor de P é minimizado escolhendo-se $a_1 = a_2 = a_4 = a_5 = 0$. Então, segue-se que

$$x[n] = a_0 + a_3 e^{j\pi n} = (1/3) + (1/6)(-1)^n \qquad (3.116)$$

que é esboçado na Figura 3.20.

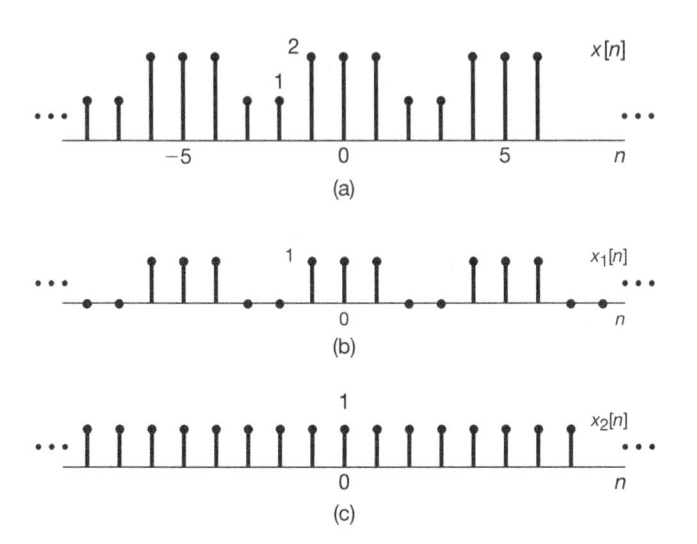

Figura 3.19 (a) Sequência periódica $x[n]$ para o Exemplo 3.13 e sua representação como uma soma de (b) a onda quadrada $x_1[n]$ e (c) a sequência dc $x_2[n]$.

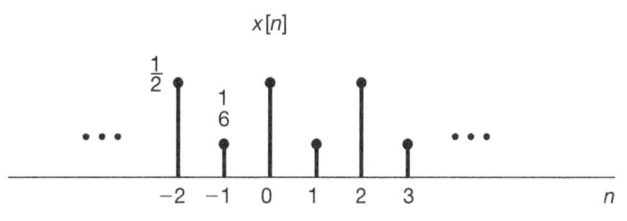

Figura 3.20 Sequência $x[n]$ que é consistente com as propriedades especificadas no Exemplo 3.14.

Exemplo 3.15

Neste exemplo, determinamos e esboçamos uma sequência periódica, dada uma expressão algébrica para seus coeficientes da série de Fourier. No processo, também exploramos a propriedade de convolução periódica (ver Tabela 3.2) da série de Fourier de tempo discreto. Especificamente, conforme indicado na tabela e mostrado no Problema 3.58, se $x[n]$ e $y[n]$ são periódicos com período N, então o sinal

$$w[n] = \sum_{r=\langle N \rangle} x[r]y[n-r]$$

também é periódico com período N. Aqui, o somatório pode ser feito sobre qualquer conjunto de N valores consecutivos de r. Além disso, os coeficientes da série de Fourier de $\omega[n]$ são iguais a $Na_k b_k$, em que a_k e b_k são os coeficientes de Fourier de $x[n]$ e $y[n]$, respectivamente.

Suponha, agora, que saibamos que um sinal $\omega[n]$ é periódico com um período fundamental $N = 7$ e com coeficientes da série de Fourier

$$c_k = \frac{\operatorname{sen}^2(3\pi k/7)}{7\operatorname{sen}^2(\pi k/7)}. \quad (3.117)$$

Observamos que $c_k = 7d_k^2$, em que d_k indica a sequência de coeficientes da série de Fourier de uma onda quadrada $x[n]$, como a do Exemplo 3.12, com $N_1 = 1$ e $N = 7$. Usando a propriedade de convolução periódica, vemos que

$$w[n] = \sum_{r=\langle 7 \rangle} x[r]x[n-r] = \sum_{r=-3}^{3} x[r]x[n-r], \quad (3.118)$$

sendo que, na última igualdade, escolhemos a soma sobre intervalo $-3 \leq r \leq 3$. Exceto pelo fato de que a soma é limitada a um intervalo finito, o método do produto-e-soma para avaliar a convolução é aplicável aqui. De fato, podemos converter a Equação 3.118 em uma convolução comum definindo um sinal $\hat{x}[n]$, que é igual a $x[n]$ para $-3 \leq n \leq 3$ e é zero, caso contrário. Então, pela Equação 3.118,

$$w[n] = \sum_{r=-3}^{3} \hat{x}[r]x[n-r] = \sum_{r=-\infty}^{+\infty} \hat{x}[r]x[n-r].$$

Ou seja, $\omega[n]$ é a convolução aperiódica das sequências $\hat{x}[n]$ e $x[n]$.

As sequências $x[r]$, $\hat{x}[r]$ e $x[n-r]$ são esboçadas nas figuras 3.21(a), (b) e (c). Pela figura, podemos calcular $\omega[n]$ de maneira imediata. Em particular, vemos que $\omega[0] = 3$; $\omega[-1] = \omega[1] = 2$; $\omega[-2] = \omega[2] = 1$; e $\omega[-3] = \omega[3] = 0$. Como $\omega[n]$ é periódico com período 7, podemos esboçar $\omega[n]$ como mostra a Figura 3.21(d). ■

3.8 Série de Fourier e sistemas LIT

Nas seções anteriores, vimos que a representação em série de Fourier pode ser usada para construir qualquer sinal periódico em tempo discreto e virtualmente todos os sinais de tempo contínuo periódicos de importância prática. Além disso, na Seção 3.2, vimos que a resposta de um sistema LIT a uma combinação linear de exponenciais complexas assume uma forma particularmente simples. Especificamente, em tempo contínuo, se $x(t) = e^{st}$ é a entrada de um sistema LIT de tempo contínuo, então a saída é dada por $y(t) = H(s)e^{st}$, em que, pela Equação 3.6,

$$H(s) = \int_{-\infty}^{+\infty} h(\tau)e^{-s\tau} d\tau, \quad (3.119)$$

sendo que $h(t)$ é a resposta ao impulso do sistema LIT.

De modo similar, se $x[n] = z^n$ é a entrada de um sistema LIT de tempo discreto, então a saída é dada por $y[n] = H(z)z^n$, em que, pela Equação 3.10,

$$H(z) = \sum_{k=-\infty}^{+\infty} h[k]z^{-k}, \quad (3.120)$$

sendo que $h[n]$ é a resposta ao impulso do sistema LIT.

Quando s ou z são números complexos quaisquer, $H(s)$ e $H(z)$ são conhecidos como *funções de sistema* dos sistemas correspondentes. Para sinais e sistemas de tempo contínuo neste e no próximo capítulo, focalizamos o caso específico em que $\mathcal{R}e\{s\} = 0$, de modo que $s = j\omega$ e, consequentemente, e^{st} tem a forma $e^{j\omega t}$. Essa entrada é uma exponencial complexa na frequência ω. A função do sistema na forma $s = j\omega$ — ou seja, $H(j\omega)$ visto como uma função de ω — é denominada *resposta em frequência* de sistema e é dada por

$$H(j\omega) = \int_{-\infty}^{+\infty} h(t)e^{-j\omega t} dt \quad (3.121)$$

De modo semelhante, para sinais e sistemas de tempo discreto, abordamos neste capítulo e no Capítulo 5 os valores de z para os quais $|z| = 1$, de modo que $z = e^{j\omega}$ e z^n tem a forma $e^{j\omega n}$. Neste caso, a função de sistema $H(z)$ para z restrito à forma $z = e^{j\omega}$ é conhecida como resposta em frequência do sistema e é dada por

$$H(e^{j\omega}) = \sum_{n=-\infty}^{+\infty} h[n]e^{-j\omega n}. \quad (3.122)$$

A resposta de um sistema LIT a um sinal exponencial complexo da forma $e^{j\omega t}$ (em tempo contínuo) ou $e^{j\omega n}$ (em tempo discreto) é particularmente simples de se expressar em termos da resposta em frequência do sistema. Além do mais, como resultado da propriedade de superposição para sistemas LIT, podemos expressar a resposta de um sistema LIT a uma combinação linear de exponenciais complexas com a mesma facilidade. Nos capítulos 4

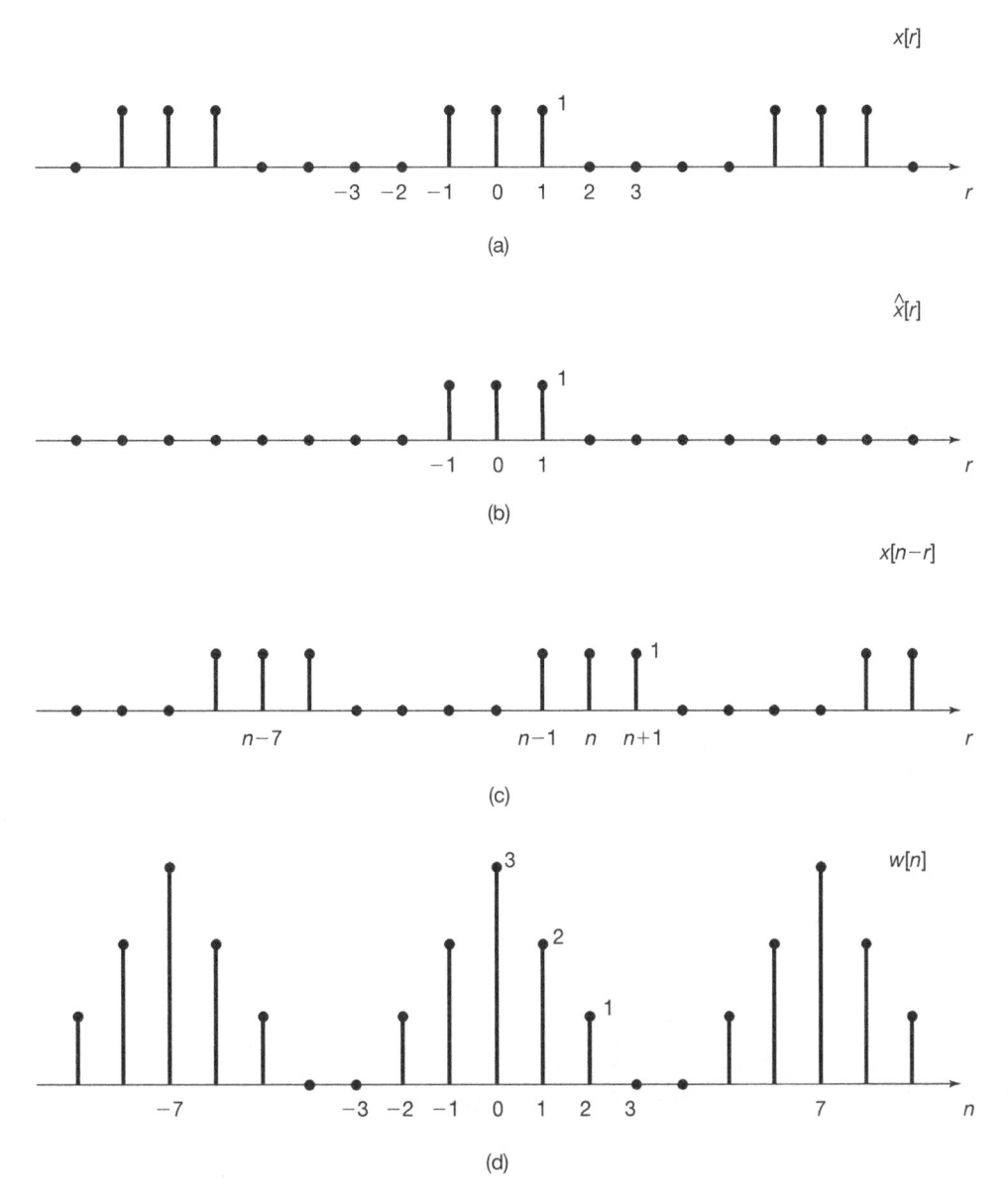

Figura 3.21 (a) A sequência onda quadrada $x[r]$ no Exemplo 3.15; (b) a sequência $\hat{x}[r]$ igual a $x[r]$ para $-3 \leq r \leq 3$ e zero, caso contrário; (c) a sequência $x[n-r]$; (d) a sequência $\omega[n]$ igual à convolução periódica de $x[n]$ consigo mesmo e à convolução aperiódica de $\hat{x}[n]$ com $x[n]$.

e 5, veremos como usar essas ideias em conjunto com as transformadas de Fourier de tempo contínuo e tempo discreto para analisar a resposta dos sistemas LIT a sinais aperiódicos. No restante deste capítulo, como uma visão inicial desse importante conjunto de conceitos e resultados, focamos a interpretação e compreensão dessa noção no contexto de sinais periódicos.

Considere, primeiro, o caso de tempo contínuo, e seja $x(t)$ um sinal periódico com representação em série de Fourier dada por

$$x(t) = \sum_{k=-\infty}^{+\infty} a_k e^{jk\omega_0 t}. \quad (3.123)$$

Suponha que apliquemos esse sinal como entrada para um sistema LIT com resposta ao impulso $h(t)$. Então, como cada uma das exponenciais complexas na Equação 3.123 é uma autofunção do sistema, como na Equação 3.13 com $s_k = jk\omega_0$, segue-se que a saída é

$$y(t) = \sum_{k=-\infty}^{+\infty} a_k H(jk\omega_0) e^{jk\omega_0 t}. \quad (3.124)$$

Assim, $y(t)$ também é periódico com a mesma frequência fundamental de $x(t)$. Além do mais, se $\{a_k\}$ for o conjunto de coeficientes da série de Fourier para a entrada $x(t)$, então $\{a_k H(jk\omega_0)\}$ é o conjunto de coeficientes para a saída $y(t)$. Ou seja, o efeito do sistema LIT é modificar individualmente cada um dos coeficientes de Fourier da entrada por meio da multiplicação pelo valor da resposta em frequência na frequência correspondente.

Exemplo 3.16

Suponha que o sinal periódico $x(t)$ discutido no Exemplo 3.2 seja o sinal de entrada para um sistema LIT com resposta ao impulso

$$h(t) = e^{-t}u(t).$$

Para calcular os coeficientes da série de Fourier da saída $y(t)$, primeiro calculamos a resposta em frequência:

$$\begin{aligned} H(j\omega) &= \int_0^\infty e^{-\tau} e^{-j\omega\tau} d\tau \\ &= -\frac{1}{1+j\omega} e^{-\tau} e^{-j\omega\tau} \Big|_0^\infty \\ &= \frac{1}{1+j\omega}. \end{aligned} \quad (3.125)$$

Portanto, usando as equações 3.124 e 3.125, juntamente com o fato de que $\omega_0 = 2\pi$ neste exemplo, obtemos

$$y(t) = \sum_{k=-3}^{+3} b_k e^{jk2\pi t}, \quad (3.126)$$

com $b_k = a_k H(jk2\pi)$, de modo que

$$b_0 = 1$$
$$b_1 = \frac{1}{4}\left(\frac{1}{1+j2\pi}\right), \quad b_{-1} = \frac{1}{4}\left(\frac{1}{1-j2\pi}\right),$$
$$b_2 = \frac{1}{2}\left(\frac{1}{1+j4\pi}\right), \quad b_{-2} = \frac{1}{2}\left(\frac{1}{1-j4\pi}\right), \quad (3.127)$$
$$b_3 = \frac{1}{6}\left(\frac{1}{1+j6\pi}\right), \quad b_{-3} = \frac{1}{3}\left(\frac{1}{1-j6\pi}\right).$$

Note que $y(t)$ deve ser um sinal com valor real, pois ele é a convolução de $x(t)$ e $h(t)$, que são reais. Isso pode ser verificado examinando-se a Equação 3.127 e observando-se que $b_k^* = b_{-k}$. Portanto, $y(t)$ também pode ser expresso em uma das formas dadas nas equações 3.31 e 3.32; ou seja,

$$y(t) = 1 + 2\sum_{k=1}^{3} D_k \cos(2\pi kt + \theta_k), \quad (3.128)$$

ou

$$y(t) = 1 + 2\sum_{k=1}^{3} [E_k \cos 2\pi kt - F_k \sen 2\pi kt], \quad (3.129)$$

sendo

$$b_k = D_k e^{j\theta_k} = E_k + jF_k, \quad k = 1, 2, 3. \quad (3.130)$$

Esses coeficientes podem ser calculados diretamente pela Equação 3.127. Por exemplo,

$$D_1 = |b_1| = \frac{1}{4\sqrt{1+4\pi^2}}, \quad \theta_1 = \sphericalangle b_1 = -\tg^{-1}(2\pi),$$

$$E_1 = \mathcal{R}e\{b_1\} = \frac{1}{4(1+4\pi^2)}, \quad F_1 = \mathcal{I}m\{b_1\} = -\frac{\pi}{2(1+4\pi^2)}.$$

Em tempo discreto, a relação entre os coeficientes da série de Fourier da entrada e da saída de um sistema LIT é exatamente análoga às equações 3.123 e 3.124. Especificamente, seja $x[n]$ um sinal periódico com representação da série de Fourier dada por

$$x[n] = \sum_{k=\langle N\rangle} a_k e^{jk(2\pi/N)n}.$$

Se aplicarmos esse sinal como a entrada para um sistema LIT com resposta ao impulso $h[n]$, então, como na Equação 3.16 com $z_k = e^{jk(2\pi/N)}$, a saída é

$$y[n] = \sum_{k=\langle N\rangle} a_k H(e^{j2\pi k/N}) e^{jk(2\pi/N)n}. \quad (3.131)$$

Assim, $y[n]$ também é periódico com o mesmo período de $x[n]$, e o k-ésimo coeficiente de Fourier de $y[n]$ é o produto do k-ésimo coeficiente de Fourier da entrada pelo valor da resposta em frequência do sistema LIT, $H(e^{j2\pi k/N})$, na frequência correspondente.

Exemplo 3.17

Considere um sistema LIT com resposta ao impulso $h[n] = \alpha^n u[n]$, $-1 < \alpha < 1$, e com a entrada

$$x[n] = \cos\left(\frac{2\pi n}{N}\right). \quad (3.132)$$

Assim como no Exemplo 3.10, $x[n]$ pode ser escrito na forma de série de Fourier como

$$x[n] = \frac{1}{2} e^{j(2\pi/N)n} + \frac{1}{2} e^{-j(2\pi/N)n}.$$

Além disso, pela Equação 3.122,

$$H(e^{j\omega}) = \sum_{n=0}^{\infty} \alpha^n e^{-j\omega n} = \sum_{n=0}^{\infty} (\alpha e^{-j\omega})^n. \quad (3.133)$$

Essa série geométrica pode ser calculada usando o resultado do Problema 1.54, gerando

$$H(e^{j\omega}) = \frac{1}{1-\alpha e^{-j\omega}}. \quad (3.134)$$

Usando a Equação 3.131, obtemos então a série de Fourier para a saída:

$$\begin{aligned} [n] &= \frac{1}{2} H(e^{j2\pi/N}) e^{j(2\pi/N)n} + \frac{1}{2} H(e^{-j2\pi/N}) e^{-j(2\pi/N)n} \\ &= \frac{1}{2}\left(\frac{1}{1-\alpha e^{-j2\pi/N}}\right) e^{j(2\pi/N)n} + \frac{1}{2}\left(\frac{1}{1-\alpha e^{j2\pi/N}}\right) e^{-j(2\pi/N)n}. \end{aligned}$$
(3.135)

Se escrevermos

$$\frac{1}{1-\alpha e^{-j2\pi/N}} = re^{j\theta},$$

então a Equação 3.135 se reduz a

$$y[n] = r\cos\left(\frac{2\pi}{N}n + \theta\right). \quad (3.136)$$

Por exemplo, se $N = 4$,

$$\frac{1}{1-\alpha e^{-j2\pi/4}} = \frac{1}{1+\alpha j} = \frac{1}{\sqrt{1+\alpha^2}}e^{j(-\tan^{-1}(\alpha))}$$

e assim,

$$y[n] = \frac{1}{\sqrt{1+\alpha^2}}\cos\left(\frac{\pi n}{2} - \tan^{-1}(\alpha)\right).$$

Deve-se notar que, para expressões como as equações 3.124 e 3.131 façam sentido, as respostas em frequência $H(j\omega)$ e $H(e^{j\omega})$ nas equações 3.121 e 3.122 precisam estar bem definidas e serem finitas. Conforme veremos nos capítulos 4 e 5, isso acontecerá se os sistemas LIT considerados forem estáveis. Por exemplo, o sistema LIT no Exemplo 3.16, com resposta ao impulso $h(t) = e^{-t}u(t)$, é estável e tem uma resposta em frequência bem definida, dada pela Equação 3.125. Por outro lado, um sistema LIT com resposta ao impulso $h(t) = e^{t}u(t)$ é instável, e é fácil verificar que a integral na Equação 3.121 para $H(j\omega)$ diverge para qualquer valor de ω. De forma similar, o sistema LIT no Exemplo 3.17, com resposta ao impulso $h[n] = \alpha^n u[n]$, é estável para $|\alpha| < 1$ e tem resposta em frequência dada pela Equação 3.134. Entretanto, se $|\alpha| > 1$, o sistema é instável, e o somatório na Equação 3.133 diverge.

3.9 Filtragem

Em diversas aplicações, é interessante mudar as amplitudes relativas dos componentes em frequência de um sinal ou talvez eliminar por completo alguns componentes em frequência, tal processo é conhecido como *filtragem*. Os sistemas lineares invariantes no tempo, que mudam a forma do espectro, são conhecidos como *filtros conformadores de frequência*. Os sistemas que são projetados para deixar passar algumas frequências essencialmente não distorcidas e que atenuam significativamente ou eliminam outras são chamados *filtros seletivos em frequência*. Conforme indicado pelas equações 3.124 e 3.131, os coeficientes da série de Fourier da saída de um sistema LIT são aqueles da entrada multiplicados pela resposta em frequência do sistema. Consequentemente, a filtragem pode ser realizada convenientemente com o uso de sistemas LIT com uma resposta em frequência apropriadamente escolhida, e métodos no domínio da frequência nos proporcionam as ferramentas ideais para examinar essa classe tão importante de aplicações. Nesta e nas duas seções seguintes, abordamos pela primeira vez a filtragem por meio de alguns exemplos.

3.9.1 Filtros formadores em frequência

Sistemas de áudio constituem uma aplicação em que os filtros conformadores de frequência são encontrados facilmente. Por exemplo, os filtros LIT frequentemente estão incluídos em tais sistemas para permitir que o ouvinte modifique as quantidades relativas de energia de baixa frequência (graves) e energia de alta frequência (agudos). Esses filtros correspondem a sistemas LIT cujas respostas em frequência podem ser alteradas manipulando-se os controles de tonalidade. Além disso, em sistemas de áudio de alta fidelidade, um chamado filtro de equalização normalmente é incluído no pré-amplificador para compensar as características de resposta em frequência dos alto-falantes. Em geral, esses estágios de filtragem em cascata são conhecidos como circuitos equalizadores para o sistema de áudio. A Figura 3.22 ilustra os três estágios dos circuitos equalizadores para uma série em particular de alto-falantes de áudio. Nessa figura, a magnitude da resposta em frequência para cada um desses estágios aparece em um gráfico log-log. Especificamente, a magnitude está em unidades de $20\log_{10}|H(j\omega)|$, conhecidas como decibéis, ou dB. O eixo de frequência é rotulado em Hz (ou seja, $\omega/2\pi$) ao longo de uma escala logarítmica. Como discutiremos com mais detalhes na Seção 6.2.3, uma representação logarítmica da magnitude da resposta em frequência nesse formato é comum e de grande utilidade.

Juntos, os circuitos equalizadores na Figura 3.22 são projetados para compensar a resposta em frequência dos alto-falantes e o ambiente em que estão localizados e permitir que o ouvinte controle a resposta em frequência total. Em particular, como os três sistemas são conectados em cascata, e como cada sistema modifica uma entrada exponencial complexa $Ke^{j\omega t}$ multiplicando-a pela resposta em frequência do sistema nessa frequência, conclui-se que a resposta em frequência total da cascata dos três sistemas é o produto das três respostas em frequência. Os dois primeiros filtros, indicados nas figuras 3.22(a) e (b), compõem o estágio de controle do sistema, pois o comportamento de frequência desses filtros pode ser ajustado pelo ouvinte. O terceiro filtro, mostrado na Figura 3.22(c), é o estágio equalizador, que tem uma resposta em frequência fixa indicada. O filtro na Figura 3.22(a) é um filtro de baixa frequência controlado por uma chave de duas posições, para oferecer uma das duas respostas de frequência indicadas. O segundo filtro no estágio de controle tem duas cha-

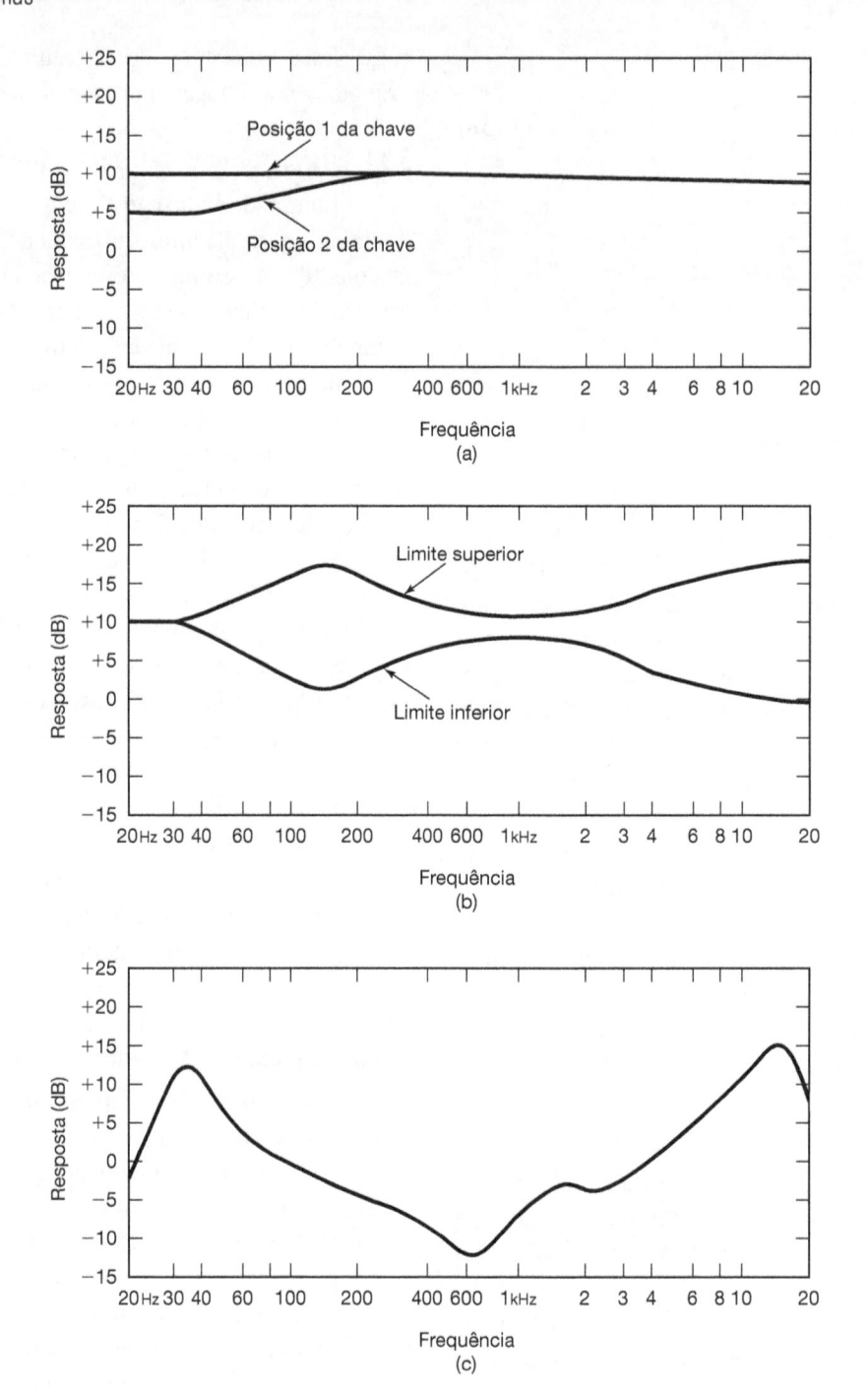

Figura 3.22 Magnitudes das respostas em frequência dos circuitos equalizadores para uma série particular de alto-falantes de áudio, mostradas em uma escala de 20 $\log_{10} |H(j\omega)|$, que é conhecida como uma escala em decibéis (ou dB). (a) Filtro de baixas frequências controlado por uma chave de duas posições; (b) limites de frequência superior e inferior em um filtro conformador de ajuste contínuo; (c) resposta em frequência fixa do estágio equalizador.

ves deslizantes continuamente ajustáveis, para variar a resposta em frequência dentro dos limites indicados na Figura 3.22(b).

Outra classe de filtros conformadores de frequência muito comum é aquela para a qual a saída do filtro é a derivativa da entrada do filtro, ou seja, $y(t) = dx(t)/dt$. Com $x(t)$ no formato $x(t) = e^{j\omega t}$, $y(t)$ será $y(t) = j\omega e^{j\omega t}$, a partir do que se conclui que sua resposta em frequência é

$$H(j\omega) = j\omega. \quad (3.137)$$

As características de resposta em frequência de um filtro diferenciador são mostradas na Figura 3.23. Como $H(j\omega)$ é

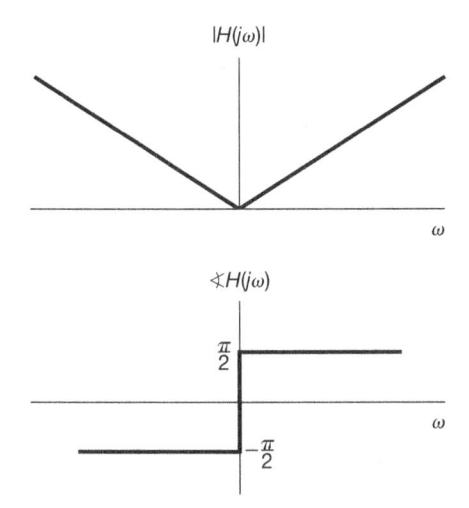

Figura 3.23 Características da resposta em frequência de um filtro para o qual a saída é a derivativa da entrada.

complexo em geral, e neste exemplo em particular, $H(j\omega)$ é frequentemente apresentado (como na figura) como gráficos separados de $|H(j\omega)|$ e $\sphericalangle H(j\omega)$. A forma da resposta em frequência implica que uma entrada exponencial complexa $e^{j\omega t}$ receberá maior amplificação para valores maiores de ω. Consequentemente, filtros diferenciadores são úteis para amplificar variações rápidas ou transições em um sinal.

Uma finalidade para a qual os filtros diferenciadores são usados frequentemente é ressaltar as bordas no processamento de imagens. Uma imagem em preto e branco pode ser considerada um sinal bidimensional de "tempo contínuo" $x(t_1, t_2)$, em que t_1 e t_2 são as coordenadas horizontal e vertical, respectivamente, e $x(t_1, t_2)$ é o brilho da imagem. Se a imagem for repetida periodicamente nas direções horizontal e vertical, então ela pode ser representada por uma série de Fourier bidimensional (ver Problema 3.70) consistindo de somas e produtos das exponenciais complexas, $e^{j\omega_1 t_1}$ e $e^{j\omega_2 t_2}$, que oscilam em frequências possivelmente diferentes, em cada uma das duas direções das coordenadas. Pequenas variações no brilho em uma direção em particular são representadas pelas harmônicas mais baixas nessa direção. Por exemplo, considere uma borda correspondendo a uma transição brusca no brilho que se apresenta verticalmente em uma imagem. Como o brilho é constante ou varia lentamente ao longo da borda, o conteúdo de frequência da borda na direção vertical é concentrado em baixas frequências. Ao contrário, como existe uma variação brusca no brilho através da borda, o conteúdo de frequência da borda na direção horizontal é concentrado nas frequências mais altas. A Figura 3.24 ilustra o efeito sobre uma imagem do equivalente bidimensional de um filtro diferenciador.[11] A Figura 3.24(a) mostra duas imagens originais e a Figura 3.24(b), o resultado do processamento dessas imagens com o filtro. Como a derivada nas bordas de uma imagem é maior do que nas regiões onde o brilho varia lentamente com a distância, o efeito do filtro é realçar as bordas.

Os filtros LIT de tempo discreto também possuem muitas aplicações. Muitas delas envolvem o uso de sistemas de tempo discreto, implementados usando-se processadores digitais de uso geral ou específico, para processar sinais de tempo contínuo — um tópico que discutimos melhor no Capítulo 7. Além disso, a análise de informações de série temporais, incluindo sequências de dados demográficos e econômicos, como índices médios do mercado de ações, normalmente envolve o uso de filtros de tempo discreto. Frequentemente, as variações de longo prazo (que correspondem a baixas frequências) têm um significado diferente daquele das variações de curto prazo (que correspondem a altas frequências), e é útil analisar esses componentes separadamente. A conformação do peso relativo dos componentes normalmente é feita por meio de filtros de tempo discreto.

Como um exemplo de um filtro simples de tempo discreto, considere um sistema LIT que toma sucessivamente uma média de duas amostras dos valores de entrada:

$$y[n] = \frac{1}{2}(x[n] + x[n-1]). \quad \textbf{(3.138)}$$

Nesse caso, $h[n] = \frac{1}{2}(\delta[n] + \delta[n-1])$ e, pela Equação 3.122, vemos que a resposta em frequência do sistema é

$$H(e^{j\omega}) = \frac{1}{2}[1 + e^{-j\omega}] = e^{-j\omega/2}\cos(\omega/2). \quad \textbf{(3.139)}$$

A magnitude de $H(e^{j\omega})$ é representada graficamente na Figura 3.25(a), e $\sphericalangle H(e^{j\omega})$ é mostrada na Figura 3.25(b). Como discutimos na Seção 1.3.3, as baixas frequências para exponenciais complexas de tempo discreto ocorrem nas proximidades de $\omega = 0, \pm 2\pi, \pm 4\pi, \ldots$, e altas frequências nas proximidades de $\omega = \pm\pi, \pm 3\pi, \ldots$ Isso é um resultado do fato de que $e^{j(\omega+2\pi)n} = e^{j\omega n}$, de modo que, em tempo discreto, só precisamos considerar um intervalo 2π de valores de ω para cobrir um intervalo completo de frequências distintas de tempo discreto. Como consequência, qualquer resposta em frequência de tempo discreto $H(e^{j\omega})$ deve ser periódica com período 2π, um fato que também pode ser deduzido diretamente pela Equação 3.122.

---

[11] Especificamente, cada imagem na Figura 3.24(b) é a magnitude do gradiente bidimensional de sua imagem correspondente na Figura 3.24(a), sendo que a magnitude do gradiente de $f(x, y)$ é definida por

$$\left[\left(\frac{\partial f(x,y)}{\partial x}\right)^2 + \left(\frac{\partial f(x,y)}{\partial y}\right)^2\right]^{1/2}.$$

Figura 3.24 Efeito de um filtro diferenciador sobre uma imagem: (a) duas imagens originais; (b) o resultado do processamento das imagens originais com um filtro diferenciador.

Para o filtro específico definido nas equações 3.138 e 3.139, vemos, pela Figura 3.25(a), que $|H(e^{j\omega})|$ é grande para frequências perto de $\omega = 0$ e diminui à medida que aumentamos $|\omega|$ até π, indicando que frequências mais altas são atenuadas mais que as mais baixas. Por exemplo, se a entrada para esse sistema for constante — ou seja, uma exponencial complexa de frequência zero $x[n] = Ke^{j0 \cdot n} = K$ — então a saída será

$$y[n] = H(e^{j \cdot 0})Ke^{j\omega 0 \cdot n} = K = x[n].$$

Por outro lado, se a entrada for o sinal de alta frequência $x[n] = Ke^{j\pi n} = K(-1)^n$, então a saída será

$$y[n] = H(e^{j\pi})Ke^{j\pi \cdot n} = 0.$$

Assim, esse sistema separa o valor constante de longo prazo de um sinal de suas flutuações de alta frequência e, consequentemente, representa um primeiro exemplo de

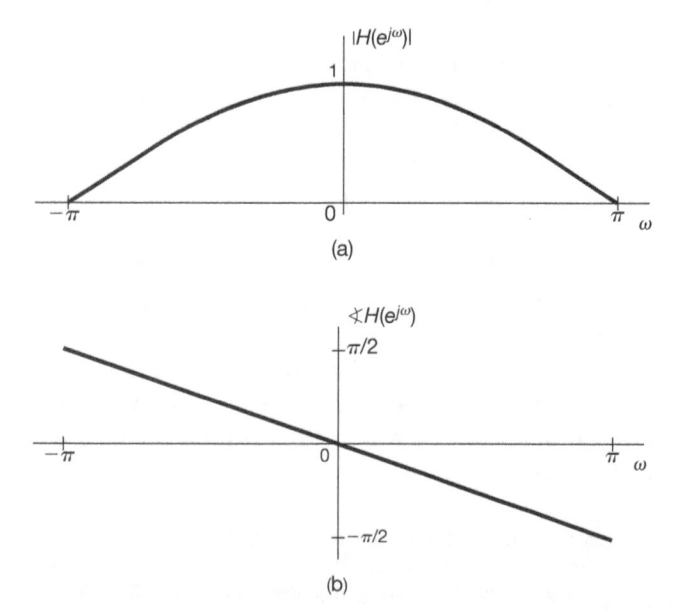

Figura 3.25 (a) Magnitude e (b) fase da resposta em frequência do sistema LIT de tempo discreto $y[n] = 1/2(x[n] + x[n-1])$.

filtragem seletiva em frequência, um tópico que veremos cuidadosamente na próxima subseção.

3.9.2 Filtros seletivos em frequência

Filtros seletivos em frequência são uma classe de filtros especificamente voltada para selecionar com exatidão ou muito aproximadamente algumas bandas de frequências e rejeitar outras. O uso de filtros seletivos em frequência surge em diversas situações. Por exemplo, se o ruído em uma gravação de áudio estiver em uma banda de frequência mais alta do que a música ou a voz na gravação, ele pode ser removido pela filtragem seletiva em frequência. Outra aplicação importante dos filtros seletivos em frequência é em sistemas de comunicação. Como veremos em detalhes no Capítulo 8, a base para os sistemas de amplitude modulada (AM) é a transmissão de informações de muitas fontes diferentes simultaneamente, colocando a informação de cada canal em uma banda de frequência separada e extraindo os canais ou bandas individuais no receptor mediante o uso de filtros seletivos em frequência. Esses filtros para separar os canais individuais e os filtros conformadores de frequência (como o equalizador ilustrado na Figura 3.22) para o ajuste da qualidade do som formam uma parte importante de qualquer receptor doméstico de rádio e televisão.

Embora a seletividade de frequência não seja a única preocupação nas aplicações, sua ampla importância tem levado a um conjunto de termos aceitos para descrever as características dos filtros seletivos em frequência. Em particular, embora a natureza das frequências a serem passadas por um filtro seletivo em frequência varie bastante de uma aplicação para outra, vários tipos básicos de filtro são bastante utilizados e têm recebido nomes indicativos de sua função. Por exemplo, um *filtro passa-baixas* é um filtro que deixa passar frequências baixas — ou seja, frequências em torno de $\omega = 0$ — e atenua ou rejeita frequências mais altas. Um *filtro passa-altas* é um filtro que deixa passar frequências altas e atenua ou rejeita as baixas, e um *filtro passa-faixa* é um filtro que deixa passar uma faixa de frequências e atenua frequências mais altas e mais baixas que aquelas na faixa que deixa passar. Em cada caso, as *frequências de corte* são as frequências que definem os limites entre as frequências que passam e as que são rejeitadas — ou seja, as frequências na *banda de passagem* e na *banda de rejeição*.

Surgem várias questões na definição e na avaliação da qualidade de um filtro seletivo em frequência. Qual é a eficácia do filtro na passagem de frequências na banda de passagem? Qual é a sua eficácia na atenuação de frequências na banda de rejeição? Quão aguda é a transição perto da frequência de corte — ou seja, de quase sem distorção na banda de passagem até componentes altamente atenuadas na banda de rejeição? Cada uma dessas questões envolve uma comparação das características de um filtro seletivo em frequência real com as de um filtro com comportamento idealizado. Especificamente, um *filtro seletivo em frequência ideal* é um filtro que deixa passar exatamente exponenciais complexas em um conjunto de frequências sem qualquer distorção e rejeita completamente os sinais em todas as outras frequências. Por exemplo, um *filtro passa-baixas ideal* de tempo contínuo com frequência de corte ω_c é um sistema LIT que deixa passar exponenciais complexas $e^{j\omega t}$ para valores de ω na faixa de $-\omega_c \leq \omega \leq \omega_c$ e rejeita sinais em todas as outras frequências. Ou seja, a resposta em frequência de um filtro passa-baixas ideal de tempo contínuo é

$$H(j\omega) = \begin{cases} 1, & |\omega| \leq \omega_c \\ 0, & |\omega| > \omega_c, \end{cases} \quad \textbf{(3.140)}$$

como mostra a Figura 3.26.

A Figura 3.27(a) representa a resposta em frequência de um filtro passa-altas ideal de tempo contínuo com frequência de corte ω_c, e a Figura 3.27(b) ilustra um filtro passa-faixa ideal com frequência de corte inferior ω_{c1} e frequência de corte superior ω_{c2}. Observe que cada um desses filtros é simétrico em relação a $\omega = 0$, e, assim, parece haver duas bandas de passagem para os filtros passa-altas e passa-baixas. Isso é uma consequência de termos adotado o uso do sinal exponencial complexo $e^{j\omega t}$, em vez dos sinais senoidais sen ωt e cos ωt, na frequência ω. Como $e^{j\omega t} = \cos \omega t + j$ sen ωt e $e^{-j\omega t} = \cos \omega t - j$ sen ωt, essas duas exponenciais complexas são compostas por sinais senoidais na mesma frequência ω. Por esse motivo, usualmente definem-se filtros ideais, de modo que tenham o comportamento de resposta em frequência simétrico visto nas figuras 3.26 e 3.27.

De maneira similar, podemos definir o conjunto correspondente de filtros seletivos em frequência de tempo discreto ideais, cujas respostas em frequência são repre-

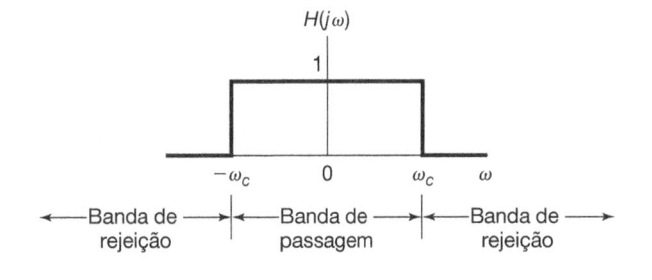

Figura 3.26 Resposta em frequência de um filtro passa-baixas ideal.

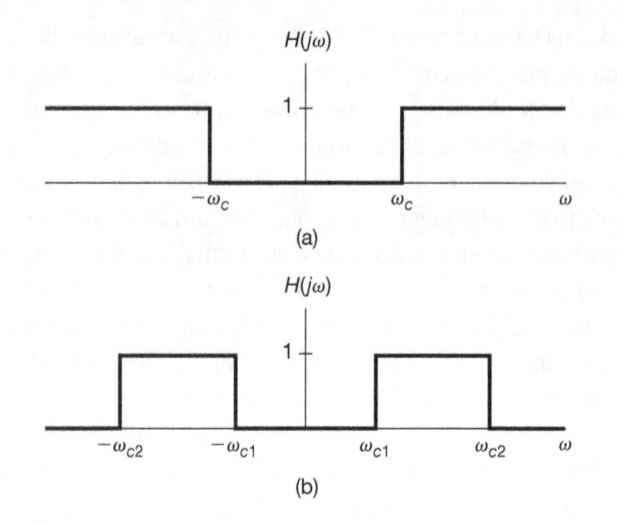

Figura 3.27 (a) Resposta em frequência de um filtro passa-altas ideal; (b) resposta em frequência de um filtro passa-faixa ideal.

sentadas na Figura 3.28. Em particular, a Figura 3.28(a) representa um filtro passa-baixas ideal de tempo discreto, a Figura 3.28(b) é um filtro passa-altas ideal, e a Figura 3.28(c) é um filtro passa-faixa ideal. Observe que, como discutimos na seção anterior, as características dos filtros ideais de tempo contínuo e tempo discreto diferem em virtude do fato de que, para filtros de tempo discreto, a resposta em frequência $H(e^{j\omega})$ deve ser periódica com período 2π, com frequências baixas próximas de múlti-

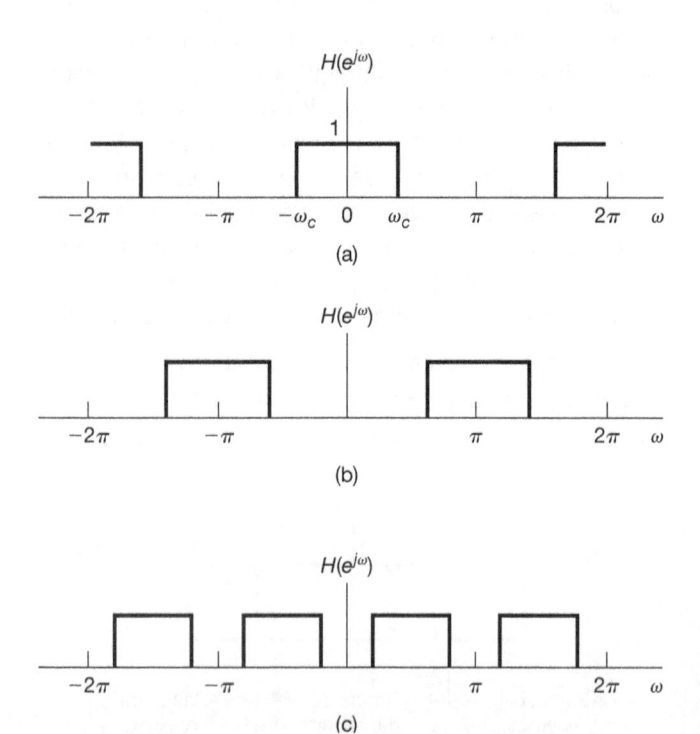

Figura 3.28 Filtros seletivos em frequência ideais de tempo discreto: (a) passa-baixas; (b) passa-altas; (c) passa-faixa.

plos pares de π e frequências altas próximas de múltiplos ímpares de π.

Como veremos em diversas ocasiões, os filtros ideais são muito úteis na descrição de configurações de sistemas ideais para uma série de aplicações. Porém, eles não são realizáveis na prática e precisam ser aproximados. Além do mais, mesmo que eles pudessem ser realizados, algumas das características de filtros ideais podem torná-los indesejáveis para algumas aplicações específicas, e os filtros não ideais podem de fato ser preferíveis.

Em detalhes, o tópico da filtragem abrange muitas questões, incluindo o projeto e a implementação. Apesar de não nos aprofundarmos nos detalhes das metodologias de projeto de filtro, no restante deste capítulo e nos capítulos seguintes, veremos uma série de outros exemplos de filtros de tempo contínuo e tempo discreto, além de desenvolvermos os conceitos e técnicas que formam a base dessa disciplina tão importante em engenharia.

3.10 Exemplos de filtros de tempo contínuo descritos por equações diferenciais

Em muitas aplicações, a filtragem seletiva em frequência é realizada com o uso de sistemas LIT descritos por equações diferenciais ou de diferenças lineares com coeficientes constantes. Os motivos para isso são muitos. Por exemplo, muitos sistemas físicos que podem ser interpretados como realizando operações de filtragem são caracterizados por equações diferenciais ou de diferença. Um bom exemplo disso, que examinaremos no Capítulo 6, é um sistema de suspensão de um automóvel, que, em parte, é projetado para filtrar vibrações de alta frequência e irregularidades na superfície das estradas. Um segundo motivo para o uso de filtros descritos por equações diferenciais ou de diferença é que eles são convenientemente implementados usando-se circuitos analógicos ou digitais. Além do mais, os sistemas descritos por equações diferenciais ou de diferença oferecem uma gama extremamente ampla e flexível de projetos, nos permitindo, por exemplo, produzir filtros que são próximos do ideal ou que possuem outras características desejáveis. Nesta e na próxima seção, consideramos vários exemplos que ilustram a implementação de filtros seletivos em frequência de tempo contínuo e tempo discreto, por meio do uso de equações diferenciais e de diferença. Nos capítulos 4 a 6, veremos outros exemplos dessas classes de filtros e obteremos novos conhecimentos sobre as propriedades que os tornam tão úteis.

3.10.1 Um filtro passa-baixas *RC* simples

Os circuitos elétricos são amplamente utilizados para implementar operações de filtragem de tempo contínuo. Um dos exemplos mais simples é o circuito *RC* de primeira ordem, mostrado na Figura 3.29, em que a tensão da fonte $v_s(t)$ é a entrada do sistema. Esse circuito pode ser usado para realizar uma operação de filtragem passa-baixas ou passa-altas, dependendo do que tomarmos como sinal de saída. Em particular, suponha que tomemos a tensão do capacitor $v_c(t)$ como saída. Nesse caso, a tensão de saída está relacionada à tensão da entrada por meio da equação diferencial linear com coeficientes constantes

$$RC\frac{dv_c(t)}{dt} + v_c(t) = v_s(t) \quad (3.141)$$

Supondo uma condição de repouso inicial, o sistema descrito pela Equação 3.141 é LIT. Para determinar sua resposta em frequência $H(j\omega)$, observemos que, por definição, com a tensão de entrada $v_s(t) = e^{j\omega t}$, devemos ter a tensão de saída $v_c(t) = H(j\omega)e^{j\omega t}$. Se substituirmos essas expressões na Equação 3.141, obtemos

$$RC\frac{d}{dt}[H(j\omega)e^{j\omega t}] + H(j\omega)e^{j\omega t} = e^{j\omega t} \quad (3.142)$$

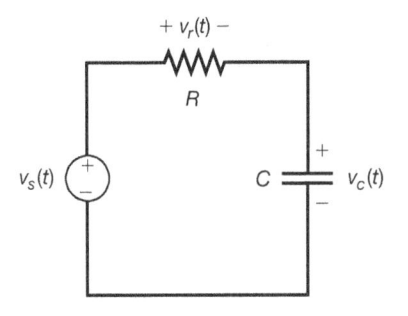

Figura 3.29 Filtro *RC* de primeira ordem.

ou

$$RC\,j\omega H(j\omega)e^{j\omega t} + H(j\omega)e^{j\omega t} = e^{j\omega t}, \quad (3.143)$$

da qual deduz-se diretamente que

$$H(j\omega)e^{j\omega t} = \frac{1}{1 + RC\,j\omega}e^{j\omega t}, \quad (3.144)$$

ou

$$H(j\omega) = \frac{1}{1 + RC\,j\omega}. \quad (3.145)$$

A magnitude e fase da resposta em frequência $H(j\omega)$ para este exemplo são mostradas na Figura 3.30. Observe que, para frequências próximas de $\omega = 0$, $|H(j\omega)| \approx 1$,

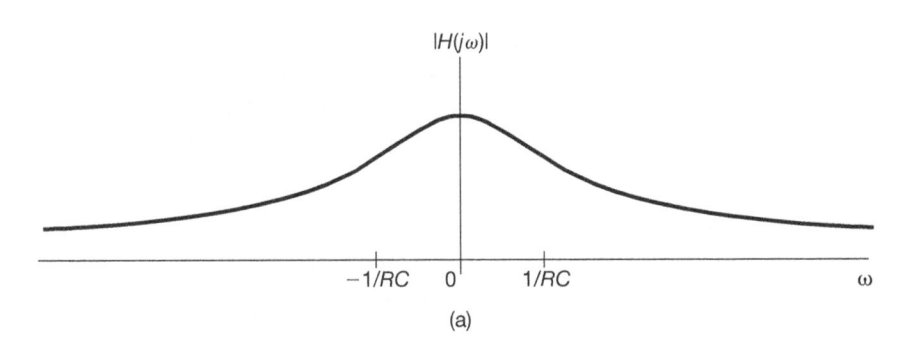

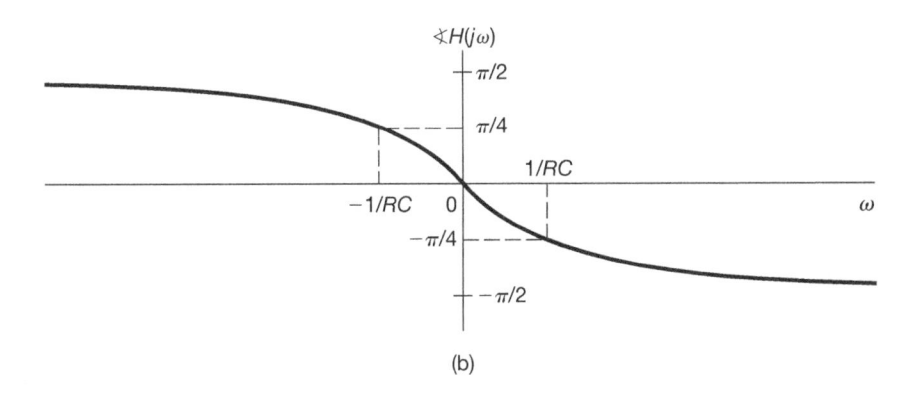

Figura 3.30 Gráficos de (a) magnitude e (b) fase para a resposta em frequência do circuito *RC* da Figura 3.29 com saída $v_c(t)$.

enquanto para valores maiores de ω (positivos ou negativos), |H(jω)| é consideravelmente menor e, de fato, diminui rapidamente à medida que |ω| aumenta. Assim, esse filtro RC simples (com $v_c(t)$ como saída) é um filtro passa-baixas não ideal.

Para dar uma ideia inicial nas escolhas envolvidas no projeto de filtro, vamos considerar rapidamente o comportamento no domínio do tempo do circuito. Em particular, a resposta ao impulso do sistema descrito pela Equação 3.141 é

$$h(t) = \frac{1}{RC} e^{-t/RC} u(t) \qquad (3.146)$$

e a resposta ao degrau é

$$s(t) = [1 - e^{-t/RC}] u(t), \qquad (3.147)$$

ambas representadas na Figura 3.31 (com $\tau = RC$). Comparando-se as figuras 3.30 e 3.31, vemos um compromisso fundamental. Especificamente, suponha que gostaríamos que nosso filtro passasse apenas frequências muito baixas. Pela Figura 3.30(a), isso implica que $1/RC$ deve ser pequeno, ou, de forma equivalente, que RC é muito grande, de modo que as frequências que não sejam as baixas, que nos interessam, serão suficientemente atenuadas. Porém, examinando a Figura 3.31(b), vemos que, se RC é grande, então a resposta ao degrau levará um tempo considerável para atingir seu valor final de 1. Ou seja, o sistema responde lentamente à entrada ao degrau. Reciprocamente, se quisermos ter uma resposta ao degrau mais rápida, precisamos de um valor menor de RC, que, por sua vez, implica que o filtro passará frequências mais altas. Esse tipo de compromisso entre o comportamento no domínio da frequência e no domínio do tempo é típico das questões que surgem no projeto e análise de sistemas e filtros LIT, e é um assunto que examinaremos com mais detalhes no Capítulo 6.

3.10.2 Um filtro passa-altas RC simples

Como alternativa à escolha da tensão do capacitor como saída em nosso circuito RC, podemos escolher a tensão através do resistor. Nesse caso, a equação diferencial relacionando entrada e saída é

$$RC \frac{dv_r(t)}{dt} + v_r(t) = RC \frac{dv_s(t)}{dt}. \qquad (3.148)$$

Podemos determinar a resposta em frequência $G(j\omega)$ desse sistema da mesma maneira como fizemos no caso anterior: se $v_s(t) = e^{j\omega t}$, então precisamos ter $v_r(t) = G(j\omega)e^{j\omega t}$; substituindo essas expressões na Equação 3.148 e realizando um pouco de álgebra, encontramos que

$$G(j\omega) = \frac{j\omega RC}{1 + j\omega RC}. \qquad (3.149)$$

A magnitude e fase dessa resposta em frequência são mostradas na Figura 3.32. Pela figura, vemos que o sistema atenua frequências mais baixas e deixa passar frequências mais altas — ou seja, aquelas para as quais $|\omega| \gg 1/RC$ — com atenuação mínima. Ou seja, esse sistema atua como um filtro passa-altas não ideal.

Assim como no filtro passa-baixas, os parâmetros do circuito controlam tanto a resposta em frequência do filtro passa-altas como suas características de resposta no tempo. Por exemplo, considere a resposta ao degrau para o filtro. Pela Figura 3.29, vemos que $v_r(t) = v_s(t) - v_c(t)$. Assim, se $v_s(t) = u(t)$, $v_c(t)$ deverá ser dado pela Equação 3.147. Consequentemente, a resposta ao degrau do filtro passa-altas é

$$v_r(t) = e^{-t/RC} u(t), \qquad (3.150)$$

que é representada na Figura 3.33. Consequentemente, à medida que RC aumenta, a resposta torna-se mais lenta — ou seja, a resposta ao degrau leva mais tempo para alcançar seu valor final de 0. Pela Figura 3.32, vemos que aumentar RC (ou, de forma equivalente, diminuir $1/RC$) também afeta a resposta em frequência, especificamente, estende a banda de passagem para frequências mais baixas.

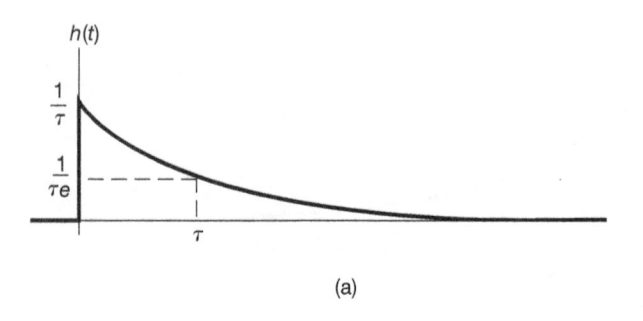

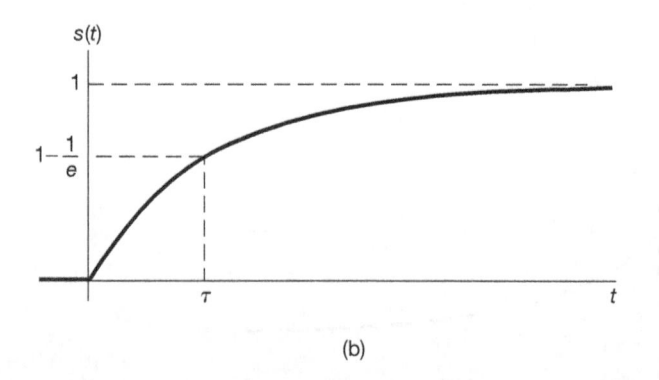

Figura 3.31 (a) Resposta ao impulso do filtro passa-baixas RC de primeira ordem com $\tau = RC$; (b) resposta ao degrau do filtro passa-baixas RC com $\tau = RC$.

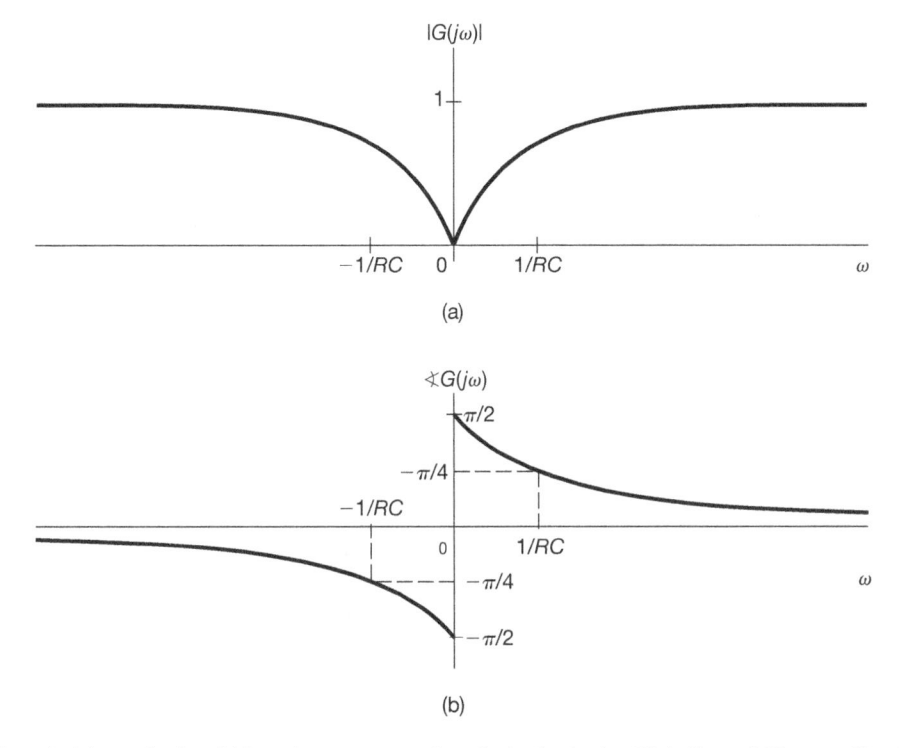

Figura 3.32 Gráficos de (a) magnitude e (b) fase da resposta em frequência do circuito RC da Figura 3.29 com saída $v_r(t)$.

Observamos, pelos dois exemplos nesta seção, que um circuito RC simples pode servir como uma aproximação grosseira para um filtro passa-altas ou passa-baixas, dependendo da escolha da variável física de saída. Conforme ilustramos no Problema 3.71, um sistema mecânico simples usando uma massa e um amortecedor mecânico também pode servir como um filtro passa-baixas ou passa-altas descrito por equações diferenciais de primeira ordem análogas. Devido à sua simplicidade, esses exemplos de filtros elétricos e mecânicos não possuem uma transição abrupta de banda de passagem para banda de rejeição e, na verdade, têm apenas um único parâmetro (RC no caso elétrico) que controla o comportamento tanto da resposta em frequência quanto da resposta no tempo do sistema. Projetando filtros mais complexos, implementados por meio de mais elementos de armazenamento de energia (capacitâncias e indutâncias nos filtros elétricos; molas e amortecedores nos filtros mecânicos), obtemos filtros descritos por equações diferenciais de ordem mais alta. Esses filtros oferecem muito mais flexibilidade em termos de suas características, permitindo, por exemplo, transição mais abrupta entre banda de passagem e banda de rejeição, ou mais controle sobre os compromissos entre resposta no tempo e resposta em frequência.

3.11 Exemplos de filtros de tempo discreto descritos por equações de diferenças

Assim como seus correspondentes de tempo contínuo, os filtros de tempo discreto descritos por equações de diferenças lineares de coeficientes constantes, na prática, são de importância considerável. Na realidade, como eles podem ser implementados de forma eficiente em sistemas digitais específicos ou de propósito geral, os filtros descritos por equações de diferença são muito usados na prática. Assim como em quase todos os aspectos da análise de sinais e sistemas, quando examinamos os filtros de tempo discreto descritos por equações de diferença, encontramos muitas semelhanças e algumas diferenças importantes em relação ao caso de tempo contínuo. Em particular, os sistemas LIT de tempo discreto descritos por equações de diferença podem ser recursivos e ter respostas ao impulso de duração infinita (sistemas IIR) ou podem ser não recursivos e ter

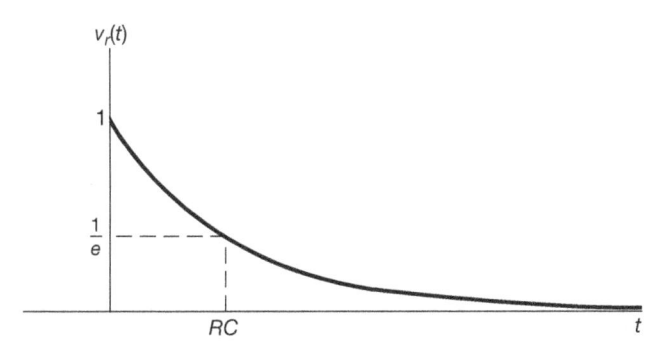

Figura 3.33 Resposta ao degrau do filtro passa-altas RC de primeira ordem com $\tau = RC$.

respostas ao impulso de duração finita (sistemas FIR). Os primeiros são a contrapartida direta dos sistemas de tempo contínuo descritos por equações diferenciais mostradas na seção anterior, enquanto os segundos também têm importância prática considerável nos sistemas digitais. Essas duas classes têm conjuntos distintos de vantagens e desvantagens em termos de facilidade de implementação e em termos da ordem do filtro ou de sua complexidade para conseguir os objetivos de um projeto em particular. Nesta seção, vamos nos limitar a alguns exemplos simples de filtros recursivos e não recursivos, ao passo que, nos capítulos 5 e 6, desenvolvemos ferramentas e conhecimentos adicionais que nos permitem analisar e entender as propriedades desses sistemas com mais detalhes.

3.11.1 Filtros recursivos de tempo discreto de primeira ordem

O correspondente de tempo discreto de cada um dos filtros de primeira ordem considerados na Seção 3.10 é o sistema LIT descrito pela equação de diferença de primeira ordem

$$y[n] - ay[n-1] = x[n]. \qquad (3.151)$$

A partir da propriedade de autofunção dos sinais exponenciais complexos, sabemos que, se $x[n] = e^{j\omega n}$, então $y[n] = H(e^{j\omega})e^{j\omega n}$, sendo $H(e^{j\omega})$ a resposta em frequência do sistema. Substituindo na Equação 3.151, obtemos

$$H(e^{j\omega})e^{j\omega n} - aH(e^{j\omega})e^{j\omega(n-1)} = e^{j\omega n}, \qquad (3.152)$$

ou

$$[1 - ae^{-j\omega}]H(e^{j\omega})e^{j\omega n} = e^{j\omega n}, \qquad (3.153)$$

de modo que

$$H(e^{j\omega}) = \frac{1}{1 - ae^{-j\omega}}. \qquad (3.154)$$

A magnitude e a fase de $H(e^{j\omega})$ são mostradas na Figura 3.34(a) para $a = 0{,}6$ e na Figura 3.34(b) para $a = -0{,}6$. Observamos que, para o valor positivo de a, a Equação de diferença 3.151 comporta-se como um filtro passa-baixas com atenuação mínima de frequências baixas próximas de $\omega = 0$ e aumentando a atenuação conforme ω aumenta em direção a $\omega = \pi$. Para o valor negativo de a, o sistema é um filtro passa-altas, deixando passar frequências próximas de $\omega = \pi$ e atenuando frequências mais baixas. De fato, para qualquer valor positivo de $a < 1$, o sistema aproxima-se de um filtro passa-baixas, e para qualquer valor negativo de $a > -1$, o sistema aproxima-se de um filtro passa-altas, sendo que $|a|$ controla a banda de passagem do filtro, com bandas de passagem mais amplas à medida que $|a|$ diminui.

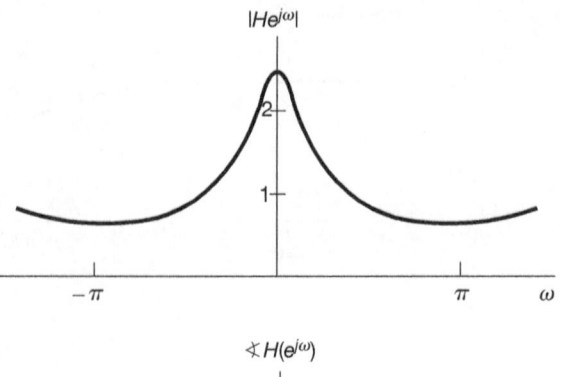

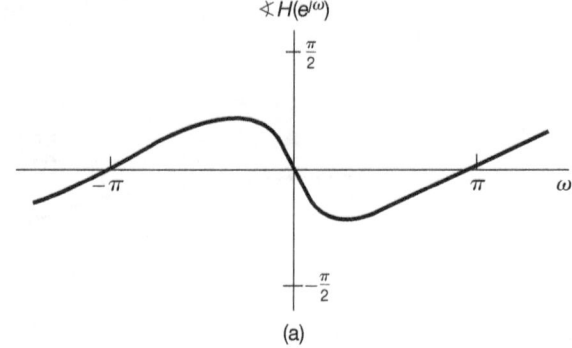

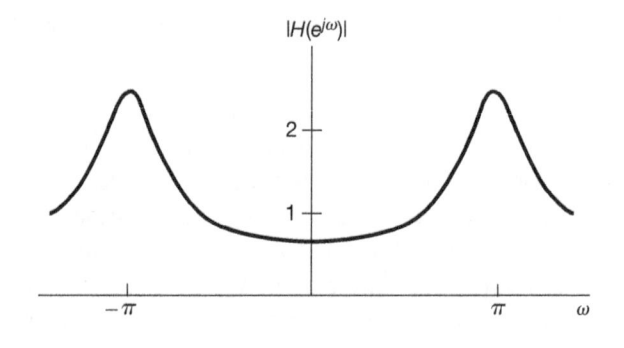

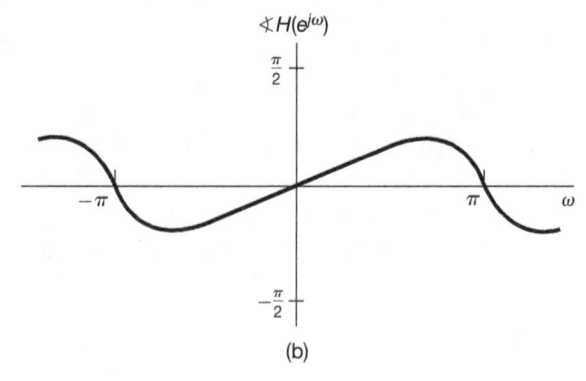

Figura 3.34 Resposta em frequência do filtro de tempo discreto recursivo de primeira ordem da Equação 3.151: (a) $a = 0{,}6$; (b) $a = -0{,}6$.

Assim como os exemplos de tempo contínuo, novamente temos um compromisso entre características do domínio de tempo e domínio da frequência. Em particular, a resposta ao impulso do sistema descrito pela Equação 3.151 é

$$h[n] = a^n u[n]. \qquad (3.155)$$

A resposta ao degrau $s[n] = u[n] * h[n]$ é

$$s[n] = \frac{1-a^{n+1}}{1-a} u[n]. \quad (3.156)$$

Por essas expressões, vemos que $|a|$ também controla a velocidade com a qual as respostas ao impulso e ao degrau se aproximam de seus valores de longo prazo, com respostas mais rápidas para valores menores de $|a|$ e, portanto, para filtros com bandas de passagem maiores. Assim como nas equações diferenciais, equações de diferença recursivas de ordem mais alta podem ser usadas para proporcionar características mais abruptas para os filtros e oferecer mais flexibilidade no balanceamento de restrições no domínio de tempo e da frequência.

Por fim, observe, pela Equação 3.155, que o sistema descrito pela Equação 3.151 é instável se $|a| \geq 1$ e, assim, não tem uma resposta finita a entradas exponenciais complexas. Como já assinalamos, métodos baseados em Fourier e a análise no domínio da frequência focalizam sistemas com respostas finitas para exponenciais complexos; logo, para exemplos como a Equação 3.151, restringimo-nos a sistemas estáveis.

3.11.2 Filtros não recursivos de tempo discreto

A forma geral de uma equação de diferença não recursiva FIR é

$$y[n] = \sum_{k=-N}^{M} b_k x[n-k]. \quad (3.157)$$

Ou seja, a saída $y[n]$ é uma *média ponderada* de valores $(N + M + 1)$ de $x[n]$ a partir de $x[n - M]$ até $x[n + N]$, com os pesos dados pelos coeficientes b_k. Os sistemas dessa forma podem ser usados para atender a uma grande gama de objetivos de filtragem, incluindo a filtragem seletiva em frequência.

Um exemplo desses filtros, bastante utilizado, é um *filtro de média móvel*, onde a saída $y[n]$ para qualquer n — digamos, n_0 — é uma média dos valores de $x[n]$ numa vizinhança de n_0. A ideia básica é que, calculando a média dos valores localmente, componentes rápidos, de alta frequência da entrada, terão a média calculada, e as variações de menor frequência serão mantidas, correspondendo à suavização ou à filtragem passa-baixas da sequência original. Um filtro de média móvel de duas amostras foi introduzido rapidamente na Seção 3.9 (Equação 3.138). Um exemplo ligeiramente mais complexo é o filtro de média móvel de três amostras, que tem a forma

$$y[n] = \frac{1}{3}(x[n-1] + x[n] + x[n+1]), \quad (3.158)$$

de modo que cada saída $y[n]$ é a média de três valores de entrada consecutivos. Nesse caso,

$$h[n] = \frac{1}{3}[\delta[n+1] + \delta[n] + \delta[n-1]]$$

e assim, pela Equação 3.122, a resposta em frequência correspondente é

$$H(e^{j\omega}) = \frac{1}{3}[e^{j\omega} + 1 + e^{-j\omega}] = \frac{1}{3}(1 + 2\cos\omega). \quad (3.159)$$

A magnitude de $H(e^{j\omega})$ é esboçada na Figura 3.35. Observamos que o filtro tem as características gerais de um filtro passa-baixas, embora, assim como nos filtros recursivos de primeira ordem, ele não tenha uma transição abrupta da banda de passagem para a banda de rejeição.

O filtro de média móvel de três amostras da Equação 3.158 não tem parâmetros que possam ser alterados para ajustar a frequência de corte efetiva. Como uma generalização desse filtro de média móvel, podemos considerar a média sobre $N + M + 1$ pontos vizinhos — ou seja, usando uma equação de diferença na forma

$$y[n] = \frac{1}{N+M+1} \sum_{k=-N}^{M} x[n-k]. \quad (3.160)$$

A resposta ao impulso correspondente é um pulso retangular (ou seja, $h[n] = 1/(N + M + 1)$ para $-N \leq n \leq M$, e $h[n] = 0$, caso contrário). A resposta em frequência do filtro é

$$H(e^{j\omega}) = \frac{1}{N+M+1} \sum_{k=-N}^{M} e^{-j\omega k}. \quad (3.161)$$

O somatório na Equação 3.161 pode ser resolvido realizando-se cálculos semelhantes aos do Exemplo 3.12, resultando em

$$H(e^{j\omega}) = \frac{1}{N+M+1} e^{j\omega[(N-M)/2]} \frac{\text{sen}[\omega(M+N+1)/2]}{\text{sen}(\omega/2)}. \quad (3.162)$$

Ajustando o comprimento, $N + M + 1$, da janela de média, podemos variar a frequência de corte. Por exemplo, a magnitude de $H(e^{j\omega})$ é mostrada na Figura 3.36 para $M + N + 1 = 33$ e $M + N + 1 = 65$.

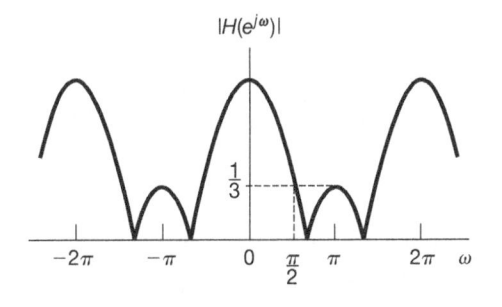

Figura 3.35 Magnitude da resposta em frequência de um filtro passa-baixas de média móvel de três amostras.

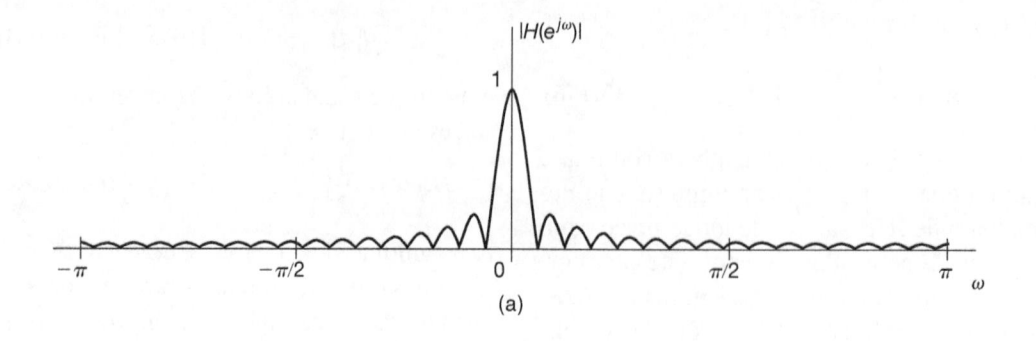

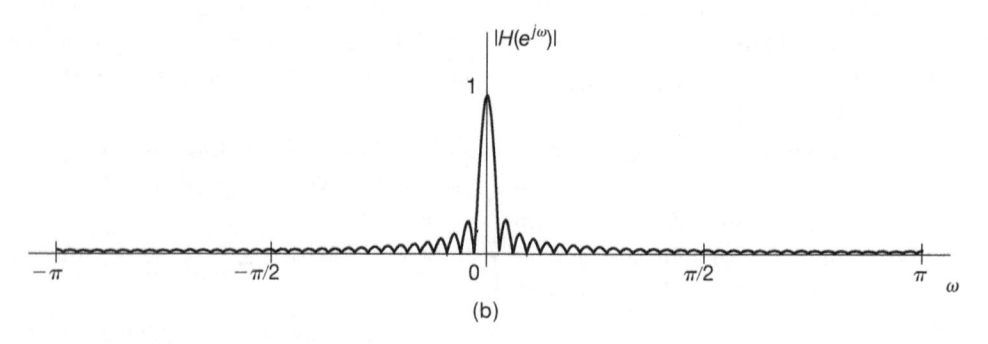

Figura 3.36 Magnitude da resposta em frequência para o filtro de média móvel passa-baixas da Equação 3.162: (a) $M = N = 16$; (b) $M = N = 32$.

Os filtros não recursivos também podem ser usados para a realização de operações de filtragem passa-altas. Para ilustrar isso, novamente com um exemplo simples, considere a equação de diferença

$$y[n] = \frac{x[n] - x[n-1]}{2}. \qquad (3.163)$$

Para sinais de entrada que são aproximadamente constantes, o valor de $y[n]$ é próximo de zero. Para sinais de entrada que variam significativamente de uma amostra para outra, os valores de $y[n]$ devem ter maior amplitude. Assim, o sistema descrito pela Equação 3.163 aproxima-se de uma operação de filtragem passa-altas, atenuando as componentes de baixa frequência que variam lentamente e deixando passar com pouca atenuação componentes de frequência mais alta que variam rapidamente. Para ver isso mais precisamente, podemos examinar a resposta em frequência do sistema. Nesse caso, $h[n] = \frac{1}{2}\{\delta[n] - \delta[n-1]\}$, de modo que a aplicação direta da Equação 3.122 resulta em

$$H(e^{j\omega}) = \frac{1}{2}[1 - e^{-j\omega}] = je^{j\omega/2}\text{sen}(\omega/2). \qquad (3.164)$$

Na Figura 3.37, esboçamos a magnitude de $H(e^{j\omega})$, mostrando que esse sistema se aproxima de um filtro passa-altas, embora com uma transição muito gradual de banda de passagem para banda de rejeição. Considerando filtros não recursivos mais gerais, podemos alcançar transições muito mais abruptas em passa-baixas, passa-altas e outros filtros seletivos em frequência.

Note que, como a resposta ao impulso de qualquer sistema FIR tem duração finita (ou seja, pela Equação 3.157, $h[n] = b_n$ para $-N \leq n \leq M$ e 0, caso contrário), ela é sempre absolutamente somável para quaisquer escolhas de b_n. Logo, todos esses filtros são estáveis. Além disso, se $N > 0$ na Equação 3.157, o sistema é não causal, pois $y[n]$ então depende de valores futuros da entrada. Em algumas aplicações, como aquelas envolvendo o processamento de sinais previamente registrados, a causalidade não é necessariamente uma restrição e, portanto, estamos livres para

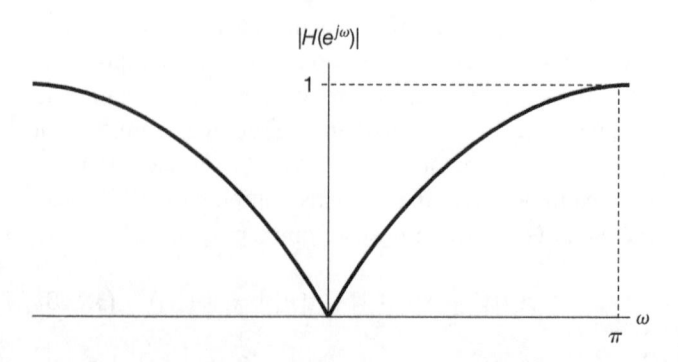

Figura 3.37 Resposta em frequência de um filtro passa-altas simples.

usar filtros com $N > 0$. Em outras, como as que envolvem o processamento em tempo real, a causalidade é essencial e, nesses casos, devemos considerar $N \leq 0$.

3.12 Resumo

Neste capítulo, introduzimos e desenvolvemos representações em série de Fourier de tempo contínuo e tempo discreto e usamos essas representações para uma primeira análise de uma das mais importantes aplicações dos métodos de análise de sinais e sistemas, a filtragem. Em particular, conforme discutimos na Seção 3.2, uma das principais motivações para o uso da série de Fourier é o fato de que sinais exponenciais complexos são autofunções dos sistemas LIT. Também vimos, nas seções 3.3 a 3.7, que qualquer sinal periódico de interesse prático pode ser representado em uma série de Fourier — ou seja, como uma soma ponderada de exponenciais complexas harmonicamente relacionadas, que compartilham um período comum com o sinal representado. Além disso, vimos que a representação em série de Fourier tem várias propriedades importantes que descrevem como diferentes características dos sinais são refletidas em seus coeficientes da série de Fourier.

Uma das propriedades mais importantes da série de Fourier é uma consequência direta da propriedade de autofunção das exponenciais complexas. Especificamente, se um sinal periódico for aplicado a um sistema LIT, então a saída será periódica com o mesmo período, e cada um dos coeficientes de Fourier da saída é o coeficiente de Fourier correspondente da entrada multiplicado por um número complexo cujo valor é uma função da frequência correspondente a esse coeficiente de Fourier. Essa função da frequência é característica do sistema LIT e é conhecida como resposta em frequência do sistema. Examinando a resposta em frequência, fomos levados diretamente à ideia de filtragem dos sinais usando sistemas LIT, um conceito que tem diversas aplicações, incluindo várias que descrevemos. Uma importante classe de aplicações envolve a noção de filtragem seletiva em frequência — ou seja, a ideia de usar um sistema LIT para deixar passar certas bandas de frequências especificadas e suprimir ou atenuar outras significativamente. Introduzimos o conceito de filtros seletivos em frequência ideais e também demos vários exemplos de filtros seletivos em frequência descritos por equações diferenciais ou de diferenças lineares com coeficientes constantes.

A finalidade deste capítulo foi iniciar o processo de desenvolvimento tanto das ferramentas de análise de Fourier como da apreciação da utilidade dessas ferramentas em diversas aplicações. Nos capítulos seguintes, continuaremos desenvolvendo as representações da transformada de Fourier para sinais aperiódicos em tempo contínuo e discreto e examinando mais detalhadamente não apenas a filtragem, mas também outras aplicações importantes dos métodos de Fourier.

Capítulo 3 – Problemas

A primeira seção de problemas pertence à categoria básica, e as respostas são fornecidas no final do livro. As três seções posteriores contêm problemas que pertencem, respectivamente, às categorias básica, avançada e de extensão.

Problemas básicos com respostas

3.1 Um sinal periódico de tempo contínuo $x(t)$ tem valor real e período fundamental $T = 8$. Os coeficientes diferentes de zero da série de Fourier de $x(t)$ são
$$a_1 = a_{-1} = 2, a_3 = a_{-3}^* = 4j.$$
Expresse $x(t)$ na forma
$$x(t) = \sum_{k=0}^{\infty} A_k \cos(\omega_k t + \phi_k).$$

3.2 Um sinal periódico de tempo discreto $x[n]$ tem valor real e período fundamental $N = 5$. Os coeficientes da série de Fourier diferentes de zero de $x[n]$ são
$$a_0 = 1, a_2 = a_{-2}^* = e^{j\pi/4}, a_4 = a_{-4}^* = 2e^{j\pi/3}.$$
Expresse $x[n]$ na forma
$$x[n] = A_0 + \sum_{k=1}^{\infty} A_k \operatorname{sen}(\omega_k n + \phi_k).$$

3.3 Para o sinal periódico de tempo contínuo
$$x(t) = 2 + \cos\left(\frac{2\pi}{3}t\right) + 4\operatorname{sen}\left(\frac{5\pi}{3}t\right),$$
determine a frequência fundamental ω_0 e os coeficientes da série de Fourier a_k tais que
$$x(t) = \sum_{k=-\infty}^{\infty} a_k e^{jk\omega_0 t}.$$

3.4 Use a Equação de análise da série de Fourier 3.39 para calcular os coeficientes a_k para o sinal periódico de tempo contínuo
$$x(t) = \begin{cases} 1,5, & 0 \leq t < 1 \\ -1,5, & 1 \leq t < 2 \end{cases},$$
com frequência fundamental $\omega_0 = \pi$.

3.5 Seja $x_1(t)$ um sinal periódico de tempo contínuo com frequência fundamental ω_1 e coeficientes de Fourier a_k. Dado que
$$x_2(t) = x_1(1-t) + x_1(t-1),$$
como a frequência fundamental ω_2 de $x_2(t)$ se relaciona com ω_1? Além disso, encontre também uma relação entre os coeficientes da série de Fourier b_k de $x_2(t)$ e os coeficientes a_k. Você pode usar as propriedades listadas na Tabela 3.1.

3.6 Considere três sinais periódicos de tempo contínuo cujas representações em série de Fourier sejam as seguintes:

$$x_1(t) = \sum_{k=0}^{100} \left(\frac{1}{2}\right)^k e^{jk\frac{2\pi}{50}t},$$

$$x_2(t) = \sum_{k=-100}^{100} \cos(k\pi) e^{jk\frac{2\pi}{50}t},$$

$$x_3(t) = \sum_{k=-100}^{100} j\,\text{sen}\left(\frac{k\pi}{2}\right) e^{jk\frac{2\pi}{50}t}.$$

Use as propriedades da série de Fourier para ajudá-lo a responder às seguintes perguntas:

(a) Qual ou quais dos três sinais são reais?

(b) Qual ou quais dos três sinais são pares?

3.7 Suponha que o sinal periódico $x(t)$ tenha período fundamental T e coeficientes de Fourier a_k. Em diversas situações, é mais fácil calcular os coeficientes da série de Fourier b_k para $g(t) = dx(t)/dt$, em vez de calcular a_k diretamente. Dado que

$$\int_T^{2T} x(t)\,dt = 2,$$

encontre uma expressão para a_k em termos de b_k e T. Você pode usar qualquer uma das propriedades listadas na Tabela 3.1.

3.8 Suponha que tenhamos as seguintes informações sobre um sinal $x(t)$:

1. $x(t)$ é real e par.
2. $x(t)$ é periódico com período $T = 2$ e tem coeficientes de Fourier a_k.
3. $a_k = 0$ para $|k| > 1$.
4. $\frac{1}{2}\int_0^2 |x(t)|^2\,dt = 1$.

Especifique dois sinais diferentes que satisfaçam essas condições.

3.9 Use a Equação de análise 3.95 para calcular os valores numéricos de um período dos coeficientes da série de Fourier do sinal periódico

$$x[n] = \sum_{m=-\infty}^{\infty} \{4\delta[n-4m] + 8\delta[n-1-4m]\}.$$

3.10 Seja $x[n]$ um sinal periódico real e ímpar com período $N = 7$ e coeficientes de Fourier a_k. Dado que

$$a_{15} = j,\ a_{16} = 2j,\ a_{17} = 3j,$$

determine os valores de a_0, a_{-1}, a_{-2} e a_{-3}.

3.11 Suponha que tenhamos as seguintes informações sobre um sinal $x[n]$:

1. $x[n]$ é um sinal real e par.
2. $x[n]$ tem período $N = 10$ e coeficientes de Fourier a_k.
3. $a_{11} = 5$.
4. $\frac{1}{10}\sum_{n=0}^{9} |x[n]|^2 = 50$.

Mostre que $x[n] = A\cos(Bn + C)$ e especifique os valores numéricos para as constantes A, B e C.

3.12 Cada uma das duas sequências $x_1[n]$ e $x_2[n]$ tem um período $N = 4$, e os coeficientes da série de Fourier correspondentes são

$$x_1[n] \longleftrightarrow a_k,\quad x_2[n] \longleftrightarrow b_k,$$

sendo

$$a_0 = a_3 = \frac{1}{2}a_1 = \frac{1}{2}a_2 = 1\ \text{e}\ b_0 = b_1 = b_2 = b_3 = 1.$$

Usando a propriedade de multiplicação da Tabela 3.1, determine os coeficientes da série de Fourier c_k para o sinal $g[n] = x_1[n]x_2[n]$.

3.13 Considere um sistema LIT de tempo contínuo cuja resposta em frequência é

$$H(j\omega) = \int_{-\infty}^{\infty} h(t)e^{-j\omega t}\,dt = \frac{\text{sen}(4\omega)}{\omega}.$$

Se a entrada desse sistema é um sinal periódico

$$x(t) = \begin{cases} 1, & 0 \leq t < 4 \\ -1, & 4 \leq t < 8, \end{cases}$$

com período $T = 8$, determine a saída correspondente do sistema $y(t)$.

3.14 Quando o trem de impulso

$$x[n] = \sum_{k=-\infty}^{\infty} \delta[n - 4k]$$

é a entrada de um sistema LIT particular com resposta em frequência $H(e^{j\omega})$, a saída do sistema é

$$y[n] = \cos\left(\frac{5\pi}{2}n + \frac{\pi}{4}\right).$$

Determine os valores de $H(e^{jk\pi/2})$ para $k = 0, 1, 2$ e 3.

3.15 Considere um filtro S passa-baixas ideal, cuja resposta em frequência é

$$H(j\omega) = \begin{cases} 1, & |\omega| \leq 100 \\ 0, & |\omega| > 100 \end{cases}.$$

Quando a entrada desse filtro é um sinal $x(t)$ com período fundamental $T = \pi/6$ e coeficientes da série de Fourier a_k, encontra-se que

$$x(t) \xrightarrow{\ S\ } y(t) = x(t).$$

Para que valores de k é garantido que $a_k = 0$?

3.16 Determine a saída do filtro mostrada na Figura P3.16 para as seguintes entradas periódicas:

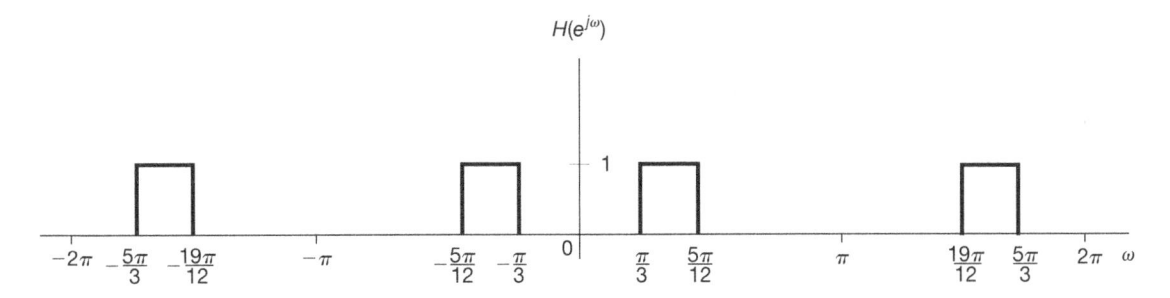

Figura P3.16

(a) $x_1[n] = (-1)^n$

(b) $x_2[n] = 1 + \text{sen}\left(\frac{3\pi}{8}n + \frac{\pi}{4}\right)$

(c) $x_3[n] = \sum_{k=-\infty}^{\infty} \left(\frac{1}{2}\right)^{n-4k} u[n-4k]$

3.17 Considere três sistemas de tempo contínuo S_1, S_2 e S_3 cujas respostas a uma entrada exponencial complexa e^{j5t} são especificadas como

$$S_1: e^{j5t} \to te^{j5t},$$

$$S_2: e^{j5t} \to e^{j5(t-1)},$$

$$S_3: e^{j5t} \to \cos(5t).$$

Para cada sistema, determine se a informação dada é suficiente para concluir que o sistema definitivamente *não* é LIT.

3.18 Considere três sistemas de tempo discreto S_1, S_2 e S_3 cujas respectivas respostas a uma entrada exponencial complexa $e^{j\pi n/2}$ são especificadas como

$$S_1: e^{j\pi n/2} \to e^{j\pi n/2} u[n],$$

$$S_2: e^{j\pi n/2} \to e^{j3\pi n/2},$$

$$S_3: e^{j\pi n/2} \to 2e^{j5\pi n/2}.$$

Para cada sistema, determine se a informação dada é suficiente para concluir que o sistema definitivamente *não* é LIT.

3.19 Considere um sistema LIT causal implementado como o circuito RL mostrado na Figura P3.19. Uma fonte de corrente produz uma corrente de entrada $x(t)$, e a saída do sistema é considerada como a corrente $y(t)$ fluindo pelo indutor.

(a) Encontre a equação diferencial relacionando $x(t)$ e $y(t)$.

(b) Determine a resposta em frequência desse sistema, considerando a saída do sistema para as entradas da forma $x(t) = e^{j\omega t}$.

(c) Determine a saída $y(t)$ se $x(t) = \cos(t)$.

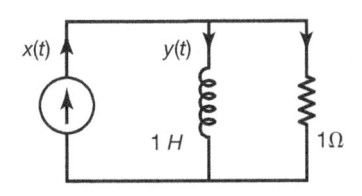

Figura P3.19

3.20 Considere um sistema LIT causal implementado como o circuito *RLC* mostrado na Figura P3.20. Nesse circuito, $x(t)$ é a tensão de entrada. A tensão $y(t)$ no capacitor é considerada a saída do sistema.

(a) Encontre a equação diferencial relacionando $x(t)$ e $y(t)$.

(b) Determine a resposta em frequência desse sistema considerando a saída do sistema para as entradas da forma $x(t) = e^{j\omega t}$.

(c) Determine a saída $y(t)$ se $x(t) = \text{sen}(t)$.

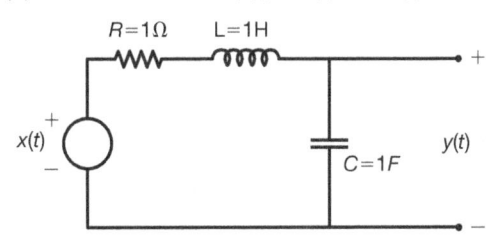

Figura P3.20

Problemas básicos

3.21 Um sinal periódico de tempo contínuo $x(t)$ é real e tem um período fundamental $T = 8$. Os coeficientes da série de Fourier diferentes de zero para $x(t)$ são especificados como

$$a_1 = a_{-1}^* = j, a_5 = a_{-5} = 2.$$

Expresse $x(t)$ na forma

$$x(t) = \sum_{k=0}^{\infty} A_k \cos(\omega_k t + \phi_k).$$

3.22 Determine as representações em série de Fourier para os seguintes sinais:

(a) Cada $x(t)$ mostrado na Figura P3.22(a)–(f).

(b) $x(t)$ periódico com período 2 e

$$x(t) = e^{-t} \quad \text{para} \quad -1 < t < 1$$

(c) $x(t)$ periódico com período 4 e

$$x(t) = \begin{cases} \text{sen } \pi t, & 0 \leq t \leq 2 \\ 0, & 2 < t \leq 4 \end{cases}$$

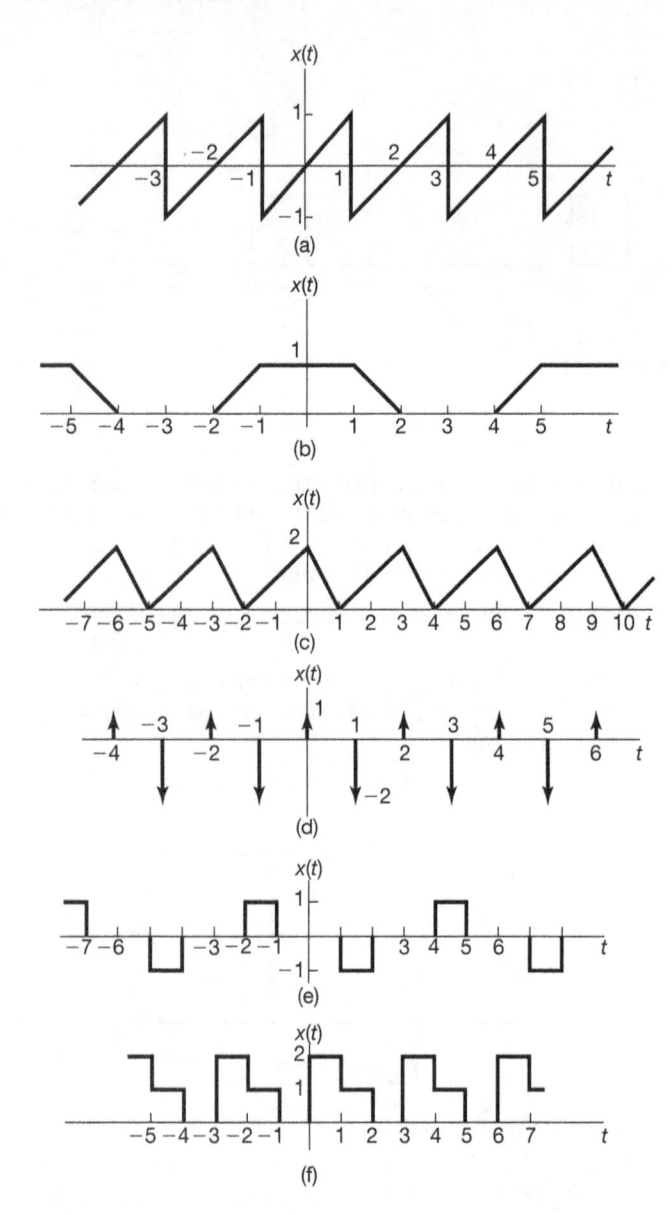

Figura P3.22

3.23 A seguir, especificamos os coeficientes da série de Fourier de um sinal de tempo contínuo que é periódico com período 4. Determine o sinal $x(t)$ em cada caso.

(a) $a_k = \begin{cases} 0, & k=0 \\ (j)^k \frac{\operatorname{sen} k\pi/4}{k\pi}, & \text{caso contrário} \end{cases}$

(b) $a_k = (-1)^k \frac{\operatorname{sen} k\pi/8}{2k\pi}, \quad a_0 = \frac{1}{16}$

(c) $a_k = \begin{cases} jk, & |k| < 3 \\ 0, & \text{caso contrário} \end{cases}$

(d) $a_k = \begin{cases} 1, & k \text{ par} \\ 2, & k \text{ ímpar} \end{cases}$

3.24 Seja

$$x(t) = \begin{cases} t, & 0 \le t \le 1 \\ 2-t, & 1 \le t \le 2 \end{cases}$$

um sinal periódico com período fundamental $T = 2$ e coeficientes de Fourier a_k.

(a) Determine o valor de a_0.
(b) Determine a representação em série de Fourier de $dx(t)/dt$.
(c) Use o resultado do item (b) e a propriedade de diferenciação da série de Fourier de tempo contínuo para ajudar a determinar os coeficientes da série de Fourier de $x(t)$.

3.25 Considere os três sinais de tempo contínuo a seguir com um período fundamental de $T = 1/2$:

$$x(t) = \cos(4\pi t),$$
$$y(t) = \operatorname{sen}(4\pi t),$$
$$z(t) = x(t)y(t).$$

(a) Determine os coeficientes da série de Fourier de $x(t)$.
(b) Determine os coeficientes da série de Fourier de $y(t)$.
(c) Use os resultados dos itens (a) e (b), juntamente com a propriedade de multiplicação da série de Fourier de tempo contínuo, para determinar os coeficientes da série de Fourier de $z(t) = x(t)y(t)$.
(d) Determine os coeficientes da série de Fourier de $z(t)$ mediante a expansão direta de $z(t)$ em forma trigonométrica e compare seu resultado com o do item (c).

3.26 Seja $x(t)$ um sinal periódico cujos coeficientes da série de Fourier são

$$a_k = \begin{cases} 2, & k=0 \\ j(\frac{1}{2})^{|k|}, & \text{caso contrário} \end{cases}$$

Use as propriedades da série de Fourier para responder às seguintes perguntas:

(a) $x(t)$ é real?
(b) $x(t)$ é par?
(c) $dx(t)/dt$ é par?

3.27 Um sinal periódico de tempo discreto $x[n]$ é real e tem período fundamental $N = 5$. Os coeficientes da série de Fourier diferentes de zero para $x[n]$ são

$$a_0 = 2, a_2 = a_{-2}^* = 2e^{j\pi/6}, \quad a_4 = a_{-4}^* = e^{j\pi/3}.$$

Expresse $x[n]$ na forma

$$x[n] = A_0 + \sum_{k=1}^{\infty} A_k \operatorname{sen}(\omega_k n + \phi_k).$$

3.28 Determine os coeficientes da série de Fourier para cada um dos seguintes sinais periódicos de tempo discreto. Represente graficamente a magnitude e fase de cada conjunto de coeficientes a_k.

(a) Cada $x[n]$ representado na Figura P3.28(a) – (c)
(b) $x[n] = \operatorname{sen}(2\pi n/3) \cos(\pi n/2)$

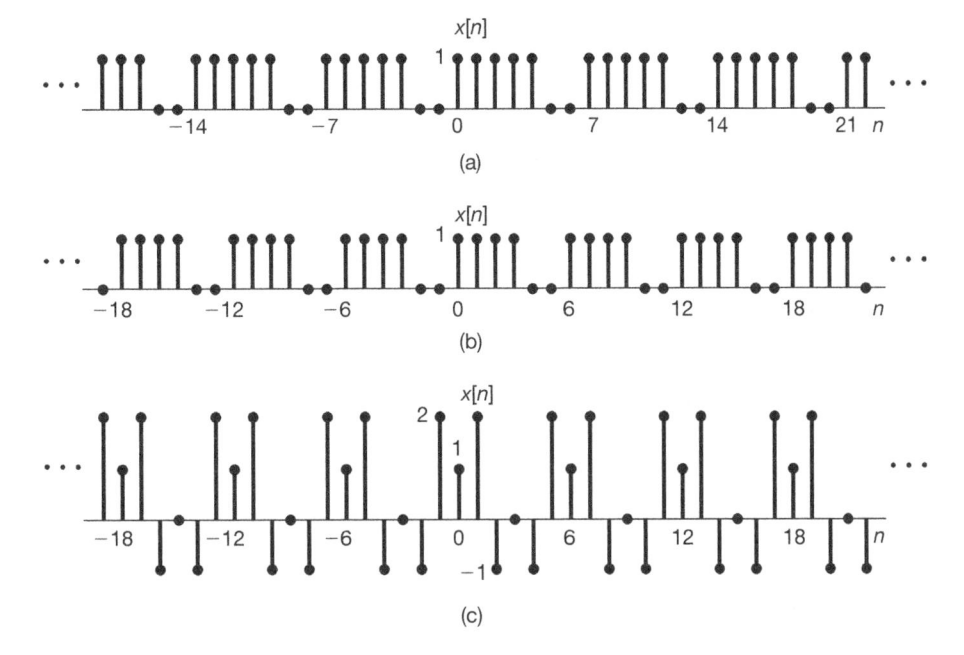

Figura P3.28

(c) $x[n]$ periódico com período 4 e
$$x[n] = 1 - \operatorname{sen}\frac{\pi n}{4} \quad \text{para } 0 \leq n \leq 3$$

(d) $x[n]$ periódico com período 12 e
$$x[n] = 1 - \operatorname{sen}\frac{\pi n}{4} \quad \text{para } 0 \leq n \leq 11$$

3.29 Em cada um dos itens seguintes, especificamos os coeficientes da série de Fourier de um sinal que é periódico com período 8. Determine o sinal $x[n]$ em cada caso.

(a) $a_k = \cos\left(\frac{k\pi}{4}\right) + \operatorname{sen}\left(\frac{3k\pi}{4}\right)$

(b) $a_k = \begin{cases} \operatorname{sen}(\frac{k\pi}{3}), & 0 \leq k \leq 6 \\ 0, & k = 7 \end{cases}$

(c) a_k, como na Figura P3.29(a)

(d) a_k, como na Figura P3.29(b)

3.30 Considere os três sinais de tempo discreto a seguir, com período fundamental de 6:

Figura P3.29

$$x[n] = 1 + \cos\left(\frac{2\pi}{6}n\right),$$
$$y[n] = \operatorname{sen}\left(\frac{2\pi}{6}n + \frac{\pi}{4}\right),$$
$$z[n] = x[n]\,y[n].$$

(a) Determine os coeficientes da série de Fourier de $x[n]$.

(b) Determine os coeficientes da série de Fourier de $y[n]$.

(c) Use os resultados dos itens (a) e (b), juntamente com a propriedade de multiplicação da série de Fourier de tempo discreto, para determinar os coeficientes da série de Fourier de $z[n] = x[n]y[n]$.

(d) Determine os coeficientes da série de Fourier de $z[n]$ por cálculo direto e compare seus resultados com os do item (c).

3.31 Seja
$$x[n] = \sum_{k=0}^{3} a_k e^{jk\left(\frac{2\pi}{4}\right)n}.$$

um sinal periódico com período fundamental $N = 10$ e coeficientes da série de Fourier a_k. Além disso, seja

$$g[n] = x[n] - x[n-1].$$

(a) Demonstre que $g[n]$ tem um período fundamental de 10.

(b) Determine os coeficientes da série de Fourier de $g[n]$.

(c) Usando os coeficientes da série de Fourier de $g[n]$ e a propriedade da primeira diferença da Tabela 3.2, determine a_k para $k \neq 0$.

3.32 Considere o sinal $x[n]$ representado na Figura P3.32. Esse sinal é periódico com período $N = 4$. O sinal pode ser expresso em termos de uma série de Fourier de tempo discreto como

$$x[n] = \sum_{k=0}^{3} a_k e^{jk\left(\frac{2\pi}{4}\right)n}.$$

(P3.32-1)

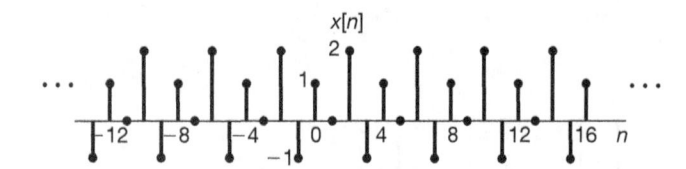

Figura P3.32

Como mencionamos no texto, uma forma de determinar os coeficientes da série de Fourier é tratar a Equação P3.32-1 como um conjunto de quatro equações lineares (para $n = 0, 1, 2, 3$) com quatro incógnitas (a_0, a_1, a_2 e a_3).

(a) Escreva essas quatro equações explicitamente e resolva-as diretamente usando qualquer técnica-padrão para a solução de quatro equações com quatro incógnitas. (Lembre-se de primeiro reduzir as exponenciais complexas a formas mais simples.)

(b) Verifique sua resposta calculando a_k diretamente, usando a equação da análise de série de Fourier de tempo discreto

$$a_k = \frac{1}{4} \sum_{n=0}^{3} x[n] e^{-jk(2\pi/4)n}.$$

3.33 Considere um sistema LIT de tempo contínuo causal cuja entrada $x(t)$ e saída $y(t)$ são relacionadas pela equação diferencial a seguir:

$$\frac{d}{dt} y(t) + 4y(t) = x(t).$$

Encontre a representação em série de Fourier da saída $y(t)$ para cada uma das seguintes entradas:

(a) $x(t) = \cos 2\pi t$

(b) $x(t) = \operatorname{sen} 4\pi t + \cos(6\pi t + \pi/4)$

3.34 Considere um sistema LIT de tempo contínuo com resposta ao impulso

$$h(t) = e^{-4|t|}.$$

Encontre a representação em série de Fourier da saída $y(t)$ para cada uma das seguintes entradas:

(a) $x(t) = \sum_{n=-\infty}^{+\infty} \delta(t-n)$

(b) $x(t) = \sum_{n=-\infty}^{+\infty} (-1)^n \delta(t-n)$

(c) $x(t)$ é a onda periódica representada na Figura P3.34.

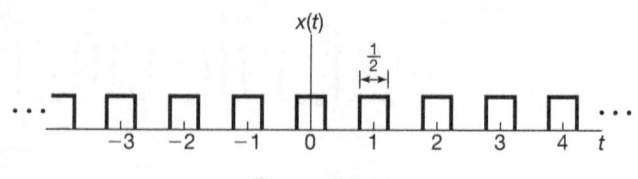

Figura P3.34

3.35 Considere um sistema LIT de tempo contínuo S cuja resposta em frequência é

$$H(j\omega) = \begin{cases} 1, & |\omega| \geq 250 \\ 0, & \text{caso contrário} \end{cases}.$$

Quando a entrada para esse sistema é um sinal $x(t)$ com período fundamental $T = \pi/7$ e coeficientes da série de Fourier a_k, encontra-se que a saída $y(t)$ é idêntica a $x(t)$. Para quais valores de k garante-se que $a_k = 0$?

3.36 Considere um sistema LIT de tempo discreto causal cuja entrada $x[n]$ e saída $y[n]$ estão relacionadas pela seguinte equação de diferença:

$$y[n] - \frac{1}{4} y[n-1] = x[n].$$

Encontre a representação em série de Fourier da saída $y[n]$ para cada uma das seguintes entradas:

(a) $x[n] = \operatorname{sen}(\frac{3\pi}{4} n)$

(b) $x[n] = \cos(\frac{\pi}{4} n) + 2 \cos(\frac{\pi}{2} n)$

3.37 Considere um sistema LIT de tempo discreto com resposta ao impulso

$$h[n] = \left(\frac{1}{2}\right)^{|n|}.$$

Encontre a representação em série de Fourier da saída $y[n]$ para cada uma das seguintes entradas:

(a) $x[n] = \sum_{k=-\infty}^{\infty} \delta[n-4k]$

(b) $x[n]$ é periódico com período 6 e

$$x[n] = \begin{cases} 1, & n = 0, \pm 1 \\ 0, & n = \pm 2, \pm 3 \end{cases}$$

3.38 Considere um sistema LIT de tempo discreto com resposta ao impulso

$$h[n] = \begin{cases} 1, & 0 \leq n \leq 2 \\ -1, & -2 \leq n \leq -1 \\ 0, & \text{caso contrário} \end{cases}.$$

Dado que a entrada para esse sistema é

$$x[n] = \sum_{k=-\infty}^{+\infty} \delta[n-4k],$$

determine os coeficientes da série de Fourier da saída $y[n]$.

3.39 Considere um sistema LIT de tempo discreto S cuja resposta em frequência é

$$H(e^{j\omega}) = \begin{cases} 1, & |\omega| \leq \frac{\pi}{8} \\ 0, & \frac{\pi}{8} < |\omega| < \pi \end{cases}.$$

Demonstre que, se a entrada $x[n]$ para esse sistema tem período $N = 3$, a saída $y[n]$ tem apenas um coeficiente da série de Fourier diferente de zero por período.

Problemas avançados

3.40 Seja $x(t)$ um sinal periódico com período fundamental T e coeficientes da série de Fourier a_k. Obtenha os coeficientes da série de Fourier de cada um dos seguintes sinais em termos de a_k:

(a) $x(t - t_0) + x(t + t_0)$

(b) $\mathcal{E}v\{x(t)\}$

(c) $\mathcal{R}e\{x(t)\}$

(d) $\dfrac{d^2 x(t)}{dt^2}$

(e) $x(3t - 1)$ [para este item, primeiro determine o período de $x(3t - 1)$]

3.41 Suponha que sejam dadas as seguintes informações sobre um sinal periódico de tempo contínuo com período 3 e coeficientes de Fourier a_k:

1. $a_k = a_{k+2}$.
2. $a_k = a_{-k}$.
3. $\int_{-0,5}^{0,5} x(t) dt = 1$.
4. $\int_{1}^{2} x(t) dt = 2$.

Determine $x(t)$.

3.42 Seja $x(t)$ um sinal real, com período fundamental T e coeficientes da série de Fourier a_k.

(a) Demonstre que $a_k = a^*_{-k}$ e a_0 devem ser reais.

(b) Demonstre que, se $x(t)$ for par, então seus coeficientes da série de Fourier devem ser reais e pares.

(c) Demonstre que, se $x(t)$ for ímpar, então seus coeficientes da série de Fourier são imaginários e ímpares e $a_0 = 0$.

(d) Demonstre que os coeficientes de Fourier da parte par de $x(t)$ são iguais a $\mathcal{R}e\{a_k\}$.

(e) Demonstre que os coeficientes de Fourier da parte ímpar de $x(t)$ são iguais a $j\mathcal{I}m\{a_k\}$.

3.43 (a) Um sinal periódico de tempo contínuo $x(t)$ com período T é dito *harmônico ímpar* se em sua representação por série de Fourier

$$x(t) = \sum_{k=-\infty}^{+\infty} a_k e^{jk(2\pi/T)t} \quad \text{(P3.43–1)}$$

$a_k = 0$ para cada k inteiro par diferente de zero.

(i) Demonstre que, se $x(t)$ for harmônico ímpar, então

$$x(t) = -x\left(t + \frac{T}{2}\right). \quad \text{(P3.43–2)}$$

(ii) Demonstre que, se $x(t)$ satisfaz a Equação P3.43–2, então ele é harmônico ímpar.

(b) Suponha que $x(t)$ seja um sinal periódico harmônico ímpar com período 2 tal que

$$x(t) = t \quad \text{para } 0 < t < 1.$$

Esboce $x(t)$ e encontre seus coeficientes da série de Fourier.

(c) De maneira análoga ao sinal harmônico ímpar, poderíamos definir um sinal harmônico par como um sinal para o qual $a_k = 0$ para k ímpar na representação da Equação P3.43–1. T poderia ser o período fundamental para tal sinal? Explique sua resposta.

(d) De modo geral, mostre que T é o período fundamental de $x(t)$ na Equação P3.43–1 se ocorre um dos seguintes eventos:

(1) Ou a_1 ou a_{-1} é diferente de zero;

ou

(2) Existem dois inteiros k e l que não possuem fatores comuns e são tais que a_k e a_l são diferentes de zero.

3.44 Suponha que sejam dadas as seguintes informações sobre um sinal $x(t)$:

1. $x(t)$ é um sinal real.
2. $x(t)$ é periódico com período $T = 6$ e tem coeficientes de Fourier a_k.
3. $a_k = 0$ para $k = 0$ e $k > 2$.
4. $x(t) = -x(t - 3)$.
5. $\frac{1}{6} \int_{-3}^{3} |x(t)|^2 dt = \frac{1}{2}$.
6. a_1 é um número real positivo.

Mostre que $x(t) = A \cos(Bt + C)$ e determine os valores das constantes A, B e C.

3.45 Seja $x(t)$ um sinal periódico real com representação em série de Fourier dada na forma de seno-cosseno da Equação 3.32; ou seja,

$$x(t) = a_0 + 2\sum_{k=1}^{\infty} [B_k \cos k\omega_0 t - C_k \operatorname{sen} k\omega_0 t]. \quad \text{(P3.45–1)}$$

(a) Determine a representação em série de Fourier exponencial das partes par e ímpar de $x(t)$; ou seja, encontre os coeficientes α_k e β_k em termos dos coeficientes da Equação P3.45–1, de modo que

$$\mathcal{E}v\{x(t)\} = \sum_{k=-\infty}^{+\infty} \alpha_k e^{jk\omega_0 t},$$

$$\mathcal{O}d\{x(t)\} = \sum_{k=-\infty}^{+\infty} \beta_k e^{jk\omega_0 t}.$$

(b) Qual é a relação entre α_k e α_{-k} no item (a)? Qual é a relação entre β_k e β_{-k}?

(c) Suponha que os sinais $x(t)$ e $z(t)$ mostrados na Figura P3.45 tenham as representações em série de seno-cosseno

$$x(t) = a_0 + 2\sum_{k=1}^{\infty}\left[B_k \cos\left(\frac{2\pi k t}{3}\right) - C_k \text{sen}\left(\frac{2\pi k t}{3}\right)\right],$$

$$z(t) = d_0 + 2\sum_{k=1}^{\infty}\left[E_k \cos\left(\frac{2\pi k t}{3}\right) - F_k \text{sen}\left(\frac{2\pi k t}{3}\right)\right].$$

Esboce o sinal

$$y(t) = 4(a_0 + d_0) + 2\sum_{k=1}^{\infty}\left\{\left[B_k + \frac{1}{2}E_k\right]\cos\left(\frac{2\pi k t}{3}\right) + F_k \text{sen}\left(\frac{2\pi k t}{3}\right)\right\}.$$

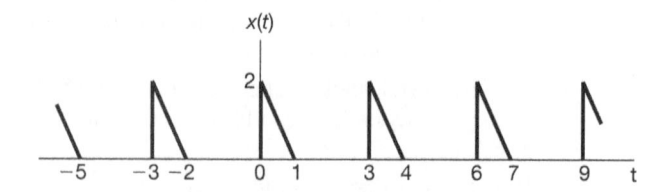

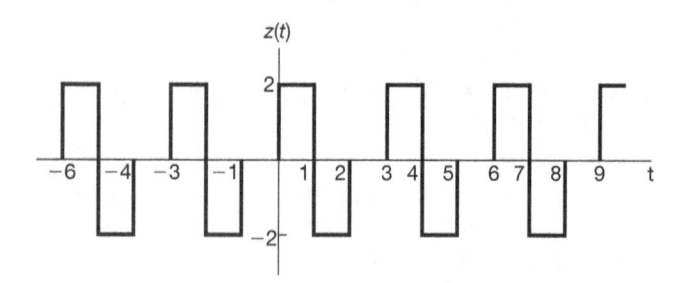

Figura P3.45

3.46 Neste problema, deduzimos duas propriedades importantes da série de Fourier de tempo contínuo: a propriedade de multiplicação e a relação de Parseval. Sejam $x(t)$ e $y(t)$ sinais periódicos de tempo contínuo, tendo período T_0 e com representações em série de Fourier dadas por

$$x(t) = \sum_{k=-\infty}^{+\infty} a_k e^{jk\omega_0 t}, \quad y(t) = \sum_{k=-\infty}^{+\infty} b_k e^{jk\omega_0 t}. \quad \textbf{(P3.46–1)}$$

(a) Demonstre que os coeficientes da série de Fourier do sinal

$$z(t) = x(t)y(t) = \sum_{k=-\infty}^{+\infty} c_k e^{jk\omega_0 t}$$

são dados pela convolução discreta

$$c_k = \sum_{n=-\infty}^{+\infty} a_n b_{k-n}.$$

(b) Use o resultado do item (a) para calcular os coeficientes da série de Fourier dos sinais $x_1(t)$, $x_2(t)$ e $x_3(t)$ representados na Figura P3.46.

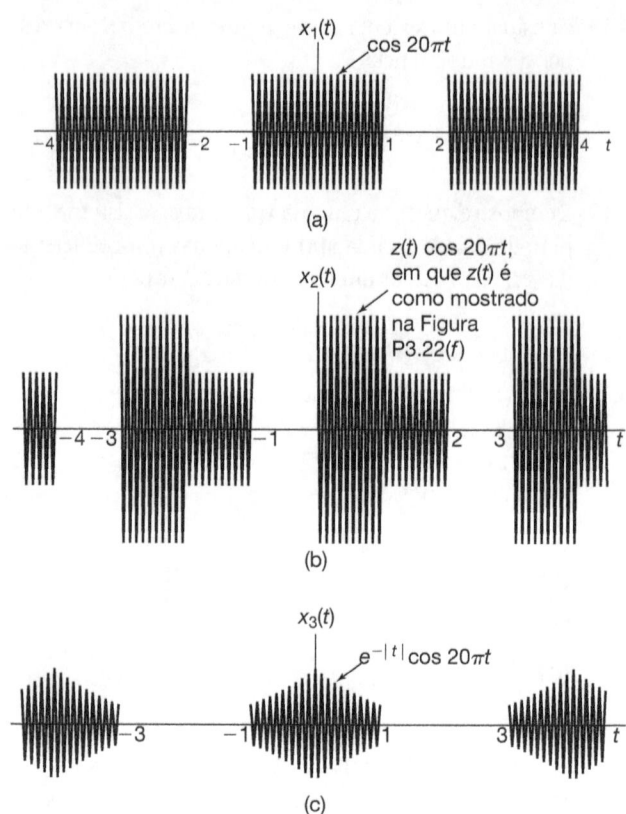

Figura P3.46

(c) Suponha que $y(t)$ na Equação P3.46–1 seja igual a $x^*(t)$. Expresse b_k na equação em termos de a_k e use o resultado do item (a) para provar a relação de Parseval para sinais periódicos — ou seja,

$$\frac{1}{T_0}\int_0^{T_0}|x(t)|^2\,dt = \sum_{k=-\infty}^{+\infty}|a_k|^2.$$

3.47 Considere o sinal

$$x(t) = \cos 2\pi t.$$

Como $x(t)$ é periódico com um período fundamental 1, ele também é periódico com um período de N, sendo N qualquer inteiro positivo. Quais são os coeficientes da série de Fourier de $x(t)$ se o considerarmos como um sinal periódico com período 3?

3.48 Seja $x[n]$ uma sequência periódica com período N e representação em série de Fourier

$$x[n] = \sum_{k=\langle N \rangle} a_k e^{jk(2\pi/N)n}. \quad \textbf{(P3.48–1)}$$

Os coeficientes da série de Fourier para cada um dos seguintes sinais podem ser expressos em termos de a_k na Equação P3.48–1. Obtenha as expressões.

(a) $x[n - n_0]$

(b) $x[n] - x[n-1]$

(c) $x[n] - x[n - \frac{N}{2}]$ (assuma que N seja par)

(d) $x[n] - x[n + \frac{N}{2}]$ (assuma que N seja par; note que esse sinal é periódico com período $N/2$)

(e) $x^*[-n]$

(f) $(-1)^n x[n]$ (assuma que N seja par)

(g) $(-1)^n x[n]$ (assuma que N seja ímpar; note que esse sinal é periódico com período $2N$)

(h) $y[n] = \begin{cases} x[n], & n \text{ par} \\ 0, & n \text{ ímpar} \end{cases}$

3.49 Seja $x[n]$ uma sequência periódica com período N e representação em série de Fourier

$$x[n] = \sum_{k=<N>} a_k e^{jk(2\pi/N)n}. \qquad \textbf{(P3.49-1)}$$

(a) Suponha que N seja par e que $x[n]$ na Equação P3.49-1 satisfaça

$$x[n] = -x\left[n + \frac{N}{2}\right] \text{ para todo } n.$$

Mostre que $a_k = 0$ para todo k inteiro par.

(b) Suponha que N seja divisível por 4. Mostre que se

$$x[n] = -x\left[n + \frac{N}{4}\right] \text{ para todo } n,$$

então $a_k = 0$ para todo valor de k que seja múltiplo de 4.

(c) Em geral, suponha que N seja divisível por um inteiro M. Mostre que, se

$$\sum_{r=0}^{(N/M)-1} x\left[n + r\frac{N}{M}\right] = 0 \text{ para todo } n,$$

então $a_k = 0$ para todo valor de k que seja um múltiplo de M.

3.50 Suponha que são dadas as seguintes informações sobre um sinal periódico $x[n]$ com período 8 e coeficientes de Fourier a_k.

1. $a_k = -a_{k-4}$.

2. $x[2n + 1] = (-1)^n$.

Esboce um período de $x[n]$.

3.51 Seja $x[n]$ um sinal periódico com período $N = 8$ e coeficientes da série de Fourier $a_k = -a_{k-4}$. Um sinal

$$y[n] = \left(\frac{1 + (-1)^n}{2}\right) x[n-1]$$

com período $N = 8$ é gerado. Indicando os coeficientes da série de Fourier de $y[n]$ por b_k, encontre uma função $f[k]$ tal que

$$b_k = f[k] a_k.$$

3.52 $x[n]$ é um sinal periódico real com período N e coeficientes da série de Fourier a_k complexos. A forma cartesiana para a_k é indicada por

$$a_k = b_k + jc_k,$$

sendo b_k e c_k reais.

(a) Mostre que $a_{-k} = a_k^*$. Qual é a relação entre b_k e b_{-k}? Qual é a relação entre c_k e c_{-k}?

(b) Suponha que N seja par. Mostre que $a_{N/2}$ é real.

(c) Demonstre que $x[n]$ também pode ser expresso como uma série de Fourier trigonométrica na forma

$$x[n] = a_0 + 2 \sum_{k=1}^{(N-1)/2} \left\{ b_k \cos\left(\frac{2\pi kn}{N}\right) - c_k \text{sen}\left(\frac{2\pi kn}{N}\right) \right\}$$

se N for ímpar, ou como

$$x[n] = (a_0 + a_{N/2}(-1)^n)$$
$$+ 2 \sum_{k=1}^{(N-2)/2} \left\{ b_k \cos\left(\frac{2\pi kn}{N}\right) - c_k \text{sen}\left(\frac{2\pi kn}{N}\right) \right\}$$

se N for par.

(d) Demonstre que, se a forma polar de a_k for $A_k e^{j\theta_k}$, então a representação em série de Fourier para $x[n]$ também pode ser escrita como

$$x[n] = a_0 + 2 \sum_{k=1}^{(N-1)/2} A_k \cos\left(\frac{2\pi kn}{N} + \theta_k\right)$$

se N for ímpar, ou como

$$x[n] = (a_0 + a_{N/2}(-1)^n) + 2 \sum_{k=1}^{(N/2)-1} A_k \cos\left(\frac{2\pi kn}{N} + \theta_k\right)$$

se N for par.

(e) Suponha que $x[n]$ e $z[n]$, representados na Figura P3.52, tenham as representações em série de seno-cosseno

$$x[n] = a_0 + 2 \sum_{k=1}^{3} \left\{ b_k \cos\left(\frac{2\pi kn}{7}\right) - c_k \text{sen}\left(\frac{2\pi kn}{7}\right) \right\},$$

$$z[n] = d_0 + 2 \sum_{k=1}^{3} \left\{ b_k \cos\left(\frac{2\pi kn}{7}\right) - f_k \text{sen}\left(\frac{2\pi kn}{7}\right) \right\}.$$

Esboçe o sinal

$$y[n] = a_0 - d_0 + 2 \sum_{k=1}^{3} \left\{ d_k \cos\left(\frac{2\pi kn}{7}\right) + (f_k - c_k) \text{sen}\left(\frac{2\pi kn}{7}\right) \right\}.$$

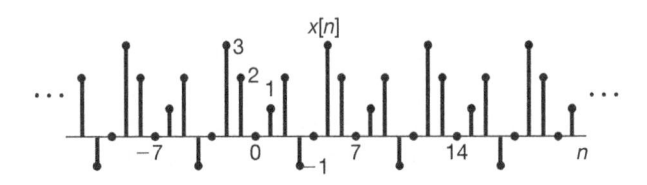

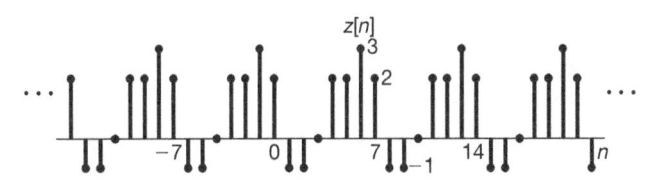

Figura P3.52

3.53 Seja $x[n]$ um sinal periódico real com período N e coeficientes de Fourier a_k.

(a) Demonstre que, se N for par, pelo menos dois dos coeficientes de Fourier dentro de um período de a_k são reais.

(b) Demonstre que, se N for ímpar, pelo menos um dos coeficientes de Fourier dentro de um período de a_k é real.

3.54 Considere a função

$$a[k] = \sum_{n=0}^{N-1} e^{j(2\pi/N)kn}.$$

(a) Demonstre que $a[k] = N$ para $k = 0, \pm N, \pm 2N, \pm 3N, \ldots$

(b) Demonstre que $a[k] = 0$ sempre que k não é um inteiro múltiplo de N. (*Dica*: Use a fórmula da soma finita.)

(c) Repita os itens (a) e (b) se

$$a[k] = \sum_{n=\langle N \rangle} e^{j(2\pi/N)kn}.$$

3.55 Seja $x[n]$ um sinal periódico com período fundamental N e coeficientes da série de Fourier a_k. Neste problema, deduzimos a propriedade de mudança de escala

$$x_{(m)}[n] = \begin{cases} x\left[\frac{n}{m}\right], & n = 0, \pm m, \pm 2m, \ldots \\ 0, & \text{caso contrário} \end{cases}$$

listada na Tabela 3.2.

(a) Demonstre que $x_{(m)}[n]$ tem período mN.

(b) Demonstre que, se

$$x[n] = v[n] + \omega[n],$$

então

$$x_{(m)}[n] = v_{(m)}[n] + \omega_{(m)}[n].$$

(c) Supondo que $x[n] = e^{j2\pi k_0 n/N}$ para algum inteiro k_0, verifique que

$$x_{(m)}[n] = \frac{1}{m} \sum_{l=0}^{m-1} e^{j2\pi(k_0 + lN)n/(mN)}.$$

Ou seja, uma exponencial complexa em $x[n]$ torna-se uma combinação linear de m exponenciais complexas em $x_{(m)}[n]$.

(d) Usando os resultados dos itens (a), (b) e (c), demonstre que, se $x[n]$ tem os coeficientes de Fourier a_k, então $x_{(m)}[n]$ deverá ter os coeficientes de Fourier $\frac{1}{m} a_k$.

3.56 Seja $x[n]$ um sinal periódico com período N e coeficientes de Fourier a_k.

(a) Expresse os coeficientes de Fourier b_k de $|x[n]|^2$ em termos de a_k.

(b) Se os coeficientes a_k forem reais, é garantido que os coeficientes b_k também são reais?

3.57 (a) Sejam

$$x[n] = \sum_{k=0}^{n-1} a_k e^{jk(2\pi/N)n} \quad \text{(P3.57-1)}$$

e

$$y[n] = \sum_{k=0}^{n-1} b_k e^{jk(2\pi/N)n}$$

sinais periódicos. Mostre que

$$x[n]y[n] = \sum_{k=0}^{n-1} c_k e^{jk(2\pi/N)n},$$

em que

$$c_k = \sum_{l=0}^{N-1} a_l b_{k-l} = \sum_{l=0}^{N-1} a_{k-l} b_l.$$

(b) Generalize o resultado do item (a) mostrando que

$$c_k = \sum_{l=\langle N \rangle} a_l b_{k-l} = \sum_{l=\langle N \rangle} a_{k-l} b_l$$

(c) Use o resultado do item (b) para encontrar a representação em série de Fourier dos sinais a seguir, sendo $x[n]$ dado na Equação P3.57–1.

(i) $x[n]\cos\left(\frac{6\pi n}{N}\right)$

(ii) $x[n]\sum_{r=-\infty}^{+\infty} \delta[n - rN]$

(iii) $x[n]\left(\sum_{r=-\infty}^{+\infty} \delta\left[n - \frac{rN}{3}\right]\right)$ (assuma que N seja divisível por 3).

(d) Determine a representação em série de Fourier para o sinal $x[n]y[n]$, sendo

$$x[n] = \cos(\pi n/3)$$

e

$$y[n] = \begin{cases} 1, & |n| \le 3 \\ 0, & 4 \le |n| \le 6 \end{cases}$$

periódico com período 12.

(e) Use o resultado do item (b) para demonstrar que

$$\sum_{n=\langle N \rangle} x[n]y[n] = N \sum_{l=\langle N \rangle} a_l b_{-l}$$

e, a partir dessa expressão, obtenha a relação de Parseval para sinais periódicos de tempo discreto.

3.58 Sejam $x[n]$ e $y[n]$ sinais periódicos com período comum N, e seja

$$z[n] = \sum_{r=\langle N \rangle} x[r]y[n-r]$$

sua convolução periódica.

(a) Demonstre que $z[n]$ também é periódico com período N.

(b) Verifique que, se a_k, b_k e c_k são os coeficientes de Fourier de $x[n]$, $y[n]$ e $z[n]$, respectivamente, então

$$c_k = N a_k b_k.$$

(c) Sejam

$$x[n] = \operatorname{sen}\left(\frac{3\pi n}{4}\right)$$

e

$$y[n] = \begin{cases} 1, & 0 \le n \le 3 \\ 0, & 4 \le n \le 7 \end{cases}$$

dois sinais periódicos com período 8. Ache a representação em série de Fourier para a convolução periódica desses sinais.

(d) Repita o item (c) para os dois sinais periódicos a seguir, que também têm período 8:

$$x[n] = \begin{cases} \operatorname{sen}\left(\frac{3\pi n}{4}\right), & 0 \le n \le 3 \\ 0, & 4 \le n \le 7, \end{cases}$$

$$y[n] = \left(\frac{1}{2}\right)^n, \ 0 \le n \le 7.$$

3.59 (a) Suponha que $x[n]$ seja um sinal periódico com período N. Demonstre que os coeficientes da série de Fourier do sinal periódico

$$g(t) = \sum_{k=-\infty}^{\infty} x[k]\delta(t - kT)$$

são periódicos com período N.

(b) Suponha que $x(t)$ seja um sinal periódico com período T e coeficientes da série de Fourier a_k com período N. Mostre que deve haver uma sequência periódica $g[n]$ tal que

$$x(t) = \sum_{k=-\infty}^{\infty} g[k]\delta(t - kT/N).$$

(c) Um sinal periódico contínuo pode ter coeficientes de Fourier periódicos?

3.60 Considere os seguintes pares de sinais $x[n]$ e $y[n]$. Para cada par, determine se existe um sistema LIT de tempo discreto para o qual $y[n]$ seja a saída quando $x[n]$ é a entrada. Se houver tal sistema, determine se ele é único (ou seja, se existe mais de um sistema LIT com o par entrada-saída dado). Além disso, determine a resposta em frequência de um sistema LIT com o comportamento desejado. Se não houver tal sistema LIT para determinado par $x[n]$, $y[n]$, explique por quê.

(a) $x[n] = (\frac{1}{2}^n)$, $y[n] = (\frac{1}{4}^n)$
(b) $x[n] = (\frac{1}{2}^n)u[n]$, $y[n] = (\frac{1}{4})^n u[n]$
(c) $x[n] = (\frac{1}{2}^n)u[n]$, $y[n] = 4^n u[-n]$
(d) $x[n] = e^{jn/8}$, $y[n] = 2e^{jn/8}$
(e) $x[n] = e^{jn/8}u[n]$, $y[n] = 2e^{jn/8}u[n]$
(f) $x[n] = j^n$, $y[n] = 2j^n(1-j)$
(g) $x[n] = \cos(\pi n/3)$, $y[n] = \cos(\pi n/3) + \sqrt{3}\operatorname{sen}(\pi n/3)$
(h) $x[n]$ e $y_1[n]$ como na Figura P3.60.
(i) $x[n]$ e $y_2[n]$ como na Figura P3.60.

3.61 Como já vimos, as técnicas de análise de Fourier são de grande valor no exame de sistemas LIT de tempo contínuo, pois exponenciais complexas periódicas são autofunções para sistemas LIT. Neste problema, queremos comprovar a seguinte afirmação: embora alguns sistemas LIT possam ter autofunções adicionais, as exponenciais complexas são os *únicos* sinais que são autofunções de *qualquer* sistema LIT.

(a) Quais são as autofunções do sistema LIT com resposta ao impulso unitário $h(t) = \delta(t)$? Quais são os autovalores associados?

(b) Considere o sistema LIT com resposta ao impulso $h(t) = \delta(t - T)$. Encontre um sinal que não seja da forma e^{st}, mas que seja uma autofunção do sistema com autovalor 1. De modo semelhante, encontre as autofunções com autovalores 1/2 e 2 que não sejam exponenciais complexas. (*Dica*: Você poderá encontrar trens de impulso que atendam a esses requisitos.)

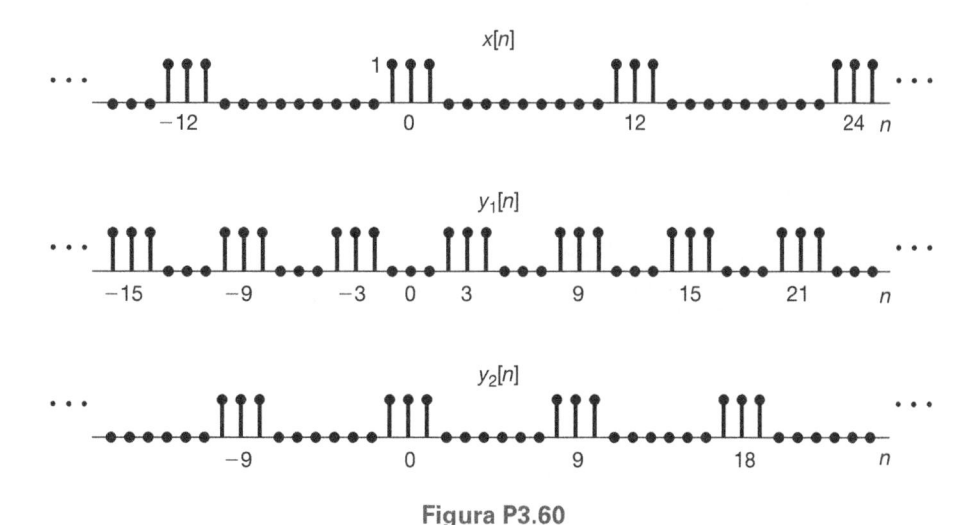

Figura P3.60

(c) Considere um sistema LIT estável, com resposta ao impulso $h(t)$ que seja real e par. Demonstre que $\cos \omega t$ e sen ωt são autofunções desse sistema.

(d) Considere o sistema LIT com resposta ao impulso $h(t) = u(t)$. Suponha que $\phi(t)$ seja uma autofunção desse sistema com autovalor λ. Encontre a equação diferencial que $\phi(t)$ precisa satisfazer e resolva a equação. Esse resultado, juntamente com os dos itens de (a) a (c), deverá provar a validade da afirmação feita no início do problema.

3.62 Uma técnica para montar uma fonte de alimentação dc é tomar um sinal de ac e retificá-lo em onda completa. Ou seja, passamos o sinal de ac $x(t)$ por um sistema que produz $y(t) = |x(t)|$ como sua saída.

(a) Esboce as formas de onda de entrada e de saída se $x(t) = \cos t$. Quais são os períodos fundamentais da entrada e da saída?

(b) Se $x(t) = \cos t$, determine os coeficientes da série de Fourier para a saída $y(t)$.

(c) Qual é a amplitude do componente dc do sinal de entrada? Qual é a amplitude do componente dc do sinal de saída?

3.63 Suponha que um sinal periódico de tempo contínuo seja a entrada para um sistema LIT. O sinal tem uma representação em série de Fourier

$$x(t) = \sum_{k=-\infty}^{\infty} \alpha^{|k|} e^{jk(\pi/4)t},$$

sendo α um número real entre 0 e 1, e a resposta em frequência do sistema é

$$H(j\omega) = \begin{cases} 1, & |\omega| \leq W \\ 0, & |\omega| > W \end{cases}.$$

Quão grande W deverá ser para que a saída do sistema tenha pelo menos 90% da energia média por período de $x(t)$?

3.64 Como vimos neste capítulo, o conceito de autofunção é uma ferramenta extremamente importante no estudo de sistemas LIT. O mesmo pode ser dito para sistemas lineares, porém variantes no tempo. Especificamente, considere tal sistema com entrada $x(t)$ e saída $y(t)$. Dizemos que um sinal $\phi(t)$ é uma *autofunção* do sistema se

$$\phi(t) \rightarrow \lambda \phi(t).$$

Ou seja, se $x(t) = \phi(t)$, então $y(t) = \lambda \phi(t)$, em que a constante complexa λ é chamada de *autovalor associado a* $\phi(t)$.

(a) Suponha que possamos representar a entrada $x(t)$ em nosso sistema como uma combinação linear de autofunções $\phi_k(t)$, cada uma com um autovalor correspondente λ_k; ou seja,

$$x(t) = \sum_{k=-\infty}^{\infty} c_k \phi_k(t).$$

Expresse a saída $y(t)$ do sistema em termos de $\{c_k\}$, $\{\phi_k(t)\}$ e $\{\lambda_k\}$.

(b) Considere o sistema caracterizado pela equação diferencial

$$y(t) = t^2 \frac{d^2 x(t)}{dt^2} + t \frac{dx(t)}{dt}.$$

Esse sistema é linear? Ele é invariante do tempo?

(c) Mostre que as funções

$$\phi_k(t) = t^k$$

são autofunções do sistema do item (b). Para cada $\phi_k(t)$, determine o autovalor correspondente λ_k.

(d) Determine a saída do sistema se

$$x(t) = 10t^{-10} + 3t + \frac{1}{2}t^4 + \pi.$$

Problemas de extensão

3.65 Duas funções $u(t)$ e $v(t)$ são consideradas *ortogonais no intervalo* (a, b) se

$$\int_a^b u(t)v^*(t)dt = 0. \quad \textbf{(P3.65-1)}$$

Se, além disso,

$$\int_a^b |u(t)|^2 dt = 1 = \int_a^b |v(t)|^2 dt,$$

as funções são ditas *normalizadas* e, portanto, são chamadas *ortonormais*. Um conjunto de funções $\{\phi_k(t)\}$ é chamado *conjunto ortogonal (ortonormal)* se cada par de funções no conjunto for ortogonal (ortonormal).

(a) Considere os pares de sinais $u(t)$ e $v(t)$ representados na Figura P3.65. Determine se cada par é ortogonal no intervalo (0, 4).

(b) As funções sen $m\omega_0 t$ e sen $n\omega_0 t$ são ortogonais no intervalo (0, T), sendo $T = 2\pi/\omega_0$? Elas também são ortonormais?

(c) Repita o item (b) para as funções $\phi_m(t)$ e $\phi_n(t)$, sendo

$$\phi_k(t) = \frac{1}{\sqrt{T}}[\cos k\omega_0 t + \text{sen } k\omega_0 t].$$

(d) Mostre que as funções $\phi_k(t) = e^{jk\omega_0 t}$ são ortogonais em *qualquer* intervalo de comprimento $T = 2\pi/\omega_0$. Elas são ortonormais?

(e) Considere que $x(t)$ seja um sinal arbitrário e que $x_o(t)$ e $x_e(t)$ sejam, respectivamente, as partes ímpar e par de $x(t)$. Mostre que $x_o(t)$ e $x_e(t)$ são ortogonais no intervalo $(-T, T)$ para qualquer T.

(f) Mostre que se $\{\phi_k(t)\}$ for um conjunto de sinais ortogonais no intervalo (a, b), então o conjunto $\{(1/\sqrt{A_k})\phi_k(t)\}$, em que

$$A_k = \int_a^b |\phi_k(t)|^2 dt$$

é ortonormal.

Representação de sinais periódicos em série de Fourier   161

Figura P3.65

(a)

(b) Exponenciais com constante de tempo = 1

(c) sen($\pi t/2$), sen$\left(\dfrac{\pi t}{2} + \dfrac{\pi}{4}\right)$

(d)

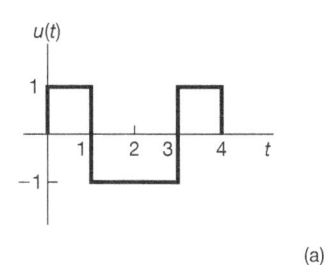

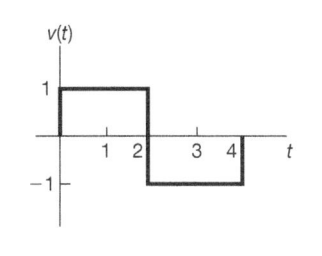

(g) Seja $\{\phi_i(t)\}$ um conjunto de sinais ortonormais no intervalo (a, b) e considere um sinal da forma

$$x(t) = \sum_i a_i \phi_i(t),$$

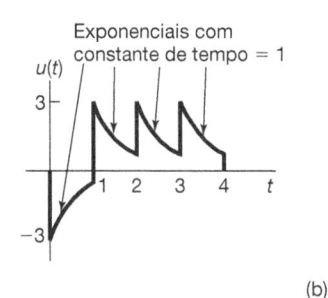

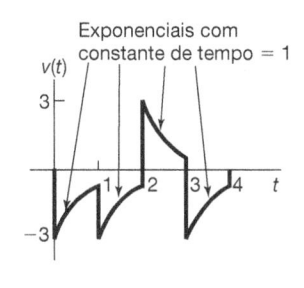

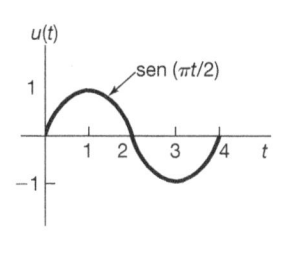

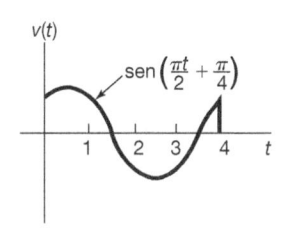

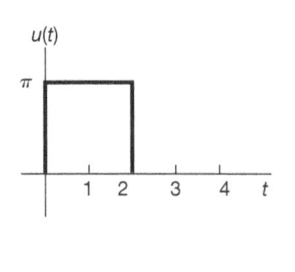

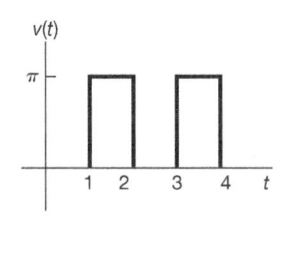

em que a_i são constantes complexas. Mostre que

$$\int_a^b |x(t)|^2 \, dt = \sum_i |a_i|^2.$$

(h) Suponha que $\phi_1(t), \ldots, \phi_N(t)$ sejam diferentes de zero apenas no intervalo de tempo $0 \le t \le T$ e que sejam ortonormais nesse intervalo de tempo. Considere que L_i indique o sistema LIT com resposta ao impulso

$$h_i(t) = \phi_i(T-t). \quad \textbf{(P3.65–2)}$$

Mostre que, se $\phi_j(t)$ for aplicado a esse sistema, então a saída no instante T é 1 se $i = j$ e 0 se $i \ne j$. O sistema com resposta ao impulso dada pela Equação P3.65-2 foi chamado nos problemas 2.66 e 2.67 de o *filtro casado* para o sinal $\phi_i(t)$.

3.66 A finalidade deste problema é mostrar que a representação de um sinal periódico arbitrário por uma série de Fourier ou, de modo mais geral, como uma combinação linear de qualquer conjunto de funções ortogonais é computacionalmente eficiente e de fato muito útil para obter boas aproximações de sinais.[12]

Especificamente, suponha que $\{\phi_i(t)\}, i = 0, \pm1, \pm2, \ldots$ seja um conjunto de funções ortonormais no intervalo $a \le t \le b$ e seja $x(t)$ um sinal dado. Considere a seguinte aproximação de $x(t)$ no intervalo $a \le t \le b$:

$$\hat{x}_n(t) = \sum_{i=-N}^{+N} a_i \phi_i(t). \quad \textbf{(P3.66–1)}$$

Aqui, a_i são constantes (em geral, complexas). Para medir a diferença entre $x(t)$ e a aproximação pela série $\hat{x}_N(t)$, consideramos o erro $e_N(t)$ definido como

$$e_N(t) = x(t) - \hat{x}_N(t). \quad \textbf{(P3.66–2)}$$

Um critério razoável e bastante utilizado para medir a qualidade da aproximação é a energia do sinal de erro no intervalo de interesse — ou seja, a integral do quadrado da magnitude do erro no intervalo $a \le t \le b$:

$$E = \int_a^b |e_N(t)|^2 \, dt. \quad \textbf{(P3.66–3)}$$

(a) Mostre que E é minimizado escolhendo-se

$$a_i = \int_a^b x(t) \phi_i^*(t) \, dt. \quad \textbf{(P3.66–4)}$$

[*Dica*: Use as equações P3.66-1 a P3.66-3 para expressar E em termos de a_i, $\phi_i(t)$ e $x(t)$. Depois, expresse a_i em coordenadas retangulares como $a_i = b_i + jc_i$ e mostre que as equações

$$\frac{\partial E}{\partial b_i} = 0 \quad \text{e} \quad \frac{\partial E}{\partial c_i} = 0, \, i = 0, \pm1, \pm2, \ldots, N$$

são satisfeitas pelos a_i dados pela Equação P3.66-4.]

(b) Como o resultado do item (a) mudaria se

$$A_i = \int_a^b |\phi_i(t)|^2 \, dt$$

e $\{\phi_i(t)\}$ forem ortogonais, mas não ortonormais?

(c) Considere que $\phi_n(t) = e^{jn\omega_0 t}$ e escolha qualquer intervalo de comprimento $T_0 = 2\pi/\omega_0$. Mostre que os a_i que minimizam E são dados pela Equação 3.50.

(d) O conjunto de *funções de Walsh* é um conjunto de funções ortonormais frequentemente utilizado. (Ver Problema 2.66.) O conjunto de funções de Walsh, $\phi_0(t), \phi_1(t), \ldots, \phi_4(t)$, é ilustrado na Figura P3.66, em que acertamos a escala do tempo de modo que $\phi_i(t)$ sejam diferentes de zero e ortonormais no in-

---

[12] Ver no Problema 3.65 as definições de funções ortogonais e ortonormais.

tervalo $0 \leq t \leq 1$. Considere que $x(t) = \text{sen } \pi t$. Encontre a aproximação de $x(t)$ na forma

$$\hat{x}(t) = \sum_{i=0}^{4} a_i \phi_i(t)$$

tal que

$$\int_0^1 |x(t) - \hat{x}(t)|^2 \, dt$$

seja minimizada.

(e) Mostre que $\hat{x}_N(t)$ na Equação P3.66-1 e $e_N(t)$ na Equação P3.66-2 são ortogonais se a_i forem escolhidos como na Equação P3.66-4.

Os resultados dos itens (a) e (b) são extremamente importantes porque mostram que cada coeficiente a_i é *independente* de todos os outros a_j's, $i \neq j$.

Assim, se acrescentarmos mais termos à aproximação [por exemplo, se calcularmos a aproximação $\hat{x}_{N+1}(t)$], os coeficientes de $\phi_i(t)$, $i = 1,..., N$, que foram previamente determinados, não mudarão. Em contraste, considere outro tipo de expansão em série, a série polinomial de Taylor. A série de Taylor *infinita* para e^t é $e^t = 1 + t + t^2/2! + ...$, mas, conforme mostraremos, quando consideramos uma série polinomial *finita* e o critério de erro da Equação P3.66-3, obtemos um resultado muito diferente.

Especificamente, considere $\phi_0(t) = 1$, $\phi_1(t) = t$ $\phi_2(t) = t^2$ e assim por diante.

(f) Os $\phi_i(t)$ são ortogonais no intervalo $0 \leq t \leq 1$?

(g) Considere uma aproximação de $x(t) = e^t$ no intervalo $0 \leq t \leq 1$ da forma

$$\hat{x}_0(t) = a_0 \phi_0(t)$$

Encontre o valor de a_0 que minimiza a energia no sinal de erro no intervalo.

(h) Agora, queremos aproximar e^t por uma série de Taylor usando dois termos — ou seja, $\hat{x}_1(t) = a_0 + a_1 t$. Encontre os valores ótimos para a_0 e a_1. [*Dica*: Calcule E em termos de a_0 e a_1 e depois resolva as equações simultâneas

$$\frac{\partial E}{\partial a_0} = 0 \quad \text{e} \quad \frac{\partial E}{\partial a_1} = 0.$$

Note que sua resposta para a_0 mudou de valor em relação ao item (g), em que havia apenas um termo na série. Além disso, à medida que você aumenta o número de termos na série, esse coeficiente e todos os outros continuarão a mudar. Assim, podemos ver a vantagem ao expandir uma função usando parcelas ortogonais.]

3.67 Conforme discutimos no texto, as origens da análise de Fourier podem ser encontradas em problemas da física matemática. Em particular, o trabalho de Fourier foi motivado por sua investigação da difusão de calor. Neste problema, ilustramos como a série de Fourier entrou na investigação.[13]

Considere o problema de determinar a temperatura em determinada profundidade abaixo da superfície da terra como uma função do tempo, sendo que levamos em conta, que a temperatura na superfície seja uma dada função do tempo $T(t)$ que é periódica com período 1. (A unidade de tempo é um ano.) Considere que $T(x, t)$ indique a temperatura a uma profundidade x abaixo da superfície no instante t. Essa função obedece à equação de difusão de calor

$$\frac{\partial T(x, t)}{\partial t} = \frac{1}{2} k^2 \frac{\partial^2 T(x, t)}{\partial x^2} \quad \text{(P3.67-1)}$$

com condição auxiliar

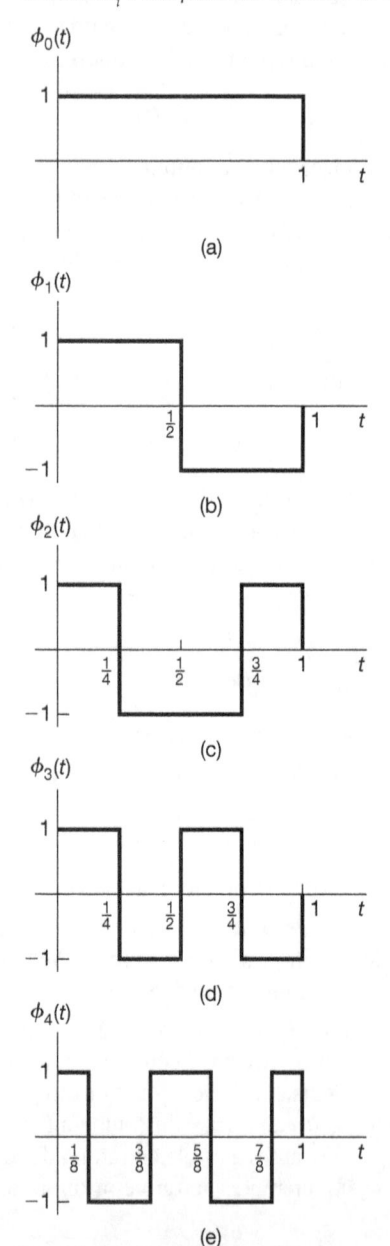

$$T(0, t) = T(t). \quad \text{(P3.67-2)}$$

Figura P3.66

[13] O problema foi adaptado de Sommerfeld, A. *Partial differential equations in physics*. Nova York: Academic Press, 1949, p. 68-71.

Aqui, k é a constante de difusão de calor para a Terra ($k > 0$). Suponha que expandamos $T(t)$ em uma série de Fourier:

$$T(t) = \sum_{n=-\infty}^{+\infty} a_n e^{jn2\pi t}. \quad \text{(P3.67-3)}$$

De modo semelhante, vamos expandir $T(x, t)$ em qualquer profundidade x em série de Fourier em t. Obtemos

$$T(x, t) = \sum_{n=-\infty}^{+\infty} b_n(x) e^{jn2\pi t}, \quad \text{(P3.67–4)}$$

sendo que os coeficientes de Fourier $b_n(x)$ dependem da profundidade x.

(a) Use as equações P3.67-1 a P3.67-4 para mostrar que $b_n(x)$ satisfaz a equação diferencial

$$\frac{d^2 b_n(x)}{dx^2} = \frac{4\pi jn}{k^2} b_n(x) \quad \text{(P3.67–5a)}$$

com a condição auxiliar

$$b_n(0) = a_n. \quad \text{(P3.67–5b)}$$

Como a Equação P3.67-5a é uma equação de segunda ordem, precisamos de uma segunda condição auxiliar. Argumentamos com base na física que, muito abaixo da superfície da Terra, as variações na temperatura devido a flutuações na superfície deverão desaparecer. Ou seja,

$$\lim_{x \to \infty} T(x, t) = \text{constante}. \quad \text{(P3.67-5c)}$$

(b) Mostre que a solução das equações P3.67-5 é

$$b_n(x) = \begin{cases} a_n \exp[-\sqrt{2\pi|n|}(1+j)x/k], & n \geq 0 \\ a_n \exp[-\sqrt{2\pi|n|}(1-j)x/k], & n \leq 0 \end{cases}.$$

(c) Assim, as oscilações na temperatura na profundidade x são versões amortecidas e deslocadas em fase das oscilações de temperatura na superfície. Para ver isso mais claramente, considere

$$T(t) = a_0 + a_1 \operatorname{sen} 2\pi t$$

(de modo que a_0 representa a temperatura anual média). Esboce $T(t)$ e $T(x, t)$ em um período de um ano para

$$x = k\sqrt{\frac{\pi}{2}},$$

$a_0 = 2$ e $a_1 = 1$. Note que, nessa profundidade, não apenas as oscilações de temperatura são significativamente amortecidas, mas o deslocamento de fase é tal que ela é mais quente no inverno e a mais fria no verão. É exatamente esse o motivo pelo qual depósitos subterrâneos para vegetais são construídos!

3.68 Considere o contorno fechado mostrado na Figura P3.68. Conforme ilustrado, podemos ver essa curva como traçada pela ponta de um vetor rotativo variável. Considere que $r(\theta)$ indique o comprimento do vetor como uma função do ângulo θ. Então, $r(\theta)$ é periódico em θ com período 2π e, assim, tem uma representação em série de Fourier. Considere que $\{a_k\}$ indique os coeficientes de Fourier de $r(\theta)$.

(a) Considere, agora, a projeção $x(\theta)$ do vetor $r(\theta)$ no eixo x, conforme indicado na figura. Determine os coeficientes de Fourier para $x(\theta)$ em termos dos coeficientes a_k's.

(b) Considere a sequência de coeficientes

$$b_k = a_k e^{jk\pi/4}.$$

Esboce a figura no plano que corresponde a esse conjunto de coeficientes.

(c) Repita o item (b) com

$$b_k = a_k \delta[k].$$

(d) Esboce as figuras no plano de modo que $r(\theta)$ *não* seja constante, mas tenha cada uma das seguintes propriedades:

(i) $r(\theta)$ é par.
(ii) O período fundamental de $r(\theta)$ é π.
(iii) O período fundamental de $r(\theta)$ é $\pi/2$.

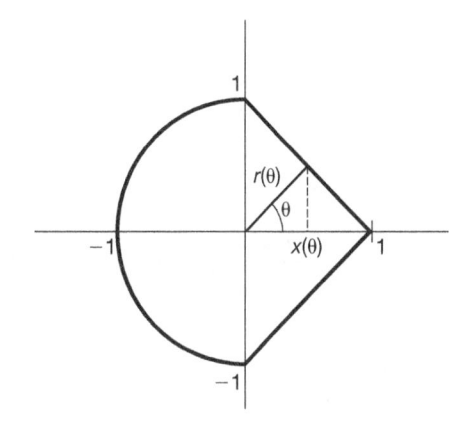

Figura P3.68

3.69 Neste problema, consideramos o correspondente de tempo discreto dos conceitos apresentados nos problemas 3.65 e 3.66. Em analogia com o caso de tempo contínuo, dois sinais de tempo discreto $\phi_k[n]$ e $\phi_m[n]$ são considerados *ortogonais* no intervalo (N_1, N_2) se

$$\sum_{n=N_1}^{N_2} \phi_k[n] \phi_m^*[n] = \begin{cases} A_k, & k = m \\ 0, & k \neq m \end{cases}. \quad \text{(P3.69–1)}$$

Se as constantes A_k e A_m tiverem valor unitário, então os sinais serão ditos *ortonormais*.

(a) Considere os sinais

$$\phi_k[n] = \delta[n-k], \; k = 0, \pm 1, \pm 2, ..., \pm N.$$

Mostre que esses sinais são ortonormais no intervalo $(-N, N)$.

(b) Mostre que os sinais

$$\phi_k[n] = e^{jk(2\pi/N)n}, \quad k = 0, 1, ..., N-1,$$

são ortonormais em qualquer intervalo de comprimento N.

(c) Mostre que se

$$x[n] = \sum_{i=1}^{M} a_i \phi_i[n],$$

em que $\phi_i[n]$ são ortonormais no intervalo (N_1, N_2), então

$$\sum_{n=N_1}^{N_2} |x[n]|^2 = \sum_{i=1}^{M} |a_i|^2 A_i.$$

(d) Seja $\phi_i[n]$, $i = 0, 1, ..., M$, um conjunto de funções ortonormais no intervalo (N_1, N_2) e seja $x[n]$ um sinal dado. Suponha que queiramos aproximar $x[n]$ como uma combinação linear dos $\phi_i[n]$; ou seja,

$$\hat{x}[n] = \sum_{i=0}^{M} a_i \phi_i[n],$$

sendo a_i coeficientes constantes. Considere

$$e[n] = x[n] - \hat{x}[n],$$

e mostre que, se quisermos minimizar

$$E = \sum_{n=N_1}^{N_2} |e[n]|^2,$$

então os a_i são dados por

$$a_i = \frac{1}{A_i} \sum_{n=N_1}^{N_2} x[n] \phi_i^*[n]. \quad \text{(P3.69--2)}$$

[*Dica*: Assim como no Problema 3.66, expresse E em termos de a_i, $\phi_i[n]$, A_i e $x[n]$, escreva $a_i = b_i + jc_i$ e mostre que as equações

$$\frac{\partial E}{\partial b_i} = 0 \quad \text{e} \quad \frac{\partial E}{\partial c_i} = 0$$

são satisfeitas pelos a_i dados na Equação P3.69-2. Note que aplicar esse resultado quando $\phi_i[n]$ são como no item (b) resulta na Equação 3.95 para a_k.]

(e) Aplique o resultado do item (d) quando os $\phi_i[n]$ são como no item (a) para determinar os coeficientes a_i em termos de $x[n]$.

3.70 (a) Neste problema, consideramos a definição da série de Fourier bidimensional para sinais periódicos com duas variáveis independentes. Especificamente, considere um sinal $x(t_1, t_2)$ que satisfaça a equação

$x(t_1, t_2) = x(t_1 + T_1, t_2 + T_2)$ para todo t_1, t_2.

Esse sinal é periódico com período T_1 na direção t_1 e com período T_2 na direção t_2. Esse sinal tem uma representação em série da forma

$$x(t_1, t_2) = \sum_{n=-\infty}^{+\infty} \sum_{m=-\infty}^{+\infty} a_{mn} e^{j(m\omega_1 t_1 + n\omega_2 t_2)},$$

sendo

$$\omega_1 = 2\pi/T_1, \qquad \omega_2 = 2\pi/T_2.$$

Encontre uma expressão para a_{mn} em termos de $x(t_1, t_2)$.

(b) Determine os coeficientes da série de Fourier a_{mn} para os seguintes sinais:

(i) $\cos(2\pi t_1 + 2t_2)$

(ii) o sinal ilustrado na Figura P3.70.

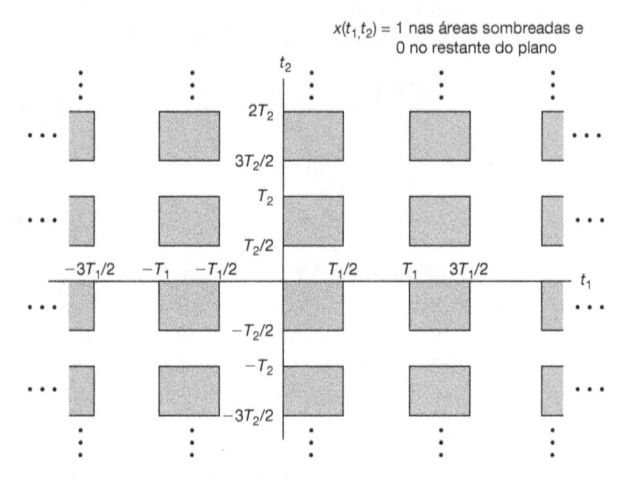

Figura P3.70

3.71 Considere o sistema mecânico mostrado na Figura P3.71. A equação diferencial relacionando velocidade $v(t)$ e a força de entrada $f(t)$ é dada por

$$Bv(t) + K \int v(t) \, dt = f(t).$$

(a) Supondo que a saída seja $f_s(t)$, a força compressiva atuando sobre a mola, escreva a equação diferencial relacionando $f_s(t)$ e $f(t)$. Obtenha a resposta em frequência do sistema e mostre que ela se aproxima daquela de um filtro passa-baixas.

(b) Supondo que a saída seja $f_d(t)$, a força compressiva atuando sobre o amortecedor, escreva a equação diferencial relacionando $f_d(t)$ e $f(t)$. Obtenha a resposta em frequência do sistema e mostre que ela se aproxima daquela de um filtro passa-altas.

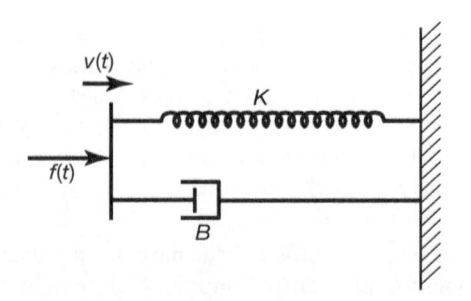

Figura P3.71

4 A transformada de Fourier de tempo contínuo

4.0 Introdução

No Capítulo 3, desenvolvemos uma representação dos sinais periódicos como combinações lineares de exponenciais complexas. Também vimos como essa representação pode ser usada para descrever o efeito dos sistemas LTI sobre os sinais.

Neste capítulo e no seguinte, estendemos esses conceitos para aplicar a sinais que não são periódicos. Como veremos, uma ampla classe de sinais, incluindo todos os sinais com energia finita, também pode ser representada como uma combinação linear de exponenciais complexas. Enquanto para sinais periódicos as exponenciais complexas que o representam estão relacionadas harmonicamente, para sinal aperiódico elas estão infinitesimalmente próximas em frequência, e a representação em termos de uma combinação linear toma a forma de uma integral, em vez de uma soma. O espectro de coeficientes resultante nessa representação é chamado transformada de Fourier, e a integral de síntese, que usa esses coeficientes para representar o sinal como uma combinação linear de exponenciais complexas, é denominada transformada inversa de Fourier.

O desenvolvimento dessa representação para sinais aperiódicos em tempo contínuo é uma das contribuições mais importantes de Fourier. Nosso desenvolvimento da transformada de Fourier segue muito de perto a técnica que ele usou em seu trabalho original. Em particular, Fourier intuiu que um sinal aperiódico pode ser visto como um sinal periódico com um período infinito. Mais precisamente, na representação da série de Fourier de um sinal periódico, enquanto o período aumenta, a frequência fundamental diminui e os componentes harmonicamente relacionados tornam-se mais próximos em frequência. À medida que o período se torna infinito, os componentes de frequência se aproximam de modo a formar um conjunto contínuo e a soma da série de Fourier torna-se uma integral. Na próxima seção, desenvolvemos a representação da série de Fourier para sinais periódicos de tempo contínuo e, nas seções seguintes, usamos esse fundamento enquanto exploramos muitas das propriedades importantes da transformada de Fourier de tempo contínuo, que formam a base dos métodos no domínio de frequência para sinais e sistemas de tempo contínuo. No Capítulo 5, fazemos esse desenvolvimento analogamente para sinais de tempo discreto.

4.1 Representação de sinais aperiódicos: a transformada de Fourier de tempo contínuo

4.1.1 Dedução da representação por transformada de Fourier para um sinal aperiódico

Para termos um entendimento da natureza da representação em transformada de Fourier, começamos revisitando a representação por série de Fourier para a onda quadrada periódica de tempo contínuo, examinada no Exemplo 3.5. Especificamente, em um período,

$$x(t) = \begin{cases} 1, & |t| < T_1 \\ 0, & T_1 < |t| < T/2 \end{cases}$$

e repete-se periodicamente com período T, como mostrado na Figura 4.1.

Conforme determinamos no Exemplo 3.5, os coeficientes a_k da série de Fourier para essa onda quadrada são

[Eq. 3.44] $$a_k = \frac{2\,\text{sen}(k\omega_0 T_1)}{k\omega_0 T}, \qquad (4.1)$$

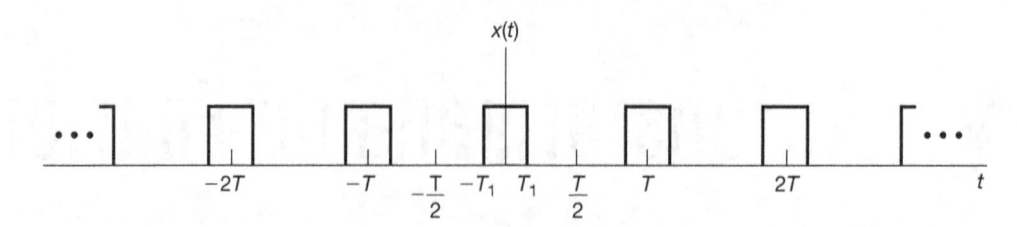

Figura 4.1 Uma onda quadrada periódica de tempo contínuo.

sendo $\omega_0 = 2\pi/T$. Na Figura 3.7, gráficos de barra desses coeficientes foram mostrados para um valor fixo de T_1 e diferentes valores de T.

Uma maneira alternativa de interpretar a Equação 4.1 é como amostras de uma função envoltória, especificamente,

$$Ta_k = \left.\frac{2\,\text{sen}\,\omega T_1}{\omega}\right|_{\omega=k\omega_0}. \qquad (4.2)$$

Ou seja, com ω considerado uma variável contínua, a função $(2\,\text{sen}\,\omega T_1)/\omega$ representa a envoltória de Ta_k, e os coeficientes a_k são simplesmente amostras uniformemente espaçadas dessa envoltória. Além disso, para T_1 fixo, a envoltória de Ta_k é independente de T. Na Figura 4.2, novamente mostramos os coeficientes da série de Fourier para a onda quadrada periódica, mas desta vez como amostras da envoltória de Ta_k, conforme especificado na Equação 4.2. Da figura, vemos que, à medida que T aumenta ou, de modo equivalente, à medida que a frequência fundamental $\omega_0 = 2\pi/T$ diminui, a envoltória é amostrada com um espaçamento cada vez menor. Quando T se torna arbitrariamente grande, a onda quadrada periódica original se aproxima de um pulso retangular (ou seja, o que sobra no domínio de tempo é um sinal aperiódico correspondente a um período da onda quadrada). Além disso, os coeficientes da série de Fourier, multiplicados por T, tornam-se amostras da envoltória cada vez menos espaçadas, de modo que, em certo sentido (que especificaremos em breve), o conjunto de coeficientes da série de Fourier se aproxima da função da envoltória quando $T \to \infty$.

Esse exemplo ilustra a ideia básica por trás do desenvolvimento da Fourier de uma representação para sinais aperiódicos. Especificamente, pensamos em um sinal aperiódico como o limite de um sinal periódico à medida que o período se torna arbitrariamente grande e examinamos o comportamento limite da representação por série de Fourier para esse sinal. Em particular, considere um sinal $x(t)$ que tem duração finita. Ou seja, para algum número T_1, $x(t) = 0$ se $|t| > T_1$, conforme ilustrado na Figura 4.3(a). A partir desse sinal aperiódico, podemos construir um sinal periódico $\tilde{x}(t)$ para o qual $x(t)$ é um período, como indicado na Figura 4.3(b). Conforme tomamos o período T maior, $\tilde{x}(t)$ é idêntico a $x(t)$ em um intervalo maior, e quando $T \to \infty$, $\tilde{x}(t)$ é equivalente a $x(t)$ para qualquer valor finito de t.

Vamos agora examinar tal efeito sobre a representação da série de Fourier de $\tilde{x}(t)$. Reescrevendo as equações 3.38 e 3.39 aqui, por conveniência, com a integral da Equação 3.39 calculada no intervalo $-T/2 \leq t \leq T/2$, temos

$$\tilde{x}(t) = \sum_{k=-\infty}^{+\infty} a_k e^{jk\omega_0 t}, \qquad (4.3)$$

$$a_k = \frac{1}{T}\int_{-T/2}^{T/2} \tilde{x}(t)e^{-jk\omega_0 t}\,dt, \qquad (4.4)$$

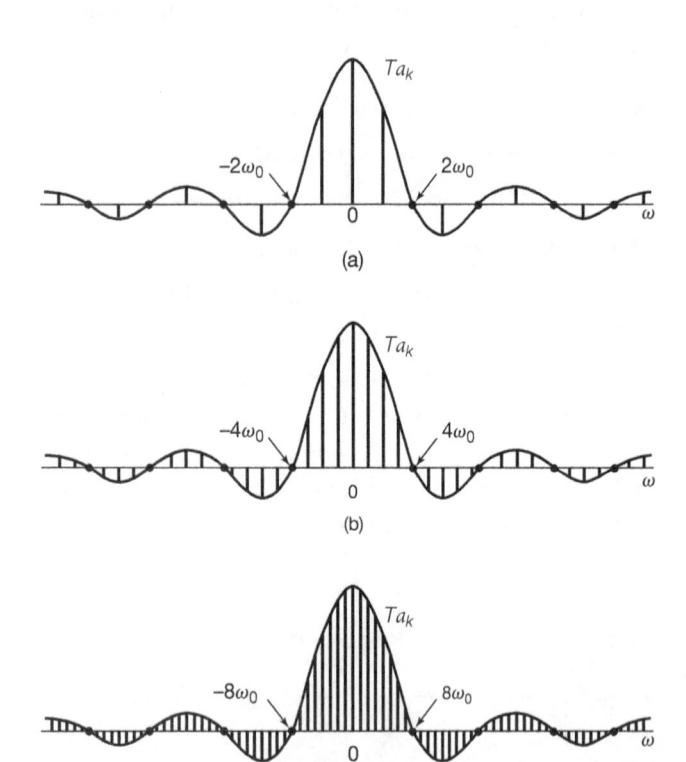

Figura 4.2 Os coeficientes da série de Fourier e sua envoltória para a onda quadrada periódica na Figura 4.1, para diferentes valores de T (com T_1 fixo): (a) $T = 4T_1$; (b) $T = 8T_1$; (c) $T = 16T_1$.

A transformada de Fourier de tempo contínuo 167

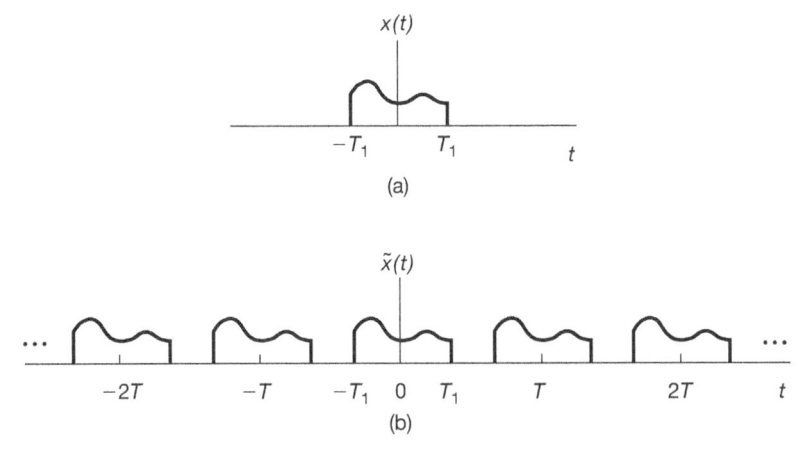

Figura 4.3 (a) Sinal aperiódico $x(t)$; (b) sinal periódico $\tilde{x}(t)$, construído para ser igual a $x(t)$ em um período.

sendo $\omega_0 = 2\pi/T$. Como $\tilde{x}(t) = x(t)$ para $|t| < T/2$ e também como $x(t) = 0$ fora desse intervalo, a Equação 4.4 pode ser reescrita como

$$a_k = \frac{1}{T}\int_{-T/2}^{T/2} x(t)e^{-jk\omega_0 t}\, dt = \frac{1}{T}\int_{-\infty}^{+\infty} x(t)e^{-jk\omega_0 t}\, dt.$$

Portanto, definindo a envoltória $X(j\omega)$ de Ta_k como

$$X(j\omega) = \int_{-\infty}^{+\infty} x(t)e^{-j\omega t}\, dt, \qquad (4.5)$$

temos, para os coeficientes a_k,

$$a_k = \frac{1}{T}X(jk\omega_0). \qquad (4.6)$$

Combinando as equações 4.6 e 4.3, podemos expressar $\tilde{x}(t)$ em termos de $X(j\omega)$ como

$$\tilde{x}(t) = \sum_{k=-\infty}^{+\infty} \frac{1}{T}X(jk\omega_0)e^{jk\omega_0 t},$$

ou, de forma equivalente, visto que $2\pi/T = \omega_0$,

$$\tilde{x}(t) = \frac{1}{2\pi}\sum_{k=-\infty}^{+\infty} X(jk\omega_0)e^{jk\omega_0 t}\omega_0. \qquad (4.7)$$

Quando $T \to \infty$, $\tilde{x}(t)$ se aproxima de $x(t)$, e consequentemente, no limite, a Equação 4.7 se torna uma representação de $x(t)$. Além do mais, $\omega_0 \to 0$ quando $T \to \infty$, e o membro direito da Equação 4.7 torna-se uma integral. Isso pode ser visto a partir da interpretação gráfica da equação, ilustrada na Figura 4.4. Cada termo no somatório no membro direito é a área de um retângulo de altura $X(jk\omega_0)\,e^{j\omega_0 t}$ e largura ω_0. (Aqui, t é considerado fixo.) Quando $\omega_0 \to 0$, o somatório converge para a integral de $X(j\omega)e^{j\omega t}$. Portanto, usando o fato de que $\tilde{x}(t) \to x(t)$ quando $T \to \infty$, vemos que as equações 4.7 e 4.5, respectivamente, se tornam

$$x(t) = \frac{1}{2\pi}\int_{-\infty}^{+\infty} X(j\omega)e^{j\omega t}\, d\omega \qquad (4.8)$$

e

$$X(j\omega) = \int_{-\infty}^{+\infty} x(t)e^{-j\omega t}\, dt. \qquad (4.9)$$

As equações 4.8 e 4.9 são chamadas *par transformado de Fourier*, com a função $X(j\omega)$ conhecida como *transformada de Fourier* ou *integral de Fourier* de $x(t)$ e a Equação 4.8 como a equação da *transformada inversa de Fourier*. A Equação de *síntese* 4.8 desempenha um papel para os sinais aperiódicos semelhante ao da Equação 3.38 para os sinais periódicos, pois ambas representam um sinal como uma combinação linear de exponenciais complexas. Para sinais periódicos, essas exponenciais complexas possuem amplitudes $\{a_k\}$, dadas pela Equação 3.39, e ocorrem em um conjunto discreto de frequências harmonicamente relacionadas $k\omega_0$, $k = 0, \pm 1, \pm 2,\ldots$ Para sinais aperiódicos, as exponenciais complexas vão se proximando de modo a formar uma curva contínua em frequência e, de acordo com a Equação de síntese 4.8, têm 'amplitude' $X(j\omega)(d\omega/2\pi)$. Em analogia com a terminologia usada para os coeficientes da série de Fourier de um sinal periódico, a transformada $X(j\omega)$ de um sinal aperiódico $x(t)$ normalmente é conhecida como o *espectro* de $x(t)$, pois nos fornece informações necessárias para descrever $x(t)$ como uma combinação linear (especificamente, uma integral) de sinais senoidais em diferentes frequências.

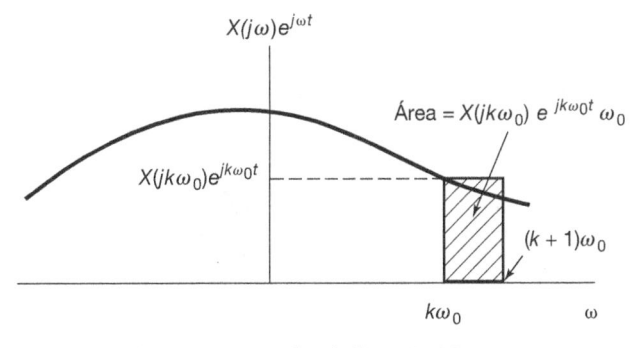

Figura 4.4 Interpretação gráfica da Equação 4.7.

Com base no desenvolvimento anterior, ou, de forma equivalente, comparando a Equação 4.9 e a Equação 3.39, também observamos que os coeficientes de Fourier a_k de um sinal periódico $\tilde{x}(t)$ podem ser expressos em termos de *amostras* igualmente espaçadas da transformada de Fourier de um período de $\tilde{x}(t)$. Especificamente, suponha que $\tilde{x}(t)$ seja um sinal periódico com período T e a_k os seus coeficientes de Fourier. Seja $x(t)$ um sinal de duração finita idêntico a $\tilde{x}(t)$ sobre exatamente um período — digamos, para $s \leq t \leq s + T$ para algum valor de s — e que seja zero, caso contrário. Então, como a Equação 3.39 nos permite calcular os coeficientes de Fourier de $\tilde{x}(t)$ integrando por qualquer período, podemos escrever

$$a_k = \frac{1}{T}\int_s^{s+T} \tilde{x}(t)e^{-jk\omega_0 t}\,dt = \frac{1}{T}\int_s^{s+T} x(t)e^{-jk\omega_0 t}\,dt.$$

Como $x(t)$ é zero fora do intervalo $s \leq t \leq s + T$, de modo equivalente, podemos escrever

$$a_k = \frac{1}{T}\int_{-\infty}^{+\infty} x(t)e^{-jk\omega_0 t}\,dt.$$

Comparando com a Equação 4.9, concluímos que

$$a_k = \frac{1}{T}X(j\omega)\Big|_{\omega=k\omega_0}, \quad (4.10)$$

sendo $X(j\omega)$ a transformada de Fourier de $x(t)$. A Equação 4.10 indica que os coeficientes de Fourier de $\tilde{x}(t)$ são proporcionais a amostras da transformada de Fourier de um período de $\tilde{x}(t)$. Esse fato, que tem uso prático, é examinado com mais detalhes no Problema 4.37.

4.1.2 Convergência das transformadas de Fourier

Embora o argumento que usamos na obtenção do par transformado de Fourier assuma que $x(t)$ tenha duração arbitrária, mas finita, as equações 4.8 e 4.9 permanecem válidas para uma classe extremamente ampla de sinais de duração infinita. Nossa obtenção da transformada de Fourier sugere que um conjunto de condições, como aquelas exigidas para a convergência da série de Fourier, também deve se aplicar aqui e, de fato, pode-se demonstrar que este é o caso.[1] Especificamente, considere $X(j\omega)$ obtido de acordo com a Equação 4.9 e que $\hat{x}(t)$ denota o sinal obtido usando $X(j\omega)$ no membro direito da Equação 4.8. Ou seja,

$$\hat{x}(t) = \frac{1}{2\pi}\int_{-\infty}^{+\infty} X(j\omega)e^{j\omega t}\,d\omega.$$

O que gostaríamos de saber é quando a Equação 4.8 é válida [ou seja, quando $\hat{x}(t)$ é uma representação válida do sinal original $x(t)$?]. Se $x(t)$ tem energia finita, ou seja, se é quadraticamente integrável de modo que

$$\int_{-\infty}^{+\infty} |x(t)|^2\,dt < \infty, \quad (4.11)$$

então estamos garantindo que $X(j\omega)$ é finito (ou seja, a Equação 4.9 converge) e que, com $e(t)$ indicando o erro entre $\hat{x}(t)$ e $x(t)$ [ou seja, $e(t) = \hat{x}(t) - x(t)$],

$$\int_{-\infty}^{+\infty} |e(t)|^2\,dt = 0. \quad (4.12)$$

As equações 4.11 e 4.12 são os correspondentes aperiódicos das equações 3.51 e 3.54 para sinais periódicos. Assim, de maneira semelhante àquela para sinais periódicos, se $x(t)$ tem energia finita, então, embora $x(t)$ e sua representação de Fourier $\hat{x}(t)$ possam diferir significativamente em valores específicos de t, não existe energia em sua diferença.

Assim como com sinais periódicos, existe um conjunto alternativo de condições que são suficientes para garantir que $\hat{x}(t)$ seja igual a $x(t)$ para qualquer t, exceto em uma descontinuidade, onde é igual à média dos valores dos dois lados da descontinuidade. Essas condições, novamente chamadas de condições de Dirichlet, exigem que:

1. $x(t)$ seja absolutamente integrável; ou seja,

$$\int_{-\infty}^{+\infty} |x(t)|\,dt < \infty. \quad (4.13)$$

2. $x(t)$ tenha um número finito de máximos e mínimos em qualquer intervalo finito.

3. $x(t)$ tenha um número finito de descontinuidades em qualquer intervalo finito. Além do mais, cada uma dessas descontinuidades precisa ser finita.

Portanto, sinais absolutamente integráveis que são contínuos ou que têm um número finito de descontinuidades possuem transformadas de Fourier.

Apesar de os dois conjuntos alternativos de condições fornecidos serem suficientes para garantir que um sinal tenha transformada de Fourier, veremos na próxima seção que os sinais periódicos, que não são absolutamente integráveis nem quadraticamente integráveis sobre um intervalo *infinito*, podem ser considerados como tendo transformadas de Fourier se funções impulso forem permitidas na sua transformação. Esse fato traz a vantagem de que a série de Fourier e a transformada de Fourier podem ser incorporadas em uma estrutura comum, o que veremos ser muito conveniente nos capítulos seguintes. Contudo, antes

---

[1] Para uma discussão matematicamente rigorosa da transformada de Fourier e suas propriedades e aplicações, consulte BRACEWELL, R. *The Fourier transform and its applications*. 2. ed. Nova York: McGraw-Hill Book Company, 1986; PAPOULIS, A. *The Fourier integral and its applications*. Nova York: McGraw-Hill Book Company, 1987; TITCHMARSH, E. C. *Introduction to the theory of Fourier integrals*. Oxford: Clarendon Press, 1948; e o livro de Dym e McKean citado na nota de rodapé nº 2 do Capítulo 3.

de examinarmos melhor esse ponto na Seção 4.2, vamos considerar vários exemplos da transformada de Fourier.

4.1.3 Exemplos de transformadas de Fourier de tempo contínuo

Exemplo 4.1

Considere o sinal
$$x(t) = e^{-at} u(t) \quad a > 0.$$
Da Equação 4.9,
$$X(j\omega) = \int_0^\infty e^{-at} e^{-j\omega t} dt = -\frac{1}{a+j\omega} e^{-(a+j\omega)t} \Big|_0^\infty.$$

Ou seja,
$$X(j\omega) = \frac{1}{a+j\omega}, \quad a > 0.$$

Como essa transformada de Fourier tem valor complexo, para representá-la graficamente como uma função de ω, expressamos $X(j\omega)$ em termos de sua magnitude e fase:

$$|X(j\omega)| = \frac{1}{\sqrt{a^2+\omega^2}}, \quad \sphericalangle X(j\omega) = -\text{tg}^{-1}\left(\frac{\omega}{a}\right).$$

Cada um desses componentes é esboçado na Figura 4.5.

Observe que, se a é complexo, em vez de real, então $x(t)$ é absolutamente integrável desde que $\Re e\{a\} > 0$ e, nesse caso, o cálculo anterior resulta na mesma forma que para $X(j\omega)$. Ou seja,

$$X(j\omega) = \frac{1}{a+j\omega}, \quad \Re e\{a\} > 0.$$

Exemplo 4.2

Seja
$$x(t) = e^{-a|t|}, \quad a > 0.$$

Esse sinal é esboçado na Figura 4.6. A transformada de Fourier desse sinal é

$$X(j\omega) = \int_{-\infty}^{+\infty} e^{-a|t|} e^{-j\omega t} dt = \int_{-\infty}^{0} e^{at} e^{-j\omega t} dt + \int_{0}^{\infty} e^{-at} e^{-j\omega t} dt$$
$$= \frac{1}{a-j\omega} + \frac{1}{a+j\omega}$$
$$= \frac{2a}{a^2+\omega^2}$$

Nesse caso, $X(j\omega)$ é real e está ilustrado na Figura 4.7.

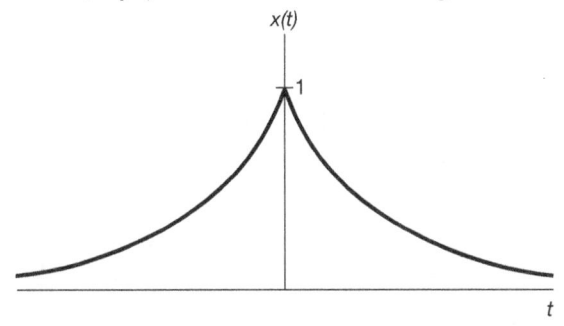

Figura 4.6 Sinal $x(t) = e^{-a|t|}$ do Exemplo 4.2.

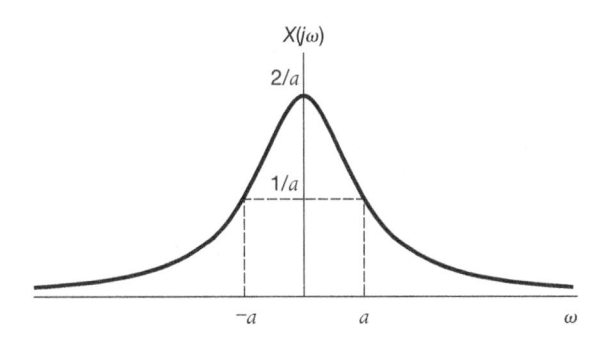

Figura 4.7 Transformada de Fourier do sinal considerado no Exemplo 4.2 e representado na Figura 4.6.

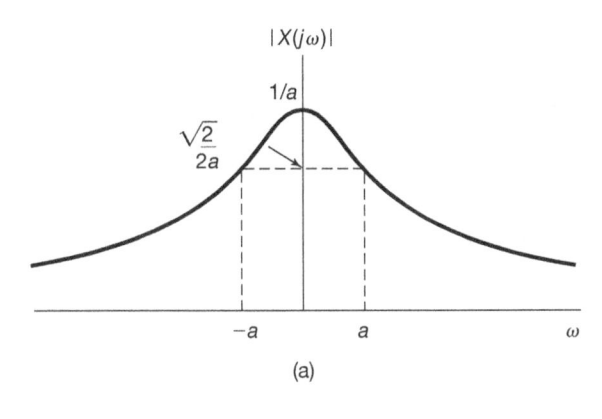

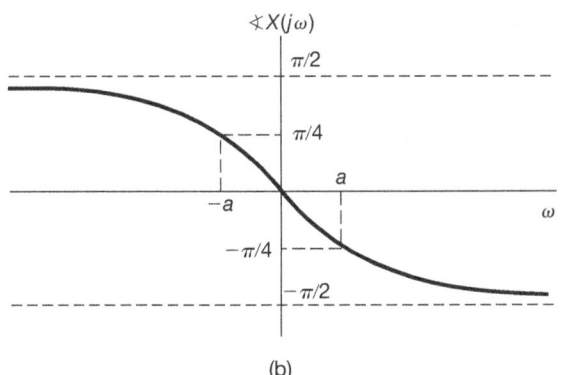

Figura 4.5 Transformada de Fourier do sinal $x(t) = e^{-at} u(t)$, $a > 0$, considerado no Exemplo 4.1.

Exemplo 4.3

Agora, vamos determinar a transformada de Fourier do impulso unitário

$$x(t) = \delta(t). \quad (4.14)$$

Substituindo na Equação 4.9, temos

$$X(j\omega) = \int_{-\infty}^{+\infty} \delta(t)e^{-j\omega t}dt = 1. \quad (4.15)$$

Ou seja, o impulso unitário tem uma transformada de Fourier consistindo em contribuições iguais de *todas* as frequências.

Exemplo 4.4

Considere o sinal pulso retangular

$$x(t) = \begin{cases} 1, & |t| < T_1 \\ 0, & |t| > T_1 \end{cases} \quad (4.16)$$

como mostrado na Figura 4.8(a). Aplicando a Equação 4.9, encontramos que a transformada de Fourier desse sinal é

$$X(j\omega) = \int_{-T_1}^{T_1} e^{-j\omega t} dt = 2\frac{\operatorname{sen}\omega T_1}{\omega}, \quad (4.17)$$

como esboçado na Figura 4.8(b).

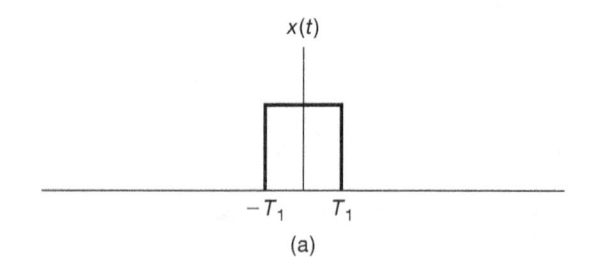

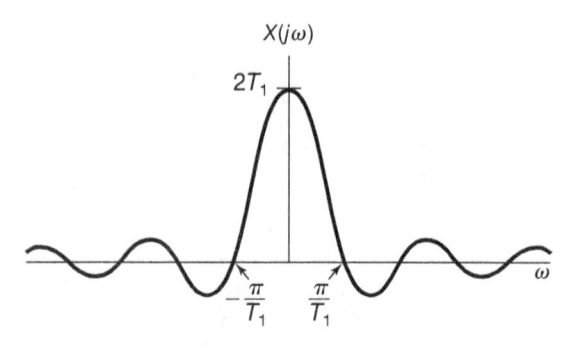

Figura 4.8 (a) O sinal pulso retangular do Exemplo 4.4 e (b) sua transformada de Fourier.

Como discutimos no início desta seção, o sinal dado pela Equação 4.16 pode ser considerado uma onda quadrada periódica no limite que o período se torna arbitrariamente grande. Portanto, podemos esperar que a convergência da equação de síntese para esse sinal se comporte de maneira semelhante à que é observada no Exemplo 3.5 para a onda quadrada. Isso de fato acontece. Especificamente,

considere a transformada inversa de Fourier para o sinal pulso retangular:

$$\hat{x}(t) = \frac{1}{2\pi}\int_{-\infty}^{+\infty} 2\frac{\operatorname{sen}\omega T_1}{\omega} e^{j\omega t} d\omega.$$

Então, como $x(t)$ é quadraticamente integrável,

$$\int_{-\infty}^{+\infty} |x(t) - \hat{x}(t)|^2 dt = 0.$$

Além do mais, como $x(t)$ satisfaz as condições de Dirichlet, $\hat{x}(t) = x(t)$, exceto nos pontos de descontinuidade, $t = \pm T_1$, onde $\hat{x}(t)$ converge para $1/2$, que é a média dos valores de $x(t)$ em ambos os lados da descontinuidade. Além disso, na convergência de $\hat{x}(t)$ para $x(t)$ aparece o fenômeno de Gibbs, assim como foi ilustrado para a onda quadrada periódica na Figura 3.9. Especificamente, em analogia com a aproximação por série de Fourier finita da Equação 3.47, considere a seguinte integral em um intervalo finito de frequência:

$$\frac{1}{2\pi}\int_{-W}^{W} 2\frac{\operatorname{sen}\omega T_1}{\omega} e^{j\omega t} d\omega.$$

Quando $W \to \infty$, esse sinal converge para $x(t)$, exceto nas descontinuidades. Além do mais, o sinal exibe ondulações próximo das descontinuidades. A amplitude de pico dessas ondulações não diminui quando W aumenta, embora as ondulações se comprimam em direção à descontinuidade e a energia nas ondulações convirja para zero.

Exemplo 4.5

Considere o sinal $x(t)$ cuja transformada de Fourier é

$$X(j\omega) = \begin{cases} 1, & |\omega| < W \\ 0, & |\omega| > W \end{cases}. \quad (4.18)$$

Essa transformada é ilustrada na Figura 4.9(a). Usando a Equação de síntese 4.8, podemos determinar

$$x(t) = \frac{1}{2\pi}\int_{-W}^{W} e^{j\omega t} d\omega = \frac{\operatorname{sen} Wt}{\pi t}, \quad (4.19)$$

que é representado na Figura 4.9(b).

Comparando as figuras 4.8 e 4.9 ou, de modo equivalente, as equações 4.16 e 4.17 com as equações 4.18 e 4.19, vemos uma relação interessante. Em cada caso, o par transformado de Fourier consiste em uma função na forma $(\operatorname{sen} a\theta)/b\theta$ e um pulso retangular. Porém, no Exemplo 4.4, é o *sinal* $x(t)$ que é um pulso, enquanto no Exemplo 4.5, a *transformada* $X(j\omega)$ é

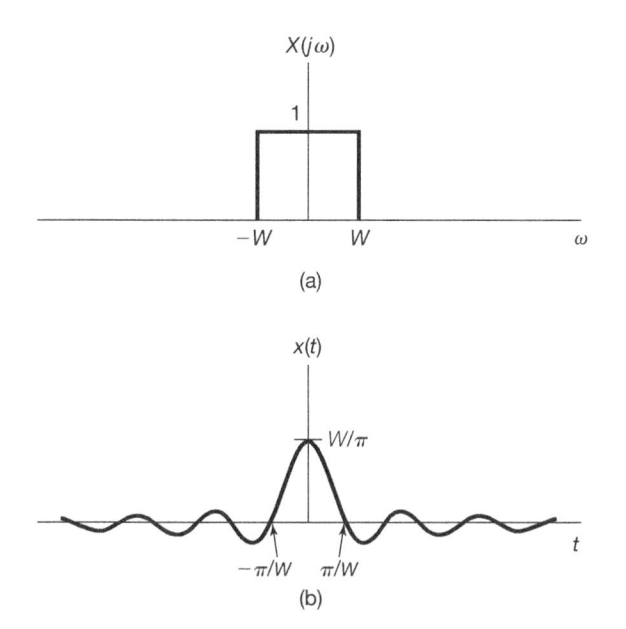

Figura 4.9 Par transformado de Fourier do Exemplo 4.5: (a) Transformada de Fourier do Exemplo 4.5. (b) A função de tempo correspondente.

que é. A relação especial que é aparente aqui é uma consequência direta da *propriedade de dualidade* para as transformadas de Fourier, que analisaremos com detalhes na Seção 4.3.6.

As funções dadas nas equações 4.17 e 4.19 surgem frequentemente na análise de Fourier e no estudo dos sistemas LIT e são conhecidas como *funções sinc*. Uma definição comumente utilizada para a função sinc é

$$\text{sinc}(\theta) = \frac{\text{sen}\,\pi\theta}{\pi\theta}. \quad (4.20)$$

A função sinc é esboçada na Figura 4.10. Os sinais nas equações 4.17 e 4.19 podem ser expressos em termos da função sinc:

$$\frac{2\,\text{sen}\,\omega T_1}{\omega} = 2T_1 \text{sinc}\left(\frac{\omega T_1}{\pi}\right)$$

$$\frac{\text{sen}\,Wt}{\pi t} = \frac{W}{\pi} \text{sinc}\left(\frac{Wt}{\pi}\right).$$

Por fim, podemos observar outra propriedade da transformada de Fourier examinando a Figura 4.9, que traçamos novamente na Figura 4.11 para diferentes valores diferentes de W. A partir dessa figura, vemos que quando W aumenta, $X(j\omega)$ torna-se mais largo, enquanto o pico principal de $x(t)$ em $t = 0$ se torna mais alto e a largura do primeiro lóbulo desse sinal (ou seja, a parte do sinal para $|t| < \pi/W$) se torna mais estreita. De fato, no limite, em que $W \to \infty$, $X(j\omega) = 1$ para todo ω e, consequentemente,

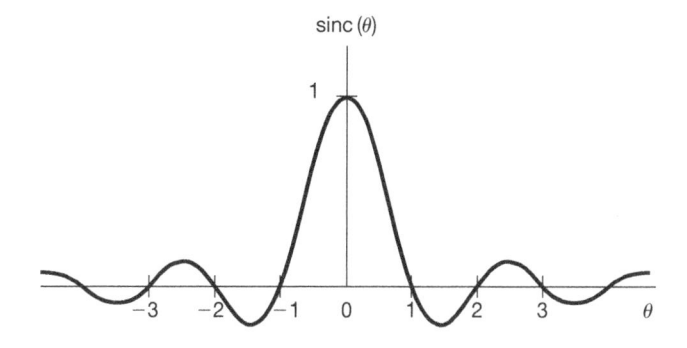

Figura 4.10 A função sinc.

do Exemplo 4.3, vemos que $x(t)$ na Equação 4.19 converge para um impulso à medida que $W \to \infty$. O comportamento representado na Figura 4.11 é um exemplo da relação inversa que existe entre os domínios de tempo e frequência e podemos ver um efeito semelhante na Figura 4.8, em que um aumento em T_1 alarga $x(t)$, mas torna $X(j\omega)$ mais estreito. Na Seção 4.3.5, forneceremos uma explicação desse comportamento no contexto da propriedade de escalonamento da transformada de Fourier.

4.2 Transformada de Fourier para sinais periódicos

Na seção anterior, apresentamos a representação da transformada de Fourier e demos vários exemplos. Embora nossa atenção estivesse voltada para sinais aperiódicos, também podemos desenvolver representações de transformada de Fourier para sinais periódicos, permitindo-nos assim considerar sinais periódicos e aperiódicos em um contexto unificado. De fato, como veremos, podemos construir de forma direta a transformada de Fourier de um sinal periódico a partir de sua representação em série de Fourier. A transformada resultante consiste em um trem de impulsos no domínio da frequência com as áreas dos impulsos proporcionais aos coeficientes da série de Fourier. Esta será uma representação muito útil.

Para sugerir o resultado geral, vamos considerar um sinal $x(t)$ com transformada de Fourier $X(j\omega)$, que consiste em um único impulso de área 2π em $\omega = \omega_0$; ou seja,

$$X(j\omega) = 2\pi\delta(\omega - \omega_0). \quad (4.21)$$

Para determinar o sinal $x(t)$ para o qual esta é a transformada de Fourier, podemos aplicar a relação de transformada inversa, Equação 4.8, para obter

$$x(t) = \frac{1}{2\pi}\int_{-\infty}^{+\infty} 2\pi\delta(\omega - \omega_0)e^{j\omega t}d\omega$$
$$= e^{j\omega_0 t}.$$

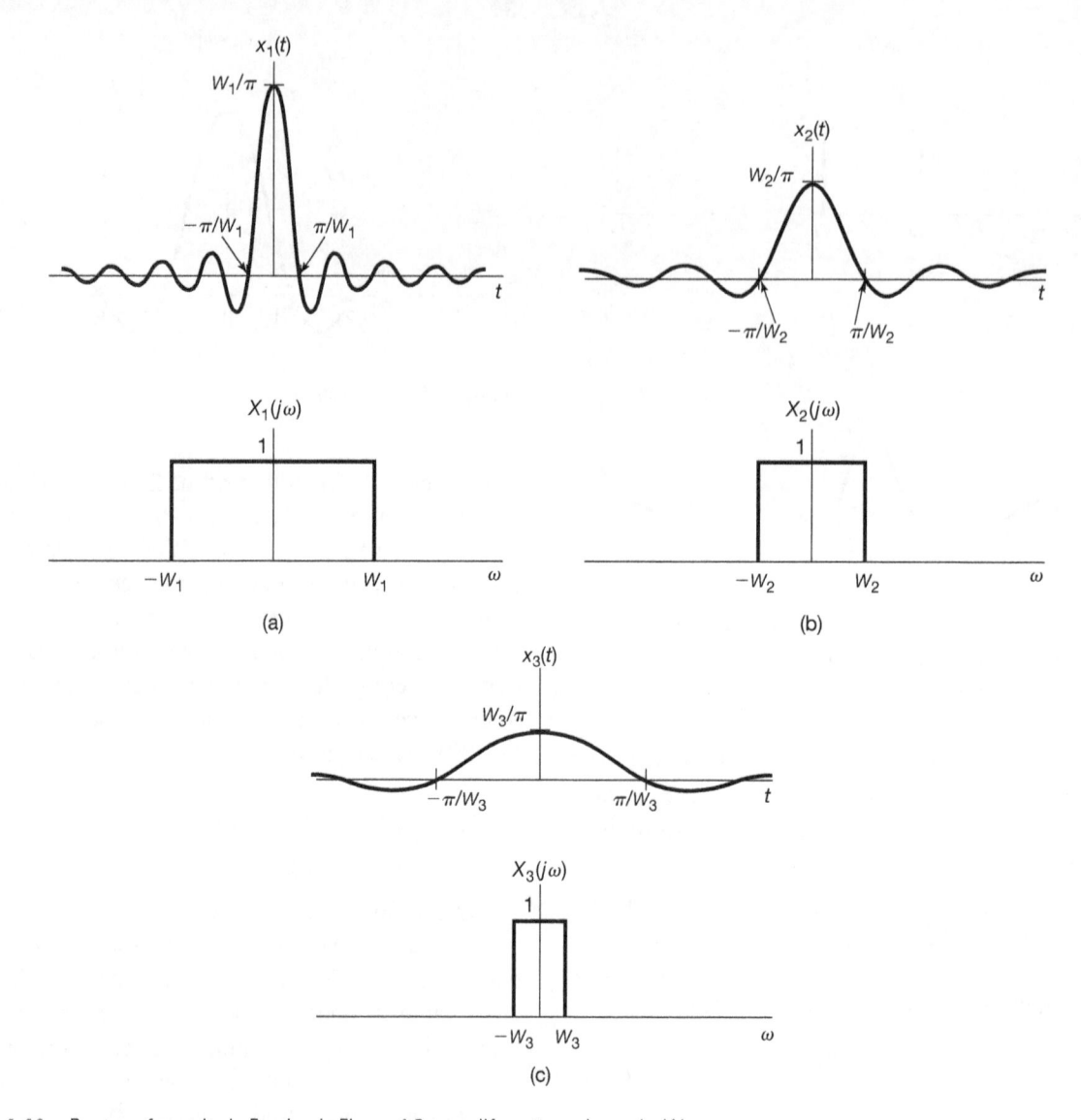

Figura 4.11 Par transformado de Fourier da Figura 4.9 para diferentes valores de W.

Generalizando, se $X(j\omega)$ tiver a forma de uma combinação linear de impulsos igualmente espaçados em frequência, ou seja,

$$X(j\omega) = \sum_{k=-\infty}^{+\infty} 2\pi a_k \delta(\omega - k\omega_0), \quad (4.22)$$

então a aplicação da Equação 4.8 resultará em

$$x(t) = \sum_{k=-\infty}^{+\infty} a_k e^{jk\omega_0 t}. \quad (4.23)$$

Vemos que a Equação 4.23 corresponde exatamente à representação da *série* de Fourier de um sinal periódico, conforme especificada pela Equação 3.38. Assim, a transformada de Fourier de um sinal periódico com coeficientes da série de Fourier $\{a_k\}$ pode ser interpretada como um trem de impulsos ocorrendo nas frequências harmonicamente relacionadas e para os quais a área do impulso na k-ésima frequência harmônica $k\omega_0$ é 2π vezes o k-ésimo coeficiente a_k da série de Fourier.

Exemplo 4.6

Considere novamente a onda quadrada ilustrada na Figura 4.1. Os coeficientes da série de Fourier para esse sinal são

$$a_k = \frac{\operatorname{sen} k\omega_0 T_1}{\pi k}$$

e sua transformada de Fourier do sinal é

$$X(j\omega) = \sum_{k=-\infty}^{+\infty} \frac{2 \operatorname{sen} k\omega_0 T_1}{k} \delta(\omega - k\omega_0),$$

que é esboçada na Figura 4.12 para $T = 4T_1$. Em comparação com a Figura 3.7(a), as únicas diferenças são um fator de

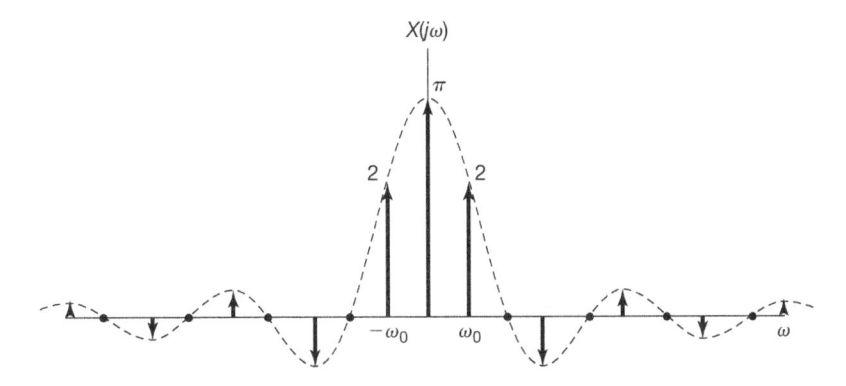

Figura 4.12 Transformada de Fourier de uma onda quadrada periódica simétrica.

proporcionalidade de 2π e o uso de impulsos em vez de um gráfico de barras.

Exemplo 4.7

Seja

$$x(t) = \text{sen } \omega_0 t.$$

Os coeficientes da série de Fourier para esse sinal são

$$a_1 = \frac{1}{2j},$$
$$a_{-1} = -\frac{1}{2j},$$
$$a_k = 0, \quad k \neq 1 \text{ ou } -1.$$

Assim, a transformada de Fourier é mostrada na Figura 4.13(a). De modo semelhante, para

$$x(t) = \cos \omega_0 t,$$

os coeficientes da série de Fourier são

$$a_1 = a_{-1} = \frac{1}{2},$$
$$a_k = 0, \quad k \neq 1 \text{ ou } -1.$$

A transformada de Fourier desse sinal é representada na Figura 4.13(b). Essas duas transformadas terão grande importância quando analisarmos sistemas de modulação senoidal no Capítulo 8.

Exemplo 4.8

Um sinal que será extremamente útil em nossa análise dos sistemas de amostragem no Capítulo 7 é o trem de impulsos

$$x(t) = \sum_{k=-\infty}^{+\infty} \delta(t - kT),$$

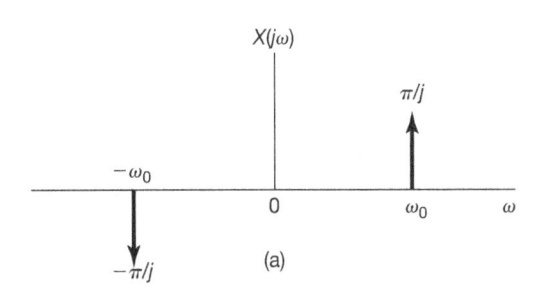

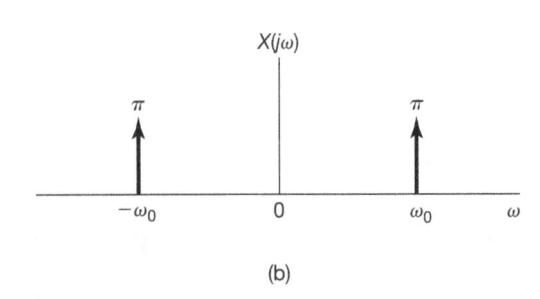

Figura 4.13 Transformadas de Fourier de (a) $x(t) = \text{sen } \omega_0 t$; (b) $x(t) = \cos \omega_0 t$, do Exemplo 4.7.

que é periódico com período T, conforme indicado na Figura 4.14(a). Os coeficientes da série de Fourier para esse sinal foram calculados no Exemplo 3.8 e são dados por

$$a_k = \frac{1}{T} \int_{-T/2}^{+T/2} \delta(t) e^{-jk\omega_0 t} dt = \frac{1}{T}.$$

Ou seja, cada coeficiente de Fourier do trem de impulsos periódico tem o mesmo valor, $1/T$. Substituindo a_k por esse valor na Equação 4.22, resulta

$$X(j\omega) = \frac{2\pi}{T} \sum_{k=-\infty}^{+\infty} \delta\left(\omega - \frac{2\pi k}{T}\right).$$

Assim, a transformada de Fourier de um trem de impulsos periódico com período T no domínio de tempo é um trem de impulsos periódico com período $2\pi/T$ no domínio de frequência, conforme esboçado na Figura 4.14(b). Nova-

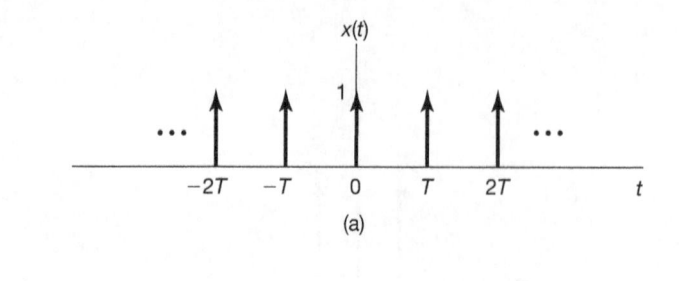

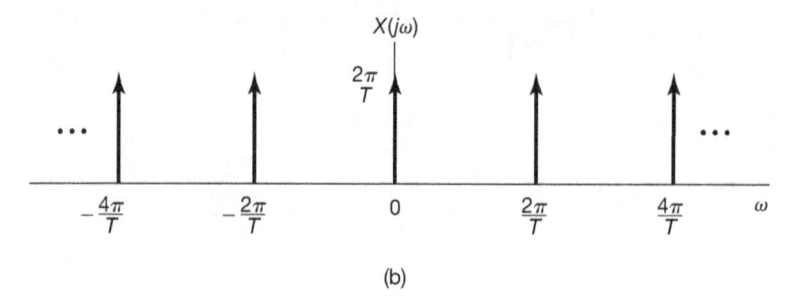

Figura 4.14 (a) Trem de impulsos periódico; (b) sua transformada de Fourier.

mente, vemos aqui uma ilustração da relação inversa entre os domínios do tempo e da frequência. À medida que o espaçamento entre os impulsos no domínio do tempo (ou seja, o período) se torna maior, o espaçamento entre os impulsos no domínio da frequência (a frequência fundamental) se torna menor.

4.3 Propriedades da transformada de Fourier de tempo contínuo

Nesta e nas duas seções seguintes, consideramos uma série de propriedades da transformada de Fourier. Uma listagem detalhada dessas propriedades é mostrada na Tabela 4.1, na Seção 4.6. Como foi o caso para a representação em série de Fourier dos sinais periódicos, essas propriedades nos dão uma ampla visão sobre a transformada e a relação entre as descrições no domínio do tempo e da frequência de um sinal. Além disso, muitas das propriedades são úteis para reduzir a complexidade do cálculo das transformadas e transformadas inversas de Fourier. Mais ainda, conforme descrevemos na seção anterior, existe uma relação próxima entre as representações em série de Fourier e transformada de Fourier de um sinal periódico, e usando essa relação podemos transferir muitas das propriedades da transformada de Fourier em propriedades correspondentes da série de Fourier, que discutimos independentemente no Capítulo 3. (Ver, em particular, a Seção 3.5 e a Tabela 3.1.)

Durante a análise nesta seção, frequentemente citaremos funções de tempo e suas transformadas de Fourier e será conveniente usarmos uma notação abreviada para indicar a relação de um sinal e sua transformada. Conforme desenvolvemos na Seção 4.1, um sinal $x(t)$ e sua transformada de Fourier $X(j\omega)$ são relacionados pelas equações de síntese e análise da transformada de Fourier,

[Eq. 4.8] $\quad x(t) = \dfrac{1}{2\pi} \displaystyle\int_{-\infty}^{+\infty} X(j\omega)e^{j\omega t}\, d\omega \quad$ **(4.24)**

e

[Eq. 4.9] $\quad X(j\omega) = \displaystyle\int_{-\infty}^{+\infty} x(t)e^{-j\omega t}\, dt. \quad$ **(4.25)**

Às vezes, será conveniente nos referirmos a $X(j\omega)$ com a notação $\mathcal{F}\{x(t)\}$ e a $x(t)$ com a notação $\mathcal{F}^{-1}\{X(j\omega)\}$. Também iremos nos referir a $x(t)$ e $X(j\omega)$ como o par transformado de Fourier com a notação

$$x(t) \xleftrightarrow{\mathcal{F}} X(j\omega)$$

Assim, em relação ao Exemplo 4.1,

$$\dfrac{1}{a+j\omega} = \mathcal{F}\{e^{-at}u(t)\},$$

$$e^{-at}u(t) = \mathcal{F}^{-1}\left\{\dfrac{1}{a+j\omega}\right\}$$

e

$$e^{-at}u(t) \xleftrightarrow{\mathcal{F}} \dfrac{1}{a+j\omega}.$$

4.3.1 Linearidade

Se
$$x(t) \xleftrightarrow{\mathcal{F}} X(j\omega)$$
e
$$y(t) \xleftrightarrow{\mathcal{F}} Y(j\omega),$$
então
$$\boxed{ax(t)+by(t) \xleftrightarrow{\mathcal{F}} aX(j\omega)+bY(j\omega).} \quad (4.26)$$

A prova da Equação 4.26 segue diretamente da aplicação da Equação de análise 4.25 a $ax(t) + by(t)$. A propriedade de linearidade é facilmente estendida para uma combinação linear de um número arbitrário de sinais.

4.3.2 Deslocamento no tempo

Se
$$x(t) \xleftrightarrow{\mathcal{F}} X(j\omega),$$
então
$$\boxed{x(t-t_0) \xleftrightarrow{\mathcal{F}} e^{-j\omega t_0} X(j\omega).} \quad (4.27)$$

Para estabelecer essa propriedade, considere a Equação 4.24:

$$x(t) = \frac{1}{2\pi} \int_{-\infty}^{\infty} X(j\omega) e^{j\omega t} d\omega.$$

Substituindo t por $t - t_0$ nessa equação, obtemos

$$x(t-t_0) = \frac{1}{2\pi} \int_{-\infty}^{+\infty} X(j\omega) e^{j\omega(t-t_0)} d\omega$$
$$= \frac{1}{2\pi} \int_{-\infty}^{+\infty} \left(e^{-j\omega t_0} X(j\omega)\right) e^{-j\omega t} d\omega.$$

Reconhecendo esta como a equação de síntese para $x(t-t_0)$, concluímos que

$$\mathcal{F}\{x(t-t_0)\} = e^{-j\omega t_0} X(j\omega) \quad .$$

Uma consequência da propriedade de deslocamento no tempo é que um sinal que é deslocado no tempo não tem a *magnitude* de sua transformada de Fourier alterada. Ou seja, se expressarmos $X(j\omega)$ em forma polar como

$$\mathcal{F}\{x(t)\} = X(j\omega) = |X(j\omega)| e^{j \sphericalangle X(j\omega)},$$

então

$$\mathcal{F}\{x(t-t_0)\} = e^{-j\omega t_0} X(j\omega) = |X(j\omega)| e^{j[\sphericalangle X(j\omega) - \omega t_0]}.$$

Assim, o efeito de um deslocamento no tempo sobre um sinal é introduzir em sua transformada um deslocamento de fase, $-\omega t_0$, que é uma função linear de ω.

Exemplo 4.9

Para ilustrar a utilidade das propriedades de linearidade e deslocamento no tempo da transformada de Fourier, vamos considerar o cálculo da transformada de Fourier do sinal $x(t)$ mostrado na Figura 4.15(a).

Primeiro, observamos que $x(t)$ pode ser expresso como a combinação linear

$$x(t) = \frac{1}{2} x_1(t-2,5) + x_2(t-2,5),$$

sendo os sinais $x_1(t)$ e $x_2(t)$ são os pulsos retangulares mostrados na Figura 4.15(b) e (c). Então, usando o resultado do Exemplo 4.4, obtemos

$$X_1(j\omega) = \frac{2\,\text{sen}(\omega/2)}{\omega} \quad \text{e} \quad X_2(j\omega) = \frac{2\,\text{sen}(3\omega/2)}{\omega}.$$

Por último, usando as propriedades de linearidade e deslocamento no tempo da transformada de Fourier, resulta

$$X(j\omega) = e^{-j5\omega/2} \left\{ \frac{\text{sen}(\omega/2) + 2\,\text{sen}(3\omega/2)}{\omega} \right\}.$$

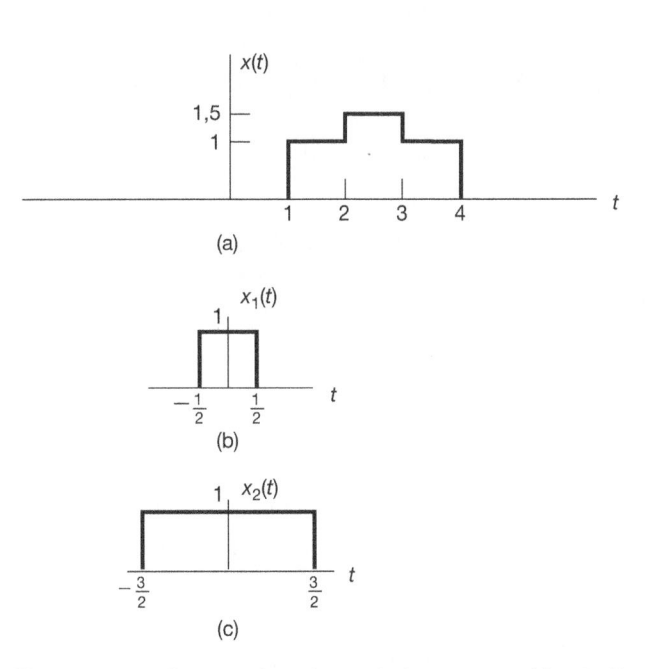

Figura 4.15 Decomposição de um sinal em uma combinação linear de dois sinais mais simples. (a) O sinal $x(t)$ para o Exemplo 4.9; (b) e (c) os dois componentes dos sinais usados para representar $x(t)$.

4.3.3 Conjugação e simetria conjugada

A propriedade de conjugação afirma que se

$$x(t) \xleftrightarrow{\mathcal{F}} X(j\omega),$$

então

$$\boxed{x^*(t) \xleftrightarrow{\mathcal{F}} X^*(-j\omega).} \qquad (4.28)$$

Essa propriedade decorre da aplicação do conjugado complexo na Equação 4.25:

$$X^*(j\omega) = \left[\int_{-\infty}^{+\infty} x(t) e^{-j\omega t} dt\right]^*$$
$$= \int_{-\infty}^{+\infty} x^*(t) e^{j\omega t} dt.$$

Substituindo ω por $-\omega$, vemos que

$$X^*(-j\omega) = \int_{-\infty}^{+\infty} x^*(t) e^{j\omega t} dt. \qquad (4.29)$$

Reconhecendo que o membro direito da Equação 4.29 é a equação de análise da transformada de Fourier para $x^*(t)$, obtemos a relação dada na Equação 4.28.

A propriedade de conjugação nos permite mostrar que, se $x(t)$ é real, então $X(j\omega)$ tem *simetria conjugada*; ou seja,

$$\boxed{X(-j\omega) = X^*(j\omega) \quad [x(t) \text{ real}].} \qquad (4.30)$$

Especificamente, se $x(t)$ é real, de modo que $x^*(t) = x(t)$, temos, pela Equação 4.29,

$$X^*(-j\omega) = \int_{-\infty}^{+\infty} x(t) e^{j\omega t} dt = X(j\omega)$$

e a Equação 4.30 segue substituindo ω por $-\omega$.

Do Exemplo 4.1, com $x(t) = e^{-at}u(t)$,

$$X(j\omega) = \frac{1}{a + j\omega}$$

e

$$X(-j\omega) = \frac{1}{a - j\omega} = X^*(j\omega).$$

Como uma consequência da Equação 4.30, se expressarmos $X(j\omega)$ em forma retangular como

$$X(j\omega) = \mathcal{R}e\{X(j\omega)\} + j\mathcal{I}m\{X(j\omega)\},$$

então, se $x(t)$ é real,

$$\mathcal{R}e\{X(j\omega)\} = \mathcal{R}e\{X(-j\omega)\}$$

e

$$\mathcal{I}m\{X(j\omega)\} = -\mathcal{I}m\{X(-j\omega)\}.$$

Ou seja, a parte real da transformada de Fourier é uma função *par* da frequência, e a parte imaginária é uma função *ímpar* da frequência. De modo semelhante, se expressarmos $X(j\omega)$ em forma polar como

$$X(j\omega) = |X(j\omega)| e^{j\sphericalangle X(j\omega)},$$

então, segue-se da Equação 4.30 que $|X(j\omega)|$ é uma função par de ω e $\sphericalangle X(j\omega)$ é uma função ímpar de ω. Então, ao se calcular ou exibir a transformada de Fourier de um sinal real, as partes real e imaginária ou magnitude e fase da transformada só precisam ser especificadas para frequências positivas, pois os valores para frequências negativas podem ser determinados diretamente dos valores para $\omega > 0$ usando as relações recém-obtidas.

Como uma consequência adicional da Equação 4.30, se $x(t)$ for real e par, então $X(j\omega)$ também será real e par. Para ver isso, escrevemos

$$X(-j\omega) = \int_{-\infty}^{+\infty} x(t) e^{j\omega t} dt$$

ou, com a substituição de variáveis $\tau = -t$,

$$X(-j\omega) = \int_{-\infty}^{+\infty} x(-\tau) e^{-j\omega\tau} d\tau$$

Como $x(-\tau) = x(\tau)$, temos

$$X(-j\omega) = \int_{-\infty}^{+\infty} x(\tau) e^{-j\omega\tau} d\tau$$
$$= X(j\omega).$$

Então, $X(j\omega)$ é uma função par. Isso, junto com a Equação 4.30, também requer que $X^*(j\omega) = X(j\omega)$ [ou seja, que $X(j\omega)$ seja real]. O Exemplo 4.2 ilustra essa propriedade para o sinal real e par $e^{-a|t|}$. De modo semelhante, pode-se mostrar que, se $x(t)$ é uma função real e ímpar no tempo, de modo que $x(t) = -x(-t)$, então $X(j\omega)$ é puramente imaginário e ímpar.

Por fim, como vimos no Capítulo 1, uma função real $x(t)$ sempre pode ser expressa em termos da soma de uma função par $x_e(t) = \mathcal{E}v\{x(t)\}$ e uma função ímpar $x_0(t) = \mathcal{O}d\{x(t)\}$; ou seja,

$$x(t) = x_e(t) + x_0(t).$$

Pela linearidade da transformada de Fourier,

$$\mathcal{F}\{x(t)\} = \mathcal{F}\{x_e(t)\} + \mathcal{F}\{x_0(t)\}$$

e a partir da análise precedente, $\mathcal{F}\{x_e(t)\}$ é uma função real e $\mathcal{F}\{x_0(t)\}$ é puramente imaginária. Então, podemos concluir que, com $x(t)$ real,

$$x(t) \xleftrightarrow{\mathcal{F}} X(j\omega),$$
$$\mathcal{E}v\{x(t)\} \xleftrightarrow{\mathcal{F}} \mathcal{R}e\{X(j\omega)\},$$
$$\mathcal{O}d\{x(t)\} \xleftrightarrow{\mathcal{F}} \mathcal{I}m\{X(j\omega)\}.$$

Uma utilização dessas propriedades de simetria é ilustrado no exemplo a seguir.

Exemplo 4.10

Considere novamente o cálculo da transformada de Fourier do Exemplo 4.2 para o sinal $x(t) = e^{-a|t|}$, sendo $a > 0$. Desta vez, usaremos as propriedades de simetria da transformada de Fourier para auxiliar no processo.

Pelo Exemplo 4.1, temos

$$e^{-at}u(t) \stackrel{\mathcal{F}}{\longleftrightarrow} \frac{1}{a+j\omega}.$$

Note que, para $t > 0$, $x(t)$ é igual a $e^{-at}u(t)$, enquanto para $t < 0$, $x(t)$ assume valores espelhados. Ou seja,

$$x(t) = e^{-a|t|} = e^{-at}u(t) + e^{-at}u(-t)$$
$$= 2\left[\frac{e^{-at}u(t) + e^{-at}u(-t)}{2}\right]$$
$$= 2\mathcal{E}v\{e^{-at}u(t)\}.$$

Como $e^{-at}u(t)$ assume valores reais, as propriedades de simetria da transformada de Fourier levam-nos a concluir que

$$\mathcal{E}v\{e^{-at}u(t)\} \stackrel{\mathcal{F}}{\longleftrightarrow} \mathcal{R}e\left\{\frac{1}{a+j\omega}\right\}.$$

Segue-se que

$$X(j\omega) = 2\,\mathcal{R}e\left\{\frac{1}{a+j\omega}\right\} = \frac{2a}{a^2+\omega^2},$$

que é a mesma resposta encontrada no Exemplo 4.2.

4.3.4 Diferenciação e integração

Seja $x(t)$ um sinal com transformada de Fourier $X(j\omega)$. Então, diferenciando os dois membros da Equação de síntese 4.24 da transformada de Fourier, obtemos

$$\frac{dx(t)}{dt} = \frac{1}{2\pi}\int_{-\infty}^{+\infty} j\omega X(j\omega)e^{j\omega t}\,d\omega.$$

Portanto,

$$\boxed{\frac{dx(t)}{dt} \stackrel{\mathcal{F}}{\longleftrightarrow} j\omega X(j\omega).} \quad (4.31)$$

Esta é uma propriedade particularmente importante, pois substitui a operação de diferenciação no domínio do tempo pela multiplicação por $j\omega$ no domínio da frequência. Veremos que a substituição é de grande utilidade em nossa discussão da Seção 4.7, no uso de transformadas de Fourier para a análise de sistemas LIT descritos por equações diferenciais.

Como a diferenciação no domínio do tempo corresponde à multiplicação por $j\omega$ no domínio da frequência, pode-se concluir que a integração deve envolver divisão por $j\omega$ no domínio de frequência. De fato, este é o caso, mas é apenas em parte. A relação exata é

$$\boxed{\int_{-\infty}^{t} x(\tau)d\tau \stackrel{\mathcal{F}}{\longleftrightarrow} \frac{1}{j\omega}X(j\omega) + \pi X(0)\delta(\omega).} \quad (4.32)$$

O impulso no membro direito da Equação 4.32 reflete o valor dc ou médio que pode resultar da integração.

O uso das equações 4.31 e 4.32 é ilustrado nos próximos dois exemplos.

Exemplo 4.11

Vamos determinar a transformada de Fourier $X(j\omega)$ do degrau unitário $x(t) = u(t)$, utilizando a Equação 4.32 e sabendo que

$$g(t) = \delta(t) \stackrel{\mathcal{F}}{\longleftrightarrow} G(j\omega) = 1.$$

Observando que

$$x(t) = \int_{-\infty}^{t} g(\tau)d\tau$$

e aplicando a transformada de Fourier aos dois membros, obtemos

$$X(j\omega) = \frac{G(j\omega)}{j\omega} + \pi G(0)\delta(\omega),$$

em que usamos a propriedade de integração listada na Tabela 4.1. Como $G(j\omega) = 1$, concluímos que

$$X(j\omega) = \frac{1}{j\omega} + \pi\delta(\omega). \quad (4.33)$$

Observe que podemos aplicar a propriedade de diferenciação da Equação 4.31 para recuperar a transformada do impulso. Ou seja,

$$\delta(t) = \frac{du(t)}{dt} \stackrel{\mathcal{F}}{\longleftrightarrow} j\omega\left[\frac{1}{j\omega} + \pi\delta(\omega)\right] = 1,$$

em que a última igualdade segue do fato de que $\omega\delta(\omega) = 0$.

Exemplo 4.12

Suponha que queiramos calcular a transformada de Fourier $X(j\omega)$ para o sinal $x(t)$ exibido na Figura 4.16(a). Em vez de aplicar a integral de Fourier diretamente a $x(t)$, consideramos o sinal

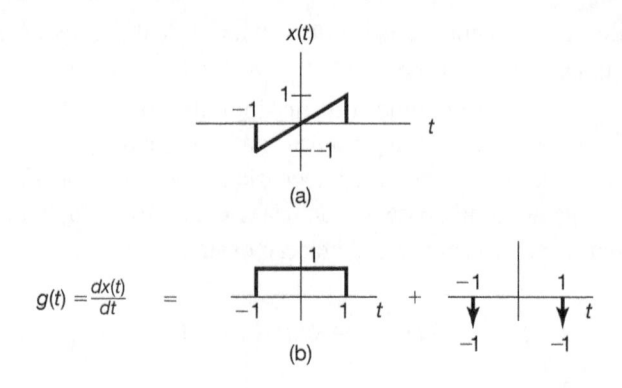

Figura 4.16 (a) Um sinal $x(t)$ para o qual a transformada de Fourier deve ser calculada. (b) Representação da derivada de $x(t)$ como a soma de dois componentes.

$$g(t) = \frac{d}{dt} x(t).$$

Como ilustrado na Figura 4.16(b), $g(t)$ é a soma de um pulso retangular e dois impulsos. As transformadas de Fourier de cada um desses sinais componentes podem ser determinadas pela Tabela 4.2:

$$G(j\omega) = \left(\frac{2\,\text{sen}\,\omega}{\omega}\right) - e^{j\omega} - e^{-j\omega}.$$

Observe que $G(0) = 0$. Usando a propriedade de integração, obtemos

$$X(j\omega) = \frac{G(j\omega)}{j\omega} + \pi G(0) \delta(\omega).$$

Com $G(0) = 0$,

$$X(j\omega) = \frac{2\,\text{sen}\,\omega}{j\omega^2} - \frac{2\cos\omega}{j\omega}.$$

A expressão para $X(j\omega)$ é puramente imaginária e ímpar, o que é consistente com o fato de que $x(t)$ é real e ímpar.

4.3.5 Mudança de escala no tempo e na frequência

Se

$$x(t) \xleftrightarrow{\mathcal{F}} X(j\omega),$$

então

$$\boxed{x(at) \xleftrightarrow{\mathcal{F}} \frac{1}{|a|} X\left(\frac{j\omega}{a}\right),} \quad (4.34)$$

sendo a um número real diferente de zero. Essa propriedade segue diretamente da definição da transformada de Fourier – especificamente,

$$\mathcal{F}\{x(at)\} = \int_{-\infty}^{+\infty} x(at) e^{-j\omega t} dt.$$

Usando a substituição de variáveis $\tau = at$, obtemos

$$\mathcal{F}\{x(at)\} = \begin{cases} \dfrac{1}{a} \int_{-\infty}^{+\infty} x(\tau) e^{-j(\omega/a)\tau} d\tau, & a>0 \\ -\dfrac{1}{a} \int_{-\infty}^{+\infty} x(\tau) e^{-j(\omega/a)\tau} d\tau, & a<0 \end{cases},$$

que corresponde à Equação 4.34. Assim, a menos do fator de amplitude $1/|a|$, uma mudança de escala linear no tempo por um fator a corresponde a uma mudança de escala linear na frequência por um fator de $1/a$, e vice-versa. Além disso, considerando $a = -1$, vemos da Equação 4.34 que

$$\boxed{x(-t) \xleftrightarrow{\mathcal{F}} X(-j\omega).} \quad (4.35)$$

Ou seja, reverter um sinal no tempo também reverte sua transformada de Fourier.

Um exemplo usual da Equação 4.34 é o efeito sobre o conteúdo na frequência que resulta quando uma fita de áudio é gravada em uma velocidade e reproduzida em uma velocidade diferente. Se a velocidade de reprodução for maior que a velocidade de gravação, correspondendo a uma compressão no tempo (ou seja, $a > 1$), então o espectro é expandido na frequência (ou seja, o efeito audível é que as frequências de reprodução são mais altas). Reciprocamente, o sinal reproduzido terá frequências mais baixas se a velocidade de reprodução for menor que a velocidade de gravação ($0 < a < 1$). Por exemplo, se uma gravação do som de um pequeno sino tocando for reproduzida em uma velocidade reduzida, o resultado soará como o toque de um sino maior e mais profundo.

A propriedade de mudança de escala é outro exemplo da relação inversa entre tempo e frequência, que já encontramos em diversas ocasiões. Por exemplo, vimos que, ao aumentarmos o período de um sinal senoidal, diminuímos sua frequência. Além disso, como vimos no Exemplo 4.5 (ver Figura 4.11), se considerarmos a transformada

$$X(j\omega) = \begin{cases} 1, & |\omega| < W \\ 0, & |\omega| > W \end{cases},$$

então, quando aumentamos W, a transformada inversa de $X(j\omega)$ torna-se mais estreita e mais alta e aproxima-se de um impulso quando $W \to \infty$. Por fim, no Exemplo 4.8, vimos que o espaçamento no domínio de frequência entre os impulsos na transformada de Fourier de um trem de impulsos periódico é inversamente proporcional ao espaçamento no domínio do tempo.

A relação inversa entre os domínios de tempo e frequência é de grande importância em diversos contextos de sinal e sistemas, incluindo a filtragem e o projeto de filtro, e encontraremos suas consequências em diversas ocasiões no restante deste livro. Além disso, o leitor pode perceber muito bem as implicações dessa propriedade no estudo de diversos outros tópicos na ciência e na engenharia. Um exemplo é o princípio da incerteza na física; outro é o ilustrado no Problema 4.49.

4.3.6 Dualidade

Comparando as relações de transformada e as de transformada inversa dadas nas equações 4.24 e 4.25, observamos que essas equações são similares em forma, mas não totalmente idênticas. Essa simetria leva a uma propriedade da transformada de Fourier conhecida como *dualidade*. No Exemplo 4.5, aludimos a essa propriedade quando observamos o relacionamento que existe entre os pares transformados de Fourier dos exemplos 4.4 e 4.5. No primeiro desses exemplos anteriores, deduzimos o par transformado de Fourier

$$x_1(t) = \begin{cases} 1, & |t| < T_1 \\ 0, & |t| > T_1 \end{cases} \overset{\mathcal{F}}{\longleftrightarrow} X_1(j\omega) = \frac{2\,\text{sen}\,\omega T_1}{\omega}, \quad (4.36)$$

enquanto, no segundo, consideramos o par

$$x_2(t) = \frac{\text{sen}\,Wt}{\pi t} \overset{\mathcal{F}}{\longleftrightarrow} X_2(j\omega) = \begin{cases} 1, & |\omega| < W \\ 0, & |\omega| > W \end{cases}. \quad (4.37)$$

Esses dois pares transformados de Fourier e a relação entre eles são representados na Figura 4.17.

A simetria exibida por esses dois exemplos estende-se às transformadas de Fourier em geral. Especificamente, devido à simetria entre as equações 4.24 e 4.25, para qualquer par transformado existe um par dual com as variáveis de tempo e frequência trocadas. Isso é melhor ilustrado com um exemplo.

Exemplo 4.13

Vamos considerar o uso da dualidade para encontrar a transformada de Fourier $G(j\omega)$ do sinal

$$g(t) = \frac{2}{1+t^2}.$$

No Exemplo 4.2, encontramos um par transformado de Fourier em que a transformada de Fourier, como uma função de ω, tinha uma forma semelhante à do sinal $g(t)$. Especificamente, suponha que consideremos um sinal $x(t)$ cuja transformada de Fourier seja

$$X(j\omega) = \frac{2}{1+\omega^2}.$$

Então, do Exemplo 4.2,

$$x(t) = e^{-|t|} \overset{\mathcal{F}}{\longleftrightarrow} X(j\omega) = \frac{2}{1+\omega^2}.$$

A equação de síntese para esse par transformado de Fourier é

$$e^{-|t|} = \frac{1}{2\pi}\int_{-\infty}^{\infty}\left(\frac{2}{1+\omega^2}\right)e^{j\omega t}d\omega.$$

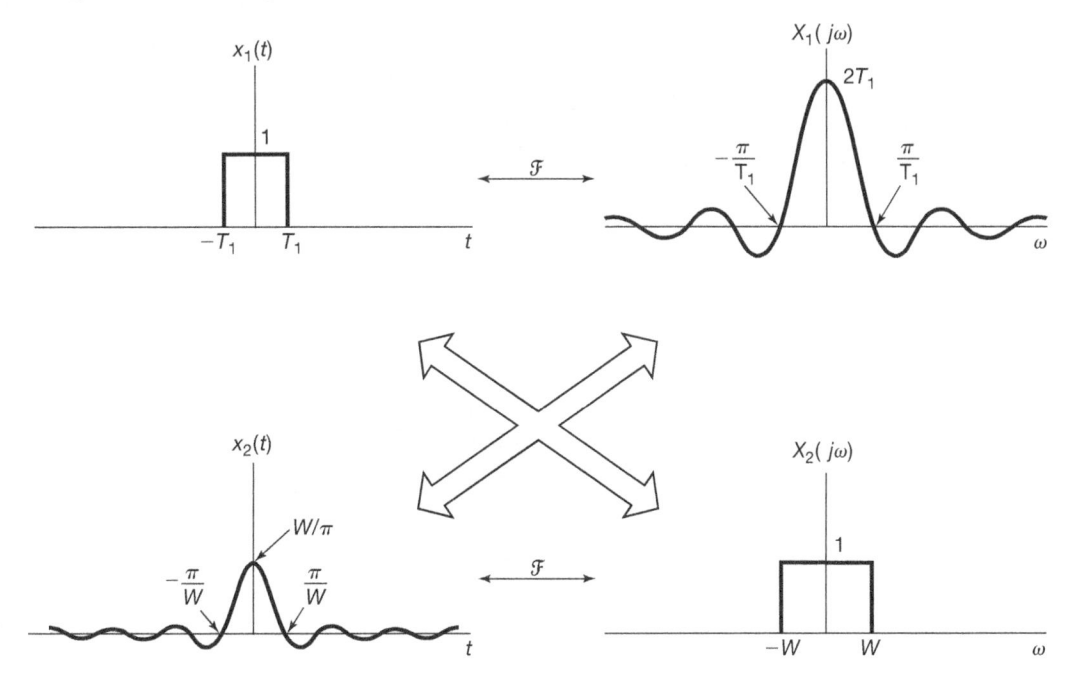

Figura 4.17 Relação entre os pares transformados de Fourier das equações 4.36 e 4.37.

Multiplicando essa equação por 2π e substituindo t por $-t$, obtemos

$$2\pi e^{-|t|} = \int_{-\infty}^{\infty} \left(\frac{2}{1+\omega^2}\right) e^{-j\omega t} d\omega.$$

Agora, trocando as variáveis t e ω, obtemos que

$$2\pi e^{-|\omega|} = \int_{-\infty}^{\infty} \left(\frac{2}{1+t^2}\right) e^{-j\omega t} dt. \quad (4.38)$$

O membro direito da Equação 4.38 é a equação de análise da transformada de Fourier para $2/(1+t^2)$ e, assim, concluímos que

$$\mathcal{F}\left\{\frac{2}{1+t^2}\right\} = 2\pi e^{-|\omega|}.$$

A propriedade de dualidade também pode ser usada para determinar ou sugerir outras propriedades das transformadas de Fourier. Especificamente, se houver características de uma função do tempo que tenham implicações com relação à transformada de Fourier, então as mesmas características associadas a uma função da frequência terão implicações *duais* no domínio do tempo. Por exemplo, na Seção 4.3.4, vimos que a diferenciação no domínio do tempo corresponde à multiplicação por $j\omega$ no domínio da frequência. Pela discussão anterior, poderíamos, então, suspeitar que a multiplicação por jt no domínio de tempo corresponde de modo geral à diferenciação no domínio de frequência. Para determinar a forma precisa dessa propriedade dual, podemos proceder de modo exatamente análogo ao usado na Seção 4.3.4. Então, se diferenciarmos a Equação de análise 4.25 em relação a ω, obtemos

$$\frac{dX(j\omega)}{d\omega} = \int_{-\infty}^{+\infty} -jtx(t) e^{-j\omega t} dt. \quad (4.39)$$

Ou seja,

$$\boxed{-jtx(t) \xleftrightarrow{\mathcal{F}} \frac{dX(j\omega)}{d\omega}.} \quad (4.40)$$

De modo similar, podemos obter as propriedades duais das equações 4.27 e 4.32:

$$\boxed{e^{j\omega_0 t} x(t) \xleftrightarrow{\mathcal{F}} X(j(\omega-\omega_0))} \quad (4.41)$$

e

$$\boxed{-\frac{1}{jt}x(t) + \pi x(0)\delta(t) \xleftrightarrow{\mathcal{F}} \int_{-\infty}^{\omega} x(\eta) d\eta.} \quad (4.42)$$

4.3.7 Relação de Parseval

Se $x(t)$ e $X(j\omega)$ forem um par transformado de Fourier, então

$$\boxed{\int_{-\infty}^{+\infty} |x(t)|^2 dt = \frac{1}{2\pi} \int_{-\infty}^{+\infty} |X(j\omega)|^2 d\omega.} \quad (4.43)$$

Essa expressão, conhecida como relação de Parseval, segue da aplicação direta da transformada de Fourier. Especificamente,

$$\int_{-\infty}^{+\infty} |x(t)|^2 dt = \int_{-\infty}^{+\infty} x(t) x^*(t) dt$$

$$= \int_{-\infty}^{+\infty} x(t) \left[\frac{1}{2\pi} \int_{-\infty}^{+\infty} X^*(j\omega) e^{-j\omega t} d\omega\right] dt.$$

Trocando a ordem das integrais, temos

$$\int_{-\infty}^{+\infty} |x(t)|^2 dt = \frac{1}{2\pi} \int_{-\infty}^{+\infty} X^*(j\omega) \left[\int_{-\infty}^{+\infty} x(t) e^{-j\omega t} dt\right] d\omega.$$

O termo entre colchetes é simplesmente a transformada de Fourier de $x(t)$; assim,

$$\int_{-\infty}^{+\infty} |x(t)|^2 dt = \frac{1}{2\pi} \int_{-\infty}^{+\infty} |X(j\omega)|^2 d\omega.$$

O termo no membro esquerdo da Equação 4.43 é a energia total no sinal $x(t)$. A relação de Parseval estabelece que essa energia total pode ser determinada calculando a energia por unidade de tempo ($|x(t)|^2$) e integrando sobre todo o tempo ou calculando a energia por unidade de frequência ($|X(j\omega)|^2/2\pi$) e integrando sobre todas as frequências. Por esse motivo, $|X(j\omega)|^2$ é usualmente chamado *espectro de densidade de energia* do sinal $x(t)$. (Ver também o Problema 4.45.) Observe que a relação de Parseval para sinais de energia finita é o correspondente direto da relação de Parseval para sinais periódicos (Equação 3.67), que indica que a *potência* média de um sinal periódico é igual à soma das potências médias de seus componentes harmônicos individuais, que, por sua vez, são iguais às magnitudes ao quadrado dos coeficientes da série de Fourier.

A relação de Parseval e outras propriedades da transformada de Fourier são frequentemente úteis na determinação de algumas das características de um sinal diretamente no domínio do tempo a partir de sua transformada de Fourier. O próximo exemplo é uma ilustração simples disso.

Exemplo 4.14

Para cada uma das transformadas de Fourier mostradas na Figura 4.18, queremos calcular as seguintes expressões no domínio de tempo:

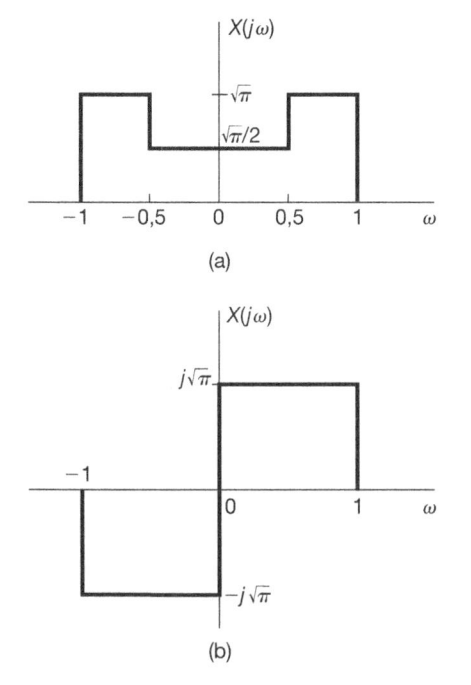

Figura 4.18 As transformadas de Fourier consideradas no Exemplo 4.14.

$$E = \int_{-\infty}^{+\infty} |x(t)|^2 dt$$

$$D = \frac{d}{dt} x(t)\bigg|_{t=0}$$

Para calcular E no domínio de frequência, podemos usar a relação de Parseval. Ou seja,

$$E = \frac{1}{2\pi} \int_{-\infty}^{+\infty} |X(j\omega)|^2 d\omega \qquad (4.44)$$

que vale $\frac{5}{8}$ para a Figura 4.18(a) e 1 para a Figura 4.18(b).

Para calcular D no domínio da frequência, primeiro usamos a propriedade da diferenciação para observar que

$$g(t) = \frac{d}{dt} x(t) \stackrel{\mathcal{F}}{\longleftrightarrow} j\omega X(j\omega) = G(j\omega).$$

Se notarmos que

$$D = g(0) = \frac{1}{2} \int_{-\infty}^{+\infty} G(j\omega) d\omega \qquad (4.45)$$

concluímos que

$$D = \int_{-\infty}^{+\infty} j\omega X(j\omega) d\omega, \qquad (4.46)$$

que vale zero para a Figura 4.18(a) e $\dfrac{-1}{\left(2\sqrt{\pi}\right)}$ para a Figura 4.18(b).

Existem muitas outras propriedades da transformada de Fourier além daquelas que já discutimos. Nas próximas duas seções apresentamos duas propriedades específicas que desempenham papéis particularmente importantes no estudo dos sistemas LIT e suas aplicações. A primeira delas, discutida na Seção 4.4, é conhecida como *propriedade de convolução*, que é fundamental para muitas aplicações de sinais e sistemas, incluindo filtragem. A segunda, discutida na Seção 4.5, é conhecida como *propriedade de multiplicação* e fornece um alicerce para nossa discussão da amostragem no Capítulo 7 e modulação de amplitude no Capítulo 8. Na Seção 4.6, resumimos as propriedades da transformada de Fourier.

4.4 A propriedade da convolução

Como vimos no Capítulo 3, se um sinal periódico é representado em uma série de Fourier — ou seja, como uma combinação linear de exponenciais complexas harmonicamente relacionadas, como na Equação 3.38 —, então a resposta de um sistema LIT para essa entrada também pode ser representada por uma série de Fourier. Como as exponenciais complexas são autofunções de sistemas LIT, os coeficientes da série de Fourier da saída são aqueles da entrada multiplicados pela resposta em frequência do sistema, calculada nas frequências harmônicas correspondentes.

Nesta seção, estendemos esse resultado para a situação em que os sinais são aperiódicos. Primeiro, deduzimos a propriedade de modo um tanto informal, para aproveitar a intuição que desenvolvemos para sinais periódicos no Capítulo 3, e depois fornecemos uma breve dedução formal, começando diretamente da integral da convolução.

Aqui é necessário lembrar da nossa interpretação da equação de síntese da transformada de Fourier como uma expressão para $x(t)$ como uma combinação linear de exponenciais complexas. Especificamente, referindo-se à Equação 4.7, $x(t)$ é expresso como o limite de uma soma; ou seja,

$$x(t) = \frac{1}{2\pi} \int_{-\infty}^{+\infty} X(j\omega) e^{j\omega t} d\omega$$

$$= \lim_{\omega_0 \to 0} \frac{1}{2\pi} \sum_{k=-\infty}^{+\infty} X(jk\omega_0) e^{jk\omega_0 t} \omega_0. \qquad (4.47)$$

Conforme desenvolvemos nas seções 3.2 e 3.8, a resposta de um sistema linear com resposta ao impulso $h(t)$ a uma exponencial complexa $e^{jk\omega_0 t}$ é $H(jk\omega_0)e^{jk\omega_0 t}$, sendo

$$H(jk\omega_0) = \int_{-\infty}^{+\infty} h(t) e^{-jk\omega_0 t} dt. \qquad (4.48)$$

Podemos reconhecer a resposta em frequência $H(j\omega)$, conforme definido na Equação 3.121, como a transformada de Fourier da resposta ao impulso do sistema. Em outras palavras, a transformada de Fourier da resposta ao impulso (calculada em $\omega = k\omega_0$) é o fator de escala complexo que o sistema LIT aplica à autofunção $e^{jk\omega_0 t}$. Da superposição (ver Equação 3.124), temos, então,

$$\frac{1}{2\pi}\sum_{k=-\infty}^{+\infty}X(jk\omega_0)e^{jk\omega_0 t}\omega_0 \to \frac{1}{2\pi}\sum_{k=-\infty}^{+\infty}X(jk\omega_0)H(jk\omega_0)e^{jk\omega_0 t}\omega_0,$$

e assim, pela Equação 4.47, a resposta do sistema linear a $x(t)$ é

$$y(t) = \lim_{\omega_0 \to 0}\frac{1}{2\pi}\sum_{k=-\infty}^{+\infty}X(jk\omega_0)H(jk\omega_0)e^{jk\omega_0 t}\omega_0$$
$$= \frac{1}{2\pi}\int_{-\infty}^{+\infty}X(j\omega)H(j\omega)e^{j\omega t}d\omega. \quad (4.49)$$

Como $y(t)$ e sua transformada de Fourier $Y(j\omega)$ são relacionados por

$$y(t) = \frac{1}{2\pi}\int_{-\infty}^{+\infty}Y(j\omega)e^{j\omega t}d\omega, \quad (4.50)$$

podemos identificar $Y(j\omega)$ da Equação 4.49, resultando em

$$Y(j\omega) = X(j\omega)H(j\omega). \quad (4.51)$$

Como uma dedução mais formal, consideremos a integral de convolução

$$y(t) = \int_{-\infty}^{+\infty}x(\tau)h(t-\tau)d\tau. \quad (4.52)$$

Desejamos $Y(j\omega)$, que é

$$Y(j\omega) = \mathcal{F}\{y(t)\} = \int_{-\infty}^{+\infty}\int_{-\infty}^{+\infty}x(\tau)h(t-\tau)d\tau \, e^{-j\omega t}dt. \quad (4.53)$$

Trocando a ordem das integrais e observando que $x(\tau)$ não depende de t, temos

$$Y(j\omega) = \int_{-\infty}^{+\infty}x(\tau)\left[\int_{-\infty}^{+\infty}h(t-\tau)e^{-j\omega t}\,dt\right]d\tau. \quad (4.54)$$

Pela propriedade de deslocamento no tempo, Equação 4.27, o termo entre colchetes é $e^{-j\omega\tau}H(j\omega)$. Substituindo na Equação 4.54, resulta

$$Y(j\omega) = \int_{-\infty}^{+\infty}x(\tau)e^{-j\omega\tau}H(j\omega)d\tau$$
$$= H(j\omega)\int_{-\infty}^{+\infty}x(\tau)e^{-j\omega\tau}d\tau. \quad (4.55)$$

A integral é $X(j\omega)$ e daí,

$$Y(j\omega) = H(j\omega)X(j\omega).$$

Ou seja,

$$\boxed{y(t) = h(t)*x(t) \overset{\mathcal{F}}{\longleftrightarrow} Y(j\omega) = H(j\omega)X(j\omega).} \quad (4.56)$$

A Equação 4.56 é de grande importância na análise de sinais e sistemas. Conforme expresso nessa equação, a transformada de Fourier mapeia a convolução de dois sinais no produto de suas transformadas de Fourier. $H(j\omega)$, a transformada de Fourier da resposta ao impulso, é a resposta em frequência definida na Equação 3.121 e representa a mudança de amplitude complexa da transformada de Fourier da entrada em cada frequência ω. Por exemplo, na filtragem seletiva em frequência, podemos querer ter $H(j\omega) \approx 1$ em um intervalo de frequências, de modo que os componentes de frequência nessa faixa sofram pouca ou nenhuma atenuação ou mudança devido ao sistema, enquanto em outras faixas de frequências podemos querer ter $H(j\omega) \approx 0$, de modo que os componentes nessas faixas sejam eliminados ou significativamente atenuados.

A resposta em frequência $H(j\omega)$ desempenha um papel tão importante na análise de sistemas LIT quanto sua transformada inversa, a resposta ao impulso unitário. Como $h(t)$ caracteriza completamente um sistema LIT, então o mesmo ocorre com $H(j\omega)$. Além disso, muitas das propriedades dos sistemas LIT podem ser convenientemente interpretadas em termos de $H(j\omega)$. Por exemplo, na Seção 2.3, vimos que a resposta ao impulso da cascata de dois sistemas LIT é a convolução das respostas ao impulso dos sistemas individuais e que a resposta ao impulso geral não depende da ordem em que os sistemas são dispostos em cascata. Usando a Equação 4.56, podemos reformular isso em termos das respostas em frequência. Conforme ilustramos na Figura 4.19, como a resposta ao impulso da cascata de dois sistemas LIT é a convolução das respostas ao impulso individuais, a propriedade de convolução implica que a resposta em frequência total da cascata de dois sistemas é simplesmente o produto das respostas em frequências individuais. A partir dessa observação, fica claro que a resposta em frequência total não depende da ordem da cascata.

Como discutimos na Seção 4.1.2, a convergência da transformada de Fourier é garantida apenas sob certas condições e, consequentemente, a resposta em frequência não pode ser definida para todo sistema LIT. Porém, se um sistema LIT é estável, então, como vimos na Seção 2.3.7 e no Problema 2.49, sua resposta ao impulso é absolutamente integrável; ou seja,

$$\int_{-\infty}^{+\infty}|h(t)|dt < \infty. \quad (4.57)$$

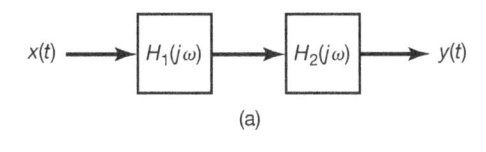

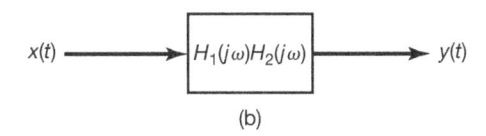

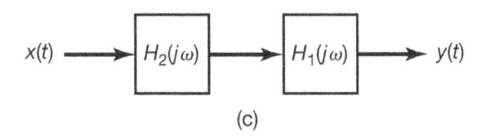

Figura 4.19 Três sistemas LIT equivalentes. Aqui, cada bloco representa um sistema LIT com a resposta em frequência indicada.

A Equação 4.57 é uma das três condições de Dirichlet que, juntas, garantem a existência da transformada de Fourier $H(j\omega)$ de $h(t)$. Assim, supondo que $h(t)$ satisfaça as outras duas condições, como acontece com basicamente todos os sinais de importância física ou prática, vemos que um sistema LIT estável tem uma resposta em frequência $H(j\omega)$.

Usando a análise de Fourier para estudar sistemas LIT, estaremos nos restringindo a sistemas cujas respostas ao impulso possuem transformadas de Fourier. Para usar técnicas de transformada para examinar sistemas LTI instáveis, desenvolveremos uma generalização da transformada de Fourier de tempo contínuo, a transformada de Laplace. Vamos deixar essa discussão para o Capítulo 9. Até lá vamos considerar os muitos problemas e aplicações práticas que podemos analisar usando a transformada de Fourier.

4.4.1 Exemplos

Para ilustrar a propriedade de convolução e suas aplicações, consideraremos os seguintes exemplos.

Exemplo 4.15

Considere um sistema LIT de tempo contínuo com resposta ao impulso

$$h(t) = \delta(t - t_0). \quad (4.58)$$

A resposta em frequência desse sistema é a transformada de Fourier de $h(t)$ e é dada por

$$H(j\omega) = e^{-j\omega t_0}. \quad (4.59)$$

Assim, para qualquer entrada $x(t)$ com transformada de Fourier $X(j\omega)$, a transformada de Fourier da saída é

$$Y(j\omega) = H(j\omega)X(j\omega)$$
$$= e^{-j\omega t_0} X(j\omega). \quad (4.60)$$

Esse resultado, de fato, é consistente com a propriedade de deslocamento no tempo da Seção 4.3.2. Especificamente, um sistema para o qual a resposta ao impulso é $\delta(t - t_0)$ aplica um deslocamento no tempo t_0 à entrada — ou seja,

$$y(t) = x(t - t_0).$$

Assim, a propriedade de deslocamento dada na Equação 4.27 também resulta na Equação 4.60. Observe que, ou pela nossa discussão na Seção 4.3.2 ou diretamente pela Equação 4.59, a resposta em frequência de um sistema que é um simples deslocamento de tempo tem magnitude unitária em todas as frequências (ou seja, $e^{-j\omega t_0} = 1$) e tem uma característica de fase $-\omega t_0$ que é uma função linear de ω.

Exemplo 4.16

Como um segundo exemplo, vamos examinar um diferenciador — ou seja, um sistema LIT para o qual a entrada $x(t)$ e a saída $y(t)$ são relacionadas por

$$y(t) = \frac{dx(t)}{dt}.$$

Da propriedade de diferenciação da Seção 4.3.4,

$$Y(j\omega) = j\omega X(j\omega). \quad (4.61)$$

Consequentemente, da Equação 4.56, segue-se que a resposta em frequência de um diferenciador é

$$H(j\omega) = j\omega. \quad (4.62)$$

Exemplo 4.17

Considere agora um integrador — ou seja, um sistema LIT especificado pela equação

$$y(t) = \int_{-\infty}^{t} x(\tau) d\tau.$$

A resposta ao impulso para esse sistema é o degrau unitário $u(t)$, e portanto, do Exemplo 4.11 e da Equação 4.33, a resposta em frequência do sistema é

$$H(j\omega) = \frac{1}{j\omega} + \pi\delta(\omega).$$

Então, usando a Equação 4.56, temos

$$Y(j\omega) = H(j\omega)X(j\omega)$$
$$= \frac{1}{j\omega}X(j\omega) + \pi X(j\omega)\delta(\omega)$$
$$= \frac{1}{j\omega}X(j\omega) + \pi X(0)\delta(\omega),$$

que é consistente com a propriedade de integração da Equação 4.32.

Exemplo 4.18

Como discutimos na Seção 3.9.2, a filtragem seletiva em frequência é realizada com um sistema LIT cuja resposta em frequência $H(j\omega)$ deixa passar o intervalo desejado de frequências e atenua significativamente as frequências fora dessa faixa. Por exemplo, considere o filtro passa-baixas ideal apresentado na Seção 3.9.2, que tem a resposta em frequência ilustrada na Figura 4.20 e dada por

$$H(j\omega) = \begin{cases} 1 & |\omega| < \omega_c \\ 0 & |\omega| > \omega_c \end{cases}. \quad (4.63)$$

Agora que desenvolvemos a representação da transformada de Fourier, sabemos que a resposta ao impulso $h(t)$ desse filtro ideal é a transformada inversa da Equação 4.63. Usando o resultado no Exemplo 4.5, temos, então,

$$h(t) = \frac{\text{sen}\,\omega_c t}{\pi t}, \quad (4.64)$$

que é representada graficamente na Figura 4.21.

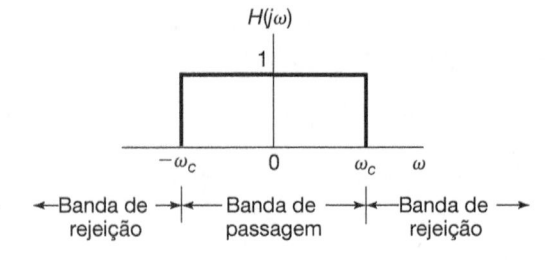

Figura 4.20 Resposta de frequência de um filtro passa-baixas ideal.

A partir do Exemplo 4.18, podemos começar a ver algumas das questões que surgem no projeto de filtro, envolvendo aspectos tanto do domínio do tempo quanto da frequência. Em particular, enquanto o filtro passa-baixas ideal possui seletividade de frequência perfeita, sua resposta ao impulso tem algumas características que podem não ser desejáveis. Primeiro, observe que $h(t)$ não é nula para $t < 0$. Consequentemente, o filtro passa-baixas ideal não é causal e, portanto, o filtro ideal não é uma opção em aplicações que exigem sistemas causais. Além do mais, como analisaremos no Capítulo 6, mesmo que a causalidade não seja uma restrição essencial, obter aproximações boas para o filtro ideal não é fácil, e filtros não ideais que são mais facilmente implementados geralmente são preferidos. Em algumas aplicações (como o sistema de suspensão de automóveis, discutido na Seção 6.7.1), o comportamento oscilatório na resposta ao impulso de um filtro passa-baixas pode ser indesejável. Nessas aplicações, as características de domínio de tempo do filtro passa-baixas ideal, como mostra a Figura 4.21, podem ser inaceitáveis, implicando que podemos ter um compromisso entre características do domínio da frequência, como a seletividade em frequência ideal e propriedades do domínio do tempo.

Por exemplo, considere o sistema LIT com resposta ao impulso

$$h(t) = e^{-t}u(t). \quad (4.65)$$

A resposta em frequência desse sistema é

$$H(j\omega) = \frac{1}{j\omega + 1}. \quad (4.66)$$

Comparando as equações 3.145 e 4.66, vemos que esse sistema pode ser implementado com o circuito RC simples, analisado na Seção 3.10. A resposta ao impulso e a magnitude da resposta em frequência são mostradas na

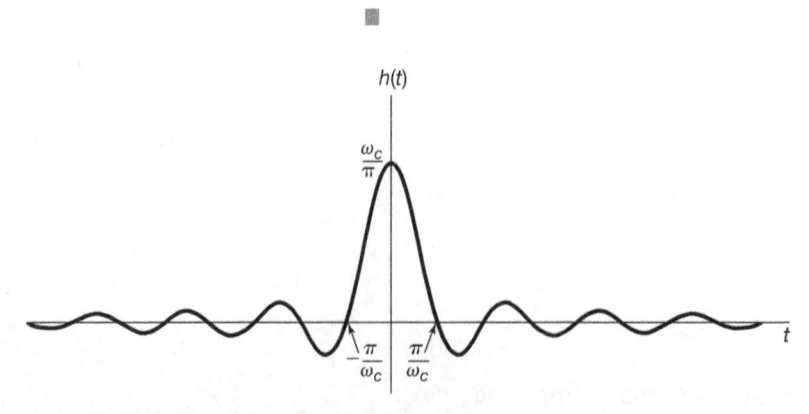

Figura 4.21 Resposta ao impulso de um filtro passa-baixas ideal do Exemplo 4.18.

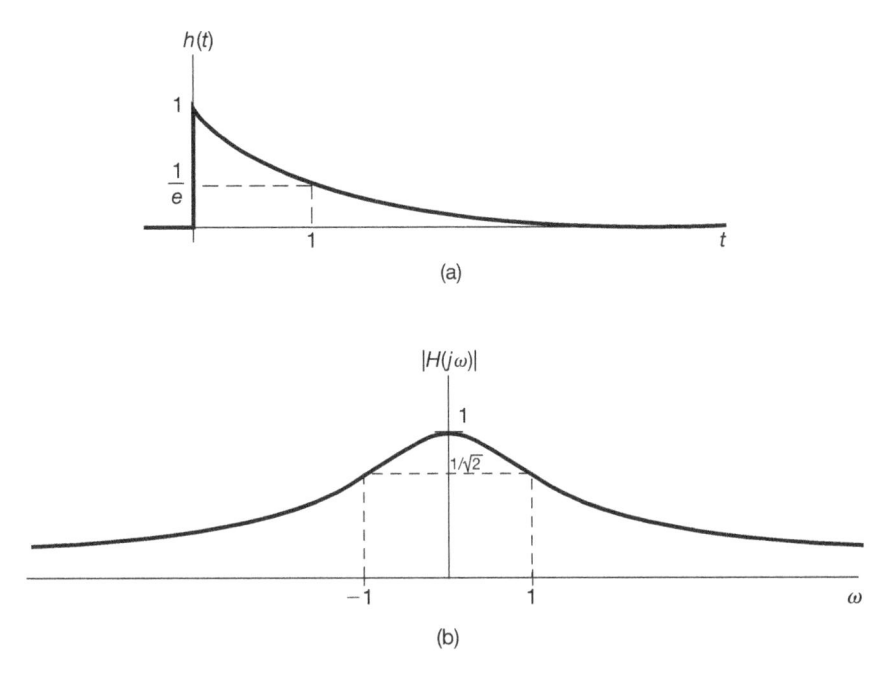

Figura 4.22 (a) Resposta ao impulso do sistema LIT da Equação 4.65; (b) magnitude da resposta em frequência do sistema.

Figura 4.22. Embora o sistema não tenha a pronunciada seletividade em frequência do filtro passa-baixas ideal, ele é causal e tem uma resposta ao impulso que decai monotonicamente, ou seja, sem oscilações. Esse filtro ou aqueles um pouco mais complexos, correspondendo a equações diferenciais de ordem mais elevada, são frequentemente preferidos aos filtros ideais, devido à sua causalidade, facilidade de implementação e flexibilidade nos compromissos, entre outras considerações de projeto, como seletividade em frequência e comportamento oscilatório no domínio do tempo. Muitas dessas questões serão discutidas com mais detalhes no Capítulo 6.

A propriedade de convolução comumente é útil no cálculo da integral de convolução — ou seja, no cálculo da resposta dos sistemas LIT. Isso é ilustrado no próximo exemplo.

Exemplo 4.19

Considere a resposta de um sistema LIT com resposta ao impulso

$$h(t) = e^{-at}u(t), \quad a > 0,$$

para o sinal de entrada

$$x(t) = e^{-bt}u(t), \quad b > 0.$$

Em vez de calcular $y(t) = x(t) * h(t)$ diretamente, vamos transformar o problema para o domínio da frequência. Do Exemplo 4.1, as transformadas de Fourier de $x(t)$ e $h(t)$ são

$$X(j\omega) = \frac{1}{b + j\omega}$$

e

$$H(j\omega) = \frac{1}{a + j\omega}.$$

Portanto,

$$Y(j\omega) = \frac{1}{(a + j\omega)(b + j\omega)}. \quad (4.67)$$

Para determinar a saída $y(t)$, precisamos obter a transformada inversa de $Y(j\omega)$. Isso é feito de forma simples expandindo-se $Y(j\omega)$ em uma expansão em frações parciais. Essas expansões são extremamente úteis no cálculo de transformadas inversas, e o método geral para realizar expansão em frações parciais é apresentado no apêndice. Para este exemplo, supondo que $b \neq a$, a expansão em frações parciais para $Y(j\omega)$ tem a forma

$$Y(j\omega) = \frac{A}{a + j\omega} + \frac{B}{b + j\omega}, \quad (4.68)$$

em que A e B são constantes a serem determinadas. Uma forma de encontrar A e B é igualar os membros direitos das equações 4.67 e 4.68, multiplicar os dois membros por $(a + j\omega)(b + j\omega)$ e resolver para A e B. Como alternativa, apresentamos no apêndice um método mais geral e eficiente para calcular os coeficientes das expansões em frações parciais, como a Equação 4.68. Usando qualquer dessas técnicas, obtemos

$$A = \frac{1}{b - a} = -B$$

e, portanto,

$$Y(j\omega) = \frac{1}{b-a}\left[\frac{1}{a+j\omega} - \frac{1}{b+j\omega}\right]. \quad (4.69)$$

A transformada inversa para cada uma das duas parcelas na Equação 4.69 pode ser reconhecida por inspeção. Usando a propriedade de linearidade da Seção 4.3.1, temos

$$y(t) = \frac{1}{b-a}\left[e^{-at}u(t) - e^{-bt}u(t)\right].$$

Quando $b = a$, a expansão em frações parciais da Equação 4.69 não é válida. Porém, com $b = a$, a Equação 4.67 torna-se

$$Y(j\omega) = \frac{1}{(a+j\omega)^2}.$$

Reconhecendo que

$$\frac{1}{(a+j\omega)^2} = j\frac{d}{d\omega}\left[\frac{1}{a+j\omega}\right],$$

podemos usar o dual da propriedade de diferenciação, dada pela Equação 4.40. Assim,

$$e^{-at}u(t) \overset{\mathcal{F}}{\longleftrightarrow} \frac{1}{a+j\omega}$$

$$te^{-at}u(t) \overset{\mathcal{F}}{\longleftrightarrow} j\frac{d}{d\omega}\left[\frac{1}{a+j\omega}\right] = \frac{1}{(a+j\omega)^2},$$

e, consequentemente,

$$y(t) = te^{-at}u(t)$$

Exemplo 4.20

Como outro exemplo da utilidade da propriedade de convolução, vamos considerar o problema da determinação da resposta de um filtro passa-baixas ideal a um sinal de entrada $x(t)$ que tem a forma de uma função sinc. Ou seja,

$$x(t) = \frac{\operatorname{sen}\omega_i t}{\pi t}.$$

Como sabemos, a resposta ao impulso do filtro passa-baixas ideal tem uma forma similar, isto é,

$$h(t) = \frac{\operatorname{sen}\omega_c t}{\pi t}.$$

A saída do filtro $y(t)$, portanto, será a convolução das duas funções sinc, que, como mostramos em seguida, também é uma função sinc. Uma forma particularmente conveniente de obter esse resultado é, primeiro, observar que

$$Y(j\omega) = X(j\omega)H(j\omega),$$

sendo

$$X(j\omega) = \begin{cases} 1 & |\omega| \leq \omega_i \\ 0 & \text{caso contrário} \end{cases}$$

e

$$H(j\omega) = \begin{cases} 1 & |\omega| \leq \omega_c \\ 0 & \text{caso contrário} \end{cases}.$$

Portanto,

$$Y(j\omega) = \begin{cases} 1 & |\omega| \leq \omega_0 \\ 0 & \text{caso contrário} \end{cases},$$

sendo ω_0 o menor dos dois números ω_i e ω_c. Por último, a transformada inversa de Fourier de $Y(j\omega)$ é dada por

$$y(t) = \begin{cases} \dfrac{\operatorname{sen}\omega_c t}{\pi t} & \text{se } \omega_c \leq \omega_i \\ \dfrac{\operatorname{sen}\omega_i t}{\pi t} & \text{se } \omega_i \leq \omega_c \end{cases}.$$

Ou seja, dependendo de qual dentre ω_c e ω_i é menor, a saída será igual a $x(t)$ ou $h(t)$.

4.5 A propriedade da multiplicação

A propriedade de convolução estabelece que a convolução no domínio de *tempo* corresponde à multiplicação no domínio de *frequência*. Devido à dualidade entre os domínios do tempo e da frequência, esperamos que uma propriedade dual também seja satisfeita (ou seja, que a multiplicação no domínio do tempo corresponda à convolução no domínio da frequência). Especificamente,

$$r(t) = s(t)p(t) \longleftrightarrow R(j\omega) = \frac{1}{2\pi}[S(j\omega) * P(j\omega)]. \quad (4.70)$$

Isso pode ser demonstrado explorando-se a dualidade, conforme discutido na Seção 4.3.6, juntamente com a propriedade de convolução, ou diretamente usando-se as relações da transformada de Fourier de uma maneira análoga ao procedimento utilizado na dedução da propriedade de convolução.

A multiplicação de um sinal por outro pode ser compreendida como o uso de um sinal para ponderar ou *modular* a amplitude do outro e, consequentemente, a multiplicação de dois sinais é usualmente chamada *modulação em amplitude*. Por esse motivo, a Equação 4.70 às vezes é denominada *propriedade de modulação*. Como veremos nos capítulos 7 e 8, essa propriedade tem diversas aplicações muito importantes. Para ilustrar a Equação 4.70 e sugerir uma das aplicações que discutiremos nos capítulos subsequentes, vamos considerar vários exemplos.

Exemplo 4.21

Seja $s(t)$ um sinal cujo espectro $S(j\omega)$ é representado na Figura 4.23(a). Além disso, considere o sinal

$$p(t) = \cos\omega_0 t X_1, \ldots, X_n.$$

Então,

$$P(j\omega) = \pi\delta(\omega - \omega_0) + \pi\delta(\omega + \omega_0),$$

conforme esboçado na Figura 4.23(b), e o espectro $R(j\omega)$ de $r(t) = s(t)p(t)$ é obtido por uma aplicação da Equação 4.70, resultando em

$$R(j\omega) = \frac{1}{2\pi}\int_{-\infty}^{+\infty} S(j\theta)P(j(\omega - \theta))d\theta$$
$$= \frac{1}{2}S(j(\omega - \omega_\theta)) + \frac{1}{2}S(j(\omega + \omega_\theta)), \quad (4.71)$$

que é esboçado na Figura 4.23(c). Aqui, consideramos que $\omega_0 > \omega_1$, de modo que as duas partes diferentes de zero de $R(j\omega)$ não se sobrepõem. Claramente, o espectro de $r(t)$ consiste da soma de duas versões deslocadas e escaladas de $S(j\omega)$.

A partir da Equação 4.71 e da Figura 4.23, vemos que toda a informação contida no sinal $s(t)$ é preservada quando multiplicamos esse sinal por um sinal senoidal, embora a informação tenha sido deslocada para frequências mais altas. Esse fato forma a base dos sistemas de modulação senoidal de amplitude em comunicações. No próximo exemplo, veremos como podemos recuperar o sinal original $s(t)$ a partir do sinal modulado em amplitude $r(t)$.

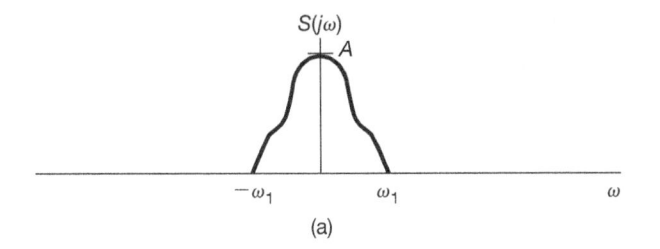

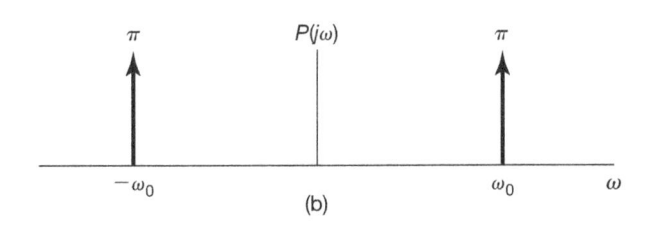

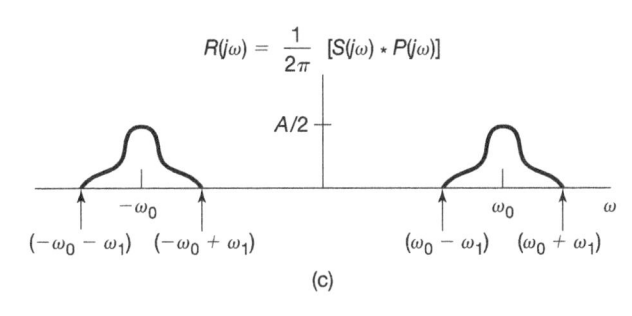

Figura 4.23 Uso da propriedade de multiplicação do Exemplo 4.21: (a) A transformada de Fourier de um sinal $s(t)$; (b) a transformada de Fourier de $p(t) = \cos\omega_0 t$; (c) a transformada de Fourier de $r(t) = s(t)p(t)$.

Exemplo 4.22

Consideremos agora $r(t)$ como obtido no Exemplo 4.21 e que

$$g(t) = r(t)p(t),$$

sendo, novamente, $p(t) = \cos\omega_0 t$. Então, $R(j\omega)$, $P(j\omega)$ e $G(j\omega)$ têm a forma mostrada na Figura 4.24 (veja p. 188).

A partir da Figura 4.24(c) e da linearidade da transformada de Fourier, vemos que $g(t)$ é a soma de $(1/2)s(t)$ e um sinal com um espectro que é diferente de zero apenas em frequências mais altas (centradas em $\pm 2\omega_0$). Suponha, então, que apliquemos o sinal $g(t)$ como entrada para um filtro passa-baixas seletivo em frequência com resposta de frequência $H(j\omega)$, que é constante em frequências baixas (digamos, para $|\omega| < \omega_1$) e zero em frequências altas (para $|\omega| > \omega_1$). Então, a saída desse sistema terá como espectro $H(j\omega)G(j\omega)$, que, devido à escolha em particular de $H(j\omega)$, será uma réplica ponderada de $S(j\omega)$. Portanto, a própria saída será uma versão ponderada de $s(t)$. No Capítulo 8, expandimos significativamente essa ideia quando desenvolvemos com detalhes os fundamentos da modulação em amplitude.

Exemplo 4.23

Outro exemplo da utilidade da propriedade de multiplicação da transformada de Fourier é ilustrado na determinação da transformada de Fourier do sinal

$$x(t) = \frac{\operatorname{sen}(t)\operatorname{sen}(t/2)}{\pi t^2}.$$

A chave aqui é reconhecer $x(t)$ como o produto de duas funções sinc:

$$x(t) = \pi\left(\frac{\operatorname{sen}(t)}{\pi t}\right)\left(\frac{\operatorname{sen}(t/2)}{\pi t}\right).$$

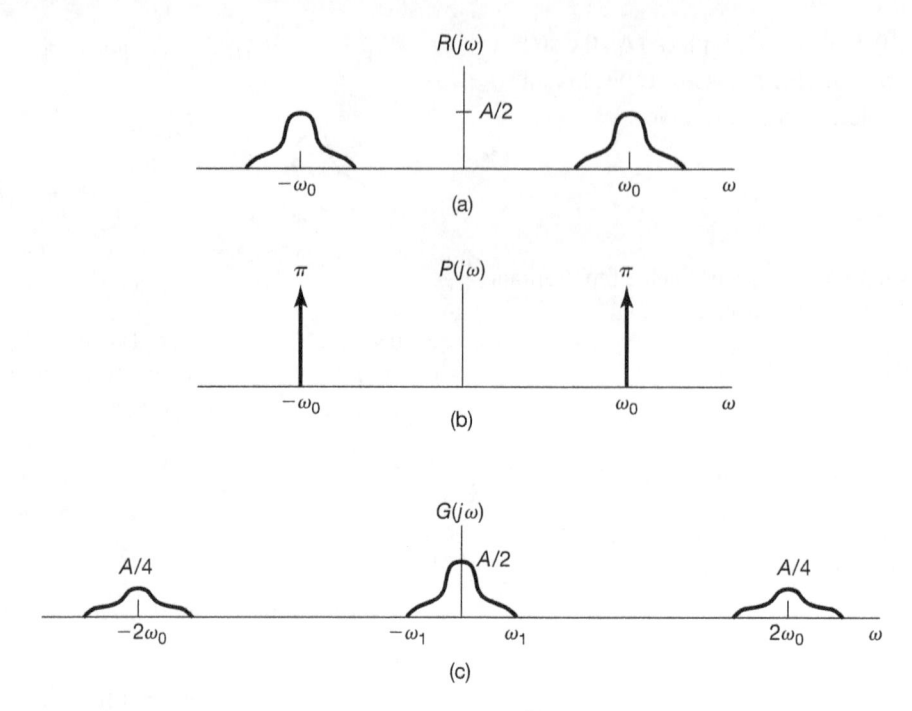

Figura 4.24 Espectros dos sinais considerados no Exemplo 4.22: (a) $R(j\omega)$; (b) $P(j\omega)$; (c) $G(j\omega)$.

Aplicando a propriedade de multiplicação da transformada de Fourier, obtemos

$$X(j\omega) = \frac{1}{2}\mathcal{F}\left\{\frac{\text{sen}(t)}{\pi t}\right\} * \mathcal{F}\left\{\frac{\text{sen}(t/2)}{\pi t}\right\}.$$

Observando que a transformada de Fourier de cada função sinc é um pulso retangular, podemos efetuar a convolução desses pulsos para obter a função $X(j\omega)$ exibida na Figura 4.25.

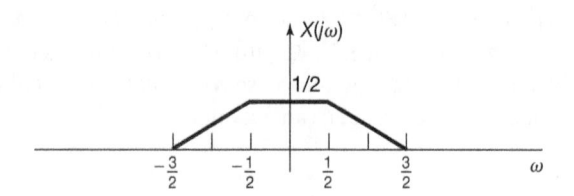

Figura 4.25 A transformada de Fourier de $x(t)$ no Exemplo 4.23.

4.5.1 Filtragem seletiva em frequência com frequência central variável

Conforme sugerido nos exemplos 4.21 e 4.22 e apresentado com mais detalhes no Capítulo 8, uma das importantes aplicações da propriedade de multiplicação é a modulação em amplitude nos sistemas de comunicação. Outra importante aplicação é na implementação de filtros passa-faixa seletivos em frequência com frequências centrais sintonizáveis, que podem ser ajustadas por um controle. Em um filtro passa-faixa seletivo em frequência, construído com elementos como resistores, amplificadores operacionais e capacitores, a frequência central depende dos valores dos componentes, todos devendo ser variados simultaneamente da forma correta se a frequência central tiver de ser ajustada diretamente. Isso geralmente é difícil e incômodo em comparação com a construção de um filtro cujas características são fixas. Uma alternativa à variação direta das características do filtro é usar um filtro seletivo em frequência fixo e deslocar o espectro do sinal de modo apropriado, usando os princípios da modulação em amplitude senoidal.

Por exemplo, observe o sistema mostrado na Figura 4.26. Nela, um sinal de entrada $x(t)$ é multiplicado pelo sinal exponencial complexo $e^{j\omega_c t}$. O sinal resultante é então aplicado em um filtro passa-baixas com frequência de corte ω_0, e a saída é multiplicada por $e^{-j\omega_c t}$. Os espectros dos sinais $x(t)$, $y(t)$, $\omega(t)$ e $f(t)$ são mostrados na Figura 4.27. Especificamente, a partir da propriedade de multiplicação ou pela propriedade de deslocamento em frequência, segue-se que a transformada de Fourier de $y(t) = e^{j\omega_c t}x(t)$ é

$$Y(j\omega) = \int_{-\infty}^{+\infty} \delta(\theta - \omega_c) X(\omega - \theta)\, d\theta,$$

de modo que $Y(j\omega)$ é igual a $X(j\omega)$ deslocado para a direita por ω_c e as frequências em $X(j\omega)$ próximas de $\omega = -\omega_c$ foram deslocadas para a banda de passagem do filtro pas-

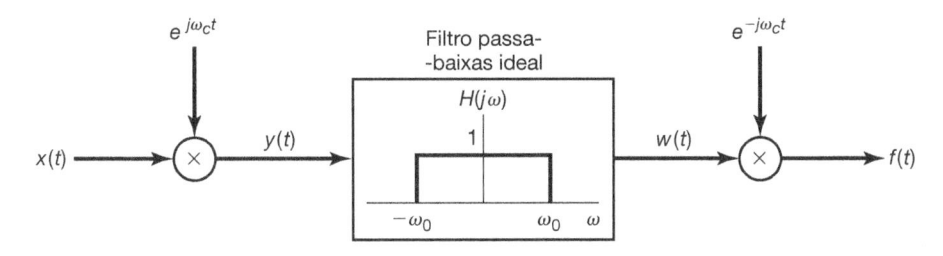

Figura 4.26 Implementação de um filtro passa-faixa usando modulação em amplitude com uma portadora exponencial complexa.

sa-baixas. De forma semelhante, a transformada de Fourier de $f(t) = e^{-j\omega_c t}\omega(t)$ é

$$F(j\omega) = W(j(\omega + \omega_c)),$$

portanto, a transformada de Fourier de $f(t)$ é $W(j\omega)$ deslocado à esquerda por ω_c. Da Figura 4.27, observamos que o sistema completo da Figura 4.26 é equivalente a um filtro passa-faixa ideal com frequência central $-\omega_c$ e largura de banda $2\omega_0$, conforme ilustrado na Figura 4.28. À medida que a frequência ω_c do oscilador exponencial complexo varia, a frequência central do filtro passa-faixa também varia.

No sistema da Figura 4.26 com $x(t)$ real, os sinais $y(t)$, $\omega(t)$ e $f(t)$ são todos complexos. Se mantivermos apenas a parte real de $f(t)$, o espectro resultante é aquele mostrado na Figura 4.29, e o filtro passa-faixa equivalente deixa passar faixas de frequências centradas em torno de ω_c e $-\omega_c$, conforme indicado na Figura 4.30. Sob certas condições, também é possível usar a modulação senoidal, em vez de exponencial complexa, para implementar o sistema da última figura. Isso é explorado com maior detalhe no Problema 4.46.

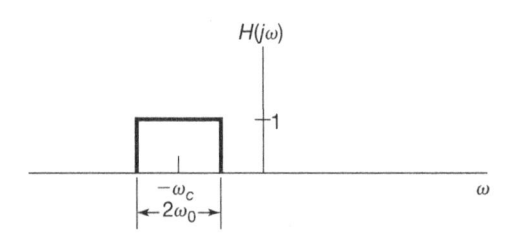

Figura 4.28 Filtro passa-faixa equivalente ao da Figura 4.26.

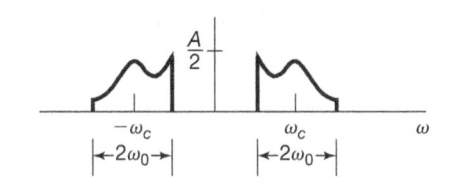

Figura 4.29 Espectro de $\mathcal{R}e\{f(t)\}$ associado à Figura 4.26.

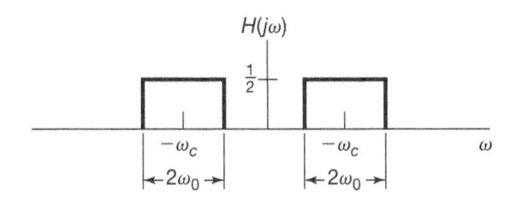

Figura 4.30 Filtro passa-faixa equivalente para $\mathcal{R}e\{f(t)\}$ da Figura 4.29.

4.6 Tabelas de propriedades de Fourier e de pares básicos da transformada de Fourier

Nas seções anteriores e nos problemas no final do capítulo, consideramos algumas das propriedades importantes

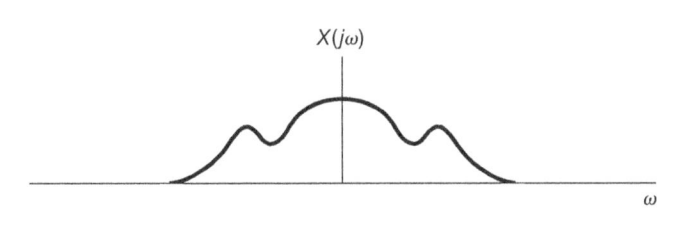

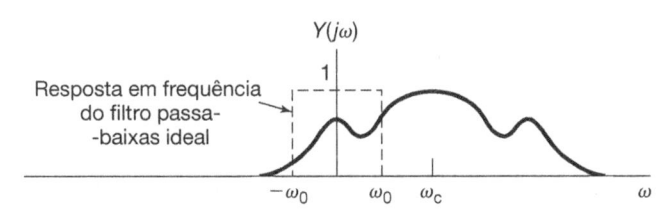

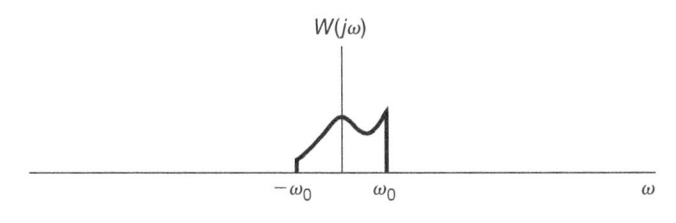

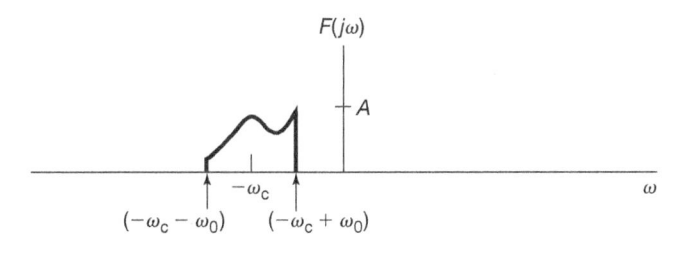

Figura 4.27 Espectros dos sinais do sistema da Figura 4.26.

da transformada de Fourier. Elas são resumidas na Tabela 4.1, na qual também indicamos a seção deste capítulo em que cada propriedade foi discutida.

Na Tabela 4.2, apresentamos uma lista dos principais pares transformados de Fourier. Muitos deles serão encontrados em várias ocasiões à medida que

Tabela 4.1 Propriedades da transformada de Fourier

Seção	Propriedade	Sinal aperiódico	Transformada de Fourier
		$x(t)$	$X(j\omega)$
		$y(t)$	$Y(j\omega)$
4.3.1	Linearidade	$ax(t) + by(t)$	$aX(j\omega) + bY(j\omega)$
4.3.2	Deslocamento no tempo	$x(t-t_0)$	$e^{-j\omega t_0} X(j\omega)$
4.3.6	Deslocamento em frequência	$e^{j\omega_0 t} x(t)$	$X(j(\omega - \omega_0))$
4.3.3	Conjugação	$x^*(t)$	$X^*(-j\omega)$
4.3.5	Reflexão no tempo	$x(-t)$	$X(-j\omega)$
4.3.5	Mudança de escala no tempo e na frequência	$x(at)$	$\frac{1}{|a|} X\left(\frac{j\omega}{a}\right)$
4.4	Convolução	$x(t) * y(t)$	$X(j\omega)Y(j\omega)$
4.5	Multiplicação	$x(t)y(t)$	$\frac{1}{2\pi}\int_{-\infty}^{+\infty} X(j\theta)\,Y(j(\omega-\theta))d\theta$
4.3.4	Diferenciação no tempo	$\frac{d}{dt}x(t)$	$j\omega X(j\omega)$
4.3.4	Integração	$\int_{-\infty}^{t} x(t)dt$	$\frac{1}{j\omega}X(j\omega) + \pi X(0)\delta(\omega)$
4.3.6	Diferenciação em frequência	$tx(t)$	$j\frac{d}{d\omega}X(j\omega)$
4.3.3	Simetria conjugada para sinais reais	$x(t)$ real	$\begin{cases} X(j\omega) = X^*(-j\omega) \\ \mathcal{Re}\{X(j\omega)\} = \mathcal{Re}\{X(-j\omega)\} \\ \mathcal{Im}\{X(j\omega)\} = -\mathcal{Im}\{X(-j\omega)\} \\ |X(j\omega)| = |X(-j\omega)| \\ \sphericalangle X(j\omega) = -\sphericalangle X(-j\omega) \end{cases}$
4.3.3	Simetria para sinais reais e pares	$x(t)$ real e par	$X(j\omega)$ real e par
4.3.3	Simetria para sinais reais e ímpares	$x(t)$ real e ímpar	$X(j\omega)$ puramente imaginário e ímpar
4.3.3	Decomposição par--ímpar para sinais reais	$x_e(t) = \mathcal{Ev}\{x(t)\}$ [$x(t)$ real] $x_0(t) = \mathcal{Od}\{x(t)\}$ [$x(t)$ real]	$\mathcal{Re}\{X(j\omega)\}$ $j\mathcal{Im}\{X(j\omega)\}$
4.3.7	Relação de Parseval para sinais aperiódicos		

$$\int_{-\infty}^{+\infty} |x(t)|^2 dt = \frac{1}{2\pi}\int_{-\infty}^{+\infty} |X(j\omega)|^2 d\omega$$

aplicarmos as ferramentas da análise de Fourier em nossa análise de sinais e sistemas. Todos os pares transformados, exceto o último da tabela, foram considerados nos exemplos das seções anteriores. O último par é considerado no Problema 4.40. Além disso, observe que diversos sinais na Tabela 4.2 são periódicos e para estes também listamos os coeficientes das séries de Fourier correspondentes.

Tabela 4.2 Pares transformados básicos de Fourier

Sinal	Transformada de Fourier	Coeficientes da série de Fourier (se periódica)
$\sum_{k=-\infty}^{+\infty} a_k e^{jk\omega_0 t}$	$2\pi \sum_{k=-\infty}^{+\infty} a_k \delta(\omega - k\omega_0)$	a_k
$e^{j\omega_0 t}$	$2\pi\delta(\omega - \omega_0)$	$a_1 = 1$ $a_k = 0$, caso contrário
$\cos \omega_0 t$	$\pi[\delta(\omega - \omega_0) + \delta(\omega - \omega_0)]$	$a_1 = a_{-1} = \frac{1}{2}$ $a_k = 0$, caso contrário
$\operatorname{sen} \omega_0 t$	$\frac{\pi}{j}[\delta(\omega - \omega_0) - \delta(\omega + \omega_0)]$	$a_1 = a_{-1} = \frac{1}{2j}$ $a_k = 0$, caso contrário
$x(t) = 1$	$2\pi\delta(\omega)$	$a_0 = 1$, $a_k = 0$, $k \neq 0$ (esta é a representação em série de Fourier para qualquer escolha de $T > 0$)
Onda quadrada periódica $x(t) = \begin{cases} 1, & \|t\| < T_1 \\ 0, & T_1 < \|t\| \leq \frac{T}{2} \end{cases}$ e $x(t+T) = x(t)$	$\sum_{k=-\infty}^{+\infty} \frac{2 \operatorname{sen} k\omega_0 T_1}{k} \delta(\omega - k\omega_0)$	$\frac{\omega_0 T_1}{\pi} \operatorname{sinc}\left(\frac{k\omega_0 T_1}{\pi}\right) = \frac{\operatorname{sen} k\omega_0 T_1}{k\pi}$
$\sum_{n=-\infty}^{+\infty} \delta(t - nT)$	$\frac{2\pi}{T} \sum_{k=-\infty}^{+\infty} \delta\left(\omega - \frac{2\pi k}{T}\right)$	$a_k = \frac{1}{T}$ para todo k
$x(t) = \begin{cases} 1, & \|t\| < T_1 \\ 0, & \|t\| > T_1 \end{cases}$	$\frac{2 \operatorname{sen} \omega T_1}{\omega}$	—
$\frac{\operatorname{sen} Wt}{\pi t}$	$X(j\omega) = \begin{cases} 1, & \|\omega\| < W \\ 0, & \|\omega\| > W \end{cases}$	—
$\delta(t)$	1	—
$u(t)$	$\frac{1}{j\omega} + \pi\delta(\omega)$	—
$\delta(t - t_0)$	$e^{-j\omega t_0}$	—
$e^{-at}u(t)$, $\mathcal{R}e\{a\} > 0$	$\frac{1}{a + j\omega}$	—
$te^{-at}u(t)$, $\mathcal{R}e\{a\} > 0$	$\frac{1}{(a + j\omega)^2}$	—
$\frac{t^{n-1}}{(n-1)!}e^{-at}u(t)$, $\mathcal{R}e\{a\} > 0$	$\frac{1}{(a + j\omega)^n}$	—

4.7 Sistemas caracterizados por equações diferenciais lineares com coeficientes constantes

Como discutimos em várias ocasiões, uma classe particularmente importante e útil de sistemas LIT de tempo contínuo é aquela para a qual a entrada e a saída satisfazem uma equação diferencial linear com coeficientes constantes, da forma

$$\sum_{k=0}^{N} a_k \frac{d^k y(t)}{dt^k} = \sum_{k=0}^{M} b_k \frac{d^k x(t)}{dt^k}. \quad (4.72)$$

Nesta seção, vamos considerar a questão de determinar a resposta em frequência desses sistemas LIT. No decorrer da discussão, sempre assumiremos que a resposta em frequência do sistema existe, ou seja, que a Equação 3.121 converge.

Existem duas formas relacionadas entre si para se determinar a resposta em frequência $H(j\omega)$ para um sistema LIT descrito pela Equação diferencial 4.72. A primeira delas, que se baseia no fato de que sinais exponenciais complexos são autofunções dos sistemas LIT, foi usado na Seção 3.10, em nossa análise de filtros não ideais. Especificamente, se $x(t) = e^{j\omega t}$, então a saída deve ser $y(t) = H(j\omega)e^{j\omega t}$. Substituindo essas expressões na Equação diferencial 4.72 e usando um pouco de álgebra, podemos obter $H(j\omega)$. Nesta seção, usamos uma técnica alternativa para chegar à mesma resposta, utilizando a propriedade de diferenciação, Equação 4.31, das transformadas de Fourier.

Considere um sistema LIT caracterizado pela Equação 4.72. A partir da propriedade de convolução,

$$Y(j\omega) = H(j\omega)X(j\omega),$$

ou, equivalentemente,

$$H(j\omega) = \frac{Y(j\omega)}{X(j\omega)}, \quad (4.73)$$

sendo $X(j\omega)$, $Y(j\omega)$ e $H(j\omega)$ as transformadas de Fourier da entrada $x(t)$, da saída $y(t)$ e da resposta ao impulso $h(t)$, respectivamente. Em seguida, considere a aplicação da transformada de Fourier a ambos os membros da Equação 4.72 para obter

$$\mathcal{F}\left\{\sum_{k=0}^{N} a_k \frac{d^k y(t)}{dt^k}\right\} = \mathcal{F}\left\{\sum_{k=0}^{M} b_k \frac{d^k x(t)}{dt^k}\right\}. \quad (4.74)$$

A partir da propriedade da linearidade, Equação 4.26, temos

$$\sum_{k=0}^{N} a_k \mathcal{F}\left\{\frac{d^k y(t)}{dt^k}\right\} = \sum_{k=0}^{M} b_k \mathcal{F}\left\{\frac{d^k x(t)}{dt^k}\right\} \quad (4.75)$$

e da propriedade de diferenciação, Equação 4.31,

$$\sum_{k=0}^{N} a_k (j\omega)^k Y(j\omega) = \sum_{k=0}^{M} b_k (j\omega)^k X(j\omega),$$

ou, de forma equivalente,

$$Y(j\omega)\left[\sum_{k=0}^{N} a_k (j\omega)^k\right] = X(j\omega)\left[\sum_{k=0}^{M} b_k (j\omega)^k\right].$$

Assim, a partir da Equação 4.73,

$$H(j\omega) = \frac{Y(j\omega)}{X(j\omega)} = \frac{\sum_{k=0}^{M} b_k (j\omega)^k}{\sum_{k=0}^{N} a_k (j\omega)^k}. \quad (4.76)$$

Observe que $H(j\omega)$ é uma função racional; ou seja, ela é uma razão de polinômios em $(j\omega)$. Os coeficientes do polinômio do numerador são os mesmos coeficientes que aparecem no membro direito da Equação 4.72, e os coeficientes do polinômio do denominador são os mesmos coeficientes que aparecem no membro esquerdo da Equação 4.72. Logo, a resposta em frequência dada na Equação 4.76 para o sistema LIT caracterizado pela Equação 4.72 pode ser escrita diretamente pela inspeção.

A Equação diferencial 4.72 é usualmente chamada de equação diferencial de ordem N, pois a equação envolve até a N-ésima derivada da saída $y(t)$. Além disso, o denominador de $H(j\omega)$ na Equação 4.76 é um polinômio de n-ésima ordem de $(j\omega)$.

Exemplo 4.24

Considere um sistema LIT estável caracterizado pela equação diferencial

$$\frac{dy(t)}{dt} + ay(t) = x(t), \quad (4.77)$$

com $a > 0$. A partir da Equação 4.76, a resposta em frequência é

$$H(j\omega) = \frac{1}{j\omega + a}. \quad (4.78)$$

Comparando isso com o resultado do Exemplo 4.1, vemos que a Equação 4.78 é a transformada de Fourier de $e^{-at}u(t)$. A resposta ao impulso do sistema é, então, determinada como

$$h(t) = e^{-at}u(t).$$

Exemplo 4.25

Considere um sistema LTI estável, caracterizado pela equação diferencial

$$\frac{d^2 y(t)}{dt^2} + 4\frac{dy(t)}{dt} + 3y(t) = \frac{dx(t)}{dt} + 2x(t).$$

A partir da Equação 4.76, a resposta em frequência é

$$H(j\omega) = \frac{(j\omega)+2}{(j\omega)^2 + 4(j\omega)+3}. \quad (4.79)$$

Para determinar a resposta ao impulso correspondente, necessitamos da transformada inversa de Fourier de $H(j\omega)$. Ela pode ser encontrada usando a técnica de expansão em frações parciais, empregada no Exemplo 4.19 e discutida com detalhes no apêndice. (Em particular, veja o Exemplo A.1, em que os detalhes dos cálculos para a expansão de fração parcial da Equação 4.79 são detalhados.) Como um primeiro passo, fatoramos o denominador do membro direito da Equação 4.79 como um produto de termos de ordem menor:

$$H(j\omega) = \frac{j\omega+2}{(j\omega+1)(j\omega+3)}. \quad (4.80)$$

Então, usando o método de expansão em frações parciais, encontramos

$$H(j\omega) = \frac{\tfrac{1}{2}}{j\omega+1} + \frac{\tfrac{1}{2}}{j\omega+3}.$$

A transformada inversa de cada termo pode ser obtida a partir do Exemplo 4.24, do qual resulta

$$h(t) = \frac{1}{2}e^{-t}u(t) + \frac{1}{2}e^{-3t}u(t).$$

■

O procedimento usado no Exemplo 4.25 para obter a transformada inversa de Fourier geralmente é útil na inversão das transformadas que são razões de polinômios em $j\omega$. Em particular, podemos usar a Equação 4.76 para determinar a resposta em frequência de qualquer sistema LIT descrito por uma equação diferencial linear com coeficientes constantes e depois podemos calcular a resposta ao impulso realizando a expansão em frações parciais que coloca a resposta em frequência em uma forma em que a transformada inversa de cada termo pode ser obtida por inspeção. Além disso, se a transformada de Fourier $X(j\omega)$ da entrada para tal sistema também for uma razão de polinômios em $j\omega$, então o mesmo acontece com $Y(j\omega) = H(j\omega)X(j\omega)$. Nesse caso, podemos usar a mesma técnica para solucionar a equação diferencial — ou seja, encontrar a resposta $y(t)$ à entrada $x(t)$. Isso é ilustrado no próximo exemplo.

■

Exemplo 4.26

Considere o sistema do Exemplo 4.25 e suponha que a entrada seja

$$x(t) = e^{-t}u(t).$$

Então, usando a Equação 4.80, temos

$$Y(j\omega) = H(j\omega)X(j\omega) = \left[\frac{j\omega+2}{(j\omega+1)(j\omega+3)}\right]\left[\frac{1}{j\omega+1}\right]$$

$$= \frac{j\omega+2}{(j\omega+1)^2(j\omega+3)}. \quad (4.81)$$

Como discutido no apêndice, nesse caso, a expansão em frações parciais tem a forma

$$Y(j\omega) = \frac{A_{11}}{j\omega+1} + \frac{A_{12}}{(j\omega+1)^2} + \frac{A_{13}}{j\omega+3}, \quad (4.82)$$

em que A_{11}, A_{12} e A_{21} são constantes a serem determinadas. No Exemplo A.2 do apêndice, a técnica de expansão em frações parciais é usada para determinar essas constantes. Os valores obtidos são

$$A_{11} = \frac{1}{4}, \quad A_{12} = \frac{1}{2}, \quad A_{21} = -\frac{1}{4},$$

de modo que

$$Y(j\omega) = \frac{\tfrac{1}{4}}{j\omega+1} + \frac{\tfrac{1}{2}}{(j\omega+1)^2} - \frac{\tfrac{1}{4}}{j\omega+3}. \quad (4.83)$$

Novamente, a transformada inversa de Fourier para cada termo na Equação 4.83 pode ser obtida por inspeção. O primeiro e terceiro termos são do mesmo tipo que encontramos nos dois exemplos anteriores, enquanto a transformada inversa do segundo termo pode ser obtida a partir da Tabela 4.2 ou, como foi feito no Exemplo 4.19, aplicando-se a dualidade da propriedade de diferenciação, dada na Equação 4.40, para $1/(j\omega+1)$. A transformada inversa da Equação 4.83 é, então,

$$y(t) = \left[\frac{1}{4}e^{-t} + \frac{1}{2}te^{-t} - \frac{1}{4}e^{-3t}\right]u(t).$$

■

A partir dos exemplos anteriores, vemos como as técnicas de análise de Fourier nos permitem reduzir os problemas relacionados aos sistemas LIT caracterizados por equações diferenciais a problemas puramente algébricos. Esse fato importante é ilustrado ainda mais em diversos problemas ao final do capítulo. Além disso (ver Capítulo 6), a estrutura algébrica das transformadas racionais encontradas ao lidarmos com sistemas LIT descritos pelas equações diferenciais facilita substancialmente a análise de suas propriedades no domínio da frequência e o desenvolvimento de compreensão das características no domínio do tempo e no domínio da frequência dessa importante classe de sistemas.

4.8 Resumo

Neste capítulo, desenvolvemos a representação por transformada de Fourier para sinais de tempo contínuo e também examinamos muitas das propriedades que tornam essa transformada tão útil. Em particular, considerando um sinal aperiódico como o limite de um sinal periódico à medida que o período se torna arbitrariamente grande, deduzimos a representação da transformada de Fourier para sinais aperiódicos a partir da representação por série de Fourier para sinais periódicos desenvolvida no Capítulo 3. Além disso, os próprios sinais periódicos podem ser representados usando as transformadas de Fourier, que consistem em trens de impulsos localizados nas frequências harmônicas do sinal periódico e com áreas proporcionais aos coeficientes correspondentes da série de Fourier.

A transformada de Fourier possui uma grande variedade de propriedades importantes que descrevem como diferentes características dos sinais se refletem em suas transformadas, e neste capítulo deduzimos e examinamos muitas dessas propriedades. Entre elas estão duas que possuem significado particular para nosso estudo de sinais e sistemas. A primeira é a propriedade de convolução, que é uma consequência direta da propriedade de autofunção dos sinais exponenciais complexos e que leva à descrição de um sistema LIT em termos de sua resposta em frequência. Essa descrição desempenha um papel fundamental nas técnicas no domínio da frequência para a análise de sistemas LIT, que continuaremos a explorar nos capítulos seguintes. A segunda propriedade da transformada de Fourier que possui implicações extremamente importantes é a propriedade de multiplicação, que fornece a base para a análise no domínio da frequência dos sistemas de amostragem e modulação. Examinamos melhor esses sistemas nos capítulos 7 e 8.

Também vimos que as ferramentas da análise de Fourier são particularmente adequadas para o exame de sistemas LIT caracterizados por equações diferenciais lineares com coeficientes constantes. Especificamente, encontramos que a resposta em frequência para esse tipo de sistema pode ser determinada por inspeção e que a técnica de expansão em frações parciais pode ser usada para facilitar o cálculo da resposta ao impulso do sistema. Nos capítulos subsequentes, constataremos que a estrutura algébrica conveniente das respostas em frequência desses sistemas nos permite obter uma compreensão considerável de suas características tanto nos domínios do tempo quanto da frequência.

Capítulo 4 – Problemas

A primeira seção de problemas pertence à categoria básica, e as respostas são fornecidas no final do livro. As três seções posteriores contêm problemas que pertencem, respectivamente, às categorias básica, avançada e de extensão.

Problemas básicos com respostas

4.1 Use a Equação de análise 4.9 da transformada de Fourier para calcular as transformadas de Fourier de:

(a) $e^{-2(t-1)}u(t-1)$

(b) $e^{-2|t-1|}$

Esboce e especifique a magnitude de cada transformada de Fourier.

4.2 Use a Equação de análise 4.9 da transformada de Fourier para calcular as transformadas de Fourier de:

(a) $\delta(t+1)+\delta(t-1)$

(b) $\frac{d}{dt}\{u(-2-t)+u(t-2)\}$

Esboce e especifique a magnitude de cada transformada de Fourier.

4.3 Determine a transformada de Fourier de cada um dos seguintes sinais periódicos:

(a) $\operatorname{sen}(2\pi t + \frac{\pi}{4})$

(b) $1+\cos(6\pi t + \frac{\pi}{8})$

4.4 Use a Equação de síntese 4.8 da transformada de Fourier para determinar as transformadas inversas de Fourier de:

(a) $X_1(j\omega) = 2\pi\,\delta(\omega) + \pi\delta(\omega-4\pi) + \pi\,\delta(\omega+4\pi)$

(b) $X_2(j\omega)=\begin{cases} 2, & 0\leq\omega\leq 2 \\ -2, & -2\leq\omega\leq 0 \\ 0, & |\omega|>2 \end{cases}$

4.5 Use a Equação de síntese 4.8 da transformada de Fourier para determinar a transformada inversa de Fourier de $X(j\omega)=|X(j\omega)|e^{j\sphericalangle X(j\omega)}$, sendo

$$|X(j\omega)|=2\{u(\omega+3)-u(\omega-3)\},$$

$$\sphericalangle X(j\omega)=-\frac{3}{2}\omega+\pi.$$

Use sua resposta para determinar os valores de t para os quais $x(t) = 0$.

4.6 Dado que $x(t)$ tem a transformada de Fourier $X(j\omega)$, expresse as transformadas de Fourier dos sinais listados a seguir em termos de $X(j\omega)$. Se precisar, use as propriedades da transformada de Fourier listadas na Tabela 4.1.

(a) $x_1(t) = x(1-t) + x(-1-t)$

(b) $x_2(t) = x(3t-6)$

(c) $x_3(t) = \frac{d^2}{dt^2}x(1-t)$

4.7 Para cada uma das seguintes transformadas de Fourier, use propriedades da transformada de Fourier (Tabela 4.1) para determinar se o sinal no domínio do tempo correspondente é (i) real, imaginário ou nenhum dos dois e (ii) par, ímpar ou nenhum dos dois. Faça isso sem obter a inversa das transformadas indicadas.

(a) $X_1(j\omega) = u(\omega) - u(\omega-2)$

(b) $X_2(j\omega) = \cos(2\omega)\operatorname{sen}(\frac{\omega}{2})$

(c) $X_3(j\omega) = A(\omega)e^{jB(\omega)}$, sendo
$A(\omega) = (\text{sen } 2\omega)/\omega$ e $B(\omega) = 2\omega + \frac{\pi}{2}$

(d) $X(j\omega) = \sum_{k=-\infty}^{\infty} (\frac{1}{2})^{|k|} \delta(\omega - \frac{k\pi}{4})$

4.8 Considere o sinal

$$x(t) = \begin{cases} 0, & t < -\frac{1}{2} \\ t + \frac{1}{2}, & -\frac{1}{2} \leq t \leq \frac{1}{2} \\ 1, & t > \frac{1}{2} \end{cases}.$$

(a) Use as propriedades de diferenciação e integração da Tabela 4.1 e o par transformado de Fourier do pulso retangular da Tabela 4.2 para encontrar uma expressão fechada para $X(j\omega)$.

(b) Qual é a transformada de Fourier de $g(t) = x(t) - \frac{1}{2}$?

4.9 Considere o sinal

$$x(t) = \begin{cases} 0, & |t| > 1 \\ (t+1)/2, & -1 \leq t \leq 1 \end{cases}.$$

(a) Com a ajuda das tabelas 4.1 e 4.2, determine a expressão fechada para $X(j\omega)$.

(b) Tome a parte real da sua resposta do item (a) e verifique que ela é a transformada de Fourier da parte par de $x(t)$.

(c) Qual é a transformada de Fourier da parte ímpar de $x(t)$?

4.10 (a) Use as tabelas 4.1 e 4.2 para ajudá-lo a determinar a transformada de Fourier do seguinte sinal:

$$x(t) = t\left(\frac{\text{sen } t}{\pi t}\right)^2$$

(b) Use a relação de Parseval e o resultado do item anterior para determinar o valor numérico de

$$A = \int_{-\infty}^{+\infty} t^2 \left(\frac{\text{sen } t}{\pi t}\right)^4 dt.$$

4.11 Dadas as relações

$$y(t) = x(t) * h(t)$$

e

$$g(t) = x(3t) * h(3t),$$

e dado que $x(t)$ tem transformada de Fourier $X(j\omega)$ e $h(t)$ tem transformada de Fourier $H(j\omega)$, use propriedades da transformada de Fourier para mostrar que $g(t)$ tem a forma

$$g(t) = Ay(Bt).$$

Determine os valores de A e B.

4.12 Considere o par transformado de Fourier

$$e^{-|t|} \overset{\mathcal{F}}{\longleftrightarrow} \frac{2}{1+\omega^2}.$$

(a) Use as propriedades apropriadas da transformada de Fourier para encontrar a transformada de Fourier de $te^{-|t|}$.

(b) Use o resultado do item (a), juntamente com a propriedade da dualidade, para determinar a transformada de Fourier de

$$\frac{4t}{(1+t^2)^2}.$$

Dica: Ver Exemplo 4.13.

4.13 Seja $x(t)$ um sinal cuja transformada de Fourier é

$$X(j\omega) = \delta(\omega) + \delta(\omega - \pi) + \delta(\omega - 5),$$

e seja

$$h(t) = u(t) - u(t-2).$$

(a) $x(t)$ é periódico?

(b) $x(t) * h(t)$ é periódico?

(c) A convolução de dois sinais aperiódicos pode ser periódica?

4.14 Considere um sinal $x(t)$ com transformada de Fourier $X(j\omega)$. Suponha que temos os seguintes fatos:

1. $x(t)$ é real e não negativo.
2. $\mathcal{F}^{-1}\{(1+j\omega)X(j\omega)\} = Ae^{-2t}u(t)$, sendo A independente de t.
3. $\int_{-\infty}^{\infty} |X(j\omega)|^2 d\omega = 2\pi$.

Determine uma expressão fechada para $x(t)$.

4.15 Seja $x(t)$ um sinal com transformada de Fourier $X(j\omega)$. Suponha que temos os seguintes fatos:

1. $x(t)$ é real.
2. $x(t) = 0$ para $t \leq 0$.
3. $\frac{1}{2\pi} \int_{-\infty}^{\infty} \mathcal{R}e\{X(j\omega)\}e^{j\omega t} d\omega = |t|e^{-|t|}$

Determine uma expressão fechada para $x(t)$.

4.16 Considere o sinal

$$x(t) = \sum_{k=-\infty}^{\infty} \frac{\text{sen}(k\frac{\pi}{4})}{(k\frac{\pi}{4})} \delta(t - k\frac{\pi}{4}).$$

(a) Determine $g(t)$ de modo que

$$x(t) = \left(\frac{\text{sen } t}{\pi t}\right) g(t).$$

(b) Use a propriedade de multiplicação da transformada de Fourier para argumentar que $X(j\omega)$ é periódico. Especifique $X(j\omega)$ em um período.

4.17 Determine se cada uma das seguintes afirmações é verdadeira ou falsa. Justifique suas respostas.

(a) Um sinal ímpar e imaginário sempre tem uma transformada de Fourier ímpar e imaginária.

(b) A convolução de uma transformada de Fourier ímpar com uma transformada de Fourier par é sempre ímpar.

4.18 Encontre a resposta ao impulso de um sistema com resposta em frequência

$$H(j\omega) = \frac{(\text{sen}^2(3\omega))\cos\omega}{\omega^2}.$$

4.19 Considere um sistema LIT causal com resposta em frequência

$$H(j\omega) = \frac{1}{j\omega + 3}.$$

Para uma entrada em particular $x(t)$, observa-se que esse sistema produz a saída

$$y(t) = e^{-3t}u(t) - e^{-4t}u(t).$$

Determine $x(t)$.

4.20 Encontre a resposta ao impulso do sistema LIT causal representado pelo circuito *RLC* considerado no Problema 3.20. Faça isso tomando a transformada inversa de Fourier da resposta em frequência do circuito. Você pode usar as tabelas 4.1 e 4.2 para ajudá-lo a obter a transformada inversa de Fourier.

Problemas básicos

4.21 Calcule a transformada de Fourier de cada um dos seguintes sinais:

(a) $[e^{-\alpha t}\cos\omega_0 t]u(t)$, $\alpha > 0$

(b) $e^{-3|t|}\text{sen }2t$

(c) $x(t) = \begin{cases} 1 + \cos\pi t, & |t| \leq 1 \\ 0, & |t| > 1 \end{cases}$

(d) $\sum_{k=0}^{\infty}\alpha^k\delta(t - kT)$, $|\alpha| < 1$

(e) $[te^{-2t}\text{sen }4t]u(t)$

(f) $\left[\dfrac{\text{sen }\pi t}{\pi t}\right]\left[\dfrac{\text{sen }2\pi(t-1)}{\pi(t-1)}\right]$

(g) $x(t)$ como mostrado na Figura P4.21(a).

(h) $x(t)$ como mostrado na Figura P4.21(b).

(i) $x(t) = \begin{cases} 1 - t^2, & 0 < t < 1 \\ 0, & \text{caso contrário} \end{cases}$

(j) $\sum_{n=-\infty}^{+\infty} e^{-|t-2n|}$

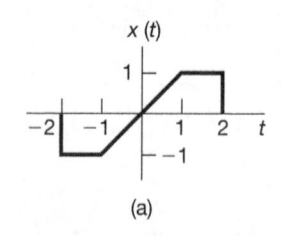

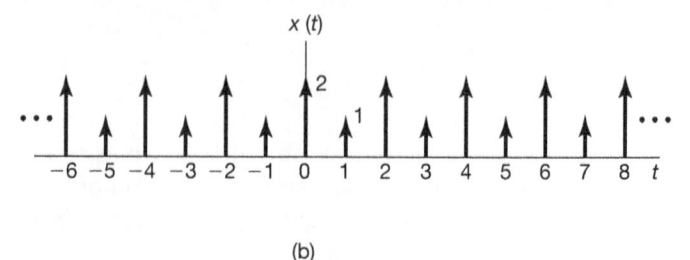

Figura P4.21

4.22 Determine o sinal de tempo contínuo correspondente a cada uma das seguintes transformadas.

(a) $X(j\omega) = \dfrac{2\,\text{sen}[3(\omega - 2\pi)]}{(\omega - 2\pi)}$

(b) $X(j\omega) = \cos(4\omega + \pi/3)$

(c) $X(j\omega)$ com magnitude e fase dadas na Figura P4.22(a).

(d) $X(j\omega) = 2[\delta(\omega - 1) - \delta(\omega + 1)] + 3[\delta(\omega - 2\pi) + \delta(\omega + 2\pi)]$

(e) $X(j\omega)$ como na Figura P4.22(b).

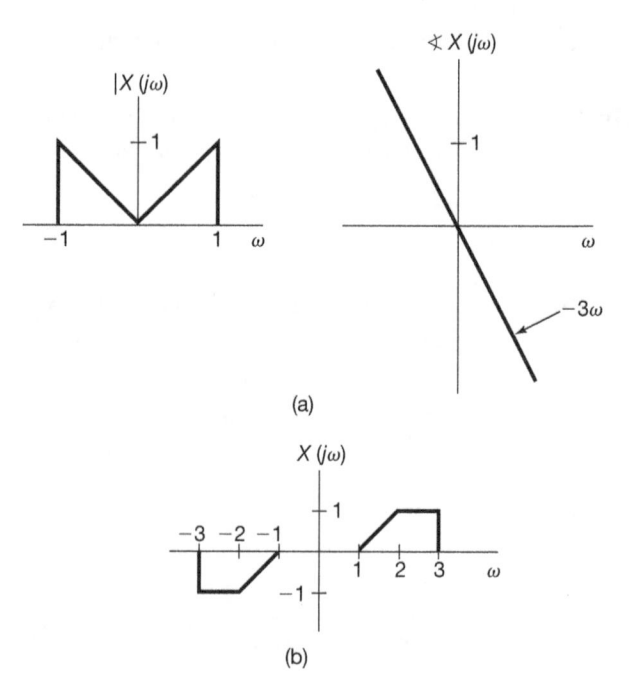

Figura P4.22

4.23 Considere o sinal

$$x_0(t) = \begin{cases} e^{-t}, & 0 \leq t \leq 1 \\ 0, & \text{caso contrário} \end{cases}.$$

Determine a transformada de Fourier de cada um dos sinais mostrados na Figura P4.23. Você deve ser capaz de fazer isso calculando explicitamente *apenas* a partir da transformada de $x_0(t)$ e então usando propriedades da transformada de Fourier.

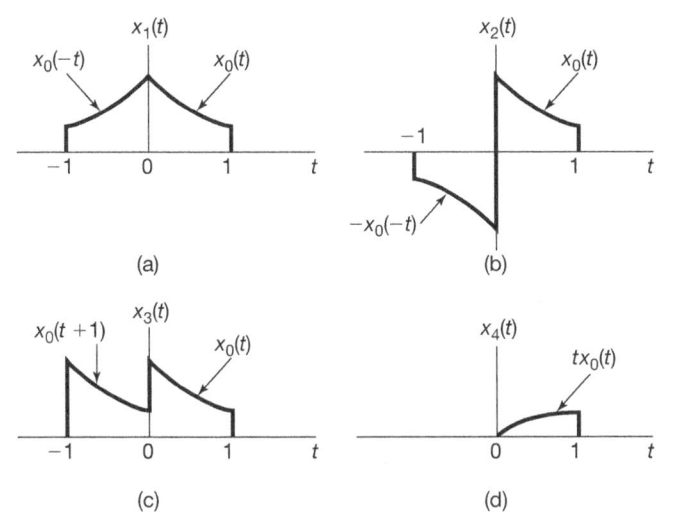

Figura P4.23

(a) $x_1(t)$: $x_0(-t)$ e $x_0(t)$
(b) $x_2(t)$: $x_0(t)$ e $-x_0(-t)$
(c) $x_3(t)$: $x_0(t+1)$ e $x_0(t)$
(d) $x_4(t)$: $tx_0(t)$

4.24 (a) Determine quais (se houver algum) dos sinais reais representados na Figura P4.24 possuem transformadas de Fourier que satisfazem cada uma das seguintes condições:

(1) $\mathcal{R}e\{X(j\omega)\} = 0$
(2) $\mathcal{I}m\{X(j\omega)\} = 0$
(3) Existe um α real tal que $e^{j\alpha\omega}X(j\omega)$ seja real.
(4) $\int_{-\infty}^{\infty} X(j\omega)d\omega = 0$
(5) $\int_{-\infty}^{\infty} \omega X(j\omega)d\omega = 0$
(6) $X(j\omega)$ é periódico.

(b) Construa um sinal que tenha as propriedades (1), (4) e (5) e *não* tenha as outras.

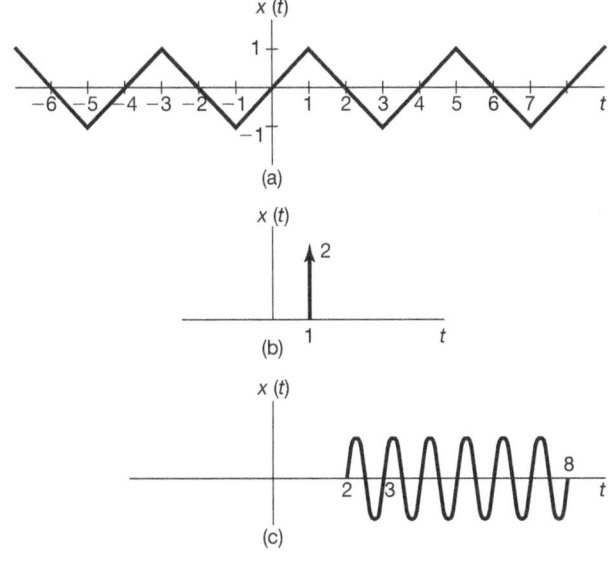

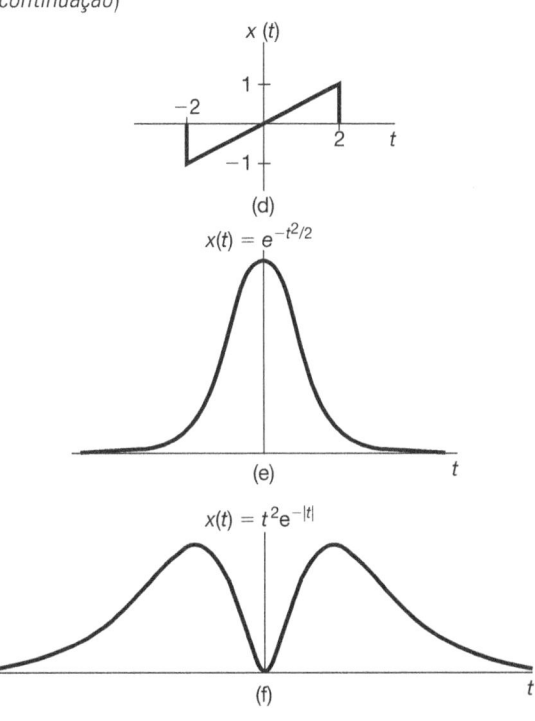

Figura P4.24

(a) onda triangular periódica
(b) impulso de amplitude 2 em $t=1$
(c) senoide entre $t=2$ e $t=3$, amplitude 8
(d) rampa de -2 a 2
(e) $x(t) = e^{-t^2/2}$
(f) $x(t) = t^2 e^{-|t|}$

4.25 Seja $X(j\omega)$ a transformada de Fourier do sinal $x(t)$ representado na Figura P4.25.

(a) $X(j\omega)$ pode ser expresso como $A(j\omega)e^{j\Theta(j\omega)}$, onde $A(j\omega)$ e $\Theta(j\omega)$ são reais. Encontre $\Theta(j\omega)$.
(b) Encontre $X(j0)$.
(c) Encontre $\int_{-\infty}^{\infty} X(j\omega)d\omega$.
(d) Calcule $\int_{-\infty}^{\infty} X(j\omega)\frac{2\operatorname{sen}\omega}{\omega}e^{j2\omega}d\omega$.
(e) Calcule $\int_{-\infty}^{\infty} |X(j\omega)|^2 d\omega$.
(f) Esboce a transformada inversa de Fourier de $\mathcal{R}e\{X(j\omega)\}$.

Nota: Você deve realizar todos esses cálculos sem obter explicitamente $X(j\omega)$.

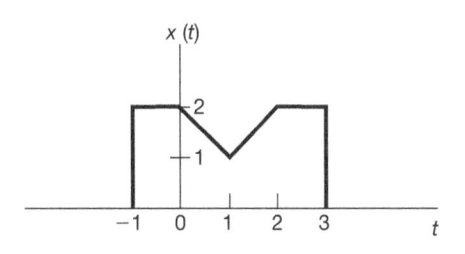

Figura P4.25

4.26 (a) Calcule a convolução de cada um dos seguintes pares de sinais $x(t)$ e $h(t)$ calculando $X(j\omega)$ e $H(j\omega)$, usando a propriedade de convolução e fazendo a transformação inversa.

(*continua*)

(i) $x(t) = te^{-2t}u(t)$, $h(t) = e^{-4t}u(t)$

(ii) $x(t) = te^{-2t}u(t)$, $h(t) = te^{-4t}u(t)$

(iii) $x(t) = e^{-t}u(t)$, $h(t) = e^{t}u(-t)$

(b) Suponha que $x(t) = e^{-(t-2)}u(t-2)$ e $h(t)$ seja como esboçado na Figura P4.26. Verifique a propriedade de convolução para esse par de sinais mostrando que a transformada de Fourier de $y(t) = x(t) * h(t)$ é igual a $H(j\omega)X(j\omega)$.

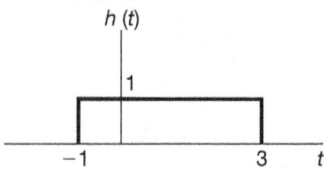

Figura P4.26

4.27 Considere os sinais

$$x(t) = u(t-1) - 2u(t-2) + u(t-3)$$

e

$$\tilde{x}(t) = \sum_{k=-\infty}^{\infty} x(t - kT),$$

sendo $T > 0$. Sejam a_k os coeficientes da série de Fourier de $\tilde{x}(t)$, e $X(j\omega)$ a transformada de Fourier de $x(t)$.

(a) Determine uma expressão fechada para $X(j\omega)$.

(b) Determine uma expressão para os coeficientes de Fourier a_k e verifique se $a_k = \frac{1}{T}X(j\frac{2\pi k}{T})$.

4.28 (a) Seja $x(t)$ com a transformada de Fourier $X(j\omega)$ e seja $p(t)$ periódico com frequência fundamental ω_0 e representação em série de Fourier

$$p(t) = \sum_{n=-\infty}^{+\infty} a_n e^{jn\omega_0 t}.$$

Determine uma expressão para a transformada de Fourier de

$$y(t) = x(t)p(t) \qquad \text{(P4.28-1)}$$

(b) Suponha que $X(j\omega)$ seja conforme representado na Figura P4.28(a). Esboce o espectro de $y(t)$ da Equação P4.28–1 para cada uma das seguintes escolhas de $p(t)$:

(i) $p(t) = \cos(t/2)$

(ii) $p(t) = \cos t$

(iii) $p(t) = \cos 2t$

(iv) $p(t) = (\text{sen } t)(\text{sen } 2t)$

(v) $p(t) = \cos 2t - \cos t$

(vi) $p(t) = \sum_{n=-\infty}^{+\infty} \delta(t - \pi n)$

(vii) $p(t) = \sum_{n=-\infty}^{+\infty} \delta(t - 2\pi n)$

(viii) $p(t) = \sum_{n=-\infty}^{+\infty} \delta(t - 4\pi n)$

(ix) $p(t) = \sum_{n=-\infty}^{+\infty} \delta(t - 2\pi n) - \frac{1}{2}\sum_{n=-\infty}^{+\infty} \delta(t - \pi n)$

(x) $p(t) = $ a onda quadrada periódica mostrada na Figura P4.28(b).

4.29 Uma função de tempo contínuo $x(t)$ real tem transformada de Fourier $X(j\omega)$ cuja magnitude e fase são ilustradas na Figura P4.29(a).

As funções $x_a(t)$, $x_b(t)$, $x_c(t)$ e $x_d(t)$ têm transformadas de Fourier cujas magnitudes são idênticas a $X(j\omega)$, mas cujas funções de fase diferem, como se mostra nas figuras P4.29(b) a (e). As funções de fase $\sphericalangle X_a(j\omega)$ e $\sphericalangle X_b(j\omega)$ são formadas somando uma fase linear a $\sphericalangle X(j\omega)$. A função $\sphericalangle X_c(j\omega)$ é formada refletindo-se $\sphericalangle X(j\omega)$ em torno de $\omega = 0$, e $\sphericalangle X_d(j\omega)$ é obtido por uma combinação de uma reflexão e uma adição de uma fase linear. Usando as propriedades das transformadas de Fourier, determine as expressões para $x_a(t)$, $x_b(t)$, $x_c(t)$ e $x_d(t)$ em termos de $x(t)$.

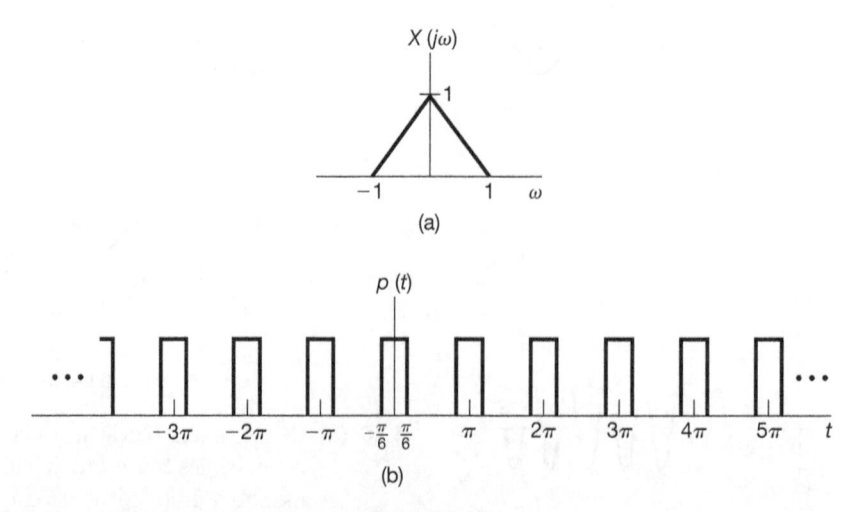

Figura P4.28

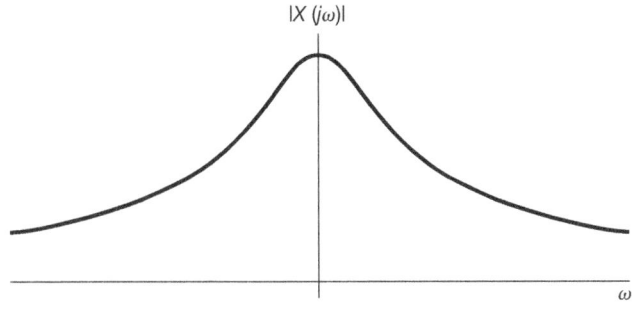

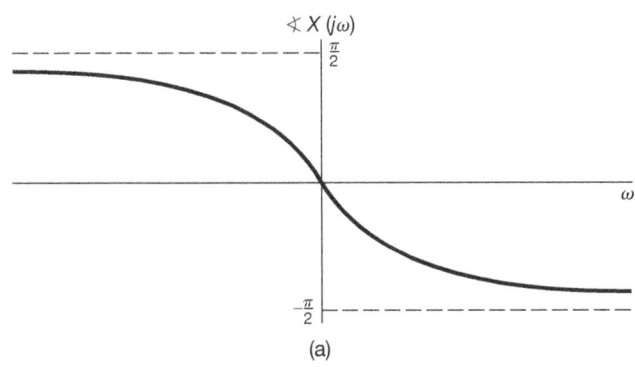

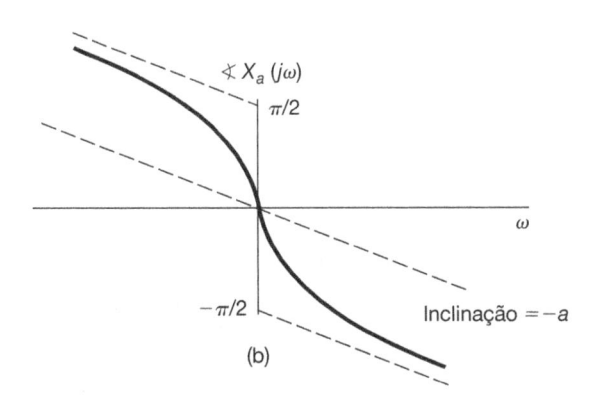

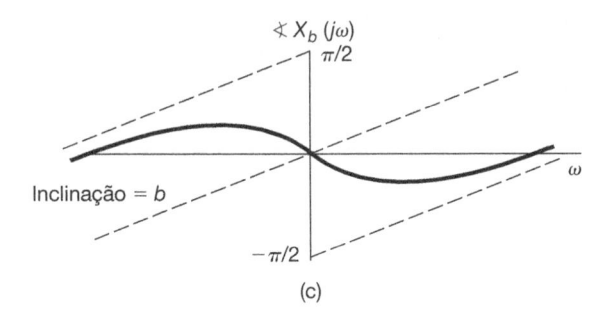

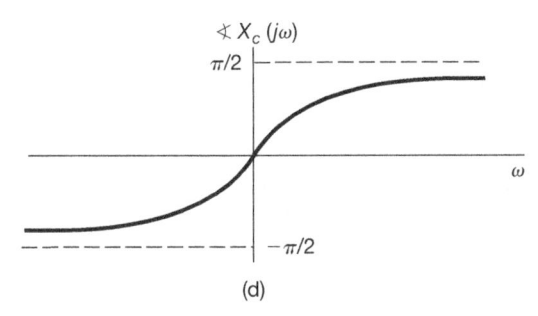

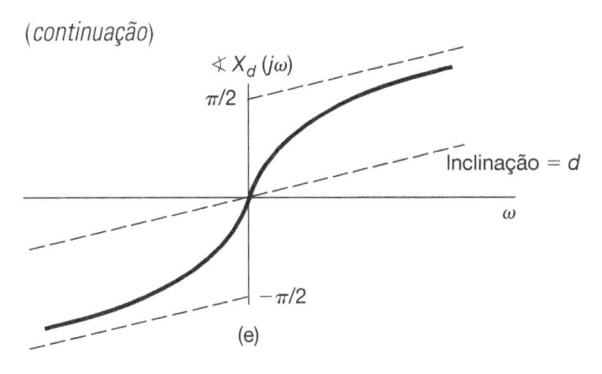

Figura P4.29

4.30 Suponha que $g(t) = x(t) \cos t$ e que a transformada de Fourier de $g(t)$ é

$$G(j\omega) = \begin{cases} 1, & |\omega| \leq 2 \\ 0, & \text{caso contrário} \end{cases}.$$

(a) Determine $x(t)$.

(b) Especifique a transformada de Fourier $X_1(j\omega)$ de um sinal $x_1(t)$ tal que

$$g(t) = x_1(t) \cos\left(\frac{2}{3}t\right).$$

4.31 (a) Demonstre que os três sistemas LIT com respostas ao impulso

$$h_1(t) = u(t),$$
$$h_2(t) = -2\delta(t) + 5e^{-2t}u(t)$$

e

$$h_3(t) = -2te^{-t}u(t)$$

têm todos a mesma resposta a $x(t) = \cos t$.

(b) Determine a resposta ao impulso de outro sistema LIT com a mesma resposta a $\cos t$.

Este problema ilustra o fato de que a resposta a $\cos t$ não pode ser usada para especificar unicamente um sistema LIT.

4.32 Considere um sistema LIT S com resposta ao impulso

$$h(t) = \frac{\text{sen}(4(t-1))}{\pi(t-1)}.$$

Determine a saída de S para cada uma das seguintes entradas:

(a) $x_1(t) = \cos(6t + \frac{\pi}{2})$

(b) $x_2(t) = \sum_{k=0}^{\infty} \left(\frac{1}{2}\right)^k \text{sen}(3kt)$

(c) $x_3(t) = \frac{\text{sen}(4(t+1))}{\pi(t+1)}$

(d) $x_4(t) = \left(\frac{\text{sen } 2t}{\pi t}\right)^2$

4.33 A entrada e a saída de um sistema LIT estável e causal estão relacionadas pela equação diferencial

$$\frac{d^2y(t)}{dt^2} + 6\frac{dy(t)}{dt} + 8y(t) = 2x(t)$$

(a) Encontre a resposta ao impulso desse sistema.

(b) Qual é a resposta desse sistema se $x(t) = te^{-2t}u(t)$?

(c) Repita o item (a) para o sistema LIT estável e causal descrito pela equação

$$\frac{d^2y(t)}{dt^2} + \sqrt{2}\frac{dy(t)}{dt} + y(t) = 2\frac{d^2x(t)}{dt^2} - 2x(t)$$

4.34 Um sistema LIT causal e estável S tem resposta em frequência

$$H(j\omega) = \frac{j\omega + 4}{6 - \omega^2 + 5j\omega}.$$

(a) Determine uma equação diferencial relacionando a entrada $x(t)$ e a saída $y(t)$ de S.

(b) Determine a resposta ao impulso $h(t)$ de S.

(c) Qual é a saída de S quando a entrada é

$$x(t) = e^{-4t}u(t) - te^{-4t}u(t)?$$

4.35 Neste problema, fornecemos exemplos dos efeitos de mudanças não lineares na fase.

(a) Considere o sistema LIT de tempo contínuo com resposta em frequência

$$H(j\omega) = \frac{a - j\omega}{a + j\omega},$$

sendo $a > 0$. Qual é a magnitude de $H(j\omega)$? Qual é $\sphericalangle H(j\omega)$? Qual é a resposta ao impulso desse sistema?

(b) Determine a saída do sistema do item (a) com $a = 1$ quando a entrada é

$$\cos(t/\sqrt{3}) + \cos t + \cos\sqrt{3}t.$$

Esboce a entrada e a saída.

4.36 Considere um sistema LIT cuja resposta à entrada

$$x(t) = [e^{-t} + e^{-3t}]u(t)$$

é

$$y(t) = [2e^{-t} - 2e^{-4t}]u(t).$$

(a) Encontre a resposta em frequência desse sistema.

(b) Determine a resposta ao impulso do sistema.

(c) Encontre a equação diferencial relacionando a entrada e a saída desse sistema.

Problemas avançados

4.37 Considere o sinal $x(t)$ na Figura P4.37.

(a) Encontre a transformada de Fourier $X(j\omega)$ de $x(t)$.

(b) Esboce o sinal

$$\tilde{x}(t) = x(t) * \sum_{k=-\infty}^{\infty} \delta(t - 4k).$$

(c) Encontre outro sinal $g(t)$ diferente de $x(t)$ e tal que

$$\tilde{x}(t) = g(t) * \sum_{k=-\infty}^{\infty} \delta(t - 4k).$$

(d) Argumente que, embora $G(j\omega)$ seja diferente de $X(j\omega)$, $G(j\frac{\pi k}{2}) = X(j\frac{\pi k}{2})$ para todos os k inteiros. Você não deve obter explicitamente $G(j\omega)$ para responder a este item.

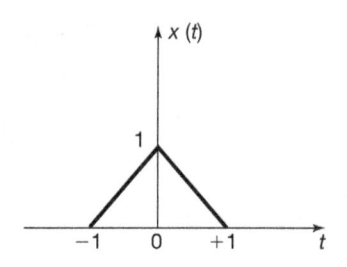

Figura P4.37

4.38 Seja $x(t)$ qualquer sinal com transformada de Fourier $X(j\omega)$. A propriedade de deslocamento em frequência da transformada de Fourier pode ser enunciada como

$$e^{j\omega_0 t} x(t) \overset{\mathcal{F}}{\longleftrightarrow} X(j(\omega - \omega_0)).$$

(a) Prove a propriedade do deslocamento em frequência aplicando o deslocamento em frequência à equação de análise

$$X(j\omega) = \int_{-\infty}^{\infty} x(t)e^{-j\omega t}dt.$$

(b) Prove a propriedade do deslocamento em frequência utilizando a transformada de Fourier de $e^{j\omega_0 t}$ em conjunto com a propriedade de multiplicação da transformada de Fourier.

4.39 Suponha que um sinal $x(t)$ tenha transformada de Fourier $X(j\omega)$. Agora, considere outro sinal $g(t)$ cuja forma é a mesma que $X(j\omega)$; ou seja,

$$g(t) = X(jt).$$

(a) Demonstre que a transformada de Fourier $G(j\omega)$ de $g(t)$ tem a mesma forma que $2\pi x(-t)$; ou seja, mostre que

$$G(j\omega) = 2\pi x(-\omega).$$

(b) Usando o fato de que

$$\mathcal{F}\{\delta(t+B)\} = e^{jB\omega}$$

em conjunto com o resultado do item (a), demonstre que

$$\mathcal{F}\{e^{jBt}\} = 2\pi\,\delta(\omega - B).$$

4.40 Use propriedades da transformada de Fourier para mostrar, por indução, que a transformada de Fourier de

$$x(t) = \frac{t^{n-1}}{(n-1)!}e^{-at}u(t),\ a > 0$$

é

$$\frac{1}{(a+j\omega)^n}.$$

4.41 Neste problema, deduzimos a propriedade de multiplicação da transformada de Fourier de tempo contínuo. Sejam $x(t)$ e $y(t)$ dois sinais de tempo contínuo com transformadas de Fourier $X(j\omega)$ e $Y(j\omega)$, respectivamente. Além disso, considere que $g(t)$ indica a transformada inversa de Fourier de $\frac{1}{2\pi}\{X(j\omega) * Y(j\omega)\}$.

(a) Demonstre que

$$g(t) = \frac{1}{2\pi}\int_{-\infty}^{+\infty}X(j\theta)\left[\frac{1}{2\pi}\int_{-\infty}^{+\infty}Y(j(\omega-\theta))e^{j\omega t}\,d\omega\right]d\theta.$$

(b) Demonstre que

$$\frac{1}{2\pi}\int_{-\infty}^{+\infty}Y(j(\omega-\theta))e^{j\omega t}d\omega = e^{j\theta t}y(t).$$

(c) Combine os resultados dos itens (a) e (b) para concluir que

$$g(t) = x(t)y(t).$$

4.42 Sejam

$$g_1(t) = \{[\cos(\omega_0 t)]x(t)\} * h(t)\quad \text{e}$$
$$g_2(t) = \{[\text{sen}(\omega_0 t)]x(t)\} * h(t)$$

em que

$$x(t) = \sum_{k=-\infty}^{\infty}a_k e^{jk100t}$$

é um sinal periódico real e $h(t)$ é a resposta ao impulso de um sistema LIT estável.

(a) Especifique um valor para ω_0 e quaisquer restrições necessárias sobre $H(j\omega)$ para garantir que

$$g_1(t) = \mathcal{R}e\{a_5\}\quad \text{e}\quad g_2(t) = \mathcal{I}m\{a_5\}.$$

(b) Dê um exemplo de $h(t)$ tal que $H(j\omega)$ satisfaça as restrições que você especificou no item (a).

4.43 Seja

$$g(t) = x(t)\cos^2 t * \frac{\text{sen}\,t}{\pi t}.$$

Supondo que $x(t)$ seja real e $X(j\omega) = 0$ para $|\omega| \geq 1$, demonstre que existe um sistema LIT S tal que

$$x(t) \overset{S}{\longleftrightarrow} g(t).$$

4.44 A saída $y(t)$ de um sistema LIT causal está relacionada à entrada $x(t)$ pela equação

$$\frac{dy(t)}{dt} + 10y(t) = \int_{-\infty}^{+\infty}x(\tau)z(t-\tau)d\tau - x(t)$$

sendo $z(t) = e^{-t}u(t) + 3\delta(t)$.

(a) Encontre a resposta em frequência $H(j\omega) = Y(j\omega)/X(j\omega)$ desse sistema.

(b) Determine a resposta ao impulso do sistema.

4.45 Na discussão na Seção 4.3.7 da relação de Parseval para sinais de tempo contínuo, vimos que

$$\int_{-\infty}^{+\infty}|x(t)|^2 dt = \frac{1}{2\pi}\int_{-\infty}^{+\infty}|X(j\omega)|^2 d\omega.$$

Esta equação indica que a energia total do sinal pode ser obtida integrando-se $|X(j\omega)|^2$ sobre todas as frequências. Agora, considere um sinal real $x(t)$ processado pelo filtro passa-faixa ideal $H(j\omega)$ mostrado na Figura P4.45. Expresse a energia do sinal de saída $y(t)$ como uma integração na frequência de $|X(j\omega)|^2$. Para Δ suficientemente pequeno, de modo que $|X(j\omega)|$ seja aproximadamente constante em um intervalo de frequências de largura Δ, demonstre que a energia da saída $y(t)$ do filtro passa-faixa é aproximadamente proporcional a $\Delta|X(j\omega_0)|^2$.

Com base no resultado anterior, $\Delta|X(j\omega_0)|^2$ é proporcional à energia no sinal em uma largura de banda Δ em torno da frequência ω_0. Por esse motivo, $|X(j\omega)|^2$ frequentemente é chamado *espectro de densidade de energia* do sinal $x(t)$.

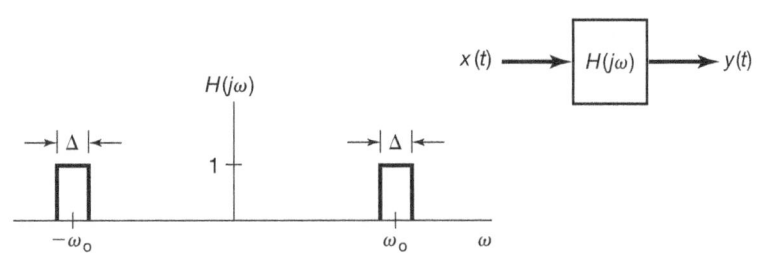

Figura P4.45

4.46 Na Seção 4.5.1, discutimos o uso da modulação em amplitude com uma portadora exponencial complexa para implementar um filtro passa-faixa. O sistema específico foi mostrado na Figura 4.26, e se apenas a parte real de $f(t)$ for conservada, o filtro passa-faixa equivalente é aquele mostrado na Figura 4.30.

Na Figura P4.46 mostramos uma implementação de um filtro passa-faixa usando modulação senoidal e filtros passa-baixas. Demonstre que a saída $y(t)$ do sistema é idêntica àquela que seria obtida retendo-se apenas $\mathcal{R}e\{f(t)\}$ na Figura 4.26.

4.47 Uma propriedade importante da resposta em frequência $H(j\omega)$ de um sistema LIT de tempo contínuo com uma resposta ao impulso $h(t)$ real e causal é que $H(j\omega)$ é completamente especificado por sua parte real, $\mathcal{R}e\{H(j\omega)\}$. Este problema trata da dedução e do exame de algumas das implicações dessa propriedade, que geralmente é conhecida como *suficiência da parte real*.

(a) Prove a propriedade da suficiência da parte real examinando o sinal $h_e(t)$, que é a parte par de $h(t)$. Qual é a transformada de Fourier de $h_e(t)$? Indique como $h(t)$ pode ser recuperado de $h_e(t)$.

(b) Se a parte real da resposta em frequência de um sistema causal for

$$\mathcal{R}e\{H(j\omega)\} = \cos\omega,$$

qual é $h(t)$?

(c) Demonstre que $h(t)$ pode ser recuperado de $h_o(t)$, a parte ímpar de $h(t)$, para qualquer valor de t, exceto $t = 0$. Observe que, se $h(t)$ não contém nenhuma singularidade [$\delta(t)$, $u_1(t)$, $u_2(t)$ etc.] em $t = 0$, então a resposta em frequência

$$H(j\omega) = \int_{-\infty}^{+\infty} h(t)e^{-j\omega t}dt$$

não mudará se $h(t)$ for definido como algum valor arbitrário finito no ponto isolado $t = 0$. Assim, nesse caso, demonstre que $H(j\omega)$ também é completamente especificado por sua parte imaginária.

Problemas de extensão

4.48 Considere um sistema com uma resposta ao impulso $h(t)$ real e causal que não tem singularidades em $t = 0$. No Problema 4.47, vimos que a parte real ou imaginária de $H(j\omega)$ determina completamente $H(j\omega)$. Neste problema, deduzimos uma relação explícita entre $H_R(j\omega)$ e $H_I(j\omega)$, as partes real e imaginária de $H(j\omega)$.

(a) Para começar, observe que, como $h(t)$ é causal,

$$h(t) = h(t)u(t), \qquad \text{(P4.48-1)}$$

exceto talvez em $t = 0$. Agora, como $h(t)$ não contém singularidades em $t = 0$, as transformadas de Fourier de ambos os membros da Equação P4.48-1 devem ser idênticas. Use esse fato, juntamente com a propriedade de multiplicação, para mostrar que

$$H(j\omega) = \frac{1}{j\pi}\int_{-\infty}^{+\infty}\frac{H(j\eta)}{\omega - \eta}d\eta. \qquad \text{(P4.48-2)}$$

Use a Equação P4.48-2 para determinar uma expressão para $H_R(j\omega)$ em termos de $H_I(j\omega)$ e uma para $H_I(j\omega)$ em termos de $H_R(j\omega)$.

(b) A operação

$$y(t) = \frac{1}{\pi}\int_{-\infty}^{+\infty}\frac{x(\tau)}{t-\tau}d\tau \qquad \text{(P4.48-3)}$$

é chamada *transformada de Hilbert*. Acabamos de ver que as partes real e imaginária da transformada de uma resposta ao impulso $h(t)$ real e causal podem ser determinadas uma a partir de outra usando a transformada de Hilbert.

Agora, leve em conta a Equação P4.48-3 e considere $y(t)$ como a saída de um sistema LIT com entrada $x(t)$. Demonstre que a resposta em frequência desse sistema é

$$H(j\omega) = \begin{cases} -j, & \omega > 0 \\ j, & \omega < 0 \end{cases}.$$

(c) Qual é a transformada de Hilbert do sinal $x(t) = \cos 3t$?

4.49 Seja $H(j\omega)$ a resposta em frequência de um sistema LIT de tempo contínuo e suponha que $H(j\omega)$ seja real, par e positiva. Além disso, asssuma que

$$\max_{\omega}\{H(j\omega)\} = H(0).$$

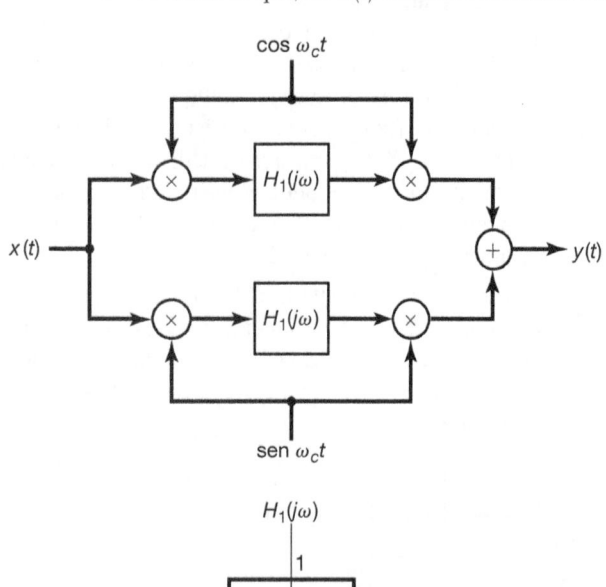

Figura P4.46

(a) Demonstre que:

(i) A resposta ao impulso $h(t)$ é real.

(ii) $\max\{|h(t)|\} = h(0)$.

Dica: Se $f(t, \omega)$ é uma função complexa de duas variáveis, então

$$\left|\int_{-\infty}^{+\infty} f(t, \omega)\,d\omega\right| \leq \int_{-\infty}^{+\infty} |f(t, \omega)|\,d\omega.$$

(b) Um conceito importante na análise de sistemas é a *largura de banda* de um sistema LIT. Existem muitas formas matemáticas diferentes de se definir a largura de banda, mas todas elas estão relacionadas à ideia qualitativa e intuitiva de que um sistema com resposta de frequência $G(j\omega)$ basicamente 'bloqueia' sinais da forma $e^{j\omega t}$ para valores de ω, onde $G(j\omega)$ desvanece ou é pequena e 'deixa passar' essas exponenciais complexas na banda de frequência onde $G(j\omega)$ não é pequena. A largura dessa banda é a largura de banda. Essas ideias serão expostas de forma muito mais clara no Capítulo 6, mas por ora vamos considerar uma definição especial da largura de banda para os sistemas com respostas em frequência que têm as propriedades especificadas anteriormente para $H(j\omega)$. Especificamente, uma definição da largura de banda B_ω de tal sistema é a largura do retângulo de altura $H(j0)$ que tenha uma área igual à área sob $H(j\omega)$. Isso é ilustrado na Figura P4.49(a). Observe que, como $H(j0) = \max_\omega H(j\omega)$, as frequências dentro da banda indicada na figura são aquelas para as quais $H(j\omega)$ é maior. A escolha exata da largura na figura é, naturalmente, um tanto arbitrária, mas escolhemos uma definição que nos permita comparar diferentes sistemas e tornar precisa uma relação muito importante entre tempo e frequência.

Qual é a largura de banda do sistema com resposta em frequência

$$H(j\omega) = \begin{cases} 1, & |\omega| < W \\ 0, & |\omega| > W \end{cases} ?$$

(c) Determine uma expressão para a largura de banda B_ω em termos de $H(j\omega)$.

(d) Considere que $s(t)$ indique a resposta ao degrau do sistema estabelecido no item (a). Uma medida importante da velocidade da resposta de um sistema é o *tempo de subida*, que, como a largura de banda, tem uma definição qualitativa, levando a muitas definições matemáticas possíveis, uma das quais usaremos. Intuitivamente, o tempo de subida de um sistema é uma medida da velocidade com que a resposta ao degrau passa de zero para o seu valor final,

$$s(\infty) = \lim_{t \to \infty} s(t).$$

Assim, quanto menor o tempo de subida, mais rápida é a resposta do sistema. Para o sistema em consideração neste problema, definiremos o tempo de subida como

$$t_r = \frac{s(\infty)}{h(0)}.$$

Como

$$s'(t) = h(t)$$

e também devido à propriedade de que $h(0) = \max_t h(t)$, t_r é o tempo que seria preciso para ir de zero a $s(\infty)$, mantendo-se máxima a taxa de mudança de $s(t)$. Isso é ilustrado na Figura P4.49(b). Encontre uma expressão para t_r em termos de $H(j\omega)$.

(e) Combine os resultados dos itens (c) e (d) para mostrar que

$$B_\omega t_r = 2\pi \qquad \text{(P4.49-1)}$$

Assim, *não podemos* especificar independentemente o tempo de subida e a largura de banda de nosso sistema. Por exemplo, a Equação P4.49-1 implica que, se quisermos um sistema rápido (t_r pequeno), o sistema precisa ter uma grande largura de banda. Este é um compromisso fundamental, que tem grande importância em muitos problemas de projeto de sistemas.

4.50 Nos problemas 1.45 e 2.67 definimos e examinamos várias das propriedades e usos das funções de correlação.

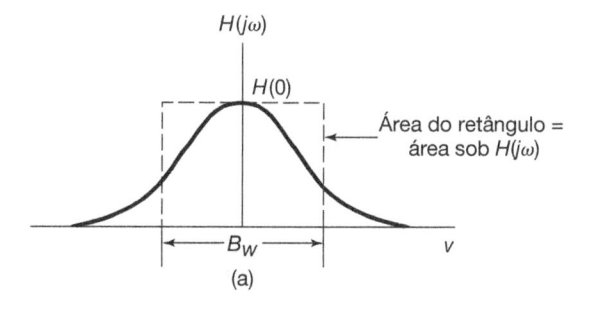

Figura P4.49a

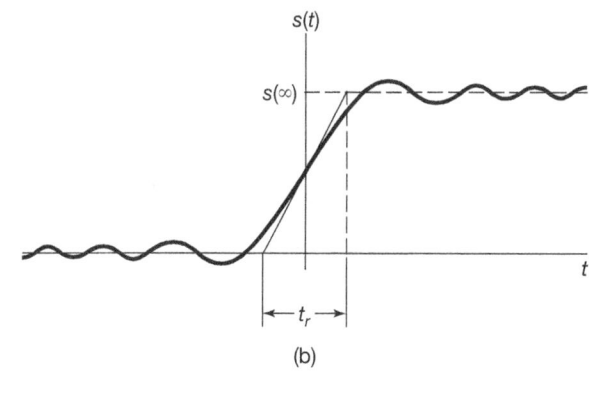

Figura P4.49b

Neste problema, examinamos as propriedades dessas funções no domínio da frequência. Sejam $x(t)$ e $y(t)$ dois sinais reais. Então, a função de correlação cruzada de $x(t)$ e $y(t)$ é definida como

$$\phi_{xy}(t) = \int_{-\infty}^{+\infty} x(t+\tau)y(\tau)d\tau.$$

De modo semelhante, podemos definir $\phi_{yx}(t)$, $\phi_{xx}(t)$ e $\phi_{yy}(t)$. [As duas últimas são chamadas funções de autocorrelação dos sinais $x(t)$ e $y(t)$, respectivamente.] Considere que $\Phi_{xy}(j\omega)$, $\Phi_{yx}(j\omega)$, $\Phi_{xx}(j\omega)$ e $\Phi_{yy}(j\omega)$ indicam as transformadas de Fourier de $\phi_{xy}(t)$, $\phi_{yx}(t)$, $\phi_{xx}(t)$ e $\phi_{yy}(t)$, respectivamente.

(a) Qual é a relação entre $\Phi_{xy}(j\omega)$ e $\Phi_{yx}(j\omega)$?

(b) Encontre uma expressão para $\Phi_{xy}(j\omega)$ em termos de $X(j\omega)$ e $Y(\omega j)$.

(c) Demonstre que $\Phi_{xx}(j\omega)$ é real e não negativa para todo ω.

(d) Suponha agora que $x(t)$ seja a entrada para um sistema LIT com uma resposta ao impulso real e com resposta em frequência $H(j\omega)$ e que $y(t)$ seja a saída. Encontre expressões para $\Phi_{xy}(j\omega)$ e $\Phi_{yy}(j\omega)$ em termos de $\Phi_{xx}(j\omega)$ e $H(j\omega)$.

(e) Seja $x(t)$ como ilustrado na Figura P4.50 e seja $h(t) = e^{-at}u(t)$, $a > 0$. a resposta ao impulso do sistema LIT. Calcule $\Phi_{xx}(j\omega)$, $\Phi_{xy}(j\omega)$ e $\Phi_{yy}(j\omega)$ usando os resultados dos itens (a) a (d).

(f) Suponha que nos seja dada a seguinte transformada de Fourier de uma função $\phi(t)$:

$$\Phi(j\omega) = \frac{\omega^2 + 100}{\omega^2 + 25}.$$

Encontre as respostas ao impulso de *dois* sistemas LIT causais, estáveis, que possuam funções de autocorrelação iguais a $\phi(t)$. Qual destes tem um inverso causal e estável?

4.51 (a) Considere dois sistemas LIT com respostas ao impulso $h(t)$ e $g(t)$, respectivamente, e suponha que esses sistemas sejam inversos um do outro. Suponha também que ambos tenham respostas em frequência indicadas por $H(j\omega)$ e $G(j\omega)$, respectivamente. Qual é a relação entre $H(j\omega)$ e $G(j\omega)$?

(b) Considere o sistema LIT de tempo contínuo com resposta em frequência

$$H(j\omega) = \begin{cases} 1, & 2 < |\omega| < 3 \\ 0, & \text{caso contrário} \end{cases}.$$

(i) É possível encontrar uma entrada $x(t)$ para esse sistema de modo que a saída seja como a representada na Figura P4.50? Em caso afirmativo, encontre $x(t)$. Se não, explique por quê.

(ii) Esse sistema é invertível? Explique sua resposta.

(c) Considere um auditório com um problema de eco. Conforme discutimos no Problema 2.64, podemos modelar a acústica do auditório como um sistema LIT, com uma resposta ao impulso consistindo em um trem de impulsos, com o k-ésimo impulso do trem correspondendo ao k-ésimo eco. Suponha que, nesse caso em particular, a resposta ao impulso seja

$$h(t) = \sum_{k=0}^{\infty} e^{-kT}\delta(t-kT),$$

em que o fator e^{-kT} representa a atenuação do k-ésimo eco.

Para poder fazer uma gravação de alta qualidade nesse cenário, o efeito dos ecos precisa ser removido por meio de algum processamento dos sons captados pelo equipamento de gravação. No Problema 2.64, usamos as técnicas de convolução para considerar um exemplo de projeto desse processador (para um modelo de acústica diferente). Neste problema, usamos técnicas no domínio da frequência. Especificamente, considere que $G(j\omega)$ indique a resposta em frequência do sistema LIT a ser usado para processar o sinal acústico captado. Escolha $G(j\omega)$ de modo que os ecos sejam completamente removidos e o sinal resultante seja uma reprodução fiel dos sons originais.

(d) Encontre a equação diferencial para o inverso do sistema com resposta ao impulso

$$h(t) = 2\delta(t) + u_1(t).$$

(e) Considere o sistema LIT inicialmente em repouso e descrito pela equação diferencial

$$\frac{d^2y(t)}{dt^2} + 6\frac{dy(t)}{dt} + 9y(t) = \frac{d^2x(t)}{dt^2} + 3\frac{dx(t)}{dt} + 2x(t).$$

O inverso desse sistema também está inicialmente em repouso e é descrito por uma equação diferencial. Encontre a equação diferencial descrevendo o inverso e as respostas ao impulso $h(t)$ e $g(t)$ do sistema original e do seu inverso.

4.52 Os sistemas inversos frequentemente têm aplicação em problemas que envolvem dispositivos de medição imperfeitos. Por exemplo, considere um dispositivo para medir a temperatura de um líquido. Comumente, é razoável modelar tal dispositivo como um sistema LIT que, devido às características de resposta do elemento de medição (por exemplo, o mercúrio em um

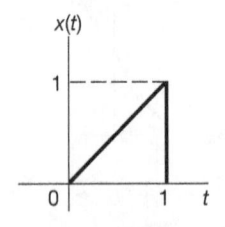

Figura P4.50

termômetro), não responde instantaneamente a mudanças de temperatura. Em particular, suponha que a resposta desse dispositivo a um degrau unitário de temperatura seja

$$s(t) = (1 - e^{-t/2})u(t). \qquad \text{(P4.52-1)}$$

(a) Projete um sistema compensador que, quando registra a saída do dispositivo de medição, produz uma saída igual à temperatura instantânea do líquido.

(b) Um dos problemas que com frequência surgem no uso de sistemas inversos como compensadores para dispositivos de medição é que podem ocorrer imprecisões significativas na temperatura indicada se a saída efetiva do dispositivo de medição produzir erros devido a pequenos fenômenos erráticos no dispositivo. Como sempre existem essas fontes de erros nos sistemas reais, devemos levá-las em consideração. Para ilustrar isso, considere um dispositivo de medição cuja saída total possa ser modelada como a soma da resposta do dispositivo de medição caracterizado pela Equação P4.52-1 e um sinal $n(t)$ de 'ruído' de interferência. Tal modelo é representado na Figura P4.52(a), em que também incluímos o sistema inverso do item (a), que agora tem como sua entrada a saída *total* do dispositivo de medição. Suponha que $n(t) = \text{sen } \omega t$. Qual é a contribuição de $n(t)$ para a saída do sistema inverso, e como essa saída muda quando ω aumenta?

(c) A questão levantada no item (b) é importante em muitas aplicações de análise de sistema LIT. Somos confrontados, especificamente, com o compromisso fundamental entre a velocidade de resposta do sistema e sua capacidade de atenuar interferências de alta frequência. No item (b), vimos que esse compromisso implica que, ao tentar acelerar a resposta de um dispositivo de medição (por meio de um sistema inverso), produzimos um sistema que pode também amplificar sinais senoidais interferentes. Para ilustrar esse conceito, considere um dispositivo de medição que responde instantaneamente a mudanças na temperatura, mas também é corrompido por ruído. A resposta de tal sistema pode ser modelada, conforme representado na Figura P4.52(b), como a soma da resposta de um dispositivo de medição perfeito e um sinal interferente $n(t)$. Suponha que desejemos projetar um sistema compensador que tornará mais lenta a resposta para variações reais de temperatura, mas também atenuará o ruído $n(t)$. Suponhamos que a resposta ao impulso desse sistema de compensação seja

$$h(t) = ae^{-at}u(t).$$

Escolha a de modo que o sistema total da Figura P4.52(b) responda o mais rapidamente possível a uma mudança em degrau da temperatura, sujeito à restrição de que a amplitude da parte da saída devida ao ruído $n(t) = \text{sen } 6t$ não seja maior que $1/4$.

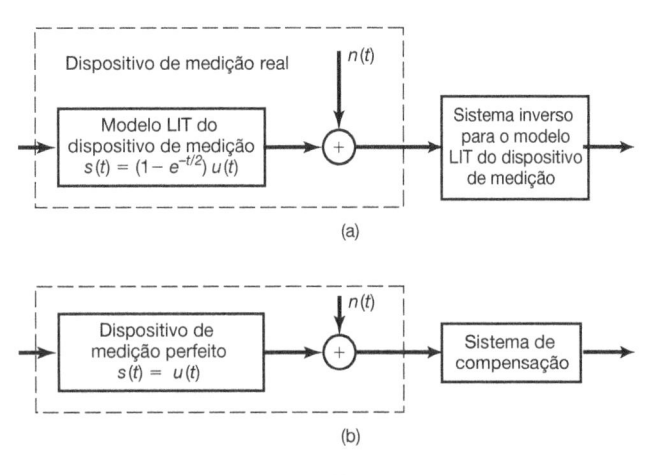

Figura P4.52

4.53 Conforme mencionado no texto, as técnicas da análise de Fourier podem ser estendidas para sinais tendo duas variáveis independentes. Essas técnicas desempenham um papel importante em outras aplicações, como o processamento de imagens, como sucede com seus correspondentes unidimensionais em algumas aplicações. Neste problema, apresentamos algumas das ideias elementares da análise de Fourier bidimensional.

Seja $x(t_1, t_2)$ um sinal que depende de duas variáveis independentes t_1 e t_2. A *transformada de Fourier bidimensional* de $x(t_1, t_2)$ é definida como

$$X(j\omega_1, j\omega_2) = \int_{-\infty}^{+\infty} \int_{-\infty}^{+\infty} x(t_1, t_2) e^{-j(\omega_1 t_1 + \omega_2 t_2)} dt_1 dt_2.$$

(a) Demonstre que essa integral dupla pode ser calculada por meio de duas transformadas de Fourier unidimensionais sucessivas, primeiro em t_1 com t_2 considerado como fixo e depois em t_2.

(b) Use o resultado do item (a) para determinar a transformação inversa, ou seja, uma expressão para $x(t_1, t_2)$ em termos de $X(j\omega_1, j\omega_2)$.

(c) Determine as transformadas de Fourier bidimensionais dos seguintes sinais:

(i) $x(t_1, t_2) = e^{-t_1 + 2t_2} u(t_1 - 1) u(2 - t_2)$

(ii) $x(t_1, t_2) = \begin{cases} e^{-|t_1| - |t_2|}, & \text{se } -1 < t_1 \leq 1 \text{ e } -1 \leq t_2 \leq 1 \\ 0, & \text{caso contrário} \end{cases}$

(iii) $x(t_1, t_2) = \begin{cases} e^{-|t_1| - |t_2|}, & \text{se } 0 \leq t_1 \leq 1 \text{ ou} \\ & 0 \leq t_2 \leq 1 \text{ (ou ambos)} \\ 0, & \text{caso contrário} \end{cases}$

(iv) $x(t_1, t_2)$ conforme representado na Figura P4.53.

(v) $e^{-|t_1+t_2|-|t_1-t_2|}$

(d) Determine o sinal $x(t_1, t_2)$ cuja transformada de Fourier bidimensional seja

$$X(j\omega_1, j\omega_2) = \frac{2\pi}{4+j\omega_1}\delta(\omega_2 - 2\omega_1).$$

(e) Sejam $x(t_1, t_2)$ e $h(t_1, t_2)$ dois sinais com transformadas de Fourier bidimensionais $X(j\omega_1, j\omega_2)$ e $H(j\omega_1, j\omega_2)$, respectivamente. Determine as transformadas dos seguintes sinais em termos de $X(j\omega_1, j\omega_2)$ e $H(j\omega_1, j\omega_2)$:

(i) $x(t_1 - T_1, t_2 - T_2)$

(ii) $x(at_1, bt_2)$

(iii) $y(t_1, t_2) = \int_{-\infty}^{+\infty}\int_{-\infty}^{+\infty} x(\tau_1, \tau_2)h(t_1-\tau_1, t_2-\tau_2)d\tau_1 d\tau_2$

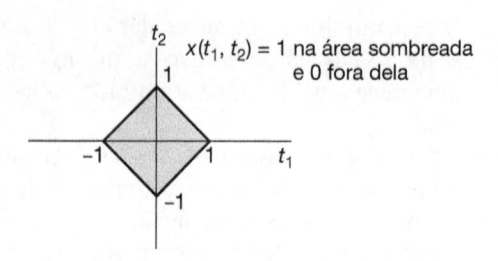

$x(t_1, t_2) = 1$ na área sombreada e 0 fora dela

Figura P4.53

Capítulo 5
A transformada de Fourier de tempo discreto

5.0 Introdução

No Capítulo 4, apresentamos a transformada de Fourier de tempo contínuo e desenvolvemos as várias características dessa transformada que tornam os métodos da análise de Fourier valiosos na análise e na compreensão das propriedades dos sinais e sistemas de tempo contínuo. Neste capítulo, completamos nosso desenvolvimento das ferramentas básicas da análise de Fourier introduzindo e examinando a transformada de Fourier de tempo discreto.

Em nossa discussão da série de Fourier no Capítulo 3, vimos que existem muitas semelhanças e forte paralelismo na análise de sinais de tempo contínuo e tempo discreto. Porém, também existem diferenças importantes. Por exemplo, como vimos na Seção 3.6, a representação em série de Fourier de um sinal periódico de tempo discreto é uma série *finita*, ao contrário da representação em série infinita exigida para sinais periódicos de tempo contínuo. Conforme veremos neste capítulo, existem diferenças correspondentes entre transformadas de Fourier de tempo contínuo e tempo discreto.

No restante do capítulo, aproveitamos as semelhanças entre a análise de Fourier de tempo contínuo e tempo discreto, seguindo uma estratégia idêntica à que usamos no Capítulo 4. Em particular, começamos estendendo a descrição da série de Fourier de sinais periódicos a fim de desenvolver uma representação de transformada de Fourier para os sinais aperiódicos de tempo discreto e seguimos com uma análise das propriedades e características da transformada de Fourier de tempo discreto paralela à que foi feita no Capítulo 4. Dessa forma, não apenas melhoraremos nossa compreensão dos conceitos básicos da análise de Fourier que são comuns a tempo contínuo e discreto, mas também compararemos suas diferenças a fim de aprofundar nosso conhecimento das características distintas de cada um.

5.1 Representação de sinais aperiódicos: a transformada de Fourier de tempo discreto

5.1.1 Dedução da transformada de Fourier de tempo discreto

Na Seção 4.1 (Equação 4.2 e Figura 4.2), vimos que os coeficientes da série de Fourier para uma onda quadrada periódica de tempo contínuo podem ser vistos como amostras de uma função envoltória e que, à medida que o período da onda quadrada aumenta, essas amostras se tornam cada vez mais próximas. Essa propriedade sugeriu que se representasse um sinal aperiódico $x(t)$ primeiro construindo um sinal periódico $\tilde{x}(t)$ igual a $x(t)$ em um período. Depois, quando esse período se aproximava de infinito, $\tilde{x}(t)$ era igual a $x(t)$ em intervalos de tempo cada vez maiores, e a representação em série de Fourier para $\tilde{x}(t)$ convergia para a representação por transformada de Fourier para $x(t)$. Nesta seção, aplicamos um procedimento análogo aos sinais de tempo discreto, a fim de desenvolver a representação por transformada de Fourier para sequências aperiódicas de tempo discreto.

Considere uma sequência qualquer $x[n]$ que tem duração finita. Ou seja, para inteiros N_1 e N_2, $x[n] = 0$ fora do intervalo $-N_1 \leq n \leq N_2$. Um sinal desse tipo é ilustrado na Figura 5.1(a). A partir desse sinal aperiódico, podemos construir uma sequência periódica $\tilde{x}[n]$ para a qual $x[n]$ é um período, conforme ilustrado na Figura 5.1(b). Quando escolhemos o período N maior, $\tilde{x}[n]$ é idêntico a $x[n]$ por um intervalo maior, e quando $N \to \infty$, $\tilde{x}[n] = x[n]$ para qualquer valor finito de n.

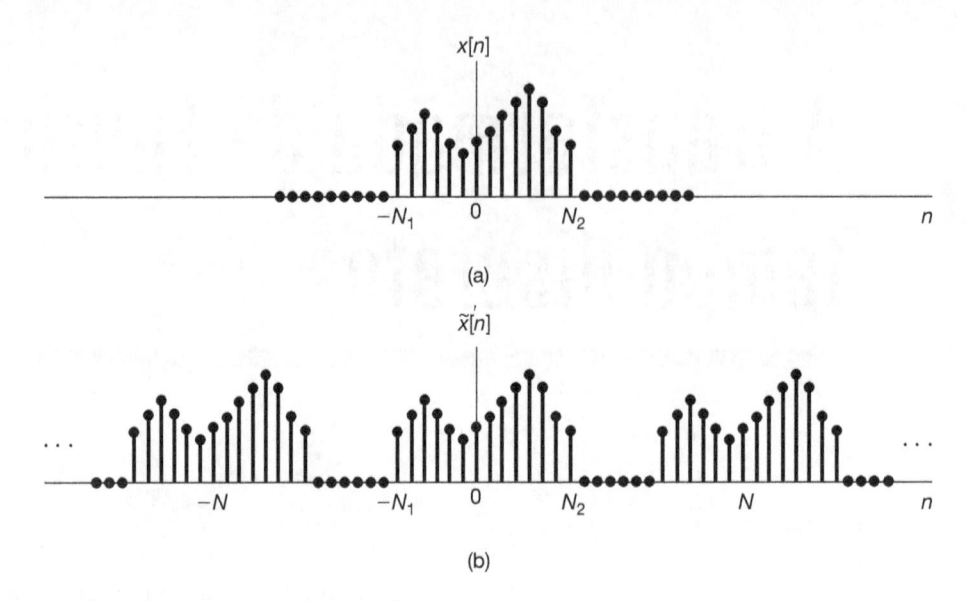

Figura 5.1 (a) Sinal $x[n]$ de duração finita; (b) sinal periódico $\tilde{x}[n]$ construído para ser igual a $x[n]$ por um período.

Vamos agora examinar a representação em série de Fourier de $\tilde{x}[n]$. Especificamente, a partir das equações 3.94 e 3.95, temos

$$\tilde{x}[n] = \sum_{k=\langle N \rangle} a_k e^{jk(2\pi/N)n}, \quad (5.1)$$

$$a_k = \frac{1}{N} \sum_{n=\langle N \rangle} \tilde{x}[n] e^{-jk(2\pi/N)n}. \quad (5.2)$$

Como $x[n] = \tilde{x}[n]$ por um período que inclui o intervalo $-N_1 \leq n \leq N_2$, é conveniente escolher um intervalo do somatório na Equação 5.2 que inclua esse intervalo, de modo que $\tilde{x}[n]$ possa ser substituído por $x[n]$ no somatório. Portanto,

$$a_k = \frac{1}{N} \sum_{n=-N_1}^{N_2} x[n] e^{-jk(2\pi/N)n} = \frac{1}{N} \sum_{n=-\infty}^{+\infty} x[n] e^{-jk(2\pi/N)n}, \quad (5.3)$$

sendo que, na segunda igualdade, usamos o fato de que $x[n]$ é nulo fora do intervalo $-N_1 \leq n \leq N_2$. Definindo a função

$$X(e^{j\omega}) = \sum_{n=-\infty}^{+\infty} x[n] e^{-j\omega n}, \quad (5.4)$$

vemos que os coeficientes a_k são proporcionais às amostras de $X(e^{j\omega})$, ou seja,

$$a_k = \frac{1}{N} X(e^{jk\omega_0}), \quad (5.5)$$

em que $\omega_0 = 2\pi/N$ é o espaçamento entre as amostras no domínio de frequência. Combinando as equações 5.1 e 5.5 resulta

$$\tilde{x}[n] = \sum_{k=\langle N \rangle} \frac{1}{N} X(e^{jk\omega_0}) e^{jk\omega_0 n}. \quad (5.6)$$

Como $\omega_0 = 2\pi/N$, ou, de forma equivalente, $1/N = \omega_0/2\pi$, a Equação 5.6 pode ser reescrita como

$$\tilde{x}[n] = \frac{1}{2\pi} \sum_{k=\langle N \rangle} X(e^{jk\omega_0}) e^{jk\omega_0 n} \omega_0. \quad (5.7)$$

Assim como na Equação 4.7, quando N aumenta, ω_0 diminui, e quando $N \to \infty$, a Equação 5.7 torna-se uma integral. Para ver isso mais claramente, considere $X(e^{j\omega}) e^{j\omega n}$, conforme esboçado na Figura 5.2. Pela Equação 5.4, pode-se ver que $X(e^{j\omega})$ é periódico em ω com período 2π, e o mesmo acontece com $e^{j\omega n}$. Portanto, o produto $X(e^{j\omega}) e^{j\omega n}$ também será periódico. Como representado na figura, cada parcela no somatório da Equação 5.7 representa a área de um retângulo de altura $X(e^{jk\omega_0}) e^{jk\omega_0 n}$ e largura ω_0. Quando $\omega_0 \to 0$, o somatório torna-se uma integral. Além do mais, como o somatório é realizado sobre N intervalos consecuti-

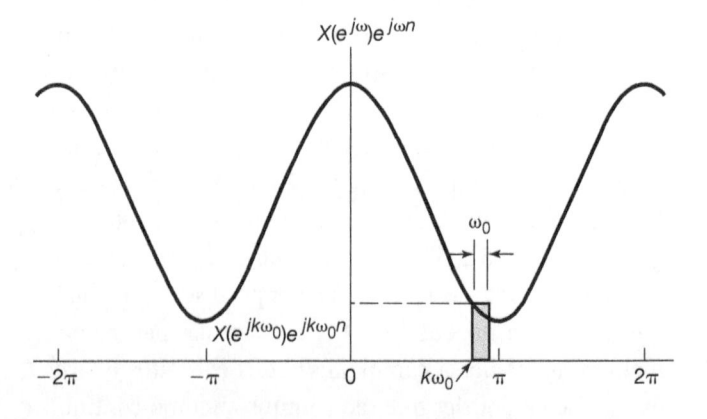

Figura 5.2 Interpretação gráfica da Equação 5.7.

vos de largura $\omega_0 = 2\pi/N$, o intervalo de integração total sempre terá uma largura de 2π. Portanto, quando $N \to \infty$, $\tilde{x}[n] = x[n]$, e a Equação 5.7 torna-se

$$x[n] = \frac{1}{2\pi} \int_{2\pi} X(e^{j\omega})e^{j\omega n} d\omega,$$

em que $X(e^{j\omega})e^{j\omega n}$ é periódico com período 2π, o intervalo de integração pode ser tomado como *qualquer* intervalo de comprimento 2π. Assim, temos o seguinte par de equações:

$$x[n] = \frac{1}{2\pi} \int_{2\pi} X(e^{j\omega})e^{j\omega n} d\omega, \quad (5.8)$$

$$X(e^{j\omega}) = \sum_{n=-\infty}^{+\infty} x[n]e^{-j\omega n}. \quad (5.9)$$

As equações 5.8 e 5.9 são os correspondentes de tempo discreto das equações 4.8 e 4.9. A função $X(e^{j\omega})$ é chamada de a *transformada de Fourier de tempo discreto*, e o par de equações, como o *par da transformada de Fourier de tempo discreto*. A Equação 5.8 é a *equação de síntese*; a Equação 5.9, a *equação de análise*. Nossa dedução dessas equações indica como uma sequência aperiódica pode ser considerada como uma combinação linear de exponenciais complexas. Em particular, a equação de síntese é, de fato, uma representação de $x[n]$ como uma combinação linear de exponenciais complexas infinitesimalmente próximas em frequência e com amplitudes $X(e^{j\omega})(d\omega/2\pi)$. Por esse motivo, como em tempo contínuo, a transformada de Fourier $X(e^{j\omega})$ comumente é chamada *espectro* de $x[n]$, pois nos oferece a informação sobre como $x[n]$ é composto por exponenciais complexas em diferentes frequências.

Note também que, como em tempo contínuo, nossa dedução da transformada de Fourier de tempo discreto nos fornece uma importante relação entre a série e a transformada de Fourier de tempo discreto. Em particular, os coeficientes de Fourier a_k de um sinal periódico $\tilde{x}[n]$ podem ser expressos em termos de *amostras* igualmente espaçadas da transformada de Fourier de um sinal aperiódico de duração finita $x[n]$, que é igual a $\tilde{x}[n]$ em um período e é nulo caso contrário. Esse fato tem importância considerável no processamento e na análise de Fourier de sinais práticos, e trataremos melhor desse assunto no Problema 5.41.

Como nossa dedução indica, a transformada de Fourier de tempo discreto compartilha muitas semelhanças com o caso de tempo contínuo. As principais diferenças entre os dois casos são a periodicidade da transformação de tempo discreto $X(e^{j\omega})$ e o intervalo de integração finito na equação de síntese. Essas diferenças vêm de um fato que indicamos várias vezes antes: exponenciais complexas de tempo discreto que diferem em frequência por um múltiplo de 2π são idênticas. Na Seção 3.6, vimos que, para sinais periódicos de tempo discreto, as implicações dessa afirmativa são que os coeficientes da série de Fourier são periódicos e a representação da série de Fourier é uma soma finita. Para sinais aperiódicos, as implicações análogas são que $X(e^{j\omega})$ é periódico (com período 2π) e a equação de síntese envolve uma integração apenas sobre um intervalo de frequência que produz exponenciais complexas distintas (ou seja, qualquer intervalo de comprimento 2π). Na Seção 1.3.3, observamos outra consequência da periodicidade de $e^{j\omega n}$ como uma função de ω: $\omega = 0$ e $\omega = 2\pi$ geram o mesmo sinal. Os sinais em frequências perto desses valores ou qualquer outro múltiplo par de π variam lentamente e, portanto, todos são apropriadamente considerados sinais de baixa frequência. De modo semelhante, as altas frequências em tempo discreto são os valores de ω próximos de múltiplos ímpares de π. Assim, o sinal $x_1[n]$ mostrado na Figura 5.3(a) com transformada de Fourier representada na Figura 5.3(b) varia mais lentamente que o sinal $x_2[n]$ na Figura 5.3(c), cuja transformada aparece na Figura 5.3(d).

5.1.2 Exemplos de transformadas de Fourier de tempo discreto

Para ilustrar a transformada de Fourier de tempo discreto, consideremos vários exemplos.

■ **Exemplo 5.1**

Considere o sinal

$$x[n] = a^n u[n], \quad |a| < 1.$$

Nesse caso,

$$X(e^{j\omega}) = \sum_{n=-\infty}^{+\infty} a^n u[n] e^{-j\omega n}$$

$$= \sum_{n=0}^{\infty} (ae^{-j\omega})^n = \frac{1}{1 - ae^{-j\omega}}.$$

A magnitude e a fase de $X(e^{j\omega})$ são mostradas na Figura 5.4(a) (veja p. 210) para $a > 0$ e na Figura 5.4(b) para $a < 0$. Observe que todas essas funções são periódicas em ω com período 2π.

■

■ **Exemplo 5.2**

Seja

$$x[n] = a^{|n|}, \quad |a| < 1.$$

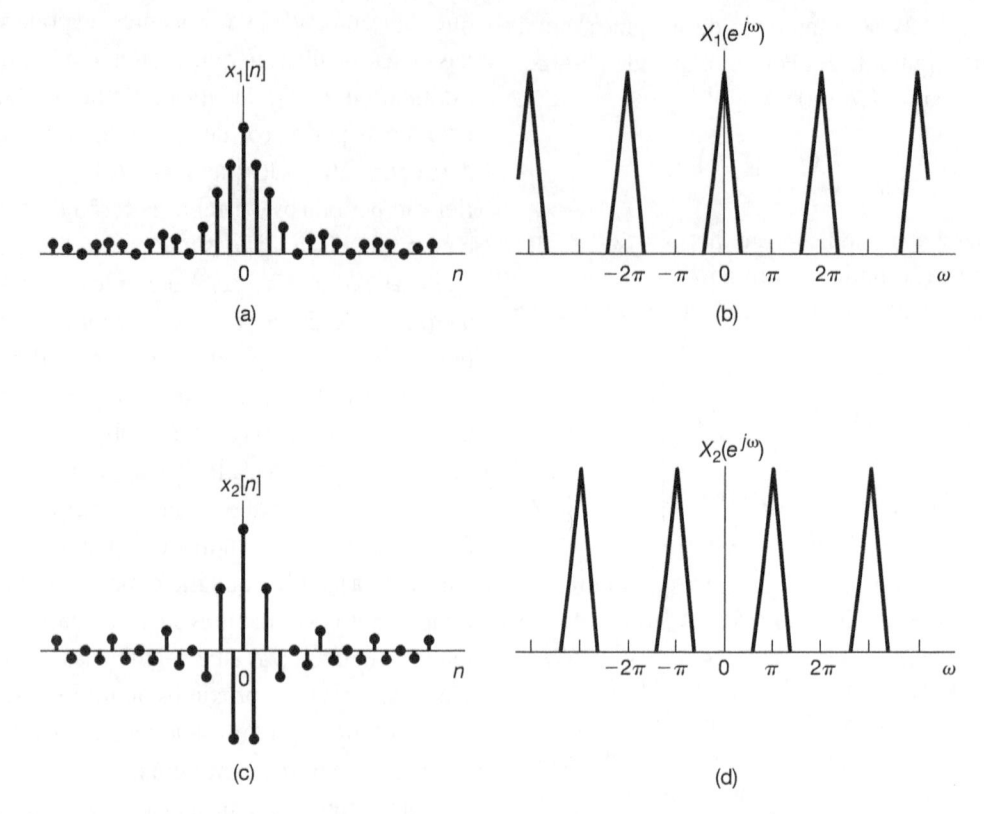

Figura 5.3 (a) Sinal de tempo discreto $x_1[n]$. (b) Transformada de Fourier de $x_1[n]$. Observe que $X_1(e^{j\omega})$ está concentrado perto de $\omega = 0, \pm 2\pi, \pm 4\pi, \ldots$ (c) Sinal de tempo discreto $x_2[n]$. (d) Transformada de Fourier de $x_2[n]$. Observe que $X_2(e^{j\omega})$ está concentrado perto de $\omega = \pm\pi, \pm 3\pi,\ldots$.

Este sinal é esboçado para $0 < a < 1$ na Figura 5.5(a). Sua transformada de Fourier é obtida da Equação 5.9:

$$X(e^{j\omega}) = \sum_{n=-\infty}^{+\infty} a^{|n|} e^{-j\omega n}$$

$$= \sum_{n=0}^{\infty} a^n e^{-j\omega n} + \sum_{n=-\infty}^{-1} a^{-n} e^{-j\omega n}.$$

Fazendo a substituição de variáveis $m = -n$ no segundo somatório, obtemos

$$X(e^{j\omega}) = \sum_{n=0}^{\infty} (ae^{-j\omega})^n + \sum_{m=1}^{\infty} (ae^{j\omega})^m.$$

Figura 5.4 Magnitude e fase da transformada de Fourier do Exemplo 5.1 para (a) $a > 0$ e (b) $a < 0$.

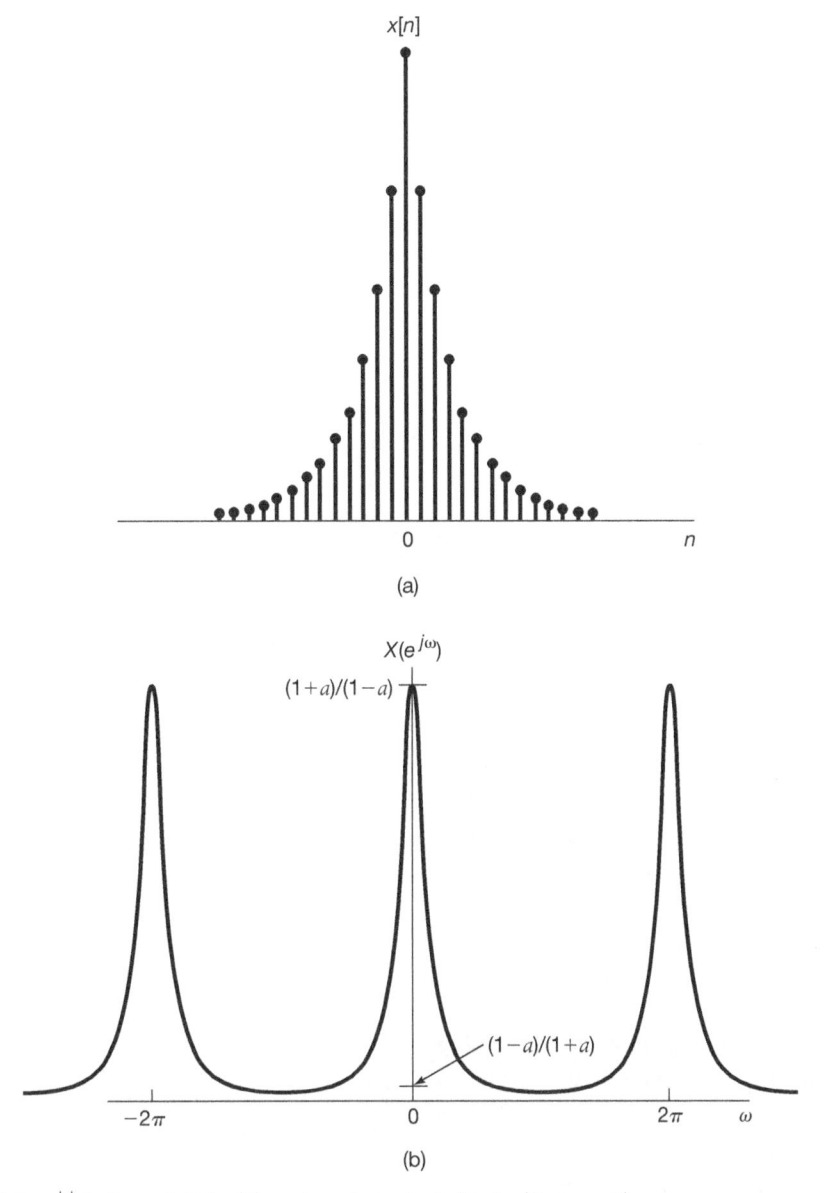

Figura 5.5 (a) Sinal $x[n] = a^{|n|}$ do Exemplo 5.2 e (b) sua transformada de Fourier ($0 < a < 1$).

Esses dois somatórios são séries geométricas infinitas que podemos calcular em forma fechada, resultando

$$X(e^{j\omega}) = \frac{1}{1-ae^{-j\omega}} + \frac{ae^{j\omega}}{1-ae^{j\omega}}$$
$$= \frac{1-a^2}{1-2a\cos\omega + a^2}.$$

Nesse caso, $X(e^{j\omega})$ é real e é ilustrado na Figura 5.5(b), novamente para $0 < a < 1$.

■ **Exemplo 5.3**

Considere o pulso retangular

$$x[n] = \begin{cases} 1, & |n| \leq N_1 \\ 0, & |n| > N_1 \end{cases}, \quad (5.10)$$

que é ilustrado na Figura 5.6(a) para $N_1 = 2$. Nesse caso,

$$X(e^{j\omega}) = \sum_{n=-N_1}^{N_1} e^{-j\omega n}. \quad (5.11)$$

Usando cálculos semelhantes àqueles empregados na obtenção da Equação 3.14 no Exemplo 3.12, podemos escrever

$$X(e^{j\omega}) = \frac{\operatorname{sen}\omega\left(N_1 + \frac{1}{2}\right)}{\operatorname{sen}(\omega/2)}. \quad (5.12)$$

Essa transformada de Fourier é esboçada na Figura 5.6(b) para $N_1 = 2$. A função na Equação 5.12 é uma correspondente de tempo discreto da função sinc, que aparece na transformada de Fourier do pulso retangular de tempo contínuo (ver Exemplo 4.4). A diferença mais importante entre essas duas funções é que a função na Equação 5.12 é periódica com período 2π, enquanto a função sinc é aperiódica.

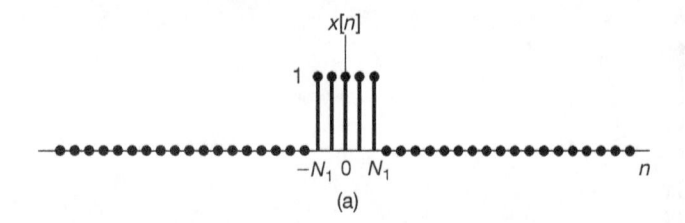

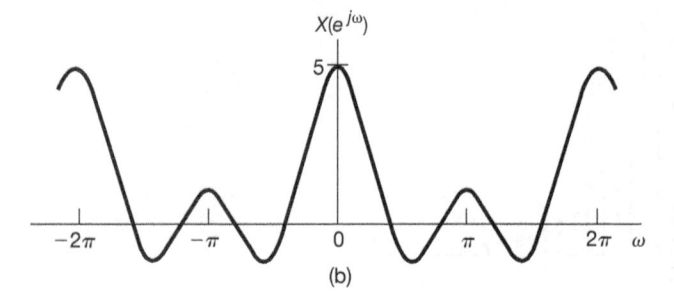

Figura 5.6 (a) Sinal de pulso retangular do Exemplo 5.3 para $N_1 = 2$ e (b) sua transformada de Fourier.

5.1.3 Considerações sobre a convergência associada da transformada de Fourier de tempo discreto

Embora o argumento usado para deduzir a transformada de Fourier de tempo discreto na Seção 5.1.1 tenha sido construído supondo que $x[n]$ fosse de duração arbitrária, mas finita, as equações 5.8 e 5.9 permanecem válidas para uma ampla classe de sinais com duração infinita (como os sinais nos exemplos 5.1 e 5.2). Nesse caso, porém, novamente, devemos considerar a questão de convergência do somatório infinito na Equação de análise 5.9. As condições sobre $x[n]$ que garantem a convergência dessa soma são correspondentes diretos das condições de convergência para a transformada de Fourier de tempo contínuo.[1] Especificamente, a Equação 5.9 convergirá se $x[n]$ for absolutamente somável, ou seja,

$$\sum_{n=-\infty}^{+\infty} |x[n]| < \infty, \quad (5.13)$$

ou se a sequência tiver energia finita, ou seja,

$$\sum_{n=-\infty}^{+\infty} |x[n]|^2 < \infty. \quad (5.14)$$

Ao contrário da situação para a Equação de análise 5.9, geralmente não existem considerações de convergência associadas à Equação de síntese 5.8, pois a integral nessa equação é sobre um intervalo de integração de dura-

---

[1] Para ver detalhes acerca dos problemas de convergência associados à transformada de Fourier de tempo discreto, veja OPPENHEIM, A. V.; SCHAFER, R. W. *Discrete-time signal processing*. Englewood Cliffs: Prentice-Hall, 1989; e RABINER, L. R.; GOLD, B. *Theory and application of digital signal processing*. Englewood Cliffs: Prentice-Hall, 1975.

ção finita. Essa é uma situação muito parecida com a da Equação 3.94 de síntese da série de Fourier de tempo discreto que envolve uma soma finita e, consequentemente, também não tem problemas de convergência a ela associados. Em particular, se aproximarmos um sinal aperiódico $x[n]$ por uma integral de exponenciais complexas com frequências tomadas do intervalo $|\omega| \leq W$, ou seja,

$$\hat{x}[n] = \frac{1}{2\pi} \int_{-W}^{W} X(e^{j\omega}) e^{j\omega n} d\omega, \quad (5.15)$$

então $\hat{x}[n] = x[n]$ para $W = \pi$. Desse modo, assim como na Figura 3.18, esperaríamos não ver qualquer comportamento como o fenômeno de Gibbs no cálculo da equação de síntese da transformada de Fourier de tempo discreto. Esse fato é ilustrado no exemplo a seguir.

■ **Exemplo 5.4**

Seja $x[n]$ o impulso unitário; isto é,

$$x[n] = \delta[n].$$

Nesse caso, a Equação de análise 5.9 é facilmente calculada, gerando

$$X(e^{j\omega}) = 1.$$

Em outras palavras, assim como no tempo contínuo, o impulso unitário tem uma representação em transformada de Fourier consistindo em contribuições iguais em todas as frequências. Se depois aplicarmos a Equação 5.15 a este exemplo, obteremos

$$\hat{x}[n] = \frac{1}{2\pi} \int_{-W}^{W} e^{j\omega n} d\omega = \frac{\text{sen } Wn}{\pi n}. \quad (5.16)$$

Este sinal é apresentado na Figura 5.7 para diversos valores de W. Como podemos ver, a frequência das oscilações na aproximação aumenta à medida que W aumenta, o que é similar ao que observamos no caso de tempo contínuo. Por outro lado, ao contrário do caso de tempo contínuo, a amplitude dessas oscilações diminui em relação à magnitude de $\hat{x}[0]$ conforme W aumenta, e as oscilações desaparecem por completo para $W = \pi$.

■

5.2 Transformada de Fourier para sinais periódicos

Assim como no caso de tempo contínuo, os sinais periódicos de tempo discreto podem ser incorporados dentro da estrutura da transformada de Fourier de tempo discreto, interpretando a transformada de um sinal periódico como um trem de impulsos no domínio da frequência.

Para deduzir a forma dessa representação, considere o sinal

$$x[n] = e^{j\omega_0 n}. \quad (5.17)$$

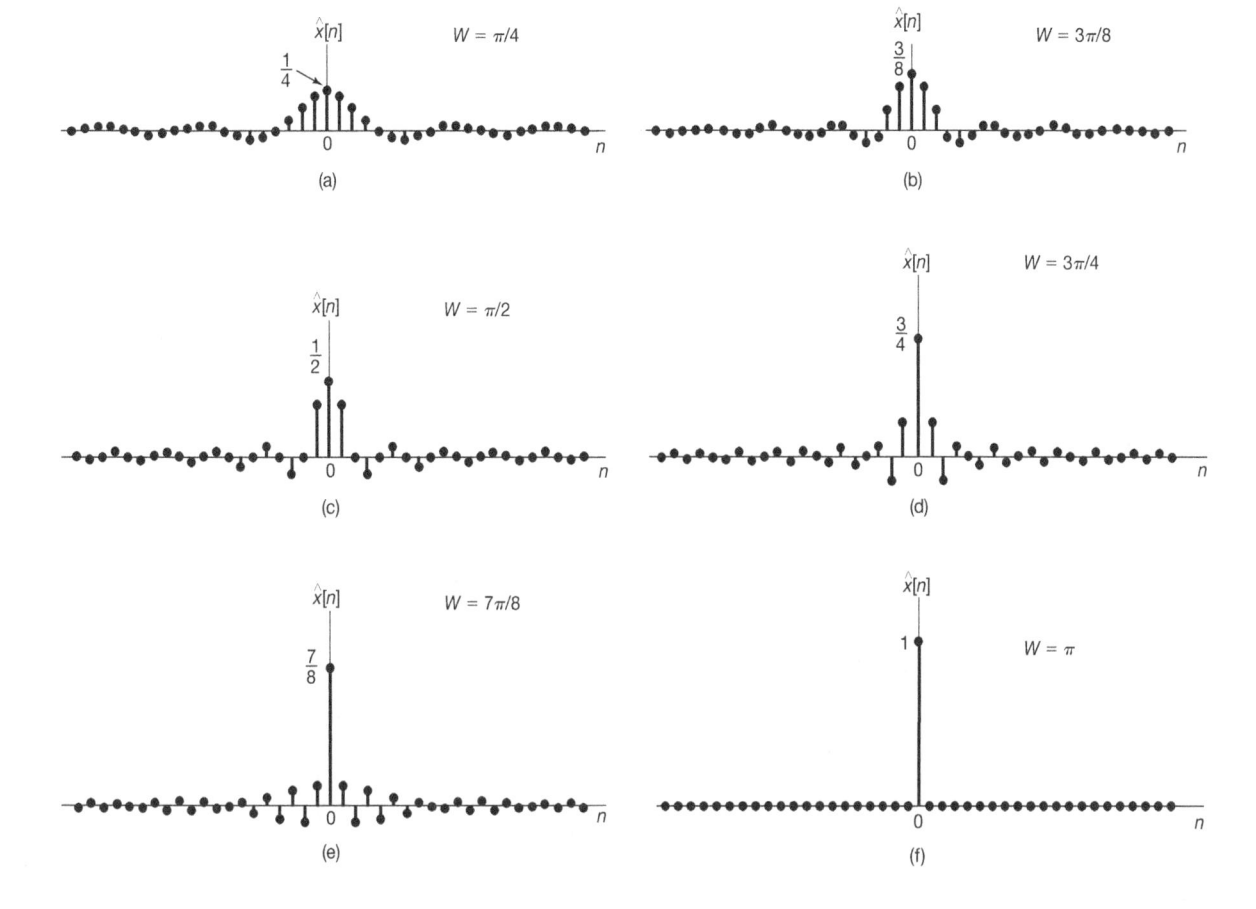

Figura 5.7 Aproximação para a amostra unitária obtida como na Equação 5.16 usando exponenciais complexas com frequências $|\omega| \le W$: (a) $W = \pi/4$; (b) $W = 3\pi/8$; (c) $W = \pi/2$; (d) $W = 3\pi/4$; (e) $W = 7\pi/8$; (f) $W = \pi$. Observe que, para $W = \pi$, $\hat{x}[n] = \delta[n]$.

Em tempo contínuo, vimos que a transformada de Fourier de $e^{j\omega_0 t}$ pode ser interpretada como um impulso em $\omega = \omega_0$. Portanto, podemos esperar o mesmo tipo de transformada para o sinal de tempo discreto da Equação 5.17. Contudo, a transformada de Fourier de tempo discreto precisa ser periódica em ω com período 2π. Isso, então, sugere que a transformada de Fourier de $x[n]$ na Equação 5.17 deverá ter impulsos em ω_0, $\omega_0 \pm 2\pi$, $\omega_0 \pm 4\pi$ e assim por diante. De fato, a transformada de Fourier de $x[n]$ é o trem de impulsos

$$X(e^{j\omega}) = \sum_{l=-\infty}^{+\infty} 2\pi\delta(\omega - \omega_0 - 2\pi l), \quad \textbf{(5.18)}$$

que é ilustrado na Figura 5.8. Para verificar a validade dessa expressão, temos de calcular sua transformada inversa. Substituindo a Equação 5.18 na Equação de síntese 5.8, encontramos que

$$\frac{1}{2\pi}\int_{2\pi} X(e^{j\omega})e^{j\omega n}d\omega = \frac{1}{2\pi}\int_{2\pi}\sum_{l=-\infty}^{+\infty} 2\pi\delta(\omega - \omega_0 - 2\pi l)e^{j\omega n}d\omega.$$

Observe que qualquer intervalo de comprimento 2π inclui exatamente um impulso no somatório dado na Equação 5.18. Portanto, se o intervalo de integração escolhido incluir o impulso localizado em $\omega_0 + 2\pi r$, então

$$\frac{1}{2\pi}\int_{2\pi} X(e^{j\omega})e^{j\omega n}d\omega = e^{j(\omega_0 + 2\pi r)n} = e^{j\omega_0 n}.$$

Agora, considere uma sequência periódica $x[n]$ com período N e com representação em série de Fourier

$$x[n] = \sum_{k=\langle N \rangle} a_k e^{jk(2\pi/N)n}. \quad \textbf{(5.19)}$$

Nesse caso, a transformada de Fourier é

$$X(e^{j\omega}) = \sum_{k=-\infty}^{+\infty} 2\pi a_k \delta\left(\omega - \frac{2\pi k}{N}\right), \quad \textbf{(5.20)}$$

de modo que a transformada de Fourier de um sinal periódico pode ser construída diretamente a partir de seus coeficientes de Fourier.

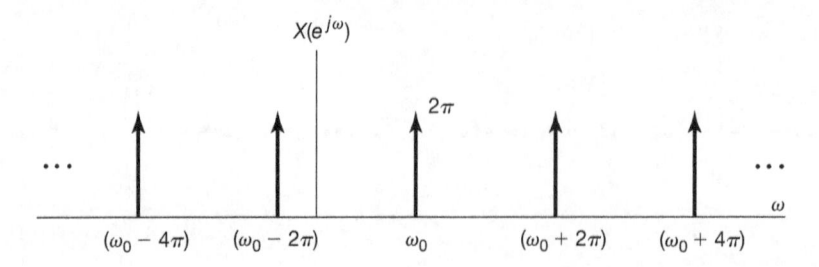

Figura 5.8 Transformada de Fourier de $x[n] = e^{j\omega_0 n}$.

Para verificar que a Equação 5.20 está de fato correta, note que $x[n]$ na Equação 5.19 é uma combinação linear de sinais na forma da Equação 5.17, e assim, a transformada de Fourier de $x[n]$ deve ser uma combinação linear de transformadas da forma da Equação 5.18. Em particular, suponha que escolhamos o intervalo do somatório na Equação 5.19 como $k = 0, 1, ..., N-1$, de modo que

$$x[n] = a_0 + a_1 e^{j(2\pi/N)n} + a_2 e^{j2(2\pi/N)n} + \cdots + a_{N-1} e^{j(N-1)(2\pi/N)n}. \quad (5.21)$$

Assim, $x[n]$ é uma combinação linear de sinais, como na Equação 5.17, com $\omega_0 = 0, 2\pi/N, 4\pi/N, ..., (N-1)2\pi/N$. A transformada de Fourier resultante é ilustrada na Figura 5.9. Na Figura 5.9(a), representamos a transformada

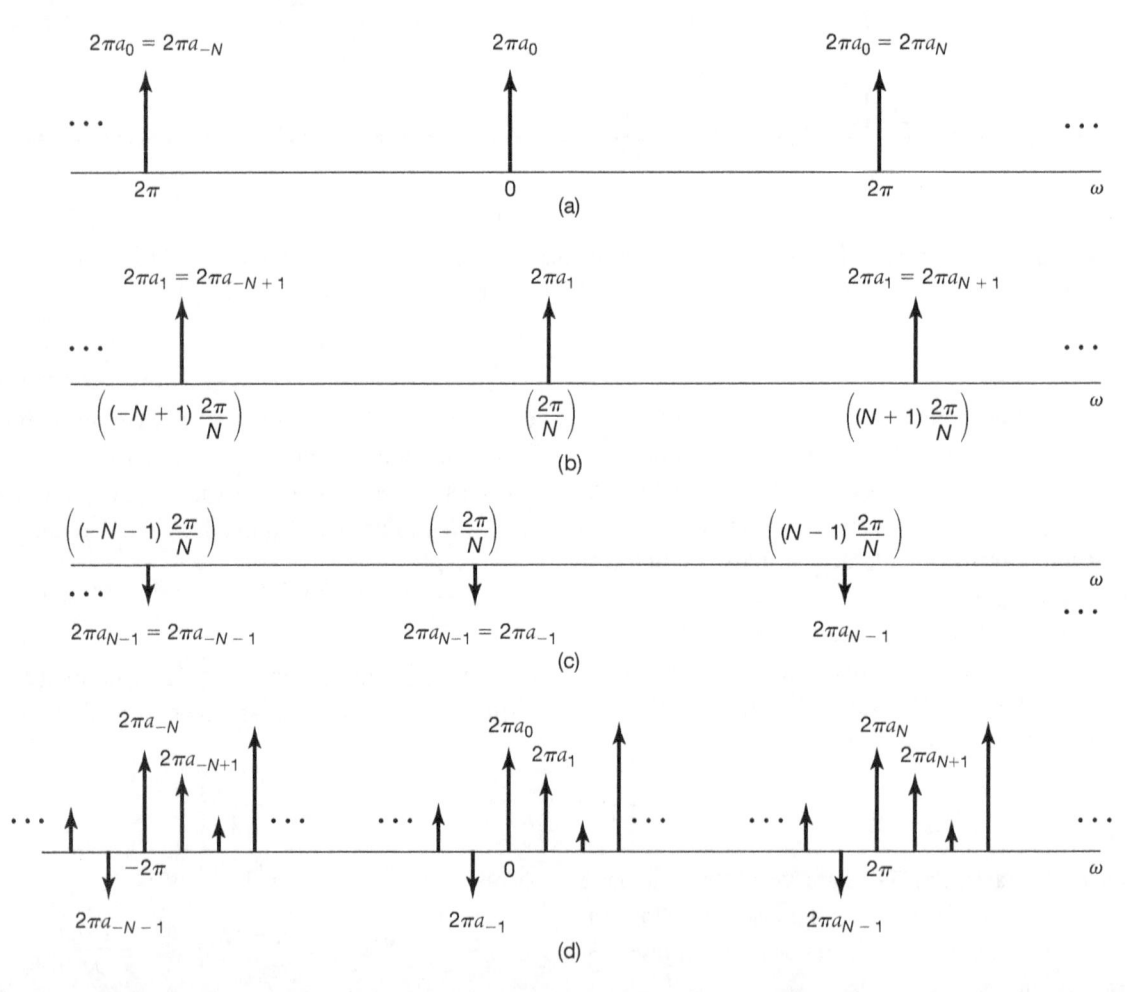

Figura 5.9 Transformada de Fourier de um sinal periódico de tempo discreto: (a) transformada de Fourier da primeira parcela no membro direito da Equação 5.21; (b) transformada de Fourier da segunda parcela na Equação 5.21; (c) transformada de Fourier da última parcela na Equação 5.21; (d) transformada de Fourier de $x[n]$ na Equação 5.21.

de Fourier da primeira parcela no membro direito da Equação 5.21: a transformada de Fourier do sinal constante $a_0 = a_0 e^{j0n}$ é um trem de impulsos periódico, como na Equação 5.18, com $\omega_0 = 0$ e uma ponderação de $2\pi a_0$ em cada um dos impulsos. Além do mais, do Capítulo 4, sabemos que os coeficientes da série de Fourier a_k são periódicos com período N, de modo que $2\pi a_0 = 2\pi a_N = 2\pi a_{-N}$. Na Figura 5.9(b), ilustramos a transformada de Fourier da segunda parcela da Equação 5.21, em que novamente usamos a Equação 5.18, nesse caso, para $a_1 e^{j(2\pi/N)n}$, e o fato de que $2\pi a_1 = 2\pi a_{N+1} = 2\pi a_{-N+1}$. De modo semelhante, a Figura 5.9(c) representa a última parcela. Por último, a Figura 5.9(d) representa a expressão completa de $X(e^{j\omega})$. Observe que, devido à periodicidade dos a_k, $X(e^{j\omega})$ pode ser interpretado como um trem de impulsos ocorrendo em múltiplos da frequência fundamental $2\pi/N$, com a área do impulso localizado em $\omega = 2\pi k/N$ sendo $2\pi a_k$, que é exatamente o que está indicado na Equação 5.20.

■ **Exemplo 5.5**

Considere o sinal periódico

$$x[n] = \cos \omega_0 n = \frac{1}{2} e^{j\omega_0 n} + \frac{1}{2} e^{-j\omega_0 n}, \text{ com } \omega_0 = \frac{2\pi}{5}. \quad (5.22)$$

Da Equação 5.18, podemos imediatamente escrever

$$X(e^{j\omega}) = \sum_{l=-\infty}^{+\infty} \pi \delta\left(\omega - \frac{2\pi}{5} - 2\pi l\right) + \sum_{l=-\infty}^{+\infty} \pi \delta\left(\omega + \frac{2\pi}{5} - 2\pi l\right). \quad (5.23)$$

Ou seja,

$$X(e^{j\omega}) = \pi \delta\left(\omega - \frac{2\pi}{5}\right) + \pi \delta\left(\omega + \frac{2\pi}{5}\right), -\pi \leq \omega < \pi, \quad (5.24)$$

e $X(e^{j\omega})$ repete-se periodicamente com um período de 2π, conforme ilustrado na Figura 5.10. ■

■ **Exemplo 5.6**

O correspondente em tempo discreto do trem de impulsos periódico do Exemplo 4.8 é a sequência

$$x[n] = \sum_{k=-\infty}^{+\infty} \delta[n - kN], \quad (5.25)$$

como esboçado na Figura 5.11(a). Os coeficientes da série de Fourier para esse sinal podem ser calculados diretamente da Equação 3.95:

$$a_k = \frac{1}{N} \sum_{n=\langle N \rangle} x[n] e^{-jk(2\pi/N)n}.$$

Escolhendo-se o intervalo do somatório como $0 \leq n \leq N - 1$, temos

$$a_k = \frac{1}{N}. \quad (5.26)$$

Usando as equações 5.26 e 5.20, podemos representar a transformada de Fourier do sinal como

$$X(e^{j\omega}) = \frac{2\pi}{N} \sum_{k=-\infty}^{+\infty} \delta\left(\omega - \frac{2\pi k}{N}\right), \quad (5.27)$$

o que está ilustrado na Figura 5.11(b). ■

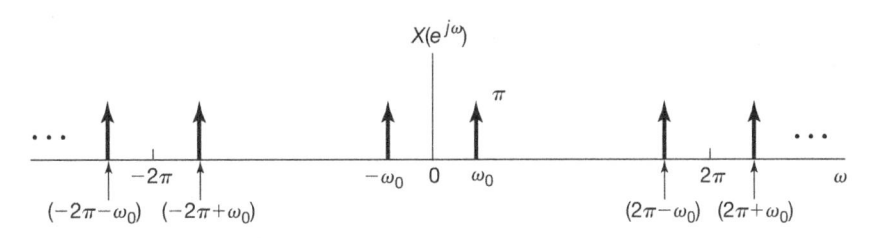

5.3 Propriedades da transformada de Fourier de tempo discreto

Assim como ocorre com a transformada de Fourier de tempo contínuo, existe uma grande variedade de propriedades da transformada de Fourier de tempo discreto que proporcionam maior compreensão sobre a transformada e, além disso, são muito úteis para reduzir a complexidade no cálculo das transformadas e transformadas inversas. Nesta e nas duas seções seguintes, examinaremos essas propriedades; na Tabela 5.1, apresentamos um resumo conciso delas. Comparando essa tabela com a Tabela 4.1, podemos obter uma imagem clara de algumas das semelhanças e diferenças entre as propriedades de transformada de Fourier de tempo contínuo e de tempo discreto. Quando a dedução ou interpretação de uma propriedade de transformada de Fourier de tempo discreto é basicamente idêntica à sua correspondente de tempo contínuo, simplesmente indicaremos a propriedade. Além disso, devido à relação estreita que existe entre a série de Fourier e a transformada de Fourier, muitas das propriedades de transformada se traduzem diretamente nas propriedades correspondentes para a série de Fourier de tempo discreto, que resumimos na Tabela 3.2 e discutimos rapidamente na Seção 3.7.

Figura 5.10 Transformada de Fourier de tempo discreto de $x[n] = \cos \omega_0 n$.

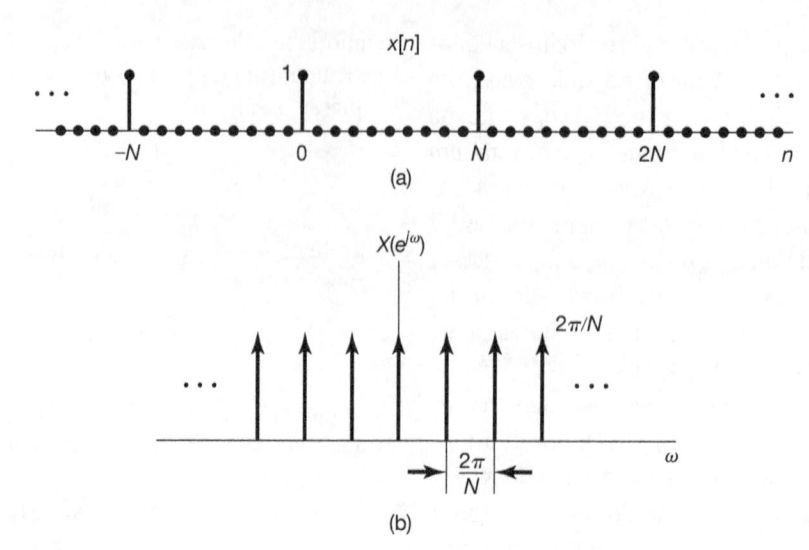

Figura 5.11 (a) Trem de impulsos periódico de tempo discreto; (b) sua transformada de Fourier.

Nas discussões a seguir será conveniente adotar notação análoga à que usamos na Seção 4.3 para indicar o emparelhamento entre um sinal e sua transformada. Ou seja,

$$X(e^{j\omega}) = \mathcal{F}\{x[n]\},$$
$$x[n] = \mathcal{F}^{-1}\{X(e^{j\omega})\},$$
$$x[n] \xleftrightarrow{\mathcal{F}} X(e^{j\omega}).$$

5.3.1 Periodicidade da transformada de Fourier de tempo discreto

Como discutimos na Seção 5.1, a transformada de Fourier de tempo discreto *sempre* é periódica em ω com período 2π, ou seja,

$$X(e^{j(\omega+2\pi)}) = X(e^{j\omega}). \quad (5.28)$$

Essa expressão contrasta com a transformada de Fourier de tempo contínuo, que, em geral, não é periódica.

5.3.2 Linearidade da transformada de Fourier

Se
$$x_1[n] \xleftrightarrow{\mathcal{F}} X_1(e^{j\omega})$$
e
$$x_2[n] \xleftrightarrow{\mathcal{F}} X_2(e^{j\omega}),$$
então
$$ax_1[n] + bx_2[n] \xleftrightarrow{\mathcal{F}} aX_1(e^{j\omega}) + bX_2(e^{j\omega}). \quad (5.29)$$

5.3.3 Deslocamento no tempo e deslocamento na frequência

Se
$$x[n] \xleftrightarrow{\mathcal{F}} X(e^{j\omega}),$$

então

$$x[n-n_0] \xleftrightarrow{\mathcal{F}} e^{-j\omega n_0} X(e^{j\omega}) \quad (5.30)$$

e

$$e^{j\omega_0 n} x[n] \xleftrightarrow{\mathcal{F}} X(e^{j(\omega-\omega_0)}). \quad (5.31)$$

A Equação 5.30 pode ser obtida pela substituição direta de $x[n - n_0]$ na Equação de análise 5.9, enquanto a Equação 5.31 é deduzida substituindo-se $X(e^{j(\omega-\omega_0)})$ na Equação de síntese 5.8.

Como consequência das propriedades de periodicidade e deslocamento em frequência da transformada de Fourier de tempo discreto, existe uma relação especial entre filtros ideais de tempo discreto passa-baixas e passa-altas. Esse fato é ilustrado no exemplo a seguir.

■ **Exemplo 5.7**

Na Figura 5.12(a), representamos a resposta em frequência $H_{lp}(e^{j\omega})$ de um filtro passa-baixas com frequência de corte ω_c, enquanto na Figura 5.12(b) apresentamos $H_{lp}(e^{j(\omega-\pi)})$ — ou seja, a resposta em frequência $H_{lp}(e^{j\omega})$ deslocada por meio período, ou seja, por π. Como frequências altas em tempo discreto estão concentradas perto de π (e outros múltiplos ímpares de π), o filtro na Figura 5.12(b) é um filtro passa-altas ideal com frequência de corte $\pi - \omega_c$. Ou seja,

$$H_{hp}(e^{j\omega}) = H_{lp}(e^{j(\omega-\pi)}). \quad (5.32)$$

Como podemos ver da Equação 3.122 e conforme discutiremos novamente na Seção 5.4, a resposta em frequência de um sistema LIT é a transformada de Fourier da resposta ao impulso do sistema. Assim, se $h_{lp}[n]$ e $h_{hp}[n]$ respectivamente indicarem as respostas ao impulso dos filtros

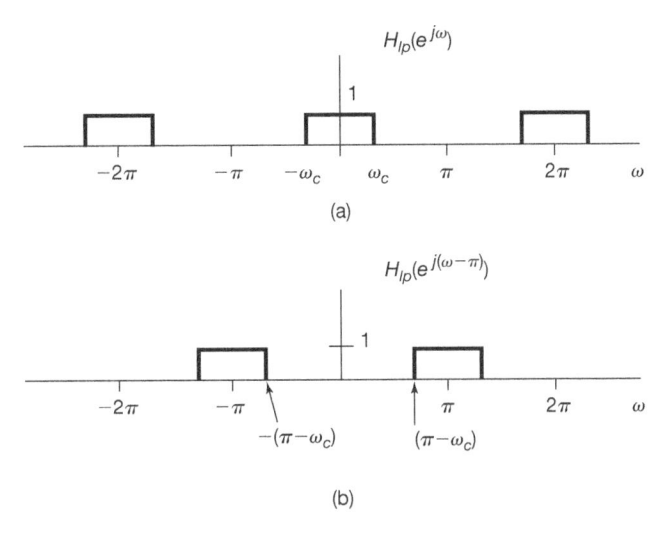

Figura 5.12 (a) Resposta em frequência de um filtro passa-baixas; (b) resposta em frequência de um filtro passa-altas obtido pelo deslocamento da resposta em frequência em (a) por $\omega = \pi$, correspondendo a meio período.

passa-baixas e passa-altas na Figura 5.12, então a Equação 5.32 e a propriedade de deslocamento em frequência implicam que

$$h_{hp}[n] = e^{j\pi n} h_{lp}[n] \quad (5.33)$$
$$= (-1)^n h_{lp}[n]. \quad (5.34)$$

5.3.4 Conjugação e simetria conjugada

Se

$$x[n] \xleftrightarrow{\mathcal{F}} X(e^{j\omega}),$$

então

$$\boxed{x^*[n] \xleftrightarrow{\mathcal{F}} X^*(e^{-j\omega}).} \quad (5.35)$$

Além disso, se $x[n]$ é real, sua transformada $X(e^{j\omega})$ tem simetria conjugada. Ou seja,

$$\boxed{X(e^{j\omega}) = X^*(e^{-j\omega}) \quad [x[n] \text{ real}].} \quad (5.36)$$

Por isso, segue-se que $\mathcal{R}e\{X(e^{j\omega})\}$ é uma função par de ω e $\mathcal{I}m\{X(e^{j\omega})\}$ é uma função ímpar de ω. De modo semelhante, a magnitude de $X(e^{j\omega})$ é uma função par e o ângulo de fase é uma função ímpar. Além do mais,

$$\mathcal{E}v\{x[n]\} \xleftrightarrow{\mathcal{F}} \mathcal{R}e\{X(e^{j\omega})\}$$

e

$$\mathcal{O}d\{x[n]\} \xleftrightarrow{\mathcal{F}} \mathcal{I}m\{X(e^{j\omega})\},$$

em que $\mathcal{E}v$ e $\mathcal{O}d$ indicam as partes par e ímpar, respectivamente, de $x[n]$. Por exemplo, se $x[n]$ é real e par, sua transformada de Fourier também é real e par. O Exemplo 5.2 ilustra essa simetria para $x[n] = a^{|n|}$.

5.3.5 Diferenciação e acumulação

Nesta subseção, consideramos o correspondente de tempo discreto da integração — ou seja, a acumulação — e seu inverso, a primeira diferenciação. Considere que $x[n]$ seja um sinal com transformada de Fourier $X(e^{j\omega})$. Então, pelas propriedades de linearidade e deslocamento no tempo, o par transformado de Fourier para o sinal da primeira diferença $x[n] - x[n-1]$ é dado por

$$\boxed{x[n] - x[n-1] \xleftrightarrow{\mathcal{F}} (1 - e^{-j\omega}) X(e^{j\omega}).} \quad (5.37)$$

Em seguida, considere o sinal

$$y[n] = \sum_{m=-\infty}^{n} x[m]. \quad (5.38)$$

Como $y[n] - y[n-1] = x[n]$, podemos concluir que a transformada de $y[n]$ deveria estar relacionada à transformada de $x[n]$ dividida por $(1 - e^{-j\omega})$. Isso está parcialmente correto, mas, como na propriedade de integração de tempo contínuo, dada pela Equação 4.32, há mais elementos envolvidos. A relação exata é

$$\boxed{\sum_{m=-\infty}^{n} x[m] \xleftrightarrow{\mathcal{F}} \frac{1}{1-e^{-j\omega}} X(e^{j\omega}) + \pi X(e^{j0}) \sum_{k=-\infty}^{+\infty} \delta(\omega - 2\pi k).}$$
(5.39)

O trem de impulsos no membro direito da Equação 5.39 reflete o valor dc ou médio que pode resultar do somatório.

■ **Exemplo 5.8**

Vamos deduzir a transformada de Fourier $X(e^{j\omega})$ do degrau unitário $x[n] = u[n]$ utilizando a propriedade de acumulação e sabendo que

$$g[n] = \delta[n] \xleftrightarrow{\mathcal{F}} G(e^{j\omega}) = 1.$$

Da Seção 1.4.1, sabemos que o degrau unitário é a soma acumulada do impulso unitário. Ou seja,

$$x[n] = \sum_{m=-\infty}^{n} g[m].$$

Tomando a transformada de Fourier dos dois membros e usando a propriedade da acumulação, temos

$$X(e^{j\omega}) = \frac{1}{(1-e^{-j\omega})}G(e^{j\omega}) + \pi G(e^{j0}) \sum_{k=-\infty}^{\infty} \delta(\omega - 2\pi k)$$

$$= \frac{1}{1-e^{-j\omega}} + \pi \sum_{k=-\infty}^{\infty} \delta(\omega - 2\pi k).$$

5.3.6 Reflexão no tempo

Seja $x[n]$ um sinal com espectro $X(e^{j\omega})$ e considere a transformada $Y(e^{j\omega})$ de $y[n] = x[-n]$. Da Equação 5.9,

$$Y(e^{j\omega}) = \sum_{n=-\infty}^{+\infty} y[n]e^{-j\omega n} = \sum_{n=-\infty}^{+\infty} x[-n]e^{-j\omega n} \quad (5.40)$$

Substituindo $m = -n$ na Equação 5.40, obtemos

$$Y(e^{j\omega}) = \sum_{m=-\infty}^{+\infty} x[m]e^{-j(-\omega)m} = X(e^{-j\omega}). \quad (5.41)$$

Ou seja,

$$\boxed{x[-n] \xleftrightarrow{\mathcal{F}} X(e^{-j\omega}).} \quad (5.42)$$

5.3.7 Expansão no tempo

Devido à natureza discreta do índice de tempo para sinais de tempo discreto, a relação entre mudança de escala no tempo e na frequência em tempo discreto assume uma forma um tanto diferente do seu correspondente em tempo contínuo. Especificamente, na Seção 4.3.5, deduzimos a propriedade de tempo contínuo

$$x(at) \xleftrightarrow{\mathcal{F}} \frac{1}{|a|} X\left(\frac{j\omega}{a}\right). \quad (5.43)$$

Porém, se tentarmos definir o sinal $x[an]$, teremos dificuldades se a não for um inteiro. Portanto, não podemos tornar o sinal mais lento tomando $a < 1$. Por outro lado, se permitirmos que a seja um inteiro diferente de ± 1 — por exemplo, se considerarmos $x[2n]$ —, não necessariamente aceleraremos o sinal original. Ou seja, como n pode assumir apenas valores inteiros, o sinal $x[2n]$ consiste das amostras pares de $x[n]$ apenas.

Entretanto, existe um resultado que é bastante parecido com a Equação 5.43. Seja k um inteiro positivo, e defina o sinal

$$x_{(k)}[n] = \begin{cases} x[n/k], & \text{se } n \text{ for múltiplo de } k \\ 0, & \text{se } n \text{ não for múltiplo de } k. \end{cases} \quad (5.44)$$

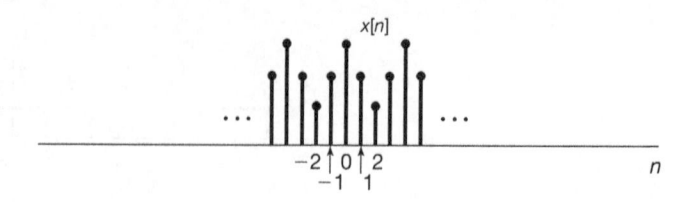

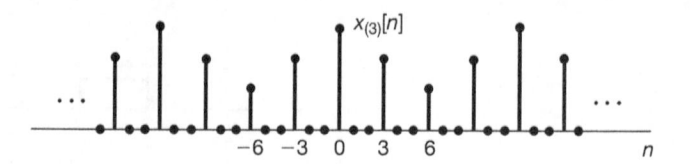

Figura 5.13 O sinal $x_{(3)}[n]$ obtido de $x[n]$ inserindo-se dois zeros entre valores sucessivos do sinal original.

Conforme ilustramos na Figura 5.13 para $k = 3$, $x_{(k)}[n]$ é obtido de $x[n]$ colocando $k - 1$ zeros entre valores sucessivos do sinal original. Intuitivamente, podemos pensar em $x_{(k)}[n]$ como uma versão mais lenta de $x[n]$. Como $x_{(k)}[n]$ é igual a 0 a menos que n seja um múltiplo de k, ou seja, a menos que $n = rk$, vemos que a transformada de Fourier de $x_{(k)}[n]$ é dada por

$$X_{(k)}(e^{j\omega}) = \sum_{n=-\infty}^{+\infty} x_{(k)}[n]e^{-j\omega n} = \sum_{r=-\infty}^{+\infty} x_{(k)}[rk]e^{-j\omega rk}.$$

Além do mais, como $x_{(k)}[rk] = x[r]$, encontramos que

$$X_{(k)}(e^{j\omega}) = \sum_{r=-\infty}^{+\infty} x[r]e^{-j(k\omega)r} = X(e^{jk\omega}).$$

Ou seja,

$$\boxed{x_{(k)}[n] \xleftrightarrow{\mathcal{F}} X(e^{jk\omega}).} \quad (5.45)$$

Note que, como o sinal é expandido e mais lento no tempo tomando $k > 1$, sua transformada de Fourier é comprimida. Por exemplo, como $X(e^{j\omega})$ é periódico com período 2π, $X(e^{jk\omega})$ é periódico com período $2\pi/k$. Essa propriedade é ilustrada na Figura 5.14 para um pulso retangular.

■ **Exemplo 5.9**

Para ilustrar a utilidade da propriedade de expansão no tempo para determinar transformadas de Fourier, vamos considerar a sequência $x[n]$ exibida na Figura 5.15(a). Essa sequência pode ser relacionada à sequência mais simples $y[n]$, representada na Figura 5.15(b). Em particular

$$x[n] = y_{(2)}[n] + 2y_{(2)}[n-1],$$

em que

$$y_{(2)}[n] = \begin{cases} y[n/2], & \text{se } n \text{ for par} \\ 0, & \text{se } n \text{ for ímpar} \end{cases}$$

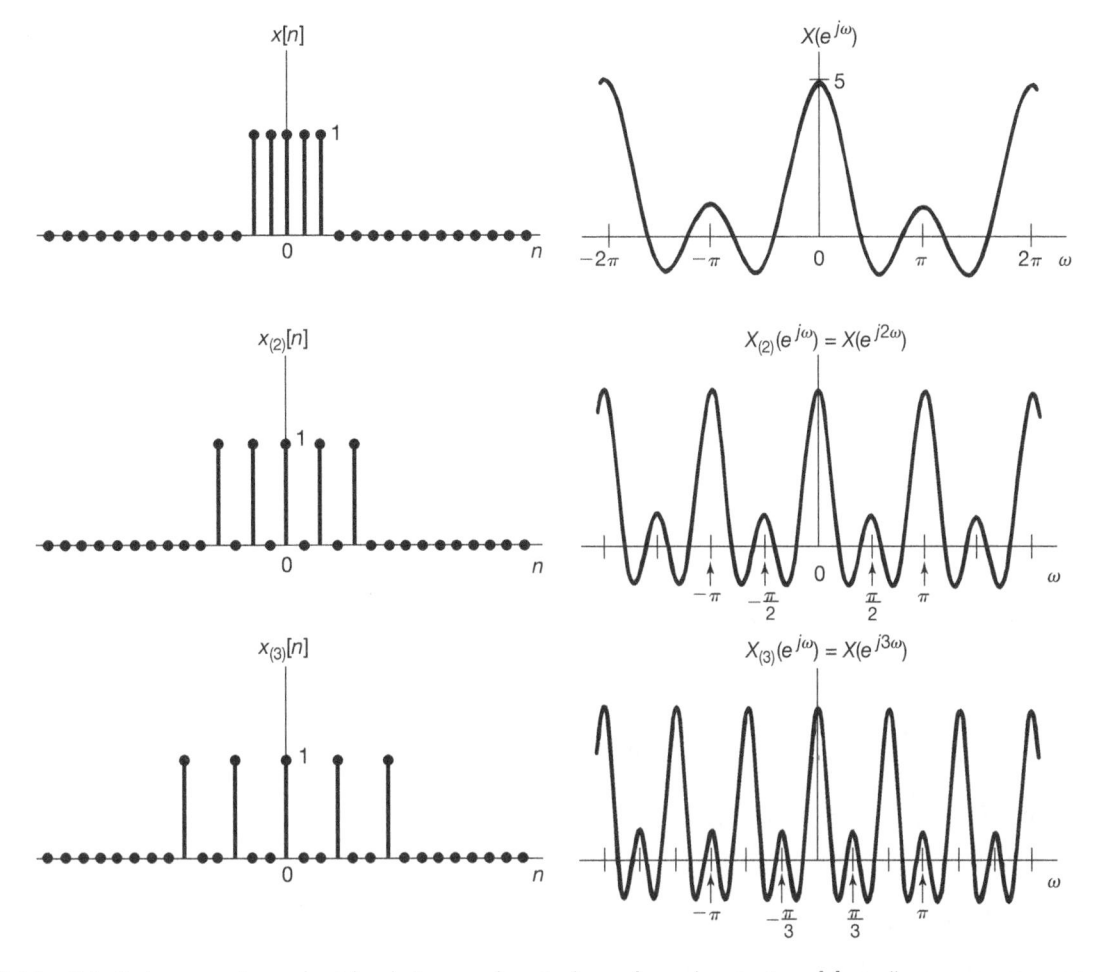

Figura 5.14 Relação inversa entre os domínios de tempo e frequência: conforme k aumenta, $x_{(k)}[n]$ espalha-se enquanto sua transformada é comprimida.

e $y_{(2)}[n-1]$ representa $y_{(2)}[n]$ deslocado uma unidade para a direita. Os sinais $y_{(2)}[n]$ e $2y_{(2)}[n-1]$ são representados nas figuras 5.15(c) e (d), respectivamente.

Em seguida, note que $y[n] = g[n-2]$, sendo $g[n]$ um pulso retangular, como considerado no Exemplo 5.3 (com $N_1 = 2$) e mostrado na Figura 5.6(a). Consequentemente, do Exemplo 5.3 e da propriedade de deslocamento no tempo, vemos que

$$Y(e^{j\omega}) = e^{-j2\omega}\frac{\text{sen}(5\omega/2)}{\text{sen}(\omega/2)}.$$

Usando a propriedade de expansão de tempo, obtemos, então,

$$y_{(2)}[n] \xleftrightarrow{\mathcal{F}} e^{-j4\omega}\frac{\text{sen}(5\omega)}{\text{sen}(\omega)},$$

e usando as propriedades de linearidade e deslocamento no tempo, obtemos

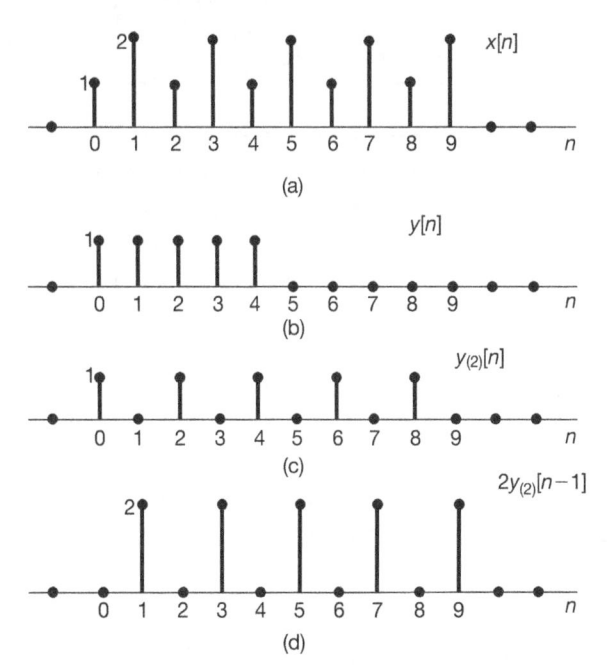

$$2y_{(2)}[n-1] \xleftrightarrow{\mathcal{F}} 2e^{-j5\omega}\frac{\text{sen}(5\omega)}{\text{sen}(\omega)}.$$

Figura 5.15 (a) O sinal $x[n]$ no Exemplo 5.9; (b) o sinal $y[n]$; (c) o sinal $y_{(2)}[n]$ obtido inserindo-se um zero entre valores sucessivos de $y[n]$; (d) o sinal $2y_{(2)}[n-1]$.

Combinando esses dois resultados, temos

$$X(e^{j\omega}) = e^{-j4\omega}(1+2e^{-j\omega})\left(\frac{\text{sen}(5\omega)}{\text{sen}(\omega)}\right).$$

5.3.8 Diferenciação na frequência

Novamente, seja

$$x[n] \xleftrightarrow{\mathcal{F}} X(e^{j\omega}).$$

Se aplicamos a definição de $X(e^{jk\omega})$ na Equação de análise 5.9 e diferenciamos os dois membros, obtemos

$$\frac{dX(e^{j\omega})}{d\omega} = \sum_{n=-\infty}^{+\infty} -jnx[n]e^{-j\omega n}.$$

O membro direito dessa equação é a transformada de Fourier de $-jnx[n]$. Portanto, multiplicando os dois membros por j, vemos que

$$\boxed{nx[n] \xleftrightarrow{\mathcal{F}} j\frac{dX(e^{j\omega})}{d\omega}.} \quad (5.46)$$

A utilidade dessa propriedade será ilustrada no Exemplo 5.13, na Seção 5.4.

5.3.9 Relação de Parseval

Se $x[n]$ e $X(e^{j\omega})$ são um par transformado de Fourier, então

$$\boxed{\sum_{n=-\infty}^{+\infty}|x[n]|^2 = \frac{1}{2\pi}\int_{2\pi}|X(e^{j\omega})|^2 d\omega.} \quad (5.47)$$

Notamos que essa expressão é semelhante à Equação 4.43, e a dedução é feita de maneira semelhante. A quantidade no membro esquerdo da Equação 5.47 é a energia total no sinal $x[n]$, e a relação de Parseval estabelece que essa energia também pode ser determinada integrando a energia por frequência unitária, $|X(e^{j\omega})|^2/2\pi$, em um intervalo de comprimento 2π de frequências distintas de tempo discreto. Em analogia com o caso de tempo contínuo, $|X(e^{j\omega})|^2$ é denominado *espectro de densidade de energia* do sinal $x[n]$. Observe também que a Equação 5.47 é o correspondente para sinais aperiódicos da relação de Parseval, Equação 3.110, para sinais periódicos, que iguala à potência média em um sinal periódico com a soma das potências médias de seus componentes harmônicos individuais.

Dada a transformada de Fourier de uma sequência, é possível usar propriedades da transformada de Fourier para determinar se ela tem certas propriedades. Para ilustrar essa ideia, apresentamos o exemplo a seguir.

Exemplo 5.10

Considere a sequência $x[n]$ cuja transformada de Fourier $X(e^{j\omega})$ é representada na Figura 5.16 para $-\pi \leq \omega \leq \pi$. Queremos determinar se, no domínio de tempo, $x[n]$ é ou não periódico, real, par e/ou de energia finita.

De acordo com o que vimos, observamos primeiro que a periodicidade no domínio de tempo implica que a transformada de Fourier é zero, exceto, possivelmente, para impulsos localizados em diversos múltiplos inteiros da frequência fundamental. Isso não ocorre para $X(e^{j\omega})$. Concluímos, então, que $x[n]$ *não* é periódico.

Em seguida, pelas propriedades de simetria para as transformadas de Fourier, sabemos que uma sequência real precisa ter uma transformada de Fourier de magnitude par e uma função de fase que seja ímpar. Isso é verdadeiro para $|X(e^{j\omega})|$ e $\sphericalangle X(e^{j\omega})$ dados. Assim, concluímos que $x[n]$ é real.

Além disso, se $x[n]$ é uma função par, então, pelas propriedades de simetria para sinais reais, $X(e^{j\omega})$ precisa ser real e par. Porém, como $X(e^{j\omega}) = |X(e^{j\omega})|e^{-j2\omega}$, $X(e^{j\omega})$ não é uma função real. Consequentemente, $x[n]$ não é par.

Por fim, para testar a propriedade de energia finita, podemos usar a relação de Parseval,

$$\sum_{n=-\infty}^{+\infty}|x[n]|^2 = \frac{1}{2\pi}\int_{2\pi}|X(e^{j\omega})|^2 d\omega.$$

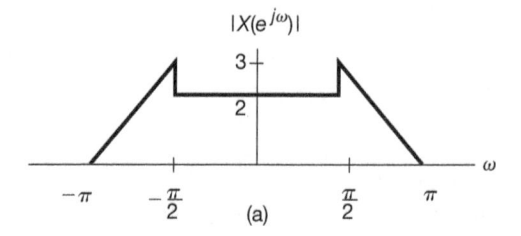

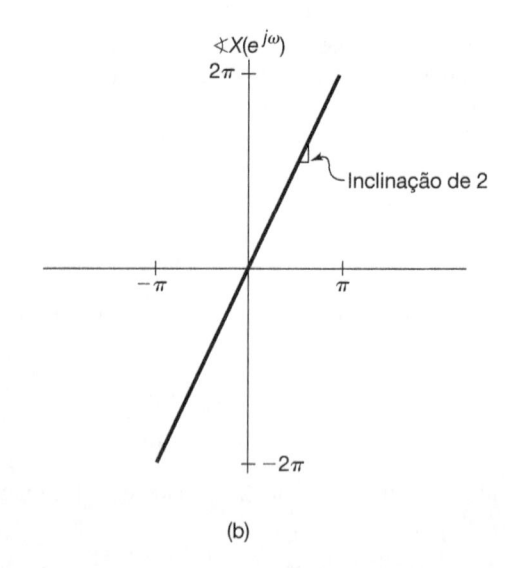

Figura 5.16 Magnitude e fase da transformada de Fourier para o Exemplo 5.10.

Fica claro, pela Figura 5.16, que integrar $|X(e^{j\omega})|^2$ de $-\pi$ a π gerará uma quantidade finita. Concluímos, assim, que $x[n]$ tem energia finita.

Nas próximas seções deste capítulo, consideramos três propriedades adicionais. As duas primeiras são as propriedades de convolução e multiplicação, semelhantes àquelas discutidas nas seções 4.4 e 4.5. A terceira é a propriedade de dualidade, que examinamos na Seção 5.7, em que consideramos não apenas a dualidade no domínio de tempo discreto, mas também a dualidade que existe *entre* os domínios de tempo contínuo e de tempo discreto.

5.4 A propriedade da convolução

Na Seção 4.4, discutimos a importância da transformada de Fourier de tempo contínuo com relação ao seu efeito sobre a operação da convolução e seu uso ao lidar com sistemas LIT de tempo contínuo. Uma relação idêntica aplica-se em tempo discreto, e esse é um dos principais motivos para a transformada de Fourier de tempo discreto ser de grande valor na representação e análise de sistemas LIT de tempo discreto. Especificamente, se $x[n]$, $h[n]$ e $y[n]$ forem a entrada, resposta ao impulso e saída, respectivamente, de um sistema LIT, de modo que

$$y[n] = x[n] * h[n],$$

então

$$\boxed{Y(e^{j\omega}) = X(e^{j\omega}) H(e^{j\omega}),} \quad (5.48)$$

sendo $X(e^{j\omega})$, $H(e^{j\omega})$ e $Y(e^{j\omega})$ as transformadas de Fourier de $x[n]$, $h[n]$ e $y[n]$, respectivamente. Além disso, comparando as equações 3.122 e 5.9, vemos que a resposta em frequência de um sistema LIT de tempo discreto, conforme definida inicialmente na Seção 3.8, é a transformada de Fourier da resposta ao impulso do sistema.

A dedução da Equação 5.48 é análoga àquela desenvolvida na Seção 4.4. Em particular, assim como em tempo contínuo, a Equação de síntese de Fourier 5.8 para $x[n]$ pode ser interpretada como a decomposição de $x[n]$ em uma combinação linear de exponenciais complexas com amplitudes infinitesimais proporcionais a $X(e^{j\omega})$. Cada uma dessas exponenciais é uma autofunção do sistema. No Capítulo 3, usamos esse fato para mostrar que os coeficientes da série de Fourier da resposta de um sistema LIT a uma entrada periódica são simplesmente os coeficientes de Fourier da entrada multiplicados pela resposta de frequência do sistema calculada nas frequências harmônicas correspondentes. A propriedade de convolução (Equação 5.48) representa a extensão desse resultado a entradas e saídas aperiódicas usando a transformada de Fourier em vez da série de Fourier.

Como em tempo contínuo, a Equação 5.48 mapeia a convolução de dois sinais na operação algébrica simples de multiplicar suas transformadas de Fourier, um fato que facilita a análise de sinais e sistemas e aumenta significativamente nossa compreensão sobre o modo como um sistema LIT responde aos sinais de entrada que são aplicados a ele. Pela Equação 5.48, particularmente, vemos que a resposta em frequência $H(e^{j\omega})$ representa a mudança na amplitude complexa da transformada de Fourier da entrada em cada frequência ω. Assim, na filtragem seletiva em frequência, por exemplo, queremos $H(e^{j\omega}) \approx 1$ na faixa de frequências correspondente à banda de passagem desejada e $H(e^{j\omega}) \approx 0$ na faixa de frequências a ser eliminada ou significativamente atenuada.

5.4.1 Exemplos

Para ilustrar a propriedade da convolução, junto com uma série de outras propriedades, consideramos vários exemplos nesta seção.

■ **Exemplo 5.11**

Considere um sistema LIT com resposta ao impulso

$$h[n] = \delta[n - n_0].$$

A resposta em frequência é

$$H(e^{j\omega}) = \sum_{n=-\infty}^{+\infty} \delta[n-n_0] e^{-j\omega n} = e^{-j\omega n_0}.$$

Assim, para qualquer entrada $x[n]$ com transformada de Fourier $X(e^{j\omega})$, a transformada de Fourier da saída é

$$Y(e^{j\omega}) = e^{-j\omega n_0} X(e^{j\omega}). \quad (5.49)$$

Notamos que, para este exemplo, $y[n] = x[n - n_0]$ e a Equação 5.49 é consistente com a propriedade de deslocamento no tempo. Note também que a resposta em frequência $H(e^{j\omega}) = e^{-j\omega n_0}$ de um deslocamento no tempo puro tem magnitude unitária em todas as frequências e uma característica de fase $-\omega n_0$ que é linear com a frequência. ■

■ **Exemplo 5.12**

Considere o filtro passa-baixas ideal de tempo discreto introduzido na Seção 3.9.2. Esse sistema tem a resposta em frequência $H(e^{j\omega})$ ilustrada na Figura 5.17(a). Como a resposta ao impulso e a resposta em frequência de um sistema LIT são um par transformado de Fourier, podemos determinar a resposta ao impulso do filtro passa-baixas ideal a partir da resposta em frequência usando a Equação de síntese da transformada de Fourier 5.8. Em particular, usando

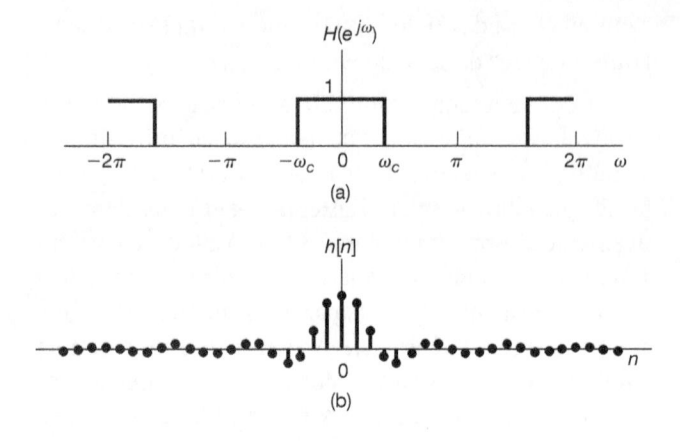

Figura 5.17 (a) Resposta em frequência de um filtro passa-baixas ideal de tempo discreto; (b) resposta ao impulso do filtro passa-baixas ideal.

$-\pi \leq \omega \leq \pi$ como o intervalo de integração nessa equação, vemos da Figura 5.17(a) que

$$h[n] = \frac{1}{2\pi} \int_{-\pi}^{\pi} H(e^{j\omega}) e^{j\omega n} d\omega = \frac{1}{2\pi} \int_{-\omega_c}^{\omega_c} e^{j\omega n} d\omega \quad (5.50)$$
$$= \frac{\text{sen } \omega_c n}{\pi n},$$

que é mostrada na Figura 5.17(b).

Na Figura 5.17, deparamo-nos com muitas das mesmas questões que vieram à tona com o filtro passa-baixas ideal de tempo contínuo no Exemplo 4.18. Primeiro, como $h[n]$ não é nula para $n < 0$, o filtro passa-baixas ideal é não causal. Segundo, mesmo que a causalidade não seja uma consideração importante, existem outros motivos, incluindo facilidade de implementação e características de domínio de tempo preferíveis, pelos quais os filtros não ideais geralmente são usados para realizar a filtragem seletiva em frequência. Em particular, a resposta ao impulso do filtro passa-baixas ideal na Figura 5.17(b) é oscilatória, uma característica que é indesejável em algumas aplicações. Nesses casos, deve-se conseguir um compromisso entre objetivos de domínio de frequência, como a seletividade em frequência, e propriedades de domínio de tempo, como comportamento não oscilatório. No Capítulo 6, vamos discutir com mais detalhes essas e outras ideias relacionadas.

Como o exemplo a seguir ilustra, a propriedade de convolução também pode ser valiosa para facilitar o cálculo das somas de convolução.

■ **Exemplo 5.13**

Considere um sistema LIT com resposta ao impulso

$$h[n] = \alpha^n u[n],$$

com $|\alpha| < 1$, e suponha que a entrada desse sistema seja

$$x[n] = \beta^n u[n],$$

com $|\beta| < 1$. Calculando as transformadas de Fourier de $h[n]$ e $x[n]$, temos

$$H(e^{j\omega}) = \frac{1}{1 - \alpha e^{-j\omega}} \quad (5.51)$$

e

$$X(e^{j\omega}) = \frac{1}{1 - \beta e^{-j\omega}}, \quad (5.52)$$

de modo que

$$Y(e^{j\omega}) = H(e^{j\omega})X(e^{j\omega}) = \frac{1}{(1 - \alpha e^{-j\omega})(1 - \beta e^{-j\omega})}. \quad (5.53)$$

Assim como no Exemplo 4.19, determinar a transformada inversa de $Y(e^{j\omega})$ é mais fácil expandindo-se $Y(e^{j\omega})$ pelo método de frações parciais. Especificamente, $Y(e^{j\omega})$ é uma razão de polinômios em potências de $e^{-j\omega}$, e gostaríamos de expressá-la como uma soma de parcelas mais simples desse tipo, de modo que possamos encontrar a transformada inversa de cada parcela por inspeção (junto, talvez, com o uso da propriedade de diferenciação na frequência da Seção 5.3.8). O procedimento algébrico geral para transformadas racionais é descrito no apêndice. Para este exemplo, se $\alpha \neq \beta$, a expansão em frações parciais de $Y(e^{j\omega})$ tem a forma

$$Y(e^{j\omega}) = \frac{A}{1 - \alpha e^{-j\omega}} + \frac{B}{1 - \beta e^{-j\omega}}. \quad (5.54)$$

Igualando os membros direitos das equações 5.53 e 5.54, encontramos que

$$A = \frac{\alpha}{\alpha - \beta}, \ B = -\frac{\beta}{\alpha - \beta}.$$

Portanto, do Exemplo 5.1 e da propriedade de linearidade, podemos obter a transformada inversa da Equação 5.54 por inspeção:

$$y[n] = \frac{\alpha}{\alpha - \beta} \alpha^n u[n] - \frac{\beta}{\alpha - \beta} \beta^n u[n]$$
$$= \frac{1}{\alpha - \beta} [\alpha^{n+1} u[n] - \beta^{n+1} u[n]] \quad (5.55)$$

Para $\alpha = \beta$, a expansão em frações parciais na Equação 5.54 não é válida. Porém, nesse caso,

$$Y(e^{j\omega}) = \left(\frac{1}{1 - \alpha e^{-j\omega}}\right)^2,$$

que pode ser expressa como

$$Y(e^{j\omega}) = \frac{j}{\alpha} e^{j\omega} \frac{d}{d\omega}\left(\frac{1}{1 - \alpha e^{-j\omega}}\right). \quad (5.56)$$

Assim como no Exemplo 4.19, podemos usar a propriedade de diferenciação na frequência, Equação 5.46, junto com o par transformado de Fourier

$$\alpha^n u[n] \xleftrightarrow{\mathcal{F}} \frac{1}{1-\alpha e^{-j\omega}},$$

para concluir que

$$n\alpha^n u[n] \xleftrightarrow{\mathcal{F}} j\frac{d}{d\omega}\frac{1}{1-\alpha e^{-j\omega}}.$$

Para levar em conta o fator $e^{j\omega}$, usamos a propriedade de deslocamento no tempo para obter

$$(n+1)\alpha^{n+1}u[n+1] \xleftrightarrow{\mathcal{F}} je^{j\omega}\frac{d}{d\omega}\frac{1}{1-\alpha e^{-j\omega}},$$

e, por fim, considerando o fator $1/\alpha$, na Equação 5.56, obtemos

$$y[n] = (n+1)\alpha^n u[n+1]. \quad \textbf{(5.57)}$$

Vale a pena notar que, embora o membro direito seja multiplicado por um degrau que começa em $n = -1$, a sequência $(n+1)\alpha^n u[n+1]$ ainda é nula antes de $n = 0$, pois o fator $n + 1$ é zero em $n = -1$. Assim, alternativamente, podemos expressar $y[n]$ como

$$y[n] = (n+1)\alpha^n u[n]. \quad \textbf{(5.58)}$$

Como ilustrado no próximo exemplo, a propriedade de convolução, junto com outras propriedades da transformada de Fourier, é frequentemente útil na análise de interconexões de sistemas.

■ **Exemplo 5.14**

Considere o sistema mostrado na Figura 5.18(a) com entrada $x[n]$ e saída $y[n]$. Os sistemas LIT com resposta em frequência $H_{lp}(e^{j\omega})$ são filtros passa-baixas ideais, com frequência de corte $\pi/4$ e ganho unitário na banda de passagem.

Vamos, primeiro, considerar o percurso superior na Figura 5.18(a). A transformada de Fourier do sinal $w_1[n]$ pode ser obtida observando-se que $(-1)^n = e^{j\pi n}$, de modo que $w_1[n] = e^{j\pi n}x[n]$. Usando a propriedade de deslocamento em frequência, obtemos, então,

$$W_1(e^{j\omega}) = X(e^{j(\omega-\pi)}).$$

A propriedade de convolução conduz a

$$W_2(e^{j\omega}) = H_{lp}(e^{j\omega})X(e^{j(\omega-\pi)}).$$

Como $w_3[n] = e^{j\pi n}w_2[n]$, podemos novamente aplicar a propriedade de deslocamento em frequência para obter

$$W_3(e^{j\omega}) = W_2(e^{j(\omega-\pi)})$$
$$= H_{lp}(e^{j(\omega-\pi)})X(e^{j(\omega-2\pi)}).$$

Como as transformadas de Fourier de tempo discreto sempre são periódicas com período 2π,

$$W_3(e^{j\omega}) = H_{lp}(e^{j(\omega-\pi)})X(e^{j\omega}).$$

Aplicando a propriedade de convolução no percurso inferior, obtemos

$$W_4(e^{j\omega}) = H_{lp}(e^{j\omega})X(e^{j\omega}).$$

Da propriedade de linearidade da transformada de Fourier, obtemos

$$Y(e^{j\omega}) = W_3(e^{j\omega}) + W_4(e^{j\omega})$$
$$= [H_{lp}(e^{j(\omega-\pi)}) + H_{lp}(e^{j\omega})]X(e^{j\omega}).$$

Consequentemente, o sistema global na Figura 5.18(a) tem resposta em frequência

$$H(e^{j\omega}) = [H_{lp}(e^{j(\omega-\pi)}) + H_{lp}(e^{j\omega})]$$

que é mostrada na Figura 5.18(b).

Como vimos no Exemplo 5.7, $H_{lp}(e^{j(\omega-\pi)})$ é a resposta em frequência de um filtro passa-altas ideal. Assim, o sistema global deixa passar frequências baixas e altas e rejeita frequências entre essas duas bandas de passagem. Ou seja, o filtro tem o que comumente é chamado *característica rejeita banda ideal*, em que a banda de rejeição é a região $\pi/4 < |\omega| < 3\pi/4$. ■

É importante notar que, como em tempo contínuo, nem todo sistema LIT de tempo discreto tem uma resposta em frequência. Por exemplo, o sistema LIT com resposta ao impulso $h[n] = 2^n u[n]$ não tem uma resposta finita a entradas senoidais, o que é refletido no fato de que a equação de análise de transformada de Fourier para $h[n]$ diverge. Porém, se um sistema LIT é estável,

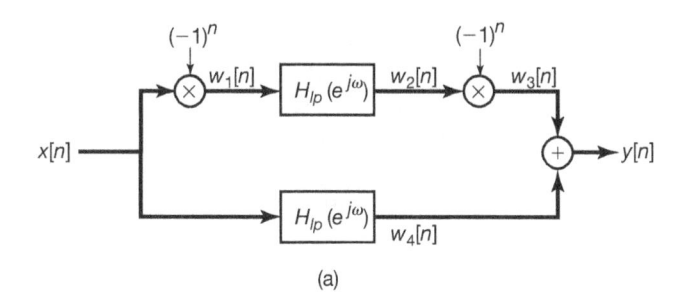

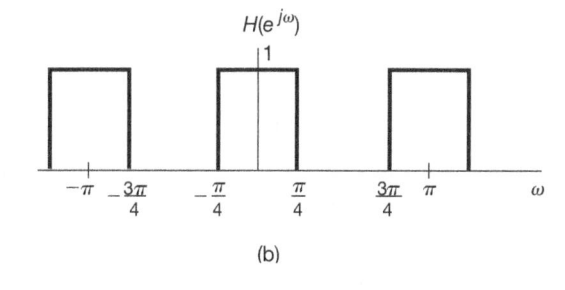

Figura 5.18 (a) Interconexão de sistemas do Exemplo 5.14; (b) a resposta em frequência geral para esse sistema.

então, pela Seção 2.3.7, sua resposta ao impulso é absolutamente somável; ou seja,

$$\sum_{n=-\infty}^{+\infty} |h[n]| < \infty. \quad (5.59)$$

Portanto, a resposta em frequência sempre converge para sistemas estáveis. Ao usar os métodos de Fourier, vamos nos restringir a sistemas com respostas ao impulso que possuem transformadas de Fourier bem definidas. No Capítulo 10, apresentaremos uma extensão da transformada de Fourier conhecida como transformada z, que nos permitirá usar técnicas de transformada para sistemas LIT para os quais a resposta em frequência não converge.

5.5 A propriedade da multiplicação

Na Seção 4.5, apresentamos a propriedade de multiplicação para os sinais de tempo contínuo e indicamos algumas de suas aplicações por meio de diversos exemplos. Existe uma propriedade análoga para sinais de tempo discreto, que desempenha um papel semelhante nas aplicações. Nesta seção, deduzimos esse resultado diretamente e damos um exemplo de seu uso. Nos capítulos 7 e 8, usaremos a propriedade de multiplicação no contexto de nossas discussões de amostragem e comunicações.

Considere $y[n]$ igual ao produto de $x_1[n]$ e $x_2[n]$, com $Y(e^{j\omega})$, $X_1(e^{j\omega})$ e $X_2(e^{j\omega})$ indicando as transformadas de Fourier correspondentes. Então

$$Y(e^{j\omega}) = \sum_{n=-\infty}^{+\infty} y[n]e^{-j\omega n} = \sum_{n=-\infty}^{+\infty} x_1[n]x_2[n]e^{-j\omega n},$$

ou, como

$$x_1[n] = \frac{1}{2\pi}\int_{2\pi} X_1(e^{j\theta})e^{j\theta n}d\theta, \quad (5.60)$$

segue-se que

$$Y(e^{j\omega}) = \sum_{n=-\infty}^{+\infty} x_2[n]\left\{\frac{1}{2\pi}\int_{2\pi} X_1(e^{j\theta})e^{j\theta n}d\theta\right\}e^{-j\omega n}. \quad (5.61)$$

Trocando a ordem do somatório e integração, obtemos

$$Y(e^{j\omega}) = \frac{1}{2\pi}\int_{2\pi} X_1(e^{j\theta})\left[\sum_{n=-\infty}^{+\infty} x_2[n]e^{-j(\omega-\theta)n}\right]d\theta. \quad (5.62)$$

O somatório entre colchetes é $X_2(e^{j(\omega-\theta)})$ e, consequentemente, a Equação 5.62 torna-se

$$\boxed{Y(e^{j\omega}) = \frac{1}{2\pi}\int_{2\pi} X_1(e^{j\theta})X_2(e^{-j(\omega-\theta)})d\theta.} \quad (5.63)$$

A Equação 5.63 corresponde a uma convolução *periódica* de $X_1(e^{j\omega})$ e $X_2(e^{j\omega})$, e a integral nessa equação pode ser calculada sobre qualquer intervalo de comprimento 2π. A forma usual de convolução (em que a integral varia de $-\infty$ a $+\infty$) é muitas vezes chamada de convolução aperiódica, para distingui-la da convolução periódica. Os mecanismos da convolução periódica são ilustrados com mais facilidade por meio de um exemplo.

■ Exemplo 5.15

Considere o problema de encontrar a transformada de Fourier $X(e^{j\omega})$ de um sinal $x[n]$ que é o produto de dois outros sinais; ou seja,

$$x[n] = x_1[n]x_2[n],$$

sendo

$$x_1[n] = \frac{\text{sen}(3\pi n/4)}{\pi n}$$

e

$$x_2[n] = \frac{\text{sen}(\pi n/2)}{\pi n}.$$

Da propriedade de multiplicação dada na Equação 5.63, sabemos que $X(e^{j\omega})$ é a convolução periódica de $X_1(e^{j\omega})$ e $X_2(e^{j\omega})$, em que a integral na Equação 5.63 pode ser tomada em qualquer intervalo de comprimento 2π. Escolhendo o intervalo $-\pi < \theta \le \pi$, obtemos

$$X(e^{j\omega}) = \frac{1}{2\pi}\int_{-\pi}^{\pi} X_1(e^{j\theta})X_2(e^{j(\omega-\theta)})d\theta. \quad (5.64)$$

A Equação 5.64 é semelhante à convolução aperiódica, exceto pelo fato de que a integração é limitada ao intervalo $-\pi < \theta \le \pi$. Entretanto, podemos converter a equação em uma convolução comum definindo

$$\hat{X}_1(e^{j\omega}) = \begin{cases} X_1(e^{j\omega}), & \text{para } -\pi < \omega \le \pi \\ 0, & \text{caso contrário} \end{cases}.$$

Depois, substituindo $X_1(e^{j\theta})$ na Equação 5.64 por $\hat{X}_1(e^{j\theta})$ e usando o fato de que $\hat{X}_1(e^{j\theta})$ é nulo para $|\theta| > \pi$, vemos que

$$X(e^{j\omega}) = \frac{1}{2\pi}\int_{-\pi}^{\pi} \hat{X}_1(e^{j\theta})X_2(e^{j(\omega-\theta)})d\theta$$

$$= \frac{1}{2\pi}\int_{-\infty}^{\infty} \hat{X}_1(e^{j\theta})X_2(e^{j(\omega-\theta)})d\theta.$$

Assim, $X(e^{j\omega})$ é $1/2\pi$ vezes a convolução aperiódica do pulso retangular $\hat{X}_1(e^{j\omega})$ com a onda quadrada periódica $X_2(e^{j\omega})$, ambos mostrados na Figura 5.19. O resultado dessa convolução é a transformada de Fourier $X(e^{j\omega})$ mostrada na Figura 5.20.

■

5.6 Tabelas de propriedades da transformada de Fourier e pares básicos da transformada de Fourier

Na Tabela 5.1, resumimos uma série de propriedades importantes da transformada de Fourier de tempo discreto e indicamos a seção do texto em que cada uma é discutida. Na Tabela 5.2, resumimos alguns dos mais importantes

A transformada de Fourier de tempo discreto   225

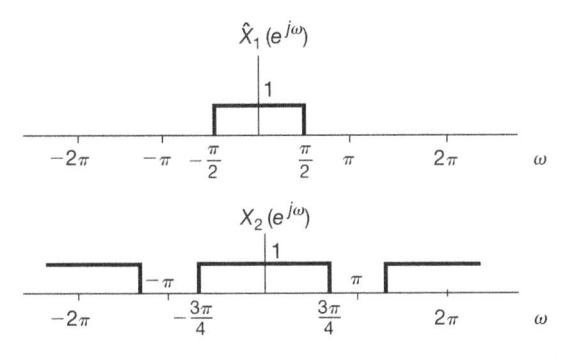

Figura 5.19 $\hat{X}_1(e^{j\omega})$ representando um período de $X_1(e^{j\omega})$ e $X_2(e^{j\omega})$. A convolução linear de $\hat{X}_1(e^{j\omega})$ e $X_2(e^{j\omega})$ corresponde à convolução periódica de $X_1(e^{j\omega})$ e $X_2(e^{j\omega})$.

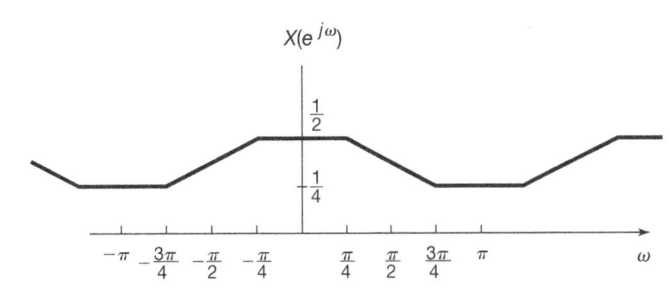

Figura 5.20 Resultado da convolução periódica do Exemplo 5.15.

básicos pares transformados de Fourier de tempo discreto. Muitos destes foram deduzidos nos exemplos do capítulo.

Tabela 5.1 Propriedades da transformada de Fourier de tempo discreto

Seção	Propriedade	Sinal aperiódico	Transformada de Fourier
		$x[n]$	$\left.\begin{array}{l}X(e^{j\omega})\\Y(e^{j\omega})\end{array}\right\} Y(e^{j\omega})\Big]$
		$y[n]$	
5.3.2	Linearidade	$ax[n] + by[n]$	$aX(e^{j\omega}) + bY(e^{j\omega})$
5.3.3	Deslocamento no tempo	$x[n - n_0]$	$e^{-j\omega n_0}X(e^{j\omega})$
5.3.3	Deslocamento na frequência	$e^{j\omega_0 n}x[n]$	$X(e^{j(\omega-\omega_0)})$
5.3.4	Conjugação	$x^*[n]$	$X^*(e^{-j\omega})$
5.3.6	Reflexão no tempo	$x[-n]$	$X(e^{-j\omega})$
5.3.7	Expansão de tempo	$x_{(k)}[n] = \begin{cases} x[n/k], & \text{se } n = \text{múltiplo de } k \\ 0, & \text{se } n \neq \text{múltiplo de } k \end{cases}$	$X(e^{jk\omega})$
5.4	Convolução	$x[n] * y[n]$	$X(e^{j\omega})Y(e^{j\omega})$
5.5	Multiplicação	$x[n]y[n]$	$\dfrac{1}{2\pi}\int_{2\pi} X(e^{j\theta})Y(e^{j(\omega-\theta)})d\theta$
5.3.5	Diferenciação no tempo	$x[n] - x[n-1]$	$(1 - e^{-j\omega})X(e^{j\omega})$
5.3.5	Acumulação	$\displaystyle\sum_{k=-\infty}^{n} x[k]$	$\dfrac{1}{1-e^{-j\omega}}X(e^{j\omega})$ $+\pi X(e^{j0})\displaystyle\sum_{k=-\infty}^{+\infty}\delta(\omega - 2\pi k)$
5.3.8	Diferenciação na frequência	$nx[n]$	$j\dfrac{dX(e^{j\omega})}{d\omega}$
5.3.4	Simetria conjugada para sinais reais	$x[n]$ real	$\begin{cases} X(e^{j\omega}) = X^*(e^{-j\omega}) \\ \mathcal{R}e\{X(e^{j\omega})\} = \mathcal{R}e\{X(e^{-j\omega})\} \\ \mathcal{I}m\{X(e^{j\omega})\} = -\mathcal{I}m\{X(e^{-j\omega})\} \\ |X(e^{j\omega})| = |X(e^{-j\omega})| \\ \sphericalangle X(e^{j\omega}) = -\sphericalangle X(e^{-j\omega}) \end{cases}$
5.3.4	Simetria para sinais reais, pares	$x[n]$ real e par	$X(e^{j\omega})$ real e par
5.3.4	Simetria para sinais reais, ímpares	$x[n]$ real e ímpar	$X(e^{j\omega})$ puramente imaginário e ímpar
5.3.4	Decomposição par-ímpar dos sinais reais	$x_e[n] = \mathcal{E}v\{x[n]\}$ [$x[n]$ real] $x_o[n] = \mathcal{O}d\{x[n]\}$ [$x[n]$ real]	$\mathcal{R}e\{X(e^{j\omega})\}$ $j\mathcal{I}m\{X(e^{j\omega})\}$
5.3.9	Relação de Parseval para sinais aperiódicos $\displaystyle\sum_{n=-\infty}^{+\infty} |x[n]|^2 = \dfrac{1}{2\pi}\int_{2\pi}|X(e^{j\omega})|^2 d\omega$		

Tabela 5.2 Pares transformados de Fourier de tempo discreto básicos

Sinal	Transformada de Fourier	Coeficientes da série de Fourier (se periódica)
$\sum_{k=\langle N \rangle} a_k e^{jk(2\pi/N)n}$	$2\pi \sum_{k=-\infty}^{+\infty} a_k \delta\left(\omega - \frac{2\pi k}{N}\right)$	a_k
$e^{j\omega_0 n}$	$2\pi \sum_{\ell=-\infty}^{+\infty} \delta(\omega - \omega_0 - 2\pi\ell)$	(a) $\omega_0 = \frac{2\pi m}{N}$ $a_k = \begin{cases} 1, & k=m, m\pm N, m\pm 2N, \ldots \\ 0, & \text{caso contrário} \end{cases}$ (b) $\frac{\omega_0}{2\pi}$ irracional $\Rightarrow$ O sinal é aperiódico
$\cos \omega_0 n$	$\pi \sum_{\ell=-\infty}^{+\infty} \{\delta(\omega-\omega_0-2\pi\ell)+\delta(\omega+\omega_0-2\pi\ell)\}$	(a) $\omega_0 = \frac{2\pi m}{N}$ $a_k = \begin{cases} \frac{1}{2}, & k=\pm m, \pm m\pm N, \pm m\pm 2N, \ldots \\ 0, & \text{caso contrário} \end{cases}$ (b) $\frac{\omega_0}{2\pi}$ irracional $\Rightarrow$ O sinal é aperiódico
$\operatorname{sen} \omega_0 n$	$\frac{\pi}{j} \sum_{\ell=-\infty}^{+\infty} \{\delta(\omega-\omega_0-2\pi\ell)-\delta(\omega+\omega_0-2\pi\ell)\}$	(a) $\omega_0 = \frac{2\pi m}{N}$ $a_k = \begin{cases} \frac{1}{2j}, & k=r, r\pm N, r\pm 2N, \ldots \\ -\frac{1}{2j}, & k=-r, -r\pm N, -r\pm 2N, \ldots \\ 0, & \text{caso contrário} \end{cases}$ (b) $\frac{\omega_0}{2\pi}$ irracional $\Rightarrow$ O sinal é aperiódico
$x[n] = 1$	$2\pi \sum_{\ell=-\infty}^{+\infty} \delta(\omega - 2\pi\ell)$	$a_k = \begin{cases} 1, & k=0, \pm N, \pm 2N, \ldots \\ 0, & \text{caso contrário} \end{cases}$
Onda quadrada periódica $x[n] = \begin{cases} 1, & \|n\| \leq N_1 \\ 0, & N_1 < \|n\| \leq N/2 \end{cases}$ e $x[n+N] = x[n]$	$2\pi \sum_{k=-\infty}^{+\infty} a_k \delta\left(\omega - \frac{2\pi k}{N}\right)$	$a_k = \frac{\operatorname{sen}[(2\pi k/N)(N_1+\frac{1}{2})]}{N \operatorname{sen}[2\pi k/2N]}$, $k \neq 0, \pm N, \pm 2N, \ldots$ $a_k = \frac{2N_1+1}{N}$, $k=0, \pm N, \pm 2N, \ldots$
$\sum_{k=-\infty}^{+\infty} \delta[n-kN]$	$\frac{2\pi}{N} \sum_{k=-\infty}^{+\infty} \delta\left(\omega - \frac{2\pi k}{N}\right)$	$a_k = \frac{1}{N}$ para todo k
$a^n u[n]$, $\|a\| < 1$	$\frac{1}{1 - ae^{-j\omega}}$	—
$x[n] = \begin{cases} 1, & \|n\| \leq N_1 \\ 0, & \|n\| > N_1 \end{cases}$	$\frac{\operatorname{sen}[\omega(N_1+\frac{1}{2})]}{\operatorname{sen}(\omega/2)}$	—
$\frac{\operatorname{sen} Wn}{\pi n} = \frac{W}{\pi} \operatorname{sinc}\left(\frac{Wn}{\pi}\right)$ $0 < W < \pi$	$X(\omega) = \begin{cases} 1, & 0 \leq \|\omega\| \leq W \\ 0, & W < \|\omega\| \leq \pi \end{cases}$ $X(\omega)$ periódico com período 2π	—
$\delta[n]$	1	—
$u[n]$	$\frac{1}{1-e^{-j\omega}} + \sum_{k=-\infty}^{+\infty} \pi\delta(\omega - 2\pi k)$	—
$\delta[n - n_0]$	$e^{-j\omega_0 n}$	—
$(n+1)a^n u[n]$, $\|a\| < 1$	$\frac{1}{(1 - ae^{-j\omega})^2}$	—
$\frac{(n+r-1)!}{n!(r-1)!} a^n u[n]$, $\|a\| < 1$	$\frac{1}{(1 - ae^{-j\omega})^r}$	—

5.7 Dualidade

Ao considerar a transformada de Fourier de tempo contínuo, observamos uma simetria ou dualidade entre a Equação de análise 4.9 e a Equação de síntese 4.8. Não existe uma dualidade correspondente entre a Equação de análise 5.9 e a Equação de síntese 5.8 para a transformada de Fourier de tempo discreto. Porém, *existe* uma dualidade nas equações da *série* de Fourier de tempo discreto 3.94 e 3.95, que desenvolveremos na Seção 5.7.1. Além disso, existe uma relação de dualidade entre a transformada de Fourier de tempo discreto e a série de Fourier de tempo contínuo. Essa relação é discutida na Seção 5.7.2.

5.7.1 Dualidade na série de Fourier de tempo discreto

Como os coeficientes da série de Fourier a_k de um sinal periódico $x[n]$ são também uma sequência periódica, podemos expandir a sequência a_k em uma série de Fourier. A propriedade de dualidade para séries de Fourier de tempo discreto implica que os coeficientes da série de Fourier para a sequência periódica a_k são os valores de $(1/N)x[-n]$ (ou seja, são proporcionais aos valores do sinal original, refletidos no tempo). Para ver esse fato com maiores detalhes, considere duas sequências periódicas com período N, relacionadas pelo somatório

$$f[m] = \frac{1}{N} \sum_{r=\langle N \rangle} g[r] e^{-jr(2\pi/N)m}. \quad (5.65)$$

Se fizermos $m = k$ e $r = n$, a Equação 5.65 torna-se

$$f[k] = \frac{1}{N} \sum_{n=\langle N \rangle} g[n] e^{-jk(2\pi/N)n}.$$

Comparando essa expressão com a Equação 3.95, vemos que a sequência $f[k]$ corresponde aos coeficientes da série de Fourier do sinal $g[n]$. Ou seja, se adotarmos a notação

$$x[n] \xleftrightarrow{\mathcal{SF}} a_k$$

introduzida no Capítulo 3 para um sinal de tempo discreto periódico e seu conjunto de coeficientes de Fourier, as duas sequências periódicas relacionadas pela Equação 5.65 satisfazem

$$g[n] \xleftrightarrow{\mathcal{SF}} f[k]. \quad (5.66)$$

De forma alternativa, se fizermos $m = n$ e $r = -k$, a Equação 5.65 torna-se

$$f[n] = \sum_{k=\langle N \rangle} \frac{1}{N} g[-k] e^{jk(2\pi/N)n}.$$

Comparando essa expressão com a Equação 3.94, concluímos que $(1/N)g[-k]$ corresponde à sequência de coeficientes da série de Fourier de $f[n]$. Ou seja,

$$f[n] \xleftrightarrow{\mathcal{SF}} \frac{1}{N} g[-k]. \quad (5.67)$$

Como em tempo contínuo, essa dualidade implica que cada propriedade da série de Fourier de tempo discreto tem um dual. Por exemplo, em referência à Tabela 3.2, vemos que o par de propriedades

$$x[n-n_0] \xleftrightarrow{\mathcal{SF}} a_k e^{-jk(2\pi/N)n_0} \quad (5.68)$$

e

$$e^{jm(2\pi/N)n} x[n] \xleftrightarrow{\mathcal{SF}} a_{k-m} \quad (5.69)$$

é dual. De modo semelhante, pela mesma tabela, podemos extrair outro par de propriedades duais:

$$\sum_{r=\langle N \rangle} x[r] y[n-r] \xleftrightarrow{\mathcal{SF}} N a_k b_k \quad (5.70)$$

e

$$x[n] y[n] \xleftrightarrow{\mathcal{SF}} \sum_{l=\langle N \rangle} a_l b_{k-l}. \quad (5.71)$$

Além de suas consequências para as propriedades da série de Fourier de tempo discreto, a dualidade muitas vezes pode ser útil na redução da complexidade dos cálculos envolvidos ao se determinarem as representações em série de Fourier. Isso é ilustrado no exemplo a seguir.

■ **Exemplo 5.16**

Considere o seguinte sinal periódico com período $N = 9$:

$$x[n] = \begin{cases} \dfrac{1}{9} \dfrac{\text{sen}(5\pi n/9)}{\text{sen}(\pi n/9)}, & n \neq \text{múltiplo de } 9 \\ \dfrac{5}{9}, & n = \text{múltiplo de } 9 \end{cases} \quad (5.72)$$

No Capítulo 3, encontramos que uma onda retangular tem coeficientes de Fourier em uma forma semelhante à Equação 5.72. A dualidade, então, sugere que os coeficientes para $x[n]$ devem ter a forma uma onda retangular. Para ver isso com mais precisão, seja $g[n]$ uma onda retangular com período $N = 9$, de modo que

$$g[n] = \begin{cases} 1, & |n| \leq 2 \\ 0, & 2 < |n| \leq 4. \end{cases}$$

Os coeficientes da série de Fourier b_k para $g[n]$ podem ser determinados do Exemplo 3.12 como

$$b_k = \begin{cases} \dfrac{1}{9}\dfrac{\text{sen}(5\pi k/9)}{\text{sen}(\pi k/9)}, & k \neq \text{múltiplo de } 9 \\ \dfrac{5}{9}, & k = \text{múltiplo de } 9 \end{cases}$$

A Equação de análise da série de Fourier (3.95) para $g[n]$ pode, por outro lado, ser escrita como

$$b_k = \frac{1}{9}\sum_{n=-2}^{2}(1)e^{-j2\pi nk/9}.$$

Trocando os nomes das variáveis k e n e observando que $x[n] = b_n$, encontramos que

$$x[n] = \frac{1}{9}\sum_{k=-2}^{2}(1)e^{-j2\pi nk/9}.$$

Fazendo $k' = -k$ na soma do membro direito, obtemos

$$x[n] = \frac{1}{9}\sum_{k'=-2}^{2}(1)e^{+j2\pi nk'/9}.$$

Por fim, movendo o fator 1/9 para dentro do somatório, vemos que o membro direito dessa equação tem a forma da Equação de síntese 3.94 para $x[n]$. Assim, concluímos que os coeficientes de Fourier de $x[n]$ são dados por

$$a_k = \begin{cases} 1/9, & |k| \leq 2 \\ 0, & 2 < |k| \leq 4, \end{cases}$$

e, naturalmente, são periódicos com período $N = 9$.

5.7.2 Dualidade entre a transformada de Fourier de tempo discreto e a série de Fourier de tempo contínuo

Além da dualidade para a série de Fourier discreta, existe uma dualidade entre a *transformada de Fourier de tempo discreto* e a *série de Fourier de tempo contínuo*. Especificamente, vamos comparar as equações da série de Fourier de tempo contínuo 3.38 e 3.39 com as equações da transformada de Fourier de tempo discreto 5.8 e 5.9. Repetimos essas equações aqui por conveniência:

(Eq. 5.8) $\qquad x[n] = \dfrac{1}{2\pi}\int_{2\pi} X(e^{j\omega})e^{j\omega n}d\omega,$ **(5.73)**

(Eq. 5.9) $\qquad X(e^{j\omega}) = \displaystyle\sum_{n=-\infty}^{+\infty} x[n]e^{-j\omega n},$ **(5.74)**

(Eq. 3.38) $\qquad x(t) = \displaystyle\sum_{n=-\infty}^{+\infty} a_k e^{jk\omega_0 t},$ **(5.75)**

(Eq. 3.39) $\qquad a_k = \dfrac{1}{T}\int_T x(t)e^{-jk\omega_0 t}dt.$ **(5.76)**

Note que as equações 5.73 e 5.76 são muito semelhantes, assim como as equações 5.74 e 5.75, e, de fato, podemos interpretar as equações 5.73 e 5.74 como a representação em *série de Fourier* da resposta em frequência periódica $X(e^{j\omega})$. Em particular, como $X(e^{j\omega})$ é uma função periódica de ω com período 2π, ela tem uma representação em série de Fourier dada como uma soma ponderada de funções exponenciais de $c\omega$ periódicas harmonicamente relacionadas, tendo todas o período comum 2π. Isto é, $X(e^{j\omega})$ pode ser representado em uma série de Fourier como uma soma ponderada dos sinais $e^{j\omega n}$, $n = 0, \pm 1, \pm 2, \ldots$ Da Equação 5.74, vemos que o n-ésimo coeficiente de Fourier nessa expansão — ou seja, o coeficiente multiplicando $e^{j\omega n}$ — é $x[-n]$. Além do mais, como o período de $X(e^{j\omega})$ é 2π, a Equação 5.73 pode ser interpretada como a equação de análise da série de Fourier para o coeficiente $x[n]$ da série de Fourier — ou seja, para o coeficiente que multiplica $e^{-j\omega n}$ na expressão de $X(e^{j\omega})$ na Equação 5.74. O uso dessa relação de dualidade é melhor ilustrado com um exemplo.

■ **Exemplo 5.17**

A dualidade entre a equação de síntese da transformada de Fourier de tempo discreto e a equação de análise da série de Fourier de tempo contínuo pode ser explorada para determinar a transformada de Fourier de tempo discreto da sequência

$$x[n] = \frac{\text{sen}(\pi n/2)}{\pi n}.$$

Para usar a dualidade, primeiro temos de identificar um sinal de tempo contínuo $g(t)$ com período $T = 2\pi$ e coeficientes de Fourier $a_k = x[k]$. Pelo Exemplo 3.5, sabemos que se $g(t)$ é uma onda quadrada periódica com período 2π (ou, de modo equivalente, com frequência fundamental $\omega_0 = 1$) e com

$$g(t) = \begin{cases} 1, & |t| \leq T_1 \\ 0, & T_1 < |t| \leq \pi \end{cases},$$

então os coeficientes da série de Fourier de $g(t)$ são

$$a_k = \frac{\text{sen}(kT_1)}{k\pi}$$

Consequentemente, se tomamos $T_1 = \pi/2$, teremos $a_k = x[k]$. Nesse caso, a equação de análise para $g(t)$ é

$$\frac{\text{sen}(\pi k/2)}{\pi k} = \frac{1}{2\pi}\int_{-\pi}^{\pi} g(t)e^{-jkt}dt = \frac{1}{2\pi}\int_{-\pi/2}^{\pi/2}(1)e^{-jkt}dt.$$

Renomeando k como n e t como ω, temos

$$\frac{\text{sen}(\pi n/2)}{\pi n} = \frac{1}{2\pi}\int_{-\pi/2}^{\pi/2}(1)e^{-jn\omega}d\omega. \qquad \textbf{(5.77)}$$

Substituindo n por $-n$ nos dois membros da Equação 5.77 e observando que a função sinc é par, obtemos

$$\frac{\text{sen}(\pi n/2)}{\pi n} = \frac{1}{2\pi} \int_{-\pi/2}^{\pi/2} (1) e^{jn\omega} d\omega.$$

O membro direito dessa equação tem a forma da equação de síntese da transformada de Fourier para $x[n]$, assim

$$X(e^{j\omega}) = \begin{cases} 1 & |\omega| \leq \pi/2 \\ 0 & \pi/2 < |\omega| \leq \pi. \end{cases}$$

Na Tabela 5.3, apresentamos um resumo compacto das expressões da série de Fourier e da transformada de Fourier para sinais de tempo contínuo e tempo discreto; também indicamos as relações de dualidade que se aplicam em cada caso.

5.8 Sistemas caracterizados por equações de diferenças lineares com coeficientes constantes

Uma equação de diferenças com coeficientes constantes linear geral para um sistema LIT com entrada $x[n]$ e saída $y[n]$ tem a forma

$$\sum_{k=0}^{N} a_k y[n-k] = \sum_{k=0}^{M} b_k x[n-k]. \quad (5.78)$$

A classe de sistemas descrita por essas equações de diferenças é muito importante e útil. Nesta seção, usamos várias das propriedades da transformada de Fourier de tempo discreto para determinar a resposta em frequência $H(e^{j\omega})$ para um sistema LIT descrito por tal equação. A técnica que seguimos é análoga à discussão da Seção 4.7 para sistemas LIT de tempo contínuo, descritos por equações diferenciais lineares com coeficientes constantes.

Existem duas maneiras relacionadas para determinar $H(e^{j\omega})$. A primeira, que ilustramos na Seção 3.11 para várias equações de diferenças simples, usa explicitamente o fato de que exponenciais complexas são autofunções de sistemas LIT. Especificamente, se $x[n] = e^{j\omega n}$ é a entrada para um sistema LIT, então a saída precisa ser na forma $H(e^{j\omega})e^{j\omega n}$. Substituindo essas expressões na Equação 5.78 e realizando alguma álgebra, podemos encontrar $H(e^{j\omega})$. Nesta seção, usamos uma segunda técnica, utilizando as propriedades de convolução, linearidade e deslocamento no tempo da transformada de Fourier de tempo discreto. Sejam $X(e^{j\omega})$, $Y(e^{j\omega})$ e $H(e^{j\omega})$ as transformadas de Fourier da entrada $x[n]$, da saída $y[n]$ e da resposta ao impulso $h[n]$, respectivamente. A propriedade de convolução, Equação 5.48, então, da transformada de Fourier de tempo discreto, implica que

$$H(e^{j\omega}) = \frac{Y(e^{j\omega})}{X(e^{j\omega})}. \quad (5.79)$$

Aplicando a transformada de Fourier em ambos os membros da Equação 5.78 e usando as propriedades de linearidade e deslocamento no tempo, obtemos a expressão

$$\sum_{k=0}^{N} a_k e^{-jk\omega} Y(e^{j\omega}) = \sum_{k=0}^{M} b_k e^{-jk\omega} X(e^{j\omega}),$$

ou, de modo equivalente,

$$H(e^{j\omega}) = \frac{Y(e^{j\omega})}{X(e^{j\omega})} = \frac{\sum_{k=0}^{M} b_k e^{-jk\omega}}{\sum_{k=0}^{N} a_k e^{-jk\omega}}. \quad (5.80)$$

Comparando a Equação 5.80 com a Equação 4.76, vemos que, como no caso de tempo contínuo, $H(e^{j\omega})$ é uma razão de polinômios, mas em tempo discreto os polinômios estão na variável $e^{-j\omega}$. Os coeficientes do polinômio

Tabela 5.3 Resumo das expressões de série e transformada de Fourier

	Tempo contínuo		Tempo discreto	
	Domínio do tempo	**Domínio da frequência**	**Domínio do tempo**	**Domínio da frequência**
Série de Fourier	$x(t) =$ $\sum_{k=-\infty}^{+\infty} a_k e^{jk\omega_0 t}$ tempo contínuo periódico no tempo	$a_k =$ $\frac{1}{T_0} \int_{T_0} x(t) e^{-jk\omega_0 t}$ frequência discreta aperiódico em frequência	$x[n] =$ $\sum_{k=\langle N \rangle} a_k e^{jk(2\pi/N)n}$ tempo discreto periódico no tempo	$a_k =$ $\frac{1}{N} \sum_{k=\langle N \rangle} x[n] e^{-jk(2\pi/N)n}$ frequência discreta periódico em frequência
Transformada de Fourier	$x(t) =$ $\frac{1}{2\pi} \int_{-\infty}^{+\infty} X(j\omega) e^{j\omega t} d\omega$ tempo contínuo aperiódico no tempo	$X(j\omega) =$ $\int_{-\infty}^{+\infty} x(t) e^{-j\omega t} dt$ frequência contínua aperiódico em frequência	$x[n] =$ $\frac{1}{2\pi} \int_{2\pi} X(e^{j\omega}) e^{j\omega n} d\omega$ tempo discreto aperiódico no tempo	$X(e^{j\omega}) =$ $\sum_{n=-\infty}^{+\infty} x[n] e^{-j\omega n}$ frequência contínua periódico em frequência

numerador são os mesmos coeficientes que aparecem no membro direito da Equação 5.78, e os coeficientes do polinômio denominador são os mesmos que aparecem no membro esquerdo dessa equação. Portanto, a resposta em frequência do sistema LIT especificado pela Equação 5.78 pode ser escrita por inspeção.

A Equação de diferenças 5.78 geralmente é chamada de equação de diferenças de ordem N, pois envolve atrasos na saída $y[n]$ de até N amostras. Além disso, o denominador de $H(e^{j\omega})$ na Equação 5.80 é um polinômio de ordem N em $e^{-j\omega}$.

■ **Exemplo 5.18**

Considere o sistema LIT causal que é caracterizado pela equação de diferenças

$$y[n] - ay[n-1] = x[n], \quad (5.81)$$

com $|a| < 1$. Da Equação 5.80, a resposta em frequência desse sistema é

$$H(e^{j\omega}) = \frac{1}{1 - ae^{-j\omega}}. \quad (5.82)$$

Comparando com o Exemplo 5.1, reconhecemos essa expressão como a transformada de Fourier da sequência $a^n u[n]$. Assim, a resposta ao impulso desse sistema é

$$h[n] = a^n u[n]. \quad (5.83)$$

■

■ **Exemplo 5.19**

Considere um sistema LIT causal caracterizado pela equação de diferenças

$$y[n] - \frac{3}{4} y[n-1] + \frac{1}{8} y[n-2] = 2x[n]. \quad (5.84)$$

Da Equação 5.80, a resposta em frequência é

$$H(e^{j\omega}) = \frac{2}{1 - \frac{3}{4} e^{-j\omega} + \frac{1}{8} e^{-j2\omega}}. \quad (5.85)$$

Como um primeiro passo na obtenção da resposta ao impulso, fatoramos o denominador da Equação 5.85:

$$H(e^{j\omega}) = \frac{2}{(1 - \frac{1}{2} e^{-j\omega})(1 - \frac{1}{4} e^{-j\omega})}. \quad (5.86)$$

$H(e^{j\omega})$ pode ser expandido pelo método de frações parciais, como no Exemplo A.3 do apêndice. O resultado dessa expansão é

$$H(e^{j\omega}) = \frac{4}{1 - \frac{1}{2} e^{-j\omega}} - \frac{2}{1 - \frac{1}{4} e^{-j\omega}}. \quad (5.87)$$

A transformada inversa de cada termo pode ser reconhecida por inspeção, resultando

$$h[n] = 4\left(\frac{1}{2}\right)^n u[n] - 2\left(\frac{1}{4}\right)^n u[n]. \quad (5.88)$$

■

O procedimento seguido no Exemplo 5.19 é idêntico em estilo àquele usado em tempo contínuo. Especificamente, depois de expandir $H(e^{j\omega})$ pelo método de frações parciais, podemos encontrar a transformada inversa de cada termo por inspeção. A mesma técnica pode ser aplicada à resposta em frequência de qualquer sistema LIT descrito por uma equação de diferenças linear com coeficientes constantes, para determinar a resposta ao impulso do sistema. Além disso, conforme ilustramos no próximo exemplo, se a transformada de Fourier $X(e^{j\omega})$ da entrada para tal sistema for uma razão de polinômios em $e^{-j\omega}$, então $Y(e^{j\omega})$ também o é. Nesse caso, podemos usar a mesma técnica para encontrar a resposta $y[n]$ para a entrada $x[n]$.

■ **Exemplo 5.20**

Considere o sistema LIT do Exemplo 5.19 e que a entrada para esse sistema seja

$$x[n] = \left(\frac{1}{4}\right)^n u[n].$$

Então, usando a Equação 5.80 e o Exemplo 5.1 ou 5.18, obtemos

$$\begin{aligned} Y(e^{j\omega}) &= H(e^{j\omega}) X(e^{j\omega}) \\ &= \left[\frac{2}{(1 - \frac{1}{2} e^{-j\omega})(1 - \frac{1}{4} e^{-j\omega})}\right]\left[\frac{1}{1 - \frac{1}{4} e^{-j\omega}}\right] \\ &= \frac{2}{(1 - \frac{1}{2} e^{-j\omega})(1 - \frac{1}{4} e^{-j\omega})^2}. \end{aligned} \quad (5.89)$$

Conforme descrito no apêndice, a forma da expansão em frações parciais nesse caso é

$$Y(e^{j\omega}) = \frac{B_{11}}{1 - \frac{1}{4} e^{-j\omega}} + \frac{B_{12}}{(1 - \frac{1}{4} e^{-j\omega})^2} + \frac{B_{21}}{1 - \frac{1}{2} e^{-j\omega}} \quad (5.90)$$

em que as constantes B_{11}, B_{12} e B_{21} podem ser determinadas usando-se as técnicas descritas no apêndice. Essa expansão em particular é desenvolvida com detalhes no Exemplo A.4, e os valores obtidos são

$$B_{11} = -4, \; B_{12} = -2, \; B_{21} = 8,$$

de modo que

$$Y(e^{j\omega}) = -\frac{4}{1 - \frac{1}{4} e^{-j\omega}} - \frac{2}{(1 - \frac{1}{4} e^{-j\omega})^2} + \frac{8}{1 - \frac{1}{2} e^{-j\omega}}. \quad (5.91)$$

A primeira e terceira parcelas são do mesmo tipo daquelas encontradas no Exemplo 5.19, enquanto a segunda parcela tem a mesma forma daquela vista no Exemplo 5.13. Seja por esses exemplos ou pela Tabela 5.2, podemos antitransformar cada um dos termos na Equação 5.91 para obter a transformada inversa

$$y[n] = \left\{-4\left(\frac{1}{2}\right)^n - 2(n+1)\left(\frac{1}{4}\right)^n + 8\left(\frac{1}{2}\right)^n\right\} u[n]. \quad (5.92)$$

■

5.9 Resumo

Neste capítulo, desenvolvemos a transformada de Fourier para sinais de tempo discreto e examinamos muitas de suas propriedades essenciais de forma paralela ao que fizemos no Capítulo 4. No decorrer do capítulo, vimos muitas semelhanças entre a análise de Fourier de tempo contínuo e tempo discreto, bem como algumas diferenças importantes. Por exemplo, a relação entre a série de Fourier e a transformada de Fourier de tempo discreto é exatamente análoga à de tempo contínuo. Em particular, nossa dedução da transformada de Fourier de tempo discreto para sinais aperiódicos a partir das representações da série de Fourier de tempo discreto é muito parecida com a dedução correspondente em tempo contínuo. Além do mais, muitas das propriedades das transformadas de tempo contínuo possuem correspondentes exatos em tempo discreto. Por outro lado, contrastante com a de tempo contínuo, a transformada de Fourier de tempo discreto de um sinal aperiódico sempre é periódica com período 2π. Além das semelhanças e diferenças como estas, descrevemos as relações de dualidade entre as representações de Fourier dos sinais de tempo contínuo e tempo discreto.

As semelhanças mais importantes entre a análise de Fourier de tempo contínuo e tempo discreto estão em seus usos na análise e representação de sinais e sistemas LIT. Especificamente, a propriedade de convolução nos dá a base para a análise no domínio da frequência dos sistemas LIT. Já vimos parte da utilidade dessa abordagem em nossa discussão da filtragem nos capítulos 3 a 5 e em nosso exame dos sistemas descritos por equações diferenciais ou diferenças lineares com coeficientes constantes; no Capítulo 6, em que examinamos a filtragem e as questões de tempo *versus* frequência com mais detalhes, novamente apreciaremos sua utilidade. Além disso, as propriedades de multiplicação no tempo contínuo e no discreto são essenciais para o nosso desenvolvimento sobre amostragem no Capítulo 7 e sobre comunicações no Capítulo 8.

Capítulo 5 – problemas

A primeira seção de problemas pertence à categoria básica, e as respostas são fornecidas no final do livro. As três seções posteriores contêm problemas que pertencem, respectivamente, às categorias básica, avançada e de extensão.

Problemas básicos com respostas

5.1 Use a Equação de análise 5.9 da transformada de Fourier para calcular as transformadas de:
(a) $\left(\frac{1}{2}\right)^{n-1} u[n-1]$
(b) $\left(\frac{1}{2}\right)^{|n-1|}$

Esboce um período da magnitude de cada transformada de Fourier.

5.2 Use a Equação de análise 5.9 da transformada de Fourier para calcular as transformadas de:
(a) $\delta[n-1] + \delta[n+1]$
(b) $\delta[n+2] - \delta[n-2]$

Esboce um período da magnitude de cada transformada de Fourier.

5.3 Determine a transformada de Fourier para $-\pi \leq \omega < \pi$ no caso de cada um dos seguintes sinais periódicos:
(a) $\text{sen}(\frac{\pi}{3}n + \frac{\pi}{4})$
(b) $2 + \cos(\frac{\pi}{6}n + \frac{\pi}{8})$

5.4 Use a Equação de síntese 5.8 da transformada de Fourier para determinar as transformadas inversas de Fourier de:
(a) $X_1(e^{j\omega}) = \sum_{k=-\infty}^{\infty} \{2\pi\delta(\omega - 2\pi k) + \pi\delta(\omega - \frac{\pi}{2} - 2\pi k) + \pi\delta(\omega + \frac{\pi}{2} - 2\pi k)\}$
(b) $X_2(e^{j\omega}) = \begin{cases} 2j, & 0 < \omega \leq \pi \\ -2j, & -\pi < \omega \leq 0 \end{cases}$

5.5 Use a Equação de síntese 5.8 da transformada de Fourier para determinar a transformada inversa de Fourier de $X(e^{j\omega}) = |X(e^{j\omega})| e^{j\sphericalangle X(e^{j\omega})}$, com

$$|X(e^{j\omega})| = \begin{cases} 1, & 0 \leq |\omega| < \frac{\pi}{4} \\ 0, & \frac{\pi}{4} \leq |\omega| \leq \pi \end{cases} \quad \text{e} \quad \sphericalangle X(e^{j\omega}) = -\frac{3\omega}{2}.$$

Use sua resposta para determinar os valores de n para os quais $x[n] = 0$.

5.6 Dado que $x[n]$ tem transformada de Fourier $X(e^{j\omega})$, expresse as transformadas de Fourier dos seguintes sinais em termos de $X(e^{j\omega})$. Você pode usar as propriedades da transformada de Fourier listadas na Tabela 5.1.
(a) $x_1[n] = x[1-n] + x[-1-n]$
(b) $x_2[n] = \frac{x^*[-n] + x[n]}{2}$
(c) $x_3[n] = (n-1)^2 x[n]$

5.7 Para cada uma das seguintes transformadas de Fourier, use propriedades da transformada de Fourier (Tabela 5.1) para determinar se o sinal no domínio do tempo correspondente é (i) real, imaginário ou nenhum dos dois e (ii) par, ímpar ou nenhum dos dois. Faça isso sem calcular a inversa das transformadas indicadas.
(a) $X_1(e^{j\omega}) = e^{-j\omega} \sum_{k=1}^{10} (\text{sen } k\omega)$
(b) $X_2(e^{j\omega}) = j \, \text{sen}(\omega)\cos(5\omega)$
(c) $X_3(e^{j\omega}) = A(\omega) + e^{jB(\omega)}$, com

$$A(\omega) = \begin{cases} 1, & 0 \leq |\omega| \leq \frac{\pi}{8} \\ 0, & \frac{\pi}{8} < |\omega| \leq \pi \end{cases} \quad \text{e} \quad B(\omega) = -\frac{3\omega}{2} + \pi.$$

5.8 Use as tabelas 5.1 e 5.2 para ajudá-lo a determinar $x[n]$ se sua transformada de Fourier for

$$X(e^{j\omega}) = \frac{1}{1-e^{-j\omega}}\left(\frac{\text{sen}\frac{3}{2}\omega}{\text{sen}\frac{\omega}{2}}\right) + 5\pi\delta(\omega), \quad -\pi < \omega \leq \pi$$

5.9 Os quatro fatos a seguir são dados a respeito de um sinal real $x[n]$ com transformada de Fourier $X(e^{j\omega})$:

1. $x[n] = 0$ para $n > 0$.
2. $x[0] > 0$.
3. $\mathcal{I}m\{X(e^{j\omega})\} = \text{sen } \omega - \text{sen } 2\omega$.
4. $\frac{1}{2\pi}\int_{-\pi}^{\pi}|X(e^{j\omega})|^2 d\omega = 3$.

Determine $x[n]$.

5.10 Use as tabelas 5.1 e 5.2 em conjunto com o fato de que

$$X(e^{j0}) = \sum_{n=-\infty}^{\infty} x[n]$$

para determinar o valor numérico de

$$A = \sum_{n=0}^{\infty} n\left(\frac{1}{2}\right)^n.$$

5.11 Considere um sinal $g[n]$ com transformada de Fourier $G(e^{j\omega})$. Suponha que

$$g[n] = x_{(2)}[n],$$

em que o sinal $x[n]$ tem uma transformada de Fourier $X(e^{j\omega})$. Determine um número real α tal que $0 < \alpha < 2\pi$ e $G(e^{j\omega}) = G(e^{j(\omega - \alpha)})$.

5.12 Seja

$$y[n] = \left(\frac{\text{sen}\frac{\pi}{4}n}{\pi n}\right)^2 * \left(\frac{\text{sen }\omega_c n}{\pi n}\right),$$

em que * indica convolução e $|\omega_c| \leq \pi$. Determine uma restrição mais rigorosa sobre ω_c que garanta que

$$y[n] = \left(\frac{\text{sen}\frac{\pi}{4}n}{\pi n}\right)^2.$$

5.13 Um sistema LIT com resposta ao impulso $h_1[n] = \left(\frac{1}{3}\right)^n u[n]$ está conectado em paralelo com outro sistema LIT causal com resposta ao impulso $h_2[n]$. O sistema resultante da interconexão paralela tem resposta em frequência

$$H(e^{j\omega}) = \frac{-12 + 5e^{-j\omega}}{12 - 7e^{-j\omega} + e^{-j2\omega}}.$$

Determine $h_2[n]$.

5.14 Suponha que sejam dados os seguintes fatos sobre um sistema LIT S com resposta ao impulso $h[n]$ e resposta em frequência $H(e^{j\omega})$:

1. $\left(\frac{1}{4}\right)^n u[n] \rightarrow g[n]$, sendo $g[n] = 0$ para $n \geq 2$ e $n < 0$.
2. $H(e^{j\pi/2}) = 1$.
3. $H(e^{j\omega}) = H(e^{j(\omega - \pi)})$.

Determine $h[n]$.

5.15 Seja a transformada inversa de Fourier $Y(e^{j\omega})$

$$y[n] = \left(\frac{\text{sen }\omega_c n}{\pi n}\right)^2,$$

com $0 < \omega_c < \pi$. Determine o valor de ω_c que garanta que

$$Y(e^{j\pi}) = \frac{1}{2}.$$

5.16 A transformada de Fourier de um sinal em particular é

$$X(e^{j\omega}) = \sum_{k=0}^{3} \frac{(1/2)^k}{1 - \frac{1}{4}e^{-j(\omega - \pi/2k)}}.$$

Pode-se demonstrar que

$$x[n] = g[n]q[n],$$

em que $g[n]$ tem a forma $\alpha^n u[n]$ e $q[n]$ é um sinal periódico com período N.

(a) Determine o valor de α.
(b) Determine o valor de N.
(c) $x[n]$ é real?

5.17 O sinal $x[n] = (-1)^n$ tem período fundamental 2 e coeficientes da série de Fourier correspondentes a_k. Use a dualidade para determinar os coeficientes da série de Fourier b_k do sinal $g[n] = a_n$ com período fundamental 2.

5.18 Dado o fato de que

$$a^{|n|} \stackrel{\mathcal{F}}{\longleftrightarrow} \frac{1-a^2}{1-2a\cos\omega + a^2}, |a| < 1,$$

use a dualidade para determinar os coeficientes da série de Fourier do seguinte sinal de tempo contínuo com período $T = 1$:

$$x(t) = \frac{1}{5 - 4\cos(2\pi t)}.$$

5.19 Considere um sistema LIT S causal e estável cuja entrada $x[n]$ e saída $y[n]$ são relacionadas pela equação de diferença de segunda ordem

$$y[n] - \frac{1}{6}y[n-1] - \frac{1}{6}y[n-2] = x[n].$$

(a) Determine a resposta em frequência $H(e^{j\omega})$ para o sistema S.
(b) Determine a resposta ao impulso $h[n]$ para o sistema S.

5.20 Um sistema LIT S causal e estável tem a propriedade

$$\left(\frac{4}{5}\right)^n u[n] \rightarrow n\left(\frac{4}{5}\right)^n u[n].$$

(a) Determine a resposta em frequência $H(e^{j\omega})$ do sistema S.

(b) Determine uma equação de diferenças relacionando qualquer entrada $x[n]$ com a saída correspondente $y[n]$.

Problemas básicos

5.21 Calcule a transformada de Fourier de cada um dos seguintes sinais:

(a) $x[n] = u[n-2] - u[n-6]$
(b) $x[n] = (\frac{1}{2})^{-n} u[-n-1]$
(c) $x[n] = (\frac{1}{3})^{|n|} u[-n-2]$
(d) $x[n] = 2^n \text{sen}(\frac{\pi}{4}n) u[-n]$
(e) $x[n] = (\frac{1}{2})^{|n|} \cos(\frac{\pi}{8}(n-1))$
(f) $x[n] = \begin{cases} n, & -3 \leq n \leq 3 \\ 0, & \text{caso contrário} \end{cases}$
(g) $x[n] = \text{sen}(\frac{\pi}{2}n) + \cos(n)$
(h) $x[n] = \text{sen}(\frac{5\pi}{3}n) + \cos(\frac{7\pi}{3}n)$
(i) $x[n] = x[n-6]$ e $x[n] = u[n] - u[n-5]$ para $0 \leq n \leq 5$
(j) $x[n] = (n-1)(\frac{1}{3})^{|n|}$
(k) $x[n] = (\frac{\text{sen}(\pi n/5)}{\pi n}) \cos(\frac{7\pi}{2}n)$

5.22 Sejam as seguintes transformadas de Fourier de sinais de tempo discreto. Determine o sinal correspondente para cada transformada.

(a) $X(e^{j\omega}) = \begin{cases} 1, & \frac{\pi}{4} \leq |\omega| \leq \frac{3\pi}{4} \\ 0, & \frac{3\pi}{4} \leq |\omega| \leq \pi, \ 0 \leq |\omega| < \frac{\pi}{4} \end{cases}$
(b) $X(e^{j\omega}) = 1 + 3e^{-j\omega} + 2e^{-j2\omega} - 4e^{-j3\omega} + e^{-j10\omega}$
(c) $X(e^{j\omega}) = e^{-j\omega/2}$ para $-\pi \leq \omega \leq \pi$
(d) $X(e^{j\omega}) = \cos^2\omega + \text{sen}^2 3\omega$
(e) $X(e^{j\omega}) = \sum_{k=-\infty}^{\infty} (-1)^k \delta(\omega - \frac{\pi}{2}k)$
(f) $X(e^{j\omega}) = \frac{e^{-j\omega} - \frac{1}{5}}{1 - \frac{1}{5} e^{-j\omega}}$
(g) $X(e^{j\omega}) = \frac{1 - \frac{1}{3} e^{-j\omega}}{1 - \frac{1}{4} e^{-j\omega} - \frac{1}{8} e^{-j2\omega}}$
(h) $X(e^{j\omega}) = \frac{1 - (\frac{1}{3})^6 e^{-j6\omega}}{1 - \frac{1}{3} e^{-j\omega}}$

5.23 Seja $X(e^{j\omega})$ a transformada de Fourier do sinal $x[n]$ representado na Figura P5.23. Faça os seguintes cálculos sem obter $X(e^{j\omega})$ explicitamente:

(a) Obtenha $X(e^{j0})$.
(b) Encontre $\sphericalangle X(e^{j\omega})$.
(c) Obtenha $\int_{-\pi}^{\pi} X(e^{j\omega}) d\omega$.
(d) Encontre $X(e^{j\pi})$.
(e) Determine e esboce o sinal cuja transformada de Fourier é $\mathfrak{Re}\{x(\omega)\}$.
(f) Avalie:

(i) $\int_{-\pi}^{\pi} |X(e^{j\omega})|^2 d\omega$
(ii) $\int_{-\pi}^{\pi} \left|\frac{dX(e^{j\omega})}{d\omega}\right|^2 d\omega$

5.24 Determine quais (se algum) dos seguintes sinais têm transformadas de Fourier que satisfaçam a cada uma das seguintes condições:

1. $\mathfrak{Re}\{X(e^{j\omega})\} = 0$
2. $\mathfrak{Im}\{X(e^{j\omega})\} = 0$
3. Existe um inteiro α tal que $e^{j\alpha\omega} X(e^{j\omega})$ seja real.
4. $\int_{-\pi}^{\pi} X(e^{j\omega}) d\omega = 0$.
5. $X(e^{j\omega})$ periódico.
6. $X(e^{j0}) = 0$.

(a) $x[n]$ como na Figura P5.24(a).
(b) $x[n]$ como na Figura P5.24(b).
(c) $x[n] = (\frac{1}{2})^n u[n]$
(d) $x[n] = (\frac{1}{2})^{|n|}$
(e) $x[n] = \delta[n-1] + \delta[n+2]$
(f) $x[n] = \delta[n-1] + \delta[n+3]$
(g) $x[n]$ como na Figura P5.24(c).
(h) $x[n]$ como na Figura P5.24(d).
(i) $x[n] = \delta[n-1] - \delta[n+1]$

5.25 Considere o sinal representado na Figura P5.25. Suponha que a transformada de Fourier desse sinal seja escrita na forma retangular como

$$X(e^{j\omega}) = A(\omega) + jB(\omega).$$

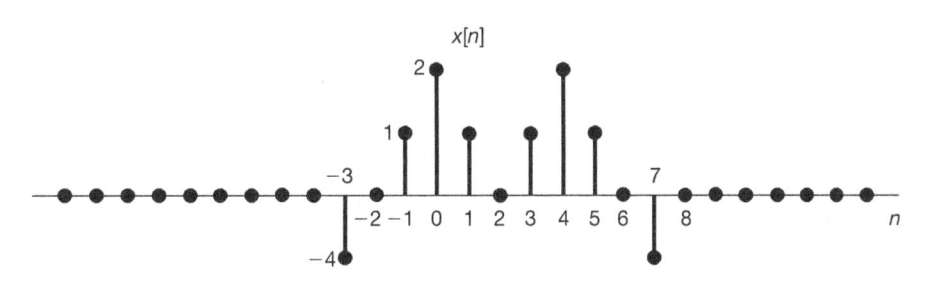

Figura P5.23

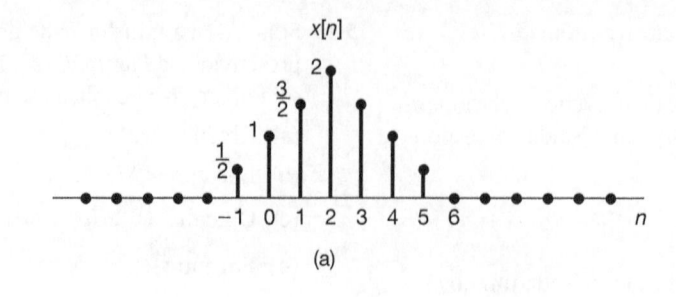

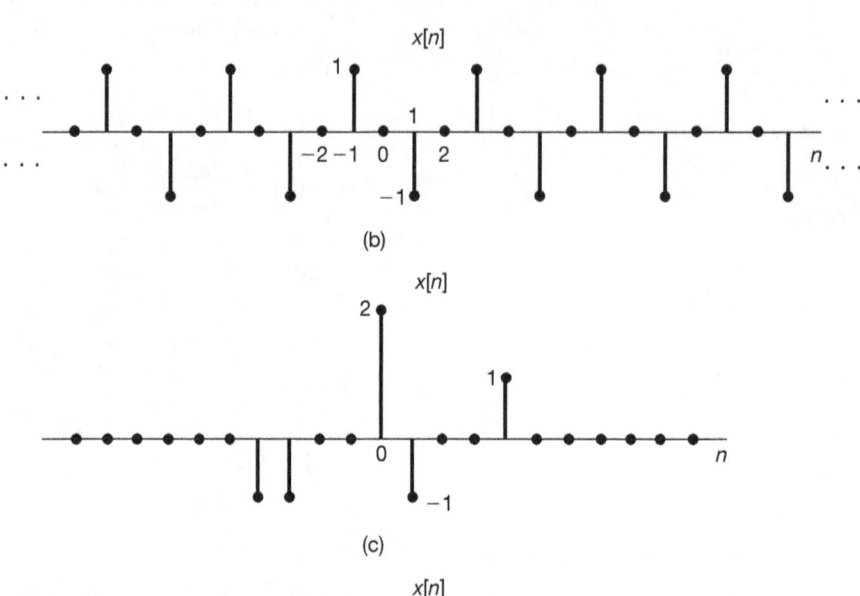

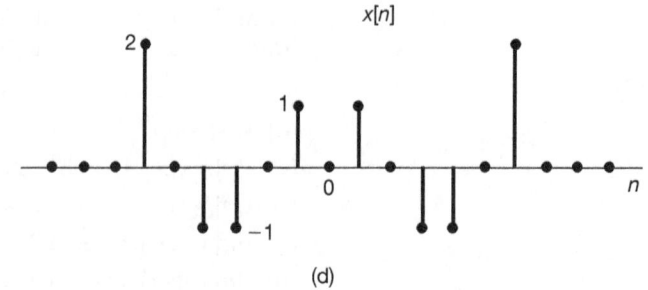

Figura P5.24

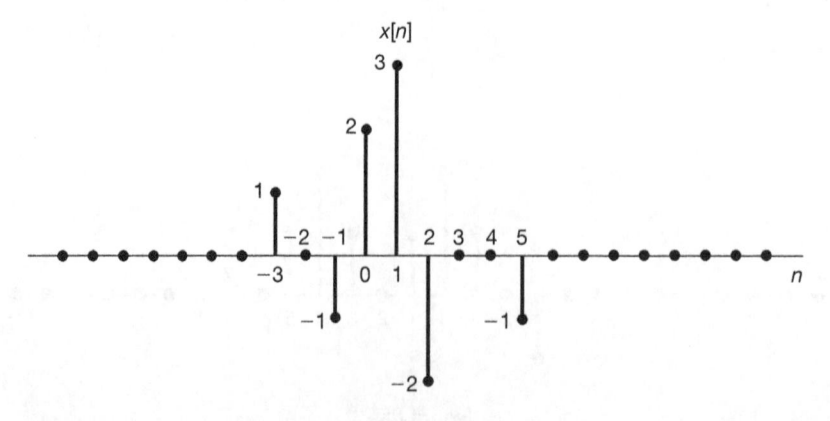

Figura P5.25

Esboce a função no tempo correspondente à transformada

$$Y(e^{j\omega}) = [B(\omega) + A(\omega)e^{j\omega}]$$

5.26 Seja $x_1[n]$ o sinal de tempo discreto cuja transformada de Fourier $X_1(e^{j\omega})$ está representada na Figura P5.26(a).

(a) Considere o sinal $x_2[n]$ com transformada de Fourier $X_2(e^{j\omega})$, como ilustrado na Figura P5.26(b). Expresse $x_2[n]$ em termos de $x_1[n]$. [*Dica*: Primeiro, expresse $X_2(e^{j\omega})$ em termos de $X_1(e^{j\omega})$, e depois use as propriedades da transformada de Fourier.]

(b) Repita o item (a) para $x_3[n]$ com transformada de Fourier $X_3(e^{j\omega})$, como mostrado na Figura P5.26(c).

(c) Seja

$$\alpha = \frac{\sum_{n=-\infty}^{\infty} nx_1[n]}{\sum_{n=-\infty}^{\infty} x_1[n]}.$$

Essa quantidade, que é o centro de gravidade do sinal $x_1[n]$, é chamada, em geral, de *tempo de atraso* de $x_1[n]$. Encontre α. (Pode-se fazê-lo sem determinar primeiro $x_1[n]$ explicitamente.)

(d) Considere o sinal $x_4[n] = x_1[n] * h[n]$, sendo

$$h[n] = \frac{\text{sen}(\pi n/6)}{\pi n}.$$

Esboce $X_4(e^{j\omega})$.

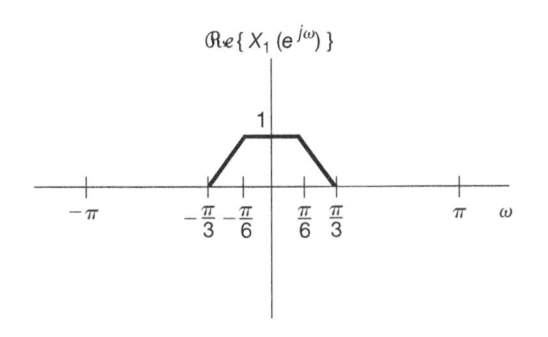

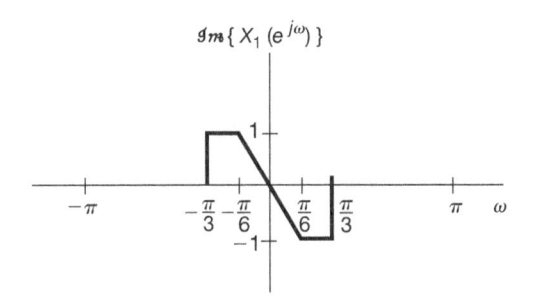

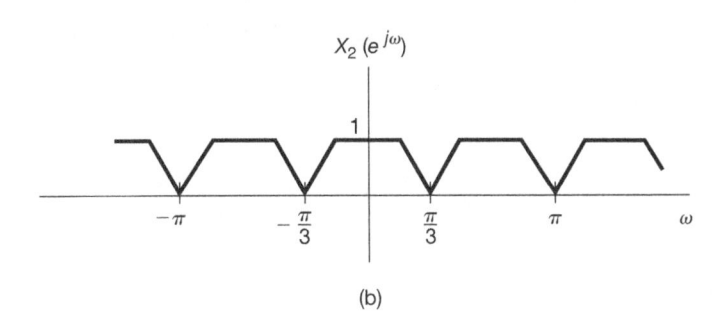

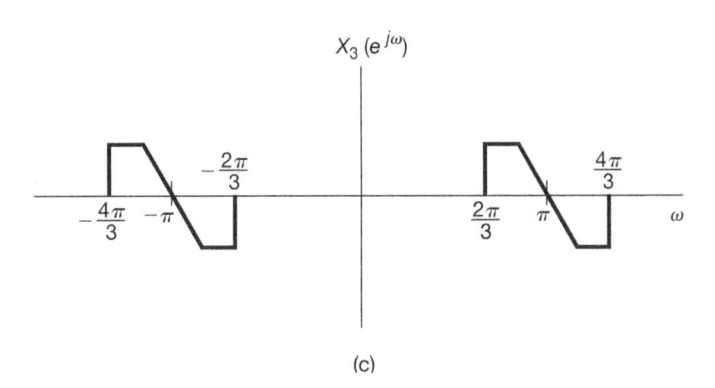

Figura P5.26

5.27 (a) Seja $x[n]$ um sinal de tempo discreto com transformada de Fourier $X(e^{j\omega})$, a qual está ilustrada na Figura P5.27. Esboce a transformada de Fourier de

$$w[n] = x[n]p[n]$$

para cada um dos seguintes sinais $p[n]$:

(i) $p[n] = \cos \pi n$

(ii) $p[n] = \cos(\pi n/2)$

(iii) $p[n] = \text{sen}(\pi n/2)$

(iv) $p[n] = \sum_{k=-\infty}^{\infty} \delta[n-2k]$

(v) $p[n] = \sum_{k=-\infty}^{\infty} \delta[n-4k]$

(b) Suponha que o sinal $w[n]$ do item (a) seja aplicado como entrada para um sistema LIT com resposta à amostra unitário

$$h[n] = \frac{\text{sen}(\pi n/2)}{\pi n}.$$

Determine a saída $y[n]$ para cada uma das escolhas de $p[n]$ do item (a).

5.28 Os sinais $x[n]$ e $g[n]$ têm transformadas de Fourier $X(e^{j\omega})$ e $G(e^{j\omega})$, respectivamente. Além disso, $X(e^{j\omega})$ e $G(e^{j\omega})$ são relacionados da seguinte forma:

$$\frac{1}{2\pi} \int_{-\pi}^{+\pi} X(e^{j\theta})G(e^{j(\omega-\theta)})d\theta = 1 + e^{-j\omega} \quad \text{(P5.28-1)}$$

(a) Se $x[n] = (-1)^n$, determine uma sequência $g[n]$ tal que sua transformada de Fourier $G(e^{j\omega})$ satisfaça a Equação P5.28-1. Existem outras soluções possíveis para $g[n]$?

(b) Repita o item (a) para $x[n] = (\frac{1}{2})^n u[n]$.

5.29 (a) Considere um sistema LIT de tempo discreto com resposta ao impulso

$$h[n] = \left(\frac{1}{2}\right)^n u[n].$$

Use a transformada de Fourier para determinar a resposta a cada um dos seguintes sinais de entrada:

(i) $x[n] = (\frac{3}{4})^n u[n]$

(ii) $x[n] = (n+1)(\frac{1}{4})^n u[n]$

(iii) $x[n] = (-1)^n$

(b) Suponha que

$$h[n] = \left[\left(\frac{1}{2}\right)^2 \cos\left(\frac{\pi n}{2}\right)\right] u[n].$$

Use transformadas de Fourier para determinar a resposta a cada uma das seguintes entradas:

(i) $x[n] = (\frac{1}{2})^n u[n]$

(ii) $x[n] = \cos(\pi n/2)$

(c) Sejam $x[n]$ e $h[n]$ sinais com as seguintes transformadas de Fourier:

$$X(e^{j\omega}) = 3e^{j\omega} + 1 - e^{-j\omega} + 2e^{-j3\omega},$$

$$H(e^{j\omega}) = -e^{j\omega} + 2e^{-j2\omega} + e^{-j4\omega}.$$

Determine $y[n] = x[n] * h[n]$.

5.30 No Capítulo 4, indicamos que o sistema LIT de tempo contínuo com resposta ao impulso

$$h(t) = \frac{W}{\pi} \text{sinc}\left(\frac{Wt}{\pi}\right) = \frac{\text{sen } Wt}{\pi t}$$

desempenha um papel muito importante na análise de sistemas LIT. O mesmo ocorre com o sistema LIT de tempo discreto com resposta ao impulso

$$h[n] = \frac{w}{\pi} \text{sinc}\left(\frac{Wn}{\pi}\right) = \frac{\text{sen } Wn}{\pi n}.$$

(a) Determine e esboce a resposta em frequência para o sistema com resposta ao impulso $h[n]$.

(b) Considere o sinal

$$x[n] = \text{sen}\left(\frac{\pi n}{8}\right) - 2\cos\left(\frac{\pi n}{4}\right).$$

Suponha que esse sinal seja a entrada para sistemas LIT com respostas ao impulso dadas a seguir. Determine a saída em cada caso.

(i) $h[n] = \frac{\text{sen}(\pi n/6)}{\pi n}$

(ii) $h[n] = \frac{\text{sen}(\pi n/6)}{\pi n} + \frac{\text{sen}(\pi n/2)}{\pi n}$

(iii) $h[n] = \frac{\text{sen}(\pi n/6)\text{sen}(\pi n/3)}{\pi^2 n^2}$

(iv) $h[n] = \frac{\text{sen}(\pi n/6)\text{sen}(\pi n/3)}{\pi n}$

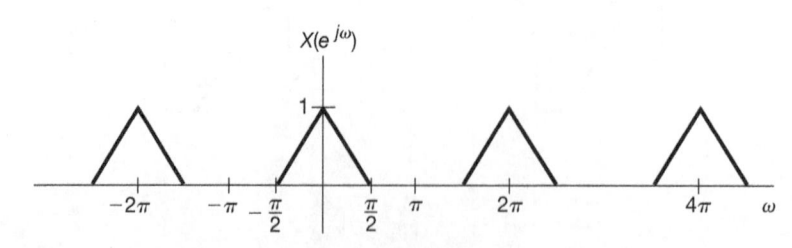

Figura P5.27

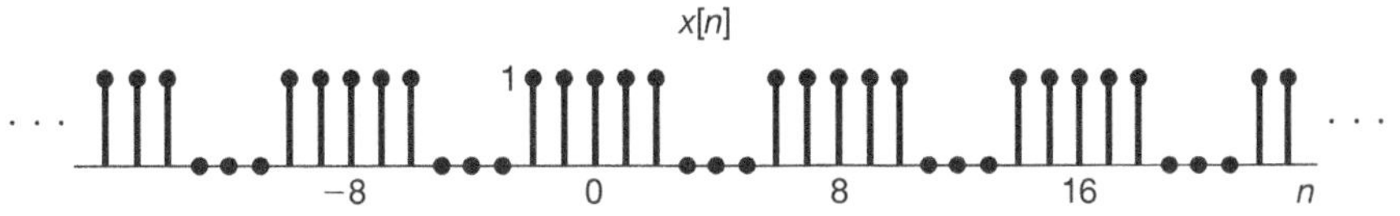

Figura P5.30

(c) Considere um sistema LIT com resposta ao impulso unitário

$$h[n] = \frac{\text{sen}(\pi n/3)}{\pi n}.$$

Determine a saída para cada uma das seguintes entradas:

(i) $x[n]$ = a onda quadrada representada na Figura P5.30

(ii) $x[n] = \sum_{k=-\infty}^{\infty} \delta[n-8k]$

(iii) $x[n] = (-1)^n$ multiplicado pela a onda quadrada representada na Figura P5.30

(iv) $x[n] = \delta[n+1] + \delta[n-1]$

5.31 Sabe-se que um sistema LIT S com resposta ao impulso $h[n]$ e resposta em frequência $H(e^{j\omega})$ tem a seguinte propriedade para $-\pi \leq \omega_0 \leq \pi$,

$$\cos \omega_0 n \to \omega_0 \cos \omega_0 n.$$

(a) Determine $H(e^{j\omega})$.

(b) Determine $h[n]$.

5.32 Sejam $h_1[n]$ e $h_2[n]$ respostas ao impulso de sistemas LIT causais e $H_1(e^{j\omega})$ e $H_2(e^{j\omega})$ as respostas em frequência correspondentes. Sob essas condições, a equação a seguir em geral é verdadeira ou não? Justifique sua resposta.

$$\left[\frac{1}{2\pi}\int_{-\pi}^{\pi} H_1(e^{j\omega})d\omega\right]\left[\frac{1}{2\pi}\int_{-\pi}^{\pi} H_2(e^{j\omega})d\omega\right]$$
$$= \frac{1}{2\pi}\int_{-\pi}^{\pi} H_1(e^{j\omega})H_2(e^{j\omega})d\omega.$$

5.33 Considere um sistema LIT causal descrito pela equação de diferenças

$$y[n] + \frac{1}{2}y[n-1] = x[n].$$

(a) Determine a resposta em frequência $H(e^{j\omega})$ desse sistema.

(b) Qual é a resposta desse sistema às seguintes entradas?

(i) $x[n] = (\frac{1}{2})^n u[n]$

(ii) $x[n] = (-\frac{1}{2})^n u[n]$

(iii) $x[n] = \delta[n] + \frac{1}{2}\delta[n-1]$

(iv) $x[n] = \delta[n] - \frac{1}{2}\delta[n-1]$

(c) Encontre a resposta às entradas com as seguintes transformadas de Fourier:

(i) $X(e^{j\omega}) = \frac{1 - \frac{1}{4}e^{-j\omega}}{1 + \frac{1}{2}e^{j\omega}}$

(ii) $X(e^{j\omega}) = \frac{1 + \frac{1}{2}e^{-j\omega}}{1 - \frac{1}{4}e^{-j\omega}}$

(iii) $X(e^{j\omega}) = \frac{1}{(1 - \frac{1}{4}e^{-j\omega})(1 + \frac{1}{2}e^{-j\omega})}$

(iv) $X(e^{j\omega}) = 1 + 2e^{-3j\omega}$

5.34 Considere um sistema consistindo na cascata de dois sistemas LIT com respostas em frequência

$$H_1(e^{j\omega}) = \frac{2 - e^{-j\omega}}{1 + \frac{1}{2}e^{-j\omega}}$$

e

$$H_2(e^{j\omega}) = \frac{1}{1 - \frac{1}{2}e^{-j\omega} + \frac{1}{4}e^{-j2\omega}}.$$

(a) Encontre a equação de diferenças descrevendo o sistema global.

(b) Determine a resposta ao impulso do sistema global.

5.35 Um sistema LIT causal é descrito pela equação de diferenças

$$y[n] - ay[n-1] = bx[n] + x[n-1]$$

sendo a real e menor que 1 em magnitude.

(a) Encontre um valor de b tal que a resposta em frequência do sistema satisfaça

$$|H(e^{j\omega})| = 1, \quad \text{para todo } \omega$$

Esse tipo de sistema é chamado *sistema passa-tudo*, pois não atenua a entrada $e^{j\omega n}$ para *nenhum* valor de ω. Use o valor de b que você encontrou no restante do problema.

(b) Esboce $\sphericalangle H(e^{j\omega})$, para $0 \leq \omega \leq \pi$, quando $a = \frac{1}{2}$.

(c) Esboce $\sphericalangle H(e^{j\omega})$, para $0 \leq \omega \leq \pi$, quando $a = -\frac{1}{2}$.

(d) Encontre e trace o gráfico da saída desse sistema com $a = -\frac{1}{2}$ quando a entrada é

$$x[n] = \left(\frac{1}{2}\right)^n u[n].$$

Por esse exemplo, vemos que uma mudança não linear na fase pode ter um efeito significativamente diferente sobre um sinal que o deslocamento no tempo resultante da fase linear.

5.36 **(a)** Sejam $h[n]$ e $g[n]$ as respostas ao impulso de dois sistemas LIT de tempo discreto estáveis, que são inversos um do outro. Qual é a relação entre as respostas em frequência desses dois sistemas?

(b) Considere os sistemas LIT causais descritos pelas equações de diferença a seguir. Em cada caso, determine a resposta ao impulso do sistema inverso e a equação de diferença que caracteriza o inverso.

(i) $y[n] = x[n] - \frac{1}{4}x[n-1]$

(ii) $y[n] + \frac{1}{2}y[n-1] = x[n]$

(iii) $y[n] + \frac{1}{2}y[n-1] = x[n] - \frac{1}{4}x[n-1]$

(iv) $y[n] + \frac{5}{4}y[n-1] - \frac{3}{8}y[n-2] = x[n]$
$\quad - \frac{1}{4}x[n-1] - \frac{1}{8}x[n-2]$

(v) $y[n] + \frac{5}{4}y[n-1] - \frac{3}{8}y[n-2] = x[n]$
$\quad - \frac{1}{2}x[n-1]$

(vi) $y[n] + \frac{5}{4}y[n-1] - \frac{3}{8}y[n-2] = x[n]$

(c) Considere o sistema LIT causal, de tempo discreto, descrito pela equação de diferenças

$$y[n] + y[n-1] + \frac{1}{4}y[n-2] = x[n-1] - \frac{1}{2}x[n-2].$$
$$\text{(P5.36-1)}$$

Qual é o inverso desse sistema? Demonstre que o inverso é não causal. Encontre outro sistema LIT causal que seja um "inverso com atraso" do sistema descrito pela Equação P5.36-1. Especificamente, encontre um sistema LIT causal tal que a saída $w[n]$ na Figura P5.36 seja igual a $x[n-1]$.

Problemas avançados

5.37 Seja $X(e^{j\omega})$ a transformada de Fourier de $x[n]$. Obtenha expressões em termos de $X(e^{j\omega})$ para as transformadas de Fourier dos seguintes sinais. (Não assuma que $x[n]$ seja real.)

(a) $\mathcal{R}e\{x[n]\}$

(b) $x^*[-n]$

(c) $\mathcal{E}v\{x[n]\}$

5.38 Seja $X(e^{j\omega})$ a transformada de Fourier de um sinal real $x[n]$. Demonstre que $x[n]$ pode ser escrito como

$$x[n] = \int_0^\pi \{B(\omega)\cos\omega + C(\omega)\operatorname{sen}\omega\}d\omega$$

encontrando expressões para $B(\omega)$ e $C(\omega)$ em termos de $X(e^{j\omega})$.

5.39 Deduza a propriedade da convolução

$$x[n] * h[n] \xleftrightarrow{\mathcal{F}} X(e^{j\omega})H(e^{j\omega}).$$

5.40 Sejam $x[n]$ e $h[n]$ dois sinais e seja $y[n] = x[n] * h[n]$. Escreva duas expressões para $y[0]$: uma em termos de $x[n]$ e $h[n]$ (usando a soma de convolução diretamente) e a outra em termos de $X(e^{j\omega})$ e $H(e^{j\omega})$ (usando a propriedade de convolução da transformada de Fourier). Depois, por uma escolha criteriosa de $h[n]$, use essas duas expressões para obter a relação de Parseval — ou seja,

$$\sum_{n=-\infty}^{+\infty}|x[n]|^2 = \frac{1}{2\pi}\int_{-\pi}^{\pi}|X(e^{j\omega})|^2 d\omega.$$

De um modo semelhante, deduza a seguinte generalização da relação de Parseval:

$$\sum_{n=-\infty}^{+\infty}x[n]Z^*[n] = \frac{1}{2\pi}\int_{-\pi}^{\pi}X(e^{j\omega})Z^*(e^{j\omega})d\omega.$$

5.41 Seja $\tilde{x}[n]$ um sinal periódico com período N. Um sinal de duração finita $x[n]$ está relacionado a $\tilde{x}[n]$ por meio de

$$x[n] = \begin{cases} \tilde{x}[n], & n_0 \leq n \leq n_0 + N - 1 \\ 0, & \text{caso contrário,} \end{cases}$$

para algum n_0 inteiro. Ou seja, $x[n]$ é igual a $\tilde{x}[n]$ em um período e zero, caso contrário.

(a) Se $\tilde{x}[n]$ tem coeficientes da série de Fourier a_k e $x[n]$ tem transformada de Fourier $X(e^{j\omega})$, mostre que

$$a_k = \frac{1}{N}X(e^{j2\pi k/N})$$

independentemente do valor de n_0.

(b) Considere os dois sinais seguintes:

$$x[n] = u[n] - u[n-5]$$

$$\tilde{x}[n] = \sum_{k=-\infty}^{\infty} x[n-kN]$$

$x[n]$ → [Sistema LIT descrito pela Equação P5.36-1] → $y[n]$ → [Sistema LIT causal] → $w[n]$

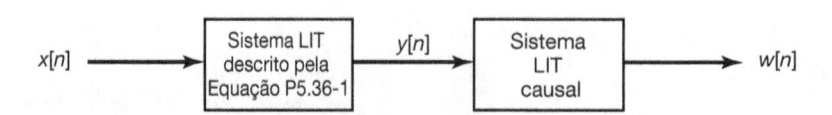

Figura P5.36

sendo N um inteiro positivo. Seja a_k os coeficientes de Fourier de $\tilde{x}[n]$ e seja $X(e^{j\omega})$ a transformada de Fourier de $x[n]$.

(i) Determine uma expressão fechada para $X(e^{j\omega})$.

(ii) Usando o resultado do item (i), determine uma expressão para os coeficientes de Fourier a_k.

5.42 Neste problema, deduzimos a propriedade de deslocamento em frequência da transformada de Fourier de tempo discreto como um caso especial da propriedade de multiplicação. Seja $x[n]$ qualquer sinal de tempo discreto com transformada de Fourier $X(e^{j\omega})$ e seja

$$p[n] = e^{j\omega_0 n}.$$

(a) Determine e esboce a transformada de Fourier de

$$p[n] = e^{j\omega_0 n}.$$

(b) A propriedade de multiplicação da transformada de Fourier nos diz que, como

$$g[n] = p[n]x[n],$$

$$G(e^{j\omega}) = \frac{1}{2\pi}\int_{\langle 2\pi\rangle} X(e^{j\theta})P(e^{j(\omega-\theta)})d\theta$$

Calcule essa integral para mostrar que

$$G(e^{j\omega}) = X(e^{j(\omega-\omega_0)}).$$

5.43 Seja $x[n]$ um sinal com transformada de Fourier $X(e^{j\omega})$ e seja

$$g[n] = x[2n]$$

um sinal cuja transformada de Fourier é $G(e^{j\omega})$. Neste problema, deduzimos a relação entre $G(e^{j\omega})$ e $X(e^{j\omega})$.

(a) Seja

$$v[n] = \frac{(e^{-j\pi n}x[n]) + x[n]}{2}.$$

Expresse a transformada de Fourier $V(e^{j\omega})$ de $v[n]$ em termos de $X(e^{j\omega})$.

(b) Notando que $v[n] = 0$ para n ímpar, demonstre que a transformada de Fourier de $v[2n]$ é igual a $V\left(e^{j\frac{\omega}{2}}\right)$.

(c) Demonstre que

$$x[2n] = v[2n].$$

Daí segue-se que

$$G(e^{j\omega}) = V(e^{j\omega/2}).$$

Agora, use o resultado do item (a) para expressar $G(e^{j\omega})$ em termos de $X(e^{j\omega})$.

5.44 (a) Seja

$$x_1[n] = \cos\left(\frac{\pi n}{3}\right) + \text{sen}\left(\frac{\pi n}{2}\right)$$

um sinal e $X_1(e^{j\omega})$ a transformada de Fourier de $x_1[n]$. Esboce $x_1[n]$, juntamente com os sinais com as seguintes transformadas de Fourier:

(i) $X_2(e^{j\omega}) = X_1(e^{j\omega})e^{j\omega}$, $|\omega| < \pi$
(ii) $X_3(e^{j\omega}) = X_1(e^{j\omega})e^{-j3\omega/2}$, $|\omega| < \pi$

(b) Seja

$$w(t) = \cos\left(\frac{\pi t}{3T}\right) + \text{sen}\left(\frac{\pi t}{2T}\right)$$

um sinal de tempo contínuo. Note que $x_1[n]$ pode ser considerado como uma sequência de amostras uniformemente espaçadas de $w(t)$; isto é,

$$x_1[n] = w(nT).$$

Demonstre que

$$x_2[n] = w(nT - \alpha)$$

e

$$x_3[n] = w(nT - \beta)$$

e especifique os valores de α e β. A partir desse resultado, podemos concluir que $x_2[n]$ e $x_3[n]$ também são amostras uniformemente espaçadas de $w(t)$.

5.45 Considere um sinal de tempo discreto $x[n]$ com a transformada de Fourier, como ilustrada na Figura P5.45. Esboce os seguintes sinais de tempo contínuo:

(a) $x_1(t) = \sum_{n=-\infty}^{\infty} x[n]e^{j(2\pi/10)nt}$
(b) $x_2(t) = \sum_{n=-\infty}^{\infty} x[-n]e^{j(2\pi/10)nt}$
(c) $x_3(t) = \sum_{n=-\infty}^{\infty} \mathfrak{Im}\{x[n]\}e^{j(2\pi/8)nt}$
(d) $x_4(t) = \sum_{n=-\infty}^{\infty} \mathfrak{Re}\{x[n]\}e^{j(2\pi/6)nt}$

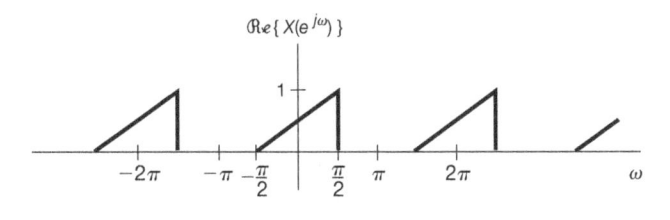

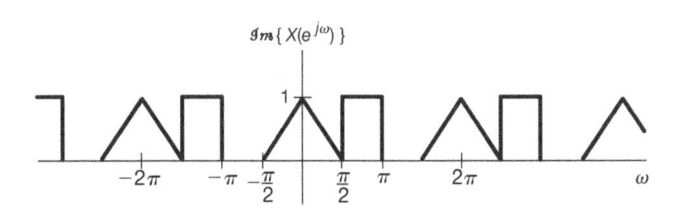

Figura P5.45

5.46 No Exemplo 5.1, mostramos que, para $|\alpha| < 1$,

$$\alpha^n u[n] \xleftrightarrow{\mathcal{F}} \frac{1}{1-\alpha e^{-j\omega}}.$$

(a) Use as propriedades da transformada de Fourier para mostrar que

$$(n+1)\alpha^n u[n] \xleftrightarrow{\mathcal{F}} \frac{1}{(1-\alpha e^{-j\omega})^2}.$$

(b) Mostre, por indução, que a transformada inversa de Fourier de

$$X(e^{j\omega}) = \frac{1}{(1-\alpha e^{-j\omega})^r}$$

é

$$x[n] = \frac{(n+r-1)!}{n!(r-1)!}\alpha^n u[n].$$

5.47 Determine se cada uma das seguintes afirmações é verdadeira ou falsa. Justifique suas respostas. Em cada afirmação, a transformada de Fourier de $x[n]$ é indicada por $X(e^{j\omega})$.

(a) Se $X(e^{j\omega}) = X(e^{j(\omega-1)})$, então $x[n] = 0$ para $|n| > 0$.
(b) Se $X(e^{j\omega}) = X(e^{j(\omega-\pi)})$, então $x[n] = 0$ para $|n| > 0$.
(c) Se $X(e^{j\omega}) = X(e^{j\omega/2})$, então $x[n] = 0$ para $|n| > 0$.
(d) Se $X(e^{j\omega}) = X(e^{j2\omega})$, então $x[n] = 0$ para $|n| > 0$.

5.48 É dado um sistema causal de tempo discreto, linear, invariante no tempo, com entrada demonstrada como $x[n]$ e saída demonstrada como $y[n]$. Esse sistema é especificado pelo seguinte *par* de equações de diferenças, envolvendo um sinal intermediário $w[n]$:

$$y[n] + \frac{1}{4}y[n-1] + w[n] + \frac{1}{2}w[n-1] = \frac{2}{3}x[n],$$

$$y[n] - \frac{5}{4}y[n-1] + 2w[n] - 2w[n-1] = -\frac{5}{3}x[n].$$

(a) Encontre a resposta em frequência e a resposta à amostra unitária do sistema.
(b) Encontre uma única equação de diferenças relacionando $x[n]$ e $y[n]$ para o sistema.

5.49 (a) Um sistema de tempo discreto em particular tem entrada $x[n]$ e saída $y[n]$. As transformadas de Fourier desses sinais estão relacionadas pela equação

$$Y(e^{j\omega}) = 2X(e^{j\omega}) + e^{-j\omega}X(e^{j\omega}) - \frac{dX(e^{j\omega})}{d\omega}.$$

(i) O sistema é linear? Justifique sua resposta com clareza.
(ii) O sistema é invariante no tempo? Justifique sua resposta com clareza.
(iii) Determine $y[n]$ se $x[n] = \delta[n]$.

(b) Considere um sistema de tempo discreto para o qual a transformada $Y(e^{j\omega})$ da saída esteja relacionada à transformada da entrada por meio da relação

$$Y(e^{j\omega}) = \int_{\omega-\pi/4}^{\omega+\pi/4} X(e^{j\omega})d\omega.$$

Encontre uma expressão para $y[n]$ em termos de $x[n]$.

5.50 (a) Suponha que queiramos projetar um sistema LIT de tempo discreto que tenha a propriedade de que, se a entrada é

$$x[n] = \left(\frac{1}{2}\right)^n u[n] - \frac{1}{4}\left(\frac{1}{2}\right)^{n-1} u[n-1],$$

então a saída é

$$y[n] = \left(\frac{1}{3}\right)^n u[n].$$

(i) Encontre a resposta ao impulso *e* a resposta em frequência de um sistema LIT de tempo discreto que tenha a propriedade apresentada.
(ii) Encontre uma equação de diferenças relacionando $x[n]$ e $y[n]$ que caracteriza o sistema.

(b) Suponha que um sistema tenha a resposta $(1/4)^n \cdot u[n]$ para a entrada $(n+2)(1/2)^n u[n]$. Se a saída desse sistema for $\delta[n] - (-1/2)^n u[n]$, qual será a entrada?

5.51 (a) Considere um sistema de tempo discreto com resposta à amostra unitária

$$h[n] = \left(\frac{1}{2}\right)^n u[n] + \frac{1}{2}\left(\frac{1}{4}\right)^n u[n]$$

Determine uma equação de diferença linear com coeficientes constantes relacionando a entrada e a saída do sistema.

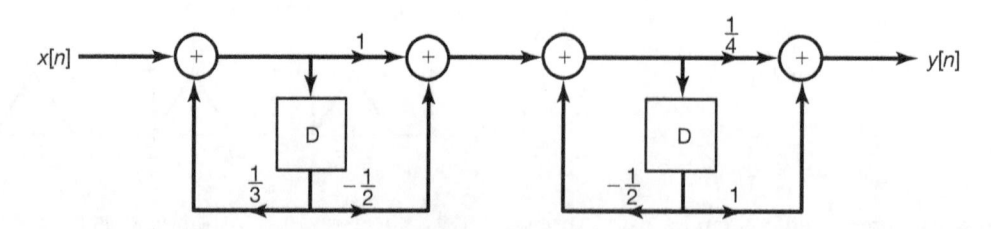

Figura P5.51

(b) A Figura P5.51 representa uma implementação em diagrama de blocos de um sistema LIT causal.

  (i) Encontre uma equação de diferenças relacionando $x[n]$ e $y[n]$ para esse sistema.

  (ii) Qual é a resposta em frequência do sistema?

  (iii) Determine a resposta ao impulso do sistema.

5.52 **(a)** Seja $h[n]$ a resposta ao impulso de um sistema LIT real, causal, de tempo discreto. Mostre que o sistema é completamente especificado pela parte real de sua resposta em frequência. (*Dica*: Mostre como $h[n]$ pode ser recuperado a partir de $\mathcal{E}v\{h[n]\}$. Qual é a transformada de Fourier de $\mathcal{E}v\{h[n]\}$?) Este é o correspondente de tempo discreto da propriedade de *suficiência da parte real* dos sistemas LIT causais, considerada no Problema 4.47 para sistemas de tempo contínuo.

(b) Seja $h[n]$ real e causal. Se

$$\Re e\{H(e^{j\omega})\} = 1 + \alpha \cos 2\omega \quad (\alpha \text{ real}),$$

determine $h[n]$ e $H(e^{j\omega})$.

(c) Mostre que $h[n]$ pode ser completamente recuperado a partir do conhecimento de $\Im m\{H(e^{j\omega})\}$ e $h[0]$.

(d) Encontre dois sistemas LIT reais e causais cujas respostas em frequência possuem partes imaginárias iguais a sen ω.

Problemas de extensão

5.53 Um dos motivos para o grande crescimento no uso de métodos de tempo discreto para a análise e síntese de sinais e sistemas foi o desenvolvimento de ferramentas extremamente eficientes para a realização da análise de Fourier de sequências de tempo discreto. No cerne desses métodos está uma técnica que está ligada de perto à análise de Fourier de tempo discreto e que é adequada para uso em um computador digital ou para a implementação em circuitos eletrônicos digitais de uso específico. Essa técnica é a *transformada discreta de Fourier* (DFT, em inglês, *discrete Fourier transform*) para sinais de duração finita.

Seja §$x[n]$ um sinal de duração finita; ou seja, existe um inteiro N_1 de modo que

$$x[n] = 0, \quad \text{fora do intervalo } 0 \leq n \leq N_1 - 1.$$

Além do mais, seja $X(e^{j\omega})$ a transformada de Fourier de $x[n]$. Podemos construir um sinal periódico $\tilde{x}[n]$ que seja igual a $x[n]$ em um período. Especificamente, seja $N \geq N_1$ um inteiro qualquer e seja $\tilde{x}[n]$ periódico com período N e tal que

$$\tilde{x}[n] = x[n], \quad 0 \leq n \leq N - 1.$$

Os coeficientes da série de Fourier para $\tilde{x}[n]$ são dados por

$$a_k = \frac{1}{N}\sum_{\langle N \rangle} \tilde{x}[n]e^{-jk(2\pi/N)n}$$

Escolhendo o intervalo do somatório de modo que $\tilde{x}[n] = x[n]$, obtemos

$$a_k = \frac{1}{N}\sum_{n=0}^{N-1} x[n]e^{-jk(2\pi/N)n}. \quad \textbf{(P5.53-1)}$$

O conjunto de coeficientes definidos pela Equação P5.53-1 representa a DFT de $x[n]$. Especificamente, a DFT de $x[n]$ é comumente indicada por $\tilde{X}[k]$ e é definida como

$$\tilde{X}[k] = a_k = \frac{1}{N}\sum_{n=0}^{N-1} x[n]e^{-jk(2\pi/N)n}, \quad k = 0, 1, \ldots, N-1. \quad \textbf{(P5.53-2)}$$

A importância da DFT decorre de vários fatos. Primeiro, observe que o sinal de duração finita original pode ser recuperado a partir da sua DFT. Especificamente, temos

$$x[n] = \sum_{k=0}^{N-1} \tilde{X}[k]e^{jk(2\pi/N)n}, n = 0, 1, \ldots, N-1 \quad \textbf{(P5.53-3)}$$

Assim, o sinal de duração finita $x[n]$ pode ser especificado pelo conjunto finito de valores não nulos que assume ou pelo conjunto finito de valores de $\tilde{X}[k]$ de sua DFT. Uma segunda característica importante da DFT é que existe um algoritmo extremamente rápido, chamado *transformada rápida de Fourier* (FFT, em inglês, *fast Fourier transform*), para o seu cálculo (ver no Problema 5.54 uma introdução a essa técnica extremamente importante). Além disso, devido a sua relação próxima com a série e a transformada de Fourier de tempo discreto, a DFT herda algumas das suas propriedades importantes.

(a) Suponha que $N \geq N_1$. Mostre que

$$\tilde{X}[k] = \frac{1}{N} X(e^{j(2\pi k/N)})$$

sendo $\tilde{X}[k]$ a DFT de $x[n]$. Isto é, a DFT corresponde a amostras de $X(e^{j\omega})$ tomadas a cada intervalo de $2\pi/N$. A Equação P5.53-3 leva-nos a concluir que $x[n]$ pode ser representado unicamente por essas amostras de $X(e^{j\omega})$.

(b) Vamos considerar amostras de $X(e^{j\omega})$ tomadas a cada $2\pi/M$, sendo $M < N_1$. Essas amostras correspondem a mais de uma sequência de duração N_1. Para ilustrar isso, considere os dois sinais $x_1[n]$ e $x_2[n]$ representados na Figura P5.53. Mostre que, se escolhermos $M = 4$, teremos

$$X_1(e^{j(2\pi k/4)}) = X_2(e^{j(2\pi k/4)})$$

para todos os valores de k.

5.54 Conforme indicado no Problema 5.53, existem muitos problemas de importância prática em que se deseja calcular a transformada discreta de Fourier (DFT) de sinais de tempo discreto. Muitas vezes, esses sinais são de duração muito longa e, nesses casos, é muito importante usar procedimentos computacionalmente eficientes. Um dos motivos para o aumento significativo no uso de técnicas numéricas para a análise de sinais foi o desenvolvimento de uma técnica muito eficiente, conhecida como algoritmo da transformada rápida de Fourier (FFT) para o cálculo da DFT de sequências de duração finita. Neste problema, desenvolvemos o princípio sobre o qual a FFT está baseada.

Seja $x[n]$ um sinal que é nulo fora do intervalo $0 \leq n \leq N_1 - 1$. Para $N \geq N_1$, a DFT de N pontos de $x[n]$ é dada por

$$\tilde{X}[k] = \frac{1}{N}\sum_{k=0}^{N-1} x[n]e^{-jk(2\pi/N)n}, \quad k=0,1,\ldots,N-1. \quad \textbf{(P5.54-1)}$$

É conveniente reescrever a Equação P5.54-1 como

$$\tilde{X}[k] = \frac{1}{N}\sum_{k=0}^{N-1} x[n]W_N^{nk}, \quad \textbf{(P5.54-2)}$$

sendo

$$W_N = e^{-j2\pi/N}.$$

(a) Um método para calcular $\tilde{X}[k]$ é pelo cálculo direto da Equação P5.54-2. Uma medida útil da complexidade desse cálculo é o número total de multiplicações complexas exigidas. Mostre que o número de multiplicações complexas exigidas para avaliar a Equação P5.54-2 diretamente, para $k = 0, 1,\ldots, N-1$, é N^2. Assuma que $x[n]$ seja complexo e que os valores necessários de W_N^{nk} tenham sido pré-calculados e armazenados em uma tabela. Por simplicidade, *não* explore o fato de que, para certos valores de n e k, W_N^{nk} é igual a ± 1 ou $\pm j$ e, portanto, não exige uma multiplicação complexa completa.

(b) Suponha que N seja par. Considere que $f[n] = x[2n]$ represente as amostras com índices pares de $x[n]$ e $g[n] = x[2n+1]$ represente as amostras com índices ímpares.

(i) Mostre que $f[n]$ e $g[n]$ são nulos fora do intervalo $0 \leq n \leq (N/2) - 1$.

(ii) Mostre que a DFT de N pontos $\tilde{X}[k]$ de $x[n]$ pode ser expressa como

$$\tilde{X}[k] = \frac{1}{N}\sum_{n=0}^{(N/2)-1} f[n]W_{N/2}^{nk} + \frac{1}{N}W_N^k \sum_{n=0}^{(N/2)-1} g[n]W_{N/2}^{nk}$$

$$= \frac{1}{2}\tilde{F}[k] + \frac{1}{2}W_N^k \tilde{G}[k], \quad k=0,1,\ldots,N-1$$

$$\textbf{(P5.54-3)}$$

sendo

$$\tilde{F}[n] = \frac{2}{N}\sum_{n=0}^{(N/2)-1} f[n]W_{N/2}^{nk},$$

$$\tilde{G}[n] = \frac{2}{N}\sum_{n=0}^{(N/2)-1} g[n]W_{N/2}^{nk}.$$

(iii) Mostre que, para todo k,

$$\tilde{F}\left[k + \frac{N}{2}\right] = \tilde{F}[k],$$

$$\tilde{G}\left[k + \frac{N}{2}\right] = \tilde{G}[k].$$

Note que $\tilde{F}[k]$, $k = 0, 1,\ldots, (N/2) - 1$, e $\tilde{G}[k]$, $k = 0, 1, \ldots, (N/2) - 1$, são DFTs de $(N/2)$ pontos de $f[n]$ e $g[n]$, respectivamente. Assim, a Equação P5.54-3 indica que a DFT de comprimento N de $x[n]$ pode ser calculada em termos de duas DFTs de comprimento $N/2$.

(iv) Determine o número de multiplicações complexas exigidas para calcular $\tilde{X}[k]$, $k = 0, 1, 2, \ldots, N-1$, a partir da Equação P5.54-3 calculando primeiro $\tilde{F}[k]$ e $\tilde{G}[k]$. [Faça as mesmas suposições sobre multiplicações do item (a) e ignore as multiplicações pela constante 1/2 na Equação P5.54-3.]

(c) Se, como N, $N/2$ for par, então $f[n]$ e $g[n]$ podem ser decompostos cada um em sequências de amostras com índices pares e ímpares, e, portanto, suas DFTs podem ser calculadas usando-se o mesmo processo da Equação P5.54-3. Além do mais, se N for uma potência inteira de 2, podemos continuar a iterar o processo, alcançando assim uma economia significativa em tempo de cálculo. Com esse procedimento, aproximadamente quantas multiplicações complexas são necessárias para $N = 32$,

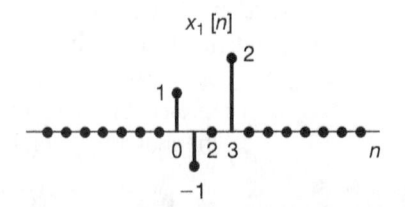

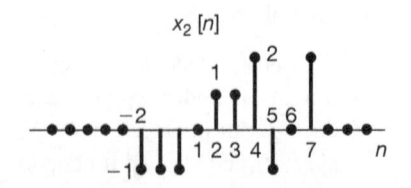

Figura P5.53

256, 1.024 e 4.096? Compare os resultados com o método de cálculo direto do item (a).

5.55 Neste problema, apresentamos o conceito de *janelamento*, que é de grande importância tanto no projeto de sistemas LIT quando na análise espectral de sinais. O janelamento é a operação de tomar um sinal $x[n]$ e multiplicá-lo por uma janela $w[n]$ de duração finita. Ou seja,

$$p[n] = x[n]w[n].$$

Note que $p[n]$ também tem duração finita.

A importância do janelamento na análise espectral vem do fato de que em diversas aplicações desejamos calcular a transformada de Fourier de um sinal que foi medido. Como na prática só podemos medir um sinal $x[n]$ por um intervalo de tempo finito (a *janela de tempo*), o sinal real disponível para a análise espectral é

$$p[n] = \begin{cases} x[n], & -M \leq n \leq M \\ 0, & \text{caso contrário} \end{cases},$$

sendo $-M \leq n \leq M$ a janela de tempo. Então,

$$p[n] = x[n]w[n],$$

sendo $w[n]$ a *janela retangular*; isto é,

$$w[n] = \begin{cases} 1, & -M \leq n \leq M \\ 0, & \text{caso contrário} \end{cases}. \quad \textbf{(P5.55-1)}$$

O janelamento também desempenha um papel importante no projeto de sistemas LIT. Especificamente, por diversos motivos (como a utilidade em potencial do algoritmo FFT; ver Problema P5.54), costuma ser vantajoso projetar um sistema que tenha uma resposta ao impulso de duração finita para obter algum objetivo de processamento de sinal desejado. Isto é, frequentemente começamos com uma resposta em frequência desejada $H(e^{j\omega})$ cuja transformada inversa $h[n]$ é uma resposta ao impulso de duração infinita (ou, pelo menos, excessivamente longa). O que é necessário, então, é a construção de uma resposta ao impulso $g[n]$ de duração finita, cuja transformada $G(e^{j\omega})$ se aproxima adequadamente de $H(e^{j\omega})$. Uma técnica geral para escolher $g[n]$ é encontrar uma função de janela $w[n]$ tal que a transformada de $h[n]w[n]$ atenda às especificações desejadas para $G(e^{j\omega})$.

Evidentemente, o janelamento de um sinal tem um efeito sobre o espectro resultante. Neste problema, ilustramos esse efeito.

(a) Para compreender o efeito do janelamento, considere o janelamento do sinal

$$x[n] = \sum_{k=-\infty}^{\infty} \delta[n-k]$$

usando a janela retangular dada na Equação P5.55-1

  (i) Calcule $X(e^{j\omega})$.

  (ii) Esboce a transformada de $p[n] = x[n]w[n]$, quando $M = 1$.

  (iii) Faça o mesmo para $M = 10$.

(b) Em seguida, considere um sinal $x[n]$ cuja transformada de Fourier é especificada por

$$X(e^{j\omega}) = \begin{cases} 1, & |\omega| < \pi/4 \\ 0, & \pi/4 < |\omega| \leq \pi \end{cases}.$$

Seja §$p[n] = x[n]w[n]$, em que $w[n]$ é a janela retangular da Equação P5.55-1. Esboce $P(e^{j\omega})$ para $M = 4, 8$ e 16.

(c) Um dos problemas do uso de uma janela retangular é que ela introduz ondulações na transformada $P(e^{j\omega})$. (Isso, de fato, está relacionado diretamente ao fenômeno de Gibbs.) Por esse motivo, diversas outras janelas foram propostas. Esses sinais decaem suavemente; ou seja, eles vão de 0 a 1 mais gradualmente do que a transição brusca da janela retangular. O resultado é uma redução na *amplitude* das ondulações em $P(e^{j\omega})$ à custa da inclusão de um pouco de distorção em termos de mais suavização de $X(e^{j\omega})$.

Para ilustrar os pontos apresentados, considere o sinal $x[n]$ descrito no item (b) e seja $p[n] = x[n]w[n]$, sendo $w[n]$ a *janela triangular*, ou *janela de Bartlett*; isto é,

$$w[n] = \begin{cases} 1 - \frac{|n|}{M+1}, & -M \leq n \leq M \\ 0, & \text{caso contrário} \end{cases}.$$

Esboce a transformada de Fourier de $p[n] = x[n]w[n]$ para $M = 4, 8$ e 16. [*Dica*: Observe que o sinal triangular pode ser obtido como uma convolução de um sinal retangular com ele mesmo. Esse fato leva a uma expressão conveniente para $W(e^{j\omega})$.]

(d) Seja $p[n] = x[n]w[n]$, sendo $w[n]$ um sinal cosseno levantado, conhecido como *janela de Hanning*; isto é,

$$w[n] = \begin{cases} \frac{1}{2}[1 + \cos(\pi n/M)], & -M \leq n \leq M \\ 0, & \text{caso contrário} \end{cases}.$$

Esboce $P(e^{j\omega})$ para $M = 4, 8$ e 16.

5.56 Seja $x[m, n]$ um sinal que é uma função de duas variáveis independentes e discretas, m e n. Em analogia com a técnica para uma dimensão e com o caso de tempo contínuo tratado no Problema 4.53, podemos definir a transformada de Fourier bidimensional de $x[m, n]$ como

$$X(e^{j\omega_1}, e^{j\omega_2}) = \sum_{n=-\infty}^{\infty} \sum_{m=-\infty}^{\infty} x[m, n]e^{-j(\omega_1 m + \omega_2 n)}. \quad \textbf{(P5.56-1)}$$

(a) Mostre que a Equação P5.56-1 pode ser calculada como duas transformadas de Fourier unidimensionais sucessivas, primeiro em m, com n fixo, e depois em n. Use esse resultado para determinar uma expressão para $x[m, n]$ em termos de $X(e^{j\omega_1}, e^{j\omega_2})$.

(b) Suponha que
$$x[m, n] = a[m]b[n]$$
sendo $a[m]$ e $b[n]$ funções de apenas uma variável independente. Sejam $A(e^{j\omega})$ e $B(e^{j\omega})$ as transformadas de Fourier de $a[m]$ e $b[n]$, respectivamente. Expresse $X(e^{j\omega_1}, e^{j\omega_2})$ em termos de $A(e^{j\omega})$ e $B(e^{j\omega})$.

(c) Determine as transformadas de Fourier bidimensionais dos seguintes sinais:
  - **(i)** $x[m, n] = \delta[m-1]\delta[n+4]$
  - **(ii)** $x[m, n] = (\frac{1}{2})^{n-m} u[n-2]u[-m]$
  - **(iii)** $x[m, n] = (\frac{1}{2})^n \cos(2\pi m/3)u[n]$
  - **(iv)** $x[m, n] = \begin{cases} 1, & -2 < m < 2 \text{ e } -4 < n < 4 \\ 0, & \text{caso contrário} \end{cases}$
  - **(v)** $x[m, n] = \begin{cases} 1, & -2+n < m < 2+n \text{ e} \\ & -4 < n < 4 \\ 0, & \text{caso contrário} \end{cases}$
  - **(vi)** $x[m, n] = \text{sen}(\frac{\pi n}{3} + \frac{2\pi m}{5})$

(d) Determine o sinal $x[m, n]$ cuja transformada de Fourier é
$$X(e^{j\omega_1}, e^{j\omega_2}) = \begin{cases} 1, & 0 < |\omega_1| \leq \pi/4 \text{ e } 0 < |\omega_2| \leq \pi/2 \\ 0, & \pi/4 < |\omega_1| < \pi \text{ ou } \pi/2 < |\omega_2| < \pi \end{cases}.$$

(e) Sejam $x[m, n]$ e $h[m, n]$ dois sinais cujas transformadas de Fourier bidimensionais são indicadas por $X(e^{j\omega_1}, e^{j\omega_2})$ e $H(e^{j\omega_1}, e^{j\omega_2})$, respectivamente. Determine as transformadas dos seguintes sinais em termos de $X(e^{j\omega_1}, e^{j\omega_2})$ e $H(e^{j\omega_1}, e^{j\omega_2})$:
  - **(i)** $x[m, n]e^{jW_1 m}e^{jW_2 n}$
  - **(ii)** $y[m, n] = \begin{cases} x[k, r], & \text{se } m = 2k \text{ e } n = 2r \\ 0, & \text{se } m \text{ não é múltiplo de 2} \\ & \text{ou } n \text{ não é múltiplo de 3} \end{cases}$
  - **(iii)** $y[m, n] = x[m, n]h[m, n]$

Capítulo 6
Caracterização no tempo e na frequência dos sinais e sistemas

6.0 Introdução

A caracterização no domínio da frequência dos sistemas LIT em termos de sua resposta em frequência representa uma alternativa à caracterização no domínio do tempo por meio da convolução. Analisando os sistemas LIT, muitas vezes é particularmente conveniente utilizar o domínio da frequência porque equações diferenciais e de diferenças e operações de convolução no domínio do tempo se tornam operações algébricas no domínio da frequência. Além do mais, conceitos como filtragem seletiva em frequência são visualizados de forma simples e imediata no domínio da frequência. Contudo, no projeto do sistema, surgem tipicamente considerações tanto no domínio do tempo quanto no domínio da frequência. Por exemplo, como discutimos rapidamente nos exemplos 4.18 e 5.12 e conforme ilustraremos com mais detalhes neste capítulo, o comportamento oscilatório significativo na resposta ao impulso de um filtro seletivo em frequência pode ser indesejável e, consequentemente, podemos querer sacrificar o nível de seletividade em frequência de um filtro, a fim de atender às tolerâncias exigidas sobre o comportamento da resposta ao impulso. Na prática, situações assim são a regra, em vez da exceção, pois na maioria das aplicações gostaríamos de especificar ou restringir certas características de um sistema no domínio do tempo e da frequência, constantemente resultando em exigências contraditórias. Consequentemente, em projeto e análise de sistemas, é importante relacionar características e compromissos no domínio do tempo e da frequência. A introdução dessas questões e relações é o foco principal deste capítulo.

6.1 A representação magnitude-fase da transformada de Fourier

A transformada de Fourier, em geral, é complexa e, como discutimos, pode ser representada em termos de seus componentes real e imaginário, ou em termos de magnitude e fase. A representação magnitude-fase da transformada de Fourier de tempo contínuo $X(j\omega)$ é

$$X(j\omega) = |X(j\omega)|e^{j\sphericalangle X(j\omega)}. \quad \textbf{(6.1)}$$

De modo semelhante, a representação magnitude-fase para a transformada de Fourier de tempo discreto $X(e^{j\omega})$ é

$$X(e^{j\omega}) = |X(e^{j\omega})|e^{j\sphericalangle X(e^{j\omega})}. \quad \textbf{(6.2)}$$

Na discussão a seguir, concentramo-nos, quase por completo, no caso de tempo contínuo para descrever e ilustrar vários pontos relacionados a representações de magnitude-fase. Os pontos essenciais aplicam-se igualmente ao caso de tempo discreto.

Da Equação de síntese da transformada de Fourier 4.8, podemos pensar em $X(j\omega)$ como nos fornecendo uma decomposição do sinal $x(t)$ em uma 'soma' de exponenciais complexas em diferentes frequências. De fato, conforme discutimos na Seção 4.3.7, $|X(j\omega)|^2$ pode ser interpretado como o espectro de densidade de energia de $x(t)$. Ou seja, $|X(j\omega)|^2 d\omega/2\pi$ pode ser considerado como a quantidade de energia no sinal $x(t)$ que se encontra na banda de frequência infinitesimal entre ω e $\omega + d\omega$. Assim, a magnitude $|X(j\omega)|$ descreve o conteúdo de frequência básico de um sinal, ou seja, $|X(j\omega)|$ proporciona a informação sobre as magnitudes relativas das exponenciais complexas que compõem $x(t)$. Por exemplo, se $|X(j\omega)| = 0$, fora de uma pequena banda de frequências centralizadas em zero, então $x(t)$ só apresentará oscilações de frequência relativamente baixa.

O ângulo de fase $\sphericalangle X(j\omega)$, por outro lado, não afeta a magnitude dos componentes de frequência individuais, mas fornece-nos informações referentes às fases relativas dessas exponenciais. As relações de fase representadas por $\sphericalangle X(j\omega)$ possuem um efeito significativo sobre a natureza do sinal $x(t)$ e, portanto, tipicamente contêm uma quantidade substancial de informações sobre o sinal. Particularmente, dependendo de qual seja a função dessa fase, podemos obter sinais de aparência muito diferente, mesmo que a função de magnitude permaneça inalterada. Por exemplo, considere novamente o exemplo ilustrado na Figura 3.3. Nesse caso, um navio encontra a superposição de três trens de onda, cada um podendo ser modelado como um sinal senoidal. Com magnitudes fixas para essas senoides, a amplitude de sua soma pode ser muito pequena ou muito grande, dependendo das fases relativas. As implicações da fase para o navio, portanto, são muito significativas. Como outra ilustração do efeito da fase, considere o sinal

$$x(t) = 1 + \frac{1}{2}\cos(2\pi t + \phi_1) + \cos(4\pi t + \phi_2) + \frac{2}{3}\cos(6\pi t + \phi_3). \quad (6.3)$$

Na Figura 3.4, representamos $x(t)$ para o caso em que $\phi_1 = \phi_2 = \phi_3 = 0$. Na Figura 6.1, ilustramos $x(t)$ para esta e para várias outras escolhas de fase dos componentes individuais. Como mostrados nessa figura, os sinais resultantes podem diferir significativamente para diferentes fases relativas.

Em geral, mudanças na função de fase de $X(j\omega)$ ocasionam mudanças nas características de domínio de tempo do sinal $x(t)$. Em alguns casos, a distorção de fase pode ser importante, enquanto em outros pode não ser. Por exemplo, uma propriedade bem conhecida do sistema auditivo é uma insensibilidade relativa à fase. Especificamente, se a transformada de Fourier do som falado (como uma vogal) estiver sujeita a uma distorção tal que a fase seja mudada, mas a magnitude fique inalterada, o efeito pode ser imperceptível, ainda que a forma de onda do tempo possa parecer consideravelmente diferente. Embora pequenas distorções de fase, como aquelas que afetam os sons individuais, não levem a uma perda de inteligibilidade, distorções de fase mais severas da fala certamente causam perdas. Como uma ilustração extrema,

se $x(t)$ for uma gravação de uma sentença em fita, então o sinal $x(-t)$ representa a sentença reproduzida ao contrário. Da Tabela 4.1, e assumindo que $x(t)$ seja real, o efeito correspondente no domínio da frequência é substituir a fase da transformada de Fourier por seu negativo:

$$\mathcal{F}\{x(-t)\} = X(-j\omega) = |X(j\omega)|e^{-j\sphericalangle X(j\omega)}.$$

Ou seja, o espectro de uma sentença reproduzida ao contrário tem a mesma função de magnitude do espectro da sentença original e difere apenas em fase. Claramente, essa mudança de fase tem um impacto significativo sobre a inteligibilidade da gravação.

Um segundo exemplo ilustrando o efeito e a importância da fase pode ser observado no exame de imagens. Conforme discutimos rapidamente no Capítulo 3, uma imagem preto e branco pode ser considerada como um sinal $x(t_1, t_2)$ com t_1 indicando a coordenada horizontal de um ponto em uma imagem, t_2 indicando a coordenada vertical, e $x(t_1, t_2)$, o brilho da imagem no ponto (t_1, t_2). A transformada de Fourier $X(j\omega_1, j\omega_2)$ da imagem representa uma decomposição dessa imagem em componentes

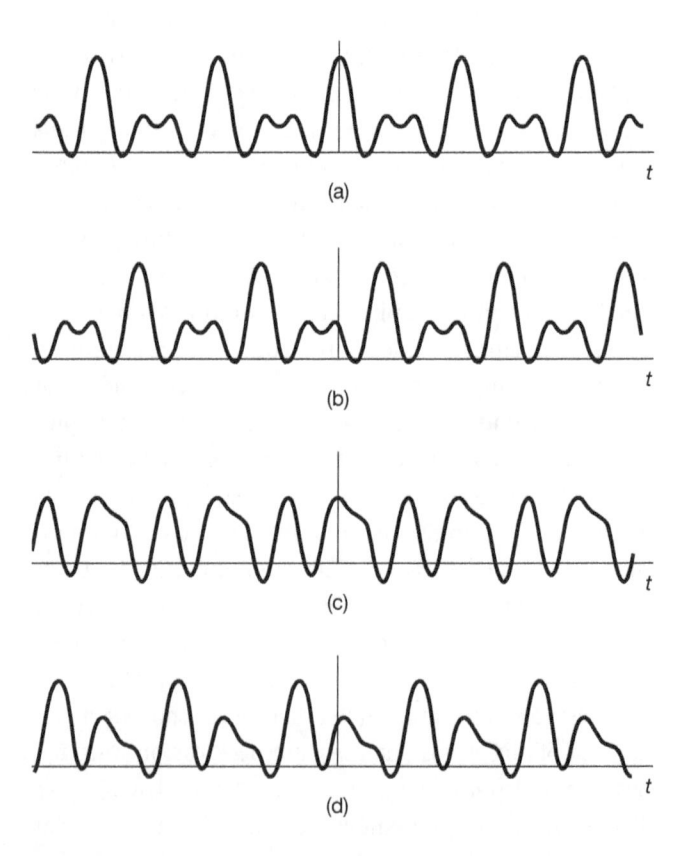

Figura 6.1 O sinal $x(t)$ dado na Equação 6.3 para diversas escolhas diferentes dos ângulos de fase ϕ_1, ϕ_2 e ϕ_3: (a) $\phi_1 = \phi_2 = \phi_3 = 0$; (b) $\phi_1 = 4$ rad, $\phi_2 = 8$ rad, $\phi_3 = 12$ rad; (c) $\phi_1 = 6$ rad, $\phi_2 = -2,7$ rad, $\phi_3 = 0,93$ rad; (d) $\phi_1 = 1,2$ rad, $\phi_2 = 4,1$ rad, $\phi_3 = -7,02$ rad.

exponenciais complexas da forma $e^{j\omega_1 t_1}e^{j\omega_2 t_2}$ que capturam as variações espaciais de $x(t_1, t_2)$ em diferentes frequências em cada uma das duas direções de coordenadas. Vários aspectos elementares da análise de Fourier bidimensional são abordados nos problemas 4.53 e 5.56.

Examinando uma imagem, algumas das informações visuais mais importantes estão contidas nas bordas e regiões de alto contraste. Intuitivamente, as regiões de intensidade máxima e mínima em uma figura são locais em que as exponenciais complexas em diferentes frequências estão em fase. Portanto, parece plausível esperar que a fase da transformada de Fourier de uma figura contenha grande parte da informação da figura, e, em particular, a fase deve capturar a informação sobre as bordas. Para substanciar essa expectativa, repetimos na Figura 6.2(a) a imagem mostrada na Figura 1.4. Na Figura 6.2(b), representamos a magnitude da transformada de Fourier bidimensional da imagem na Figura 6.2(a), na qual o eixo horizontal é ω_1, o vertical é ω_2, e o brilho da imagem no ponto (ω_1, ω_2) é proporcional à magnitude da transformada $X(j\omega_1, j\omega_2)$ da imagem na Figura 6.2(a). De modo semelhante, a fase dessa transformada é representada na Figura 6.2(c). A Figura 6.2(d) é o resultado de fixar a fase [Figura 6.2(c)] de $X(j\omega_1, j\omega_2)$ em zero (sem mudar sua magnitude) e fazer a transformação inversa. Na Figura 6.2(e), a magnitude de $X(j\omega_1, j\omega_2)$ foi fixada em 1, mas a fase manteve-se inalterada em relação à Figura 6.2(c). Por último, na Figura 6.2(f) representamos a imagem obtida pela transformação inversa da função obtida usando a fase na Figura 6.2(c) e a magnitude da transformada de uma imagem *completamente diferente*, especificamente a imagem mostrada na Figura 6.2(g). Essas figuras ilustram claramente a importância da fase na representação de imagens.

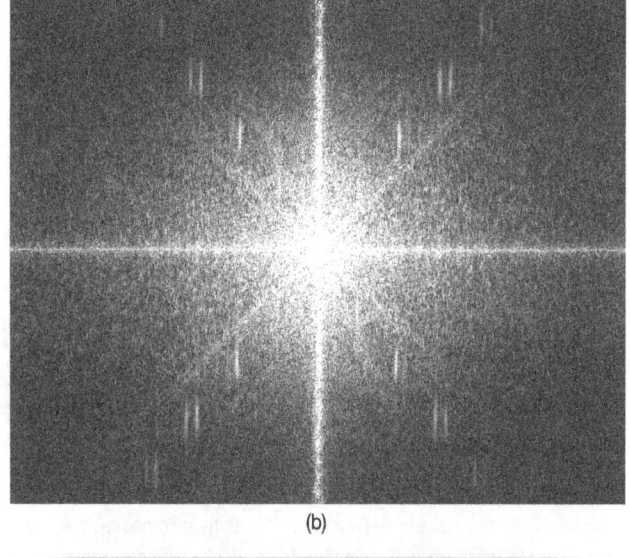

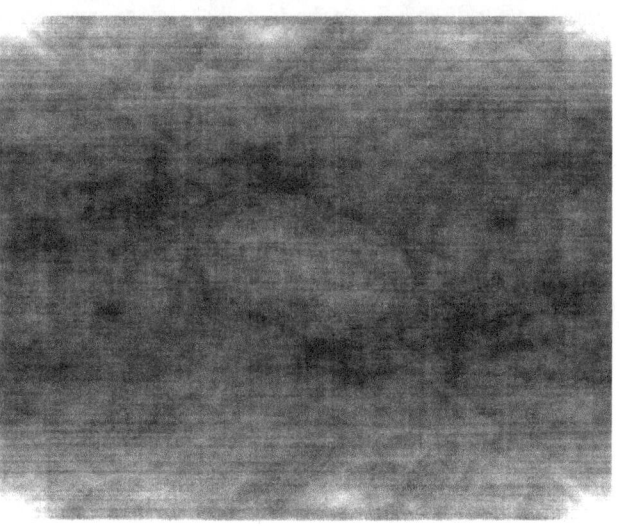

(a)

(b)

(c)

(d)

(continua)

(*continuação*)

Figura 6.2 (a) Imagem da Figura 1.4; (b) magnitude da transformada de Fourier bidimensional de (a); (c) fase da transformada de Fourier de (a); (d) imagem cuja transformada de Fourier tem magnitude como em (b) e fase igual a zero; (e) imagem cuja transformada de Fourier tem magnitude igual a 1 e fase como em (c); (f) imagem cuja transformada de Fourier tem fase como em (c) e magnitude igual àquela da transformada da imagem mostrada em (g).

6.2 A representação magnitude-fase da resposta em frequência dos sistemas LIT

Da propriedade de convolução das transformadas de Fourier de tempo contínuo, a transformada $Y(j\omega)$ da saída de um sistema LIT está relacionada à transformada $X(j\omega)$ da entrada pela equação

$$Y(j\omega) = H(j\omega)X(j\omega),$$

em que $H(j\omega)$ é a resposta em frequência do sistema, ou seja, a transformada de Fourier da resposta ao impulso do sistema. De modo semelhante, em tempo discreto, as transformadas de Fourier da entrada $X(e^{j\omega})$ e da saída $Y(e^{j\omega})$ de um sistema LIT com resposta em frequência $H(e^{j\omega})$ são relacionadas por

$$Y(e^{j\omega}) = H(e^{j\omega})X(e^{j\omega}). \quad (6.4)$$

Assim, o efeito que um sistema LIT tem sobre a entrada é mudar a amplitude complexa de cada um dos componentes de frequência do sinal. Examinando esse efeito em termos da representação magnitude-fase, podemos entender a natureza desse efeito com mais detalhes. Especificamente, em tempo contínuo

$$|Y(j\omega)| = |H(j\omega)||X(j\omega)| \quad (6.5)$$

e

$$\sphericalangle Y(j\omega) = \sphericalangle H(j\omega) + \sphericalangle X(j\omega), \quad (6.6)$$

e relações exatamente análogas são mantidas no caso de tempo discreto. Da Equação 6.5, vemos que o efeito que um sistema LIT tem sobre a magnitude da transformada de Fourier da entrada é ponderá-la pela magnitude da resposta em frequência. Por esse motivo, $|H(j\omega)|$ (ou $|H(e^{j\omega})|$) comumente é chamado *ganho* do sistema. Além disso, da Equação 6.6, vemos que a fase da entrada $\sphericalangle X(j\omega)$ é modificada pelo sistema LIT acrescentando a fase $\sphericalangle H(j\omega)$ a ela, e $\sphericalangle H(j\omega)$ é chamado tipicamente de *deslocamento de fase* do sistema. O deslocamento de fase do sistema pode mudar as relações de fase entre os componentes de entrada, possivelmente resultando em modificações significativas nas características no domínio do tempo do sinal da entrada mesmo quando o ganho do sistema é constante para todas as frequências. As mudanças na magnitude e fase que resultam da aplicação de uma entrada a um sistema LIT podem ser desejáveis, se o sinal de entrada for modificado de um modo útil, ou indesejáveis, se a entrada for mudada de forma indesejada. No último caso, os efeitos nas equações 6.5 e 6.6 são conhecidos como *distorções* de magnitude e fase. Nas próximas seções, descrevemos vários conceitos e ferramentas que nos permitem entender esses efeitos um pouco mais a fundo.

6.2.1 Fase linear e não linear

Quando o deslocamento de fase na frequência ω é uma função linear de ω, existe uma interpretação particularmente direta do efeito no domínio do tempo. Considere o sistema LIT de tempo contínuo com resposta em frequência

$$H(j\omega) = e^{-j\omega t_0}, \quad (6.7)$$

de modo que o sistema tem ganho unitário e fase linear — ou seja,

$$|H(j\omega)| = 1, \quad \sphericalangle H(j\omega) = -\omega t_0. \quad (6.8)$$

Como mostrado no Exemplo 4.15, o sistema com essa característica de resposta em frequência produz uma saída que é simplesmente um deslocamento no tempo da entrada, ou seja,

$$y(t) = x(t - t_0). \quad (6.9)$$

No caso de tempo discreto, o efeito da fase linear é análogo ao do caso de tempo contínuo quando a inclinação da fase linear é um inteiro. Especificamente, do Exemplo 5.11, sabemos que o sistema LIT com resposta em frequência $e^{-j\omega n_0}$ com função de fase linear $-\omega n_0$ produz uma saída que é um simples deslocamento da entrada, ou seja, $y[n] = x[n - n_0]$. Assim, um deslocamento de fase linear com uma inclinação *inteira* corresponde a um deslocamento de $x[n]$ por um número inteiro de amostras. Quando a inclinação de fase não é um inteiro, o efeito no domínio de tempo é um pouco mais complexo, e é discutido no Capítulo 7, Seção 7.5. Informalmente, o efeito é um deslocamento no tempo da envoltória dos valores da sequência, mas os valores em si podem mudar.

Embora os deslocamentos de fase linear ocasionem mudanças muito simples e facilmente entendidas e visualizadas em um sinal, se um sinal de entrada estiver sujeito a um deslocamento de fase que seja uma função não linear de ω, então as componentes exponenciais complexas da entrada serão deslocadas de uma maneira que resulte em uma mudança nas fases relativas. Quando essas exponenciais são sobrepostas, obtemos um sinal que pode parecer consideravelmente diferente do sinal de entrada. Este fato é ilustrado na Figura 6.3, no caso de tempo contínuo. Na Figura 6.3(a), representamos um sinal que é aplicado como a entrada para três sistemas diferentes. A Figura 6.3(b) mostra a saída quando o sinal é aplicado como entrada para um sistema com resposta em frequência $H_1(j\omega) = e^{-j\omega t_0}$, resultando em uma saída que é igual à entrada atrasada de t_0 segundos. Na Figura 6.3(c), apresentamos a saída quando o sinal é aplicado a um sistema com ganho unitário e função de fase não linear, ou seja,

$$H_2(j\omega) = e^{j\sphericalangle H_2(j\omega)}, \quad (6.10)$$

em que $\sphericalangle H_2(j\omega)$ é uma função não linear de ω. A Figura 6.3(d) mostra a saída de outro sistema com fase não linear. Nesse caso, a resposta em frequência correspondente tem deslocamento de fase que é obtido acrescentando-se um termo de fase linear a $\sphericalangle H_2(j\omega)$, ou seja,

$$H_3(j\omega) = H_2(j\omega)e^{-j\omega t_0}. \quad (6.11)$$

Assim, a saída na Figura 6.3(d) pode ser considerada como a resposta a uma cascata do sistema $H_2(j\omega)$, seguida por um deslocamento no tempo, de modo que as formas de onda na Figura 6.3(c) e (d) estejam relacionadas por meio de um deslocamento no tempo simples.

Na Figura 6.4, ilustramos o efeito da fase linear e não linear no caso de tempo discreto. Mais uma vez, o sinal na Figura 6.4(a) é aplicado como entrada em três diferentes sistemas LIT, todos com ganho unitário, ou seja, $|H(e^{j\omega})| = 1$. Os sinais nas partes subsequentes da Figura 6.4 descrevem as saídas correspondentes. No caso da Figura 6.4(b), o sistema tem fase linear com inclinação inteira de -5, de modo que a saída é igual à entrada atrasada de cinco amostras. Os deslocamentos de fase para os sistemas associados às figuras 6.4(c) e (d) são não lineares, mas a diferença entre essas duas funções de fase é linear com inclinação inteira, de modo que os sinais nas figuras 6.4(c) e (d) estão relacionados por um deslocamento no tempo.

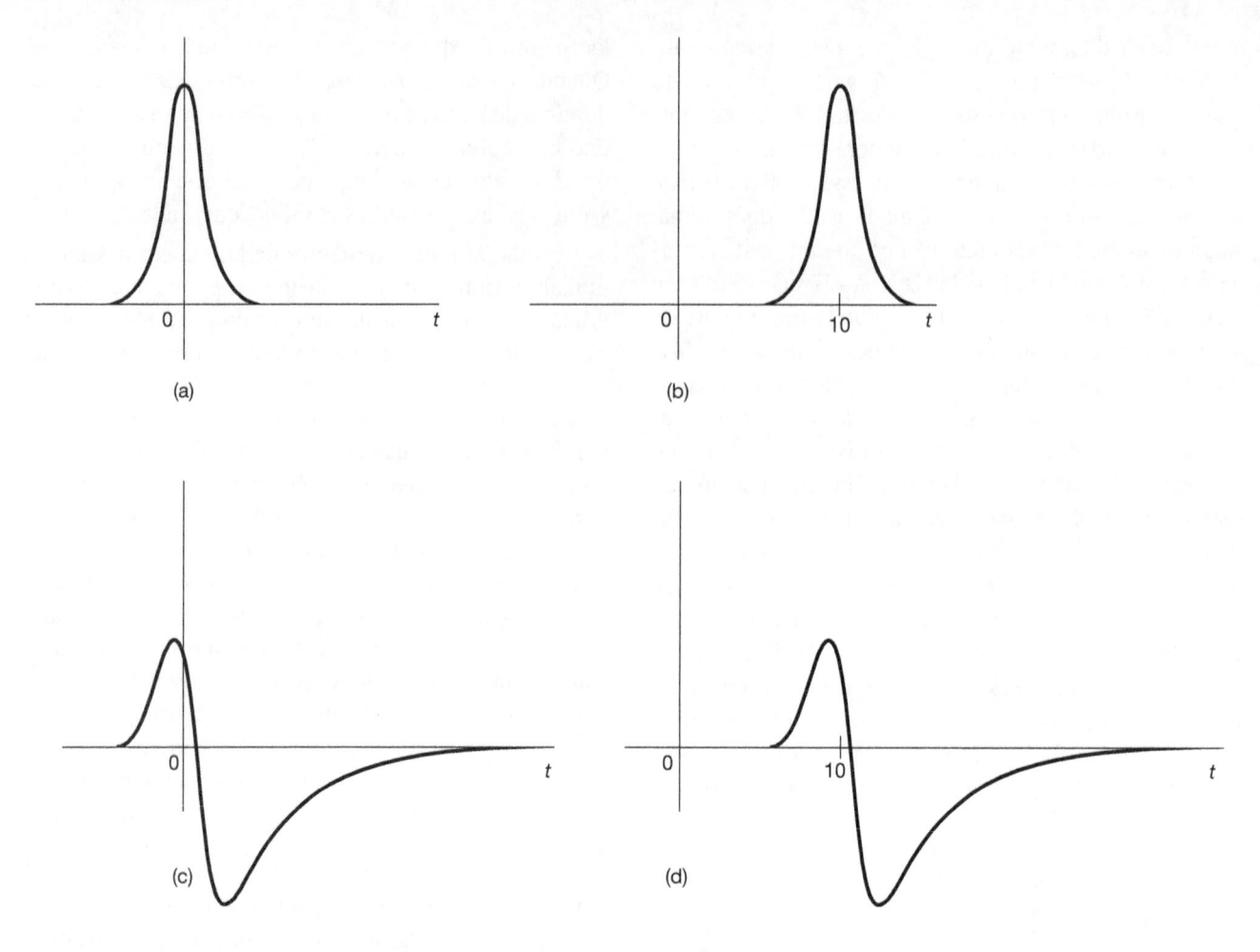

Figura 6.3 (a) Sinal de tempo contínuo, que é aplicado como entrada para diversos sistemas para os quais a resposta em frequência tem magnitude unitária; (b) resposta para um sistema com fase linear; (c) resposta para um sistema com fase não linear; (d) resposta para um sistema com fase igual à fase não linear do sistema no item (c) mais um termo de fase linear.

Note que todos os sistemas considerados nos exemplos ilustrados nas figuras 6.3 e 6.4 possuem ganho unitário, de modo que a magnitude da transformada de Fourier da entrada para qualquer um desses sistemas passa *inalterada* pelo sistema. Por esse motivo, esses sistemas comumente são chamados sistemas *passa-tudo*. Assim, as características de um sistema passa-tudo são totalmente determinadas por suas características de deslocamento de fase. Um sistema LIT mais geral $H(j\omega)$ ou $H(e^{j\omega})$, naturalmente, proporciona tanto a formatação da magnitude, por meio do ganho $|H(j\omega)|$ ou $|H(e^{j\omega})|$, quanto o deslocamento de fase, que pode ou não ser linear.

6.2.2 Atraso de grupo

Como discutimos na Seção 6.2.1, os sistemas com características de fase linear têm a interpretação particularmente simples como deslocamentos no tempo. De fato, a partir das equações 6.8 e 6.9, vemos que a inclinação da fase nos diz o tamanho desse deslocamento no tempo. Ou seja, em tempo contínuo, se $\sphericalangle H(j\omega) = -\omega t_0$, então o sistema proporciona um deslocamento no tempo de $-t_0$ ou, de forma equivalente, um *atraso* de t_0. De modo semelhante, em tempo discreto, $\sphericalangle H(e^{j\omega}) = -\omega n_0$ corresponde a um atraso de n_0.

O conceito de atraso pode ser estendido de forma simples e natural para incluir características de fase não lineares. Suponha que queiramos examinar os efeitos da fase de um sistema LIT de tempo discreto em uma entrada de banda estreita, ou seja, uma entrada $x(t)$ cuja transformada de Fourier seja zero ou insignificantemente pequena fora de uma pequena faixa de frequências centrada em $\omega = \omega_0$. Considerando que essa faixa é muito pequena, podemos aproximar com precisão a fase desse sistema nessa faixa com uma aproximação linear

$$\sphericalangle H(j\omega) \simeq -\phi - \omega\alpha, \qquad (6.12)$$

Caracterização no tempo e na frequência dos sinais e sistemas 251

O atraso de grupo em cada frequência é igual ao negativo da inclinação da fase nessa frequência, ou seja, o atraso de grupo é definido como

$$\tau(\omega) = -\frac{d}{d\omega}\{\sphericalangle H(j\omega)\}. \quad (6.14)$$

O conceito de atraso de grupo também se aplica diretamente a sistemas de tempo discreto. No próximo exemplo, ilustramos o efeito do atraso de grupo não constante sobre um sinal.

Exemplo 6.1

Considere a resposta ao impulso de um sistema passa-tudo com um atraso de grupo que varia com a frequência. A resposta em frequência $H(j\omega)$ para nosso exemplo é o produto de três termos; ou seja,

$$H(j\omega) = \prod_{i=1}^{3} H_i(j\omega),$$

em que

$$H_i(j\omega) = \frac{1 + (j\omega/\omega_i)^2 - 2j\zeta_i(\omega/\omega_i)}{1 + (j\omega/\omega_i)^2 + 2j\zeta_i(\omega/\omega_i)}, \quad (6.15)$$

$$\begin{cases} \omega_1 = 315 \text{ rad/s e } \zeta_1 = 0{,}066, \\ \omega_2 = 943 \text{ rad/s e } \zeta_2 = 0{,}033, \\ \omega_3 = 1888 \text{ rad/s e } \zeta_3 = 0{,}058. \end{cases}$$

Muitas vezes, é útil expressar as frequências ω_i medidas em radianos por segundo em termos de frequências f_i medidas em hertz, sendo

$$\omega_i = 2\pi f_i.$$

Nesse caso,

$$f_1 \simeq 50 \text{ Hz}$$
$$f_2 \simeq 150 \text{ Hz}$$
$$f_3 \simeq 300 \text{ Hz}.$$

Como o numerador de cada um dos fatores $H_i(j\omega)$ é o complexo conjugado do denominador correspondente, segue-se que $|H_i(j\omega)| = 1$. Consequentemente, também podemos concluir que

$$|H(j\omega)| = 1.$$

A fase para cada $H_i(j\omega)$ pode ser determinada da Equação 6.15:

$$\sphericalangle H_i(j\omega) = -2\arctan\left[\frac{2\zeta_i(\omega/\omega_i)}{1-(\omega/\omega_i)^2}\right],$$

e

$$\sphericalangle H(j\omega) = \sum_{i=1}^{3} \sphericalangle H_i(j\omega).$$

Se restringimos os valores de $\sphericalangle H(j\omega)$ ao intervalo entre $-\pi$ e π, obtemos a função de *fase principal* (ou seja, a fase módulo 2π), como mostrada na Figura 6.5(a), em que esboça-

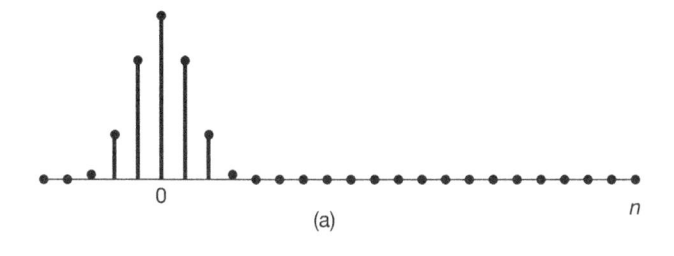

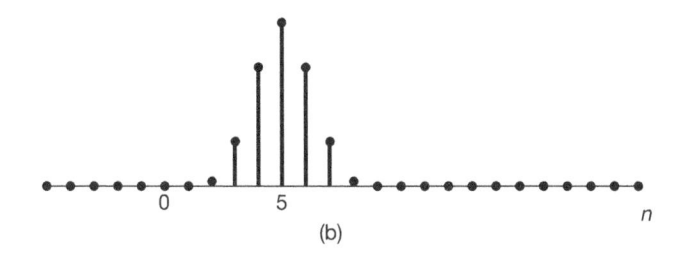

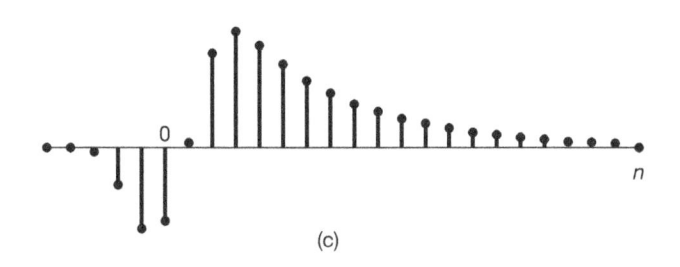

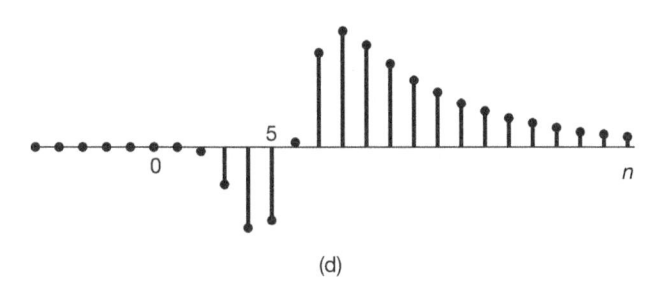

Figura 6.4 (a) Sinal de tempo discreto que é aplicado como entrada para diversos sistemas para os quais a resposta em frequência tem magnitude unitária; (b) resposta para um sistema com fase linear com inclinação de −5; (c) resposta para um sistema com fase não linear; (d) resposta para um sistema cuja característica de fase é aquela do item (c) mais um termo de fase linear com inclinação inteira.

de modo que

$$Y(j\omega) \simeq X(j\omega)|H(j\omega)|e^{-j\phi}e^{-j\omega\alpha}. \quad (6.13)$$

Assim, o efeito aproximado do sistema na transformada de Fourier dessa entrada de banda estreita consiste na formatação da magnitude correspondente a $|H(j\omega)|$, na multiplicação por um fator complexo sempre constante $e^{-j\phi}$ e um termo de fase linear $e^{-j\omega\alpha}$ correspondente a um atraso de tempo de α segundos. Esse atraso de tempo é conhecido como *atraso de grupo* em $\omega = \omega_0$, pois é o atraso efetivo comum experimentado por uma pequena faixa ou grupo de frequências centradas em $\omega = \omega_0$.

mos a fase em função da frequência medida em hertz. Note que essa função contém descontinuidades de amplitude 2π em diversas frequências, tornando a função de fase não diferenciável nesses pontos. Contudo, a adição ou a subtração de qualquer múltiplo inteiro de 2π ao valor da fase em qualquer frequência deixa a resposta em frequência original inalterada. Assim, subtraindo corretamente esses múltiplos inteiros de 2π nas diversas partes da fase principal, obtemos a *fase estendida* da Figura 6.5(b). O atraso de grupo como uma função da frequência pode agora ser calculado como:

$$\tau(\omega) = -\frac{d}{d\omega}\{\sphericalangle[H(j\omega)]\},$$

em que $\sphericalangle[H(j\omega)]$ representa a função de fase estendida correspondente a $H(j\omega)$. Um gráfico de $\tau(\omega)$ é mostrado na Figura 6.5(c). Observe que as frequências nas vizinhanças de 50 Hz experimentam atraso maior que as frequências nas vizinhanças de 150 Hz ou 300 Hz. O efeito desse atraso de grupo variável também pode ser observado qualitativamente na resposta ao impulso (ver Figura 6.5(d)) do sistema LIT. Lembre-se de que $\mathcal{F}\{\delta(t)\} = 1$. Os componentes em frequência do impulso são todos alinhados no tempo de modo que se combinem para formar o impulso, que é, naturalmente, bem localizado no tempo. Como o sistema passa-tudo tem atraso de grupo não constante, diferentes frequências na entrada são atrasadas de diferentes valores. Esse fenômeno é conhecido como *dispersão*. Nesse exemplo, o atraso de grupo é maior em 50 Hz. Consequentemente, esperaríamos que as últimas partes da resposta ao impulso oscilassem em frequências mais baixas próximas de 50 Hz. Este resultado é claramente evidenciado na Figura 6.5(d).

Exemplo 6.2

O atraso de grupo não constante está entre os fatores considerados importantes para se avaliar o desempenho de transmissão das redes de telecomunicações comutadas.

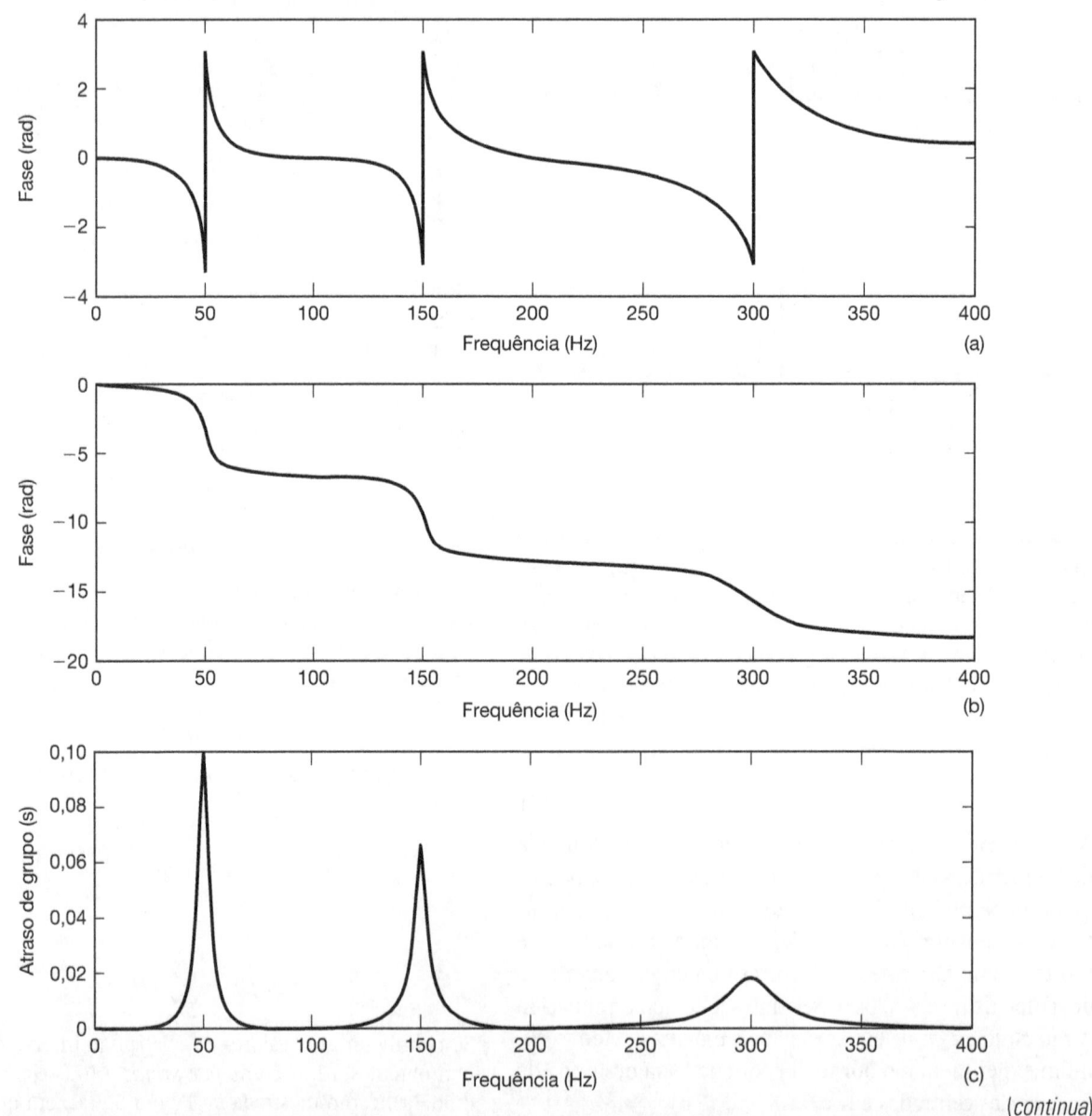

(continua)

(*continuação*)

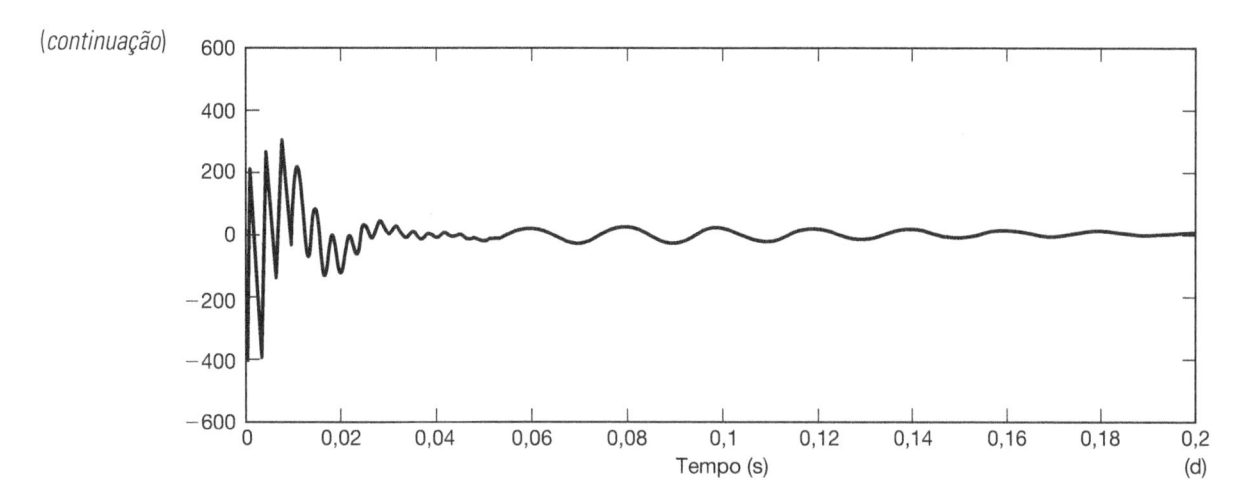

Figura 6.5 Fase, atraso de grupo e resposta ao impulso para o sistema passa-tudo do Exemplo 6.1: (a) fase principal; (b) fase estendida; (c) atraso de grupo; (d) resposta ao impulso. Cada uma dessas quantidades é esboçada em função da frequência medida em hertz.

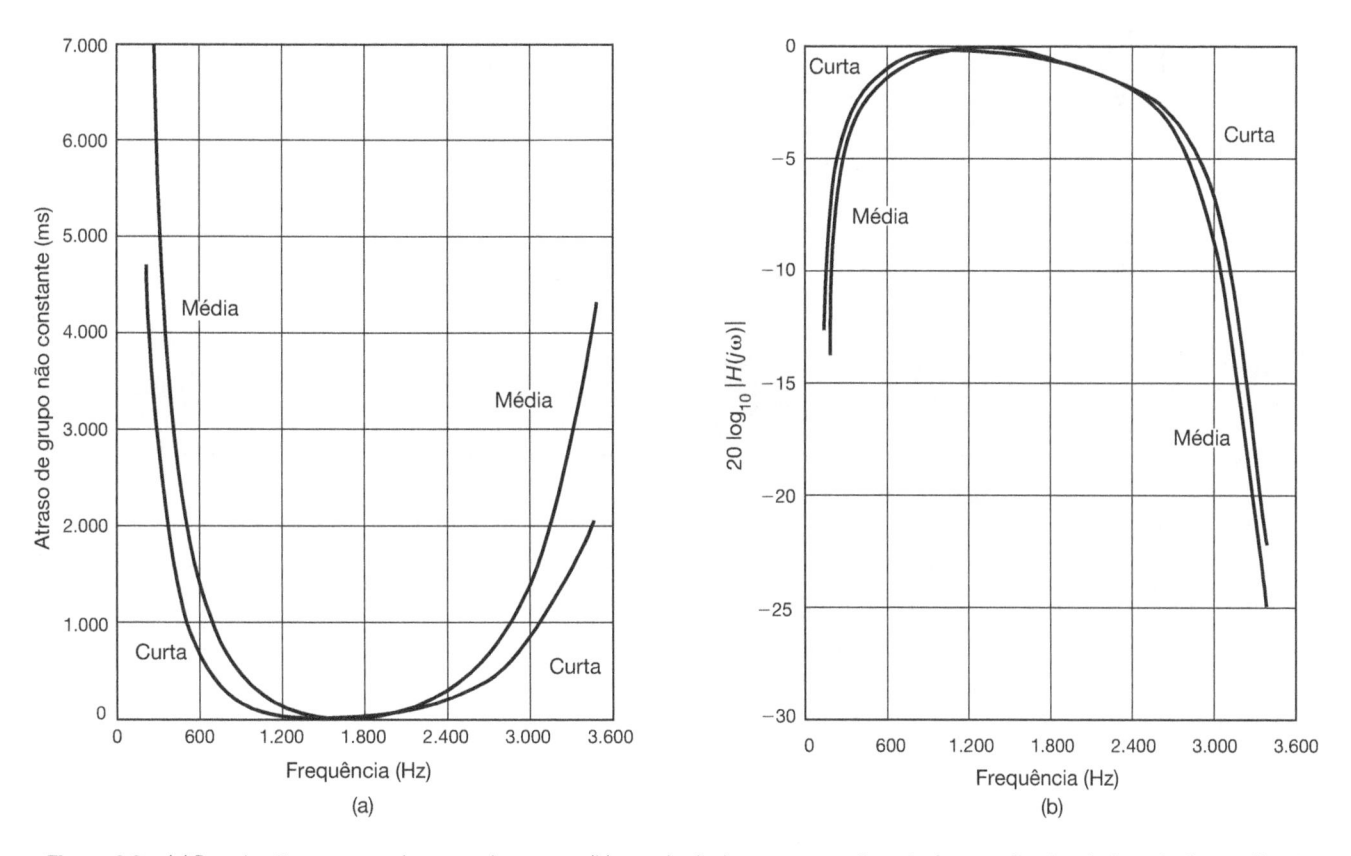

Figura 6.6 (a) Parcela não constante do atraso de grupo; e (b) magnitude da resposta em frequência como funções da frequência para ligações de curta e média distâncias nas redes de telecomunicações comutadas [por Duffy e Thatcher]. Cada uma dessas quantidades é representada em função da frequência medida em hertz. Além disso, como comumente é feito na prática, as magnitudes das respostas em frequência são esboçadas usando-se uma escala logarítmica em unidades de *decibéis*. Ou seja, o que é esboçado em (b) é $20 \log_{10}|H(j\omega)|$ para as respostas em frequência correspondentes a ligações de curta e média distâncias. O uso dessa escala logarítmica para as magnitudes de resposta a frequência é discutido com detalhes na Seção 6.2.3.

Em um estudo,[1] envolvendo diversas localidades dos Estados Unidos, a AT&T/Bell System relatou características dos atrasos de grupo para diversas categorias de chamadas de longas distâncias. A Figura 6.6 apresenta alguns dos resultados desse estudo para duas classes de chamadas. Em particular, o que é apresentado em cada curva da Figura 6.6(a) é a parcela não constante do atraso de grupo para uma categoria específica de chamadas. Ou seja, para cada categoria, um atraso constante comum, correspondente ao mínimo do atraso de grupo por todas as frequências, é subtraído do atraso de grupo e a diferença resultante é mostrada na Figura 6.6(a). Consequentemente, cada curva na Figura 6.6(a) representa o atraso adicional (além desse atraso constante comum) experimentado pelos diferentes componentes de frequência de chamadas dentro de cada categoria. As curvas denotadas como 'Curta' e 'Média', respectivamente, representam os resultados para ligações de curta distância (0 a 180 milhas em linhas aéreas) e média distância (180 a 725 milhas em linhas aéreas). O atraso de grupo como uma função da frequência é menor em 1.700 Hz e aumenta monotonicamente à medida que nos afastamos desse valor em qualquer direção.

Quando as características de atraso de grupo ilustradas na Figura 6.6(a) são combinadas com as características de magnitude da resposta em frequência relatadas no mesmo estudo da AT&T/Bell System e apresentadas na Figura 6.6(b), obtemos respostas ao impulso do tipo mostrado na Figura 6.7. A resposta ao impulso na Figura 6.7(a) corresponde à categoria de curta distância. Os componentes de frequência muito baixa e muito alta dessa resposta ocor-

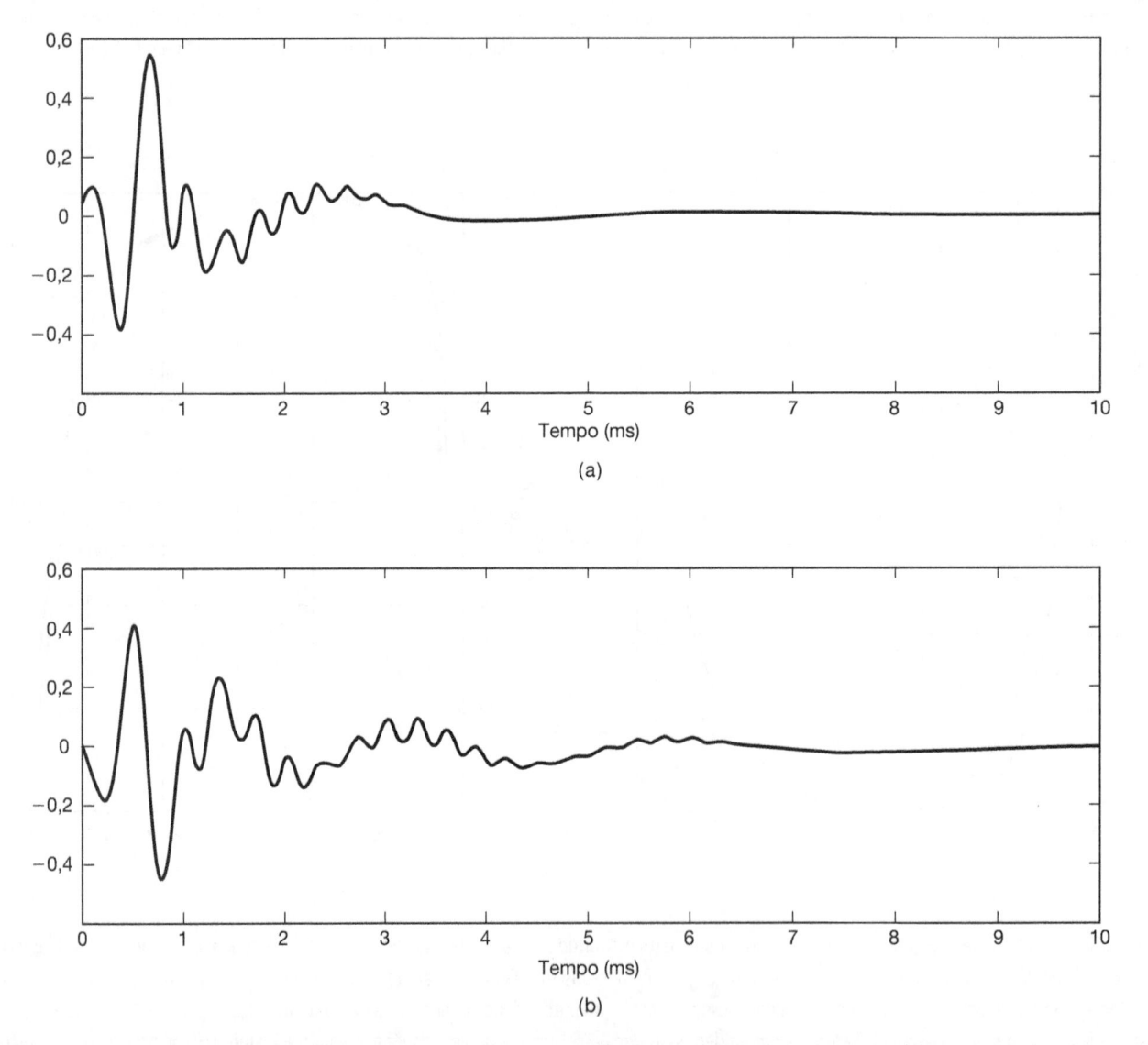

Figura 6.7 Respostas ao impulso associadas às características de atraso de grupo e magnitude na Figura 6.6: (a) resposta ao impulso correspondente à categoria de ligações de curta distância; (b) resposta ao impulso para a categoria de média distância.

---

[1] DUFFY, F. P.; THATCHER Jr., T. W. "Analog transmission performance on the switched telecommunications network". *Bell System Technical Journal*. v. 50, n. 4, abr. 1971.

rem mais tarde que os componentes na faixa de média frequência. Isso é compatível com as características de atraso de grupo correspondentes na Figura 6.6(a). De modo semelhante, a Figura 6.7(b) ilustra o mesmo fenômeno para a resposta ao impulso correspondente a ligações de média distância.

6.2.3 Gráficos do logaritmo da magnitude e diagramas de Bode

Na apresentação gráfica das transformadas de Fourier de tempo contínuo ou de tempo discreto e as respostas em frequência dos sistemas na forma polar, é muitas vezes conveniente o uso de uma escala logarítmica para a magnitude da transformada de Fourier. Um dos principais motivos para isso pode ser visto das equações 6.5 e 6.6, que relacionam a magnitude e a fase da saída de um sistema LIT às da entrada e à resposta em frequência. Observe que a relação de fase é aditiva, enquanto a relação de magnitude envolve o produto de $|H(j\omega)|$ e $|X(j\omega)|$. Assim, se as magnitudes das transformadas de Fourier forem representadas em uma escala de amplitude logarítmica, a Equação 6.5 toma a forma de uma relação aditiva, ou seja,

$$\log|Y(j\omega)| = \log|H(j\omega)| + \log|X(j\omega)|, \quad (6.16)$$

com uma expressão exatamente análoga em tempo discreto.

Consequentemente, se tivermos um gráfico da magnitude logarítmica e da fase da transformada de Fourier da entrada e a resposta em frequência de um sistema LIT, a transformada de Fourier da saída é obtida somando-se os gráficos de logaritmo da magnitude e os gráficos de fase. De modo semelhante, como a resposta em frequência da cascata de sistemas LIT é o produto das respostas em frequência individuais, podemos obter gráficos da magnitude logarítmica e da fase da resposta em frequência total dos sistemas em cascata somando-se os gráficos correspondentes de cada um dos sistemas componentes. Além disso, a magnitude da transformada de Fourier em uma escala logarítmica permite que os detalhes sejam exibidos por um intervalo dinâmico mais amplo. Por exemplo, em uma escala de magnitude linear, as características de magnitude detalhadas na banda de rejeição de um filtro seletivo em frequência com alta rejeição geralmente não são evidentes, embora se destaquem em uma escala logarítmica.

Em geral, a escala de amplitude logarítmica específica usada está em unidades de $20 \log_{10}$, conhecida como *decibéis*[2] (abreviado como dB). Assim, 0 dB corresponde a uma magnitude de resposta em frequência igual a 1; 20 dB são equivalentes a um ganho de 10; –20 dB correspondem a uma rejeição de 0,1; e assim por diante. Além disso, é útil notar que 6 dB correspondem aproximadamente a um ganho de 2.

Para sistemas de tempo contínuo, também é comum e útil usarmos uma escala de frequência logarítmica. Gráficos de $20 \log_{10}|H(j\omega)|$ e $\sphericalangle H(j\omega)$ em função de $\log_{10}(\omega)$ são conhecidos como *diagramas de Bode*. Um diagrama de Bode típico é ilustrado na Figura 6.8. Observe que, conforme discutimos na Seção 4.3.3, se $h(t)$ é real, então $|H(j\omega)|$ é uma função par de ω e $\sphericalangle H(j\omega)$ é uma função ímpar de ω. Por isso, os diagramas para ω negativo são supérfluos e podem ser obtidos imediatamente pelos diagramas para ω positivo. Isso, naturalmente, possibilita o desenho das características de resposta em frequência em função de $\log_{10}(\omega)$ para $\omega > 0$, como na figura.

O uso de uma escala de frequência logarítmica oferece uma série de vantagens em tempo contínuo. Por exemplo, permite que seja representada uma faixa de frequências muito mais ampla que uma escala de frequência linear. Além disso, em uma escala de frequência logarítmica, a forma de uma particular curva de resposta não muda diante de uma mudança de escala em frequência (ver Problema 6.30). Além do mais, para sistemas LIT de tempo contínuo descritos por equações diferenciais, um esboço aproximado da magnitude logarítmica em função de frequência logarítmica pode ser facilmente obtido pelo uso de assíntotas. Na Seção 6.5, isso é ilustrado por meio do desenvolvimento de diagramas de Bode simples aproximados por segmentos lineares para sistemas de tempo contínuo de primeira e segunda ordens.

Em tempo discreto, as magnitudes das transformadas de Fourier e respostas em frequência muitas vezes são exibidas em dB pelos mesmos motivos do caso de

---

[2] A origem dessa escolha de unidades em particular e do termo *decibéis* pode ser atribuída à definição de razões de potência nos sistemas. Especificamente, como a magnitude ao quadrado da transformada de Fourier de um sinal pode ser interpretada como a energia por unidade de frequência, ou potência, em um sinal, a magnitude ao quadrado $|H(j\omega)|^2$ ou $|H(e^{j\omega})|^2$ da resposta em frequência de um sistema pode ser considerada como a razão de potência entre entrada e saída de um sistema LIT. Em honra a Alexandre Graham Bell, o inventor do telefone, o termo *bel* foi introduzido para indicar um fator de 10 em uma razão de potência e *decibel* foi usado para indicar um décimo desse fator em uma escala logarítmica (de modo que a cascata de 10 sistemas com razões de potência de 1 dB cada resultaria em 1 bel de amplificação de potência). Assim, $10 \log_{10}|H(j\omega)|^2$ é o número de decibéis de amplificação de potência para a resposta em frequência $H(j\omega)$ e isso, por sua vez, é igual a $20 \log_{10}|H(j\omega)|$ em amplificação de magnitude.

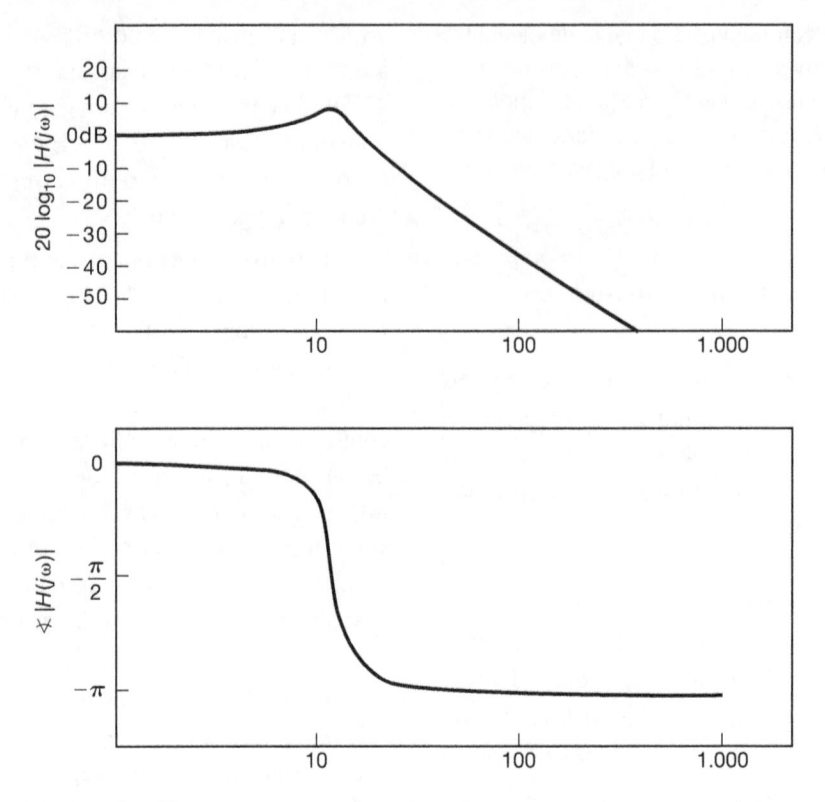

Figura 6.8 Um diagrama de Bode típico. (Observe que ω é apresentado graficamente usando-se uma escala logarítmica.)

tempo contínuo. Porém, em tempo discreto, uma escala de frequência logarítmica não é comumente usada, pois o intervalo de frequências a ser considerado sempre é limitado e a vantagem encontrada para equações diferenciais (ou seja, assíntotas lineares) não se aplica a equações de diferenças. Uma representação gráfica típica de uma magnitude e fase de resposta em frequência de tempo discreto é mostrada na Figura 6.9. Nela representamos $\sphericalangle H(e^{j\omega})$ em radianos e $|H(e^{j\omega})|$ em decibéis [ou seja, $20 \log_{10}|H(e^{j\omega})|$] como funções de ω. Observe que, para $h[n]$ real, na realidade precisamos representar $H(e^{j\omega})$ somente para $0 \leq \omega \leq \pi$, pois, nesse caso, a propriedade de simetria da transformada de Fourier implica que podemos então calcular $H(e^{j\omega})$ para $-\pi \leq \omega \leq 0$ usando as relações $|H(e^{j\omega})| = |H(e^{-j\omega})|$ e $\sphericalangle H(e^{-j\omega}) = -\sphericalangle H(e^{j\omega})$. Além disso, não precisamos considerar valores de $|\omega|$ maiores que π devido à periodicidade de $H(e^{j\omega})$.

Como enfatizado nesta seção, o uso de uma escala com amplitude logarítmica muitas vezes é útil e importante. Porém, também existem muitas situações em que é conveniente usar uma escala de amplitude linear. Por exemplo, na discussão sobre filtros ideais para os quais a magnitude da resposta em frequência é uma constante não nula sobre algumas faixas de frequência e zero sobre outras, uma escala de amplitude linear é mais apropriada. Assim, apresentamos representações gráficas lineares e logarítmicas para a magnitude da

transformada de Fourier e usaremos cada uma quando for apropriado.

6.3 Propriedades no domínio do tempo dos filtros seletivos em frequência ideais

No Capítulo 3, apresentamos a classe de filtros seletivos em frequência, ou seja, sistemas LIT com respostas em frequência escolhidas de modo a deixar passar uma ou várias faixas de frequências com pouca ou nenhuma rejeição e bloquear ou rejeitar significativamente frequências fora dessas faixas. Como discutimos nos capítulos 3, 4 e 5, existem vários aspectos importantes que surgem nas aplicações de filtragem seletiva em frequência e que se relacionam diretamente às características dos filtros seletivos em frequência. Nesta seção, examinamos novamente os filtros seletivos em frequência e suas propriedades. Voltamos nossa atenção, agora, para os filtros passa-baixas, embora conceitos e resultados muito semelhantes sejam mantidos para outros tipos de filtros seletivos em frequência, como filtros passa-altas e passa-faixa. (Ver problemas 6.5, 6.6, 6.26 e 6.38.)

Como introduzido no Capítulo 3, um filtro passa-baixas ideal de tempo contínuo tem resposta em frequência

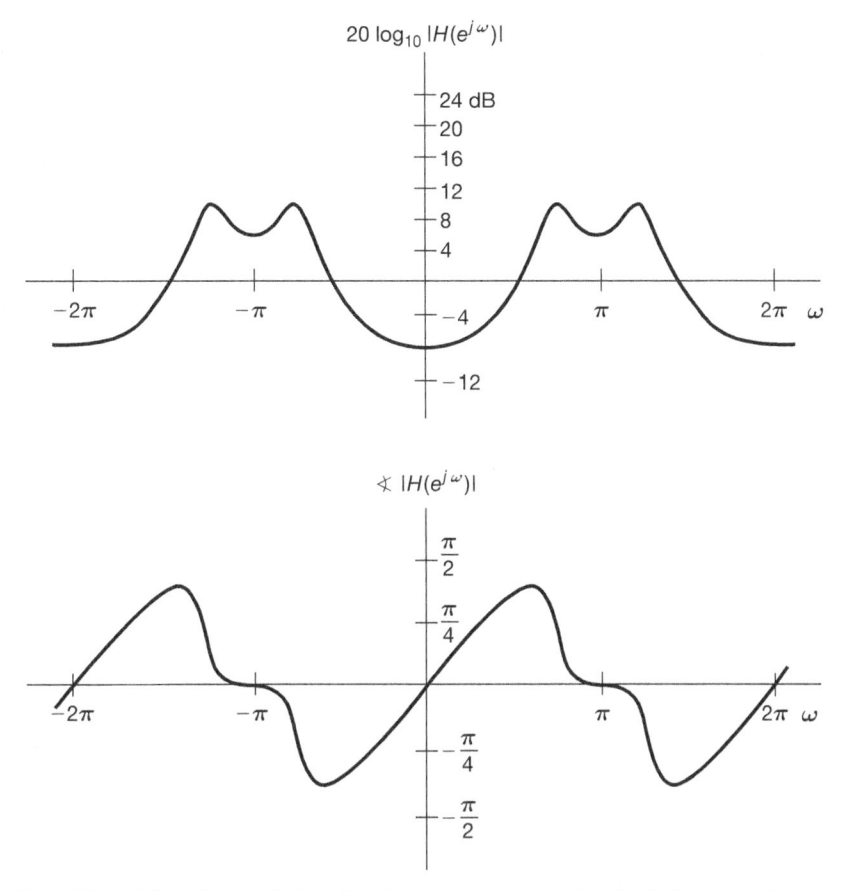

Figura 6.9 Representações gráficas típicas da magnitude e fase de uma resposta em frequência de tempo discreto $H(e^{j\omega})$.

$$H(j\omega) = \begin{cases} 1 & |\omega| \leq \omega_c \\ 0 & |\omega| > \omega_c \end{cases}, \quad \text{(6.17)}$$

mostrada na Figura 6.10(a). De modo semelhante, um filtro passa-baixas ideal de tempo discreto tem resposta em frequência

$$H(e^{j\omega}) = \begin{cases} 1 & |\omega| \leq \omega_c \\ 0 & \omega_c < |\omega| \leq \pi \end{cases} \quad \text{(6.18)}$$

e é periódico em ω, como representado na Figura 6.10(b). Como podemos deduzir das equações 6.17 e 6.18 ou da Figura 6.10, os filtros passa-baixas ideais têm seletividade em frequência perfeita. Especificamente, eles deixam passar sem rejeição todas as frequências iguais ou menores que a frequência de corte ω_c e eliminam completamente todas as frequências na banda de rejeição (ou seja, mais altas que ω_c). Além do mais, esses filtros têm característica de fase nula, de modo que não introduzem distorção de fase.

Como vimos na Seção 6.2, as características de fase não lineares podem levar a mudanças significativas nas características no domínio do tempo de um sinal, mesmo quando a magnitude de seu espectro não é alterada pelo sistema e, assim, um filtro com característica de *magnitude* como na Equação 6.17 ou 6.18, mas com fase não linear, pode produzir efeitos indesejáveis em algumas aplicações. Por outro lado, um filtro ideal com fase linear na banda de passagem, conforme ilustrado na Figura 6.11, introduz apenas um simples deslocamento no tempo à resposta do filtro passa-baixas ideal com característica de fase nula.

Nos exemplos 4.18 e 5.12, calculamos as respostas ao impulso dos filtros passa-baixas ideais. A resposta ao impulso correspondente ao filtro na Equação 6.17 é dada por

$$h(t) = \frac{\text{sen } \omega_c t}{\pi t}, \quad \text{(6.19)}$$

que é mostrada na Figura 6.12(a). De modo semelhante, a resposta ao impulso do filtro ideal de tempo discreto na Equação 6.18 é

$$h[n] = \frac{\text{sen } \omega_c n}{\pi n}, \quad \text{(6.20)}$$

que é representada na Figura 6.12(b) para $\omega_c = \pi/4$. Se qualquer uma das respostas em frequência ideais nas equações 6.17 e 6.18 for acrescida de uma característica de fase linear, a resposta ao impulso é simplesmente atrasada por uma quantidade igual ao negativo da inclinação

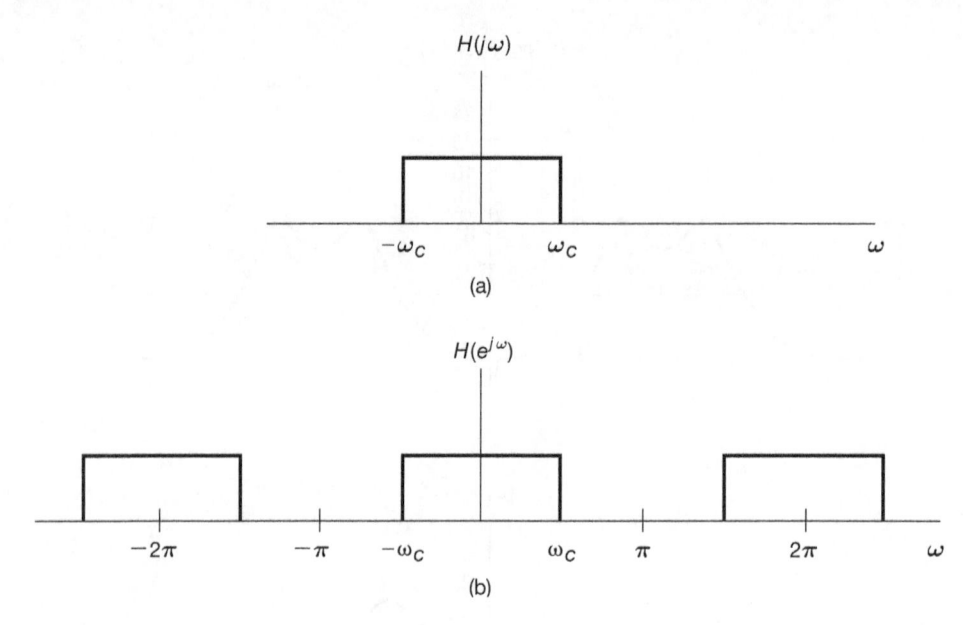

Figura 6.10 (a) A resposta em frequência de um filtro passa-baixas ideal de tempo contínuo; (b) a resposta em frequência de um filtro passa-baixas ideal de tempo discreto.

dessa função de fase, como ilustrado na Figura 6.13 para a resposta ao impulso de tempo contínuo. Observe que, em tempo contínuo e em tempo discreto, a largura da banda de passagem do filtro é proporcional a ω_c, enquanto a largura do lóbulo principal do impulso é proporcional a $1/\omega_c$. Conforme a largura de banda do filtro aumenta, a resposta ao impulso torna-se mais estreita e vice-versa, o que está de acordo com a relação inversa entre tempo e frequência analisada nos capítulos 4 e 5.

As respostas ao degrau $s(t)$ e $s[n]$ dos filtros passa-baixas ideais em tempo contínuo e tempo discreto são apresentadas na Figura 6.14. Nos dois casos, observamos que as respostas ao degrau exibem diversas características que podem não ser desejáveis. Em particular, para esses filtros, as respostas ao degrau ultrapassam seus valores finais em longo prazo e exibem comportamento oscilatório, frequentemente chamado de *ringing* (oscilação). Lembre-se também de que a resposta ao degrau é a integral ou soma cumulativa da resposta ao impulso — ou seja,

$$s(t) = \int_{-\infty}^{t} h(\tau)d\tau,$$

$$s[n] = \sum_{m=-\infty}^{n} h[m].$$

Como as respostas ao impulso para os filtros ideais possuem lóbulos principais que se estendem de $-\pi/\omega_c$ a $+\pi/\omega_c$, vemos que as respostas ao degrau experimentam sua mudança de valor mais significativa nesse intervalo de tempo. Ou seja, o chamado *tempo de subida* da resposta ao degrau, uma medida aproximada da resposta temporal do filtro, também está inversamente relacionado à largura de banda do filtro.

6.4 Aspectos no domínio da frequência e no domínio do tempo dos filtros não ideais

As características dos filtros ideais, na prática, nem sempre são desejáveis. Por exemplo, em muitos contextos de filtragem, os sinais a serem separados nem sem-

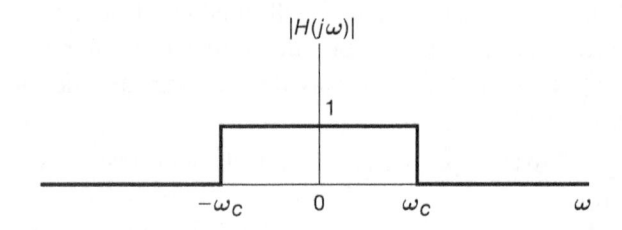

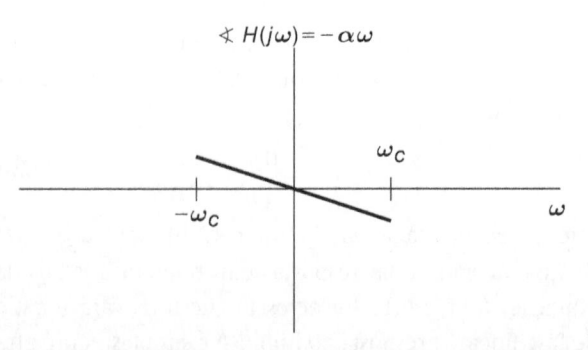

Figura 6.11 Filtro passa-baixas ideal de tempo contínuo com característica de fase linear.

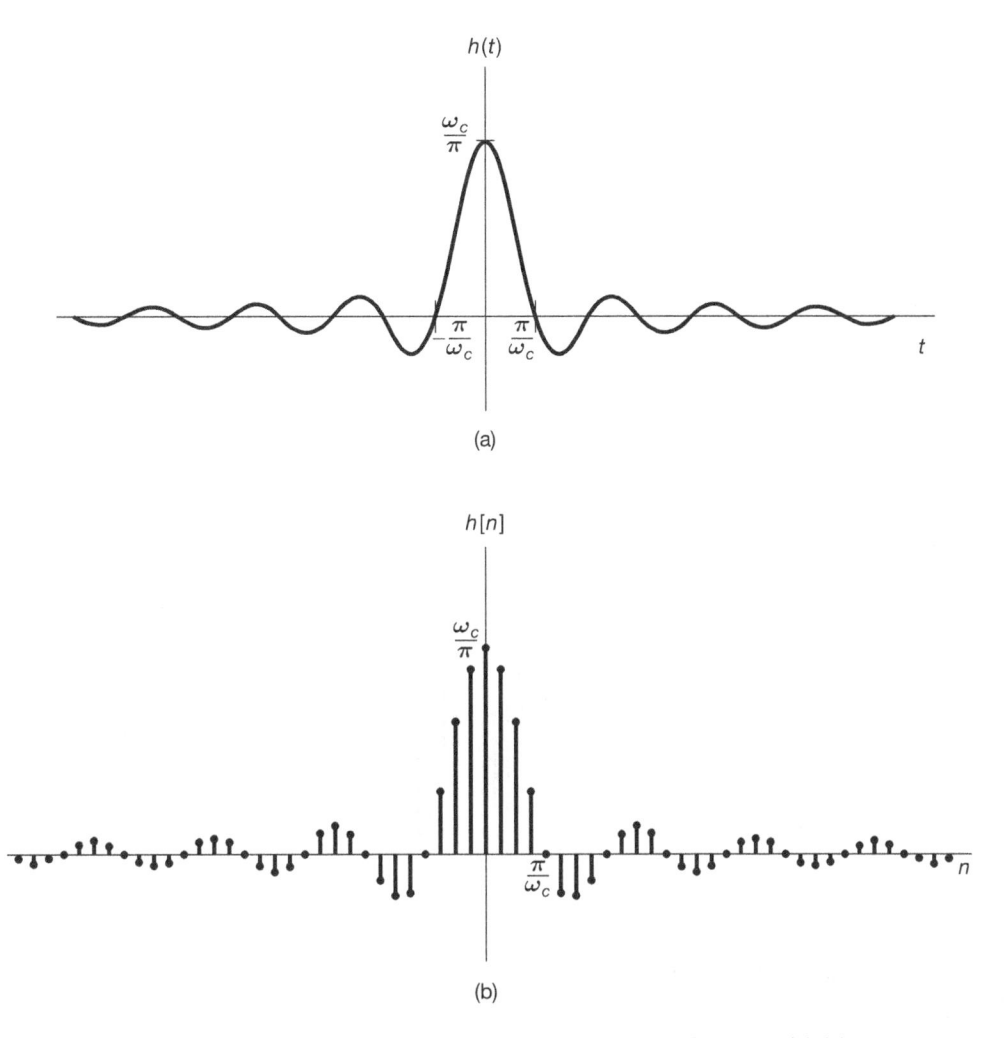

Figura 6.12 (a) A resposta ao impulso do filtro passa-baixas ideal de tempo contínuo da Figura 6.10(a); (b) a resposta ao impulso do filtro passa-baixas ideal de tempo discreto da Figura 6.10(b) com $\omega_c = \pi/4$.

pre se encontram em bandas de frequência totalmente disjuntas. Uma situação típica é a representada na Figura 6.15, em que os espectros de dois sinais se sobrepõem um pouco. Nesse caso, podemos querer trocar o compromisso da fidelidade com que o filtro preserva um desses sinais, digamos, $x_1(t)$, com o nível ao qual os componentes de frequência do segundo sinal $x_2(t)$ são atenuados. Um filtro com transição gradual de banda de passagem para banda de rejeição geralmente é preferível ao filtrar a soma de sinais com espectros sobrepostos.

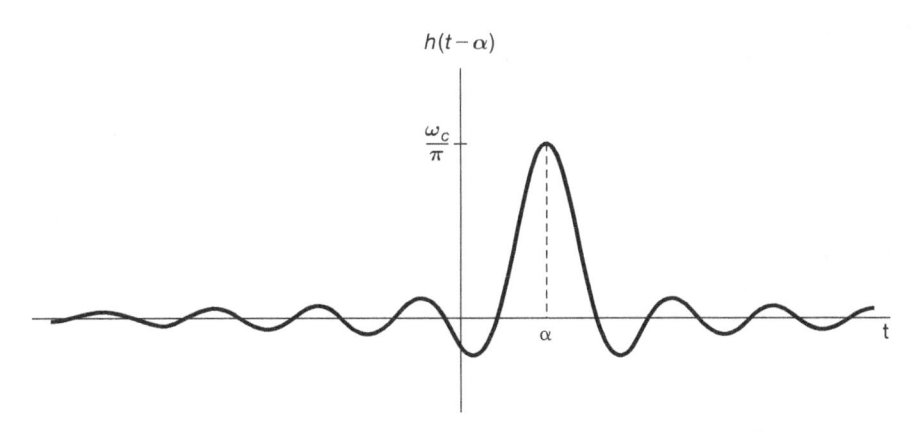

Figura 6.13 Resposta ao impulso de um filtro passa-baixas ideal com magnitude e fase mostradas na Figura 6.11.

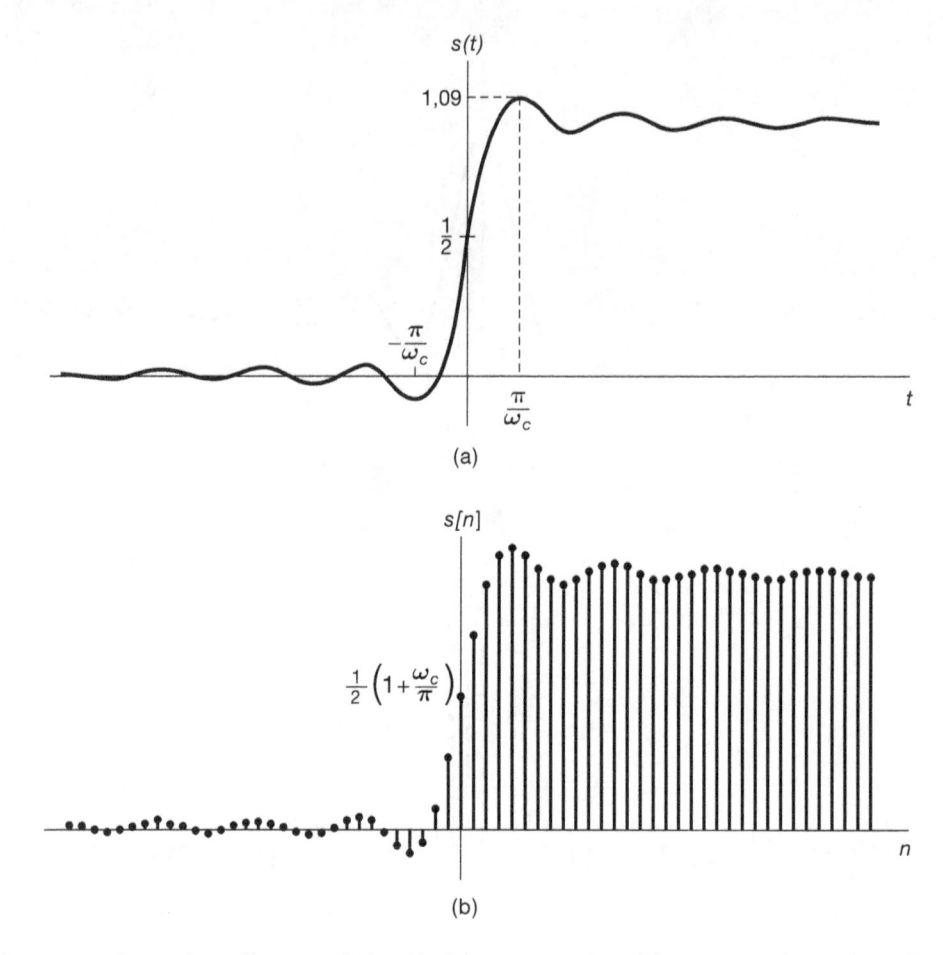

Figura 6.14 (a) Resposta ao degrau de um filtro passa-baixas ideal de tempo contínuo; (b) resposta ao degrau de um filtro passa-baixas ideal de tempo discreto.

Outra consideração que deve ser levada em conta é a sugerida observando as respostas ao degrau dos filtros passa-baixas ideais, mostradas na Figura 6.14. Tanto para tempo contínuo como para tempo discreto, a resposta ao degrau aproxima-se assintoticamente de uma constante igual ao valor do degrau. Nas vizinhanças da descontinuidade, porém, ela ultrapassa esse valor e exibe oscilações amortecidas. Em algumas situações, esse comportamento no domínio do tempo pode ser indesejável.

Além do mais, mesmo nos casos em que as características seletivas em frequência ideais são desejáveis, elas podem não ser realizáveis. Por exemplo, pelas equações 6.18 e 6.19 e Figura 6.12, é evidente que o filtro passa-baixas ideal não é causal. Quando a filtragem deve ser executada em tempo real, a causalidade é uma restrição necessária, e, portanto, uma aproximação causal da característica ideal é exigida. Outra consideração que motiva proporcionar alguma flexibilidade nas características do filtro é a facilidade de implementação. Em geral, quanto maior a precisão com que tentamos nos aproximar de um filtro seletivo em frequência ideal, mais complicada ou cara se torna sua implementação, tanto em termos de componentes, como resistores, capacitores e amplificadores operacionais em tempo contínuo, quanto em termos de registradores de memória, multiplicadores e somadores, em tempo discreto. Em muitos contextos de filtragem, uma característica de filtro precisa pode não ser essencial, e um filtro simples será suficiente.

Por todos esses motivos, os filtros não ideais têm importância prática considerável, e as características desses filtros são constantemente especificadas ou quantificadas em termos de diversos parâmetros tanto no domínio da frequência quanto do tempo. Primeiro, visto que as características de magnitude do filtro seletivo em frequência

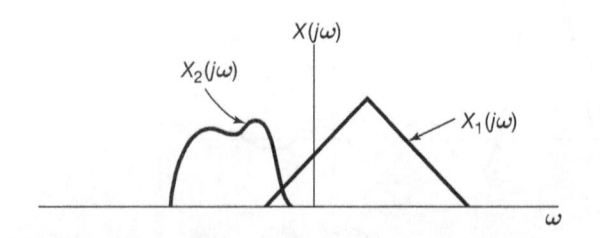

Figura 6.15 Dois espectros que são um pouco sobrepostos.

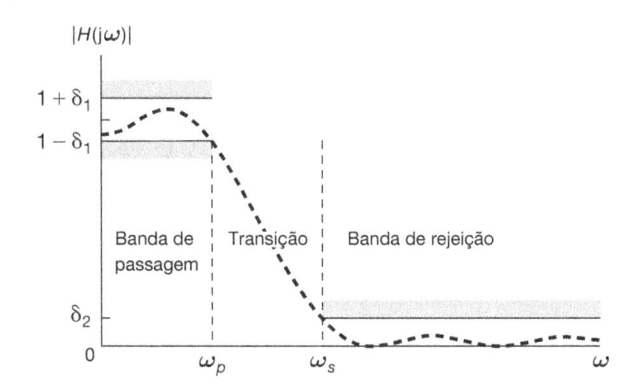

Figura 6.16 Tolerâncias para a característica de magnitude de um filtro passa-baixas. A ondulação permitida na banda de passagem é δ_1, e a ondulação permitida na banda de rejeição é δ_2. A curva tracejada ilustra uma resposta em frequência possível que permanece dentro dos limites toleráveis.

ideal podem ser não realizáveis ou indesejáveis, costuma ser preferível permitir alguma flexibilidade no comportamento do filtro na banda de passagem, bem como na banda de rejeição, para permitir uma transição mais gradual entre elas, ao contrário da característica de transição brusca dos filtros ideais. Por exemplo, no caso dos filtros passa-baixas, as especificações podem permitir algum desvio do ganho unitário na banda de passagem e do ganho nulo na banda de rejeição, além de incluir tanto um limite na banda de passagem como um limite na banda de rejeição com uma banda de transição entre elas. Assim, especificações para um filtro passa-baixas de tempo contínuo exigem que a magnitude da resposta em frequência do filtro seja restrita à área não sombreada indicada na Figura 6.16.

Nessa figura, um desvio da unidade de mais ou menos δ_1 é permitido na banda de passagem e um desvio de δ_2 a partir de zero é permitido na banda de rejeição. O quanto a resposta em frequência difere da unidade na banda de passagem é conhecido como *ondulação na banda de passagem*, e o quanto ela se desvia de zero na banda de rejeição é conhecido como *ondulação na banda de rejeição*. A frequência ω_p é conhecida como *limite da banda de passagem*, e ω_s, como *limite da banda de rejeição*. A faixa de frequência de ω_p a ω_s é utilizada para a transição da banda de passagem à banda de rejeição e é conhecida como *banda de transição*. Definições semelhantes aplicam-se a filtros passa-baixas de tempo discreto, além de outros filtros seletivos em frequência de tempo contínuo e tempo discreto.

Além da especificação das características de magnitude no domínio de frequência, em alguns casos, a especificação das características de fase também é importante. Em particular, características de fase lineares ou quase lineares na banda de passagem do filtro frequentemente são desejáveis.

Para controlar o comportamento no domínio do tempo, especificações são frequentemente impostas sobre a resposta ao degrau de um filtro. Conforme ilustramos na Figura 6.17, uma quantidade comumente de interesse é o tempo de subida t_r da resposta ao degrau — ou seja, o intervalo no qual a resposta ao degrau eleva-se até alcançar seu valor final. Além disso, a presença ou ausência de comportamento oscilatório na resposta ao degrau costuma ter importância. Se essa oscilação estiver presente, então existem três outras quantidades que são usadas para caracterizar a natureza dessas oscilações: o sobressinal Δ em relação ao valor final da resposta ao degrau, a frequência de oscilação

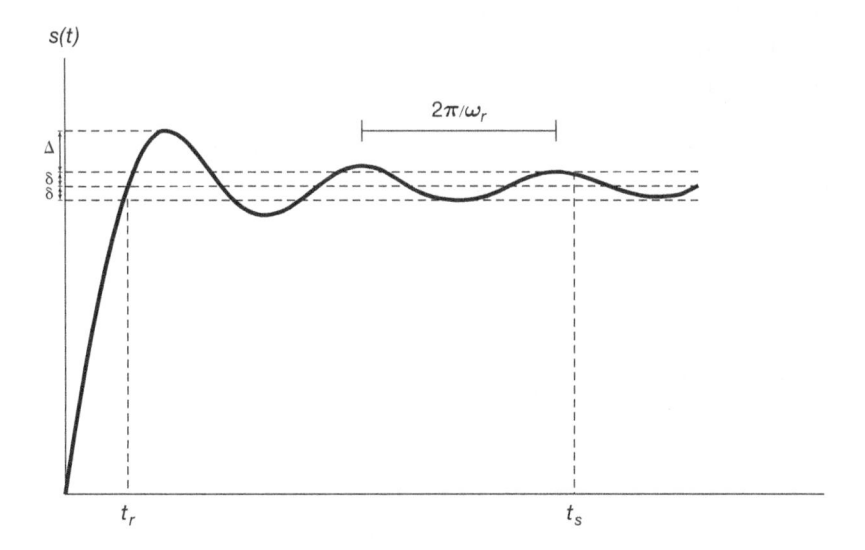

Figura 6.17 Resposta ao degrau de um filtro passa-baixas de tempo contínuo indicando seu tempo de subida t_r, sobressinal Δ, frequência de oscilação ω_r e tempo de acomodação t_s, ou seja, o tempo em que a resposta ao degrau permanece dentro de uma faixa $\pm\delta$ de seu valor final.

amortecida, ω_r, e o tempo de acomodação, t_s — ou seja, o tempo necessário para a resposta ao degrau permanecer dentro de uma tolerância especificada do seu valor final.

Para filtros passa-baixas não ideais, pode ser observado um compromisso entre a largura da banda de transição (uma característica do domínio da frequência) e o tempo de acomodação da resposta ao degrau (uma característica do domínio do tempo). O exemplo a seguir ilustra esse compromisso.

Exemplo 6.3

Vamos considerar dois filtros passa-baixas específicos projetados para ter uma frequência de corte de 500 Hz. Cada filtro tem uma resposta em frequência racional de ordem 5 e uma resposta ao impulso real. Os dois filtros são de tipos específicos, um conhecido como filtro Butterworth e o outro, como filtro elíptico. Essas duas classes de filtros são muito usadas na prática.

As magnitudes de resposta em frequência dos dois filtros são esboçadas (em função da frequência medida em hertz) na Figura 6.18(a). Consideramos a faixa de transição de cada filtro como a região em torno da frequência de corte (500 Hz) em que a magnitude da resposta em frequência nem está dentro da faixa de 0,05 da magnitude unitária (a ondulação na banda de passagem) nem dentro da faixa de 0,05 da magnitude zero (a ondulação na banda de rejeição). Da Figura 6.18(a), pode-se ver que a banda de transição do filtro Butterworth é *mais larga* que a banda de transição do filtro elíptico.

O preço pago pela banda de transição estreita do filtro elíptico pode ser observado na Figura 6.18(b), em que as respostas ao degrau dos dois filtros são apresentadas. Vemos que a oscilação na resposta ao degrau do filtro elíptico é mais proeminente que para a resposta ao degrau Butterworth. Em particular, o tempo de acomodação para a resposta ao degrau é maior no caso do filtro elíptico.

A consideração dos compromissos entre as características do domínio do tempo e do domínio da frequência e de outras questões, como complexidade ou custo do filtro, constitui a essência da importante área de projeto de filtros. Nas próximas seções, e em vários problemas ao final do capítulo, fornecemos exemplos adicionais de sistemas e filtros LIT e suas características de domínio do tempo e da frequência.

6.5 Sistemas de primeira ordem e de segunda ordem de tempo contínuo

Sistemas LIT descritos por equações diferenciais lineares com coeficientes constantes têm grande importância prática, pois muitos sistemas físicos podem ser modelados por tais equações e também esses sistemas podem, em geral, ser implementados convenientemente. Por diversos motivos práticos, os sistemas de ordem elevada usualmente são implementados ou representados combinando-se sistemas de primeira ordem e de segunda ordem em arranjos em cascata ou paralelos. Consequentemente, as propriedades dos sistemas de primeira e segunda ordens desempenham um papel importante na análise, projeto e entendimento do comportamento no domínio do tempo e no domínio da frequência dos sistemas de ordem elevada. Nesta seção, discutimos esses sistemas de baixa ordem com detalhes para tempo contínuo. Na Seção 6.6, examinamos seus correspondentes de tempo discreto.

6.5.1 Sistemas de primeira ordem de tempo contínuo

A equação diferencial para um sistema de primeira ordem usualmente é expressa na forma

$$\tau \frac{dy(t)}{dt} + y(t) = x(t), \quad (6.21)$$

em que o coeficiente τ é um número positivo cujo significado se tornará mais claro em breve. A resposta em frequência correspondente para o sistema de primeira ordem é

$$H(j\omega) = \frac{1}{j\omega\tau + 1}, \quad (6.22)$$

e sua resposta ao impulso é

$$h(t) = \frac{1}{\tau} e^{-t/\tau} u(t), \quad (6.23)$$

que é esboçada na Figura 6.19(a). A resposta ao degrau do sistema é

$$s(t) = h(t) * u(t) = [1 - e^{-t/\tau}]u(t). \quad (6.24)$$

Esse sinal é esboçado na Figura 6.19(b). O parâmetro τ é a *constante de tempo* do sistema e controla a taxa em que o sistema de primeira ordem responde. Por exemplo, como ilustrado na Figura 6.19, em $t = \tau$, a resposta ao impulso atinge $1/e$ do seu valor em $t = 0$, e a resposta ao degrau está a $1/e$ de seu valor final. Portanto, à medida que τ é diminuído, a resposta ao impulso cai mais bruscamente e o tempo de subida da resposta ao degrau torna-se mais curto, ou seja, ela sobe mais rapidamente para o seu valor final. Observe, também, que a resposta ao degrau de um sistema de primeira ordem não exibe qualquer oscilação.

A Figura 6.20 representa um diagrama de Bode da resposta em frequência da Equação 6.22. Nessa figura, ilustramos uma das vantagens do uso de uma escala de

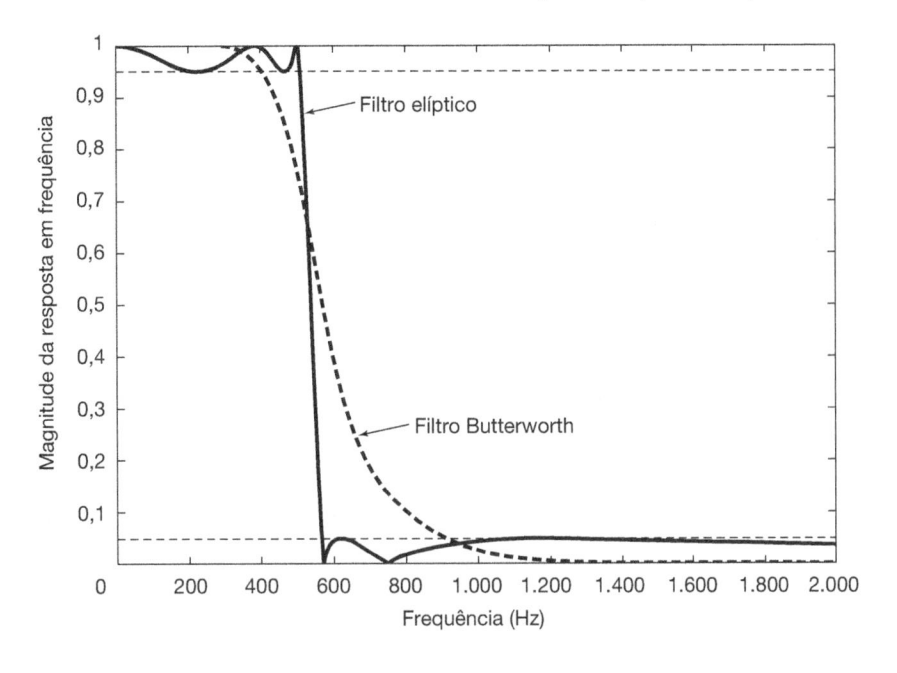

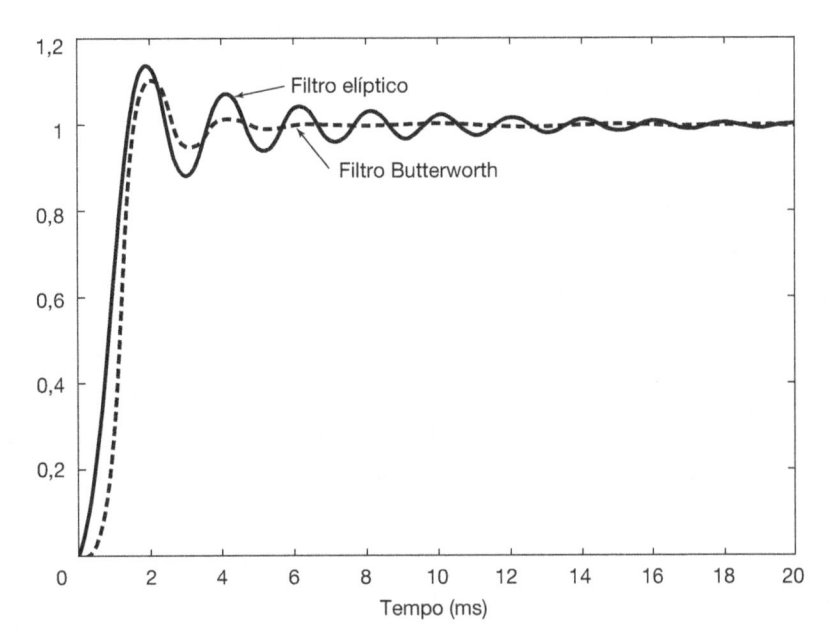

Figura 6.18 Exemplo de um filtro Butterworth de ordem 5 e um filtro elíptico de ordem 5, projetados para terem a mesma ondulação na banda de passagem e banda de rejeição e a mesma frequência de corte (conforme Exemplo 6.3); (a) magnitudes da resposta em frequência em função da frequência medida em hertz; (b) respostas ao degrau.

frequência logarítmica: podemos, sem muita dificuldade, obter um diagrama de Bode aproximado útil para um sistema de primeira ordem de tempo contínuo. Para isso, primeiro vamos examinar o diagrama da magnitude logarítmica da resposta em frequência. Especificamente, da Equação 6.22, obtemos

$$20 \log_{10} |H(j\omega)| = -10 \log_{10}[(\omega\tau)^2 + 1]. \quad \textbf{(6.25)}$$

Daí, vemos que, para $\omega\tau \ll 1$, a magnitude logarítmica é aproximadamente zero, enquanto, para $\omega\tau \gg 1$, a magnitude logarítmica é aproximadamente uma função *linear* de $\log_{10}(\omega)$. Ou seja,

$$20 \log_{10} |H(j\omega)| \simeq 0 \quad \text{para} \quad \omega \ll 1/\tau \quad \textbf{(6.26)}$$

e

$$20 \log_{10} |H(j\omega)| \simeq -20 \log_{10}(\omega\tau)$$
$$= -20 \log_{10}(\omega) - 20 \log_{10}(\tau) \quad \text{para} \quad \omega \gg 1/\tau.$$

(6.27)

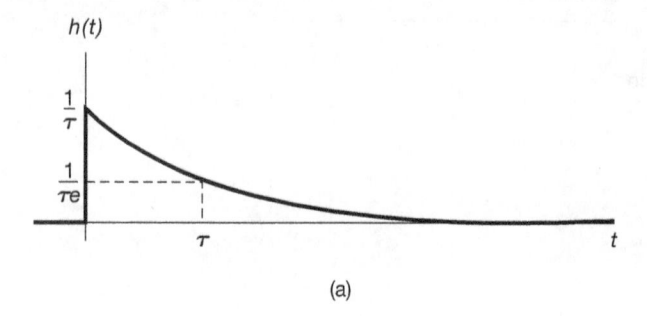

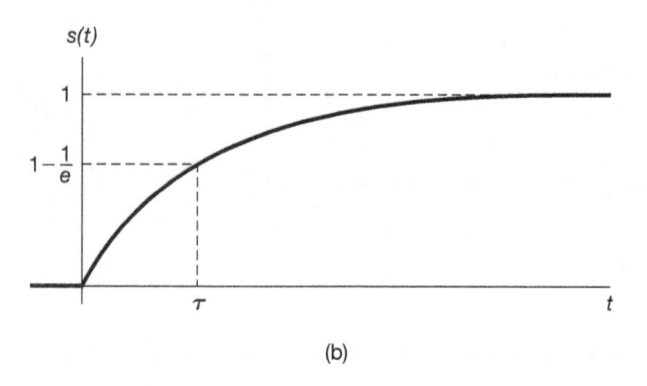

Figura 6.19 Sistema de primeira ordem de tempo contínuo: (a) resposta ao impulso; (b) resposta ao degrau.

Em outras palavras, para o sistema de primeira ordem, as assíntotas de baixa e alta frequências da magnitude logarítmica são retas. A assíntota de baixa frequência (dada pela Equação 6.26) é apenas a linha de 0 dB, enquanto a assíntota de alta frequência (especificada pela Equação 6.27) corresponde a uma diminuição de 20 dB em $|H(j\omega)|$ por década, ou seja, quando ω é multiplicado por 10. Esta, às vezes, é chamada de assíntota "20 dB por década".

Observe que as duas aproximações assintóticas dadas nas equações 6.26 e 6.27 são iguais no ponto $\log_{10}(\omega) = -\log_{10}(\tau)$ ou, de forma equivalente, $\omega = 1/\tau$. Interpretado graficamente, isso significa que as duas assíntotas se encontram em $\omega = 1/\tau$, o que sugere uma aproximação por segmentos de reta do diagrama de magnitude. Ou seja, nossa aproximação para $20 \log_{10}|H(j\omega)|$ é igual a 0 para $\omega \leq 1/\tau$ e é dada pela Equação 6.27 para $\omega \geq 1/\tau$. Essa aproximação também é esboçada (como uma linha tracejada) na Figura 6.20. O ponto em que a inclinação da aproximação muda é exatamente $\omega = 1/\tau$, que, por esse motivo, é muitas vezes chamada de *frequência de quebra*. Além disso, observe que, em $\omega = 1/\tau$, os dois termos $[(\omega\tau)^2 \text{ e } 1]$ no argumento do logaritmo na Equação 6.25 são iguais. Assim, neste ponto, o valor real da magnitude é

$$20 \log_{10}\left|H\left(j\frac{1}{\tau}\right)\right| = -10 \log_{10}(2) \simeq -3\text{dB}. \quad (6.28)$$

Por isso, o ponto $\omega = 1/\tau$ às vezes é chamado ponto de 3 dB. Da figura, vemos que somente perto da frequência de quebra existe erro significativo no diagrama de Bode aproximado por segmentos de retas. Assim, se quisermos obter um esboço mais preciso do diagrama de Bode, só precisamos modificar as proximidades da frequência de quebra.

Também é possível obter uma aproximação por segmentos de reta útil para $\sphericalangle H(j\omega)$:

$$\sphericalangle H(j\omega) = -tg-1(\omega\tau)$$
$$\simeq \begin{cases} 0, & \omega \leq 0{,}1/\tau \\ -(\pi/4)[\log 10(\omega\tau)+1], & 0{,}1/\tau \leq \omega \leq 10/\tau \\ -\pi/2, & \omega \geq 10/\tau \end{cases}$$

(6.29)

Observe que essa aproximação decresce linearmente (de 0 a $-\pi/2$) em função de $\log_{10}(\omega)$ no intervalo

$$\frac{0{,}1}{\tau} \leq \omega \leq \frac{10}{\tau},$$

ou seja, na faixa de uma década abaixo da frequência de quebra até uma década acima da frequência de quebra. Além disso, zero é o valor assintótico correto de $\sphericalangle H(j\omega)$ para $\omega \ll 1/\tau$, e $-\pi/2$ é o valor assintótico correto de $\sphericalangle H(j\omega)$ para $\omega \gg 1/\tau$. Além do mais, a aproximação concorda com o valor real de $\sphericalangle H(j\omega)$ na frequência de quebra $\omega = 1/\tau$, no ponto

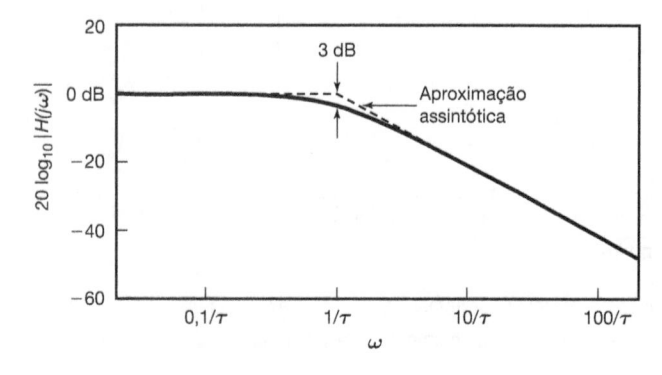

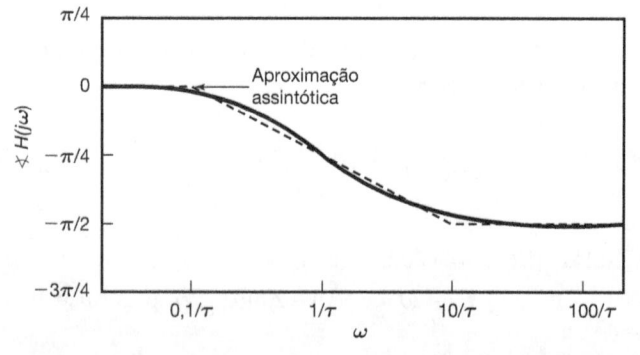

Figura 6.20 Diagrama de Bode para um sistema de primeira ordem de tempo contínuo.

$$\sphericalangle H\left(j\frac{1}{\tau}\right) = -\frac{\pi}{4}. \quad (6.30)$$

Essa aproximação assintótica também é representada graficamente na Figura 6.20; a partir desta podemos ver como, se for desejado, é possível modificar a aproximação por segmentos de reta para obtermos um esboço mais preciso de $\sphericalangle H(j\omega)$.

A partir desse sistema de primeira ordem, podemos novamente ver a relação inversa entre tempo e frequência. À medida que tornamos τ menor, aceleramos a resposta temporal do sistema (ou seja, $h(t)$ torna-se mais comprimido em direção à origem e o tempo de subida da resposta ao degrau é reduzido) e simultaneamente tornamos a frequência de quebra maior (ou seja, a banda de $H(j\omega)$ torna-se mais larga uma vez que $|H(j\omega)| \simeq 1$ para um intervalo maior de frequências). Esses fatos também podem ser vistos multiplicando a resposta ao impulso por τ e observando a relação entre $\tau h(t)$ e $H(j\omega)$:

$$\tau h(t) = e^{-t/\tau} u(t), \qquad H(j\omega) = \frac{1}{j\omega\tau + 1}.$$

Assim, $\tau h(t)$ é uma função de t/τ e $H(j\omega)$ é uma função de $\omega\tau$, e com isso vemos que mudar τ é essencialmente o mesmo que mudar a escala no tempo e na frequência.

6.5.2 Sistemas de segunda ordem de tempo contínuo

A equação diferencial linear com coeficientes constantes para um sistema de segunda ordem é

$$\frac{d^2 y(t)}{dt^2} + 2\zeta\omega_n \frac{dy(t)}{dt} + \omega_n^2 y(t) = \omega_n^2 x(t). \quad (6.31)$$

Equações desse tipo surgem em muitos sistemas físicos, incluindo circuitos *RLC* e sistemas mecânicos, como ilustrado na Figura 6.21, composto por uma mola, uma massa e um amortecedor viscoso (*dashpot*). No sistema da Figura 6.21, a entrada é a força aplicada $x(t)$ e a saída é o deslocamento $y(t)$ da massa a partir de alguma posição de equilíbrio em que a mola não exerce força de restauração. A equação do movimento para esse sistema é

$$m\frac{d^2 y(t)}{dt^2} = x(t) - ky(t) - b\frac{dy(t)}{dt},$$

ou

$$\frac{d^2 y(t)}{dt^2} + \left(\frac{b}{m}\right)\frac{dy(t)}{dt} + \left(\frac{k}{m}\right)y(t) = \frac{1}{m}x(t).$$

Comparando com a Equação 6.31, vemos que, se identificamos

$$\omega_n = \sqrt{\frac{k}{m}} \quad (6.32)$$

e

$$\zeta = \frac{b}{2\sqrt{km}},$$

então [exceto por um fator de escala de k em $x(t)$] a equação do movimento para o sistema da Figura 6.21 se reduz à Equação 6.31.

A resposta em frequência para o sistema de segunda ordem da Equação 6.31 é

$$H(j\omega) = \frac{\omega_n^2}{(j\omega)^2 + 2\zeta\omega_n(j\omega) + \omega_n^2}. \quad (6.33)$$

O denominador de $H(j\omega)$ pode ser fatorado resultando

$$H(j\omega) = \frac{\omega_n^2}{(j\omega - c_1)(j\omega - c_2)},$$

com

$$\begin{aligned} c_1 &= -\zeta\omega_n + \omega_n\sqrt{\zeta^2 - 1}, \\ c_2 &= -\zeta\omega_n - \omega_n\sqrt{\zeta^2 - 1}. \end{aligned} \quad (6.34)$$

Para $\zeta \neq 1$, c_1 e c_2 são diferentes, e podemos realizar uma expansão em frações parciais na forma

$$H(j\omega) = \frac{M}{j\omega - c_1} - \frac{M}{j\omega - c_2}, \quad (6.35)$$

com

$$M = \frac{\omega_n}{2\sqrt{\zeta^2 - 1}}. \quad (6.36)$$

Da Equação 6.35, a resposta ao impulso correspondente para o sistema é

$$h(t) = M[e^{c_1 t} - e^{c_2 t}]u(t). \quad (6.37)$$

Se $\zeta = 1$, então $c_1 = c_2 = -\omega_n$, e

$$H(j\omega) = \frac{\omega_n^2}{(j\omega + \omega_n)^2}. \quad (6.38)$$

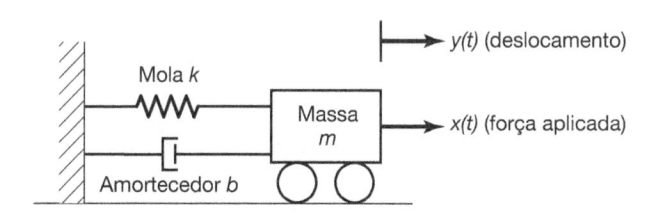

Figura 6.21 Sistema de segunda ordem consistindo em uma mola e um amortecedor acoplados a uma massa móvel e um suporte fixo.

Da Tabela 4.2, encontramos que, nesse caso, a resposta ao impulso é

$$h(t) = \omega_n^2 t e^{-\omega_n t} u(t). \qquad (6.39)$$

Note, das equações 6.37 e 6.39, que $h(t)/\omega_n$ é uma função de $\omega_n t$. Além do mais, a Equação 6.33 pode ser reescrita como

$$H(j\omega) = \frac{1}{(j\omega/\omega_n)^2 + 2\zeta(j\omega/\omega_n) + 1},$$

da qual vemos que a resposta em frequência é uma função de ω/ω_n. Assim, alterar ω_n é essencialmente o mesmo que uma mudança de escala de tempo e frequência.

O parâmetro ζ é chamado de *fator de amortecimento* e o parâmetro ω_n, de *frequência natural não amortecida*. A motivação para essa terminologia torna-se clara quando examinamos mais detalhadamente a resposta ao impulso e a resposta ao degrau de um sistema de segunda ordem. Primeiro, da Equação 6.35, vemos que, para $0 < \zeta < 1$, c_1 e c_2 são complexos e podemos reescrever a resposta ao impulso da Equação 6.37 na forma

$$h(t) = \frac{\omega_n e^{-\zeta \omega_n t}}{2j\sqrt{1-\zeta^2}} \{\exp[j(\omega_n \sqrt{1-\zeta^2})t]$$
$$- \exp[-j(\omega_n \sqrt{1-\zeta^2})t]\}u(t) \qquad (6.40)$$
$$= \frac{\omega_n e^{-\zeta \omega_n t}}{\sqrt{1-\zeta^2}} [\text{sen}(\omega_n \sqrt{1-\zeta^2})t]u(t).$$

Assim, para $0 < \zeta < 1$, o sistema de segunda ordem tem uma resposta ao impulso com comportamento oscilatório amortecido e, nesse caso, o sistema é chamado de *subamortecido*. Se $\zeta > 1$, tanto c_1 quanto c_2 são reais e negativos, e a resposta ao impulso é a diferença entre duas exponenciais decrescentes. Nesse caso, o sistema é *superamortecido*. O caso $\zeta = 1$, quando $c_1 = c_2$, é chamado caso *criticamente amortecido*. As respostas ao impulso (multiplicadas por $1/\omega_n$) para sistemas de segunda ordem com diferentes valores de ζ são representadas graficamente na Figura 6.22(a).

A resposta ao degrau de um sistema de segunda ordem pode ser calculada a partir da Equação 6.37 para $\zeta \neq 1$. Assim, obtém-se a expressão

$$s(t) = h(t) * u(t) = \left\{1 + M\left[\frac{e^{c_1 t}}{c_1} - \frac{e^{c_2 t}}{c_2}\right]\right\}u(t). \quad (6.41)$$

Para $\zeta = 1$, podemos usar a Equação 6.39 para obter

$$s(t) = [1 - e^{-\omega_n t} - \omega_n t e^{-\omega_n t}]u(t). \qquad (6.42)$$

A resposta ao degrau de um sistema de segunda ordem é representada em função de t na Figura 6.22(b) para diferentes valores de ζ. Por essa figura, vemos que, no caso subamortecido, a resposta ao degrau apresenta *sobressinal* (*overshoot*) (ou seja, a resposta ao degrau excede seu valor final) e oscilações (*ringing*). Para $\zeta = 1$, a resposta ao degrau tem a resposta mais rápida (ou seja, menor tempo de subida) que é possível sem sobressinal e, portanto, tem o menor tempo de acomodação. À medida que ζ aumenta além de 1, a resposta torna-se mais lenta. Isso pode ser visto a partir das equações 6.34 e 6.41. À medida que ζ aumenta, c_1 torna-se menor em magnitude, embora c_2 aumente em magnitude. Portanto, enquanto a constante de tempo $(1/|c_2|)$ associada a $e^{c_2 t}$ diminui, a constante de tempo $(1/|c_1|)$ associada a $e^{c_1 t}$ aumenta. Consequentemente, o termo associado a $e^{c_1 t}$ na Equação 6.41 leva um tempo maior para atingir zero e, assim, a constante de tempo associada a esse termo determina o tempo de acomodação da resposta ao degrau. Como resultado, a resposta ao degrau leva um tempo maior para se acomodar para valores maiores de ζ. Em termos do nosso exemplo de mola-amortecedor, quando aumentamos a magnitude do coeficiente de amortecimento além do valor crítico em

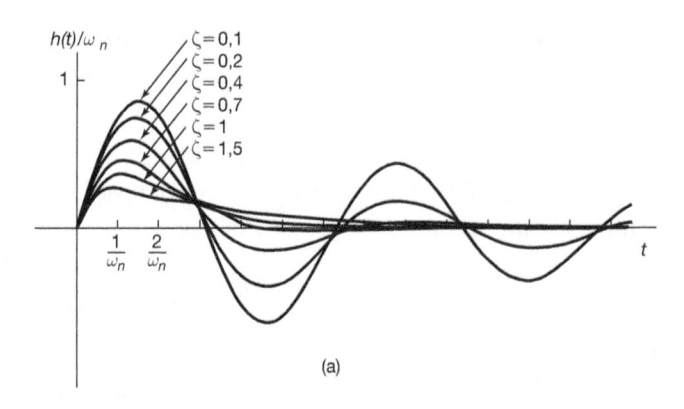

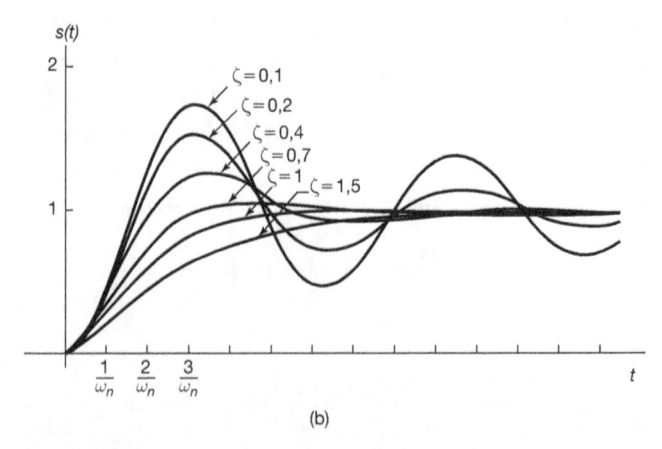

Figura 6.22 Resposta de sistemas de segunda ordem de tempo contínuo com diferentes valores do fator de amortecimento ζ: (a) resposta ao impulso; (b) resposta ao degrau.

que ζ na Equação 6.33 se iguala a 1, o movimento da massa torna-se cada vez mais vagaroso.

Por fim, note que, como dissemos, o valor de ω_n basicamente controla a escala de tempo das respostas $h(t)$ e $s(t)$. Por exemplo, no caso subamortecido, quanto maior ω_n, mais compactada a resposta ao impulso como uma função de t e mais alta a frequência das oscilações ou *ringing* em $h(t)$ e $s(t)$. De fato, da Equação 6.40 vemos que a frequência das oscilações em $h(t)$ e $s(t)$ é $\omega_n\sqrt{1-\zeta^2}$, que aumenta com o aumento de ω_n. Note, porém, que essa frequência depende explicitamente do fator de amortecimento e não é igual a (e de fato é menor que) ω_n, exceto no caso *não amortecido*, $\zeta = 0$. (É por esse motivo que o parâmetro ω_n é tradicionalmente chamado de frequência natural não amortecida.) Para o nosso exemplo de mola-amortecedor, concluímos, portanto, que a taxa de oscilação da massa é igual a ω_n quando nenhum amortecedor está presente, e a frequência de oscilação diminui quando incluímos o amortecedor.

Na Figura 6.23, representamos o diagrama de Bode da resposta em frequência dada na Equação 6.33 para diferentes valores de ζ. Assim como no caso de primeira ordem, a escala de frequência logarítmica leva a assíntotas lineares de alta e baixa frequência para a magnitude logarítmica. Especificamente, da Equação 6.33,

$$20\ \log_{10}|H(j\omega)| = -10\ \log_{10}\left\{\left[1-\left(\frac{\omega}{\omega_n}\right)^2\right]^2 + 4\zeta^2\left(\frac{\omega}{\omega_n}\right)^2\right\}.$$

(6.43)

Dessa expressão, segue que

$$20\ \log_{10}|H(j\omega)| \simeq \begin{cases} 0, & \text{para } \omega \ll \omega_n \\ -40\ \log_{10}\omega + 40\ \log_{10}\omega_n, & \text{para } \omega \gg \omega_n \end{cases}.$$

(6.44)

Portanto, a assíntota de baixa frequência da magnitude logarítmica é a linha de 0 dB, enquanto a assíntota de alta frequência (dada pela Equação 6.44) tem uma in-

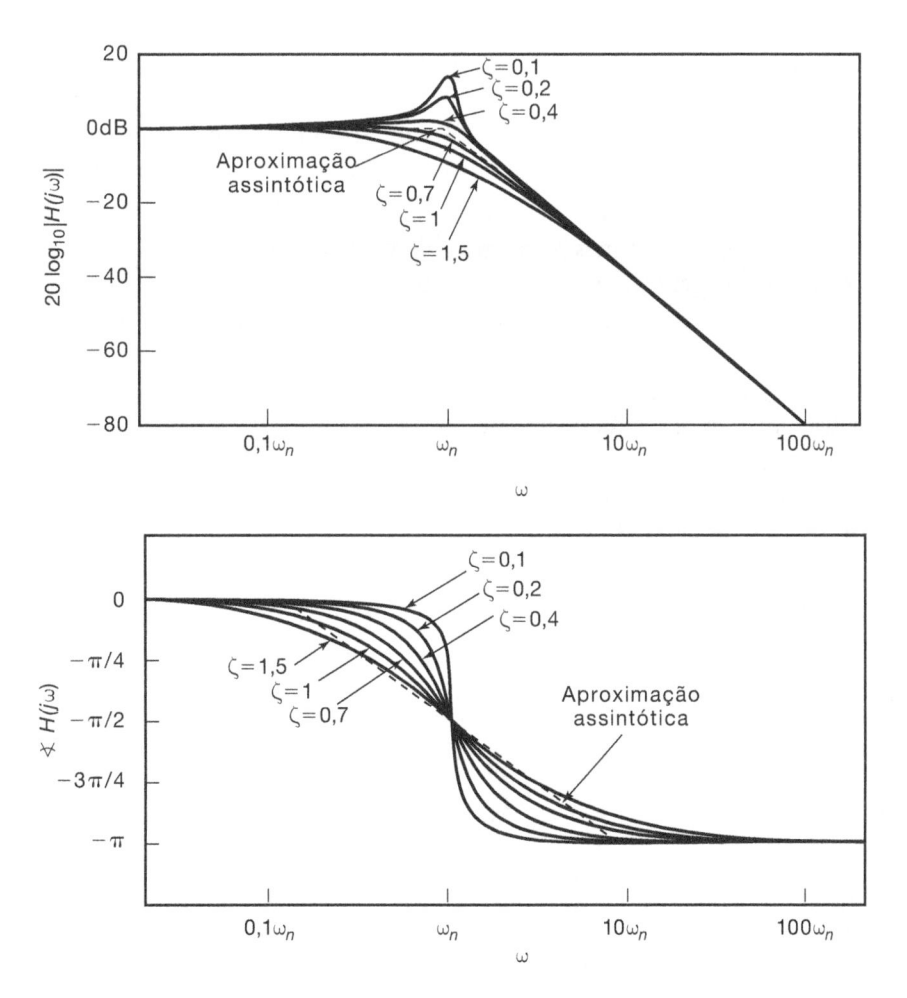

Figura 6.23 Diagramas de Bode para sistemas de segunda ordem com diferentes valores de fator de amortecimento ζ.

clinação de –40 dB por década, ou seja, |H(jω)| diminui 40 dB para cada aumento em ω de um fator 10. Além disso, observe que as duas assíntotas retas se encontram no ponto $\omega = \omega_n$. Assim, obtemos uma aproximação por segmentos de reta para a magnitude logarítmica usando a aproximação dada na Equação 6.44. Por esse motivo, ω_n é conhecido como a frequência de quebra do sistema de segunda ordem. Essa aproximação também é mostrada (como uma linha tracejada) na Figura 6.23.

Também podemos obter uma aproximação por segmentos de reta para $\sphericalangle H(j\omega)$, cuja expressão exata pode ser obtida da Equação 6.33:

$$\sphericalangle H(j\omega) = -\text{tg}^{-1}\left[\frac{2\zeta(\omega/\omega_n)}{1-(\omega/\omega_n)^2}\right]. \quad (6.45)$$

A aproximação é

$$\sphericalangle H(j\omega) \simeq \begin{bmatrix} 0, & \omega \leq 0{,}1\omega_n \\ -\frac{\pi}{2}\left[\log_{10}\left(\frac{\omega}{\omega_n}\right)+1\right], & 0{,}1\omega_n \omega \leq 10\omega_n, \\ -\pi, & \omega \geq 10\omega_n \end{bmatrix}$$

(6.46)

que também é mostrada na Figura 6.23. Observe que a aproximação e o valor real novamente coincidem na frequência de quebra $\omega = \omega_n$, na qual

$$\sphericalangle H(j\omega_n) = -\frac{\pi}{2}.$$

É importante observar que as aproximações assintóticas das equações 6.44 e 6.46, que obtivemos para um sistema de segunda ordem, não dependem de ζ, apesar de os gráficos de |H(jω)| e $\sphericalangle H(j\omega)$ dependerem, e assim, para obter um traçado preciso, especialmente próximo da frequência de quebra $\omega = \omega_n$, temos de levar esse fato em consideração modificando as aproximações para que se ajustem mais de perto aos gráficos reais. A discrepância é mais pronunciada para valores pequenos de ζ. Em particular, observe que, nesse caso, a magnitude logarítmica real tem um pico em torno de $\omega = \omega_n$. De fato, cálculos diretos usando a Equação 6.43 mostram que, para $\zeta < \sqrt{2}/2 \approx 0{,}707$, |H(jω)| tem um valor máximo em

$$\omega_{\text{máx}} = \omega_n\sqrt{1-2\zeta^2}, \quad (6.47)$$

e o valor nesse ponto máximo é

$$|H(j\omega_{\text{máx}})| = \frac{1}{2\zeta\sqrt{1-\zeta^2}}. \quad (6.48)$$

Para $\zeta > 0{,}707$, porém, H(jω) diminui monotonicamente com ω. O fato de que H(jω) pode ter um pico é extremamente importante no projeto de filtros e amplificadores seletivos em frequência. Em algumas aplicações, pode-se querer projetar tal circuito de modo que tenha um pico pronunciado na magnitude de sua resposta em frequência em alguma frequência especificada, oferecendo, assim, grande amplificação seletiva em frequência para senoides em frequências dentro de uma faixa estreita. A *qualidade Q* desse circuito é definida como uma medida do pronunciamento do pico. Para um circuito de segunda ordem descrito por uma equação na forma da Equação 6.31, Q usualmente é tomado como

$$Q = \frac{1}{2\zeta},$$

e pela Figura 6.23 e Equação 6.48, vemos que essa definição tem o comportamento apropriado: quanto menor for o amortecimento do sistema, mais pronunciado é o pico em |H(jω)|.

6.5.3 Diagramas de Bode para respostas em frequência racionais

No início desta seção, indicamos que os sistemas de primeira e segunda ordens podem ser usados como blocos básicos para construir sistemas LIT mais complicados, com respostas em frequência racionais. Uma consequência disso é que os diagramas de Bode apresentados aqui basicamente nos fornecem toda a informação de que precisamos para construir diagramas de Bode para quaisquer respostas em frequência racionais. Especificamente, descrevemos os diagramas de Bode para as respostas em frequência dadas pelas equações 6.22 e 6.33. Além disso, podemos prontamente obter os diagramas de Bode para respostas em frequência nas formas

$$H(j\omega) = 1 + j\omega\tau \quad (6.49)$$

e

$$H(j\omega) = 1 + 2\zeta\left(\frac{j\omega}{\omega_n}\right) + \left(\frac{j\omega}{\omega_n}\right)^2. \quad (6.50)$$

Os diagramas de Bode para as equações 6.49 e 6.50 seguem diretamente das figuras 6.20 e 6.23 e do fato de que

$$20\log_{10}|H(j\omega)| = -20\log_{10}\left|\frac{1}{H(j\omega)}\right|$$

e

$$\sphericalangle(H(j\omega)) = -\sphericalangle\left(\frac{1}{H(j\omega)}\right).$$

Além disso, considere uma função de sistema com um ganho constante

Caracterização no tempo e na frequência dos sinais e sistemas

$$H(j\omega) = K.$$

Como $K = |K|e^{j \cdot 0}$ se $K > 0$ e $K = |K|e^{j\pi}$ se $K < 0$, vemos que

$$20 \log_{10}|H(j\omega)| = 20 \log_{10}|K|$$

$$\sphericalangle H(j\omega) = \begin{cases} 0, & \text{se } K > 0 \\ \pi, & \text{se } K < 0 \end{cases}$$

Como uma resposta em frequência racional pode ser fatorada em um produto de um ganho constante e termos de primeira e segunda ordens, seu diagrama de Bode pode ser obtido somando-se os gráficos para cada um dos termos. Ilustramos melhor a construção dos diagramas de Bode nos dois exemplos seguintes.

Exemplo 6.4

Vamos obter o diagrama de Bode para a seguinte resposta em frequência

$$H(j\omega) = \frac{2 \times 10^4}{(j\omega)^2 + 100 j\omega + 10^4}.$$

Primeiro, notamos que

$$H(j\omega) = 2\hat{H}(j\omega),$$

em que $\hat{H}(j\omega)$ tem a mesma forma que a resposta em frequência de segunda ordem padrão, especificada pela Equação 6.33. Segue-se que

$$20 \log_{10}|H(j\omega)| = 20 \log_{10} 2 + 20 \log|\hat{H}(j\omega)|.$$

Comparando $\hat{H}(j\omega)$ com a resposta em frequência na Equação 6.33, concluímos que $\omega_n = 100$ e $\zeta = \tfrac{1}{2}$ para $\hat{H}(j\omega)$. Usando a Equação 6.44, podemos agora especificar as assíntotas para $20 \log_{10} |\hat{H}(j\omega)|$:

$$20 \log_{10}|\hat{H}(j\omega)| \simeq 0 \quad \text{para } \omega \ll 100,$$

e

$$20 \log_{10}|\hat{H}(j\omega)| \simeq -40 \log_{10}\omega + 80 \quad \text{para } \omega \gg 100.$$

Segue, portanto, que $20 \log_{10}|H(j\omega)|$ terá as mesmas assíntotas, exceto por um deslocamento constante em todas as frequências, devido ao acréscimo do termo $20 \log_{10} 2$ (que é aproximadamente 6 dB). As linhas tracejadas na Figura 6.24(a) representam essas assíntotas. A curva sólida na mesma figura representa o diagrama de Bode real, gerado por computador, para $20 \log_{10}|H(j\omega)|$. Visto que o valor de ζ para $\hat{H}(j\omega)$ é menor do que $\sqrt{2}/2$, o diagrama de Bode real apresenta um pequeno pico perto de $\omega = 100$.

Para obter um gráfico de $\sphericalangle H(j\omega)$, observamos que

$$\sphericalangle H(j\omega) = \sphericalangle \hat{H}(j\omega)$$

e que $\sphericalangle H(j\omega)$ tem suas assíntotas especificadas de acordo com a Equação 6.46; ou seja,

$$\sphericalangle \hat{H}(j\omega) = \begin{cases} 0, & \omega \leq 10 \\ -(\pi/2)\big[\log_{10}(\omega/100)+1\big], & 10 \leq \omega \leq 1.000 \\ -\pi, & \omega \geq 1.000 \end{cases}$$

As assíntotas e os valores reais para $\sphericalangle H(j\omega)$ são traçados com linhas tracejadas e sólidas, respectivamente, na Figura 6.24(b).

Exemplo 6.5

Considere a seguinte resposta em frequência:

$$H(j\omega) = \frac{100(1 + j\omega)}{(10 + j\omega)(100 + j\omega)}.$$

Para obter o diagrama de Bode para $H(j\omega)$, nós a reescrevemos na seguinte forma fatorada:

$$H(j\omega) = \left(\frac{1}{10}\right)\left(\frac{1}{1 + j\omega/10}\right)\left(\frac{1}{1 + j\omega/100}\right)(1 + j\omega).$$

Aqui, o primeiro fator é uma constante, os dois fatores seguintes têm a forma padrão para uma resposta em frequência de primeira ordem, como especificada na Equação 6.22, e o quarto fator é simplesmente a inversa da mesma forma padrão de primeira ordem. O diagrama de Bode para $20 \log_{10}|H(j\omega)|$ é, portanto, a soma dos diagramas de Bode correspondentes a cada um dos fatores. Além do mais, as assíntotas correspondentes a cada fator podem ser somadas para obter as assíntotas para o diagrama de Bode total. Essas assíntotas e os valores reais de $20 \log_{10}|H(j\omega)|$ são exibidos na Figura 6.25(a). Observe que o fator constante de 1/10 leva a um deslocamento de –20 dB em cada frequência. A frequência de quebra em $\omega = 1$ corresponde ao fator $(1 + j\omega)$, que produz a subida de 20 dB/década que começa em $\omega = 1$ e é cancelada pelo decaimento de 20 dB/década que começa na frequência de quebra em $\omega = 10$ e é devida ao fator $1/(1 + j\omega/10)$. Por fim, o fator de $1/(1 + j\omega/100)$ contribui com outra frequência de quebra em $\omega = 100$ e um decaimento subsequente na taxa de 20 dB/década.

De modo semelhante, podemos construir a aproximação assintótica para $\sphericalangle H(j\omega)$ a partir das assíntotas individuais para cada fator, conforme ilustrado, juntamente com um diagrama exato da fase na Figura 6.25(b). Em particular, o fator constante 1/10 contribui com 0 para a fase, enquanto o fator $(1 + j\omega)$ contribui com uma aproximação assintótica que é 0 para $\omega < 0{,}1$ e aumenta linearmente em função de $\log_{10}(\omega)$ a partir de zero em $\omega = 0{,}1$ até $\pi/2$ radianos em $\omega = 10$. Porém, esse aumento é cancelado em $\omega = 1$ pela aproximação assintótica para o ângulo de $1/(1 + j\omega/10)$ que contribui com uma diminuição linear no ângulo de $\pi/2$ radianos/década na faixa de frequências de $\omega = 1$ até $\omega = 100$.

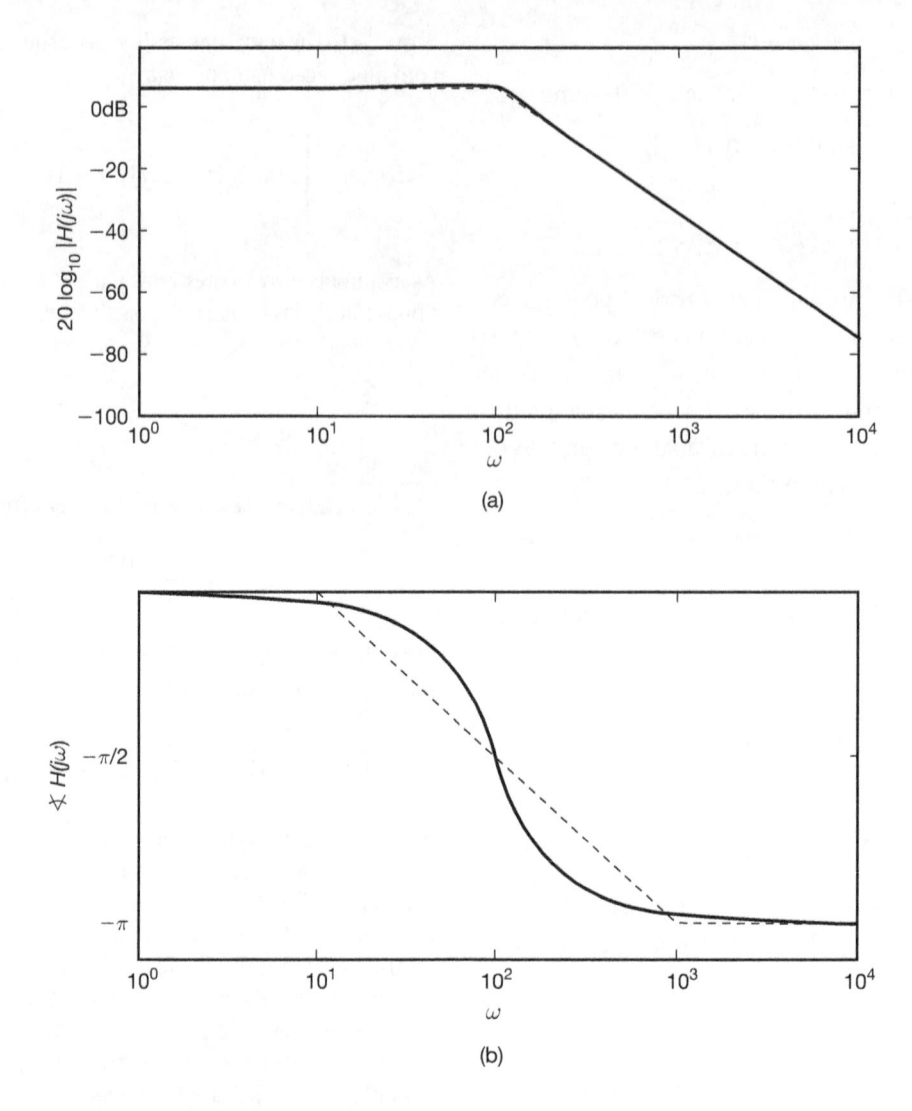

Figura 6.24 Diagrama de Bode para a função de sistema no Exemplo 6.4: (a) magnitude; (b) fase.

Por último, a aproximação assintótica para o ângulo de $1/(1 + j\omega/100)$ contribui com outra diminuição linear no ângulo de $\pi/2$ radianos/década sobre o intervalo de frequências de $\omega = 10$ até $\omega = 1000$.

■

Em nossa discussão dos sistemas de primeira ordem nesta seção, restringimos nossa atenção aos valores de $\tau > 0$. De fato, não é difícil verificar que, se $\tau < 0$, então o sistema causal de primeira ordem descrito pela Equação 6.21 tem uma resposta ao impulso que não é absolutamente integrável e, consequentemente, o sistema é instável. De modo semelhante, na análise do sistema causal de segunda ordem da Equação 6.31, exigimos que tanto ζ quanto ω_n^2 sejam números positivos. Se um deles não for positivo, a resposta ao impulso resultante não será absolutamente integrável. Assim, nesta seção, limitamos a atenção aos sistemas causais de primeira e segunda ordens que são estáveis e para os quais podemos definir respostas em frequência.

6.6 Sistemas de primeira ordem e de segunda ordem de tempo discreto

Nesta seção, examinamos as propriedades dos sistemas LIT de tempo discreto de primeira e segunda ordens, de forma paralela com o desenvolvimento na seção anterior. Assim como em tempo contínuo, qualquer sistema com uma resposta em frequência que seja uma razão de polinômios em $e^{-j\omega}$ — ou seja, qualquer sistema LIT de tempo discreto descrito por uma equação de diferenças lineares com coeficientes constantes — pode ser escrito como um produto ou soma de sistemas de primeira e segunda ordens, implicando que esses sistemas básicos têm valor considerável na implementação e na análise de sistemas mais complicados. (Ver, por exemplo, o Problema 6.45.)

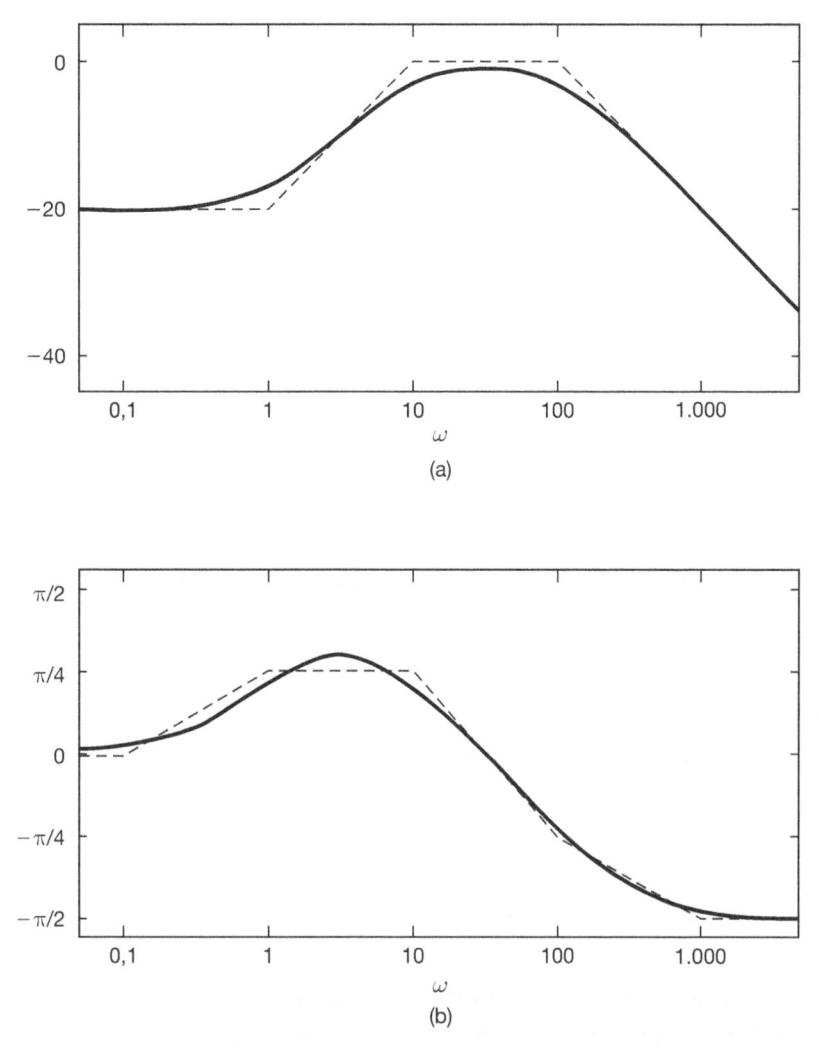

Figura 6.25 Diagrama de Bode para a função de sistema do Exemplo 6.5: (a) magnitude; (b) fase.

6.6.1 Sistemas de primeira ordem de tempo discreto

Considere o sistema LIT causal de primeira ordem descrito pela equação de diferenças

$$y[n] - ay[n-1] = x[n], \qquad (6.51)$$

com $|a| < 1$. Do Exemplo 5.18, a resposta em frequência desse sistema é

$$H(e^{j\omega}) = \frac{1}{1 - ae^{-j\omega}}, \qquad (6.52)$$

e a resposta ao impulso é

$$h[n] = a^n u[n], \qquad (6.53)$$

que é ilustrada na Figura 6.26 para diferentes valores de a. Além disso, a resposta ao degrau do sistema é

$$s[n] = h[n] * u[n] = \frac{1 - a^{n+1}}{1 - a} u[n], \qquad (6.54)$$

que é ilustrada na Figura 6.27.

A magnitude do parâmetro a desempenha um papel análogo ao da constante de tempo τ no sistema de primeira ordem de tempo contínuo. Especificamente, $|a|$ determina a taxa com que o sistema de primeira ordem responde. Por exemplo, das equações 6.53 e 6.54 e figuras 6.26 e 6.27, vemos que $h[n]$ e $s[n]$ convergem para seu valor final na taxa em que $|a|^n$ converge para zero. Portanto, a resposta ao impulso cai bruscamente e a resposta ao degrau acomoda-se rapidamente para um $|a|$ pequeno. Para $|a|$ próximo de 1, essas respostas são mais lentas. Observe que, diferente do seu correspondente em tempo contínuo, o sistema de primeira ordem descrito pela Equação 6.51

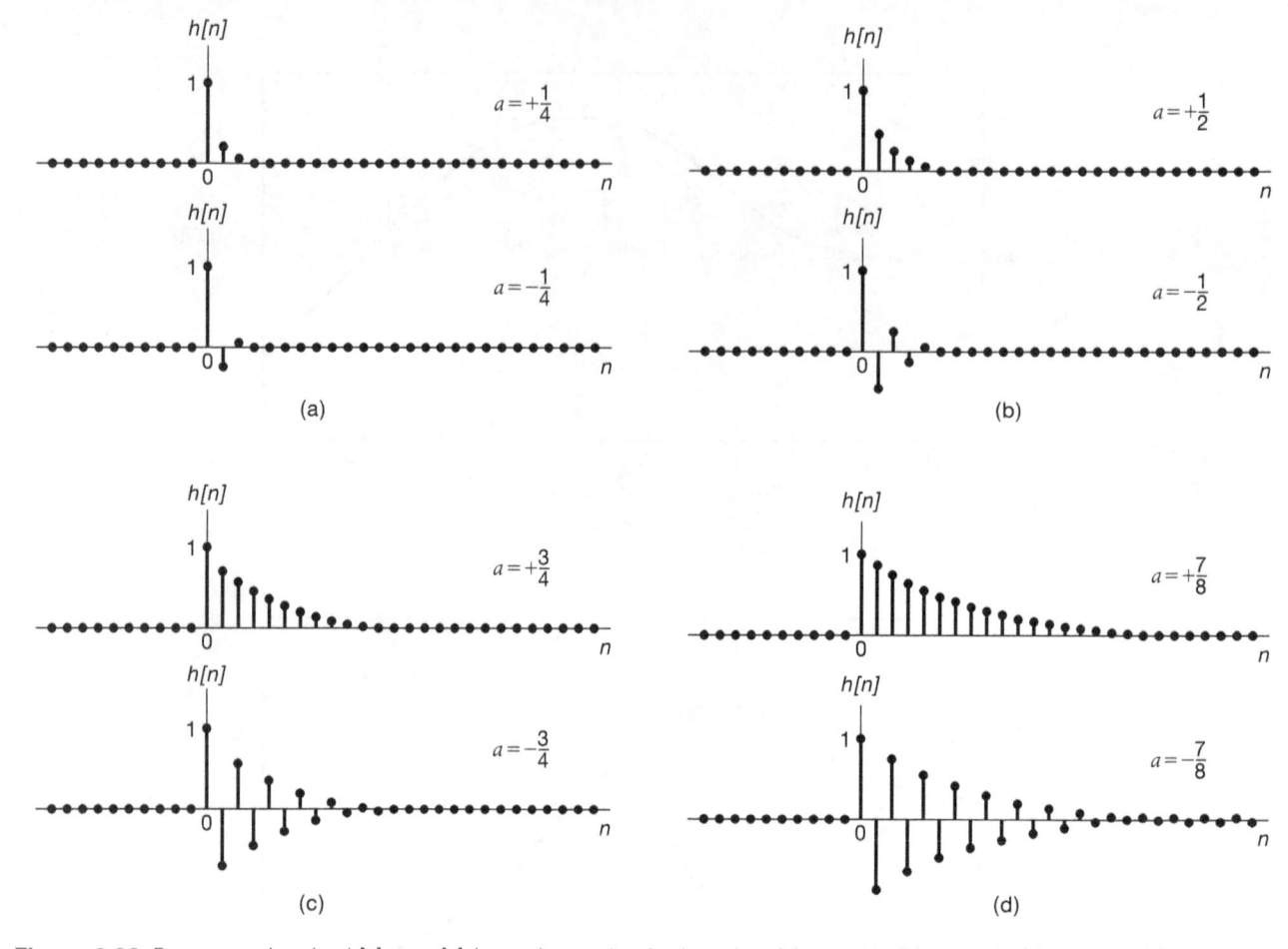

Figura 6.26 Resposta ao impulso $h[n] = a^n u[n]$ de um sistema de primeira ordem: (a) $a = \pm 1/4$; (b) $a = \pm 1/2$; (c) $a = \pm 3/4$; (d) $a = \pm 7/8$.

pode apresentar comportamento oscilatório. Isso ocorre quando $a < 0$, quando a resposta ao degrau apresenta sobressinal de seu valor final e oscilação (*ringing*).

A magnitude e fase da resposta em frequência do sistema de primeira ordem da Equação 6.51 são, respectivamente,

$$|H(e^{j\omega})| = \frac{1}{(1+a^2 - 2a\cos\omega)^{1/2}} \quad (6.55)$$

e

$$\sphericalangle H(e^{j\omega}) = -\operatorname{tg}^{-1}\left[\frac{a\operatorname{sen}\omega}{1-a\cos\omega}\right]. \quad (6.56)$$

Na Figura 6.28(a), traçamos o logaritmo da magnitude e a fase da resposta em frequência da Equação 6.52 para diferentes valores de $a > 0$. O caso de $a < 0$ é ilustrado na Figura 6.28(b). Por essas figuras, vemos que, para $a > 0$, o sistema atenua altas frequências [ou seja, $|H(e^{j\omega})|$ é menor para ω perto de $\pm\pi$ do que para ω perto de 0], ao passo que, quando $a < 0$, o sistema amplifica altas frequências e atenua baixas frequências. Observe também que, para $|a|$ pequeno, os valores máximo e mínimo

$1/(1 + a)$ e $1/(1 - a)$ de $|H(e^{j\omega})|$ são próximos em valor, e o gráfico de $|H(e^{j\omega})|$ é relativamente plano. Por outro lado, para $|a|$ perto de 1, essas quantidades diferem significativamente e, consequentemente, $|H(e^{j\omega})|$ tem um pico mais pronunciado, oferecendo filtragem e amplificação mais seletivas em uma faixa estreita de frequências.

6.6.2 Sistemas de segunda ordem de tempo discreto

Considere em seguida o sistema LIT causal de segunda ordem descrito por

$$y[n] - 2r\cos\theta\, y[n-1] + r^2 y[n-2] = x[n], \quad (6.57)$$

com $0 < r < 1$ e $0 \leq \theta \leq \pi$. A resposta em frequência para esse sistema é

$$H(e^{j\omega}) = \frac{1}{1 - 2r\cos\theta\, e^{-j\omega} + r^2 e^{-j2\omega}}. \quad (6.58)$$

O denominador de $H(e^{j\omega})$ pode ser fatorado para se obter

$$H(e^{j\omega}) = \frac{1}{[1-(re^{j\theta})e^{-j\omega}][1-(re^{-j\theta})e^{-j\omega}]}. \quad (6.59)$$

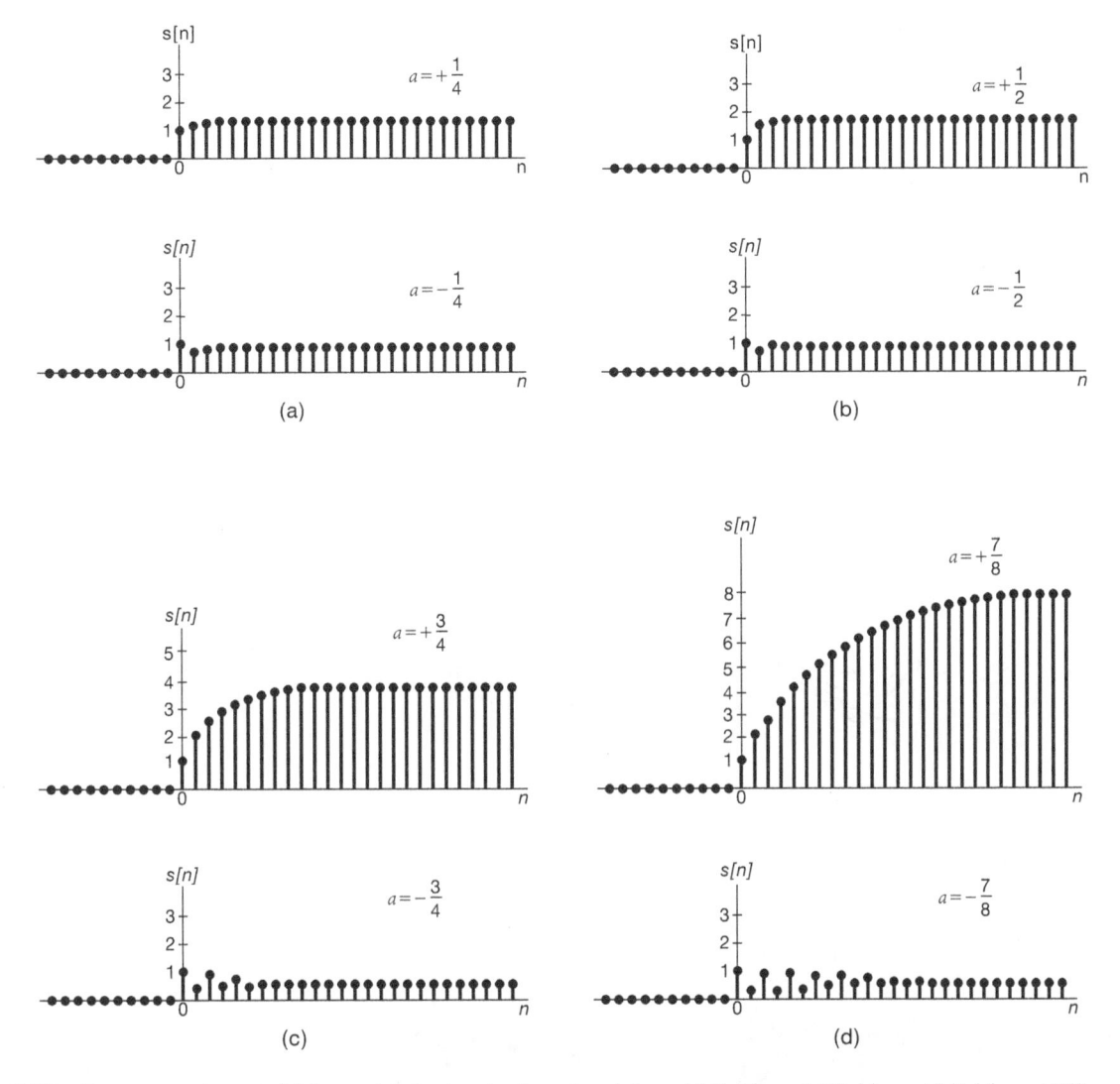

Figura 6.27 Resposta ao degrau $s[n]$ de um sistema de primeira ordem: (a) $a = \pm 1/4$; (b) $a = \pm 1/2$; (c) $a = \pm 3/4$; (d) $a = \pm 7/8$.

Para $\theta \neq 0$ ou π, os dois fatores no denominador de $H(e^{j\omega})$ são diferentes, e uma expansão em frações parciais resulta

$$H(e^{j\omega}) = \frac{A}{1-(re^{j\theta})e^{-j\omega}} + \frac{B}{1-(re^{-j\theta})e^{-j\omega}}, \quad (6.60)$$

sendo

$$A = \frac{e^{j\theta}}{2j\,\text{sen}\,\theta}, \quad B = \frac{e^{-j\theta}}{2j\,\text{sen}\,\theta}. \quad (6.61)$$

Nesse caso, a resposta ao impulso do sistema é

$$h[n] = [A(re^{j\theta})^n + B(re^{-j\theta})^n]u[n]$$
$$= r^n \frac{\text{sen}[(n+1)\theta]}{\text{sen}\,\theta} u[n]. \quad (6.62)$$

Para $\theta = 0$ ou π, os dois fatores no denominador da Equação 6.59 são iguais. Quando $\theta = 0$,

$$H(e^{j\omega}) = \frac{1}{(1-re^{-j\omega})^2} \quad (6.63)$$

e

$$h[n] = (n+1)r^n u[n]. \quad (6.64)$$

Quando $\theta = \pi$,

$$H(e^{j\omega}) = \frac{1}{(1+re^{-j\omega})^2} \quad (6.65)$$

e

$$h[n] = (n+1)(-r)^n u[n]. \quad (6.66)$$

As respostas ao impulso para sistemas de segunda ordem são mostradas na Figura 6.29 para diferentes valores de r e θ. Dessa figura e da Equação 6.62, notamos que a taxa de decaimento de $h[n]$ é controlada por r — ou seja, quanto mais próximo r for de 1, mais lento será o decaimento de $h[n]$. Já o valor de θ determina a frequência

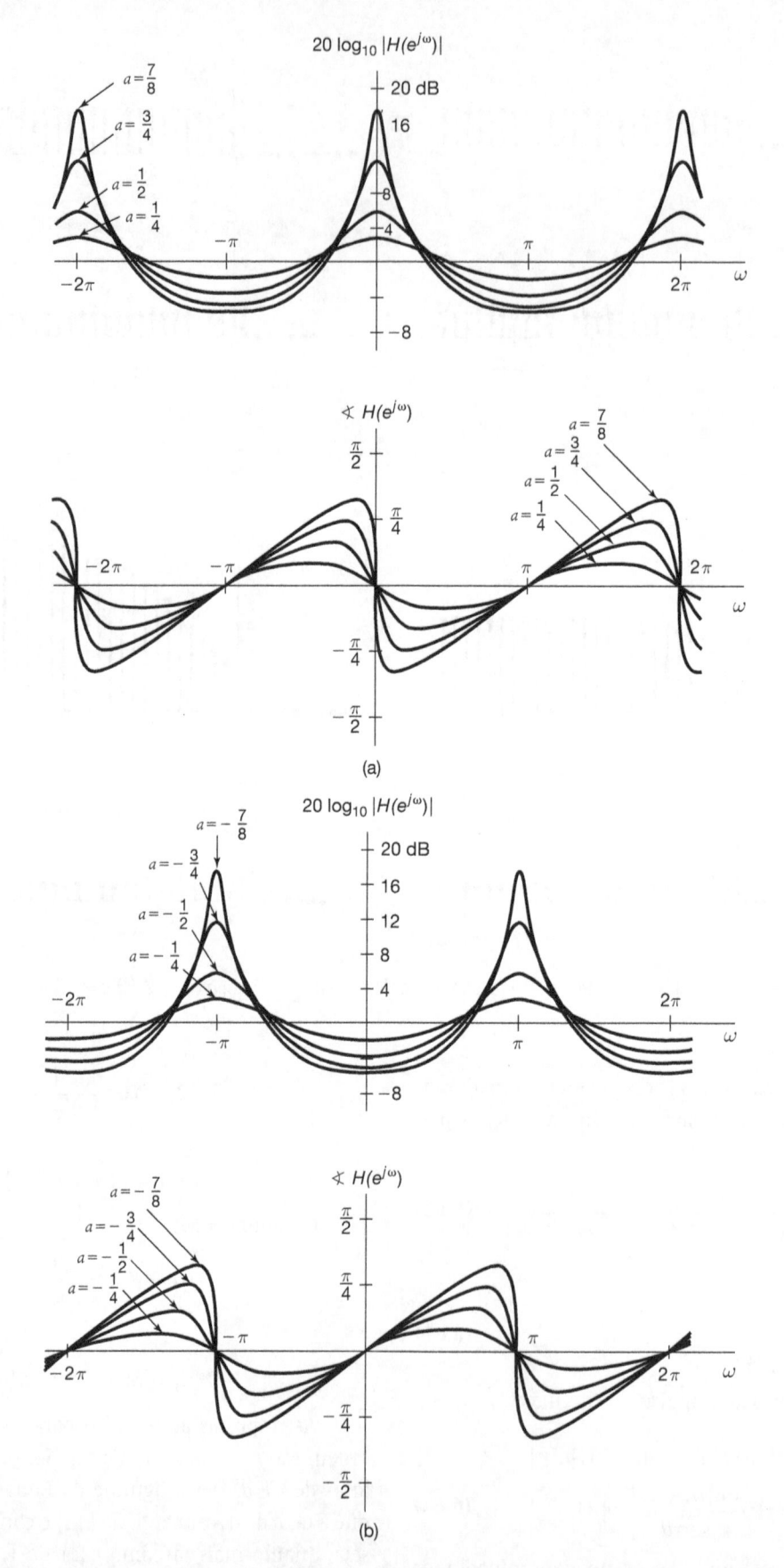

Figura 6.28 Magnitude e fase da resposta em frequência da Equação 6.52 para um sistema de primeira ordem: (a) gráficos para diferentes valores de $a > 0$; (b) gráficos para diferentes valores de $a < 0$.

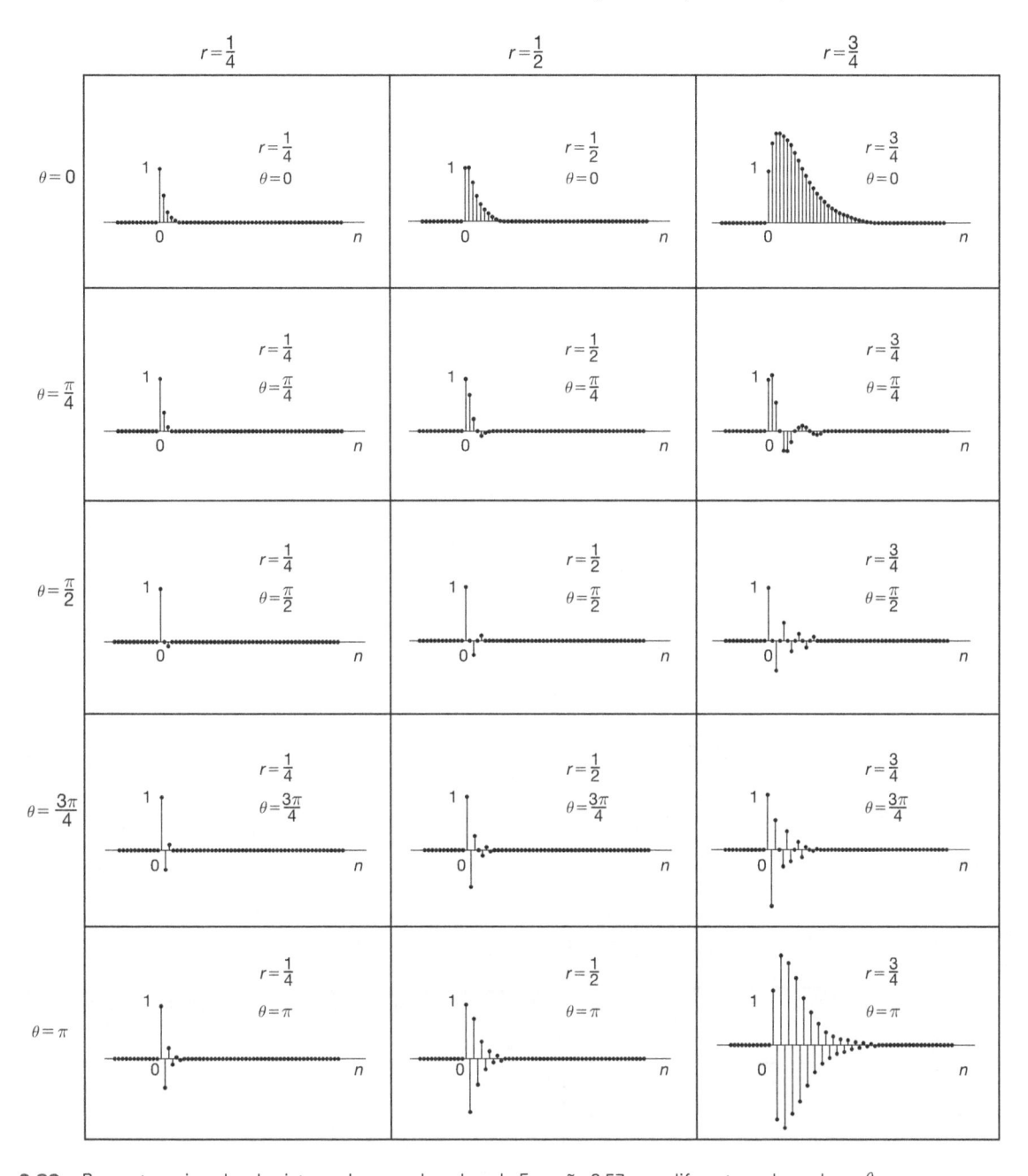

Figura 6.29 Resposta ao impulso do sistema de segunda ordem da Equação 6.57 para diferentes valores de r e θ.

de oscilação. Por exemplo, com $\theta = 0$, não existe oscilação em $h[n]$, enquanto, para $\theta = \pi$, as oscilações são rápidas. O efeito de diferentes valores de r e θ também pode ser visto examinando-se a resposta ao degrau da Equação 6.57. Para $\theta \neq 0$ ou π,

$$s[n] = h[n] * u[n] = \begin{bmatrix} A\left(\dfrac{1-(re^{j\theta})^{n+1}}{1-re^{j\theta}}\right) + \\ B\left(\dfrac{1-(re^{-j\theta})^{n+1}}{1-re^{-j\theta}}\right) \end{bmatrix} u[n]. \quad (6.67)$$

Além disso, usando o resultado do Problema 2.52, encontramos, para $\theta = 0$,

$$s[n] = \left[\dfrac{1}{(r-1)^2} - \dfrac{r}{(r-1)^2} r^n + \dfrac{r}{r-1}(n+1)r^n\right] u[n], \quad (6.68)$$

enquanto, para $\theta = \pi$,

$$s[n] = \left[\dfrac{1}{(r+1)^2} + \dfrac{r}{(r+1)^2}(-r)^n + \dfrac{r}{r+1}(n+1)(-r)^n\right] u[n]. \quad (6.69)$$

A resposta ao degrau é representada na Figura 6.30, novamente para um conjunto de valores de r e θ.

O sistema de segunda ordem dado pela Equação 6.57 é o correspondente do sistema de segunda ordem *suba-*

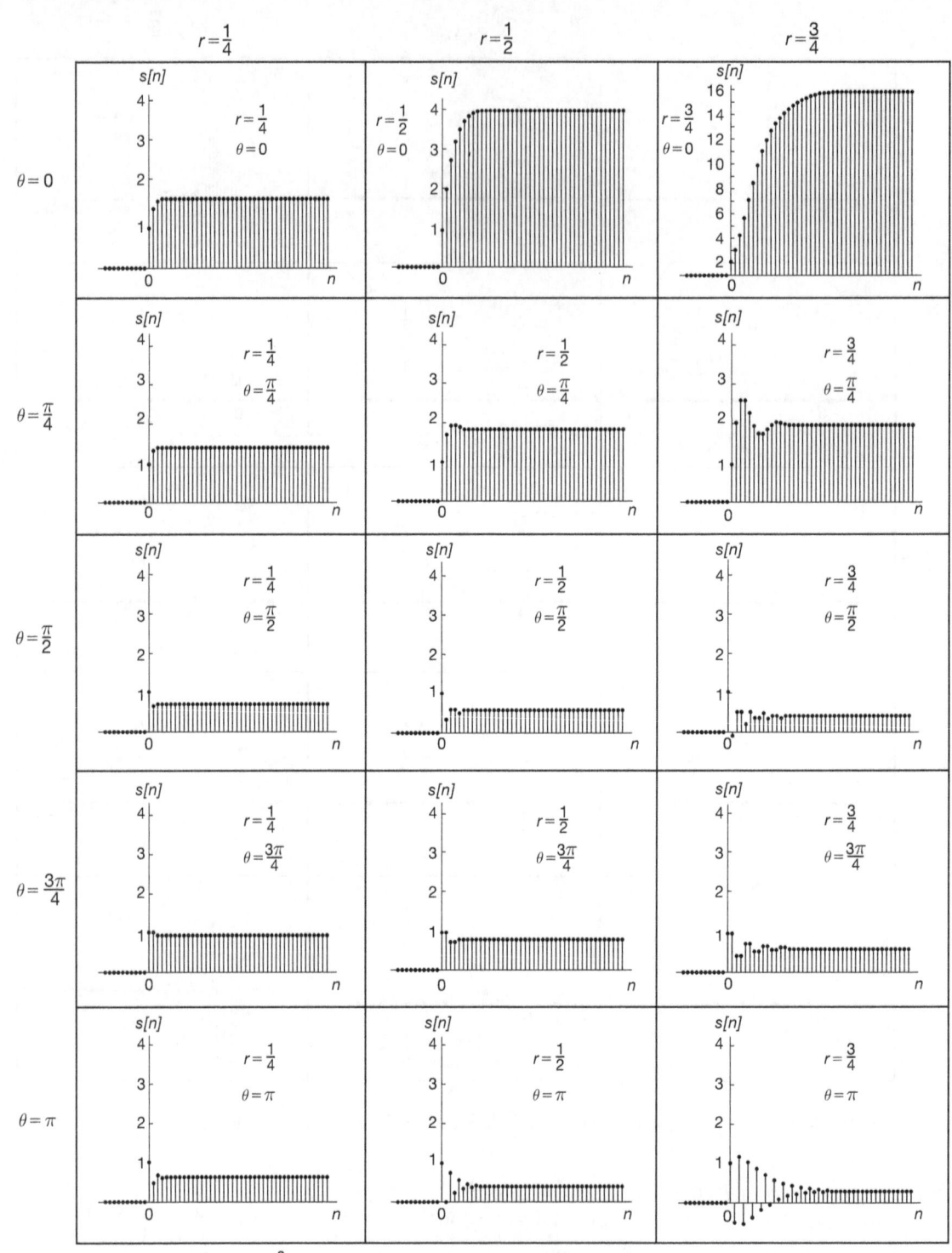

*Nota: O gráfico para $r = \frac{3}{4}$, $\theta = 0$ tem uma escala diferente dos outros.

Figura 6.30 Resposta ao degrau do sistema de segunda ordem da Equação 6.57 para diferentes de valores de r e θ.

mortecido de tempo contínuo, enquanto o caso especial de $\theta = 0$ é o caso amortecido criticamente. Ou seja, para qualquer valor de θ não nulo, a resposta ao impulso tem um comportamento oscilatório amortecido, e a resposta ao degrau exibe oscilação e sobressinal. A resposta em frequência desse sistema é representada na Figura 6.31 para diferentes valores de r e θ. Da Figura 6.31, vemos que uma faixa de frequências é amplificada, e r determina o quão acentuado é o pico da resposta em frequência dentro dessa faixa.

Como vimos, o sistema de segunda ordem descrito na Equação 6.59 tem fatores com coeficientes comple-

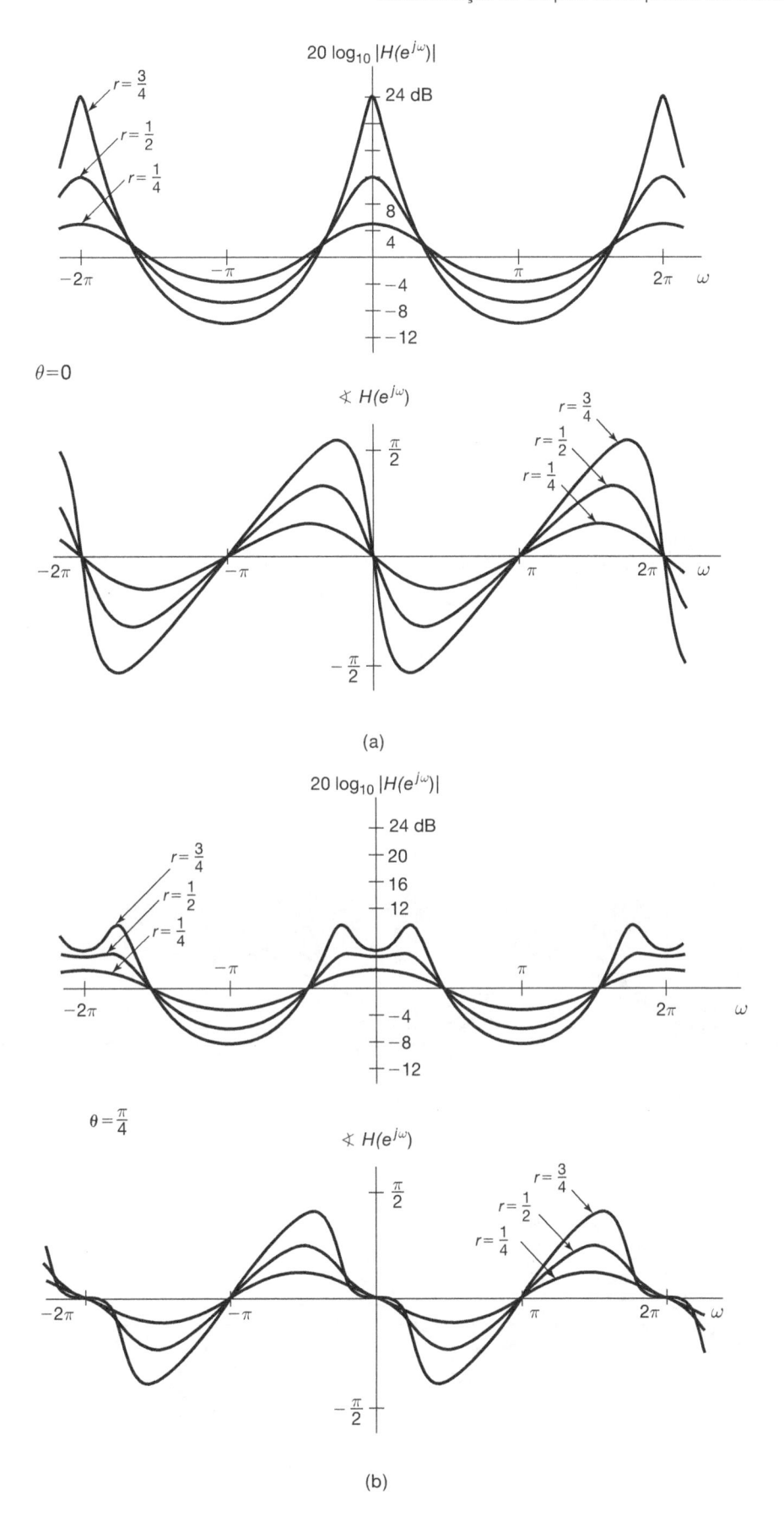

Caracterização no tempo e na frequência dos sinais e sistemas 277

(a) $\theta = 0$

(b) $\theta = \pi/4$

(continua)

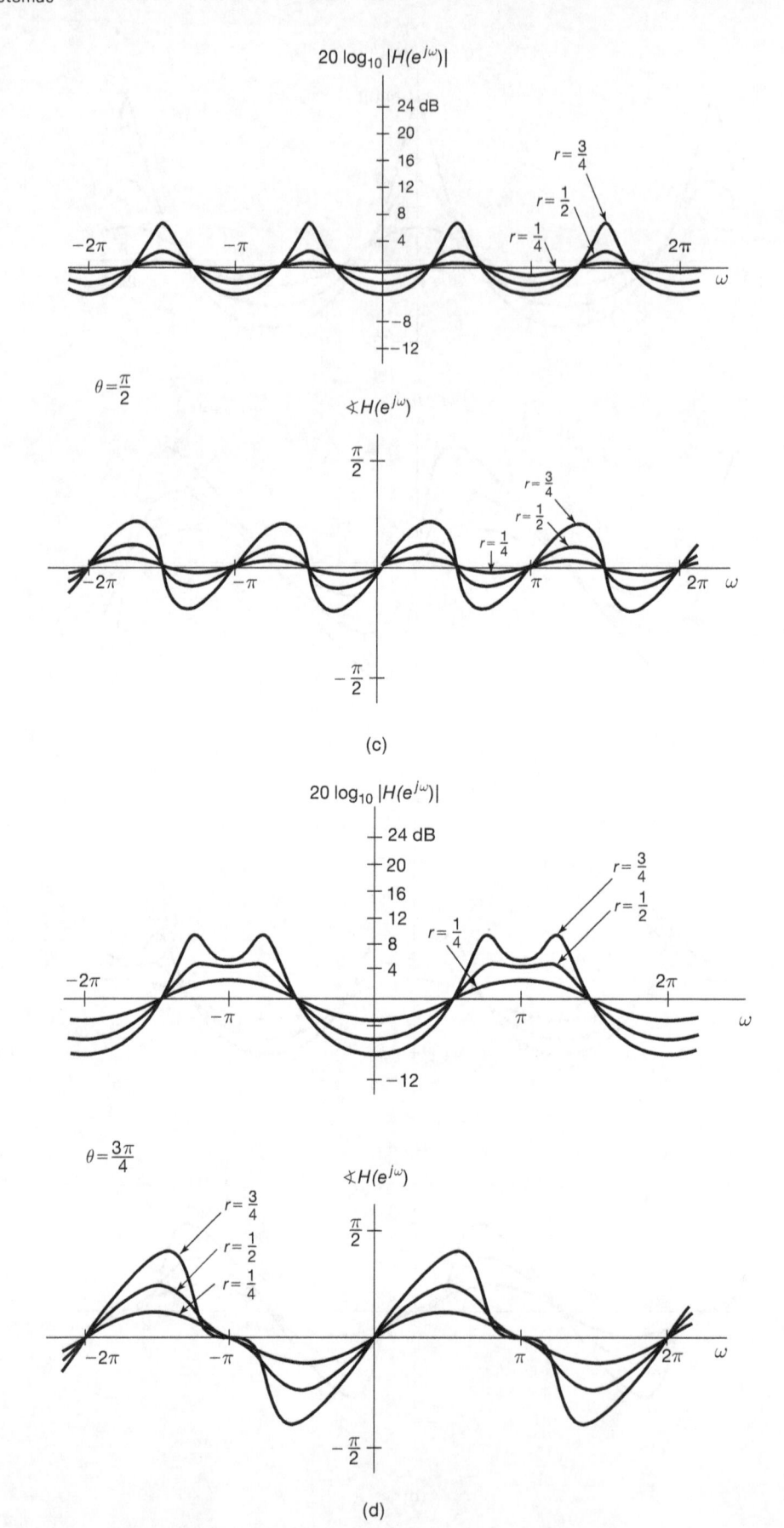

(continuação)

$\theta = \dfrac{\pi}{2}$

(c)

$\theta = \dfrac{3\pi}{4}$

(d)

(continua)

(*continuação*)

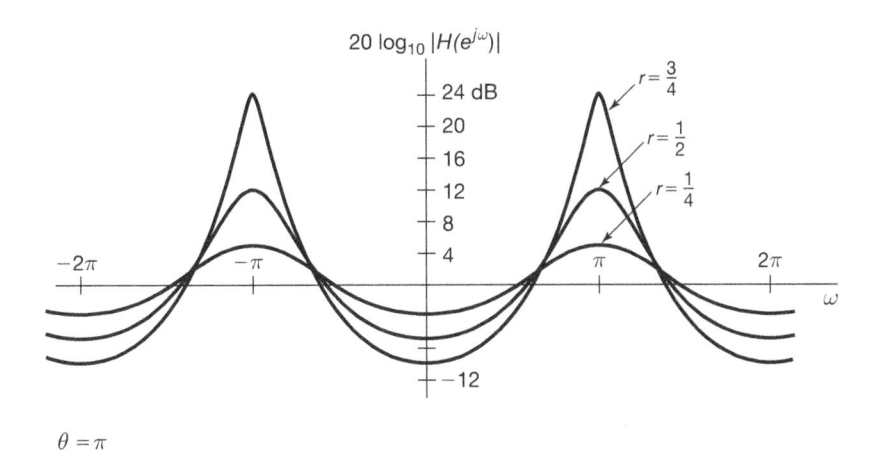

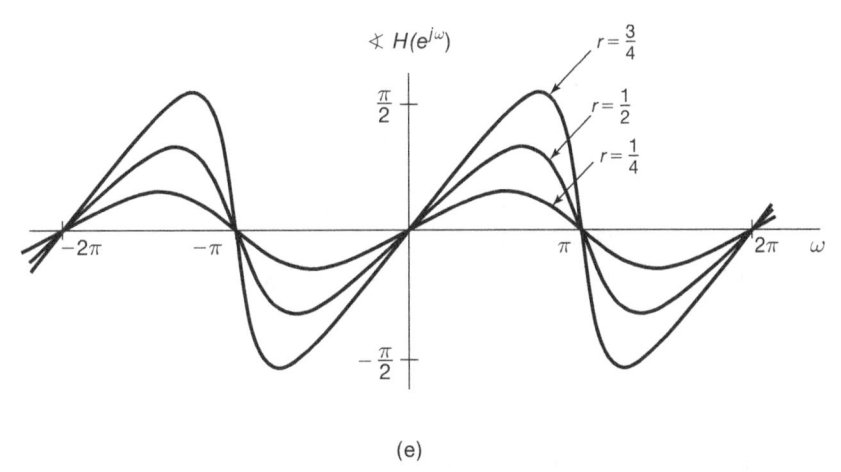

Figura 6.31 Magnitude e fase da resposta em frequência do sistema de segunda ordem da Equação 6.57: (a) $\theta = 0$; (b) $\theta = \pi/4$; (c) $\theta = \pi/2$; (d) $\theta = 3\pi/4$; (e) $\theta = \pi$. Cada gráfico contém curvas correspondentes a $r = 1/4$, $1/2$ e $3/4$.

xos (exceto quando $\theta = 0$ ou π). Também é possível considerar sistemas de segunda ordem tendo fatores com coeficientes reais. Especificamente, considere

$$H(e^{j\omega}) = \frac{1}{(1 - d_1 e^{-j\omega})(1 - d_2 e^{-j\omega})}, \quad (6.70)$$

sendo d_1 e d_2 números reais com $|d_1|, |d_2| < 1$. A Equação 6.70 é a resposta em frequência para a equação de diferenças

$$y[n] - (d_1 + d_2)y[n-1] + d_1 d_2 y[n-2] = x[n]. \quad (6.71)$$

Nesse caso,

$$H(e^{j\omega}) = \frac{A}{1 - d_1 e^{-j\omega}} + \frac{B}{1 - d_2 e^{-j\omega}}, \quad (6.72)$$

sendo

$$A = \frac{d_1}{d_1 - d_2}, \quad B = \frac{d_2}{d_2 - d_1}. \quad (6.73)$$

Assim,

$$h[n] = [A d_1^n + B d_2^n] u[n], \quad (6.74)$$

que é a soma de duas exponenciais reais decrescentes. Além disso,

$$s[n] = \left[A \left(\frac{1 - d_1^{n+1}}{1 - d_1} \right) + B \left(\frac{1 - d_2^{n+1}}{1 - d_2} \right) \right] u[n]. \quad (6.75)$$

O sistema com resposta em frequência dado pela Equação 6.70 corresponde à cascata de dois sistemas de primeira ordem. Portanto, podemos deduzir a maioria de suas propriedades a partir do nosso conhecimento do caso de primeira ordem. Por exemplo, os diagramas do logaritmo da magnitude e da fase para a Equação 6.70 podem ser obtidos somando os gráficos dos dois termos de primeira ordem. Além disso, como vimos para os sistemas de primeira ordem, a resposta do sistema é rápida se $|d_1|$ e $|d_2|$ forem pequenos, mas o sistema tem um longo tempo de acomodação se uma dessas magnitudes for próxima de 1. Além do mais, se d_1 e d_2 forem negativos, a resposta é oscilatória. O caso em que tanto d_1 quanto d_2 são positivos é o correspondente do caso superamortecido de tempo contínuo, pois as respostas ao impulso e ao degrau se acomodam sem oscilação.

Nesta seção, limitamos nossa atenção aos sistemas causais de primeira e segunda ordens que são estáveis e para os quais a resposta em frequência pode ser definida. Em particular, o sistema causal descrito pela Equação 6.51 é instável para $|a| \geq 1$. Além disso, o sistema causal descrito pela Equação 6.57 é instável se $r \geq 1$, e aquele descrito pela Equação 6.71 é instável se $|d_1|$ ou $|d_2|$ forem superiores a 1.

6.7 Exemplos de análise de sistemas no domínio do tempo e da frequência

No decorrer deste capítulo, ilustramos a importância de visualizar sistemas no domínio do tempo e no domínio da frequência e de estarmos cientes dos compromissos no comportamento entre os dois domínios. Nesta seção, ilustramos algumas dessas questões com mais detalhes. Na Seção 6.7.1, discutimos esses compromissos para tempo contínuo no contexto de um sistema de suspensão de automóvel. Na Seção 6.7.2, discutimos uma classe importante de filtros de tempo discreto, conhecida como sistemas de média móvel ou não recursivos.

6.7.1 Análise de um sistema de suspensão de automóveis

As diversas questões que abordamos com relação às características e compromissos nos sistemas de tempo contínuo podem ser ilustradas na interpretação de um sistema de suspensão de automóvel como um filtro passa-baixas. Na Figura 6.32, temos uma representação diagramática de um sistema de suspensão simples, composto por uma mola e um amortecedor (*dashpot*). A superfície da estrada pode ser pensada como uma superposição de mudanças rápidas de pequena amplitude na elevação (altas frequências), representando a irregularidade da superfície da estrada, e mudanças graduais na elevação (baixas frequências) devido à topografia geral. O sistema de suspensão de automóvel é usualmente destinado para filtrar variações rápidas no percurso devido à superfície da estrada (ou seja, para atuar como um filtro passa-baixas).

O propósito principal do sistema de suspensão é fornecer uma suavização do caminho, e não existe uma divisão natural rígida entre as frequências a serem passadas e aquelas a serem rejeitadas. Assim, é razoável aceitar e, de fato, preferir um filtro passa-baixas que tenha uma transição gradual de banda de passagem para banda de rejeição. Além do mais, as características de domínio de tempo do sistema são importantes. Se a resposta ao impulso ou a resposta ao degrau do sistema de suspensão exibir oscilação, então um grande buraco na estrada (modelado como uma entrada impulsiva) ou um meio-fio (modelado como uma entrada em degrau) resultarão em uma desconfortável resposta oscilatória. De fato, um teste comum para um sistema de suspensão é introduzir uma excitação abaixando e depois soltando o chassi. Se a resposta apresentar oscilação, esta é uma indicação de que o amortecedor precisa ser trocado.

Custo e facilidade de implementação também desempenham um papel importante no projeto de sistemas de suspensão de automóvel. Muitos estudos foram executados para determinar as características de resposta em frequência mais desejáveis para sistemas de suspensão do ponto de vista do conforto do passageiro. Em situações nas quais o custo compensa, como para vagões de passageiros de estrada de ferro, são usados sistemas de suspensão complexos e caros. Para a indústria automobilística, o

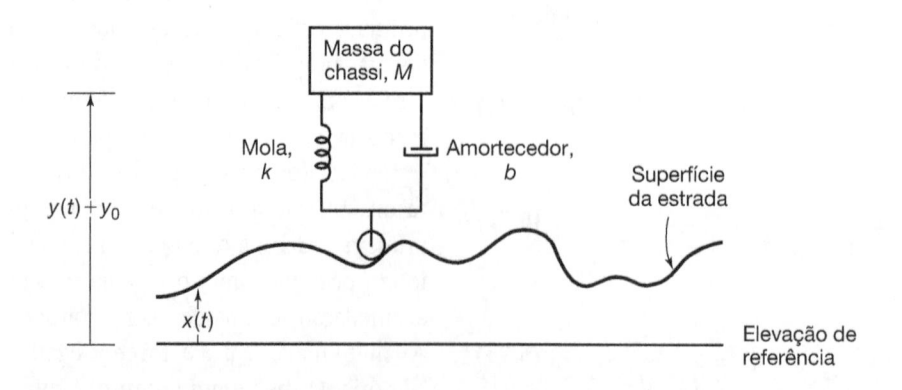

Figura 6.32 Representação diagramática de um sistema de suspensão de automóvel. Aqui, y_0 representa a distância entre o chassi e a superfície da estrada quando o automóvel está em repouso, $y(t) + y_0$ indica a posição do chassi acima da elevação de referência, e $x(t)$ mostra a elevação da estrada acima da elevação de referência.

custo é um fator importante, e geralmente são usados sistemas de suspensão simples e mais baratos. Um sistema de suspensão de automóvel típico consiste simplesmente no chassi conectado às rodas por meio de uma mola e um amortecedor.

Na representação diagramática da Figura 6.32, y_0 representa a distância entre o chassi e a superfície da estrada quando o automóvel está em repouso, $y(t) + y_0$ indica a posição do chassi acima da elevação de referência, e $x(t)$ mostra a elevação da estrada acima da elevação de referência. A equação diferencial que descreve o movimento do chassi é, então,

$$M\frac{d^2y(t)}{dt^2} + b\frac{dy(t)}{dt} + ky(t) = kx(t) + b\frac{dx(t)}{dt}, \quad (6.76)$$

em que M é a massa do chassi e k e b são as constantes da mola e do amortecedor, respectivamente. A resposta em frequência do sistema é

$$H(j\omega) = \frac{k + bj\omega}{(j\omega)^2 M + b(j\omega) + k},$$

ou

$$H(j\omega) = \frac{\omega_n^2 + 2\zeta\omega_n(j\omega)}{(j\omega)^2 + 2\zeta\omega_n(j\omega) + \omega_n^2}, \quad (6.77)$$

sendo

$$\omega_n = \sqrt{\frac{k}{M}} \quad \text{e} \quad 2\zeta\omega_n = \frac{b}{M}.$$

Assim como na Seção 6.5.2, o parâmetro ω_n é chamado de frequência natural não amortecida, e ζ é o fator de amortecimento. Um diagrama de Bode do logaritmo de magnitude da resposta em frequência da Equação 6.77 pode ser construído usando-se diagramas de Bode de primeira e segunda ordens. O diagrama de Bode para a Equação 6.77 é esboçado na Figura 6.33 para diferentes valores de fator de amortecimento. A Figura 6.34 ilustra a resposta ao degrau para diferentes valores do fator de amortecimento.

Como vimos na Seção 6.5.2, a frequência de corte do filtro é controlada principalmente por ω_n ou, de forma equivalente, para um chassi de massa fixa, por uma escolha apropriada de constante de mola k. Para determinado ω_n, a taxa de amortecimento é então ajustada por meio do fator de amortecimento b associado aos amortecedores. À medida que a frequência natural ω_n diminui, a suspensão tende a filtrar variações mais suaves da estrada, oferecendo assim um percurso mais suave. Por outro lado, vemos na Figura 6.34 que o tempo de subida do sistema aumenta, e assim o sistema será sentido como mais vagaroso. Por um lado, seria desejável manter ω_n pequeno para melhorar a filtragem passa-baixas; por outro, seria melhor ter ω_n grande, para uma resposta temporal rápida. Estes, logicamente, são requisitos em conflito e ilustram a necessidade de um compromisso entre características de domínio do tempo e domínio da frequência. Tipicamente, um sistema de suspensão com um valor baixo de ω_n, de

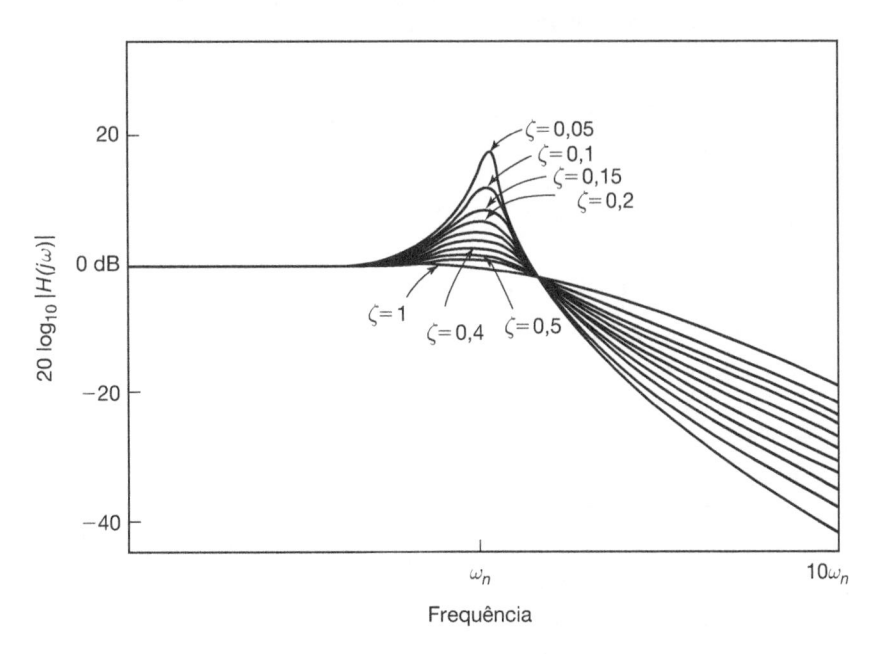

Figura 6.33 Diagrama de Bode de magnitude da resposta em frequência do sistema de suspensão de automóvel para diferentes valores de fator de amortecimento.

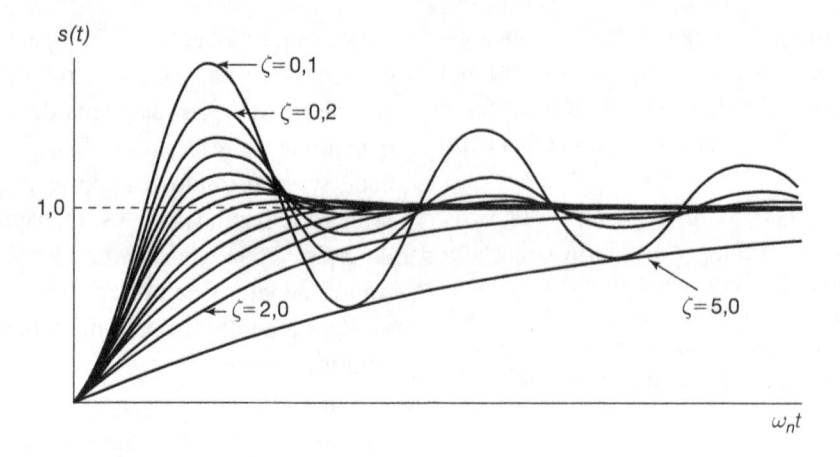

Figura 6.34 Resposta ao degrau do sistema de suspensão de automóvel para diversos valores do fator de amortecimento (ζ = 0,1; 0,2; 0,3; 0,4; 0,5; 0,6; 0,7; 0,8; 0,9; 1,0; 1,2; 1,5; 2,0; 5,0).

modo que o tempo de subida seja longo, é caracterizado como 'suave' (*soft*), e aquele com um valor alto de ω_n, de modo que o tempo de subida seja curto, é caracterizado como 'rígido'(*hard*). Pelas figuras 6.33 e 6.34, observamos também que, quando o fator de amortecimento diminui, a resposta em frequência do sistema cai mais abruptamente, mas o sobressinal e a oscilação na resposta ao degrau tendem a aumentar — outro compromisso entre os domínios de tempo e frequência. Geralmente, o amortecedor de choque é escolhido para ter um tempo de subida rápido e ainda evitar o sobressinal e a oscilação (*ringing*). Essa escolha corresponde ao caso criticamente amortecido, com $\zeta = 1,0$, considerado na Seção 6.5.2.

6.7.2 Exemplos de filtros não recursivos de tempo discreto

Na Seção 3.11, apresentamos as duas classes de filtros LIT descritos por equações de diferenças: filtros recursivos ou de resposta ao impulso infinita (IIR) e filtros não recursivos ou de resposta ao impulso finita (FIR). Essas duas classes de filtros possuem importância considerável na prática e têm suas vantagens e desvantagens. Por exemplo, os filtros recursivos implementados como interconexões dos sistemas de primeira e segunda ordens, descritos na Seção 6.6, oferecem uma classe de filtros flexível, que podem ser fácil e eficientemente implementados, e cujas características podem ser ajustadas variando-se o número de subsistemas e os parâmetros de cada um dos subsistemas componentes de primeira e segunda ordens. Por outro lado, como mostrado no Problema 6.64, não é possível projetar um filtro causal, recursivo, com fase exatamente linear, uma propriedade que vimos que usualmente é desejável, pois, nesse caso, o efeito da fase sobre o sinal de saída é um simples atraso de tempo. Em contrapartida, como mostramos nesta seção, os filtros não recursivos *podem* ter fase exatamente linear. Porém, é geralmente verdade que as mesmas especificações de filtro exigem uma equação de ordem mais alta e, daí, mais coeficientes e atrasos quando implementadas usando uma equação não recursiva em comparação com uma equação de diferenças recursiva. Consequentemente, para filtros FIR, um dos principais compromissos entre os domínios de tempo e frequência é que aumentar a flexibilidade na especificação das características de domínio de frequência do filtro, incluindo, por exemplo, alcançar maior grau de seletividade em frequência, exige um filtro FIR com uma resposta ao impulso de maior duração.

Um dos filtros não recursivos mais simples, introduzido na Seção 3.11.2, é o filtro de média móvel. Para essa classe de filtros, a saída é a média dos valores da entrada sobre uma janela finita:

$$y[n] = \frac{1}{N+M+1} \sum_{k=-N}^{M} x[n-k]. \qquad (6.78)$$

A resposta ao impulso correspondente é um pulso retangular, e a resposta em frequência é dada por

$$H(e^{j\omega}) = \frac{1}{N+M+1} e^{j\omega[(N-M)/2]} \frac{\text{sen}[\omega(M+N+1)/2]}{\text{sen}(\omega/2)}.$$

$$(6.79)$$

Na Figura 6.35, mostramos o logaritmo da magnitude para $M + N + 1 = 33$ e $M + N + 1 = 65$. O lóbulo central principal de cada uma dessas respostas em frequência corresponde à banda passante efetiva do correspondente filtro. Note que, quando a resposta ao impulso aumenta em comprimento, a largura do lóbulo principal da

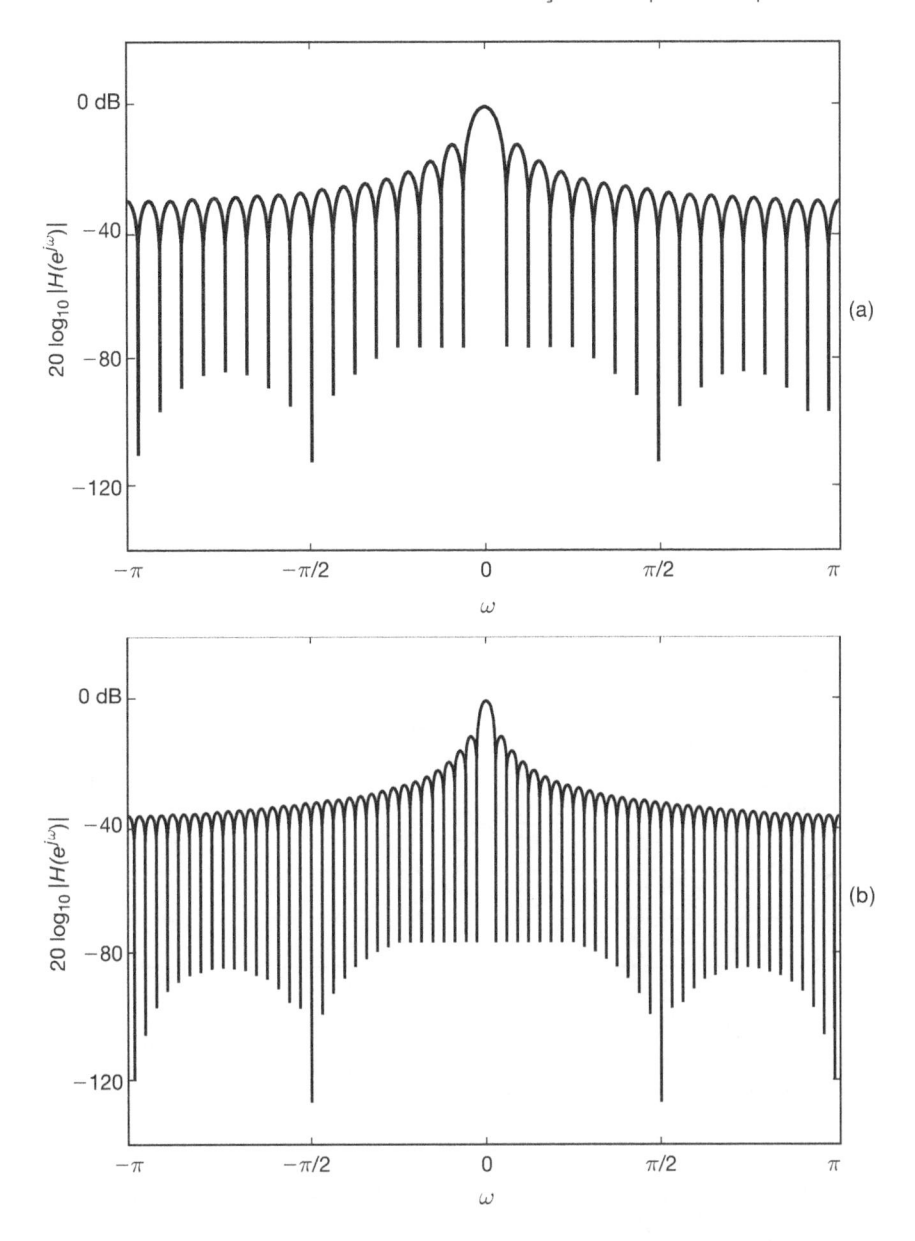

Figura 6.35 Gráficos do logaritmo da magnitude do filtro de média móvel das equações 6.78 e 6.79 para (a) $M + N + 1 = 33$ e (b) $M + N + 1 = 65$.

magnitude da resposta em frequência diminui. Temos, assim, outro exemplo do compromisso entre os domínios de tempo e frequência. Especificamente a fim de ter uma banda de passagem mais estreita, o filtro nas equações 6.78 e 6.79 precisa ter uma longa resposta ao impulso. Como o comprimento da resposta ao impulso de um filtro FIR tem um impacto direto sobre a complexidade de sua implementação, isso implica um compromisso entre seletividade em frequência e complexidade de filtro, um tópico de grande interesse no projeto de filtros.

Filtros de média móvel comumente são aplicados em análise econômica a fim de rejeitar as flutuações a curto prazo em diversos indicadores econômicos em relação às tendências de mais longo prazo. Na Figura 6.36, ilustramos o uso de um filtro de média móvel na forma da Equação 6.78, no índice semanal do mercado de ações Dow Jones por um período de dez anos. O índice semanal Dow Jones é mostrado na Figura 6.36(a). A Figura 6.36(b) é uma média móvel de 51 dias (ou seja, $N = M = 25$) aplicada a esse índice, e na Figura 6.36(c) é uma média móvel de 201 dias (ou seja, $N = M = 100$) aplicada ao índice. As duas médias móveis são consideradas úteis, com a média de 51 dias acompanhando tendências cíclicas (ou seja, periódicas) que ocorrem ao longo do ano e a média de 201 dias enfatizando principalmente as tendências por um espaço de tempo maior.

A forma de um filtro não recursivo de tempo discreto é

$$y[n] = \sum_{k=-N}^{M} b_k x[n-k], \quad (6.80)$$

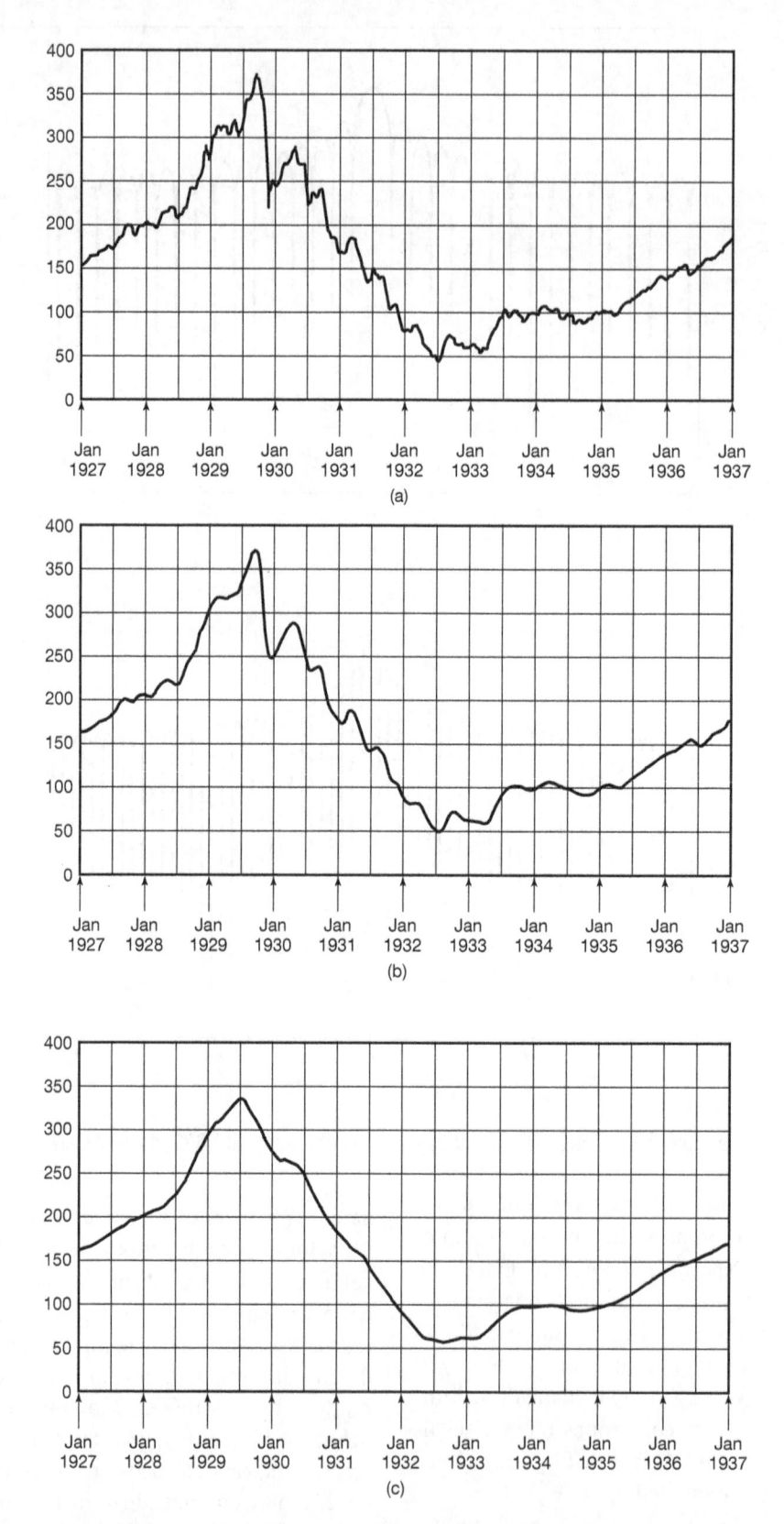

Figura 6.36 Efeito da filtragem passa-baixas sobre o índice semanal do mercado de ações Dow Jones por um período de dez anos usando filtro de média móvel: (a) índice semanal; (b) média móvel de 51 dias aplicada a (a); (c) média móvel de 201 dias aplicada a (a). O índice semanal do mercado de ações e as duas médias móveis são sequências de tempo discreto. Por clareza na exibição gráfica, as três sequências aparecem aqui com os valores de sequência individuais conectados por segmentos de reta para formar uma curva contínua.

de modo que a saída desse filtro pode ser considerada uma média ponderada de $(N + M + 1)$ pontos vizinhos. O filtro de média móvel simples da Equação 6.78, então, corresponde a atribuir o mesmo valor $1/(N + M + 1)$ a todos os coeficientes. Porém, escolhendo valores distintos para esses coeficientes, temos flexibilidade considerável ao ajustar a resposta em frequência do filtro.

Na verdade, existem diversas técnicas disponíveis para escolher os coeficientes na Equação 6.80 para atender a certas especificações do filtro, como obter a menor faixa de transição possível para um filtro de determinado comprimento (ou seja, para $N + M + 1$ fixo). Esses procedimentos são discutidos com detalhes em diversos textos,[3] e embora não discutamos esses procedimentos aqui, vale a pena enfatizar que eles são fortemente baseados nos conceitos e ferramentas básicas desenvolvidos neste livro. Para ilustrar como o ajuste desses coeficientes pode influenciar a resposta do filtro, vamos considerar um filtro na forma da Equação 6.80, com $N = M = 16$ e os coeficientes de filtro escolhidos para serem

$$b_k = \begin{cases} \frac{\text{sen}(2\pi k/33)}{\pi k}, & |k| \leq 32 \\ 0, & |k| > 32 \end{cases}. \quad (6.81)$$

A resposta ao impulso desse filtro é

$$h[n] = \begin{cases} \frac{\text{sen}(2\pi n/33)}{\pi n}, & |n| \leq 32 \\ 0, & |n| > 32 \end{cases}. \quad (6.82)$$

Comparando essa resposta ao impulso com a Equação 6.20, vemos que a Equação 6.82 corresponde a truncar para $|n| > 32$ a resposta ao impulso para o filtro passa-baixas ideal com frequência de corte $\omega_c = 2\pi/33$.

Em geral, os coeficientes b_k podem ser ajustados de modo que o corte esteja em uma frequência desejada. Para o exemplo mostrado na Figura 6.37, a frequência de

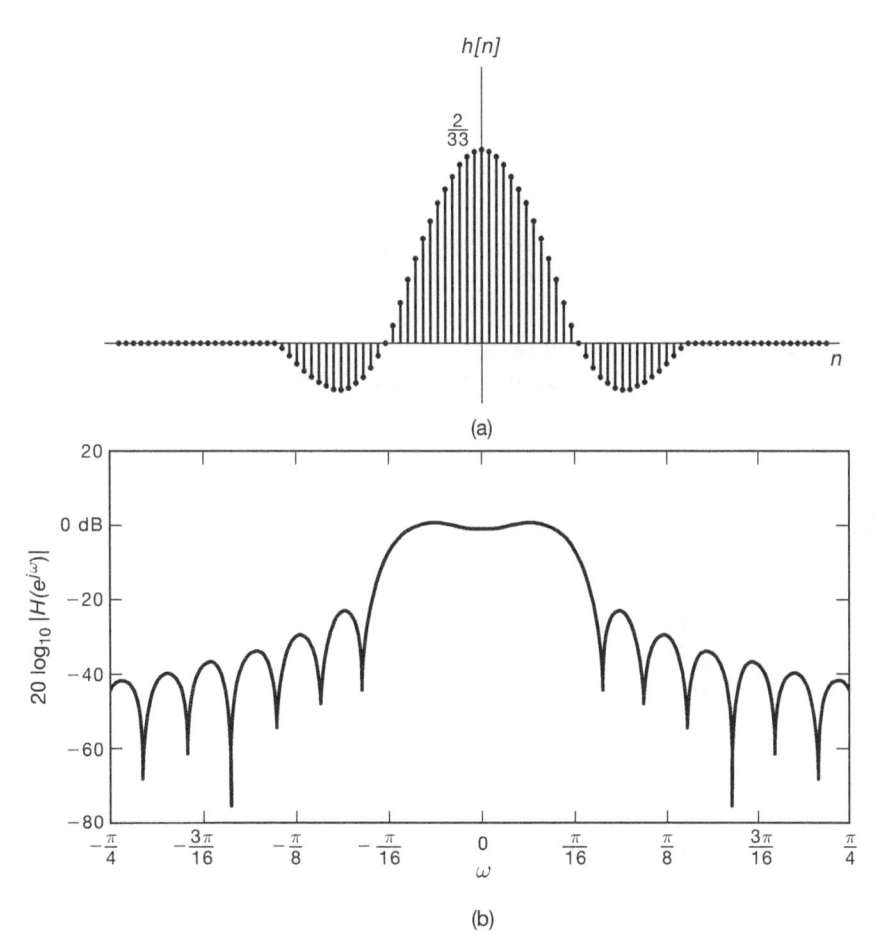

Figura 6.37 (a) Resposta ao impulso para o filtro não recursivo da Equação 6.82; (b) magnitude logarítmica de resposta em frequência do filtro.

---

[3] Ver, por exemplo, HAMMING, R. W., *Digital filters*. 3. ed. Englewood Cliffs, N.J.: Prentice Hall, 1989; OPPENHEIM, A. V.; SCHAFER, R. W., *Discrete-time signal processing*. Englewood Cliffs, N.J.: Prentice Hall, 1989; RABINER, L. R.; Gold, B., *Theory and application of digital signal processing*. Englewood Cliffs, N.J.: Prentice Hall, 1975.

corte foi escolhida para igualar-se aproximadamente com a frequência de corte da Figura 6.35 para $N = M = 16$. A Figura 6.37(a) mostra a resposta ao impulso do filtro, e a Figura 6.37(b) apresenta o logaritmo da magnitude da resposta em frequência em dB. Comparando essa resposta em frequência com a Figura 6.35, observamos que a banda de passagem do filtro tem aproximadamente a mesma largura, mas que a transição para a banda de rejeição é mais abrupta. Nas figuras 6.38(a) e (b), as magnitudes (em uma escala de amplitude linear) dos dois filtros são mostradas para comparação. Deve ficar claro, pela comparação dos dois exemplos, que pela escolha adequada dos coeficientes de peso, a faixa de transição pode ser diminuída. Um exemplo de um filtro passa-baixas de ordem elevada ($N = M = 125$), com os coeficientes determinados por um algoritmo numérico conhecido como algoritmo de Parks-McClellan,[4] é mostrado na Figura 6.39. Novamente vemos ilustrado o compromisso entre os domínios de tempo e frequência: se aumentarmos o comprimento $N + M + 1$ de um filtro, então, pela escolha criteriosa dos coeficientes de filtro na Equação 6.80, podemos obter uma forma mais abrupta para a faixa de transição e maior grau de seletividade em frequência.

Uma propriedade importante dos exemplos dados é que todos eles têm características de fase zero ou linear. Por exemplo, a fase do filtro de média móvel da Equação 6.79 é $\omega[(N - M)/2]$. Além disso, como a resposta ao impulso na Equação 6.82 é real e par, tem fase zero. Das, propriedades de simetria da transformada de Fourier de sinais reais, sabemos que *qualquer* filtro não recursivo com uma resposta ao impulso que seja real e par terá uma resposta em frequência $H(e^{j\omega})$ que é real e par e, consequentemente, tem fase zero. Esse filtro, naturalmente, é não causal, pois sua resposta ao impulso $h[n]$ tem valores não nulos para $n < 0$. Porém, se um filtro causal for necessário, então uma mudança simples na resposta ao impulso poderá levar a esse objetivo, resultando em

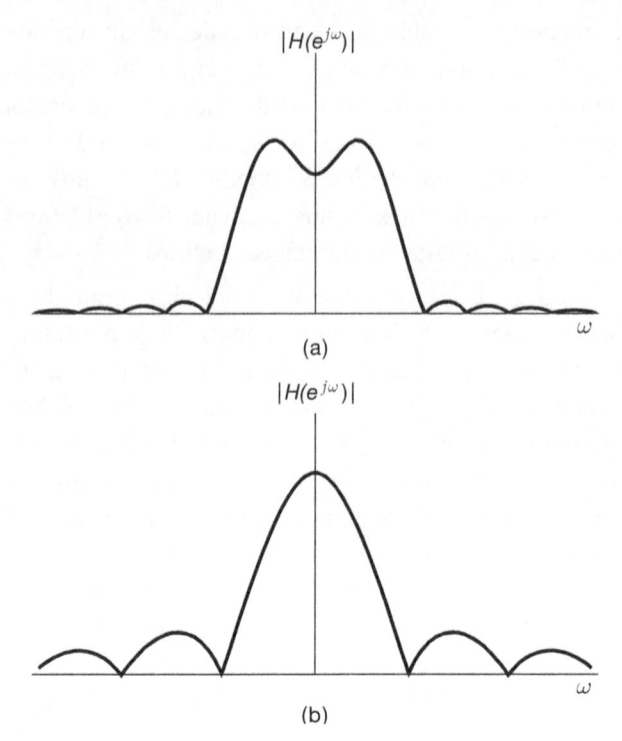

Figura 6.38 Comparação, em uma escala de amplitude linear, das respostas em frequência de (a) Figura 6.37 e (b) Figura 6.35.

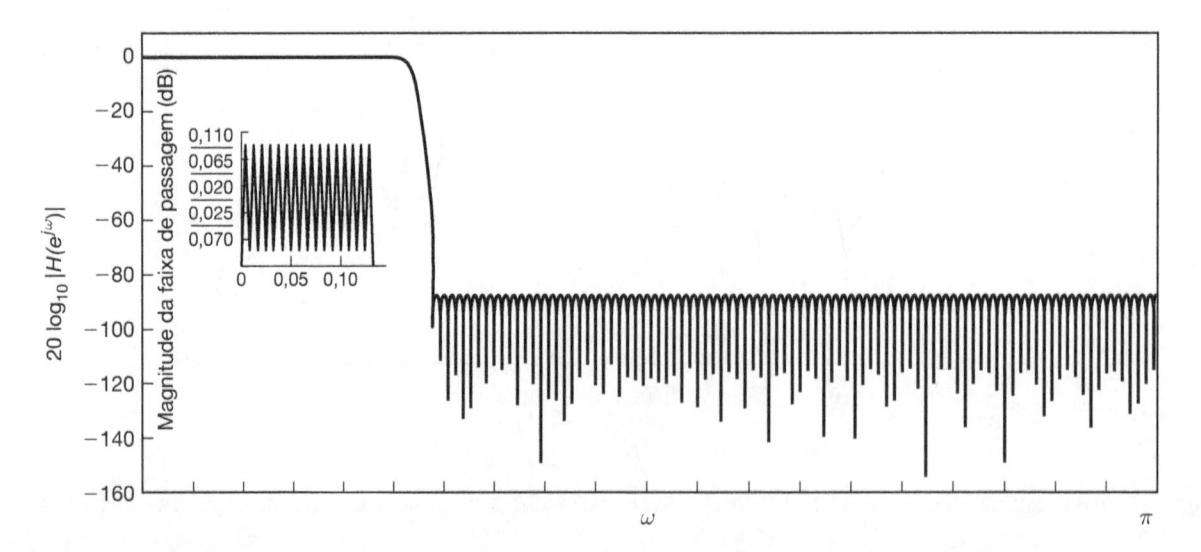

Figura 6.39 Filtro não recursivo passa-baixas com 251 coeficientes projetados para obter o corte mais abrupto possível.

---

[4] OPPENHEIM, A. V.; SCHAFER, R. W. *Discrete-time signal processing*. Englewood Cliffs, N.J.: Prentice Hall, 1989, cap. 7.

um sistema com fase *linear*. Especificamente, como $h[n]$ é a resposta ao impulso de um filtro FIR, ela é nula fora de um intervalo de valores centrado na origem, ou seja, $h[n] = 0$ para todo $|n| > N$. Se, então, definirmos o sistema LIT não recursivo resultante de um simples atraso de N amostras de $h[n]$, ou seja,

$$h_1[n] = h[n - N], \qquad (6.83)$$

então $h_1[n] = 0$ para todo $n < 0$, de modo que esse sistema LIT é causal. Além do mais, da propriedade de deslocamento no tempo para transformadas de Fourier de tempo discreto, vemos que a resposta em frequência desse sistema é

$$H_1(e^{j\omega}) = H(e^{j\omega})e^{-j\omega N}. \qquad (6.84)$$

Como $H(e^{j\omega})$ tem fase zero, $H_1(e^{j\omega})$ de fato tem fase linear.

6.8 Resumo

Neste capítulo, ampliamos os fundamentos da análise de Fourier dos sinais e sistemas, desenvolvidos nos capítulos 3 a 5, a fim de examinar com mais detalhes as características dos sistemas LIT e os efeitos que eles têm sobre os sinais. Particularmente, avaliamos cuidadosamente as características de magnitude e fase dos sinais e sistemas e introduzimos gráficos do logaritmo da magnitude e os diagramas de Bode para sistemas LIT. Também discutimos impacto da fase e distorção de fase sobre sinais e sistemas. Essa avaliação levou-nos a entender o papel especial desempenhado pelas características de fase linear, que conferem (atribuem) um atraso constante em todas as frequências e que, por sua vez, levam ao conceito de atraso de grupos e dispersão não constantes, associados aos sistemas que possuem características de fase não lineares. Usando essas ferramentas e conceitos, examinamos os filtros seletivos em frequência e os compromissos de tempo-frequência envolvidos. Examinamos as propriedades de filtros seletivos em frequência ideais e não ideais e vimos que as considerações de tempo-frequência, restrições de causalidade e questões de implementação frequentemente tornam os filtros não ideais, com as faixas de transição e os limites de tolerância nas bandas de passagem e bandas de rejeição, a escolha preferida.

Também examinamos com detalhes as características de tempo-frequência dos sistemas de primeira e segunda ordens em tempo contínuo e discreto. Observamos, em particular, o compromisso entre resposta temporal desses sistemas e largura de banda do domínio de frequência. Como os sistemas de primeira e segunda ordens são os blocos para implementar sistemas LIT de ordem mais alta mais complicados, os conceitos desenvolvidos para esses sistemas básicos têm uso considerável na prática.

Finalmente, apresentamos vários exemplos de sistemas LIT a fim de ilustrar muitos dos pontos desenvolvidos neste capítulo. Em particular, examinamos um modelo simples para um sistema de suspensão de automóvel, a fim de oferecer um exemplo concreto dos problemas de resposta no tempo/resposta em frequência que estão envolvidos em projetos de sistemas na prática. Também consideramos vários exemplos de filtros não recursivos de tempo discreto, variando desde filtros de média móvel simples até filtros FIR de ordem mais alta, projetados para terem seletividade de frequência melhorada. Além disso, vimos que os filtros FIR podem ser projetados de modo a terem fase exatamente linear. Esses exemplos, o desenvolvimento das ferramentas de análise de Fourier que os precederam e os conceitos que essas ferramentas oferecem ilustram o considerável valor dos métodos de análise de Fourier na análise e no projeto de sistemas LIT.

Capítulo 6 – Problemas

A primeira seção de problemas pertence à categoria básica, e as respostas são fornecidas no final do livro. As duas seções posteriores contêm problemas que pertencem, respectivamente, às categorias básica e avançada.

Problemas básicos com respostas

6.1 Considere um sistema LIT de tempo contínuo com resposta em frequência $H(j\omega) = |H(j\omega)| e^{j\sphericalangle H(j\omega)}$ e resposta ao impulso real $h(t)$. Suponha que apliquemos uma entrada $x(t) = \cos(\omega_0 t + \phi_0)$ a esse sistema. Pode-se mostrar que a saída resultante tem a forma

$$y(t) = A\, x(t - t_0),$$

em que A é um número real não negativo representando um fator de *escala de amplitude* e t_0 é um atraso de tempo.

(a) Expresse A em termos de $|H(j\omega_0)|$.
(b) Expresse t_0 em termos de $\sphericalangle H(j\omega_0)$.

6.2 Considere um sistema LIT de tempo discreto com resposta em frequência $H(e^{j\omega}) = \left|H(e^{j\omega})\right| e^{j\sphericalangle H(e^{j\omega})}$ e resposta ao impulso real $h[n]$. Suponha que apliquemos uma entrada $x[n] = \text{sen}(\omega_0 n + \phi_0)$ a esse sistema. Pode-se mostrar que a saída resultante tem a forma

$$y[n] = \left|H(e^{j\omega_0})\right| x[n - n_0],$$

desde que $\sphericalangle H(e^{j\omega_0})$ e ω_0 estejam relacionados de uma maneira particular. Determine essa relação.

6.3 Considere a seguinte resposta em frequência para um sistema LIT causal e estável:

$$H(j\omega) = \frac{1-j\omega}{1+j\omega}.$$

(a) Mostre que $|H(j\omega)| = A$ e determine o valor de A.

(b) Determine qual das seguintes afirmações é verdadeira sobre $\tau(\omega)$, o atraso de grupo do sistema. (Nota: $\tau(\omega) = -d(\sphericalangle H(j\omega))/d\omega$, sendo $\sphericalangle H(j\omega)$ expresso em uma forma que não contém quaisquer descontinuidades.)

1. $\tau(\omega) = 0$ para $\omega > 0$
2. $\tau(\omega) > 0$ para $\omega > 0$
3. $\tau(\omega) < 0$ para $\omega > 0$

6.4 Considere um sistema LIT de tempo discreto de fase linear com resposta em frequência $H(e^{j\omega})$ e resposta ao impulso real $h[n]$. A função de atraso de grupo para tal sistema é definida como

$$\tau(\omega) = -\frac{d}{d\omega}\sphericalangle H(e^{j\omega}),$$

em que $\sphericalangle H(e^{j\omega})$ não possui descontinuidades. Suponha que, para esse sistema,

$$|H(e^{j\pi/2})| = 2, \quad \sphericalangle H(e^{j0}) = 0, \quad \text{e} \quad \tau\left(\frac{\pi}{2}\right) = 2.$$

Determine a saída do sistema para cada uma das seguintes entradas:

(a) $\cos\left(\frac{\pi}{2}n\right)$

(b) $\text{sen}\left(\frac{7\pi}{2}n + \frac{\pi}{4}\right)$

6.5 Considere um filtro passa-faixa ideal de tempo contínuo cuja resposta em frequência é

$$H(j\omega) = \begin{cases} 1, & \omega_c \leq |\omega| \leq 3\omega_c \\ 0, & \text{caso contrário} \end{cases}.$$

(a) Se $h(t)$ é a resposta ao impulso desse filtro, determine uma função $g(t)$ tal que

$$h(t) = \left(\frac{\text{sen}\,\omega_c t}{\pi t}\right) g(t).$$

(b) À medida que ω_c aumenta, a resposta ao impulso do filtro se torna mais concentrada ou menos concentrada em relação à origem?

6.6 Considere um filtro passa-altas ideal de tempo discreto, cuja resposta em frequência é especificada como

$$H(e^{j\omega}) = \begin{cases} 1, & \pi - \omega_c \leq |\omega| \leq \pi \\ 0, & |\omega| < \pi - \omega_c \end{cases}.$$

(a) Se $h[n]$ é a resposta ao impulso desse filtro, determine uma função $g[n]$ tal que

$$h[n] = \left(\frac{\text{sen}\,\omega_c n}{\pi n}\right) g[n].$$

(b) À medida que ω_c aumenta, a resposta ao impulso do filtro se torna mais concentrada ou menos concentrada em relação à origem?

6.7 Um filtro passa-baixas de tempo contínuo foi projetado com uma frequência de banda de passagem de 1.000 Hz, uma frequência na banda de rejeição de 1.200 Hz, ondulação na banda de passagem de 0,1 e ondulação na banda de rejeição de 0,05. Considere que a resposta ao impulso desse filtro passa-baixas seja indicada por $h(t)$. Queremos converter esse filtro em um filtro passa-faixa com resposta ao impulso

$$g(t) = 2h(t)\cos(4.000\pi t).$$

Supondo que $|H(j\omega)|$ seja desprezível para $|\omega| > 4.000\pi$, responda às seguintes perguntas:

(a) Se a ondulação na banda de passagem para o filtro passa-faixa estiver restrita a 0,1, quais são as duas frequências de banda de passagem associadas ao filtro passa-faixa?

(b) Se a ondulação na banda de rejeição para o filtro passa-faixa estiver restrita a 0,05, quais são as duas frequências de banda de rejeição associadas ao filtro passa-faixa?

6.8 Um filtro causal, não ideal, é projetado com resposta em frequência $H(e^{j\omega})$. A equação de diferenças relacionando a entrada $x[n]$ e a saída $y[n]$ para esse filtro é especificada como

$$y[n] = \sum_{k=1}^{N} a_k y[n-k] + \sum_{k=0}^{M} b_k x[n-k].$$

O filtro também satisfaz as seguintes especificações para a magnitude de sua resposta em frequência:

frequência da banda de passagem = ω_p,
tolerância da banda de passagem = δ_p,
frequência da banda de rejeição = ω_s,
tolerância da banda de rejeição = δ_s.

Agora, considere um sistema LIT causal cuja entrada e saída são relacionadas pela equação de diferenças

$$y[n] = \sum_{k=1}^{N}(-1)^k a_k y[n-k] + \sum_{k=0}^{M}(-1)^k b_k x[n-k].$$

Mostre que esse filtro tem a banda de passagem com uma tolerância de δ_p e especifique a localização correspondente da banda de passagem.

6.9 Considere um sistema LIT causal e estável de tempo contínuo cuja entrada $x(t)$ e saída $y(t)$ são relacionadas pela equação diferencial

$$\frac{dy(t)}{dt} + 5y(t) = 2x(t).$$

Qual é o valor final $s(\infty)$ da resposta ao degrau $s(t)$ desse filtro? Determine também o valor de t_0 para o qual

$$s(t_0) = s(\infty)\left[1 - \frac{1}{e^2}\right].$$

6.10 Para cada sistema de primeira ordem cuja resposta em frequência é a seguinte, especifique a aproximação por segmentos de reta do gráfico de Bode de magnitude:

(a) $40\left(\frac{j\omega + 0{,}1}{j\omega + 40}\right)$

(b) $0{,}04\left(\frac{j\omega + 50}{j\omega + 0{,}2}\right)$

6.11 Para cada sistema de segunda ordem cuja resposta em frequência é a seguinte, especifique a aproximação por segmentos de reta do diagrama de Bode de magnitude:

(a) $\frac{250}{(j\omega)^2 + 50{,}5 j\omega + 25}$

(b) $0{,}02 \frac{j\omega + 50}{(j\omega)^2 + 0{,}2 j\omega + 1}$

6.12 Um sistema LIT de tempo contínuo S com resposta em frequência $H(j\omega)$ é construído pela cascata de dois sistemas LIT de tempo contínuo com respostas em frequência $H_1(j\omega)$ e $H_2(j\omega)$, respectivamente. As figuras P6.12(a) e (b) mostram as aproximações por segmentos de reta dos diagramas de Bode de magnitude de $H_1(j\omega)$ e $H(j\omega)$, respectivamente. Especifique $H_2(j\omega)$.

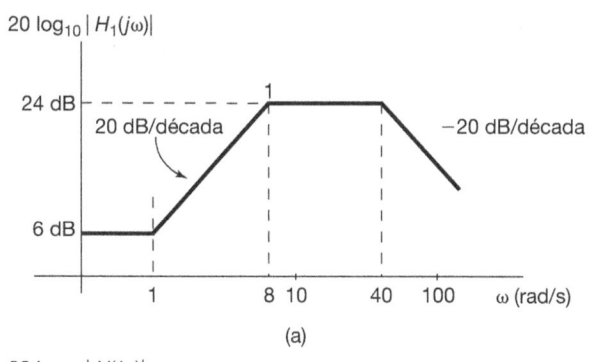

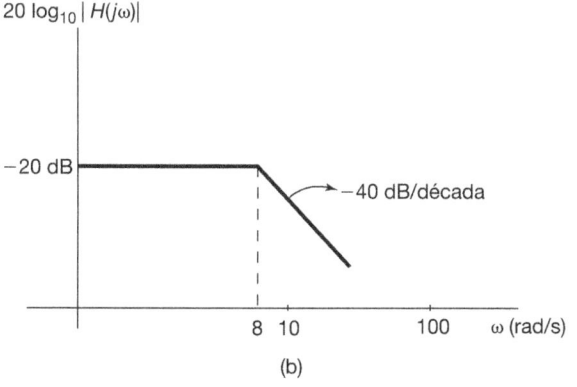

Figura P6.12

6.13 A aproximação por segmentos de reta do diagrama de Bode de magnitude de um sistema LIT de tempo contínuo S é mostrado na Figura P6.13. S pode ser construído conectando-se dois sistemas de primeira ordem S_1 e S_2 em cascata ou dois sistemas de primeira ordem S_3 e S_4 em paralelo. Determine se cada uma das afirmações a seguir é verdadeira ou falsa. Justifique suas respostas.

(a) As respostas em frequência de S_1 e S_2 podem ser unicamente determinadas.

(b) As respostas em frequência de S_3 e S_4 podem ser unicamente determinadas.

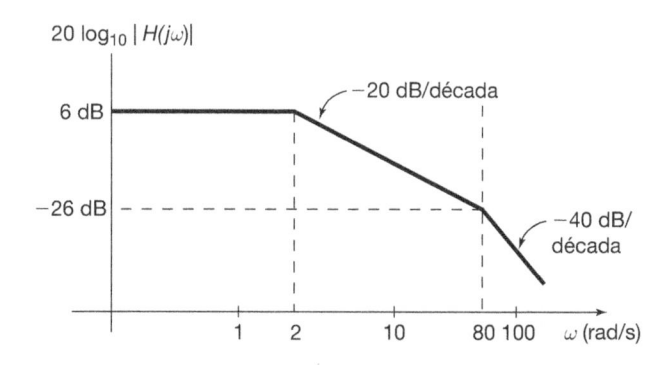

Figura P6.13

6.14 A aproximação por segmentos de reta do diagrama de Bode de magnitude de um sistema LIT de tempo contínuo causal e estável S é mostrada na Figura P6.14. Especifique a resposta em frequência de um sistema que é o inverso de S.

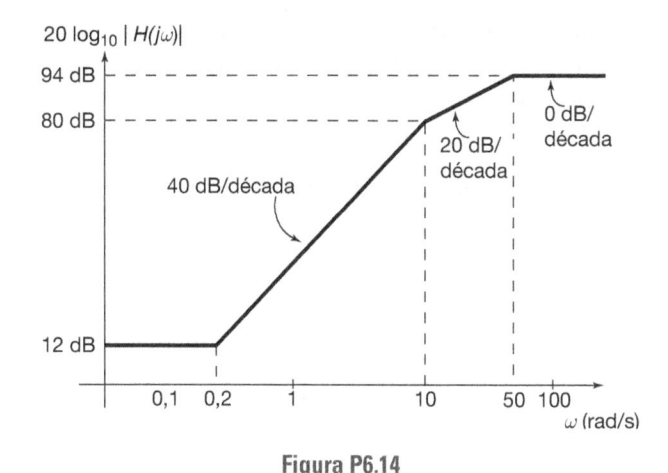

Figura P6.14

6.15 Para cada uma das seguintes equações diferenciais de segunda ordem para sistemas LIT causais e estáveis, determine se a resposta ao impulso correspondente é subamortecida, superamortecida ou criticamente amortecida:

(a) $\frac{d^2y(t)}{dt^2} + 4\frac{dy(t)}{dt} + 4y(t) = x(t)$

(b) $5\frac{d^2y(t)}{dt^2} + 4\frac{dy(t)}{dt} + 5y(t) = 7x(t)$

(c) $\frac{d^2y(t)}{dt^2} + 20\frac{dy(t)}{dt} + y(t) = x(t)$

(d) $5\frac{d^2y(t)}{dt^2} + 4\frac{dy(t)}{dt} + 5y(t) = 7x(t) + \frac{1}{3}\frac{dx(t)}{dt}$

6.16 Determinado sistema LIT de tempo discreto causal e estável de primeira ordem tem uma resposta ao degrau cujo sobressinal é 50% do seu valor final. Se o valor final é 1, determine uma equação de diferenças relacionando a entrada $x[n]$ e a saída $y[n]$ desse filtro.

6.17 Para cada uma das seguintes equações de diferenças de segunda ordem para sistemas LIT causais e estáveis, determine se a resposta ao degrau do sistema é oscilatória:

(a) $y[n] + y[n-1] + \frac{1}{4}y[n-2] = x[n]$

(b) $y[n] - y[n-1] + \frac{1}{4}y[n-2] = x[n]$

6.18 Considere o sistema LIT de tempo contínuo implementado como o circuito RC mostrado na Figura P6.18. A fonte de tensão $x(t)$ é considerada a entrada desse sistema. A tensão $y(t)$ no capacitor é considerada a saída do sistema. É possível que a resposta ao degrau do sistema tenha um comportamento oscilatório?

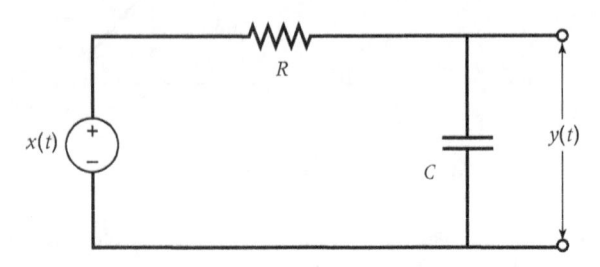

Figura P6.18

6.19 Considere o sistema LIT de tempo contínuo implementado como o circuito RLC mostrado na Figura P6.19. A fonte de tensão $x(t)$ é considerada a entrada desse sistema. A tensão $y(t)$ no capacitor é considerada a saída do sistema. Como R, L e C devem estar relacionados de modo que não haja oscilação na resposta ao degrau?

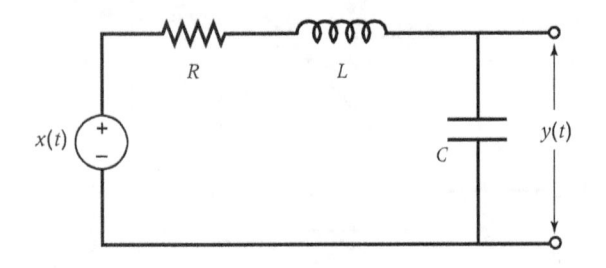

Figura P6.19

6.20 Considere um filtro não recursivo com a resposta ao impulso mostrada na Figura P6.20. Qual é o atraso de grupo em função da frequência para esse filtro?

Problemas básicos

6.21 Um filtro LIT causal tem a resposta em frequência $H(j\omega)$ mostrada na Figura P6.21. Para cada um dos sinais de entrada a seguir, determine o sinal de saída filtrado $y(t)$.

(a) $x(t) = e^{jt}$

(b) $x(t) = (\text{sen } \omega_0 t)u(t)$

(c) $X(j\omega) = \frac{1}{(j\omega)(6+j\omega)}$

(d) $X(j\omega) = \frac{1}{2+j\omega}$

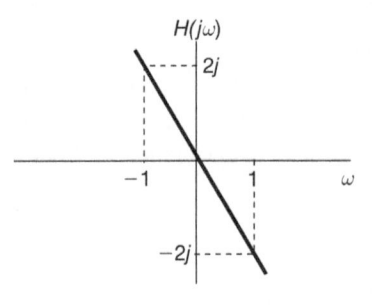

Figura P6.21

6.22 Na Figura P6.22(a) é mostrada a resposta em frequência $H(j\omega)$ de um filtro de tempo contínuo chamado de diferenciador passa-baixas. Para cada um dos sinais de entrada $x(t)$ a seguir, determine o sinal da saída filtrado $y(t)$.

(a) $x(t) = \cos(2\pi t + \theta)$

(b) $x(t) = \cos(4\pi t + \theta)$

(c) $x(t)$ é uma onda senoidal retificada em meia-onda, conforme esboçado na Figura P6.22(b).

$x(t) = \begin{cases} \text{sen } 2\pi t, & m \leq t \leq (m+\frac{1}{2}) \\ 0, & (m+\frac{1}{2}) \leq t \leq m \text{ para qualquer inteiro } m \end{cases}$

6.23 A Figura P6.23 mostra $|H(j\omega)|$ para um filtro passa-baixas. Determine e esboce a resposta ao impulso do filtro para cada uma das seguintes características de fase:

(a) $\sphericalangle H(j\omega) = 0$

(b) $\sphericalangle H(j\omega) = \omega T$, sendo T uma constante

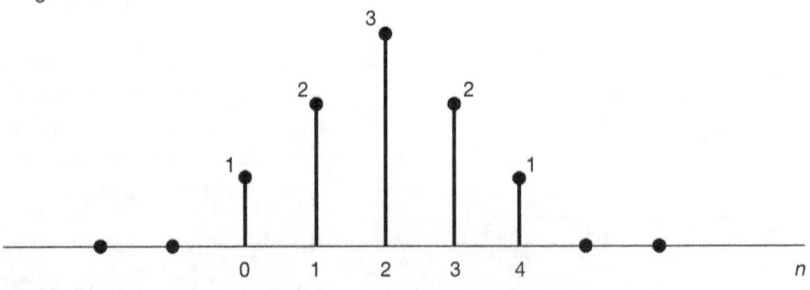

Figura P6.20

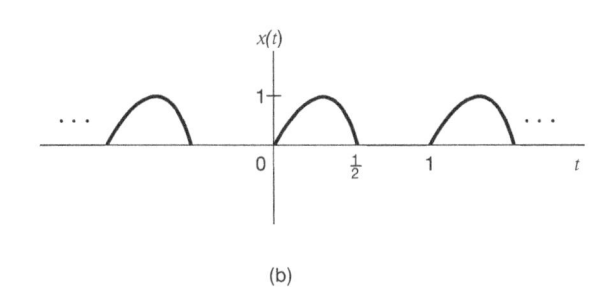

Figura P6.22

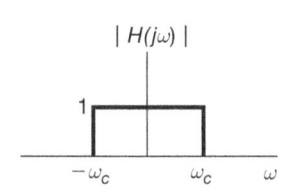

Figura P6.23

(c) $\sphericalangle H(j\omega) = \begin{cases} \frac{\pi}{2}, & \omega > 0 \\ \frac{-\pi}{2}, & \omega < 0 \end{cases}$

6.24 Considere um filtro passa-baixas de tempo contínuo cuja resposta ao impulso $h(t)$ é real e cuja magnitude da resposta em frequência é dada por:

$$|H(j\omega)| = \begin{cases} 1, & |\omega| \leq 200\pi \\ 0, & \text{caso contrário} \end{cases}.$$

(a) Determine e esboce a resposta ao impulso $h(t)$ real para esse filtro quando a função de atraso de grupo correspondente é especificada como:

  (i) $\tau(\omega) = 5$
  (ii) $\tau(\omega) = \frac{5}{2}$
  (iii) $\tau(\omega) = -\frac{5}{2}$

(b) Se a resposta ao impulso $h(t)$ não tivesse sido especificada como real, o conhecimento de $|H(j\omega)|$ e $\tau(\omega)$ seria suficiente para determinar $h(t)$ de forma única? Justifique sua resposta.

6.25 Verifique se cada uma das seguintes respostas em frequência possui fase não linear, calculando o atraso de grupo em duas frequências selecionadas.

(a) $H(j\omega) = \frac{1}{j\omega+1}$
(b) $H(j\omega) = \frac{1}{(j\omega+1)^2}$
(c) $H(j\omega) = \frac{1}{(j\omega+1)(j\omega+2)}$

6.26 Considere um filtro passa-altas ideal cuja resposta em frequência é especificada como

$$H(j\omega) = \begin{cases} 1, & |\omega| > \omega_c \\ 0, & \text{caso contrário} \end{cases}.$$

(a) Determine a resposta ao impulso $h(t)$ para esse filtro.
(b) À medida que ω_c aumenta, $h(t)$ fica mais ou menos concentrado em relação à origem?
(c) Determine $s(0)$ e $s(\infty)$, sendo $s(t)$ a resposta ao degrau do filtro.

6.27 A saída $y(t)$ de um sistema LIT causal está relacionada à entrada $x(t)$ pela equação diferencial

$$\frac{dy(t)}{dt} + 2y(t) = x(t).$$

(a) Determine a resposta em frequência

$$H(j\omega) = \frac{Y(j\omega)}{X(j\omega)}$$

do sistema e esboce seu diagrama de Bode.

(b) Especifique, como uma função da frequência, o atraso de grupo associado a esse sistema.
(c) Se $x(t) = e^{-t}u(t)$, determine $Y(j\omega)$, a transformada de Fourier da saída.
(d) Usando a técnica de expansão em frações parciais, determine a saída $y(t)$ para a entrada $x(t)$ no item (c).
(e) Repita os itens (c) e (d), primeiro se a entrada tiver como transformada de Fourier

  (i) $X(j\omega) = \frac{1+j\omega}{2+j\omega}$,
  depois, se
  (ii) $X(j\omega) = \frac{2+j\omega}{1+j\omega}$,
  e, por fim, se
  (iii) $X(j\omega) = \frac{1}{(2+j\omega)(1+j\omega)}$

6.28 (a) Esboce os diagramas de Bode para as seguintes respostas em frequência:

  (i) $1 + (j\omega/10)$
  (ii) $1 - (j\omega/10)$
  (iii) $\frac{16}{(j\omega+2)^4}$
  (iv) $\frac{1-(j\omega/10)}{1+j\omega}$
  (v) $\frac{(j\omega/10)-1}{1+j\omega}$
  (vi) $\frac{1+(j\omega/10)}{1+j\omega}$
  (vii) $\frac{1-(j\omega/10)}{(j\omega)^2+(j\omega)+1}$
  (viii) $\frac{10+5j\omega+10(j\omega)^2}{1+(j\omega/10)}$

(ix) $1 + j\omega + (j\omega)^2$

(x) $1 - j\omega + (j\omega)^2$

(xi) $\dfrac{(j\omega+10)(10j\omega+1)}{[(j\omega/100+1)][((j\omega)^2+j\omega+1)]}$

(b) Determine e esboce a resposta ao impulso e a resposta ao degrau para o sistema com resposta em frequência (iv). Faça o mesmo para o sistema com resposta em frequência (vi).

O sistema dado em (iv) é muitas vezes chamado de sistema de fase não mínima, enquanto o sistema especificado em (vi) é chamado de sistema de fase mínima. As respostas ao impulso correspondentes de (iv) e (vi) são chamadas de sinal de fase não mínima e sinal de fase mínima, respectivamente. Comparando os diagramas de Bode dessas duas respostas em frequência, podemos ver que eles possuem magnitudes idênticas; porém, a magnitude da *fase* do sistema de (iv) é maior que a do sistema de (vi).

Também podemos observar diferenças no comportamento no domínio de tempo dos dois sistemas. Por exemplo, a resposta ao impulso do sistema de fase mínima tem mais de sua energia concentrada próxima de $t = 0$ do que a resposta ao impulso do sistema de fase não mínima. Além disso, a resposta ao degrau de (iv) inicialmente tem o sinal oposto do seu valor assintótico em $t \to \infty$, enquanto isso não acontece para o sistema de (vi).

O importante conceito de sistemas de fase mínima e não mínima pode ser estendido para sistemas LIT mais gerais do que os sistemas de primeira ordem que tratamos aqui, e as características que as distinguem podem ser descritas de forma muito mais aprofundada do que fizemos.

6.29 Um sistema LIT é considerado como tendo *adiantamento de fase* em determinada frequência $\omega = \omega_0$ se $\sphericalangle H(j\omega_0) > 0$. A terminologia vem do fato de que, se $e^{j\omega_0 t}$ é a entrada desse sistema, então a fase da saída excederá, ou adiantará, a fase da entrada. De modo semelhante, se $\sphericalangle H(j\omega_0) < 0$, o sistema é considerado como tendo *atraso de fase* nessa frequência. Note que o sistema com resposta em frequência

$$\frac{1}{1+j\omega\tau}$$

tem atraso de fase para todo $\omega > 0$, enquanto o sistema com resposta em frequência

$$1 + j\omega\tau$$

tem adiantamento de fase para todo $\omega > 0$.

(a) Construa os diagramas de Bode para os dois sistemas a seguir. Qual deles tem adiantamento de fase e qual tem atraso de fase? Além disso, qual amplifica sinais em certas frequências?

(i) $\dfrac{1+(j\omega/10)}{1+10j\omega}$

(ii) $\dfrac{1+10j\omega}{1+(j\omega/10)}$

(b) Repita o item (a) para as três respostas em frequência a seguir:

(i) $\dfrac{(1+(j\omega/10))^2}{(1+10j\omega)^3}$

(ii) $\dfrac{1+j\omega/10}{100(j\omega)^2+10j\omega+1}$

(iii) $\dfrac{1+10j\omega}{0,01(j\omega)^2+0,2j\omega+1}$

6.30 Seja $h(t)$ com o diagrama de Bode representado na Figura P6.30. As linhas tracejadas na figura representam as aproximações por segmentos de reta. Esboce os diagramas de Bode para $10h(10t)$.

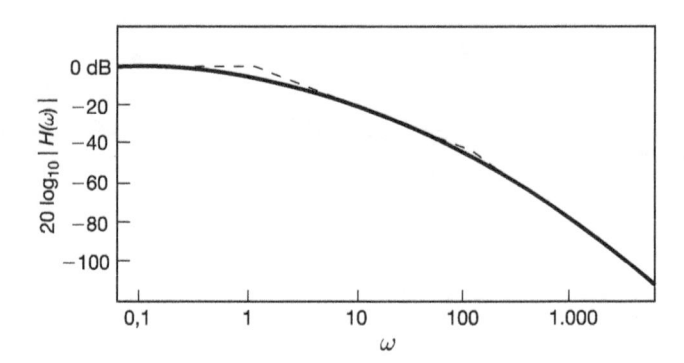

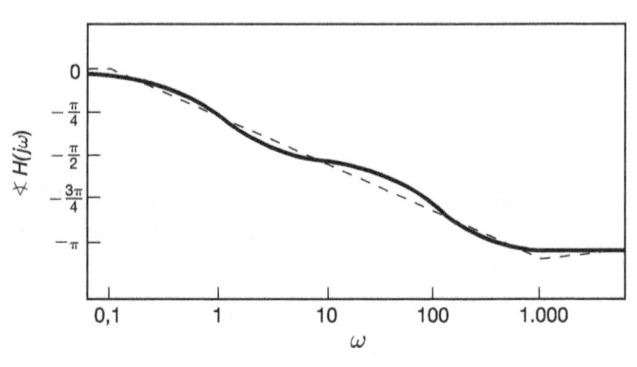

Figura P6.30

6.31 Um integrador tem resposta em frequência

$$H(j\omega) = \frac{1}{j\omega} + \pi\delta(\omega),$$

em que o impulso em $\omega = 0$ é um resultado do fato de que a integração de uma entrada constante desde $t = -\infty$ resulta em uma saída infinita. Assim, se evitamos entradas que são constantes ou, de modo equivalente, apenas examinarmos $H(j\omega)$ para $\omega > 0$, vemos que

$$20\log|H(j\omega)| = -20\log(\omega),$$

$$\sphericalangle H(j\omega) = \frac{-\pi}{2}.$$

Em outras palavras, o diagrama de Bode para um integrador, como ilustrado na Figura P6.31, consiste em dois segmentos de reta. Esses diagramas refletem as principais características de um integrador: um deslocamento de fase de −90° em todos os valores positivos de frequência e a amplificação de frequências baixas.

(a) Um modelo útil e simples de um motor elétrico é um sistema LIT com entrada igual à tensão aplicada e saída dada pelo ângulo do eixo do motor. Esse sistema pode ser visualizado como a cascata de um sistema LIT estável (com a tensão como entrada e a velocidade angular como saída) e um integrador (representando a integração da velocidade angular). Frequentemente, um modelo do sistema de primeira ordem é usado para a primeira parte da cascata. Assumindo, por exemplo, que esse sistema de primeira ordem tenha uma constante de tempo de 0,1 segundo, obtemos uma resposta em frequência total do motor na forma

$$H(j\omega) = \frac{1}{j\omega(1+j\omega/10)} + \pi\delta(\omega).$$

Esboce o diagrama de Bode do sistema para $\omega > 0,001$.

(b) Esboce o diagrama de Bode para um diferenciador.

(c) Faça o mesmo para sistemas com as seguintes respostas em frequência:

(i) $H(j\omega) = \frac{j\omega}{1+j\omega/100}$

(ii) $H(j\omega) = \frac{j\omega}{(1+(j\omega)/10+(j\omega)^2/100)}$

6.32 Considere o sistema representado na Figura P6.32. O 'compensador' é um sistema LIT de tempo contínuo.

(a) Suponha que se deseje escolher a resposta em frequência do compensador de modo que a resposta em frequência total $H(j\omega)$ da cascata satisfaça as duas condições a seguir:

1. A magnitude logarítmica de $H(j\omega)$ tem uma inclinação de −40 dB/década acima de $\omega = 1.000$.
2. Para $0 < \omega < 1.000$, a magnitude logarítmica de $H(j\omega)$ deve estar entre −10 dB e 10 dB.

Projete um compensador adequado (ou seja, determine uma resposta em frequência para um compensador que atenda os requisitos anteriores) e esboce o diagrama de Bode para o $H(j\omega)$ resultante.

(b) Repita (a) se as especificações sobre a magnitude logarítmica de $H(j\omega)$ forem as seguintes:

1. Ela deverá ter uma inclinação de +20 dB/década para $0 < \omega < 10$.
2. Ela deverá estar entre +10 e +30 dB para $10 < \omega < 100$.
3. Ela deverá ter uma inclinação de −20 dB/década para $100 < \omega < 1.000$.
4. Ela deverá ter uma inclinação de −40 dB/década para $\omega > 1.000$.

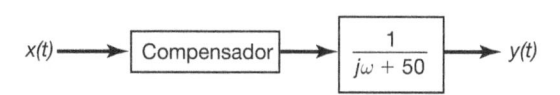

Figura P6.32

6.33 A Figura P6.33 mostra um sistema comumente utilizado para se obter um filtro passa-altas a partir de um filtro passa-baixas e vice-versa.

(a) Mostre que, se $H(j\omega)$ é um filtro passa-baixas com frequência de corte ω_{lp}, o sistema total corresponde a um filtro passa-altas ideal. Determine a frequência de corte e esboce sua resposta ao impulso.

(b) Mostre que, se $H(j\omega)$ é um filtro passa-altas ideal com frequência de corte ω_{hp}, o sistema total corresponde a um filtro passa-baixas ideal, e determine a frequência de corte do sistema.

(c) Se a interconexão da Figura P6.33 for aplicada a um filtro passa-baixas de tempo discreto ideal, o sistema resultante será um filtro passa-altas de tempo discreto ideal?

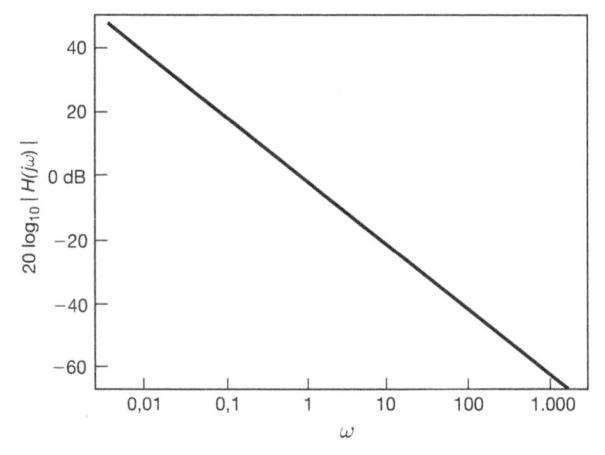

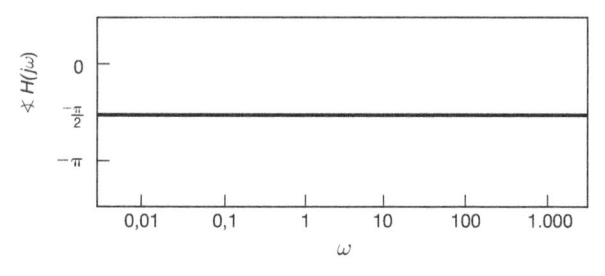

Figura P6.31

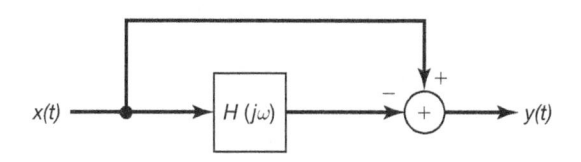

Figura P6.33

6.34 No Problema 6.33, consideramos um sistema comumente utilizado para se obter um filtro passa-altas a partir de um filtro passa-baixas e vice-versa. Neste problema, exploramos um pouco mais o sistema e, em particular, consideramos uma dificuldade em potencial se a fase de $H(j\omega)$ não for escolhida apropriadamente.

(a) Referindo-se à Figura P6.33, vamos supor que $H(j\omega)$ seja real e como mostrado na Figura P6.34. Então,
$$1 - \delta_1 < H(j\omega) < 1 + \delta_1, \quad 0 \leq \omega \leq \omega_1,$$
$$-\delta_2 < H(j\omega) < +\delta_2, \quad \omega_2 < \omega.$$

Determine e esboce a resposta em frequência resultante do sistema total da Figura P6.33. O sistema resultante corresponde a uma aproximação de um filtro passa-altas?

(b) Agora, considere que $H(j\omega)$ na Figura P6.33 tenha a forma
$$H(j\omega) = H_1(j\omega)e^{j\theta(\omega)}, \quad \textbf{(P6.34–1)}$$
em que $H_1(j\omega)$ é idêntico à Figura P6.34 e $\theta(\omega)$ é uma característica de fase não especificada. Com $H(j\omega)$ nessa forma mais geral, ele ainda corresponde a uma aproximação de um filtro passa-baixas?

(c) Sem fazer quaisquer suposições sobre $\theta(\omega)$, determine e esboce os limites de tolerância sobre a magnitude da resposta em frequência do sistema total da Figura P6.33.

(d) Se $H(j\omega)$ na Figura P6.33 for uma aproximação de um filtro passa-baixas com características de fase não especificadas, o sistema total nessa figura necessariamente corresponderá a uma aproximação de um filtro passa-altas?

6.35 A Figura P6.35 mostra a resposta em frequência $H(e^{j\omega})$ de um diferenciador de tempo discreto. Determine o sinal de saída $y[n]$ como uma função de ω_0 se a entrada $x[n]$ for
$$x[n] = \cos[\omega_0 n + \theta].$$

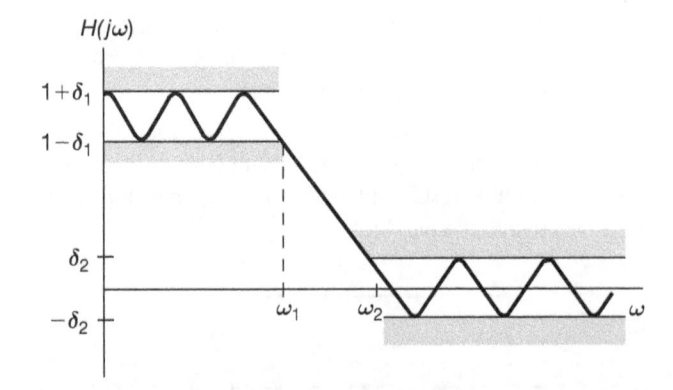

Figura P6.34

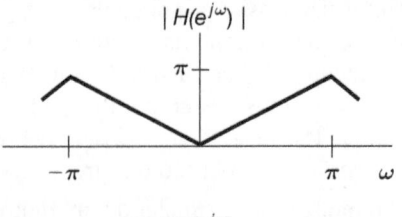

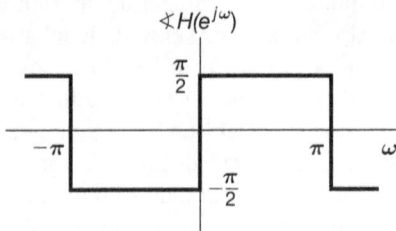

Figura P6.35

6.36 Considere um filtro passa-baixas de tempo discreto cuja resposta ao impulso $h[n]$ é sabida real e cuja magnitude da resposta em frequência na região $-\pi \leq \omega \leq \pi$ é dada por:
$$|H(e^{j\omega})| = \begin{cases} 1, & |\omega| \leq \frac{\pi}{4} \\ 0, & \text{caso contrário} \end{cases}.$$

Determine e esboce uma resposta ao impulso $h[n]$ real para esse filtro quando a função de atraso de grupo correspondente for especificada como:

(a) $\tau(\omega) = 5$
(b) $\tau(\omega) = \frac{5}{2}$
(c) $\tau(\omega) = -\frac{5}{2}$

6.37 Considere um sistema LIT causal cuja resposta em frequência seja dada por:
$$H(e^{j\omega}) = e^{-j\omega} \frac{1 - \frac{1}{2}e^{j\omega}}{1 - \frac{1}{2}e^{-j\omega}}.$$

(a) Mostre que $|H(e^{j\omega})|$ é a unidade em todas as frequências.

(b) Mostre que
$$\sphericalangle H(e^{j\omega}) = -\omega - 2\,\text{tg}^{-1}\left(\frac{\frac{1}{2}\,\text{sen}\,\omega}{1 - \frac{1}{2}\cos\omega}\right).$$

(c) Mostre que o atraso de grupo para esse filtro é dado por
$$\tau(\omega) = \frac{\frac{3}{4}}{\frac{5}{4} - \cos\omega}.$$

Esboce $\tau(\omega)$.

(d) Qual é a saída desse filtro quando a entrada é $\cos(\frac{\pi}{3} n)$?

6.38 Considere um filtro passa-banda ideal cuja resposta em frequência na região $-\pi \leq \omega \leq \pi$ é especificada como
$$H(e^{j\omega}) = \begin{cases} 1, & \frac{\pi}{2} - \omega_c \leq |\omega| \leq \frac{\pi}{2} + \omega_c \\ 0, & \text{caso contrário} \end{cases}.$$

Determine e esboce a resposta ao impulso $h[n]$ para esse filtro quando

(a) $\omega_c = \frac{\pi}{5}$
(b) $\omega_c = \frac{\pi}{4}$
(c) $\omega_c = \frac{\pi}{3}$

À medida que ω_c aumenta, $h[n]$ fica mais ou menos concentrado em relação à origem?

6.39 Esboce a magnitude logarítmica e a fase de cada uma das seguintes respostas em frequência.

(a) $1 + \frac{1}{2}e^{-j\omega}$
(b) $1 + 2e^{-j\omega}$
(c) $1 - 2e^{-j\omega}$
(d) $1 + 2e^{-j2\omega}$
(e) $\dfrac{1}{(1 + \frac{1}{2}e^{-j\omega})^3}$
(f) $\dfrac{1 + \frac{1}{2}e^{-j\omega}}{1 - \frac{1}{2}e^{-j\omega}}$
(g) $\dfrac{1 + 2e^{-j\omega}}{1 + \frac{1}{2}e^{-j\omega}}$
(h) $\dfrac{1 - 2e^{-j\omega}}{1 + \frac{1}{2}e^{-j\omega}}$
(i) $\dfrac{1}{(1 - \frac{1}{4}e^{-j\omega})(1 - \frac{3}{4}e^{-j\omega})}$
(j) $\dfrac{1}{(1 - \frac{1}{4}e^{-j\omega})(1 + \frac{3}{4}e^{-j\omega})}$
(k) $\dfrac{1 + 2e^{-2j\omega}}{(1 - \frac{1}{2}e^{-j\omega})^2}$

6.40 Considere um filtro passa-baixas de tempo discreto ideal, com resposta ao impulso $h[n]$, e para o qual a resposta em frequência $H(e^{j\omega})$ é aquela mostrada na Figura P6.40. Vamos considerar a obtenção de um novo filtro com resposta ao impulso $h_1[n]$ e resposta em frequência $H_1(e^{j\omega})$ da seguinte forma:

$$h_1[n] = \begin{cases} h[n/2], & n \text{ ímpar} \\ 0, & n \text{ par} \end{cases}$$

Esta operação corresponde a inserir um zero entre cada duas amostras de $h[n]$. Determine e esboce $H_1(e^{j\omega})$ e indique a classe de filtro ideal ao qual ele pertence (por exemplo, passa-baixa, passa-alta, passa-banda, multibanda etc.).

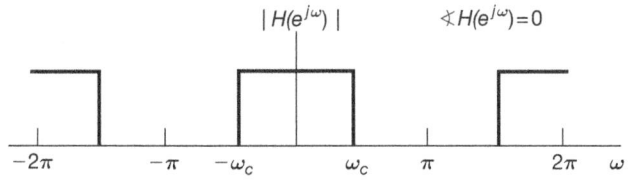

Figura P6.40

6.41 Certo sistema LIT causal é descrito pela equação de diferenças

$$y[n] - \frac{\sqrt{2}}{2} y[n-1] + \frac{1}{4} y[n-2] = x[n] - x[n-1]$$

(a) Encontre a resposta ao impulso desse sistema.
(b) Esboce a magnitude logarítmica e a fase da resposta em frequência do sistema.

6.42 (a) Considere dois sistemas LIT com as seguintes respostas em frequência:

$$H_1(e^{j\omega}) = \frac{1 + \frac{1}{2}e^{-j\omega}}{1 + \frac{1}{4}e^{-j\omega}},$$

$$H_2(e^{j\omega}) = \frac{\frac{1}{2} + e^{-j\omega}}{1 + \frac{1}{4}e^{-j\omega}}.$$

Mostre que essas duas respostas em frequência têm a mesma função de magnitude [ou seja, $|H_1(e^{j\omega})| = |H_2(e^{j\omega})|$], mas que o atraso de grupo de $H_2(e^{j\omega})$ é maior que o atraso de grupo de $H_1(e^{j\omega})$ para $\omega > 0$.

(b) Determine e esboce as respostas ao impulso e ao degrau dos dois sistemas.

(c) Mostre que

$$H_2(e^{j\omega}) = G(e^{j\omega}) H_1(e^{j\omega}),$$

em que $G(e^{j\omega})$ é um *sistema passa-tudo* [ou seja, $|G(e^{j\omega})| = 1$ para todo ω].

6.43 Ao projetar filtros com características de passa-altas ou passa-faixa, costuma ser conveniente projetar primeiro um filtro passa-baixas com as especificações de banda de passagem e banda de rejeição desejadas e depois transformar o filtro protótipo no filtro passa-altas ou passa-faixa desejado. Estas são chamadas transformações passa-baixas para passa-altas ou passa-altas para passa-baixas. Projetar filtros dessa maneira é conveniente e exige apenas que formulemos nossos algoritmos de projeto de filtro para a classe de filtros com características de passa-baixas. Como um exemplo desse procedimento, considere um filtro passa-baixas de tempo discreto com resposta ao impulso $h_{lp}[n]$ e resposta em frequência $H_{lp}(e^{j\omega})$, conforme esboçado na Figura P6.43. Suponha que a resposta ao impulso seja modulada com a sequência $(-1)^n$ obtendo-se $h_{hp}[n] = (-1)^n h_{lp}[n]$.

(a) Determine e esboce $H_{hp}(e^{j\omega})$ em termos de $H_{lp}(e^{j\omega})$. Mostre, em particular, que para $H_{lp}(e^{j\omega})$ como mostra a Figura P6.43, $H_{hp}(e^{j\omega})$ corresponde a um filtro passa-altas.

(b) Mostre que a modulação da resposta ao impulso de um filtro passa-altas de tempo discreto por $(-1)^n$ o transformará em um filtro passa-baixas.

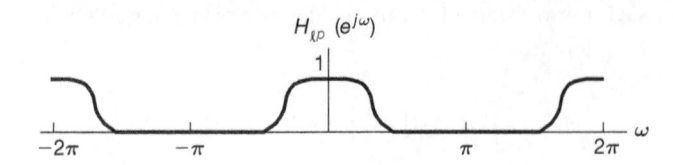

Figura P6.43

6.44 Um sistema de tempo discreto é implementado como mostra a Figura P6.44. O sistema S mostrado na figura é um sistema LIT com resposta ao impulso $h_{lp}[n]$.

(a) Mostre que o sistema total é invariante no tempo.

(b) Se $h_{lp}[n]$ é um filtro passa-baixas, que tipo de filtro o sistema da figura implementa?

6.45 Considere as três respostas em frequência a seguir para sistemas LIT de terceira ordem causais e estáveis. Utilizando as propriedades dos sistemas de primeira e segunda ordens discutidos na Seção 6.6, determine se a resposta ao impulso de cada um dos sistemas de terceira ordem é ou não oscilatória. (*Nota*: Você deverá ser capaz de responder a essa pergunta sem obter as transformadas inversas de Fourier das respostas em frequência dos sistemas de terceira ordem.)

$$H_1(e^{j\omega}) = \frac{1}{(1-\frac{1}{2}e^{-j\omega})(1-\frac{1}{3}e^{-j\omega})(1-\frac{1}{4}e^{-j\omega})},$$

$$H_2(e^{j\omega}) = \frac{1}{(1+\frac{1}{2}e^{-j\omega})(1-\frac{1}{3}e^{-j\omega})(1-\frac{1}{4}e^{-j\omega})},$$

$$H_3(e^{j\omega}) = \frac{1}{(1-\frac{1}{2}e^{-j\omega})(1-\frac{3}{4}e^{-j\omega}+\frac{9}{16}e^{-j2\omega})}.$$

6.46 Considere um filtro causal, não recursivo (FIR) cuja resposta ao impulso real $h[n]$ seja nula para $n \geq N$.

(a) Assumindo que N seja ímpar, mostre que, se $h[n]$ é simétrico em relação a $(N-1)/2$ (ou seja, se $h[(N-1)/2 + n] = h[(N-1)/2 - n]$), então

$$H(e^{j\omega}) = A(\omega)e^{-j[(N-1)/2]\omega},$$

sendo $A(\omega)$ uma função real de ω. Concluímos que o filtro tem fase linear.

(b) Dê um exemplo da resposta ao impulso $h[n]$ de um filtro FIR causal, de fase linear, tal que $h[n] = 0$ para $n \geq 5$ e $h[n] \neq 0$ para $0 \leq n \leq 4$.

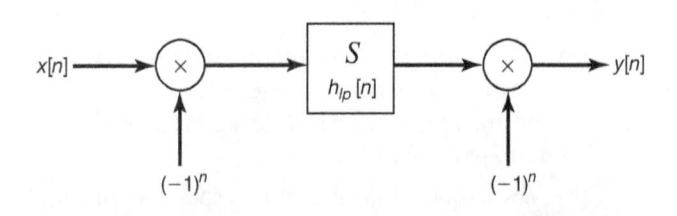

Figura P6.44

(c) Supondo que N seja par, mostre que, se $h[n]$ é simétrico em relação a $(N-1)/2$ (ou seja, se $h[(N/2) + n] = h[N/2 - n - 1]$), então

$$H(e^{j\omega}) = A(\omega)e^{-j[(N-1)/2]\omega},$$

sendo $A(\omega)$ uma função real de ω.

(d) Dê um exemplo da resposta ao impulso $h[n]$ de um filtro FIR causal, de fase linear, tal que $h[n] = 0$ para $n \geq 4$ e $h[n] \neq 0$ para $0 \leq n \leq 3$.

6.47 Uma média móvel simétrica de três pontos, chamada média móvel ponderada, tem a forma

$$y[n] = b\{ax[n-1] + x[n] + ax[n+1]\}. \quad \text{(P6.47-1)}$$

(a) Determine, como uma função de a e b, a resposta em frequência $H(e^{j\omega})$ da média móvel de três pontos da Equação P6.47-1.

(b) Determine o fator de escala b tal que $H(e^{j\omega})$ tenha ganho unitário na frequência zero.

(c) Em muitos problemas de análise de série temporais, uma escolha comum para o coeficiente a na média móvel ponderada da Equação P6.47-1 é $a = 1/2$. Determine e esboce a resposta em frequência do filtro resultante.

6.48 Considere um filtro de quatro pontos, média móvel, tempo discreto, para o qual a equação de diferenças seja

$$y[n] = b_0 x[n] + b_1 x[n-1] + b_2 x[n-2] + b_3 x[n-2].$$

Determine e esboce a magnitude da resposta em frequência para cada um dos seguintes casos:

(a) $b_0 = b_3 = 0$, $b_1 = b_2$
(b) $b_1 = b_2 = 0$, $b_0 = b_3$
(c) $b_0 = b_1 = b_2 = b_3$
(d) $b_0 = -b_1 = b_2 = -b_3$

Problemas avançados

6.49 A constante de tempo oferece uma medida da rapidez com que um sistema de primeira ordem responde às entradas. A ideia de medir a velocidade da resposta de um sistema também é importante para sistemas de ordem mais alta, e neste problema investigamos a extensão da constante de tempo para tais sistemas.

(a) Lembre-se de que a constante de tempo de um sistema de primeira ordem com resposta ao impulso

$$h(t) = ae^{-at}u(t), \quad a > 0,$$

é $1/a$, que é a quantidade de tempo a partir de $t = 0$ necessária para que a resposta ao degrau do sistema $s(t)$ se acomode dentro de $1/e$ do seu valor final [ou seja, $s(\infty) = \lim_{t\to\infty} s(t)$]. Usando essa mesma definição quantitativa, encontre a equação que precisa ser solucionada a fim de determinar a constante de tempo do sistema LIT causal descrito pela equação diferencial

$$\frac{d^2y(t)}{dt^2}+11\frac{dy(t)}{dt}+10y(t)=9x(t). \quad \textbf{(P6.49–1)}$$

(b) Como podemos ver no item (a), se usarmos a definição exata da constante de tempo lá definida, obteremos uma expressão simples para a constante de tempo de um sistema de primeira ordem, mas os cálculos são decididamente mais complicados para o sistema da Equação P6.49-1. Porém, mostre que esse sistema pode ser visto como a interconexão paralela de dois sistemas de primeira ordem. Assim, usualmente, pensamos no sistema da Equação P6.49-1 como tendo *duas* constantes de tempo, correspondentes às duas parcelas de primeira ordem. Quais são as duas constantes de tempo para esse sistema?

(c) A discussão apresentada no item (b) pode ser generalizada diretamente para todos os sistemas com respostas ao impulso que sejam combinações lineares de exponenciais decrescentes. Em qualquer sistema desse tipo, podem-se identificar as constantes de tempo *dominantes* do sistema, que são simplesmente as maiores constantes de tempo. Estas representam as partes mais lentas da resposta do sistema, e, consequentemente, elas têm o efeito dominante sobre a velocidade com que o sistema como um todo pode responder. Qual é a constante de tempo dominante do sistema da Equação P6.49-1? Substitua essa constante de tempo na equação determinada no item (a). Embora o número não satisfaça a equação com exatidão, você deverá ver que isso quase acontece, o que é uma indicação de que ele é muito próximo à constante de tempo definida no item (a). Assim, a técnica que esboçamos no item (b) aqui é valiosa por fornecer ideias sobre a velocidade da resposta dos sistemas LIT sem exigir um cálculo excessivo.

(d) Um uso importante do conceito de constantes de tempo dominantes é na redução da ordem dos sistemas LIT. Isso tem grande significado prático nos problemas envolvendo a análise de sistemas complicados, que têm algumas constantes de tempo dominantes e outras constantes de tempo muito pequenas. Para reduzir a complexidade do modelo do sistema a ser analisado, muitas vezes as partes rápidas do sistema podem ser simplificadas. Ou seja, suponha que consideremos um sistema complicado como uma interconexão paralela de sistemas de primeira e segunda ordens. Suponha também que um desses subsistemas, com resposta ao impulso $h(t)$ e resposta ao degrau $s(t)$, seja rápido — ou seja, que $s(t)$ chegue ao seu valor final $s(\infty)$ muito rapidamente. Então, podemos aproximar esse subsistema pelo subsistema que chega ao mesmo valor final *instantaneamente*. Ou seja, se $\hat{s}(\tau)$ é a resposta ao degrau para nossa aproximação, então

$$\hat{s}(t) = s(\infty)u(t).$$

Isso é ilustrado na Figura P6.49. Observe que a resposta ao impulso do sistema aproximado é, então,

$$\hat{h}(t) = s(\infty)\delta(t),$$

o que indica que o sistema aproximado é *sem memória*.

Considere novamente o sistema LIT causal descrito pela Equação P6.49-1 e, em particular, a representação dele como uma interconexão paralela de dois sistemas de primeira ordem, descritos no item (b). Use o método que esboçamos para substituir o mais rápido dos dois subsistemas por um sistema sem memória. Qual é a equação diferencial que descreve então o sistema total resultante? Qual é a resposta em frequência desse sistema? Esboce $|H(j\omega)|$ (não $\log|H(j\omega)|$) e $\sphericalangle H(j\omega)$ para os sistemas original e aproximado. Sobre que faixa de frequências essas respostas em frequência são quase iguais? Esboce as respostas ao degrau para os dois sistemas. Sobre que faixa de tempo as respostas ao degrau são quase iguais? Pelos seus diagramas, você verá algumas das semelhanças *e* diferenças entre o sistema original e sua aproximação. A utilidade de uma aproximação como essa depende da aplicação específica. Em particular, deve-se levar em consideração quanto as diferentes constantes de tempo estão separadas e também a natureza das entradas a serem consideradas. Como você verá pelas suas respostas nesta parte do problema, a resposta em frequência do sistema aproximado é basicamente a mesma que a resposta em frequência do sistema original nas frequências baixas. Ou seja, quando as partes rápidas do sistema são suficientemente rápidas em comparação com a taxa de flutuação da entrada, a aproximação torna-se útil.

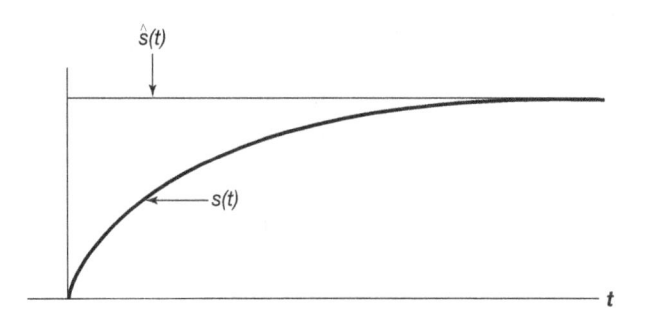

Figura P6.49

6.50 Os conceitos associados à filtragem seletiva em frequência muitas vezes são usados para separar dois sinais que foram somados. Se os espectros dos dois sinais não se sobrepuserem, os filtros seletivos em frequência ideais são desejáveis. Porém, se os espectros se sobrepuserem, costuma ser preferível projetar o filtro para ter uma transição gradual entre banda de passagem e banda de rejeição. Neste problema, exploramos uma técnica para determinar a resposta em frequência de um filtro a ser usado para separar sinais com espectros sobrepostos. Considere que $x(t)$ indique um sinal de tempo contínuo composto, consistindo na soma de dois sinais $s(t) + w(t)$. Conforme indicamos na Figura P6.50(a), gostaríamos de projetar um filtro LIT para recuperar $s(t)$ a partir de $x(t)$. A resposta em frequência do filtro $H(j\omega)$ deve ser escolhida de modo que, de certa forma, $y(t)$ seja uma 'boa' aproximação de $s(t)$.

Vamos definir uma medida do erro entre $y(t)$ e $s(t)$ em cada frequência ω como

$$\in(\omega) \triangleq |S(j\omega) - Y(j\omega)|^2,$$

sendo $S(j\omega)$ e $Y(j\omega)$ as transformadas de Fourier de $s(t)$ e $y(t)$, respectivamente.

(a) Expresse $\in(j\omega)$ em termos de $S(j\omega)$, $H(j\omega)$ e $W(j\omega)$, sendo $W(j\omega)$ a transformada de Fourier de $w(t)$.

(b) Vamos restringir $H(j\omega)$ ao campo real, de modo que $H(j\omega) = H^*(j\omega)$. Igualando a derivada de $\in(j\omega)$ em relação a $H(j\omega)$ a zero, determine o $H(j\omega)$ exigido para minimizar o erro $\in(j\omega)$.

(c) Mostre que, se os espectros de $S(j\omega)$ e $W(j\omega)$ não forem sobrepostos, o resultado do item (b) reduz-se a um filtro seletivo em frequência ideal.

(d) Pelo seu resultado no item (b), determine e esboce $H(j\omega)$ se $S(j\omega)$ e $W(j\omega)$ forem conforme mostrado na Figura P6.50(b).

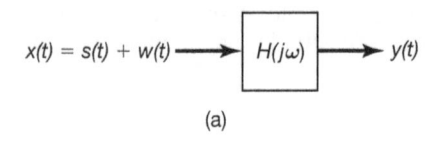

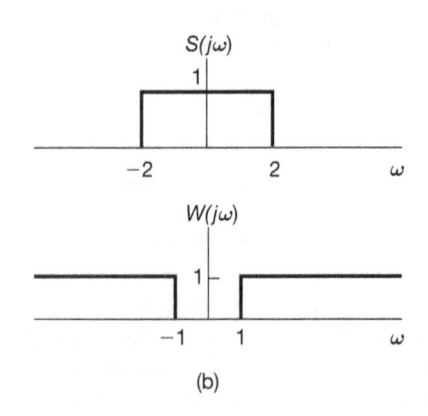

Figura P6.50

6.51 Um filtro passa-faixa ideal é um filtro passa-faixa que deixa passar apenas uma faixa de frequências, sem qualquer mudança na amplitude ou fase. Como vemos na Figura P6.51(a), considere que a banda de passagem seja

$$\omega_0 - \frac{W}{2} \leq |\omega| \leq \omega_0 + \frac{W}{2}.$$

(a) Qual é a resposta ao impulso $h(t)$ desse filtro?

(b) Podemos aproximar um filtro passa-faixa ideal colocando em cascata um filtro passa-baixas de primeira ordem e um filtro passa-altas de primeira ordem, como mostra a Figura P6.51(b). Esboce os diagramas de Bode para cada um dos dois filtros $H_1(j\omega)$ e $H_2(j\omega)$.

(c) Determine o diagrama de Bode para o filtro passa-faixa total em termos dos seus resultados do item (b).

6.52 Na Figura P6.52(a), mostramos a magnitude da resposta em frequência para um diferenciador ideal de tempo contínuo. Um diferenciador não ideal teria uma resposta em frequência que é alguma aproximação da resposta em frequência na figura.

(a) Considere um diferenciador não ideal com resposta em frequência $G(j\omega)$ para o qual $|G(j\omega)|$ está dentro de um a faixa $\pm 10\%$ da magnitude da resposta em frequência do diferenciador ideal em todas as frequências; ou seja,

$$-0{,}1|H(j\omega)| \leq [|G(j\omega)| - |H(j\omega)|] \leq 0{,}1|H(j\omega)|.$$

Esboce a região onde $|G(j\omega)|$ precisa estar confinado para atender a essa especificação, em gráfico de $G(j\omega)$ em função de ω.

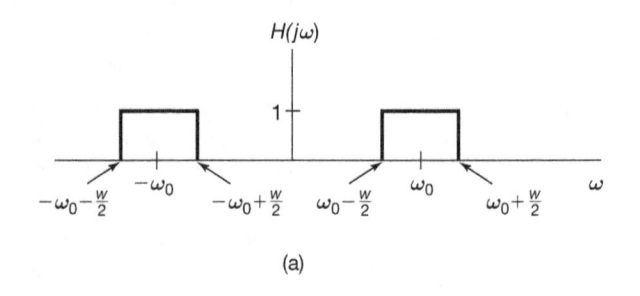

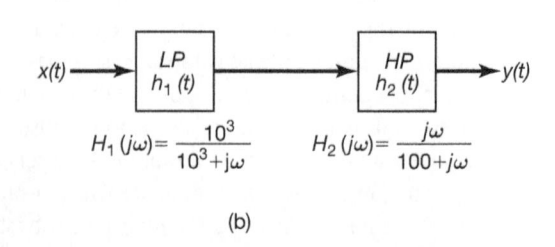

Figura P6.51

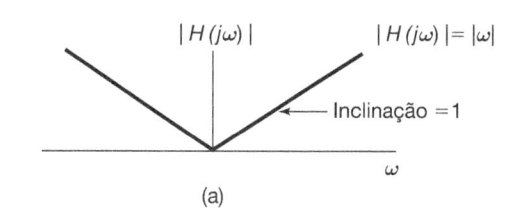

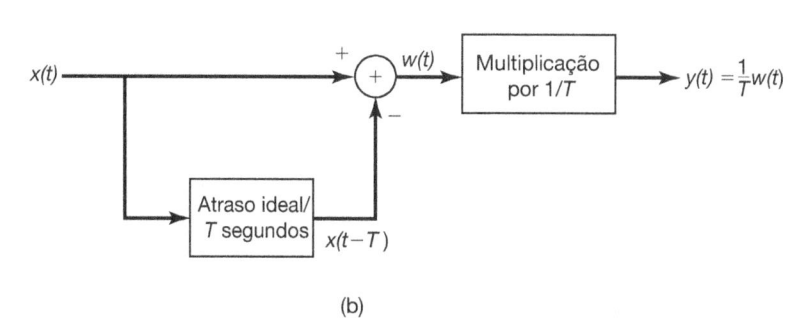

Figura P6.52

(b) O sistema na Figura P6.52(b), incorporando um atraso ideal de T segundos, às vezes é usado para aproximar um diferenciador de tempo contínuo. Para $T = 10^{-2}$ segundos, determine o intervalo de frequência sobre o qual a magnitude da resposta em frequência do sistema na figura está dentro de $\pm 10\%$ da de um diferenciador ideal.

6.53 Em muitas aplicações de filtragem, normalmente é indesejável que a resposta ao degrau de um filtro ultrapasse seu valor final. No processamento de imagens, por exemplo, o sobressinal na resposta ao degrau de um filtro linear pode produzir cintilação — ou seja, um aumento na intensidade — em bordas abruptas. Porém, é possível eliminar o sobressinal exigindo que a resposta ao impulso do filtro seja positiva o tempo todo.

Mostre que, se $h(t)$, a resposta ao impulso de um filtro LIT de tempo contínuo, sempre for maior ou igual a zero, a sua resposta ao degrau será uma função monotonicamente não decrescente e, portanto, não terá sobressinal.

6.54 Por meio de um procedimento de projeto de filtro, um filtro passa-baixas de tempo contínuo não ideal com resposta em frequência $H_0(j\omega)$, resposta ao impulso $h_0(t)$ e resposta ao degrau $s_0(t)$ foi projetado. A frequência de corte do filtro é $\omega = 2\pi \times 10^2$ rad/s, e o tempo de subida da resposta ao degrau, definido como o tempo exigido para a resposta ir de 10% do seu valor final a 90% do seu valor final, é $\tau_r = 10^{-2}$ segundos. A partir desse projeto, podemos obter um novo filtro com uma frequência de corte arbitrária ω_c pelo uso da mudança de escala em frequência. A resposta em frequência do filtro resultante, então, tem a forma

$$H_{lp}(j\omega) = H_0(ja\omega),$$

em que a é um fator de escala apropriado.

(a) Determine o fator de escala a tal que $H_{lp}(j\omega)$ tenha uma frequência de corte ω_c.

(b) Determine a resposta ao impulso $h_{lp}(t)$ do novo filtro em termos de ω_c e $h_0(t)$.

(c) Determine a resposta ao degrau $s_{lp}(t)$ do novo filtro em termos de ω_c e $s_0(t)$.

(d) Determine e esboce o tempo de subida do novo filtro como uma função de sua frequência de corte ω_c.

Essa é uma ilustração do compromisso entre características de domínio de tempo e domínio de frequência. Em particular, à medida que a frequência de corte diminui, o tempo de subida tende a aumentar.

6.55 O quadrado da magnitude da resposta em frequência de uma classe de filtros passa-baixas de tempo contínuo, conhecido como filtros Butterworth, é

$$|B(j\omega)|^2 = \frac{1}{1 + (\omega/\omega_c)^{2N}}.$$

Vamos definir a frequência de limiar da banda de passagem ω_p como a frequência abaixo da qual $|B(j\omega)|^2$ é maior que metade do seu valor em $\omega = 0$; ou seja,

$$|B(j\omega)|^2 \geq \frac{1}{2}|B(j0)|^2, \quad |\omega| < \omega_p.$$

Agora, vamos definir a frequência de limiar da banda de rejeição ω_s como a frequência acima da qual $|B(j\omega)|^2$ é menor que 10^{-2} do seu valor em $\omega = 0$; ou seja,

$$|B(j\omega)|^2 \leq 10^{-2}|B(j0)|^2, \quad |\omega| > \omega_s.$$

A banda de transição é, então, o intervalo de frequência entre ω_p e ω_s. A razão ω_s/ω_p é conhecida como razão de transição.

Para ω_p fixo, e fazendo aproximações razoáveis, determine e esboce a razão de transição como uma função de N para a classe de filtros Butterworth.

6.56 Neste problema, exploramos alguns dos problemas de filtragem envolvidos na versão comercial de um sistema típico que é usado na maioria das unidades modernas de fita cassete para reduzir o ruído. A fonte de ruído principal é o zumbido de alta frequência no processo de reprodução da fita, que, em parte, é devido à fricção entre a fita e a cabeça de leitura. Vamos supor que o ruído que é acrescentado na reprodução tenha o espectro da Figura P6.56(a) quando medido em decibéis, com 0 dB igual ao nível de sinal em 100 Hz. O espectro $S(j\omega)$ do sinal tem a forma mostrada na Figura P6.56(b).

O sistema que analisamos tem um filtro $H_1(j\omega)$ que condiciona o sinal $s(t)$ antes que ele seja gravado. Na reprodução, o zumbido $n(t)$ é acrescentado ao sinal. O sistema é representado esquematicamente na Figura P6.56(c).

Suponha que queiramos que nosso sistema total tenha uma relação sinal-ruído de 40 dB na frequência de 50 Hz $< \omega/2\pi <$ 20 kHz.

(a) Determine a característica de transferência do filtro $H_1(j\omega)$. Esboce o diagrama de Bode de $H_1(j\omega)$.

(b) Se tivéssemos de escutar o sinal $p(t)$, supondo que o processo de reprodução não faça nada mais que acrescentar ruído ao sinal, como você acha que isso soaria?

(c) Qual deverá ser o diagrama de Bode e a característica de transferência do filtro $H_2(j\omega)$ a fim de que o sinal $\hat{s}(t)$ pareça semelhante a $s(t)$?

6.57 Mostre que, se $h[n]$, a resposta ao impulso de um filtro LIT de tempo discreto, sempre for maior ou igual a zero, a resposta ao degrau do filtro será uma função monotonicamente não decrescente e, portanto, não terá sobressinal.

6.58 No projeto de filtros analógicos ou digitais, muitas vezes aproximamos uma característica de magnitude especificada sem consideração particular à fase. Por exemplo, as técnicas de projeto padrão para filtros passa-baixas e passa-faixa tipicamente são deduzidas de uma consideração apenas das características de magnitude.

Em muitos problemas de filtragem, idealmente deseja-se que as características de fase sejam nulas ou lineares. Para filtros causais, é impossível ter fase nula. Porém, para muitas aplicações de filtragem digital, não é necessário que a resposta de amostra unitária do filtro

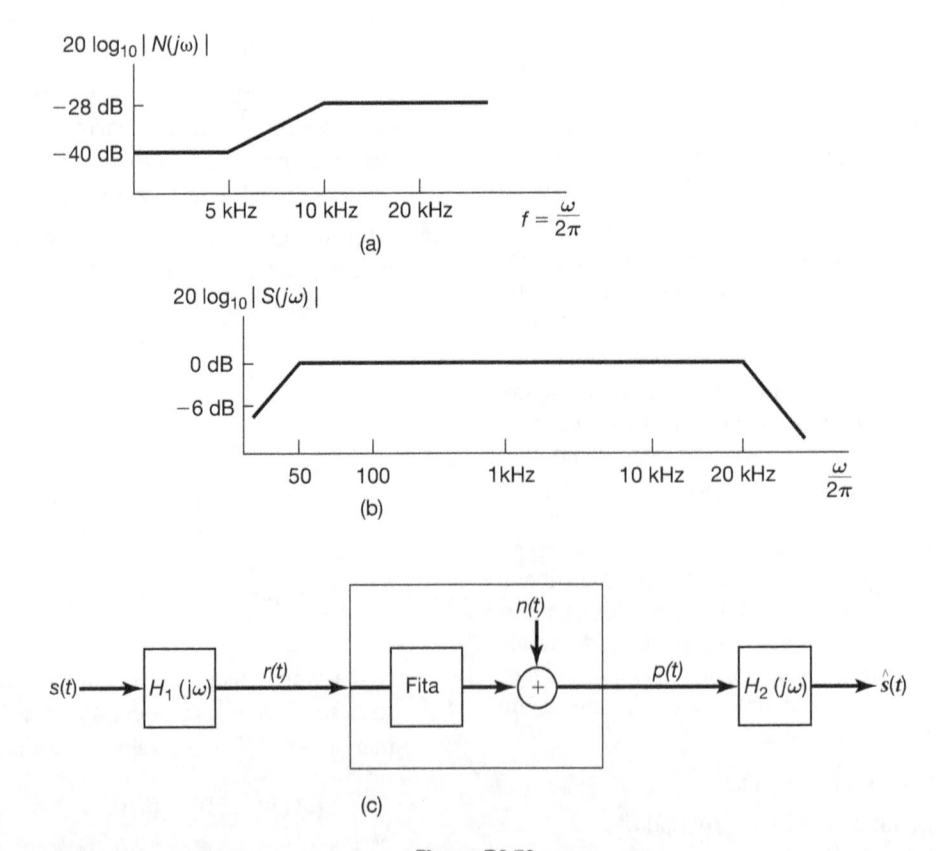

Figura P6.56

seja zero para $n < 0$ se o processamento não tiver de ser executado em tempo real.

Uma técnica comumente usada na filtragem digital quando os dados a serem filtrados são de duração finita e armazenados, por exemplo, em um disco ou fita magnética é processar os dados para a frente e depois para trás, pelo mesmo filtro.

Seja $h[n]$ a resposta à amostra unitária de um filtro causal com uma característica de fase arbitrária. Suponha que $h[n]$ seja real e indique sua transformada de Fourier por $H(e^{j\omega})$. Seja $x[n]$ os dados que queremos filtrar. A operação de filtragem é realizada da seguinte forma:

(a) *Método A*: Processar $x[n]$ para obter $s[n]$, como indicado na Figura P6.58(a).

1. Determine a resposta à amostra unitária total $h_1[n]$ que relaciona $x[n]$ e $s[n]$ e mostre que ela tem característica de fase zero.

2. Determine $|H_1(e^{j\omega})|$ e expresse-o em termos de $|H(e^{j\omega})|$ e $\sphericalangle H(e^{j\omega})$.

(b) *Método B*: Processar $x[n]$ através do filtro $h[n]$ para obter $g[n]$ [Figura P6.58(b)]. Além disso, processar $x[n]$, de trás para a frente, por meio de $h[n]$ para obter $r[n]$. A saída $y[n]$ é tomada como a soma de $g[n]$ e $r[-n]$. O conjunto composto de operações pode ser representado por um filtro com entrada $x[n]$, saída $y[n]$ e resposta à amostra unitária $h_2[n]$.

1. Mostre que o filtro composto $h_2[n]$ tem característica de fase zero.

2. Determine $|H_2(e^{j\omega})|$ e expresse-o em termos de $|H(e^{j\omega})|$ e $\sphericalangle H(e^{j\omega})$.

(c) Suponha que recebamos uma sequência de duração finita na qual gostaríamos de realizar filtragem passa-faixa com fase zero. Além disso, suponha que seja dado o filtro passa-faixa $h[n]$ com resposta em frequência conforme especificada na Figura P6.58(c) e com característica de magnitude que desejamos, mas com fase linear. Para conseguir fase zero, poderíamos usar um dos métodos apresentados, A ou B. Determine e esboce $|H_1(e^{j\omega})|$ e $|H_2(e^{j\omega})|$. Por esses resultados, qual método você usaria para alcançar a operação de filtragem passa-faixa desejada? Explique por quê. Geralmente, se $h[n]$ tem a magnitude desejada, mas uma característica de fase não linear, que método é preferível para conseguir uma característica de fase zero?

6.59 Seja $h_d[n]$ a resposta à amostra unitária de um sistema ideal desejado com resposta em frequência $H_d(e^{j\omega})$ e que $h[n]$ indique a resposta à amostra unitária para um sistema FIR de comprimento N e com resposta em frequência $H(e^{j\omega})$. Neste problema, mostramos que uma janela retangular de amostras com comprimento N aplicada a $h_d[n]$ produzirá uma resposta à amostra unitária $h[n]$ de modo que o erro médio quadrático

$$\epsilon^2 = \frac{1}{2\pi} \int_{-\pi}^{\pi} \left| H_d(e^{j\omega}) - H(e^{j\omega}) \right|^2 d\omega$$

seja minimizado.

(a) A função de erro $E(e^{j\omega}) = H_d(e^{j\omega}) - H(e^{j\omega})$ pode ser expressa como a série de potência

$$E(e^{j\omega}) = \sum_{n=-\infty}^{\infty} e[n]e^{-j\omega n}.$$

Encontre os coeficientes $e[n]$ em termos de $h_d[n]$ e $h[n]$.

(b) Usando a relação de Parseval, expresse o erro médio quadrático ϵ^2 em termos dos coeficientes $e[n]$.

(c) Mostre que, para uma resposta à amostra unitária $h[n]$ de amostras de comprimento N, ϵ^2 é minimizado quando

$$h[n] = \begin{cases} h_d[n], & 0 \leq n \leq N-1 \\ 0, & \text{caso contrário} \end{cases}.$$

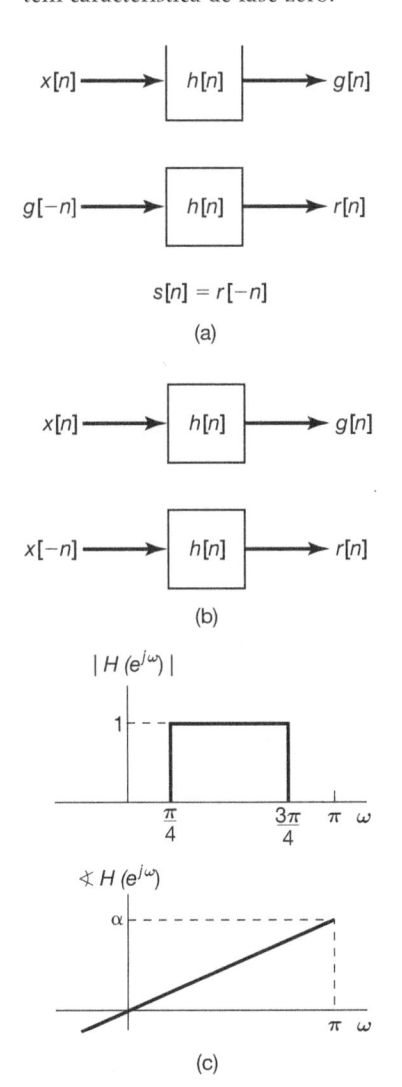

Figura P6.58

Ou seja, um truncamento simples oferece a melhor aproximação média quadrática de uma resposta em frequência desejada para um valor fixo de N.

6.60 No Problema 6.50, consideramos um critério específico para determinar a resposta em frequência de um filtro de tempo contínuo que recuperaria um sinal a partir da soma de dois sinais quando seus espectros se sobrepõem em frequência. Para o caso de tempo discreto, desenvolva o resultado correspondente ao que foi obtido no item (b) do Problema 6.50.

6.61 Em muitas situações, temos à disposição um módulo de filtro analógico ou digital, como um circuito eletrônico básico ou sub-rotina de computador. Usando o módulo repetidamente ou combinando módulos idênticos, é possível implementar um novo filtro com características melhoradas de banda de passagem e banda de rejeição. Neste e no próximo problema, consideramos dois procedimentos para fazer exatamente isso. Embora a discussão seja formulada em termos de filtros de tempo discreto, grande parte dela se aplica diretamente também a filtros de tempo contínuo.

Considere um filtro passa-baixas com resposta em frequência $H(e^{j\omega})$ para o qual $|H(e^{j\omega})|$ cai dentro dos limites de tolerância mostrados na Figura P6.61; ou seja,

$$1-\delta_1 \leq |H(e^{j\omega})| \leq 1+\delta_1, \quad 0 \leq \omega \leq \omega_1,$$
$$0 \leq |H(e^{j\omega})| \leq \delta_2, \quad \omega_2 \leq \omega \leq \pi.$$

Um novo filtro com resposta em frequência $G(e^{j\omega})$ é formado pela cascata de dois filtros idênticos, ambos com resposta em frequência $H(e^{j\omega})$.

(a) Determine os limites de tolerância sobre $|G(e^{j\omega})|$.

(b) Supondo que $H(e^{j\omega})$ seja uma boa aproximação para um filtro passa-baixas, de modo que $\delta_1 \ll 1$ e $\delta_2 \ll 1$, determine se a ondulação na banda de passagem para $G(e^{j\omega})$ é maior ou menor que a ondulação na banda de passagem para $H(e^{j\omega})$. Além disso, determine se a ondulação na banda de rejeição para $G(e^{j\omega})$ é maior ou menor que a ondulação na banda de rejeição para $H(e^{j\omega})$.

(c) Se N filtros idênticos com resposta em frequência $H(e^{j\omega})$ forem colocados em cascata para obter uma nova resposta em frequência $G(e^{j\omega})$, então, novamente supondo que $\delta_1 \ll 1$ e $\delta_2 \ll 1$, determine os limites de tolerância aproximados sobre $|G(e^{j\omega})|$.

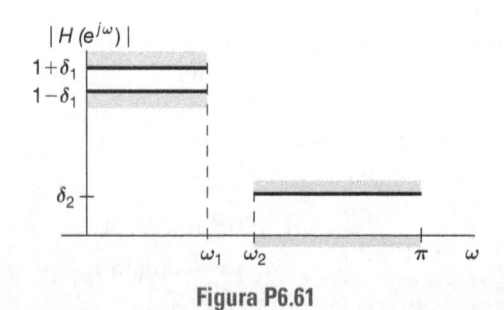

Figura P6.61

6.62 No Problema 6.61, consideramos um método para usar um módulo de filtro básico repetidamente para implementar um novo filtro com características melhoradas. Vamos agora considerar uma técnica alternativa, proposta por J. W. Tukey no livro *Exploratory Data Analysis* (Reading, MA: Addison Wesley, 1976). O procedimento é mostrado no diagrama de blocos da Figura P6.62(a).

(a) Suponha que $H(e^{j\omega})$ seja real e tenha uma ondulação na banda de passagem de $\pm\delta_1$ e uma ondulação na banda de rejeição de $\pm\delta_2$ (ou seja, $H(e^{j\omega})$ cai dentro dos limites de tolerância na Figura P6.62(b)). A resposta em frequência $G(e^{j\omega})$ do sistema total da Figura P6.62(a) cai dentro dos limites de tolerância indicados na Figura P6.62(c). Determine A, B, C e D em termos de δ_1 e δ_2.

(b) Se $\delta_1 \ll 1$ e $\delta_2 \ll 1$, qual é a ondulação na banda de passagem e a ondulação na banda de rejeição aproximadas, associadas a $G(e^{j\omega})$? Indique, em particular, se a ondulação na banda de passagem para $G(e^{j\omega})$ é maior ou menor que a ondulação na banda de passagem para $H(e^{j\omega})$. Além disso, indique se a ondulação na banda de rejeição para $G(e^{j\omega})$ é maior ou menor que a ondulação na banda de rejeição para $H(e^{j\omega})$.

(c) Nos itens (a) e (b), consideramos que $H(e^{j\omega})$ seja real. Agora, considere que $H(e^{j\omega})$ tenha a forma mais geral

$$H(e^{j\omega}) = H_1(e^{j\omega})e^{j\theta(\omega)},$$

em que $H_1(e^{j\omega})$ é real e $\theta(\omega)$ é uma característica de fase não especificada. Se $|H(e^{j\omega})|$ é uma aproximação razoável de um filtro passa-baixas ideal, $|G(e^{j\omega})|$ necessariamente será uma aproximação razoável de um filtro passa-baixas ideal?

(d) Agora, suponha que $H(e^{j\omega})$ seja um filtro passa-baixas de fase linear, de modo que

$$H(e^{j\omega}) = H_1(e^{j\omega})e^{jM\omega},$$

em que $H_1(e^{j\omega})$ é real e M é um inteiro. Mostre como modificar o sistema na Figura P6.62(a) de modo que o sistema total se aproxime de um filtro passa-baixas.

6.63 No projeto de filtros digitais, frequentemente escolhemos um filtro com uma característica de magnitude especificada que tenha a duração mais curta. Ou seja, a resposta ao impulso, que é a transformada inversa de Fourier do espectro de frequência complexo, deverá ser a mais estreita possível. Supondo que $h[n]$ seja real, queremos mostrar que, se a fase $\theta(\omega)$ associada à resposta em frequência $H(e^{j\omega})$ for nula, a duração da resposta ao impulso será mínima. Seja a resposta em frequência expressa como

$$H(e^{j\omega}) = |H(e^{j\omega})|e^{j\theta(\omega)},$$

e vamos considerar a quantidade

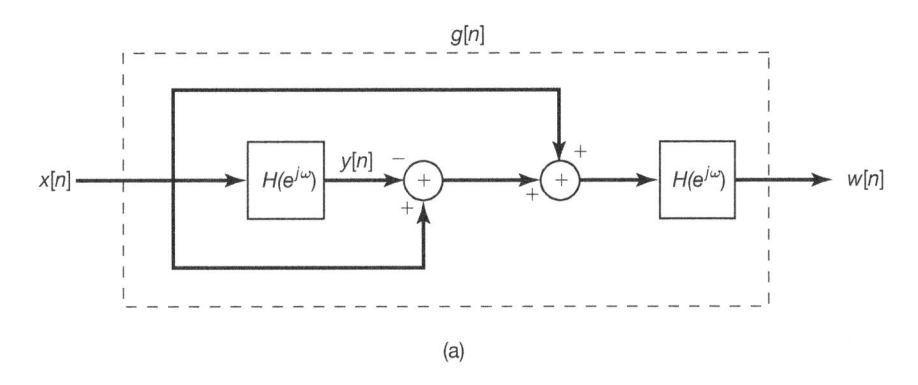

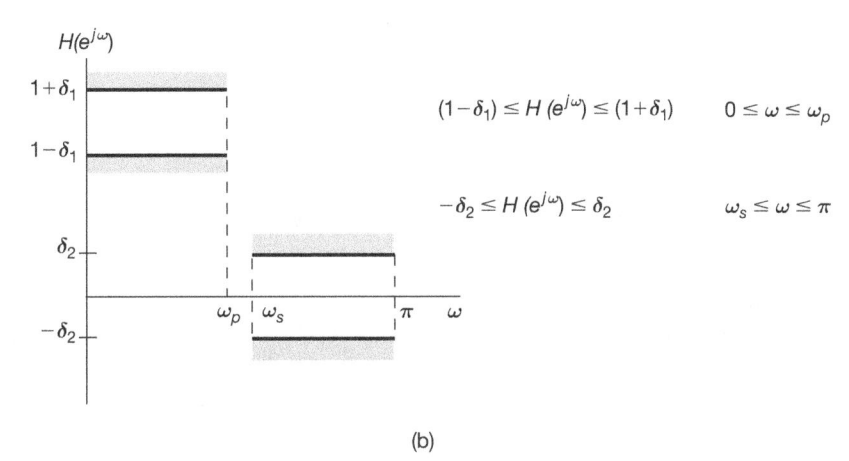

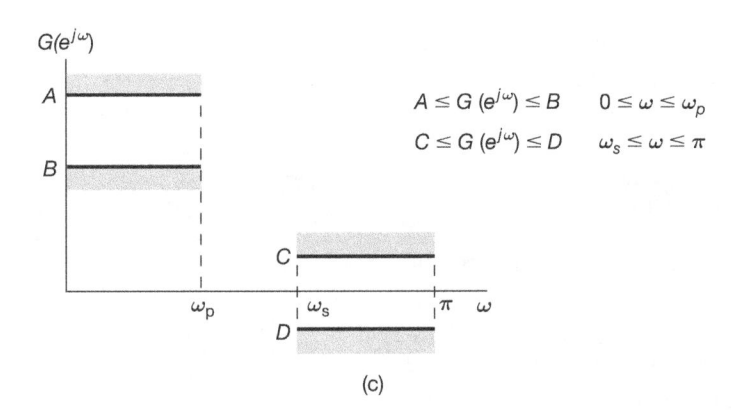

Caracterização no tempo e na frequência dos sinais e sistemas **303**

Figura P6.62

$$D = \sum_{n=-\infty}^{\infty} n^2 h^2[n] = \sum_{n=-\infty}^{\infty} (nh[n])^2$$

como uma medida da duração da resposta ao impulso associada $h[n]$.

(a) Usando a propriedade da derivada da transformada de Fourier e a relação de Parseval, expresse D em termos de $H(e^{j\omega})$.

(b) Expressando $H(e^{j\omega})$ em termos de sua magnitude $|H(e^{j\omega})|$ e fase $\theta(\omega)$, use seu resultado do item (a) para mostrar que D é minimizado quando $\theta(\omega) = 0$.

6.64 Para um filtro de tempo discreto ser *causal* e ter fase exatamente linear, sua resposta ao impulso precisa ser de comprimento finito e, consequentemente, a equação de diferenças precisa ser não recursiva. Para enfocar a ideia por trás dessa afirmação, consideramos um caso em particular, o de uma característica de fase linear para a qual a inclinação da fase é um inteiro. Assim, a resposta em frequência é assumida da forma

$$H(e^{j\omega}) = H_r(e^{j\omega})e^{-jM\omega}, -\pi < \omega < \pi \quad \text{(P6.64-1)}$$

sendo $H_r(e^{j\omega})$ real e par.

Seja $h[n]$ a resposta ao impulso do filtro com resposta em frequência $H(e^{j\omega})$ e $h_r[n]$ a resposta ao impulso do filtro com resposta em frequência $H_r(e^{j\omega})$.

(a) Usando as propriedades apropriadas na Tabela 5.1, mostre que:

1. $h_r[n] = h_r[-n]$ (ou seja, $h_r[n]$ é simétrica em relação a $n = 0$).
2. $h[n] = h_r[n - M]$.

(b) Usando seu resultado no item (a), mostre que, com $H(e^{j\omega})$ da forma mostrada na Equação P6.64-1, $h[n]$ é simétrica em relação a $n = M$, ou seja,

$$h[M + n] = h[M - n]. \qquad \text{(P6.64–2)}$$

(c) De acordo com o resultado no item (b), a característica de fase linear na Equação P6.64-1 impõe uma simetria na resposta ao impulso. Mostre que, se $h[n]$ for causal e tiver a simetria na Equação P6.64-2, então

$$h[n] = 0, \qquad n < 0 \text{ e } n > 2M$$

(ou seja, ela deverá ter comprimento finito).

6.65 Para uma classe de filtros passa-baixas de tempo discreto, conhecida como filtros Butterworth, a magnitude ao quadrado da resposta em frequência é dada por

$$|B(e^{j\omega})|^2 = \frac{1}{1 + \left(\frac{\text{tg}(\omega/2)}{\text{tg}(\omega_c/2)}\right)^{2N}},$$

sendo ω_c a frequência de corte (que consideraremos como $\pi/2$) e N a ordem do filtro (que consideraremos como $N = 1$). Assim, temos

$$|B(e^{j\omega})|^2 = \frac{1}{1 + \text{tg}^2(\omega/2)}.$$

(a) Usando identidades trigonométricas, mostre que $|B(e^{j\omega})|^2 = \cos^2(\omega/2)$.

(b) Seja $B(e^{j\omega}) = a\cos(\omega/2)$. Para quais valores complexos de a $|B(e^{j\omega})|^2$ é o mesmo que no item (a)?

(c) Mostre que $B(e^{j\omega})$ do item (b) é a função de transferência correspondente a uma equação de diferenças na forma

$$y[n] = \alpha x[n] + \beta x[n - \gamma].$$

Determine α, β e γ.

6.66 Na Figura P6.66(a), mostramos um sistema de tempo discreto consistindo em uma combinação paralela de N filtros LIT com resposta ao impulso $h_k[n]$, $k = 0, 1,..., N - 1$. Para qualquer k, $h_k[n]$ está relacionado a $h_0[n]$ pela expressão

$$h_k[n] = e^{j(2\pi nk/N)}h_0[n].$$

(a) Se $h_0[n]$ é um filtro passa-baixas ideal de tempo discreto com resposta em frequência $H_0(e^{j\omega})$, como mostra a Figura P6.66(b), esboce as transformadas de Fourier de $h_1[n]$ e $h_{N-1}[n]$ para ω no intervalo $-\pi < \omega \leq +\pi$.

(b) Determine o valor da frequência de corte ω_c na Figura P6.66(b) em termos de N ($0 < \omega_c \leq \pi$) tal que o sistema da Figura P6.66(a) seja um sistema identidade; ou seja, $y[n] = x[n]$ para todo n e qualquer entrada $x[n]$.

(c) Suponha que $h[n]$ não esteja mais restrita a ser um filtro passa-baixas ideal. Se $h[n]$ indicar a resposta ao impulso do sistema inteiro na Figura P6.66(a) com entrada $x[n]$ e saída $y[n]$, então $h[n]$ pode ser expressa na forma

$$h[n] = r[n]h_0[n].$$

Determine e esboce $r[n]$.

(d) Pelo seu resultado do item (c), determine uma condição necessária e suficiente em $h_0[n]$ para garantir que o sistema total será um sistema identidade (ou seja, de modo que, para qualquer entrada $x[n]$, a saída $y[n]$ será idêntica a $x[n]$). Sua resposta não deverá conter quaisquer somas.

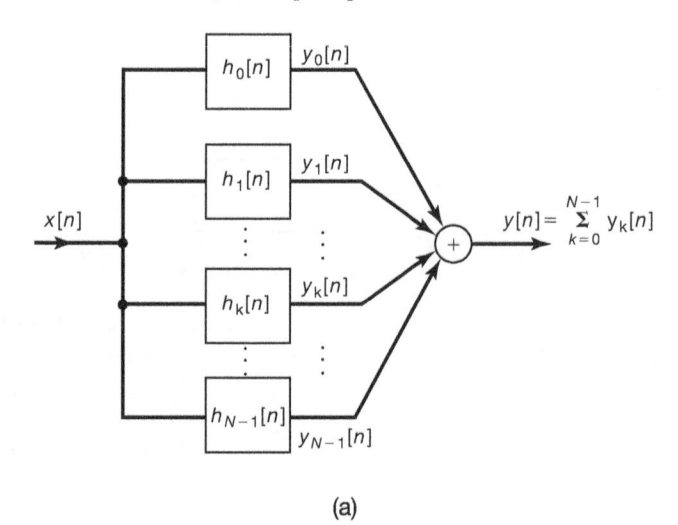

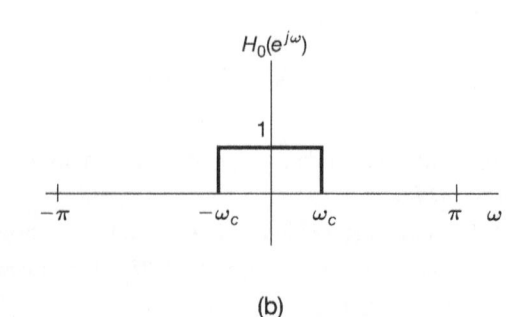

Figura P6.66a

Capítulo 7 Amostragem

7.0 Introdução

Sob certas condições, um sinal de tempo contínuo pode ser completamente representado por seus valores ou *amostras* uniformemente espaçadas no tempo. Essa propriedade um tanto surpreendente vem de um resultado básico que é conhecido como o *teorema da amostragem*. Esse teorema é extremamente importante e útil. Ele é explorado, por exemplo, nas imagens em movimento que consistem em uma sequência de quadros individuais, cada qual representando uma exibição instantânea (ou seja, uma amostra no tempo) de uma cena continuamente em movimento. Quando essas amostras são vistas sequencialmente no tempo a uma velocidade suficientemente rápida, percebemos uma representação precisa da cena original em movimento. Como outro exemplo, as imagens impressas normalmente consistem em uma grade de pontos muito minuciosa, cada um correspondendo a uma amostra da imagem espacialmente contínua a ser representada. Se as amostras estiverem suficientemente próximas, a imagem parece ser espacialmente contínua, embora, sob uma lente de aumento, sua representação em termos de amostras se torne evidente.

Grande parte da importância do teorema da amostragem se encontra no papel de ponte entre sinais de tempo contínuo e sinais de tempo discreto. Como veremos com mais detalhes neste capítulo, o fato de que, sob certas condições, um sinal de tempo contínuo pode ser completamente recuperado a partir de uma sequência de suas amostras fornece um meio (forma) para representar um sinal de tempo contínuo por um sinal de tempo discreto. Em muitos contextos, o processamento de sinais de tempo discreto é mais flexível e normalmente preferível ao processamento de sinais de tempo contínuo. Isso se deve, em grande parte, ao desenvolvimento significativo da tecnologia digital nas últimas décadas, resultando na disponibilidade de sistemas de tempo discreto baratos, portáteis, programáveis e facilmente reproduzíveis.

O conceito de amostragem, então, sugere um método extremamente atraente e amplamente empregado para usar o ferramental de sistema de tempo discreto para implementar sistemas de tempo contínuo e processar sinais de tempo contínuo: exploramos o conceito de amostragem para converter um sinal de tempo contínuo em um sinal de tempo discreto, processar o sinal de tempo discreto usando um sistema de tempo discreto e então converter de volta para tempo contínuo.

Na discussão a seguir, primeiro apresentamos e desenvolvemos o conceito de amostragem e o processo de reconstrução de um sinal de tempo contínuo a partir de suas amostras. Nessa discussão, identificamos as condições sob as quais um sinal de tempo contínuo pode ser reconstruído exatamente a partir de suas amostras e examinaremos as consequências quando essas condições não forem satisfeitas. Depois disso, exploramos o processamento de sinais de tempo contínuo que foram convertidos para sinais de tempo discreto por meio da amostragem. Por fim, examinamos a amostragem de sinais de tempo discreto e os conceitos relacionados de dizimação e interpolação.

7.1 Representação de um sinal de tempo contínuo por suas amostras: o teorema da amostragem

Em geral, na ausência de quaisquer condições ou informações adicionais, não esperaríamos que um sinal pudesse ser especificado unicamente por uma sequência de amostras uniformemente espaçadas. Por exemplo, na Figura 7.1, ilustramos três sinais distintos de tempo contínuo, todos com valores idênticos em múltiplos inteiros de T; ou seja,

$$x_1(kT) = x_2(kT) = x_3(kT).$$

Claramente, existe um número infinito de sinais que podem gerar determinado conjunto de amostras. Porém, conforme veremos, se um sinal for limitado em banda, ou seja, se sua transformada de Fourier for nula fora de um

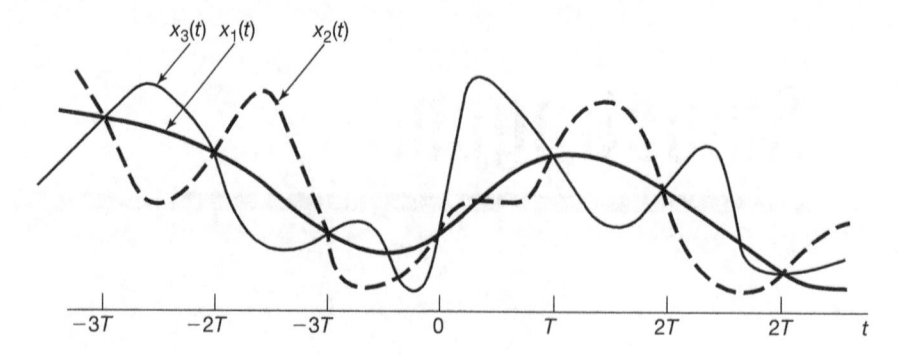

Figura 7.1 Três sinais de tempo contínuo com valores idênticos em múltiplos inteiros de T.

intervalo finito de frequências, e se as amostras forem tomadas suficientemente próximas em relação à frequência mais alta presente no sinal, então as amostras especificam *unicamente* tal sinal, e podemos reconstruí-lo perfeitamente. Esse resultado, conhecido como *teorema da amostragem*, tem importância significativa na aplicação prática dos métodos de análises de sinais e sistemas.

7.1.1 Amostragem com trem de impulsos

Para desenvolver o teorema da amostragem, precisamos representar de forma conveniente a amostragem de um sinal de tempo contínuo em intervalos regulares. Um modo útil de fazê-lo é por meio de um trem de impulsos periódico multiplicado pelo sinal de tempo contínuo $x(t)$ que queremos amostrar. Esse mecanismo, conhecido como amostragem por trem de impulsos, é representado na Figura 7.2. O trem de impulsos periódico $p(t)$ é conhecido como *função de amostragem*, o período T, como o *período de amostragem*, e a frequência fundamental de $p(t)$, $\omega_s = 2\pi/T$, como a *frequência de amostragem*. No domínio de tempo,

$$x_p(t) = x(t)p(t), \quad (7.1)$$

em que

$$p(t) = \sum_{n=-\infty}^{+\infty} \delta(t - nT). \quad (7.2)$$

Devido à propriedade de amostragem do impulso unitário, discutida na Seção 1.4.2, sabemos que multiplicar $x(t)$ por um impulso unitário toma a amostra do sinal no ponto em que o impulso está localizado, ou seja, $x(t)\delta(t - t_0) = x(t_0)\delta(t - t_0)$. Então, da Equação 7.1, vemos, conforme ilustra a Figura 7.2, que $x_p(t)$ é um trem de impulsos com as amplitudes dos impulsos iguais às amostras de $x(t)$ em intervalos espaçados de T; ou seja,

$$x_p(t) = \sum_{n=-\infty}^{+\infty} x(nT)\delta(t - nT). \quad (7.3)$$

Da propriedade de multiplicação (Seção 4.5), sabemos que

$$X_p(j\omega) = \frac{1}{2\pi} \int_{-\infty}^{+\infty} X(j\theta) P(j(\omega - \theta)) d\theta, \quad (7.4)$$

e do Exemplo 4.8,

$$P(j\omega) = \frac{2\pi}{T} \sum_{k=-\infty}^{+\infty} \delta(\omega - k\omega_s). \quad (7.5)$$

Como a convolução com um impulso simplesmente desloca um sinal [ou seja, $X(j\omega) * \delta(\omega - \omega_0) = X(j(\omega - \omega_0))$], segue

$$X_p(j\omega) = \frac{1}{T} \sum_{k=-\infty}^{+\infty} X(j(\omega - k\omega_s)). \quad (7.6)$$

Ou seja, $X_p(j\omega)$ é uma função de ω periódica que consiste de uma sobreposição de réplicas deslocadas de $X(j\omega)$,

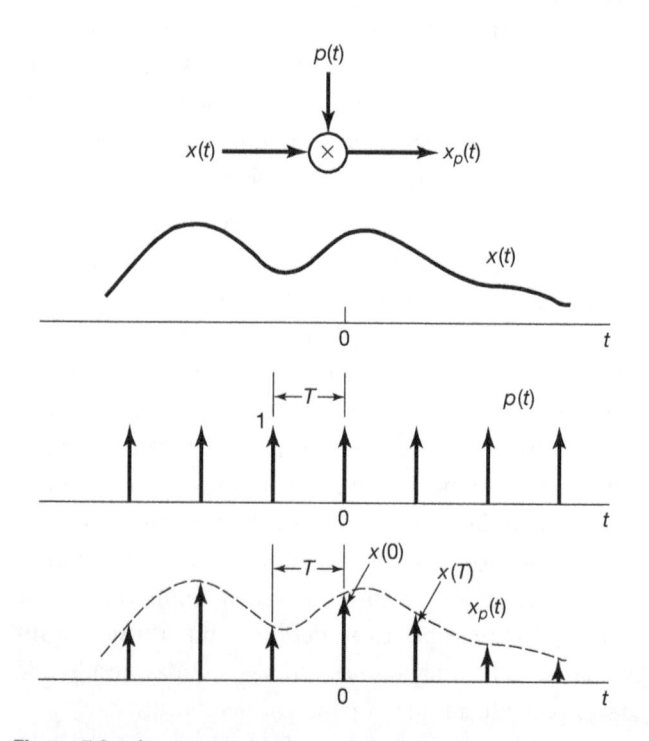

Figura 7.2 Amostragem com trem de impulsos.

multiplicadas por $1/T$, conforme ilustrado na Figura 7.3. Na Figura 7.3(c), $\omega_M < (\omega_s - \omega_M)$ ou, de modo equivalente, $\omega_s > 2\omega_M$, e, portanto, não existe sobreposição entre as réplicas deslocadas de $X(j\omega)$, enquanto, na Figura 7.3(d), com $\omega_s < 2\omega_M$, existe sobreposição. Para o caso ilustrado na Figura 7.3(c), $X(j\omega)$ é fielmente reproduzido em múltiplos inteiros da frequência de amostragem. Consequentemente, se $\omega_s > 2\omega_M$, $x(t)$ pode ser recuperado exatamente a partir de $x_p(t)$ por meio de um filtro passa-baixas com ganho T e uma frequência de corte maior que ω_M e menor que $\omega_s - \omega_M$, conforme indicado na Figura 7.4. Esse resultado básico, conhecido como *teorema da amostragem*, pode ser apresentado da seguinte forma:[1]

Teorema da amostragem:

Seja $x(t)$ um sinal de banda limitada com $X(j\omega) = 0$ para $|\omega| > \omega_M$. Então, $x(t)$ é determinado unicamente por suas amostras $x(nT); n = 0, \pm 1, \pm 2, \ldots$ se

$$\omega_s > 2\omega_M,$$

em que

$$\omega_s = \frac{2\pi}{T}.$$

Dadas essas amostras, podemos reconstruir $x(t)$ gerando um trem de impulsos periódico em que impulsos sucessivos têm amplitudes que são valores de amostras sucessivas. Esse trem de impulsos é então processado por meio de um filtro passa-baixas ideal com ganho T e frequência de corte maior que ω_M e menor que $\omega_s - \omega_M$. O sinal de saída resultante será exatamente igual a $x(t)$.

A frequência $2\omega_M$, que, conforme o teorema da amostragem, deve ser menor que a frequência de amostragem, comumente é conhecida como *taxa de Nyquist*.[2]

Como discutimos no Capítulo 6, os filtros ideais geralmente não são usados na prática por diversos motivos.

---

[1] Esse importante e elegante teorema esteve disponível por muitos anos em diversas formas na literatura matemática. Ver, por exemplo, WHITTAKER, J. M. "Interpolatory function theory", (New York: Stecher-Hafner Service Agency, 1964), cap. 4. Ele não apareceu explicitamente na literatura da teoria da comunicação antes da publicação, em 1949, do artigo clássico de Shannon, intitulado "Communication in the presence of noise" (*Proceedings of the IRE*, jan. 1949, p. 10-21). Porém, H. Nyquist, em 1928, e D. Gabor, em 1946, apontaram, com base no uso da série de Fourier, que $2TW$ são suficientes para representar uma função de duração T e frequência mais alta W. [NYQUIST, H. "Certain topics in telegraph transmission theory". *AIEE Transactions*, 1928, p. 617; Gabor, D. "Theory of communication". *Journal of IEE*, v. 93, n. 26, p. 429, 1946.]

[2] A frequência ω_M correspondente a metade da *taxa de Nyquist* que é normalmente conhecida como *frequência de Nyquist*.

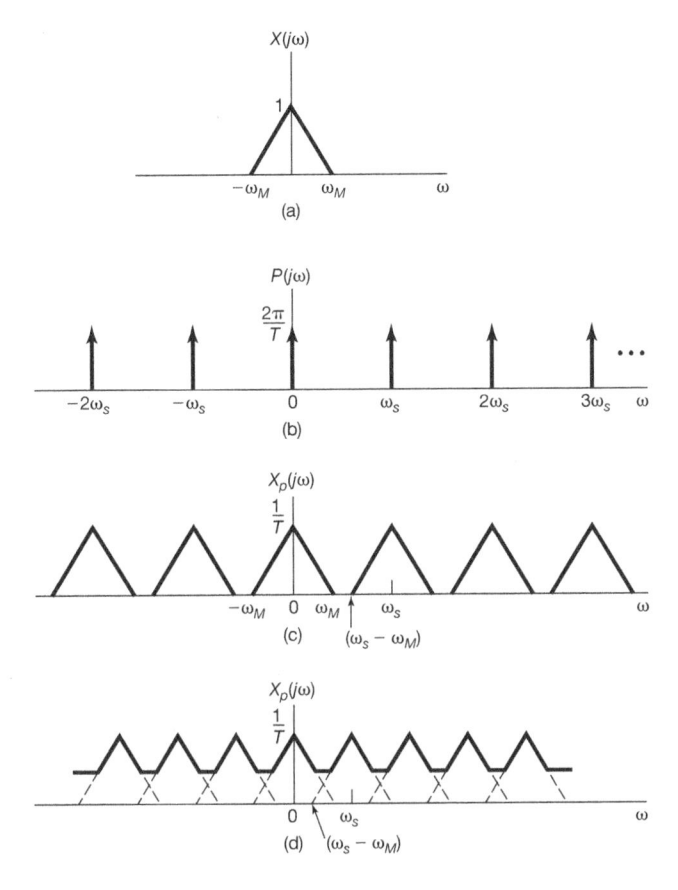

Figura 7.3 Efeito no domínio da frequência da amostragem no domínio do tempo: (a) espectro do sinal original; (b) espectro da função de amostragem; (c) espectro do sinal amostrado com $\omega_s > 2\omega_M$; (d) espectro do sinal amostrado com $\omega_s < 2\omega_M$.

Em diversas aplicações práticas, o filtro passa-baixas ideal na Figura 7.4 pode ser substituído por um filtro não ideal $H(j\omega)$ que se aproximasse da característica de frequência desejada com precisão suficiente para o problema de interesse (ou seja, $H(j\omega) \simeq 1$ para $|\omega| < \omega_M$ e $H(j\omega) \simeq 0$ para $|\omega| > \omega_s - \omega_M$). Obviamente, qualquer aproximação desse tipo no estágio de filtragem passa-baixas pode levar a alguma discrepância entre $x(t)$ e $x_r(t)$ na Figura 7.4 ou, de modo equivalente, entre $X(j\omega)$ e $X_r(j\omega)$. A escolha particular do filtro não ideal é então ditada pelo nível de distorção aceitável para a aplicação em consideração. Por conveniência e para enfatizar princípios básicos como o teorema da amostragem, consideraremos regularmente a disponibilidade e o uso de filtros ideais durante este e o próximo capítulo, compreendendo que, na prática, tal filtro precisa ser substituído por um filtro não ideal projetado para aproximar as características ideais com precisão suficiente para o problema em questão.

7.1.2 Amostragem com um retentor de ordem zero

O teorema da amostragem, que é facilmente explicado em termos de amostragem por trem de impulsos, estabelece o fato de que um sinal de banda limitada é representado unicamente por suas amostras. Na prática, pulsos estreitos de grande amplitude, que aproximam os impulsos, são relativamente difíceis de gerar e transmitir. Comumente é mais conveniente gerar o sinal amostrado em uma forma conhecida como *retentor de ordem zero* (zero-order hold). Esse sistema amostra $x(t)$ em determinado instante e mantém esse valor até o próximo instante no qual a amostra é tomada, como ilustra a Figura 7.5. A reconstrução de $x(t)$ a partir da saída de um retentor de ordem zero novamente pode ser realizada por filtragem passa-baixas. Contudo, nesse caso, o filtro exigido não tem ganho constante na banda de passagem. Para determinar a característica de filtro exigida, primeiro observamos que a saída $x_0(t)$ do retentor de ordem zero pode, a princípio, ser gerada pela amostragem do trem de impulsos seguida por um sistema LIT com uma resposta ao impulso retangular, conforme representado na Figura 7.6. Para reconstruir $x(t)$ a partir de $x_0(t)$, consideramos o processamento de $x_0(t)$ com um sistema LIT com resposta ao impulso $h_r(t)$ e resposta em frequência $H_r(j\omega)$. A cascata desse sistema com o sistema da Figura 7.6 é mostrada na Figura 7.7, em que queremos especificar $H_r(j\omega)$ de modo que $r(t) = x(t)$. Comparando o sistema da Figura 7.7 com o da Figura 7.4, vemos que $r(t) = x(t)$ se a combinação em cascata de $h_0(t)$ e $h_r(t)$ for o filtro passa-baixas ideal $H(j\omega)$ usado na Figura 7.4. Uma vez que, do Exemplo 4.4 e da propriedade de deslocamento no tempo na Seção 4.3.2,

$$H_0(j\omega) = e^{-j\omega T/2}\left[\frac{2\,\text{sen}(\omega T/2)}{\omega}\right], \quad (7.7)$$

isso requer que

$$H_r(j\omega) = \frac{e^{j\omega T/2} H(j\omega)}{\dfrac{2\,\text{sen}(\omega T/2)}{\omega}}. \quad (7.8)$$

Por exemplo, com a frequência de corte de $H(j\omega)$ igual a $\omega_s/2$, a magnitude e fase ideais para o filtro de recons-

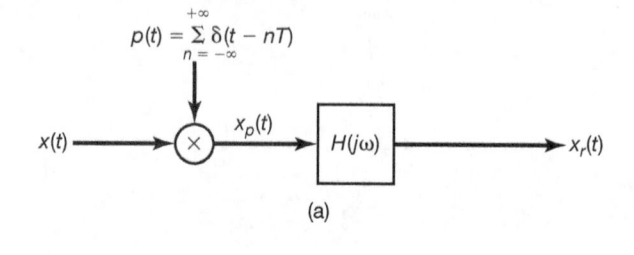

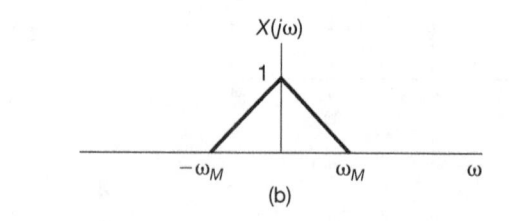

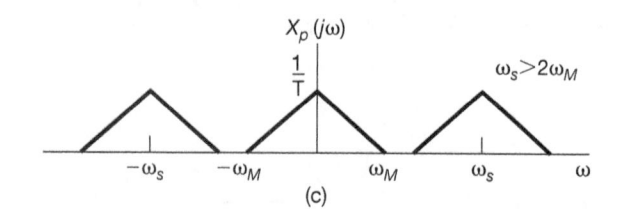

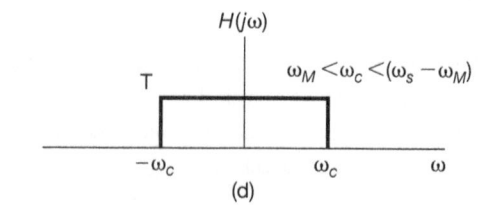

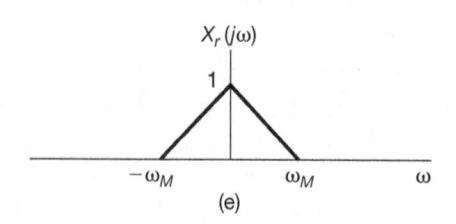

Figura 7.4 Recuperação exata de um sinal de tempo contínuo a partir de suas amostras usando um filtro passa-baixas ideal. (a) Sistema para amostragem e reconstrução. (b) Espectro representativo para $x(t)$. (c) Espectro correspondente para $x_p(t)$. (d) Filtro passa-baixas ideal para recuperar $X(j\omega)$ a partir de $X_p(j\omega)$. (e) Espectro de $x_r(t)$.

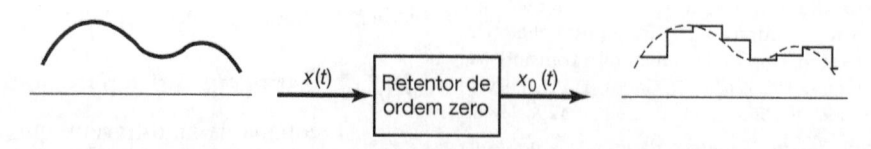

Figura 7.5 Amostragem utilizando um retentor de ordem zero.

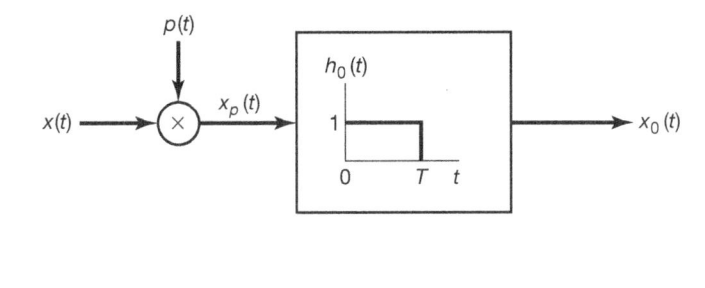

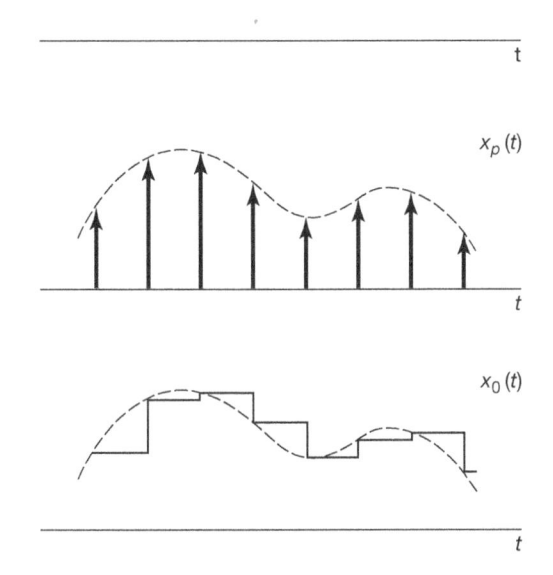

Figura 7.6 Retentor de ordem zero como amostragem por trem de impulsos seguido por um sistema LIT com um pulso retangular com a resposta impulsiva.

trução seguindo um retentor de ordem zero são conforme mostra a Figura 7.8.

Mais uma vez, na prática, a resposta em frequência na Equação 7.8 não pode ser implementada exatamente, e uma aproximação adequada precisa ser projetada. De fato, em muitas situações, a saída de um retentor de ordem zero é considerada como uma aproximação adequada para o sinal original por si só, sem qualquer filtragem passa-baixas adicional, e basicamente representa uma interpolação possível entre os valores das amostras, embora admitidamente muito grosseira. Como alternativa, em algumas aplicações, podemos querer realizar alguma interpolação mais suave entre os valores das amostras. Na próxima seção, exploramos com mais detalhes o conceito geral de interpretar a reconstrução de um sinal a partir de suas amostras como um processo de interpolação.

7.2 Reconstrução de um sinal a partir de suas amostras usando interpolação

A interpolação, isto é, o ajuste de um sinal contínuo com um conjunto de amostras, é um procedimento comumente utilizado para reconstruir uma função aproximada ou exatamente a partir de amostras. Um procedimento de interpolação simples é o retentor de ordem zero, discutido na Seção 7.1. Outra forma de interpolação útil é a *interpolação linear*, na qual pontos de amostra adjacentes são ligados por uma linha reta, como ilustrado na Figura 7.9. Em fórmulas de interpolação mais complicadas, pontos de amostra podem ser ligados por polinômios de ordem mais alta ou outras funções matemáticas.

Como vimos na Seção 7.1, para um sinal de banda limitada, se os instantes de amostragem forem suficientemente próximos, então o sinal pode ser reconstruído exatamente; ou seja, por meio do uso de um filtro passa-baixas, a interpolação exata pode ser realizada entre os pontos de amostra. A interpretação da reconstrução de $x(t)$ como um processo de interpolação torna-se evidente quando consideramos o efeito no domínio de tempo do filtro passa-baixas na Figura 7.4. Em particular, a saída $x(t)$ é

$$x_r(t) = x_p(t) * h(t)$$

ou, com $x_p(t)$ dado pela Equação 7.3,

$$x_r(t) = \sum_{n=-\infty}^{+\infty} x(nT)h(t - nT). \quad (7.9)$$

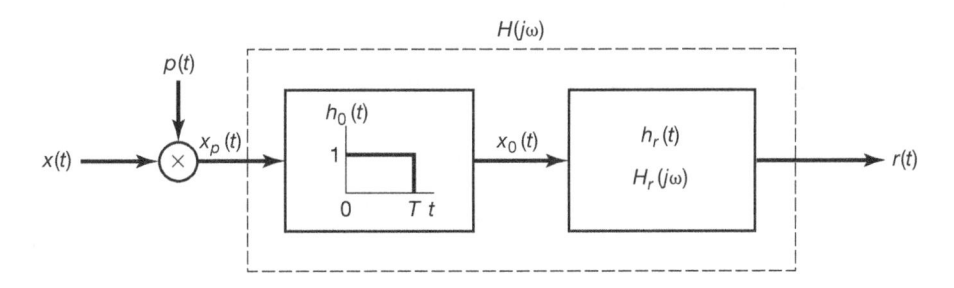

Figura 7.7 Cascata da representação de um retentor de ordem zero (Figura 7.6) com um filtro de reconstrução.

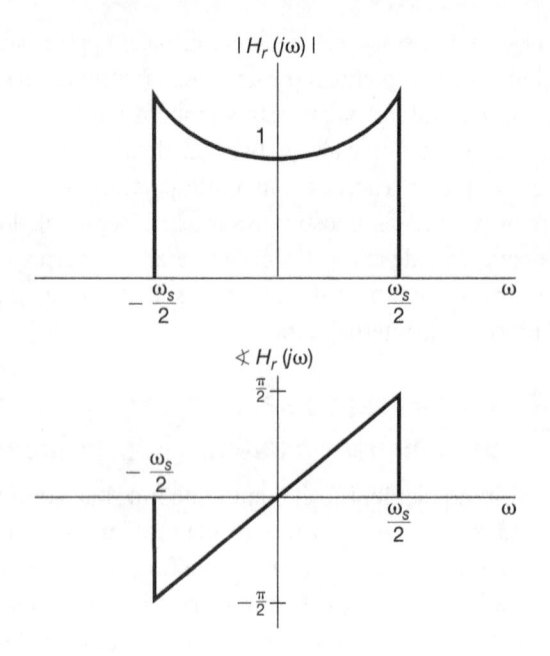

Figura 7.8 Magnitude e fase do filtro de reconstrução para um retentor de ordem zero.

A Equação 7.9 descreve como ajustar uma curva contínua entre os pontos de amostra $x(nT)$ e, consequentemente, representa a fórmula de interpolação. Para o filtro passa-baixas ideal $H(j\omega)$ da Figura 7.4,

$$h(t) = \frac{\omega_c T \,\text{sen}(\omega_c t)}{\pi \omega_c t}, \quad (7.10)$$

de modo que

$$x_r(t) = \sum_{n=-\infty}^{+\infty} x(nT) \frac{\omega_c T}{\pi} \frac{\text{sen}(\omega_c(t-nT))}{\omega_c(t-nT)}. \quad (7.11)$$

A reconstrução de acordo com a Equação 7.11 com $\omega_c = \omega_s/2$ está ilustrada na Figura 7.10. A Figura 7.10(a) representa o sinal de banda limitada $x(t)$ original, e a Figura 7.10(b) representa $x_p(t)$, o trem de impulsos das amostras. Na Figura 7.10(c), está ilustrada a sobreposição dos termos individuais da Equação 7.11.

A interpolação usando a resposta ao impulso de um filtro passa-baixas ideal, como na Equação 7.11, é comumente conhecida como uma *interpolação de banda limitada*,

Figura 7.9 Interpolação linear entre os pontos das amostras. A curva tracejada representa o sinal original, e a curva sólida, a interpolação linear.

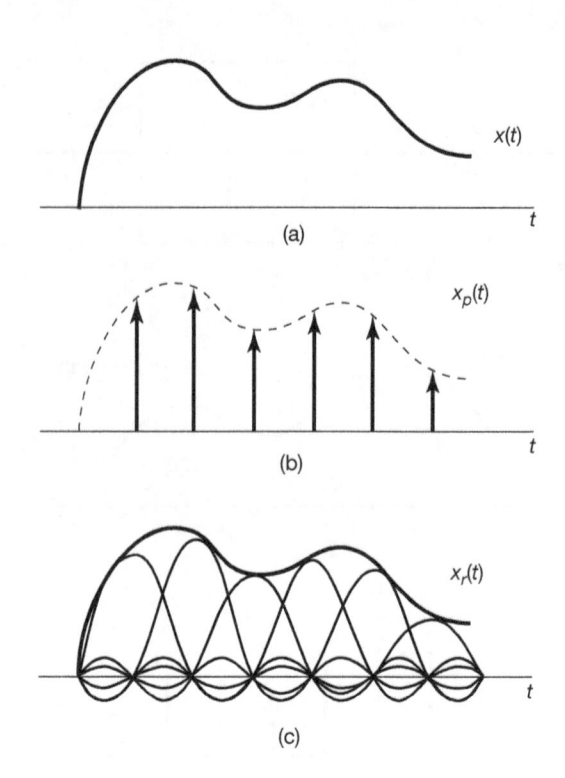

Figura 7.10 Interpolação ideal de banda limitada usando a função sinc. (a) Sinal de banda limitada $x(t)$. (b) Trem de impulsos de amostras de $x(t)$. (c) Interpolação ideal de banda limitada em que o trem de impulsos é substituído por uma superposição de funções sinc (Equação 7.11).

pois implementa a reconstrução exata se $x(t)$ for limitado em banda e a frequência de amostragem satisfizer as condições do teorema da amostragem. Conforme indicamos, em muitos casos, é preferível usar um filtro menos preciso, porém mais simples, ou, de modo equivalente, uma função de interpolação mais simples que a função na Equação 7.10. Por exemplo, o retentor de ordem zero pode ser visto como uma forma de interpolação entre os valores de amostra em que a função de interpolação $h(t)$ é a resposta ao impulso $h_0(t)$ representada na Figura 7.6. Nesse sentido, com $x_0(t)$ na Figura 7.6 correspondendo à aproximação de $x(t)$, o sistema $h_0(t)$ representa uma aproximação do filtro passa-baixas ideal exigido para a interpolação exata. A Figura 7.11 mostra a magnitude da função de transferência do filtro de interpolação retentor de ordem zero, sobreposta à função de transferência desejada do filtro de interpolação exato.

Tanto pela Figura 7.11 quanto pela Figura 7.6, vemos que o retentor de ordem zero é uma aproximação muito grosseira, embora, em alguns casos, isso seja suficiente. Por exemplo, se uma filtragem passa-baixas adicional se faz necessária em determinada aplicação, isso tenderá a melhorar a interpolação total. Isso está

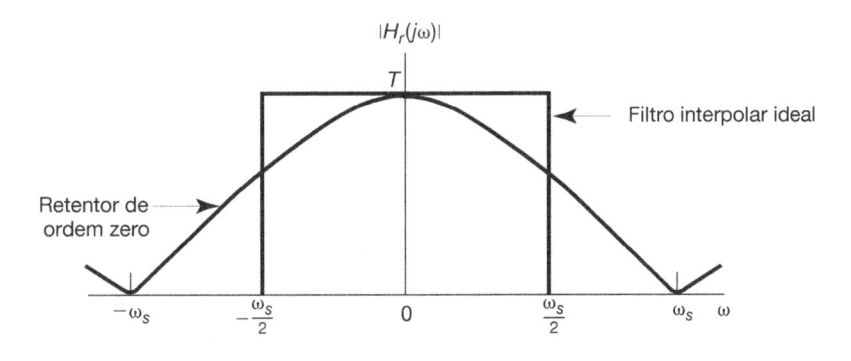

Figura 7.11 Função de transferência para o retentor de ordem zero e para o filtro interpolar ideal.

ilustrado nas imagens na Figura 7.12. A Figura 7.12(a) mostra uma imagem com amostragem com impulso (ou seja, amostras com pulsos espacialmente estreitos). A Figura 7.12(b) é o resultado da aplicação de um retentor de ordem zero bidimensional à Figura 7.12(a) com um efeito resultante de mosaico. Porém, o sistema visual humano inerentemente impõe filtragem passa-baixas, e, consequentemente, quando vistas a certa distância, as descontinuidades no mosaico são suavizadas. Por exemplo, na Figura 7.12(c), um retentor de ordem zero novamente é usado, mas aqui o espaçamento da amostra em cada direção é um quarto daquele na Figura 7.12(a). Com a visualização normal, uma filtragem passa-baixas considerável é naturalmente aplicada, embora o efeito de mosaico ainda seja de certa forma evidente.

Se a interpolação bruta fornecida pelo retentor de ordem zero é insuficiente, podemos usar diversas estratégias de suavização de interpolação, algumas das quais são conhecidas coletivamente como *retentores de ordem elevada*. Em particular, o retentor de ordem zero produz um sinal de saída, como na Figura 7.5, que é descontínuo. Por outro lado, a interpolação linear, como ilustrada na Figura 7.9, resulta em reconstruções que são contínuas, embora com derivadas descontínuas, devido às mudanças de inclinação nos pontos de amostra. A interpolação linear, às vezes chamada retentor de primeira ordem, pode também ser vista como a interpolação na forma da Figura 7.4 e da Equação 7.9 com $h(t)$ triangular, conforme ilustrado na Figura 7.13. A função de transferência associada também aparece na figura e é

$$H(j\omega) = \frac{1}{T}\left[\frac{\text{sen}(\omega T/2)}{\omega/2}\right]^2. \quad (7.12)$$

A função de transferência do retentor de primeira ordem na Figura 7.13 aparece sobreposta à função de transferência para o filtro interpolar ideal. A Figura 7.14 corresponde às mesmas imagens da Figura 7.12(b), mas com um retentor de primeira ordem aplicado à imagem amostrada. De uma forma análoga, podemos definir retentores de segunda ordem e de ordem elevada que produzem reconstruções com um grau de suavidade mais alto. Por exemplo, a saída de um retentor de segunda ordem fornece uma interpolação dos valores de amostra que é contínua, tem uma primeira derivada contínua e segunda derivada descontínua.

7.3 O efeito da subamostragem: *aliasing*

Nas seções anteriores, assumimos que a frequência de amostragem era suficientemente alta para que as condições do teorema da amostragem fossem atendidas. Como ilustrado na Figura 7.3, com $\omega_s > 2\omega_M$, o espectro do sinal amostrado consiste de aplicações em escala do espectro de $x(t)$, e isso forma a base para o teorema da amostragem. Quando $\omega_s < 2\omega_M$, $X(j\omega)$, o espectro de $x(t)$, não é mais replicado em $X_p(j\omega)$ e, portanto, não é mais recuperável por filtragem passa-baixas. Esse efeito, em que as parcelas individuais na Equação 7.6 se sobrepõem, é conhecido como *aliasing*, e nesta seção vamos explorar seu efeito e suas consequências.

Claramente, se o sistema da Figura 7.4 for aplicado a um sinal com $\omega_s < 2\omega_M$, o sinal reconstruído $x_r(t)$ não será mais igual a $x(t)$. Porém, conforme exploramos no Problema 7.25, o sinal original e o sinal $x_r(t)$ que é reconstruído usando interpolação de banda limitada sempre serão iguais nos instantes da amostragem; ou seja, para qualquer escolha de ω_s,

$$x_r(nT) = x(nT), \quad n = 0; \pm 1; \pm 2,\ldots \quad (7.13)$$

Um entendimento sobre a relação entre $x(t)$ e $x_r(t)$ quando $\omega_s < 2\omega_M$ é obtido considerando com mais detalhes o caso comparativamente simples de um sinal senoidal. Assim, seja

$$x(t) = \cos \omega_0 t, \quad (7.14)$$

Figura 7.12 (a) As imagens originais das figuras 6.2(a) e (g) com amostragem por impulsos. (b) Retentor de ordem zero aplicado às imagens em (a). O sistema visual naturalmente introduz a filtragem passa-baixas com uma frequência de corte que diminui com a distância. Assim, quando vistas a uma distância, as descontinuidades no mosaico da Figura 7.12(b) são suavizadas. (c) Resultado da aplicação de um retentor de ordem zero após amostragem de impulsos com um quarto do espaçamento horizontal e vertical usado em (a) e (b).

ra 7.4 com $\omega_c = \omega_s/2$ está indicada por uma linha tracejada. Observe que não ocorre *aliasing* em (b) e (c), pois $\omega_0 < \omega_s/2$, enquanto o *aliasing* ocorre em (d) e (e). Para cada um dos quatro casos, a saída filtrada por passa-baixas $x_r(t)$ é dada por:

(a) $\omega_0 = \dfrac{\omega_s}{6};\quad x_r(t) = \cos \omega_0 t = x(t)$

(b) $\omega_0 = \dfrac{2\omega_s}{6};\quad x_r(t) = \cos \omega_0 t = x(t)$

(c) $\omega_0 = \dfrac{4\omega_s}{6};\quad x_r(t) = \cos(\omega_s - \omega_0)t \neq x(t)$

(d) $\omega_0 = \dfrac{5\omega_s}{6};\quad x_r(t) = \cos(\omega_s - \omega_0)t \neq x(t)$

Quando ocorre o *aliasing*, a frequência original ω_0 assume a identidade de uma frequência mais baixa $(\omega_s - \omega_0)$. Para $\omega_s/2 < \omega_0 < \omega_s$, à medida que ω_0 aumenta em relação a ω_s, a frequência de saída $\omega_s - \omega_0$ diminui. Quando $\omega_s = \omega_0$, por exemplo, o sinal reconstruído é uma constante. Isso é consistente com o fato de que, quando é feita a amostragem uma vez por ciclo, as amostras são todas iguais e são idênticas àquelas obtidas pela amostragem de um sinal constante $(\omega_0 = 0)$. Na Figura 7.16, representamos para cada um dos quatro casos da Figura 7.15 o sinal $x(t)$, suas amostras e o sinal reconstruído $x_r(t)$. A partir dessas figuras, podemos ver como o filtro passa-baixas interpola entre as amostras, em particular, sempre ajustando uma senoide de frequência menor que $\omega_s/2$ às amostras de $x(t)$.

Como uma variação dos exemplos anteriores, considere o sinal

$$x(t) = \cos(\omega_0 t + \phi). \quad (7.15)$$

Nesse caso, a transformada de Fourier de $x(t)$ é basicamente a mesma da Figura 7.15(a), exceto pelo fato de que o impulso indicado com uma linha sólida agora tem amplitude $\pi e^{j\phi}$, enquanto o impulso indicado com uma linha tracejada tem amplitude com a fase oposta, a saber, $\pi e^{-j\phi}$. Se agora considerarmos o mesmo conjunto de escolhas para ω_0 como na Figura 7.15, os espectros resultantes para as versões amostradas de $\cos(\omega_0 t + \phi)$ são exatamente como na figura, com todos os impulsos sólidos tendo amplitude $\pi e^{j\phi}$ e todos os tracejados tendo amplitude $\pi e^{-j\phi}$. Novamente, nos casos (b) e (c), a condição do teorema da amostragem é atendida de modo que $x_r(t) = \cos(\omega_0 t + \phi) = x(t)$, enquanto em (d) e (e) novamente temos *aliasing*. Porém, agora vemos que houve uma reversão dos impulsos sólidos e tracejados aparecendo na banda de passagem do filtro passa-baixas. Como resultado, obtemos, nesses casos, $x_r(t) = \cos[(\omega_s - \omega_0)t - \phi]$ e temos uma mudança no sinal da fase ϕ, ou seja, uma *inversão da fase*.

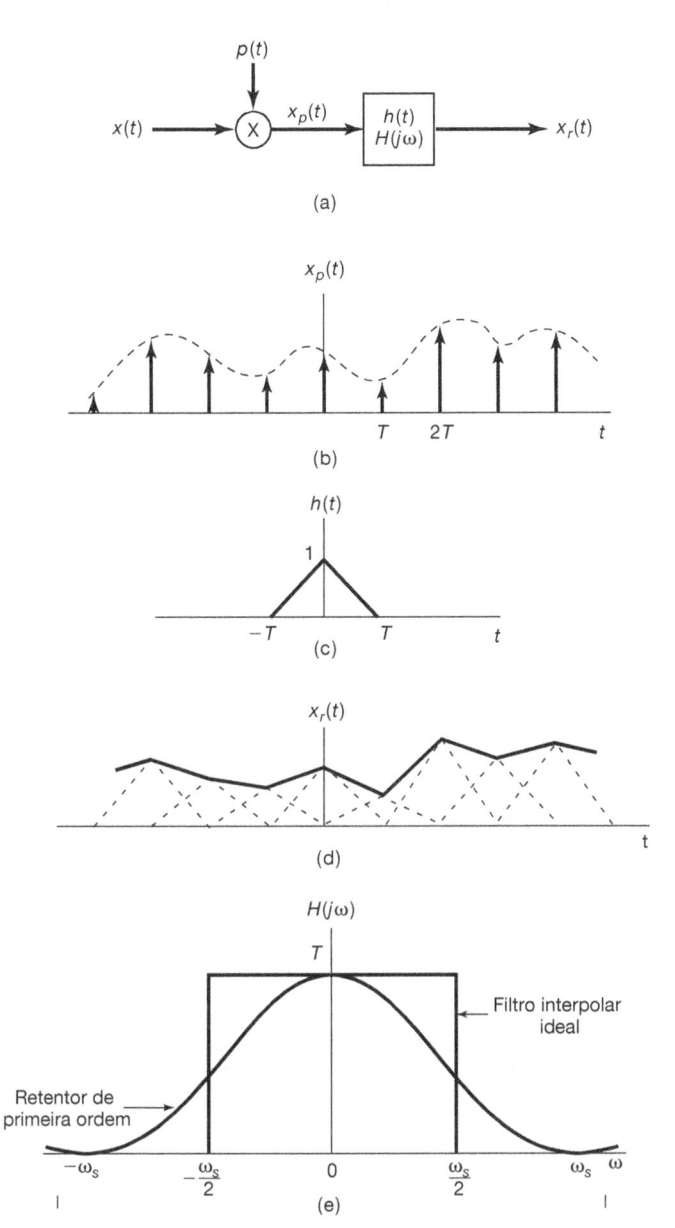

Figura 7.13 Interpolação linear (retentor de primeira ordem) como amostragem por trem de impulsos seguida pela convolução com uma resposta ao impulso triangular. (a) Sistema para amostragem e reconstrução. (b) Trem de impulsos ponderados pelas amostras. (c) Resposta ao impulso representando um retentor de primeira ordem. (d) Retentor de primeira ordem aplicado ao sinal amostrado. (e) Comparação da função de transferência do filtro interpolar ideal e retentor de primeira ordem.

com a transformada de Fourier $X(j\omega)$ conforme indicado na Figura 7.15(a). Nessa figura, por conveniência distinguimos graficamente o impulso em ω_0 daquele em $-\omega_0$. Vamos considerar $X_p(j\omega)$, o espectro do sinal amostrado, e focar em particular o efeito de uma mudança na frequência ω_0 com a frequência de amostragem ω_s fixa. Nas figuras 7.15(b) a (e), ilustramos $X_p(j\omega)$ para diferentes valores de ω_0. A banda de passagem do filtro passa-baixas da Figu-

Figura 7.14 Resultado de aplicar um retentor de primeira ordem em vez de um retentor de ordem zero após a amostragem por impulso com um terço do espaçamento horizontal e vertical usado nas figuras 7.12(a) e (b).

É importante notar que o teorema da amostragem requer explicitamente que a frequência de amostragem seja *maior que* o dobro da frequência mais alta do sinal, em vez de maior ou igual ao dobro da frequência mais alta. O próximo exemplo ilustra que a amostragem de um sinal senoidal exatamente com o dobro da sua frequência (ou seja, exatamente duas amostras por ciclo) não é suficiente.

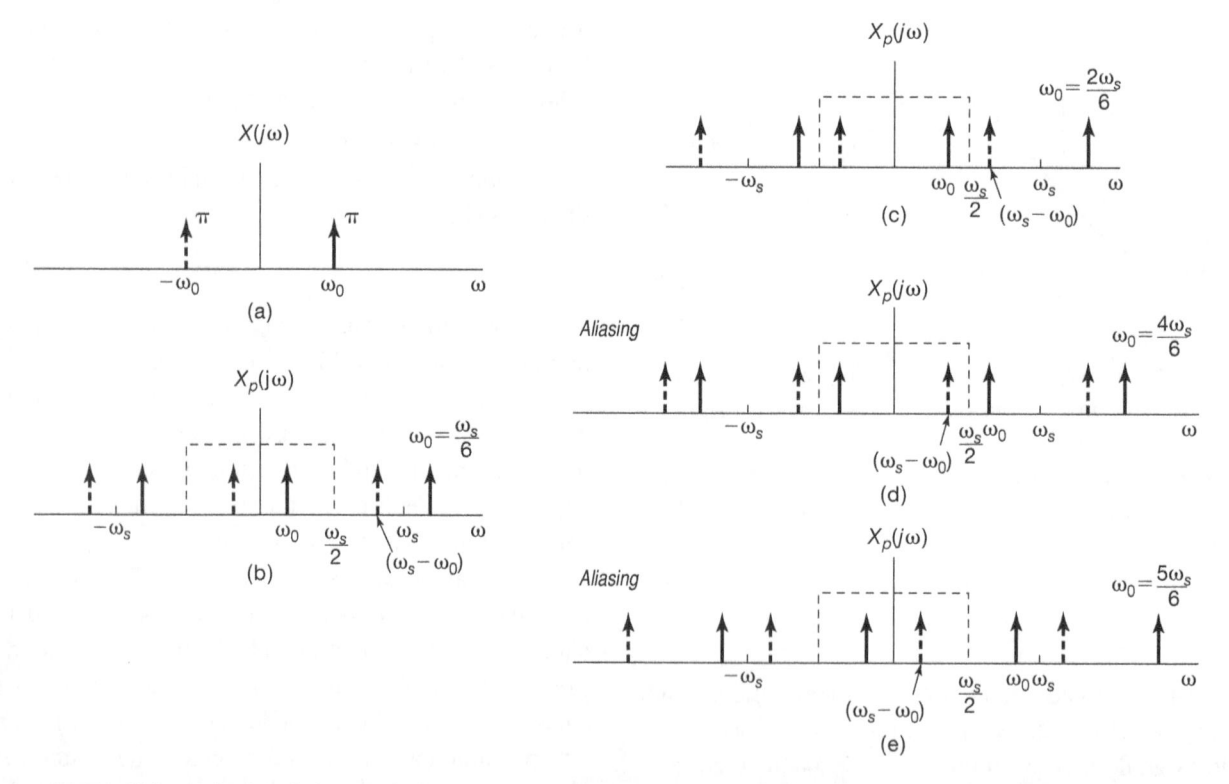

Figura 7.15 Efeito no domínio de frequência da sobreamostragem e subamostragem: (a) espectro do sinal senoidal original; (b), (c) espectro do sinal amostrado com $\omega_s > 2\omega_0$; (d), (e) espectro do sinal amostrado com $\omega_s < 2\omega_0$. À medida que aumentamos ω_0 passando de (b) para (d), os impulsos desenhados com linhas sólidas movem-se para a direita, enquanto os impulsos desenhados com linhas tracejadas se movem para a esquerda. Em (d) e (e), esses impulsos moveram-se de modo suficiente para que haja uma mudança naqueles que se encontram dentro da banda de passagem do filtro passa-baixas ideal.

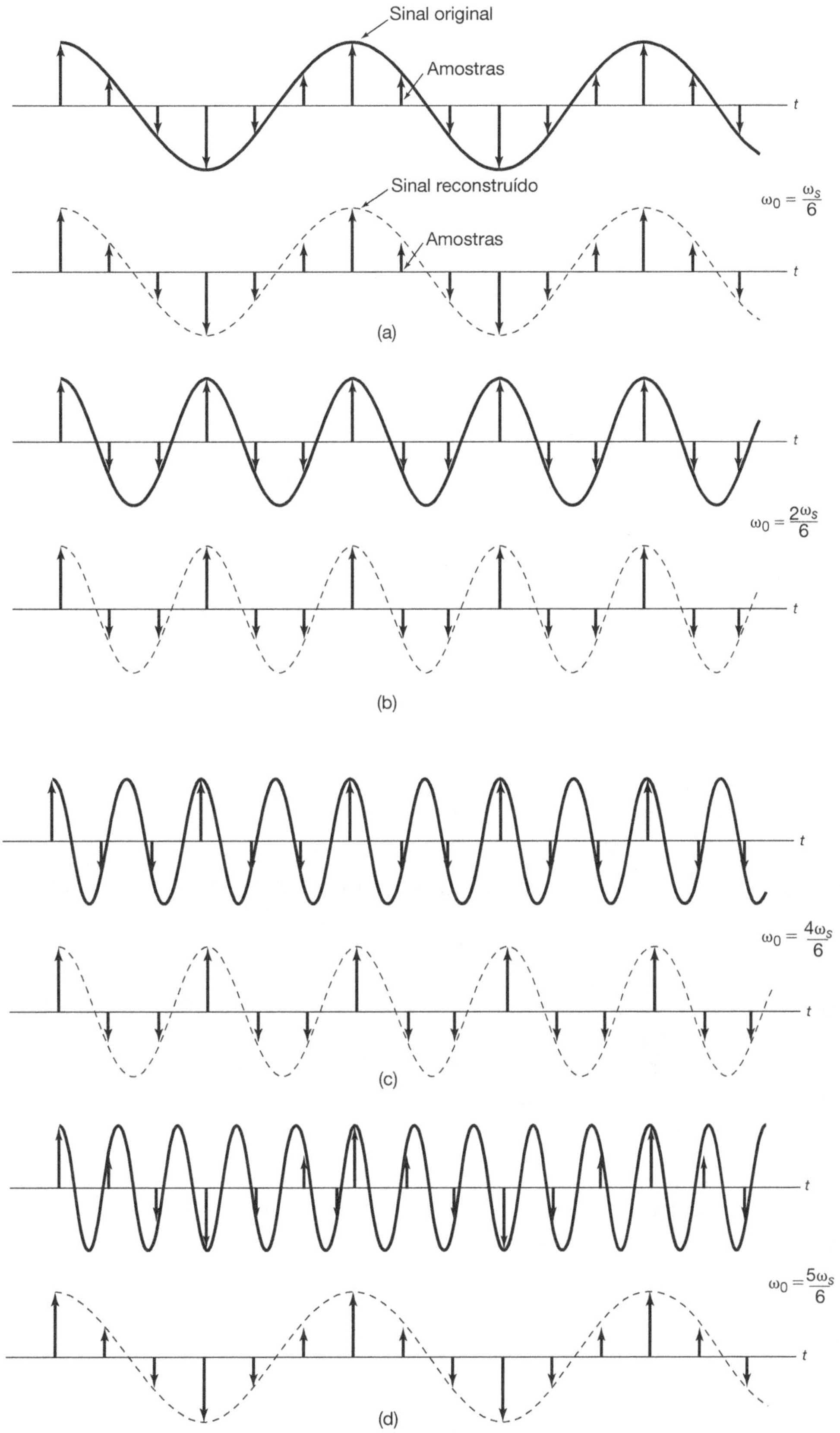

Figura 7.16 Efeito do *aliasing* sobre um sinal senoidal. Para cada um dos quatro valores de ω_0, são ilustrados: o sinal senoidal original (curva sólida), suas amostras e o sinal reconstruído (curva tracejada). (a) $\omega_0 = \omega_s/6$; (b) $\omega_0 = 2\omega_s/6$; (c) $\omega_0 = 4\omega_s/6$; (d) $\omega_0 = 5\omega_s/6$. Em (a) e (b) não ocorre *aliasing*, enquanto em (c) e (d) existe *aliasing*.

Exemplo 7.1

Seja o sinal senoidal

$$x(t) = \cos\left(\frac{\omega_s}{2}t + \phi\right),$$

e suponha que esse sinal seja amostrado, usando a amostragem por impulso, exatamente no dobro da frequência da senoide, ou seja, na frequência de amostragem ω_s. Como mostrado no Problema 7.39, se esse sinal amostrado por impulso é aplicado à entrada de um filtro passa-baixas ideal com frequência de corte $\omega_s/2$, a saída resultante é

$$x_r(t) = (\cos\phi)\cos\left(\frac{\omega_s}{2}t\right).$$

Consequentemente, vemos que a reconstrução perfeita de $x(t)$ só ocorre no caso em que a fase ϕ é nula (ou um inteiro múltiplo de 2π). Caso contrário, o sinal $x_r(t)$ não é igual a $x(t)$.

Como um exemplo extremo, considere o caso em que $\phi = -\pi/2$, de modo que

$$x(t) = \operatorname{sen}\left(\frac{\omega_s}{2}t\right).$$

O sinal é esboçado na Figura 7.17. Observamos que os valores de sinal em múltiplos inteiros do período de amostragem $2\pi/\omega_s$ são nulos. Consequentemente, a amostragem nessa taxa produz um sinal que é identicamente nulo, e quando essa entrada nula é aplicada ao filtro passa-baixas ideal, a saída resultante $x_r(t)$ também é identicamente nula.

O efeito da subamostragem, no qual as frequências altas são refletidas nas frequências baixas, é o princípio no qual o efeito estroboscópico está baseado. Considere, por exemplo, a situação representada na Figura 7.18, em que temos um disco girando a uma velocidade constante, com uma linha radial única marcada no disco. O estroboscópio piscando atua como um sistema de amostragem, pois ilumina o disco por intervalos de tempo extremamente breves em uma taxa periódica. Quando a frequência do estroboscópio é muito maior que a velocidade de rotação do disco, a velocidade de rotação do disco é percebida corretamente. Quando a frequência do estroboscópio se torna menor que o dobro da frequência de rotação do disco, a rotação do disco parece estar em uma frequência menor que a real. Além do mais, devido à inversão da fase, o disco parece estar rodando na direção errada! Em termos gerais, se acompanharmos a posição de uma linha fixa no disco em amostras sucessivas, então, quando $\omega_0 < \omega_s < 2\omega_0$, de modo que amostramos um pouco mais frequente do que uma vez por rotação, as amostras do disco mostrarão a linha fixa em posições que são sucessivamente deslocadas em uma direção anti-horária, oposta à rotação horária do próprio disco. A uma piscada por rotação, correspondente a $\omega_s = \omega_0$, a linha radial parece estar estacionária (ou seja, a frequência de rotação do disco e suas harmônicas foram mascaradas como frequência zero). Um efeito semelhante comumente é observado em filmes de faroeste, onde as rodas de uma carruagem parecem estar girando mais lentamente do que seria consistente com seu movimento direto para a frente ou, então, na direção errada. Nesse caso, o processo de amostragem corresponde ao fato de que as imagens em movimento são uma sequência de quadros individuais com a taxa de quadro (usualmente, entre 18 e 24 quadros por segundo) correspondendo à frequência de amostragem.

A discussão anterior sugere a interpretação do efeito estroboscópico como um exemplo de uma aplicação útil do *aliasing* devido à subamostragem. Outra aplicação do *aliasing* surge em um instrumento de medição conhecido como *osciloscópio de amostragem*. Ele serve para observar formas de onda de frequência muito alta e explora os princípios da amostragem para representar essas frequências em outras que sejam mais facilmente exibidas. Essa aplicação é explorada com mais detalhes no Problema 7.38.

7.4 Processamento em tempo discreto de sinais de tempo contínuo

Em muitas aplicações ocorre uma vantagem significativa no processamento de um sinal de tempo contínuo, primeiro convertendo-o para um sinal de tempo discreto e, depois do processamento de tempo discreto,

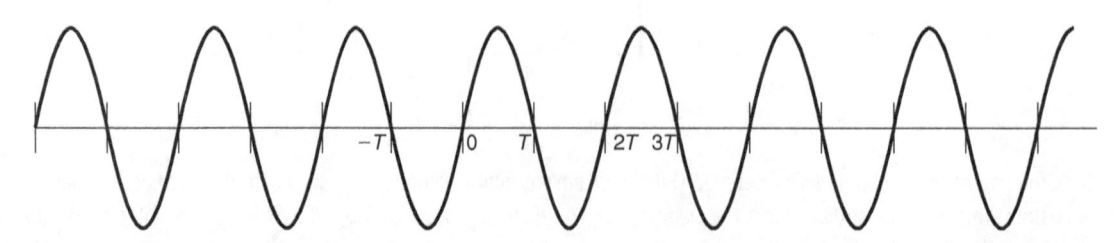

Figura 7.17 Sinal senoidal para o Exemplo 7.1.

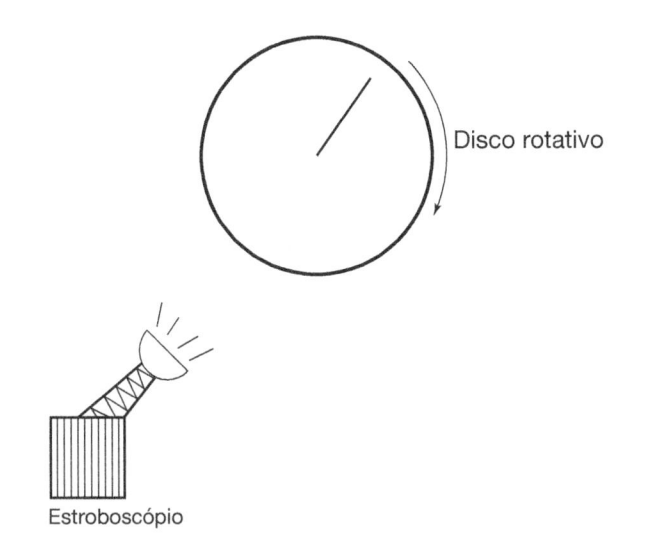

Figura 7.18 Efeito estroboscópico.

convertendo-o de volta para um sinal de tempo contínuo. O processamento do sinal de tempo discreto pode então ser implementado em um computador de propósito geral ou especial, com microprocessadores ou com qualquer um de diversos dispositivos que são orientados especificamente para o processamento de sinais de tempo discreto.

Em termos gerais, essa técnica de processamento de sinal de tempo contínuo pode ser vista como a cascata de três operações, conforme indicado na Figura 7.19, sendo $x_c(t)$ e $y_c(t)$ sinais de tempo contínuo e $x_d[n]$ e $y_d[n]$ sinais de tempo discreto correspondendo a $x_c(t)$ e $y_c(t)$. O sistema total na Figura 7.19 é, naturalmente, um sistema de tempo contínuo no sentido de que a entrada e a saída do sistema são, ambas, sinais de tempo contínuo. A base teórica para a conversão de um sinal de tempo contínuo em um sinal de tempo discreto e a reconstrução de um sinal de tempo contínuo a partir de sua representação de tempo discreto reside no teorema da amostragem, conforme discutimos na Seção 7.1. Por meio do processo de amostragem periódica com frequência de amostragem consistente com as condições do teorema da amostragem, o sinal de tempo contínuo $x_c(t)$ é exatamente representado por uma sequência de valores de amostra instantânea $x_c(nT)$; ou seja, a sequência de tempo discreto $x_d[n]$ está relacionada a $x_c(t)$ por

$$x_d[n] = x_c(nT). \qquad (7.16)$$

A transformação de $x_c(t)$ em $x_d[n]$ correspondente ao primeiro sistema na Figura 7.19 será chamada *conversão de tempo contínuo para discreto* e será abreviada como C/D. A operação inversa correspondente ao terceiro sistema na Figura 7.19 será abreviada como D/C, representando a *conversão de tempo discreto para contínuo*. A operação D/C realiza uma interpolação entre os valores da amostra fornecidos como entrada. Ou seja, a operação D/C produz um sinal de tempo contínuo $y_c(t)$, que está relacionado ao sinal de tempo discreto $y_d[n]$ por

$$y_d[n] = y_c(nT).$$

Essa notação torna-se explícita na Figura 7.20. Em sistemas como computadores digitais e sistemas digitais para os quais o sinal de tempo discreto é representado em forma digital, o dispositivo comumente usado para implementar a conversão C/D é conhecido como um conversor *analógico-digital* (A/D), e o dispositivo para implementar a conversão D/C é conhecido como um conversor *digital-analógico* (D/A).

Para entender melhor a relação entre o sinal de tempo contínuo $x_c(t)$ e sua representação de tempo discreto $x_d[n]$, é conveniente representar C/D como um processo de amostragem periódica seguida por um mapeamento do trem de impulsos para uma sequência. Essas duas etapas são ilustradas na Figura 7.21. Na primeira etapa, representando o processo de amostragem, o trem de impulsos $x_p(t)$ corresponde a uma sequência de impulsos com amplitudes correspondendo às amostras de $x_c(t)$ e com um espaçamento de tempo igual ao período de amostragem T. Na conversão do trem de impulsos para a sequência de tempo discreto, obtemos $x_d[n]$, correspondendo à mesma sequência de amostras de $x_c(t)$, mas com espaçamento unitário em termos da nova variável independente n. Assim, de fato, a conversão da sequência do trem de impulsos das amostras para a sequência de amostras de tempo discreto pode ser considerada como uma

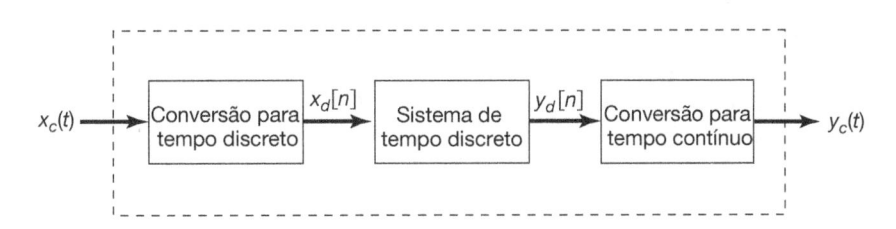

Figura 7.19 Processamento de tempo discreto de sinais de tempo contínuo.

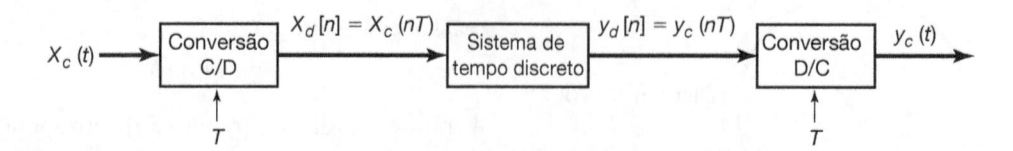

Figura 7.20 Notação para conversão de tempo contínuo para tempo discreto e conversão de tempo discreto para tempo contínuo. T representa o período de amostragem.

normalização no tempo. Essa normalização na conversão de $x_p(t)$ para $x_d[n]$ é evidente nas figuras 7.21(b) e (c), em que $x_p(t)$ e $x_d[n]$ são ilustrados, respectivamente, para taxas de amostragem $T = T_1$ e $T = 2T_1$.

Também é instrutivo examinar os estágios de processamento na Figura 7.19 no domínio de frequência. Como vamos abordar com transformadas de Fourier tanto em tempo contínuo como em tempo discreto, distinguimos somente nesta seção a variável de frequência de tempo contínuo e tempo discreto usando ω em tempo contínuo e Ω em tempo discreto. Por exemplo, as transformadas de Fourier de tempo contínuo de $x_c(t)$ e $y_c(t)$ são $X_c(j\omega)$ e $Y_c(j\omega)$, respectivamente, enquanto as transformadas de Fourier de tempo discreto de $x_d[n]$ e $y_d[n]$ são $X_d(e^{j\Omega})$ e $Y_d(e^{j\Omega})$, respectivamente.

Inicialmente, vamos expressar $X_p(j\omega)$, a transformada de Fourier de tempo contínuo de $x_p(t)$, em termos dos valores de amostras de $x_c(t)$ aplicando a transformada de Fourier à Equação 7.3. Como

$$x_p(t) = \sum_{n=-\infty}^{+\infty} x_c(nT)\delta(t - nT), \qquad (7.17)$$

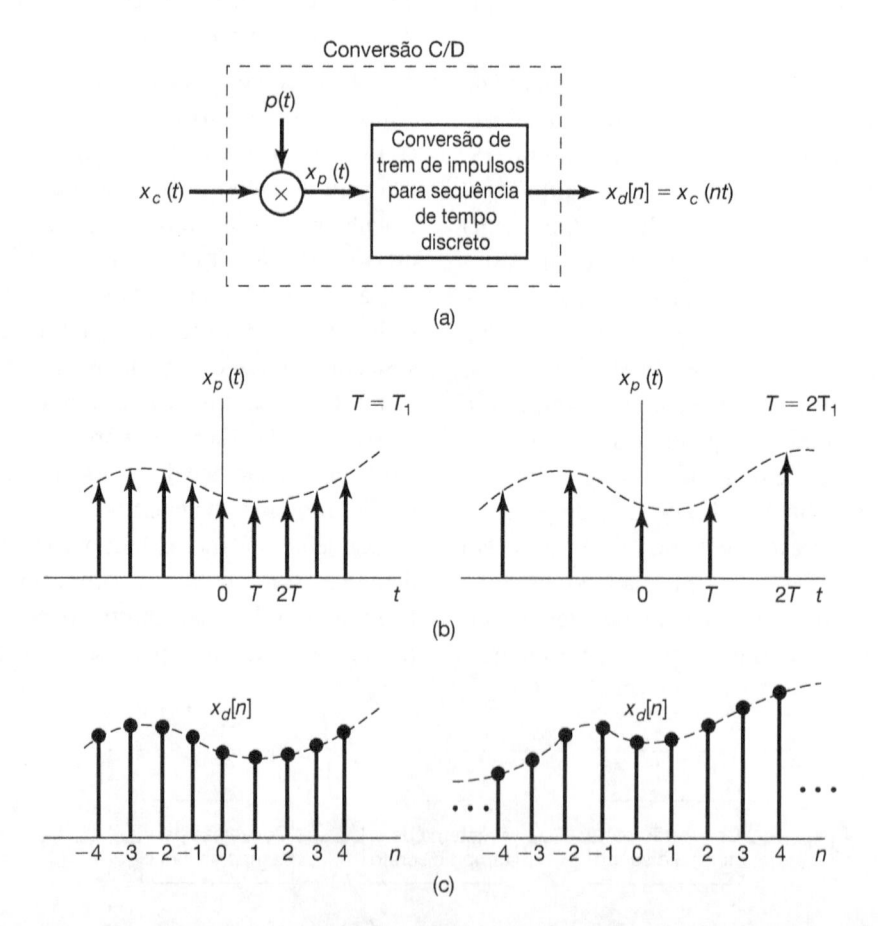

Figura 7.21 Amostragem com um trem de impulsos periódico, seguida pela conversão para uma sequência de tempo discreto: (a) sistema total; (b) $x_p(t)$ para duas taxas de amostragem. A envoltória tracejada representa $x_c(t)$; (c) a sequência de saída para duas taxas de amostragem diferentes.

e como a transformada de $\delta(t - nT)$ é $e^{-j\omega nT}$, segue que

$$X_p(j\omega) = \sum_{n=-\infty}^{+\infty} x_c(nT)e^{-j\omega nT} \quad (7.18)$$

Agora, considere a transformada de Fourier de tempo discreto de $x_d[n]$, ou seja,

$$X_d(e^{j\Omega}) = \sum_{n=-\infty}^{+\infty} x_d[n]e^{-j\Omega n}, \quad (7.19)$$

ou, usando a Equação 7.16,

$$X_d(e^{j\Omega}) = \sum_{n=-\infty}^{+\infty} x_c(nT)e^{-j\Omega n}. \quad (7.20)$$

Comparando as equações 7.18 e 7.20, vemos que $X_d(e^{j\Omega})$ e $X_p(j\omega)$ estão relacionados por meio de

$$X_d(e^{j\Omega}) = X_p(j\Omega/T). \quad (7.21)$$

Além disso, lembrando que, conforme desenvolvido na Equação 7.6 e ilustrado na Figura 7.3,

$$X_p(j\omega) = \frac{1}{T}\sum_{k=-\infty}^{+\infty} X_c(j(\omega - k\omega_s)). \quad (7.22)$$

Consequentemente,

$$X_d(e^{j\Omega}) = \frac{1}{T}\sum_{k=-\infty}^{+\infty} X_c(j(\Omega - 2\pi k)/T). \quad (7.23)$$

A relação entre $X_c(j\omega)$, $X_p(j\omega)$ e $X_d(e^{j\Omega})$ está ilustrada na Figura 7.22 para duas taxas de amostragem diferentes. Aqui, $X_d(e^{j\Omega})$ é uma versão com uma mudança de escala de frequência de $X_p(j\omega)$ e, em particular, é periódico em Ω com período 2π. Essa periodicidade, logicamente, é característica de qualquer transformada de Fourier de tempo discreto. O espectro de $x_d[n]$ está relacionado ao de $x_c(t)$ pela repetição periódica representada pela Equação 7.22 seguida pela mudança linear da escala de frequência representada pela Equação 7.21. A repetição periódica é uma consequência da primeira etapa no processo de conversão na Figura 7.21, a amostragem por trem de impulsos. A mudança linear da escala de frequência na Equação 7.21 pode ser considerada informalmente como uma consequência da normalização no tempo introduzida pela conversão do trem de impulsos $x_p(t)$ para a sequência de tempo discreto $x_d[n]$. Da propriedade de mudança de escala de tempo da transformada de Fourier na Seção 4.3.5, a mudança de escala do eixo de tempo de $1/T$ introduzirá uma mudança de escala do eixo de frequência de T. Assim, a relação $\Omega = \omega T$ é consistente com a noção de que, na conversão de $x_p(t)$ para $x_d[n]$, o eixo de tempo é multiplicado por $1/T$.

No sistema total da Figura 7.19, após o processamento com um sistema de tempo discreto, a sequência resultante é convertida de volta para um sinal de tempo contínuo. Esse processo é o inverso das etapas na Figura 7.21. Especificamente, da sequência $y_d[n]$, um trem de impulsos de tempo contínuo $y_p(t)$ pode ser gerado. A recuperação do sinal de tempo contínuo $y_c(t)$ a partir desse trem de impulsos é então realizada por meio da filtragem passa-baixas, conforme ilustrado na Figura 7.23.

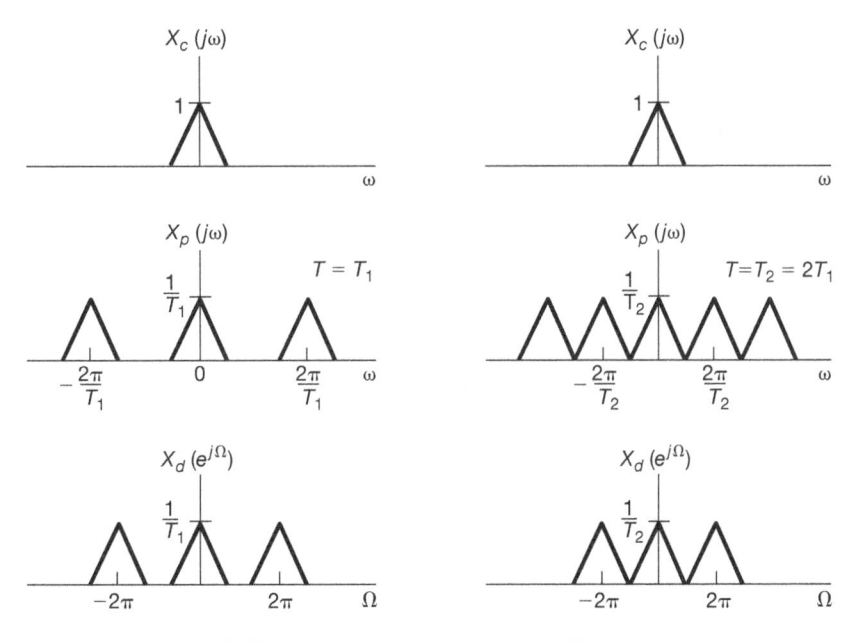

Figura 7.22 Relação entre $X_c(j\omega)$, $X_p(j\omega)$ e $X_d(e^{j\Omega})$ para duas taxas de amostragem diferentes.

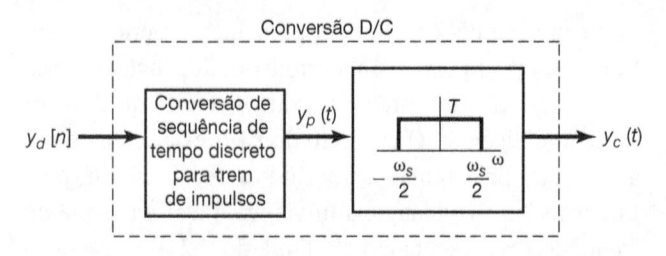

Figura 7.23 Conversão de uma sequência de tempo discreto para um sinal de tempo contínuo.

Agora, vamos considerar o sistema total da Figura 7.19, representado como mostrado na Figura 7.24. Claramente, se o sistema de tempo discreto for um sistema identidade (ou seja, $x_d[n] = y_d[n]$), então, supondo que as condições do teorema da amostragem sejam atendidas, o sistema total será um sistema identidade. As características do sistema total com uma resposta em frequência mais geral $H_d(e^{j\Omega})$ talvez sejam mais bem entendidas examinando-se o exemplo típico mostrado na Figura 7.25. No lado esquerdo da figura estão os espectros típicos $X_c(j\omega)$, $X_p(j\omega)$ e $X_d(e^{j\Omega})$, onde assumimos que $\omega_M < \omega_s/2$, de modo que não há *aliasing*. O espectro $Y_d(e^{j\Omega})$ correspondente à saída do filtro de tempo discreto é o produto de $X_d(e^{j\Omega})$ e $H_d(e^{j\Omega})$, e isso é representado na Figura 7.25(d) sobrepondo $H_d(e^{j\Omega})$ e $X_d(e^{j\Omega})$. A transformação para $Y_c(j\omega)$ corresponde então a aplicar uma mudança de escala de frequência e filtragem passa-baixas, resultando nos espectros indicados nas figuras 7.25(e) e (f). Como $Y_d(e^{j\Omega})$ é o produto dos dois espectros sobrepostos na Figura 7.25(d), uma mudança de escala de frequência e a filtragem passa-baixas são aplicadas a ambos. Comparando as figuras 7.25(a) e (f), vemos que

$$Y_c(j\omega) = X_c(j\omega)H_d(e^{j\omega T}). \quad (7.24)$$

Consequentemente, para entradas que são suficientemente limitadas em banda, de modo que o teorema da amostragem seja satisfeito, o sistema total da Figura 7.24 é, de fato, equivalente a um sistema LIT de tempo contínuo com resposta em frequência $H_c(j\omega)$. Especificamente, $H_c(j\omega)$ está relacionada à resposta em frequência de tempo discreto $H_d(e^{j\Omega})$ por meio de

$$H_c(j\omega) = \begin{cases} H_d(e^{j\omega T}), & |\omega| < \omega_s/2 \\ 0, & |\omega| > \omega_s/2 \end{cases}. \quad (7.25)$$

A resposta em frequência do filtro de tempo contínuo equivalente é um período da resposta em frequência do filtro de tempo discreto com uma mudança de escala linear aplicada ao eixo de frequência. Essa relação entre a resposta em frequência de tempo discreto e a resposta em frequência de tempo contínuo equivalente é ilustrada na Figura 7.26.

A equivalência do sistema total da Figura 7.24 com um sistema LIT é um tanto surpreendente diante do fato de que a multiplicação por trem de impulsos claramente *não* é uma operação invariante no tempo. De fato, o sistema total da Figura 7.24 não é invariante no tempo para entradas arbitrárias. Por exemplo, se $x_c(t)$ for um pulso retangular estreito, de duração menor que T, então um deslocamento no tempo de $x_c(t)$ pode gerar uma sequência $x[m]$ que tenha todos os valores de sequência ou que tenha um valor de sequência não nula, dependendo do alinhamento do pulso retangular em relação ao trem de impulsos de amostragem. Porém, conforme sugerido pelos espectros da Figura 7.25, para *sinais de entrada de banda limitada* com uma taxa de amostragem suficientemente alta para evitar *aliasing*, o sistema da Figura 7.24 *é* equivalente a um sistema LIT de tempo contínuo. Para essas entradas, a Figura 7.24 e a Equação 7.25 fornecem a base conceitual para processamento de tempo contínuo usando filtros de tempo discreto. Exploramos esses fatos mais profundamente agora no contexto de alguns exemplos.

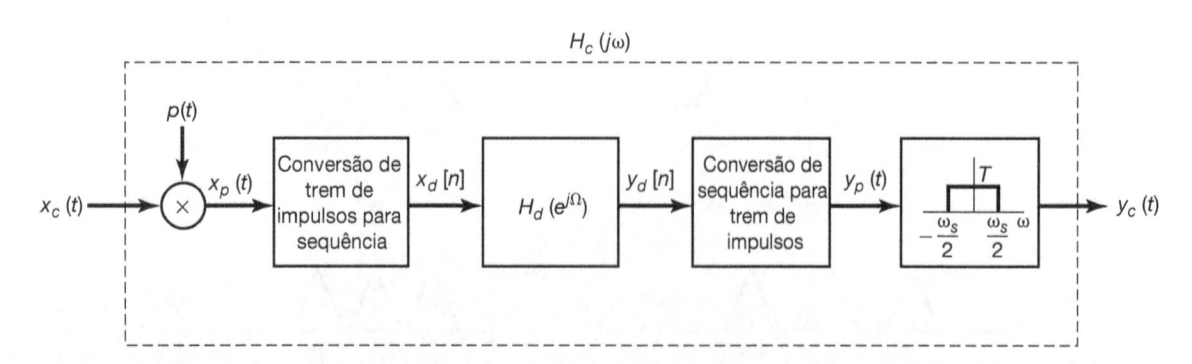

Figura 7.24 Sistema total para filtragem de um sinal de tempo contínuo usando um filtro de tempo discreto.

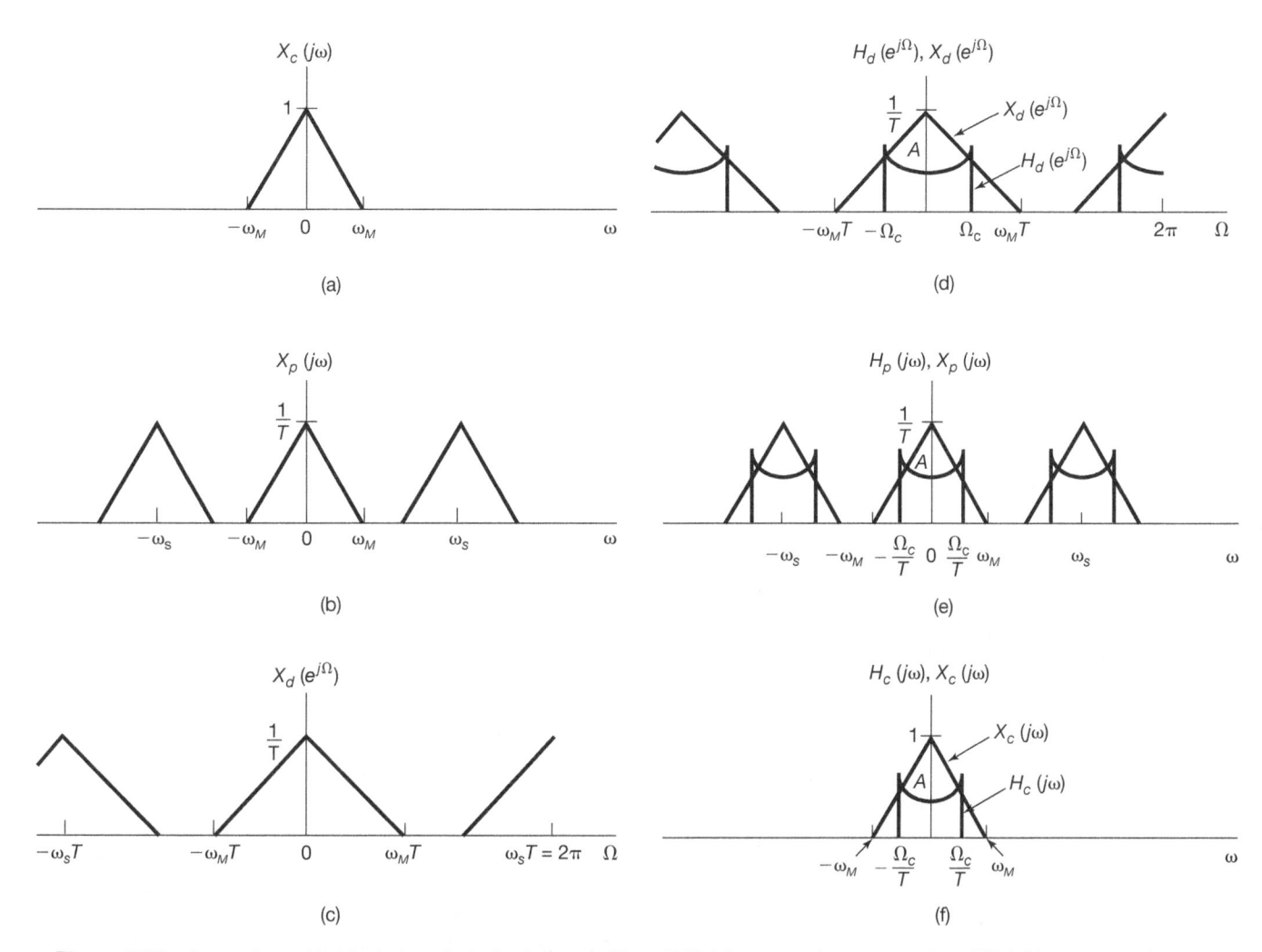

Figura 7.25 Ilustração no domínio de frequência do sistema da Figura 7.24: (a) espectro de tempo contínuo $X_c(j\omega)$; (b) espectro após amostragem com trem de impulsos; (c) espectro da sequência de tempo discreto $x_d[n]$; (d) $H_d(e^{j\Omega})$ e $X_d(e^{j\Omega})$ que são multiplicados para formar $Y_d(e^{j\Omega})$; (e) espectros que são multiplicados para formar $Y_p(j\omega)$; (f) espectros que são multiplicados para formar $Y_c(j\omega)$.

7.4.1 Diferenciador digital

Considere a implementação de tempo discreto de um filtro diferenciador de banda limitada de tempo contínuo. Conforme discutimos na Seção 3.9.1, a resposta em frequência de um filtro diferenciador de tempo contínuo é

$$H_c(j\omega) = j\omega, \quad (7.26)$$

e a de um diferenciador de banda limitada com frequência de corte ω_c é

$$H_c(j\omega) = \begin{cases} j\omega, & |\omega| < \omega_c \\ 0, & |\omega| > \omega_c \end{cases}, \quad (7.27)$$

conforme esboçado na Figura 7.27. Usando a Equação 7.25 com uma frequência de amostragem $\omega_s = 2\omega_c$, vemos que a função de transferência de tempo discreto correspondente é

$$H_d(e^{j\Omega}) = j\left(\frac{\Omega}{T}\right), \quad |\Omega| < \pi, \quad (7.28)$$

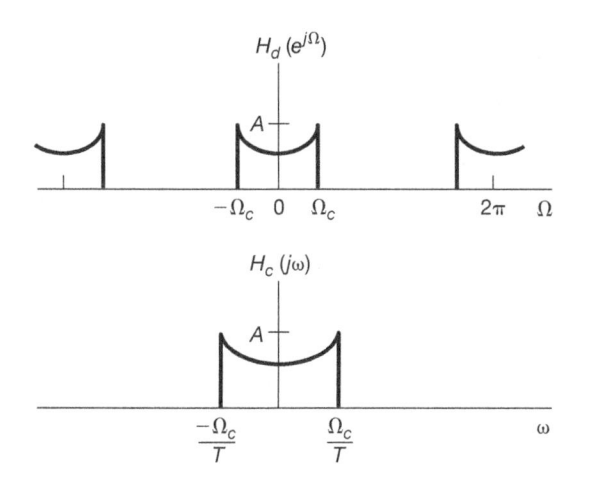

Figura 7.26 Resposta em frequência de tempo discreto e a resposta em frequência de tempo contínuo equivalente para o sistema da Figura 7.24.

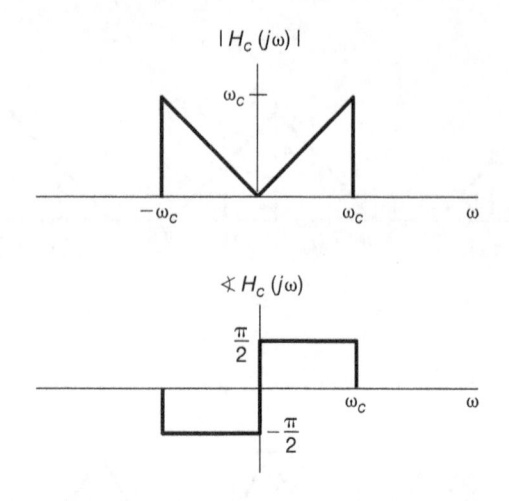

Figura 7.27 Resposta em frequência de um diferenciador de banda limitada ideal de tempo contínuo $H_c(j\omega) = j\omega$; $|\omega| < \omega_c$.

conforme esboçado na Figura 7.28. Com essa função de transferência de tempo discreto, $y_c(t)$ na Figura 7.24 será a derivada de $x_c(t)$, supondo que não haja *aliasing* na amostragem de $x_c(t)$.

Exemplo 7.2

Considerando a saída do diferenciador digital para uma entrada sinc de tempo contínuo, podemos convenientemente determinar a resposta ao impulso $h_d[n]$ do filtro de tempo discreto na implementação do diferenciador digital. Com referência à Figura 7.24, seja

$$x_c(t) = \frac{\text{sen}(\pi t/T)}{\pi t}, \qquad (7.29)$$

sendo T o período de amostragem. Então,

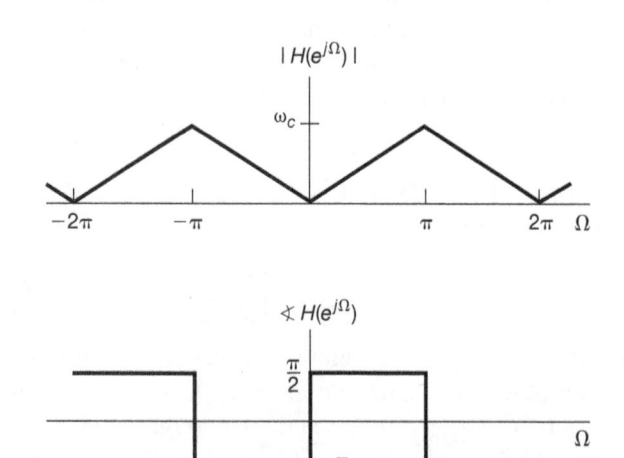

Figura 7.28 Resposta em frequência do filtro de tempo discreto usado para implementar um diferenciador de banda limitada de tempo contínuo.

$$X_c(j\omega) = \begin{cases} 1, & |\omega| < \pi/T, \\ 0, & \text{caso contrário} \end{cases},$$

que tem banda suficientemente limitada para garantir que a amostragem $x_c(t)$ na frequência $\omega_s = 2\pi/T$ não faça surgir *aliasing*. Por conseguinte, a saída do diferenciador digital é

$$y_c(t) = \frac{d}{dt}x_c(t) = \frac{\cos(\pi t/T)}{Tt} - \frac{\text{sen}(\pi t/T)}{\pi t^2}. \qquad (7.30)$$

Para $x_c(t)$ conforme dado pela Equação 7.29, o sinal correspondente $x_d[n]$ na Figura 7.24 pode ser expresso como

$$x_d[n] = x_c(nT) = \frac{1}{T}\delta[n]. \qquad (7.31)$$

Ou seja, para $n \neq 0$, $x_c(nT) = 0$, enquanto

$$x_d[0] = x_c(0) = \frac{1}{T},$$

o que pode ser verificado com a regra de L'Hôpital. De modo semelhante, podemos calcular $y_d[n]$ da Figura 7.24 correspondente a $y_c(t)$ na Equação 7.30. Especificamente,

$$y_d[n] = y_c(nT) = \begin{cases} \frac{(-1)^n}{nT^2}, & n \neq 0 \\ 0, & n = 0 \end{cases}, \qquad (7.32)$$

que pode ser verificado para $n \neq 0$ pela substituição direta na Equação 7.30 e para $n = 0$ da aplicação da regra de L'Hôpital.

Assim, quando a entrada do filtro de tempo discreto dada pela Equação 7.28 é o impulso unitário multiplicado por $1/T$ da Equação 7.31, a saída resultante é dada pela Equação 7.32. Então, concluímos que a resposta ao impulso desse filtro é dada por

$$h_d[n] = \begin{cases} \frac{(-1)^n}{nT}, & n \neq 0 \\ 0, & n = 0 \end{cases}$$

7.4.2 Atraso de meia amostra

Nesta seção, consideramos a implementação de um deslocamento no tempo (atraso) de um sinal de tempo contínuo por meio do uso de um sistema na forma da Figura 7.19. Assim, impomos que a entrada e saída do sistema total sejam relacionadas por

$$y_c(t) = x_c(t - \Delta) \qquad (7.33)$$

quando a entrada $x_c(t)$ tem banda limitada e a taxa de amostragem é alta o suficiente para evitar *aliasing*, sendo que Δ representa o atraso de tempo. Da propriedade de deslocamento no tempo, obtida na Seção 4.5.2

$$Y_c(j\omega) = e^{-j\omega\Delta}X_c(j\omega).$$

Da Equação 7.25, o sistema de tempo contínuo equivalente a ser implementado precisa ter banda limitada. Portanto, tomamos

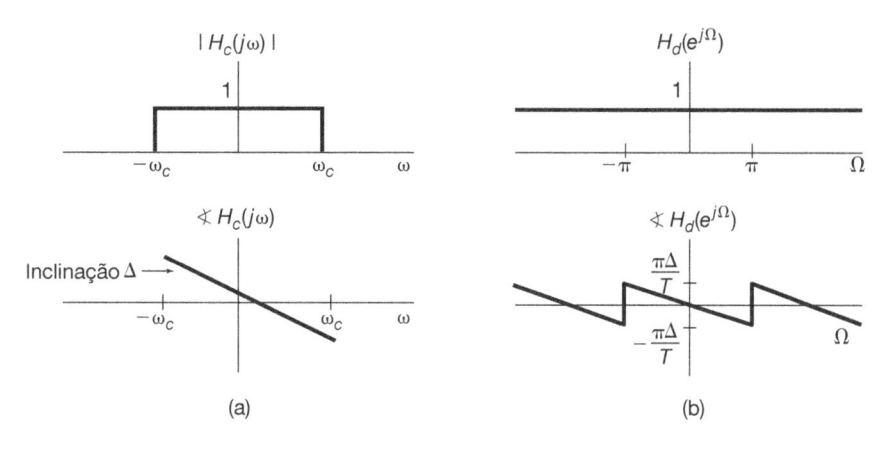

Figura 7.29 (a) Magnitude e fase da resposta em frequência para um atraso de tempo contínuo. (b) Magnitude e fase da resposta em frequência para o atraso de tempo discreto correspondente.

$$H_c(j\omega) = \begin{cases} e^{-j\omega\Delta}, & |\omega| < \omega_c \\ 0, & \text{caso contrário} \end{cases}, \quad (7.34)$$

sendo ω_c a frequência de corte do filtro de tempo contínuo. Isto é, $H_c(j\omega)$ corresponde a um deslocamento no tempo como na Equação 7.33 para sinais de banda limitada e rejeita todas as frequências maiores que ω_c. A magnitude e fase da resposta em frequência são mostradas na Figura 7.29(a). Com a frequência de amostragem ω_s, tomada como $\omega_s = 2\omega_c$, a resposta em frequência de tempo discreto correspondente é

$$H_d(e^{j\Omega}) = e^{-j\Omega\Delta/T}, \quad |\Omega| < \pi, \quad (7.35)$$

e é mostrada na Figura 7.29(b).

Para entradas apropriadamente limitadas em banda, a saída do sistema da Figura 7.24 com $H_d(e^{j\Omega})$ como na Equação 7.35 é uma réplica atrasada da entrada. Para Δ/T inteiro, a sequência $y_d[n]$ é uma réplica atrasada de $x_d[n]$, ou seja,

$$y_d[n] = x_d\left[n - \frac{\Delta}{T}\right]. \quad (7.36)$$

Para um Δ/T não inteiro, a Equação 7.36 conforme escrita não tem significado, pois as sequências são definidas apenas nos valores inteiros do índice. Porém, podemos interpretar a relação entre $x_d[n]$ e $y_d[n]$ nesses casos em termos da interpolação de banda limitada. Os sinais $x_c(t)$ e $x_d[n]$ são relacionados pela amostragem e interpolação de banda limitada, assim como $y_c(t)$ e $y_d[n]$. Com $H_d(e^{j\Omega})$ na Equação 7.35, $y_d[n]$ é igual a amostras de uma versão deslocada da interpolação de banda limitada da sequência $x_d[n]$. Isso está ilustrado na Figura 7.30 com $\Delta/T = 1/2$, que às vezes é chamado atraso de meia amostra.

Exemplo 7.3

A abordagem do Exemplo 7.2 também é aplicável na determinação de resposta ao impulso $h_d[n]$ do filtro de tempo discreto do sistema de atraso de meia amostra. Com referência à Figura 7.24, seja

$$x_c(t) = \frac{\text{sen}(\pi t/T)}{\pi t}. \quad (7.37)$$

Segue do Exemplo 7.2 que

$$x_d[n] = x_c(nT) = \frac{1}{T}\delta[n].$$

Além disso, como não haverá *aliasing* para a entrada de banda limitada na Equação 7.37, a saída do sistema de atraso de meia amostra é

$$y_c(t) = x_c(t - T/2) = \frac{\text{sen}(\pi(t - T/2)/T)}{\pi(t - T/2)},$$

e a sequência $y_d[n]$ na Figura 7.24 é

$$y_d[n] = y_c(nT) = \frac{\text{sen}(\pi(n - \frac{1}{2}))}{T\pi(n - \frac{1}{2})}.$$

Concluímos que

$$h[n] = \frac{\text{sen}(\pi(n - \frac{1}{2}))}{\pi(n - \frac{1}{2})}.$$

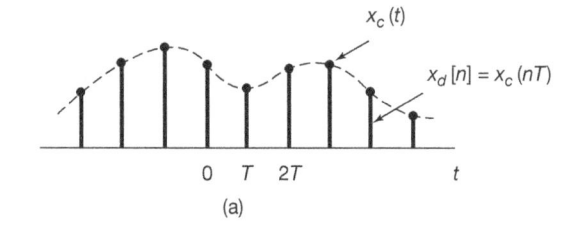

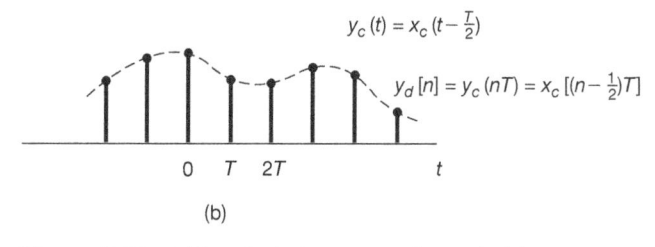

Figura 7.30 (a) Sequência de amostras de um sinal de tempo contínuo $x_c(t)$. (b) Sequência de (a) com um atraso de meia amostra.

7.5 Amostragem de sinais de tempo discreto

Até aqui neste capítulo consideramos a amostragem dos sinais de tempo contínuo e, além de desenvolver a análise necessária para entender a amostragem de tempo contínuo, apresentamos diversas de suas aplicações. Conforme veremos nesta seção, um conjunto muito semelhante de propriedades e resultados com diversas aplicações importantes pode ser desenvolvido para a amostragem de sinais de tempo discreto.

7.5.1 Amostragem com trem de impulsos

Em analogia com a amostragem de tempo contínuo conforme representada usando o sistema da Figura 7.2, a amostragem de um sinal de tempo discreto pode ser representada como mostrado na Figura 7.31. Aqui, a nova sequência $x_p[n]$ resultante do processo de amostragem é igual à sequência original $x[n]$ em múltiplos inteiros do período de amostragem N e é nula nas amostras intermediárias, ou seja,

$$x_p[n] = \begin{cases} x[n], & \text{se } n = \text{um inteiro múltiplo de } N \\ 0, & \text{caso contrário} \end{cases} \quad (7.38)$$

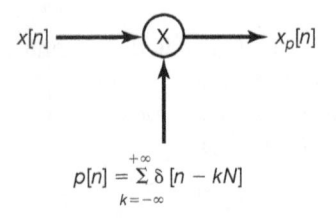

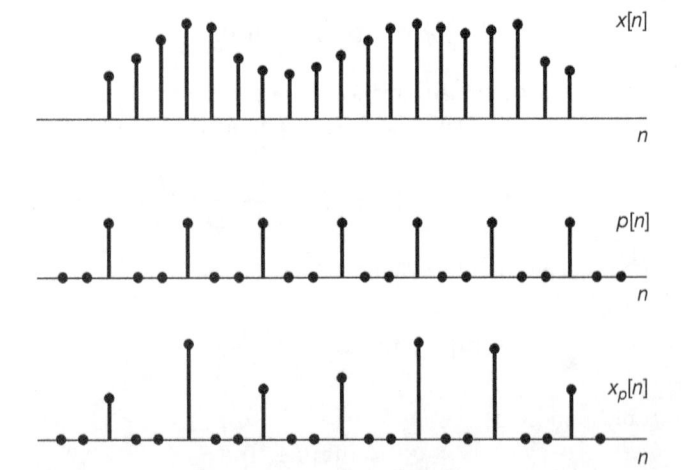

Figura 7.31 Amostragem de tempo discreto.

Como no caso da amostragem de tempo contínuo da Seção 7.1, o efeito no domínio da frequência da amostragem de tempo discreto é visto usando-se a propriedade de multiplicação desenvolvida na Seção 5.5. Assim, com

$$x_p[n] = x[n]p[n] = \sum_{k=-\infty}^{+\infty} x[kN]\delta[n-kN], \quad (7.39)$$

temos no domínio da frequência que

$$X_p(e^{j\omega}) = \frac{1}{2\pi} \int_{2\pi} P(e^{j\theta}) X(e^{j(\omega-\theta)}) d\theta. \quad (7.40)$$

Assim como no Exemplo 5.6, a transformada de Fourier da sequência de amostragem $p[n]$ é

$$P(e^{j\omega}) = \frac{2\pi}{N} \sum_{k=-\infty}^{+\infty} \delta(\omega - k\omega_s), \quad (7.41)$$

em que ω_s, a frequência de amostragem, é $2\pi/N$. Combinando as equações 7.40 e 7.41, temos

$$X_p(e^{j\omega}) = \frac{1}{N} \sum_{k=0}^{N-1} X\left(e^{j(\omega-k\omega_s)}\right). \quad (7.42)$$

A Equação 7.42 é a correspondente para a amostragem de tempo discreto da Equação 7.6 para a amostragem de tempo contínuo e está ilustrada na Figura 7.32. Na Figura 7.32(c), com $\omega_s - \omega_M > \omega_M$ ou, equivalentemente, $\omega_s > 2\omega_M$, não há *aliasing* [ou seja, as partes diferentes de zero das réplicas de $X(e^{j\omega})$ não se sobrepõem], enquanto com $\omega_s < 2\omega_M$, como na Figura 7.32(d), acontece *aliasing* no domínio de frequência. Na ausência de *aliasing*, $X(e^{j\omega})$ é fielmente reproduzido em torno de $\omega = 0$ e múltiplos inteiros de 2π. Consequentemente, $x[n]$ pode ser recuperado a partir de $x_p[n]$ por meio de um filtro passa-baixas com ganho N e uma frequência de corte maior que ω_M e menor que $\omega_s - \omega_M$, conforme ilustrado na Figura 7.33, em que especificamos a frequência de corte do filtro passa-baixas como $\omega_s/2$. Se o sistema total da Figura 7.33(a) for aplicado a uma sequência para a qual $\omega_s < 2\omega_M$ de modo que ocorra *aliasing*, $x_r[n]$ não será mais igual a $x[n]$. Porém, assim como com a amostragem de tempo contínuo, as duas sequências *serão* iguais em múltiplos do período de amostragem; ou seja, correspondente à Equação 7.13, temos

$$x_r[kN] = x[kN], \quad k = 0, \pm 1, \pm 2, \ldots, \quad (7.43)$$

independentemente de ocorrer o *aliasing* (ver Problema 7.46).

■
Exemplo 7.4

Seja uma sequência $x[n]$ cuja transformada de Fourier $X(e^{j\omega})$ tem a propriedade

$$X(e^{j\omega}) = 0 \quad \text{para} \quad 2\pi/9 \leq |\omega| \leq \pi.$$

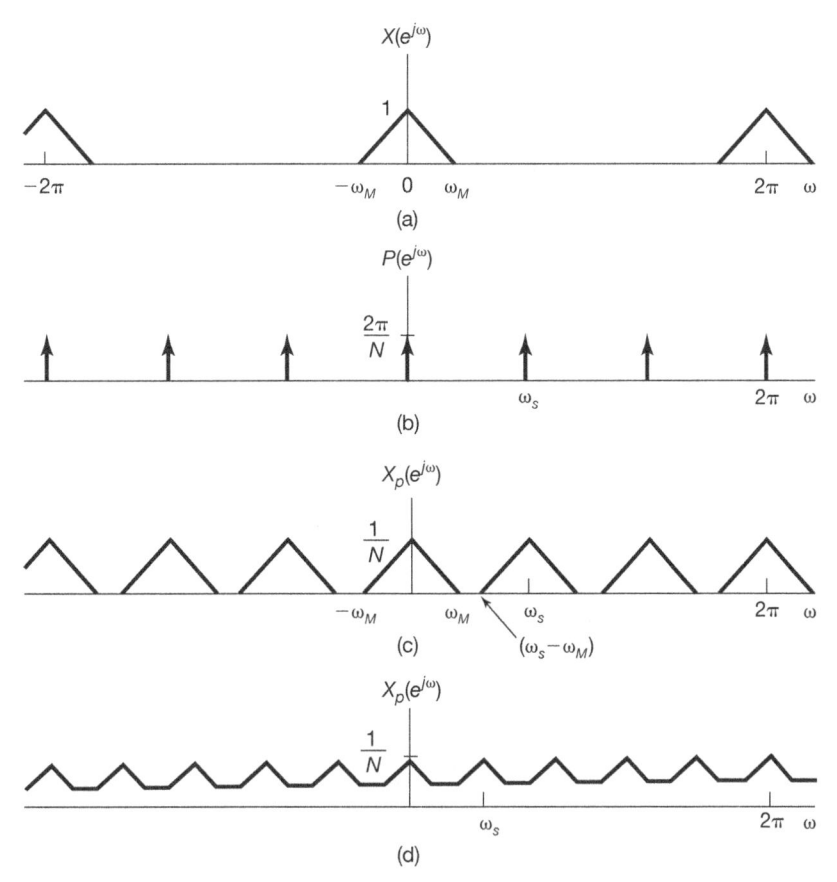

Figura 7.32 Efeito no domínio de frequência da amostragem por trem de impulsos de um sinal de tempo discreto: (a) espectro do sinal original; (b) espectro da sequência de amostragem; (c) espectro do sinal amostrado com $\omega_s > 2\omega_M$; (d) espectro do sinal amostrado com $\omega_s < 2\omega_M$. Observe que ocorre *aliasing*.

Para determinar a menor taxa em que $x[n]$ pode ser amostrado sem a possibilidade de *aliasing*, temos de encontrar o maior N tal que

$$\frac{2\pi}{N} \geq 2\left(\frac{2\pi}{9}\right) \Rightarrow N \leq 9/2.$$

Concluímos que $N_{máx} = 4$ e a frequência de amostragem correspondente é $2\pi/4 = \pi/2$.

A reconstrução de $x[n]$ por meio do uso de um filtro passa-baixas aplicado a $x_p[n]$ pode ser interpretada no domínio de tempo como uma fórmula de interpolação análoga à Equação 7.11. Com $h[n]$ indicando a resposta ao impulso do filtro passa-baixas, temos

$$h[n] = \frac{N\omega_c}{\pi}\frac{\text{sen}\,\omega_c n}{\omega_c n}. \qquad (7.44)$$

A sequência reconstruída é, então,

$$x_r[n] = x_p[n] * h[n], \qquad (7.45)$$

ou, de forma equivalente,

$$x_r[n] = \sum_{k=-\infty}^{+\infty} x[kN]\frac{N\omega_c}{\pi}\frac{\text{sen}\,\omega_c(n-kN)}{\omega_c(n-kN)}. \qquad (7.46)$$

A Equação 7.46 representa a interpolação ideal de banda limitada e requer a implementação de um filtro passa-baixas ideal. Em aplicações típicas, uma aproximação adequada para o filtro passa-baixas da Figura 7.33 é usada, caso em que a fórmula de interpolação equivalente tem a forma

$$x_r[n] = \sum_{k=-\infty}^{+\infty} x[kN]h_r[n-kN], \qquad (7.47)$$

sendo $h_r[n]$ a resposta ao impulso do filtro de interpolação. Alguns exemplos específicos, incluindo os correspondentes de tempo discreto do retentor de ordem zero e retentor de primeira ordem discutido na Seção 7.2 para interpolação de tempo contínuo, são considerados no Problema 7.50.

7.5.2 Dizimação e interpolação de tempo discreto

Existem diversas aplicações importantes dos princípios da amostragem de tempo discreto, como no projeto e implementação de filtro ou nas aplicações de comunicações. Em muitas dessas aplicações, não é eficiente representar, transmitir ou armazenar a sequência amostrada $x_p[n]$ diretamente na forma representada na Figura 7.31, pois,

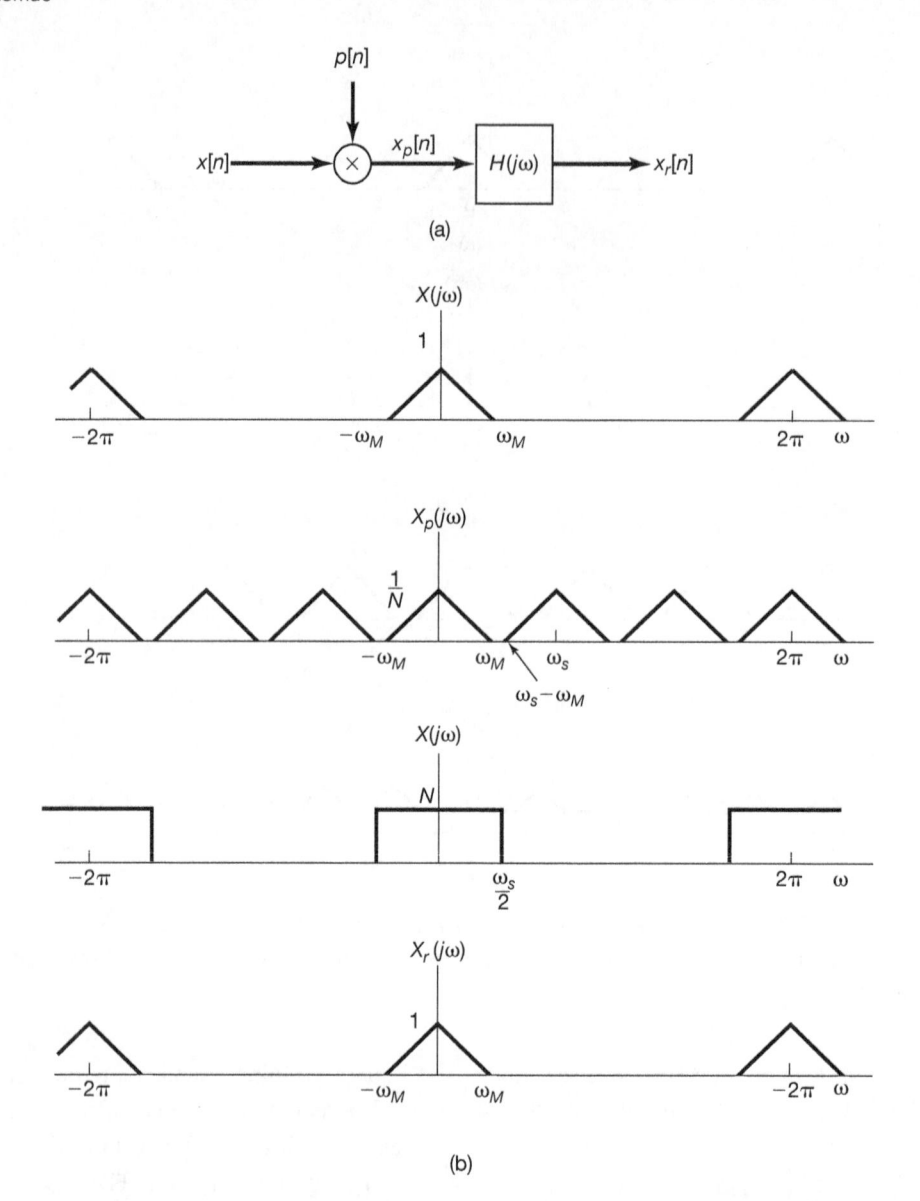

Figura 7.33 Recuperação exata de um sinal de tempo discreto a partir de suas amostras usando um filtro passa-baixas ideal: (a) diagrama de blocos para amostragem e reconstrução de um sinal de banda limitada a partir de suas amostras; (b) espectro do sinal $x[n]$; (c) espectro de $x_p[n]$; (d) resposta em frequência de um filtro passa-baixas ideal com frequência de corte $\omega_s/2$; (e) espectro do sinal reconstruído $x_r[n]$. Para o exemplo representado aqui, $\omega_s > 2\omega_M$, de modo que nenhum *aliasing* ocorra e, por conseguinte, $x_r[n] = x[n]$.

entre os instantes de amostragem, sabe-se que a sequência amostrada $x_p[n]$ é nula. Assim, a sequência amostrada tipicamente é substituída por uma nova sequência $x_b[n]$, que é simplesmente todo N-ésimo valor de $x_p[n]$, ou seja,

$$x_b[n] = x_p[nN]. \qquad (7.48)$$

Também, de forma equivalente,

$$x_b[n] = x[nN], \qquad (7.49)$$

pois $x_p[n]$ e $x[n]$ são iguais em múltiplos inteiros de N. A operação de extrair cada n-ésima amostra comumente é conhecida como *dizimação*.[3] A relação entre $x[n]$, $x_p[n]$ e $x_b[n]$ está ilustrada na Figura 7.34.

Para determinar o efeito no domínio de frequência da dizimação, queremos determinar a relação entre $X_b(e^{j\omega})$ — a transformada de Fourier de $x_b[n]$ — e $X(e^{j\omega})$. Para esse fim, observamos que

$$X_b(e^{j\omega}) = \sum_{k=-\infty}^{+\infty} x_b[k] e^{-j\omega k}, \qquad (7.50)$$

---

[3] A rigor, a dizimação corresponderia a extrair uma a cada dez amostras. Porém, tornou-se uma terminologia comum a referência à operação como dizimação mesmo quando N não é igual a 10.

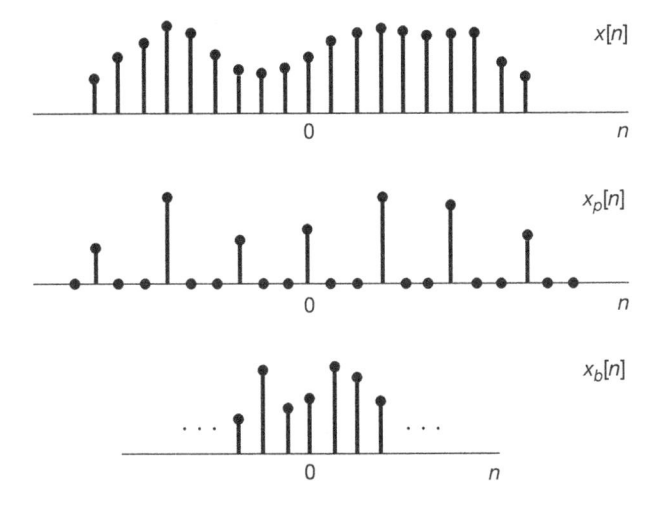

Figura 7.34 Relação entre $x_p[n]$ correspondente à amostragem e $x_b[n]$ correspondente à dizimação.

ou então, usando a Equação 7.48,

$$X_b(e^{j\omega}) = \sum_{k=-\infty}^{+\infty} x_p[kN]e^{-j\omega k}. \quad (7.51)$$

Se considerarmos $n = kN$ ou, de forma equivalente, $k = n/N$, podemos escrever

$$X_b(e^{j\omega}) = \sum_{\substack{n=\text{múltiplo} \\ \text{inteiro de } N}} x_p[n]e^{-j\omega n/N},$$

e como $x_p[n] = 0$ quando n não é um múltiplo inteiro de N, também podemos escrever que

$$X_b(e^{j\omega}) = \sum_{n=-\infty}^{+\infty} x_p[n]e^{-j\omega n/N}. \quad (7.52)$$

Além do mais, reconhecemos o membro direito da Equação 7.52 como a transformada de Fourier de $x_p[n]$; ou seja,

$$\sum_{n=-\infty}^{+\infty} x_p[n]e^{-j\omega n/N} = X_p(e^{j\omega/N}). \quad (7.53)$$

Assim, das equações 7.52 e 7.53, concluímos que

$$X_b(e^{j\omega}) = X_p(e^{j\omega/N}). \quad (7.54)$$

Essa relação está ilustrada na Figura 7.35, e disto observamos que os espectros para a sequência amostrada e a sequência dizimada diferem apenas em um fator de escala na frequência ou normalização. Se o espectro original $X(e^{j\omega})$ for apropriadamente limitado em banda, de modo que não haja *aliasing* presente em $X_p(e^{j\omega})$, então, como mostrado na figura, o efeito da dizimação é espalhar o espectro da sequência original sobre uma parte maior da banda de frequência.

Se a sequência original $x[n]$ for obtida pela amostragem de um sinal de tempo contínuo, o processo de dizimação pode ser visto como redução na taxa de amostragem sobre o sinal por um fator de N. Para evitar o *aliasing*,

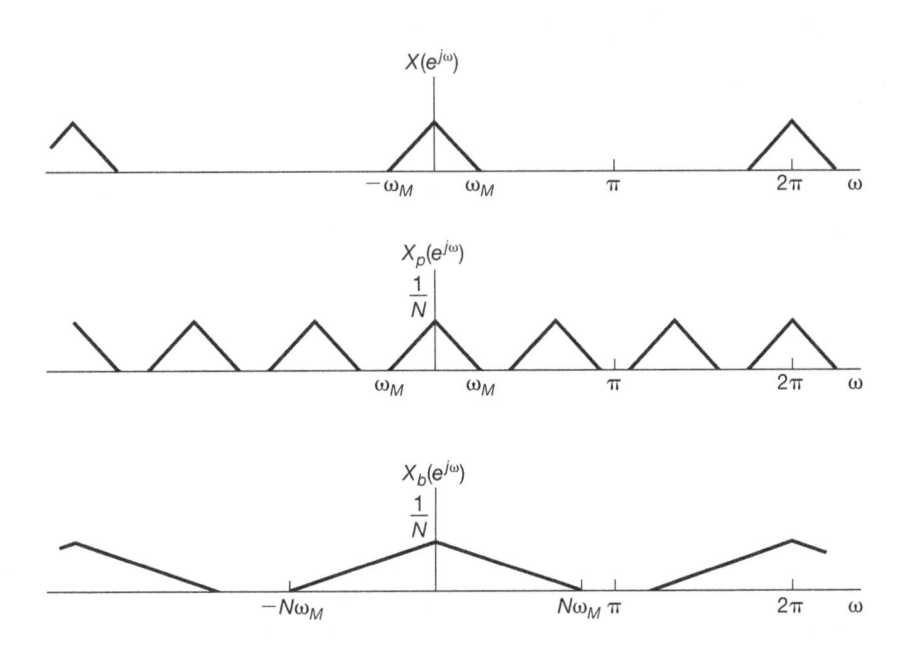

Figura 7.35 Ilustração no domínio de frequência da relação entre amostragem e dizimação.

$X(e^{j\omega})$ não pode ocupar a faixa inteira de frequência. Em outras palavras, se o sinal pode ser dizimado sem introduzir *aliasing*, então o sinal de tempo contínuo original foi sobreamostrado, e assim a taxa de amostragem pode ser reduzida sem *aliasing*. Com a interpretação da sequência $x[n]$ como amostras de um sinal de tempo contínuo, o processo de dizimação frequentemente é conhecido como *subamostragem* (ou *downsampling*).

Em algumas aplicações em que uma sequência é obtida pela amostragem de um sinal de tempo contínuo, a taxa de amostragem original pode ser a mais baixa possível sem introduzir *aliasing*, mas, depois de processamento e filtragem adicionais, a largura de banda da sequência pode ser reduzida. Um exemplo dessa situação aparece na Figura 7.36. Como a saída do filtro de tempo discreto tem banda limitada, a redução da taxa de amostragem ou dizimação pode ser aplicada.

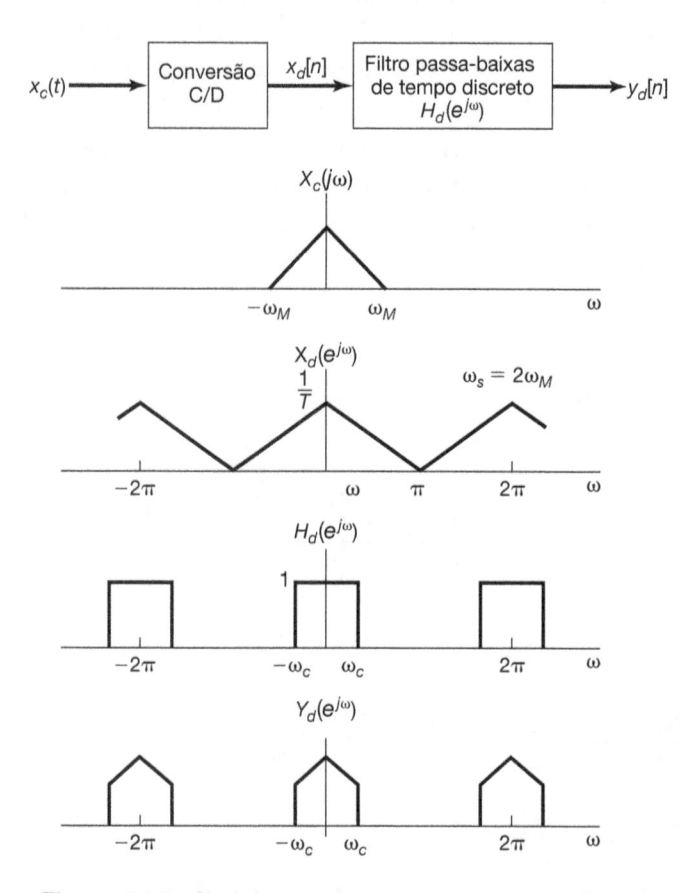

Figura 7.36 Sinal de tempo contínuo que foi amostrado originalmente na taxa de Nyquist. Após a filtragem de tempo discreto, a sequência resultante pode ser ainda subamostrada. Aqui, $X_c(j\omega)$ é a transformada de Fourier de tempo contínuo de $x_c(t)$, $X_d(e^{j\omega})$ e $Y_d(e^{j\omega})$ são transformadas de Fourier de tempo discreto de $x_d[n]$ e $y_d[n]$, respectivamente, e $H_d(e^{j\omega})$ é a resposta em frequência do filtro passa-baixas de tempo discreto representado no diagrama de blocos.

Assim como em algumas aplicações é útil reduzir a taxa de amostragem, existem situações nas quais é útil converter uma sequência para uma taxa de amostragem equivalente *mais alta* — tal processo é conhecido como *sobreamostragem* (*upsampling*) ou *interpolação*. A sobreamostragem é basicamente o processo inverso ao da dizimação ou subamostragem. Como ilustrado nas figuras 7.34 e 7.35, na dizimação, primeiro amostramos e depois retemos apenas os valores da sequência nos instantes da amostragem. Para sobreamostrar, revertemos o processo. Por exemplo, com referência à Figura 7.34, consideramos o processo de sobreamostragem da sequência $x_b[n]$ para obter $x[n]$. A partir de $x_b[n]$, formamos a sequência $x_p[n]$ inserindo $N - 1$ pontos com amplitude zero entre cada uma das amostras de $x_b[n]$. A sequência interpolada $x[n]$ é, então, obtida a partir de $x_p[n]$ pela filtragem passa-baixas. O procedimento total está resumido na Figura 7.37.

Exemplo 7.5

Neste exemplo, ilustramos como uma combinação de interpolação e dizimação pode ser usada para subamostrar ainda mais uma sequência sem causar *aliasing*. Deve-se observar que a subamostragem máxima possível é alcançada quando a parte não nula de um período do espectro de tempo discreto se expandiu para preencher a faixa inteira de $-\pi$ a π.

Considere a sequência $x[n]$ cuja transformada de Fourier $X(e^{j\omega})$ está ilustrada na Figura 7.38(a). Conforme discutimos no Exemplo 7.4, a menor taxa de amostragem com trem de impulsos que pode ser usada nessa sequência sem causar *aliasing* é $2\pi/4$. Isto corresponde a amostrar um a cada quatro valores de $x[n]$. Se o resultado de tal amostragem é dizimado por um fator de 4, obtemos uma sequência $x_b[n]$ cujo espectro está ilustrado na Figura 7.38(b). Note que ainda não há *aliasing* no espectro original. Entretanto, esse espectro é zero para $8\pi/9 \leq |\omega| \leq \pi$, que sugere que existe espaço para mais subamostragem.

Especificamente, examinando a Figura 7.38(a), vemos que, se pudéssemos mudar a escala da frequência de um fator de 9/2, o espectro resultante teria valores diferentes de zero no intervalo de frequência de $-\pi$ até π. Porém, como 9/2 não é um inteiro, não podemos conseguir isso simplesmente pela subamostragem. Em vez disso, temos, primeiro, de sobreamostrar $x[n]$ por um fator de 2 e, depois, subamostrar por um fator de 9. Em particular, o espectro do sinal $x_u[n]$, obtido quando $x[n]$ é sobreamostrado por um fator de 2, é exibido na Figura 7.38(c). Quando $x_u[n]$ é então subamostrado por um fator de 9, o espectro da sequência resultante $x_{ub}[n]$ é conforme mostra a Figura 7.38(d). Esse resultado combinado de forma eficaz corresponde à subamostragem de $x[n]$ por uma quantidade não inteira, 9/2.

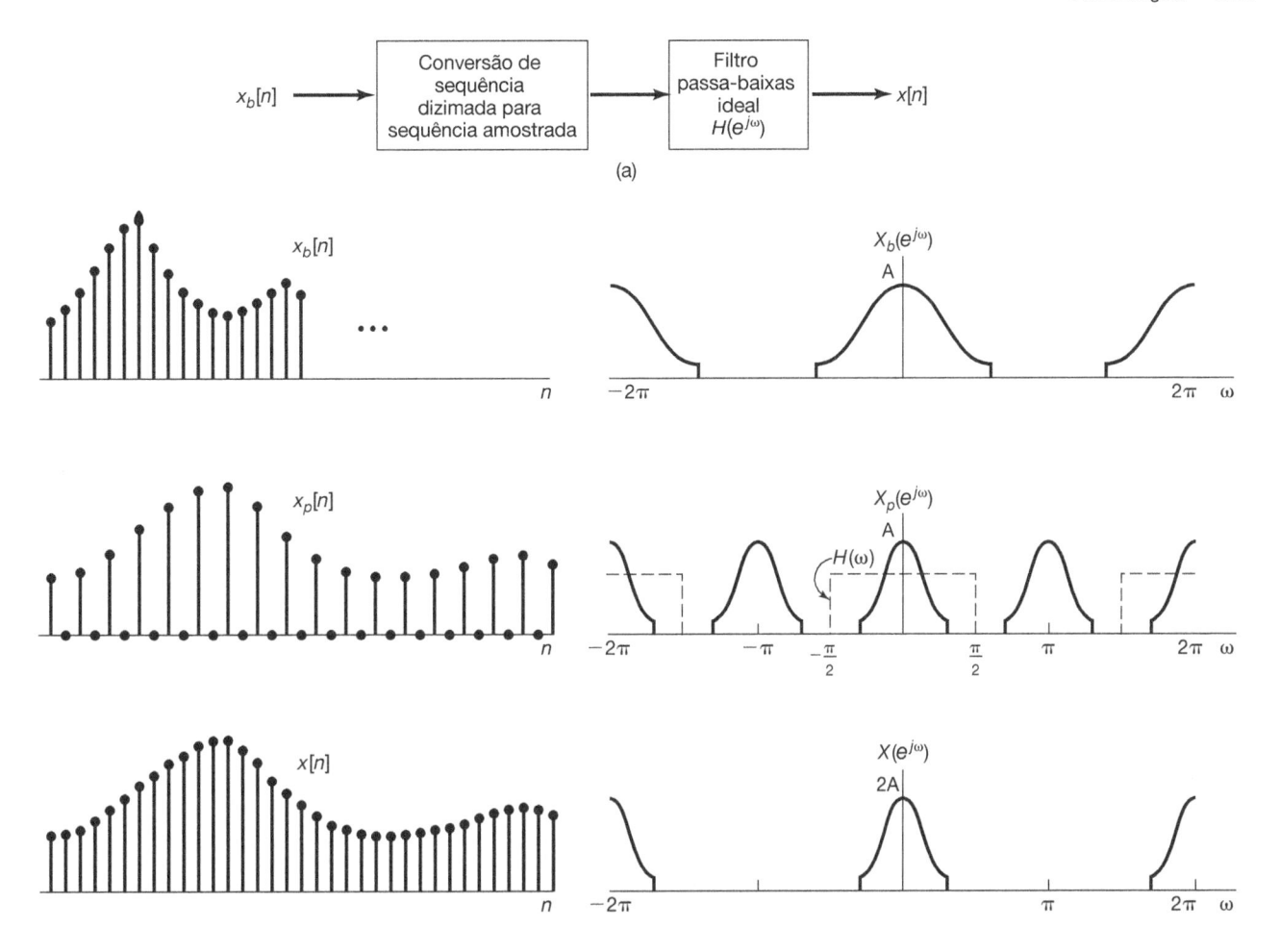

Figura 7.37 Sobreamostragem: (a) sistema total; (b) sequências associadas e espectros para sobreamostragem por um fator de 2.

Supondo que $x[n]$ represente amostras sem *aliasing* do sinal de tempo contínuo $x_c(t)$, nossa sequência interpolada e dizimada representa a subamostragem máxima possível (sem *aliasing*) de $x_c(t)$.

7.6 Resumo

Neste capítulo, desenvolvemos o conceito de amostragem, no qual um sinal de tempo contínuo ou de tempo discreto é representado por uma sequência de amostras uniformemente espaçadas. As condições sob as quais o sinal é exatamente recuperável a partir das amostras são descritas no teorema da amostragem. Para a reconstrução exata, esse teorema requer que o sinal a ser amostrado tenha banda limitada e que a frequência de amostragem seja maior que o dobro da frequência mais alta do sinal a ser amostrado. Sob essas condições, a reconstrução exata do sinal original é executada por meio da filtragem passa-baixas ideal, a interpretação no domínio do tempo do procedimento ideal de reconstrução é muitas vezes chamado de interpolação ideal de banda limitada. Em implementações práticas, o filtro passa-baixas é aproximado e a interpolação no domínio do tempo não é exata. Em alguns casos, procedimentos simples de interpolação, como retentor de ordem zero ou interpolação linear (retentor de primeira ordem), são suficientes.

Se um sinal é subamostrado (ou seja, a frequência de amostragem é menor que aquela exigida pelo teorema da amostragem), então o sinal reconstruído pela interpolação de banda limitada ideal estará relacionado ao sinal original por meio de uma forma de distorção conhecida como *aliasing*. Em muitos casos, é importante escolher a taxa de amostragem para se evitar *aliasing*. Porém, existem diversos exemplos importantes, como o estroboscópio, nos quais a presença de *aliasing* é explorada.

A amostragem tem diversas aplicações importantes. Um conjunto particularmente significativo de aplicações está relacionado ao uso da amostragem para processar sinais de tempo contínuo com sistemas de tempo discreto, usando microcomputadores ou microprocessadores, ou qualquer um de uma série de dispositivos orientados especificamente para o processamento de sinal de tempo discreto.

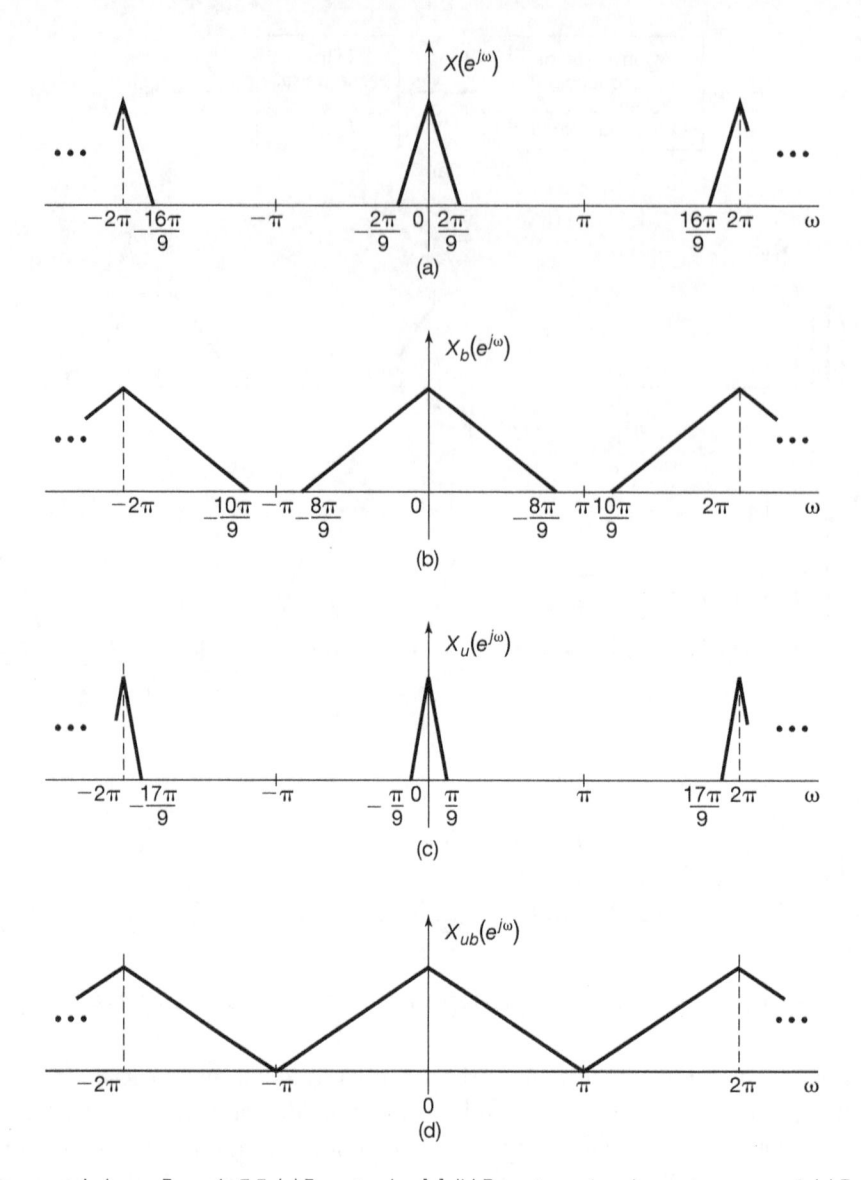

Figura 7.38 Espectros associados ao Exemplo 7.5. (a) Espectro de x[n]. (b) Espectro após subamostragem por 4. (c) Espectro após sobreamostragem de x[n] por um fator de 2. (d) Espectro após sobreamostragem de x[n] por 2 e depois, subamostragem por 9.

A teoria básica da amostragem é análoga para sinais de tempo contínuo e de tempo discreto. No caso de tempo discreto, existe o conceito estreitamente relacionado de dizimação, no qual a sequência dizimada é obtida extraindo-se valores de sequência original em intervalos uniformemente espaçados. A diferença entre amostragem e dizimação está no fato de que, para a sequência amostrada, os valores zero ficam entre os valores da amostra, enquanto na sequência dizimada esses valores zero são descartados, comprimindo assim a sequência no tempo. O inverso da dizimação é a interpolação. Os conceitos de dizimação e interpolação para sinais surgem em diversas aplicações práticas importantes dos sinais e sistemas, incluindo sistemas de comunicações, áudio digital, televisão de alta definição e muitas outras aplicações.

Capítulo 7 – problemas

A primeira seção de problemas pertence à categoria básica, e as respostas são fornecidas no final do livro. As duas seções posteriores contêm problemas que pertencem, respectivamente, às categorias básica e avançada.

Problemas básicos com respostas

7.1 Sabe-se que um sinal de valor real $x(t)$ é determinado exclusivamente por suas amostras quando a frequência de amostragem é $\omega_s = 10.000\pi$. Para que valores de ω, $X(j\omega)$ tem garantias de ser zero?

7.2 Um sinal de tempo contínuo $x(t)$ é obtido na saída de um filtro passa-baixas com frequência de corte $\omega_c = 1.000\pi$. Se a amostragem por trem de impulsos for realizada sobre $x(t)$, qual dos períodos de amostragem a seguir garantiria que $x(t)$ pode ser recuperado a partir de sua versão amostrada usando um filtro passa-baixas apropriado?

(a) $T = 0{,}5 \times 10^{-3}$
(b) $T = 2 \times 10^{-3}$
(c) $T = 10^{-4}$

7.3 A frequência que, sob o teorema da amostragem, precisa ser excedida pela frequência de amostragem é chamada *taxa de Nyquist*. Determine a taxa de Nyquist correspondente a cada um dos seguintes sinais:

(a) $x(t) = 1 + \cos(2.000\pi t) + \text{sen}(4.000\pi t)$

(b) $x(t) = \dfrac{\text{sen}(4.000\pi t)}{\pi t}$

(c) $x(t) = \left(\dfrac{\text{sen}(4.000\pi t)}{\pi t}\right)^2$

7.4 Seja $x(t)$ um sinal com taxa de Nyquist ω_0. Determine a taxa de Nyquist para cada um dos seguintes sinais:

(a) $x(t) + x(t-1)$
(b) $\dfrac{dx(t)}{dt}$
(c) $x^2(t)$
(d) $x(t)\cos\omega_0 t$

7.5 Seja $x(t)$ um sinal com taxa de Nyquist ω_0. Além disso, seja
$$y(t) = x(t)p(t-1)$$
em que
$$p(t) = \sum_{n=-\infty}^{\infty} \delta(t - nT), \quad \text{e} \quad T < \dfrac{2\pi}{\omega_0}.$$

Especifique as restrições sobre a magnitude e fase da resposta em frequência de um filtro que fornece $x(t)$ como sua saída quando $y(t)$ é a entrada.

7.6 No sistema mostrado na Figura P7.6, duas funções do tempo, $x_1(t)$ e $x_2(t)$, são multiplicadas e o produto $w(t)$ é amostrado por um trem de impulsos periódico. $x_1(t)$ tem banda limitada a ω_1, e $x_2(t)$ tem banda limitada a ω_2; ou seja,

$$X_1(j\omega) = 0, \ |\omega| \geq \omega_1,$$
$$X_2(j\omega) = 0, \ |\omega| \geq \omega_2.$$

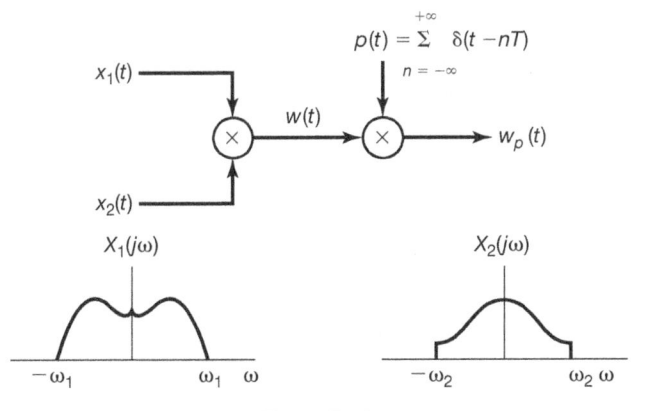

Figura P7.6

Determine o intervalo de amostragem *máximo* T tal que $w(t)$ seja recuperável a partir de $w_p(t)$ com o uso de um filtro passa-baixas ideal.

7.7 Um sinal $x(t)$ sofre uma operação de um retentor de ordem zero com um período de amostragem efetivo T para produzir um sinal $x_0(t)$. Seja $x_1(t)$ o resultado da operação do retentor de primeira ordem sobre amostras de $x(t)$; ou seja,

$$x_1(t) = \sum_{n=-\infty}^{\infty} x(nT)h_1(t - nT),$$

sendo $h_1(t)$ a função mostrada na Figura P7.7. Especifique a resposta em frequência de um filtro que produz $x_1(t)$ como saída quando $x_0(t)$ é a entrada.

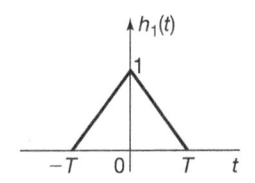

Figura P7.7

7.8 Considere um sinal real, ímpar e periódico $x(t)$ cuja representação da série de Fourier pode ser expressa como

$$x(t) = \sum_{k=0}^{5} \left(\dfrac{1}{2}\right)^k \text{sen}(k\pi t).$$

Seja $\hat{x}(t)$ a representação do sinal obtido realizando a amostragem com trem de impulsos sobre $x(t)$ usando um período de amostragem $T = 0{,}2$.

(a) Ocorre *aliasing* quando essa amostragem com trem de impulsos é realizada sobre $x(t)$?

(b) Se $\hat{x}(t)$ é passado por um filtro passa-baixas ideal com frequência de corte π/T e ganho da banda de passagem T, determine a representação da série de Fourier do sinal de saída $g(t)$.

7.9 Considere o sinal

$$x(t) = \left(\dfrac{\text{sen}\, 50\pi t}{\pi t}\right)^2,$$

que queremos amostrar com uma frequência de amostragem de $\omega_s = 150\pi$ para obter um sinal $g(t)$ com transformada de Fourier $G(j\omega)$. Determine o valor máximo de ω_0 para o qual se pode garantir que

$$G(j\omega) = 75\, X(j\omega) \text{ para } |\omega| \leq \omega_0,$$

sendo $X(j\omega)$ a transformada de Fourier de $x(t)$.

7.10 Determine se cada uma das seguintes afirmações é verdadeira ou falsa:

(a) O sinal $x(t) = u(t + T_0) - u(t - T_0)$ pode sofrer amostragem com trem de impulsos sem *aliasing*, desde que o período de amostragem $T < 2T_0$.

(b) O sinal $x(t)$ com transformada de Fourier $X(j\omega) = u(\omega + \omega_0) - u(\omega - \omega_0)$ pode sofrer amostragem com trem de impulsos sem *aliasing*, desde que o período de amostragem $T < \pi/\omega_0$.

(c) O sinal $x(t)$ com transformada de Fourier $X(j\omega) = u(\omega) - u(\omega - \omega_0)$ pode sofrer amostragem por trem de impulsos sem *aliasing*, desde que o período de amostragem $T < 2\pi/\omega_0$.

7.11 Seja $x_c(t)$ um sinal de tempo contínuo cuja transformada de Fourier tem a propriedade $X_c(j\omega) = 0$ para $|\omega| \geq 2.000\pi$. Um sinal de tempo discreto

$$x_d[n] = x_c(n(0,5 \times 10^{-3}))$$

é obtido. Para cada uma das seguintes restrições sobre a transformada de Fourier $X_d(e^{j\omega})$ de $x_d[n]$, determine a restrição correspondente sobre $X_c(j\omega)$:

(a) $X_d(e^{j\omega})$ é real.

(b) O valor máximo de $X_d(e^{j\omega})$ sobre todo ω é 1.

(c) $X_d(e^{j\omega}) = 0$ para $\dfrac{3\pi}{4} \leq |\omega| \leq \pi$

(d) $X_d(e^{j\omega}) = X_d(e^{j(\omega - \pi)})$

7.12 Um sinal de tempo discreto $x_d[n]$ tem uma transformada de Fourier $X_d(e^{j\omega})$ com a propriedade de que $X_d(e^{j\omega}) = 0$ para $3\pi/4 \leq |\omega| \leq \pi$. O sinal é convertido para um sinal de tempo contínuo

$$x_c(t) = T \sum_{n=-\infty}^{\infty} x_d[n] \frac{\operatorname{sen} \frac{\pi}{T}(t - nT)}{\pi(t - nT)},$$

em que $T = 10^{-3}$. Determine os valores de ω para os quais a transformada de Fourier $X_c(j\omega)$ de $x_c(t)$ é garantidamente zero.

7.13 Com referência à técnica de filtragem ilustrada na Figura 7.24, suponha que o período de amostragem usado seja T e que a entrada $x_c(t)$ tenha banda limitada, de modo que $X_c(j\omega) = 0$ para $|\omega| \geq \pi/T$. Se o sistema total tem a propriedade $y_c(t) = x_c(t - 2T)$, determine a resposta ao impulso $h[n]$ do filtro de tempo discreto da Figura 7.24.

7.14 Repita o problema anterior, mas desta vez suponha que

$$y_c(t) = \frac{d}{dt} x_c\left(t - \frac{T}{2}\right).$$

7.15 A amostragem com trem de impulsos $x[n]$ é usada para obter

$$g[n] = \sum_{k=-\infty}^{\infty} x[n]\delta[n - kN].$$

Se $X(e^{j\omega}) = 0$ para $3\pi/7 \leq |\omega| \leq \pi$, determine o maior valor para o intervalo de amostragem N que garante que não haverá *aliasing* durante a amostragem de $x[n]$.

7.16 Os seguintes fatos são dados a respeito do sinal $x[n]$ e sua transformada de Fourier:

1. $x[n]$ é real.
2. $X(e^{j\omega}) \neq 0$ para $0 < \omega < \pi$.
3. $x[n]\sum_{k=-\infty}^{\infty} \delta[n - 2k] = \delta[n]$.

Determine $x[n]$. Talvez seja útil observar que o sinal (sen $\frac{\pi}{2}n)/(\pi n)$ satisfaz duas dessas condições.

7.17 Considere um filtro rejeita-banda de tempo discreto ideal com resposta ao impulso $h[n]$ para o qual a resposta em frequência no intervalo $-\pi \leq \omega \leq \pi$ seja

$$H(e^{j\omega}) = \begin{cases} 1, & |\omega| \leq \dfrac{\pi}{4} \text{ e } |\omega| \geq \dfrac{3\pi}{4} \\ 0, & \text{demais valores} \end{cases}.$$

Determine a resposta em frequência do filtro cuja resposta ao impulso é $h[2n]$.

7.18 Suponha que a resposta ao impulso de um filtro passa-baixas de tempo discreto ideal com frequência de corte $\pi/2$ seja interpolada (de acordo com a Figura 7.37) para obter uma sobreamostragem por um fator de 2. Qual é a resposta em frequência correspondente a essa resposta ao impulso sobreamostrada?

7.19 Considere o sistema mostrado na Figura P7.19, com entrada $x[n]$ e saída correspondente $y[n]$. O sistema de inserção de zero insere dois pontos com amplitude zero entre cada um dos valores de sequência em $x[n]$. A dizimação é definida por

$$y[n] = w[5n],$$

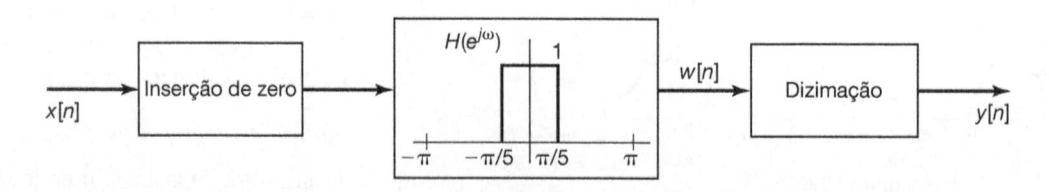

Figura P7.19

sendo $w[n]$ a sequência de entrada para o sistema de dizimação. Se a entrada tem a forma

$$x[n] = \frac{\operatorname{sen} \omega_1 n}{\pi n},$$

determine a saída $y[n]$ para os seguintes valores de ω_1:

(a) $\omega_1 \leq \frac{3\pi}{5}$

(b) $\omega_1 > \frac{3\pi}{5}$

7.20 Dois sistemas de tempo discreto S_1 e S_2 são propostos para implementar um filtro passa-baixas ideal com frequência de corte $\pi/4$. O sistema S_1 é representado na Figura P7.20(a). O sistema S_2 é representado na Figura P7.20(b). Nessas figuras, S_A corresponde a um sistema de inserção de zero que insere um zero após cada amostra de entrada, enquanto S_B corresponde a um sistema de dizimação que extrai cada segunda amostra de sua entrada.

(a) O sistema S_1 proposto corresponde ao filtro passa-baixas ideal desejado?

(b) O sistema S_2 proposto corresponde ao filtro passa-baixas ideal desejado?

Problemas básicos

7.21 Um sinal $x(t)$ com transformada de Fourier $X(j\omega)$ sofre amostragem com trem de impulsos para gerar

$$x_p(t) = \sum_{n=-\infty}^{\infty} x(nT)\delta(t - nT)$$

sendo $T = 10^{-4}$. Para cada um dos seguintes conjuntos de restrições sobre $x(t)$ e/ou $X(j\omega)$, o teorema da amostragem (ver Seção 7.1.1) garante que $x(t)$ pode ser recuperado exatamente a partir de $x_p(t)$?

(a) $X(j\omega) = 0$ para $|\omega| > 5.000\pi$

(b) $X(j\omega) = 0$ para $|\omega| > 15.000\pi$

(c) $\mathcal{R}e\{X(j\omega)\} = 0$ para $|\omega| > 5.000\pi$

(d) $x(t)$ real e $X(j\omega) = 0$ para $\omega > 5.000\pi$

(e) $x(t)$ real e $X(j\omega) = 0$ para $\omega < -15.000\pi$

(f) $X(j\omega) * X(j\omega) = 0$ para $|\omega| > 15.000\pi$

(g) $|X(j\omega)| = 0$ para $\omega > 5.000\pi$

7.22 O sinal $y(t)$ é gerado pela convolução de um sinal de banda limitada $x_1(t)$ com outro sinal de banda limitada $x_2(t)$, ou seja,

$$y(t) = x_1(t) * x_2(t)$$

sendo

$X_1(j\omega) = 0$ para $|\omega| > 1.000\pi$

$X_2(j\omega) = 0$ para $|\omega| > 2.000\pi$.

A amostragem com trem de impulsos é realizada sobre $y(t)$ para obter

$$y_p(t) = \sum_{n=-\infty}^{+\infty} y(nT)\delta(t-nT).$$

Especifique o intervalo de valores para o período de amostragem T que garante que $y(t)$ é recuperável a partir de $y_p(t)$.

7.23 A Figura P7.23 mostra um sistema em que a amostragem do sinal é feita por um trem de impulsos com sinal alternado. A transformada de Fourier do sinal de entrada é indicada na figura.

(a) Para $\Delta < \pi/(2\omega_M)$, esboce a transformada de Fourier de $x_p(t)$ e $y(t)$.

(b) Para $\Delta < \pi/(2\omega_M)$, determine um sistema que recuperará $x(t)$ de $x_p(t)$.

(c) Para $\Delta < \pi/(2\omega_M)$, determine um sistema que recuperará $x(t)$ de $y(t)$.

(d) Qual é o valor *máximo* de Δ em relação a ω_M para o qual $x(t)$ pode ser recuperado tanto a partir de $x_p(t)$ como $y(t)$?

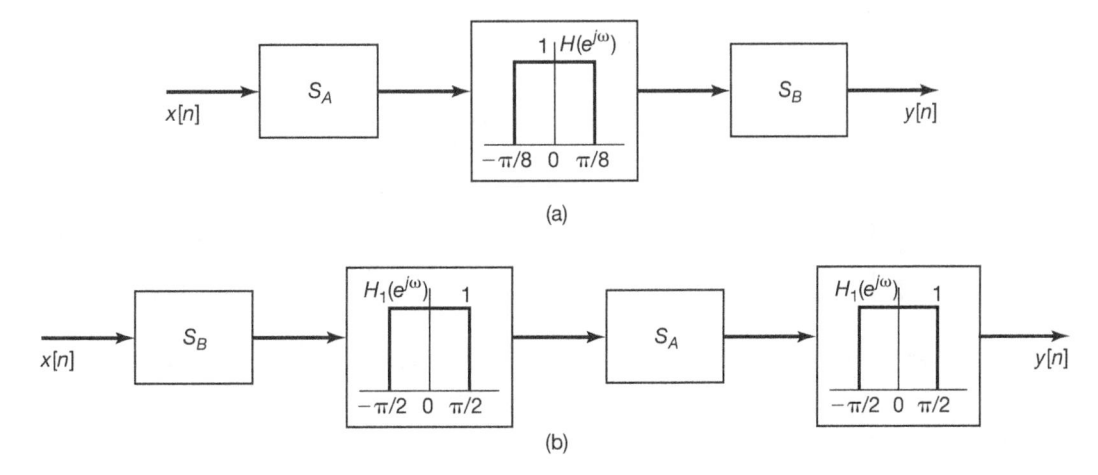

Figura P7.20

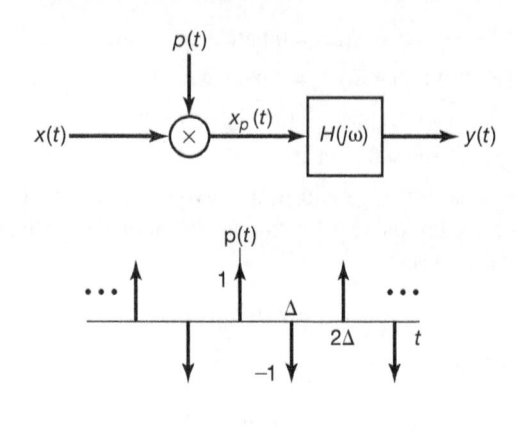

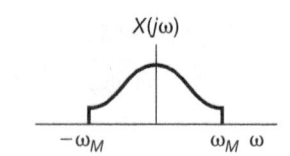

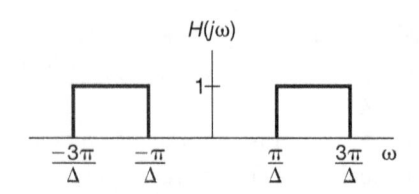

Figura P7.23

7.24 A Figura P7.24 mostra um sistema em que o sinal de entrada é multiplicado por uma onda quadrada periódica. O período de $s(t)$ é T. O sinal de entrada tem banda limitada com $|X(j\omega)| = 0$ para $|\omega| \geq \omega_M$.

(a) Para $\Delta = T/3$, determine, em termos de ω_M, o valor máximo de T para o qual não existe *aliasing* entre as réplicas de $X(j\omega)$ em $W(j\omega)$.

(b) Para $\Delta = T/4$, determine, em termos de ω_M, o valor máximo de T para o qual não existe *aliasing* entre as réplicas de $X(j\omega)$ em $W(j\omega)$.

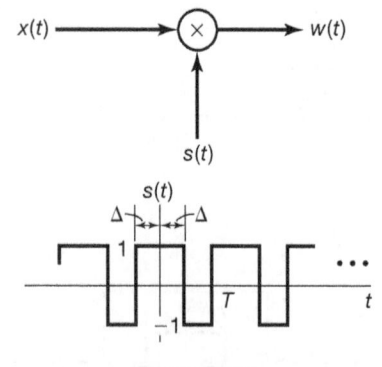

Figura P7.24

7.25 Na Figura P7.25 há um amostrador, seguido por um filtro passa-baixas ideal, para a reconstrução de $x(t)$ a partir de suas amostras $x_p(t)$. Do teorema da amostragem, sabemos que, se $\omega_s = 2\pi/T$ for maior que o dobro da frequência mais alta presente em $x(t)$ e $\omega_c = \omega_s/2$, então o sinal reconstruído $x_r(t)$ será exatamente igual a $x(t)$. Se essa condição sobre a largura de banda de $x(t)$ for violada, então $x_r(t)$ *não* será igual a $x(t)$. Buscamos mostrar neste problema que, se $\omega_c = \omega_s/2$, então, para qualquer escolha de T, $x_r(t)$ e $x(t)$ sempre serão iguais aos instantes de amostragem; ou seja,

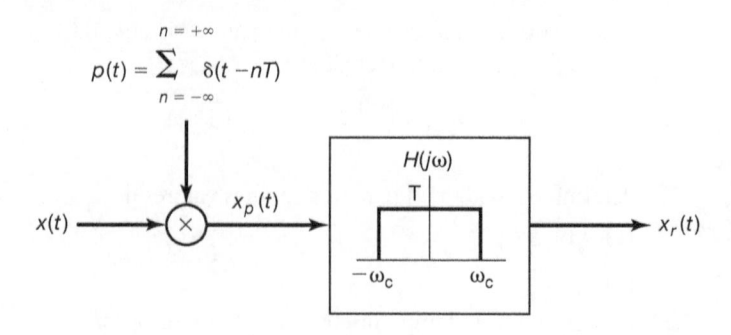

$$x_r(kT) = x(kT), k = 0, \pm 1, \pm 2,...$$

Para obter esse resultado, considere a Equação 7.11, que expressa $x_r(t)$ em termos das amostras de $x(t)$:

$$x_r(t) = \sum_{n=-\infty}^{\infty} x(nT) T \frac{\omega_c}{\pi} \frac{\text{sen}[\omega_c(t-nT)]}{\omega_c(t-nT)}.$$

Com $\omega_c = \omega_s/2$, isso se torna

$$x_r(t) = \sum_{n=-\infty}^{\infty} x(nT) \frac{\text{sen}\left[\frac{\pi}{T}(t-nT)\right]}{\frac{\pi}{T}(t-nT)}. \quad \textbf{(P7.25-1)}$$

Considerando os valores de α para os quais $[\text{sen}(\alpha)]/\alpha = 0$, mostre, a partir da Equação P7.25-1, que, sem quaisquer restrições sobre $x(t)$, $x_r(kT) = x(kT)$ para qualquer valor inteiro de k.

7.26 O teorema da amostragem, conforme deduzimos, indica que um sinal $x(t)$ precisa ser amostrado em uma taxa maior que sua largura de banda (ou, de modo equivalente, uma taxa maior que o dobro de sua frequência mais alta). Isso implica que, se $x(t)$ tiver um espectro conforme indicado na Figura P7.26(a), então $x(t)$ precisa ser amostrado em uma taxa maior que $2\omega_2$. Porém, como o sinal tem a maior parte de sua energia concentrada em uma banda estreita, pode parecer razoável esperar que uma taxa de amostragem inferior ao dobro da frequência mais alta possa ser usada. Um sinal cuja energia é concentrada frequentemente em uma banda de frequência é conhecido como um *sinal passa-faixa*. Existem várias técnicas para a amostragem desses sinais, geralmente conhecidas como técnicas de *amostragem passa-faixa*.

Para examinar a possibilidade de amostragem de um sinal passa-faixa como uma taxa menor que a largura de banda total, considere o sistema mostrado na Figura P7.26(b). Supondo que $\omega_1 > \omega_2 - \omega_1$, encontre o valor máximo de T e os valores das constantes A, ω_a e ω_b tais que $x_r(t) = x(t)$.

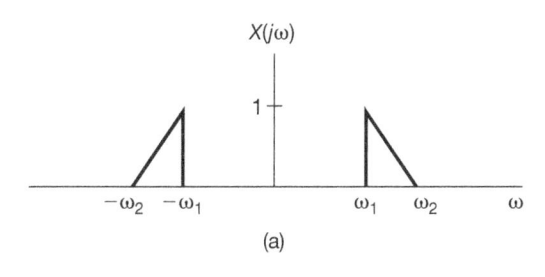

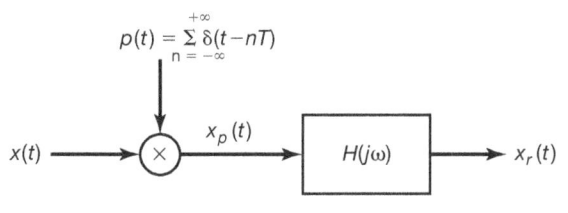

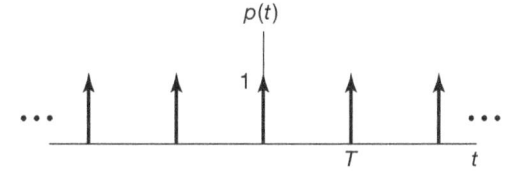

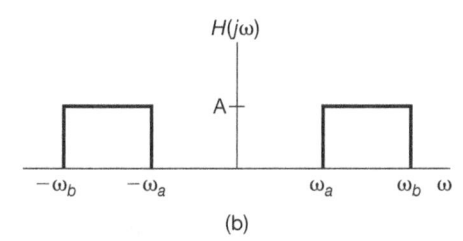

Figura P7.26

7.27 No Problema 7.26, consideramos um procedimento para amostragem passa-faixa e reconstrução. Outro procedimento, usado quando $x(t)$ é real, consiste em multiplicar $x(t)$ por uma exponencial complexa e depois amostrar o produto. O sistema de amostragem é mostrado na Figura P7.27(a). Com $x(t)$ real e com $X(j\omega)$ não nulo apenas para $\omega_1 < |\omega| < \omega_2$, a frequência é escolhida como $\omega_0 = (1/2)(\omega_1 + \omega_2)$, e o filtro passa-baixas $H_1(j\omega)$ tem frequência de corte $(1/2)(\omega_2 - \omega_1)$.

(a) Para $X(j\omega)$ mostrado na Figura P7.27(b), esboce $X_p(j\omega)$.

(b) Determine o período de amostragem máximo T tal que $x(t)$ seja recuperável a partir de $x_p(t)$.

(c) Determine um sistema para recuperar $x(t)$ a partir de $x_p(t)$.

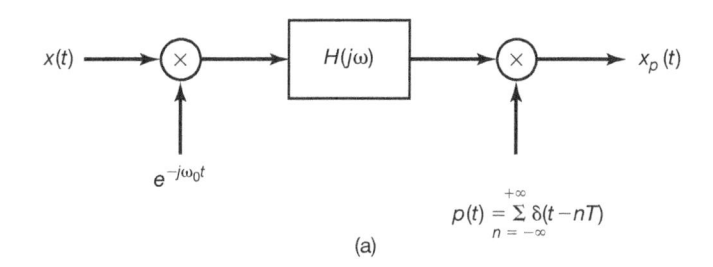

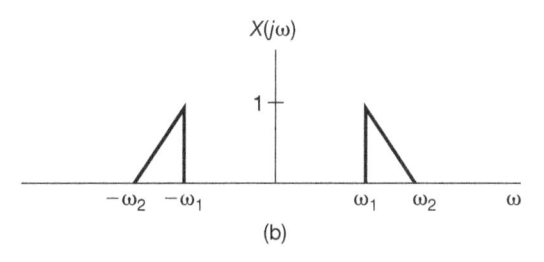

Figura P7.27

7.28 A Figura P7.28(a) mostra um sistema que converte um sinal de tempo contínuo para um sinal de tempo discreto. A entrada $x(t)$ é periódica com um período de 0,1 segundo. Os coeficientes da série de Fourier de $x(t)$ são

$$a_k = \left(\frac{1}{2}\right)^{|k|}, \quad -\infty < k < +\infty.$$

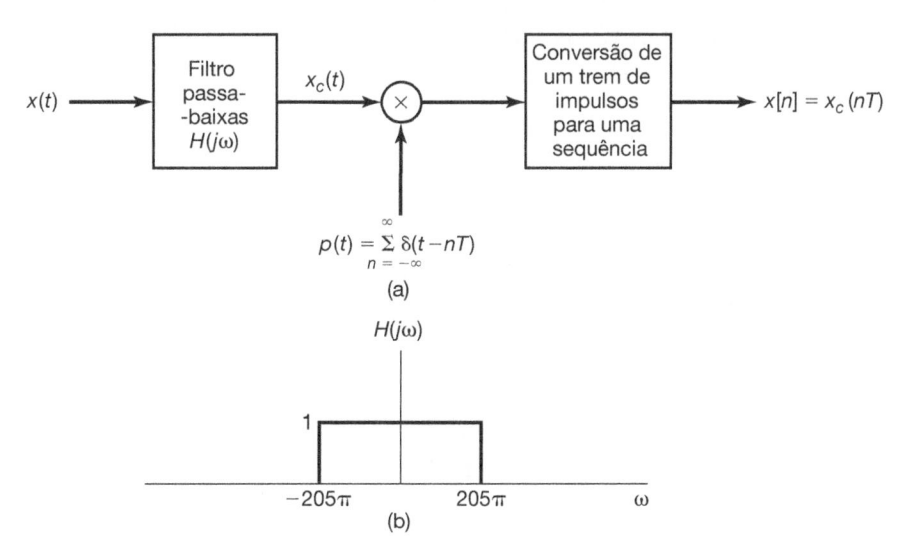

Figura P7.28

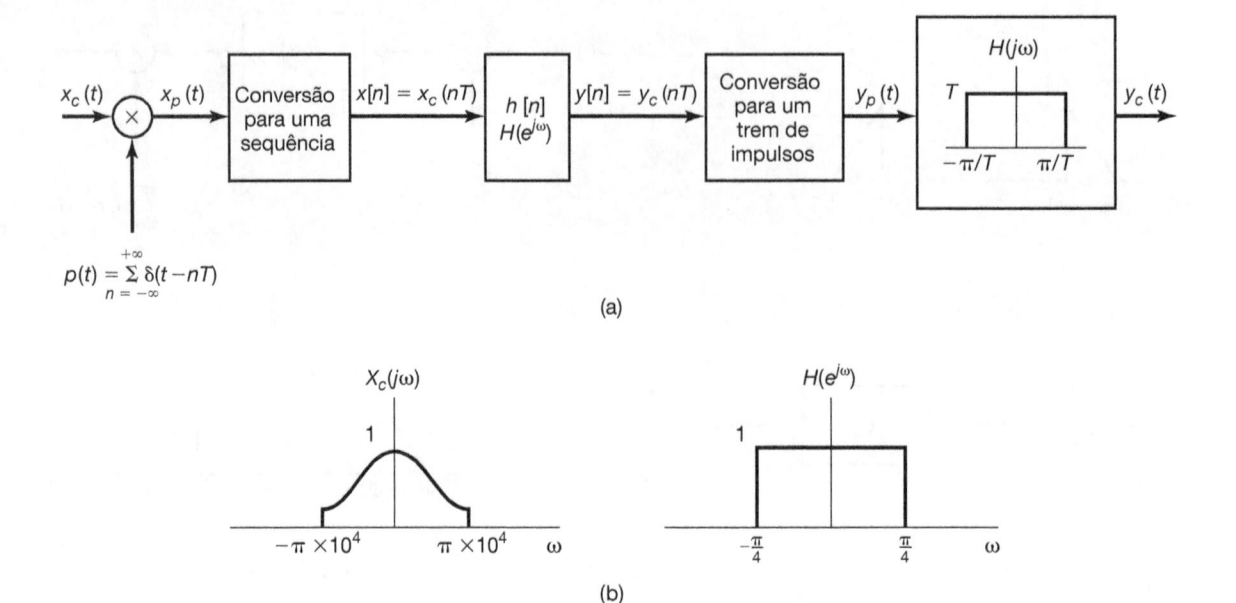

Figura P7.29

O filtro passa-baixas $H(j\omega)$ tem a resposta em frequência mostrada na Figura P7.28(b). O período de amostragem $T = 5 \times 10^{-3}$ segundos.

(a) Mostre que $x[n]$ é uma sequência periódica e determine seu período.

(b) Determine os coeficientes da série de Fourier de $x[n]$.

7.29 A Figura P7.29(a) mostra o sistema total para a filtragem de um sinal de tempo contínuo usando um filtro de tempo discreto. Se $X_c(j\omega)$ e $H(e^{j\omega})$ são conforme aparecem na Figura P7.29(b), com $1/T = 20$ kHz, esboce $X_p(j\omega)$, $X(e^{j\omega})$, $Y(e^{j\omega})$, $Y_p(j\omega)$ e $Y_c(j\omega)$.

7.30 A Figura P7.30 mostra um sistema consistindo em um sistema LIT de tempo contínuo seguido por um amostrador, conversão para uma sequência e um sistema LIT de tempo discreto. O sistema LIT de tempo contínuo é causal e satisfaz a equação diferencial linear, com coeficientes constantes

$$\frac{dy_c(t)}{dt} + y_c(t) = x_c(t).$$

A entrada $x_c(t)$ é um impulso unitário $\delta(t)$.

(a) Determine $y_c(t)$.

(b) Determine a resposta em frequência $H(e^{j\omega})$ e a resposta ao impulso $h[n]$ tal que $w[n] = \delta[n]$.

7.31 A Figura P7.31 mostra um sistema que processa sinais de tempo contínuo usando um filtro digital $h[n]$ que é linear e causal com equação de diferenças

$$y[n] = \frac{1}{2}y[n-1] + x[n].$$

Para sinais de entrada que possuem banda limitada, tais que $X_c(j\omega) = 0$ para $|\omega| > \pi/T$, o sistema na figura é equivalente a um sistema LIT de tempo contínuo.

Determine a resposta em frequência $H_c(j\omega)$ do sistema total equivalente com entrada $x_c(t)$ e saída $y_c(t)$.

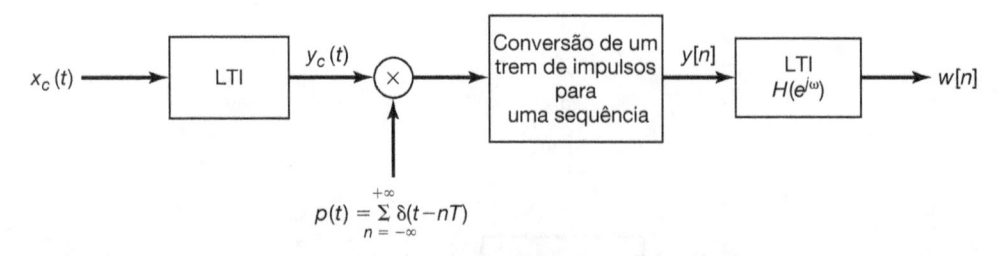

Figura P7.30

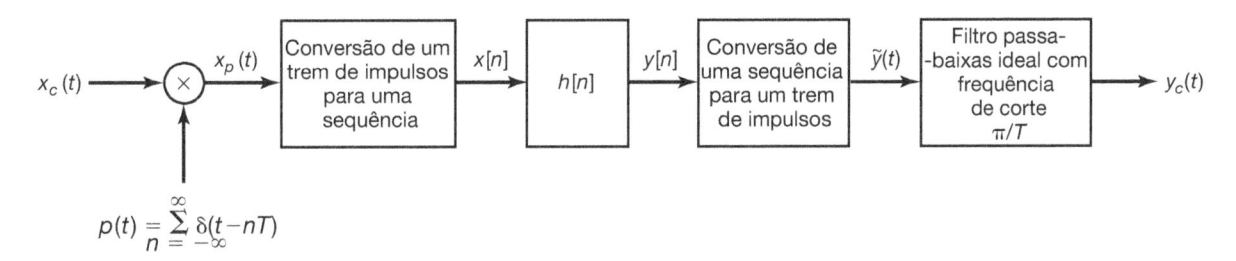

Figura P7.31

7.32 Um sinal $x[n]$ tem uma transformada de Fourier $X(e^{j\omega})$ que é zero para $(\pi/4) \leq |\omega| \leq \pi$. Outro sinal

$$g[n] = x[n] \sum_{k=-\infty}^{\infty} \delta[n-1-4k]$$

é gerado. Especifique a resposta em frequência $H(e^{j\omega})$ de um filtro passa-baixas que produz $x[n]$ como saída quando $g[n]$ é a entrada.

7.33 Um sinal $x[n]$ com transformada de Fourier $X(e^{j\omega})$ tem a propriedade

$$\left(x[n] \sum_{k=-\infty}^{\infty} \delta[n-3k] \right) * \left(\frac{\operatorname{sen}\frac{\pi}{3}n}{\frac{\pi}{3}n} \right) = x[n].$$

Para que valores de ω é garantido que $X(e^{j\omega}) = 0$?

7.34 Um sinal de tempo discreto com valor real $x[n]$ tem uma transformada de Fourier $X(e^{j\omega})$ que é zero para $3\pi/14 \leq |\omega| \leq \pi$. A parte não nula da transformada de Fourier de um período de $X(e^{j\omega})$ pode ser feita para ocupar a região $|\omega| < \pi$ primeiro realizando a sobreamostragem por um fator de L e depois a subamostragem por um fator de M. Especifique os valores de L e M.

7.35 Considere uma sequência de tempo discreto $x[n]$ da qual formamos duas novas sequências, $x_p[n]$ e $x_d[n]$, em que $x_p[n]$ corresponde à amostragem $x[n]$ com um período de amostragem de 2 e $x_d[n]$ corresponde à dizimação de $x[n]$ por um fator de 2, de modo que

$$x_p[n] = \begin{cases} x[n], & n = 0, \pm 2, \pm 4, \ldots \\ 0, & n = \pm 1, \pm 3, \ldots \end{cases}$$

e

$$x_d[n] = x[2n].$$

(a) Se $x[n]$ é conforme mostra a Figura P7.35(a), esboce as sequências $x_p[n]$ e $x_d[n]$.

(b) Se $X(e^{j\omega})$ é conforme mostra a Figura P7.35(b), esboce $X_p(e^{j\omega})$ e $X_d(e^{j\omega})$.

Problemas avançados

7.36 Seja $x(t)$ um sinal de banda limitada tal que $X(j\omega) = 0$ para $|\omega| \geq \frac{\pi}{T}$.

(a) Se $x(t)$ for amostrado usando um período de amostragem T, determine a função de interpolação $g(t)$ tal que

$$\frac{dx(t)}{dt} = \sum_{n=-\infty}^{\infty} x(nT)g(t-nT).$$

(b) A função $g(t)$ é única?

7.37 Um sinal limitado em largura de banda a $|\omega| < W$ pode ser recuperado a partir de amostras espaçadas não uniformemente desde que a densidade média da amostra seja $2(W/2\pi)$ amostras por segundo. Este problema ilustra um exemplo em particular de amostragem não uniforme. Suponha que, na Figura P7.37(a):

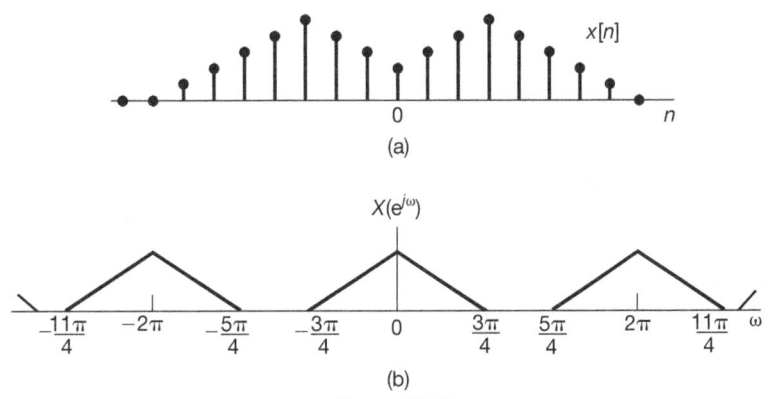

Figura P7.35

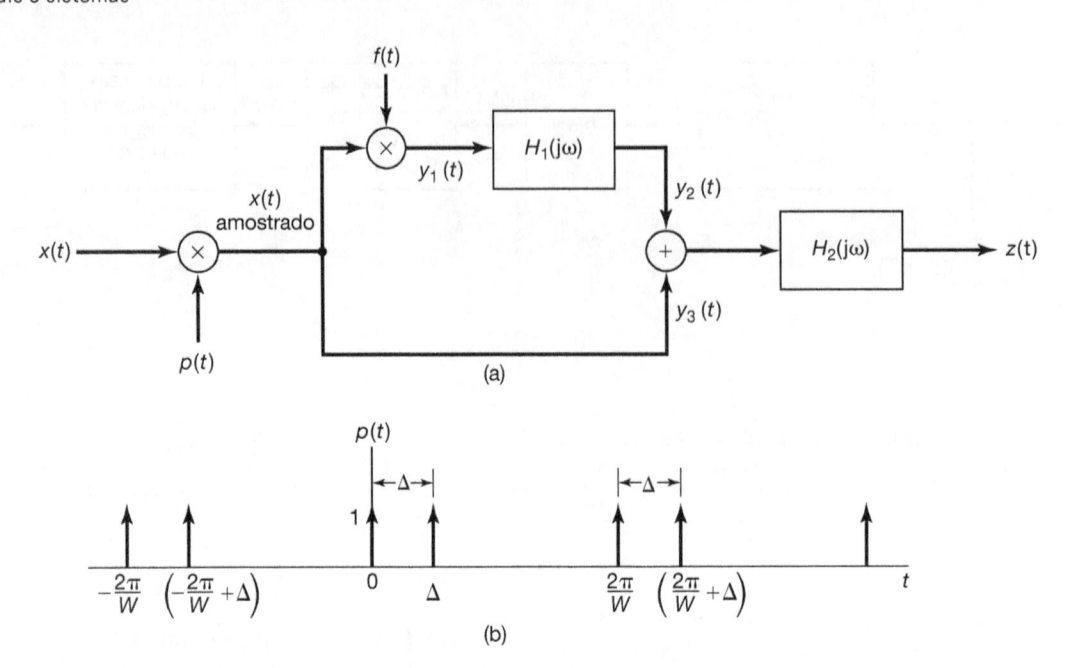

Figura P7.37

1. $x(t)$ é limitado em banda; $X(j\omega) = 0$, $|\omega| > W$.
2. $p(t)$ é um trem de pulsos periódico espaçado não uniformemente, como mostra a Figura P7.37(b).
3. $f(t)$ é uma forma de onda com período $T = 2\pi/W$. Como $f(t)$ multiplica um trem de impulsos, somente seus valores $f(0) = a$ e $f(\Delta) = b$ em $t = 0$ e $t = \Delta$, respectivamente, são significativos.
4. $H_1(\omega)$ é um deslocador de fase em 90°; ou seja,

$$H_1(j\omega) = \begin{cases} j, & \omega > 0 \\ -j, & \omega < 0 \end{cases}.$$

5. $H_2(j\omega)$ é um filtro passa-baixas ideal; ou seja,

$$H_2(j\omega) = \begin{cases} K, & 0 < \omega < W \\ K^*, & -W < \omega < 0 \\ 0, & |\omega| > W \end{cases},$$

sendo K uma constante (possivelmente complexa).

(a) Encontre as transformadas de Fourier de $p(t)$, $y_1(t)$, $y_2(t)$ e $y_3(t)$.

(b) Especifique os valores de a, b e K como funções de Δ tais que $z(t) = x(t)$ para qualquer $x(t)$ de banda limitada e qualquer Δ tal que $0 < \Delta < \pi/W$.

7.38 Frequentemente, é necessário exibir, em uma tela de osciloscópio, formas de onda com estruturas de tempo muito curtas – por exemplo, na escala de milésimos de um nanossegundo. Como o tempo de subida do osciloscópio mais rápido é maior que isso, essas imagens não podem ser obtidas diretamente. Porém, se a forma de onda for periódica, o resultado desejado pode ser obtido indiretamente, usando-se um instrumento chamado osciloscópio de amostragem.

A ideia, mostrada na Figura P7.38(a), é amostrar a forma de onda rápida $x(t)$ uma vez a cada período, mas em pontos sucessivamente posteriores, em períodos sucessivos. O incremento Δ deverá ser um intervalo de amostragem corretamente escolhido em relação à largura de banda de $x(t)$. Se o trem de impulsos resultante for então passado por um filtro passa-baixas de interpolação apropriado, a saída $y(t)$ será proporcional à forma de onda rápida original comprimida ou esticada no tempo [ou seja, $y(t)$ é proporcional a $x(at)$, sendo $a < 1$].

Para $x(t) = A + B \cos[(2\pi/T)t + \theta]$, encontre um intervalo de valores de Δ tal que $y(t)$ na Figura P7.38(b) seja proporcional a $x(at)$ com $a < 1$. Além disso, determine o valor de a em termos de T e Δ.

7.39 Um sinal $x_p(t)$ é obtido por meio da amostragem com trem de impulsos de um sinal senoidal $x(t)$ cuja frequência é igual a metade da frequência de amostragem ω_s.

$$x(t) = \cos\left(\frac{\omega_s}{2} t + \phi\right)$$

e

$$x_p(t) = \sum_{n=-\infty}^{+\infty} x(nT)\delta(t - nT)$$

sendo $T = 2\pi/\omega_s$.

(a) Encontre $g(t)$ tal que

$$x(t) = \cos(\phi) \cos\left(\frac{\omega_s}{2} t\right) + g(t).$$

(b) Mostre que

$$g(nT) = 0 \quad \text{para } n = 0, \pm 1, \pm 2, \ldots$$

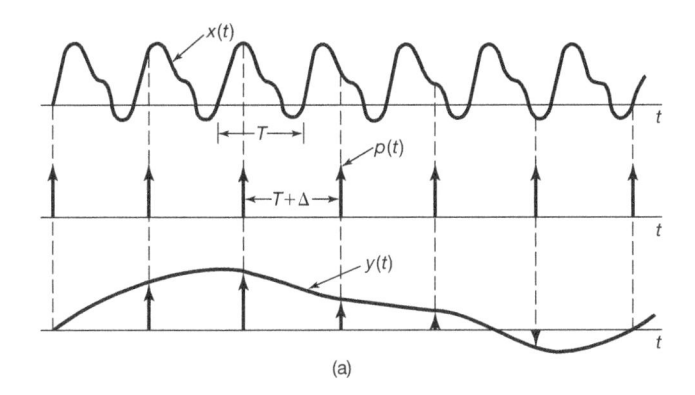

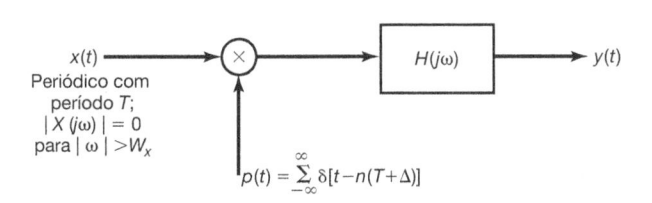

Figura P7.38

(c) Usando os resultados dos dois itens anteriores, mostre que, se $x_p(t)$ for aplicado como entrada para um filtro passa-baixas ideal com frequência de corte $\omega_s/2$, a saída resultante é

$$y(t) = \cos(\phi)\cos\left(\frac{\omega_s}{2}t\right).$$

7.40 Considere um disco em que são pintados quatro ciclos de uma senoide. O disco gira em aproximadamente 15 rotações por segundo, de modo que a senoide, quando vista através de uma fenda estreita, tem frequência de 60 Hz.

O arranjo está representado na Figura P7.40. Seja $v(t)$ a posição da linha vista através da fenda. Então

$$v(t) = A\cos(\omega_0 t + \phi), \quad \omega_0 = 120\pi.$$

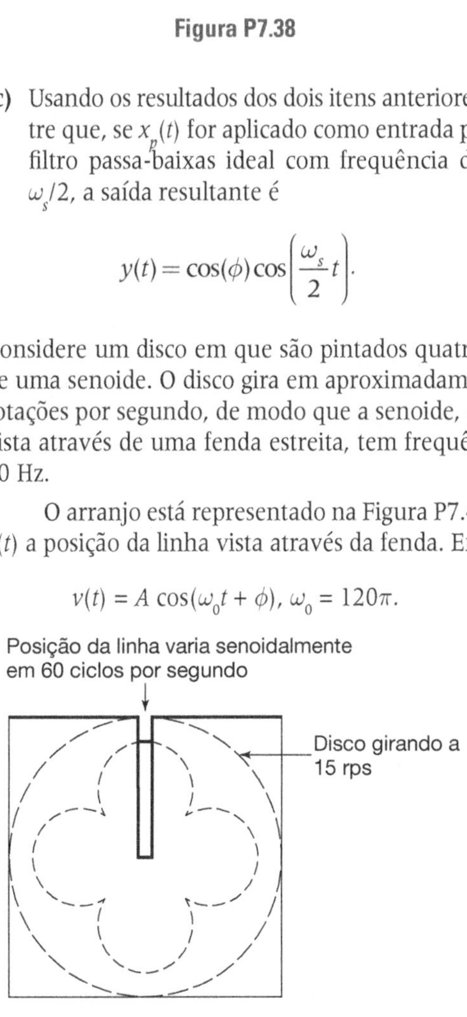

Figura P7.40

Por conveniência de notação, normalizamos $v(t)$ de modo que $A = 1$. Em 60 Hz, o olho não é capaz de acompanhar $v(t)$, e vamos assumir que esse efeito possa ser explicado modelando o olho como um filtro passa-baixas ideal com frequência de corte de 20 Hz.

A amostragem da senoide pode ser realizada iluminando-se o disco com uma luz estroboscópica. Assim, a iluminação pode ser representada por um trem de impulsos; ou seja,

$$i(t) = \sum_{k=-\infty}^{+\infty} \delta(t - kT),$$

onde $1/T$ é a frequência do estroboscópio em hertz. O sinal amostrado resultante é o produto $r(t) = v(t)i(t)$. Sejam $R(j\omega)$, $V(j\omega)$ e $I(j\omega)$ a notação das transformadas de Fourier de $r(t)$, $v(t)$ e $i(t)$, respectivamente.

(a) Esboce $V(j\omega)$, indicando claramente o efeito dos parâmetros ϕ e ω_0.

(b) Esboce $I(j\omega)$, indicando o efeito de T.

(c) De acordo com o teorema da amostragem, existe um valor máximo de T em termos de ω_0 tal que $v(t)$ possa ser recuperado de $r(t)$ usando um filtro passa-baixas. Determine esse valor de T e a frequência de corte do filtro passa-baixas. Esboce $R(j\omega)$ quando T é ligeiramente menor que o valor máximo.

Se o período de amostragem T se tornar maior que o valor determinado no item (c), ocorre o *aliasing* do espectro. Como resultado desse *aliasing*, percebemos uma senoide de frequência inferior.

(d) Suponha que $2\pi/T = \omega_0 + 20\pi$. Esboce $R(j\omega)$ para $|\omega| < 40\pi$. Indique por $v_a(t)$ a posição aparente da linha conforme a percebemos. Supondo que o olho se comporte como um filtro passa-baixas ideal com corte em 20 Hz e ganho unitário, expresse $v_a(t)$ na forma

$$v_a(t) = A_a \cos(\omega_a + \phi_a),$$

sendo A_a a amplitude aparente, ω_a a frequência aparente e ϕ_a a fase aparente de $v_a(t)$.

(e) Repita o item (d) para $2\pi/T = \omega_0 - 20\pi$.

7.41 Em muitas situações práticas, um sinal é registrado na presença de um eco, que gostaríamos de remover com um processamento apropriado. Por exemplo, na Figura P7.41(a), ilustramos um sistema em que um receptor recebe simultaneamente um sinal $x(t)$ e um eco representado por uma réplica atrasada e atenuada de $x(t)$. Assim, a saída do receptor é $s(t) = x(t) + \alpha x(t - T_0)$, sendo $|\alpha| < 1$. Essa saída deve ser processada para recuperar $x(t)$ primeiro convertendo para uma sequência e depois usando um filtro digital $h[n]$ apropriado, conforme indicado na Figura P7.41(b).

Assuma que $x(t)$ tenha banda limitada [ou seja, $X(j\omega) = 0$ para $|\omega| > \omega_M$] e que $|\alpha| < 1$.

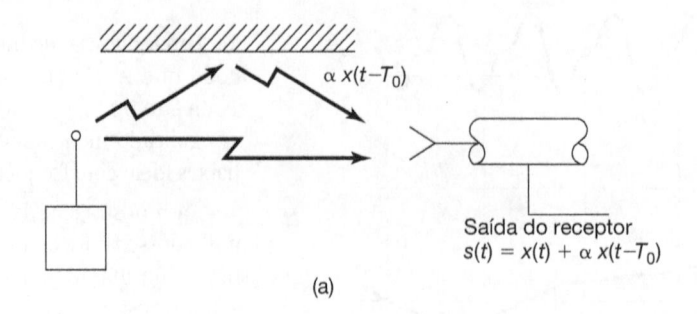

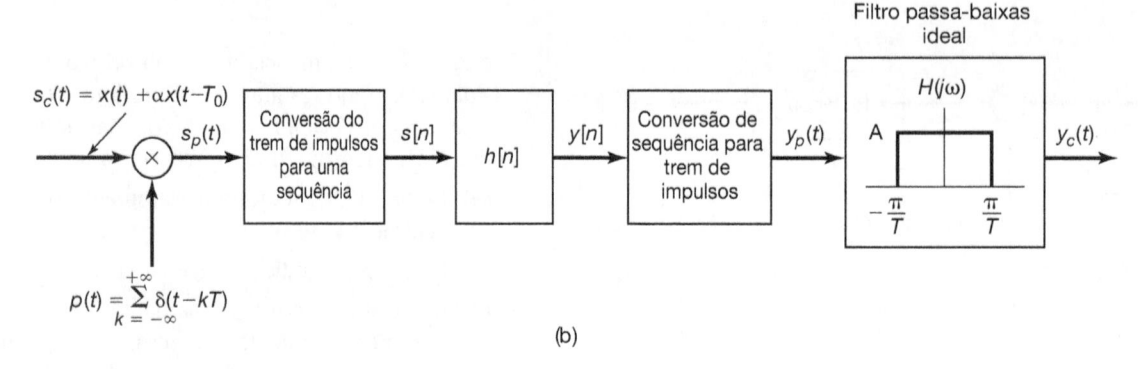

Figura P7.41

(a) Se $T_0 < \pi/\omega_M$ e o período de amostragem é considerado igual a T_0 (ou seja, $T = T_0$), determine a equação de diferenças para o filtro digital $h[n]$ tal que $y_c(t)$ seja proporcional a $x(t)$.

(b) Com as suposições do item (a), especifique o ganho A do filtro passa-baixas ideal tal que $y_c(t) = x(t)$.

(c) Agora, suponha que $\pi/\omega_M < T_0 < 2\pi/\omega_M$. Determine uma escolha do período de amostragem T, o ganho A do filtro passa-baixas e a resposta de frequência para o filtro digital $h[n]$ tal que $y_c(t)$ seja proporcional a $x(t)$.

7.42 Considere um sinal de banda limitada $x_c(t)$ que é amostrado a uma taxa mais alta que a taxa de Nyquist. As amostras, espaçadas por T segundos, são, então, convertidas para a sequência $x[n]$, como indica a Figura P7.42.

Determine a relação entre a energia E_d da sequência, a energia E_c do sinal original e o intervalo de amostragem T. A energia de uma sequência $x[n]$ é definida como

$$E_d = \sum_{n=-\infty}^{\infty} |x[n]|^2,$$

e a energia em uma função de tempo contínuo $x_c(t)$ é definida como

$$E_c = \int_{-\infty}^{+\infty} |x_c(t)|^2 dt.$$

7.43 A Figura P7.43(a) representa um sistema para o qual a entrada e a saída são sinais de tempo discreto. A entrada de tempo discreto $x[n]$ é convertida para um trem de impulsos de tempo contínuo $x_p(t)$. O sinal de tempo contínuo $x_p(t)$ é, então, filtrado por um sistema LIT para produzir a saída $y_c(t)$, que é, então, convertida para o sinal de tempo discreto $y[n]$. O sistema LIT com entrada $x_c(t)$ e saída $y_c(t)$ é causal e caracterizado pela equação diferencial linear com coeficientes constantes

$$\frac{d^2 y_c(t)}{dt^2} + 4\frac{dy_c(t)}{dt} + 3y_c(t) = x_c(t).$$

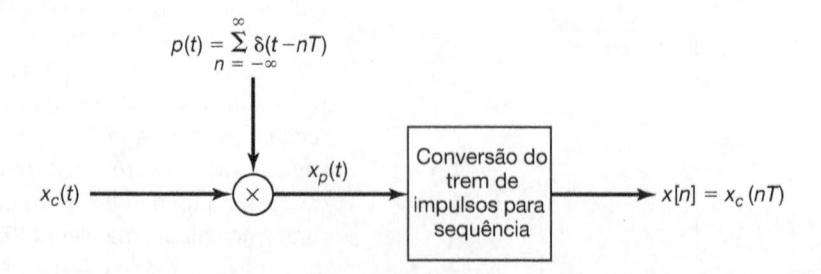

Figura P7.42

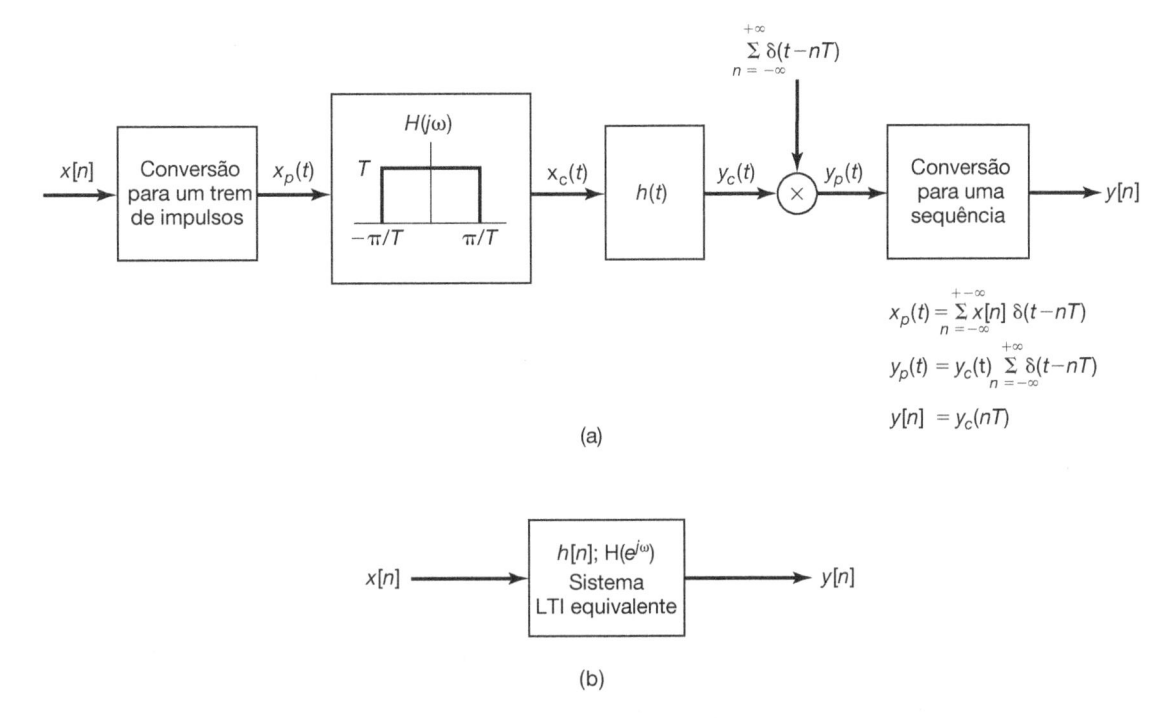

Figura P7.43

O sistema total é equivalente a um sistema LIT de tempo contínuo causal, como indica a Figura P7.43(b).

Determine a resposta em frequência $H(e^{j\omega})$ e a resposta à amostra unitária $h[n]$ do sistema LIT equivalente.

7.44 Suponha que desejamos projetar um gerador de tempo contínuo que seja capaz de produzir sinais senoidais em qualquer frequência satisfazendo

$$\omega_1 \leq \omega \leq \omega_2,$$

sendo ω_1 e ω_2 números positivos especificados.

Nosso sistema (projeto) deve executar os seguintes passos: receber uma onda cossenoidal de tempo discreto com período N; ou seja, armazenar $x[0]$, ..., $x[N-1]$, em que

$$x[k] = \cos\left(\frac{2\pi k}{N}\right).$$

A cada T segundos, gerar um impulso ponderado por um valor de $x[k]$, para valores de $k = 0, 1, ..., N-1$ em um padrão cíclico. Ou seja,

$$y_p(kT) = x(k \text{ módulo } N),$$

ou, de forma equivalente,

$$y_p(kT) = \cos\left(\frac{2\pi k}{N}\right)$$

e

$$y_p(t) = \sum_{k=-\infty}^{+\infty} \cos\left(\frac{2\pi k}{N}\right) \delta(t - kT).$$

(a) Mostre que, ajustando T, podemos ajustar a frequência do sinal cossenoidal que está sendo amostrado. Ou seja, mostre que

$$y_p(t) = (\cos \omega_0 t) \sum_{k=-\infty}^{+\infty} \delta(t - kT),$$

em que $\omega_0 = 2\pi/NT$. Determine um intervalo de valores para T tal que $y_p(t)$ possa representar amostras de um sinal cossenoidal com uma frequência que é variável na faixa

$$\omega_1 \leq \omega \leq \omega_2.$$

(b) Esboce $Y_p(j\omega)$.

O sistema total para geração de uma senoide de tempo contínuo é representado na Figura P7.44(a). $H(j\omega)$ é um filtro passa-baixas ideal com ganho unitário em sua banda passante; ou seja,

$$H(j\omega) = \begin{cases} 1, & |\omega| < \omega_c \\ 0, & \text{caso contrário} \end{cases}.$$

O parâmetro ω_c deve ser determinado de modo que $y(t)$ seja um sinal cossenoidal de tempo contínuo na banda de frequência desejada.

(c) Considere qualquer valor de T no intervalo determinado no item (a). Determine o valor mínimo de N e algum valor de ω_c tal que $y(t)$ seja um cosseno na faixa $\omega_1 \leq \omega \leq \omega_2$.

(d) A amplitude de $y(t)$ variará, dependendo do valor de ω escolhido entre ω_1 e ω_2. Assim, temos de projetar um sistema $G(j\omega)$ que normaliza o sinal conforme mostra a Figura P7.44(b). Encontre esse $G(j\omega)$.

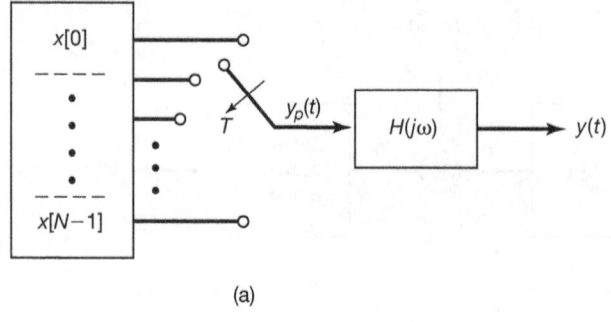

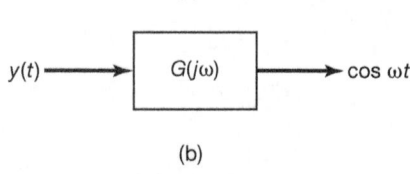

Figura P7.44

7.45 No sistema mostrado na Figura P7.45, a entrada $x_c(t)$ tem banda limitada com $X_c(j\omega) = 0$, $|\omega| > 2\pi \times 10^4$. O filtro digital $h[n]$ é descrito para uma relação entrada-saída

$$y[n] = T\sum_{k=-\infty}^{n} x[k]. \quad \text{(P7.45-1)}$$

(a) Qual é o valor máximo de T permitido se o *aliasing* tiver de ser evitado na transformação de $x_c(t)$ para $x_p(t)$?

(b) Com o sistema LIT de tempo discreto especificado com a Equação P7.45-1, determine sua resposta ao impulso $h[n]$.

(c) Determine se existe algum valor de T para o qual

$$\lim_{n\to\infty} y[n] = \lim_{t\to\infty}\int_{-\infty}^{t} x_c(\tau)d\tau. \quad \text{(P7.45-2)}$$

Se houver, determine o valor *máximo*. Se não, explique e especifique como T seria escolhido de modo que a igualdade na Equação P7.45-2 seja uma melhor aproximação. (Pense cuidadosamente a respeito deste item; é fácil chegar à conclusão errada!)

7.46 Um sinal $x[n]$ é amostrado em tempo discreto como mostra a Figura P7.46. $h_r[n]$ é um filtro passa-baixas ideal com resposta em frequência

$$H_r(e^{j\omega}) = \begin{cases} 1, & |\omega| < \frac{\pi}{N} \\ 0, & \frac{\pi}{N} < |\omega| < \pi \end{cases}$$

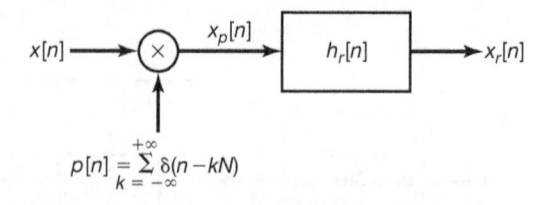

Figura P7.46

Das equações 7.46 e 7.47, a saída do filtro pode ser expressa como

$$x_r[n] = \sum_{k=-\infty}^{+\infty} x[kN]h_r[n-kN]$$

$$= \sum_{k=-\infty}^{+\infty} x[kN]\frac{N\omega_c}{\pi}\frac{\text{sen }\omega_c(n-kN)}{\omega_c(n-kN)}$$

em que $\omega_c = 2\pi/N$. Mostre que, independentemente de a sequência $x[n]$ ser amostrada acima ou abaixo da taxa de Nyquist, $x_r[mN] = x[mN]$, sendo m qualquer inteiro positivo ou negativo.

7.47 Suponha que $x[n]$ tenha uma transformada de Fourier que é zero para $\pi/3 \leq |\omega| \leq \pi$. Mostre que

$$x[n] = \sum_{k=-\infty}^{\infty} x[3k]\left(\frac{\text{sen}(\frac{\pi}{3}(n-3k))}{\frac{\pi}{3}(n-3k)}\right).$$

7.48 Se $x[n] = \cos(\frac{\pi}{4}n + \phi_0)$ com $0 \leq \phi_0 < 2\pi$ e $g[n] = x[n]\sum_{k=-\infty}^{\infty}\delta[n-4k]$, que restrições adicionais devem ser impostas sobre ϕ_0 para garantir que

$$g[n] * \left(\frac{\text{sen }\frac{\pi}{4}n}{\frac{\pi}{4}n}\right) = x[n]?$$

7.49 Conforme discutimos na Seção 7.5 e ilustramos na Figura 7.37, o procedimento para interpolação ou sobreamostragem por um fator inteiro N pode ser considerado como a cascata de duas operações. A primeira operação, envolvendo o sistema A, corresponde a inserir $N - 1$ valores da sequência zero entre cada valor da sequência de $x[n]$, de modo que

$$x_p[n] = \begin{cases} x_d\left[\frac{n}{N}\right], & n = 0, \pm N, \pm 2N, \ldots \\ 0, & \text{caso contrário} \end{cases}$$

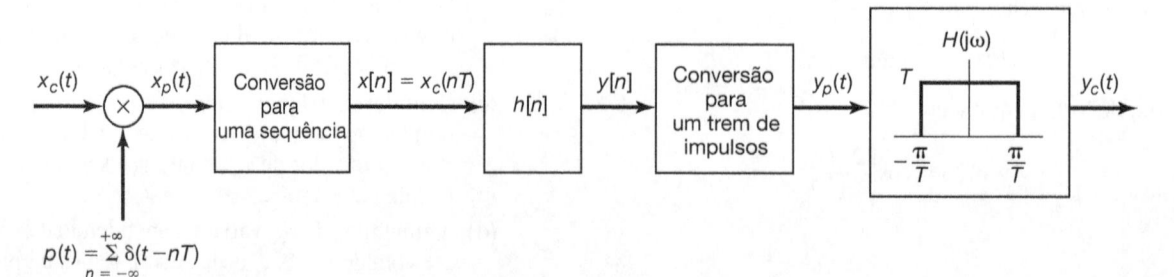

Figura P7.45

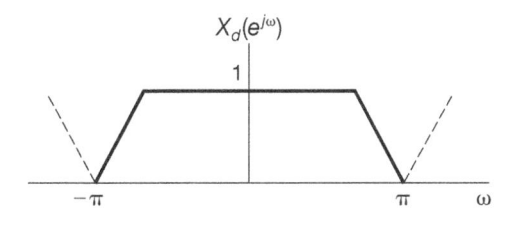

Figura P7.49

Para a interpolação exata de banda limitada, $H(e^{j\omega})$ é um filtro passa-baixas ideal.

(a) Determine se o sistema A é linear ou não.

(b) Determine se o sistema A é invariante no tempo ou não.

(c) Para $X_d(e^{j\omega})$ conforme esboçado na Figura P7.49 e com $N = 3$, esboce $X_p(e^{j\omega})$.

(d) Para $N = 3$, $X_d(e^{j\omega})$ como na Figura P7.49 e $H(e^{j\omega})$ escolhido de modo apropriado para interpolação exata de banda limitada, esboce $X(e^{j\omega})$.

7.50 Neste problema, consideramos os correspondentes de tempo discreto do retentor de ordem zero e retentor de primeira ordem, que foram discutidos para tempo contínuo nas seções 7.1.2 e 7.2.

Seja $x[n]$ uma sequência à qual foi aplicada a amostragem de tempo discreto como ilustrada na Figura 7.31. Suponha que as condições do teorema da amostragem de tempo discreto são satisfeitas; ou seja, $\omega_s > 2\omega_M$, sendo ω_s a frequência de amostragem e $X(e^{j\omega}) = 0$, $\omega_M < |\omega| \leq \pi$. O sinal original $x[n]$ é, então, recuperável exatamente a partir de $x_p[n]$ pela filtragem passa-baixas ideal, a qual, como discutimos na Seção 7.5, corresponde à interpolação de banda limitada.

O retentor de ordem zero representa uma interpolação aproximada, pela qual cada valor de amostra é repetido (ou mantido) $N-1$ vezes sucessivas, como ilustrado na Figura P7.50(a) para o caso de $N = 3$. O retentor de primeira ordem representa uma interpolação linear entre amostras, conforme ilustrado na mesma figura.

(a) O retentor de ordem zero pode ser representado como uma interpolação na forma da Equação 7.47 ou, de modo equivalente, do sistema na Figura P7.50(b). Determine e esboce $h_0[n]$ para o caso geral de um período de amostragem N.

(b) $x[n]$ pode ser exatamente recuperado a partir da sequência do retentor de ordem zero $x_0[n]$ usando um filtro LIT apropriado $H(e^{j\omega})$, conforme indicado na Figura P7.50(c). Determine e esboce $H(e^{j\omega})$.

(c) O retentor de primeira ordem (interpolação linear) pode ser representado como uma interpolação na forma da Equação 7.47 ou, de forma equivalente, do sistema na Figura P7.50(d). Determine e esboce $h_1[n]$ para o caso geral de um período de amostragem N.

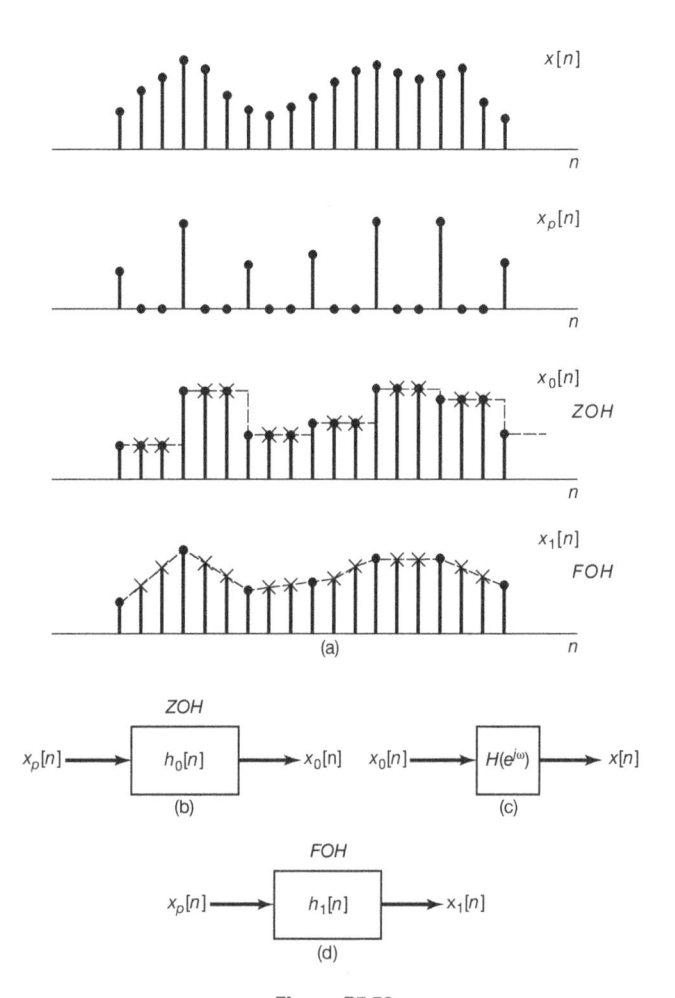

Figura P7.50

(d) $x[n]$ pode ser recuperado exatamente a partir da sequência do retentor de primeira ordem $x_1[n]$ usando um filtro LIT apropriado com resposta em frequência $H(e^{j\omega})$. Determine e esboce $H(e^{j\omega})$.

7.51 Como mostrada na Figura 7.37 e discutido na Seção 7.5.2, o procedimento para interpolação ou sobreamostragem por um fator inteiro N pode ser considerado como uma cascata de duas operações. Para a interpolação exata de banda limitada, o filtro $H(e^{j\omega})$ na Figura 7.37 é um filtro passa-baixas ideal. Em qualquer aplicação específica, seria necessário implementar um filtro passa-baixas aproximado. Neste problema, exploramos algumas restrições úteis que frequentemente são impostas em projeto desses filtros passa-baixas aproximados.

(a) Suponha que $H(e^{j\omega})$ seja aproximado por um filtro FIR de fase zero. O filtro deve ser projetado com a restrição de que os valores de sequência originais $x_d[n]$ sejam reproduzidos *exatamente*; ou seja,

$$x[n] = x_d\left[\frac{n}{L}\right], \quad n = 0, \pm L, \pm 2L, \ldots \quad \textbf{(P7.51-1)}$$

Isso garante que, embora a interpolação entre os valores da sequência original possa não ser exata, os valores originais são reproduzidos exatamente na interpolação. Determine a restrição sobre a resposta ao impulso $h[n]$ do filtro passa-baixas que garante que a Equação P7.51-1 seja mantida exatamente para qualquer sequência $x_d[n]$.

(b) Agora, suponha que a interpolação deva ser executada com um filtro FIR de *fase linear, causal, simétrico*, de comprimento N; ou seja,

$$h[n] = 0,\ n < 0,\ n > N-1 \quad \text{(P7.51-2)}$$

$$H(e^{j\omega}) = H_R(e^{j\omega})e^{-j\alpha\omega}, \quad \text{(P7.51-3)}$$

sendo $H_R(e^{j\omega})$ real. O filtro deve ser projetado com a restrição de que os valores de sequência original $x_d[n]$ sejam reproduzidos *exatamente*, mas com um atraso inteiro α, sendo α o negativo da inclinação da fase de $H(e^{j\omega})$; ou seja,

$$x[n] = x_d\left[\frac{n-\alpha}{L}\right],\ n-\alpha = 0, \pm L, \pm 2L, \ldots \quad \text{(P7.51-4)}$$

Determine se isso impõe alguma restrição sobre o comprimento N do filtro ser ímpar ou par.

(c) Novamente, suponha que a interpolação deva ser executada com um filtro FIR de fase linear, causal, simétrico, de modo que

$$H(e^{j\omega}) = H_R(e^{j\omega})e^{-j\beta\omega},$$

sendo $H_R(e^{j\omega})$ real. O filtro deve ser projetado com a restrição de que os valores de sequência originais $x_d[n]$ sejam reproduzidos exatamente, mas com um atraso M que não é necessariamente igual à inclinação da fase; ou seja,

$$x[n] = x_d\left[\frac{n-\alpha}{L}\right],\ n - M = 0, \pm L, \pm 2L, \ldots$$

Determine se isso impõe alguma restrição sobre a duração N do filtro ser ímpar ou par.

7.52 Neste problema, desenvolvemos o dual do teorema da amostragem no domínio de tempo, pelo qual um sinal limitado no tempo pode ser reconstruído a partir das amostras no *domínio de frequência*. Para desenvolver esse resultado, considere a operação da amostragem no domínio de frequência da Figura P7.52.

(a) Mostre que

$$\tilde{x}(t) = x(t) * p(t)$$

sendo $\tilde{x}(t)$, $x(t)$ e $p(t)$ as transformadas de Fourier inversas de $\tilde{X}(j\omega)$, $X(j\omega)$ e $P(j\omega)$, respectivamente.

(b) Assumindo que $x(t)$ é limitado no tempo, de modo que $x(t) = 0$ para $|t| \geq \frac{\pi}{\omega_0}$, mostre que $x(t)$ pode ser obtido a partir de $\tilde{x}(t)$ por meio de uma operação de janelamento para reduzir a duração da sequência (*low-time windowing*). Ou seja,

$$x(t) = \tilde{x}(t)w(t)$$

sendo

$$w(t) = \begin{cases} \omega_0, & |t| \leq \frac{\pi}{\omega_0} \\ 0, & |t| \geq -\frac{\pi}{\omega_0} \end{cases}$$

(c) Mostre que $x(t)$ não é recuperável a partir de $\tilde{x}(t)$ se $x(t)$ não estiver limitado a ser zero para $|t| \geq \frac{\pi}{\omega_0}$.

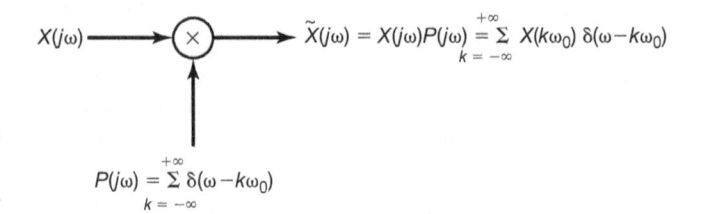

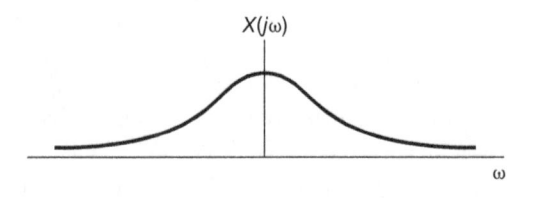

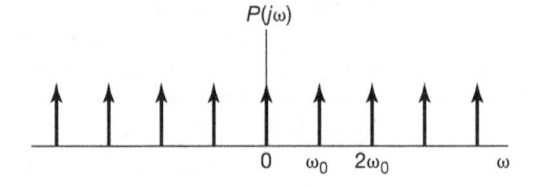

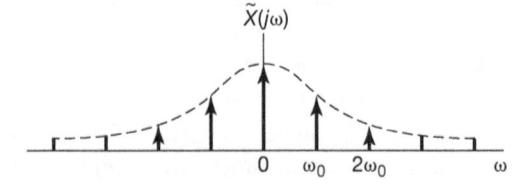

Figura P7.52

Capítulo 8 — Sistemas de comunicação

8.0 Introdução

Sistemas de comunicação têm um importante papel em nosso mundo moderno na transmissão das informações entre pessoas, sistemas e computadores. Usualmente, em todos os sistemas de comunicação, a informação na origem é, primeiro, processada por um transmissor ou modulador, para convertê-la em uma forma adequada para a transmissão pelo canal de comunicação. No receptor, o sinal é então recuperado por meio do processamento apropriado. Esse processamento é necessário por diversos motivos. Em especial, usualmente, um canal de comunicação tem, associado a ele, uma faixa de frequência sobre a qual a transmissão de sinal é mais adequada e fora da qual a comunicação é severamente degradada ou impossível. Por exemplo, a atmosfera atenuará rapidamente sinais na faixa de frequência audível (10 Hz a 20 kHz), ao passo que propagará sinais em uma faixa de frequência mais alta por distâncias maiores. Assim, na transmissão de sinais de áudio, como voz ou música, por um canal de comunicação que depende da propagação através da atmosfera, o transmissor primeiro associa o sinal a outro sinal de frequência mais alta por meio de um processo apropriado.

Muitos dos conceitos e técnicas que desenvolvemos nos capítulos anteriores desempenham um papel fundamental na análise e projeto de sistemas de comunicação. Assim como qualquer conceito fortemente ligado a uma grande variedade de aplicações importantes, existe um grande número de questões detalhadas a serem consideradas e, conforme indicado na bibliografia, existem muitos textos excelentes sobre o assunto. Embora uma análise completa e detalhada dos sistemas de comunicação esteja bem além do escopo de nossas discussões aqui, com o conhecimento fornecido nos capítulos anteriores, agora estamos em condições de apresentar alguns dos princípios básicos e questões encontrados no projeto e análise desses sistemas.

O processo geral de incorporar um sinal que contém a informação em um outro sinal é tipicamente chamado de *modulação*. Extrair o sinal que contém informações é um processo conhecido como *demodulação*. Como veremos, as técnicas de modulação não apenas nos permitem incorporar informações em sinais que podem ser efetivamente transmitidos, mas também possibilitam a transmissão simultânea de mais de um sinal com espectros sobrepostos no mesmo canal, por intermédio de um conceito chamado de *multiplexação*.

Há uma grande variedade de métodos de modulação usados na prática, e neste capítulo examinamos alguns dos mais importantes. Uma grande classe de métodos de modulação baseia-se no conceito de *modulação em amplitude*, ou AM (*amplitude modulation*), em que o sinal que queremos transmitir é usado para modular a amplitude de outro sinal. Uma forma muito comum de modulação em amplitude é a *modulação em amplitude senoidal*, que exploramos com algum detalhamento nas seções 8.1 a 8.4, junto com os conceitos relacionados de multiplexação por divisão de frequência. Outra classe importante de sistemas AM envolve a modulação da amplitude de um sinal pulsado, e nas seções 8.5 e 8.6 examinamos essa forma de modulação, bem como o conceito de multiplexação por divisão de tempo. Na Seção 8.7, examinamos uma forma diferente de modulação, denominada *modulação em frequência senoidal*, em que o sinal que contém informação é usado para variar a frequência de um sinal senoidal.

Toda a discussão até a Seção 8.7 focaliza a atenção nos sinais de tempo contínuo, pois a maior parte dos meios de transmissão, como a atmosfera, é considerada um fenômeno de tempo contínuo. Contudo, não apenas é possível desenvolver técnicas semelhantes para sinais de tempo discreto, mas é de importância prática considerar os conceitos de modulação envolvendo sinais de tempo discreto, e na Seção 8.8 examinamos algumas das ideias básicas por trás da comunicação de sinais de tempo discreto.

8.1 Modulação em amplitude senoidal e exponencial complexa

Muitos sistemas de comunicação baseiam-se no conceito de modulação em amplitude senoidal, em que um sinal exponencial ou senoidal complexo $c(t)$ tem sua amplitude multiplicada (modulada) pelo sinal contendo informação $x(t)$. O sinal $x(t)$ tipicamente é conhecido como *sinal modulante*, e o sinal $c(t)$, como *sinal de portadora*. O sinal modulado $y(t)$ é, então, o produto desses dois sinais:

$$y(t) = x(t)c(t).$$

Conforme abordamos na Seção 8.0, um objetivo essencial na modulação em amplitude senoidal é deslocar $x(t)$ para uma faixa de frequência adequada para transmissão pelo canal de comunicação a ser usado. Em sistemas de transmissão telefônica, por exemplo, a transmissão por longa distância é frequentemente realizada por enlaces de micro-ondas ou satélite. Os sinais de voz individuais estão na faixa de frequência de 200 Hz a 4 kHz, enquanto um enlace de micro-ondas requer sinais na faixa de 300 megahertz (MHz) a 300 gigahertz (GHz), e os enlaces de comunicação por satélite operam na faixa de frequência de algumas centenas de MHz até mais de 40 GHz. Assim, para a transmissão por esses canais, a informação em um sinal de voz precisa ser deslocada para essas faixas de frequência mais altas. Como veremos nesta seção, a modulação em amplitude senoidal consegue tal deslocamento na frequência de uma maneira muito simples.

8.1.1 Modulação em amplitude com uma portadora exponencial complexa

Existem duas formas comuns de modulação de amplitude senoidal, uma em que o sinal da portadora $c(t)$ é uma exponencial complexa na forma

$$c(t) = e^{j(\omega_c t + \theta_c)} \quad (8.1)$$

e uma segunda em que o sinal da portadora é senoidal na forma

$$c(t) = \cos(\omega_c t + \theta_c). \quad (8.2)$$

Nos dois casos, a frequência ω_c é conhecida como *frequência de portadora*. Vamos considerar primeiro o caso de uma portadora exponencial complexa e, por conveniência, vamos escolher $\theta_c = 0$, de modo que o sinal modulado seja

$$y(t) = x(t)e^{j\omega_c t}. \quad (8.3)$$

Pela propriedade da modulação (Seção 4.5) e com $X(j\omega)$, $Y(j\omega)$ e $C(j\omega)$ indicando as transformadas de Fourier de $x(t)$, $y(t)$ e $c(t)$, respectivamente,

$$Y(j\omega) = \frac{1}{2\pi}\int_{-\infty}^{+\infty} X(j\theta)C(j(\omega-\theta))\,d\theta. \quad (8.4)$$

Para $c(t)$, uma exponencial complexa dada como na Equação 8.1,

$$C(j\omega) = 2\pi\delta(\omega-\omega_c), \quad (8.5)$$

e portanto,

$$Y(j\omega) = X(j\omega - j\omega_c). \quad (8.6)$$

Assim, o espectro da saída modulada $y(t)$ é simplesmente aquele da entrada, deslocado em frequência por uma quantidade igual à frequência de portadora ω_c. Por exemplo, com $X(j\omega)$ de banda limitada com frequência mais alta ω_M (e largura de banda $2\omega_M$), conforme representada na Figura 8.1(a), o espectro de saída $Y(j\omega)$ é aquele mostrado na Figura 8.1(c).

Pela Equação 8.3, fica claro que $x(t)$ pode ser recuperado a partir do sinal modulado $y(t)$ multiplicando pela exponencial complexa $e^{-j\omega_c t}$, ou seja,

$$x(t) = y(t)e^{-j\omega_c t}. \quad (8.7)$$

No domínio de frequência, tem-se o efeito equivalente de deslocar o espectro do sinal modulado de volta à sua posição original no eixo de frequência. O processo de recupe-

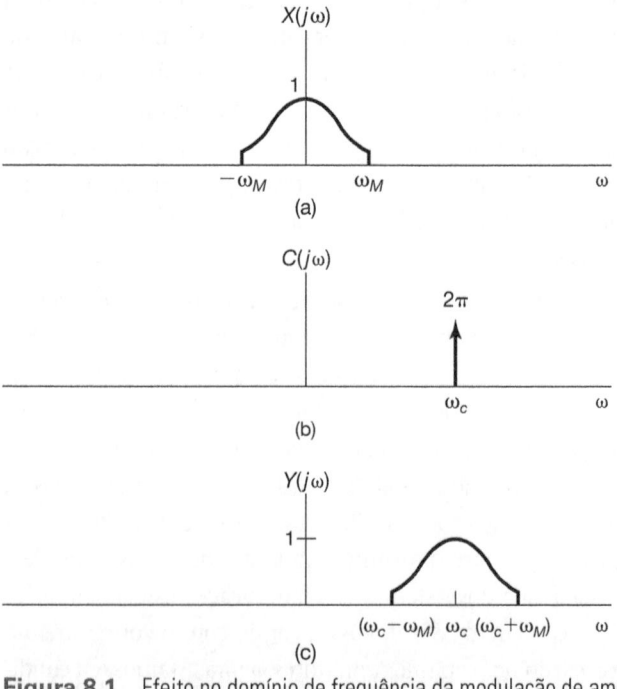

Figura 8.1 Efeito no domínio de frequência da modulação de amplitude com uma portadora complexa: (a) espectro do sinal modulante $x(t)$; (b) espectro da portadora $c(t) = e^{j\omega_c t}$; (c) espectro de sinal modulado em amplitude $y(t) = x(t)e^{j\omega_c t}$.

rar o sinal original a partir do sinal modulado é conhecido como *demodulação*, um tópico que abordamos detalhadamente na Seção 8.2.

Como $e^{j\omega_c t}$ é um sinal complexo, a Equação 8.3 pode ser reescrita como

$$y(t) = x(t)\cos\omega_c t + jx(t)\sen\omega_c t. \quad (8.8)$$

A implementação da Equação 8.7 ou 8.8 com $x(t)$ real utiliza dois multiplicadores separados e dois sinais de portadora senoidal que possuem uma diferença de fase de $\pi/2$, conforme representado na Figura 8.2 para c(t) dado pela Equação 8.1. Na Seção 8.4, é dado o exemplo de uma das aplicações em que existem vantagens particularmente no uso de um sistema, como o da Figura 8.2, empregando duas portadoras senoidais com diferença de fase de $\pi/2$.

8.1.2 Modulação em amplitude com uma portadora senoidal

Em muitas situações, usar uma portadora senoidal da forma da Equação 8.2 é mais simples e tão eficaz como usar uma portadora exponencial complexa. Com efeito, isso corresponde a reter apenas a parte real ou imaginária da saída da Figura 8.2. O sistema usando uma portadora senoidal é representado na Figura 8.3.

O efeito da modulação em amplitude usando uma portadora senoidal na forma da Equação 8.2 pode ser analisado de uma maneira idêntica à que foi usada na subseção anterior. Novamente, por conveniência, escolhemos $\theta_c = 0$. Nesse caso, o espectro do sinal da portadora é

$$C(j\omega) = \pi[\delta(\omega - \omega_c) + \delta(\omega + \omega_c)]. \quad (8.9)$$

e assim, pela Equação 8.4,

$$Y(j\omega) = \frac{1}{2}[X(j\omega - j\omega_c) + X(j\omega + j\omega_c)] \quad (8.10)$$

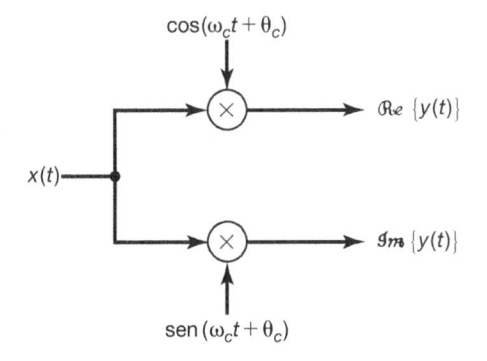

Figura 8.2 Implementação da modulação em amplitude com uma portadora exponencial complexa: $c(t) = e^{j(\omega_c t + \theta_c)}$.

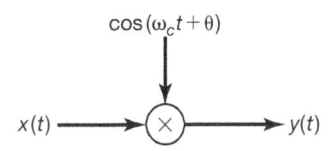

Figura 8.3 Modulação de amplitude com uma portadora senoidal.

Com $X(j\omega)$ representado na Figura 8.4(a), o espectro de $y(t)$ é aquele mostrado na Figura 8.4(c). Observe que agora existe uma replicação do espectro do sinal original, centralizado em $+\omega_c$ e $-\omega_c$. Como consequência, $x(t)$ só é recuperável a partir de $y(t)$ se $\omega_C > \omega_M$, pois, caso contrário, as duas réplicas se sobrepõem em frequência. Isso é contrastante com o caso anterior da portadora exponencial complexa, para a qual existe uma única réplica do espectro do sinal original centrada em torno de ω_c. Especificamente, como vimos na Seção 8.1.1, no caso de modulação de amplitude com uma portadora exponencial complexa, $x(t)$ sempre pode ser recuperado a partir de $y(t)$ para qualquer escolha de ω_c deslocando o espectro de volta ao local original, multiplicando por $e^{-j\omega_c t}$ como na Equação 8.7. Com uma portadora senoidal, por outro lado, como vemos na Figura 8.4, se $\omega_c < \omega_M$, então haverá sobreposição entre as duas réplicas de $X(j\omega)$. Por exemplo, a Figura 8.5 representa $Y(j\omega)$ para $\omega_c = \omega_M/2$. Claramente, o espectro de $x(t)$ não é mais replicado em $Y(j\omega)$ e, portanto, pode não ser mais possível recuperar $x(t)$ a partir de $y(t)$.

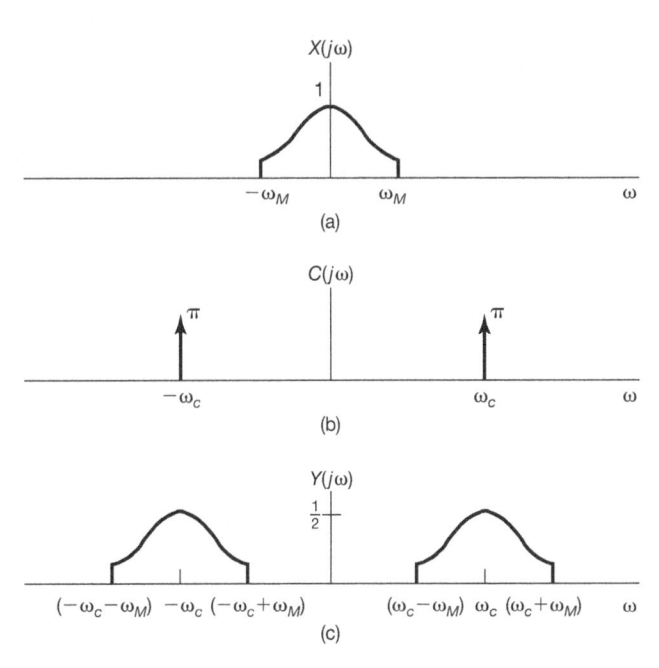

Figura 8.4 Efeito no domínio de frequência da modulação em amplitude com portadora senoidal: (a) espectro do sinal modulante $x(t)$; (b) espectro da portadora $c(t) = \cos\omega_c t$; (c) espectro do sinal modulado em amplitude.

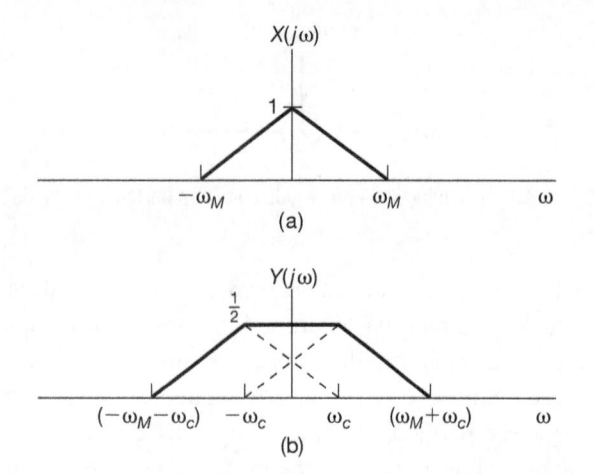

Figura 8.5 Modulação em amplitude senoidal com portadora $\cos \omega_c t$ com $\omega_c = \omega_M/2$: (a) espectro do sinal modulante; (b) espectro do sinal modulado.

8.2 Demodulação para AM senoidal

No receptor de um sistema de comunicação, o sinal contendo informação $x(t)$ é recuperado por meio da demodulação. Nesta seção, examinamos o processo de demodulação para modulação em amplitude senoidal, introduzida na seção anterior. Existem dois métodos comumente usados para demodulação, cada um com suas próprias vantagens e desvantagens. Na Seção 8.2.1, discutimos o primeiro deles, um processo conhecido como *demodulação síncrona*, para o qual o transmissor e o receptor são sincronizados em fase. Na Seção 8.2.2, descrevemos um método alternativo conhecido como *demodulação assíncrona*.

8.2.1 Demodulação síncrona

Assumindo que $\omega_c > \omega_M$, a demodulação de um sinal que foi modulado com uma portadora senoidal é relativamente simples. Especificamente, considere

$$y(t) = x(t) \cos \omega_c t. \qquad (8.11)$$

Como foi sugerido no Exemplo 4.21, o sinal original pode ser recuperado modulando $y(t)$ com a mesma portadora senoidal e aplicando um filtro passa-baixas ao resultado. Especificamente, considere o sinal

$$w(t) = y(t) \cos \omega_c t. \qquad (8.12)$$

A Figura 8.6 mostra os espectros de $y(t)$ e $w(t)$, e observamos que $x(t)$ pode ser recuperado a partir de $w(t)$ aplicando um filtro passa-baixas ideal com um ganho de 2

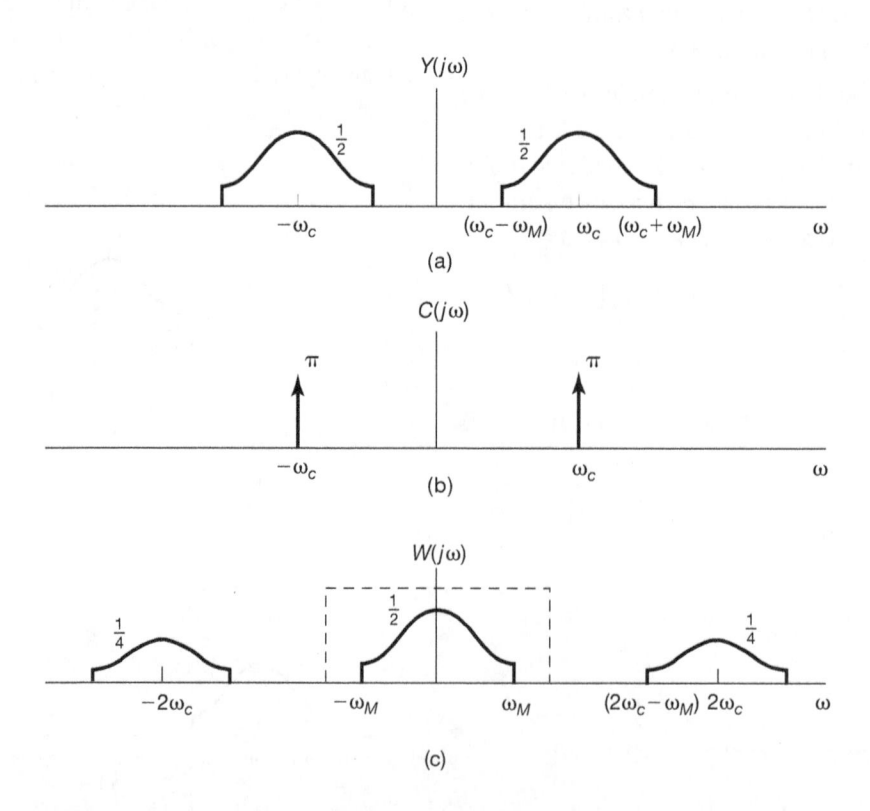

Figura 8.6 Demodulação de um sinal modulado em amplitude com uma portadora senoidal: (a) espectro do sinal modulado; (b) espectro do sinal da portadora; (c) espectro de sinal modulado multiplicado pela portadora. A linha tracejada indica a resposta em frequência de um filtro passa-baixas para extrair o sinal demodulado.

e uma frequência de corte, que é maior que ω_M e menor que $(2\omega_c - \omega_M)$. A resposta em frequência do filtro passa-baixas é indicada pela linha tracejada na Figura 8.6(c).

A base para usar a Equação 8.12 e um filtro passa-baixas para demodular $y(t)$ também pode ser vista algebricamente. Pelas equações 8.11 e 8.12, segue-se que

$$w(t) = x(t)\cos^2\omega_c t,$$

ou, usando a identidade trigonométrica,

$$\cos^2\omega_c t = \frac{1}{2} + \frac{1}{2}\cos 2\omega_c t,$$

podemos escrever $w(t)$ como

$$w(t) = \frac{1}{2}x(t) + \frac{1}{2}x(t)\cos 2\omega_c t. \quad (8.13)$$

Assim, $w(t)$ consiste na soma de dois termos, um refere-se à metade do sinal original e o segundo, à metade do sinal original modulado com uma portadora senoidal no dobro da frequência de portadora original ω_c. Esses dois termos são aparentes no espectro mostrado na Figura 8.6(c). Aplicar o filtro passa-baixas a $w(t)$ corresponde a manter a primeira parcela no membro direito da Equação 8.13 e eliminar a segunda parcela.

O sistema total para modulação e demodulação em amplitude usando uma portadora exponencial complexa é representado na Figura 8.7, e o sistema total para modulação e demodulação usando uma portadora senoidal é representado na Figura 8.8. Nessas figuras, indicamos o caso mais geral em que, para a exponencial complexa e as portadoras senoidais, uma fase θ_c da portadora está incluída. A modificação da análise anterior para incluir θ_c é direta e considerada no Problema 8.21.

Nos sistemas das figuras 8.7 e 8.8, assim que a portadora usada na modulação e a portadora usada na demodulação estão consideradas sincronizadas e, consequentemente, o processo é chamado de *demodulação síncrona*. Suponha, no entanto, que o modulador e o demodulador não estejam sincronizados em fase. Para o caso da portadora exponencial complexa, com θ_c indicando a fase da portadora de modulação e ϕ_c, a fase da portadora de demodulação,

$$y(t) = e^{j(\omega_c t + \theta_c)}x(t), \quad (8.14)$$

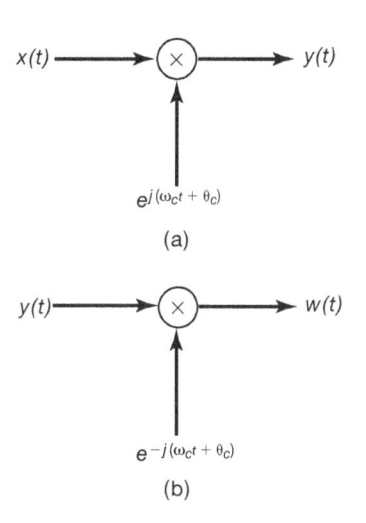

Figura 8.7 Sistema para modulação e demodulação em amplitude usando uma portadora exponencial complexa: (a) modulação; (b) demodulação.

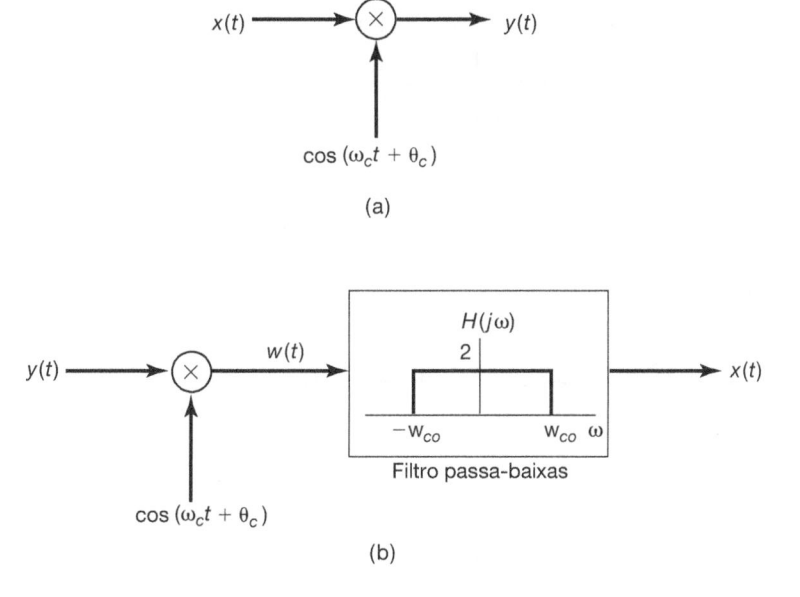

Figura 8.8 Modulação e demodulação em amplitude com uma portadora senoidal: (a) sistema de modulação; (b) sistema de demodulação. A frequência de corte do filtro passa-baixas w_{co} é maior que ω_M e menor que $(2\omega_c - \omega_M)$.

$$w(t) = e^{-j(\omega_c t + \phi_c)} y(t), \quad (8.15)$$

e, consequentemente,

$$w(t) = e^{j(\theta_c - \phi_c)} x(t). \quad (8.16)$$

Assim, se $\theta_c \neq \phi_c$, $w(t)$ terá um fator de amplitude complexo. Para o caso particular em que $x(t)$ é positivo, $x(t) = |w(t)|$ e, assim, $x(t)$ pode ser recuperado tornando-se a magnitude do sinal demodulado.

Para a portadora senoidal, novamente sejam θ_c e ϕ_c a fase da portadora de modulação e demodulação, respectivamente, conforme indicado na Figura 8.9. A entrada $w(t)$ para o filtro passa-baixas agora é

$$w(t) = x(t) \cos(\omega_c t + \theta_c) \cos(\omega_c t + \phi_c), \quad (8.17)$$

ou, usando a identidade trigonométrica

$$\cos(\omega_c t + \theta_c)\cos(\omega_c t + \phi_c) = \frac{1}{2}\cos(\theta_c - \phi_c)$$
$$+ \frac{1}{2}\cos(2\omega_c t + \theta_c + \phi_c), \quad (8.18)$$

temos

$$w(t) = \frac{1}{2}\cos(\theta_c - \phi_c)x(t) + \frac{1}{2}x(t)\cos(2\omega_c t + \theta_c + \phi_c). \quad (8.19)$$

e a saída do filtro passa-baixas é então $x(t)$ multiplicado pelo fator de amplitude $\cos(\theta_c - \phi_c)$. Se os osciladores no modulador e demodulador estiverem em fase, $\theta_c = \phi_c$ a saída do filtro passa-baixas será $x(t)$. Por outro lado, se esses osciladores tiverem uma diferença de fase de $\pi/2$, a saída será zero. Em geral, para o máximo sinal de saída, os osciladores devem estar em fase. Ainda mais importante, a relação de fase entre esses dois osciladores precisa ser mantida ao longo do tempo, de modo que o fator de amplitude $\cos(\theta_c - \phi_c)$ não varie. Isso requer sincronização cuidadosa entre o modulador e o demodulador, o que normalmente é difícil, particularmente quando estão geograficamente separados, como é comum em um sistema de comunicação. Os efeitos correspondentes e a necessidade de sincronização não apenas entre a fase do modulador e do demodulador, mas entre as frequências dos sinais de portadora presentes em ambos, são explorados com detalhes no Problema 8.23.

8.2.2 Demodulação assíncrona

Em muitos sistemas que empregam modulação em amplitude senoidal, um procedimento de demodulação alternativo, conhecido como *demodulação assíncrona*, é comumente usado. A demodulação assíncrona evita a necessidade de sincronização entre o modulador e o demodulador. Em particular, suponha que $x(t)$ sempre seja positivo e que a frequência de portadora ω_c seja muito mais alta que ω_M, a frequência mais alta no sinal modulante. O sinal modulado $y(t)$, então, terá a forma geral ilustrada na Figura 8.10. Em particular, a *envoltória* de $y(t)$, ou seja, uma curva suave conectando os picos em $y(t)$, representa uma aproximação razoável de $x(t)$. Assim, $x(t)$ pode ser aproximadamente recuperado pelo uso de um sistema que rastreia esses picos para extrair a envoltória.

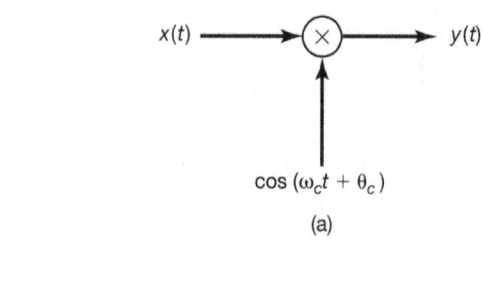

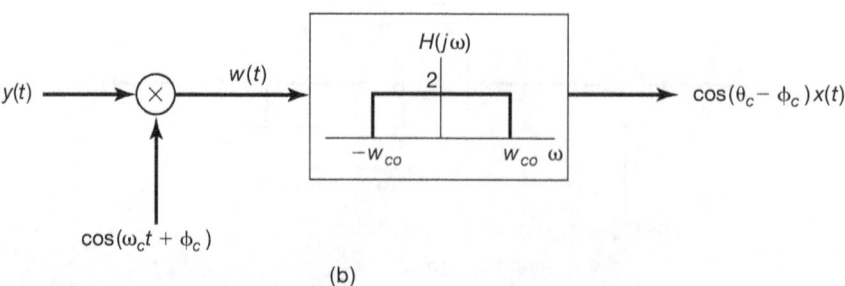

Figura 8.9 Sistema de modulação e demodulação em amplitude senoidal para a qual os sinais da portadora no modulador e no demodulador não estão sincronizados: (a) modulador; (b) demodulador.

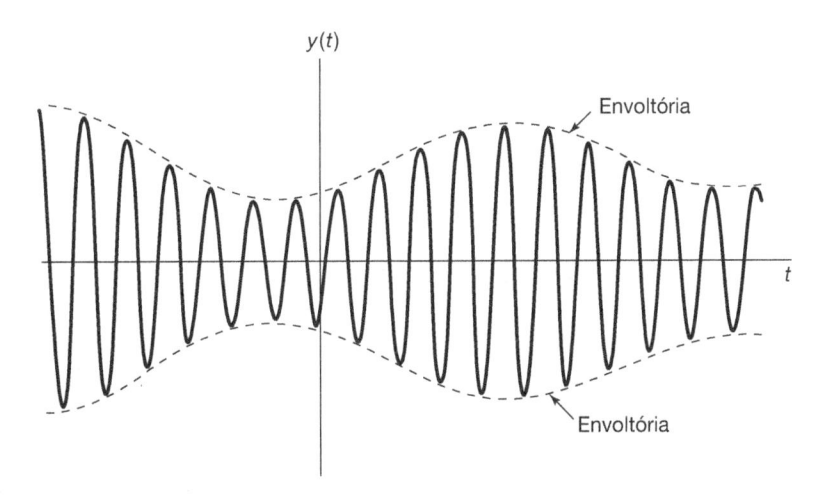

Figura 8.10 Sinal modulado em amplitude para o qual o sinal modulante é positivo. A curva tracejada representa a envoltória do sinal modulado.

Tal sistema é conhecido como um *detector de envoltória*. Um exemplo de um circuito simples que atua como um detector de envoltória é mostrado na Figura 8.11(a). Esse circuito é geralmente acompanhado de um filtro passa-baixas para reduzir as variações que ocorre com a frequência da portadora, que são evidentes na Figura 8.11(b) e que geralmente estão presentes na saída de um detector de envoltória do tipo indicado na Figura 8.11(a).

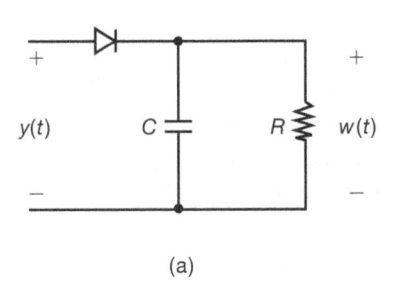

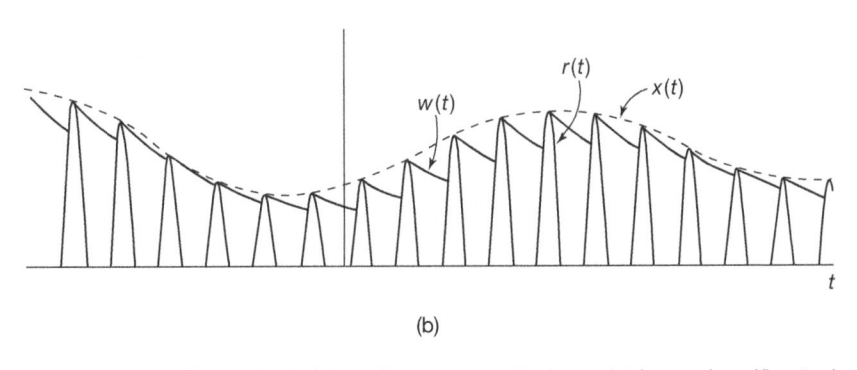

Figura 8.11 Demodulação por detecção de envoltória: (a) circuito para detecção de envoltória usando retificação de meia onda; (b) formas de onda associadas ao detector de envoltória em (a): $r(t)$ é o sinal retificado em meia onda, $x(t)$ é a envoltória verdadeira e $w(t)$ é a envoltória obtida a partir do circuito em (a). A relação entre $x(t)$ e $w(t)$ foi exagerada em (b) para fins de ilustração. Em um sistema de demodulação assíncrona prático, $w(t)$ tipicamente seria uma aproximação muito melhor para $x(t)$ do que é representado aqui.

As duas suposições básicas exigidas para demodulação assíncrona são que $x(t)$ é positivo e que $x(t)$ varia lentamente em comparação com ω_c, de modo que a envoltória seja facilmente rastreada. Essa segunda condição é satisfeita, por exemplo, na transmissão de áudio por um canal de radiofrequência (RF), em que a frequência mais alta presente em $x(t)$ tipicamente é de 15 a 20 kHz e $\omega_c/2\pi$ está na faixa de 500 kHz a 2 MHz. A primeira condição, que $x(t)$ seja positivo, pode ser satisfeita simplesmente adicionando-se o valor constante apropriado a $x(t)$ ou, de forma equivalente, por uma simples mudança no modulador, como mostra a Figura 8.12. A saída do detector de envoltória, então, aproxima-se de $x(t) + A$, do qual $x(t)$ é facilmente obtido.

Para usar o detector de envoltória para demodulação, impomos que A seja suficientemente grande, de modo que $x(t) + A$ seja positivo. Seja K a amplitude máxima de $x(t)$, ou seja, $|x(t)| \leq K$. Para $x(t) + A$ ser positivo, exigimos que $A > K$. A razão K/A usualmente é chamada de *índice de modulação m*. Expressa em percentual, ela é conhecida como *modulação percentual*. Uma ilustração da saída do modulador da Figura 8.12 para $x(t)$ senoidal e para $m = 0,5$ (50% de modulação) e $m = 1,0$ (100% de modulação), é mostrada na Figura 8.13.

Na Figura 8.14, mostramos uma comparação dos espectros associados ao sinal modulado quando a demodulação síncrona e quando a demodulação assíncrona são usadas. Observamos, em particular, que a saída do modulador para o sistema assíncrono na Figura 8.12 tem um componente adicional $A \cos \omega_c t$, o qual nem está presente nem é necessário no sistema síncrono. Isso é representado no espectro da Figura 8.14(c) pela presença de impulsos em $+\omega_c$ e $-\omega_c$. Para uma amplitude máxima fixa K do sinal modulante, à medida que A diminui, a quantidade relativa de portadora presente na saída modulada diminui. Como o componente de portadora na saída não contém informação, sua presença representa uma ineficiência, por exemplo, na quantidade de potência exigida para transmitir o sinal modulado e, assim, de certa forma, é desejável tornar a razão K/A, ou seja, o índice de modulação m, o maior possível. Por outro lado, a capacidade

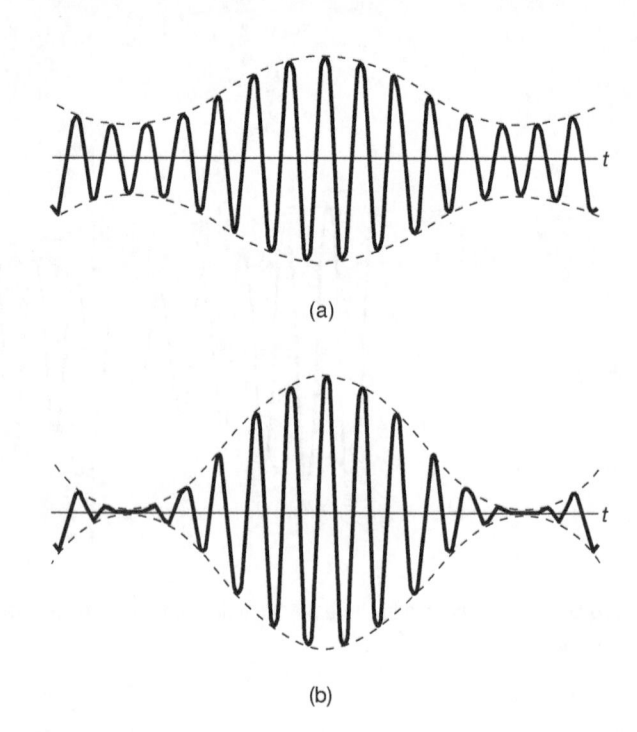

Figura 8.13 Saída do sistema de modulação de amplitude da Figura 8.12: (a) índice de modulação $m = 0,5$; (b) índice de modulação $m = 1,0$.

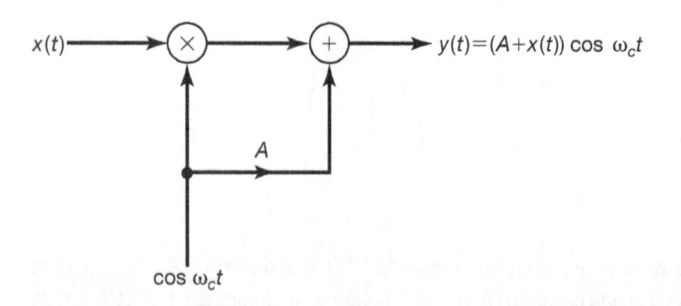

Figura 8.12 Modulador para um sistema de modulação-demodulação assíncrono.

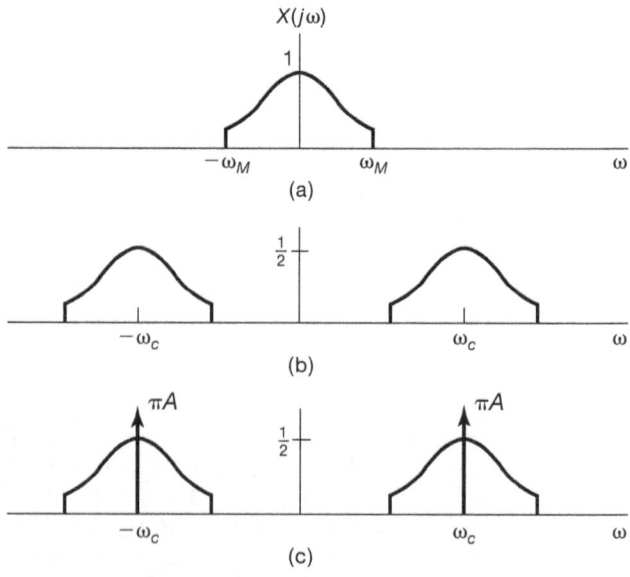

Figura 8.14 Comparação de espectros para sistemas de modulação em amplitude senoidais síncronos e assíncronos: (a) espectro de sinal modulante; (b) espectro de $x(t) \cos \omega_c t$ representando sinal modulado em um sistema síncrono; (c) espectro de $[x(t) + A] \cos \omega_c t$ representando sinal modulado em um sistema assíncrono.

de um detector de envoltória simples, como aquele na Figura 8.11, acompanhar a envoltória e, assim, extrair $x(t)$, melhora à medida que o índice de modulação diminui. Assim, existe um compromisso entre a eficiência do sistema em termos da potência na saída do modulador e a qualidade do sinal demodulado.

Existem diversas vantagens e desvantagens do sistema de modulação-demodulação assíncrona das figuras 8.11 e 8.12, em comparação com o sistema síncrono da Figura 8.8. O sistema síncrono requer um demodulador mais sofisticado, pois o oscilador no demodulador precisa ser sincronizado com o oscilador no modulador tanto em fase quanto em frequência. Por outro lado, o modulador assíncrono em geral requer transmissão de mais potência do que o modulador síncrono, visto que, para o detector de envoltória operar corretamente, a envoltória precisa ser positiva ou, de modo equivalente, é preciso haver um componente de portadora presente no sinal transmitido. A demodulação assíncrona é frequentemente preferível em casos como aquele associado à transmissão pública de rádio, em que se deseja produzir em massa grandes quantidades de receptores (demoduladores) a um custo moderado. O custo adicional na potência transmitida é, então, compensado pelas economias no custo do receptor. Por outro lado, em situações em que os requisitos de potência do transmissor são importantes, como nas comunicações por satélite, o custo para implementar um receptor síncrono mais sofisticado é justificado.

8.3 Multiplexação por divisão de frequência

Muitos sistemas usados para transmissão de sinais oferecem mais largura de banda do que é necessário para qualquer sinal isolado. Por exemplo, um enlace de micro-ondas típico tem uma largura de banda total de vários gigahertz, o que é consideravelmente maior que a largura de banda exigida para um canal de voz. Se os sinais de voz individuais, que são sobrepostos em frequência, tiverem seu conteúdo de frequência deslocado por uma modulação de amplitude senoidal, de modo que os espectros dos sinais modulados não mais se sobreponham, eles poderão ser transmitidos *simultaneamente* por um único canal de banda larga. O conceito resultante é conhecido como *multiplexação por divisão de frequência* (FDM, em inglês, *frequency-division multiplexing*). A multiplexação por divisão de frequência usando uma portadora senoidal é ilustrada na Figura 8.15. Os sinais individuais a serem transmitidos são considerados como de banda limitada e são modulados com diferentes frequências de portadora.

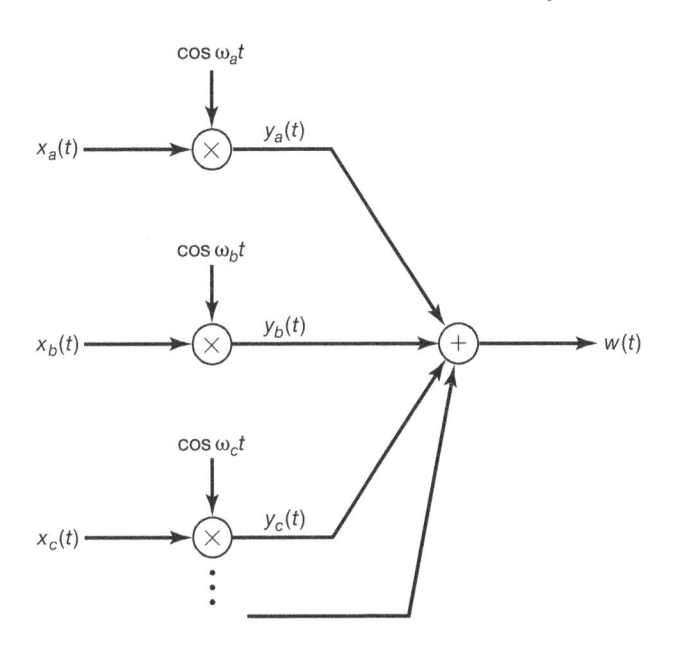

Figura 8.15 Multiplexação por divisão de frequência usando modulação em amplitude senoidal.

Os sinais modulados são então somados e transmitidos simultaneamente no mesmo canal de comunicação. Os espectros dos subcanais individuais e o sinal multiplexado composto são ilustrados na Figura 8.16. Por esse processo de multiplexação, os sinais de entrada individuais são alocados em segmentos distintos da banda de frequência. Para recuperar os canais individuais no processo de demultiplexação, existem duas etapas básicas: filtragem passa-banda para extrair o sinal modulado correspondente a um canal específico, seguida pela demodulação para recuperar o sinal original. Esse processo é ilustrado na Figura 8.17 para recuperar o canal a, em que, para fins de ilustração, a demodulação síncrona é assumida.

A comunicação telefônica é uma importante aplicação da multiplexação por divisão de frequência. Outra é na transmissão de sinais por meio da atmosfera na banda de radiofrequência (RF). Nos Estados Unidos, o uso dessas frequências para transmissão de sinal cobrindo a faixa de 10 kHz a 275 GHz é controlado pela Federal Communications Commission, e diferentes partes da faixa de frequência são alocadas para diferentes finalidades. A alocação atual de frequências é mostrada na Figura 8.18. Conforme indicamos, a faixa de frequência em torno de 1 MHz é atribuída à banda de radiodifusão AM, em que *AM* se refere especificamente ao uso da modulação de amplitude senoidal. Estações individuais de rádio AM recebem frequências específicas dentro da faixa de AM e, portanto, muitas estações podem radiodifundir simultaneamente por meio da multiplexação por divisão de

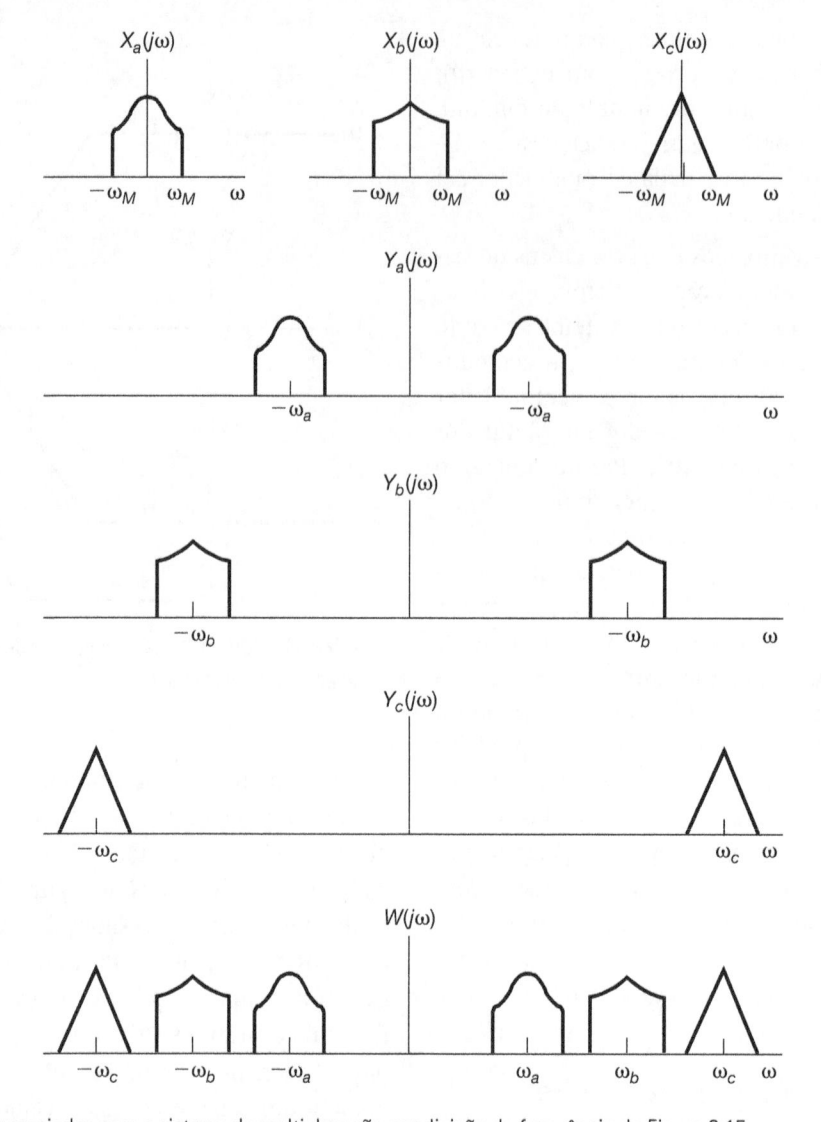

Figura 8.16 Espectros associados com o sistema de multiplexação por divisão de frequência da Figura 8.15.

frequência. Em princípio, no receptor, uma estação de rádio individual pode ser selecionada demultiplexando e demodulando como ilustramos na Figura 8.17. O sintonizador no receptor poderia controlar a frequência do centro do filtro passa-faixa e a frequência do oscilador de demodulação. De fato, para a radiodifusão pública, a modulação e a demodulação assíncronas são usadas para simplificar o receptor e reduzir seu custo. Além do mais, a demultiplexação na Figura 8.17 requer um filtro passa-faixa de corte abrupto, com frequência de centro variável. Os filtros variáveis seletivos em frequência são difíceis de implementar e, consequentemente, um filtro fixo é implementado em seu lugar, e um estágio intermediário de modulação e filtragem [chamado em um receptor de rádio como estágio de *frequência intermediária* (FI)] é utilizado. O uso da modulação para deslocar o espectro do sinal após um filtro passa-baixas fixo substitui o uso de um filtro passa-faixa variável de maneira semelhante ao procedimento discutido na Seção 4.5.1. Esse procedimento básico é incorporado nos receptores domésticos de rádio AM. Algumas questões mais detalhados são consideradas no Problema 8.36.

Conforme ilustramos na Figura 8.16, no sistema de multiplexação por divisão de frequência da Figura 8.15, o espectro de cada sinal individual é replicado nas frequências positiva e negativa, e, portanto, o sinal modulado ocupa o dobro da largura de banda do original. Isso representa um uso ineficaz da largura de banda. Na próxima seção, consideramos uma forma alternativa de modulação em amplitude senoidal, que leva ao uso mais eficiente da largura de banda ao custo de um sistema de modulação e demodulação mais complicado.

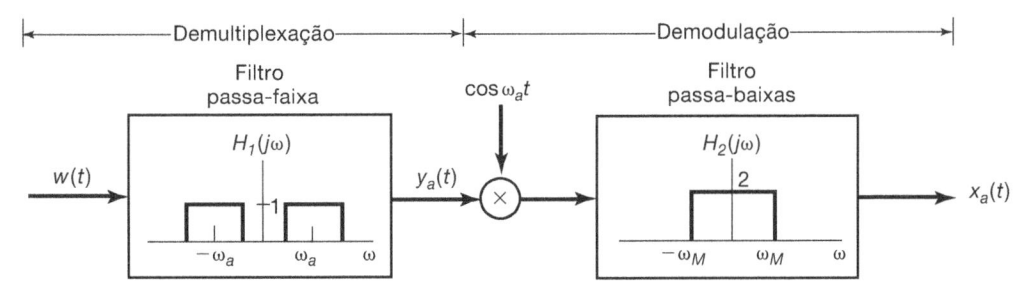

Figura 8.17 Demultiplexação e demodulação para um sinal multiplexado por divisão de frequência.

Faixa de frequência	Designação	Usos típicos	Método de propagação	Características do canal
30 a 300 Hz	Frequência extrabaixa (ELF, *extremely low frequency*)	Macro-ondas, comunicação submarina	Ondas megamétricas	Penetração em solo condutor e água do mar
0,3 a 3 kHz	Frequência de voz (VF, *voice frequency*)	Terminais de dados, telefonia	Fio de cobre	
3 a 30 kHz	Frequência muito baixa (VLF, *very low frequency*)	Navegação, telefone, telégrafo, padrões de frequência e temporização	Ductos de superfície (ondas de superfície)	Baixa atenuação, pouco desvanecimento, fase e frequência extremamente estáveis, grandes antenas
30 a 300 kHz	Frequência baixa (LF, *low frequency*)	Comunicação industrial (linha de potência), navegação aeronáutica e marítima de longa distância, radiofaróis	Principalmente ductos de superfície	Pouco desvanecimento, alto pulso atmosférico
0,3 a 3 MHz	Frequência média (MF, *medium frequency*)	Móvel, radiodifusão AM, radioamador, segurança pública	Ductos e reflexão ionosférica (onda celeste)	Maior desvanecimento, mas confiável
3 a 30 MHz	Frequência alta (HF, *high frequency*)	Comunicação militar, comunicação aeronáutica faixa do cidadão e amadora móvel, internacional, industrial	Onda celeste por reflexão ionosférica, altitudes na camada de 50 a 400 km	Desvanecimento intermitente e seletivo em frequência, múltiplos percursos
30 a 300 MHz	Frequência muito alta (VHF, *very high frequency*)	Transmissão de FM e TV, transporte terrestre (táxis, ônibus, ferrovia)	Onda celeste (espalhamento ionosférico e troposférico)	Desvanecimento, espalhamento e múltiplos percursos
0,3 a 3 GHz	Frequência ultra-alta (UHF, *ultra high frequency*)	TV UHF, telemetria espacial, radar, militar	Espalhamento troposférico trans-horizonte e enlace com linha de visada	
3 a 30 GHz	Frequência superalta (SHF, *super high frequency*)	Comunicação por satélite e espacial, portadora comum (CC), micro-ondas	Linha de visada através da ionosfera	Penetração ionosférica, ruído extraterrestre, alta diretividade
30 a 300 GHz	Frequência extremamente alta (EHF, *extremely high frequency*)	Experimental, governo, radioastronomia	Linha de visada	Vapor d'água e absorção por oxigênio
10^3 a 10^7 GHz	Infravermelho, luz visível, ultravioleta	Comunicações ópticas	Linha de visada	

Figura 8.18 Alocação de frequências no espectro de RF.

8.4 Modulação em amplitude senoidal de banda lateral única

Para os sistemas de modulação em amplitude senoidal discutidos na Seção 8.1, a largura de banda total do sinal original $x(t)$ é $2\omega_M$, incluindo frequências positivas e negativas, sendo ω_M a frequência mais alta presente em $x(t)$. Com o uso de uma portadora exponencial complexa, o espectro é deslocado para ω_c e a largura total da banda de frequência sobre a qual existe energia de sinal ainda é $2\omega_M$, embora o sinal modulado agora seja complexo. Com uma portadora senoidal, por outro lado, o espectro do sinal é deslocado para $+\omega_c$ e $-\omega_c$, e assim o dobro da largura de banda é exigido. Isso sugere que existe uma redundância básica no sinal modulado com uma portadora senoidal. Usando uma técnica conhecida como *modulação de banda lateral única*, essa redundância pode ser removida.

O espectro de $x(t)$ é ilustrado na Figura 8.19(a), em que sombreamos os componentes de frequência positivo e negativo diferentemente, para distingui-los. O espectro na Figura 8.19(b) resulta da modulação com uma portadora senoidal, na qual identificamos uma banda lateral superior e inferior para a parte do espectro centrada em $+\omega_c$ e aquela centrada em $-\omega_c$. Comparando as figuras 8.19(a) e (b), deve ficar evidente que $X(j\omega)$ só pode ser recuperado se as bandas laterais superiores em frequências positivas e negativas forem mantidas ou, como alternativa, somente se as bandas laterais inferiores em frequências positivas ou negativas forem mantidas. O espectro resultante se apenas as bandas laterais superiores forem mantidas é representado na Figura 8.19(c), e o espectro resultante se apenas as bandas laterais inferiores forem mantidas é representado na Figura 8.19(d). A conversão de $x(t)$ para a forma correspondente à Figura 8.19(c) ou (d) é conhecida como *modulação de banda lateral única* (SSB, em inglês, *single-sideband modulation*), em contraste com a *modulação de banda lateral dupla* (DSB, em inglês, *double-sideband modulation*) da Figura 8.19(b), em que as duas bandas laterais são mantidas.

Existem vários métodos pelos quais o sinal de banda lateral única pode ser obtido. Um é a aplicação de um filtro passa-faixa ou passa-altas de corte abrupto ao sinal de banda lateral dupla da Figura 8.19(b), conforme ilustramos na Figura 8.20, para remover a banda lateral in-

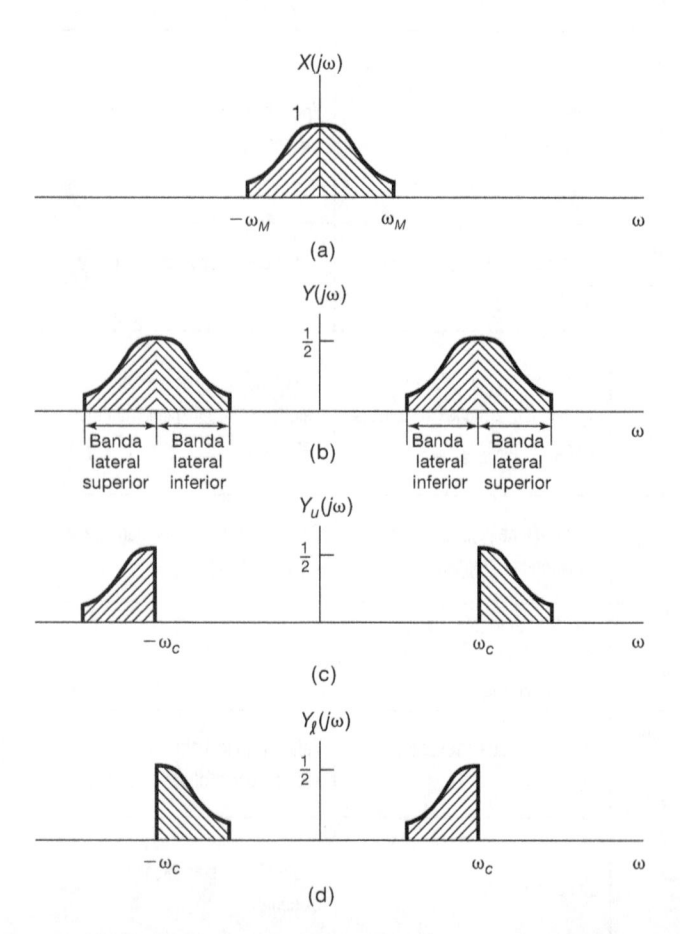

Figura 8.19 Modulação de banda lateral dupla e simples: (a) espectro do sinal modulante; (b) espectro após modulação com portadora senoidal; (c) espectro apenas com bandas laterais superiores; (d) espectro apenas com bandas laterais inferiores.

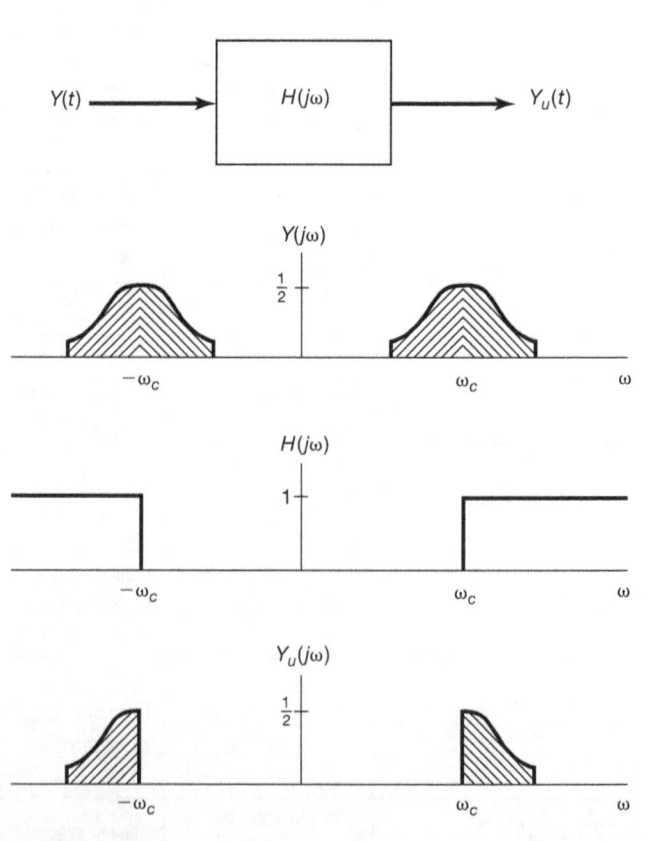

Figura 8.20 Sistema que retém as bandas laterais superiores usando filtragem passa-altas ideal.

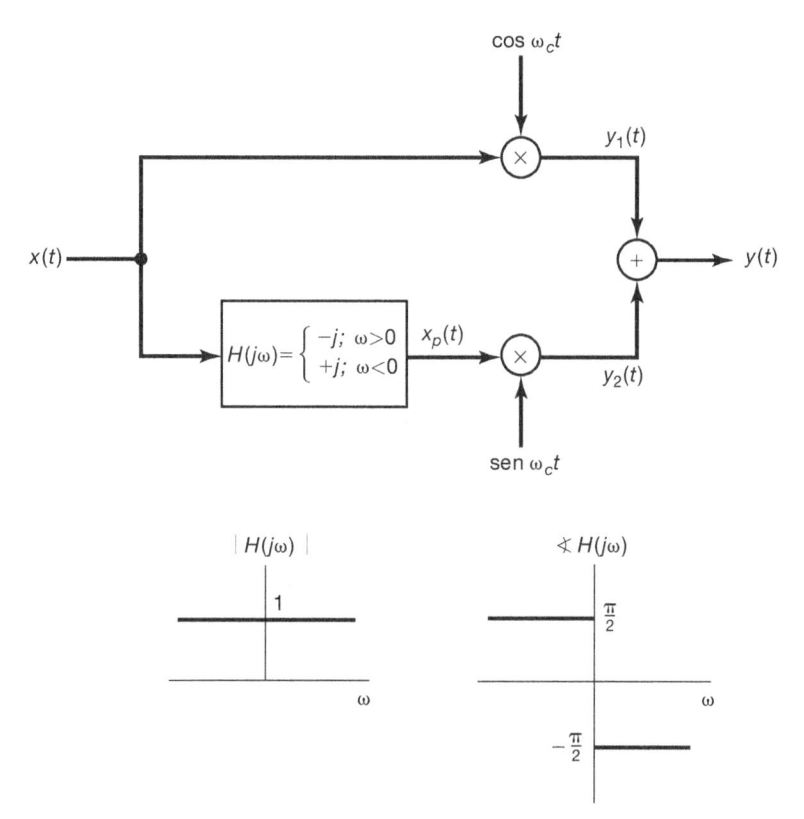

Figura 8.21 Sistema para modulação em amplitude de banda lateral única, usando rede de deslocamento de fase em 90°, em que somente as bandas laterais inferiores são mantidas.

desejada. Outro é o uso de um procedimento que utiliza deslocamento de fase. Especificamente, a Figura 8.21 representa um sistema projetado para manter as bandas laterais inferiores. O sistema $H(j\omega)$ é conhecido como "rede de deslocamento de fase em 90°", para o qual a resposta em frequência tem a forma

$$H(j\omega) = \begin{cases} -j, & \omega > 0 \\ j, & \omega < 0 \end{cases}. \quad (8.20)$$

Os espectros de $x(t)$, $y_1(t) = x(t) \cos \omega_c t$; $y_2(t) = x_p(t)$ sen $\omega_c t$ e $y(t)$ são ilustrados na Figura 8.22. Conforme examinamos no Problema 8.28, para manter bandas laterais superiores em vez das bandas laterais inferiores, a característica de fase de $H(j\omega)$ é revertida de modo que

$$H(j\omega) = \begin{cases} j, & \omega > 0 \\ -j, & \omega < 0 \end{cases}. \quad (8.21)$$

Como exploramos no Problema 8.29, a demodulação síncrona dos sistemas de banda lateral única pode ser efetuada de uma maneira idêntica à demodulação síncrona dos sistemas de banda lateral dupla. O preço pago para a maior eficiência dos sistemas de banda lateral única é a maior complexidade no modulador.

Em resumo, nas seções 8.1 a 8.4, vimos diversas variações da modulação em amplitude exponencial complexa e senoidal. Com a demodulação assíncrona, conforme se discutiu na Seção 8.2.2, uma constante precisa ser acrescentada ao sinal modulante, de modo que ele seja positivo. Isso resulta na presença do sinal de portadora como um componente na saída modulada, exigindo mais potência para a transmissão, mas resultando em um demodulador mais simples do que é exigido no sistema síncrono. Como alternativa, apenas as bandas laterais superiores ou inferiores na saída modulada podem ser mantidas, fazendo um uso mais eficiente da largura de banda e da potência do transmissor, mas exigindo um modulador sofisticado. A modulação em amplitude senoidal com banda lateral dupla e a presença de uma portadora tipicamente é abreviada como AM-DSB/WC (*amplitude modulation double-sideband/with carrier*) e, quando a portadora é suprimida ou está ausente, como AM-DSB/SC (*amplitude modulation double-sideband/suppressed carrier*). Os sistemas de banda lateral única correspondentes são abreviados como AM-SSB/WC e AM-SSB/SC.

As seções 8.1 a 8.4 têm a intenção de prover uma introdução a muitos dos conceitos básicos associados à modulação em amplitude senoidal. Existem muitas variações nos detalhes e na implementação, e o leitor poderá consultar a bibliografia para obter uma indicação dos muitos livros excelentes que exploram esse tópico com mais detalhes.

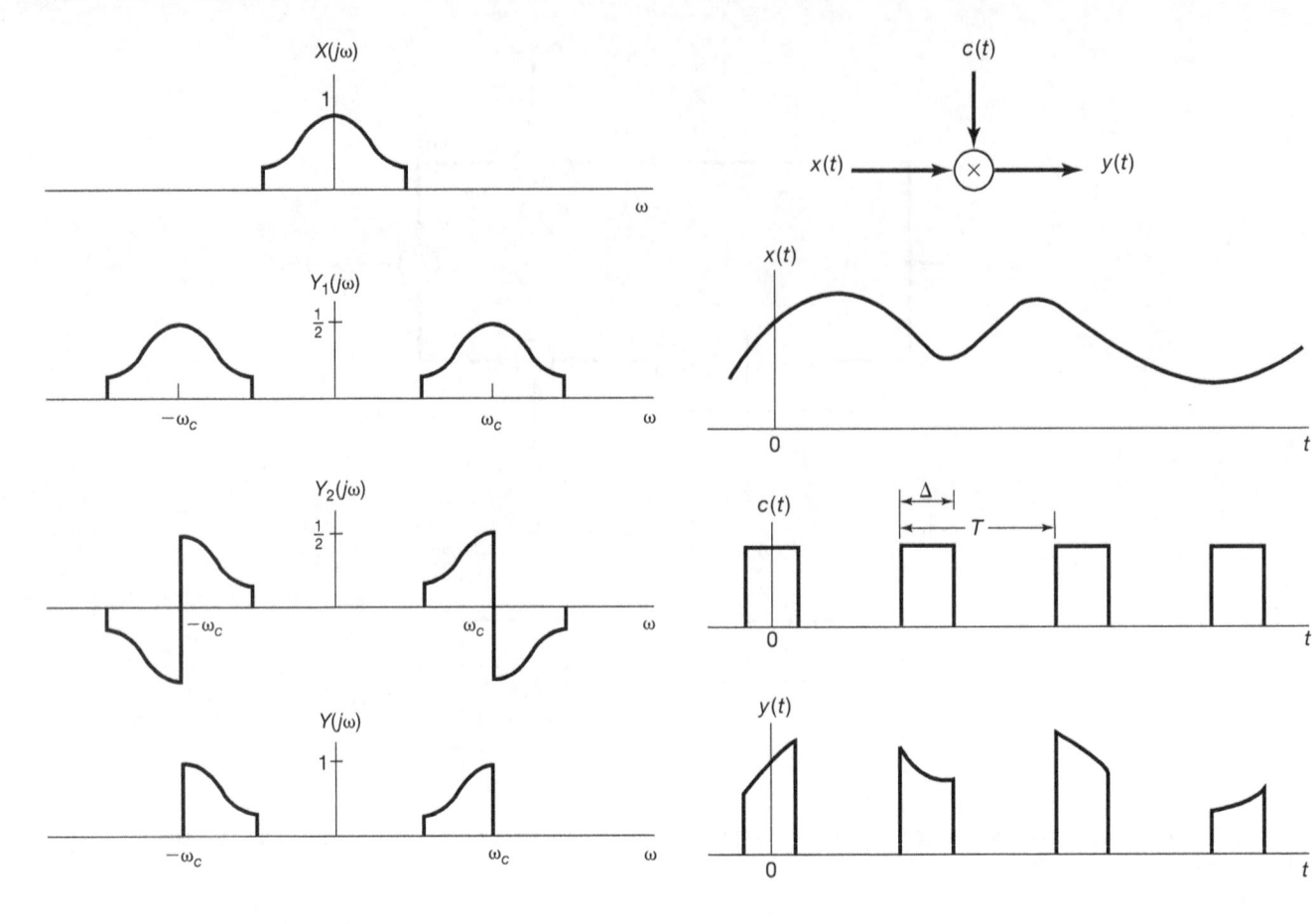

Figura 8.22 Espectros associados ao sistema de banda lateral única da Figura 8.21.

Figura 8.23 Modulação em amplitude de um trem de pulsos.

8.5 Modulação em amplitude com uma portadora trem de pulsos

8.5.1 Modulação de uma portadora trem de pulsos

Nas seções anteriores, consideramos a modulação em amplitude com uma portadora senoidal. Outra classe importante de técnicas de modulação corresponde ao uso de um sinal de portadora que é um trem de pulsos, como ilustrado na Figura 8.23: a modulação em amplitude desse tipo corresponde efetivamente a transmitir fatias igualmente espaçadas no tempo de $x(t)$. Em geral, não esperaríamos que um sinal arbitrário pudesse ser recuperado a partir de tal conjunto de fatias de tempo. Porém, nosso exame do conceito de amostragem no Capítulo 7 sugere que isso poderá ser possível se $x(t)$ tiver banda limitada e a frequência de repetição do pulso for alta o suficiente.

Pela Figura 8.23,

$$y(t) = x(t)c(t); \quad (8.22)$$

ou seja, o sinal modulado $y(t)$ é o produto de $x(t)$ pela portadora $c(t)$. Com $Y(j\omega)$, $X(j\omega)$ e $C(j\omega)$ representando as transformadas de Fourier de cada um desses sinais, segue-se, da propriedade de multiplicação, que

$$Y(j\omega) = \frac{1}{2\pi} \int_{-\infty}^{+\infty} X(j\theta)C(j(\omega-\theta))d\theta. \quad (8.23)$$

Como $c(t)$ é periódico com período T, $C(j\omega)$ consiste em impulsos em frequência espaçados por $2\pi/T$, ou seja,

$$C(j\omega) = 2\pi \sum_{k=-\infty}^{+\infty} a_k \delta(\omega - k\omega_c), \quad (8.24)$$

em que $\omega_c = 2\pi/T$ e os coeficientes a_k são os coeficientes da série de Fourier de $c(t)$, que, pelo Exemplo 3.5, são

$$a_k = \frac{\text{sen}(k\omega_c \Delta/2)}{\pi k}. \quad (8.25)$$

O espectro de $c(t)$ é mostrado na Figura 8.24(b). Com o espectro de $x(t)$ como mostra a Figura 8.24(a), o espectro resultante do sinal modulado $y(t)$ é mostrado na Figura

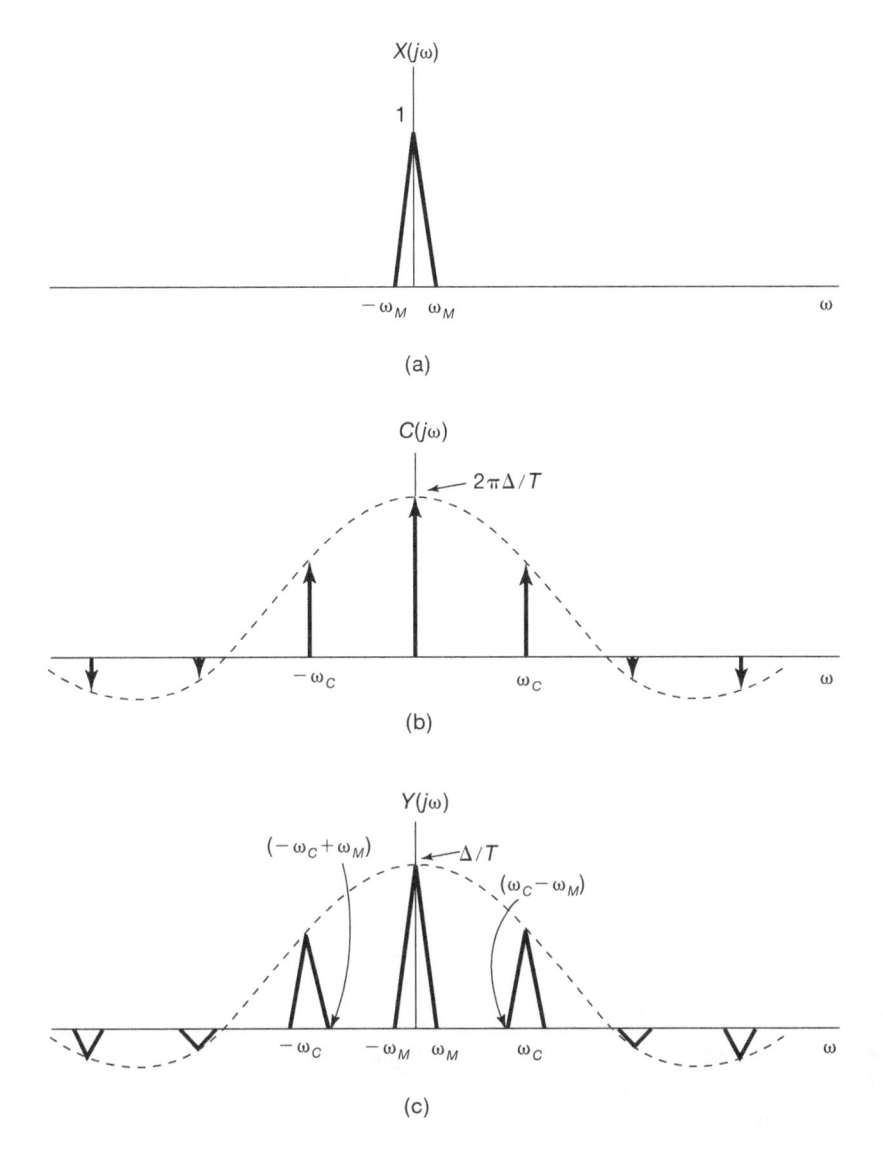

Figura 8.24 Espectros associados à modulação em amplitude de um trem de pulsos. (a) Espectro de um sinal de banda limitada $x(t)$. (b) Espectro do sinal da portadora de pulso $c(t)$ na Figura 8.23. (c) Espectro do trem de pulsos modulado $y(t)$.

8.24(c). Das equações 8.23 e 8.24, $Y(j\omega)$ é uma soma de réplicas ponderadas e deslocadas de $X(j\omega)$:

$$Y(j\omega) = \sum_{k=-\infty}^{+\infty} a_k X(j(\omega - k\omega_c)). \quad (8.26)$$

Comparando a Equação 8.26 com a Equação 7.6 e a Figura 8.24 com a Figura 7.3(c), vemos que o espectro de $y(t)$ é muito semelhante em forma ao espectro resultante da amostragem com o trem de impulsos periódico, sendo a única diferença os valores dos coeficientes de Fourier do trem de pulsos. Para o trem de impulsos periódico usado no Capítulo 7 para representar o processo de amostragem, todos os coeficientes de Fourier são iguais a $1/T$ em valor, enquanto, para o trem de pulsos $c(t)$ na Figura 8.23, os coeficientes de Fourier são dados pela Equação 8.25. Consequentemente, as réplicas de $X(j\omega)$ não se sobrepõem enquanto $\omega_c > 2\omega_M$, que corresponde às condições do teorema de amostragem de Nyquist. Se essa restrição for satisfeita, então, como na amostragem por trem de impulsos, $x(t)$ pode ser recuperado a partir de $y(t)$ por meio do uso de um filtro passa-baixas com frequência de corte maior que ω_M e menor que $\omega_c - \omega_M$.

Observe que a mesma conclusão se mantém para uma grande variedade de outras formas de onda de portadora tipo pulso. Se $c(t)$ for *qualquer* sinal periódico com transformada de Fourier como na Equação 8.24 para algum conjunto de coeficientes de Fourier a_k, então $Y(j\omega)$ é dado pela

Equação 8.26. Então, desde que $\omega_c = 2\pi/T > 2\omega_M$, as réplicas de $X(j\omega)$ não se sobrepõem, permitindo-nos recuperar $x(t)$ pela filtragem passa-baixas desde que o coeficiente de Fourier DC a_0 seja diferente de zero. Como mostrado no Problema 8.11, se a_0 for zero ou inaceitavelmente pequeno, então, usando um filtro passa-banda para selecionar uma das réplicas deslocadas de $X(j\omega)$ com um maior valor de a_k, obteremos um sinal AM senoidal com um múltiplo de $x(t)$ como o sinal modulante. Usando os métodos de demodulação descritos na Seção 8.2, podemos, então, recuperar $x(t)$.

8.5.2 Multiplexação por divisão de tempo

A modulação em amplitude com uma portadora trem de pulsos é frequentemente usada para a transmissão de vários sinais por um único canal. Como indicado na Figura 8.23, o sinal de saída modulada $y(t)$ é diferente de zero somente quando o sinal da portadora $c(t)$ está 'ligado' (ou seja, é diferente de zero). Durante os intervalos em que $c(t)$ está desligado, outros sinais modulados de modo semelhante podem ser transmitidos. Duas representações equivalentes desse processo são mostradas na Figura 8.25. Nesta técnica para transmitir vários sinais por um único canal, cada sinal efetivamente recebe um conjunto de intervalos de tempo de duração Δ, que se repete a cada T segundos e que não se sobrepõe com intervalos atribuídos a outros sinais. Quanto menor a razão Δ/T, maior o número de sinais que podem ser transmitidos pelo canal. Esse procedimento é chamado de *multiplexação por divisão de tempo* (TDM, em inglês, *time-division multiplexing*). Enquanto a multiplexação por divisão de frequência, conforme discutimos na Seção 8.3, atribui diferentes intervalos de *frequência* a sinais individuais, a multiplexação por divisão de tempo atribui diferentes intervalos de *tempo* a sinais individuais. A demultiplexação dos sinais individuais a partir do sinal composto na Figura 8.25 é realizada por um janelamento no tempo para selecionar os intervalos de tempo em particular associados a cada sinal individual.

8.6 Modulação por amplitude de pulso

8.6.1 Sinais modulados por amplitude de pulso

Na Seção 8.5, descrevemos um sistema de modulação em que um sinal de tempo contínuo $x(t)$ modula um trem de pulsos periódico, correspondente à transmissão de fatias de tempo de $x(t)$ de duração Δ segundos a cada T segundos. Como vimos, tanto na discussão quanto em nossa investigação da amostragem no Capítulo 7, nossa capacidade de recuperar $x(t)$ a partir dessas porções de

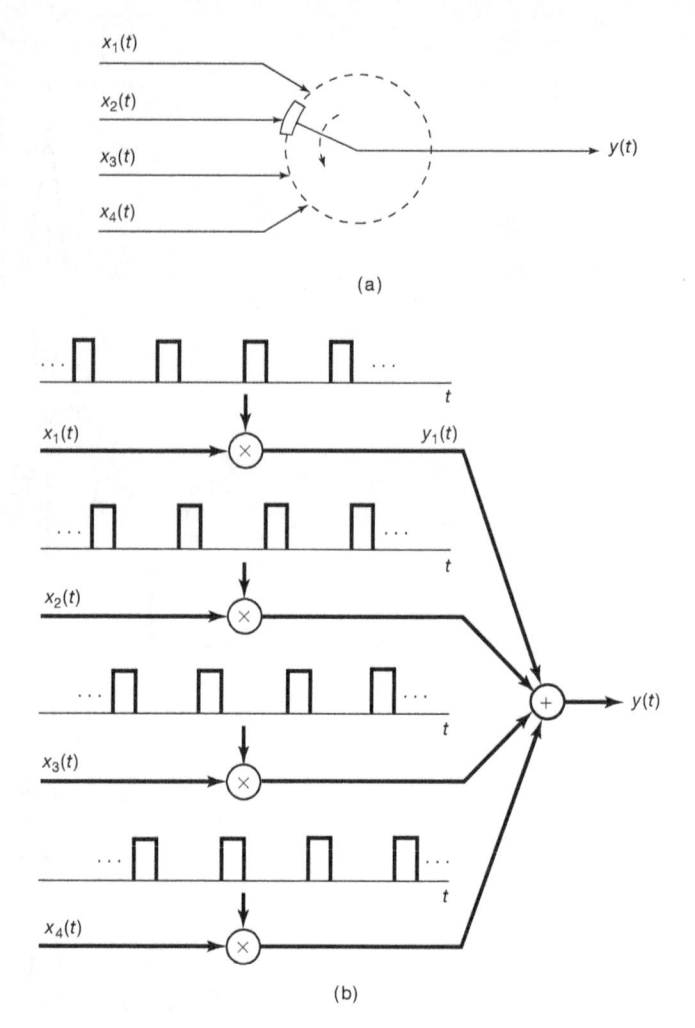

Figura 8.25 Multiplexação por divisão de tempo.

tempo não depende da duração Δ, mas sim de sua frequência, $2\pi/T$, que precisa ser superior à taxa de Nyquist a fim de garantir a reconstrução sem *alias* de $x(t)$. Ou seja, em princípio, só precisamos transmitir as amostras, $x(nT)$, do sinal $x(t)$.

De fato, nos sistemas de comunicação modernos, valores amostrados do sinal contendo informações $x(t)$ em vez das fatias de tempo são tipicamente transmitidos. Por motivos fatias, existem limitações sobre a amplitude máxima que pode ser transmitida sobre um canal de comunicação, de modo que a transmissão de versões $x(t)$ que mostradas utilizando-se impulsos não é uma solução prática. Em vez disso, as amostras $x(nT)$ são usadas para modular a amplitude de uma sequência de pulsos, resultando no que é chamado de *modulação por amplitude de pulso* (PAM, em inglês, *pulse-amplitude modulation*).

O uso de pulsos retangulares corresponde a uma estratégia de 'amostrar-e-reter', em que os pulsos de duração Δ e amplitude proporcional aos valores de amostra instantânea de x(t) são transmitidos. A forma de onda resultante para um único canal PAM desse tipo é ilustrada na Figura 8.26. Nessa figura, a curva tracejada representa o sinal x(t). Assim como o esquema de modulação na Seção 8.5, os sinais de PAM podem ser multiplexados no tempo. Esse fato é ilustrado na Figura 8.27, que representa a forma de onda transmitida com três canais multiplexados no tempo. Os pulsos associados a cada canal são distinguidos pelo sombreamento, bem como pelo número do canal acima de cada pulso. Para determinado período de repetição de pulso T, à medida que a largura do pulso diminui, mais canais multiplexados no tempo podem ser transmitidos pelo mesmo canal ou meio de comunicação. Porém, à medida que a largura do pulso diminui, é tipicamente necessário aumentar a amplitude dos pulsos transmitidos, de modo que uma quantidade razoável de energia seja transmitida em cada pulso.

Além das considerações de energia, existem diversas outras questões que precisam ser resolvidas no projeto de um sinal de PAM. Em particular, desde que a frequência de amostragem exceda a taxa de Nyquist, sabemos que x(t) pode ser reconstruído exatamente a partir de suas amostras e, consequentemente, podemos usar essas amostras para modular a amplitude de uma sequência de pulsos de qualquer forma. A escolha da forma de pulso é controlada por considerações como a seletividade de frequência do meio de comunicação usado e o problema de interferência intersimbólica, que discutimos em seguida.

8.6.2 Interferência intersimbólica em sistemas PAM

No sistema de modulação por amplitude de pulso TDM que acabamos de descrever, o receptor pode, em princípio, separar os canais amostrando a forma de onda multiplexada no tempo em instantes apropriados. Por exemplo, considere o sinal multiplexado no tempo da Figura 8.27, que consiste em versões moduladas por amplitude de pulso de três sinais $x_1(t)$, $x_2(t)$ e $x_3(t)$. Se amostrarmos $y(t)$ em instantes apropriados, correspondentes, por exemplo, aos pontos médios de cada pulso, poderemos separar as amostras dos três sinais. Ou seja,

$$\begin{aligned} y(t) &= Ax_1(t), & t &= 0, \pm 3T_1, \pm 6T_1, \ldots, \\ y(t) &= Ax_2(t), & t &= T_1, T_1 \pm 3T_1, T_1 \pm 6T_1, \ldots, \\ y(t) &= Ax_3(t), & t &= 2T_1, 2T_1 \pm 3T_1, 2T_1 \pm 6T_1, \ldots, \end{aligned} \quad (8.27)$$

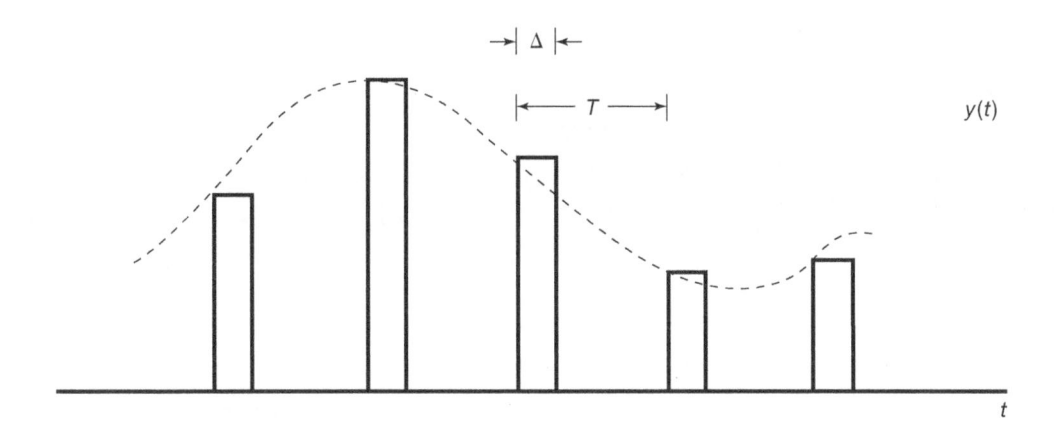

Figura 8.26 Forma de onda transmitida para um único canal PAM. A curva tracejada representa o sinal x(t).

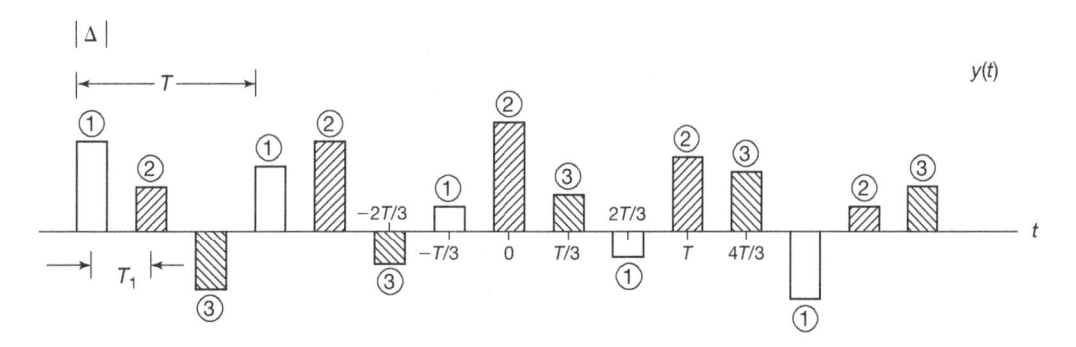

Figura 8.27 Forma de onda transmitida com três canais PAM multiplexados no tempo. Os pulsos associados a cada canal são distinguidos pelo sombreamento, além do número do canal acima de cada pulso. Aqui, o espaçamento entre símbolos é $T_1 = T/3$.

em que T_1 é o espaçamento entre símbolos, aqui igual a $T/3$, e A é uma constante de proporcionalidade apropriada. Em outras palavras, amostras de $x_1(t)$, $x_2(t)$ e $x_3(t)$ podem ser obtidas pela amostragem apropriada do sinal PAM multiplexado no tempo recebido.

A estratégia indicada no parágrafo anterior considera que os pulsos transmitidos permanecem inalterados à medida que se propagam pelo canal de comunicação. Na transmissão por qualquer canal realístico, pode-se esperar que os pulsos sejam distorcidos pelos efeitos do canal, como ruído aditivo e filtragem. O ruído aditivo no canal, naturalmente, introduzirá erros de amplitude nos instantes de amostragem. A filtragem devida à resposta em frequência não ideal de um canal causa um alargamento dos pulsos individuais, que pode fazer que os pulsos recebidos se sobreponham no tempo. Essa interferência é ilustrada na Figura 8.28 e é chamada de *interferência intersimbólica*.

O alargamento no tempo dos pulsos idealizados da Figura 8.27 pode resultar das restrições de largura de banda do canal ou da dispersão de fase causada pelo atraso de grupo não constante, como discutido na Seção 6.2.2. (Ver, em particular, o Exemplo 6.1.) Se a interferência intersimbólica é devida apenas à largura de banda limitada do canal, uma técnica é usar uma forma de pulso $p(t)$, que é, por si só, limitada em banda e, portanto, não é afetada (ou é minimamente afetada) pela largura de banda restrita do canal. Em particular, se o canal tiver resposta em frequência $H(j\omega)$ que não tem distorção em uma banda de frequência especificada (por exemplo, se $H(j\omega) = 1$ para $|\omega| < W$), então, se o pulso que é usado for limitado em banda (ou seja, se $P(j\omega) = 0$ para $|\omega| \geq W$), cada sinal de PAM será recebido sem distorção. Por outro lado, usando tal pulso, não temos mais pulsos sem sobreposição, como na Figura 8.27. Apesar disso, a interferência intersimbólica pode ser evitada no domínio do tempo mesmo com um pulso limitado em banda, se a forma do pulso no domínio de tempo tiver cruzamentos por zero nos outros instantes de amostragem (de modo que a Equação 8.27 continua a ser verdadeira). Por exemplo, considere o pulso senc

$$p(t) = \frac{T_1 \text{sen}(\pi t/T_1)}{\pi t}$$

e seu espectro correspondente exibido na Figura 8.29. Como o pulso é nulo em múltiplos inteiros do intervalo entre símbolos T_1, conforme indicado na Figura 8.30, não haverá interferência intersimbólica nesses instantes. Ou seja, se amostramos o sinal recebido em $t = kT_1$, então as contribuições para esse valor amostrado de todos os outros pulsos, isto é, de $p(t - mT_1)$ para $m \neq k$, serão identicamente nulas. Naturalmente, evitar interferência entre símbolos adjacentes exige alta precisão nos tempos de amostragem, de modo que a amostragem ocorra nos cruzamentos de zero dos símbolos adjacentes.

O pulso sinc é apenas um dos muitos pulsos de banda limitada com cruzamentos de zero no domínio de tempo em $\pm T_1$, $\pm 2T_1$ etc. Considere, de maneira geral, um pulso $p(t)$ com espectro na forma

$$P(j\omega) = \begin{cases} 1 + P_1(j\omega), & |\omega| \leq \frac{\pi}{T_1} \\ P_1(j\omega), & \frac{\pi}{T_1} < |\omega| \leq \frac{2\pi}{T_1} \\ 0, & \text{caso contrário} \end{cases} \quad (8.28)$$

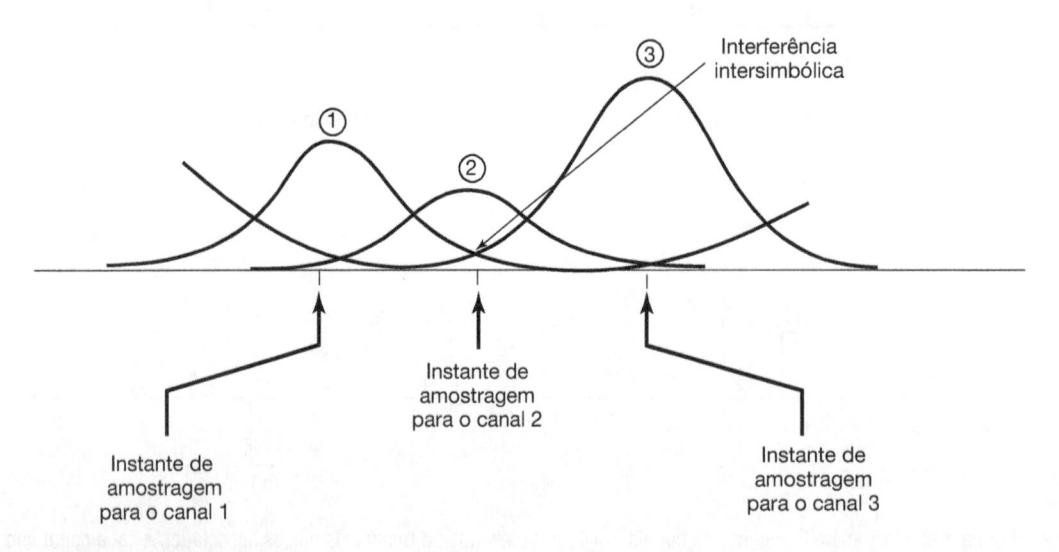

Figura 8.28 Interferência intersimbólica.

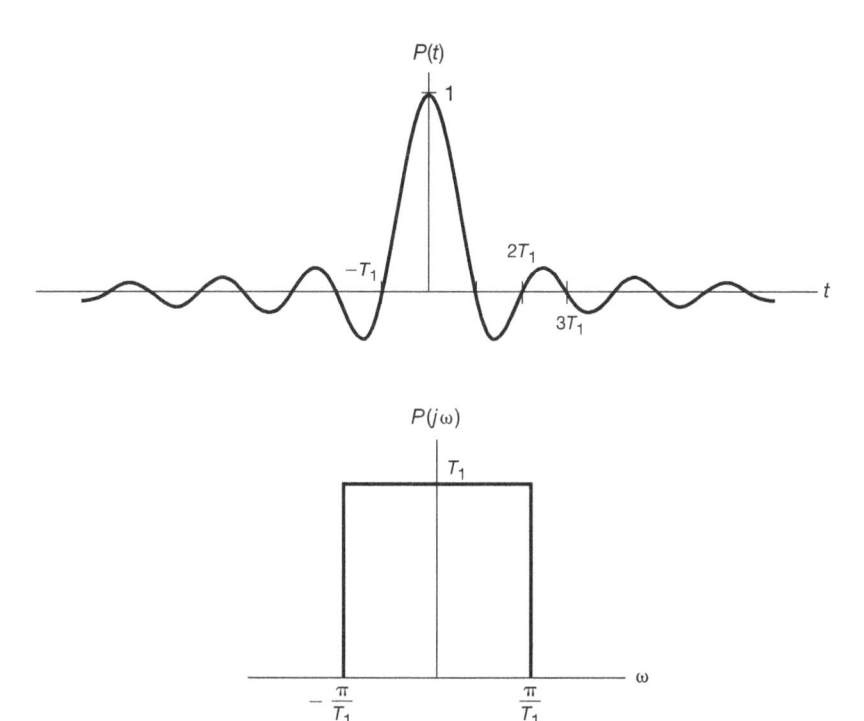

Figura 8.29 O pulso sinc e seu espectro correspondente.

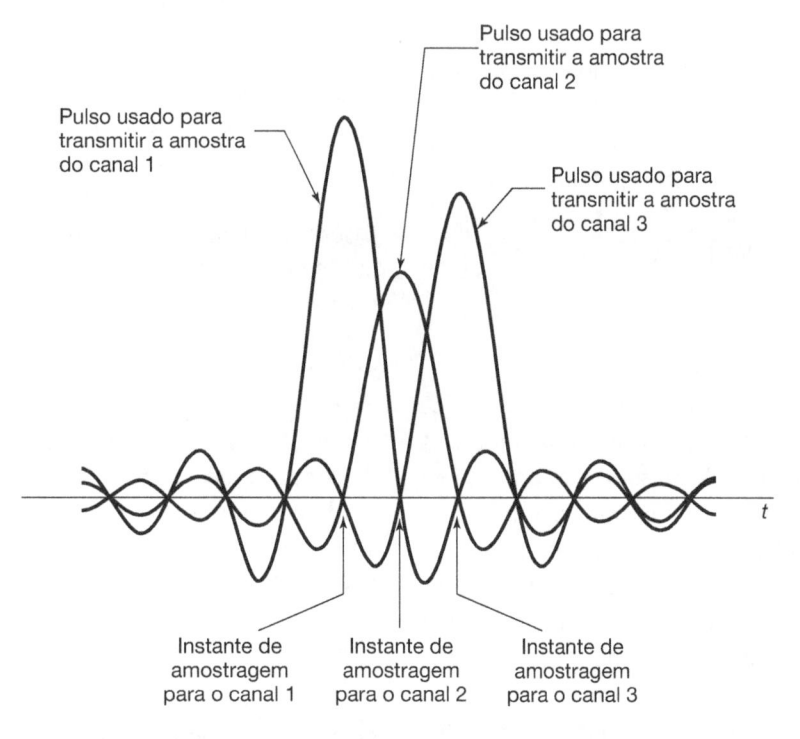

Figura 8.30 Ausência de interferência intersimbólica quando são usados pulsos sinc com cruzamentos de zero corretamente escolhidos.

e com $P_1(j\omega)$ tendo simetria ímpar em torno de π/T_1, de modo que

$$P_1\left(-j\omega + j\frac{\pi}{T_1}\right) = -P_1\left(j\omega + j\frac{\pi}{T_1}\right) \quad 0 \leq \omega \leq \frac{\pi}{T_1}, \quad (8.29)$$

como ilustrado na Figura 8.31. Se $P_1(j\omega) = 0$, $p(t)$ é o próprio pulso sinc. Geralmente, conforme exploramos no Problema 8.42, para qualquer $P(j\omega)$ satisfazendo as condições nas equações 8.28 e 8.29, $p(t)$ terá cruzamento de zero em $\pm T_1, \pm 2T_1, \ldots$.

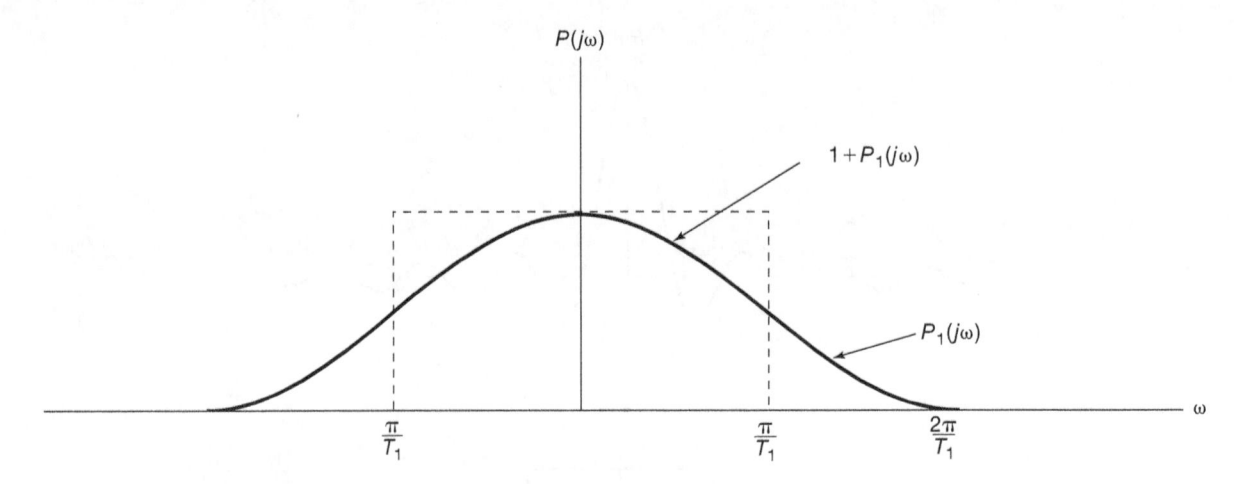

Figura 8.31 Simetria ímpar em torno de π/T_1, conforme definido na Equação 8.29.

Embora os sinais que satisfazem as equações 8.28 e 8.29 nos permitam contornar o problema de largura de banda de canal limitado, existem outras distorções de canal que podem ocorrer e que exigem uma escolha diferente de forma de onda de pulso ou algum processamento adicional do sinal recebido antes da separação dos diferentes sinais TDM. Em particular, se $|H(j\omega)|$ não for constante na banda de passagem, pode haver necessidade de se realizar *equalização de canal* — ou seja, filtragem do sinal recebido para corrigir o ganho do canal não constante. Além disso, se o canal tiver fase não linear, pode haver distorção de sinal, levando à interferência intersimbólica, a menos que seja realizado o processamento do sinal. Os problemas 8.43 e 8.44 oferecem ilustrações desses efeitos.

8.6.3 Modulação digital por amplitude de pulso e por código de pulso

O sistema de PAM descrito nas subseções anteriores envolve o uso de um conjunto discreto de amostras para modular uma sequência de pulsos. Esse conjunto de amostras pode ser considerado como um sinal de tempo discreto $x[n]$ e, em muitas aplicações, $x[n]$ de fato é armazenado em (ou gerado por) um sistema digital. Nesses casos, o comprimento da palavra limitado de um sistema digital implica que $x[n]$ pode assumir apenas um conjunto finito e digitalizado de valores, resultando em apenas um conjunto finito de amplitudes possíveis para os pulsos modulados.

De fato, em muitos casos, essa forma de PAM digital é reduzida a um sistema com poucos valores possíveis de amplitude — tipicamente, apenas dois. Em particular, se cada amostra de $x[n]$ for representada como um número binário (ou seja, uma sequência finita de 0's e 1's), então um pulso com um de dois valores possíveis (um valor correspondente a 0 e um valor para 1) pode ser definido para cada dígito binário ou *bit* nessa sequência. De forma mais geral, para garantir proteção contra erros de transmissão ou para oferecer comunicação segura, a sequência de dígitos binários representando $x[n]$ pode primeiro ser transformada ou *codificada* em outra sequência de 0's e 1's antes da transmissão. Por exemplo, um mecanismo de detecção de erro muito simples consiste em transmitir um pulso modulado adicional para cada amostra de $x[n]$, representando uma verificação de *paridade*. Ou seja, esse bit adicional é definido como 1, se a representação binária de $x[n]$ contiver um número ímpar de 1's, e como 0 se houver um número par de 1's. O receptor pode, então, verificar o bit de paridade recebido contra os outros bits recebidos, a fim de detectar inconsistências. Esquemas de correção de erro e codificação mais complexos certamente podem ser empregados, e o projeto de códigos com propriedades desejáveis em particular é um componente importante do projeto do sistema de comunicação. Por motivos óbvios, um sistema PAM modulado por uma sequência codificada dos 0 e dos 1 é conhecido como sistema de *modulação por código de pulso* (PCM, em inglês, *pulse-code modulation*).

8.7 Modulação em frequência senoidal

Nas seções anteriores, discutimos diversos sistemas de amplitude modulada específicos, em que o sinal modulando era usado para variar a amplitude de uma portadora senoidal ou de pulso. Como vimos, esses sistemas são favoráveis à análise detalhada usando as técnicas de domínio de frequência que desenvolvemos nos capítulos anteriores. Em outra classe muito importante de técnicas de modulação, conhecida como *frequência modulada* (FM), o sinal modulante é usado para controlar a frequência de uma portadora senoidal. Os sistemas de modulação desse tipo possuem uma série de vantagens em relação aos sistemas de amplitude modulada. Como sugerido pela Figura 8.10, na modulação em amplitude senoidal, a amplitude de pico da envoltória da portadora é diretamente dependente da amplitude do sinal modulante $x(t)$, que pode ter uma grande faixa dinâmica, ou seja, pode variar significativamente. Com a modulação de frequência, a envoltória da portadora é constante. Consequentemente, um transmissor de FM sempre pode operar na potência máxima. Além disso, nos sistemas de FM, as variações de amplitude introduzida por um canal de transmissão devido a distúrbios aditivos ou desvanecimento podem, de certo modo, ser eliminadas no receptor. Por esse motivo, na transmissão pública e em diversos outros contextos, a recepção FM tipicamente é melhor que a recepção AM. Por outro lado, conforme veremos, a modulação de frequência geralmente requer maior largura de banda que a modulação de amplitude senoidal.

Sistemas de modulação em frequência são altamente não lineares e, consequentemente, não são tão simples de analisar quanto os sistemas de modulação em amplitude discutidos nas seções anteriores. Porém, os métodos que desenvolvemos nos capítulos anteriores permitem-nos obter algum conhecimento da natureza e da operação desses sistemas.

Começamos apresentando a noção mais geral de *modulação angular*. Considere uma portadora senoidal expressa na forma

$$c(t) = A\cos(\omega_c t + \theta_c) = A\cos\theta(t), \quad (8.30)$$

sendo $\theta(t) = \omega_c t + \theta_c$ em que ω_c é a frequência e θ_c é a fase da portadora. A modulação angular, em geral, corresponde a usar o sinal modulante para alterar ou variar o ângulo $\theta(t)$. Uma forma que às vezes se utiliza é usar o sinal modulante $x(t)$ para variar a fase θ_c de modo que o sinal modulado adquira a forma

$$y(t) = A\cos[\omega_c t + \theta_c(t)], \quad (8.31)$$

em que θ_c, agora, é uma função do tempo, especificamente na forma

$$\theta_c(t) = \theta_0 + k_p x(t). \quad (8.32)$$

Se $x(t)$ é constante, por exemplo, a fase de $y(t)$ será constante e proporcional à amplitude de $x(t)$. A modulação angular na forma da Equação 8.31 é conhecida como *modulação em fase*. Outra forma de modulação angular corresponde a variar a *derivada* do ângulo proporcionalmente ao sinal modulante, ou seja,

$$y(t) = A\cos\theta(t), \quad (8.33)$$

em que

$$\frac{d\theta(t)}{dt} = \omega_c + k_f x(t). \quad (8.34)$$

Para $x(t)$ constante, $y(t)$ é senoidal com uma frequência que é deslocada da frequência de portadora ω_c por uma quantidade proporcional à amplitude de $x(t)$. Por esse motivo, a modulação angular na forma das equações 8.33 e 8.34 é comumente chamada de *modulação em frequência*.

Embora a modulação em fase e a modulação em frequência sejam formas diferentes de modulação angular, elas podem ser facilmente relacionadas. Pelas equações 8.31 e 8.32, para modulação em fase,

$$\frac{d\theta(t)}{dt} = \omega_c + k_p \frac{dx(t)}{dt}, \quad (8.35)$$

e, assim, comparando as equações 8.34 e 8.35, a modulação em fase com $x(t)$ é idêntica à modulação em frequência com a derivada de $x(t)$. Da mesma forma, a modulação em frequência com $x(t)$ é idêntica à modulação em fase com a integral de $x(t)$. Uma ilustração da modulação em fase e da modulação em frequência é mostrada nas figuras 8.32(a) e (b). Nos dois casos, o sinal modulante é $x(t) = tu(t)$ (ou seja, um sinal rampa crescendo linearmente com o tempo para $t > 0$). Na Figura 8.32(c), um exemplo de modulação em frequência é mostrado com um degrau (a derivada de uma rampa) como sinal modulante [ou seja, $x(t) = u(t)$]. A correspondência entre as figuras 8.32(a) e (c) deve ser evidente.

A modulação em frequência com um degrau corresponde à frequência da portadora senoidal mudando instantaneamente de um valor para outro quando $x(t)$ muda de valor em $t = 0$, assim como a frequência de um oscilador senoidal muda quando o ajuste da frequência é trocado instantaneamente. Quando a modulação em frequência é uma rampa, como na Figura 8.32(b), a frequência muda linearmente com o tempo. Essa noção de uma frequência variando no tempo costuma ser mais bem expressa em termos do conceito de *frequência instantânea*. Para

$$y(t) = A\cos\theta(t), \quad (8.36)$$

a frequência instantânea da senoide é definida como

$$\omega_i(t) = \frac{d\theta(t)}{dt}. \quad (8.37)$$

Assim, para $y(t)$ verdadeiramente senoidal [ou seja, $\theta(t) = (\omega_c t + \theta_0)$], a frequência instantânea é ω_c, como esperaríamos. Para a modulação em fase expressa nas equações 8.31 e 8.32, a frequência instantânea é $\omega_c + k_p(dx(t)/dt)$, e para a modulação em frequência expres-

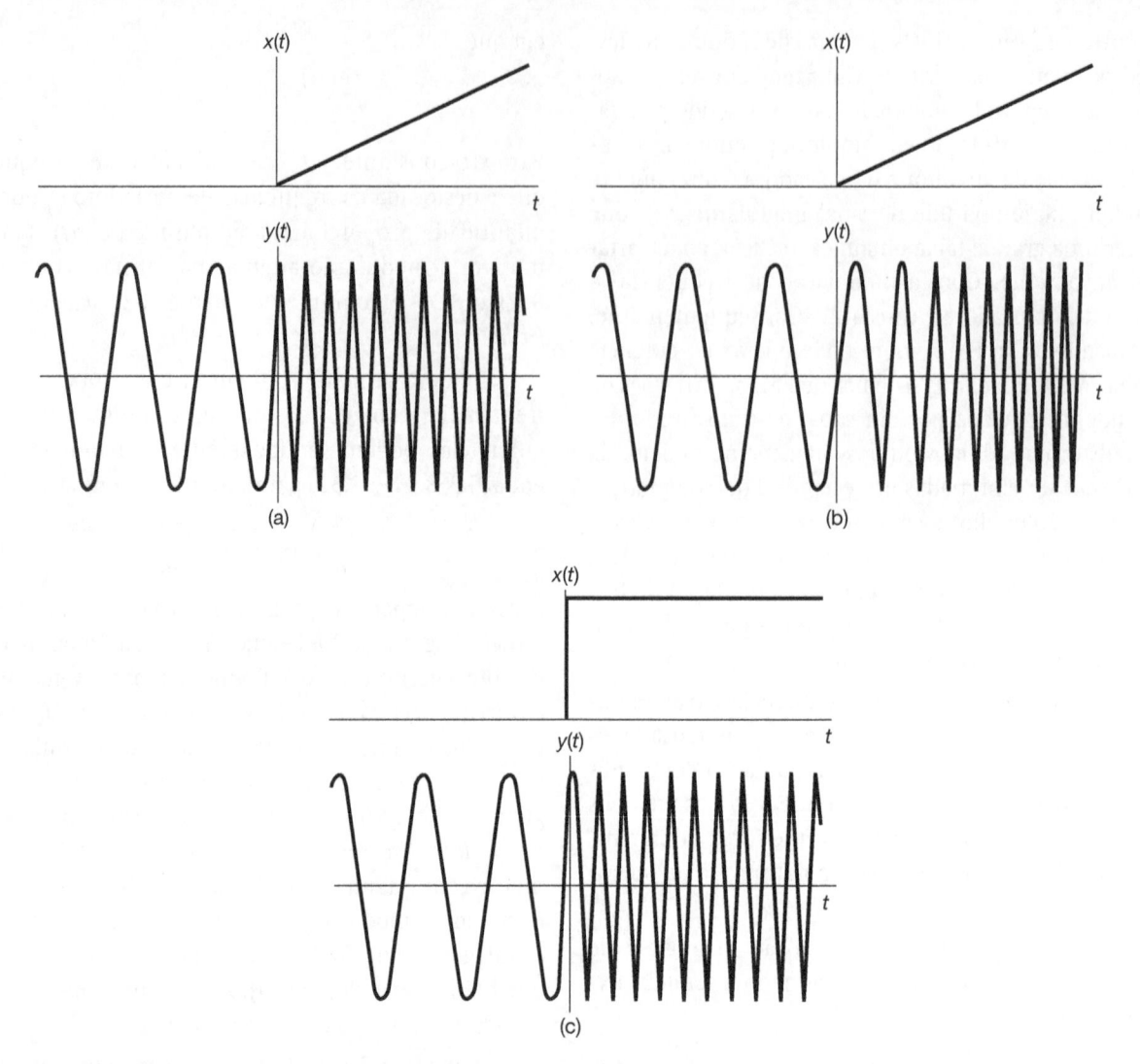

Figura 8.32 Modulação em fase, modulação em frequência e sua relação: (a) modulação em fase com uma rampa como sinal modulante; (b) modulação em frequência com uma rampa como sinal modulante; (c) modulação em frequência com um degrau (a derivada de uma rampa) como sinal modulante.

sa nas equações 8.33 e 8.34, a frequência instantânea é $\omega_c + k_f x(t)$.

Como a modulação em frequência e a modulação em fase são facilmente relacionadas, vamos redigir a discussão restante apenas em termos da modulação em frequência. Para termos melhor entendimento de como o espectro do sinal modulado em frequência é afetado pelo sinal modulante $x(t)$, é útil considerar dois casos em que o sinal modulante é suficientemente simples, de modo que algumas das propriedades essenciais da modulação em frequência se tornem evidentes.

8.7.1 Modulação em frequência de banda estreita

Considere o caso de modulação em frequência com

$$x(t) = A \cos \omega_m t. \quad \text{(8.38)}$$

Das equações 8.34 e 8.37, a frequência instantânea é

$$\omega_i(t) = \omega_c + k_f A \cos \omega_m t, \quad \text{(8.39)}$$

que varia senoidalmente entre $\omega_c + k_f A$ e $\omega_c - k_f A$. Com

$$\Delta \omega = k_f A,$$

temos

$$\omega_i(t) = \omega_c + \Delta \omega \cos \omega_m t$$

e

$$y(t) = \cos[\omega_c t + \int x(t) dt]$$
$$= \cos\left(\omega_c t + \frac{\Delta \omega}{\omega_m} \operatorname{sen} \omega_m t + \theta_0\right), \quad \text{(8.40)}$$

sendo θ_0 uma constante de integração. Por conveniência, escolheremos $\theta_0 = 0$, de modo que

$$y(t) = \cos\left[\omega_c t + \frac{\Delta\omega}{\omega_m}\operatorname{sen}\omega_m t\right]. \quad (8.41)$$

O fator $\Delta\omega/\omega_m$, que indicaremos por m, é definido como o *índice de modulação* para a modulação em frequência. As propriedades dos sistemas de FM tendem a ser diferentes, dependendo se o índice de modulação m for pequeno ou grande. O caso em que m é pequeno é conhecido como *FM de banda estreita*. Em geral, podemos reescrever a Equação 8.41 como

$$y(t) = \cos(\omega_c t + m \operatorname{sen} \omega_m t) \quad (8.42)$$

ou

$$y(t) = \cos \omega_c t \cos(m \operatorname{sen} \omega_m t) - \operatorname{sen} \omega_c t \operatorname{sen}(m \operatorname{sen} \omega_m t).$$

$$(8.43)$$

Quando m é suficientemente pequeno ($\ll \pi/2$), podemos fazer as aproximações

$$\cos(m \operatorname{sen} \omega_m t) \simeq 1, \quad (8.44)$$

$$\operatorname{sen}(m \operatorname{sen} \omega_m t) \simeq m \operatorname{sen} \omega_m t, \quad (8.45)$$

de modo que a Equação 8.42 torna-se

$$y(t) \simeq \cos \omega_c t - m(\operatorname{sen} \omega_m t)(\operatorname{sen} \omega_c t). \quad (8.46)$$

O espectro de $y(t)$ baseado nessa aproximação é mostrado na Figura 8.33. Observamos que ele tem uma semelhança com o AM-DSB/WC porque a frequência da portadora está presente no espectro e existem bandas laterais representando o espectro do sinal modulante na Equação 8.38. Porém, no AM-DSB/WC, a portadora adicional injetada está em fase com a portadora modulada, enquanto, como vemos na Equação 8.46 para o caso da FM de banda estreita, o sinal da portadora tem uma diferença de fase de $\pi/2$ em relação à portadora modulada em amplitude. As formas de onda correspondentes do AM-DSB/WC e FM também são muito diferentes. Na Figura 8.34(a) é ilustrada a forma de onda no tempo de FM de banda estreita correspondente à Equação 8.46. Para comparação, na Figura 8.34(b), vemos o sinal de AM-DSB/WC

$$y_2(t) = \cos \omega_c t + m(\cos \omega_m t)(\cos \omega_c t). \quad (8.47)$$

Para o sinal FM de banda estreita da Equação 8.46, a largura de banda das bandas laterais é igual à largura de banda do sinal modulante, e em particular, embora a aproximação na equação seja baseada na hipótese de que $m \ll \pi/2$, a largura de banda das bandas laterais é, por outro lado, independente do índice de modulação m (ou depende apenas da largura de banda do sinal modulante, e não de sua amplitude). Uma afirmação semelhante se aplica para FM de banda estreita com um sinal modulante mais geral.

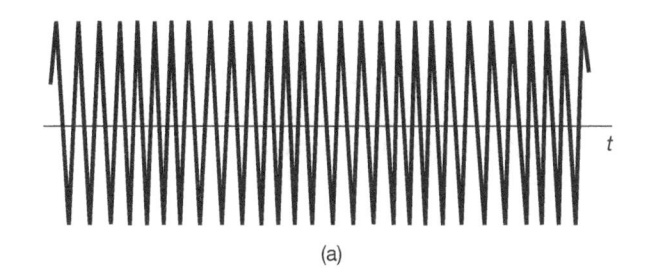

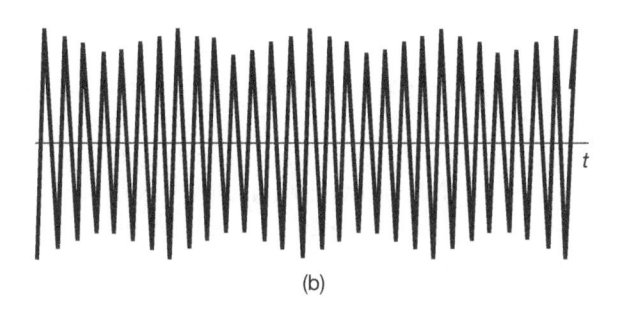

Figura 8.34 Comparação de FM de banda estreita e AM-DSB/WC: (a) FM de banda estreita; (b) AM-DSB/WC.

8.7.2 Modulação em frequência de banda larga

Quando m é grande, a aproximação que leva à Equação 8.46 não se aplica mais, e o espectro de $y(t)$ depende da amplitude e do espectro do sinal modulante $x(t)$. Com $y(t)$ expresso na forma da Equação 8.43, observamos que os termos $\cos[m \operatorname{sen} \omega_m t]$ e $\operatorname{sen}[m \operatorname{sen} \omega_m t]$ são sinais periódicos com frequência fundamental ω_m. Assim, a transformada de Fourier de cada um desses sinais é um trem de impulsos com impulsos localizados em múltiplos inteiros de ω_m e amplitudes proporcionais aos coeficientes da série de Fourier. Os coeficientes da série de Fourier

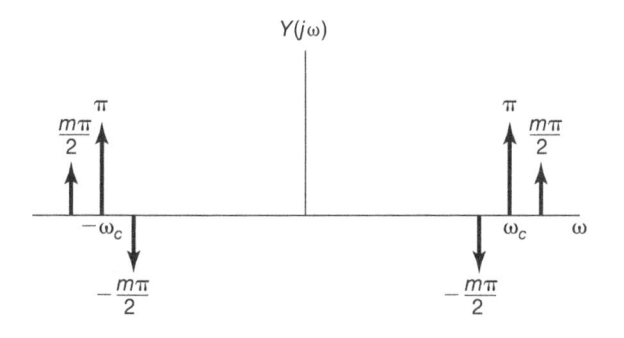

Figura 8.33 Espectro aproximado para FM de banda estreita.

para esses dois sinais periódicos envolvem uma classe de funções conhecida como funções de Bessel do primeiro tipo. A primeira parcela na Equação 8.43 corresponde a uma portadora senoidal na forma $\cos \omega_c t$ modulada em amplitude pelo sinal periódico $\cos[m \,\text{sen}\, \omega_m t]$, e a segunda corresponde a uma portadora senoidal $\text{sen}\, \omega_c t$ modulada em amplitude pelo sinal periódico $\text{sen}[m \,\text{sen}\, \omega_m t]$. A multiplicação pelos sinais da portadora tem o efeito no domínio de frequência de deslocar o espectro da Equação 8.43 para a frequência da portadora, de modo que ela seja centrada em mais e menos ω_c. Nas figuras 8.35(a) e (b), ilustramos para $\omega > 0$ os espectros das duas parcelas individuais na Equação 8.43 e, na Figura 8.35(c), o espectro combinado representando o sinal modulado $y(t)$. O espectro de $y(t)$ consiste em impulsos nas frequências $\pm \omega_c + n\omega_m$, $n = 0, \pm1, \pm2,\ldots$ e, estritamente falando, não é limitado em banda em torno de $\pm\omega_c$. Entretanto, o comportamento dos coeficientes da série de Fourier de $\cos[m \,\text{sen}\, \omega_m t]$ e $\text{sen}[m \,\text{sen}\, \omega_m t]$ é tal que a amplitude da n-ésima harmônica para $|n| > m$ pode ser considerada insignificante e, portanto, a largura de banda total B de cada banda lateral centrada em $+\omega_c$ e $-\omega_c$ é efetivamente limitada a $2m\omega_m$. Ou seja,

$$B \simeq 2m\omega_m, \qquad (8.48)$$

ou, como $m = k_f A/\omega_m = \Delta\omega/\omega_m$,

$$B \simeq 2k_f A = 2\Delta\omega. \qquad (8.49)$$

Comparando as equações 8.39 e 8.49, observamos que a largura de banda efetiva de cada banda lateral é igual à excursão total da frequência instantânea em torno da frequência da portadora. Portanto, para o FM de banda larga, como consideramos que m é grande, a largura de banda do sinal modulado é muito maior que a largura de banda do sinal modulante e, em contraste com o caso de banda estreita, a largura de banda do sinal transmitido em FM de banda larga é diretamente proporcional à amplitude A do sinal modulante e ao fator de ganho k_f.

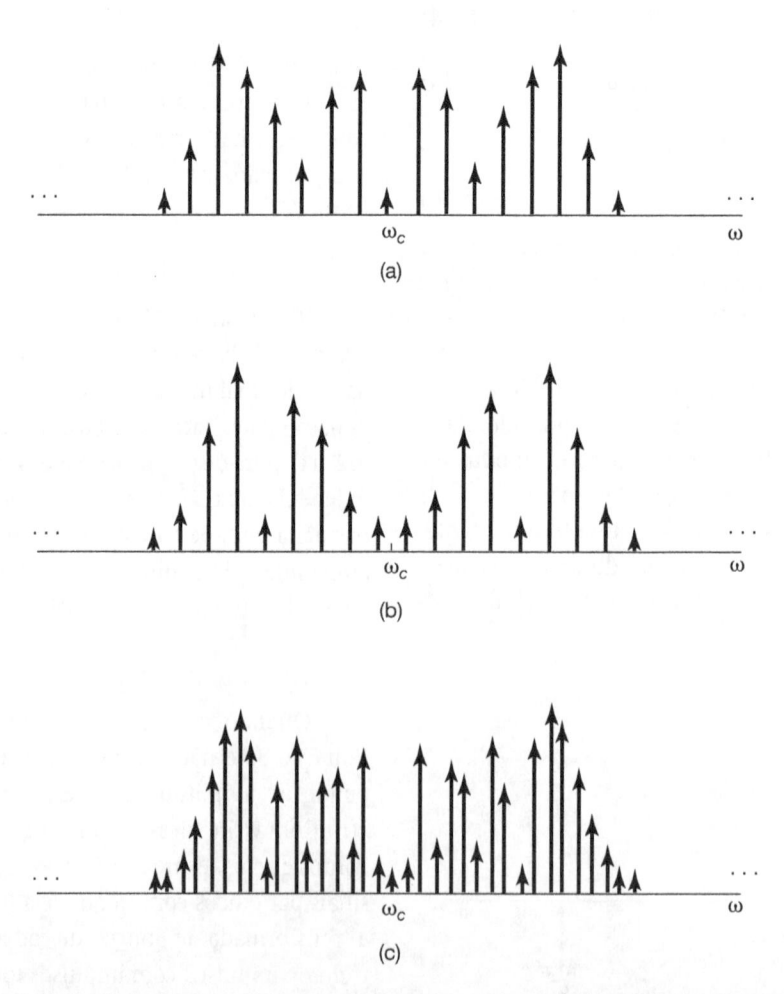

Figura 8.35 Magnitude do espectro da modulação em frequência de banda larga com $m = 12$: (a) magnitude do espectro de $\cos \omega_c t \cos[m \,\text{sen}\, \omega_m t]$; (b) magnitude de espectro de $\text{sen}\, \omega_c t \,\text{sen}[m \,\text{sen}\, \omega_m t]$; (c) magnitude espectral combinada de $\cos[\omega_c t + m \,\text{sen}\, \omega_m t]$.

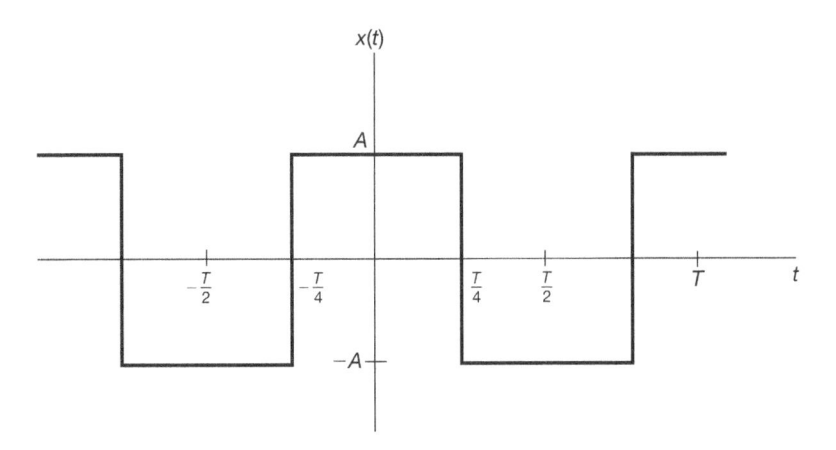

Figura 8.36 Onda quadrada periódica simétrica.

8.7.3 Sinal modulante onda quadrada periódica

Outro exemplo que ajuda a entender as propriedades da modulação em frequência é o de um sinal modulante onda quadrada periódica. Com referência à Equação 8.39, seja $k_f = 1$, de modo que $\Delta\omega = A$, e seja $x(t)$ dado pela Figura 8.36. O sinal modulado $y(t)$ é ilustrado na Figura 8.37. A frequência instantânea é $\omega_c + \Delta\omega$ quando $x(t)$ é positivo, e $\omega_c - \Delta\omega$ quando $x(t)$ é negativo. Assim, $y(t)$ também pode ser escrito como

$$y(t) = r(t)\cos[(\omega_c + \Delta\omega)t] + r\left(t - \frac{T}{2}\right)\cos[(\omega_c - \Delta\omega)t], \quad (8.50)$$

em que $r(t)$ é a onda quadrada simétrica da Figura 8.38. Assim, para esse sinal modulante em particular, somos capazes de modificar o problema de determinar o espectro do sinal FM $y(t)$ como a determinação do espectro da soma dos dois sinais de AM na Equação 8.50. Especificamente,

$$\begin{aligned}Y(j\omega) &= \frac{1}{2}[R(j\omega + j\omega_c + j\Delta\omega) \\ &+ R(j\omega - j\omega_c - j\Delta\omega)] \\ &+ \frac{1}{2}[R_T(j\omega + j\omega_c - j\Delta\omega) \\ &+ R_T(j\omega - j\omega_c + j\Delta\omega)],\end{aligned} \quad (8.51)$$

sendo $R(j\omega)$ a transformada de Fourier da onda quadrada periódica $r(t)$ na Figura 8.38 e $R_T(j\omega)$ a transformada de Fourier de $r(t - T/2)$. Pelo Exemplo 4.6, com $T = 4T_1$,

$$R(j\omega) = \sum_{k=-\infty}^{\infty} \frac{2}{2k+1}(-1)^k \delta\left[\omega - \frac{2\pi(2k+1)}{T}\right] + \pi\delta(\omega) \quad (8.52)$$

e

$$R_T(j\omega) = R(j\omega)e^{-j\omega T/2}. \quad (8.53)$$

A magnitude do espectro de $Y(j\omega)$ é ilustrada na Figura 8.39. Assim como no FM de banda larga, o espectro tem a aparência geral de duas bandas laterais, centradas em torno de $\omega_c \pm \Delta\omega$, que decaem para $\omega < (\omega_c - \Delta\omega)$ e $\omega > (\omega_c + \Delta\omega)$.

Os sistemas para demodulação de sinais de FM tipicamente são de dois tipos. Um tipo de sistema de demodulação corresponde a converter o sinal de FM em um sinal de AM, por meio da diferenciação, enquanto os sistemas de demodulação do segundo tipo localizam diretamente a fase ou frequência do sinal modulado. A discussão apresentada fornece apenas uma breve introdução às características da modulação em frequência, e novamente vimos como as técnicas básicas desenvolvidas nos capítulos anteriores podem ser exploradas para analisar e desenvolver ideias sobre uma classe importante de sistemas.

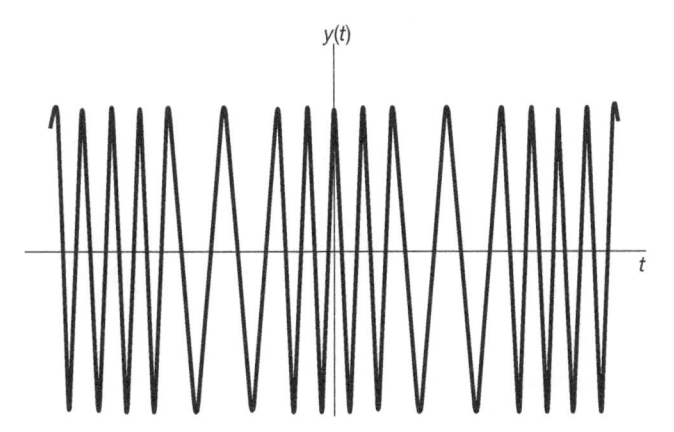

Figura 8.37 Modulação em frequência com um sinal modulante de onda quadrada periódica.

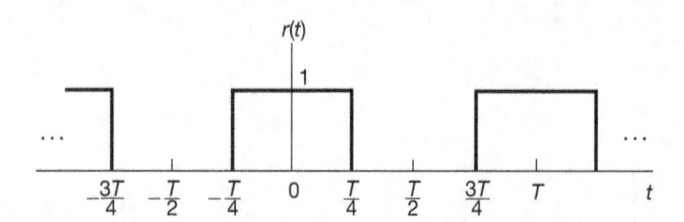

Figura 8.38 Onda quadrada simétrica $r(t)$ da Equação 8.50.

8.8 Modulação de tempo discreto

8.8.1 Modulação em amplitude senoidal de tempo discreto

Um sistema de modulação em amplitude de tempo discreto é representado na Figura 8.40, em que $c[n]$ é a portadora e $x[n]$ é o sinal modulante. A base de nossa análise de modulação em amplitude de tempo contínuo foi a propriedade de multiplicação para transformadas de Fourier — especificamente, o fato de que a multiplicação no domínio do tempo corresponde a uma convolução no domínio da frequência. Como discutimos na Seção 5.5, existe uma propriedade correspondente para sinais de tempo discreto, que podemos usar para analisar a modulação em amplitude de tempo discreto. Especificamente, considere

$$y[n] = x[n]c[n].$$

Com $X(e^{j\omega})$, $Y(e^{j\omega})$ e $C(e^{j\omega})$ indicando as transformadas de Fourier de $x[n]$, $y[n]$ e $c[n]$, respectivamente, $Y(e^{j\omega})$ é proporcional à convolução periódica de $X(e^{j\omega})$ e $C(e^{j\omega})$; ou seja,

$$Y(e^{j\omega}) = \frac{1}{2\pi} \int_{2\pi} X(e^{j\theta}) C(e^{j(\omega-\theta)}) d\theta. \quad (8.54)$$

Como $X(e^{j\omega})$ e $C(e^{j\omega})$ são periódicos com um período de 2π, a integração pode ser realizada sobre qualquer intervalo de frequência de comprimento 2π.

Primeiro, vamos considerar a modulação de amplitude senoidal com uma portadora exponencial complexa, de modo que

$$c[n] = e^{j\omega_c n}. \quad (8.55)$$

Como vimos na Seção 5.2, a transformada de Fourier de $c[n]$ é um trem de impulsos periódico; ou seja,

$$C(e^{j\omega}) = \sum_{k=-\infty}^{+\infty} 2\pi \delta(\omega - \omega_c + k2\pi), \quad (8.56)$$

que é esboçado na Figura 8.41(b). Com $X(e^{j\omega})$ conforme ilustrado na Figura 8.41(a), o espectro do sinal modulado é aquele mostrado na Figura 8.41(c). Em particular, observe que $Y(e^{j\omega}) = X(e^{j(\omega-\omega_c)})$. Esta é a correspondente de tempo discreto da Figura 8.1 e aqui, novamente com $x[n]$ real, o sinal modulado será complexo. A demodulação é realizada multiplicando-se por $e^{-j\omega_c n}$ para deslocar o espectro de volta ao seu local original no eixo de frequência, de modo que

$$x[n] = y[n] e^{-j\omega_c n}. \quad (8.57)$$

Conforme exploramos no Problema 6.43, se $\omega_c = \pi$, de modo que $c[n] = (-1)^n$, o resultado da modulação no domínio de tempo é alterar o sinal algébrico de $x[n]$ para valores ímpares de n, enquanto no domínio da frequência a consequência é o intercâmbio entre altas e baixas frequências. O Problema 6.44 explora o uso desse tipo de modulação utilizando um filtro passa-baixas para realizar filtragem passa-altas e vice-versa.

Como alternativa ao uso de uma portadora exponencial complexa, podemos usar uma portadora senoidal e, nesse caso, com $x[n]$ real, o sinal modulado $y[n]$ também será real. Com $c[n] = \cos \omega_c n$, o espectro da portadora consiste em pares de impulsos repetidos periodicamente em $\omega = \pm\omega_c + k2\pi$, como ilustrado na Figura 8.42(b). Com $X(e^{j\omega})$ como mostrada na Figura 8.42(a), o espectro resultante para o sinal modulado é representado na Figura 8.42(c) e corresponde a replicar $X(e^{j\omega})$ nas frequências $\omega = \pm\omega_c + k2\pi$. Para que as réplicas de $X(e^{j\omega})$ não se sobreponham, é preciso que

$$\omega_c > \omega_M \quad (8.58)$$

e

$$2\pi - \omega_c - \omega_M > \omega_c + \omega_M$$

ou, de modo equivalente,

$$\omega_c < \pi - \omega_M. \quad (8.59)$$

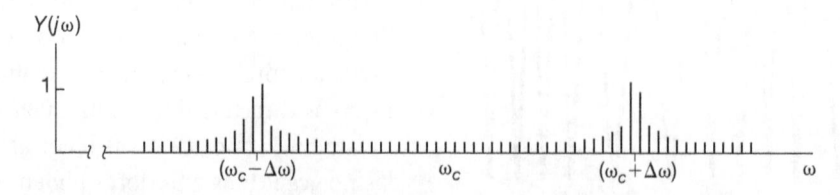

Figura 8.39 Magnitude do espectro para $\omega > 0$ correspondente à modulação em frequência com um sinal modulante onda quadrada periódica. Cada uma das linhas verticais na figura representa um impulso de área proporcional à altura da linha.

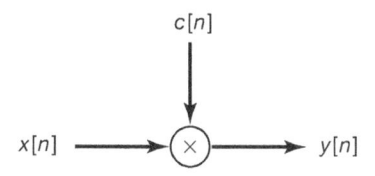

Figura 8.40 Modulação em amplitude de tempo discreto.

A primeira condição é idêntica à da Seção 8.2 para a modulação em amplitude senoidal de tempo contínuo, enquanto a segunda resulta da periodicidade inerente dos espectros de tempo discreto. Combinando as equações 8.58 e 8.59, com uma portadora senoidal, restringimos ω_c de modo que

$$\omega_M < \omega_c < \pi - \omega_M. \quad (8.60)$$

A demodulação pode ser realizada de uma maneira semelhante à que é empregada em tempo contínuo. Como ilustramos na Figura 8.43, a multiplicação de $y[n]$ pela mesma portadora usada no modulador resulta em várias réplicas do espectro do sinal original, uma das quais é centrada em $\omega = 0$. Usando a filtragem passa-baixas para eliminar as réplicas indesejadas de $X(e^{j\omega})$, o sinal demodulado é obtido.

Como deve ser evidente da discussão anterior, uma análise da modulação de amplitude de tempo discreto prossegue de maneira muito semelhante à modulação de amplitude de tempo contínuo, com pequenas diferenças. Por exemplo, como exploramos no Problema 8.47, no sistema de modulação e demodulação, o efeito de uma diferença de fase ou de frequência entre a portadora senoidal no modulador e no demodulador é idêntico em tempo discreto e em tempo contínuo. Além disso, assim como em tempo contínuo, podemos usar AM senoidal de tempo discreto como base para a multiplexação em frequência em tempo discreto. Ademais, conforme exploramos no Problema 8.48, também podemos considerar o uso de um sinal de tempo discreto para modular um trem de pulsos, levando à multiplexação por divisão de tempo de sinais de tempo discreto.

A implementação de sistemas de multiplexação de tempo discreto oferece um excelente exemplo da flexibilidade do processamento de tempo discreto em geral e da importância da operação de sobreamostragem (ver Seção 7.5.2) em particular. Considere um sistema FDM de tempo discreto com M sequências, que queremos multiplexar por divisão de frequência. Com M canais, é preciso que

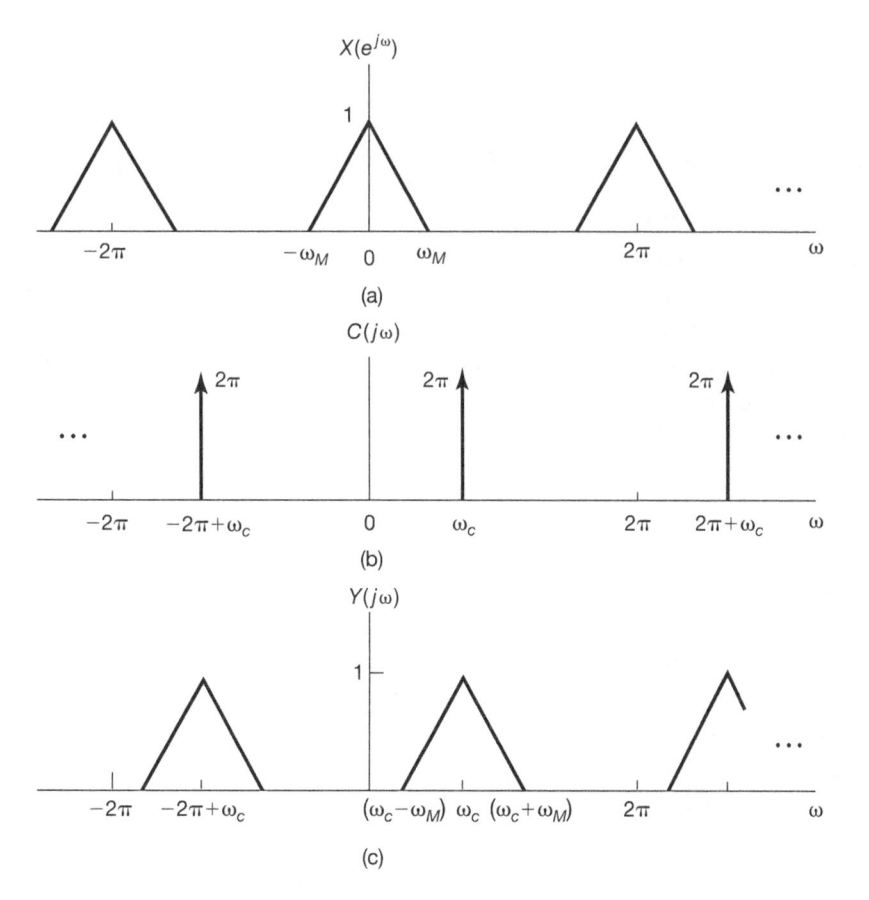

Figura 8.41 (a) Espectro de $x[n]$. (b) Espectro de $c[n] = e^{j\omega_c n}$. (c) Espectro de $y[n] = x[n]c[n]$.

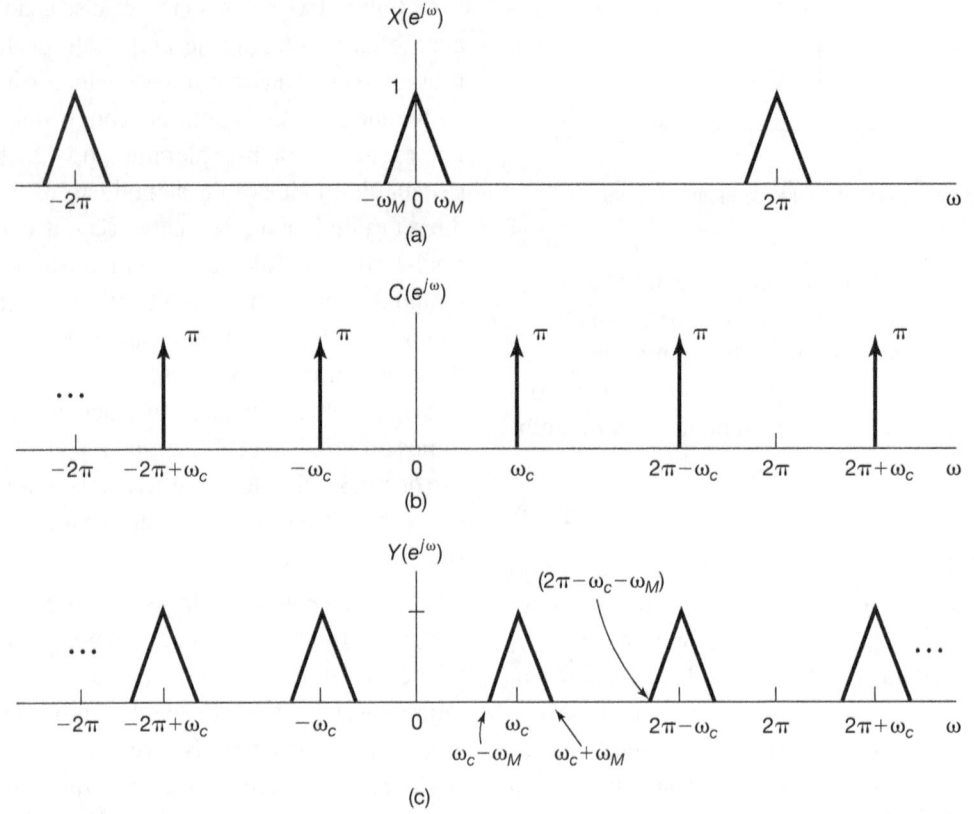

Figura 8.42 Espectros associados à modulação de tempo discreto usando uma portadora senoidal: (a) espectro de um sinal de banda limitada $x[n]$; (b) espectro de um sinal de portadora senoidal $c[n] = \cos \omega_c n$; (c) espectro do sinal modulado $y[n] = x[n]c[n]$.

a energia espectral para cada canal de entrada $x_i[n]$ seja limitada em banda; isto é,

$$X_i(\omega) = 0, \quad \frac{\pi}{M} < |\omega| < \pi. \qquad (8.61)$$

Se as sequências originalmente ocupavam a banda de frequência inteira, o que é correspondente a, por exemplo, amostrar um conjunto de sinais de tempo contínuo na taxa de Nyquist, então, primeiro, eles teriam de ser convertidos para uma taxa de amostragem mais alta (ou seja, sobreamostrados) antes da multiplexação por divisão de frequência. Essa ideia é explorada no Problema 8.33.

8.8.2 Transmodulação de tempo discreto

Um contexto em que a modulação de tempo discreto é bastante utilizada, juntamente com as operações de dizimação, sobreamostragem e interpolação introduzidas no Capítulo 7, é o de sistemas de comunicação digital. Em geral, nesses sistemas, sinais de tempo contínuo são transmitidos por canais de comunicação na forma de sinais de tempo discreto, obtidos por amostragem. Os sinais de tempo contínuo geralmente estão na forma de sinais multiplexados por divisão de tempo (TDM) ou multiplexados por divisão de frequência (FDM). Esses sinais são então convertidos para sequências de tem-

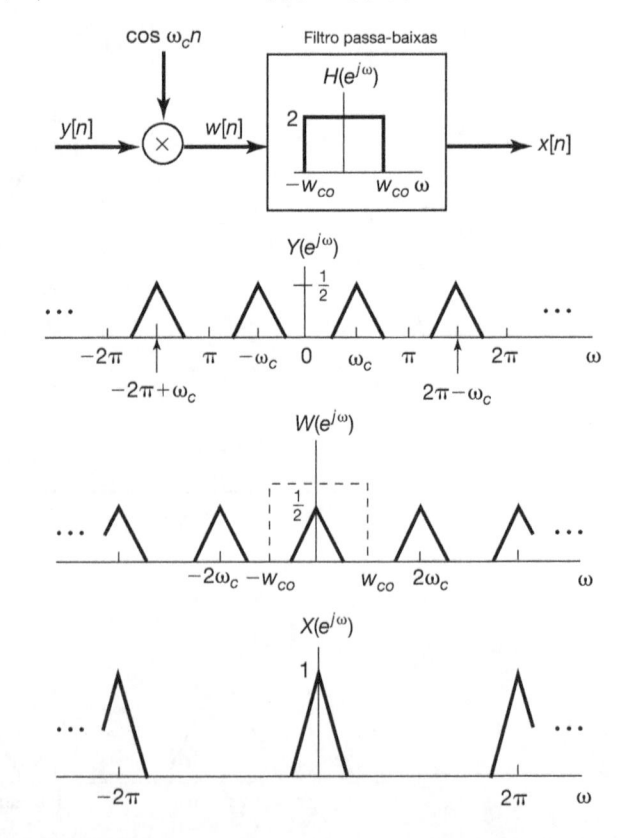

Figura 8.43 Sistema e espectros associados para demodulação síncrona de tempo discreto.

po discreto com os valores representados digitalmente, para armazenamento ou transmissão de longa distância. Em alguns sistemas, devido a diferentes restrições ou requisitos no final da transmissão e no final da recepção, ou porque conjuntos de sinais que foram multiplexados individualmente por diferentes métodos são então multiplexados conjuntamente, existe frequentemente o requisito de converter sequências representando sinais TDM em sequências representando sinais FDM, ou vice-versa. Essa conversão de um esquema de modulação ou multiplexação para outro é conhecida como *transmodulação* ou *transmultiplexação*. No contexto dos sistemas de comunicação digitais, um modo óbvio de implementar a transmultiplexação é primeiro converter de volta para sinais de tempo contínuo, demultiplexar e demodular, e depois modular e multiplexar conforme a necessidade. Porém, se o novo sinal tiver de ser convertido de volta para tempo discreto, certamente é mais eficiente que o processo inteiro seja executado diretamente no domínio de tempo discreto. A Figura 8.44 mostra em forma de diagrama de blocos as etapas envolvidas na conversão de um sinal TDM de tempo discreto para um sinal FDM de tempo discreto. Observe que, após a demultiplexação do sinal TDM, cada canal precisa ser sobreamostrado em preparação para a multiplexação por divisão de frequência.

8.9 Resumo

Neste capítulo, examinamos diversos conceitos básicos associados aos sistemas de comunicação. Em particular, examinamos o conceito de modulação, em que um sinal que queremos transmitir é usado para modular um segundo sinal, conhecido como portadora, e vimos, com detalhes, o conceito de modulação em amplitude. As propriedades da modulação em amplitude são mais facilmente interpretadas no domínio da frequência por meio da propriedade de multiplicação da transformada de Fourier. A modulação em amplitude com uma portadora exponencial complexa ou senoidal é tipicamente usada para deslocar em frequência o espectro de um sinal em frequência e costuma ser aplicada, por exemplo, em sistemas de comunicação para alocar o espectro do sinal em uma faixa de frequência adequada para transmissão e permitir a multiplexação por divisão de frequência. Variações da modulação de amplitude senoidal, como a inserção de um sinal de portadora para sistemas assíncronos e sistemas de banda lateral simples e dupla, também foram discutidas.

Também examinamos diversas outras formas de comunicação baseada em modulação. No contexto, apresentamos rapidamente os conceitos de modulação em frequência e fase. Embora essas formas de modulação sejam mais difíceis de analisar em detalhes, é possível obter um conhecimento significativo por meio de técnicas do domínio de frequência.

Examinamos ainda, com alguns detalhes, a modulação em amplitude de um sinal pulsado, que nos levou ao conceito de multiplexação por divisão de tempo e modulação em amplitude de pulso, em que sucessi-

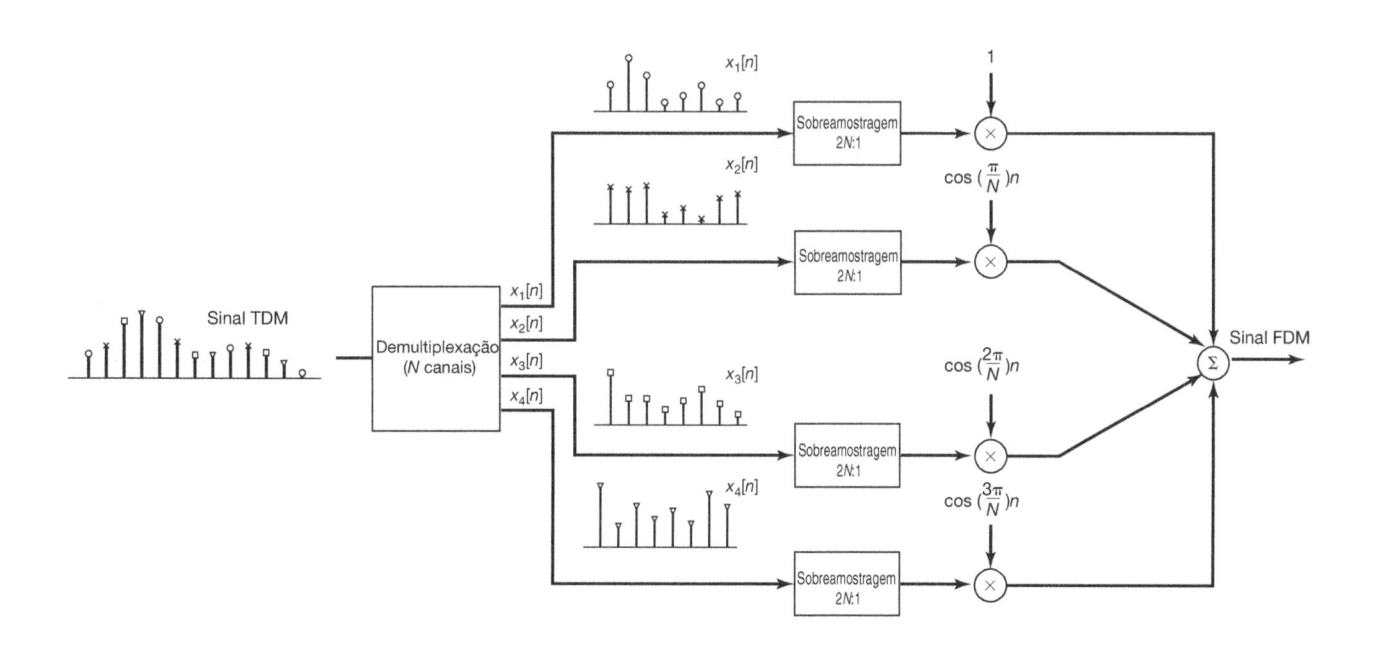

Figura 8.44 Diagrama em blocos para transmultiplexação TDM-para-FDM.

vas amostras de um sinal de tempo discreto são usadas para modular a amplitude de uma sequência de pulsos. Isso nos levou, por sua vez, ao exame da modulação de tempo discreto e comunicações digitais, em que a flexibilidade do processamento de tempo discreto facilita o projeto e a implementação de conceitos de comunicação mais sofisticados, como modulação por código de pulso e transmodulação.

Capítulo 8 – Problemas

A primeira seção de problemas pertence à categoria básica, e as respostas são fornecidas no final do livro. As duas seções posteriores contêm problemas que pertencem, respectivamente, às categorias básica e avançada.

Problemas básicos com respostas

8.1 Seja $x(t)$ um sinal para o qual $X(j\omega) = 0$ para $|\omega| > \omega_M$. Outro sinal $y(t)$ é especificado como tendo a transformada de Fourier $Y(j\omega) = 2X(j(\omega - \omega_c))$. Determine um sinal $m(t)$ tal que

$$x(t) = y(t)m(t).$$

8.2 Seja $x(t)$ um sinal real para o qual $X(j\omega) = 0$ quando $|\omega| > 1.000\pi$. Supondo que $y(t) = e^{j\omega_c t}x(t)$, responda às seguintes perguntas:

(a) Que restrição deve ser imposta sobre ω_c para garantir que $x(t)$ seja recuperável a partir de $y(t)$?

(b) Que restrição deve ser imposta sobre ω_c para garantir que $x(t)$ seja recuperável a partir de $\Re e\{y(t)\}$?

8.3 Seja $x(t)$ um sinal real para o qual $X(j\omega) = 0$ quando $|\omega| > 2.000\pi$. A modulação em amplitude é realizada para produzir o sinal

$$g(t) = x(t)\,\text{sen}(2.000\pi).$$

Uma técnica de demodulação proposta é ilustrada na Figura P8.3, em que $g(t)$ é a entrada, $y(t)$ é a saída e o filtro passa-baixas ideal tem frequência de corte 2.000π e ganho de banda de passagem 2. Determine $y(t)$.

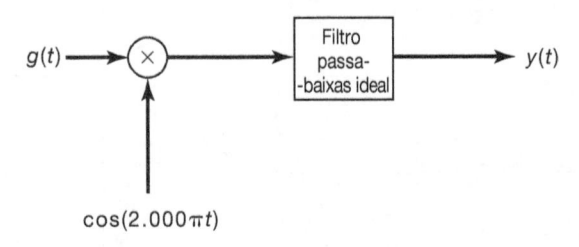

Figura P8.3

8.4 Suponha que

$$x(t) = \text{sen}\,200\pi t + 2\,\text{sen}\,400\pi t$$

e

$$g(t) = x(t)\,\text{sen}\,400\pi t.$$

Se o produto $g(t)(\text{sen}\,400\pi t)$ é passado por um filtro passa-baixas ideal com frequência de corte 400π e ganho de banda de passagem 2, determine o sinal obtido na saída do filtro passa-baixas.

8.5 Suponha que queiramos transmitir o sinal

$$x(t) = \frac{\text{sen}\,1.000\pi t}{\pi t}$$

usando um modulador que cria o sinal

$$w(t) = (x(t) + A)\cos(10.000\pi t).$$

Determine o maior valor admissível para o índice de modulação m que permita que a demodulação assíncrona seja usada para recuperar $x(t)$ a partir de $w(t)$. Para este problema, você deverá considerar que a magnitude máxima assumida por um lóbulo lateral de uma função sinc ocorre no instante de tempo que está exatamente a meio caminho entre os cruzamentos de zero confinando o lóbulo lateral.

8.6 Suponha que $x(t)$ seja um sinal cuja transformada de Fourier $X(j\omega)$ seja zero para $|\omega| > \omega_M$. O sinal $g(t)$ pode ser expresso em termos de $x(t)$ como

$$g(t) = x(t)\cos\omega_c t - \left\{x(t)\cos\omega_c t * \left(\frac{\text{sen}\,\omega_c t}{\pi t}\right)\right\},$$

em que * indica convolução e $\omega_c > \omega_M$. Determine o valor da constante A tal que

$$x(t) = (g(t)\cos\omega_c t) * \frac{A\,\text{sen}\,\omega_M t}{\pi t}.$$

8.7 Um sistema AM-SSB/SC é aplicado a um sinal $x(t)$ cuja transformada de Fourier $X(j\omega)$ é zero para $|\omega| > \omega_M$. A frequência de portadora ω_c usada no sistema é maior que ω_M. Seja $g(t)$ a saída do sistema, assumindo que apenas as bandas laterais *superiores* sejam mantidas. Seja $q(t)$ a saída do sistema, assumindo que apenas as bandas laterais *inferiores* sejam mantidas. O sistema na Figura P8.7 é proposto para converter $g(t)$ em $q(t)$. Como o parâmetro ω_0 na figura deverá estar relacionado a ω_c? Qual deverá ser o valor do ganho da banda de passagem A?

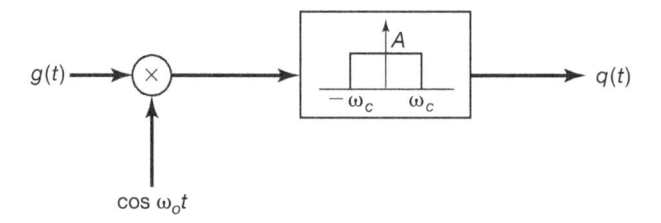

Figura P8.7

8.8 Considere o sistema de modulação mostrado na Figura P8.8. O sinal de entrada $x(t)$ tem transformada de Fourier $X(j\omega)$ que é nula para $|\omega| > \omega_M$. Supondo que $\omega_c > \omega_M$, responda às seguintes perguntas:
  (a) Pode-se garantir que $y(t)$ é real se $x(t)$ for real?
  (b) $x(t)$ pode ser recuperado a partir de $y(t)$?

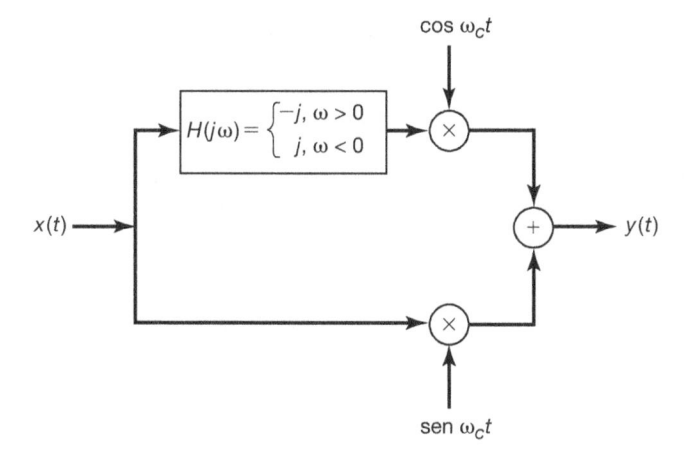

Figura P8.8

8.9 Dois sinais $x_1(t)$ e $x_2(t)$, cada um com transformada de Fourier que é nula para $|\omega| > \omega_c$, devem ser combinados usando a multiplexação por divisão de frequência. A técnica AM-SSB/SC da Figura 8.21 é aplicada a cada sinal de maneira que mantenha as bandas laterais inferiores. As frequências de portadora usadas para $x_1(t)$ e $x_2(t)$ são ω_c e $2\omega_c$, respectivamente. Os dois sinais modulados são, então, somados para obter o sinal FDM $y(t)$.
  (a) Para que valores de ω podemos garantir que $Y(j\omega)$ seja nula?
  (b) Especifique os valores de A e ω_0 de modo que
  $$x_1(t) = \left[\left\{y(t) * \frac{\text{sen}\,\omega_0 t}{\pi t}\right\} \cos\omega_0 t\right] * \frac{A\,\text{sen}\,\omega_c t}{\pi t},$$
  em que * indica convolução.

8.10 Um sinal $x(t)$ é multiplicado pelo trem de pulsos retangular $c(t)$ mostrado na Figura P8.10.

  (a) Que restrição deverá ser imposta sobre $X(j\omega)$ para garantir que $x(t)$ possa ser recuperado pelo produto $x(t)c(t)$ usando um filtro passa-baixas ideal?
  (b) Especifique a frequência de corte ω_c e o ganho da banda de passagem A do filtro passa-baixas ideal necessário para recuperar $x(t)$ a partir de $x(t)c(t)$. [Suponha que $X(j\omega)$ satisfaça a restrição determinada no item (a).]

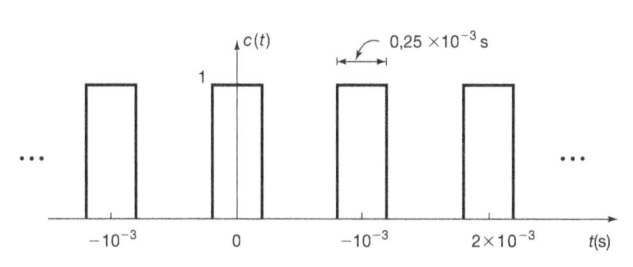

Figura P8.10

8.11 Seja
$$c(t) = \sum_{k=-\infty}^{\infty} a_k e^{jk\omega_c t},$$
um sinal periódico de valor real. Além disso, seja $x(t)$ um sinal com $X(j\omega) = 0$ para $|\omega| \geq \omega_c/2$. O sinal $x(t)$ é usado para modular a portadora $c(t)$ para obter
$$y(t) = x(t)c(t).$$
  (a) Especifique a banda de passagem e o ganho da banda de passagem de um filtro passa-faixa ideal de modo que, com entrada $y(t)$, a saída do filtro seja
  $$g(t) = (a_1 e^{j\omega_c t} + a_1^* e^{-j\omega_c t})x(t).$$
  (b) Se $a_1 = |a_1|e^{j\sphericalangle a_1}$, mostre que
  $$g(t) = A\cos(\omega_c t + \phi)x(t),$$
  e expresse A e ϕ em termos de $|a_1|$ e $\sphericalangle a_1$.

8.12 Considere um conjunto de dez sinais $x_i(t)$, $i = 1, 2, 3, ..., 10$. Assuma que cada $x_i(t)$ tenha transformada de Fourier tal que $X_i(j\omega) = 0$ para $|\omega| \geq 2.000\pi$. Todos os dez sinais devem ser multiplexados por divisão de tempo após cada um ser multiplicado por uma portadora $c(t)$ mostrada na Figura P8.12. Se o período T de $c(t)$ for escolhido para ter o valor máximo permitido, qual é o maior valor de Δ tal que todos os dez sinais possam ser multiplexados por divisão de tempo?

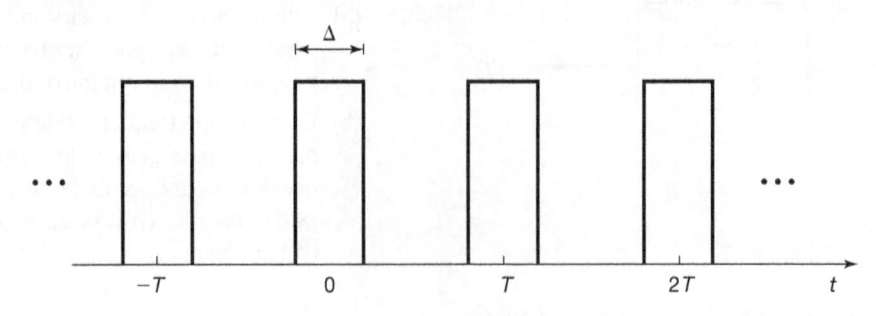

Figura P8.12

8.13 Uma classe de pulsos popularmente usados no PAM são daqueles que possuem uma resposta em frequência de *cosseno levantado*. A resposta em frequência de um dos membros dessa classe é

$$P(j\omega) = \begin{cases} \frac{1}{2}\left(1 + \cos\frac{\omega T_1}{2}\right), & 0 \leq |\omega| \leq \frac{2\pi}{T_1} \\ 0, & \text{caso contrário} \end{cases},$$

em que T_1 é o intervalo entre símbolos.

(a) Determine $p(0)$.

(b) Determine $p(kT_1)$, em que $k = \pm 1, \pm 2, \dots$.

8.14 Considere o sinal modulado em frequência

$$y(t) = \cos(\omega_c t + m \cos \omega_m t),$$

em que $\omega_c \gg \omega_m$ e $m \ll \pi/2$. Especifique uma aproximação para $Y(j\omega)$ para $\omega > 0$.

8.15 Para que valores de ω_0 no intervalo $-\pi < \omega_0 \leq \pi$ a modulação em amplitude com portadora $e^{j\omega_0 n}$ é equivalente à modulação em amplitude com portadora $\cos \omega_0 n$?

8.16 Suponha que $x[n]$ seja um sinal de tempo discreto real cuja transformada de Fourier $X(e^{j\omega})$ tenha a propriedade

$$X(e^{j\omega}) = 0 \quad \text{para } \frac{\pi}{8} \leq \omega \leq \pi.$$

Usamos $x[n]$ para modular uma portadora senoidal $c[n] = \text{sen}(5\pi/2)n$ para produzir

$$y[n] = x[n]c[n].$$

Determine os valores de ω no intervalo $0 \leq \omega \leq \pi$ para os quais se pode garantir que $Y(e^{j\omega})$ seja nula.

8.17 Considere um sinal qualquer de duração finita $x[n]$ com transformada de Fourier $X(e^{j\omega})$. Geramos um sinal $g[n]$ por meio da inserção de amostras com valor zero:

$$g[n] = x_{(4)}[n] = \begin{cases} x[n/4], & n = 0, \pm 4, \pm 8, \pm 12, \dots \\ 0, & \text{caso contrário} \end{cases}.$$

O sinal $g[n]$ é passado por um filtro passa-baixas ideal com frequência de corte $\pi/4$ e ganho de banda de passagem unitário para produzir um sinal $q[n]$. *Por* fim, obtemos

$$y[n] = q[n]\cos\left(\frac{3\pi}{4}n\right).$$

Para quais valores de ω se pode garantir que $Y(e^{j\omega})$ seja nulo?

8.18 Seja $x[n]$ um sinal de tempo discreto real cuja transformada de Fourier $X(e^{j\omega})$ é nula para $\omega \geq \pi/4$. Queremos obter um sinal $y[n]$ cuja transformada de Fourier tenha a propriedade de que, no intervalo $-\pi < \omega \leq \pi$,

$$Y(e^{j\omega}) = \begin{cases} X(e^{j(\omega - \frac{\pi}{2})}), & \frac{\pi}{2} < \omega \leq \frac{3\pi}{4} \\ X(e^{j(\omega + \frac{\pi}{2})}), & -\frac{3\pi}{4} < \omega \leq -\frac{\pi}{2} \\ 0, & \text{caso contrário} \end{cases}.$$

O sistema na Figura P8.18 é proposto para obter $y[n]$ a partir de $x[n]$. Determine as restrições que a resposta em frequência $H(e^{j\omega})$ do filtro na figura precisa satisfazer para que o sistema proposto funcione.

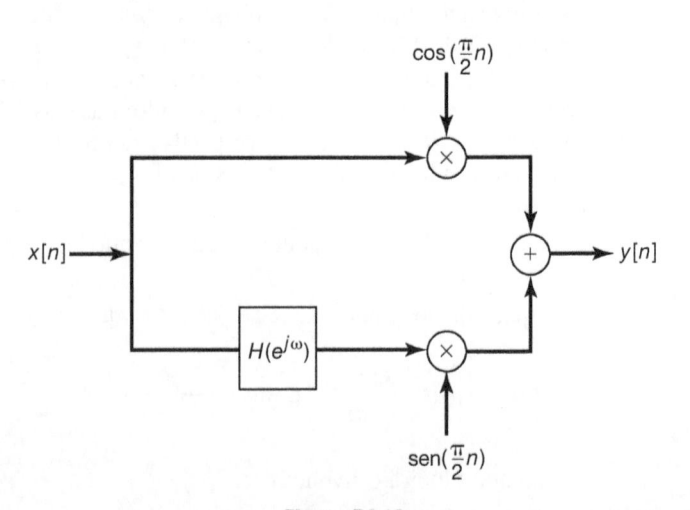

Figura P8.18

8.19 Considere dez sinais quaisquer de valor real $x_i[n]$, $i = 1, 2,..., 10$. Suponha que cada $x_i[n]$ seja sobreamostrado por um fator N e que, depois, a modulação em amplitude senoidal seja aplicada com frequência de portadora $\omega_i = i\pi/10$. Determine o valor de N que garanta que todos os dez sinais modulados possam ser somados para gerar um sinal FDM $y[n]$ a partir do qual cada $x_i[n]$ possa ser recuperado.

8.20 Sejam $v_1[n]$ e $v_2[n]$ dois sinais de tempo discreto obtidos pela amostragem (sem *aliasing*) de sinais de tempo contínuo. Seja

$$y[n] = \hat{v}_1[n] + \hat{v}_2[n-1]$$

um sinal TDM, sendo

$$\hat{v}_i[n] = \begin{cases} v_i\left[\frac{n}{2}\right], & n = 0, \pm 2, \pm 4, \pm 6, \ldots \\ 0, & \text{caso contrário} \end{cases}.$$

O sinal $y[n]$ é processado pelo sistema S representado na Figura P8.20 para obter um sinal $g[n]$. Para os dois filtros usados em S,

$$H_0(e^{j\omega}) = \begin{cases} 1, & |\omega| \leq \frac{\pi}{2} \\ 0, & \frac{\pi}{2} < \omega \leq \pi \end{cases}.$$

Determine o sinal $p[n]$ usado em S tal que $g[n]$ represente a multiplexação por divisão de frequência de $v_1[n]$ e $v_2[n]$.

Problemas básicos

8.21 Nas seções 8.1 e 8.2, analisamos o sistema de modulação e demodulação de amplitude senoidal da Figura 8.8, supondo que a fase θ_c do sinal de portadora fosse nula.

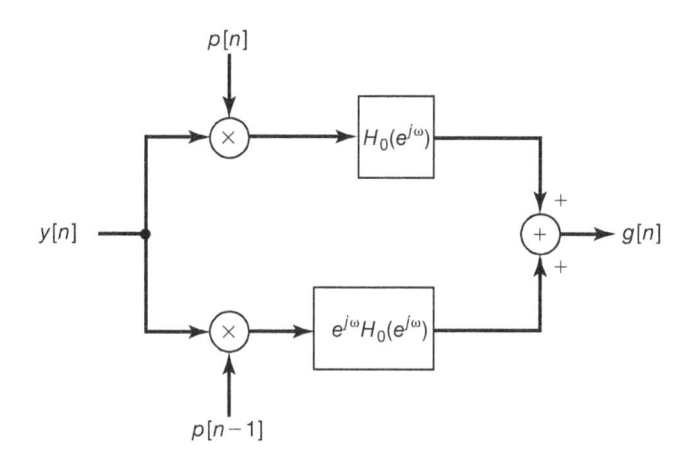

Figura P8.20

(a) Para o caso mais geral da fase arbitrária θ_c da figura, mostre que o sinal no sistema de demodulação pode ser expresso como

$$w(t) = \frac{1}{2}x(t) + \frac{1}{2}x(t)\cos(2\omega_c t + 2\theta_c).$$

(b) Se $x(t)$ tem um espectro que é nulo para $|\omega| \geq \omega_M$, determine as relações exigidas entre w_{co} [a frequência de corte do filtro passa-baixas ideal na Figura 8.8(b)], ω_c (a frequência da portadora) e ω_M de modo que a saída do filtro passa-baixas seja proporcional a $x(t)$. Sua resposta depende da fase da portadora θ_c?

8.22 Na Figura P8.22(a), um sistema é mostrado com sinal de entrada $x(t)$ e sinal de saída $y(t)$. O sinal de entrada tem transformada de Fourier $X(j\omega)$ que aparece na Figura P8.22(b). Determine e esboce $Y(j\omega)$, o espectro de $y(t)$.

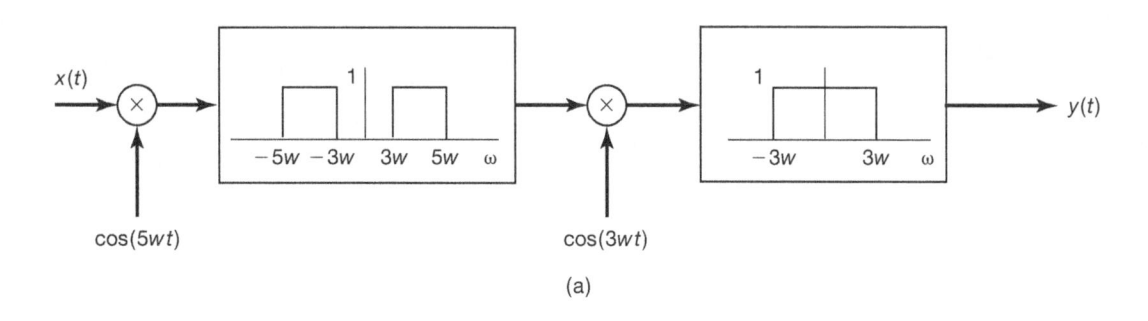

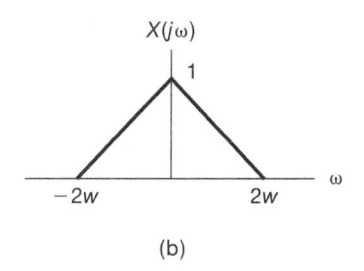

Figura P8.22

8.23 Na Seção 8.2, discutimos o efeito de uma perda de sincronização de fase entre os sinais de portadora no modulador e demodulador na modulação em amplitude senoidal. Mostramos que a saída da demodulação é atenuada pelo cosseno da diferença de fase e, em particular, quando o modulador e o demodulador têm uma diferença de fase de $\pi/2$, a saída do demodulador é zero. Conforme demonstramos neste problema, também é importante ter sincronização de *frequência* entre o modulador e o demodulador.

Considere os sistemas de modulação e demodulação de amplitude da Figura 8.8 com $\theta_c = 0$ e com uma mudança na *frequência* da portadora do demodulador, de modo que

$$w(t) = y(t) \cos \omega_d t,$$

em que

$$y(t) = x(t) \cos \omega_c t.$$

Vamos indicar a diferença de frequência entre o modulador e o demodulador como $\Delta\omega$ (ou seja, $\omega_d - \omega_c = \Delta\omega$). Além disso, assuma que $x(t)$ seja limitado em banda com $X(j\omega) = 0$ para $|\omega| \geq \omega_M$ e considere que a frequência de corte ω_{co} do filtro passa-baixas no demodulador satisfaz a desigualdade

$$\omega_M + \Delta w < w_{co} < 2\omega_c + \Delta\omega - \omega_M.$$

(a) Mostre que a saída do filtro passa-baixas no demodulador é proporcional a $x(t) \cos(\Delta\omega\, t)$.

(b) Se o espectro de $x(t)$ é aquele mostrado na Figura P8.23, esboce o espectro da saída do demodulador.

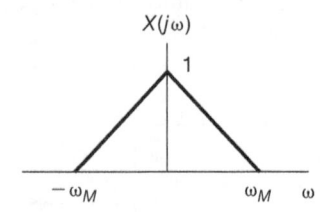

Figura P8.23

8.24 A Figura P8.24 mostra um sistema a ser usado para modulação em amplitude senoidal, sendo $x(t)$ limitado em banda com frequência máxima ω_M, de modo que $X(j\omega) = 0$, $|\omega| > \omega_M$. Conforme indicado, o sinal $s(t)$ é um trem de impulsos periódico com período T e com um deslocamento em $t = 0$ de Δ. O sistema $H(j\omega)$ é um filtro passa-faixa.

(a) Com $\Delta = 0$, $\omega_M = \pi/2T$, $\omega_l = \pi/T$ e $\omega_h = 3\pi/T$, mostre que $y(t)$ é proporcional a $x(t) \cos \omega_c t$, sendo $\omega_c = 2\pi/T$.

(b) Se ω_M, ω_l e ω_h são os mesmos dados no item (a), mas Δ não é necessariamente 0, mostre que $y(t)$ é proporcional a $x(t) \cos(\omega_c t + \theta_c)$ e determine ω_c e θ_c em função de T e Δ.

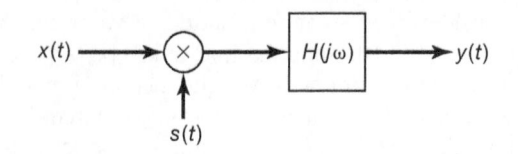

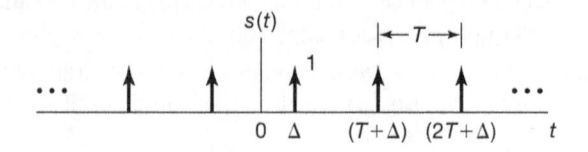

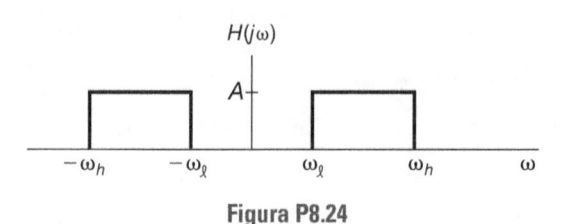

Figura P8.24

(c) Determine o valor máximo permitido de ω_M relativo a T tal que $y(t)$ seja proporcional a $x(t) \cos(\omega_c t + \theta_c)$.

8.25 Um sistema muito usado para manter a privacidade na comunicação por voz é um *misturador* (*scrambler*) *de voz*. Como ilustramos na Figura P8.25(a), a entrada do sistema é um sinal de voz normal $x(t)$ e a saída é a versão misturada $y(t)$. O sinal $y(t)$ é transmitido e depois separado no receptor.

Assumimos que todas as entradas do misturador são reais e limitadas em banda à frequência ω_M; ou seja, $X(j\omega) = 0$ para $|\omega| > \omega_M$. Dada qualquer entrada desse tipo, nosso misturador proposto permuta diferentes bandas do espectro do sinal de entrada. Além disso, o sinal de saída é real e limitado em banda à mesma banda de frequência; ou seja, $Y(j\omega) = 0$ para $|\omega| > \omega_M$. O algoritmo específico para o misturador é

$$Y(j\omega) = X(j(\omega - \omega_M)), \quad \omega > 0,$$
$$Y(j\omega) = X(j(\omega + \omega_M)), \quad \omega < 0.$$

(a) Se $X(j\omega)$ é dado pelo espectro mostrado na Figura P8.25(b), esboce o espectro do sinal misturado $y(t)$.

(b) Usando amplificadores, multiplicadores, somadores, osciladores e quaisquer filtros ideais que você achar necessário, desenhe um diagrama de blocos para esse misturador ideal.

(c) Novamente, usando amplificadores, multiplicadores, somadores, osciladores e filtros ideais, desenhe um diagrama de blocos para o separador (*unscrambler*) associado.

8.26 Na Seção 8.2.2, discutimos o uso de um detector de envoltória para a demodulação assíncrona de um sinal de AM da forma $y(t) = [x(t) + A] \cos(\omega_c t + \theta_c)$. Um sistema de demodulação alternativo, que também não exige sincronização de fase, mas sincronização de fre-

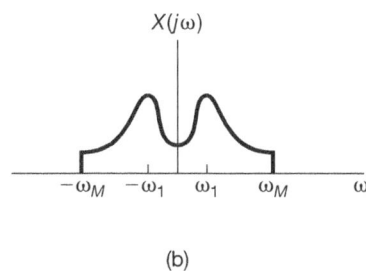

Figura P8.25

quência, é mostrado no diagrama de blocos da Figura P8.26. Os filtros passa-baixas possuem frequência de corte ω_c. O sinal de entrada é $y(t) = [x(t) + A] \cos(\omega_c t + \theta_c)$ com θ_c constante, mas desconhecido. O sinal $x(t)$ é limitado em banda com $X(j\omega) = 0$, $|\omega| > \omega_M$ e com $\omega_M < \omega_c$. Conforme exigimos para o uso do detector de envoltória, $x(t) + A > 0$ para todo t.

Mostre que o sistema na Figura P8.26 pode ser usado para recuperar $x(t)$ a partir de $y(t)$ sem conhecimento da fase θ_c do modulador.

8.27 Conforme discutimos na Seção 8.2.2, a modulação-demodulação assíncrona requer a injeção do sinal da portadora, de modo que o sinal modulado tenha a forma

$$y(t) = [A + x(t)] \cos(\omega_c t + \theta_c), \quad \textbf{(P8.27-1)}$$

em que $A + x(t) > 0$ para todo t. A presença da portadora significa que mais potência do transmissor é necessária, representando uma ineficiência.

(a) Seja $x(t) = \cos \omega_M t$ com $\omega_M < \omega_c$ e $A + x(t) > 0$. Para um sinal periódico $y(t)$ com período T, a potência média no tempo é definida como $P_y = (1/T)\int_T y^2(t)\, dt$. Determine e esboce P_y para $y(t)$ na Equação P8.27-1. Expresse sua resposta como uma função do índice de modulação m, definido como o valor absoluto máximo de $x(t)$ dividido por A.

(b) A eficiência da transmissão de um sinal modulado em amplitude é definida como a razão entre a potência nas bandas laterais do sinal e a potência total no sinal. Com $x(t) = \cos \omega_M t$, $\omega_M < \omega_c$ e $A + x(t) > 0$, determine e esboce a eficiência do sinal modulado como uma função do índice de modulação m.

8.28 Na Seção 8.4, discutimos a implementação da modulação de banda lateral única usando redes de deslocamento de fase de 90°, e nas figuras 8.21 e 8.22, ilustramos especificamente o sistema e os espectros associados exigidos para manter as bandas laterais inferiores.

A Figura P8.28(a) mostra o sistema correspondente exigido para manter as bandas laterais superiores.

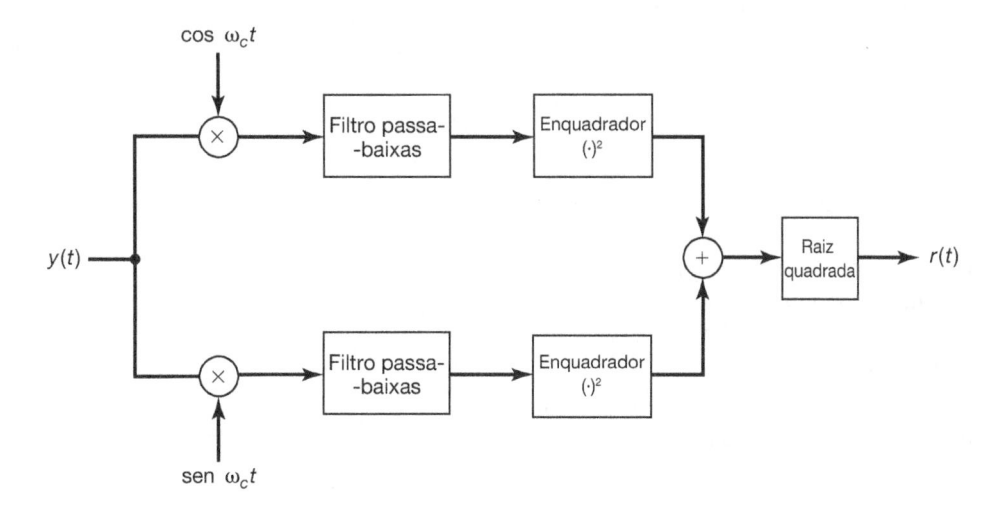

Figura P8.26

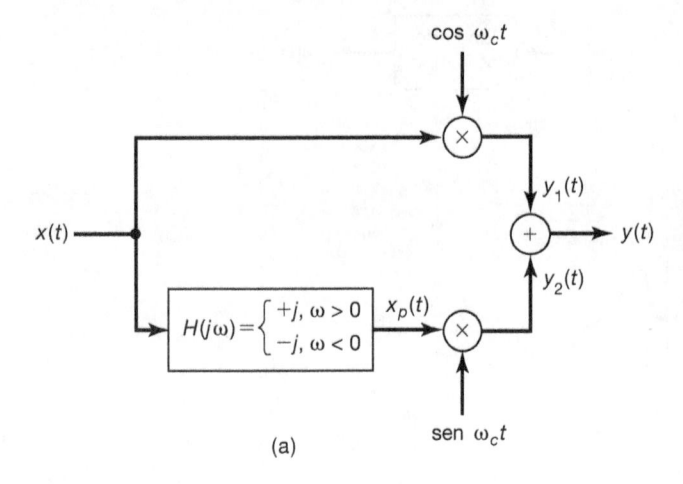

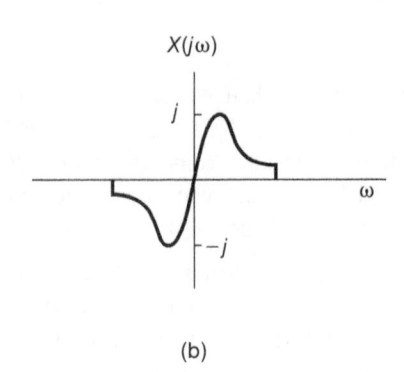

Figura P8.28

(a) Com o mesmo $X(j\omega)$ ilustrado na Figura 8.22, esboce $Y_1(j\omega)$, $Y_2(j\omega)$ e $Y(j\omega)$ para o sistema da Figura P8.28(a) e demonstre que somente as bandas laterais superiores são mantidas.

(b) Para $X(j\omega)$ imaginário, conforme ilustrado na Figura P8.28(b), esboce $Y_1(j\omega)$, $Y_2(j\omega)$ e $Y(j\omega)$ para o sistema na Figura P8.28(a) e demonstre que, para esse caso também, somente as bandas laterais superiores são mantidas.

8.29 A modulação de banda lateral única comumente é usada na comunicação por voz ponto a ponto. Ela oferece muitas vantagens, incluindo o uso eficaz da potência disponível, conservação da largura de banda e insensibilidade a algumas formas de desvanecimento aleatório no canal. Em sistemas de portadora suprimida de banda lateral dupla (DSB/SC), o espectro do sinal modulante aparece inteiramente em duas faixas no espectro transmitido. A modulação de banda lateral única elimina essa redundância, conservando largura de banda e aumentando a relação sinal-ruído dentro da parte restante do espectro que é transmitido.

Na Figura P8.29(a) são mostrados dois sistemas para gerar um sinal de banda lateral única modulado em amplitude. O sistema no topo pode ser usado para gerar um sinal de banda lateral única para o qual a banda lateral inferior é mantida, e o sistema na parte inferior pode produzir um sinal de banda lateral única para o qual a banda lateral superior é mantida.

(a) Para $X(j\omega)$ como mostra a Figura P8.29(b), determine e esboce $S(j\omega)$, a transformada de Fourier do sinal modulado de banda lateral inferior, e $R(j\omega)$, a transformada de Fourier do sinal modulado de banda lateral superior. Considere que $\omega_c > \omega_3$.

O esquema de modulação de banda lateral superior é particularmente útil para a comunicação por voz, já que qualquer filtro real tem uma região de transição finita para o corte (ou seja, perto de ω_c). Essa região pode ser acomodada com distorção insignificante, pois o sinal de voz não tem qualquer energia significativa perto de $\omega = 0$ (ou seja, para $|\omega| < \omega_1 = 2\pi \times 40$ Hz).

(b) Outro procedimento para gerar um sinal de banda lateral única é chamado *método de deslocamento de fase* e é ilustrado na Figura P8.29(c). Mostre que o sinal de banda lateral única gerado é proporcional ao gerado pelo esquema de modulação de banda lateral inferior da Figura P8.29(a) [ou seja, $p(t)$ é proporcional a $s(t)$].

(c) Todos os três sinais AM-SSB podem ser demodulados usando o esquema mostrado no lado direito da Figura P8.29(a). Mostre que, se o sinal recebido for $s(t)$, $r(t)$ ou $p(t)$, desde que o oscilador no receptor esteja em fase com os osciladores no transmissor, e $w = \omega_c$, a saída do demodulador será $x(t)$.

A distorção que resulta quando o oscilador não está em fase com o transmissor, denominada *distorção por quadratura*, pode ser particularmente problemática na comunicação de dados.

8.30 A modulação em amplitude com uma portadora de trem de pulsos pode ser modelada como na Figura P8.30(a). A saída do sistema é $q(t)$.

(a) Seja $x(t)$ um sinal de banda limitada [ou seja, $X(j\omega) = 0$, $|\omega| \geq \pi/T$], como mostra a Figura P8.30(b). Determine e esboce $R(j\omega)$ e $Q(j\omega)$.

(b) Encontre o valor máximo de Δ tal que $w(t) = x(t)$ com um filtro apropriado $M(j\omega)$.

(c) Determine e esboce o filtro de compensação $M(j\omega)$ tal que $w(t) = x(t)$.

8.31 Seja $x[n]$ um sinal de tempo discreto com espectro $X(e^{j\omega})$ e seja $p(t)$ uma função pulso de tempo contínuo com espectro $P(j\omega)$. Formamos o sinal

$$y(t) = \sum_{n=-\infty}^{+\infty} x[n]p(t-n).$$

(a) Determine o espectro $Y(j\omega)$ em termos de $X(e^{j\omega})$ e $P(j\omega)$.

(b) Se

$$p(t) = \begin{cases} \cos 8\pi t, & 0 \leq t \leq 1 \\ 0, & \text{caso contrário} \end{cases}.$$

determine $P(j\omega)$ e $Y(j\omega)$.

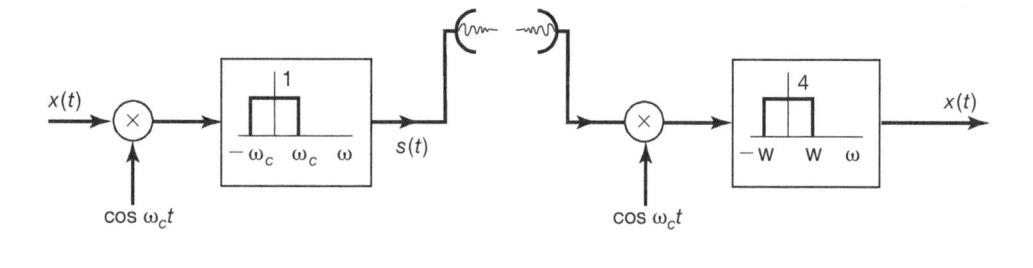

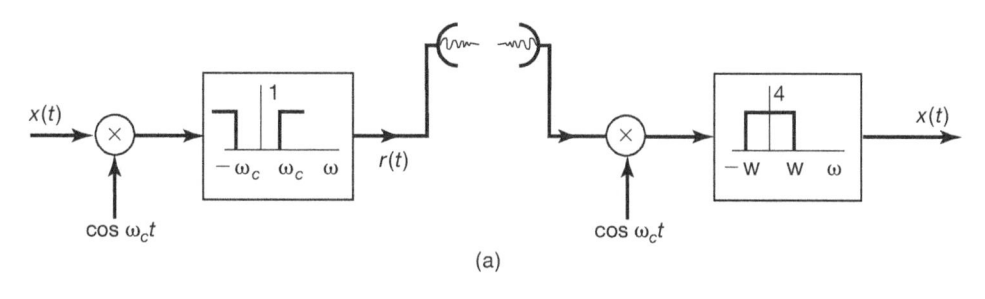

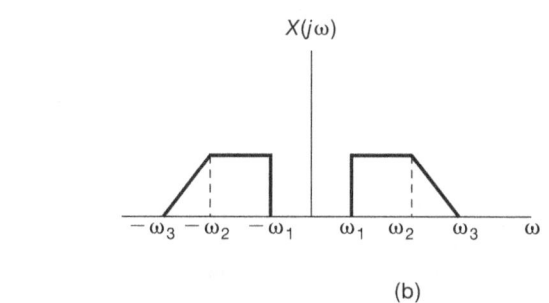

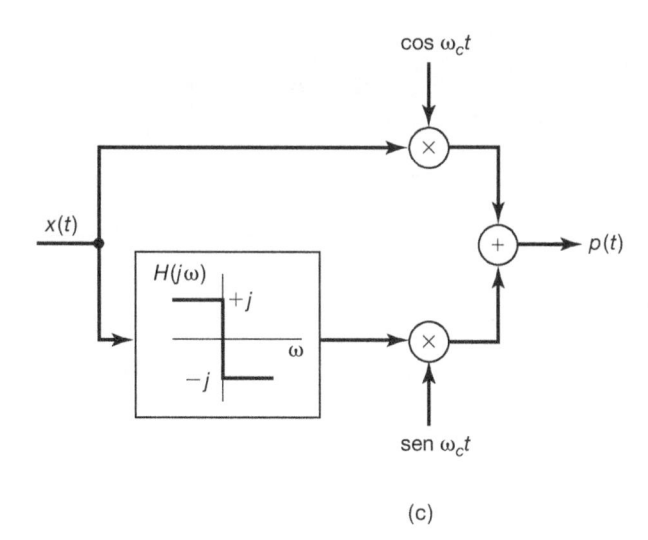

Figura P8.29

8.32 Considere um sinal de tempo discreto $x[n]$ com transformada de Fourier mostrada na Figura P8.32(a). O sinal tem amplitude modulada por uma sequência senoidal, conforme indicado na Figura P8.32(b).

(a) Determine e esboce $Y(e^{j\omega})$, a transformada de Fourier de $y[n]$.

(b) Um sistema de demodulação proposto aparece na Figura P8.32(c). Para que valor de θ_c, ω_{lp} e G teremos $\hat{x}[n] = x[n]$? Existem restrições sobre ω_c e ω_{lp} necessárias para garantir que $x[n]$ possa ser recuperado a partir de $y[n]$?

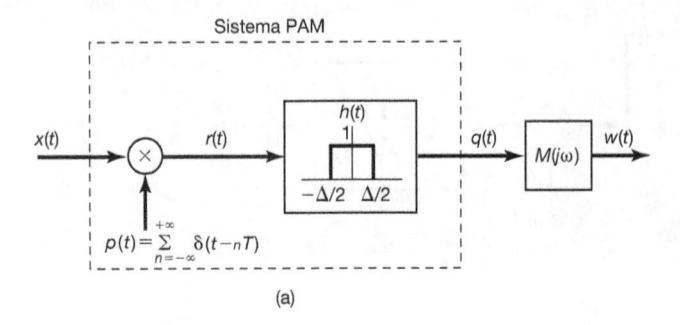

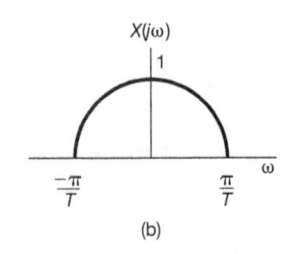

Figura P8.30

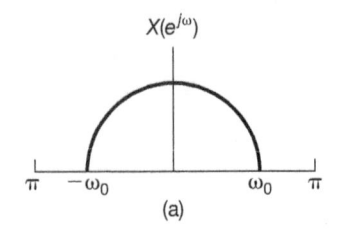

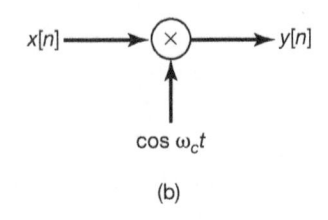

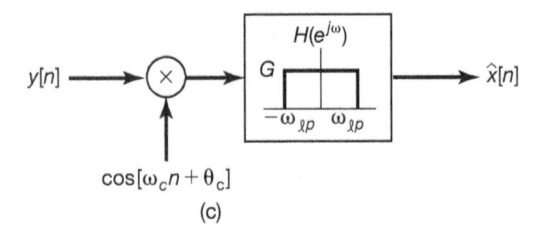

Figura P8.32

8.33 Vamos considerar a multiplexação por divisão de frequência de sinais de tempo discreto $x_i[n]$, $i = 0, 1, 2, 3$. Além do mais, cada $x_i[n]$ potencialmente ocupa a banda de frequência inteira ($-\pi < \omega < \pi$). A modulação senoidal de versões sobreamostradas de cada um desses sinais pode ser feita usando técnicas de banda lateral dupla ou banda lateral única.

(a) Suponha que cada sinal $x_i[n]$ seja apropriadamente sobreamostrado e depois modulado com $\cos[i(\pi/4)n]$. Qual é a quantidade mínima de sobreamostragem que deve ser executada em cada $x_i[n]$ a fim de garantir que o espectro do sinal FDM não tenha *aliasing*?

(b) Se a sobreamostragem de cada $x_i[n]$ for restrita a um fator de 4, como você usaria técnicas de banda lateral única para garantir que o sinal FDM não tenha *aliasing*? *Dica*: Veja o Problema 8.17.

Problemas avançados

8.34 Na discussão sobre sistemas de modulação de amplitude, a modulação e a demodulação foram executadas por meio de um multiplicador. Como os multiplicadores constantemente são difíceis de implementar, muitos sistemas práticos utilizam um elemento não linear. Neste problema, ilustramos o conceito básico.

Na Figura P8.34, mostramos um sistema não linear desse tipo para modulação em amplitude. O sistema consiste em elevar ao quadrado a *soma* do sinal modulante e da portadora e depois realizar a filtragem passa-faixa para obter o sinal modulado em amplitude.

Suponha que $x(t)$ tenha banda limitada, de modo que $X(j\omega) = 0$, $|\omega| > \omega_M$. Determine os parâmetros de filtro passa-faixa A, ω_l e ω_h, tais que $y(t)$ seja uma versão modulada em amplitude de $x(t)$ [ou seja, de modo que $y(t) = x(t) \cos \omega_c t$]. Especifique as restrições necessárias, se houver, sobre ω_c e ω_M.

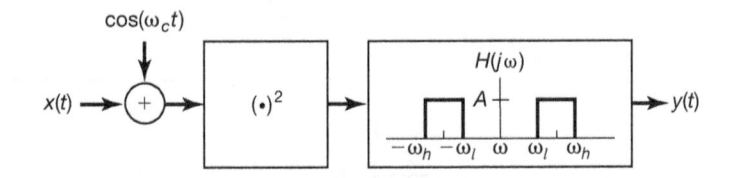

Figura P8.34

8.35 O esquema de modulação-demodulação proposto neste exemplo é semelhante à modulação de amplitude senoidal, exceto pelo fato de que a demodulação é feita com uma onda quadrada com os mesmos cruzamentos de zero de $\cos \omega_c t$. O sistema é mostrado na Figura P8.35(a); a relação entre $\cos \omega_c t$ e $p(t)$ é ilustrada na Figura P8.35(b). Seja o sinal de entrada $x(t)$ um sinal de banda limitada com frequência máxima $\omega_M < \omega_c$, como mostrado na Figura P8.35(c).

(a) Esboce as partes real e imaginária de $Z(j\omega)$, $P(j\omega)$ e $Y(j\omega)$, as transformadas de Fourier de $z(t)$, $p(t)$ e $y(t)$, respectivamente.

(b) Esboce e dimensione um filtro $H(j\omega)$ de modo que $v(t) = x(t)$.

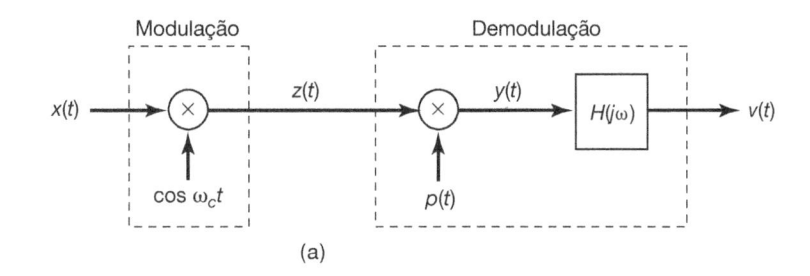

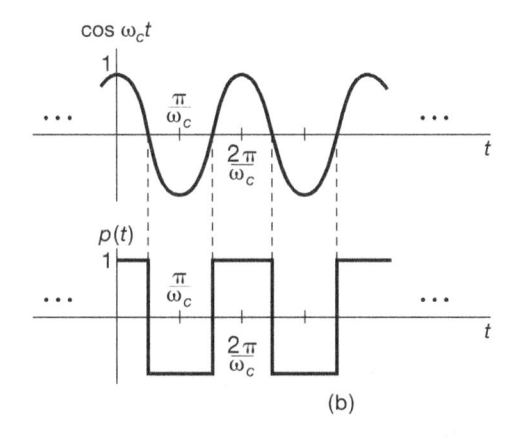

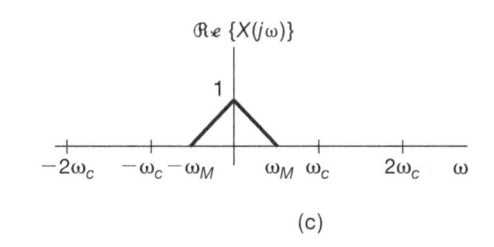

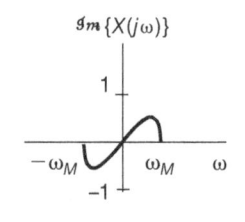

Figura P8.35

8.36 A demultiplexação-demodulação precisa de sinais de rádio e televisão geralmente é realizada usando-se um sistema chamado receptor super-heteródino, que é equivalente a um filtro ajustável. O sistema básico é mostrado na Figura P8.36(a).

(a) O sinal de entrada $y(t)$ consiste na sobreposição de muitos sinais modulados em amplitude que foram multiplexados usando a multiplexação por divisão de frequência, de modo que cada sinal ocupe um canal de frequência diferente. Vamos considerar um canal desse tipo que contenha o sinal de amplitude modulada $y_1(t) = x_1(t)\cos\omega_c t$, com espectro $Y_1(j\omega)$ como mostrado no topo da Figura P8.36(b). Queremos demultiplexar e demodular $y_1(t)$ para recuperar o sinal modulante $x_1(t)$, usando o sistema da Figura P8.36(a). O filtro de ajuste grosseiro tem o espectro $H_1(j\omega)$ mostrado na parte inferior da Figura P8.36(b). Determine o espectro $Z(j\omega)$ do sinal de entrada para o filtro seletivo fixo $H_2(j\omega)$. Esboce e quantifique $Z(j\omega)$ para $\omega > 0$.

(b) O filtro seletivo em frequência fixo é do tipo passa-faixa centrado na frequência fixa ω_f, como mostra a Figura P8.36(c). Gostaríamos que a saída do filtro com espectro $H_2(j\omega)$ fosse $r(t) = x_1(t)\cos\omega_f t$. Em termos de ω_c e ω_M, que restrição ω_T precisa satisfazer para garantir que um espectro não distorcido de $x_1(t)$ esteja centrado em $\omega = \omega_f$?

(c) Quais devem ser G, α e β na Figura P8.36(c) de modo que $r(t) = x_1(t)\cos\omega_f t$?

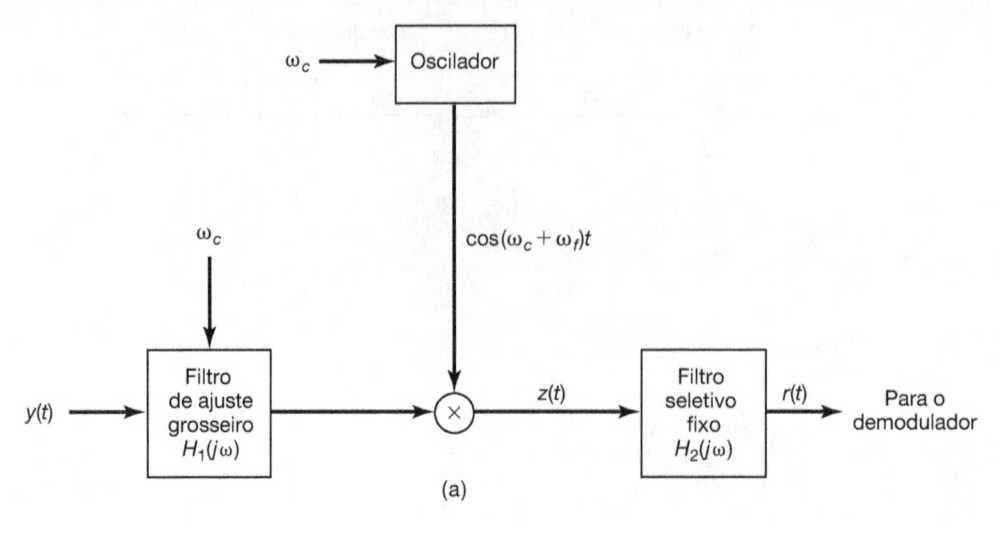

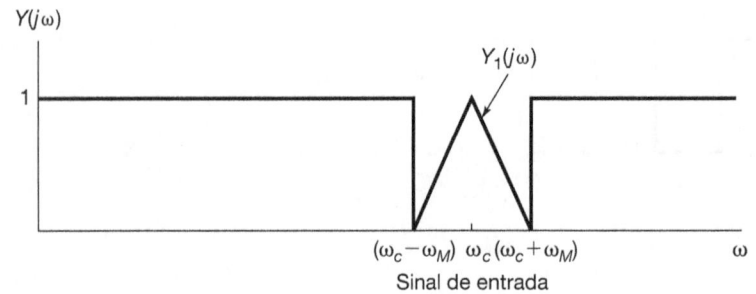

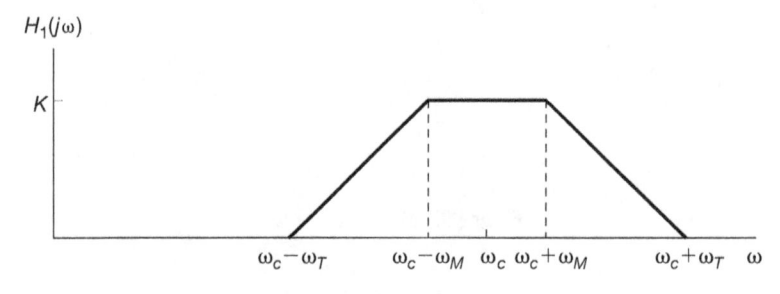

Figura P8.36

8.37 O esquema a seguir foi proposto para realizar modulação de amplitude: O sinal de entrada $x(t)$ é somado ao sinal de portadora $\cos \omega_c t$ e depois passado por um dispositivo não linear, de modo que a saída $z(t)$ seja relacionada à entrada por

$$z(t) = e^{y(t)} - 1,$$
$$y(t) = x(t) + \cos \omega_c t.$$

Isso é ilustrado na Figura P8.37(a). Tal relação não linear pode ser implementada por meio das características de corrente-tensão de um diodo, dado por

$$i(t) = I_0 e^{av(t)} - 1 \quad (a \text{ real})$$

em que $i(t)$ e $v(t)$ são a corrente e a tensão do diodo, respectivamente.

Para estudar os efeitos de não linearidade, podemos examinar o espectro de $z(t)$ e como se relaciona com $X(j\omega)$

e ω_c. Para conseguir isso, usamos a série de potência de e^y, que é

$$e^y = 1 + y + \frac{1}{2}y^2 + \frac{1}{6}y^3 + \cdots$$

(a) Se o espectro de $x(t)$ é dado pela Figura P8.37(b) e se $\omega_c = 100\omega_1$, esboce e quantifique $Z(j\omega)$, o espectro de $z(t)$, usando os quatro primeiros termos na série de potência para e^y.

(b) O filtro passa-faixa tem parâmetros como os da Figura P8.37(c). Determine o intervalo de α e o intervalo de β tal que $r(t)$ seja uma versão modulada em amplitude de $x(t)$.

8.38 Na Figura P8.38(a), é mostrado um sistema de comunicação que transmite um sinal de banda limitada $x(t)$ como rajadas periódicas de energia de alta frequência. Suponha que $X(j\omega) = 0$ para $|\omega| > \omega_M$. Duas escolhas possíveis, $m_1(t)$ e $m_2(t)$, são consideradas para o sinal modulante $m(t) \cdot m_1(t)$ é um trem de pulsos senoidais

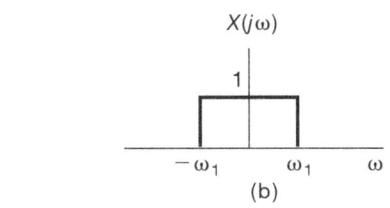

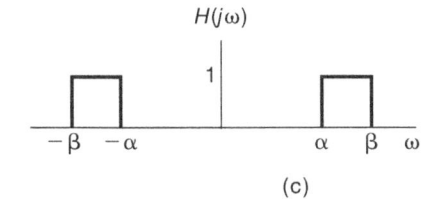

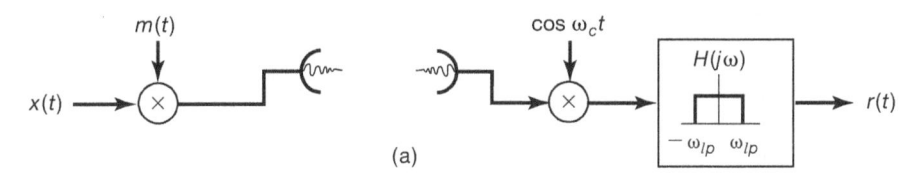

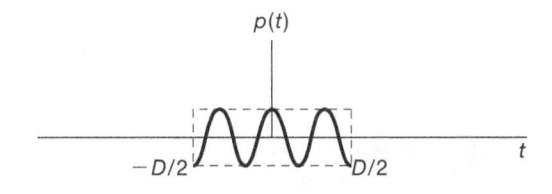

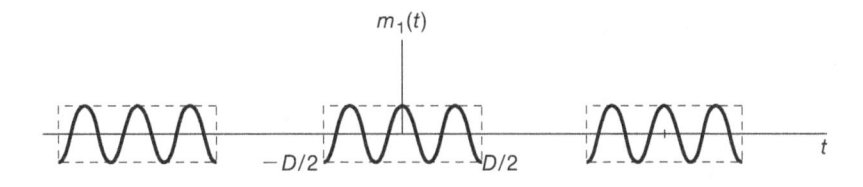

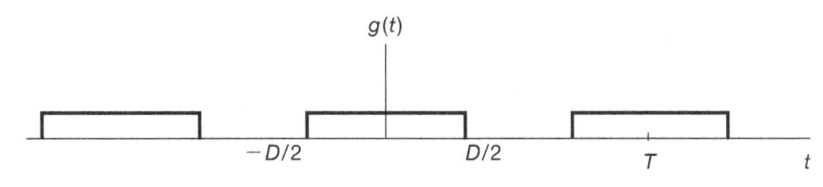

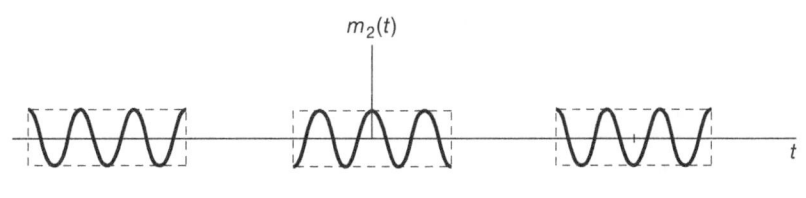

Figura P8.37

Figura P8.38

periódico, cada um de duração D, como mostra a Figura P8.38(b). Ou seja,

$$m_1(t) = \sum_{k=-\infty}^{\infty} p(t - kT),$$

sendo

$$p(t) = \begin{cases} \cos \omega_c t, & |t| < (D/2) \\ 0, & |t| > (D/2) \end{cases}.$$

$m_2(t)$ é $\cos \omega_c t$ periodicamente apagado ou engatilhado; ou seja, $m_2(t) = g(t) \cos \omega_c t$, sendo $g(t)$ conforme mostrado na Figura P8.38(b).

As seguintes relações entre os parâmetros T, D, ω_c e ω_M são assumidas:

$$D < T,$$

$$\omega_c \gg \frac{2\pi}{D},$$

$$\frac{2\pi}{T} > 2\omega_M.$$

Além disso, assuma que $[\text{sen}(x)]/x$ seja desprezível para $x \gg 1$.

Determine se, para alguma escolha de ω_{lp}, ou $m_1(t)$ ou $m_2(t)$ resulta em um sinal demodulado $x(t)$. Para cada caso em que sua resposta é sim, determine um intervalo aceitável para ω_{lp}.

8.39 Suponha que queiramos comunicar uma de duas mensagens possíveis: a mensagem m_0 ou a mensagem m_1. Para isso, enviaremos uma rajada de uma de duas frequências por um intervalo de tempo de duração T. Observe que T é independente de qual mensagem está sendo transmitida. Para a mensagem m_0, enviaremos $\cos \omega_0 t$, e para a mensagem m_1, $\cos \omega_1 t$. Assim, uma rajada $b(t)$ se parecerá como mostrado na Figura P8.39(a). Esse sistema de comunicação é chamado *comutação em frequência* (FSK, em inglês, *frequency shift keying*). Quando a rajada de frequência $b(t)$ for recebida, queremos determinar se ela representa a mensagem m_0 ou a mensagem m_1. Para isso, fazemos como ilustrado na Figura P8.39(b).

(a) Mostre que a diferença máxima entre os valores absolutos dos dois ramos na Figura P8.39(b) ocorre quando $\cos \omega_0 t$ e $\cos \omega_1 t$ satisfazem a relação

$$\int_0^T \cos \omega_0 t \, \cos \omega_1 t \, dt = 0.$$

(b) É possível escolher ω_0 e ω_1 de modo que *não* exista intervalo de tamanho T para o qual

$$\int_0^T \cos \omega_0 t \, \cos \omega_1 t \, dt = 0?$$

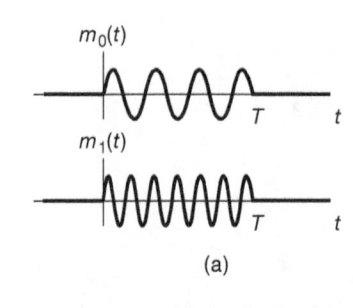

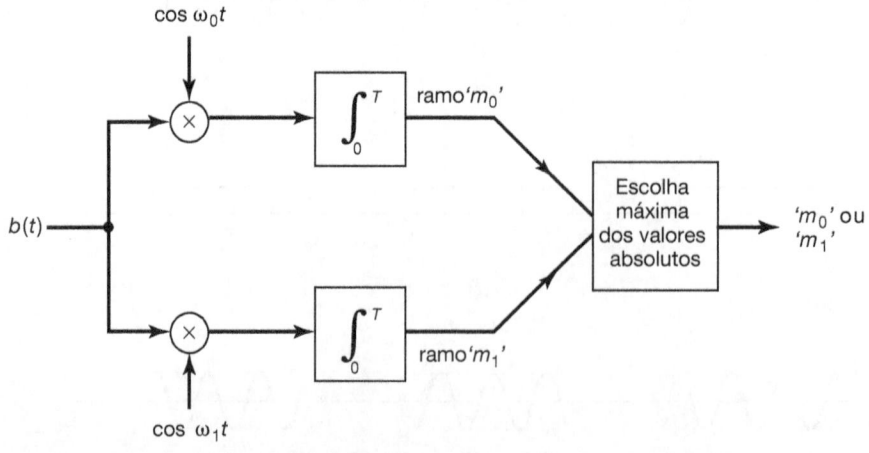

Figura P8.39

8.40 Na Seção 8.3, discutimos o uso da modulação senoidal para multiplexação por divisão de frequência pela qual vários sinais são deslocados para bandas de frequência diferentes e depois somados para transmissão simultânea. Neste problema, exploramos outro conceito de multiplexação, denominado *multiplexação em quadratura*. Nesse procedimento de multiplexação, dois sinais podem ser transmitidos simultaneamente na mesma banda de frequência se os dois sinais de portadora estiverem 90° fora de fase. O sistema de multiplexação é mostrado na Figura P8.40(a), e o sistema de demultiplexação, na Figura P8.40(b). Assume-se que $x_1(t)$ e $x_2(t)$ sejam limitados em banda com frequência máxima ω_M, de modo que $X_1(j\omega) = X_2(j\omega) = 0$ para $|\omega| > \omega_M$. A frequência de portadora ω_c é maior que ω_M. Mostre que $y_1(t) = x_1(t)$ e $y_2 t = x_2(t)$.

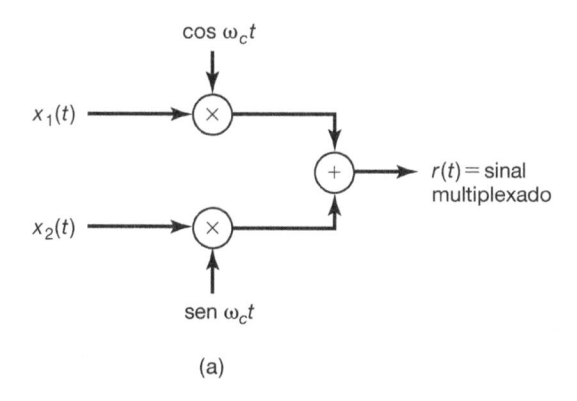

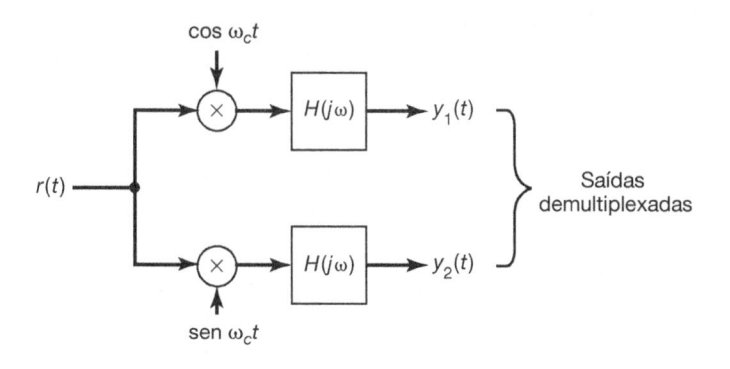

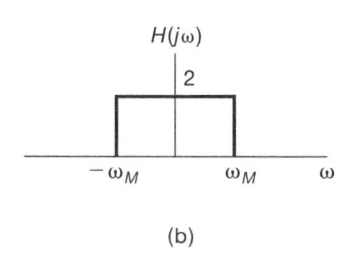

Figura P8.40

8.41 No Problema 8.40, introduzimos o conceito de multiplexação em quadratura, no qual dois sinais são somados após cada um ter sido modulado com sinais de portadora de frequência idêntica, mas com uma diferença de fase de 90°. O multiplexador e o demultiplexador de tempo discreto correspondente são mostrados na Figura P8.41. Assume-se que os sinais $x_1[n]$ e $x_2[n]$ são limitados em banda, com frequência máxima ω_M, de modo que

$$X_1(e^{j\omega}) = X_2(e^{j\omega}) = 0 \text{ para } \omega_M < \omega < 2\pi - \omega_M.$$

(a) Determine o intervalo de valores para ω_c de modo que $x_1[n]$ e $x_2[n]$ possam ser recuperados a partir de $r[n]$.

(b) Com ω_c satisfazendo as condições no item (a), determine $H(e^{j\omega})$ de modo que $y_1[n] = x_1[n]$ e $y_2[n] = x_2[n]$.

8.42 Para evitar a interferência entre símbolos, os pulsos usados nos sistemas PAM são projetados para ser zero em múltiplos inteiros do intervalo entre símbolos T_1. Neste problema, desenvolvemos uma classe de pulsos que são zero em $t = kT_1$, $k = \pm1, \pm2, \pm3,\dots$

Considere um pulso $p_1(t)$ que é real e par e que tem uma transformada de Fourier $P_1(j\omega)$. Além disso, asssuma que

$$P_1\left(-j\omega + j\frac{\pi}{T_1}\right) = -P_1\left(j\omega + j\frac{\pi}{T_1}\right), \ 0 \leq \omega \leq \frac{\pi}{T_1}.$$

(a) Defina uma sequência periódica $\tilde{p}_1(t)$ com transformada de Fourier

$$\tilde{P}_1(j\omega) = \sum_{m=-\infty}^{\infty} P_1\left(j\omega - jm\frac{4\pi}{T_1}\right),$$

e mostre que

$$\tilde{P}_1(j\omega) = -\tilde{P}_1\left(j\omega - j\frac{2\pi}{T_1}\right).$$

(b) Use o resultado do item anterior para mostrar que, para algum T

$$\tilde{p}_1(t) = 0, \ t = kT, \ k = 0, \pm 2, \pm 4,\dots$$

(c) Use o resultado do item anterior para mostrar que

$$p_1(kT_1) = 0, \ k = \pm 1, \pm 2, \pm 3,\dots$$

(d) Mostre que um pulso $p(t)$ com transformada de Fourier

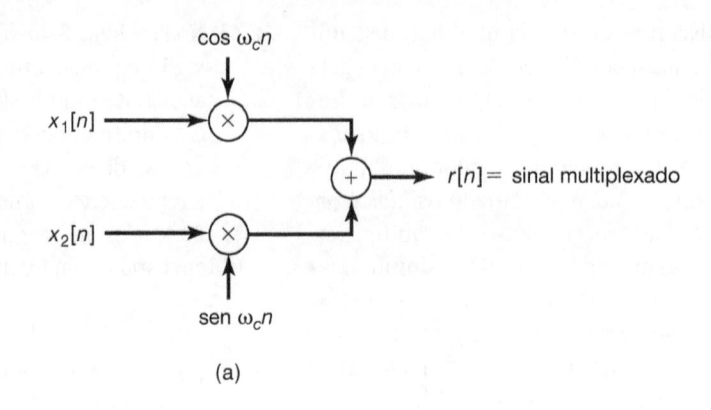

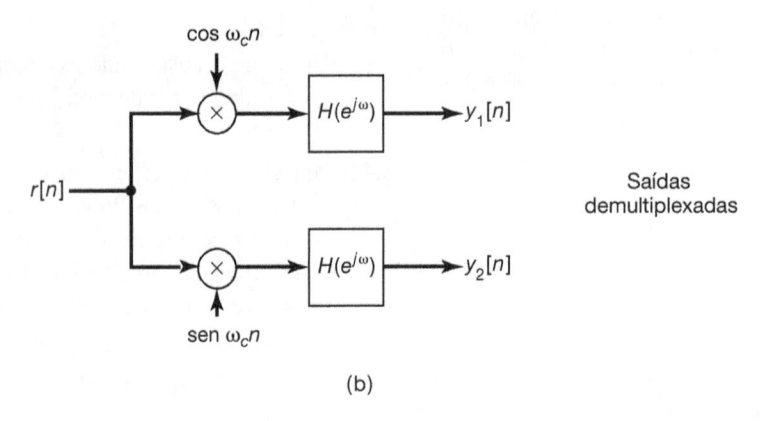

Figura 8.41

(a) Diagrama mostrando $x_1[n]$ multiplicado por $\cos\omega_c n$ e $x_2[n]$ multiplicado por $\sin\omega_c n$, somados para formar $r[n]$ = sinal multiplexado.

(b) $r[n]$ é multiplicado por $\cos\omega_c n$ e $\sin\omega_c n$, cada um filtrado por $H(e^{j\omega})$ para produzir $y_1[n]$ e $y_2[n]$ (Saídas demultiplexadas).

$$P(j\omega) = \begin{cases} 1 + P_1(j\omega), & |\omega| \leq \frac{\pi}{T_1} \\ P_1(j\omega), & \frac{\pi}{T_1} \leq |\omega| \leq \frac{2\pi}{T_1} \\ 0, & \text{caso contrário} \end{cases}$$

também tem a propriedade de que

$$p(kT_1) = 0, \quad k = \pm 1, \pm 2, \pm 3,\ldots$$

8.43 A resposta ao impulso de um canal usado para comunicação PAM é especificada por

$$h(t) = 10.000 e^{-1.000t} u(t).$$

Assume-se que a resposta de fase do canal é aproximadamente linear na banda do canal. Um pulso que é recebido após passar pelo canal é processado usando-se um sistema LIT S com resposta ao impulso $g(t)$, a fim de compensar denotado como ganho não uniforme na banda do canal.

(a) Verifique que, se $g(t)$ tem transformada de Fourier

$$G(j\omega) = A + jB\omega,$$

em que A e B são constantes reais, então $g(t)$ pode compensar o ganho não uniforme na banda do canal. Determine os valores de A e B.

(b) Propõe-se que S seja implementado com o sistema mostrado na Figura P8.43. Determine os valores dos fatores de ganho α e β nesse sistema.

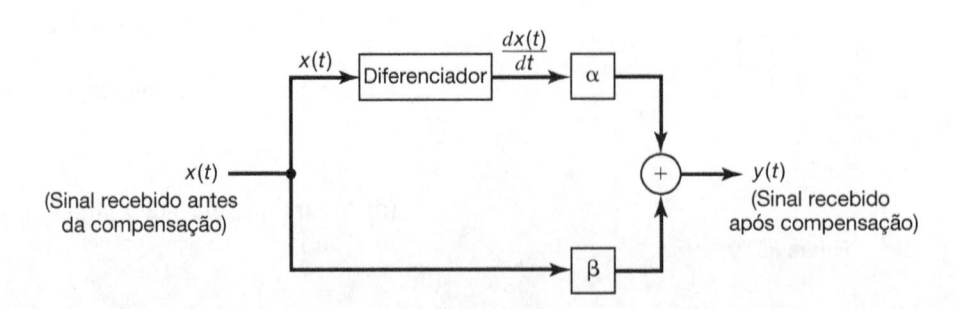

Figura P8.43

$x(t)$ (Sinal recebido antes da compensação) entra em um Diferenciador que produz $\frac{dx(t)}{dt}$, multiplicado por α, somado com $x(t)$ multiplicado por β, resultando em $y(t)$ (Sinal recebido após compensação).

8.44 Neste problema, exploramos um método de *equalização* usado para evitar a interferência entre símbolos causada nos sistemas PAM pelo fato de o canal ter fase não linear em sua banda.

Quando um pulso PAM com cruzamentos de zero em múltiplos inteiros do intervalo entre símbolos T_1 passa por um canal com fase não linear, o pulso recebido não tem mais cruzamentos de zero em instantes que são múltiplos inteiros de T_1. Portanto, para evitar interferência entre símbolos, o pulso recebido passa por um *equalizador zero-forcing* (ZF), que força o pulso a ter cruzamentos de zero em múltiplos inteiros de T_1. Esse equalizador gera um novo pulso $y(t)$ somando versões ponderada e deslocada do pulso recebido $x(t)$. O pulso $y(t)$ é dado por

$$y(t) = \sum_{l=-N}^{N} a_l x(t - lT_1) \quad \text{(P8.44-1)}$$

em que os a_l são todos reais e escolhidos de modo que

$$y(kT_1) = \begin{cases} 1, & k = 0 \\ 0, & k = \pm 1, \pm 2, \pm 3, \ldots, \pm N \end{cases}.$$

(a) Mostre que o equalizador é um filtro e determine sua resposta ao impulso.

(b) Para ilustrar a seleção de pesos a_l, vamos considerar um exemplo. Se $x(0T_1) = 0{,}0$, $x(-T_1) = 0{,}2$, $x(T_1) = -0{,}2$ e $x(kT_1) = 0$ para $|k| > 1$, determine os valores de a_0, a_1 e a_{-1} tais que $y(\pm T_1) = 0$.

8.45 Um sinal limitado em banda $x(t)$ deve ser transmitido usando-se técnicas de FM de banda estreita. Ou seja, o índice de modulação m, definido na Seção 8.7, é muito menor que $\pi/2$. Antes que $x(t)$ seja transmitido ao modulador, ele é processado de modo que $X(j\omega)|_{\omega=0} = 0$ e $|x(t)| < 1$. Esse $x(t)$ normalizado agora é usado para modular o ângulo de uma portadora para formar o sinal de FM

$$y(t) = \cos\left(\omega_c t + m \int_{-\infty}^{t} x(\tau) d\tau\right).$$

(a) Determine a frequência instantânea ω_1.

(b) Usando as equações 8.44 e 8.45, a suposição de banda estreita ($m \ll \pi/2$) e as condições de normalização anteriores, mostre que

$$y(t) \approx \cos \omega_c t - \left(m \int_{-\infty}^{t} x(\tau) d\tau\right) \text{sen } \omega_c t.$$

(c) Qual é a relação entre a largura de banda de $y(t)$, a largura de banda de $x(t)$ e a frequência de portadora ω_c?

8.46 Considere a função exponencial complexa do tempo,

$$s(t) = e^{j\theta(t)}, \quad \text{(P8.46-1)}$$

em que $\theta(t) = \omega_0 t^2/2$.

Como a frequência instantânea $\omega_i = d\theta/dt$ também é uma função do tempo, o sinal $s(t)$ pode ser considerado como um sinal FM. Em particular, como o sinal varre linearmente o espectro de frequência com o tempo, ele frequentemente é chamado 'chirp' de frequência, ou 'sinal de chirp'.

(a) Determine a frequência instantânea.

(b) Determine e esboce a magnitude e fase da transformada de Fourier do 'chirp'. Para calcular a integral da transformada de Fourier, você pode achar útil completar o quadrado no expoente do integrando e usar a relação

$$\int_{-\infty}^{+\infty} e^{jz^2} dz = \sqrt{\frac{\pi}{2}}(1+j).$$

(c) Considere o sistema na Figura P8.46, em que $s(t)$ é o 'sinal de chirp' na Equação P8.46-1. Mostre que $y(t) = X(j\omega_0 t)$, em que $X(j\omega)$ é a transformada de Fourier de $x(t)$.

(*Nota*: O sistema na Figura P8.46 é chamado de *algoritmo transformado chirp* e costuma ser usado, na prática, para a obtenção da transformada de Fourier de um sinal.)

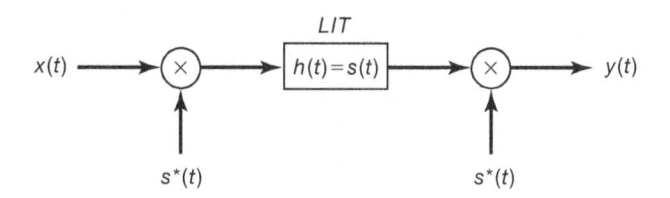

Figura P8.46

8.47 Na Seção 8.8, consideramos a modulação e a demodulação de tempo discreto síncrona com uma portadora senoidal. Neste problema, queremos considerar o efeito da perda na sincronização na fase e/ou na frequência. Os sistemas de modulação e de demodulação são mostrados na Figura P8.47(a), em que tanto uma diferença de fase como de frequência entre as portadoras do modulador e demodulador são indicadas. Seja a diferença de frequência $\omega_d - \omega_c$ indicada como $\Delta\omega$ e a diferença de fase $\theta_d - \theta_c$, como $\Delta\theta$.

(a) Se o espectro de $x[n]$ é aquele mostrado na Figura P8.47(b), esboce o espectro de $w[n]$, considerando $\Delta\omega = 0$.

(b) Se $\Delta\omega = 0$, mostre que w pode ser escolhido de modo que a saída $r[n]$ seja $r[n] = x[n] \cos \Delta\theta$. Particularmente, expresse $r[n]$ se $\Delta\theta = \pi/2$.

(c) Para $\Delta\theta = 0$, e $w = \omega_M + \Delta\omega$, mostre que a saída $r[n] = x[n]\cos[\Delta\omega n]$ (assuma que $\Delta\omega$ seja pequeno).

(a)

(b)

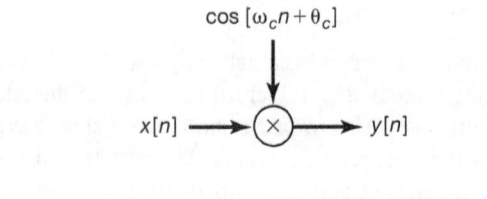

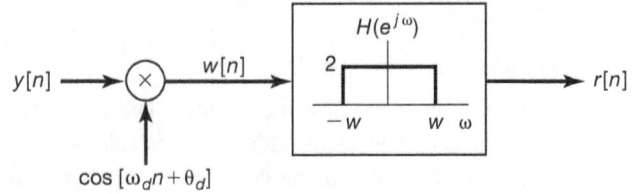

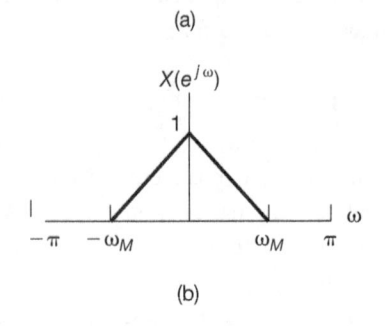

Figura P8.47

8.48 Neste problema, consideramos a análise da modulação em amplitude de tempo discreto de uma portadora trem de pulsos. O sistema considerado é mostrado na Figura P8.48(a).

(a)

(b)

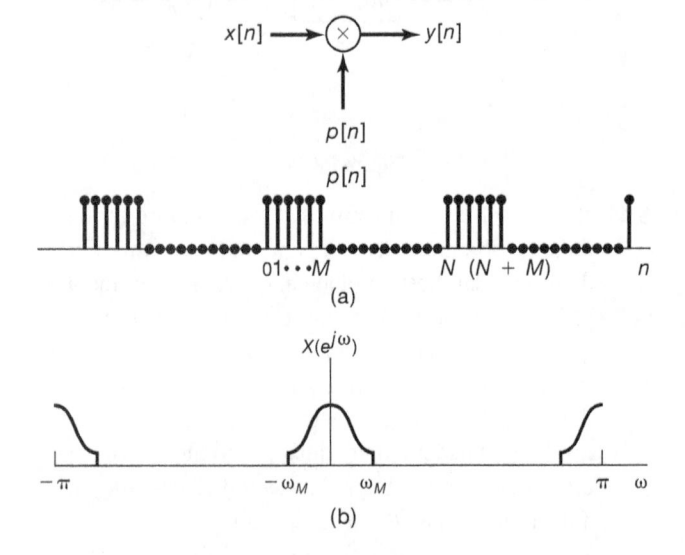

Figura P8.48

(a) Determine e esboce a transformada de Fourier de tempo discreto da onda quadrada periódica $p[n]$ da Figura P8.48(a).

(b) Assuma que $x[n]$ tenha o espectro mostrado na Figura P8.48(b). Com $\omega_M = \pi/2N$ e com $M = 1$ na Figura P8.48(a), esboce $Y(e^{j\omega})$, a transformada de Fourier de $y[n]$.

(c) Agora, suponha que $X(e^{j\omega})$ seja limitado em banda com $X(e^{j\omega}) = 0$, $\omega_M < \omega < 2\pi - \omega_M$, mas não seja especificado para os demais valores. Para o sistema da Figura P8.48(a), determine, como uma função de N, o valor máximo admissível de ω_M que permitirá que $x[n]$ seja recuperado a partir de $y[n]$. Indique se seu resultado depende de M.

(d) Com ω_M e N satisfazendo a condição determinada no item (c), exponha ou mostre em forma de diagrama de blocos como recuperar $x[n]$ a partir de $y[n]$.

8.49 Na prática, usualmente, é muito difícil criar um amplificador em frequências muito baixas. Consequentemente, os amplificadores de baixa frequência geralmente exploram os princípios de modulação de amplitude para deslocar o sinal para uma banda de frequência mais alta. Esse amplificador é conhecido como *amplificador chopper* e é ilustrado em forma de diagrama em blocos na Figura P8.49.

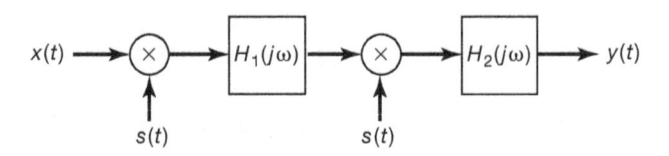

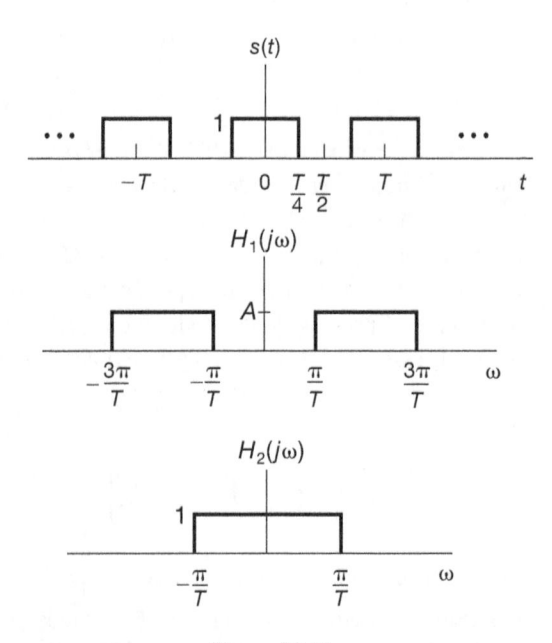

Figura P8.49

(a) Determine, em termos de T, a frequência mais alta admissível presente em $x(t)$, se $y(t)$ tiver de ser proporcional a $x(t)$ (ou seja, se o sistema total tiver de ser equivalente a um amplificador).

(b) Com $x(t)$ limitado em banda, conforme especificado no item (a), determine o ganho do sistema total da Figura P8.49 em termos de A e T.

Capítulo 9
A transformada de Laplace

9.0 Introdução

Nos capítulos anteriores, vimos que as ferramentas da análise de Fourier são extremamente úteis no estudo de muitos problemas de importância prática substancial envolvendo sinais e sistemas LIT. Em grande parte, isso se deve ao fato de que classes abrangentes de sinais podem ser representadas como combinações lineares de exponenciais complexas periódicas e de que exponenciais complexas são autofunções de sistemas LIT. A transformada de Fourier de tempo contínuo oferece-nos uma representação dos sinais como combinações lineares de exponenciais complexas na forma e^{st} com $s = j\omega$. Contudo, a propriedade de autofunção introduzida na Seção 3.2 e muitas de suas consequências também se aplicam para valores arbitrários de s e não apenas àqueles valores que são puramente imaginários. Essa observação leva a uma generalização da transformada de Fourier de tempo contínuo, conhecida como transformada de Laplace, que desenvolvemos neste capítulo. No próximo capítulo, desenvolveremos a generalização do tempo discreto correspondente conhecida como transformada z.

Conforme veremos, transformadas de Laplace e transformadas z possuem muitas das propriedades que tornam a análise de Fourier útil. Além do mais, não apenas essas transformadas oferecem ferramentas e conhecimentos adicionais para sinais e sistemas que podem ser analisados usando-se a transformada de Fourier, mas também podem ser aplicadas em alguns contextos muito importantes, em que as transformadas de Fourier não se aplicam. Por exemplo, transformadas de Laplace e transformadas z podem ser aplicadas à análise de muitos sistemas instáveis e, consequentemente, desempenham um papel importante na investigação da estabilidade ou instabilidade dos sistemas. Esse fato, combinado com as propriedades algébricas que a transformada de Laplace e a transformada z compartilham com as transformadas de Fourier, levam a um conjunto muito importante de ferramentas para análise de sistemas e, em particular, para a análise de sistemas com realimentação, que desenvolvemos no Capítulo 11.

9.1 A transformada de Laplace

No Capítulo 3, vimos que a resposta de um sistema invariante no tempo com resposta ao impulso $h(t)$ a uma entrada exponencial complexa na forma e^{st} é

$$y(t) = H(s)e^{st}, \qquad (9.1)$$

em que

$$H(s) = \int_{-\infty}^{\infty} h(t)e^{-st}\, dt. \qquad (9.2)$$

Para s imaginário (ou seja, $s = j\omega$), a integral na Equação 9.2 corresponde à transformada de Fourier de $h(t)$. Para valores genéricos da variável complexa s, ela é chamada de a *transformada de Laplace* da resposta ao impulso $h(t)$.

A transformada de Laplace de um sinal qualquer $x(t)$ é definida como[1]

$$\boxed{X(s) \triangleq \int_{-\infty}^{+\infty} x(t)e^{-st}\, dt,} \qquad (9.3)$$

e notamos, em particular, que ela é uma função da variável independente s correspondente à variável complexa no expoente de e^{-st}. A variável complexa s pode ser escrita como $s = \sigma + j\omega$, sendo σ e ω as partes real e imaginária, respectivamente. Por conveniência, indicaremos, às vezes, a transformada de Laplace na forma de operador como $\mathcal{L}\{x(t)\}$ e indicaremos a relação de transformada entre $x(t)$ e $X(s)$ como

$$x(t) \xleftrightarrow{\mathcal{L}} X(s). \qquad (9.4)$$

---

[1] A transformada definida pela Equação 9.3 frequentemente é chamada *transformada de Laplace* bilateral, para distingui-la da transformada de Laplace unilateral, que discutimos na Seção 9.9. A transformada bilateral na Equação 9.3 envolve uma integração de $-\infty$ a $+\infty$, enquanto a transformada unilateral tem uma forma semelhante à da Equação 9.3, mas com limites de integração de 0 a $+\infty$. Como estamos essencialmente interessados na transformada bilateral, omitiremos a palavra 'bilateral', exceto onde ela é necessária, na Seção 9.9, para evitar ambiguidade.

Quando $s = j\omega$, a Equação 9.3 torna-se

$$X(j\omega) = \int_{-\infty}^{+\infty} x(t) e^{-j\omega t}\, dt, \qquad (9.5)$$

que corresponde à *transformada de Fourier* de $x(t)$, ou seja,

$$X(s)\big|_{s=j\omega} = \mathfrak{F}\{x(t)\}. \qquad (9.6)$$

A transformada de Laplace também possui uma relação direta com a transformada de Fourier quando a variável complexa s não é puramente imaginária. Para ver essa relação, considere $X(s)$ como especificado na Equação 9.3 com s expresso como $s = \sigma + j\omega$, de modo que

$$X(\sigma + j\omega) = \int_{-\infty}^{+\infty} x(t) e^{-(\sigma + j\omega)t}\, dt \qquad (9.7)$$

ou

$$X(\sigma + j\omega) = \int_{-\infty}^{+\infty} [x(t) e^{-\sigma t}] e^{-j\omega t}\, dt. \qquad (9.8)$$

Reconhecemos o membro direito da Equação 9.8 como a transformada de Fourier de $x(t)e^{-\sigma t}$; ou seja, a transformada de Laplace de $x(t)$ pode ser interpretada como a transformada de Fourier de $x(t)$ após a multiplicação por um sinal exponencial. A exponencial real $e^{-\sigma t}$ pode ser crescente ou decrescente com o tempo, dependendo se σ é positivo ou negativo.

Para ilustrar a transformada de Laplace e sua relação com a transformada de Fourier, considere o seguinte exemplo.

Exemplo 9.1

Seja o sinal $x(t) = e^{-at}u(t)$. Do Exemplo 4.1, a transformada de Fourier $X(j\omega)$ converge para $a > 0$ e é dada por

$$X(j\omega) = \int_{-\infty}^{+\infty} e^{-at} u(t) e^{-j\omega t}\, dt$$
$$= \int_{0}^{\infty} e^{-at} e^{-j\omega t}\, dt = \frac{1}{j\omega + a}, \quad a > 0. \quad (9.9)$$

Da Equação 9.3, a transformada de Laplace é

$$X(s) = \int_{-\infty}^{\infty} e^{-at} u(t) e^{-st}\, dt = \int_{0}^{\infty} e^{-(s+a)t}\, dt, \qquad (9.10)$$

ou, com $s = \sigma + j\omega$,

$$X(\sigma + j\omega) = \int_{0}^{\infty} e^{-(\sigma + a)t} e^{-j\omega t}\, dt. \qquad (9.11)$$

Por comparação com a Equação 9.9, reconhecemos a Equação 9.11 como a transformada de Fourier de $e^{-(\sigma+a)t}u(t)$, e assim,

$$X(\sigma + j\omega) = \frac{1}{(\sigma + a) + j\omega}, \sigma + a > 0, \qquad (9.12)$$

ou, de forma equivalente, como $s = \sigma + j\omega$ e $\sigma = \mathfrak{Re}\{s\}$,

$$X(s) = \frac{1}{s + a}, \quad \mathfrak{Re}\{s\} > -a. \qquad (9.13)$$

Ou seja,

$$e^{-at}u(t) \xleftrightarrow{\mathcal{L}} \frac{1}{s+a}, \quad \mathfrak{Re}\{s\} > -a. \qquad (9.14)$$

Por exemplo, para $a = 0$, $x(t)$ é o degrau unitário com transformada de Laplace $X(s) = 1/s$, $\mathfrak{Re}\{s\} > 0$.

Notamos, em particular, que assim como a transformada de Fourier não converge para todos os sinais, a transformada de Laplace pode convergir para alguns valores de $\mathfrak{Re}\{s\}$ e não para outros. Na Equação 9.13, a transformada de Laplace converge apenas para $\sigma = \mathfrak{Re}\{s\} > -a$. Se a for positivo, então $X(s)$ pode ser avaliado em $\sigma = 0$ para se obter

$$X(0 + j\omega) = \frac{1}{j\omega + a}. \qquad (9.15)$$

Conforme indicado na Equação 9.6, para $\sigma = 0$, a transformada de Laplace é igual à transformada de Fourier, como fica evidente para este exemplo comparando-se as equações 9.9 e 9.15. Se a for negativo ou zero, a transformada de Laplace ainda existe, mas a transformada de Fourier não.

Exemplo 9.2

Para comparação com o Exemplo 9.1, vamos considerar, como um segundo exemplo, o sinal

$$x(t) = -e^{-at}u(-t). \qquad (9.16)$$

Então

$$\begin{aligned}X(s) &= -\int_{-\infty}^{\infty} e^{-at} e^{-st} u(-t)\, dt \\ &= -\int_{-\infty}^{0} e^{-(s+a)t}\, dt\end{aligned} \qquad (9.17)$$

ou

$$X(s) = \frac{1}{s+a}. \qquad (9.18)$$

Para convergência, neste exemplo, exigimos que $\mathfrak{Re}\{s + a\} < 0$, ou $\mathfrak{Re}\{s\} < -a$, ou seja,

$$-e^{-at}u(-t) \xleftrightarrow{\mathcal{L}} \frac{1}{s+a}, \mathfrak{Re}\{s\} < -a. \qquad (9.19)$$

Comparando as equações 9.14 e 9.19, vemos que a expressão algébrica para a transformada de Laplace é idêntica para os dois sinais considerados nos exemplos 9.1 e 9.2. Porém, pelas mesmas equações, também vemos que o conjunto de valores de *s* para os quais a expressão é válida é muito diferente nos dois exemplos. Isso serve para ilustrar o fato de que, para especificar a transformada de Laplace de um sinal, a expressão algébrica e o intervalo de valores de *s* para os quais essa expressão é válida são necessários. Em geral, o intervalo de valores de *s* para os quais a integral na Equação 9.3 converge é chamado de *região de convergência* (que abreviamos como RDC) da transformada de Laplace. Ou seja, a RDC consiste nos valores de $s = \sigma + j\omega$ para os quais a transformada de Fourier de $x(t)e^{-\sigma t}$ converge. Vamos falar mais sobre a RDC à medida que desenvolvermos algum conhecimento sobre as propriedades da transformada de Laplace.

Um modo conveniente de exibir a RDC é mostrado na Figura 9.1. A variável *s* é um número complexo e, na Figura 9.1, exibimos o plano complexo, geralmente chamado de plano *s*, associado a essa variável complexa. Os eixos de coordenadas são $\mathcal{R}e\{s\}$ no eixo horizontal e $\mathcal{I}m\{s\}$ no eixo vertical. Os eixos horizontal e vertical às vezes são chamados de eixo σ e eixo *jω*, respectivamente. A região sombreada na Figura 9.1(a) representa o conjunto de pontos no plano *s* correspondente à região de convergência para o Exemplo 9.1. A região sombreada na Figura 9.1(b) indica a região de convergência para o Exemplo 9.2.

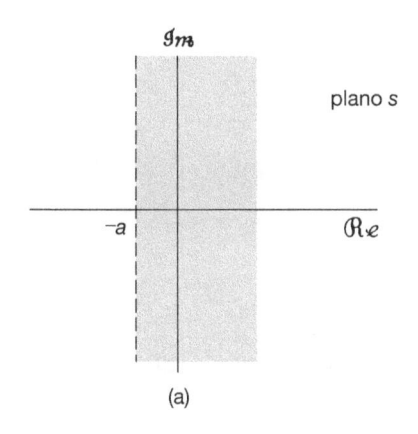

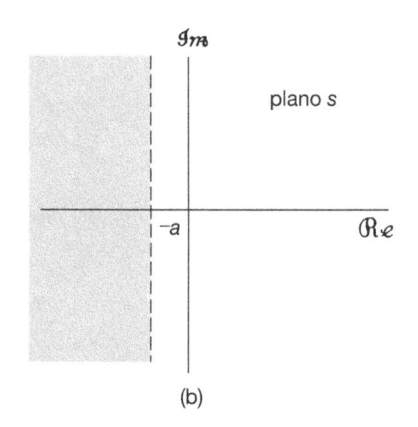

Figura 9.1 (a) RDC para o Exemplo 9.1. (b) RDC para o Exemplo 9.2.

Exemplo 9.3

Neste exemplo, consideramos o sinal que é a soma de duas exponenciais reais,

$$x(t) = 3e^{-2t}u(t) - 2e^{-t}u(t). \quad (9.20)$$

A expressão algébrica para a transformada de Laplace é, então,

$$X(s) = \int_{-\infty}^{\infty}\left[3e^{-2t}u(t) - 2e^{-t}u(t)\right]e^{-st}dt$$
$$= 3\int_{-\infty}^{\infty} e^{-2t} e^{-st} u(t)dt - 2\int_{-\infty}^{\infty} e^{-t} e^{-st} u(t)dt. \quad (9.21)$$

Cada uma das integrais na Equação 9.21 tem a mesma forma da integral na Equação 9.10 e, consequentemente, podemos usar o resultado no Exemplo 9.1 para obter

$$X(s) = \frac{3}{s+2} - \frac{2}{s+1}. \quad (9.22)$$

Para determinar a RDC, notamos que $x(t)$ é uma soma de duas exponenciais reais, e pela Equação 9.21 vemos que $X(s)$ é a soma das transformadas de Laplace de cada um dos termos individuais. A primeira parcela é a transformada de Laplace de $3e^{-2t}u(t)$, e a segunda parcela, a transformada de Laplace de $-2e^{-t}u(t)$. Do Exemplo 9.1, sabemos que

$$e^{-t}u(t) \xleftrightarrow{\mathcal{L}} \frac{1}{s+1}, \quad \mathcal{R}e\{s\} > -1,$$
$$e^{-2t}u(t) \xleftrightarrow{\mathcal{L}} \frac{1}{s+2}, \quad \mathcal{R}e\{s\} > -2.$$

O conjunto de valores de $\mathcal{R}e\{s\}$ para os quais as transformadas de Laplace dos dois termos convergem é $\mathcal{R}e\{s\} > -1$, e assim, combinando as duas parcelas no membro direito da Equação 9.22, obtemos

$$3e^{-2t}u(t) - 2e^{-t}u(t) \xleftrightarrow{\mathcal{L}} \frac{s-1}{s^2+3s+2}, \quad \mathcal{R}e\{s\} > -1. \quad (9.23)$$

Exemplo 9.4

Neste exemplo, consideramos um sinal que é a soma de uma exponencial real e de uma complexa:

$$x(t) = e^{-2t}u(t) + e^{-t}(\cos 3t)u(t). \quad (9.24)$$

Usando a relação de Euler, podemos escrever

$$x(t) = \left[e^{-2t} + \frac{1}{2}e^{-(1-3j)t} + \frac{1}{2}e^{-(1+3j)t}\right]u(t),$$

e a transformada de Laplace de $x(t)$ pode, então, ser expressa como

$$X(s) = \int_{-\infty}^{\infty} e^{-2t} u(t) e^{-st}\, dt$$
$$+ \frac{1}{2} \int_{-\infty}^{\infty} e^{-(1+3j)t} u(t) e^{-st}\, dt$$
$$+ \frac{1}{2} \int_{-\infty}^{\infty} e^{-(1-3j)t} u(t) e^{-st}\, dt. \qquad (9.25)$$

Cada uma das integrais na Equação 9.25 representa uma transformada de Laplace do tipo encontrado no Exemplo 9.1. Segue-se que

$$e^{-2t} u(t) \xleftrightarrow{\mathcal{L}} \frac{1}{s+2}, \qquad \mathcal{R}e\{s\} > -2, \qquad (9.26)$$

$$e^{-(1-3j)t} u(t) \xleftrightarrow{\mathcal{L}} \frac{1}{s+(1-3j)}, \qquad \mathcal{R}e\{s\} > -1, \qquad (9.27)$$

$$e^{-(1+3j)t} u(t) \xleftrightarrow{\mathcal{L}} \frac{1}{s+(1+3j)}, \qquad \mathcal{R}e\{s\} > -1. \qquad (9.28)$$

Para todas as três transformadas de Laplace convergirem simultaneamente, precisamos ter $\mathcal{R}e\{s\} > -1$. Consequentemente, a transformada de Laplace de $x(t)$ é dada por

$$\frac{1}{s+2} + \frac{1}{2}\left(\frac{1}{s+(1-3j)}\right) + \frac{1}{2}\left(\frac{1}{s+(1+3j)}\right), \quad \mathcal{R}e\{s\} > -1, \qquad (9.29)$$

ou, colocando as parcelas sobre um denominador comum,

$$e^{-2t} u(t) + e^{-t}(\cos 3t) u(t) \xleftrightarrow{\mathcal{L}} \frac{2s^2 + 5s + 12}{(s^2 + 2s + 10)(s+2)},$$
$$\mathcal{R}e\{s\} > -1. \qquad (9.30)$$

Em cada um dos quatro exemplos anteriores, a transformada de Laplace é uma razão de polinômios na variável complexa s, de modo que

$$X(s) = \frac{N(s)}{D(s)}, \qquad (9.31)$$

em que $N(s)$ e $D(s)$ são o polinômio do numerador e o polinômio do denominador, respectivamente. Como sugerido nos exemplos 9.3 e 9.4, $X(s)$ será racional sempre que $x(t)$ for uma combinação linear de exponenciais reais ou complexas. Conforme veremos na Seção 9.7, transformadas racionais também surgem quando consideramos sistemas LIT especificados em termos de equações diferenciais lineares com coeficientes constantes. Exceto por um fator de escala, os polinômios do numerador e do denominador de uma transformada de Laplace racional podem ser especificados por suas raízes; portanto, marcar as localizações das raízes de $N(s)$ e $D(s)$ no plano s e indicar a RDC oferece um modo gráfico conveniente de descrever a transformada de Laplace.

Por exemplo, mostramos na Figura 9.2(a) a representação no plano s da transformada de Laplace do Exemplo 9.3 com o local de cada raiz do polinômio do denominador na Equação 9.23 indicado com um '×' e o local da raiz do polinômio do numerador indicado com 'o'. O gráfico correspondente das raízes dos polinômios do numerador e denominador para a transformada de Laplace do Exemplo 9.4 é mostrado na Figura 9.2(b). A região de convergência para cada um desses exemplos é indicada por meio de uma região sombreada no gráfico correspondente.

Para transformadas de Laplace racionais, as raízes do polinômio do numerador comumente são chamadas de *zeros* de $X(s)$, pois, para esses valores de s, $X(s) = 0$. As raízes do polinômio do denominador são chamadas de *polos* de $X(s)$, e para esses valores de s, $X(s)$ é infinita. Os polos e zeros finitos de $X(s)$ no plano s caracterizam completamente a expressão algébrica de $X(s)$ a menos de um fator de escala. A representação de $X(s)$ por meio de seus polos e zeros no plano s é conhecida como o *gráfico de polos e zeros* de $X(s)$. Porém, como vimos nos exemplos 9.1 e 9.2, o conhecimento da forma algébrica de $X(s)$ por si só não identifica a RDC para a transformada de Laplace.

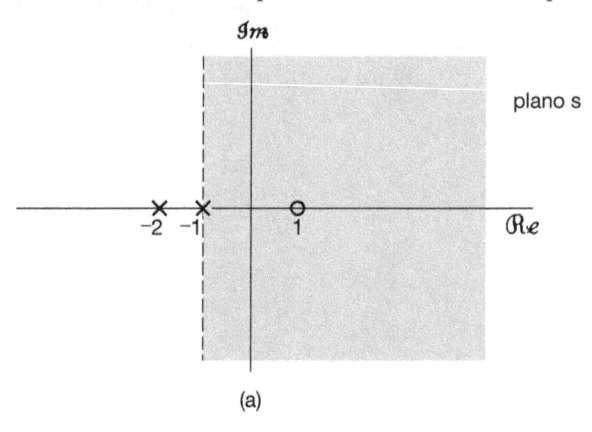

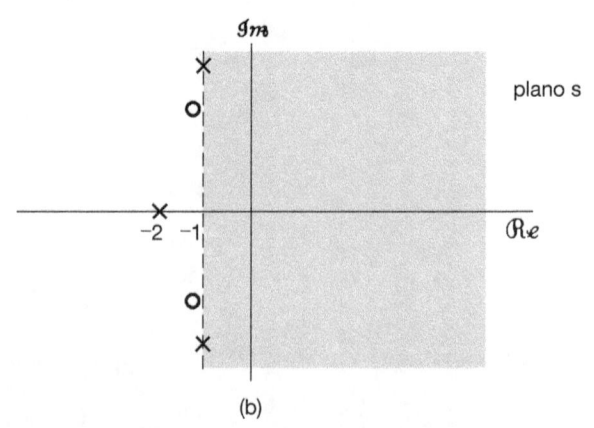

Figura 9.2 Representação no plano s das transformadas de Laplace para o (a) Exemplo 9.3 e para o (b) Exemplo 9.4. Cada '×' nessas figuras indica a localização de um polo da transformada de Laplace correspondente, ou seja, uma raiz do denominador. De modo semelhante, cada 'o' nessas figuras indica um zero, ou seja, uma raiz do numerador. As regiões sombreadas indicam as RDCs.

Ou seja, uma especificação completa, a menos de um fator de escala, de uma transformada de Laplace racional, consiste no gráfico de polos e zeros da transformada, juntamente com sua RDC (que geralmente é mostrada como uma região sombreada no plano s como nas figuras 9.1 e 9.2).

Além disso, embora não sejam necessários para especificar a forma algébrica de uma transformada racional $X(s)$, às vezes é conveniente referir-se aos polos ou zeros de $X(s)$ no infinito. Especificamente, se a ordem do polinômio do denominador for maior que a ordem do polinômio do numerador, então $X(s)$ se tornará nulo à medida que s se aproxime de infinito. De modo oposto, se a ordem do polinômio do numerador for maior que a ordem do denominador, então $X(s)$ se tornará ilimitado à medida que s se aproxime de infinito. Esse comportamento pode ser interpretado como zeros ou polos no infinito. Por exemplo, a transformada de Laplace na Equação 9.23 tem um denominador de ordem 2 e um numerador de ordem apenas 1, de modo que, nesse caso, $X(s)$ tem um zero no infinito. O mesmo acontece para a transformada na Equação 9.30, em que o numerador é de ordem 2 e o denominador é de ordem 3. Em geral, se a ordem do denominador exceder a ordem do numerador por k, $X(s)$ terá k zeros no infinito. De modo semelhante, se a ordem do numerador exceder a ordem do denominador por k, $X(s)$ terá k polos no infinito.

Exemplo 9.5

Seja

$$x(t) = \delta(t) - \frac{4}{3}e^{-t}u(t) + \frac{1}{3}e^{2t}u(t). \quad (9.32)$$

A transformada de Laplace da segunda e terceira parcelas da Equação 9.32 pode ser calculada a partir do Exemplo 9.1. A transformada de Laplace do impulso unitário pode ser calculada diretamente como

$$\mathcal{L}\{\delta(t)\} = \int_{-\infty}^{+\infty} \delta(t)e^{-st}\,dt = 1, \quad (9.33)$$

que é válida para qualquer valor de s. Ou seja, a RDC de $\mathcal{L}\{\delta(t)\}$ é o plano s inteiro. Usando esse resultado, juntamente com as transformadas de Laplace das outras duas parcelas na Equação 9.32, obtemos

$$X(s) = 1 - \frac{4}{3}\frac{1}{s+1} + \frac{1}{3}\frac{1}{s-2}, \quad \mathcal{R}e\{s\} > 2, \quad (9.34)$$

ou

$$X(s) = \frac{(s-1)^2}{(s+1)(s-2)}, \quad \mathcal{R}e\{s\} > 2, \quad (9.35)$$

sendo a RDC o conjunto de valores de s para os quais as transformadas de Laplace de todas as três parcelas em $x(t)$ convergem. O gráfico de polos e zeros para este exemplo é mostrado na Figura 9.3, juntamente com a RDC. Além disso, como os graus do numerador e do denominador de $X(s)$ são iguais, $X(s)$ não possui polos nem zeros no infinito.

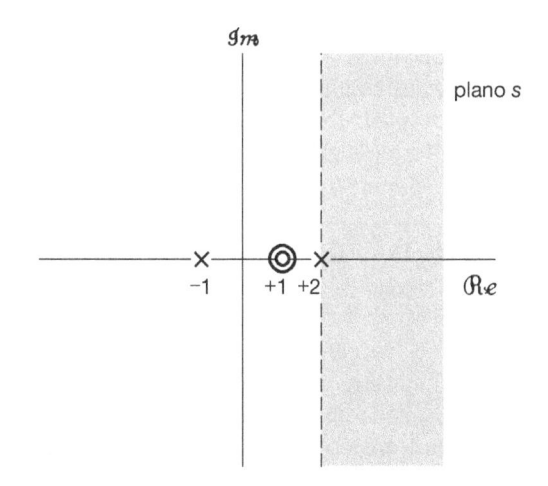

Figura 9.3 Diagrama de polos e zeros e a RDC para o Exemplo 9.5.

Lembre-se de que, da Equação 9.6, para $s = j\omega$, a transformada de Laplace corresponde à transformada de Fourier. Porém, se a RDC da transformada de Laplace não incluir o eixo $j\omega$, ou seja, $\mathcal{R}e\{s\} = 0$, então a transformada de Fourier não converge. Como vemos na Figura 9.3, esse, de fato, é o caso para o Exemplo 9.5, que é consistente com o fato de que o termo $(1/3)e^{2t}u(t)$ em $x(t)$ não tem transformada de Fourier. Observe também, para este exemplo, que os dois zeros na Equação 9.35 ocorrem no mesmo valor de s. Em geral, vamos nos referir à *ordem* de um polo ou zero como o número de vezes que ele é repetido em determinado local. No Exemplo 9.5, existe um zero de segunda ordem em $s = 1$ e dois polos de primeira ordem, um em $s = -1$, outro em $s = 2$. Neste exemplo, a RDC encontra-se à direita do polo mais à direita. Em geral, para transformadas de Laplace racionais, existe uma relação direta entre a localização dos polos e as possíveis RDCs que podem estar associadas a determinado gráfico de polos e zeros. Restrições específicas sobre a RDC estão associadas diretamente com as propriedades no domínio do tempo de $x(t)$. Na próxima seção, exploramos algumas dessas restrições e propriedades.

9.2 A região de convergência para transformadas de Laplace

Na sessão anterior, vimos que uma especificação completa da transformada de Laplace exige não apenas a expressão algébrica para $X(s)$, mas também a região de convergência associada. Conforme evidenciado pelos exemplos 9.1 e 9.2, dois sinais muito diferentes podem ter expressões algébricas idênticas para $X(s)$, de modo que sua transformada de Laplace seja distinguível *somente* pela região de convergência. Nesta seção, exploramos algumas restrições específicas da RDC para diversas classes de sinais. Conforme veremos, um entendimento dessas restrições frequentemente nos permite especificar implicitamente ou reconstruir a RDC a partir do conhecimento apenas da expressão algébrica de $X(s)$ e certas características de $x(t)$ no domínio do tempo.

Propriedade 1: A RDC de $X(s)$ consiste de faixas paralelas ao eixo $j\omega$ no plano s.

A validade dessa propriedade decorre do fato de que a RDC de $X(s)$ consiste nos valores de $s = \sigma + j\omega$ para os quais a transformada de Fourier de $x(t)e^{-\sigma t}$ converge. Ou seja, a RDC da transformada de Laplace de $x(t)$ consiste nos valores de s para os quais $x(t)e^{-\sigma t}$ é absolutamente integrável:[2]

$$\int_{-\infty}^{+\infty} |x(t)| e^{-\sigma t} dt < \infty. \quad (9.36)$$

A Propriedade 1, então, decorre porque a condição depende apenas de σ, a parte real de s.

Propriedade 2: Para transformadas de Laplace racionais, a RDC não contém quaisquer polos.

A Propriedade 2 é facilmente observada em todos os exemplos estudados até aqui. Como $X(s)$ é infinito em um polo, a integral na Equação 9.3 claramente não converge em um polo, e, assim, a RDC não pode conter valores de s que sejam polos.

Propriedade 3: Se $x(t)$ tem duração finita e é absolutamente integrável, então a RDC é todo o plano s.

A intuição por trás desse resultado é sugerida nas figuras 9.4 e 9.5. Especificamente, um sinal de duração finita tem a propriedade de ser nulo fora de um intervalo de duração finita, conforme ilustrado na Figura 9.4. Na Figura 9.5(a), mostramos o sinal $x(t)$ da Figura 9.4 multiplicado por uma exponencial decrescente e, na Figura 9.5(b), o mesmo sinal multiplicado por uma exponencial crescente. Como o intervalo sobre o qual $x(t)$ é não nulo é finito, a ponderação exponencial nunca é ilimitada, e

---

[2] Para obter um tratamento mais completo e formal da transformada de Laplace e suas propriedades matemáticas, incluindo convergência, o leitor deve consultar: RAINVILLE, E. D. *The Laplace transform: an introduction.* Nova York: Macmillan, 1963; CHURCHILL, R. V., BROWN, J. W. *Complex variables and applications.* 4. ed. Nova York: McGraw-Hill, 1990. Observe que a condição de integrabilidade absoluta é uma das condições de Dirichlet introduzidas na Seção 4.1 no contexto da nossa discussão da convergência de transformadas de Fourier.

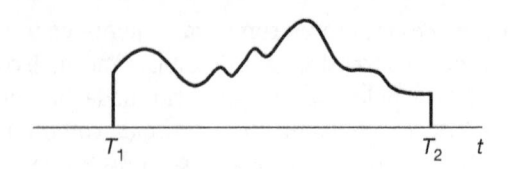

Figura 9.4 Sinal de duração finita.

consequentemente é razoável que a integrabilidade de $x(t)$ não seja destruída por essa ponderação exponencial.

Segue uma verificação mais formal da Propriedade 3: suponha que $x(t)$ seja absolutamente integrável, de modo que

$$\int_{T_1}^{T_2} |x(t)| dt < \infty. \quad (9.37)$$

Para $s = \sigma + j\omega$ estar na RDC, exigimos que $x(t)e^{-\sigma t}$ seja absolutamente integrável, ou seja,

$$\int_{T_1}^{T_2} |x(t)| e^{-\sigma t} dt < \infty. \quad (9.38)$$

A Equação 9.37 implica que s está na RDC quando $\mathcal{Re}\{s\} = \sigma = 0$. Para $\sigma > 0$, o valor máximo de $e^{-\sigma t}$ no intervalo em que $x(t)$ é não nulo é $e^{-\sigma T_1}$, e assim podemos escrever

$$\int_{T_1}^{T_2} |x(t)| e^{-\sigma t} dt < e^{-\sigma T_1} \int_{T_1}^{T_2} |x(t)| dt. \quad (9.39)$$

Como o membro direito da Equação 9.39 é limitado, o mesmo ocorre com o membro esquerdo, portanto o plano s para $\mathcal{Re}\{s\} > 0$ também precisa estar na RDC. Por um argumento semelhante, se $\sigma < 0$, então

$$\int_{T_1}^{T_2} |x(t)| e^{-\sigma t} dt < e^{-\sigma T_2} \int_{T_1}^{T_2} |x(t)| dt, \quad (9.40)$$

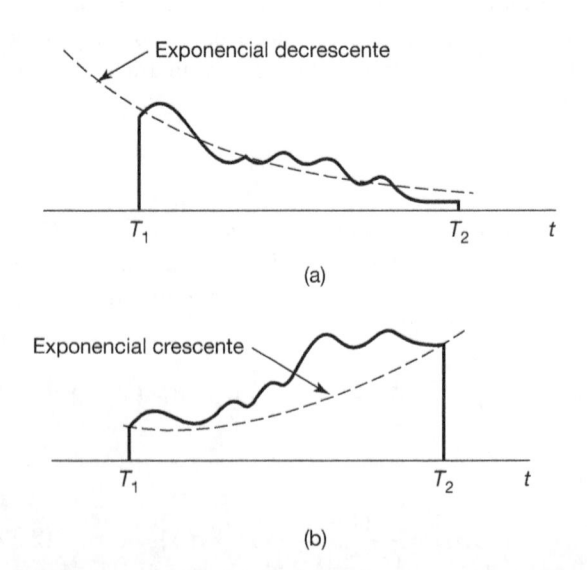

Figura 9.5 (a) Sinal de duração finita da Figura 9.4 multiplicado por uma exponencial decrescente. (b) Sinal de duração finita da Figura 9.4 multiplicado por uma exponencial crescente.

e novamente $x(t)e^{-\sigma t}$ é absolutamente integrável. Assim, a RDC inclui o plano s inteiro.

Exemplo 9.6

Seja

$$x(t) = \begin{cases} e^{-at}, & 0 < t < T \\ 0, & \text{caso contrário} \end{cases}. \quad (9.41)$$

Então

$$X(s) = \int_0^T e^{-at} e^{-st} dt = \frac{1}{s+a}[1 - e^{-(s+a)T}]. \quad (9.42)$$

Como, neste exemplo, $x(t)$ tem comprimento finito, pela Propriedade 3, a RDC é o plano s inteiro. Na forma da Equação 9.42, $X(s)$ pareceria ter um polo em $s = -a$, que pela Propriedade 2 seria inconsistente com uma RDC que consiste no plano s inteiro. No entanto, na expressão algébrica da Equação 9.42, tanto o numerador quanto o denominador são nulos em $s = -a$ e assim, para determinar $X(s)$ em $s = -a$, podemos usar a regra de L'Hôpital para obter

$$\lim_{s \to -a} X(s) = \lim_{s \to -a} \left[\frac{\frac{d}{ds}(1 - e^{-(s+a)T})}{\frac{d}{ds}(s+a)} \right] = \lim_{s \to -a} T e^{-aT} e^{-sT}$$

de modo que

$$X(-a) = T. \quad (9.43)$$

É importante notar que, para garantir que a ponderação exponencial seja limitada no intervalo em que $x(t)$ é não nulo, a discussão anterior baseia-se fortemente no fato de que $x(t)$ tem duração finita. Nas duas propriedades seguintes, consideramos uma modificação do resultado na Propriedade 3 quando $x(t)$ tem extensão finita apenas na direção de tempo positivo ou tempo negativo.

> **Propriedade 4:** Se $x(t)$ for lateral direito e se a reta $\mathcal{R}e\{s\} = \sigma_0$ está na RDC, então todos os valores de s para os quais $\mathcal{R}e\{s\} > \sigma_0$ também estarão na RDC.

Um sinal *lateral direito* é aquele para o qual $x(t) = 0$ antes de algum tempo finito T_1, como ilustrado na Figura 9.6. É possível que, para tal sinal, não haja valor de s para o qual a transformada de Laplace convergirá. Um exemplo é o sinal $x(t) = e^{t^2} u(t)$. Porém, suponha que a transformada de Laplace convirja para algum valor de σ, que indicamos por σ_0. Então,

$$\int_{-\infty}^{+\infty} |x(t)| e^{-\sigma_0 t} dt < \infty, \quad (9.44)$$

ou, de modo equivalente, como $x(t)$ é lateral direito,

$$\int_{T_1}^{+\infty} |x(t)| e^{-\sigma_0 t} dt < \infty. \quad (9.45)$$

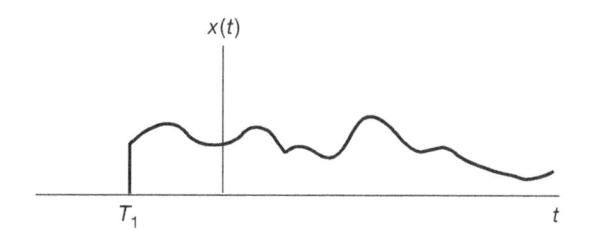

Figura 9.6 Sinal lateral direito.

Então, se $\sigma_1 > \sigma_0$, também deve ser verdade que $x(t)e^{-\sigma_1 t}$ é absolutamente integrável, pois $e^{-\sigma_1 t}$ decai mais rápido que $e^{-\sigma_0 t}$ quando $t \to +\infty$, conforme ilustra a Figura 9.7. Formalmente, podemos dizer que, com $\sigma_1 > \sigma_0$,

$$\int_{T_1}^{\infty} |x(t)| e^{-\sigma_1 t} dt = \int_{T_1}^{\infty} |x(t)| e^{-\sigma_0 t} e^{-(\sigma_1 - \sigma_0)t} dt$$
$$\leq e^{-(\sigma_1 - \sigma_0)T_1} \int_{T_1}^{\infty} |x(t)| e^{-\sigma_0 t} dt. \quad (9.46)$$

Como T_1 é finito, então, pela Equação 9.45, o membro direito da Equação 9.46 é finito, e logo, $x(t)e^{-\sigma_1 t}$ é absolutamente integrável.

Note que, no argumento acima, contamos explicitamente com o fato de $x(t)$ ser lateral direito, de modo que, embora com $\sigma_1 > \sigma_0$, $e^{-\sigma_1 t}$ diverge mais rápido do que $e^{-\sigma_0 t}$ enquanto $t \to -\infty$, $x(t)e^{-\sigma_1 t}$ não pode crescer sem limites na direção negativa no tempo, pois $x(t) = 0$ para $t < T_1$. Além disso, nesse caso, se um ponto s estiver na RDC, então todos os pontos à direita de s, ou seja, todos os pontos com partes reais maiores, estão na RDC. Por esse motivo, a RDC nesse caso é comumente chamada de *semiplano direito*.

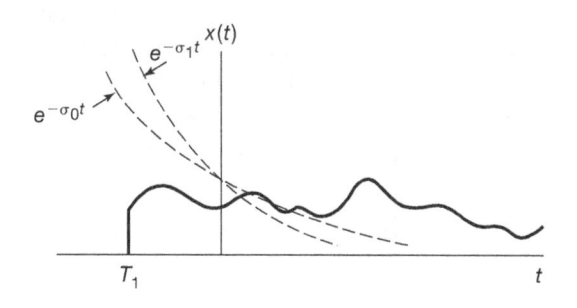

Figura 9.7 Se $x(t)$ é lateral direito e $x(t)e^{-\sigma_0 t}$ é absolutamente integrável, então $x(t)e^{-\sigma_1 t}$, $\sigma_1 > \sigma_0$, também será absolutamente integrável.

> **Propriedade 5:** Se $x(t)$ for lateral esquerdo e se a reta $\mathcal{R}e\{s\} = \sigma_0$ estiver na RDC, então todos os valores de s para os quais $\mathcal{R}e\{s\} < \sigma_0$ também estarão na RDC.

Um sinal *lateral esquerdo* é aquele para o qual $x(t) = 0$ após algum tempo finito T_2, conforme ilustrado na Figura 9.8. O argumento e a intuição por trás dessa propriedade são exatamente análogos ao argumento e a intuição por trás da Propriedade 4. Além disso, para um sinal lateral esquerdo, a RDC geralmente é chamada de *semiplano esquerdo*, pois se um ponto s está na RDC, então todos os pontos à esquerda de s estão na RDC.

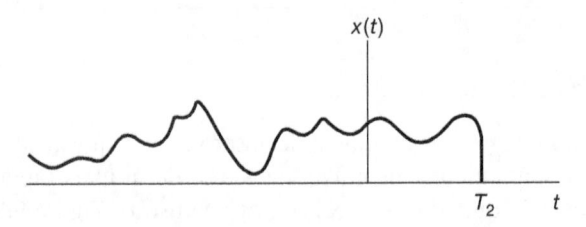

Figura 9.8 Sinal lateral esquerdo.

Propriedade 6: Se $x(t)$ for bilateral e se a reta $\mathcal{R}e\{s\} = \sigma_0$ estiver na RDC, então a RDC consistirá em uma faixa no plano s que inclui a reta $\mathcal{R}e\{s\} = \sigma_0$.

Um sinal *bilateral* é aquele que tem extensão infinita para $t > 0$ e $t < 0$, conforme ilustrado na Figura 9.9(a). Para esse sinal, a RDC pode ser examinada escolhendo-se um tempo qualquer T_0 e dividindo-se $x(t)$ na soma de um sinal lateral direito $x_R(t)$ e um sinal lateral esquerdo $x_L(t)$, como indicam as figuras 9.9(b) e (c). A transformada de Laplace de $x(t)$ converge para valores de s para os quais as transformadas de $x_R(t)$ e de $x_L(t)$ convergem. Pela Propriedade 4, a RDC da $\mathcal{L}\{x_R(t)\}$ consiste em um semiplano $\mathcal{R}e\{s\} > \sigma_R$ para algum valor σ_R, e pela Propriedade 5, a RDC da $\mathcal{L}\{x_L(t)\}$ consiste em um semiplano $\mathcal{R}e\{s\} < \sigma_L$ para algum valor σ_L. A RDC de $\mathcal{L}\{x(t)\}$ é então a intersecção desses dois semiplanos, como indicado na Figura 9.10. Nesta figura, naturalmente, assume-se que $\sigma_R < \sigma_L$, de modo que existe sobreposição. Se isso não acontecer, então, mesmo que as transformadas de Laplace de $x_R(t)$ e $x_L(t)$ existam individualmente, o mesmo não ocorre com a transformada de Laplace de $x(t)$.

Exemplo 9.7

Seja

$$x(t) = e^{-b|t|}, \qquad (9.47)$$

conforme ilustrado na Figura 9.11 (veja p. 399) para $b > 0$ e $b < 0$. Como este é um sinal bilateral, vamos dividi-lo na soma de um sinal lateral direito e outro lateral esquerdo, ou seja,

$$x(t) = e^{-bt}u(t) + e^{+bt}u(-t). \qquad (9.48)$$

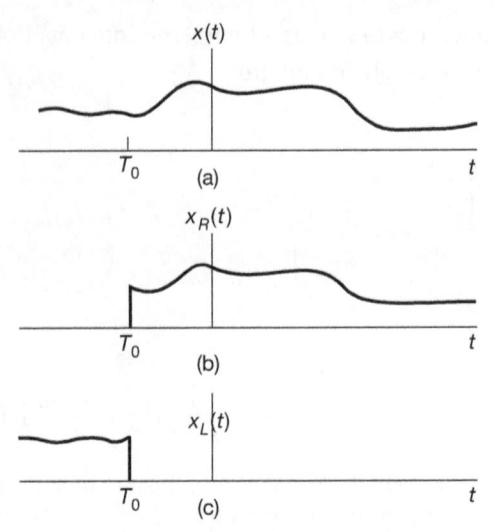

Figura 9.9 Sinal bilateral dividido na soma de um sinal lateral direito e de um lateral esquerdo: (a) sinal bilateral $x(t)$; (b) o sinal lateral direito igual a $x(t)$ para $t > T_0$ e igual a 0 para $t < T_0$; (c) o sinal lateral esquerdo igual a $x(t)$ para $t < T_0$ e igual a 0 para $t > T_0$.

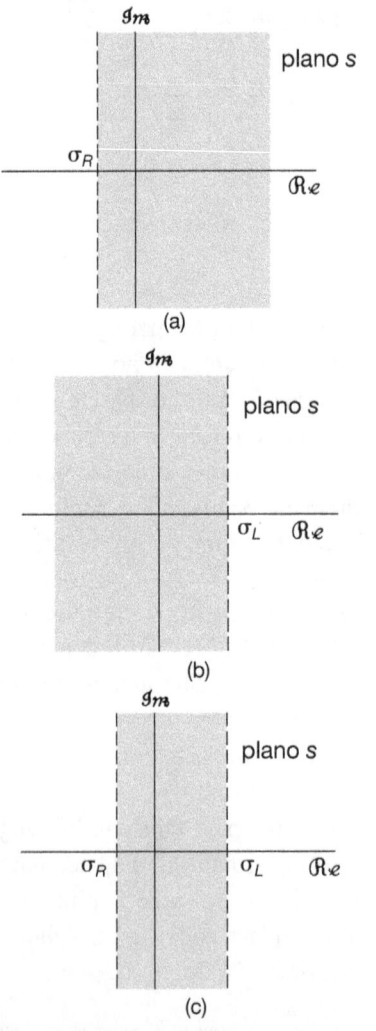

Figura 9.10 (a) RDC para $x_R(t)$ da Figura 9.9. (b) RDC para $x_L(t)$ da Figura 9.9. (c) A RDC para $x(t) = x_R(t) + x_L(t)$, supondo que as RDCs em (a) e (b) se sobrepõem.

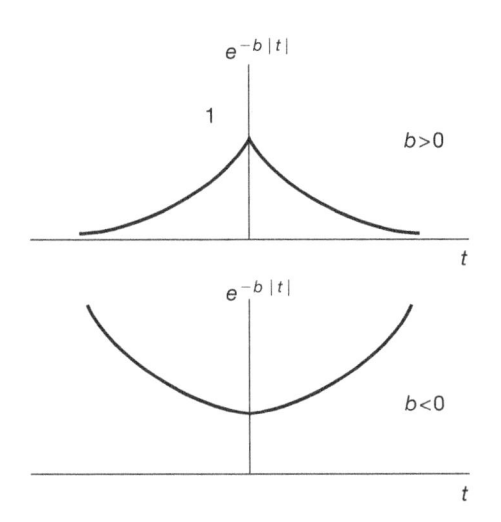

Figura 9.11 Sinal $x(t) = e^{-b|t|}$ para $b > 0$ e $b < 0$.

Do Exemplo 9.1,

$$e^{-bt}u(t) \xleftrightarrow{\mathcal{L}} \frac{1}{s+b}, \quad \mathcal{R}e\{s\} > -b, \quad (9.49)$$

e do Exemplo 9.2,

$$e^{+bt}u(-t) \xleftrightarrow{\mathcal{L}} \frac{-1}{s-b}, \quad \mathcal{R}e\{s\} < +b. \quad (9.50)$$

Embora as transformadas de Laplace de cada uma das parcelas individuais na Equação 9.48 tenham uma região de convergência, não existe uma região *comum* de convergência se $b \leq 0$, e assim, para esses valores de b, $x(t)$ não possui transformada de Laplace. Se $b > 0$, a transformada de Laplace de $x(t)$ é

$$e^{-b|t|} \xleftrightarrow{\mathcal{L}} \frac{1}{s+b} - \frac{1}{s-b} = \frac{-2b}{s^2 - b^2}, \quad -b < \mathcal{R}e\{s\} < +b. \quad (9.51)$$

O gráfico de polos e zeros correspondente é mostrado na Figura 9.12 com o sombreado indicando a RDC.

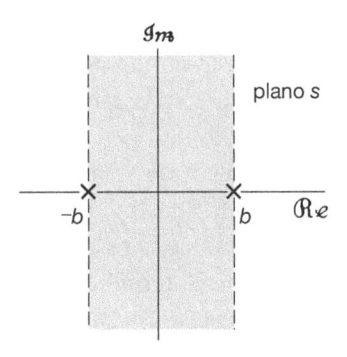

Figura 9.12 Diagrama de polos e zeros e RDC para o Exemplo 9.7.

Ou um sinal não tem uma transformada de Laplace ou ele cai em uma das quatro categorias cobertas pelas propriedades 3 a 6. Assim, para qualquer sinal com transformada de Laplace, a RDC *precisa* ser o plano s inteiro (para sinais de comprimento finito), um semiplano esquerdo (para sinais laterais esquerdos), um semiplano direito (para sinais laterais direitos) ou uma única faixa (para sinais bilateral). Em todos os exemplos que consideramos, a RDC tem a propriedade adicional de que, em cada direção (ou seja, $\mathcal{R}e\{s\}$ crescente e $\mathcal{R}e\{s\}$ decrescente), ela está limitada pelos polos ou se estende até o infinito. De fato, isto é *sempre* verdade para transformadas de Laplace racionais.

> **Propriedade 7:** Se a transformada de Laplace $X(s)$ de $x(t)$ for racional, então sua RDC é limitada por polos ou se estende até o infinito. Além disso, nenhum polo de $X(s)$ está contido na RDC.

Uma argumentação formal para demonstrar essa propriedade é um pouco complicada, mas sua validade é essencialmente uma consequência do fato de que um sinal com uma transformada de Laplace racional consiste em uma combinação linear de exponenciais e, pelos exemplos 9.1 e 9.2, a RDC para a transformada de parcelas individuais nessa combinação linear precisa ter essa propriedade. Como uma consequência da Propriedade 7, juntamente com as propriedades 4 e 5, temos

> **Propriedade 8:** Se a transformada de Laplace $X(s)$ de $x(t)$ é racional, então, se $x(t)$ é lateral direito, a RDC é a região do plano s à direita do polo mais à direita. Se $x(t)$ é lateral esquerdo, a RDC é a região no plano s à esquerda do polo mais à esquerda.

Para ilustrar como diferentes RDCs podem estar associadas ao mesmo padrão de polos e zeros, vamos considerar o exemplo a seguir:

Exemplo 9.8

Seja

$$X(s) = \frac{1}{(s+1)(s+2)}, \quad (9.52)$$

com o diagrama de polos e zeros associado na Figura 9.13(a). Conforme indicado nas figuras 9.13(b) a (d), existem três possíveis RDCs que podem ser associadas a essa expressão algébrica, correspondendo a três sinais distintos. O sinal associado ao diagrama de polos e zeros na Figura 9.13(b) é lateral direito. Como a RDC inclui o eixo $j\omega$, a transformada de Fourier desse sinal converge. A Figura 9.13(c) corresponde a um sinal lateral esquerdo, e a Figura 9.13(d), a um sinal bilateral. Nenhum desses dois sinais tem transformadas de Fourier, pois a RDC não inclui o eixo $j\omega$.

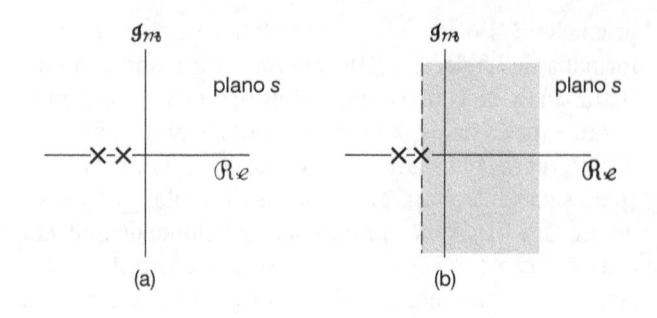

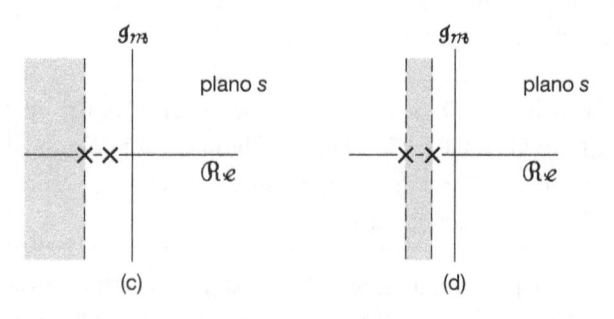

Figura 9.13 (a) Diagrama de polos e zeros do Exemplo 9.8. (b) RDC correspondente a uma sequência lateral direita. (c) RDC correspondente a uma sequência lateral esquerda. (d) RDC correspondente a uma sequência bilateral.

9.3 A transformada inversa de Laplace

Na Seção 9.1, discutimos a interpretação da transformada de Laplace de um sinal como a transformada de Fourier de uma versão ponderada exponencialmente deste sinal; ou seja, com s expresso como $s = \sigma + j\omega$, a transformada de Laplace de um sinal $x(t)$ é dada por

$$X(\sigma + j\omega) = \mathfrak{F}\{x(t)e^{-\sigma t}\} = \int_{-\infty}^{+\infty} x(t)e^{-\sigma t}e^{-j\omega t}dt \quad (9.53)$$

para valores de $s = \sigma + j\omega$ na RDC. Podemos inverter essa relação usando a transformada inversa de Fourier conforme dada na Equação 4.9. Temos

$$x(t)e^{-\sigma t} = \mathfrak{F}^{-1}\{X(\sigma + j\omega)\} \quad (9.54)$$
$$= \frac{1}{2\pi}\int_{-\infty}^{+\infty} X(\sigma + j\omega)e^{j\omega t} d\omega,$$

ou multiplicando os dois membros por $e^{\sigma t}$, obtemos

$$x(t) = \frac{1}{2\pi}\int_{-\infty}^{+\infty} X(\sigma + j\omega)e^{(\sigma + j\omega)t} d\omega. \quad (9.55)$$

Ou seja, podemos recuperar $x(t)$ a partir de sua transformada de Laplace calculada em um conjunto de valores de $s = \sigma + j\omega$ na RDC, com σ fixo e ω variando de $-\infty$ a $+\infty$. Podemos destacar esse fato e entender melhor como recuperar $x(t)$ a partir de $X(s)$ mudando a variável de integração na Equação 9.55 de ω para s e usando o fato de que σ é constante, de modo que $ds = j\, d\omega$. O resultado é a equação da transformada de Laplace inversa básica:

$$x(t) = \frac{1}{2\pi j}\int_{\sigma - j\infty}^{\sigma + j\infty} X(s)e^{st}\, ds. \quad (9.56)$$

Essa equação indica que $x(t)$ pode ser representado como uma integral ponderada de exponenciais complexas. O contorno de integração na Equação 9.56 é a reta no plano s correspondente a todos os pontos s satisfazendo $\mathfrak{Re}\{s\} = \sigma$. Essa reta é paralela ao eixo $j\omega$. Além do mais, podemos escolher qualquer reta desse tipo na RDC, ou seja, podemos escolher qualquer valor de σ de modo que $X(\sigma + j\omega)$ convirja. O cálculo formal dessa integral para um $X(s)$ geral requer o uso de integral de contorno no plano complexo, um tópico que não consideraremos aqui. Porém, para a classe de transformadas racionais, a transformada de Laplace inversa pode ser determinada sem o cálculo direto da Equação 9.56, utilizando a técnica de expansão em frações parciais de uma maneira semelhante à que usamos no Capítulo 4 para determinar a transformada inversa de Fourier. Basicamente, o procedimento consiste em expandir a expressão algébrica racional em uma combinação linear de termos de ordem inferior.

Por exemplo, assumindo nenhum polo de ordem múltipla e supondo que a ordem do polinômio do denominador é maior que a ordem do polinômio do numerador, $X(s)$ pode ser expandido na forma

$$X(s) = \sum_{i=1}^{m} \frac{A_i}{s + a_i}. \quad (9.57)$$

A partir da RDC de $X(s)$, a RDC de cada um dos termos individuais na Equação 9.57 pode ser inferida, e em seguida, dos exemplos 9.1 e 9.2, a transformada inversa de Laplace de cada um desses termos pode ser determinada. Existem duas escolhas possíveis para a transformada inversa de cada termo $A_i/(s + a_i)$ nesta equação. Se a RDC estiver à direita do polo em $s = -a_i$, então a transformada inversa desse termo é $A_i e^{-a_i t}u(t)$, um sinal lateral direito. Se a RDC estiver à esquerda do polo em $s = -a_i$, então a transformada inversa desse termo é $-A_i e^{-a_i t}u(-t)$, um sinal lateral esquerdo. Somar as transformadas inversas das parcelas individuais na Equação 9.57 leva, então, à transformada inversa de $X(s)$. Os detalhes desse procedimento são melhor apresentados a seguir com alguns exemplos.

Exemplo 9.9

Seja

$$X(s) = \frac{1}{(s+1)(s+2)}, \quad \mathcal{R}e\{s\} > -1. \quad (9.58)$$

Para obter a transformada de Laplace inversa, nosso primeiro passo é realizar a expansão em frações parciais, para obter

$$X(s) = \frac{1}{(s+1)(s+2)} = \frac{A}{s+1} + \frac{B}{s+2}. \quad (9.59)$$

Como discutimos no apêndice, podemos obter os coeficientes A e B, multiplicando os dois membros da Equação 9.59 por $(s+1)(s+2)$ e depois igualando os coeficientes de potências iguais de s em ambos os membros. Como alternativa, podemos usar a relação

$$A = [(s+1)X(s)]\big|_{s=-1} = 1, \quad (9.60)$$

$$B = [(s+2)X(s)]\big|_{s=-2} = -1. \quad (9.61)$$

Assim, a expansão em frações parciais de $X(s)$ é

$$X(s) = \frac{1}{s+1} + \frac{1}{s+2}. \quad (9.62)$$

Dos exemplos 9.1 e 9.2, sabemos que existem duas transformadas inversas possíveis para uma transformada na forma $1/(s+a)$, dependendo se a RDC está à esquerda ou à direita do polo. Consequentemente, precisamos determinar a RDC a ser associada a cada uma das parcelas individuais de primeira ordem na Equação 9.62. Isso é feito usando as propriedades da RDC apresentadas na Seção 9.2. Como a RDC para $X(s)$ é $\mathcal{R}e\{s\} > -1$, a RDC para as parcelas individuais na expansão em frações parciais da Equação 9.62, inclui $\mathcal{R}e\{s\} > -1$. A RDC para cada termo pode, então, ser estendida à esquerda ou à direita (ou ambas), sendo limitada por um polo ou infinito. Isso é ilustrado na Figura 9.14. A Figura 9.14(a) mostra o gráfico de polos e zeros e a RDC para $X(s)$, conforme especificado na Equação 9.58. As figuras 9.14(b) e (c) representam os termos individuais na expansão em frações parciais da Equação 9.62. Para o termo representado pela Figura 9.14(c), a RDC para a soma pode ser estendida para a esquerda, conforme mostrado, de modo que está limitada por um polo.

Como a RDC está à direita dos dois polos, o mesmo é verdade para cada um dos termos individuais, como podemos ver nas figuras 9.14(b) e (c). Consequentemente, pela Propriedade 8 da seção anterior, sabemos que cada um desses termos corresponde a um sinal lateral direito. A transformada inversa dos termos individuais na Equação 9.62 pode, então, ser obtida como no Exemplo 9.1:

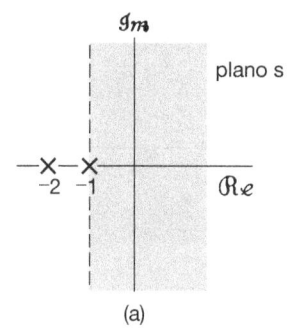

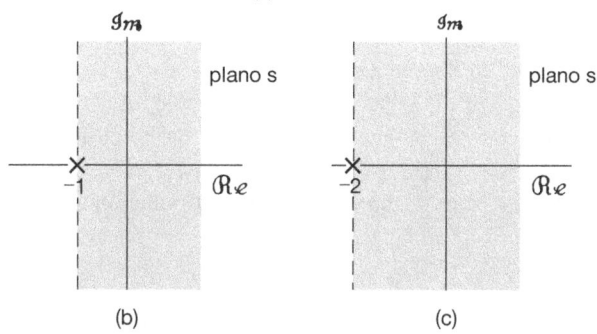

Figura 9.14 Construção das RDCs para os termos individuais na expansão em frações parciais de $X(s)$ do Exemplo 9.8: (a) diagrama de polos e zeros e RDC para $X(s)$; (b) polo em $s = -1$ e sua RDC; (c) polo em $s = -2$ e sua RDC.

$$e^{-t}u(t) \xleftrightarrow{\mathcal{L}} \frac{1}{s+1}, \quad \mathcal{R}e\{s\} > -1, \quad (9.63)$$

$$e^{-2t}u(t) \xleftrightarrow{\mathcal{L}} \frac{1}{s+2}, \quad \mathcal{R}e\{s\} > -2. \quad (9.64)$$

Assim, obtemos

$$[e^{-t} - e^{-2t}]u(t) \xleftrightarrow{\mathcal{L}} \frac{1}{(s+1)(s+2)}, \mathcal{R}e\{s\} > -1. \quad (9.65)$$

Exemplo 9.10

Vamos supor que a expressão algébrica para $X(s)$ novamente seja aquela dada na Equação 9.58, mas que a RDC agora é o semiplano esquerdo $\mathcal{R}e\{s\} < -2$. A expansão em frações parciais para $X(s)$ relaciona-se apenas à expressão algébrica e, assim, a Equação 9.62 ainda é válida. Com essa nova RDC, porém, a RDC está à *esquerda* dos dois polos e, assim, o mesmo deve ser verdade para cada um dos dois termos na equação. Ou seja, a RDC para o termo correspondente ao polo em $s = -1$ é $\mathcal{R}e\{s\} < -1$, enquanto a RDC para o termo com polo em $s = -2$ é $\mathcal{R}e\{s\} < -2$. Então, pelo Exemplo 9.2

$$-e^{-t}u(-t) \xleftrightarrow{\mathcal{L}} \frac{1}{s+1}, \quad \mathcal{R}e\{s\} < -1, \quad (9.66)$$

$$-e^{-2t}u(-t) \xleftrightarrow{\mathcal{L}} \frac{1}{s+2}, \quad \mathcal{Re}\{s\} < -2, \quad (9.67)$$

de modo que

$$x(t) = [-e^{-t} + e^{-2t}]u(-t) \xleftrightarrow{\mathcal{L}} \frac{1}{(s+1)(s+2)}, \quad \mathcal{Re}\{s\} < -2. \quad (9.68)$$

Exemplo 9.11

Por fim, suponha que a RDC de $X(s)$ é $-2 < \mathcal{Re}\{s\} < -1$. Nesse caso, a RDC está à esquerda do polo em $s = -1$, correspondendo ao sinal lateral esquerdo na Equação 9.66, e a RDC está à direita do polo em $s = -2$, correspondendo ao sinal lateral direito na Equação 9.64. Combinando-os, obtemos

$$x(t) = -e^{-t}u(-t) - e^{-2t}u(t) \xleftrightarrow{\mathcal{L}} \frac{1}{(s+1)(s+2)},$$

$$-2 < \mathcal{Re}\{s\} < -1. \quad (9.69)$$

Conforme discutido no apêndice, quando $X(s)$ tem polos de ordem múltipla ou o denominador não tem grau maior que o numerador, a expansão em frações parciais de $X(s)$ inclui outros termos além dos de primeira ordem considerados nos exemplos 9.9 a 9.11. Na Seção 9.5, depois de discutir as propriedades da transformada de Laplace, desenvolvemos alguns outros pares de transformada de Laplace que, em conjunto com as propriedades, nos permitem estender o método de transformada inversa esboçado no Exemplo 9.9 para transformadas racionais arbitrárias.

9.4 Cálculo geométrico da transformada de Fourier a partir do diagrama de polos e zeros

Como vimos na Seção 9.1, a transformada de Fourier de um sinal é a transformada de Laplace calculada no eixo $j\omega$. Nesta seção, discutimos um procedimento para calcular geometricamente a transformada de Fourier e, de forma mais geral, a transformada de Laplace em qualquer conjunto de valores a partir do diagrama de polos e zeros associado a uma transformada de Laplace racional. Para desenvolver o procedimento, vamos, primeiro, considerar uma transformada de Laplace com um único zero [ou seja, $X(s) = (s - a)$], que calculamos em um valor específico de s, digamos, $s = s_1$. A expressão algébrica $(s_1 - a)$ é a soma de dois números complexos, s_1 e $-a$, cada um podendo ser representado como um vetor no plano complexo, conforme ilustrado na Figura 9.15. O vetor representando o número complexo $(s_1 - a)$ é, então, a soma dos vetores $\mathbf{s}_1$ e $-\mathbf{a}$ que vemos na Figura 9.15 que é o vetor a partir do zero em $s = a$ até o ponto s_1. O valor de $X(s_1)$ tem, então, a magnitude que é o comprimento desse vetor e um ângulo que é o ângulo do vetor com o eixo real. Se $X(s)$, em vez disso, tivesse um único polo em $s = a$ [ou seja, $X(s) = 1/(s - a)$], então o denominador seria representado pela mesma soma dos vetores $\mathbf{s}_1$ e $-\mathbf{a}$, e o valor de $X(s_1)$ teria uma magnitude que é o *inverso* do comprimento do vetor a partir do polo para $s = s_1$ e um ângulo que é o *negativo* do ângulo do vetor com o eixo real.

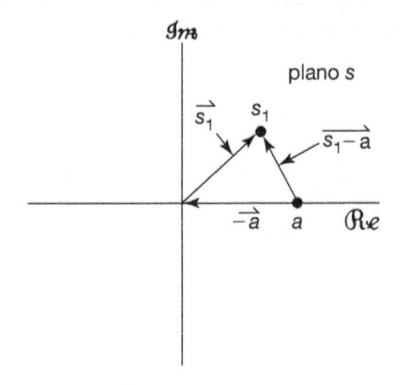

Figura 9.15 Representação no plano complexo dos vetores $\mathbf{s}_1$, $\mathbf{a}$ e $\mathbf{s}_1 - \mathbf{a}$ representando os números complexos s_1, a e $s_1 - a$, respectivamente.

Uma transformada de Laplace racional mais geral consiste em um produto de termos de polos e zeros na forma discutida no parágrafo anterior. Ou seja, ela pode ser fatorada na forma

$$X(s) = M \frac{\prod_{i=1}^{R}(s - \beta_i)}{\prod_{i=1}^{P}(s - \alpha_i)}. \quad (9.70)$$

Para calcular $X(s)$ em $s = s_1$, cada termo no produto é representado por um vetor a partir do zero ou polo até o ponto s_1. A magnitude de $X(s_1)$ é, então, a magnitude do fator de escala M vezes o produto dos comprimentos dos vetores dos zeros (ou seja, os vetores dos zeros até s_1) dividido pelo produto dos comprimentos dos vetores dos polos (ou seja, os vetores a partir dos polos até s_1). O ângulo do número complexo $X(s_1)$ é a soma dos ângulos dos vetores dos zeros menos a soma dos ângulos dos vetores dos polos. Se o fator de escala M na Equação 9.70 for negativo, um ângulo adicional de π deverá ser incluído. Se $X(s)$ tiver um polo ou zero múltiplos (ou ambos), correspondendo a alguns dos α_j's serem iguais entre si ou

β_i's iguais entre si (ou ambos), os comprimentos e ângulos dos vetores de cada polos ou zeros devem ser incluídos um número de vezes igual à ordem do polo ou zero.

Exemplo 9.12

Seja

$$X(s) = \frac{1}{s + \frac{1}{2}}, \quad \mathcal{R}e\{s\} > -\frac{1}{2}. \quad (9.71)$$

A transformada de Fourier é $X(s)|_{s=j\omega}$. Para este exemplo, então, a transformada de Fourier é

$$X(j\omega) = \frac{1}{j\omega + 1/2}. \quad (9.72)$$

O gráfico de polos e zeros para $X(s)$ é mostrado na Figura 9.16. Para determinar a transformada de Fourier graficamente, construímos o vetor de polo conforme indicado. A magnitude da transformada de Fourier na frequência ω é o inverso do comprimento do vetor a partir do polo até o ponto $j\omega$, no eixo imaginário. A fase da transformada de Fourier é o negativo do ângulo do vetor. Geometricamente, da Figura 9.16, podemos escrever

$$|X(j\omega)|^2 = \frac{1}{\omega^2 + (1/2)^2} \quad (9.73)$$

e

$$\sphericalangle X(j\omega) = -\text{tg}^{-1} 2\omega. \quad (9.74)$$

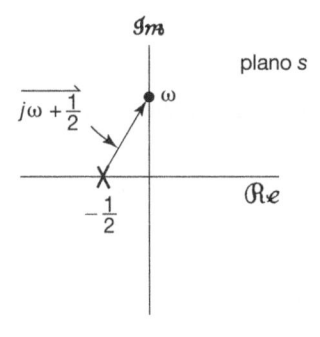

Figura 9.16 Diagrama de polos e zeros do Exemplo 9.12. $|X(j\omega)|$ é o inverso do comprimento do vetor mostrado e $\sphericalangle X(j\omega)$ é o negativo do ângulo do vetor.

Frequentemente, parte do valor da determinação geométrica da transformada de Fourier encontra-se em sua utilidade na obtenção de uma visão aproximada de suas características gerais. Por exemplo, na Figura 9.16, logo fica evidente que o comprimento do vetor de polos aumenta monotonicamente com o aumento de ω, e, assim, a magnitude da transformada de Fourier *diminuirá* monotonicamente com o aumento de ω. A habilidade de tirar conclusões genéricas sobre o comportamento da transformada de Fourier, a partir do gráfico de polos e zeros, é ilustrada a seguir pela análise de sistemas gerais de primeira e segunda ordens.

9.4.1 Sistemas de primeira ordem

Como uma generalização do Exemplo 9.12, vamos considerar a classe de sistemas de primeira ordem, que foi discutida com detalhes na Seção 6.5.1. A resposta ao impulso para tal sistema é dada por

$$h(t) = \frac{1}{\tau} e^{-t/\tau} u(t), \quad (9.75)$$

e sua transformada de Laplace é

$$H(s) = \frac{1}{s\tau + 1}, \quad \mathcal{R}e\{s\} > -\frac{1}{\tau}. \quad (9.76)$$

O gráfico de polos e zeros é mostrado na Figura 9.17. Note, pela figura, que o comprimento do vetor de polos é mínimo para $\omega = 0$ e aumenta monotonicamente quando ω_1 aumenta. Além disso, o ângulo do polo cresce monotonicamente de 0 a $\pi/2$ quando ω aumenta de 0 para ∞.

A partir do comportamento do vetor polo quando ω varia, fica claro que a magnitude da resposta em frequência $H(j\omega)$ descreve monotonicamente quando ω aumenta, enquanto $\sphericalangle H(j\omega)$ diminui monotonicamente de 0 para $-\pi/2$, como mostram os diagramas de Bode para esse sistema na Figura 9.18. Observe também que, quando $\omega = 1/\tau$, as partes real e imaginária do vetor polo são iguais, resultando um valor da magnitude da resposta em frequência que é reduzido por um fator de $\sqrt{2}$, ou aproximadamente 3 dB, a partir de seu máximo em $\omega = 0$ e um valor de $\pi/4$ para o ângulo da resposta em frequência. Isso é consistente com nossa análise dos sistemas de primeira ordem na Seção 6.5.1, em que observamos que $\omega = 1/\tau$

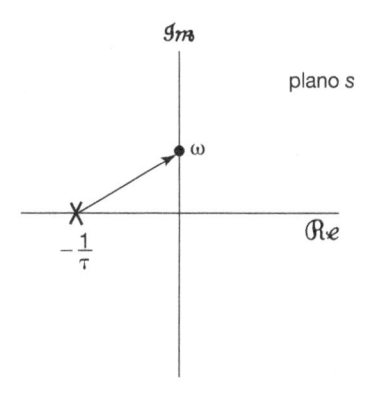

Figura 9.17 Diagrama de polos e zeros para o sistema de primeira ordem da Equação 9.76.

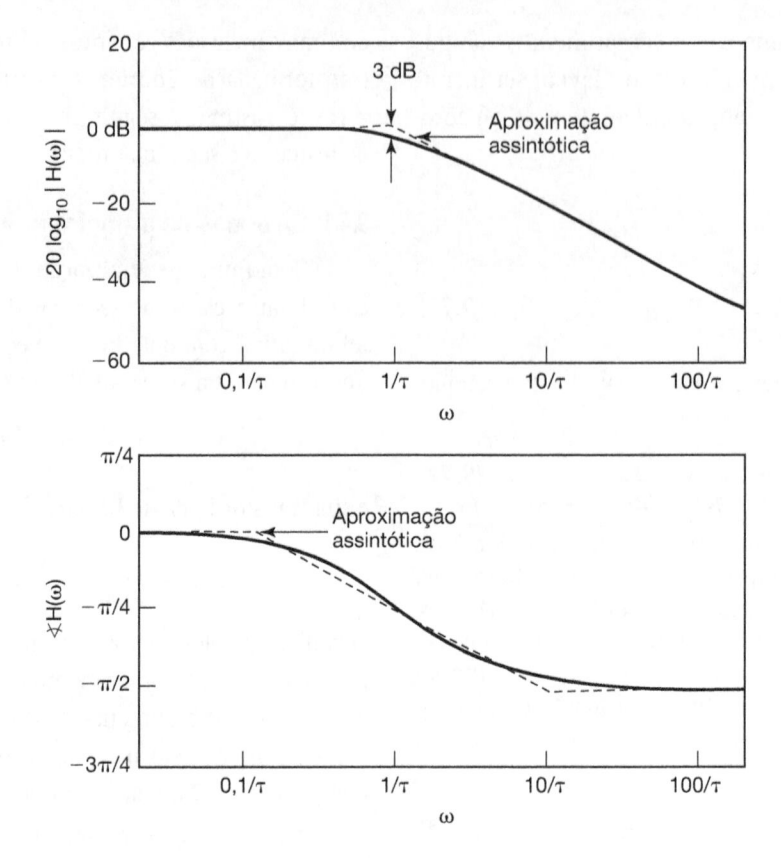

Figura 9.18 Resposta em frequência para um sistema de primeira ordem.

é muitas vezes denominado de ponto 3 dB ou frequência de quebra — ou seja, a frequência no qual a aproximação por retas do diagrama de Bode de $|H(j\omega)|$ tem uma quebra em sua inclinação. Como também vimos na Seção 6.5.1, a constante de tempo τ controla a velocidade da resposta do sistema de primeira ordem, e agora vemos que o polo do sistema em $s = -1/\tau$ está na parte negativa do eixo real a uma distância da origem que é o inverso da constante de tempo.

Da nossa interpretação gráfica, também podemos ver como a mudança dessa constante de tempo ou, de modo equivalente, da posição do polo de $H(s)$ muda as características do sistema de primeira ordem. Em particular, quando o polo se afasta no semiplano esquerdo, a frequência de quebra e, portanto, a frequência de corte efetiva do sistema aumenta. Além disso, da Equação 9.75 e da Figura 6.19, vemos que esse mesmo movimento do polo para a esquerda corresponde a uma diminuição na constante de tempo τ, resultando em uma queda mais rápida da resposta ao impulso e um tempo de subida correspondentemente mais rápido da resposta ao degrau. Essa relação entre a parte real da localização do polo e a velocidade da resposta do sistema mantém-se de forma mais geral; ou seja, os polos mais afastados do eixo $j\omega$ são associados a termos de resposta mais rápidos na resposta ao impulso.

9.4.2 Sistemas de segunda ordem

A seguir, vamos considerar a classe de sistemas de segunda ordem, que foi discutida com detalhes na Seção 6.5.2. A resposta ao impulso e a resposta em frequência para o sistema, originalmente dadas nas equações 6.37 e 6.33, respectivamente, são

$$h(t) = M[e^{c_1 t} - e^{c_2 t}]u(t), \quad (9.77)$$

em que

$$c_1 = -\zeta\omega_n + \omega_n\sqrt{\zeta^2 - 1},$$
$$c_2 = -\zeta\omega_n - \omega_n\sqrt{\zeta^2 - 1},$$
$$M = \frac{\omega_n}{2\sqrt{\zeta^2 - 1}},$$

e

$$H(j\omega) = \frac{\omega_n^2}{(j\omega)^2 + 2\zeta\omega_n(j\omega) + \omega_n^2}. \quad (9.78)$$

A transformada de Laplace da resposta ao impulso é

$$H(s) = \frac{\omega_n^2}{s^2 + 2\zeta\omega_n s + \omega_n^2} = \frac{\omega_n^2}{(s-c_1)(s-c_2)}. \quad (9.79)$$

Para $\zeta > 1$, c_1 e c_2 são reais e, portanto, os dois polos encontram-se no eixo real, conforme indicado na Figura 9.19(a). O caso de $\zeta > 1$ é basicamente um produto de dois termos de primeira ordem, como na Seção 9.4.1.

Consequentemente, nesse caso, $|H(j\omega)|$ decresce monotonicamente quando $|\omega|$ aumenta, enquanto $\sphericalangle H(j\omega)$ varia de 0 em $\omega = 0$ até $-\pi$ à medida que $\omega \to \infty$. Isso também pode ser verificado na Figura 9.19(a) ao observar que o comprimento do vetor de cada um dos dois polos ao ponto $s = j\omega$ aumenta monotonicamente à medida que ω aumenta a partir de 0, e o ângulo de cada um desses vetores aumenta de 0 a $\pi/2$, à medida que ω cresce de 0 a ∞. Note tam-

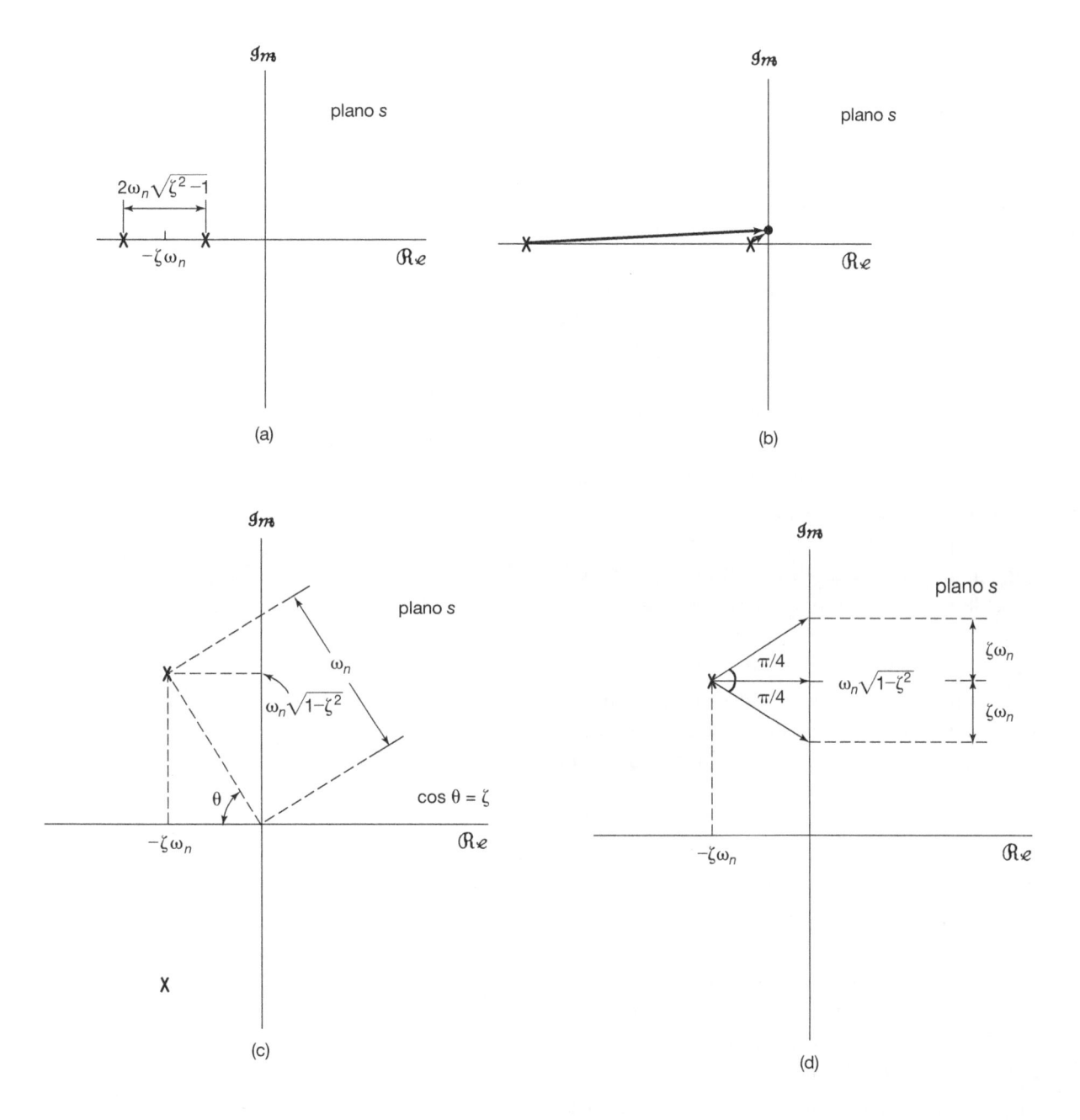

Figura 9.19 (a) Diagrama de polos e zeros para um sistema de segunda ordem com $\zeta > 1$. (b) Vetores polos para $\zeta \gg 1$. (c) Diagrama de polos e zeros para um sistema de segunda ordem com $0 < \zeta < 1$. (d) Vetores polos para $0 < \zeta < 1$ e para $\omega = \omega_n\sqrt{1-\zeta^2}$ e $\omega = \omega_n\sqrt{1-\zeta^2} \pm \zeta\omega_n$.

bém que, à medida que ζ aumenta, um polo aproxima-se do eixo $j\omega$, indicando um termo na resposta ao impulso que decai mais lentamente, e o outro polo distancia-se no semiplano esquerdo, indicando um termo na resposta ao impulso que decai mais rapidamente. Assim, para valores grandes de ζ, é o polo próximo do eixo $j\omega$ que domina a resposta do sistema para tempos grandes. De modo semelhante, da consideração dos vetores polo para $\zeta \gg 1$, conforme indica a Figura 9.19(b), para frequências baixas, o comprimento e o ângulo do vetor para o polo próximo do eixo $j\omega$ são muito mais sensíveis a mudanças em ω do que aqueles para o polo distante do eixo $j\omega$. Assim, vemos que, para frequências baixas, as características de resposta em frequência são influenciadas principalmente pelo polo próximo ao eixo $j\omega$.

Para $0 < \zeta < 1$, c_1 e c_2 são complexos, de modo que o diagrama de polos e zeros é o mostrado na Figura 9.19(c). De modo correspondente, a resposta ao impulso e a resposta ao degrau têm partes oscilatórias. Observamos que os dois polos ocorrem em pares complexos conjugados. De fato, conforme discutimos na Seção 9.5.5, os polos complexos (e zeros) para um sinal de valor real sempre ocorrem em pares complexos conjugados. Pela figura — particularmente, quando ζ é pequeno, de modo que os polos estão próximos ao eixo $j\omega$ —, à medida que ω se aproxima de $\omega_n\sqrt{1-\zeta^2}$, o comportamento da resposta em frequência é dominado pelo vetor polo no segundo quadrante, e em particular, o comprimento desse vetor polo tem um mínimo em $\omega = \omega_n\sqrt{1-\zeta^2}$. Assim, qualitativamente, poderíamos esperar que a magnitude da resposta em frequência exibisse um pico nas proximidades dessa frequência. Devido à presença do outro polo, o pico ocorrerá não exatamente em $\omega = \omega_n\sqrt{1-\zeta^2}$, mas em uma frequência ligeiramente menor que isso. Um esboço cuidadoso da magnitude da resposta em frequência é mostrado na Figura 9.20(a) para $\omega_n = 1$, e diversos valores de ζ, em que o comportamento esperado nas vizinhanças dos polos é claramente evidente. Isso é consistente com nossa análise dos sistemas de segunda ordem, na Seção 6.5.2.

Assim, para $0 < \zeta < 1$, esse sistema de segunda ordem é um filtro passa-faixa não ideal, com o parâmetro ζ controlando o formato acentuado e a largura do pico na resposta em frequência. Em particular, da geometria, na Figura 9.19(d), vemos que o comprimento do vetor de polo do polo do segundo quadrante aumenta por um fator de $\sqrt{2}$ a partir de seu mínimo em $\omega = \omega_n\sqrt{1-\zeta^2}$ à medida que ω aumenta ou diminui a partir desse valor por $\zeta\omega_n$. Consequentemente, para ζ pequeno e desconsiderando-se o efeito do polo do terceiro quadrado distante, $|H(j\omega)|$ está

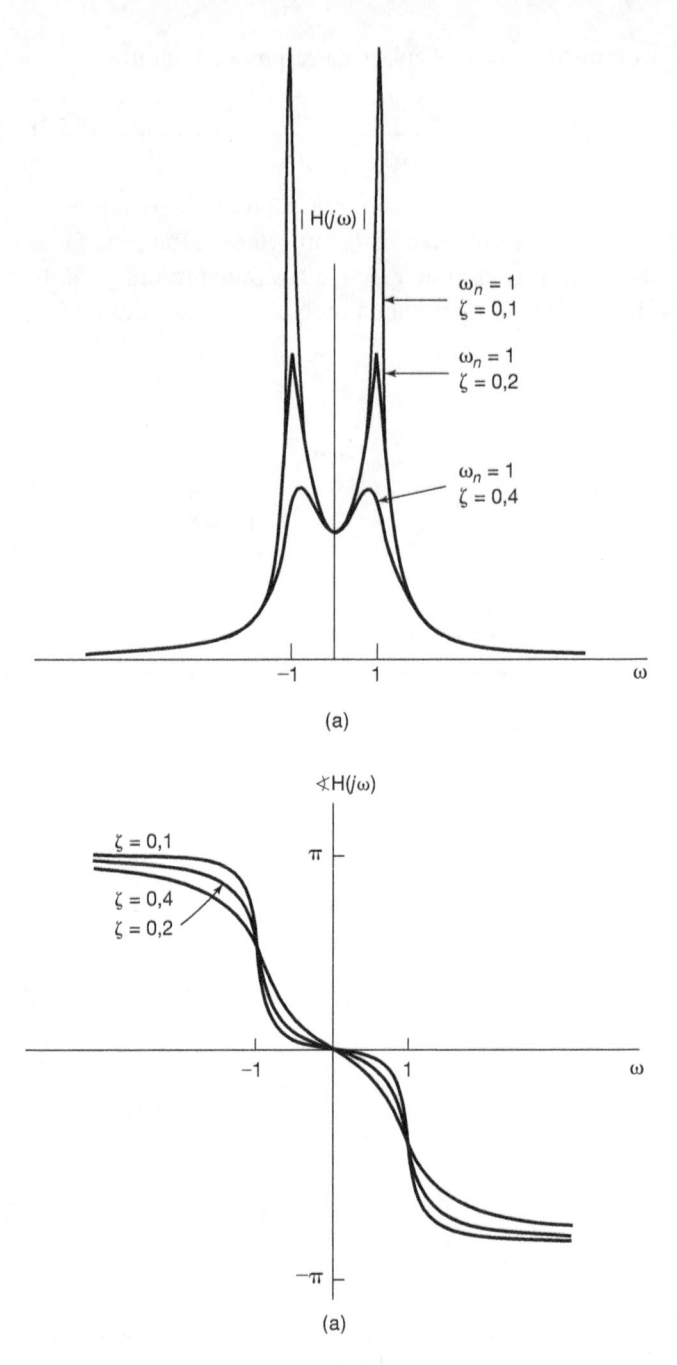

Figura 9.20 (a) Magnitude e (b) fase da resposta em frequência para um sistema de segunda ordem com $0 < \zeta < 1$.

dentro de um fator de $\sqrt{2}$ do seu valor de pico sobre o intervalo de frequência

$$\omega_n\sqrt{1-\zeta^2} - \zeta\omega_n < \omega < \omega_n\sqrt{1-\zeta^2} + \zeta\omega_n.$$

Se definirmos a largura de banda relativa, B, como a extensão desse intervalo de frequência dividido pela frequência natural ω_n, vemos que

$$B = 2\zeta.$$

Assim, quanto mais perto ζ estiver de zero, mais brusco e mais estreito será o pico na resposta em frequência. Note também que B é o inverso da medida de qualidade Q para os sistemas de segunda ordem definida na Seção 6.5.2. Assim, quando a qualidade aumenta, a largura de banda relativa diminui e o filtro torna-se cada vez mais seletivo em frequência.

Uma imagem análoga pode ser desenvolvida para $\sphericalangle H(\omega)$, que também é representado na Figura 9.20 para $\omega_n = 1$ e diversos valores de ζ. Como pode ser visto na figura 9.19 (d), o ângulo do vetor de polo do segundo quadrante muda de $-\pi/4$ para 0 e $\pi/4$ à medida que ω muda de $\omega_n\sqrt{1-\zeta^2} - \zeta\omega_n$ para $\omega_n\sqrt{1-\zeta^2}$ e $\omega_n\sqrt{1-\zeta^2} + \zeta\omega_n$. Para valores pequenos de ζ, o ângulo para o polo do terceiro quadrante muda muito pouco ao longo desse intervalo de frequência, resultando em uma mudança rápida em $\sphericalangle H(j\omega)$ de aproximadamente $\pi/2$ nesse intervalo, conforme observado na figura.

Variar ω_n com ζ fixo só muda a escala de frequência na discussão anterior, ou seja, $|H(\omega)|$ e $\sphericalangle H(\omega)$ dependem apenas de ω/ω_n. Da Figura 9.19(c), também podemos determinar prontamente como os polos e as características do sistema mudam quando variamos ζ, mantendo ω_n constante. Uma vez que $\cos\theta = \zeta$, os polos movem-se por um semicircunferência com raio ω_n fixo. Para $\zeta = 0$, os dois polos estão no eixo imaginário. De modo correspondente, no domínio do tempo, a resposta ao impulso é senoidal sem amortecimento. À medida que ζ aumenta de 0 para 1, os dois polos permanecem complexos e movem-se para o semiplano esquerdo, e os vetores da origem para os polos mantêm uma magnitude total ω_n constante. Conforme a parte real dos polos se torna mais negativa, a resposta de tempo associada decai mais rapidamente à medida que $t \to \infty$. Além disso, como vimos, quando ζ aumenta de 0 para 1, a largura de banda relativa da resposta em frequência aumenta, e a resposta em frequência torna-se menos brusca e menos seletiva em frequência.

9.4.3 Sistemas passa-tudo

Como uma ilustração final de cálculo geométrico da resposta em frequência, vamos considerar um sistema para o qual a transformada de Laplace da resposta ao impulso tem o gráfico de polos e zeros mostrado na Figura 9.21(a). Por essa figura, é evidente que, para qualquer

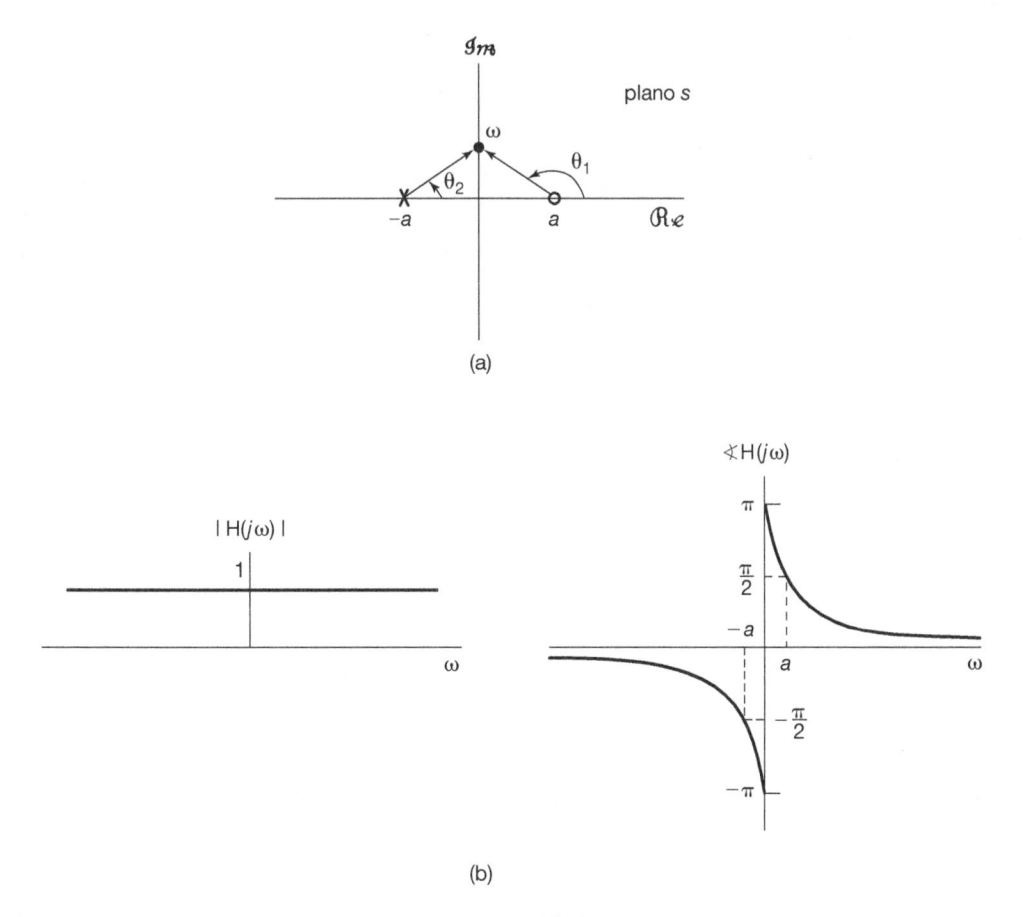

Figura 9.21 (a) Diagrama de polos e zeros para um sistema passa-tudo. (b) Magnitude e fase de uma resposta em frequência passa-tudo.

ponto ao longo do eixo $j\omega$, os vetores polo e zero possuem comprimento igual e, consequentemente, a magnitude da resposta em frequência é constante, independentemente da frequência. Esse sistema é comumente chamado de *sistema passa-tudo*, pois passa todas as frequências com o mesmo ganho (ou atenuação). A fase da resposta em frequência é $\theta_1 - \theta_2$ ou, como $\theta_1 = \pi - \theta_2$,

$$\sphericalangle H(j\omega) = \pi - 2\theta_2. \quad (9.80)$$

Pela Figura 9.21(a), $\theta_2 = \mathrm{tg}^{-1}(\omega/a)$, e assim,

$$\sphericalangle H(j\omega) = \pi - 2\,\mathrm{tg}^{-1}\left(\frac{\omega}{a}\right). \quad (9.81)$$

A magnitude e a fase de $H(j\omega)$ estão ilustradas na Figura 9.21(b).

9.5 Propriedades da transformada de Laplace

A transformada de Fourier, conta com o conjunto de propriedades desenvolvido na Seção 4.3. Nesta seção, consideramos o conjunto correspondente de propriedades para a transformada de Laplace. As deduções para muitos desses resultados são semelhantes àquelas das propriedades correspondentes para a transformada de Fourier. Consequentemente, não apresentaremos as deduções com detalhes, algumas ficando como exercícios no final do capítulo. (Ver problemas 9.52 a 9.54.)

9.5.1 Linearidade da transformada de Laplace

Se

$$x_1(t) \xleftrightarrow{\mathcal{L}} X_1(s) \text{ com uma RDC}$$
$$\text{que será}$$
$$\text{indicada como } R_1$$

e

$$x_2(t) \xleftrightarrow{\mathcal{L}} X_2(s) \text{ com uma RDC}$$
$$\text{que será}$$
$$\text{indicada como } R_2,$$

então

$$\boxed{ax_1(t) + bx_2(t) \xleftrightarrow{\mathcal{L}} aX_1(s) + bX_2(s), \text{ com RDC contendo } R_1 \cap R_2.}$$

$$(9.82)$$

Como indicado, a região de convergência de $X(s)$ é pelo menos a intersecção de R_1 e R_2, que pode ser vazia, no caso em que $X(s)$ não tem região de convergência — ou seja, $x(t)$ não tem transformada de Laplace. Por exemplo, para $x(t)$ como na Equação 9.47 do Exemplo 9.7, com $b > 0$, a RDC para $X(s)$ é a intersecção da RDC para os dois termos na soma. Se $b < 0$, não existem pontos comuns em R_1 e R_2; ou seja, a intersecção é vazia e, assim, $x(t)$ não tem transformada de Laplace. A RDC também pode ser maior que a intersecção. Como um exemplo simples, para $x_1(t) = x_2(t)$ e $a = -b$ na Equação 9.82, $x(t) = 0$ e, assim, $X(s) = 0$. A RDC de $X(s)$ é, então, o plano s inteiro.

A RDC associada com uma combinação linear de termos sempre pode ser obtida usando as propriedades da RDC desenvolvidas na Seção 9.2. Especificamente, da intersecção das RDCs para os termos individuais (supondo que não é vazia), podemos achar uma reta ou faixa que esteja na RDC da combinação linear. Então, a estendemos para a direita (aumentando $\mathcal{Re}\{s\}$) e para a esquerda (diminuindo $\mathcal{Re}\{s\}$) até os polos mais próximos (que podem estar no infinito).

■

Exemplo 9.13

Neste exemplo, ilustramos o fato de que a RDC para a transformada de Laplace de uma combinação linear de sinais pode às vezes se estender além da intersecção das RDCs para os termos individuais. Considere

$$x(t) = x_1(t) - x_2(t), \quad (9.83)$$

em que as transformadas de Laplace de $x_1(t)$ e $x_2(t)$ são, respectivamente,

$$X_1(s) = \frac{1}{s+1} \qquad \mathcal{Re}\{s\} > -1, \quad (9.84)$$

e

$$X_2(s) = \frac{1}{(s+1)(s+2)}, \qquad \mathcal{Re}\{s\} > -1. \quad (9.85)$$

O gráfico de polos e zeros, incluindo a RDC para $X_1(s)$ e $X_2(s)$, é mostrado nas figuras 9.22(a) e (b). Da Equação 9.82,

$$X(s) = \frac{1}{s+1} - \frac{1}{(s+1)(s+2)}$$
$$= \frac{s+1}{(s+1)(s+2)} = \frac{1}{s+2}. \quad (9.86)$$

Assim, na combinação linear de $x_1(t)$ e $x_2(t)$, o polo em $s = -1$ é cancelado por um zero em $s = -1$. O gráfico de polos e zeros para $X(s)$ é mostrado na Figura 9.22(c) (veja p. 409). A intersecção das RDCs para $X_1(s)$ e $X_2(s)$ é $\mathcal{Re}\{s\} > -1$. Porém, como a RDC sempre está delimitada por um polo ou infinito, para este exemplo, a RDC para $X(s)$ pode ser estendida para a esquerda para ser delimitada pelo polo em $s = -2$, como resultado do cancelamento de polos e zeros em $s = -1$.

■

9.5.2 Deslocamento no tempo

Se

$$x(t) \xleftrightarrow{\mathcal{L}} X(s), \text{ com RDC } = R,$$

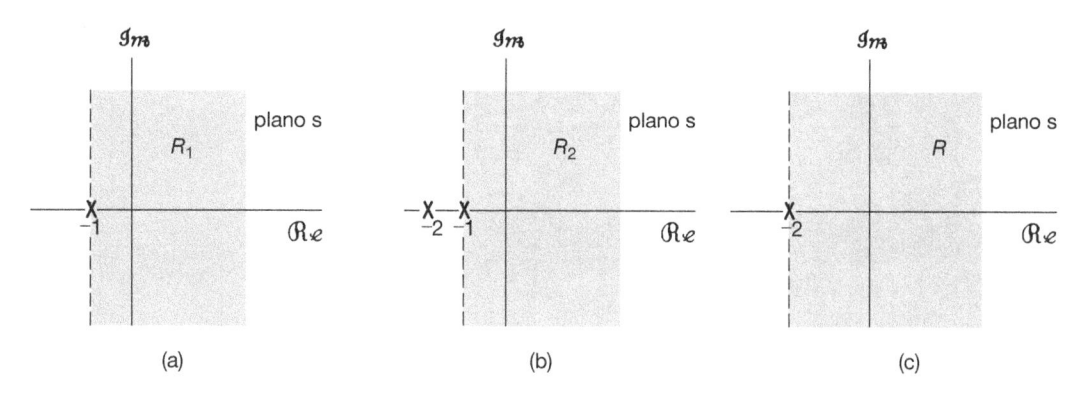

Figura 9.22 Diagramas de polos e zeros e RDCs para o Exemplo 9.13. (a) $X_1(s)$. (b) $X_2(s)$. (c) $X_1(s) - X_2(s)$. A RDC para $X_1(s) - X_2(s)$ inclui a intersecção de R_1 e R_2 que pode então ser estendida para ser delimitada pelo polo em $s = -2$.

então

$$x(t - t_0) \xleftrightarrow{\mathcal{L}} e^{-st_0} X(s), \text{ com RDC} = R. \quad (9.87)$$

9.5.3 Deslocamento no domínio s

Se

$$x(t) \xleftrightarrow{\mathcal{L}} X(s), \text{ com RDC} = R,$$

então

$$e^{s_0 t} x(t) \xleftrightarrow{\mathcal{L}} X(s - s_0), \text{ com RDC} = R + \mathcal{R}e\{s_0\}. \quad (9.88)$$

Ou seja, a RDC associada a $X(s - s_0)$ é aquela de $X(s)$, deslocada por $\mathcal{R}e\{s_0\}$. Assim, para qualquer valor s que esteja em R, o valor $s + \mathcal{R}e\{s_0\}$ estará em R_1. Isso é ilustrado na Figura 9.23. Observe que, se $X(s)$ tem um polo ou zero em $s = a$, então $X(s - s_0)$ tem um polo ou zero em $s - s_0 = a$, ou seja, $s = a + s_0$.

Um caso especial importante da Equação 9.88 é quando $s_0 = j\omega_0$, ou seja, quando um sinal $x(t)$ é usado para modular uma exponencial complexa periódica $e^{j\omega_0 t}$. Nesse caso, a Equação 9.88 torna-se

$$e^{j\omega_0 t} x(t) \xleftrightarrow{\mathcal{L}} X(s - j\omega_0), \text{ com RDC} = R. \quad (9.89)$$

A expressão $X(s - j\omega_0)$ pode ser interpretada como um deslocamento no plano s paralelo ao eixo $j\omega$. Ou seja, se a transformada de Laplace de $x(t)$ tem um polo ou zero em $s = a$, então a transformada de Laplace de $x(t)$ tem um polo ou zero em $s = a + j\omega_0$.

9.5.4 Mudança de escala no tempo

Se

$$x(t) \xleftrightarrow{\mathcal{L}} X(s), \text{ com RDC} = R,$$

então

$$x(at) \xleftrightarrow{\mathcal{L}} \frac{1}{|a|} X\left(\frac{s}{a}\right), \text{ com RDC } R_1 = aR. \quad (9.90)$$

Ou seja, para qualquer valor s em R [conforme ilustrado na Figura 9.24(a)], o valor as estará em R_1, como ilustra a Figura 9.24(b) para um valor positivo de $a < 1$. Observe que, para $0 < a < 1$, existe uma compressão no tamanho da RDC de $X(s)$ por um fator a, conforme representado na Figura 9.24(b), enquanto para $a > 1$, a RDC é expandida por um fator a. Além disso, a Equação 9.90 implica que, se a é negativo, a RDC sofre uma reversão mais uma mu-

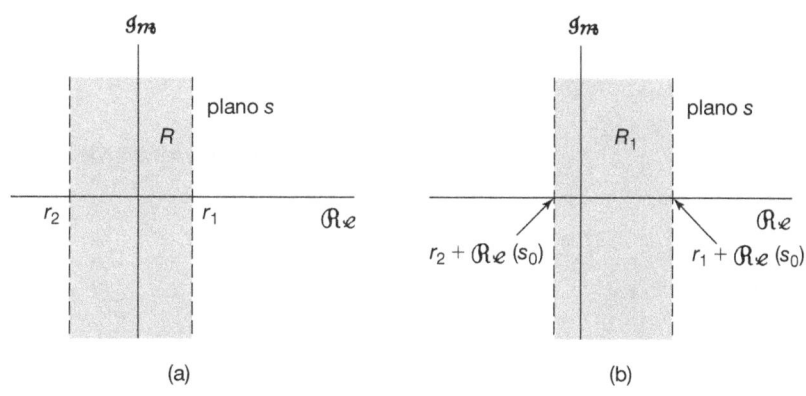

Figura 9.23 Efeito sobre a RDC do deslocamento no domínio s: (a) a RDC de $X(s)$; (b) a RDC de $X(s - s_0)$.

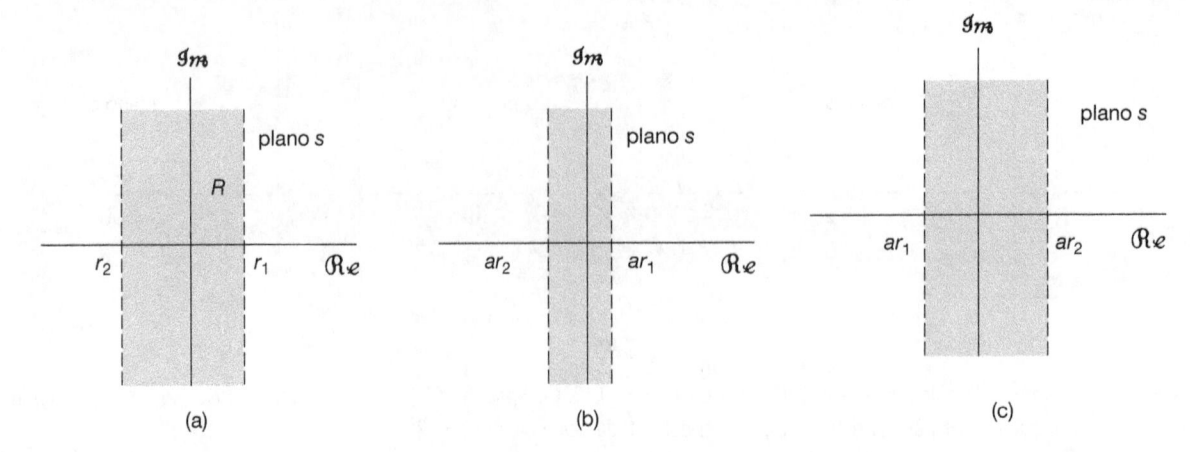

Figura 9.24 Efeito da mudança de escala de tempo sobre a RDC. (a) RDC de $X(s)$. (b) RDC de $(1/|a|)X(s/a)$ para $0 < a < 1$. (c) RDC de $(1/|a|)X(s/a)$ para $0 > a > -1$.

dança de escala. Em particular, conforme representado na Figura 9.24(c), a RDC de $1/|a|X(s/a)$ para $0 > a > -1$ envolve uma reversão em torno do eixo $j\omega$ juntamente com uma mudança no tamanho da RDC por um fator de $|a|$. Assim, a reversão de tempo de $x(t)$ resulta em uma reversão da RDC. Ou seja,

$$x(-t) \xleftrightarrow{\mathcal{L}} X(-s), \quad \text{com RDC} = -R. \quad (9.91)$$

9.5.5 Conjugação

Se

$$x(t) \xleftrightarrow{\mathcal{L}} X(s), \quad \text{com RDC} = R, \quad (9.92)$$

então

$$x^*(t) \xleftrightarrow{\mathcal{L}} X^*(s^*), \quad \text{com RDC} = R. \quad (9.93)$$

Portanto,

$$X(s) = X^*(s^*), \quad \text{quando } x(t) \text{ é real.} \quad (9.94)$$

Consequentemente, se $X(s)$ tem um polo ou zero em $s = s_0$ (ou seja, se $X(s)$ é ilimitado ou zero em $s = s_0$), então ele também tem um polo ou zero no ponto conjugado complexo $s = s_0^*$. Por exemplo, a transformada $X(s)$ para o sinal real $x(t)$ no Exemplo 9.4 tem polos em $s = 1 \pm 3j$ e zeros em $s = (-5 \pm j\sqrt{71})/2$.

9.5.6 Propriedade de convolução

Se

$$x_1(t) \xleftrightarrow{\mathcal{L}} X_1(s), \quad \text{com RDC} = R_1,$$

e

$$x_2(t) \xleftrightarrow{\mathcal{L}} X_2(s), \quad \text{com RDC} = R_2,$$

então

$$x_1(t) * x_2(t) \xleftrightarrow{\mathcal{L}} X_1(s)X_2(s), \quad \text{com RDC contendo } R_1 \cap R_2. \quad (9.95)$$

De uma maneira similar à propriedade de linearidade enunciada na Seção 9.5.1, a RDC de $X_1(s)X_2(s)$ inclui a intersecção das RDCs de $X_1(s)$ e $X_2(s)$ e pode ser maior se cancelamento de polos e zeros ocorrer no produto. Por exemplo, se

$$X_1(s) = \frac{s+1}{s+2}, \quad \mathcal{Re}\{s\} > -2, \quad (9.96)$$

e

$$X_2(s) = \frac{s+2}{s+1}, \quad \mathcal{Re}\{s\} > -1, \quad (9.97)$$

então $X_1(s)X_2(s) = 1$ e sua RDC é o plano s inteiro.

Como vimos no Capítulo 4, a propriedade de convolução no contexto da transformada de Fourier desempenha um papel importante na análise de sistemas lineares invariantes no tempo. Nas seções 9.7 e 9.8 exploraremos com detalhes a propriedade de convolução para transformadas de Laplace na análise de sistemas LIT em geral, e mais especificamente para a classe de sistemas representada por equações diferenciais com coeficientes constantes.

9.5.7 Diferenciação no domínio do tempo

Se

$$x(t) \xleftrightarrow{\mathcal{L}} X(s), \quad \text{com RDC} = R,$$

então

$$\frac{dx(t)}{dt} \xleftrightarrow{\mathcal{L}} sX(s), \quad \text{com RDC contendo } R. \quad (9.98)$$

Essa propriedade segue diferenciando-se ambos os membros da transformada inversa de Laplace conforme expressa na Equação 9.56. Especificamente, seja

$$x(t) = \frac{1}{2\pi j} \int_{\sigma-j\infty}^{\sigma+j\infty} X(s)e^{st} ds.$$

Então,

$$\frac{dx(t)}{dt} = \frac{1}{2\pi j} \int_{\sigma-j\infty}^{\sigma+j\infty} sX(s)e^{st} ds. \quad (9.99)$$

Consequentemente, $dx(t)/dt$ é a transformada inversa de Laplace de $sX(s)$. A RDC de $sX(s)$ inclui a RDC de $X(s)$ e pode ser maior se $X(s)$ tiver um polo de primeira ordem em $s = 0$ que é cancelado pela multiplicação por s. Por exemplo, se $x(t) = u(t)$, então $X(s) = 1/s$ com uma RDC que é $\mathcal{R}e\{s\} > 0$. A derivada de $x(t)$ é um impulso com uma transformada de Laplace associada que é unitária e com uma RDC que é o plano s inteiro.

9.5.8 Diferenciação no domínio s

Diferenciando ambos os membros da Equação 9.3 da transformada de Laplace, ou seja,

$$X(s) = \int_{-\infty}^{+\infty} x(t)e^{-st} dt,$$

obtemos

$$\frac{dX(s)}{ds} = \int_{-\infty}^{+\infty} (-t)x(t)e^{-st} dt.$$

Consequentemente, se

$$x(t) \xleftrightarrow{\mathcal{L}} X(s), \quad \text{com RDC} = R,$$

então

$$\boxed{-tx(t) \xleftrightarrow{\mathcal{L}} \frac{dX(s)}{ds}, \quad \text{com RDC} = R.} \quad (9.100)$$

Os próximos dois exemplos ilustram o uso dessa propriedade.

Exemplo 9.14

Vamos encontrar a transformada de Laplace de

$$x(t) = te^{-at} u(t). \quad (9.101)$$

Como

$$e^{-at}u(t) \xleftrightarrow{\mathcal{L}} \frac{1}{s+a}, \quad \mathcal{R}e\{s\} > -a,$$

pela Equação 9.100, sabemos que

$$te^{-at}u(t) \xleftrightarrow{\mathcal{L}} \frac{d}{ds}\left[\frac{1}{s+a}\right] = \frac{1}{(s+a)^2}, \quad \mathcal{R}e\{s\} > -a. \quad (9.102)$$

De fato, da aplicação repetida da Equação 9.100, obtemos

$$\frac{t^2}{2}e^{-at}u(t) \xleftrightarrow{\mathcal{L}} \frac{1}{(s+a)^3}, \quad \mathcal{R}e\{s\} > -a, \quad (9.103)$$

e, generalizando,

$$\frac{t^{n-1}}{(n-1)!}e^{-at}u(t) \xleftrightarrow{\mathcal{L}} \frac{1}{(s+a)^n}, \quad \mathcal{R}e\{s\} > -a. \quad (9.104)$$

Como o próximo exemplo ilustra, esse par de transformadas de Laplace específico é particularmente útil quando se aplica expansão em frações parciais para a determinação da transformada inversa de Laplace de uma função racional com polos de ordem múltipla.

Exemplo 9.15

Considere a transformada de Laplace

$$X(s) = \frac{2s^2 + 5s + 5}{(s+1)^2(s+2)} \quad \mathcal{R}e\{s\} > -1.$$

Aplicando o método da expansão em frações parciais descrito no apêndice, podemos escrever $X(s)$ como

$$X(s) = \frac{2}{(s+1)^2} - \frac{1}{(s+1)} + \frac{3}{s+2} \quad \mathcal{R}e\{s\} > -1. \quad (9.105)$$

Como a RDC está à direita dos polos em $s = -1$ e $s = -2$, as transformadas inversas de cada um dos termos é um sinal lateral direito e, aplicando as equações 9.14 e 9.104, obtemos a transformada inversa

$$x(t) = [2te^{-t} - e^{-t} + 3e^{-2t}] u(t).$$

9.5.9 Integração no domínio do tempo

Se

$$x(t) \xleftrightarrow{\mathcal{L}} X(s), \quad \text{com RDC} = R,$$

então

$$\boxed{\int_{-\infty}^{t} x(\tau)d\tau \xleftrightarrow{\mathcal{L}} \frac{1}{s}X(s), \quad \begin{array}{l}\text{com RDC contendo}\\ R \cap \{\mathcal{R}e\{s\} > 0\}.\end{array}} \quad (9.106)$$

Essa propriedade é o inverso da propriedade de diferenciação apresentada na Seção 9.5.7. Ela pode ser deduzida usando a propriedade de convolução apresentada na Seção 9.5.6. Especificamente,

$$\int_{-\infty}^{t} x(\tau)d\tau = u(t) * x(t). \quad (9.107)$$

Pelo Exemplo 9.1, com $a = 0$,

$$u(t) \xleftrightarrow{\mathcal{L}} \frac{1}{s}, \qquad \mathcal{R}e\{s\} > 0. \qquad (9.108)$$

e, assim, pela propriedade de convolução,

$$u(t) * x(t) \xleftrightarrow{\mathcal{L}} \frac{1}{s} X(s), \qquad (9.109)$$

com uma RDC que contém a intersecção da RDC de $X(s)$ e a RDC da transformada de Laplace de $u(t)$ da Equação 9.108, que resulta na RDC dada na Equação 9.106.

9.5.10 Os teoremas dos valores inicial e final

Sob as restrições específicas de que $x(t) = 0$ para $t < 0$, e que $x(t)$ não contém impulsos ou singularidades de ordem mais elevada na origem, pode-se calcular diretamente pela transformada de Laplace o valor inicial $x(0^+)$ — ou seja, $x(t)$ enquanto t se aproxima de zero a partir de valores positivos de t. Especificamente, o *teorema do valor inicial* estabelece que

$$x(0^+) = \lim_{s \to \infty} sX(s). \qquad (9.110)$$

Também, se $x(t) = 0$ para $t < 0$ e, além disso, $x(t)$ tem limite finito quando $t \to \infty$, o *teorema do valor final* diz que

$$\lim_{t \to \infty} x(t) = \lim_{s \to 0} sX(s). \qquad (9.111)$$

A dedução desses resultados é considerada no Problema 9.53.

Exemplo 9.16

Os teoremas dos valores inicial e final podem ser úteis na verificação do cálculo da transformada de Laplace obtida para um sinal. Por exemplo, considere o sinal $x(t)$ no Exemplo 9.4. Pela Equação 9.24, vemos que $x(0+) = 2$. Além disso, usando a Equação 9.29, encontramos que

$$\lim_{s \to \infty} sX(s) = \lim_{s \to \infty} \frac{2s^3 + 5s^2 + 12s}{s^3 + 4s^2 + 14s + 20} = 2,$$

que é consistente com o teorema do valor inicial na Equação 9.110.

9.5.11 Tabela de propriedades

Na Tabela 9.1, resumimos as propriedades desenvolvidas nesta seção. Na Seção 9.7, muitas dessas propriedades são usadas na aplicação da transformada de Laplace para a análise e caracterização de sistemas lineares invariantes no tempo. Conforme ilustramos em muitos exemplos, as diversas propriedades das transformadas de Laplace e suas RDCs podem nos fornecer informações consideráveis sobre um sinal e sua transformada, as quais podem ser úteis ou na caracterização de um sinal ou na verificação de uma expressão obtida. Nas seções 9.7 e 9.8 e em alguns dos problemas ao final deste capítulo, damos vários outros exemplos dos usos dessas propriedades.

9.6 Alguns pares de transformadas de Laplace

Conforme indicamos na Seção 9.3, a transformada inversa de Laplace muitas vezes pode ser facilmente calculada decompondo-se $X(s)$ em uma combinação linear de termos mais simples, podendo-se reconhecer a transformada inversa de cada termo. Na Tabela 9.2 (veja p. 414), listamos uma série de pares úteis de transformadas de Laplace. O par transformado 1 resulta diretamente da Equação 9.3. Os pares transformados 2 e 6 seguem diretamente do Exemplo 9.1, com $a = 0$ e $a = \alpha$, respectivamente. O par transformado 4 foi desenvolvido no Exemplo 9.14 usando a propriedade de diferenciação. O par transformado 8 segue do par transformado 4 usando a propriedade estabelecida na Seção 9.5.3. Os pares transformados 3, 5, 7 e 9 são baseados nos pares de transformados 2, 4, 6 e 8, respectivamente, juntamente com a propriedade de mudança de escala de tempo da Seção 9.5.4 com $a = -1$. De modo semelhante, os pares transformados de 10 a 16 podem ser obtidos a partir dos anteriores da tabela usando as propriedades apropriadas da Tabela 9.1 (ver Problema 9.55).

9.7 Análise e caracterização de sistemas LIT usando a transformada de Laplace

Uma das aplicações importantes da transformada de Laplace é a análise e caracterização de sistemas LIT. Seu papel para essa classe de sistemas decorre diretamente da propriedade da convolução (Seção 9.5.6). Especificamente, a transformada de Laplace da entrada e da saída de um sistema LIT estão relacionadas por meio da multiplicação pela transformada de Laplace da resposta ao impulso do sistema. Assim,

$$Y(s) = H(s)X(s), \qquad (9.112)$$

em que $X(s)$, $Y(s)$ e $H(s)$ são as transformadas de Laplace da entrada, saída e resposta ao impulso do sistema, respectivamente. A Equação 9.112 é a equivalente, no contexto das transformadas de Laplace, da Equação 4.56 para transformada de Fourier. Além disso, pela nossa discussão na Seção 3.2 sobre a resposta de sistemas LIT a exponenciais complexas, se a entrada de um sistema LIT é $x(t) = e^{st}$, com s na RDC de $H(s)$, então a saída será $H(s)e^{st}$; ou seja, e^{st} é uma autofunção do sistema com autovalor igual à transformada de Laplace da resposta ao impulso.

Se a RDC de $H(s)$ inclui o eixo imaginário, então, para $s = j\omega$, $H(s)$ é a resposta em frequência do sistema LIT. No

Tabela 9.1 Propriedades da transformada de Laplace

Seção	Propriedade	Sinal	Transformada de Laplace	RDC
		$x(t)$	$X(s)$	R
		$x_1(t)$	$X_1(s)$	R_1
		$x_2(t)$	$X_2(s)$	R_2
9.5.1	Linearidade	$ax_1(t) + bx_2(t)$	$aX_1(s) + bX_2(s)$	Pelo menos $R_1 \cap R_2$
9.5.2	Deslocamento no tempo	$x(t-t_0)$	$e^{-st_0}X(s)$	R
9.5.3	Deslocamento no domínio s	$e^{s_0 t}x(t)$	$X(s-s_0)$	Versão deslocada de R (ou seja, s está na RDC se $s - s_0$ estiver em R)
9.5.4	Mudança de escala no tempo	$x(at)$	$\frac{1}{\|a\|}X\left(\frac{s}{a}\right)$	RDC com mudança de escala (ou seja, s está na RDC se s/a estiver em R)
9.5.5	Conjugação	$x^*(t)$	$X^*(s^*)$	R
9.5.6	Convolução	$x_1(t) * x_2(t)$	$X_1(s)X_2(s)$	Pelo menos $R_1 \cap R_2$
9.5.7	Diferenciação no domínio do tempo	$\frac{d}{dt}x(t)$	$sX(s)$	Pelo menos R
9.5.8	Diferenciação no domínio s	$-tx(t)$	$\frac{d}{ds}X(s)$	R
9.5.9	Integração no domínio do tempo	$\int_{-\infty}^{t} x(\tau)d(\tau)$	$\frac{1}{s}X(s)$	Pelo menos $R \cap \{\mathcal{R}e\{s\} > 0\}$

Teoremas dos valores inicial e final

Se $x(t) = 0$ para $t < 0$ e $x(t)$ não contém impulsos ou singularidades de ordem mais elevada em $t = 0$, então

9.5.10
$$x(0^+) = \lim_{s \to \infty} sX(s)$$

Se $x(t) = 0$ para $t < 0$ e $x(t)$ tem um limite finito quando $t \to \infty$, então

$$\lim_{t \to \infty} x(t) = \lim_{s \to 0} sX(s)$$

contexto mais amplo da transformada de Laplace, $H(s)$ é comumente chamado de função de sistema ou, alternativamente, *função de transferência*. Muitas propriedades dos sistemas LIT podem ser estreitamente associadas com as características da *função de sistema* no plano s. Ilustramos esse fato em seguida, examinando diversas propriedades e classes importantes de sistemas.

9.7.1 Causalidade

Para um sistema LIT causal, a resposta ao impulso é zero para $t < 0$ e, portanto, é lateral direita. Consequentemente, da discussão na Seção 9.2, vemos que

A RDC associada à função de sistema para um sistema causal é um semiplano direito.

Tabela 9.2 Transformadas de Laplace de funções elementares

Par de transformadas	Sinal	Transformada	RDC
1	$\delta(t)$	1	Todo s
2	$u(t)$	$\dfrac{1}{s}$	$\mathcal{R}e\{s\} > 0$
3	$-u(-t)$	$\dfrac{1}{s}$	$\mathcal{R}e\{s\} < 0$
4	$\dfrac{t^{n-1}}{(n-1)!}u(t)$	$\dfrac{1}{s^n}$	$\mathcal{R}e\{s\} > 0$
5	$-\dfrac{t^{n-1}}{(n-1)!}u(-t)$	$\dfrac{1}{s^n}$	$\mathcal{R}e\{s\} < 0$
6	$e^{-\alpha t}u(t)$	$\dfrac{1}{s+\alpha}$	$\mathcal{R}e\{s\} > -\alpha$
7	$-e^{-\alpha t}u(-t)$	$\dfrac{1}{s+\alpha}$	$\mathcal{R}e\{s\} < -\alpha$
8	$\dfrac{t^{n-1}}{(n-1)!}e^{-\alpha t}u(t)$	$\dfrac{1}{(s+\alpha)^n}$	$\mathcal{R}e\{s\} > -\alpha$
9	$-\dfrac{t^{n-1}}{(n-1)!}e^{-\alpha t}u(-t)$	$\dfrac{1}{(s+\alpha)^n}$	$\mathcal{R}e\{s\} < -\alpha$
10	$\delta(t-T)$	e^{-sT}	Todo s
11	$[\cos \omega_0 t]u(t)$	$\dfrac{\omega_0}{s^2+\omega_0^2}$	$\mathcal{R}e\{s\} > 0$
12	$[\text{sen } \omega_0 t]u(t)$	$\dfrac{\omega_0}{s^2+\omega_0^2}$	$\mathcal{R}e\{s\} > 0$
13	$[e^{-\alpha t}\cos \omega_0 t]u(t)$	$\dfrac{s+\alpha}{(s+\alpha)^2+\omega_0^2}$	$\mathcal{R}e\{s\} > -\alpha$
14	$[e^{-\alpha t}\text{sen } \omega_0 t]u(t)$	$\dfrac{\omega_0}{(s+\alpha)^2+\omega_0^2}$	$\mathcal{R}e\{s\} > -\alpha$
15	$u_n(t) = \dfrac{d^n\delta(t)}{dt^n}$	s^n	Todo s
16	$u_{-n}(t) = \underbrace{u(t) * \cdots * u(t)}_{n \text{ vezes}}$	$\dfrac{1}{s^n}$	$\mathcal{R}e\{s\} > 0$

No entanto, devemos enfatizar que o inverso não é necessariamente verdadeiro. Isto é, como ilustrado no Exemplo 9.19 (veja p. 415), uma RDC à direita do polo mais à direita não garante que o sistema é causal, apenas que a resposta ao impulso é lateral direita. Porém, se $H(s)$ é *racional*, então, como ilustrado nos exemplos 9.17 e 9.18, a seguir, podemos determinar se o sistema é causal simplesmente verificando se sua RDC é um semiplano lateral direito. Especificamente,

> Para um sistema com uma função de sistema racional, a causalidade do sistema é equivalente à RDC ser o semiplano direito à direita do polo mais à direita.

Exemplo 9.17

Considere um sistema com resposta ao impulso

$$h(t) = e^{-t}u(t). \quad (9.113)$$

Como $h(t) = 0$ para $t < 0$, esse sistema é causal. Além disso, a função de sistema pode ser obtida do Exemplo 9.1:

$$H(s) = \frac{1}{s+1}, \quad \mathcal{Re}\{s\} > -1. \quad (9.114)$$

Nesse caso, a função de sistema é racional, e a RDC na Equação 9.114 está à direita do polo mais à direita, consistente com nossa afirmação de que a causalidade para os sistemas com funções de sistema racionais é equivalente à RDC estar à direita do polo mais à direita.

Exemplo 9.18

Considere um sistema com resposta ao impulso

$$h(t) = e^{-|t|}.$$

Como $h(t) \neq 0$ para $t < 0$, esse sistema não é causal. Além disso, do Exemplo 9.7, a função do sistema é

$$H(s) = \frac{-2}{s^2 - 1}, \quad -1 < \mathcal{Re}\{s\} < +1.$$

Então, $H(s)$ é racional e tem uma RDC que *não* está à direita do polo mais à direita, consistente com o fato de que esse sistema é não causal.

Exemplo 9.19

Considere a função do sistema

$$H(s) = \frac{e^s}{s+1}, \quad \mathcal{Re}\{s\} > -1. \quad (9.115)$$

Para esse sistema, a RDC está à direita do polo mais à direita. Portanto, a resposta ao impulso deve ser lateral direita. Para determinar a resposta ao impulso, primeiro usamos o resultado do Exemplo 9.1:

$$e^{-t}u(t) \overset{\mathcal{L}}{\longleftrightarrow} \frac{1}{s+1}, \quad \mathcal{Re}\{s\} > -1. \quad (9.116)$$

Em seguida, pela propriedade de deslocamento no tempo da Seção 9.5.2 (Equação 9.87), o fator e^s na Equação 9.115 pode ser representado por um deslocamento na função de tempo na Equação 9.116. Então,

$$e^{-(t+1)}u(t+1) \overset{\mathcal{L}}{\longleftrightarrow} \frac{e^s}{s+1} \quad \mathcal{Re}\{s\} > -1, \quad (9.117)$$

de modo que a resposta ao impulso associada ao sistema é

$$h(t) = e^{-(t+1)}u(t+1), \quad (9.118)$$

que é não nula para $-1 < t < 0$. Portanto o sistema é não causal. Este exemplo serve como um lembrete de que, a causalidade implica que a RDC está à direita do polo mais à direita, mas a afirmação contrária em geral não é verdadeira, a menos que a função de sistema seja racional.

De uma maneira exatamente análoga, podemos tratar o conceito de anticausalidade. Especificamente, o sistema é *anticausal* se sua resposta ao impulso $h(t) = 0$ para $t > 0$. Como, nesse caso, $h(t)$ é lateral esquerdo, pela Seção 9.2, sabemos que a RDC da função de sistema $H(s)$ precisa ser um semiplano esquerdo. Em geral, a implicação reversa não é verdadeira. Ou seja, se a RDC de $H(s)$ é um semiplano esquerdo, tudo o que sabemos é que $h(t)$ é lateral esquerda. Porém, se $H(s)$ é racional, então ter uma RDC à esquerda do polo mais à esquerda é equivalente ao sistema ser anticausal.

9.7.2 Estabilidade

A RDC de $H(s)$ também pode ser relacionada com a estabilidade do sistema. Conforme mencionado na Seção 2.3.7, a estabilidade de um sistema LIT é equivalente à sua resposta ao impulso ser absolutamente integrável, caso em que (Seção 4.4) a transformada de Fourier da resposta ao impulso converge. Como a transformada de Fourier de um sinal é igual à transformada de Laplace calculada ao longo do eixo $j\omega$, temos o seguinte:

> Um sistema LIT é estável se e somente se a RDC de sua função do sistema $H(s)$ incluir o eixo $j\omega$ inteiro [ou seja, $\mathcal{Re}\{s\} = 0$].

Exemplo 9.20

Vamos considerar um sistema LIT com a função de sistema

$$H(s) = \frac{s-1}{(s+1)(s-2)}. \quad (9.119)$$

Como a RDC não foi especificada, sabemos, pela nossa discussão na Seção 9.2, que existem diversas RDCs diferentes e, consequentemente, diversas respostas ao impulso do sistema diferentes, que podem estar associadas à expressão algébrica para $H(s)$, dada na Equação 9.119. Porém se as informações sobre causalidade ou estabilidade forem conhecida, a RDC apropriada pode ser identificada. Por exemplo, se o sistema for conhecidamente *causal*, a RDC será aquela indicada na Figura 9.25(a) com resposta ao impulso

$$h(t) = \left(\frac{2}{3}e^{-t} + \frac{1}{3}e^{2t}\right)u(t). \quad (9.120)$$

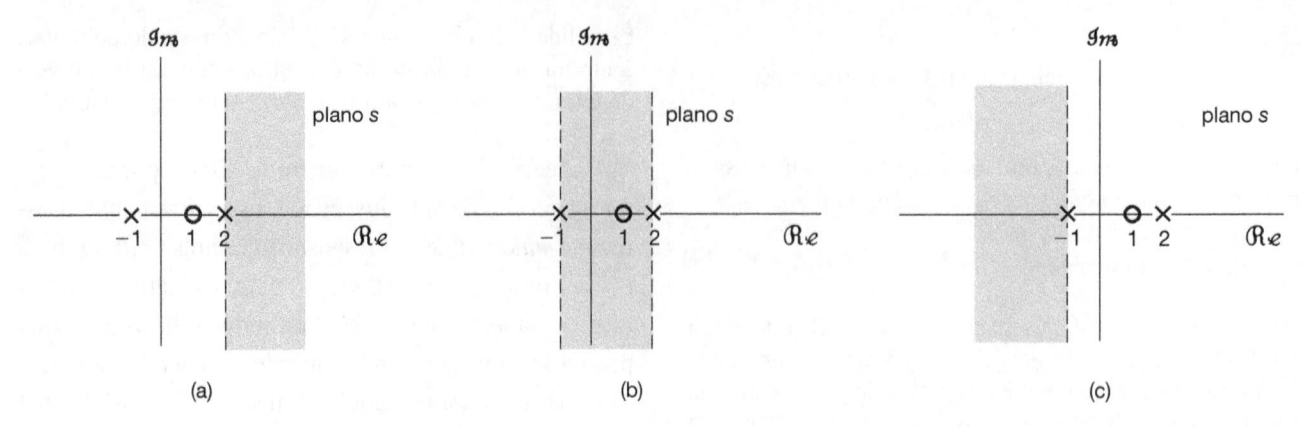

Figura 9.25 RDCs possíveis para a função de sistema do Exemplo 9.20 com polos em $s = -1$ e $s = 2$ e um zero em $s = 1$: (a) sistema causal, instável; (b) sistema não *causal*, estável; (c) sistema anticausal, instável.

Note que essa escolha em particular de RDC não inclui o eixo $j\omega$ e, consequentemente, o sistema correspondente é instável (como pode ser verificado observando-se que $h(t)$ na Equação 9.120 não é absolutamente integrável). Por outro lado, se o sistema for conhecidamente *estável*, a RDC é a dada na Figura 9.25(b), e a resposta ao impulso correspondente é

$$h(t) = \frac{2}{3}e^{-t}u(t) - \frac{1}{3}e^{2t}u(-t),$$

que é absolutamente integrável. Por fim, para a RDC na Figura 9.25(c), o sistema é anticausal e instável, com

$$h(t) = -\left(\frac{2}{3}e^{-t} + \frac{1}{3}e^{2t}\right)u(-t).$$

Naturalmente, é perfeitamente possível que um sistema seja estável (ou instável) e tenha uma função de sistema que não é racional. Por exemplo, a função de sistema na Equação 9.115 não é racional e sua resposta ao impulso na Equação 9.118 é absolutamente integrável, indicando que esse sistema é estável. Porém, para sistemas com funções de sistema racionais, a estabilidade é facilmente interpretada em termos dos polos do sistema. Por exemplo, para o diagrama de polos e zeros da Figura 9.25, a estabilidade corresponde à escolha de uma RDC que está entre os dois polos, de modo que o eixo $j\omega$ esteja contido na RDC.

Para uma classe de sistemas particular e muito importante, a estabilidade pode ser caracterizada muito simplesmente em termos da localização dos polos. Especificamente, considere um sistema LIT causal com uma função de sistema racional $H(s)$. Como o sistema é causal, a RDC está à direita do polo mais à direita. Consequentemente, para esse sistema ser estável, ou seja, para a RDC incluir o eixo $j\omega$, o polo mais à direita de $H(s)$ precisa estar à *esquerda* do eixo $j\omega$. Ou seja,

> Um sistema causal com função de sistema racional $H(s)$ é estável se e somente se todos os polos de $H(s)$ estiverem no semiplano esquerdo no plano s — ou seja, todos os polos tiverem parte real negativa.

■
Exemplo 9.21

Considere novamente o sistema causal no Exemplo 9.14. A resposta ao impulso na Equação 9.113 é absolutamente integrável, e assim o sistema é estável. De forma consistente, vemos que o polo de $H(s)$ na Equação 9.114 está em $s = -1$, que está no semiplano esquerdo do plano s. Ao contrário, o sistema causal com resposta ao impulso

$$h(t) = e^{2t}u(t)$$

é instável, pois $h(t)$ não é absolutamente integrável. Além disso, no caso,

$$H(s) = \frac{1}{s-2}, \quad \mathcal{R}e\{s\} > 2,$$

de modo que o sistema tem um polo em $s = 2$ no semiplano direito do plano s.

■
Exemplo 9.22

Vamos considerar a classe de sistemas de segunda ordem causais que discutimos anteriormente, nas seções 9.4.2 e 6.5.2. A resposta ao impulso e a função do sistema são, respectivamente,

$$h(t) = M[e^{c_1 t} - e^{c_2 t}]u(t) \qquad (9.121)$$

e

$$H(s) = \frac{\omega_n^2}{s^2 + 2\zeta\omega_n s + \omega_n^2} = \frac{\omega_n^2}{(s-c_1)(s-c_2)}. \qquad (9.122)$$

em que

$$c_1 = -\zeta\omega_n + \omega_n\sqrt{\zeta^2 - 1} \quad (9.123)$$

$$c_2 = -\zeta\omega_n - \omega_n\sqrt{\zeta^2 - 1} \quad (9.124)$$

$$M = \frac{\omega_n}{2\sqrt{\zeta^2 - 1}}. \quad (9.125)$$

Na Figura 9.19, ilustramos a localização dos polos para $\zeta > 0$. Na Figura 9.26, ilustramos a localização dos polos para $\zeta < 0$. Como fica evidente por esta figura e pelas equações 9.124 e 9.125, para $\zeta < 0$, os dois polos possuem parte real positiva. Consequentemente, para $\zeta < 0$, o sistema causal de segunda ordem não pode ser estável. Isso também é evidente na Equação 9.121, pois com $\mathcal{R}e\{c_1\} > 0$ e $\mathcal{R}e\{c_2\} > 0$, cada termo cresce exponencialmente quando t aumenta, e assim $h(t)$ não pode ser absolutamente integrável.

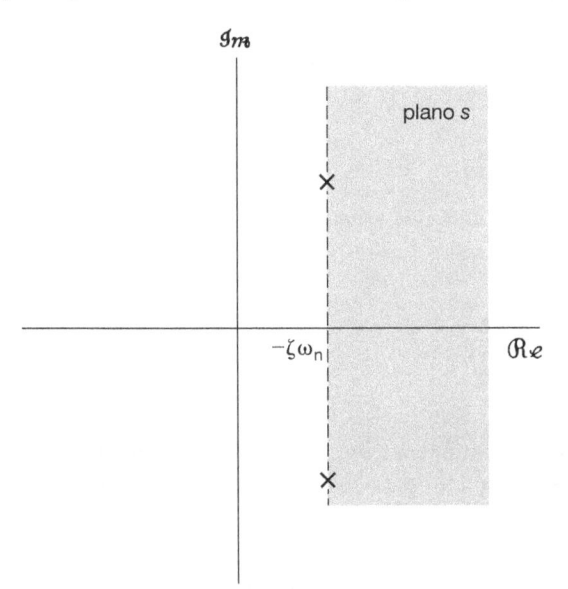

Figura 9.26 Localização de polo e RDC para um sistema causal de segunda ordem com $\zeta < 0$.

9.7.3 Sistemas LIT caracterizados por equações diferenciais lineares com coeficientes constantes

Na Seção 4.7, vimos como a transformada de Fourier pode ser usada para se obter a resposta em frequência de um sistema LIT caracterizado por uma equação diferencial com coeficientes constantes sem primeiro se obter a resposta ao impulso ou a solução no domínio do tempo. De uma maneira exatamente análoga, as propriedades da transformada de Laplace podem ser exploradas para se obter diretamente a função do sistema para um sistema LIT caracterizado por uma equação diferencial linear com coeficientes constantes. Ilustramos esse procedimento no exemplo a seguir.

Exemplo 9.23

Considere um sistema LIT para o qual a entrada $x(t)$ e saída $y(t)$ satisfazem a equação diferencial linear com coeficientes constantes

$$\frac{dy(t)}{dt} + 3y(t) = x(t). \quad (9.126)$$

Aplicando a transformada de Laplace em ambos os membros da Equação 9.126 e usando as propriedades de linearidade e diferenciação apresentadas nas seções 9.5.1 e 9.5.7, respectivamente (equações 9.82 e 9.98), obtemos a equação algébrica

$$sY(s) + 3Y(s) = X(s). \quad (9.127)$$

Como, pela Equação 9.112, a função do sistema é

$$H(s) = \frac{Y(s)}{X(s)},$$

obtemos para este exemplo

$$H(s) = \frac{1}{s+3}. \quad (9.128)$$

Dessa forma, obtemos a expressão algébrica para a função de sistema, mas não a região de convergência. De fato, conforme discutimos na Seção 2.4, a própria equação diferencial não é uma especificação completa do sistema LIT, e em geral existem diferentes respostas ao impulso, todas consistentes com a equação diferencial. Se, além da equação diferencial, soubermos que o sistema é causal, então a RDC pode ser inferida como estando à direita do polo mais à direita, que para este exemplo corresponde a $\mathcal{R}e\{s\} > -3$. Se o sistema fosse conhecidamente anticausal, então a RDC associada a $H(s)$ seria $\mathcal{R}e\{s\} < -3$. A resposta ao impulso correspondente no caso causal é

$$h(t) = e^{-3t}u(t), \quad (9.129)$$

enquanto no caso anticausal é

$$h(t) = -e^{-3t}u(-t). \quad (9.130)$$

O mesmo procedimento usado para obter $H(s)$ a partir da equação diferencial neste exemplo pode ser aplicado de forma mais geral. Considere uma equação diferencial linear com coeficientes constantes genéricos, na forma

$$\sum_{k=0}^{N} a_k \frac{d^k y(t)}{dt^k} = \sum_{k=0}^{M} b_k \frac{d^k x(t)}{dt^k}. \quad (9.131)$$

Aplicando a transformada de Laplace em ambos os membros e novamente usando as propriedades de linearidade e diferenciação repetidamente, obtemos

$$\left(\sum_{k=0}^{N} a_k s^k\right) Y(s) = \left(\sum_{k=0}^{M} b_k s^k\right) X(s), \quad (9.132)$$

ou

$$H(s) = \frac{\left(\sum_{k=0}^{M} b_k s^k\right)}{\left(\sum_{k=0}^{N} a_k s^k\right)}. \quad (9.133)$$

Assim, a função de sistema para um sistema especificado por uma equação diferencial é sempre racional, com zeros nas soluções de

$$\sum_{k=0}^{M} b_k s^k = 0 \quad (9.134)$$

e polos nas soluções de

$$\sum_{k=0}^{N} a_k s^k = 0. \quad (9.135)$$

Dessa forma consistente com nossa discussão anterior, a Equação 9.133 não inclui uma especificação da região de convergência de $H(s)$, pois a equação diferencial linear com coeficientes constantes por si só não restringe a região de convergência. Porém, com informações adicionais, como a estabilidade ou causalidade do sistema, a região de convergência pode ser deduzida. Por exemplo, se impusermos as condições do repouso inicial no sistema de modo que ele seja causal, a RDC estará à direita do polo mais à direita.

Exemplo 9.24

Um circuito RLC cuja tensão no capacitor e a corrente no indutor são inicialmente nulas constitui um sistema LIT que pode ser descrito por uma equação diferencial linear com coeficientes constantes. Considere o circuito RLC em série na Figura 9.27. Seja a tensão na fonte de tensão o sinal de entrada, $x(t)$, e seja a tensão medida no capacitor o sinal de saída, $y(t)$. Igualando a soma das tensões por meio do resistor, indutor e capacitor com a tensão da fonte, obtemos

$$RC\frac{dy(t)}{dt} + LC\frac{d^2 y(t)}{dt^2} + y(t) = x(t) \quad (9.136)$$

Aplicando a Equação 9.133, obtemos

$$H(s) = \frac{1/LC}{s^2 + (R/L)s + (1/LC)}. \quad (9.137)$$

Como mostrado no Problema 9.64, se os valores de R, L e C forem todos positivos, os polos dessa função de sistema terão parte real negativa, e consequentemente o sistema será estável.

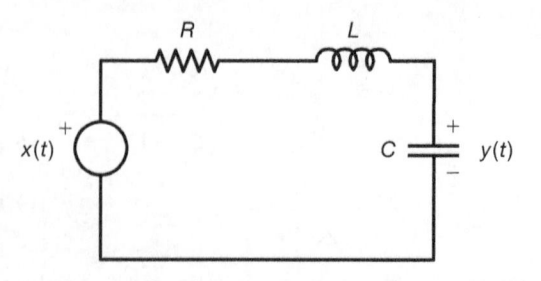

Figura 9.27 Um circuito RLC série.

9.7.4 Exemplos relacionando o comportamento do sistema à função de sistema

Como vimos, as propriedades do sistema como causalidade e estabilidade podem estar relacionadas diretamente à função de sistema e suas características. De fato, cada uma das propriedades da transformada de Laplace que descrevemos pode ser usada dessa forma para relacionar o comportamento do sistema à função de sistema. Nesta seção, damos vários exemplos ilustrando isso.

Exemplo 9.25

Suponha que saibamos que se a entrada de um sistema LIT é

$$x(t) = e^{-3t}u(t),$$

então, a saída é

$$y(t) = [e^{-t} - e^{-2t}]u(t).$$

Como mostramos a seguir, com esse conhecimento, podemos determinar a função de sistema para esse sistema e, por isso, podemos imediatamente deduzir uma série de outras propriedades desse sistema.

Tomando transformadas de Laplace de $x(t)$ e $y(t)$, obtemos

$$X(s) = \frac{1}{s+3}, \quad \mathcal{R}e\{s\} > -3,$$

e

$$Y(s) = \frac{1}{(s+1)(s+2)} \quad \mathcal{R}e\{s\} > -1.$$

Da Equação 9.112, podemos então concluir que

$$H(s) = \frac{Y(s)}{X(s)} = \frac{s+3}{(s+1)(s+2)} = \frac{s+3}{s^2 + 3s + 2}.$$

Além disso, também podemos determinar a RDC para esse sistema. Em particular, sabemos, pela propriedade de convolução enunciada na Seção 9.5.6, que a RDC de $Y(s)$ precisa pelo menos incluir as intersecções das RDCs de $X(s)$ e $H(s)$. Examinando as três escolhas possíveis para a RDC de $H(s)$ (ou seja, à esquerda do polo em $s = -2$, entre os polos em -2

e −1, e à direita do polo em $s = -1$), vemos que a única escolha que é coerente com as RDCs de $X(s)$ e $Y(s)$ é $\mathcal{R}e\{s\} > -1$. Como está à direita do polo mais à direita de $H(s)$, concluímos que $H(s)$ é causal, e como os dois polos de $H(s)$ possuem parte real negativa, segue que o sistema é estável. Além disso, a partir da relação entre as equações 9.131 e 9.133, podemos especificar a equação diferencial que, juntamente com a condição de repouso inicial, caracteriza o sistema:

$$\frac{d^2y(t)}{dt^2} + 3\frac{dy(t)}{dt} + 2y(t) = \frac{dx(t)}{dt} + 3x(t).$$

Exemplo 9.26

Suponha que tenhamos as seguintes informações sobre um sistema LIT:

1. O sistema é causal.
2. A função de sistema é racional e tem apenas dois polos, em $s = -2$ e $s = 4$.
3. Se $x(t) = 1$, então $y(t) = 0$.
4. O valor da resposta ao impulso em $t = 0^+$ é 4.

A partir dessa informação, gostaríamos de determinar a função de sistema do sistema.

Dos dois primeiros fatos, sabemos que o sistema é instável (pois é causal e tem um polo em $s = 4$ com parte real positiva) e que a função de sistema tem a forma

$$H(s) = \frac{p(s)}{(s+2)(s-4)} = \frac{p(s)}{s^2 - 2s - 8},$$

em que $p(s)$ é um polinômio em s. Como a resposta $y(t)$ à entrada $x(t) = 1 = e^{0 \cdot t}$ deve ser igual a $H(0) \cdot e^{0 \cdot t} = H(0)$, concluímos, pelo fato 3, que $p(0) = 0$ — ou seja, que $p(s)$ deve ter uma raiz em $s = 0$ e, portanto, tem a forma

$$p(s) = sq(s),$$

em que $q(s)$ é outro polinômio em s.

Por fim, do fato 4 e do teorema do valor inicial da Seção 9.5.10, vemos que

$$\lim_{s \to \infty} sH(s) = \lim_{s \to \infty} \frac{s^2 q(s)}{s^2 - 2s - 8} = 4. \quad \textbf{(9.138)}$$

Quando $s \to \infty$, os termos de maior potência em s no numerador e denominador de $sH(s)$ dominam e, portanto, são os únicos importantes na avaliação da Equação 9.138. Além do mais, se o numerador tiver grau maior que o denominador, o limite divergirá. Consequentemente, podemos obter um valor não nulo finito para o limite somente se o grau do numerador de $sH(s)$ for o mesmo que o grau do denominador. Como o grau do denominador é 2, concluímos que, para a Equação 9.138 ser verdadeira, $q(s)$ precisa ser constante — ou seja, $q(s) = K$. Podemos obter essa constante calculando

$$\lim_{s \to \infty} \frac{Ks^2}{s^2 - 2s - 8} = \lim_{s \to \infty} \frac{Ks^2}{s^2} = K. \quad \textbf{(9.139)}$$

Igualando as equações 9.138 e 9.139, vemos que $K = 4$, e assim,

$$H(s) = \frac{4s}{(s+2)(s-4)}.$$

Exemplo 9.27

Considere um sistema estável e causal com resposta ao impulso $h(t)$ e função de sistema $H(s)$. Suponha que $H(s)$ é racional, contém um polo em $s = -2$ e não tem um zero na origem. A localização de todos os outros polos e zeros é desconhecida. Vamos determinar se cada uma das seguintes declarações pode ser com certeza verdadeira, falsa ou se não existem informações suficientes para garantir a veracidade da declaração:

(a) $\mathcal{F}\{h(t)e^{3t}\}$ converge.
(b) $\int_{-\infty}^{+\infty} h(t)dt = 0$
(c) $th(t)$ é a resposta ao impulso de um sistema causal e estável.
(d) $dh(t)/dt$ contém pelo menos um polo em sua transformada de Laplace.
(e) $h(t)$ tem duração finita.
(f) $H(s) = H(-s)$
(g) $\lim_{s \to \infty} H(s) = 2$

A declaração (a) é falsa, pois $\mathcal{F}\{h(t)e^{3t}\}$ corresponde ao valor da transformada de Laplace de $h(t)$ em $s = -3$. Se essa expressão converge, implica que $s = -3$ está na RDC. Um sistema causal e estável sempre deve ter sua RDC à *direita* de todos os seus polos. Porém, $s = -3$ não está à direita do polo em $s = -2$.

A declaração (b) é falsa porque é equivalente a afirmar que $H(0) = 0$. Isso contradiz o fato de que $H(s)$ não tem um zero na origem.

A declaração (c) é verdadeira. De acordo com a Tabela 9.1 e a propriedade apresentada na Seção 9.5.8, a transformada de Laplace de $th(t)$ tem a mesma RDC de $H(s)$. Essa RDC inclui o eixo $j\omega$ e, portanto, o sistema correspondente é estável. Além disso, $h(t) = 0$ para $t < 0$ implica que $th(t) = 0$ para $t < 0$. Assim, $th(t)$ representa a resposta ao impulso de um sistema causal.

A declaração (d) é verdadeira. De acordo com a Tabela 9.1, $dh(t)/dt$ tem a transformada de Laplace $sH(s)$. A multiplicação por s não elimina o polo em $s = -2$.

A declaração (e) é falsa. Se $h(t)$ tem duração finita, então, se a transformada de Laplace tem quaisquer pontos em sua RDC, a RDC deve ser o plano s inteiro. Porém, isso não é consistente com o polo em $s = -2$.

A declaração (f) é falsa. Se fosse verdadeira, então, como $H(s)$ tem um polo em $s = -2$, ela também deveria ter um polo em $s = 2$. Isso é inconsistente com o fato de que todos os polos de um sistema causal e estável precisam estar na metade esquerda do plano s.

A veracidade da declaração (g) não pode ser garantida com as informações dadas. A declaração requer que o grau do numerador e denominador de $H(s)$ seja o mesmo, e temos informações insuficientes sobre $H(s)$ para determinar se esse é o caso.

9.7.5 Filtros Butterworth

No Exemplo 6.3, apresentamos rapidamente a classe de sistemas LIT amplamente utilizada, conhecida como filtros Butterworth. Os filtros nessa classe têm diversas propriedades, incluindo as características da magnitude da resposta em frequência de cada um desses filtros na banda de passagem, o que os torna atrativos para implementações práticas. Como uma ilustração adicional da utilidade das transformadas de Laplace, usamos nesta seção as técnicas de transformada de Laplace para determinar a função do sistema de um filtro Butterworh a partir da especificação da magnitude da resposta em frequência.

Um filtro Butterworth passa-baixas de ordem n-ésima tem uma resposta em frequência cujo quadrado da magnitude é dado por

$$|B(j\omega)|^2 = \frac{1}{1+(j\omega/j\omega_c)^{2N}}, \quad (9.140)$$

em que N é a ordem do filtro. Da Equação 9.140, gostaríamos de determinar a função de sistema $B(s)$ que origina $|B(j\omega)|^2$. Primeiro, observamos que, por definição,

$$|B(j\omega)|^2 = B(j\omega)B^*(j\omega). \quad (9.141)$$

Se restringirmos a resposta ao impulso do filtro Butterworth para ser real, então, pela propriedade de simetria conjugada para transformadas de Fourier,

$$B^*(j\omega) = B(-j\omega), \quad (9.142)$$

de modo que

$$B(j\omega)B(-j\omega) = \frac{1}{1+(j\omega/j\omega_c)^{2N}}. \quad (9.143)$$

Em seguida, notamos que $B(s)|_{s=j\omega} = B(j\omega)$ e, consequentemente, da Equação 9.143,

$$B(s)B(-s) = \frac{1}{1+(s/j\omega_c)^{2N}}. \quad (9.144)$$

As raízes do polinômio do denominador correspondentes aos polos combinados de $B(s)B(-s)$ estão em

$$s = (-1)^{1/2N}(j\omega_c). \quad (9.145)$$

A Equação 9.145 é satisfeita para qualquer valor $s = s_p$ para o qual

$$|s_p| = \omega_c \quad (9.146)$$

e

$$\sphericalangle s_p = \frac{\pi(2k+1)}{2N} + \frac{\pi}{2}, \, k \text{ um inteiro}; \quad (9.147)$$

ou seja,

$$s_p = \omega_c \exp\left(j\left[\frac{\pi(2k+1)}{2N} + \pi/2\right]\right). \quad (9.148)$$

Na Figura 9.28, ilustramos as posições dos polos de $B(s)B(-s)$ para $N = 1, 2, 3$ e 6. Em geral, as seguintes observações podem ser feitas sobre estes polos:

1. Existem $2N$ polos igualmente espaçados em ângulo na circunferência de raio ω_c no plano s.
2. Um polo nunca se encontra no eixo $j\omega$, e ocorre no eixo σ para N ímpar, mas não para N par.
3. O espaçamento angular entre os polos de $B(s)B(-s)$ é π/N radianos.

Para determinar os polos de $B(s)$ dados os polos de $B(s)B(-s)$, observamos que os polos de $B(s)B(-s)$ ocorrem em pares, de modo que, se existe um polo em $s = s_p$, então também existe um polo em $s = -s_p$. Consequentemente, para construir $B(s)$, escolhemos um polo de cada par. Se restringirmos o sistema para ser estável e causal, então os polos que associamos a $B(s)$ são os polos ao longo da semicircunferência no semiplano esquerdo. A localização dos polos especifica $B(s)$ a menos de um fator de escala. Porém, da Equação 9.144, vemos que $B^2(s)|_{s=0} = 1$ ou, de modo equivalente, da Equação 9.140, o fator de escala é escolhido de modo que a magnitude ao quadrado da resposta em frequência tenha ganho unitário em $\omega = 0$.

Para ilustrar a determinação de $B(s)$, vamos considerar os casos $N = 1$, $N = 2$ e $N = 3$. Na Figura 9.28, mostramos os polos de $B(s)B(-s)$ obtidos da Equação 9.148. Na Figura 9.29, mostramos os polos associados a $B(s)$ para cada um dos valores de N. As funções de transferência correspondentes são:

$$N = 1: B(s) = \frac{\omega_c}{s+\omega_c}; \quad (9.149)$$

$$N = 2: B(s) = \frac{\omega_c^2}{(s+\omega_c e^{j(\pi/4)})(s+\omega_c e^{-j(\pi/4)})} \quad (9.150)$$

$$= \frac{\omega_c^2}{s^2+\sqrt{2}\omega_c s+\omega_c^2};$$

$$N = 3: B(s) = \frac{\omega_c^3}{(s+\omega_c)(s+\omega_c e^{j(\pi/3)})(s+\omega_c e^{-j(\pi/3)})} \quad (9.151)$$

$$= \frac{\omega_c^3}{(s+\omega_c)(s^2+\omega_c s+\omega_c^2)}$$

$$= \frac{\omega_c^3}{s^3+2\omega_c s^2+2\omega_c^2 s+\omega_c^3}.$$

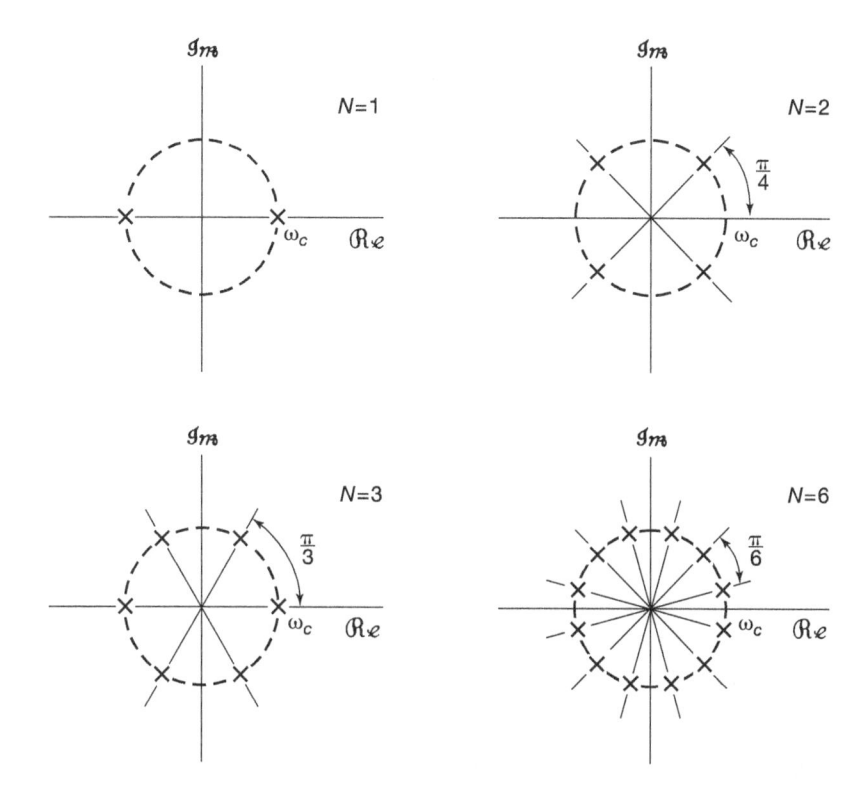

Figura 9.28 Localização dos polos de $B(s)B(-s)$ para $N = 1, 2, 3$ e 6.

Com base na discussão da Seção 9.7.3, de $B(s)$ podemos determinar a equação diferencial linear com coeficientes constantes associada. Especificamente, para os três valores de N considerados anteriormente, as equações diferenciais correspondentes são:

$$N = 1: \quad \frac{dy(t)}{dt} + \omega_c y(t) = \omega_c x(t); \quad (9.152)$$

$$N = 2: \quad \frac{d^2 y(t)}{dt^2} + \sqrt{2}\omega_c \frac{dy(t)}{dt} + \omega_c^2 y(t) = \omega_c^2 x(t); \quad (9.153)$$

$$N = 3: \quad \frac{d^3 y(t)}{dt^3} + 2\omega_c \frac{d^2 y(t)}{dt^2} + 2\omega_c^2 \frac{dy(t)}{dt} + \omega_c^3 y(t) = \omega_c^3 x(t). \quad (9.154)$$

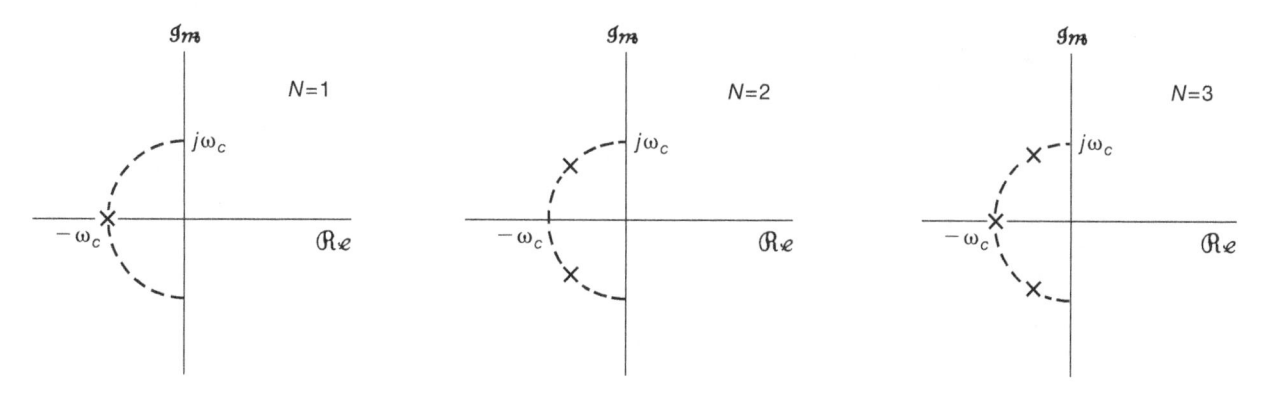

Figura 9.29 Localização dos polos de $B(s)$ para $N = 1, 2$ e 3.

9.8 Álgebra da função de sistema e representações em diagrama de blocos

O uso da transformada de Laplace permite-nos substituir operações de domínio do tempo como diferenciação, convolução, deslocamento no tempo, e assim por diante, por operações algébricas. Já vimos muitos destes benefícios em termos da análise de sistemas LIT, e nesta seção examinamos outro uso importante da álgebra da função de sistema, na análise das interconexões de sistemas LIT e na implementação de sistemas como a interconexões de blocos de montagem elementares de sistemas.

9.8.1 Funções de sistema para interconexões de sistemas LIT

Considere a interconexão paralela de dois sistemas, como mostra a Figura 9.30(a). A resposta ao impulso do sistema total é

$$h(t) = h_1(t) + h_2(t), \quad (9.155)$$

e pela linearidade da transformada de Laplace,

$$H(s) = H_1(s) + H_2(s). \quad (9.156)$$

De modo semelhante, a resposta ao impulso da interconexão em série na Figura 9.30(b) é

$$h(t) = h_1(t) * h_2(t), \quad (9.157)$$

e a função de sistema associada é

$$H(s) = H_1(s)H_2(s). \quad (9.158)$$

A utilidade da transformada de Laplace na representação de combinações de sistemas lineares por meio de operações algébricas estende-se a interconexões muito mais complexas do que as combinações simples em paralelo e em série na Figura 9.30. Para ilustrar isso, considere a interconexão de realimentação de dois sistemas, conforme indicado na Figura 9.31. O projeto, as aplicações e a análise dessas interconexões são tratados com detalhes no Capítulo 11. Embora a análise do sistema no domínio de tempo não seja particularmente simples, determinar a função de sistema total a partir da entrada $x(t)$ para a saída $y(t)$ é uma manipulação algébrica direta. Especificamente, da Figura 9.31,

$$Y(s) = H_1(s)E(s), \quad (9.159)$$

$$E(s) = X(s) - Z(s) \quad (9.160)$$

e

$$Z(s) = H_2(s)Y(s), \quad (9.161)$$

de onde obtemos a relação

$$Y(s) = H_1(s)[X(s) - H_2(s)Y(s)] \quad (9.162)$$

ou

$$\frac{Y(s)}{X(s)} = H(s) = \frac{H_1(s)}{1 + H_1(s)H_2(s)}. \quad (9.163)$$

9.8.2 Representações por diagrama de blocos para sistemas LIT causais descritos por equações diferenciais e funções de sistema racionais

Na Seção 2.4.3, ilustramos a representação em diagrama em blocos de um sistema LIT descrito por uma equação diferencial de primeira ordem, usando as operações básicas de adição, multiplicação por um coeficiente e integração. As mesmas três operações também podem ser usadas para montarmos diagramas em bloco para sistemas de ordem mais elevada, e nesta seção ilustramos isso em diversos exemplos.

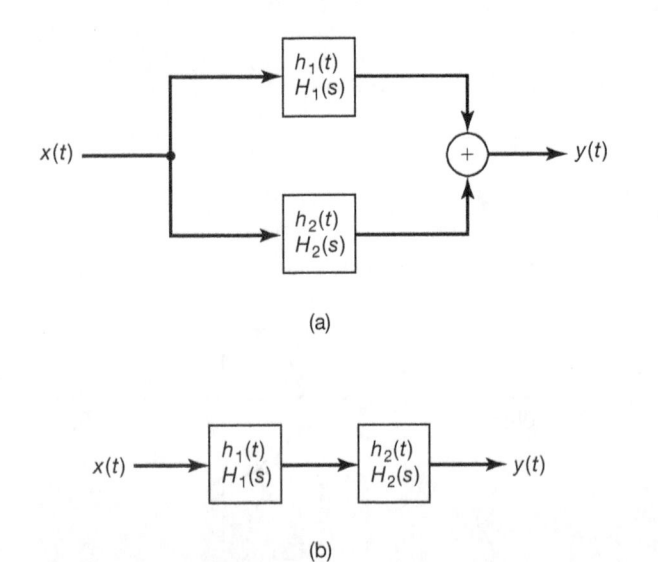

Figura 9.30 a) Interconexão paralela de dois sistemas LIT. (b) Combinação em série de dois sistemas LIT.

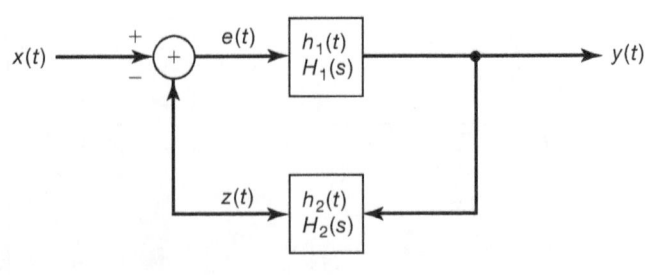

Figura 9.31 Interconexão com realimentação de dois sistemas LIT.

Exemplo 9.28

Considere o sistema LIT causal com função de sistema

$$H(s) = \frac{1}{s+3}.$$

Da Seção 9.7.3, sabemos que esse sistema também pode ser descrito pela equação diferencial

$$\frac{dy(t)}{dt} + 3y(t) = x(t),$$

juntamente com a condição de repouso inicial. Na Seção 2.4.3, construímos uma representação por diagrama de blocos, mostrada na Figura 2.32, para um sistema de primeira ordem como este. Um diagrama em blocos equivalente (correspondente à Figura 2.32 com $a = 3$ e $b = 1$) é mostrado na Figura 9.32(a). Aqui, $1/s$ é a função de sistema de um sistema com resposta ao impulso $u(t)$, ou seja, ela é a função de sistema de um integrador. Além disso, a função de sistema -3 no caminho da realimentação na Figura 9.32(a) corresponde à multiplicação pelo coeficiente -3. O diagrama de blocos na figura envolve uma malha de realimentação conforme consideramos na subseção anterior e como representado na Figura 9.31, na qual a única diferença é que as entradas do somador na Figura 9.32(a) são somadas em vez de subtraídas, como na Figura 9.31. Porém, conforme ilustramos na Figura 9.32(b), alterando o sinal do coeficiente da multiplicação no caminho da realimentação, obtemos uma representação por diagrama de blocos exatamente com a mesma forma da Figura 9.31. Consequentemente, podemos aplicar a Equação 9.163 para verificar que

$$H(s) = \frac{1/s}{1 + 3/s} = \frac{1}{s+3}.$$

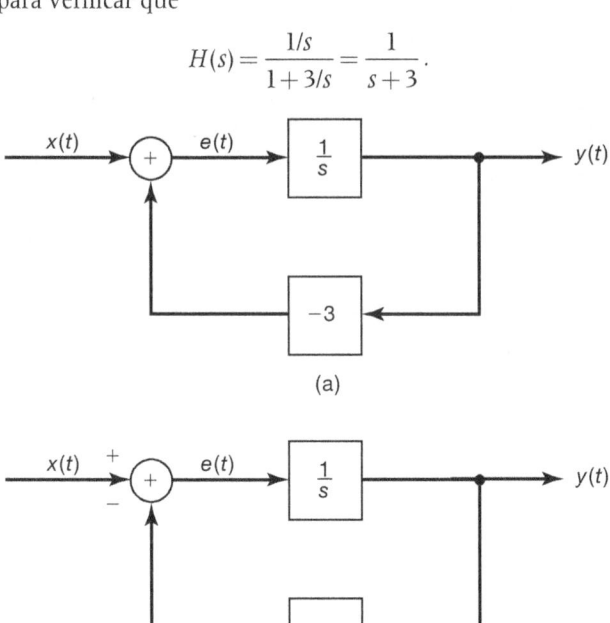

Figura 9.32 (a) Representação em diagrama de blocos do sistema LIT causal no Exemplo 9.28. (b) Representação em diagrama de blocos equivalente.

Exemplo 9.29

Considere agora o sistema LIT causal com a função de sistema

$$H(s) = \frac{s+2}{s+3} = \left(\frac{1}{s+3}\right)(s+2). \qquad (9.164)$$

Conforme sugerido pela Equação 9.164, esse sistema pode ser considerado uma cascata de um sistema com função de sistema $1/(s+3)$ seguido por um sistema com função de sistema $s+2$, e ilustramos isso na Figura 9.33(a) (veja p. 424), em que usamos o diagrama de blocos da Figura 9.32(a) para representar $1/(s+3)$.

Também é possível obter uma representação alternativa em diagrama de blocos para o sistema na Equação 9.164. Usando as propriedades de linearidade e diferenciação da transformada de Laplace, sabemos que $y(t)$ e $z(t)$ na Figura 9.33(a) são relacionados por

$$y(t) = \frac{dz(t)}{dt} + 2z(t).$$

Porém, a entrada $e(t)$ para o integrador é exatamente a derivada da saída $z(t)$, de modo que

$$y(t) = e(t) + 2z(t),$$

o que leva diretamente à representação alternativa do diagrama de blocos mostrado na Figura 9.33(b). Note que o diagrama de blocos na Figura 9.33(a) requer a diferenciação de $z(t)$, pois

$$y(t) = \frac{dz(t)}{dt} + 2z(t).$$

Em contraste, o diagrama de blocos na Figura 9.33(b) não envolve a diferenciação explícita de qualquer sinal.

Exemplo 9.30

Considere, em seguida, um sistema causal de segunda ordem com a função de sistema

$$H(s) = \frac{1}{(s+1)(s+2)} = \frac{1}{s^2 + 3s + 2}. \qquad (9.165)$$

A entrada $x(t)$ e a saída $y(t)$ para esse sistema satisfazem a equação diferencial

$$\frac{d^2y(t)}{dt^2} + 3\frac{dy(t)}{dt} + 2y(t) = x(t). \qquad (9.166)$$

Empregando conceitos similares àqueles usados nos exemplos anteriores, obtemos a representação em diagrama de blocos para o sistema, mostrado na Figura 9.34(a). Especifi-

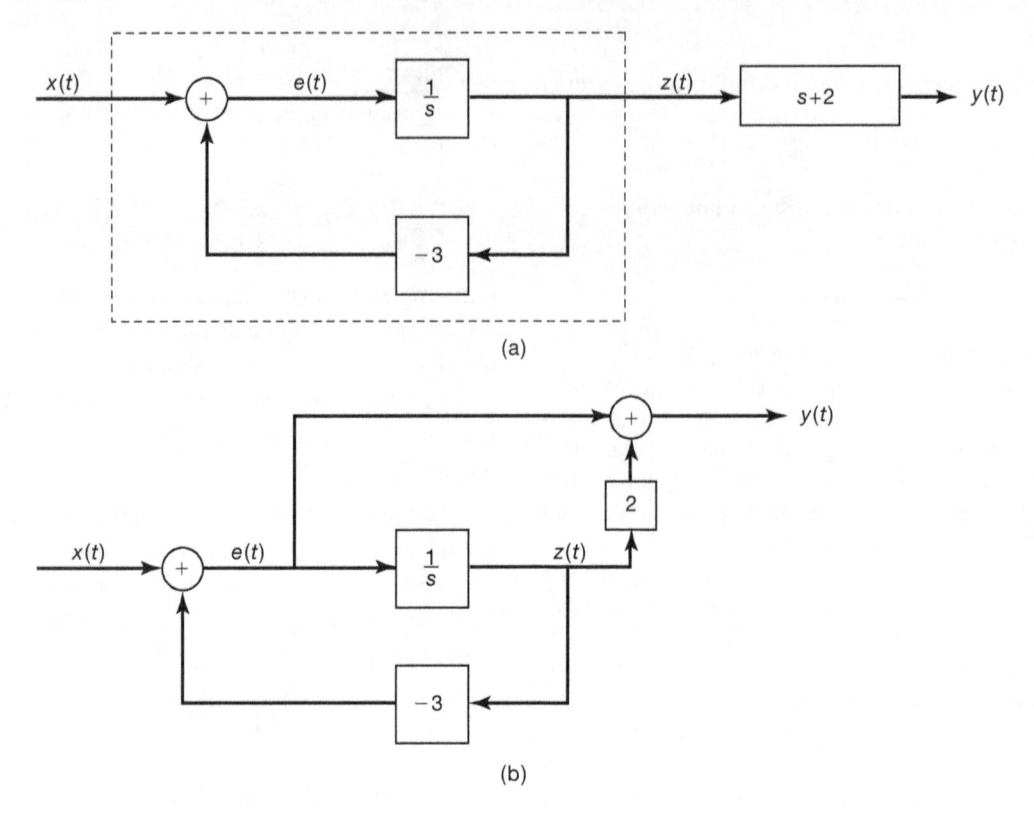

Figura 9.33 (a) Representações por diagrama de blocos para o sistema do Exemplo 9.29. (b) Representação por diagrama de blocos equivalente.

camente, como a entrada de um integrador é a derivada da saída desse integrador, os sinais no diagrama de blocos estão relacionados por

$$f(t) = \frac{dy(t)}{dt},$$

$$e(t) = \frac{df(t)}{dt} = \frac{d^2 y(t)}{dt}.$$

Além disso, a Equação 9.166 pode ser reescrita como

$$\frac{d^2 y(t)}{dt^2} = -3\frac{dy(t)}{dt} - 2y(t) + x(t)$$

ou

$$e(t) = -3f(t) - 2y(t) + x(t),$$

que é exatamente o que é representado na Figura 9.34(a).

O diagrama de blocos nessa figura às vezes é chamado de representação de *forma direta*, pois os coeficientes que aparecem no diagrama podem ser identificados diretamente com os coeficientes que aparecem na função de sistema ou, de modo equivalente, na equação diferencial. Também existem outras representações por diagrama de blocos com importância prática que podem ser obtidas após um pouco de álgebra da função do sistema. Especificamente, $H(s)$ na Equação 9.165 pode ser reescrito como

$$H(s) = \left(\frac{1}{s+1}\right)\left(\frac{1}{s+2}\right),$$

o que sugere a representação desse sistema como uma cascata de dois sistemas de primeira ordem. A representação na *forma de cascata* que correspondente a esse sistema aparece na Figura 9.34(b).

Alternativamente, realizando uma expansão em frações parciais de $H(s)$, obtemos

$$H(s) = \frac{1}{s+1} - \frac{1}{s+2},$$

que leva à representação na *forma paralela* representada na Figura 9.34(c).

Exemplo 9.31

Como um exemplo final, considere a função de sistema

$$H(s) = \frac{2s^2 + 4s - 6}{s^2 + 3s + 2}. \tag{9.167}$$

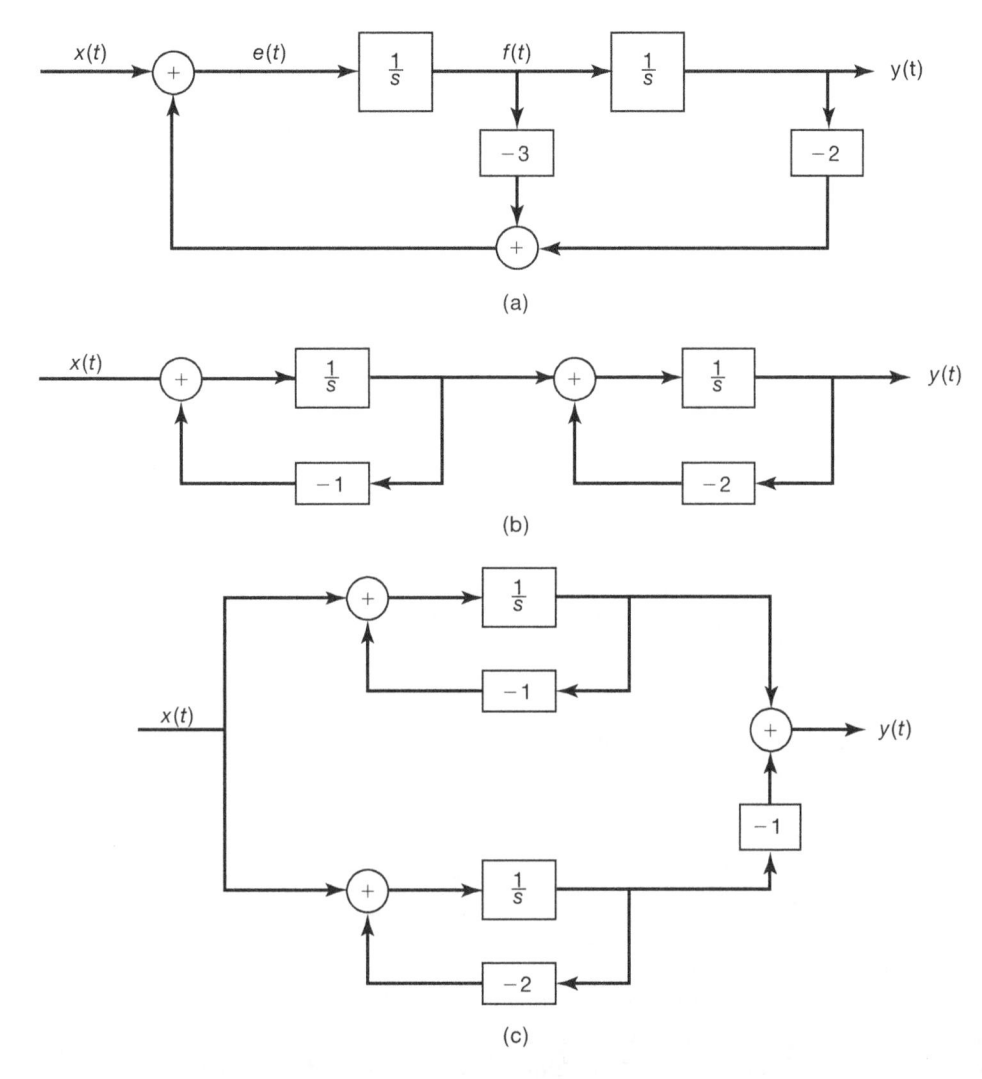

Figura 9.34 Representações em diagrama de blocos para o sistema do Exemplo 9.30: (a) forma direta; (b) forma em cascata; (c) forma paralela.

Mais uma vez, usando álgebra na função de sistema, podemos escrever $H(s)$ de várias formas diferentes, cada qual sugerindo uma representação em diagrama de blocos. Em particular, podemos escrever

$$H(s) = \left(\frac{1}{s^2 + 3s + 2}\right)(2s^2 + 4s - 6)$$

que sugere a representação de $H(s)$ como a cascata do sistema representado na Figura 9.34(a) e o sistema com função de sistema $(2s^2 + 4s - 6)$. Porém, exatamente como fizemos no Exemplo 9.29, podemos extrair as derivadas exigidas para esse segundo sistema tomando os sinais que aparecem como as entradas para os integrados no primeiro sistema. Os detalhes dessa construção são examinados no Problema 9.36, e o resultado é o diagrama de blocos na forma direta mostrado na Figura 9.35. Mais uma vez, na representação da forma direta, os coeficientes que aparecem no diagrama de blocos podem ser determinados por inspeção dos coeficientes na função de sistema da Equação 9.167.

Alternativamente, podemos escrever $H(s)$ na forma

$$H(s) = \left(\frac{2(s-1)}{s+2}\right)\left(\frac{s+3}{s+1}\right) \qquad (9.168)$$

ou

$$H(s) = 2 + \frac{6}{s+2} - \frac{8}{s+1}. \qquad (9.169)$$

A primeira sugere uma representação na forma em cascata, enquanto a segunda leva a um diagrama de blocos na forma paralela. Estes também são considerados no Problema 9.36.

Os métodos para se construir representação em diagrama de blocos para sistemas LIT causais descritos por equações diferenciais e funções de sistema racionais podem ser aplicados igualmente bem a sistemas de ordem mais elevada. Além disso, costuma haver considerável flexibilidade sobre como isso é feito. Por exem-

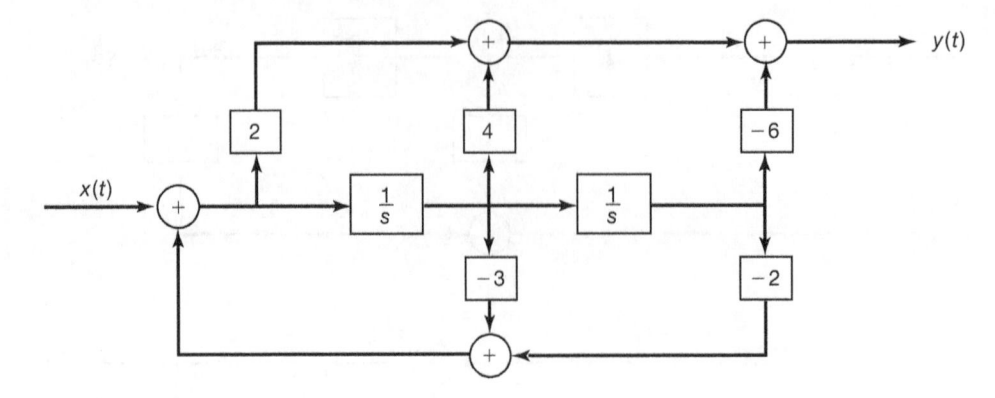

Figura 9.35 Representação na forma direta para o sistema do Exemplo 9.31.

plo, invertendo a ordem dos numeradores na Equação 9.168, podemos escrever

$$H(s) = \left(\frac{s+3}{s+2}\right)\left(\frac{2(s-1)}{s+2}\right),$$

o que sugere uma forma de cascata diferente. Além disso, conforme ilustrado no Problema 9.38, uma função de sistema de quarta ordem pode ser escrita como o produto de duas funções de sistema de segunda ordem, cada qual podendo ser representada de diversas maneiras (por exemplo, em forma direta, cascata ou paralela). Também pode ser escrita como a soma dos termos de ordem inferior, cada um com diversas representações diferentes. Desse modo, sistemas de baixa ordem simples podem servir como blocos de montagem para a implementação de sistemas mais complexos, de ordem mais alta.

9.9 A transformada de Laplace unilateral

Nas seções anteriores deste capítulo, abordamos a forma da transformada de Laplace conhecida como transformada de Laplace bilateral. Nesta seção, apresentamos e examinamos uma forma um tanto diferente da transformada de Laplace, a *transformada de Laplace unilateral*, que tem valor considerável na análise de sistemas causais e, particularmente, sistemas especificados por equações diferenciais lineares com coeficientes constantes, com condições iniciais diferentes de zero (ou seja, que não estão inicialmente em repouso).

A transformada de Laplace unilateral de um sinal de tempo contínuo $x(t)$ é definida como

$$\mathcal{X}(s) \triangleq \int_{0^-}^{\infty} x(t) e^{-st}\, dt, \qquad (9.170)$$

em que o limite inferior da integração, 0^-, significa que incluímos no intervalo de integração quaisquer impulsos ou funções de singularidade de ordem mais alta concentradas em $t = 0$. Mais uma vez, adotamos uma notação abreviada conveniente para um sinal e sua transformada de Laplace unilateral:

$$x(t) \xleftrightarrow{\;\mathcal{UL}\;} \mathcal{X}(s) = \mathcal{UL}\{x(t)\}. \qquad (9.171)$$

Comparando as equações 9.170 e 9.3, vemos que a diferença na definição das transformadas de Laplace unilateral e bilateral se encontra no limite inferior da integral. A transformada bilateral depende do sinal inteiro de $t = -\infty$ a $t = +\infty$, enquanto a transformada unilateral depende apenas do sinal de $t = 0^-$ a ∞. Consequentemente, dois sinais que diferem para $t < 0$, mas que são idênticos para $t \geq 0$, terão transformadas de Laplace bilaterais diferentes, mas transformadas unilaterais idênticas. De modo semelhante, qualquer sinal que seja identicamente zero para $t < 0$ tem transformadas bilaterais e unilaterais idênticas.

Como a transformada unilateral de $x(t)$ é idêntica à transformada bilateral do sinal obtido de $x(t)$ definindo seu valor como 0 para todo $t < 0$, muito da compreensão, conceitos e resultados para transformadas bilaterais podem ser adaptados ao caso unilateral. Por exemplo, usando a Propriedade 4, da Seção 9.2, para um sinal lateral direito, vemos que a RDC para a Equação 9.170 sempre é um semiplano direito. O cálculo da transformada de Laplace unilateral inversa também é o mesmo da transformada bilateral, com a restrição de que a RDC para uma transformada unilateral deve sempre ser um semiplano direito.

9.9.1 Exemplos de transformadas de Laplace unilateral

Para ilustrar a transformada de Laplace unilateral, vamos considerar os exemplos seguintes:

Exemplo 9.32

Considere o sinal

$$x(t) = \frac{t^{n-1}}{(n-1)!}e^{-at}u(t). \quad (9.172)$$

Como $x(t) = 0$ para $t < 0$, as transformadas unilateral e bilateral são idênticas. Assim, da Tabela 9.2,

$$\mathcal{X}(s) = \frac{1}{(s+a)^n}, \quad \mathcal{R}e\{s\} > -a. \quad (9.173)$$

Exemplo 9.33

Considere em seguida

$$x(t) = e^{-a(t+1)}u(t+1). \quad (9.174)$$

A transformada *bilateral* $X(s)$ para este exemplo pode ser obtida do Exemplo 9.1 e da propriedade de deslocamento no tempo (Seção 9.5.2):

$$X(s) = \frac{e^s}{s+a}, \quad \mathcal{R}e\{s\} > -a. \quad (9.175)$$

Entretanto, a transformada unilateral é

$$\mathcal{X}(s) = \int_{0^-}^{\infty} e^{-a(t+1)}u(t+1)e^{-st}dt$$

$$= \int_{0^-}^{\infty} e^{-a}e^{-t(s+a)}\,dt \quad (9.176)$$

$$= e^{-a}\frac{1}{s+a}, \quad \mathcal{R}e\{s\} > -a.$$

Assim, para este exemplo, as transformadas de Laplace unilateral e bilateral são claramente diferentes. De fato, devemos reconhecer $\mathcal{X}(s)$ como a transformada bilateral não de $x(t)$, mas de $x(t)u(t)$, consistente com nosso comentário anterior de que a transformada unilateral é a transformada bilateral de um sinal cujos valores para $t < 0^-$ foram definidos como zero.

Exemplo 9.34

Considere o sinal

$$x(t) = \delta(t) + 2u_1(t) + e^t u(t). \quad (9.177)$$

Como $x(t) = 0$ para $t < 0$ e como as singularidades na origem estão incluídas no intervalo de integração, a transformada unilateral para $x(t)$ é a mesma que sua transformada bilateral. Especificamente, usando o fato (par de transformadas 15 na Tabela 9.2) de que a transformada bilateral de $u_n(t)$ é s^n, temos

$$\mathcal{X}(s) = X(s) = 1 + 2s + \frac{1}{s-1} = \frac{s(2s-1)}{s-1}, \mathcal{R}e\{s\} > 1. \quad (9.178)$$

Exemplo 9.35

Considere a transformada de Laplace unilateral

$$\mathcal{X}(s) = \frac{1}{(s+1)(s+2)}. \quad (9.179)$$

No Exemplo 9.9, consideramos a transformada inversa para uma transformada de Laplace bilateral da forma exata da Equação 9.179 e para diferentes RDCs. Para a transformada unilateral, a RDC deve ser o semiplano direito à direita do polo mais à direita de $\mathcal{X}(s)$; ou seja, neste caso, a RDC consiste em todos os pontos s com $\mathcal{R}e\{s\} > -1$. Podemos, então, inverter essa transformada unilateral exatamente como no Exemplo 9.9, para obter

$$x(t) = [e^{-t} - e^{-2t}]u(t) \quad \text{para } t > 0^-, \quad (9.180)$$

em que enfatizamos o fato de que a transformada de Laplace unilateral nos oferece informações sobre sinais apenas para $t > 0^-$.

Exemplo 9.36

Considere a transformada unilateral

$$\mathcal{X}(s) = \frac{s^2 - 3}{s+2}. \quad (9.181)$$

Como o grau do numerador de $\mathcal{X}(s)$ não é estritamente menor que o grau de seu denominador, expandimos $\mathcal{X}(s)$ como

$$\mathcal{X}(s) = A + Bs + \frac{C}{s+2}. \quad (9.182)$$

Igualando as equações 9.181 e 9.182 e eliminando os denominadores, temos

$$s^2 - 3 = (A + Bs)(s+2) + C, \quad (9.183)$$

e igualando os coeficientes para cada potência de s, resulta

$$\mathcal{X}(s) = -2 + s + \frac{1}{s+2}, \quad (9.184)$$

com uma RDC de $\mathcal{R}e\{s\} > -2$. Tomando as transformadas inversas de cada termo, obtemos

$$x(t) = -2\delta(t) + u_1(t) + e^{-2t}u(t) \quad \text{para} \quad t > 0^-. \quad (9.185)$$

9.9.2 Propriedades da transformada de Laplace unilateral

Assim como a transformada de Laplace bilateral, a transformada de Laplace unilateral possui diversas propriedades importantes, muitas iguais às suas correspondentes bilaterais e várias outras diferindo de maneiras significativas. A Tabela 9.3 resume essas propriedades. Note que não incluímos uma coluna explicitamente identificando a RDC para a transformada de Laplace unilateral para cada sinal, pois a RDC de qualquer transformada de Laplace unilateral é sempre um semiplano lateral direito. Por exemplo, a RDC para uma transformada de Laplace unilateral racional sempre está à direita do polo mais à direita.

Tabela 9.3 Propriedades da transformada de Laplace unilateral

Propriedade	Sinal	Transformada de Laplace unilateral
	$x(t)$	$\mathcal{X}(s)$
	$x_1(t)$	$\mathcal{X}_1(s)$
	$x_2(t)$	$\mathcal{X}_2(s)$
Linearidade	$ax_1(t) + bx_2(t)$	$a\mathcal{X}_1(s) + b\mathcal{X}_2(s)$
Deslocamento no domínio s	$e^{s_0 t}x(t)$	$\mathcal{X}(s - s_0)$
Mudança de escala no tempo	$x(at), a > 0$	$\dfrac{1}{a}\mathcal{X}\left(\dfrac{s}{a}\right)$
Conjugação	$x^*(t)$	$x^*(s)$
Convolução (supondo que $x_1(t)$ e $x_2(t)$ sejam identicamente zero para $t < 0$)	$x_1(t) * x_2(t)$	$\mathcal{X}_1(s)\mathcal{X}_2(s)$
Diferenciação no domínio do tempo	$\dfrac{d}{dt}x(t)$	$s\mathcal{X}(s) - x(0^-)$
Diferenciação no domínio s	$-tx(t)$	$\dfrac{d}{ds}\mathcal{X}(s)$
Integração no domínio do tempo	$\int_0^t x(\tau)d\tau$	$\dfrac{1}{s}\mathcal{X}(s)$

Teoremas dos valores inicial e final

Se $x(t)$ não contém impulsos ou singularidades de ordem mais elevada em $t = 0$, então

$$x(0^+) = \lim_{s \to \infty} s\mathcal{X}(s)$$

$$\lim_{t \to \infty} x(t) = \lim_{s \to 0} s\mathcal{X}(s)$$

Contrastando a Tabela 9.3 com a Tabela 9.1 para a transformada bilateral, vemos que, com a advertência de que as RDCs para transformadas de Laplace unilaterais sempre são semiplanos direitos, as propriedades de linearidade, deslocamento no domínio s, mudança de escala no tempo, conjugação e diferenciação no domínio s são idênticas aos seus correspondentes bilaterais. De modo semelhante, os teoremas de valor inicial e final apresentados na Seção 9.5.10 também são válidos para as transformadas de Laplace unilaterais.[3] A dedução de cada uma dessas propriedades é idêntica à sua correspondente bilateral.

A propriedade de convolução para transformadas unilaterais também é muito semelhante à propriedade correspondente para transformadas bilaterais. Essa propriedade afirma que, se

$$x_1(t) = x_2(t) = 0 \quad \text{para todo} \quad t < 0, \qquad (9.186)$$

então

$$x_1(t) * x_2(t) \xleftrightarrow{u\mathcal{L}} \mathcal{X}_1(s)\mathcal{X}_2(s). \qquad (9.187)$$

A Equação 9.187 decorre imediatamente da propriedade da convolução bilateral, pois, sob as condições da Equação 9.186, as transformadas unilateral e bilateral são idênticas para cada um dos sinais $x_1(t)$ e $x_2(t)$. Assim, as ferramentas de análise de sistema e álgebra da função de sistema desenvolvidas e usadas neste capítulo aplicam-se sem mudanças às transformadas unilaterais, desde que lidemos com sistemas LIT causais (para os quais a função de sistema é a transformada *tanto* bilateral *quanto* unilateral da resposta ao impulso) com entradas que são identicamente nulas para $t < 0$. Um exemplo disso é a propriedade de integração na Tabela 9.3: se $x(t) = 0$ para $t < 0$, então

---

[3] De fato, os teoremas dos valores inicial e final são basicamente propriedades de transformada unilateral aplicadas apenas a sinais $x(t)$ que são identicamente 0 para $t < 0$.

$$\int_{0^-}^{t} x(\tau)d\tau = x(t) * u(t) \xleftrightarrow{u\mathcal{L}} \mathcal{X}(s)U(s) = \frac{1}{s}\mathcal{X}(s). \quad \textbf{(9.188)}$$

Como um segundo caso no assunto, considere o exemplo a seguir:

Exemplo 9.37

Considere o sistema LIT causal descrito pela equação diferencial

$$\frac{d^2 y(t)}{dt^2} + 3\frac{dy(t)}{dt} + 2y(t) = x(t), \quad \textbf{(9.189)}$$

juntamente com a condição de repouso inicial. Usando a Equação 9.133, encontramos que a função de sistema para esse sistema é

$$\mathcal{H}(s) = \frac{1}{s^2 + 3s + 2}. \quad \textbf{(9.190)}$$

Seja a entrada desse sistema $x(t) = \alpha u(t)$. Nesse caso, a transformada de Laplace unilateral (e bilateral) da saída $y(t)$ é

$$\mathcal{Y}(s) = \mathcal{H}(s)\mathcal{X}(s) = \frac{\alpha}{s(s+1)(s+2)}$$
$$= \frac{\alpha/2}{s} - \frac{\alpha}{s+1} + \frac{\alpha/2}{s+2}. \quad \textbf{(9.191)}$$

Aplicando o Exemplo 9.32 a cada termo da Equação 9.191, obtemos

$$y(t) = \alpha\left[\frac{1}{2} - e^{-t} + \frac{1}{2}e^{-2t}\right]u(t). \quad \textbf{(9.192)}$$

É importante observar que a propriedade de convolução para transformada de Laplace unilateral se aplica apenas se os sinais $x_1(t)$ e $x_2(t)$ na Equação 9.187 forem identicamente zero para $t < 0$. Ou seja, embora tenhamos visto que a transformada de Laplace bilateral de $x_1(t) * x_2(t)$ sempre é igual ao produto de suas transformadas bilaterais, a transformada unilateral de $x_1(t) * x_2(t)$ em geral *não* é igual ao produto de transformadas unilaterais se $x_1(t)$ ou $x_2(t)$ for não nulo para $t < 0$. (Veja, por exemplo, o Problema 9.39.)

Uma diferença particularmente importante entre as propriedades das transformadas unilateral e bilateral é a propriedade da diferenciação. Considere um sinal $x(t)$ com transformada de Laplace unilateral $\mathcal{X}(s)$. Integrando por partes, encontramos que a transformada unilateral de $dx(t)/dt$ é dada por

$$\int_{0^-}^{\infty} \frac{dx(t)}{dt}e^{-st}\,dt = x(t)e^{-st}\Big|_{0^-}^{\infty} + s\int_{0^-}^{\infty} x(t)e^{-st}\,dt$$
$$= s\mathcal{X}(s) - x(0^-). \quad \textbf{(9.193)}$$

De modo similar, uma segunda aplicação geraria a transformada de Laplace unilateral de $d^2x(t)/dt^2$, ou seja,

$$s^2\mathcal{X}(s) - sx(0^-) - x'(0^-), \quad \textbf{(9.194)}$$

em que $x'(0^-)$ denota a derivada de $x(t)$ calculada em $t = 0^-$. Logicamente, podemos continuar o procedimento para obter a transformada unilateral de derivadas mais altas.

9.9.3 Resolvendo equações diferenciais usando a transformada de Laplace unilateral

Um uso importante da transformada de Laplace unilateral é na obtenção da solução de equações diferenciais lineares com coeficientes constantes, com condições iniciais diferentes de zero. Ilustramos isso no seguinte exemplo:

Exemplo 9.38

Considere o sistema caracterizado pela Equação diferencial 9.189 com condições iniciais

$$y(0^-) = \beta, \quad y'(0^-) = \gamma. \quad \textbf{(9.195)}$$

Seja $x(t) = \alpha u(t)$. Então, aplicando a transformada unilateral a ambos os membros da Equação 9.189, obtemos

$$s^2\mathcal{Y}(s) - \beta s - \gamma + 3s\mathcal{Y}(s) - 3\beta + 2\mathcal{Y}(s) = \frac{\alpha}{s} \quad \textbf{(9.196)}$$

ou

$$\mathcal{Y}(s) = \frac{\beta(s+3)}{(s+1)(s+2)} + \frac{\gamma}{(s+1)(s+2)} + \frac{\alpha}{s(s+1)(s+2)}, \quad \textbf{(9.197)}$$

em que $\mathcal{Y}(s)$ é a transformada de Laplace unilateral de $y(t)$.

Com referência ao Exemplo 9.37 e, em particular, à Equação 9.191, vemos que o último termo no membro direito da Equação 9.197 é exatamente a transformada de Laplace unilateral da resposta do sistema quando as condições iniciais na Equação 9.195 são zero ($\beta = \gamma = 0$). Ou seja, o último termo representa a resposta do sistema LIT causal descrito pela Equação 9.189 e a condição de repouso inicial. Essa resposta é comumente chamada de *resposta ao estado nulo* — ou seja, a resposta quando o estado inicial (o conjunto de condições iniciais na Equação 9.195) é zero.

Uma interpretação análoga aplica-se aos dois primeiros termos no membro direito da Equação 9.197. Esses termos representam a transformada unilateral da resposta do sistema quando a entrada é zero ($\alpha = 0$). Essa resposta é comumente chamada de *resposta à entrada nula*. Observe que a resposta à entrada nula é uma função linear dos valores das condições iniciais (por exemplo, dobrar os valores de β e γ dobra a resposta à entrada nula). Além do mais, a Equação

9.197 ilustra um fato importante sobre a solução das equações diferenciais lineares com coeficientes constantes com condições iniciais diferentes de zero, ou seja, que a resposta total é simplesmente a superposição da resposta ao estado nulo e à entrada nula. A resposta ao estado nulo é a resposta obtida definindo-se as condições iniciais como zero — ou seja, é a resposta do sistema LIT definido pela equação diferencial e a condição de repouso inicial. A resposta à entrada nula é a resposta às condições iniciais com a entrada definida como zero. Outros exemplos ilustrando esse fato podem ser encontrados nos problemas 9.20, 9.40 e 9.66.

Por fim, para quaisquer valores de α, β e γ podemos, naturalmente, expandir $\mathcal{Y}(s)$ na Equação 9.197 em uma expansão em frações parciais e inverter para obter $y(t)$. Por exemplo, se $\alpha = 2$, $\beta = 3$ e $\gamma = -5$, então, realizando uma expansão em frações parciais para a Equação 9.197, encontramos

$$\mathcal{Y}(s) = \frac{1}{s} - \frac{1}{s+1} + \frac{3}{s+2}. \qquad (9.198)$$

Aplicando o Exemplo 9.29 a cada termo, resulta

$$y(t) = [1 - e^{-t} + 3e^{-2t}]u(t) \quad \text{para } t > 0. \quad (9.199)$$

9.10 Resumo

Neste capítulo, desenvolvemos e estudamos a transformada de Laplace, que pode ser vista como uma generalização da transformada de Fourier. Ela é particularmente útil como uma ferramenta analítica na análise e no estudo de sistemas LIT. Devido às propriedades das transformadas de Laplace, os sistemas LIT, incluindo aqueles representados por equações diferenciais lineares com coeficientes constantes, podem ser caracterizados e analisados no domínio da transformada por manipulações algébricas. Além disso, a álgebra da função de sistema fornece uma ferramenta conveniente tanto para se analisarem interconexões de sistemas LIT como para se construírem representações de diagrama em blocos dos sistemas LIT descritos por equações diferenciais.

Para sinais e sistemas com transformadas de Laplace racionais, a transformada é geralmente representada de modo conveniente no plano complexo (plano s) marcando a localização dos polos e zeros e indicando a região de convergência. Pelo diagrama de polos e zeros, a transformada de Fourier pode ser obtida geometricamente a menos de um fator de escala. Causalidade, estabilidade e outras características também são facilmente identificadas a partir da localização dos polos e da região de convergência (RDC).

Neste capítulo, preocupamo-nos principalmente com a transformada de Laplace bilateral. Entretanto, também apresentamos uma forma diferente da transformada de Laplace, conhecida como transformada de Laplace unilateral. A transformada unilateral pode ser interpretada como a transformada bilateral de um sinal cujos valores antes de $t = 0^-$ foram definidos como zero. Essa forma da transformada de Laplace é especialmente útil para se analisarem sistemas descritos por equações diferenciais lineares com coeficientes constantes com condições iniciais diferentes de zero.

Capítulo 9 – Problemas

A primeira seção de problemas pertence à categoria básica, e as respostas são fornecidas no final do livro. As três seções posteriores contêm problemas que pertencem, respectivamente, às categorias básica, avançada e de extensão.

Problemas básicos com respostas

9.1 Para cada uma das seguintes integrais, especifique os valores do parâmetro real σ que garantem que a integral convirja:

(a) $\int_0^\infty e^{-5t} e^{-(\sigma+j\omega)t} dt$

(b) $\int_{-\infty}^0 e^{-5t} e^{-(\sigma+j\omega)t} dt$

(c) $\int_{-5}^5 e^{-5t} e^{-(\sigma+j\omega)t} dt$

(d) $\int_{-\infty}^\infty e^{-5t} e^{-(\sigma+j\omega)t} dt$

(e) $\int_{-\infty}^\infty e^{-5|t|} e^{-(\sigma+j\omega)t} dt$

(f) $\int_{-\infty}^0 e^{-5|t|} e^{-(\sigma+j\omega)t} dt$

9.2 Considere o sinal

$$x(t) = e^{-5t} u(t-1)$$

e a sua transformada de Laplace $X(s)$.

(a) Usando a Equação 9.3, calcule $X(s)$ e especifique sua região de convergência.

(b) Determine os valores dos números finitos A e t_0 tais que a transformada de Laplace $G(s)$ de

$$g(t) = A e^{-5t} u(-t - t_0)$$

tenha a mesma forma algébrica de $X(s)$. Qual é a região de convergência correspondente a $G(s)$?

9.3 Considere o sinal

$$x(t) = e^{-5t}u(t) + e^{-\beta t}u(t)$$

e denote sua transformada de Laplace por $X(s)$. Quais são as restrições impostas sobre as partes real e imaginária de β se a região de convergência de $X(s)$ for $\mathcal{R}e\{s\} > -3$?

9.4 Para a transformada de Laplace de

$$x(t) = \begin{cases} e^t \operatorname{sen} 2t, & t \leq 0 \\ 0, & t > 0 \end{cases},$$

indique a localização de seus polos e sua região de convergência.

9.5 Para cada uma das seguintes expressões algébricas da transformada de Laplace de um sinal, determine o número de zeros localizados no plano s finito e o número de zeros localizados no infinito:

(a) $\dfrac{1}{s+1} + \dfrac{1}{s+3}$

(b) $\dfrac{s+1}{s^2-1}$

(c) $\dfrac{s^3-1}{s^2+s+1}$

9.6 Sabe-se que um sinal absolutamente integrável $x(t)$ tem um polo em $s = 2$. Responda às seguintes perguntas:

(a) $x(t)$ poderia ter duração finita?

(b) $x(t)$ poderia ser lateral esquerdo?

(c) $x(t)$ poderia ser lateral direito?

(d) $x(t)$ poderia ser bilateral?

9.7 Quantos sinais tem uma transformada de Laplace que pode ser expressa como

$$\frac{(s-1)}{(s+2)(s+3)(s^2+s+1)}$$

em suas regiões de convergência?

9.8 Seja $x(t)$ um sinal que tem uma transformada de Laplace racional com exatamente dois polos, localizados em $s = -1$ e $s = -3$. Se $g(t) = e^{2t}x(t)$ e $G(j\omega)$ [a transformada de Fourier de $g(t)$] converge, determine se $x(t)$ é lateral esquerdo, lateral direito ou bilateral.

9.9 Dado que

$$e^{-at}u(t) \xleftrightarrow{\mathcal{L}} \frac{1}{s+a}, \quad \mathcal{Re}\{s\} > \mathcal{Re}\{-a\},$$

determine a transformada inversa de Laplace de

$$X(s) = \frac{2(s+2)}{s^2+7s+12}, \quad \mathcal{Re}\{s\} > -3.$$

9.10 Usando o cálculo geométrico da magnitude da transformada de Fourier a partir do diagrama de polos e zeros correspondente, determine, para cada uma das seguintes transformadas de Laplace, se a magnitude da transformada de Laplace correspondente é aproximadamente passa-baixas, passa-altas ou passa-faixa:

(a) $H_1(s) = \dfrac{1}{(s+1)(s+3)}, \quad \mathcal{Re}\{s\} > -1$

(b) $H_2(s) = \dfrac{s}{s^2+s+1}, \quad \mathcal{Re}\{s\} > -\dfrac{1}{2}$

(c) $H_3(s) = \dfrac{s^2}{s^2+2s+1}, \quad \mathcal{Re}\{s\} > -1$

9.11 Use o cálculo geométrico a partir do diagrama de polos e zeros para determinar a magnitude da transformada de Fourier do sinal cuja transformada de Laplace é especificada como

$$X(s) = \frac{s^2-s+1}{s^2+s+1}, \quad \mathcal{Re}\{s\} > -\frac{1}{2}.$$

9.12 Suponha que tenhamos os três fatos a seguir sobre o sinal $x(t)$:

1. $x(t) = 0$ para $t < 0$.
2. $x(k/80) = 0$ para $k = 1, 2, 3, \ldots$
3. $x(1/160) = e^{-120}$.

Seja $X(s)$ a transformada de Laplace de $x(t)$, e determine quais das seguintes afirmações são consistentes com as informações dada sobre $x(t)$:

(a) $X(s)$ tem apenas um polo no plano s finito.

(b) $X(s)$ tem apenas dois polos no plano s finito.

(c) $X(s)$ tem mais de dois polos no plano s finito.

9.13 Seja

$$g(t) = x(t) + \alpha x(-t),$$

em que

$$x(t) = \beta e^{-t}u(t)$$

e a transformada de Laplace de $g(t)$ é

$$G(s) = \frac{s}{s^2-1}, \quad -1 < \mathcal{Re}\{s\} < 1.$$

Determine os valores das constantes α e β.

9.14 Suponha que os seguintes fatos sejam dados sobre o sinal $x(t)$ com transformada de Laplace $X(s)$:

1. $x(t)$ é real e par.
2. $X(s)$ tem quatro polos e nenhum zero no plano s finito.
3. $X(s)$ tem um polo em $s = (1/2)e^{j\pi/4}$.
4. $\int_{-\infty}^{\infty} x(t)dt = 4$

Determine $X(s)$ e sua RDC.

9.15 Considere dois sinais laterais direitos $x(t)$ e $y(t)$ relacionados através das equações diferenciais

$$\frac{dx(t)}{dt} = -2Y(t) + \delta(t)$$

e

$$\frac{dy(t)}{dt} = 2x(t).$$

Determine $Y(s)$ e $X(s)$, juntamente com suas regiões de convergência.

9.16 Um sistema LIT causal S com resposta ao impulso $h(t)$ tem sua entrada $x(t)$ e saída $y(t)$ relacionadas por meio de uma equação diferencial a coeficientes constantes da forma

$$\frac{d^3y(t)}{dt^3}+(1+\alpha)\frac{d^2y(t)}{dt^2}+\alpha(\alpha+1)\frac{dy(t)}{dt}+\alpha^2 y(t)=x(t).$$

(a) Se

$$g(t)=\frac{dh(t)}{dt}+h(t),$$

quantos polos $G(s)$ tem?

(b) Para que valores reais do parâmetro α podemos garantir que S é estável?

9.17 Um sistema LIT causal S tem a representação por diagrama de blocos mostrada na Figura P9.17. Determine uma equação diferencial relacionando a entrada $x(t)$ à saída $y(t)$ desse sistema.

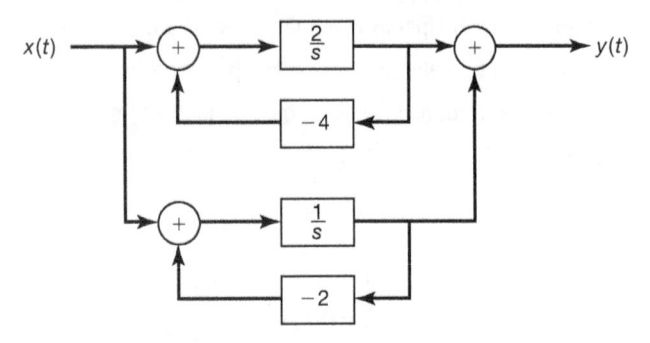

Figura P9.17

9.18 Considere o sistema LIT causal representado pelo circuito RLC examinado no Problema 3.20.

(a) Determine $H(s)$ e especifique sua região de convergência. Sua resposta deve ser consistente com o fato de que o sistema é causal e estável.

(b) Usando o diagrama de polos e zeros de $H(s)$ o geométrico da magnitude da transformada de Fourier, determine se a magnitude da transformada de Fourier correspondente tem uma característica aproximadamente de passa-baixas, passa-altas ou passa-faixa.

(c) Se o valor de R agora for mudado para 10^{-3} Ω, determine $H(s)$ e especifique sua região de convergência.

(d) Usando o diagrama de polos e zeros de $H(s)$ obtido no item (c) e o cálculo geométrico da magnitude da transformada de Fourier, determine se a magnitude da transformada de Laplace correspondente tem uma característica aproximadamente de passa-baixas, passa-altas ou passa-faixa.

9.19 Determine a transformada de Laplace unilateral de cada um dos seguintes sinais e especifique as regiões de convergência correspondentes.

(a) $x(t) = e^{-2t}u(t+1)$

(b) $x(t) = \delta(t+1) + \delta(t) + e^{-2(t+3)}u(t+1)$

(c) $x(t) = e^{-2t}u(t) + e^{-4t}u(t)$

9.20 Considere o circuito RL do Problema 3.19.

(a) Determine a resposta ao estado nulo desse circuito quando a corrente de entrada é $x(t) = e^{-2t}u(t)$.

(b) Determine a resposta a entrada zero do circuito para $t > 0^-$, dado que

$$y(0^-) = 1$$

(c) Determine a saída do circuito quando a corrente de entrada é $x(t) = e^{-2t}u(t)$ e a condição inicial é a mesma que aquela especificada no item (b).

Problemas básicos

9.21 Determine a transformada de Laplace e a região de convergência associada e o diagrama de polos e zeros para cada uma das seguintes funções do tempo:

(a) $x(t) = e^{-2t}u(t) + e^{-3t}u(t)$

(b) $x(t) = e^{-4t}u(t) + e^{-5t}(\text{sen } 5t)u(t)$

(c) $x(t) = e^{2t}u(-t) + e^{3t}u(-t)$

(d) $x(t) = te^{-2|t|}$

(e) $x(t) = |t|e^{-2|t|}$

(f) $x(t) = |t|e^{2t}u(-t)$

(g) $x(t) = \begin{cases} 1, & 0 \le t \le 1 \\ 0, & \text{caso contrário} \end{cases}$

(h) $x(t) = \begin{cases} t, & 0 \le t \le 1 \\ 2-t, & 1 \le t \le 2 \end{cases}$

(i) $x(t) = \delta(t) + u(t)$

(j) $x(t) = \delta(3t) + u(3t)$

9.22 Determine a função do tempo, $x(t)$, para cada uma das seguintes transformadas de Laplace e suas regiões de convergência associadas:

(a) $\dfrac{1}{s^2+9}$, $\mathcal{Re}\{s\} > 0$

(b) $\dfrac{s}{s^2+9}$, $\mathcal{Re}\{s\} < 0$

(c) $\dfrac{s+1}{(s+1)^2+9}$, $\mathcal{Re}\{s\} < -1$

(d) $\dfrac{s+2}{s^2+7s+12}$, $-4 < \mathcal{Re}\{s\} < -3$

(e) $\dfrac{s+1}{s^2+5s+6}$, $-3 < \mathcal{Re}\{s\} < -2$

(f) $\dfrac{(s+1)^2}{s^2-s+1}$, $\mathcal{Re}\{s\} > \frac{1}{2}$

(g) $\dfrac{s^2-s+1}{(s+1)^2}$, $\mathcal{Re}\{s\} > -1$

9.23 Para cada uma das seguintes afirmações sobre $x(t)$ e para cada um dos quatro diagramas de polos e zeros na Figura P9.23, determine a restrição correspondente na RDC:

1. $x(t)e^{-3t}$ é absolutamente integrável.

2. $x(t) * (e^{-t}u(t))$ é absolutamente integrável.

3. $x(t) = 0$, $t > 1$
4. $x(t) = 0$, $t < -1$

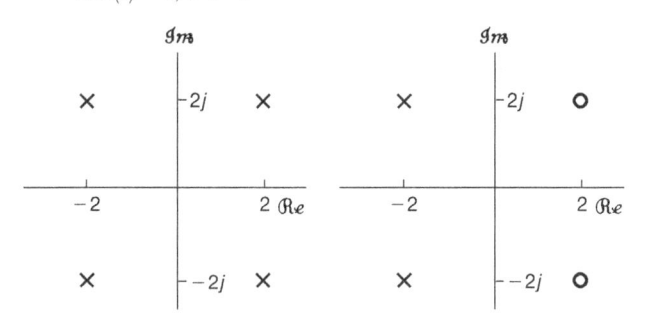

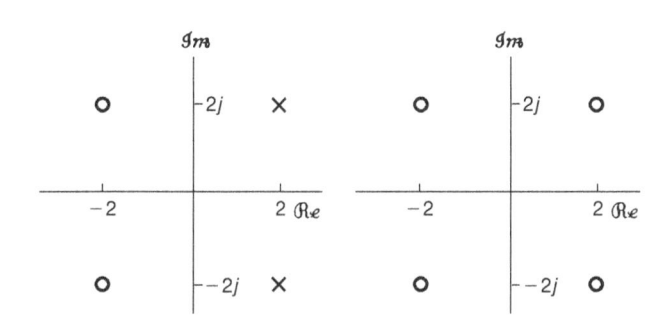

Figura P9.23

9.24 Neste problema, consideraremos a região de convergência das transformadas de Laplace sempre incluindo sempre o eixo $j\omega$.

(a) Considere um sinal $x(t)$ com transformada de Fourier $X(j\omega)$ e transformada de Laplace $X(s) = s + 1/2$. Esboce o diagrama de polos e zeros para $X(s)$. Esboce também o vetor cujo comprimento representa $|X(j\omega)|$ e cujo ângulo com relação ao eixo real representa $\sphericalangle X(j\omega)$ para determinado ω.

(b) Examinando o diagrama de polos e zeros e o diagrama de vetor do item (a), determine uma transformada de Laplace $X_1(s)$ diferente, correspondente à função do tempo, $x_1(t)$, de modo que

$$|X_1(j\omega)| = |X(j\omega)|,$$

mas

$$x_1(t) \neq x(t).$$

Mostre o diagrama de polos e zeros e os vetores associados que representam $X_1(j\omega)$.

(c) Para a sua resposta no item (b), determine, examinando novamente os diagramas de vetor relacionados, a relação entre $\sphericalangle X(j\omega)$ e $\sphericalangle X_1(j\omega)$.

(d) Determine a transformada de Laplace $X_2(s)$ tal que

$$\sphericalangle X_2(j\omega) = \sphericalangle X(j\omega),$$

mas que $x_2(t)$ não seja proporcional a $x(t)$. Mostre o diagrama de polos e zeros para $X_2(s)$ e os vetores associados que representam $X_2(j\omega)$.

(e) Para a sua resposta no item (d), determine a relação entre $|X_2(j\omega)|$ e $|X(j\omega)|$.

(f) Considere um sinal $x(t)$ com transformada de Laplace $X(s)$ para o qual o diagrama de polos e zeros é mostrado na Figura P9.24. Determine $X_1(s)$ tal que $|X(j\omega)| = |X_1(j\omega)|$ e todos os polos e zeros de $X_1(s)$ estejam na metade esquerda do plano s [ou seja, $\mathcal{Re}\{s\} < 0$]. Além disso, determine $X_2(s)$ tal que $\sphericalangle X(j\omega) = \sphericalangle X_2(j\omega)$ e todos os polos e zeros de $X_2(s)$ estejam na metade esquerda do plano s.

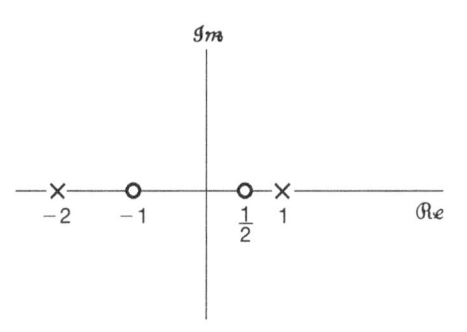

Figura P9.24

9.25 Considerando a determinação geométrica da transformada de Fourier, conforme desenvolvida na Seção 9.4, esboce, para cada um dos diagramas de polos e zeros na Figura P9.25, a magnitude da transformada de Fourier associada.

9.26 Considere um sinal $y(t)$ que está relacionado a dois sinais $x_1(t)$ e $x_2(t)$ por

$$y(t) = x_1(t-2) * x_2(-t+3)$$

em que

$$x_1(t) = e^{-2t}u(t) \quad \text{e} \quad x_2(t) = e^{-3t}u(t).$$

Dado que

$$e^{-at}u(t) \xleftrightarrow{\mathcal{L}} \frac{1}{s+a}, \quad \mathcal{Re}\{s\} > -a,$$

use as propriedades da transformada de Laplace para determinar a transformada de Laplace $Y(s)$ de $y(t)$.

9.27 São dados os cinco fatos a seguir sobre um sinal real $x(t)$ com a transformada de Laplace $X(s)$:

1. $X(s)$ tem exatamente dois polos.
2. $X(s)$ não tem zeros no plano s finito.
3. $X(s)$ tem um polo em $s = -1 + j$.
4. $e^{2t}x(t)$ não é absolutamente integrável.
5. $X(0) = 8$.

Determine $X(s)$ e especifique sua região de convergência.

9.28 Considere um sistema LIT para o qual a função de sistema $H(s)$ tem o diagrama de polos e zeros mostrado na Figura P9.28.

(a) Indique todas as RDCs possíveis que podem ser associadas a esse diagrama de polos e zeros.

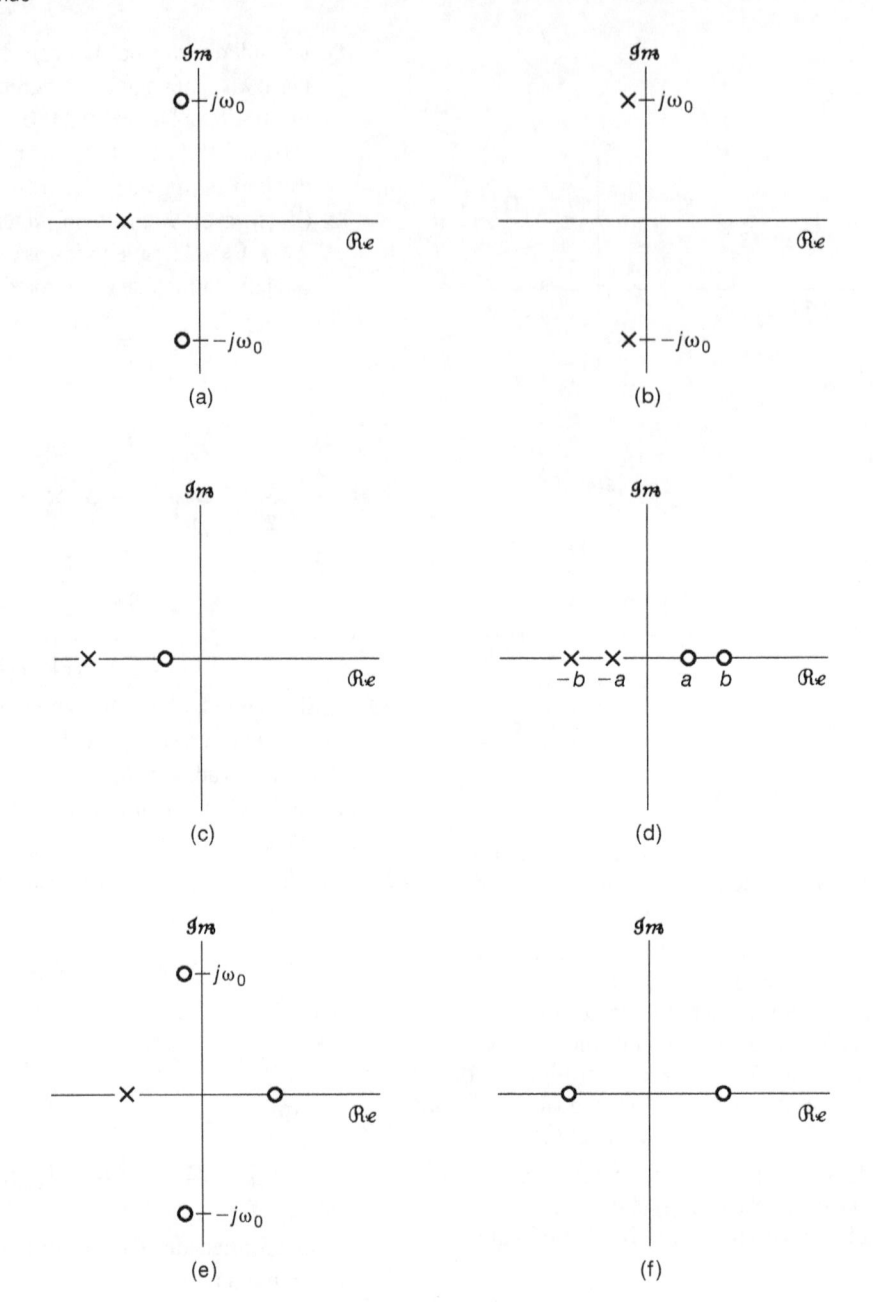

Figura P9.25

(b) Para cada RDC identificada no item (a), especifique se o sistema associado é estável e/ou causal.

9.29 Considere um sistema LIT com entrada $x(t) = e^{-t}u(t)$ e resposta ao impulso $h(t) = e^{-2t}u(t)$.

(a) Determine as transformadas de Laplace de $x(t)$ e $h(t)$.

(b) Usando a propriedade de convolução, determine a transformada de Laplace $Y(s)$ da saída $y(t)$.

(c) Da transformada de Laplace de $y(t)$ obtida no item (b), determine $y(t)$.

(d) Verifique seu resultado no item (c) pela convolução explícita de $x(t)$ e $h(t)$.

9.30 Um medidor de pressão que pode ser modelado como um sistema LIT tem uma resposta temporal a uma entrada de

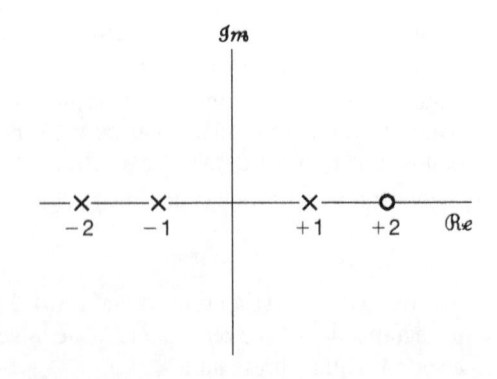

Figura P9.28

grau unitário dada por $(1 - e^{-t} - te^{-t})u(t)$. Para uma certa entrada $x(t)$, a saída é observada como $(2 - 3e^{-t} + e^{-3t})u(t)$.

Para essa medição observada, determine a entrada de pressão verdadeira do medidor como uma função do tempo.

9.31 Considere um sistema LIT de tempo contínuo para o qual a entrada $x(t)$ e a saída $y(t)$ estão relacionadas pela equação diferencial

$$\frac{d^2y(t)}{dt^2} - \frac{dy(t)}{dt} - 2y(t) = x(t).$$

Sejam $X(s)$ e $Y(s)$ as transformadas de Laplace de $x(t)$ e $y(t)$, respectivamente, e seja $H(s)$ a transformada de Laplace de $h(t)$, a resposta ao impulso do sistema.

(a) Determine $H(s)$ como uma razão de dois polinômios em s. Esboce o diagrama de polos e zeros de $H(s)$.

(b) Determine $h(t)$ para cada um dos seguintes casos:
  1. O sistema é estável.
  2. O sistema é causal.
  3. O sistema *não* é estável *nem* causal.

9.32 Um sistema LIT causal com resposta ao impulso $h(t)$ tem as seguintes propriedades:

1. Quando a entrada do sistema é $x(t) = e^{2t}$ para todo t, a saída é $y(t) = (1/6)e^{2t}$ para todo t.
2. A resposta ao impulso $h(t)$ satisfaz a equação diferencial

$$\frac{dh(t)}{dt} + 2h(t) = (e^{-4t})u(t) + bu(t),$$

sendo b uma constante desconhecida.

Determine a função de sistema $H(s)$ do sistema, consistente com a informação anterior. Não deve haver constantes desconhecidas na sua resposta, ou seja, a constante b *não* deverá aparecer na resposta.

9.33 A função de sistema de um sistema LIT causal é

$$H(s) = \frac{s+1}{s^2 + 2s + 2}.$$

Determine e esboce a resposta $y(t)$ quando a entrada for

$$x(t) = e^{-|t|}, \quad -\infty < t < \infty.$$

9.34 Suponha que sejam dadas as seguintes informações sobre um sistema LIT causal e estável S com resposta ao impulso $h(t)$ e uma função de sistema racional $H(s)$:

1. $H(1) = 0{,}2$.
2. Quando a entrada é $u(t)$, a saída é absolutamente integrável.
3. Quando a entrada é $tu(t)$, a saída não é absolutamente integrável.

4. O sinal $d^2h(t)/dt^2 + 2dh(t)/dt + 2h(t)$ tem duração finita.
5. $H(s)$ tem exatamente um zero no infinito.

Determine $H(s)$ e sua região de convergência.

9.35 A entrada $x(t)$ e a saída $y(t)$ de um sistema LIT causal são relacionadas por meio da representação em diagrama de blocos mostrada na Figura P9.35.

(a) Determine uma equação diferencial relacionando $y(t)$ e $x(t)$.
(b) Esse sistema é estável?

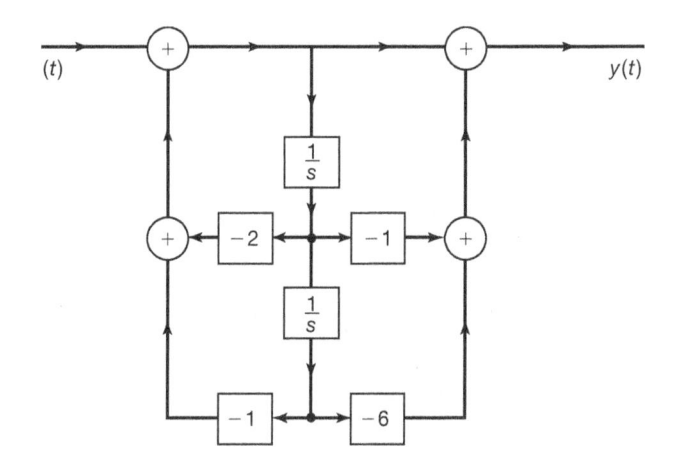

Figura P9.35

9.36 Neste problema, consideramos a construção de vários tipos de representações por diagrama de blocos para um sistema LIT causal S com entrada $x(t)$, saída $y(t)$ e função de sistema

$$H(s) = \frac{2s^2 + 4s - 6}{s^2 + 3s + 2}.$$

Para obter a representação em diagrama em blocos na forma direta de S, primeiro consideramos um sistema LIT causal S_1 que tem a mesma entrada $x(t)$ de S, mas sua função de sistema é

$$H_1(s) = \frac{1}{s^2 + 3s + 2}.$$

Com a saída de S_1 indicada por $y_1(t)$, a representação em diagrama de blocos na forma direta de S_1 aparece na Figura P9.36. Os sinais $e(t)$ e $f(t)$ indicados na figura representam as respectivas entradas nos dois integradores.

(a) Expresse $y(t)$ (a saída de S) como uma combinação linear de $y_1(t)$, $dy_1(t)/dt$ e $d^2y_1(t)/dt^2$.
(b) Como $dy_1(t)/dt$ está relacionado a $f(t)$?
(c) Como $d^2y_1(t)/dt^2$ está relacionado a $e(t)$?
(d) Expresse $y(t)$ como uma combinação linear de $e(t)$, $f(t)$ e $y_1(t)$.

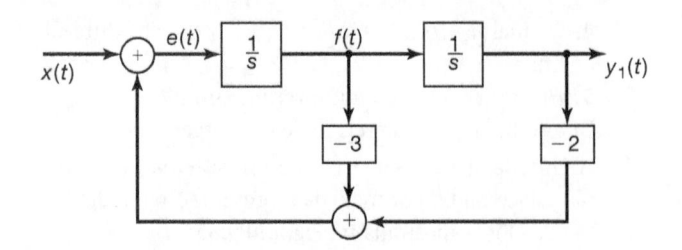

Figura P9.36

(e) Use o resultado do item anterior para estender a representação de S_1 por diagrama de blocos na forma direta e criar uma representação por diagrama de blocos de S.

(f) Observando que

$$H(s) = \left(\frac{2(s-1)}{s+2}\right)\left(\frac{s+3}{s+1}\right),$$

apresente uma representação por diagrama de blocos para S como uma combinação em cascata de dois subsistemas.

(g) Observando que

$$H(s) = 2 + \frac{6}{s+2} - \frac{8}{s+1},$$

apresente uma representação por diagrama de blocos para S como uma combinação paralela de três subsistemas.

9.37 Apresente uma representação na forma direta para os sistemas LIT causais com as seguintes funções de sistema

(a) $H_1(s) = \dfrac{s+1}{s^2+5s+6}$

(b) $H_2(s) = \dfrac{s^2-5s+6}{s^2+7s+10}$

(c) $H_3(s) = \dfrac{s}{(s+2)^2}$

9.38 Considere um sistema LIT causal de quarta ordem S cuja função de sistema é especificada como

$$H(s) = \frac{1}{(s^2-s+1)(s^2+2s+1)}.$$

(a) Mostre que uma representação por diagrama de blocos para S consistindo em uma cascata de quatro seções de primeira ordem terá multiplicações por coeficientes que não são puramente reais.

(b) Apresente uma representação em diagrama de blocos para S como uma interconexão em *cascata* de dois sistemas de segunda ordem, cada qual representado na forma direta. Não deve haver multiplicações por coeficientes não reais no diagrama de blocos resultante.

(c) Apresente uma representação em diagrama de blocos para S como uma interconexão *paralela* de dois sistemas de segunda ordem, cada qual representado na forma direta. Não deve haver multiplicações por coeficientes não reais no diagrama de blocos resultante.

9.39 Seja

$$x_1(t) = e^{-2t}u(t) \quad \text{e} \quad x_2(t) = e^{-3(t+1)}u(t+1).$$

(a) Determine a transformada de Laplace unilateral $\mathcal{X}_1(s)$ e a transformada de Laplace bilateral $X_1(s)$ para o sinal $x_1(t)$.

(b) Determine a transformada de Laplace unilateral $\mathcal{X}_2(s)$ e a transformada de Laplace bilateral $X_2(s)$ para o sinal $x_2(t)$.

(c) Use a transformada de Laplace bilateral inversa do produto $X_1(s)X_2(s)$ para determinar o sinal $g(t) = x_1(t) * x_2(t)$.

(d) Mostre que a inversa da transformada de Laplace unilateral do produto $\mathcal{X}_1(s)\mathcal{X}_2(s)$ não é a mesma que $g(t)$ para $t > 0^-$.

9.40 Considere o sistema S caracterizado pela equação diferencial

$$\frac{d^3y(t)}{dt^3} + 6\frac{d^2y(t)}{dt^2} + 11\frac{dy(t)}{dt} + 6y(t) = x(t).$$

(a) Determine a resposta ao estado nulo desse sistema para a entrada $x(t) = e^{-4t}u(t)$.

(b) Determine a resposta à entrada nula do sistema para $t > 0^-$, dado que

$$y(0^-) = 1, \quad \left.\frac{dy(t)}{dt}\right|_{t=0^-} = -1, \quad \left.\frac{d^2y(t)}{dt^2}\right|_{t=0} = 1.$$

(c) Determine a saída de S quando a entrada é $x(t) = e^{-4t}u(t)$ e as condições iniciais são as mesmas que aquelas especificadas no item (b).

Problemas avançados

9.41 (a) Mostre que, se $x(t)$ é uma função par, de modo que $x(t) = x(-t)$, então $X(s) = X(-s)$.

(b) Mostre que, se $x(t)$ é uma função ímpar, de modo que $x(t) = -x(-t)$, então $X(s) = -X(-s)$.

(c) Determine quais (se houver algum) dos diagramas de polos e zeros na Figura P9.41 poderiam corresponder a uma função par do tempo. Para aqueles que poderiam, indique a RDC exigida.

9.42 Determine se cada uma das seguintes afirmações é verdadeira ou falsa. Se uma afirmação for verdadeira, construa um argumento convincente para ela. Se for falsa, dê um contraexemplo.

(a) A transformada de Laplace de $t^2u(t)$ não converge em local algum no plano s.

(b) A transformada de Laplace de $e^{t^2}u(t)$ não converge em local algum no plano s.

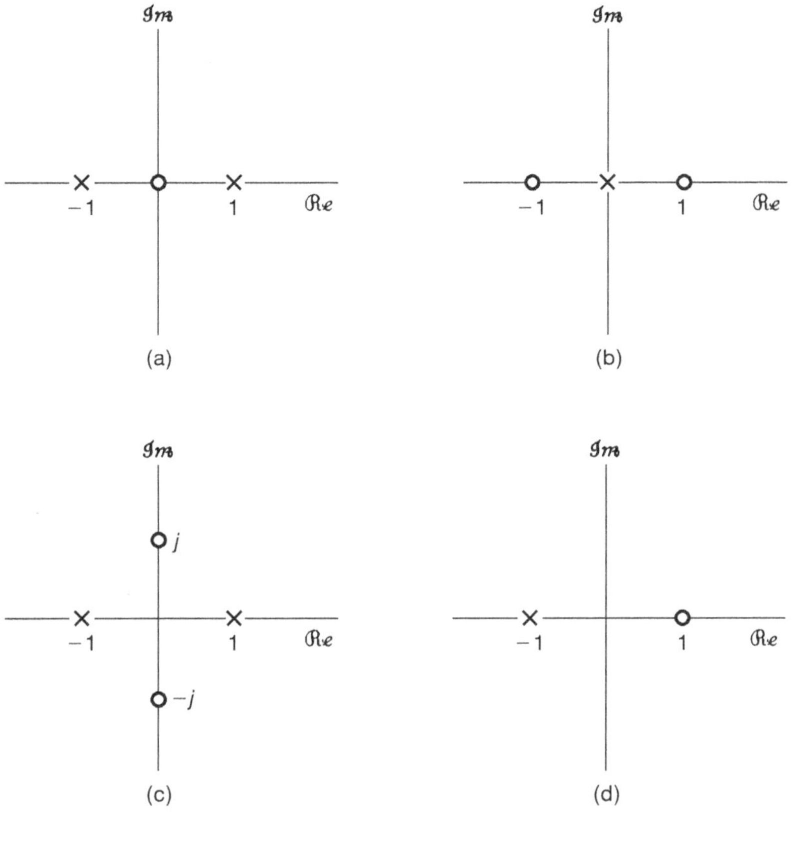

Figura P9.41

(c) A transformada de Laplace de $e^{j\omega_0 t}$ não converge em local algum no plano s.

(d) A transformada de Laplace de $e^{j\omega_0 t}u(t)$ não converge em local algum no plano s.

(e) A transformada de Laplace de $|t|$ não converge em local algum no plano s.

9.43 Seja $h(t)$ a resposta ao impulso de um sistema LIT causal e estável com uma função de sistema racional.

(a) O sistema com resposta ao impulso $dh(t)/dt$ é garantidamente causal e estável?

(b) O sistema com resposta ao impulso $\int_{-\infty}^{t} h(\tau)d\tau$ é garantidamente causal e instável?

9.44 Seja $x(t)$ o sinal amostrado especificado como

$$x(t) = \sum_{n=0}^{\infty} e^{-nT}\delta(t - nT),$$

sendo $T > 0$.

(a) Determine $X(s)$, incluindo sua região de convergência.

(b) Esboce o diagrama de polos e zeros para $X(s)$.

(c) Use a interpretação geométrica do diagrama de polos e zeros para argumentar que $X(j\omega)$ é periódico.

9.45 Considere o sistema LIT mostrado na Figura P9.45(a) sobre o qual são dadas as seguintes informações:

$$X(s) = \frac{s+2}{s-2},$$

$$x(t) = 0, \quad t > 0,$$

e

$$y(t) = -\frac{2}{3}e^{2t}u(-t) + \frac{1}{3}e^{-t}u(t) \text{ [Veja Figura P9.45(b).]}$$

(a) Determine $H(s)$ e sua região de convergência.

(b) Determine $h(t)$.

(c) Usando a função $H(s)$ encontrada no item (a), determine a saída $y(t)$ se a entrada for

$$x(t) = e^{3t}, \quad -\infty < t < +\infty.$$

9.46 Seja $H(s)$ a representação por função de sistema para um sistema causal e estável. A entrada do sistema consiste na soma de três termos, um dos quais é um impulso $\delta(t)$ e outro, uma exponencial complexa na forma $e^{s_0 t}$, onde s_0 é uma constante complexa. A saída é

$$y(t) = -6e^{-t}u(t) + \frac{4}{34}e^{4t}\cos 3t + \frac{18}{34}e^{4t}\text{sen } 3t + \delta(t).$$

Determine $H(s)$, de forma consistente com essa informação.

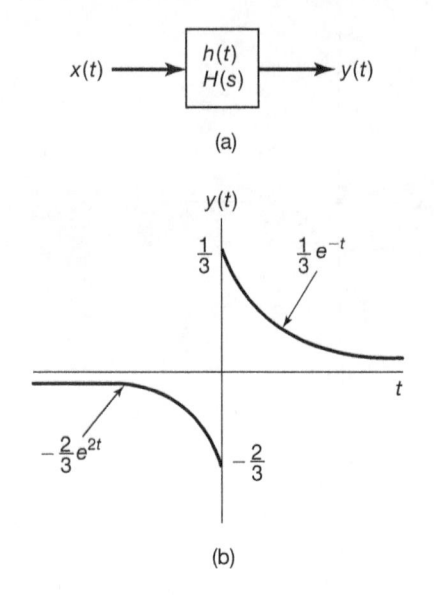

Figura P9.45

9.47 O sinal

$$y(t) = e^{-2t}u(t)$$

é a saída de um sistema passa-tudo causal para o qual a função de sistema é

$$H(s) = \frac{s-1}{s+1}.$$

(a) Encontre e esboce pelo menos duas entradas possíveis $x(t)$ que poderiam produzir $y(t)$.

(b) Qual é a entrada $x(t)$ se for conhecido que

$$\int_{-\infty}^{\infty} |x(t)| dt < \infty?$$

(c) Qual é a entrada $x(t)$ se for conhecido que existe um sistema estável (mas não necessariamente causal) que terá $x(t)$ como saída se $y(t)$ for a entrada? Encontre a resposta ao impulso $h(t)$ desse filtro e mostre, por convolução direta, que ele tem a propriedade afirmada [ou seja, que $y(t) * h(t) = x(t)$].

9.48 O *inverso* de um sistema LIT $H(s)$ é definido como um sistema que, quando em cascata com $H(s)$, resulta em uma função de transferência total igual a um ou, de forma equivalente, uma resposta ao impulso total que é um impulso.

(a) Se $H_1(s)$ indica a função de transferência de um sistema inverso para $H(s)$, determine a relação algébrica geral entre $H(s)$ e $H_1(s)$.

(b) A Figura P9.48 mostra o diagrama de polos e zeros para um sistema estável, causal, $H(s)$. Determine o diagrama de polos e zeros para o sistema inverso associado.

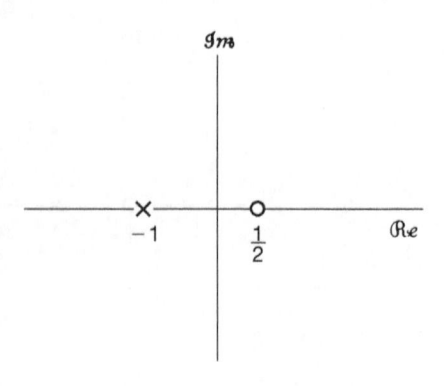

Figura P9.48

9.49 Uma classe de sistemas, conhecida como sistemas de atraso mínimo ou de fase mínima, às vezes é definida com a afirmação de que esses sistemas são causais e estáveis e de que os sistemas inversos também são causais e estáveis.

Com base nessa definição, desenvolva um argumento para demonstrar que todos os polos *e* zeros da função de transferência de um sistema com atraso mínimo precisam estar na metade esquerda do plano s [ou seja, $\mathcal{R}e\{s\} < 0$].

9.50 Determine se cada uma das seguintes afirmações sobre sistemas LIT é verdadeira ou não. Se uma afirmação for verdadeira, crie um argumento convincente para ela. Se for falsa, dê um contraexemplo.

(a) Um sistema de tempo contínuo estável deve ter todos os seus polos na metade esquerda do plano s [ou seja, $\mathcal{R}e\{s\} < 0$].

(b) Se uma função de sistema tiver mais polos do que zeros e o sistema for causal, a resposta ao degrau será contínua em $t = 0$.

(c) Se uma função de sistema tiver mais polos que zeros e o sistema não for restrito a ser causal, a resposta ao degrau pode ser descontínua em $t = 0$.

(d) Um sistema estável, causal, deve ter todos os seus polos e zeros na esquerda do plano s.

9.51 Considere um sistema estável e causal, com uma resposta ao impulso $h(t)$ e função de sistema $H(s)$. Sabe-se que $H(s)$ é racional, um de seus polos está em $-1 + j$, um de seus zeros está em $3 + j$, e ele tem exatamente dois zeros no infinito. Para cada uma das seguintes afirmações, determine se ela é verdadeira, se é falsa ou se não existem informações suficientes para determinar a veracidade da afirmação.

(a) $h(t)e^{-3t}$ é absolutamente integrável.

(b) A RDC para $H(s)$ é $\mathcal{R}e\{s\} > -1$.

(c) A equação diferencial relacionando as entradas $x(t)$ e as saídas $y(t)$ para S pode ser escrita em uma forma tendo apenas coeficientes reais.

(d) $\lim_{s \to \infty} H(s) = 1$

(e) $H(s)$ não tem menos que quatro polos.

(f) $H(j\omega) = 0$ para pelo menos um valor finito de ω.

(g) Se a entrada de S é e^{3t} sen t, a saída é e^{3t} cos t.

9.52 Conforme indicamos na Seção 9.5, muitas das propriedades da transformada de Laplace e sua dedução são semelhantes às propriedades correspondentes da transformada de Fourier e sua dedução, conforme desenvolvida no Capítulo 4. Neste problema, é pedido que você esboce a dedução de uma série de propriedades da transformada de Laplace.

Observando a dedução para a propriedade correspondente no Capítulo 4 para a transformada de Fourier, deduza cada uma das seguintes propriedades da transformada de Laplace. Sua dedução deve incluir uma consideração sobre a região de convergência.

(a) Deslocamento no tempo (Seção 9.5.2).

(b) Deslocamento no domínio s (Seção 9.5.3).

(c) Mudança de escala no tempo (Seção 9.5.4).

(d) Propriedade de convolução (Seção 9.5.6).

9.53 Conforme apresentado na Seção 9.5.10, o teorema do valor inicial estabelece que, para um sinal $x(t)$ com transformada de Laplace $X(s)$ e para o qual $x(t) = 0$ para $t < 0$, o valor inicial de $x(t)$ [ou seja, $x(0+)$] pode ser obtido a partir de $X(s)$ através da relação

$$x(0+) = \lim_{s \to \infty} sX(s). \quad \textbf{(Eq. 9.110)}$$

Primeiro, observamos que, como $x(t) = 0$ para $t < 0$, $x(t) = x(t)u(t)$. Em seguida, expandindo $x(t)$ em série de Taylor em $t = 0+$, obtemos

$$x(t) = \left[x(0+) + x^{(1)}(0+)t + \cdots + x^{(n)}(0+)\frac{t^n}{n!} + \cdots\right]u(t),$$

(P9.53-1)

em que $x^{(n)}(0+)$ indica a n-ésima derivada de $x(t)$ calculada em $t = 0+$.

(a) Determine a transformada de Laplace de um termo arbitrário $x^{(n)}(0+)(t^n/n!)u(t)$ no membro direito da Equação P9.53-1. (Pode ser útil rever o Exemplo 9.14.)

(b) Pelo seu resultado no item (a) e a expansão na Equação P9.53-1, mostre que $X(s)$ pode ser expresso como

$$X(s) = \sum_{n=0}^{\infty} x^{(n)}(0+)\frac{1}{s^{n+1}}.$$

(c) Demonstre que a Equação 9.110 segue do resultado do item (b).

(d) Determinando primeiro $x(t)$, verifique o teorema do valor inicial para cada um dos seguintes exemplos:

1. $X(s) = \frac{1}{s+2}$
2. $X(s) = \frac{s+1}{(s+2)(s+3)}$

(e) Uma forma mais geral do teorema do valor inicial afirma que, se $x^{(n)}(0+) = 0$ para $n < N$, então $x^{(N)}(0+) = \lim_{s \to \infty} s^{N+1}X(s)$. Demonstre que essa afirmação mais geral também segue do resultado no item (b).

9.54 Considere um sinal real $x(t)$ com transformada de Laplace $X(s)$.

(a) Aplicando a conjugação complexa nos dois membros da Equação 9.56, mostre que $X(s) = X^*(s^*)$.

(b) Do resultado em (a), mostre que, se $X(s)$ tem um polo (zero) em $s = s_0$, ele também deve ter um polo (zero) em $s = s_0^*$; ou seja, para $x(t)$ real, os polos e zeros de $X(s)$ que não estão no eixo real devem ocorrer em pares conjugados complexos.

9.55 Na Seção 9.6, Tabela 9.2, listamos diversos pares de transformada de Laplace e indicamos especificamente como os pares de transformada de 1 a 9 seguem dos exemplos 9.1 e 9.14, juntamente com diversas propriedades da Tabela 9.1.

Explorando as propriedades da Tabela 9.1, mostre como os pares de transformada de 10 a 16 seguem dos pares de transformada de 1 a 9 na Tabela 9.2.

9.56 A transformada de Laplace existe para um s complexo específico se a magnitude da transformada for finita — ou seja, se $|X(s)| < \infty$.

Mostre que uma condição *suficiente* para a existência da transformada $X(s)$ em $s = s_0 = \sigma_0 + j\omega_0$ é que

$$\int_{-\infty}^{+\infty} |x(t)|e^{-\sigma_0 t} dt < \infty.$$

Em outras palavras, mostre que $x(t)$, ponderado exponencialmente por $e^{-\sigma_0 t}$, é absolutamente integrável. Você precisará usar o resultado de que, para uma função complexa $f(t)$,

$$\left|\int_a^b f(t)dt\right| \leq \int_a^b |f(t)|dt. \quad \textbf{(P9.56-1)}$$

Sem provar rigorosamente a Equação P9.56-1, argumente sua plausibilidade.

9.57 A transformada de Laplace $X(s)$ de um sinal $x(t)$ tem quatro polos e um número desconhecido de zeros. Sabe-se que o sinal $x(t)$ tem um impulso em $t = 0$. Determine que informação, se houver alguma, isso fornece sobre o número de zeros e suas localizações.

9.58 Seja $h(t)$ a resposta ao impulso de um sistema LIT causal e estável com função de sistema racional $H(s)$. Mostre que $g(t) = \mathcal{Re}\{h(t)\}$ também é a resposta ao impulso de um sistema causal e estável.

9.59 Se $\mathcal{X}(s)$ indica a transformada de Laplace unilateral de $x(t)$, determine, em termos de $\mathcal{X}(s)$, a transformada de Laplace unilateral de:

(a) $x(t-1)$ (c) $\int_{-\infty}^{\infty} x(\tau)d\tau$

(b) $x(t+1)$ (d) $\dfrac{d^3 x(t)}{dt^3}$

Problemas de extensão

9.60 Na comunicação telefônica de longa distância, um eco às vezes é encontrado devido ao sinal transmitido sendo refletido no receptor, enviado de volta pela linha, refletido novamente no transmissor e retornado ao receptor. A resposta ao impulso para um sistema que modela esse efeito aparece na Figura P9.60, onde consideramos que somente um eco é recebido. O parâmetro T corresponde ao tempo de ida ao longo do canal de comunicação, e o parâmetro α representa a atenuação em amplitude entre transmissor e receptor.

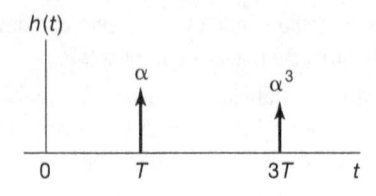

Figura P9.60

(a) Determine a função de sistema $H(s)$ e a região de convergência associada para o sistema.

(b) Do seu resultado no item (a), você deve observar que $H(s)$ não consiste em uma razão de polinômios. Apesar disso, é útil representá-lo em termos de polos e zeros, onde, como sempre, os zeros são os valores de s para os quais $H(s) = 0$ e os polos são os valores de s para os quais $1/H(s) = 0$. Para a função de sistema encontrada no item (a), determine os zeros e demonstre que não existem polos.

(c) Do seu resultado no item (b), esboce o diagrama de polos e zeros para $H(s)$.

(d) Considerando os vetores apropriados no plano s, esboce a magnitude da resposta em frequência do sistema.

9.61 A função de autocorrelação de um sinal $x(t)$ é definida como

$$\phi_{xx}(\tau) = \int_{-\infty}^{\infty} x(t)x(t+\tau)\,dt.$$

(a) Determine, em termos de $x(t)$, a resposta ao impulso $h(t)$ de um sistema LIT para o qual, quando a entrada é $x(t)$, a saída é $\phi_{xx}(t)$ [Figura P9.61(a)].

(b) Da sua resposta no item (a), determine $\Phi_{xx}(s)$, a transformada de Laplace de $\phi_{xx}(\tau)$, em termos de $X(s)$. Além disso, expresse $\Phi_{xx}(j\omega)$, a transformada de Fourier de $\phi_{xx}(\tau)$, em termos de $X(j\omega)$.

(c) Se $X(s)$ tem o padrão de polos e zeros e RDC mostrada na Figura P9.61(b), esboce o padrão de polos e zeros e indique a RDC para $\Phi_{xx}(s)$.

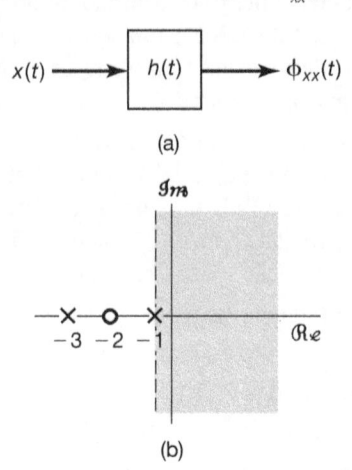

Figura P9.61

9.62 Em diversas aplicações em projeto e análise de sinais, encontramos a classe de sinais

$$\phi_n(t) = e^{-t/2} L_n(t) u(t), \quad n = 0, 1, 2, \ldots, \quad \text{(P9.62-1)}$$

em que

$$L_n(t) = \frac{e^t}{n!} \frac{d^n}{dt^n}(t^n e^{-t}), \quad \text{(P9.62-2)}$$

(a) As funções $L_n(t)$ são conhecidas como *polinômios de Laguerre*. Para verificar que eles de fato têm a forma de polinômios, determine $L_0(t)$, $L_1(t)$ e $L_2(t)$ explicitamente.

(b) Usando as propriedades da transformada de Laplace na Tabela 9.1 e os pares de transformada de Laplace na Tabela 9.2, determine a transformada de Laplace $\Phi_n(s)$ de $\phi_n(t)$.

(c) O conjunto de sinais $\phi_n(t)$ pode ser gerado excitando uma rede da forma da Figura P9.62 com um impulso. Do seu resultado no item (b), determine $H_1(s)$ e $H_2(s)$ de modo que as respostas ao impulso ao longo da cadeia de cascata sejam os sinais $\phi_n(t)$, conforme indicados.

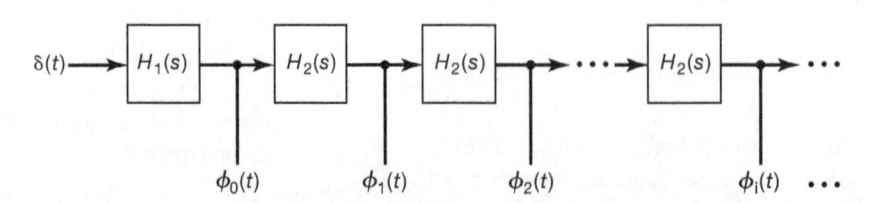

Figura P9.62

9.63 No projeto de filtro, frequentemente, é possível e conveniente transformar um filtro passa-baixas em um filtro passa-altas e vice-versa. Com $H(s)$ indicando a função de transferência do filtro original e $G(s)$ a do filtro transformado, uma transformação desse tipo, bastante utilizada, consiste em substituir s por $1/s$; ou seja,

$$G(s) = H\left(\frac{1}{s}\right).$$

(a) Para $H(s) = 1/(s + 1/2)$, esboce $|H(j\omega)|$ e $|G(j\omega)|$.

(b) Determine a equação diferencial de coeficientes constantes associada a $H(s)$ e a $G(s)$.

(c) Agora, considere um caso mais geral em que $H(s)$ é a função de transferência associada à equação diferencial de coeficientes constantes na forma geral

$$\sum_{k=0}^{N} a_k \frac{d^k y(t)}{dt^k} = \sum_{k=0}^{N} b_k \frac{d^k x(t)}{dt^k}. \quad \text{(P9.63-1)}$$

Sem qualquer perda de generalidade, assumimos que o número de derivadas N é o mesmo nos dois membros da equação, embora, em qualquer caso em particular, alguns dos coeficientes possam ser zero. Determine $H(s)$ e $G(s)$.

(d) Pelo seu resultado no item (c), determine, em termos dos coeficientes na Equação P9.63-1, a equação diferencial linear de coeficientes constantes associada a $G(s)$.

9.64 Considere o circuito RLC mostrado na Figura 9.27 com entrada $x(t)$ e saída $y(t)$.

(a) Mostre que, se R, L e C forem todos positivos, então esse sistema LIT é estável.

(b) Como R, L e C devem estar relacionados de modo que o sistema represente um filtro Butterworth de segunda ordem?

9.65 (a) Determine a equação diferencial relacionando $v_i(t)$ e $v_0(t)$ para o circuito RLC da Figura P9.65.

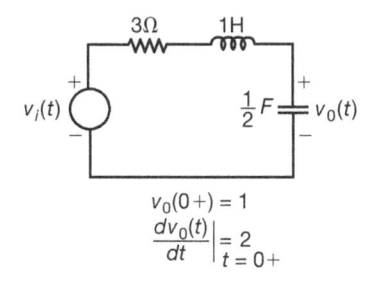

Figura P9.65

(b) Suponha que $v_i(t) = e^{-3t}u(t)$. Usando a transformada de Laplace unilateral, determine $v_0(t)$ para $t > 0$.

9.66 Considere o circuito RL mostrado na Figura P9.66. Suponha que a corrente $i(t)$ tenha alcançado um estado estabilizado com a chave na posição A. No instante $t = 0$, a chave move-se da posição A para a posição B.

(a) Encontre a equação diferencial relacionando $i(t)$ e v_2 para $t > 0^-$. Especifique a condição inicial (ou seja, o valor de $i(0^-)$) para essa equação diferencial em termos de v_1.

(b) Usando as propriedades da transformada de Laplace unilateral na Tabela 9.3, determine e represente a corrente $i(t)$ para cada um dos seguintes valores de v_1 e v_2:

(i) $v_1 = 0\ V, v_2 = 2\ V$
(ii) $v_1 = 4\ V, v_2 = 0\ V$
(iii) $v_1 = 4\ V, v_2 = 2\ V$

Usando suas respostas para (i), (ii) e (iii), argumente que a corrente $i(t)$ pode ser expressa como uma soma da resposta ao estado zero com a resposta à entrada zero do circuito.

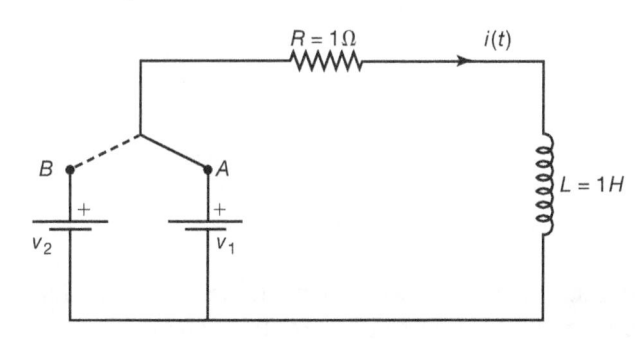

Figura P9.66

10 A transformada z

10.0 Introdução

No Capítulo 9, desenvolvemos a transformada de Laplace como uma extensão da transformada de Fourier de tempo contínuo. Essa extensão foi motivada, em parte, pelo fato de que a transformada de Laplace pode ser aplicada a uma classe mais ampla de sinais do que a transformada de Fourier, pois existem muitos sinais para os quais a transformada de Fourier não converge, mas a transformada de Laplace sim. Isso nos permitiu, por exemplo, realizar a análise de transformada de sistemas instáveis e desenvolver percepção e ferramentas adicionais para a análise de sistemas LIT.

Neste capítulo, usamos a mesma abordagem para tempo discreto à medida que desenvolvemos a transformada z, que é o equivalente de tempo discreto da transformada de Laplace. Conforme veremos, as motivações e as propriedades da transformada z são análogas às da transformada de Laplace. No entanto, assim como na relação entre as transformadas de Fourier de tempo contínuo e tempo discreto, encontraremos também algumas distinções importantes entre a transformada z e a transformada de Laplace, que surgem das diferenças fundamentais entre sinais e sistemas de tempo contínuo e tempo discreto.

10.1 A transformada z

Como vimos na Seção 3.2, para um sistema invariante no tempo, linear, de tempo discreto, com resposta ao impulso $h[n]$, a resposta $y[n]$ do sistema a uma entrada exponencial complexa na forma z^n é

$$y[n] = H(z)z^n, \quad (10.1)$$

em que

$$H(z) = \sum_{n=-\infty}^{+\infty} h[n]z^{-n}. \quad (10.2)$$

Para $z = e^{j\omega}$ com ω real (ou seja, com $|z| = 1$), o somatório na Equação 10.2 corresponde à transformada de Fourier de tempo discreto de $h[n]$. De forma mais geral, quando $|z|$ não está limitado à unidade, o somatório é conhecido como a *transformada z* de $h[n]$.

A transformada z de um sinal genérico de tempo discreto $x[n]$ é definida como[1]

$$\boxed{X(z) \triangleq \sum_{n=-\infty}^{+\infty} x[n]z^{-n},} \quad (10.3)$$

em que z é uma variável complexa. Por conveniência, a transformada z de $x[n]$ às vezes será indicada como $\mathcal{Z}\{x[n]\}$, e a relação entre $x[n]$ e sua transformada z, indicada como

$$x[n] \xleftrightarrow{\mathcal{Z}} X(z). \quad (10.4)$$

No Capítulo 9, consideramos diversas relações importantes entre a transformada de Laplace e a transformada de Fourier para sinais de tempo contínuo. De um modo semelhante, mas não idêntico, existem diversas relações importantes entre a transformada z e a transformada de Fourier de tempo discreto. Para explorar essas relações, expressamos a variável z complexa na forma polar

$$z = re^{j\omega}, \quad (10.5)$$

em que r é a magnitude de z e ω o ângulo de z. Em termos de r e ω, a Equação 10.3 torna-se

$$X(re^{j\omega}) = \sum_{n=-\infty}^{+\infty} x[n](re^{j\omega})^{-n},$$

ou, de modo equivalente,

$$X(re^{j\omega}) = \sum_{n=-\infty}^{+\infty} \{x[n]r^{-n}\}e^{-j\omega n}. \quad (10.6)$$

---

[1] A transformada z definida na Equação 10.3 frequentemente é denominada transformada z *bilateral*, para distinguir da transformada z *unilateral*, que desenvolvemos na Seção 10.9. A transformada z bilateral faz o somatório de $-\infty$ a $+\infty$, enquanto a transformada unilateral tem uma forma semelhante à Equação 10.3, mas com limites de somatório de 0 a $+\infty$. Como estamos mais interessados na transformada z bilateral, vamos nos referir a $X(z)$ como definido na Equação 10.3 simplesmente como a transformada z, exceto na Seção 10.9, em que usamos as palavras 'unilateral' e 'bilateral' para evitar ambiguidade.

Da Equação 10.6 vemos que $X(re^{j\omega})$ é a transformada de Fourier da sequência $x[n]$ multiplicada por uma exponencial real r^{-n}; ou seja,

$$X(re^{j\omega}) = \mathcal{F}\{x[n]r^{-n}\}. \quad (10.7)$$

A ponderação exponencial r^{-n} pode ser crescente ou decrescente com o aumento de n, dependendo se r é maior ou menor que a unidade. Observamos, em particular, que para $r = 1$ ou, de modo equivalente, $|z| = 1$, a Equação 10.3 reduz-se à transformada de Fourier; ou seja,

$$X(z)\big|_{z=e^{j\omega}} = X(e^{j\omega}) = \mathcal{F}\{x[n]\}. \quad (10.8)$$

A relação entre a transformada z e a transformada de Fourier para sinais de tempo discreto aproxima-se da discussão correspondente na Seção 9.1 para sinais de tempo contínuo, mas com algumas diferenças importantes. No caso de tempo contínuo, a transformada de Laplace reduz-se à transformada de Fourier quando a parte real da variável da transformada é nula. Interpretado em termos do plano s, isso significa que a transformada de Laplace se reduz à transformada de Fourier no eixo imaginário (ou seja, para $s = j\omega$). Em contrapartida, a transformada z reduz-se à transformada de Fourier quando a magnitude da variável da transformada z é a *unidade* (ou seja, para $z = e^{j\omega}$). Assim, a transformada z reduz-se à transformada de Fourier sobre o contorno do plano z complexo correspondente a uma circunferência com um raio unitário, conforme indicado na Figura 10.1. Esta circunferência no plano z é chamada de *circunferência unitária* e desempenhará um papel importante na discussão da transformada z, semelhante ao papel do eixo imaginário no plano s para a transformada de Laplace.

Da Equação 10.7, vemos que, para convergência da transformada z, exigimos que a transformada de Fourier de $x[n]r^{-n}$ convirja. Para qualquer sequência específica $x[n]$, esperaríamos essa convergência apenas para alguns valores de r e não para outros. Em geral, a transformada z de uma sequência tem associada a ela uma faixa de valores de z para os quais $X(z)$ converge. Assim como a transformada de Laplace, essa faixa de valores é conhecida como a *região de convergência* (RDC). Se a RDC incluir a circunferência unitária, então a transformada de Fourier também converge. Para ilustrar a transformada z e a região de convergência associada, vamos considerar alguns exemplos.

Exemplo 10.1

Considere o sinal $x[n] = a^n u[n]$. Então, pela Equação 10.3,

$$X(z) = \sum_{n=-\infty}^{+\infty} a^n u[n] z^{-n} = \sum_{n=0}^{\infty} (az^{-1})^n.$$

Para convergência de $X(z)$, exigimos que $\sum_{n=0}^{\infty} |az^{-1}|^n < \infty$. Consequentemente, a região de convergência é o intervalo de valores de z para os quais $|az^{-1}| < 1$ ou, de modo equivalente, $|z| > |a|$. Então,

$$X(z) = \sum_{n=0}^{\infty} (az^{-1})^n = \frac{1}{1-az^{-1}} = \frac{z}{z-a}, \quad |z| > |a|. \quad (10.9)$$

Assim, a transformada z para esse sinal é bem definida para qualquer valor de a, com uma RDC determinada pela magnitude de a de acordo com a Equação 10.9. Por exemplo, para $a = 1$, $x[n]$ é a sequência degrau unitário com transformada z

$$X(z) = \frac{1}{1-z^{-1}}, \quad |z| > 1.$$

Vemos que a transformada z na Equação 10.9 é uma função racional. Consequentemente, assim como nas transformadas de Laplace racionais, ela pode ser caracterizada por seus zeros (as raízes do polinômio do numerador) e seus polos (as raízes do polinômio do denominador). Para este exemplo, existe um zero, em $z = 0$, e um polo, em $z = a$. O diagrama de polos e zeros e a região de convergência para o Exemplo 10.1 são mostrados na Figura 10.2, para valores de a entre 0 e 1. Para $|a| > 1$, a RDC não inclui a circunferência unitária, consistente com o fato de que, para esses valores de a, a transformada de Fourier de $a^n u[n]$ não converge.

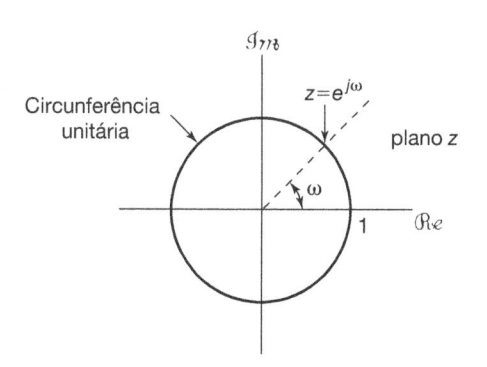

Figura 10.1 Plano z complexo. A transformada z reduz-se à transformada de Fourier para valores de z sobre a circunferência unitária.

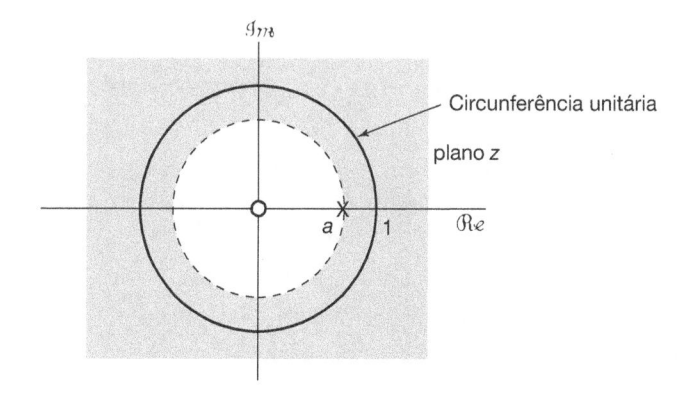

Figura 10.2 Diagramas de polos e zeros e região de convergência para o Exemplo 10.1 para $0 < a < 1$.

Exemplo 10.2

Agora, seja $x[n] = -a^n u[-n-1]$. Então

$$X(z) = -\sum_{n=-\infty}^{+\infty} a^n u[-n-1]z^{-n} = -\sum_{n=-\infty}^{-1} a^n z^{-n}$$

$$= -\sum_{n=1}^{\infty} a^{-n} z^n = 1 - \sum_{n=0}^{\infty} (a^{-1}z)^n. \quad (10.10)$$

Se $|a^{-1}z| < 1$ ou, de modo equivalente, $|z| < |a|$, a soma na Equação 10.10 converge e

$$X(z) = 1 - \frac{1}{1-a^{-1}z} = \frac{1}{1-az^{-1}} = \frac{z}{z-a}, \quad |z| < |a|. \quad (10.11)$$

O diagrama de polos e zeros e a região de convergência para este exemplo são mostrados na Figura 10.3 para um valor de a entre 0 e 1.

Comparando as equações 10.9 e 10.11 e as figuras 10.2 e 10.3, vemos que a expressão algébrica para $X(z)$ e o diagrama de polos e zeros correspondente são idênticos nos exemplos 10.1 e 10.2, e as transformadas z diferem apenas em suas regiões de convergência. Assim, da mesma forma que a transformada de Laplace, a especificação da transformada z requer a expressão algébrica e a região de convergência. Além disso, nos dois exemplos, as sequências são exponenciais e as transformadas z resultantes são racionais. De fato, conforme sugerido pelos exemplos a seguir, $X(z)$ será racional sempre que $x[n]$ for uma combinação linear de exponenciais reais ou complexas:

Exemplo 10.3

Vamos considerar um sinal que é a soma de duas exponenciais reais:

$$x[n] = 7\left(\frac{1}{3}\right)^n u[n] - 6\left(\frac{1}{2}\right)^n u[n]. \quad (10.12)$$

A transformada z é, então,

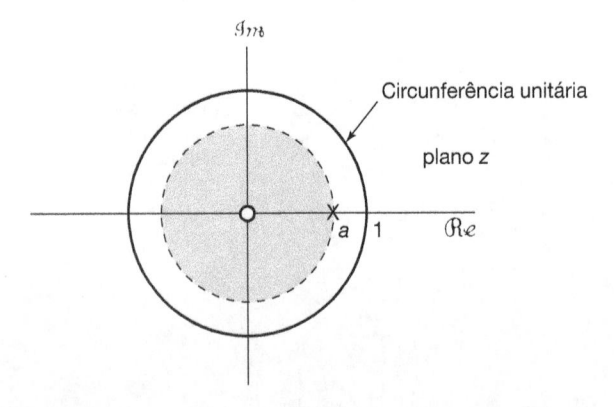

Figura 10.3 Diagrama de polos e zeros e região de convergência para o Exemplo 10.2 para $0 < a < 1$.

$$X(z) = \sum_{n=-\infty}^{+\infty} \left\{ 7\left(\frac{1}{3}\right)^n u[n] - 6\left(\frac{1}{2}\right)^n u[n] \right\} z^{-n}$$

$$= 7\sum_{n=-\infty}^{+\infty}\left(\frac{1}{3}\right)^n u[n]z^{-n} - 6\sum_{n=-\infty}^{+\infty}\left(\frac{1}{2}\right)^n u[n]z^{-n}$$

$$= 7\sum_{n=0}^{\infty}\left(\frac{1}{3}z^{-1}\right)^n - 6\sum_{n=0}^{+\infty}\left(\frac{1}{2}z^{-1}\right)^n \quad (10.13)$$

$$= \frac{7}{1-\frac{1}{3}z^{-1}} - \frac{6}{1-\frac{1}{2}z^{-1}} = \frac{1-\frac{3}{2}z^{-1}}{(1-\frac{1}{3}z^{-1})(1-\frac{1}{2}z^{-1})} \quad (10.14)$$

$$= \frac{z(z-\frac{3}{2})}{(z-\frac{1}{3})(z-\frac{1}{2})}. \quad (10.15)$$

Para a convergência de $X(z)$, as duas somas na Equação 10.13 devem convergir, exigindo que $|(1/3)z^{-1}| < 1$ e $|(1/2)z^{-1}| < 1$ ou, de modo equivalente, $|z| > 1/3$ e $|z| > 1/2$. Assim, a região de convergência é $|z| > 1/2$.

A transformada z para este exemplo também pode ser obtida usando-se os resultados do Exemplo 10.1. Especificamente, da definição da transformada z na Equação 10.3, vemos que a transformada z é linear, ou seja, se $x[n]$ é a soma de duas parcelas, então $X(z)$ será a soma das transformadas z de cada uma das parcelas e convergirá quando ambas as transformadas z convergirem. Do Exemplo 10.1,

$$\left(\frac{1}{3}\right)^n u[n] \xleftrightarrow{z} \frac{1}{1-\frac{1}{3}z^{-1}}, \quad |z| > \frac{1}{3} \quad (10.16)$$

e

$$\left(\frac{1}{2}\right)^n u[n] \xleftrightarrow{z} \frac{1}{1-\frac{1}{2}z^{-1}}, \quad |z| > \frac{1}{2}, \quad (10.17)$$

e, consequentemente,

$$7\left(\frac{1}{3}\right)^n u[n] - 6\left(\frac{1}{2}\right)^n u[n] \xleftrightarrow{z}$$

$$\frac{7}{1-\frac{1}{3}z^{-1}} - \frac{6}{1-\frac{1}{2}z^{-1}}, |z| > \frac{1}{2}, \quad (10.18)$$

como determinados anteriormente. O diagrama de polos e zeros e a RDC para a transformada z de cada um dos termos individuais e para o sinal total são mostrados na Figura 10.4.

Exemplo 10.4

Considere o sinal

$$x[n] = \left(\frac{1}{3}\right)^n \text{sen}\left(\frac{\pi}{4}n\right) u[n]$$

$$= \frac{1}{2j}\left(\frac{1}{3}e^{j\pi/4}\right)^n u[n] - \frac{1}{2j}\left(\frac{1}{3}e^{-j\pi/4}\right)^n u[n].$$

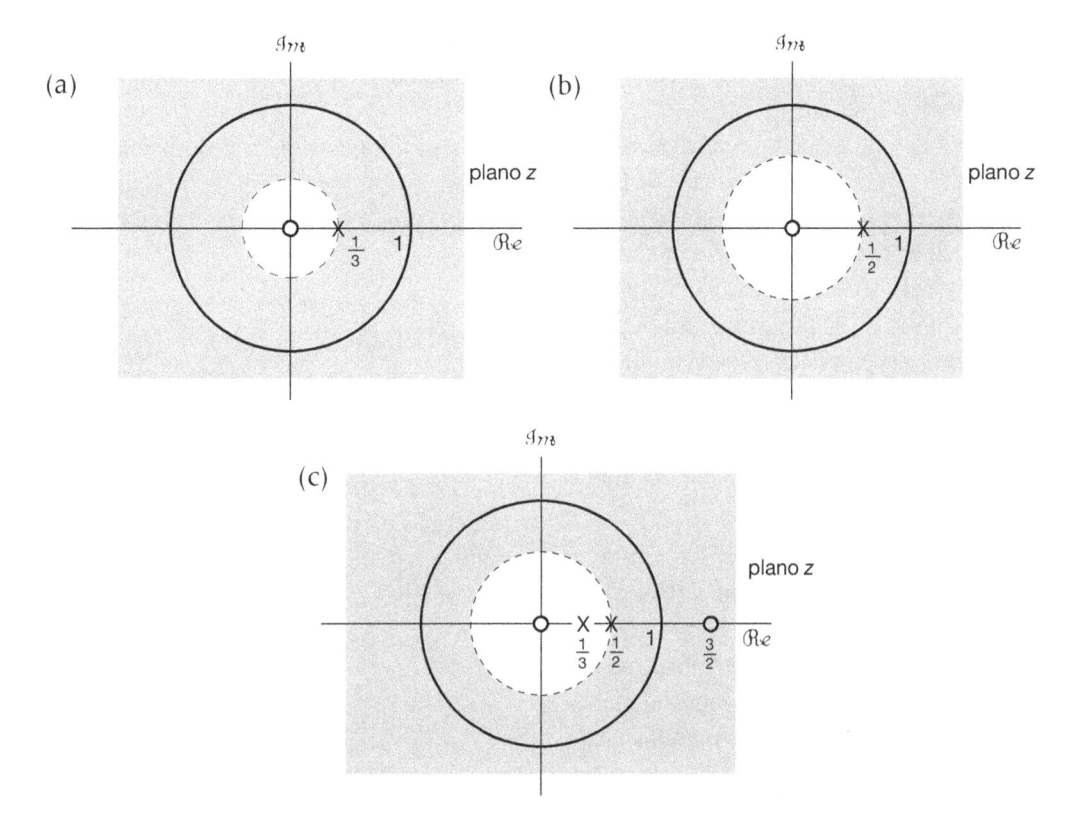

Figura 10.4 Diagrama de polos e zeros e região de convergência para as parcelas individuais e a soma do Exemplo 10.3: (a) $1/(1-\frac{1}{3}z^{-1})$, $|z|>\frac{1}{3}$; (b) $1/(1-\frac{1}{2}z^{-1})$, $|z|>\frac{1}{2}$; (c) $7/(1-\frac{1}{3}z^{-1})-6/(1-\frac{1}{2}z^{-1})$, $|z|>\frac{1}{2}$.

A transformada z deste sinal é:

$$X(z) = \sum_{n=-\infty}^{\infty}\left\{\frac{1}{2j}\left(\frac{1}{3}e^{j\pi/4}\right)^n u[n] - \frac{1}{2j}\left(\frac{1}{3}e^{-j\pi/4}\right)^n u[n]\right\}z^{-n}$$

$$= \frac{1}{2j}\sum_{n=0}^{\infty}\left(\frac{1}{3}e^{j\pi/4}z^{-1}\right)^n - \frac{1}{2j}\sum_{n=0}^{\infty}\left(\frac{1}{3}e^{-j\pi/4}z^{-1}\right)^n \quad \textbf{(10.19)}$$

$$= \frac{1}{2j}\frac{1}{1-\frac{1}{3}e^{j\pi/4}z^{-1}} - \frac{1}{2j}\frac{1}{1-\frac{1}{3}e^{-j\pi/4}z^{-1}},$$

ou, de modo equivalente,

$$X(z) = \frac{\frac{1}{3\sqrt{2}}z}{(z-\frac{1}{3}e^{j\pi/4})(z-\frac{1}{3}e^{-j\pi/4})} \quad \textbf{(10.20)}$$

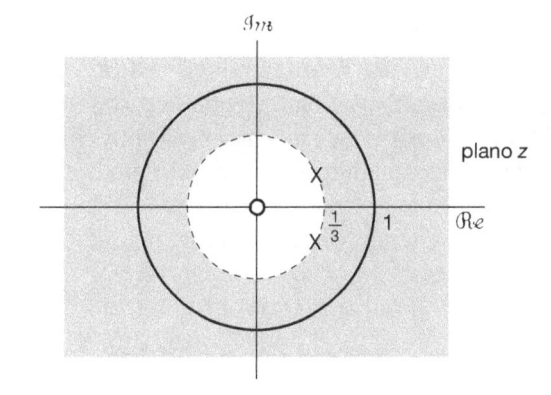

Figura 10.5 Diagrama de polos e zeros e RDC para a transformada z do Exemplo 10.4.

Para convergência de $X(z)$, as duas somas na Equação 10.19 devem convergir, exigindo que $|(1/3)e^{j\pi/4}z^{-1}| < 1$ e $|(1/3)e^{-j\pi/4}z^{-1}| < 1$, ou, de modo equivalente, $|z| > 1/3$. O diagrama de polos e zeros e a RDC para este exemplo são mostrados na Figura 10.5.

Em cada um dos quatro exemplos anteriores, expressamos a transformada z como uma razão de polinômios em z e como uma razão de polinômios em z^{-1}. A partir da definição de transformada z como dada na Equação 10.3, vemos que, para sequências que são nulas para $n < 0$, $X(z)$ envolve apenas potências negativas de z. Assim, para essa classe de sinais, é particularmente conveniente expressar $X(z)$ em termos de polinômios em z^{-1} e não em z, e, quando for apropriado, usaremos essa forma em nossa discussão. Porém, a referência aos polos e zeros é sempre em termos das raízes do numerador e denominador, expressas como polinômios em z. Além disso, às vezes, é conveniente nos referirmos a $X(z)$, expresso como uma razão de polinômios em z, como tendo polos no infinito se o grau do numerador exceder o grau do denominador, ou zeros no infinito se o numerador tiver grau menor que o denominador.

10.2 A região de convergência para a transformada z

No Capítulo 9, vimos que existem propriedades específicas da região de convergência da transformada de Laplace para diferentes classes de sinais e que o entendimento destas leva a uma melhor compreensão sobre a transformada de Laplace. De modo semelhante, exploramos a seguir diversas propriedades da região de convergência para a transformada z. Cada uma das propriedades e sua justificativa assemelham-se à propriedade correspondente na Seção 9.2.

> **Propriedade 1:** A RDC de $X(z)$ consiste em um anel no plano z centrado na origem.

Essa propriedade está ilustrada na Figura 10.6, e vem do fato de que a RDC consiste nos valores de $z = re^{j\omega}$ para os quais $x[n]r^{-n}$ tem transformada de Fourier que converge. Ou seja, a RDC da transformada z de $x[n]$ consiste nos valores de z para os quais $x[n]r^{-n}$ é absolutamente somável:[2]

$$\sum_{n=-\infty}^{+\infty} |x[n]| r^{-n} < \infty. \quad (10.21)$$

Assim, a convergência depende apenas de $r = |z|$, e não de ω. Consequentemente, se um valor específico de z estiver na RDC, então todos os valores de z na mesma circunferência (ou seja, com a mesma magnitude) estarão na RDC. Isso por si só garante que a RDC consistirá em anéis concêntricos. Como veremos na Propriedade 6, a RDC deve consistir, de fato, em apenas um único anel. Em alguns casos, o limite interno da RDC pode estender-se para dentro até a origem, e em alguns casos, o limite externo pode estender-se para fora, até o infinito.

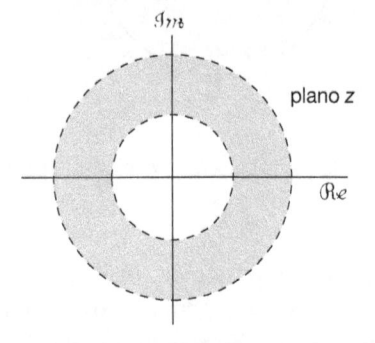

Figura 10.6 A RDC como um anel no plano z. Para alguns casos, o limite interno pode estender-se para dentro até a origem, quando a RDC se torna um disco. Em outros casos, o limite externo pode estender-se para fora, até o infinito.

---

[2] Para um tratamento completo das propriedades matemáticas das transformadas z, veja: CHURCHILL, R. V.; BROWN, J. W. *Complex variables and applications*. 5. ed. Nova York: McGraw–Hill, 1990; e JURY, E. I. *Theory and application of the z–transform method*. MALABAR, FL: R. E. Krieger Pub. Co., 1982.

> **Propriedade 2:** A RDC não contém polos.

Assim como para a transformada de Laplace, essa propriedade é simplesmente uma consequência do fato de que em um polo $X(z)$ é infinito e, portanto, por definição, não converge.

> **Propriedade 3:** Se $x[n]$ tiver duração finita, então a RDC será o plano z inteiro, exceto possivelmente $z = 0$ e/ou $z = \infty$.

Uma sequência de duração finita tem apenas um número finito de valores não nulos de $n = N_1$ até $n = N_2$, sendo N_1 e N_2 finitos. Assim, a transformada z é a soma de um número finito de termos; ou seja,

$$X(z) = \sum_{n=N_1}^{N_2} x[n] z^{-n}. \quad (10.22)$$

Para z diferente de zero ou infinito, cada parcela na soma será finita e, consequentemente, $X(z)$ convergirá. Se N_1 é negativo e N_2 positivo, de modo que $x[n]$ tem valores diferentes de zero para $n < 0$ e para $n > 0$, então o somatório inclui termos com potências de z positivas e negativas. À medida que $|z| \to 0$, os termos envolvendo potências de z negativas se tornam ilimitados, e à medida que $|z| \to \infty$, os termos envolvendo potências de z positivas se tornam ilimitados. Consequentemente, para N_1 negativo e N_2 positivo, a RDC não inclui $z = 0$ ou $z = \infty$. Se N_1 for zero ou positivo, existem apenas potências negativas de z na Equação 10.22, e, consequentemente, a RDC inclui $z = \infty$. Se N_2 é zero ou negativo, haverá apenas potências positivas de z na Equação 10.22 e, consequentemente, a RDC inclui $z = 0$.

Exemplo 10.5

Considere o sinal impulso unitário $\delta[n]$. Sua transformada z é dada por

$$\delta[n] \xleftrightarrow{\mathcal{Z}} \sum_{n=-\infty}^{+\infty} \delta[n] z^{-n} = 1, \quad (10.23)$$

com uma RDC constituída por todo o plano z, incluindo $z = 0$ e $z = \infty$. Por outro lado, considere o impulso unitário deslocado, $\delta[n-1]$, para o qual

$$\delta[n-1] \xleftrightarrow{\mathcal{Z}} \sum_{n=-\infty}^{+\infty} \delta[n-1] z^{-n} = z^{-1}. \quad (10.24)$$

Essa transformada z é bem definida, exceto em $z = 0$, em que existe um polo. Assim, a RDC consiste no plano z inteiro, incluindo $z = \infty$, mas excluindo $z = 0$. De modo semelhante, considere um impulso avançado no tempo, isto é, $\delta[n+1]$. Nesse caso,

$$\delta[n+1] \xleftrightarrow{\mathcal{Z}} \sum_{n=-\infty}^{+\infty} \delta[n+1]z^{-n} = z, \quad (10.25)$$

que é bem definido para todos os valores finitos de z. Assim, a RDC consiste em todo o plano z finito (incluindo $z = 0$), visto que existe um polo no infinito.

Propriedade 4: Se $x[n]$ for uma sequência lateral direita e se a circunferência $|z| = r_0$ estiver na RDC, então todos os valores finitos de z para os quais $|z| > r_0$ também estarão na RDC.

A justificativa para essa propriedade segue de uma maneira idêntica à da Propriedade 4, na Seção 9.2. Uma sequência lateral direita é nula antes de algum valor de n, digamos N_1. Se a circunferência $|z| = r_0$ está na RDC, então $x[n]r_0^{-n}$ é absolutamente somável. Agora, considere $|z| = r_1$ com $r_1 > r_0$ de modo que r_1^{-n} decai mais rapidamente que r_0^{-n} para n crescente. Conforme ilustrado na Figura 10.7, esse decaimento exponencial mais rápido continuará atenuando os valores da sequência para valores positivos de n e não poderá fornecer valores ilimitados da sequência para valores negativos de n, pois $x[n]$ é lateral direita e, em particular, $x[n]z^{-n} = 0$ para $n < N_1$. Consequentemente, $x[n]r_1^{-n}$ é absolutamente somável.

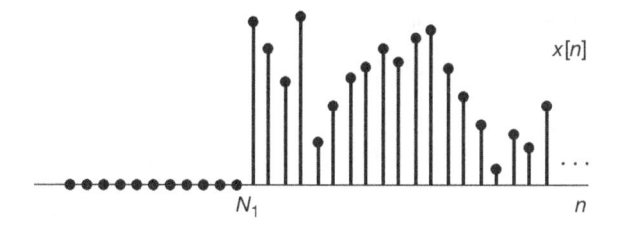

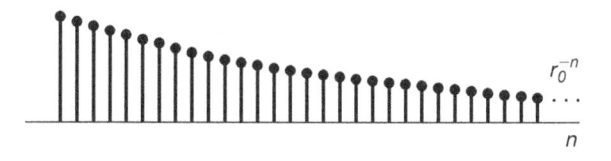

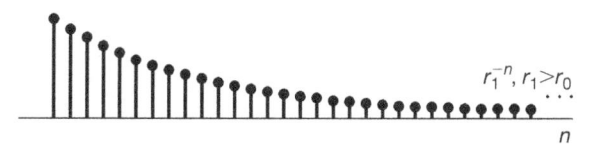

Figura 10.7 Com $r_1 > r_0$, $x[n]r_1^{-n}$ decai mais rapidamente com o aumento de n do que $x[n]r_0^{-n}$. Como $x[n] = 0$, $n < N_1$, isso implica que se $x[n]r_0^{-n}$ é absolutamente somável, então $x[n]r_1^{-n}$ também o será.

Para sequências laterais direitas em geral, a Equação 10.3 toma a forma

$$X(z) = \sum_{n=N_1}^{\infty} x[n]z^{-n}, \quad (10.26)$$

em que N_1 é finito e pode ser positivo ou negativo. Se N_1 for negativo, então o somatório na Equação 10.26 incluirá parcelas com potências positivas de z que se tornam ilimitadas à medida que $|z| \to \infty$. Consequentemente, para sequências laterais direitas em geral, a RDC não incluirá infinito. Porém, para a classe particular de sequências causais, ou seja, aquelas que são nulas para $n < 0$, N_1 será não negativo, e, consequentemente, a RDC incluirá $z = \infty$.

Propriedade 5: Se $x[n]$ for uma sequência lateral esquerda, e se a circunferência $|z| = r_0$ estiver na RDC, então todos os valores de z para os quais $0 < |z| < r_0$ também estarão na RDC.

Mais uma vez, essa propriedade é muito semelhante à propriedade correspondente para transformadas de Laplace, e a sua demonstração e base intuitiva são semelhantes àqueles para a Propriedade 4. Em geral, para sequências laterais esquerdas, pela Equação 10.3, o somatório para a transformada z terá a forma

$$X(z) = \sum_{n=-\infty}^{N_2} x[n]z^{-n}, \quad (10.27)$$

no qual N_2 pode ser positivo ou negativo. Se N_2 for positivo, então a Equação 10.27 inclui potências negativas de z, que se tornam ilimitadas à medida que $|z| \to 0$. Consequentemente, para sequências laterais esquerdas, a RDC em geral não incluirá $z = 0$. Porém, se $N_2 \leq 0$ (de modo que $x[n] = 0$ para todo $n > 0$), a RDC incluirá $z = 0$.

Propriedade 6: Se $x[n]$ for bilateral e se a circunferência $|z| = r_0$ estiver na RDC, então a RDC consistirá em um anel no plano z que inclui a circunferência $|z| = r_0$.

Assim como a Propriedade 6, na Seção 9.2, a RDC para um sinal bilateral pode ser analisada expressando-se $x[n]$ como a soma de um sinal lateral direito e um lateral esquerdo. A RDC para a parcela lateral direita é uma região delimitada interiormente por uma circunferência e estendendo-se para fora até (e possivelmente incluindo) o infinito. A RDC para a parcela lateral esquerda é uma região delimitada exteriormente por uma circunferência estendendo-se para dentro até, e possivelmente incluindo, a origem. A RDC para o sinal composto inclui a intersecção das duas RDCs. Conforme ilustramos na Figura 10.8, a sobreposição (supondo que exista uma) é um anel no plano z.

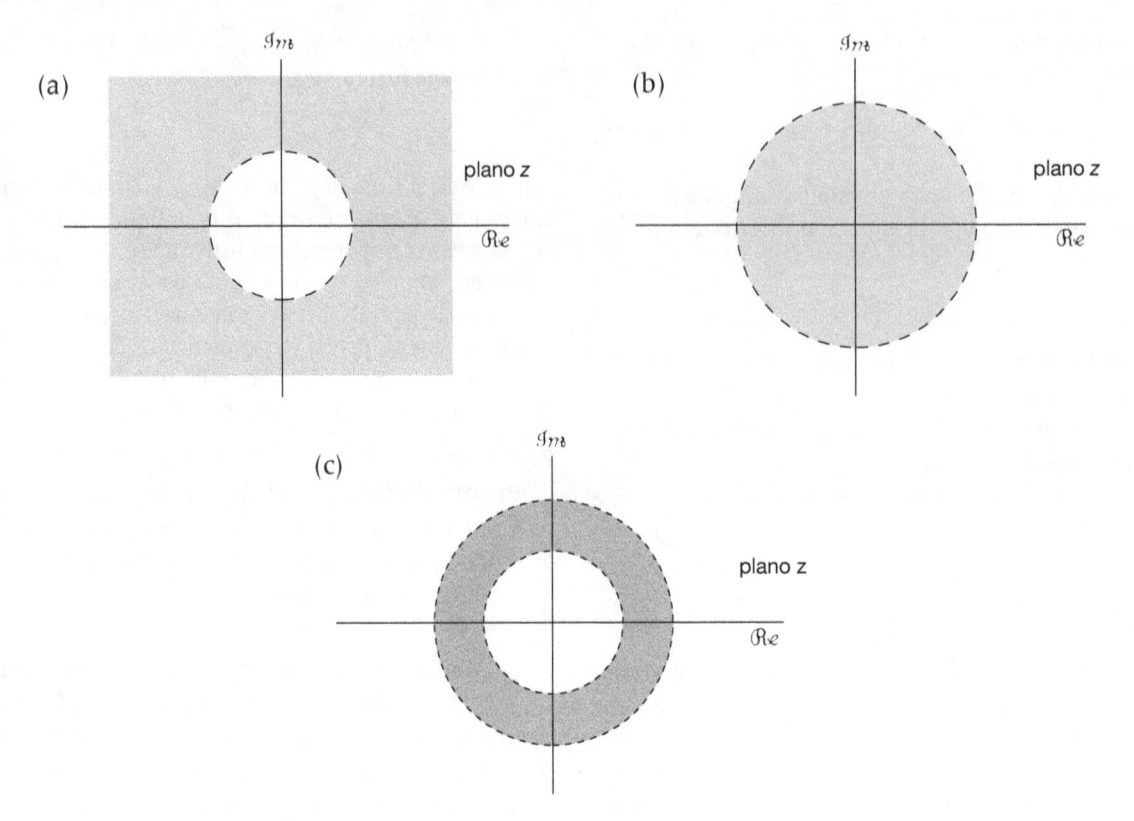

Figura 10.8 (a) RDC para sequência lateral direita; (b) RDC para sequência lateral esquerda; (c) intersecção das RDCs em (a) e (b) representando a RDC para uma sequência bilateral que é a soma das sequências lateral direita e lateral esquerda.

Ilustramos a seguir essas propriedades com exemplos, que são muito semelhantes aos exemplos 9.6 e 9.7.

Exemplo 10.6

Considere o sinal

$$x[n] = \begin{cases} a^n, & 0 \leq n \leq N-1, a > 0 \\ 0, & \text{caso contrário} \end{cases}$$

Então

$$X(z) = \sum_{n=0}^{N-1} a^n z^{-n}$$

$$= \sum_{n=0}^{N-1} (az^{-1})^n \quad (10.28)$$

$$= \frac{1-(az^{-1})^N}{1-az^{-1}} = \frac{1}{z^{N-1}} \frac{z^N - a^N}{z-a}.$$

Como $x[n]$ tem duração finita, segue da Propriedade 3 que, a RDC inclui todo o plano z, exceto, possivelmente, a origem e/ou o infinito. De fato, pela nossa discussão da Propriedade 3, como $x[n]$ é zero para $n < 0$, a RDC se estenderá até infinito. Porém, como $x[n]$ é não nulo para alguns valores positivos de n, a RDC não incluirá a origem. Isso fica evidente da Equação 10.28, em que vemos que existe um polo de ordem $N-1$ em $z = 0$. As N raízes do polinômio do numerador estão em

$$z_k = ae^{j(2\pi k/N)}, k = 0, 1, \ldots, N-1. \quad (10.29)$$

A raiz para $k = 0$ cancela o polo em $z = a$. Consequentemente, não existem polos além daqueles na origem. Os zeros restantes estão em

$$z_k = ae^{j(2\pi k/N)}, k = 1, \ldots, N-1. \quad (10.30)$$

A localização de polos e zeros é mostrada na Figura 10.9.

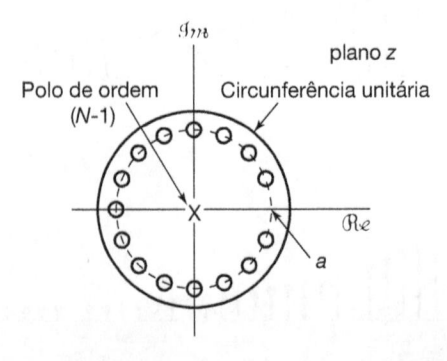

Figura 10.9 Localização dos polos e zeros para o Exemplo 10.6 com $N = 16$ e $0 < a < 1$. A região de convergência para esse exemplo consiste em todos os valores de z, exceto $z = 0$.

Exemplo 10.7

Seja

$$x[n] = b^{|n|}, \; b > 0. \quad (10.31)$$

Essa sequência bilateral está ilustrada na Figura 10.10 para $b < 1$ e para $b > 1$. A transformada z para essa sequência pode ser obtida expressando-a como a soma de uma sequência lateral direita e uma lateral esquerda. Temos

$$x[n] = b^n u[n] + b^{-n} u[-n-1]. \quad (10.32)$$

Pelo Exemplo 10.1,

$$b^n u[n] \xleftrightarrow{z} \frac{1}{1 - bz^{-1}}, \; |z| > b, \quad (10.33)$$

e, pelo Exemplo 10.2,

$$b^{-n} u[-n-1] \xleftrightarrow{z} \frac{-1}{1 - b^{-1} z^{-1}}, \; |z| < \frac{1}{b}. \quad (10.34)$$

Nas figuras 10.11(a) a (d), mostramos a localização dos polos e zeros e a RDC para as equações 10.33 e 10.34, para $b > 1$ e $0 < b < 1$. Para $b > 1$, não existe uma RDC comum e, portanto, a sequência na Equação 10.31 não terá uma transformada z, mesmo que as sequências laterais direitas e lateral esquerda a tenham individualmente. Para $b < 1$, as RDCs nas equações 10.33 e 10.34 se sobrepõem, e portanto, a transformada z para a sequência composta é

$$X(z) = \frac{1}{1 - bz^{-1}} - \frac{1}{1 - b^{-1}z^{-1}}, \; b < |z| < \frac{1}{b}, \quad (10.35)$$

ou, de modo equivalente,

$$X(z) = \frac{b^2 - 1}{b} \frac{z}{(z-b)(z-b^{-1})}, \; b < |z| < \frac{1}{b}. \quad (10.36)$$

A localização de polos e zeros correspondentes e a RDC são mostrados na Figura 10.11(e).

Na discussão da transformada de Laplace no Capítulo 9, ressaltamos que, para uma transformada de Laplace racional, a RDC é sempre limitada pelos polos ou infinito. Observamos que, nos exemplos anteriores, uma afirmação semelhante aplica-se à transformada z e, de fato, isso sempre é verdade:

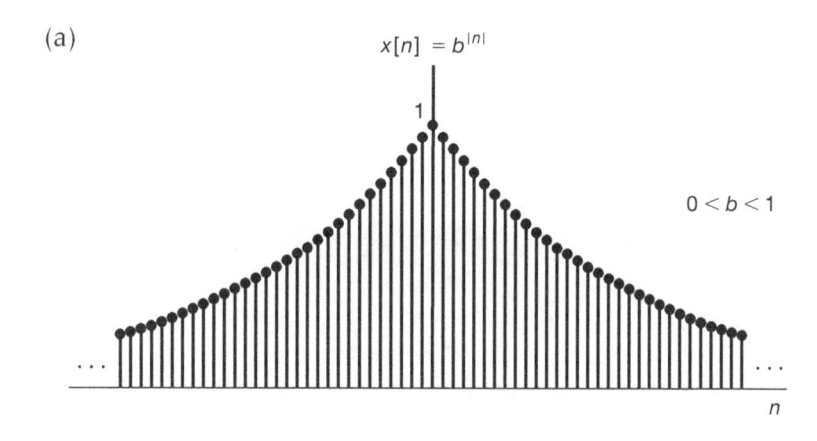

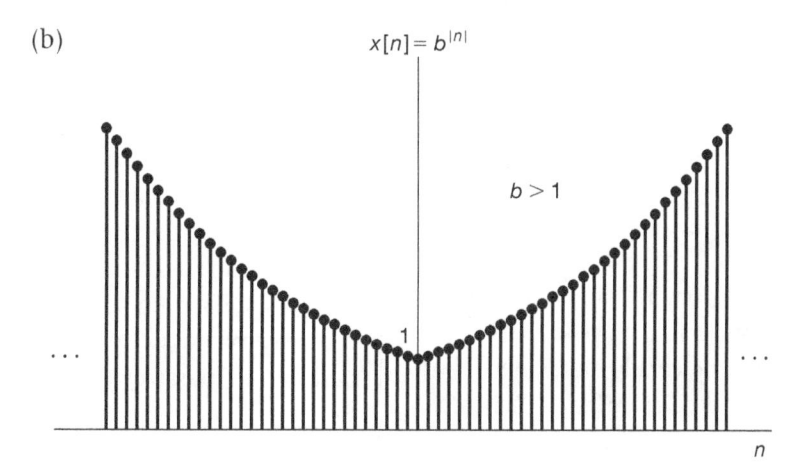

Figura 10.10 Sequência $x[n] = b^{|n|}$ para $0 < b < 1$ e para $b > 1$: (a) $b = 0{,}95$; (b) $b = 1{,}05$.

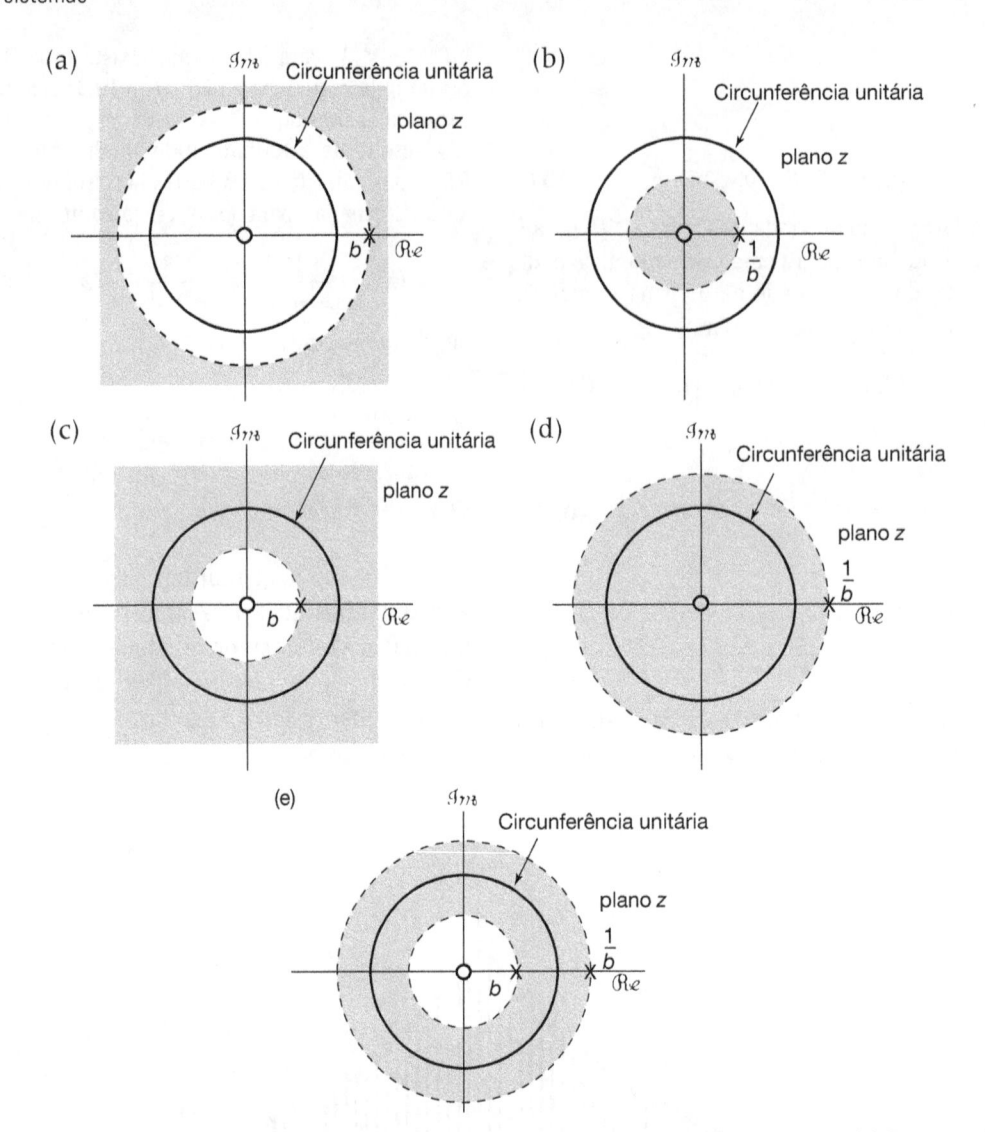

Figura 10.11 Diagramas de polos e zeros e RDCs para o Exemplo 10.7: (a) Equação 10.33, para $b > 1$; (b) Equação 10.34 para $b > 1$; (c) Equação 10.33 para $0 < b < 1$; (d) Equação 10.34 para $0 < b < 1$; (e) diagrama de polos e zeros e RDC para Equação 10.36 com $0 < b < 1$. Para $b > 1$, a transformada z de $x[n]$ na Equação 10.31 não converge para nenhum valor de z.

Propriedade 7: Se a transformada z de $x[n]$, ou seja, $X(z)$ é racional, então sua RDC é limitada por polos ou estende-se até infinito.

Combinando a Propriedade 7 com as propriedades 4 e 5, temos

Propriedade 8: Se a transformada z de $x[n]$, ou seja, $X(z)$ é racional, e se $x[n]$ for lateral direita, então a RDC será a região no plano z fora do polo mais externo — ou seja, o exterior do círculo de raio igual à maior magnitude dos polos de $X(z)$. Além do mais, se $x[n]$ for causal (ou seja, se for lateral direita e 0 para $n < 0$), então a RDC também incluirá $z = \infty$.

Assim, para sequências laterais direitas com transformadas racionais, os polos estão todos mais próximos da origem do que qualquer ponto da RDC.

Propriedade 9: Se a transformada z de $x[n]$, ou seja, $X(z)$ é racional e se $x[n]$ for lateral esquerda, então a RDC será a região no plano z interna ao menor polo não nulo — ou seja, o interior do círculo de raio igual à menor magnitude dos polos de $X(z)$ com exceção dos polos em $z = 0$. A RDC, estende-se para dentro, possivelmente incluindo o ponto $z = 0$. Em particular, se $x[n]$ for anticausal (ou seja, se for lateral esquerda e igual a 0 para $n > 0$), então a RDC também incluirá $z = 0$.

Assim, para sequências laterais esquerdas, os polos de $X(z)$ exceto os em $z = 0$ estão mais longe da origem do que qualquer ponto da RDC.

Para um dado diagrama de polos e zeros, ou, de modo equivalente, uma dada expressão algébrica racional $X(z)$, existe um número limitado de diferentes RDCs que são consistentes com as propriedades consideradas anteriormente. Para ilustrar como diferentes RDCs podem ser associadas ao mesmo diagrama de polos e zeros, consideramos o exemplo a seguir, que é semelhante ao Exemplo 9.8.

Exemplo 10.8

Vamos considerar todas as RDCs possíveis que podem ser associadas à função

$$X(z) = \frac{1}{(1 - \frac{1}{3}z^{-1})(1 - 2z^{-1})}. \qquad (10.37)$$

O diagrama de polos e zeros associado é mostrado na Figura 10.12(a). Com base no apresentado nesta seção, existem três possíveis RDCs que podem ser associadas com essa expressão algébrica para a transformada z. Estas RDCs são indicadas nas figuras 10.12(b) a (d). Cada região indicada corresponde a sequências diferentes. A Figura 10.12(b) está associada a uma sequência lateral direita, a Figura 10.12(c), a uma sequência lateral esquerda, e a Figura 10.12(d), a uma sequência bilateral. Como a Figura 10.12(d) é a única para a qual a RDC inclui a circunferência unitária, a sequência correspondente a essa escolha de RDC é a única das três para a qual a transformada de Fourier converge.

10.3 A transformada z inversa

Nesta seção, consideramos diferentes procedimentos para determinar uma sequência quando sua transformada z é conhecida. Para começar, vamos considerar a relação formal expressando uma sequência em termos de sua transformada z. Essa expressão pode ser obtida com base na interpretação desenvolvida na Seção 10.1 da transformada z como transformada de Fourier de uma sequência exponencialmente ponderada. Especificamente, conforme expresso na Equação 10.7,

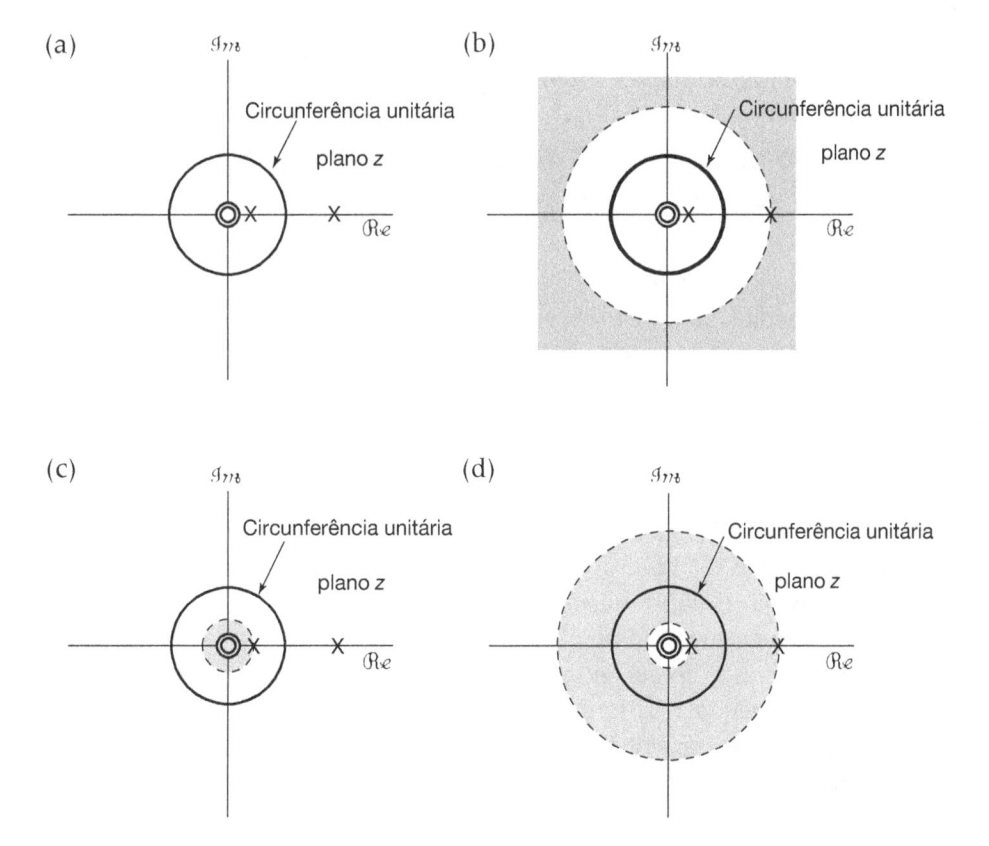

$$X(re^{j\omega}) = \mathcal{F}\{x[n]r^{-n}\}, \qquad (10.38)$$

Figura 10.12 As três RDCs possíveis que podem ser associadas à expressão da transformada z no Exemplo 10.8: (a) diagrama de polos e zeros para $X(z)$; (b) diagrama de polos e zeros e RDC se $x[n]$ for lateral direita; (c) diagrama de polos e zeros e RDC se $x[n]$ for lateral esquerda; (d) diagrama de polos e zeros e RDC se $x[n]$ for bilateral. Em cada caso, o zero na origem é um zero de segunda ordem.

para qualquer valor de r de modo que $z = re^{j\omega}$ esteja dentro da RDC. Aplicando a transformada inversa de Fourier em ambos os lados da Equação 10.38, temos

$$x[n]r^{-n} = \mathcal{F}^{-1}\{X(re^{j\omega})\},$$

ou

$$x[n] = r^n \mathcal{F}^{-1}[X(re^{j\omega})]. \qquad (10.39)$$

Usando a expressão da transformada inversa de Fourier na Equação 5.8, temos

$$x[n] = r^n \frac{1}{2\pi} \int_{2\pi} X(re^{j\omega})e^{j\omega n}\,d\omega,$$

ou, movendo o fator exponencial r^n para dentro da integral e combinando-o com o termo $e^{j\omega n}$, temos

$$x[n] = \frac{1}{2\pi} \int_{2\pi} X(re^{j\omega})(re^{j\omega})^n\,d\omega. \qquad (10.40)$$

Ou seja, podemos recuperar $x[n]$ a partir de sua transformada z calculada ao longo de um contorno $z = re^{j\omega}$ na RDC, com r fixo e ω variando por um intervalo de 2π. Agora, vamos mudar a variável de integração de ω para z. Com $z = re^{j\omega}$ e r fixo, $dz = jre^{j\omega}d\omega = jzd\omega$ ou $d\omega = (1/j)z^{-1}dz$. A integração na Equação 10.40 é sobre um intervalo de 2π em ω que, em termos de z, corresponde a um percurso em torno do círculo $|z| = r$. Consequentemente, em termos de uma integração no plano z, a Equação 10.40 pode ser reescrita como

$$\boxed{x[n] = \frac{1}{2\pi j} \oint X(z)z^{n-1}\,dz,} \qquad (10.41)$$

onde o símbolo $\oint$ indica integração em torno de um contorno circular fechado em sentido anti-horário centralizado na origem e com raio r. O valor de r pode ser escolhido como qualquer valor para o qual $X(z)$ converge, ou seja, de modo que o contorno de integração circular $|z| = r$ está na RDC. A Equação 10.41 é a expressão formal para a transformada z inversa e é o correspondente de tempo discreto da Equação 9.56 para a transformada inversa de Laplace. Como na Equação 9.56, o cálculo formal da Equação 10.41 da transformada inversa requer o uso da integração de contorno no plano complexo. Porém, existem diversos procedimentos alternativos para se obter uma sequência a partir de sua transformada z. Assim como com as transformadas de Laplace, um procedimento particularmente útil para transformadas z racionais consiste na expansão da expressão algébrica em uma expansão em frações parciais e reconhecer as sequências associadas aos termos individuais. Nos exemplos a seguir, ilustramos o procedimento.

Exemplo 10.9

Considere a transformada z

$$X(z) = \frac{3 - \frac{5}{6}z^{-1}}{(1 - \frac{1}{4}z^{-1})(1 - \frac{1}{3}z^{-1})}. \quad |z| > \tfrac{1}{3}. \qquad (10.42)$$

Existem dois polos, um em $z = 1/3$ e um em $z = 1/4$ e a RDC se encontra fora do polo mais externo. Em outras palavras, a RDC consiste em todos os pontos com magnitude maior que aquela do polo com maior magnitude, ou seja, do polo em $z = 1/3$. Da Propriedade 4 da Seção 10.2, sabemos então que a transformada inversa é uma sequência lateral direita. Conforme descrevemos no Apêndice, $X(z)$ pode ser expandido com o método de frações parciais. Para este exemplo, a expansão em frações parciais, expressa em polinômios em z^{-1}, é

$$X(z) = \frac{1}{1 - \frac{1}{4}z^{-1}} + \frac{2}{1 - \frac{1}{3}z^{-1}}. \qquad (10.43)$$

Portanto, $x[n]$ é a soma de duas parcelas, um com transformada z $1/[1-(1/4)z^{-1}]$ e a outra com transformada z $2/[1-(1/3)z^{-1}]$. Para determinar a transformada z inversa de cada uma dessas parcelas individuais, temos de especificar a RDC associada a cada uma. Como a RDC para $X(z)$ está fora do polo mais externo, a RDC para cada parcela individual na Equação 10.43 também deve estar fora do polo associado a essa parcela. Ou seja, a RDC para cada parcela consiste em todos os pontos com magnitude maior que a magnitude do polo correspondente. Assim,

$$x[n] = x_1[n] + x_2[n], \qquad (10.44)$$

sendo

$$x_1[n] \xleftrightarrow{\;z\;} \frac{1}{1 - \frac{1}{4}z^{-1}}, \quad |z| > \tfrac{1}{4}, \qquad (10.45)$$

$$x_2[n] \xleftrightarrow{\;z\;} \frac{2}{1 - \frac{1}{3}z^{-1}}, \quad |z| > \tfrac{1}{3}. \qquad (10.46)$$

Pelo Exemplo 10.1, podemos identificar por inspeção que

$$x_1[n] = \left(\frac{1}{4}\right)^n u[n] \qquad (10.47)$$

e

$$x_2[n] = 2\left(\frac{1}{3}\right)^n u[n], \qquad (10.48)$$

e assim,

$$x[n] = \left(\frac{1}{4}\right)^n u[n] + 2\left(\frac{1}{3}\right)^n u[n]. \qquad (10.49)$$

Exemplo 10.10

Agora, vamos considerar a mesma expressão algébrica para $X(z)$ da Equação 10.42, mas com a RDC para $X(z)$ como $1/4 < |z| < 1/3$. A Equação 10.43 ainda é uma expansão em frações parciais válida para a expressão algébrica de $X(z)$, mas a RDC associada às parcelas individuais vão mudar. Em particular, como a RDC de $X(z)$ está fora do polo em $z = 1/4$, a RDC correspondente a essa parcela na Equação 10.43 também está fora do polo e consiste em todos os pontos com magnitude maior que 1/4, como feito no exemplo anterior. Porém, como neste exemplo, a RDC para $X(z)$ está dentro do polo em $z = 1/3$, ou seja, como todos os pontos na RDC têm magnitude menor que 1/3, a RDC correspondente a essa parcela também está dentro desse polo. Assim, os pares de transformada z para os componentes individuais na Equação 10.44 são

$$x_1[n] \xleftrightarrow{z} \frac{1}{1-\frac{1}{4}z^{-1}}, \quad |z| > \tfrac{1}{4}, \quad (10.50)$$

e

$$x_2[n] \xleftrightarrow{z} \frac{2}{1-\frac{1}{3}z^{-1}}, \quad |z| < \tfrac{1}{3}. \quad (10.51)$$

O sinal $x_1[n]$ permanece como na Equação 10.47, enquanto, pelo Exemplo 10.2, podemos identificar

$$x_2[n] = -2\left(\frac{1}{3}\right)^n u[-n-1], \quad (10.52)$$

de modo que

$$x[n] = \left(\frac{1}{4}\right)^n u[n] - 2\left(\frac{1}{3}\right)^n u[-n-1]. \quad (10.53)$$

Exemplo 10.11

Por fim, considere $X(z)$ como na Equação 10.42, mas agora com a RDC $|z| < 1/4$. Nesse caso, a RDC está interna a ambos os polos, ou seja, todos os pontos na RDC possuem magnitude menor que qualquer um dos polos em $z = 1/3$ ou $z = 1/4$. Consequentemente, a RDC para cada termo na expansão em frações parciais na Equação 10.43 também deve estar dentro do polo correspondente. Como resultado, o par transformado z para $x_1[n]$ é dado por

$$x_1[n] \xleftrightarrow{z} \frac{1}{1-\frac{1}{4}z^{-1}}, \quad |z| < \tfrac{1}{4}, \quad (10.54)$$

enquanto o par transformado para $x_2[n]$ é dado pela Equação 10.51. Aplicando o resultado do Exemplo 10.2 à Equação 10.54, encontramos

$$x_1[n] = -\left(\frac{1}{4}\right)^n u[-n-1],$$

de modo que

$$x[n] = -\left(\frac{1}{4}\right)^n u[-n-1] - 2\left(\frac{1}{3}\right)^n u[-n-1].$$

Os exemplos anteriores ilustram o procedimento básico do uso de expansões em frações parciais para determinar as transformadas z inversas. Assim como o método correspondente para a transformada de Laplace, o procedimento conta com a expressão da transformada z como uma combinação linear de termos mais simples. A transformada inversa de cada termo pode então ser obtida por inspeção. Em particular, suponha que a expansão em frações parciais de $X(z)$ tenha a forma

$$X(z) = \sum_{i=1}^{m} \frac{A_i}{1-a_i z^{-1}}, \quad (10.55)$$

de modo que a transformada inversa de $X(z)$ seja igual à soma das transformadas inversas das parcelas individuais na Equação 10.55. Se a RDC de $X(z)$ estiver para fora do polo em $z = a_i$, a transformada inversa da parcela correspondente na Equação 10.55 é $A_i a_i^n u[n]$. Por outro lado, se a RDC de $X(z)$ estiver para dentro do polo em $z = a_i$, a transformada inversa desse termo é $-A_i a_i^n u[-n-1]$. Em geral, a expansão em frações parciais de uma transformada racional pode incluir outras parcelas além das parcelas de primeira ordem da Equação 10.55. Na Seção 10.6, listamos outros diversos pares de transformada z que podem ser usados em conjunto com as propriedades da transformada z a serem desenvolvidas na Seção 10.5 para estender o método de transformada inversa esboçado no exemplo anterior para transformadas z racionais arbitrárias.

Outro procedimento muito útil para determinar a transformada z inversa conta com uma expansão em série de potências de $X(z)$. Esse procedimento é motivado pela observação de que a definição da transformada z dada na Equação 10.3 pode ser interpretada como uma série de potências envolvendo potências positivas e negativas de z. Os coeficientes nessa série de potências são, de fato, os valores da sequência $x[n]$. Para ilustrar como uma expansão da série de potências pode ser usada para obter a transformada z inversa, vamos considerar três exemplos.

Exemplo 10.12

Considere a transformada z

$$X(z) = 4z^2 + 2 + 3z^{-1}, \quad 0 < |z| < \infty. \quad (10.56)$$

Pela definição por série de potências da transformada z da Equação 10.3, podemos determinar a transformada inversa de $X(z)$ por inspeção:

$$x[n] = \begin{cases} 4, & n = -2 \\ 2, & n = 0 \\ 3, & n = 1 \\ 0, \text{caso contrário.} \end{cases}$$

Ou seja,

$$x[n] = 4\delta[n+2] + 2\delta[n] + 3\delta[n-1] \quad (10.57)$$

Comparando as equações 10.56 e 10.57, vemos que diferentes potências de z servem como indicadores de posição para valores da sequência em diferentes instantes de tempo; ou seja, se simplesmente usarmos o par de transformadas

$$\delta[n+n_0] \xleftrightarrow{z} z^{n_0},$$

podemos imediatamente passar da Equação 10.56 para a Equação 10.57, e vice-versa.

■

Exemplo 10.13

Considere

$$X(z) = \frac{1}{1 - az^{-1}}, \quad |z| > |a|.$$

Essa expressão pode ser expandida em uma série de potências pela divisão longa:

$$\begin{array}{r} 1 + az^{-1} + a^2z^{-2} + \cdots \\ 1 - az^{-1} \overline{) 1 } \\ \underline{1 - az^{-1}} \\ az^{-1} \\ \underline{az^{-1} - a^2z^{-2}} \\ a^2z^{-2} \end{array}$$

ou

$$\frac{1}{1-az^{-1}} = 1 + az^{-1} + a^2z^{-2} + \cdots \quad (10.58)$$

A expansão em série da Equação 10.58 converge, pois $|z| > |a|$, ou, de modo equivalente, $|az^{-1}| < 1$. Comparando-se essa equação com a definição da transformada z na Equação 10.3, vemos, combinando termos em potências de z, que $x[n] = 0$, $n < 0$; $x[0] = 1$; $x[1] = a$; $x[2] = a^2$; e, em geral, $x[n] = a^n u[n]$, o que é consistente com o Exemplo 10.1.

Se, em vez disso, a RDC de $X(z)$ fosse especificada como $|z| < |a|$ ou, de modo equivalente, $|az^{-1}| > 1$, então, a expansão em série de potências para $1/(1 - az^{-1})$ na Equação 10.58 não convergiria. Porém, podemos obter uma série de potências convergente com outra a divisão longa:

$$\begin{array}{r} -a^{-1}z - a^{-2}z^2 - \cdots \\ -az^{-1} + 1 \overline{) 1 } \\ \underline{1 - a^{-1}z} \\ a^{-1}z \end{array}$$

ou

$$\frac{1}{1-az^{-1}} = -a^{-1}z - a^{-2}z^2 - \cdots. \quad (10.59)$$

Nesse caso, então, $x[n] = 0$, $n \geq 0$ e $x[-1] = -a^{-1}$, $x[-2] = -a^{-2}, \ldots$; ou seja, $x[n] = -a^n u[-n-1]$. Este resultado é consistente com o Exemplo 10.2.

■

O método da expansão em série de potências para a obtenção da transformada z inversa é particularmente útil para transformadas z não racionais, que ilustramos com o exemplo a seguir.

Exemplo 10.14

Considere a transformada z

$$X(z) = \log(1 + az^{-1}), \quad |z| > |a|. \quad (10.60)$$

Com $|z| > |a|$ ou, equivalentemente, $|az^{-1}| < 1$, a Equação 10.60 pode ser expandida em uma série de potências usando a expansão em série de Taylor

$$\log(1+v) = \sum_{n=1}^{\infty} \frac{(-1)^{n+1} v^n}{n}, \quad |v| < 1. \quad (10.61)$$

Aplicando na Equação 10.60, temos

$$X(z) = \sum_{n=1}^{\infty} \frac{(-1)^{n+1} a^n z^{-n}}{n}, \quad (10.62)$$

da qual podemos identificar

$$x[n] = \begin{cases} (-1)^{n+1} \dfrac{a^n}{n}, & n \geq 1 \\ 0, & n \leq 0 \end{cases} \quad (10.63)$$

ou, de modo equivalente,

$$x[n] = \frac{-(-a)^n}{n} u[n-1].$$

■

No Problema 10.63, consideramos um exemplo relacionado com a região de convergência $|z| < |a|$.

10.4 Cálculo geométrico da transformada de Fourier a partir do diagrama de polos e zeros

Na Seção 10.1, observamos que a transformada z se reduz à transformada de Fourier para $|z| = 1$ (ou seja, para o contorno no plano z correspondente à circunferência unitária), desde que a RDC para a transformada z inclua a circunferência unitária de modo que a transformada de Fourier convirja. De modo semelhante, vimos no Capítulo 9 que, para sinais de tempo contínuo, a transformada de Laplace se reduz à transformada de Fourier sobre o eixo $j\omega$ no plano s. Na Seção 9.4, também discutimos o cálculo geo-métrico da transformada de Fourier de tempo contínuo a partir do diagrama de polos e zeros. No caso de tempo discreto, a transformada de Fourier pode mais uma vez ser calculada geometricamente considerando os vetores de polos e zeros no plano z. No entanto, como nesse caso a função racional deve ser calculada no contorno $|z| = 1$, consideramos os vetores a partir dos polos e zeros até a circunferência unitária, em vez de até o eixo imaginário. Para ilustrar o procedimento, vamos considerar os sistemas de primeira e segunda ordens, conforme discutidos na Seção 6.6.

10.4.1 Sistemas de primeira ordem

A resposta ao impulso de um sistema de tempo discreto causal de primeira ordem tem a forma geral

$$h[n] = a^n u[n], \quad (10.64)$$

e, pelo Exemplo 10.1, sua transformada z é

$$H(z) = \frac{1}{1 - az^{-1}} = \frac{z}{z - a}, \quad |z| > |a|. \quad (10.65)$$

Para $|a| < 1$, a RDC inclui a circunferência unitária e, consequentemente, a transformada de Fourier de $h[n]$ converge e é igual a $H(z)$ para $z = e^{j\omega}$. Assim, a resposta em frequência para o sistema de primeira ordem é

$$H(e^{j\omega}) = \frac{1}{1 - ae^{-j\omega}}. \quad (10.66)$$

A Figura 10.13(a) representa o diagrama de polos e zeros para $H(z)$ na Equação 10.65, incluindo os vetores do polo (em $z = a$) e zero (em $z = 0$) até a circunferência unitária. Com este gráfico, o cálculo geométrico de $H(z)$ pode, então, ser efetuado usando-se exatamente o mesmo procedimento descrito na Seção 9.4. Em particular, se quisermos calcular a resposta em frequência da Equação 10.65, realizamos esse cálculo para valores de z na forma $z = e^{j\omega}$. A magnitude da resposta em frequência na frequência ω é a razão entre o comprimento do vetor $\mathbf{v}_1$ e o vetor $\mathbf{v}_2$, mostrados na Figura 10.13(a). A fase da resposta em frequência é o ângulo de $\mathbf{v}_1$ com relação ao eixo real menos o ângulo de $\mathbf{v}_2$. Além do mais, o vetor v_1 do zero na origem até a circunferência unitária tem uma extensão constante unitária e, portanto, não tem efeito sobre a magnitude de $H(e^{j\omega})$. A contribuição do zero para a fase de $H(e^{j\omega})$ é o ângulo do vetor do zero com relação ao eixo real, que vemos que é igual a ω. Para $0 < a < 1$, o vetor do polo tem comprimento mínimo em $\omega = 0$ e que aumenta monotonicamente à medida que ω aumenta de zero até π. Assim, a magnitude da resposta em frequência será máxima em $\omega = 0$ e diminuirá monotonicamente à medida que ω aumentar de 0 até π. O ângulo do vetor do polo começa em zero e aumenta monotonicamente, à medida que ω aumenta de zero até π. A magnitude e a fase resultantes de $H(e^{j\omega})$ são mostrados nas figuras 10.13(b) e (c), respectivamente, para dois valores de a.

A magnitude do parâmetro a no sistema de primeira ordem de tempo discreto desempenha um papel similar ao da constante de tempo τ para o sistema de primeira ordem de tempo contínuo da Seção 9.4.1.

Observe primeiro que, conforme ilustrado na Figura 10.13, a magnitude do pico de $H(e^{j\omega})$ em $\omega = 0$ diminui à medida que $|a|$ diminui. Além disso, conforme foi discutido na Seção 6.6.1 e ilustrado nas figuras 6.26 e 6.27, à medida que $|a|$ diminui, a resposta ao impulso decai abruptamente e a resposta em degrau se estabelece mais rapidamente. Com múltiplos polos, a velocidade da resposta associada a cada polo está relacionada à sua distância a partir da origem, com aquele mais próximo da origem contribuindo com termos que decaem mais rapidamente na resposta ao impulso. Isso é melhor ilustrado no caso dos sistemas de segunda ordem, que consideramos em seguida.

10.4.2 Sistemas de segunda ordem

Em seguida, vamos considerar a classe de sistemas de segunda ordem, como discutidos na Seção 6.6.2, com resposta ao impulso e resposta em frequência dadas nas equações 6.64 e 6.60, que repetimos aqui com o

$$h[n] = r^n \frac{\operatorname{sen}(n+1)\theta}{\operatorname{sen}\theta} u[n] \quad (10.67)$$

e

$$H(e^{j\omega}) = \frac{1}{1 - 2r\cos\theta e^{-j\omega} + r^2 e^{-j2\omega}}, \quad (10.68)$$

sendo $0 < r < 1$ e $0 \leq \theta \leq \pi$. Como $H(e^{j\omega}) = H(z)|_{z=e^{j\omega}}$, podemos concluir a partir da Equação 10.68 que a função de sistema, correspondendo à transformada z da resposta ao impulso do sistema, é

$$H(z) = \frac{1}{1 - (2r\cos\theta)z^{-1} + r^2 z^{-2}}. \quad (10.69)$$

Os polos de $H(z)$ estão localizados em

$$z_1 = re^{j\theta}, \quad z_2 = re^{-j\theta}, \quad (10.70)$$

e existe um zero duplo em $z = 0$. O diagrama de polos e zeros e os vetores de polos e zeros com $0 < \theta < \pi/2$ são ilustrados na Figura 10.14(a). Nesse caso, a magnitude da resposta em frequência é igual ao quadrado da magnitude de $\mathbf{v}_1$ (pois existe um zero duplo na origem) dividido pelo produto das magnitudes de $\mathbf{v}_2$ e $\mathbf{v}_3$. Como o comprimento do vetor $\mathbf{v}_1$ do zero na origem é 1 para todos os valores de ω, a magnitude da resposta em frequência é igual ao recíproco dos produtos dos comprimentos dos dois vetores de polos $\mathbf{v}_2$ e $\mathbf{v}_3$. Além disso, a fase da resposta em frequência é igual ao dobro do ângulo de $\mathbf{v}_1$ com relação ao eixo real menos as somas dos ângulos de $\mathbf{v}_2$ e $\mathbf{v}_3$. Na Figura 10.14(b), mostramos a magnitude da resposta em frequência para $r = 0,95$ e $r = 0,75$, enquanto na Figura 10.14(c), mostramos a fase de $H(e^{j\omega})$ para os mesmos dois valores de r. Obser-

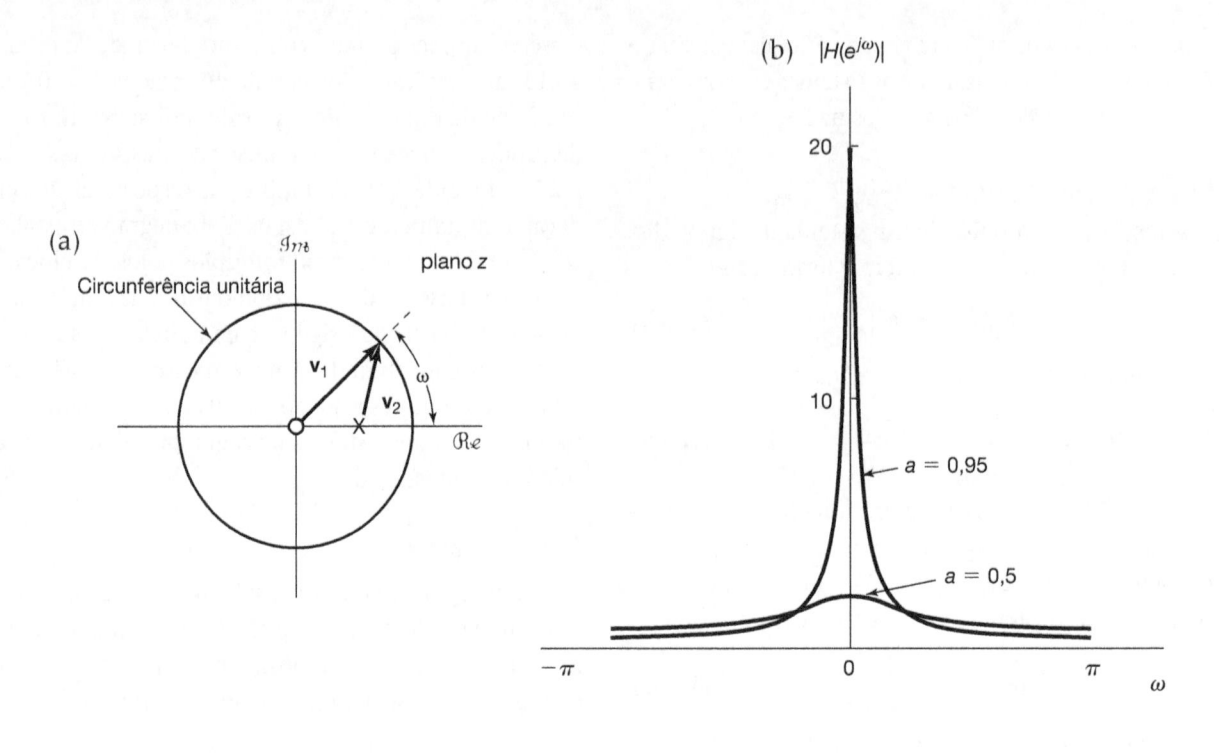

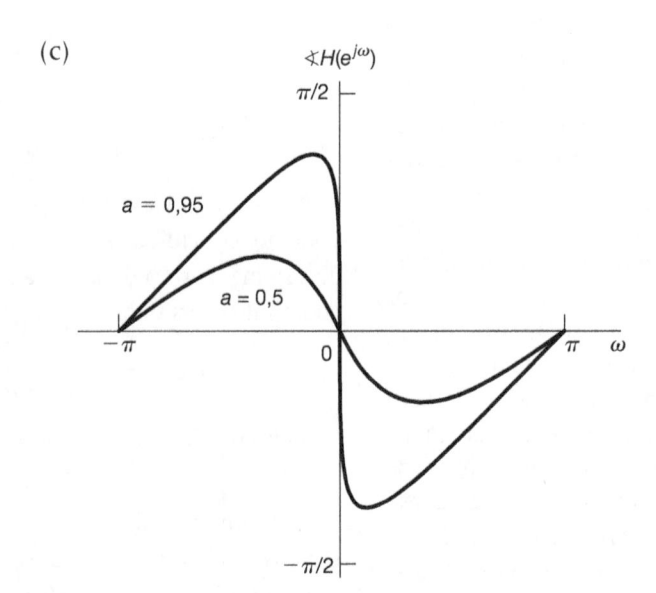

Figura 10.13 (a) Vetores de polos e zeros para a determinação da resposta em frequência para um sistema de primeira ordem com um valor de a entre 0 e 1; (b) magnitude da resposta em frequência para $a = 0{,}95$ e $a = 0{,}5$, (c) fase da resposta em frequência para $a = 0{,}95$ e $a = 0{,}5$.

vamos, em particular, que, à medida que avançamos ao longo da circunferência unitária, de $\omega = 0$ para $\omega = \pi$, o comprimento do vetor $\mathbf{v_2}$ primeiro diminui e depois aumenta, com um tamanho mínimo na vizinhança da localização do polo, em $\omega = \theta$. Isso é consistente com a ocorrência dos picos da magnitude da resposta em frequência em ω perto de θ onde o comprimento do vetor $\mathbf{v_2}$ é pequeno. Com base no comportamento dos vetores de polos, também é evidente que, enquanto r aumenta em direção à unidade, o comprimento mínimo dos vetores de polos diminui, fazendo que a resposta em frequência tenha um pico mais abrupto com o aumento de r. Além disso, para r próximo da unidade, o ângulo do vetor $\mathbf{v_2}$ muda bruscamente em função de ω na vizinhança de θ. Além do mais, pela forma da resposta ao impulso (Equação 10.67 e Figura 6.29) ou da resposta ao degrau (Equação 6.67 e Figura 6.30), verificamos, como fizemos com o sistema de primeira ordem, que, quando os polos se aproximam da origem, correspondendo a r decrescente, a resposta ao impulso decai mais

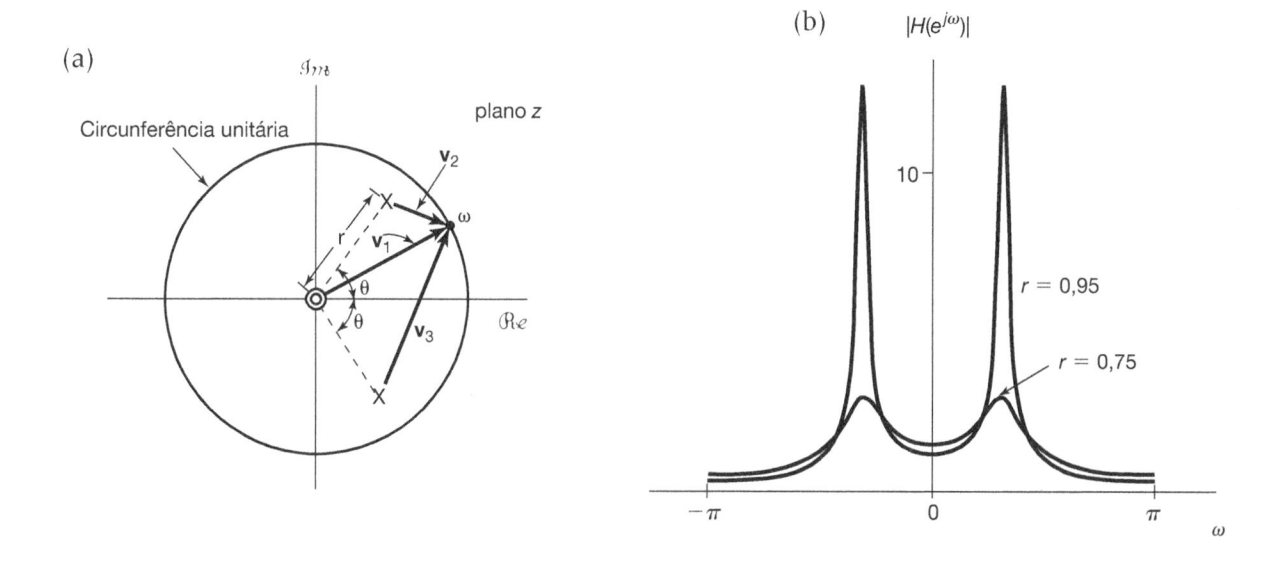

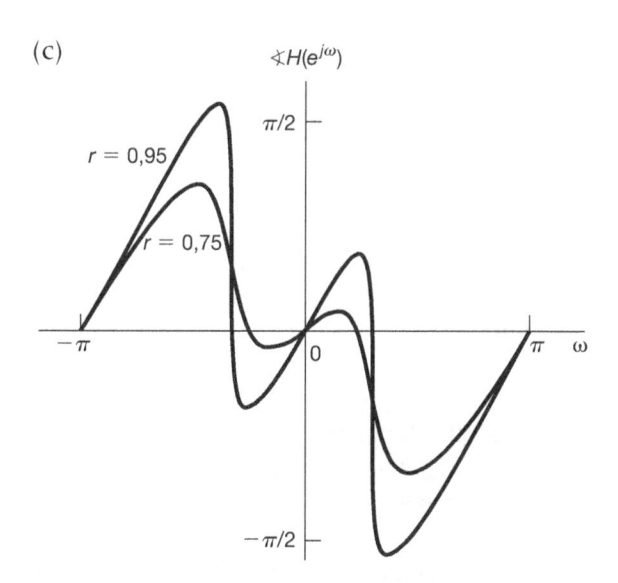

Figura 10.14 (a) Vetor de zeros $\mathbf{v}_1$ e vetores de polos $\mathbf{v}_2$ e $\mathbf{v}_3$, usados no cálculo das respostas em frequência para um sistema de segunda ordem; (b) magnitude da resposta em frequência correspondente ao inverso do produto dos comprimentos dos vetores dos polos para $r = 0{,}95$ e $r = 0{,}75$; (c) fase da resposta em frequência para $r = 0{,}95$ e $r = 0{,}75$.

rapidamente e a resposta ao degrau se estabelece mais depressa.

10.5 Propriedades da transformada z

Assim como as outras transformadas apresentadas, a transformada z possui uma série de propriedades que a tornam uma ferramenta extremamente valiosa no estudo de sinais e sistemas de tempo discreto. Nesta seção, resumimos muitas dessas propriedades. As demonstrações desses resultados são análogas às demonstrações das propriedades para as outras transformadas, e, assim, muitas são deixadas como exercícios ao final do capítulo (ver problemas 10.43 e 10.51 a 10.54).

10.5.1 Linearidade

Se

$$x_1[n] \xleftrightarrow{\mathcal{Z}} X_1(z), \quad \text{com RDC} = R_1,$$

e

$$x_2[n] \xleftrightarrow{\mathcal{Z}} X_2(z), \quad \text{com RDC} = R_2,$$

então

$$\boxed{ax_1[n] + bx_2[n] \xleftrightarrow{\mathcal{Z}} aX_1(z) + bX_2(z),\ \text{com RDC contendo } R_1 \cap R_2.} \quad (10.71)$$

Como indicado, a RDC da combinação linear é no mínimo a intersecção de R_1 e R_2. Para sequências com transformadas z racionais, se os polos de $aX_1(z) + bX_2(z)$ consistirem de todos os polos de $X_1(z)$ e $X_2(z)$ (ou seja, não existir cancelamento de polos e zeros), então a região de convergência será exatamente igual à sobreposição das regiões de convergência individuais. Se a combinação linear for tal que alguns zeros introduzidos cancelem polos, então a região de convergência pode ser maior. Um exemplo simples disso ocorre quando $x_1[n]$ e $x_2[n]$ têm ambas duração infinita, mas a combinação linear tem duração finita. Nesse caso, a região de convergência da combinação linear é todo o plano z, com a possível exceção de zero e/ou infinito. Por exemplo, as sequências $a^n u[n]$ e $a^n u[n-1]$ possuem ambas uma região de convergência definida por $|z| > |a|$, mas a sequência correspondente à diferença $(a^n u[n] - a^n u[n-1]) = \delta[n]$ tem uma região de convergência que é todo o plano z.

10.5.2 Deslocamento no tempo

Se

$$x[n] \xleftrightarrow{\mathcal{Z}} X(z), \quad \text{com RDC} = R,$$

então

$$\boxed{x[n - n_0] \xleftrightarrow{\mathcal{Z}} z^{-n_0} X(z), \text{com RDC} = R, \text{exceto pela possível adição ou exclusão da origem ou infinito.}} \quad (10.72)$$

Devido à multiplicação por z^{-n_0}, para $n_0 > 0$ polos serão introduzidos em $z = 0$, o que pode cancelar zeros correspondentes de $X(z)$ em $z = 0$. Consequentemente, $z = 0$ pode ser um polo de $z^{-n_0}X(z)$, embora possa não ser um polo de $X(z)$. Nesse caso, a RDC para $z^{-n_0}X(z)$ é igual à RDC de $X(z)$, mas com a origem excluída. De modo similar, se $n_0 < 0$, zeros serão introduzidos em $z = 0$, o que pode cancelar os polos correspondentes de $X(z)$ em $z = 0$. Consequentemente, $z = 0$ pode ser um zero de $z^{-n_0}X(z)$, embora possa não ser um polo de $X(z)$. Nesse caso, $z = \infty$ é um polo de $z^{-n_0}X(z)$, e, assim, a RDC para $z^{-n_0}X(z)$ é igual à RDC de $X(z)$, mas com $z = \infty$ excluído.

10.5.3 Mudança de escala no domínio z

Se

$$x[n] \xleftrightarrow{\mathcal{Z}} X(z), \quad \text{com RDC} = R,$$

então

$$\boxed{z_0^n x[n] \xleftrightarrow{\mathcal{Z}} X\left(\frac{z}{z_0}\right), \quad \text{com RDC} = |z_0|R,} \quad (10.73)$$

em que $|z_0|R$ é a versão modificada em escala de R. Ou seja, se z é um ponto na RDC de $X(z)$, então o ponto $|z_0|z$ está na RDC de $X(z/z_0)$. Além disso, se $X(z)$ tem um polo (ou zero) em $z = a$, então $X(z/z_0)$ tem um polo (ou zero) em $z = z_0 a$.

Um caso especial importante da Equação 10.73 ocorre quando $z_0 = e^{j\omega_0}$. Nesse caso, $|z_0|R = R$ e

$$e^{j\omega_0 n} x[n] \xleftrightarrow{\mathcal{Z}} X(e^{-j\omega_0} z). \quad (10.74)$$

O lado esquerdo da Expressão 10.74 corresponde à multiplicação por uma sequência exponencial complexa. O lado direito pode ser interpretado como uma rotação no plano z; ou seja, todas as localizações de polos e zeros giram no plano z por um ângulo de ω_0, como ilustrado na Figura 10.15. Este fato pode ser visto notando-se que, se $X(z)$ tem um fator na forma $(1 - az^{-1})$, então $X(e^{-j\omega_0}z)$ terá um fator $1 - ae^{j\omega_0}z^{-1}$, e, assim, um polo ou zero em $z = a$ em $X(z)$ se tornará um polo ou zero em $z = ae^{j\omega_0}$ em $X(e^{-j\omega_0}z)$. O comportamento da transformada z na circunferência unitária então se deslocará por um ângulo de ω_0. Isso é consistente com a pro-

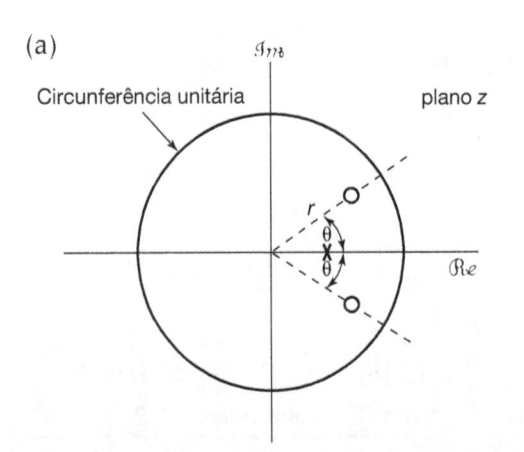

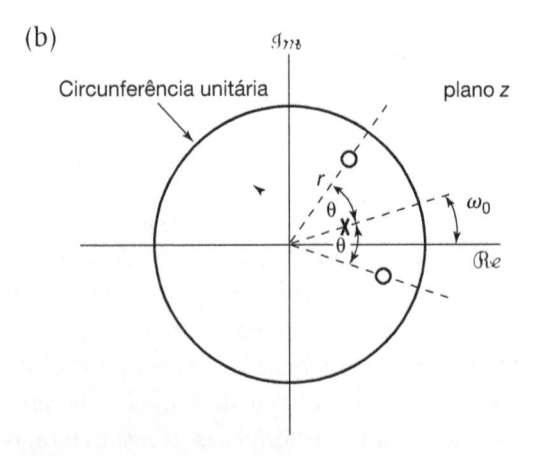

Figura 10.15 Efeito sobre o diagrama de polos e zeros da multiplicação no domínio do tempo por uma sequência exponencial complexa $e^{j\omega_0 n}$: (a) diagrama de polos e zeros para a transformada z de um sinal $x[n]$; (b) diagrama de polos e zeros para a transformada z de $x[n]e^{j\omega_0 n}$.

priedade de deslocamento na frequência apresentada na Seção 5.3.3, em que se mostrou que a multiplicação por uma exponencial complexa no domínio de tempo corresponde a um deslocamento na frequência da transformada de Fourier. Além disso, no caso mais geral em que $z_0 = r_0 e^{j\omega_0}$ na Equação 10.73, as localizações de polos e zeros são rotacionados por ω_0 e modificados em magnitude por um fator r_0.

10.5.4 Reflexão no tempo

Se

$$x[n] \xleftrightarrow{\mathcal{Z}} X(z), \quad \text{com RDC} = R,$$

então

$$\boxed{x[-n] \xleftrightarrow{\mathcal{Z}} X(\tfrac{1}{z}), \quad \text{com RDC} = \tfrac{1}{R}.} \quad \textbf{(10.75)}$$

Ou seja, se z_0 está na RDC para $x[n]$, então $1/z_0$ está na RDC para $x[-n]$.

10.5.5 Expansão do tempo

Como discutimos na Seção 5.3.7, o conceito de tempo contínuo de mudança de escala no tempo não se estende diretamente para tempo discreto, pois o índice de tempo discreto é definido apenas para valores inteiros. Porém, o conceito de tempo discreto da expansão do tempo — ou seja, da inserção de uma série de zeros entre valores sucessivos de uma sequência de tempo discreto $x[n]$ — pode ser definido e desempenha um papel importante na análise de sinais e sistemas de tempo discreto. Especificamente, a sequência $x_{(k)}[n]$, introduzida na Seção 5.3.7 e definida como

$$x_{(k)}[n] = \begin{cases} x[n/k], & \text{se } n \text{ for múltiplo de } k \\ 0, & \text{se } n \text{ não for múltiplo de } k \end{cases} \quad \textbf{(10.76)}$$

tem $k-1$ zeros inseridos entre valores sucessivos do sinal original. Nesse caso, se

$$x[n] \xleftrightarrow{\mathcal{Z}} X(z), \quad \text{com RDC} = R,$$

então

$$\boxed{x_{(k)}[n] \xleftrightarrow{\mathcal{Z}} X(z^k), \text{com RDC} = R^{1/k}.} \quad \textbf{(10.77)}$$

Ou seja, se z está na RDC de $X(z)$, então o ponto $z^{1/k}$ está na RDC de $X(z^k)$. Além disso, se $X(z)$ tem um polo (ou zero) em $z = a$, então $X(z^k)$ tem um polo (ou zero) em $z = a^{1/k}$.

A interpretação desse resultado decorre da forma de série de potências da transformada z, da qual observamos que o coeficiente do termo z^{-n} é igual ao valor do sinal no instante n. Ou seja, com

$$X(z) = \sum_{n=-\infty}^{+\infty} x[n] z^{-n},$$

segue-se que

$$X(z^k) = \sum_{n=-\infty}^{+\infty} x[n](z^k)^{-n} = \sum_{n=-\infty}^{+\infty} x[n] z^{-kn}. \quad \textbf{(10.78)}$$

Examinando o membro direito da Equação 10.78, vemos que os únicos termos que aparecem têm a forma z^{-kn}. Em outras palavras, o coeficiente do termo z^{-m} nessa série de potências é igual a 0 se m não for múltiplo de k e é igual a $x[m/k]$ se m for múltiplo de k. Assim, a transformada inversa da Equação 10.78 é $x_{(k)}[n]$.

10.5.6 Conjugação

Se

$$x[n] \xleftrightarrow{\mathcal{Z}} X(z), \quad \text{com RDC} = R, \quad \textbf{(10.79)}$$

então

$$\boxed{x^*[n] \xleftrightarrow{\mathcal{Z}} X^*(z^*), \quad \text{com RDC} = R.} \quad \textbf{(10.80)}$$

Consequentemente, se $x[n]$ é real, podemos concluir da Equação 10.80 que

$$X(z) = X^*(z^*).$$

Assim, se $X(z)$ tem um polo (ou zero) em $z = z_0$, ele também deverá ter um polo (ou zero) no ponto conjugado complexo $z = z_0^*$. Por exemplo, a transformada $X(z)$ para o sinal real $x[n]$ no Exemplo 10.4 tem polos em $z = (1/3)e^{\pm j\pi/4}$.

10.5.7 A propriedade da convolução

Se

$$x_1[n] \xleftrightarrow{\mathcal{Z}} X_1(z), \quad \text{com RDC} = R_1,$$

e

$$x_2[n] \xleftrightarrow{\mathcal{Z}} X_2(z), \quad \text{com RDC} = R_2,$$

então

$$\boxed{\begin{array}{c} x_1[n] * x_2[n] \xleftrightarrow{\mathcal{Z}} X_1(z)X_2(z), \\ \text{com RDC contendo } R1 \cap R2. \end{array}} \quad \textbf{(10.81)}$$

Assim como na propriedade da convolução para a transformada de Laplace, a RDC de $X_1(z)X_2(z)$ inclui a intersecção de R_1 e R_2 e pode ser maior se ocorrer cancelamento de polos e zeros no produto. A propriedade de convolução para a transformada z pode ser demonstrada de diversas maneiras diferentes. Uma demonstração formal é elaborada no Problema 10.56. Uma demonstração também pode ser obtida de modo semelhante à que é usada para a propriedade de convolução da transformada de Fourier de tempo contínuo na Seção 4.4, que contou com a interpretação da transformada de Fourier como a mudança na amplitude de uma exponencial complexa por meio de um sistema LIT.

Para a transformada z, existe outra interpretação frequentemente útil da propriedade de convolução. Da definição na Equação 10.3, reconhecemos a transformada z como uma série em z^{-1} em que o coeficiente de z^{-n} é o valor da sequência $x[n]$. Basicamente, a Equação da propriedade de convolução 10.81 afirma que, quando dois polinômios ou séries de potências $X_1(z)$ e $X_2(z)$ são multiplicados, os coeficientes do polinômio que representado o produto são a convolução dos coeficientes dos polinômios $X_1(z)$ e $X_2(z)$. (Ver Problema 10.57.)

Exemplo 10.15

Considere um sistema LIT para o qual

$$y[n] = h[n] * x[n], \quad (10.82)$$

sendo

$$h[n] = \delta[n] - \delta[n-1].$$

Observe que

$$\delta[n] - \delta[n-1] \xleftrightarrow{z} 1 - z^{-1}, \quad (10.83)$$

com RDC igual a todo o plano z, exceto a origem. Além disso, a transformada z na Equação 10.83 tem um zero em $z = 1$. Da Equação 10.81, vemos que, se

$$x[n] \xleftrightarrow{z} X(z), \quad \text{com RDC} = R,$$

então,

$$y[n] \xleftrightarrow{z} (1 - z^{-1})X(z), \quad (10.84)$$

com RDC igual a R com a possível exclusão de $z = 0$ e/ou adição de $z = 1$.

Observe que, para esse sistema,

$$y[n] = [\delta[n] - \delta[n-1]] * x[n] = x[n] - x[n-1].$$

Ou seja, $y[n]$ é a primeira diferença da sequência $x[n]$. Como a operação de primeira diferença comumente é considerada um correspondente de tempo discreto da diferenciação, a relação de transformada z da Equação 10.84 pode ser considerada como a correspondente da propriedade de diferenciação da transformada de Laplace, apresentada na Seção 9.5.7.

Exemplo 10.16

Suponha agora que consideremos o inverso da primeira diferenciação, ou seja, a acumulação ou somatório. Especificamente, seja $w[n]$ a soma acumulada de $x[n]$:

$$w[n] = \sum_{k=-\infty}^{n} x[k] = u[n] * x[n]. \quad (10.85)$$

Então, usando a Equação 10.81 juntamente com a transformada z do degrau unitário do Exemplo 10.1, vemos que

$$w[n] = \sum_{k=-\infty}^{n} x[k] \xleftrightarrow{z} \frac{1}{1 - z^{-1}} X(z), \quad (10.86)$$

com RDC incluindo pelo menos a intersecção de R com $|z| > 1$. A relação de transformada z da Equação 10.86 é a correspondente em tempo discreto da propriedade de integração da Seção 9.5.9.

10.5.8 Diferenciação no domínio z

Se

$$x[n] \xleftrightarrow{z} X(z), \quad \text{com RDC} = R,$$

então

$$\boxed{nx[n] \xleftrightarrow{z} -z \frac{dX(z)}{dz}, \quad \text{com RDC} = R.} \quad (10.87)$$

Essa propriedade segue diretamente da diferenciação dos dois membros da expressão de transformada z dada na Equação 10.3. Como um exemplo do uso dessa propriedade, vamos aplicá-la à determinação da transformada z inversa, considerada no Exemplo 10.14.

Exemplo 10.17

Se

$$X(z) = \log(1 + az^{-1}), \quad |z| > |a|, \quad (10.88)$$

então

$$nx[n] \xleftrightarrow{z} -z \frac{dX(z)}{dz} = \frac{az^{-1}}{1 + az^{-1}}, \quad |z| > |a|. \quad (10.89)$$

Pela diferenciação, convertemos a transformada z em uma expressão racional. A transformada z inversa do membro direito da Equação 10.89 pode ser obtida usando-se o Exemplo 10.1 juntamente com a propriedade de deslocamento no tempo, Equação 10.72, enunciada na Seção 10.5.2. Especificamente, do Exemplo 10.1 e da propriedade de linearidade,

$$a(-a)^n u[n] \xleftrightarrow{z} \frac{a}{1 + az^{-1}}, \quad |z| > |a|. \quad (10.90)$$

Usando este resultado com a propriedade de deslocamento no tempo, temos

$$a(-a)^{n-1} u[n-1] \xleftrightarrow{z} \frac{az^{-1}}{1 + az^{-1}}, \quad |z| > |a|.$$

Consequentemente,

$$x[n] = \frac{-(-a)^n}{n} u[n-1]. \quad (10.91)$$

Exemplo 10.18

Como outro exemplo do uso da propriedade de diferenciação, considere a determinação da transformada z inversa para

$$X(z) = \frac{az^{-1}}{(1-az^{-1})^2}, \quad |z| > |a|. \quad (10.92)$$

Do Exemplo 10.1,

$$a^n u[n] \xleftrightarrow{z} \frac{1}{1-az^{-1}}, \quad |z| > |a|, \quad (10.93)$$

e, portanto,

$$na^n u[n] \xleftrightarrow{z} -z\frac{d}{dz}\left(\frac{1}{1-az^{-1}}\right) = \frac{az^{-1}}{(1-az^{-1})^2}, \quad |z| > a \quad (10.94)$$

10.5.9 O teorema do valor inicial

Se $x[n] = 0$, $n < 0$, então

$$x[0] = \lim_{z \to \infty} X(z). \quad (10.95)$$

Essa propriedade segue tomando o limite de cada parcela individual na expressão para a transformada z com $x[n]$ nulo para $n < 0$. Com essa restrição,

$$X(z) = \sum_{n=0}^{\infty} x[n] z^{-n}.$$

Quando $z \to \infty$, $z^{-n} \to 0$ para $n > 0$, enquanto para $n = 0$, $z^{-n} = 1$. Daí, a Equação 10.95 segue.

Tabela 10.1 Propriedades da transformada z

Seção	Propriedade	Sinal	Transformada z	RDC
		$x[n]$	$X(z)$	R
		$x_1[n]$	$X_1(z)$	R_1
		$x_2[n]$	$X_2(z)$	R_2
10.5.1	Linearidade	$ax_1[n] + bx_2[n]$	$aX_1(z) + bX_2(z)$	Pelo menos, a intersecção de R_1 e R_2
10.5.2	Deslocamento no tempo	$x[n-n_0]$	$z^{-n_0} X(z)$	R, exceto pela possível adição ou exclusão da origem
10.5.3	Mudança de escala no domínio-z	$e^{j\omega_0 n} x[n]$	$X(e^{-j\omega_0} z)$	R
		$z_0^n x[n]$	$X\left(\frac{z}{z_0}\right)$	$z_0 R$
		$a^n x[n]$	$X(a^{-1} z)$	Versão com mudança de escala de R (ou seja, $|a|R = $ o conjunto de pontos $\{|a|z\}$ para z em R)
10.5.4	Reflexão no tempo	$x[-n]$	$X(z^{-1})$	R invertido (ou seja, $R^{-1} = $ o conjunto de pontos z^{-1}, sendo que z está em R)
10.5.5	Expansão no tempo	$x_{(k)}[n] = \begin{cases} x[r], & n = rk \\ 0, & n \neq rk \end{cases}$ para algum inteiro r	$X(z^k)$	$R^{1/k}$ (ou seja, o conjunto de pontos $z^{1/k}$, sendo que z está em R)
10.5.6	Conjugação	$x^*[n]$	$X^*(z^*)$	R
10.5.7	Convolução	$x_1[n] * x_2[n]$	$X_1(z) X_2(z)$	Pelo menos, a intersecção de R_1 e R_2
10.5.7	Primeira diferença	$x[n] - x[n-1]$	$(1-z^{-1})X(z)$	Pelo menos, a intersecção de R e $|z| > 0$
10.5.7	Acumulação	$\sum_{k=-\infty}^{n} x[k]$	$\frac{1}{1-z^{-1}} X(z)$	Pelo menos, a intersecção de R e $|z| > 1$
10.5.8	Diferenciação no domínio-z	$nx[n]$	$-z \frac{dX(z)}{dz}$	R
10.5.9	Teorema do valor inicial Se $x[n] = 0$ para $n < 0$, então $x[0] = \lim_{z \to \infty} X(z)$			

Como uma consequência do teorema do valor inicial, para uma sequência causal, se $x[0]$ é finito, então $\lim_{z \to \infty} X(z)$ é finito. Consequentemente, com $X(z)$ expresso como uma razão de polinômios em z, a ordem do polinômio do numerador não pode ser maior que a ordem do polinômio do denominador; ou, de modo equivalente, o número de zeros finitos de $X(z)$ não pode ser maior que o número de polos finitos.

Exemplo 10.19

O teorema do valor inicial também pode ser útil para verificar se o cálculo da transformada z para um sinal está correto. Por exemplo, considere o sinal $x[n]$ do Exemplo 10.3. Da Equação 10.12, observamos que $x[0] = 1$. Além disso, da Equação 10.14,

$$\lim_{z \to \infty} X(z) = \lim_{z \to \infty} \frac{1 - \frac{3}{2}z^{-1}}{(1 - \frac{1}{3}z^{-1})(1 - \frac{1}{2}z^{-1})} = 1,$$

o que é consistente com o teorema do valor inicial.

10.5.10 Resumo das propriedades

Na Tabela 10.1, resumimos as propriedades da transformada z.

10.6 Alguns pares comuns de transformada z

Assim como a transformada inversa de Laplace, a transformada z inversa pode com frequência ser facilmente calculada expressando $X(z)$ como uma combinação linear de termos mais simples cujas transformadas inversas são reconhecíveis. Na Tabela 10.2, listamos uma série de pares úteis de transformadas z. Cada um deles pode ser obtido nos exemplos anteriores juntamente com as propriedades da transformada z listadas na Tabela 10.1. Por exemplo, os pares de transformadas 2 e 5 decorrem diretamente do Exemplo 10.1, e o Par de transformadas 7 é obtido no Exemplo 10.18. Esses pares, juntamente com as propriedades de reflexão no tempo e deslocamento no tempo, apresentados, respectivamente, nas seções 10.5.4 e 10.5.2, levam então aos pares de transformadas 3, 6 e 8. Os pares de transformadas 9 e 10 podem ser demonstrados usando o Par de transformadas 2 com as propriedades de linearidade e mudança de escala, apresentadas nas seções 10.5.1 e 10.5.3, respectivamente.

10.7 Análise e caracterização de sistemas LIT usando transformadas z

A transformada z desempenha um papel particularmente importante na análise e representação de sistemas LIT de tempo discreto. Da propriedade de convolução apresentada na Seção 10.5.7,

$$Y(z) = H(z)X(z), \quad (10.96)$$

em que $X(z)$, $Y(z)$ e $H(z)$ são as transformadas z da entrada, saída e resposta ao impulso do sistema, respectivamente.

Tabela 10.2 Alguns pares comuns de transformada z

Sinal	Transformada	RDC
1. $\delta[n]$	1	Todo z
2. $u[n]$	$\dfrac{1}{1-z^{-1}}$	$\|z\| > 1$
3. $-u[-n-1]$	$\dfrac{1}{1-z^{-1}}$	$\|z\| < 1$
4. $\delta[n-m]$	z^{-m}	Todo z, exceto 0 (se $m > 0$) ou ∞ (se $m < 0$)
5. $\alpha^n u[n]$	$\dfrac{1}{1-\alpha z^{-1}}$	$\|z\| > \|\alpha\|$
6. $-\alpha^n u[-n-1]$	$\dfrac{1}{1-\alpha z^{-1}}$	$\|z\| < \|\alpha\|$
7. $n\alpha^n u[n]$	$\dfrac{\alpha z^{-1}}{(1-\alpha z^{-1})^2}$	$\|z\| > \|\alpha\|$
8. $-n\alpha^n u[-n-1]$	$\dfrac{\alpha z^{-1}}{(1-\alpha z^{-1})^2}$	$\|z\| < \|\alpha\|$
9. $[\cos \omega_0 n]u[n]$	$\dfrac{1-[\cos \omega_0]z^{-1}}{1-[2\cos \omega_0]z^{-1}+z^{-2}}$	$\|z\| > 1$
10. $[\operatorname{sen} \omega_0 n]u[n]$	$\dfrac{[\operatorname{sen} \omega_0]z^{-1}}{1-[2\cos \omega_0]z^{-1}+z^{-2}}$	$\|z\| > 1$
11. $[r^n \cos \omega_0 n]u[n]$	$\dfrac{1-[r\cos \omega_0]z^{-1}}{1-[2r\cos \omega_0]z^{-1}+r^2 z^{-2}}$	$\|z\| > r$
12. $[r^n \operatorname{sen} \omega_0 n]u[n]$	$\dfrac{[r\operatorname{sen} \omega_0]z^{-1}}{1-[2r\cos \omega_0]z^{-1}+r^2 z^{-2}}$	$\|z\| > r$

$H(z)$ é chamada de *função de sistema* ou *função de transferência* do sistema. Para um z calculado sobre a circunferência unitária (ou seja, para $z = e^{j\omega}$), $H(z)$ reduz-se à resposta em frequência do sistema, desde que a circunferência unitária esteja na RDC de $H(z)$. Além disso, da discussão na Seção 3.2, sabemos que, se a entrada de um sistema LIT for o sinal exponencial complexo $x[n] = z^n$, então a saída será $H(z)z^n$. Ou seja, z^n é uma autofunção do sistema com autovalor dado por $H(z)$, a transformada z da resposta ao impulso.

Muitas propriedades de um sistema podem ser relacionadas diretamente a características dos polos, zeros e região de convergência da função de sistema, e nesta seção ilustramos algumas dessas relações examinando várias propriedades essenciais de sistema e uma importante classe de sistemas.

10.7.1 Causalidade

Um sistema LIT causal tem uma resposta ao impulso $h[n]$ que é nula para $n < 0$ e, portanto, é lateral direita. Da Propriedade 4, na Seção 10.2, sabemos que a RDC de $H(z)$ é o exterior de um círculo no plano z. Para alguns sistemas, por exemplo, se $h[n] = \delta[n]$, de modo que $H(z) = 1$, a RDC pode-se estender a todo plano z, possivelmente incluindo a origem. Além disso, em geral, para uma resposta ao impulso lateral direita, a RDC pode ou não incluir o infinito. Por exemplo, se $h[n] = \delta[n+1]$, então $H(z) = z$, que tem um polo no infinito. Porém, como vimos na Propriedade 8, na Seção 10.2, para um sistema causal, a série de potência

$$H(z) = \sum_{n=0}^{\infty} h[n] z^{-n}$$

não inclui quaisquer potências positivas de z. Consequentemente, a RDC inclui infinito. Resumindo, temos o seguinte princípio:

> Um sistema LIT de tempo discreto é causal se e somente se a RDC de sua função de sistema for o exterior de um círculo, incluindo o infinito.

Se $H(z)$ é racional, então, pela Propriedade 8, na Seção 10.2, para que o sistema seja causal, a RDC deve estar fora do polo mais externo e o infinito deve estar na RDC. De modo equivalente, o limite de $H(z)$ quando $z \to \infty$ deve ser finito. Conforme discutimos na Seção 10.5.9, isso é equivalente ao numerador de $H(z)$ ter um grau não maior que o denominador quando ambos são expressos como polinômios em z. Ou seja:

> Um sistema LIT de tempo discreto com função de sistema $H(z)$ racional é causal se e somente se: (a) a RDC for o exterior de um círculo que inclui o polo mais externo; e (b) com $H(z)$ expresso como uma razão de polinômios em z, a ordem do numerador não for maior que a ordem do denominador.

Exemplo 10.20

Considere um sistema com função de sistema cuja expressão algébrica é

$$H(z) = \frac{z^3 - 3z^2 + z}{z^2 + \frac{1}{4}z + \frac{1}{8}}.$$

Sem mesmo saber a RDC para esse sistema, podemos concluir que o sistema não é causal porque o numerador de $H(z)$ tem ordem mais alta que o denominador.

Exemplo 10.21

Considere um sistema com função de sistema

$$H(z) = \frac{1}{1 - \frac{1}{2}z^{-1}} + \frac{1}{1 - 2z^{-1}}, \quad |z| > 2. \quad (10.97)$$

Como a RDC para essa função de sistema é o exterior de um círculo externo do polo mais distante, sabemos que a resposta ao impulso é lateral direita. Para determinar se o sistema é causal, devemos apenas verificar a outra condição exigida para a causalidade, ou seja, que $H(z)$, quando expresso como uma razão de polinômios em z, tenha grau do numerador não maior que o do denominador. Para este exemplo,

$$H(z) = \frac{2 - \frac{5}{2}z^{-1}}{(1 - \frac{1}{2}z^{-1})(1 - 2z^{-1})} = \frac{2z^2 - \frac{5}{2}z}{z^2 - \frac{5}{2}z + 1}, \quad (10.98)$$

como o numerador e o denominador de $H(z)$ são ambos de grau dois, consequentemente, podemos concluir que o sistema é causal. Este fato também pode ser verificado calculando-se a transformada inversa de $H(z)$. Em particular, usando o Par de transformadas 5 na Tabela 10.2, encontramos que a resposta ao impulso desse sistema é

$$h[n] = \left[\left(\frac{1}{2} \right)^n + 2^n \right] u[n]. \quad (10.99)$$

Uma vez que $h[n] = 0$ para $n < 0$, podemos confirmar que o sistema é causal.

10.7.2 Estabilidade

Conforme discutimos na Seção 2.3.7, a estabilidade de um sistema LIT de tempo discreto é equivalente à sua resposta ao impulso ser absolutamente somável. Nesse caso, a transformada de Fourier de $h[n]$ converge e, consequentemente, a RDC de $H(z)$ deve incluir a circunferência unitária. Resumindo, obtemos o seguinte resultado:

Um sistema LIT é estável se e somente se a RDC de sua função de sistema $H(z)$ incluir a circunferência unitária, $|z| = 1$.

Exemplo 10.22

Considere novamente a função de sistema na Equação 10.97. Como a RDC associada é a região $|z| > 2$, que não inclui a circunferência unitária, o sistema não é estável. Isso também pode ser visto observando-se que a resposta ao impulso na Equação 10.99 não é absolutamente somável. Se, no entanto, considerarmos um sistema cuja função de sistema tem a mesma expressão algébrica que a Equação 10.97, mas cuja RDC é a região $1/2 < |z| < 2$, então a RDC contém a circunferência unitária, de modo que o sistema correspondente é não causal, porém estável. Nesse caso, usando os pares de transformadas 5 e 6 da Tabela 10.2, encontramos que a resposta ao impulso correspondente é

$$h[n] = \left(\frac{1}{2}\right)^n u[n] - 2^n u[-n-1], \quad (10.100)$$

que é absolutamente somável.

Além disso, para a terceira escolha possível de RDC associada à expressão algébrica $H(z)$ na Equação 10.97, ou seja, $|z| < 1/2$, o sistema correspondente não é causal (pois a RDC não está para fora do polo mais externo) nem estável (pois a RDC não inclui a circunferência unitária). Isso também pode ser observado da resposta ao impulso, que (usando o Par de transformadas 6 na Tabela 10.2) é

$$h[n] = -\left[\left(\frac{1}{2}\right)^n + 2^n\right] u[-n-1]$$

Como o Exemplo 10.22 ilustra, é perfeitamente possível que um sistema seja estável e não causal. Porém, se considerarmos os sistemas causais, a estabilidade pode ser facilmente verificada examinando-se a localização dos polos. Especificamente, para um sistema causal com função de sistema racional, a RDC está para fora do polo mais externo. Para essa RDC incluir a circunferência unitária, $|z| = 1$, todos os polos do sistema precisam estar dentro do círculo unitário. Ou seja:

Um sistema LIT causal com função de sistema racional $H(z)$ é estável se e somente se todos os polos de $H(z)$ estiverem dentro do círculo unitário — ou seja, todos eles têm magnitude menor que 1.

Exemplo 10.23

Considere um sistema causal com função de sistema

$$H(z) = \frac{1}{1 - az^{-1}},$$

que tem um polo em $z = a$. Para esse sistema ser estável, seu polo deve estar dentro do círculo unitário, ou seja, devemos ter $|a| < 1$. Isso é consistente com a condição ser absolutamente somável da resposta ao impulso correspondente $h[n] = a^n u[n]$ absolutamente somável.

Exemplo 10.24

A função de sistema para um sistema de segunda ordem com polos complexos foi dada na Equação 10.69, especificamente,

$$H(z) = \frac{1}{1 - (2r\cos\theta)z^{-1} + r^2 z^{-2}}, \quad (10.101)$$

com polos localizados em $z_1 = re^{j\theta}$ e $z_2 = re^{-j\theta}$. Assumindo causalidade, vemos que a RDC está para fora do polo mais externo (ou seja, $|z| > |r|$). O diagrama de polos e zeros e a RDC para esse sistema são mostrados na Figura 10.16 para $r < 1$ e $r > 1$. Para $r < 1$, os polos estão dentro da circunferência unitária, a RDC inclui a circunferência unitária e, portanto, o sistema é estável. Para $r > 1$, os polos estão fora da circunferência unitária, a RDC não inclui a circunferência unitária e o sistema é instável.

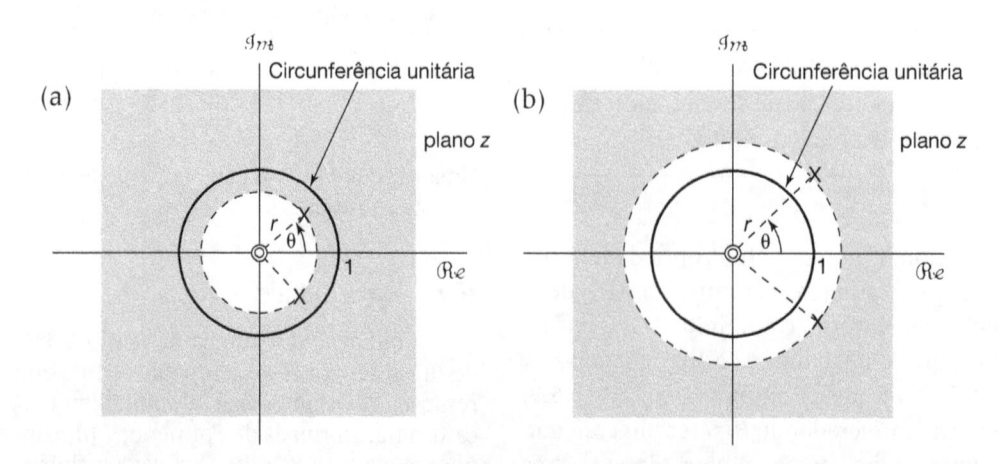

Figura 10.16 Diagrama de polos e zeros para um sistema de segunda ordem com polos complexos: (a) $r < 1$; (b) $r > 1$, para o exemplo 10.24.

10.7.3 Sistemas LIT caracterizados por equações de diferenças lineares com coeficientes constantes

Para os sistemas caracterizados por equações de diferenças lineares com coeficientes constantes, as propriedades da transformada z provêm um procedimento particularmente conveniente para se obter a função de sistema, resposta em frequência ou resposta no domínio de tempo do sistema. Vamos ilustrar isso com um exemplo.

Exemplo 10.25

Considere um sistema LIT para o qual a entrada $x[n]$ e a saída $y[n]$ satisfaçam a equação de diferenças lineares com coeficientes constantes

$$y[n] - \frac{1}{2}y[n-1] = x[n] + \frac{1}{3}x[n-1]. \quad (10.102)$$

Aplicando a transformada z aos dois membros da Equação 10.102 e usando a propriedade de linearidade enunciada na Seção 10.5.1 e a propriedade de deslocamento no tempo apresentada na Seção 10.5.2, obtemos

$$Y(z) - \frac{1}{2}z^{-1}Y(z) = X(z) + \frac{1}{3}z^{-1}X(z),$$

ou

$$Y(z) = X(z)\left[\frac{1 + \frac{1}{3}z^{-1}}{1 - \frac{1}{2}z^{-1}}\right]. \quad (10.103)$$

Da Equação 10.96, então,

$$H(z) = \frac{Y(z)}{X(z)} = \frac{1 + \frac{1}{3}z^{-1}}{1 - \frac{1}{2}z^{-1}}. \quad (10.104)$$

Esse procedimento fornece a expressão algébrica para $H(z)$, mas não a região de convergência. De fato, existem duas respostas ao impulso distintas que são consistentes com a Equação de diferenças 10.102, uma lateral direita e a outra lateral esquerda. De modo correspondente, existem duas escolhas diferentes para a RDC associada à expressão algébrica 10.104. Uma, $|z| > 1/2$, está associada à suposição de que $h[n]$ é lateral direita, e a outra, $|z| < 1/2$, está associada à suposição de que $h[n]$ é lateral esquerda.

Considere primeiro a escolha da RDC igual a $|z| > 1$. Escrevendo

$$H(z) = \left(1 + \frac{1}{3}z^{-1}\right)\frac{1}{1 - \frac{1}{2}z^{-1}},$$

podemos usar o Par de transformadas 5 na Tabela 10.2, juntamente com as propriedades de linearidade e deslocamento no tempo, para obter a resposta ao impulso correspondente

$$h[n] = \left(\frac{1}{2}\right)^n u[n] + \frac{1}{3}\left(\frac{1}{2}\right)^{n-1} u[n-1].$$

Para a outra escolha de RDC, ou seja, $|z| < 1$, podemos usar o Par de transformadas 6 na Tabela 10.2 e as propriedades de linearidade e deslocamento no tempo, resultando em

$$h[n] = -\left(\frac{1}{2}\right)^n u[-n-1] - \frac{1}{3}\left(\frac{1}{2}\right)^{n-1} u[-n].$$

Nesse caso, o sistema é anticausal ($h[n] = 0$ para $n > 0$) e instável.

Para o caso mais geral de uma equação de diferenças de ordem N, procedemos de forma semelhante ao Exemplo 10.25, aplicando a transformada z aos dois membros da equação e usando as propriedades de linearidade e deslocamento no tempo. Em particular, considere um sistema LIT para o qual a entrada e a saída satisfaçam uma equação de diferenças com coeficientes constantes na forma

$$\sum_{k=0}^{N} a_k y[n-k] = \sum_{k=0}^{M} b_k x[n-k]. \quad (10.105)$$

Então, tomando as transformadas z dos dois membros da Equação 10.105 e usando as propriedades de linearidade e deslocamento no tempo, obtemos

$$\sum_{k=0}^{N} a_k z^{-k} Y(z) = \sum_{k=0}^{M} b_k z^{-k} X(z),$$

ou

$$Y(z) \sum_{k=0}^{N} a_k z^{-k} = X(z) \sum_{k=0}^{M} b_k z^{-k},$$

de modo que

$$H(z) = \frac{Y(z)}{X(z)} = \frac{\sum_{k=0}^{M} b_k z^{-k}}{\sum_{k=0}^{N} a_k z^{-k}}. \quad (10.106)$$

Notamos, em particular, que a função de sistema para um sistema satisfazendo uma equação de diferenças linear com coeficientes constantes é sempre racional. Consistente com nosso exemplo anterior e com a discussão relacionada para a transformada de Laplace, a equação de diferenças por si só não oferece informações sobre a RDC para associar com a expressão algébrica $H(z)$. Uma restrição adicional, como causalidade ou estabilidade do sistema, serve para especificar a região de convergência. Por exemplo, se soubermos, adicionalmente, que o sistema é causal, a RDC estará para fora do polo mais externo. Se for estável, a RDC deverá incluir a circunferência unitária.

10.7.4 Exemplos relacionando o comportamento do sistema à função de sistema

Como ilustramos nas subseções anteriores, muitas propriedades dos sistemas LIT de tempo discreto podem ser relacionadas diretamente à função de sistema e suas características. Nesta seção, damos vários exemplos adicionais para mostrar como as propriedades da transformada z podem ser usadas na análise dos sistemas.

Exemplo 10.26

Suponha que tenhamos as seguintes informações sobre um sistema LIT:

1. Se a entrada do sistema é $x_1[n] = (1/6)^n u[n]$, então a saída é

$$y_1[n] = \left[a\left(\frac{1}{2}\right)^n + 10\left(\frac{1}{3}\right)^n\right] u[n],$$

em que a é um número real.

2. Se $x_2[n] = (-1)^n$, então a saída é $y_2[n] = \frac{7}{4}(-1)^n$.

Como mostramos agora, por essas duas informações, podemos determinar a função de sistema $H(z)$ para esse sistema, incluindo o valor do número a, e também podemos deduzir imediatamente uma série de outras propriedades do sistema.

As transformadas z dos sinais especificados no item 1 são

$$X_1(z) = \frac{1}{1-\frac{1}{6}z^{-1}}, \quad |z| > \frac{1}{6}, \quad (10.107)$$

$$Y_1(z) = \frac{a}{1-\frac{1}{2}z^{-1}} + \frac{10}{1-\frac{1}{3}z^{-1}}$$

$$= \frac{(a+10)-(5+\frac{a}{3})z^{-1}}{(1-\frac{1}{2}z^{-1})(1-\frac{1}{3}z^{-1})}, \quad |z| > \frac{1}{2}. \quad (10.108)$$

Da Equação 10.96, sabemos que a expressão algébrica para a função de sistema é

$$H(z) = \frac{Y_1(z)}{X_1(z)} = \frac{[(a+10)-(5+\frac{a}{3})z^{-1}][1-\frac{1}{6}z^{-1}]}{(1-\frac{1}{2}z^{-1})(1-\frac{1}{3}z^{-1})}. \quad (10.109)$$

Além do mais, sabemos que a resposta a $x_2[n] = (-1)^n$ deve ser igual a $(-1)^n$ multiplicado pela função de sistema $H(z)$ avaliada em $z = -1$. Assim, do item 2, observamos que

$$\frac{7}{4} = H(-1) = \frac{[(a+10)+5+\frac{a}{3}][\frac{7}{6}]}{(\frac{3}{2})(\frac{4}{3})}. \quad (10.110)$$

Solucionando a Equação 10.110, descobrimos que $a = -9$, de modo que

$$H(z) = \frac{(1-2z^{-1})(1-\frac{1}{6}z^{-1})}{(1-\frac{1}{2}z^{-1})(1-\frac{1}{3}z^{-1})}, \quad (10.111)$$

ou

$$H(z) = \frac{1-\frac{13}{6}z^{-1}+\frac{1}{3}z^{-2}}{1-\frac{5}{6}z^{-1}+\frac{1}{6}z^{-2}}, \quad (10.112)$$

ou, finalmente,

$$H(z) = \frac{z^2 - \frac{13}{6}z + \frac{1}{3}}{z^2 - \frac{5}{6}z + \frac{1}{6}}. \quad (10.113)$$

Também, pela propriedade de convolução, sabemos que a RDC de $Y_1(z)$ deve incluir, pelo menos, as intersecções das RDCs de $X_1(z)$ e $H(z)$. Examinando as três RDCs possíveis para $H(z)$ (ou seja, $|z| < 1/3$, $1/3 < |z| < 1/2$ e $|z| > 1/2$), encontramos que a única escolha que é consistente com as RDCs de $X_1(z)$ e $Y_1(z)$ é $|z| > 1/2$.

Como a RDC para o sistema inclui a circunferência unitária, sabemos que o sistema é estável. Além do mais, pela Equação 10.113 com $H(z)$ visto como a razão de polinômios em z, a ordem do numerador não excede a do denominador, e, assim, podemos concluir que o sistema LIT é causal. Além disso, usando as equações 10.112 e 10.106, podemos escrever a equação de diferenças que, junto com a condição de repouso inicial, caracteriza o sistema:

$$y[n] - \frac{5}{6}y[n-1] + \frac{1}{6}y[n-2] =$$
$$x[n] - \frac{13}{6}x[n-1] + \frac{1}{3}x[n-2].$$

Exemplo 10.27

Considere um sistema estável e causal, com resposta ao impulso $h[n]$ e função de sistema racional $H(z)$. Supondo que $H(z)$ contém um polo em $z = 1/2$ e um zero em algum local na circunferência unitária. O número exato e as localizações de todos os outros polos e zeros são desconhecidos. Para cada uma das seguintes afirmações, vamos determinar se podemos dizer com certeza que ela é verdadeira, falsa ou se não há informações suficientes para determinar se ela é verdadeira ou não:

(a) $\mathcal{F}\{(1/2)^n h[n]\}$ converge.
(b) $H(e^{j\omega}) = 0$ para algum ω.
(c) $h[n]$ tem duração finita.
(d) $h[n]$ é real.
(e) $g[n] = n[h[n] * h[n]]$ é a resposta ao impulso de um sistema estável.

A afirmação (a) é verdadeira. $\mathcal{F}\{(1/2)^n h[n]\}$ corresponde ao valor da transformada z de $h[n]$ em $z = 2$. Assim, sua convergência é equivalente ao ponto $z = 2$ estar na RDC. Como o sistema é estável e causal, todos os polos de $H(z)$ estão dentro do círculo unitário, e a RDC inclui todos os pontos fora do círculo unitário, inclusive $z = 2$.

A afirmação (b) é verdadeira, pois existe um zero sobre a circunferência unitária.

A afirmação (c) é falsa, pois uma sequência de duração finita deve ter uma RDC que inclui todo o plano z, exceto, possivelmente, $z = 0$ e/ou $z = \infty$. Isso não é consistente com ter um polo em $z = 1/2$.

A afirmação (d) requer que $H(z) = H^*(z^*)$. Isso, por sua vez, implica que, se existe um polo (zero) em uma localização não real $z = z_0$, também deve haver um polo (zero) em $z = z_0^*$. Não há informações suficientes para validar tal conclusão.

A afirmação (e) é verdadeira. Como o sistema é causal, $h[n] = 0$ para $n < 0$. Consequentemente, $h[n] * h[n] = 0$ para $n < 0$; ou seja, o sistema com $h[n] * h[n]$ como sua resposta ao impulso é causal. O mesmo é verdade para $g[n] = n[h[n] * h[n]]$. Além disso, usando a propriedade da convolução enunciada na Seção 10.5.7, a função de sistema correspondente à resposta ao impulso $h[n] * h[n]$ é $H^2(z)$, e pela propriedade de diferenciação apresentada na Seção 10.5.8, a função de sistema correspondente a $g[n]$ é

$$G(z) = -z\frac{d}{dz}H^2(z) = -2zH(z)\left[\frac{d}{dz}H(z)\right]. \quad (10.114)$$

Da Equação 10.114, podemos concluir que os polos de $G(z)$ estão nas mesmas localizações daqueles de $H(z)$, com a possível exceção da origem. Portanto, como $H(z)$ tem todos os seus polos dentro da circunferência unitária, o mesmo ocorre com $G(z)$. Logo, $g[n]$ é a resposta ao impulso de um sistema causal e estável.

10.8 Álgebra da função de sistema e representações em diagrama de blocos

Assim como a transformada de Laplace em tempo contínuo, a transformada z em tempo discreto permite-nos substituir operações de domínio do tempo, como convolução e deslocamento no tempo, por operações algébricas. Este fato foi explorado na Seção 10.7.3, em que pudemos substituir a descrição com equação de diferenças de um sistema LIT por uma descrição algébrica. O uso da transformada z para converter descrições de sistema com equações algébricas também é útil na análise de interconexões dos sistemas LIT e na representação e síntese de sistemas como interconexões de blocos de montagem de sistema básicos.

10.8.1 Funções de sistema de interconexões de sistemas LIT

A álgebra da função de sistema para analisar diagramas de blocos de tempo discreto, como interconexões em série, paralelo e com realimentação, é exatamente a mesma daquela para os sistemas de tempo contínuo correspondentes, na Seção 9.8.1. Por exemplo, a função de sistema para a cascata de dois sistemas LIT de tempo discreto é o produto das funções de sistema para os sistemas individuais na cascata. Além disso, considere a interconexão com realimentação de dois sistemas como mostra a Figura 10.17. É relativamente complicado determinar a equação de diferenças ou a resposta ao impulso para o sistema como um todo trabalhando diretamente no domínio do tempo. Porém, com os sistemas e sequências expressos em termos de suas transformadas z, a análise envolve apenas equações algébricas. As equações específicas para a interconexão da Figura 10.17 são exatamente equivalentes às equações 9.159 a 9.163. Portanto, a função de sistema total para o sistema com realimentação da Figura 10.17 é

$$\frac{Y(z)}{X(z)} = H(z) = \frac{H_1(z)}{1 + H_1(z)H_2(z)}. \quad (10.115)$$

10.8.2 Representações em diagrama de blocos para sistemas LIT causais descritos por equações de diferenças e funções de sistema racionais

Assim como na Seção 9.8.2, podemos representar sistemas LIT causais descritos por equações de diferenças usando diagramas de blocos envolvendo três operações básicas — nesse caso, adição, multiplicação por um coeficiente e um atraso unitário. Na Seção 2.4.3, descrevemos tal diagrama de blocos para uma equação de diferenças de primeira ordem. Primeiro, revisitamos aquele exemplo, desta vez usando álgebra da função de sistema, e depois consideramos diversos exemplos ligeiramente mais complexos para ilustrar as ideias básicas na construção de representações por diagrama de blocos.

Exemplo 10.28

Considere o sistema LIT causal com função de sistema

$$H(z) = \frac{1}{1 - \frac{1}{4}z^{-1}}. \quad (10.116)$$

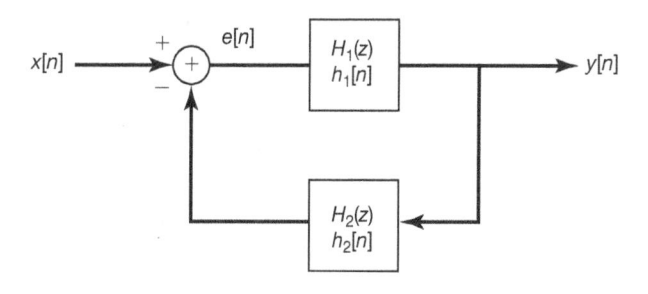

Figura 10.17 Interconexão de realimentação de dois sistemas.

Usando os resultados da Seção 10.7.3, encontramos que esse sistema também pode ser descrito pela equação de diferenças

$$y[n] - \frac{1}{4}y[n-1] = x[n],$$

juntamente com a condição de repouso inicial. Na Seção 2.4.3, construímos uma representação por diagrama de blocos para um sistema de primeira ordem dessa forma, e um diagrama de blocos equivalente (correspondente à Figura 2.28 com $a = -1/4$ e $b = 1$) é mostrado na Figura 10.18(a). Aqui, z^{-1} é a função de sistema de um atraso unitário. Isto é, pela propriedade de deslocamento no tempo, a entrada e a saída desse sistema são relacionadas por

$$w[n] = y[n-1].$$

O diagrama de blocos na Figura 10.18(a) contém uma malha de realimentação assim como o sistema considerado na subseção anterior e representado na Figura 10.17. De fato, com algumas pequenas modificações, podemos obter o diagrama em blocos equivalente, representado na Figura 10.18(b), que tem exatamente a forma mostrada na Figura 10.17, com $H_1(z) = 1$ e $H_2(z) = -1/4z^{-1}$. Então, aplicando a Equação 10.115, podemos verificar que a função de sistema do sistema na Figura 10.18 é dada pela Equação 10.116.

Exemplo 10.29

Suponha, agora, que consideremos o sistema LIT causal com função de sistema

$$H(z) = \frac{1 - 2z^{-1}}{1 - \frac{1}{4}z^{-1}} = \left(\frac{1}{1 - \frac{1}{4}z^{-1}}\right)(1 - 2z^{-1}). \quad (10.117)$$

Como a Equação 10.117 sugere, podemos pensar nesse sistema como a cascata de um sistema com função de sistema $1/[1 - (1/4)z^{-1}]$ e um com função de sistema $1 - 2z^{-1}$. Ilustramos essa cascata na Figura 10.19(a) em que usamos o diagrama de blocos da Figura 10.18(a) para representar $1/[1 - (1/4)z^{-1}]$. Também representamos $1 - 2z^{-1}$ usando um atraso unitário, um somador e um multiplicador por escalar. Utilizando a propriedade de deslocamento no tempo, vemos então que a entrada $v[n]$ e a saída $y[n]$ do sistema com função de sistema $1 - 2z^{-1}$ estão relacionadas por

$$y[n] = v[n] - 2v[n-1].$$

Embora o diagrama de blocos da Figura 10.19(a) certamente seja uma representação válida do sistema na Equação 10.117, ele tem uma ineficiência cuja eliminação leva a uma representação por diagrama de blocos alternativa. Para ver isso, note que a entrada de ambos os elementos de atraso unitário na Figura 10.19(a) é $v[n]$, de modo que as saídas desses elementos são idênticas; ou seja,

$$w[n] = s[n] = v[n-1].$$

Consequentemente, não precisamos manter ambos os elementos de atraso e podemos simplesmente usar a saída de um deles como sinal para ser alimentado aos dos multiplicadores por escalar. O resultado é a representação por diagrama de blocos da Figura 10.10(b). Como cada elemento de atraso unitário requer um registrador de memória para armazenar o valor anterior de sua entrada, a representação na Figura 10.19(b) requer menos memória do que a da Figura 10.19(a).

Exemplo 10.30

Considere a função de sistema de segunda ordem

$$H(z) = \frac{1}{(1 + \frac{1}{2}z^{-1})(1 - \frac{1}{4}z^{-1})} = \frac{1}{1 + \frac{1}{4}z^{-1} - \frac{1}{8}z^{-2}}, \quad (10.118)$$

que também é descrita pela equação de diferenças

$$y[n] + \frac{1}{4}y[n-1] - \frac{1}{8}y[n-2] = x[n]. \quad (10.119)$$

Usando as mesmas ideias do Exemplo 10.28, obtemos a representação por diagrama de blocos para esse sistema, mostrada na Figura 10.20(a). Especificamente, como os dois blocos de função de sistema nessa figura com função de sistema z^{-1} são atrasos unitários, temos

$$f[n] = y[n-1],$$
$$e[n] = f[n-1] = y[n-2],$$

de modo que a Equação 10.119 pode ser reescrita como

$$y[n] = -\frac{1}{4}y[n-1] + \frac{1}{8}y[n-2] + x[n],$$

ou

$$y[n] = -\frac{1}{4}f[n] + \frac{1}{8}e[n] + x[n],$$

que é exatamente o que a figura representa.

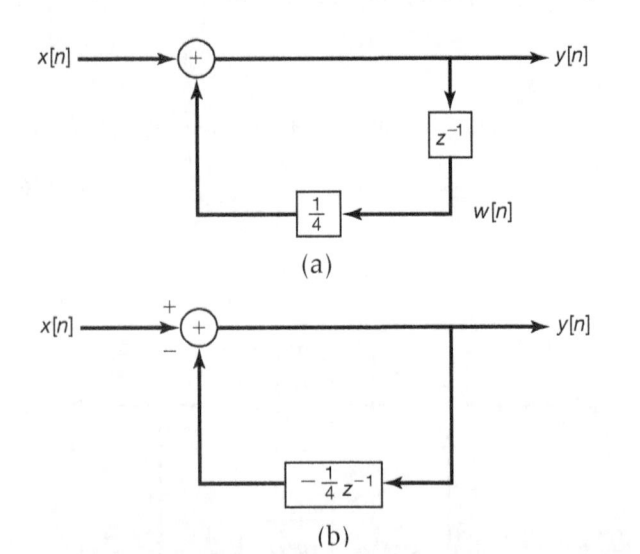

Figura 10.18 (a) Representações por diagrama de blocos do sistema LIT causal do Exemplo 10.28; (b) representação de diagrama em blocos equivalente.

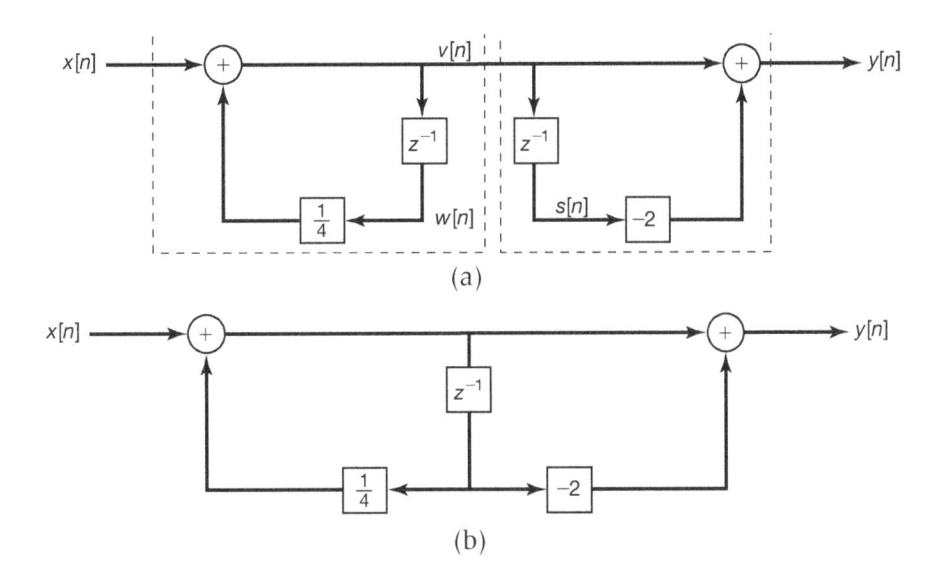

Figura 10.19 (a) Representações por diagrama de blocos para o sistema do Exemplo 10.29; (b) representação por diagrama de blocos usando apenas um elemento de atraso unitário.

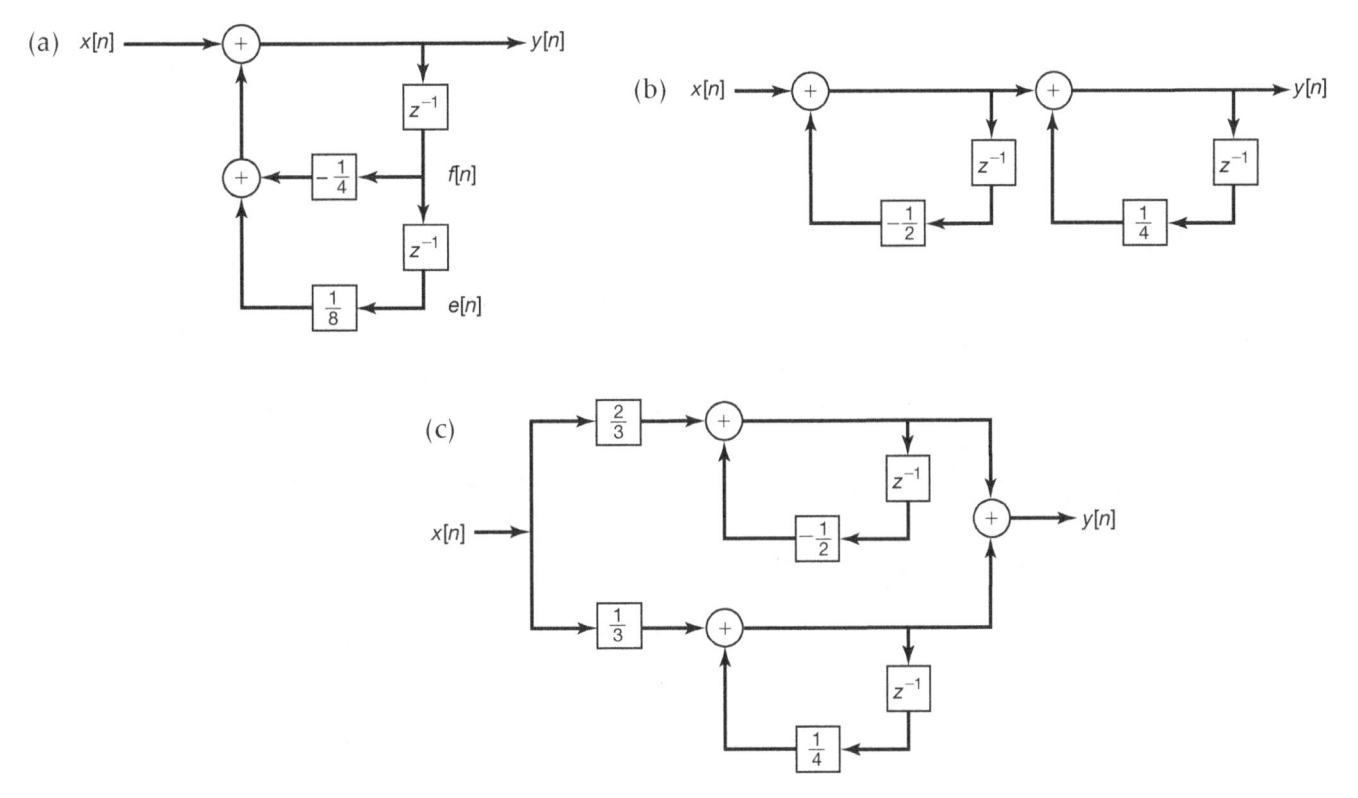

Figura 10.20 Representações por diagrama de blocos para o sistema do Exemplo 10.30: (a) forma direta; (b) forma em cascata; (c) forma paralela.

O diagrama de blocos na Figura 10.20(a) é comumente chamado de representação na *forma direta*, pois os coeficientes que aparecem no diagrama de blocos podem ser determinados por inspeção dos coeficientes que aparecem na equação de diferenças ou, de modo equivalente, na função de sistema.

De forma alternativa, como em tempo contínuo, podemos obter os diagramas de blocos em *forma de cascata* e em *forma paralela* com o auxílio de um pouco de álgebra da função de sistema. Especificamente, podemos reescrever a Equação 10.118 como

$$H(z) = \left(\frac{1}{1+\frac{1}{2}z^{-1}}\right)\left(\frac{1}{1-\frac{1}{4}z^{-1}}\right), \quad (10.120)$$

que sugere a representação em forma de cascata mostrada na Figura 10.20(b), em que o sistema é apresentado como a cascata de dois sistemas correspondentes aos dois fatores na Equação 10.120.

Além disso, realizando a expansão em frações parciais, obtemos

$$H(z) = \frac{\frac{2}{3}}{1+\frac{1}{2}z^{-1}} + \frac{\frac{1}{3}}{1-\frac{1}{4}z^{-1}},$$

que leva à representação na forma paralela mostrada na Figura 10.20(c).

Exemplo 10.31

Por fim, considere a função de sistema

$$H(z) = \frac{1-\frac{7}{4}z^{-1}-\frac{1}{2}z^{-2}}{1+\frac{1}{4}z^{-1}-\frac{1}{8}z^{-2}}. \quad (10.121)$$

Escrevendo

$$H(z) = \left(\frac{1}{1+\frac{1}{4}z^{-1}-\frac{1}{8}z^{-2}}\right)\left(1-\frac{7}{4}z^{-1}-\frac{1}{2}z^{-2}\right) \quad (10.122)$$

sugere representar o sistema como a cascata do sistema na Figura 10.20(a) e o sistema com função de sistema $1-\frac{7}{4}z^{-1}-\frac{1}{2}z^{-2}$. Porém, como no Exemplo 10.29, os elementos de atraso unitário necessários para implementar o primeiro termo na Equação 10.122 também produzem os sinais atrasados necessários no cálculo da saída do segundo sistema. O resultado é o diagrama de blocos de forma direta mostrado na Figura 10.21 cujos detalhes da construção são examinados no Problema 10.38. Os coeficientes na representação na forma direta podem ser determinados por inspeção dos coeficientes na função de sistema da Equação 10.121.

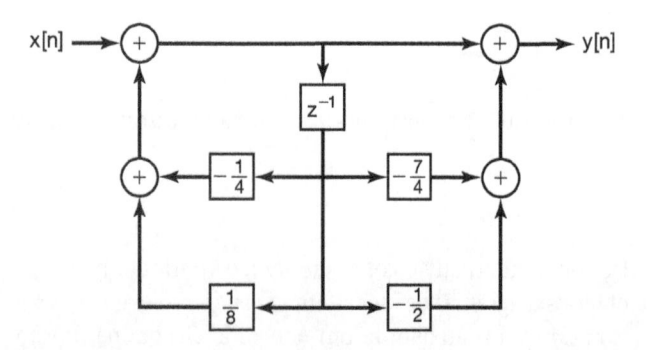

Figura 10.21 Representação na forma direta para o sistema do Exemplo 10.31.

Também podemos escrever $H(z)$ nas formas

$$H(z) = \left(\frac{1+\frac{1}{4}z^{-1}}{1+\frac{1}{2}z^{-1}}\right)\left(\frac{1-2z^{-1}}{1-\frac{1}{4}z^{-1}}\right) \quad (10.123)$$

e

$$H(z) = 4 + \frac{5/3}{1+\frac{1}{2}z^{-1}} - \frac{14/3}{1-\frac{1}{4}z^{-1}}. \quad (10.124)$$

A Equação 10.123 sugere uma representação na forma em cascata, enquanto a Equação 10.124 leva a um diagrama de blocos na forma paralela. Estes também são considerados no Problema 10.38.

Os conceitos usados na construção de representações por diagrama de blocos nos exemplos anteriores podem ser aplicados diretamente a sistemas de ordem mais alta, e vários exemplos são considerados no Problema 10.39. Assim como em tempo contínuo, tipicamente existe flexibilidade considerável na montagem — por exemplo, como os fatores do numerador e denominador são emparelhados em uma representação de produto como na Equação 10.123, como cada fator é implementado e a ordem em que esses fatores são colocados em cascata. Embora todas essas variações levem a representações do mesmo sistema, na prática existem diferenças no comportamento desses diferentes diagramas de blocos. Especificamente, cada representação por diagrama de blocos de um sistema pode ser traduzida diretamente em um algoritmo de computador para a implementação do sistema. Contudo, devido ao comprimento finito da palavra de um computador é necessário digitalizar os coeficientes do diagrama de blocos, e devido ao arredondamento numérico enquanto o algoritmo opera, cada uma dessas representações levará a um algoritmo que só se aproxima do comportamento do sistema original. Além disso, os erros em cada uma dessas aproximações serão diferentes. Devido a essas diferenças, tem-se empregado esforço considerável para examinarem-se os méritos relativos das diversas representações em diagrama de blocos em termos de sua precisão e sensibilidade a efeitos de digitalizar. Para discussões sobre o assunto, o leitor pode se referir às referências sobre processamento digital de sinais na bibliografia ao final do livro.

10.9 A transformada z unilateral

A forma da transformada z considerada até aqui neste capítulo frequentemente é chamada de *transformada z bilateral*. Como acontecia com a transformada de Laplace, existe uma forma alternativa, conhecida como *transformada z unilateral*, que é, particularmente útil na análise de sistemas causais especificados por equações de diferenças lineares com coeficientes constantes com condições iniciais diferentes de zero (ou seja, que não estão inicialmente em repouso). Nesta seção, apresentamos a transformada z unilateral e ilustramos algumas de suas propriedades e usos, em paralelo com nossa discussão da transformada de Laplace unilateral da Seção 9.9.

A transformada z unilateral de uma sequência $x[n]$ é definida como

$$\mathcal{X}(z) = \sum_{n=0}^{\infty} x[n] z^{-n}. \qquad (10.125)$$

Como nos capítulos anteriores, adotamos uma notação abreviada conveniente para um sinal e sua transformada z unilateral:

$$x[n] \xleftrightarrow{\mathcal{UZ}} \mathcal{X}(z) = \mathcal{UZ}\{x[n]\}. \qquad (10.126)$$

A transformada z unilateral difere da transformada bilateral porque o somatório é executado apenas para valores não negativos de n sendo ou não $x[n]$ nulo para $n < 0$. Assim, a transformada z unilateral de $x[n]$ pode ser considerada como a transformada bilateral de $x[n]u[n]$ (ou seja, $x[n]$ multiplicado por um degrau unitário). Em particular, então, para qualquer sequência que seja nula para $n < 0$, as transformadas z unilaterais e bilaterais serão idênticas. Em referência à discussão de regiões de convergência na Seção 10.2, também vemos que, como $x[n]u[n]$ sempre é uma sequência lateral direita, a região de convergência de $\mathcal{X}(z)$ é sempre o exterior de um círculo.

Devido à conexão direta entre transformadas z bilaterais e unilaterais, o cálculo de transformadas unilaterais prossegue de modo semelhante às transformadas bilaterais, com o lembrete de que devemos ter o cuidado de limitar o intervalo de somatório na transformada para $n \geq 0$. De modo semelhante, o cálculo de transformadas unilaterais inversas é basicamente o mesmo que as transformadas bilaterais, desde que levemos em conta o fato de que a RDC para uma transformada unilateral é *sempre* o exterior de um círculo.

10.9.1 Exemplos de transformadas z unilaterais e transformadas inversas

■

Exemplo 10.32

Considere o sinal

$$x[n] = a^n u[n]. \qquad (10.127)$$

Como $x[n] = 0$, $n < 0$, as transformadas unilateral e bilateral são iguais para este exemplo, e assim, em particular,

$$\mathcal{X}(z) = \frac{1}{1 - az^{-1}}, \qquad |z| > |a|. \qquad (10.128)$$

■

Exemplo 10.33

Seja

$$x[n] = a^{n+1} u[n+1]. \qquad (10.129)$$

Nesse caso, as transformadas unilateral e bilateral *não* são iguais, pois $x[-1] = 1 \neq 0$. A transformada bilateral é obtida a partir do Exemplo 10.1 e da propriedade de deslocamento no tempo na Seção 10.5.2. Especificamente,

$$X(z) = \frac{z}{1 - az^{-1}}, \qquad |z| > |a|. \qquad (10.130)$$

Em contraste, a transformada unilateral é

$$\mathcal{X}(z) = \sum_{n=0}^{\infty} x[n] z^{-n}$$

$$= \sum_{n=0}^{\infty} a^{n+1} z^{-n}$$

ou

$$\mathcal{X}(z) = \frac{a}{1 - az^{-1}}, \qquad |z| > |a|. \qquad (10.131)$$

■

Exemplo 10.34

Considere a transformada z unilateral

$$\mathcal{X}(z) = \frac{3 - \frac{5}{6} z^{-1}}{(1 - \frac{1}{4} z^{-1})(1 - \frac{1}{3} z^{-1})}. \qquad (10.132)$$

No Exemplo 10.9, consideramos a transformada inversa para uma transformada z bilateral $X(z)$ da mesma forma da Equação 10.132 e para diversas RDCs diferentes. No caso da transformada unilateral, a RDC deve ser o exterior do círculo de raio igual à maior magnitude dos polos de $\mathcal{X}(z)$ — nesse caso, todos os pontos z com $|z| > 1/3$. Podemos, então, inverter a transformada unilateral exatamente como no Exemplo 10.9, resultando em

$$x[n] = \left(\frac{1}{4}\right)^n u[n] + 2\left(\frac{1}{3}\right)^n u[n] \quad \text{para} \quad n \geq 0. \qquad (10.133)$$

Na Equação 10.133, enfatizamos o fato de que as transformadas z unilaterais inversas nos fornecem informações sobre $x[n]$ apenas para $n \geq 0$.

■

Outra técnica para as transformadas inversas introduzida na Seção 10.3, identificando as transformadas inversas a partir dos coeficientes na expansão em série de potência da transformada z, também pode ser usada para transformadas unilaterais. Porém, no caso unilateral, uma restrição que deve ser satisfeita é que, como consequência da Equação 10.125, a expansão em série de potência para a transformada não pode conter termos com potências positivas de z. Por exemplo, no Exemplo 10.13, realizamos a divisão longa sobre a transformada bilateral

$$X(z) = \frac{1}{1-az^{-1}} \quad (10.134)$$

de duas maneiras, correspondendo às duas RDCs possíveis para $X(z)$. Somente uma dessas escolhas, especificamente, aquela correspondente à RDC $|z| > |a|$, leva a uma expansão em série sem potências positivas de z, ou seja,

$$\frac{1}{1-az^{-1}} = 1 + az^{-1} + a^2 z^{-2} + \dots, \quad (10.135)$$

e esta é a *única* escolha para a expansão se a Equação 10.134 representar uma transformada unilateral.

Note que o requisito de que $\mathcal{X}(z)$ tenha uma expansão em série de potência sem termos com potências positivas de z implica que nem toda função de z pode *ser* uma transformada z unilateral. Em particular, se considerarmos uma função racional de z escrita como uma razão de polinômios em z (não em z^{-1}), ou seja,

$$\frac{p(z)}{q(z)}, \quad (10.136)$$

então, para que esta seja uma transformada unilateral (com a RDC escolhida corretamente como o exterior de um círculo), o grau do numerador não pode ser maior que o grau do denominador.

Exemplo 10.35

Um exemplo simples ilustrando esse ponto é dado pela função racional da Equação 10.130, que podemos escrever como uma razão de polinômios em z:

$$\frac{z^2}{z-a}. \quad (10.137)$$

Existem duas transformadas bilaterais possíveis que podem ser associadas a essa função, correspondendo às duas RDCs possíveis, $|z| < |a|$ e $|z| > |a|$. A escolha $|z| > |a|$ corresponde a uma sequência lateral direita, mas *não* a um sinal que é zero para todo $n < 0$, pois sua transformada inversa, que é dada pela Equação 10.129, é não nula para $n = -1$.

De forma mais geral, se associarmos a Equação 10.136 com a transformada bilateral com a RDC que é o exterior do círculo com raio dado pela maior raiz de $q(z)$, então a transformada inversa certamente será lateral direita. Porém, para que ela seja zero para *todo* $n < 0$, também deve ser verdadeiro que grau($p(z)$) $\leq$ grau($q(z)$).

10.9.2 Propriedades da transformada z unilateral

A transformada z unilateral tem muitas propriedades importantes, algumas das quais são idênticas às suas correspondentes bilaterais e outras diferem de maneira significativa. A Tabela 10.3 resume essas propriedades. Observe que não incluímos uma coluna indicando a RDC para a transformada z unilateral para cada sinal, pois a RDC de qualquer transformada z unilateral é sempre o exterior de um círculo. Por exemplo, a RDC para uma transformada z unilateral é sempre externa ao polo mais externo.

Comparando essa tabela com a Tabela 10.1 correspondente para transformadas z bilaterais, podemos ter uma compreensão considerável da natureza da transformada unilateral. Em particular, várias propriedades — linearidade, mudança de escala no domínio z, expansão no tempo, conjugação e diferenciação no domínio z — são idênticas aos seus correspondentes bilaterais, assim como o teorema do valor inicial enunciado na Seção 10.5.9, que é fundamentalmente uma propriedade de transformada unilateral, pois requer que $x[n] = 0$ para $n < 0$. Uma propriedade bilateral, a propriedade de reflexão no tempo apresentada na Seção 10.5.4, obviamente não tem um significado correspondente para a transformada unilateral, enquanto as demais propriedades diferem de maneira importante entre os casos bilateral e unilateral.

Vamos examinar primeiro a diferença na propriedade de convolução. A Tabela 10.3 indica que, se $x_1[n] = x_2[n] = 0$ para todo $n < 0$, então

$$x_1[n] * x_2[n] \xleftrightarrow{uz} \mathcal{X}_1(z)\mathcal{X}_2(z). \quad (10.138)$$

Como, nesse caso, as transformadas unilateral e bilateral são idênticas para cada um desses sinais, a Equação 10.138 segue da propriedade de convolução bilateral. Assim, a análise de sistema e a álgebra da função de sistema, desenvolvida e usada neste capítulo, aplica-se sem mudanças às transformadas unilaterais, desde que estejamos considerando sistemas LIT causais (para os quais a função de sistema é a transformada bilateral *e* unilateral da resposta ao impulso) com entradas que são identicamente zero para $n < 0$. Um exemplo dessa aplicação é a propriedade da acumulação ou somatório na Tabela 10.3. Especificamente, se $x[n] = 0$ para $n < 0$, então

$$\sum_{k=0}^{n} x[k] = x[n] * u[n] \xleftrightarrow{uz} \mathcal{X}(z)\mathcal{U}(z) = \mathcal{X}(z)\frac{1}{1-z^{-1}}.$$
$$(10.139)$$

Como um segundo exemplo, considere o seguinte:

Exemplo 10.36

Considere o sistema LIT causal descrito pela equação de diferenças

$$y[n] + 3y[n-1] = x[n], \quad (10.140)$$

juntamente com a condição de repouso inicial. A função de sistema para esse sistema é

$$\mathcal{H}(z) = \frac{1}{1 + 3z^{-1}}. \quad (10.141)$$

Suponha que a entrada desse sistema seja $x[n] = \alpha u[n]$, sendo α uma constante dada. Nesse caso, a transformada z unilateral (e bilateral) da saída $y[n]$ é

$$\mathcal{Y}(z) = \mathcal{H}(z)\,\mathcal{X}(z) = \frac{\alpha}{(1 + 3z^{-1})(1 - z^{-1})}$$
$$= \frac{(3/4)\alpha}{1 + 3z^{-1}} + \frac{(1/4)\alpha}{1 - z^{-1}}. \quad (10.142)$$

Aplicando o Exemplo 10.32 a cada termo da Equação 10.142, resulta

$$y[n] = \alpha\left[\frac{1}{4} + \left(\frac{3}{4}\right)(-3)^n\right]u[n]. \quad (10.143)$$

Um aspecto importante a se notar aqui é que a propriedade de convolução para transformadas z unilaterais se aplica *apenas* se os sinais $x_1[n]$ e $x_2[n]$ na Equação 10.138 forem identicamente nulos para $n < 0$. Embora geralmente seja verdade que a transformada bilateral de $x_1[n] * x_2[n]$ é igual ao produto das transformadas bilaterais de $x_1[n]$ e $x_2[n]$, a transformada unilateral de $x_1[n] * x_2[n]$ em geral não é igual ao produto de suas transformadas unilaterais se $x_1[n]$ ou $x_2[n]$ for não nulo para $n < 0$. Esse ponto é explorado em mais detalhes no Problema 10.41.

Tabela 10.3 Propriedades da transformada z unilateral

Propriedade	Sinal	Transformada z unilateral
—	$x[n]$	$\mathcal{X}(z)$
—	$x_1[n]$	$\mathcal{X}_1(z)$
—	$x_2[n]$	$\mathcal{X}_2(z)$
Linearidade	$ax_1[n] + bx_2[n]$	$a\mathcal{X}_1(z) + b\mathcal{X}_2(z)$
Atraso no tempo	$x[n-1]$	$z^{-1}\mathcal{X}(z) + x[-1]$
Avanço no tempo	$x[n+1]$	$z\mathcal{X}(z) - zx[0]$
Mudança de escala no domínio z	$e^{j\omega_0 n}x[n]$	$\mathcal{X}(e^{-j\omega_0}z)$
	$z_0^n x[n]$	$\mathcal{X}(z/z_0)$
	$a^n x[n]$	$\mathcal{X}(a^{-1}z)$
Expansão no tempo	$x_k[n] = \begin{cases} x[m], & n=mk \\ 0, & n \neq mk \end{cases}$ para qualquer m	$\mathcal{X}(z^k)$
Conjugação	$x^*[n]$	$\mathcal{X}^*(z^*)$
Convolução (supondo que $x_1[n]$ e $x_2[n]$ sejam nulas para $n < 0$)	$x_1[n] * x_2[n]$	$\mathcal{X}_1(z)\mathcal{X}_2(z)$
Primeira diferença	$x[n] - x[n-1]$	$(1-z^{-1})\mathcal{X}(z) - x[-1]$
Acumulação	$\sum_{k=0}^{n} x[k]$	$\dfrac{1}{1-z^{-1}}\mathcal{X}(z)$
Diferenciação no domínio z	$nx[n]$	$-z\dfrac{d\mathcal{X}(z)}{dz}$

Teorema do valor inicial
$$x[0] = \lim_{z \to \infty} \mathcal{X}(z)$$

Grande parte da importância da transformada z unilateral encontra-se em sua aplicação na análise de sistemas causais e, em particular, sistemas caracterizados por equações de diferenças lineares com coeficientes constantes com condições iniciais possivelmente diferentes de zero. Na Seção 10.7, vimos como a transformada bilateral — particularmente, a propriedade de deslocamento para transformadas z bilaterais — pode ser usada para analisar e calcular soluções para sistemas LIT caracterizados por tais equações de diferenças, junto com a suposição de repouso inicial. Como veremos agora, a propriedade de deslocamento para transformadas unilaterais, que difere de seu correspondente bilateral, desempenha um papel semelhante para sistemas inicializados.

Para deduzir a propriedade de deslocamento para a transformada unilateral, considere o sinal

$$y[n] = x[n-1]. \qquad (10.144)$$

Então

$$\begin{aligned}\mathcal{Y}(z) &= \sum_{n=0}^{\infty} x[n-1]z^{-n} \\ &= x[-1] + \sum_{n=1}^{\infty} x[n-1]z^{-n} \\ &= x[-1] + \sum_{n=0}^{\infty} x[n]z^{-(n+1)},\end{aligned}$$

ou

$$\mathcal{Y}(z) = x[-1] + z^{-1}\sum_{n=0}^{\infty} x[n]z^{-n}, \qquad (10.145)$$

de modo que

$$\mathcal{Y}(z) = x[-1] + z^{-1}\mathcal{X}(z). \qquad (10.146)$$

Pela aplicação repetida da Equação 10.146, a transformada unilateral de

$$w[n] = y[n-1] = x[n-2] \qquad (10.147)$$

é

$$\mathcal{W}(z) = x[-2] + x[-1]z^{-1} + z^{-2}\mathcal{X}(z). \qquad (10.148)$$

Continuando esse procedimento iterativo, também podemos determinar a transformada unilateral de $x[n-m]$ para qualquer valor positivo de m.

A Equação 10.146 às vezes é chamada de propriedade de atraso de tempo, pois $y[n]$ na Equação 10.144 é uma versão atrasada de $x[n]$. Há também uma propriedade de avanço de tempo para transformadas unilaterais que relaciona a transformada de uma versão avançada de $x[n]$ a $\mathcal{X}(z)$. Especificamente, como mostramos no Problema 10.60,

$$x[n+1] \xleftrightarrow{uz} z\mathcal{X}(z) - zx[0]. \qquad (10.149)$$

10.9.3 Resolvendo equações de diferenças usando a transformada z unilateral

O exemplo a seguir ilustra o uso de transformadas z unilaterais e a propriedade de atraso de tempo para solucionar equações de diferenças lineares com coeficientes constantes com condições iniciais diferentes de zero:

Exemplo 10.37

Considere, novamente, a Equação de diferenças 10.140 com $x[n] = \alpha u[n]$ e com a condição inicial

$$y[-1] = \beta. \qquad (10.150)$$

Aplicando a transformada unilateral aos dois membros da Equação 10.140 e usando as propriedades de linearidade e atraso de tempo, obtemos

$$\mathcal{Y}(z) + 3\beta + 3z^{-1}\mathcal{Y}(z) = \frac{\alpha}{1-z^{-1}}. \qquad (10.151)$$

Solucionando para $\mathcal{Y}(z)$, resulta

$$\mathcal{Y}(z) = -\frac{3\beta}{1+3z^{-1}} + \frac{\alpha}{(1+3z^{-1})(1-z^{-1})}. \qquad (10.152)$$

Com referência ao Exemplo 10.36 e, em particular, à Equação 10.142, vemos que a segunda parcela no membro direito da Equação 10.152 é igual à transformada z unilateral da resposta do sistema quando a condição inicial na Equação 10.150 é zero ($\beta = 0$). Ou seja, esse termo representa a resposta do sistema LIT causal descrito pela Equação 10.140, juntamente com a condição de repouso inicial. Assim como em tempo contínuo, essa resposta frequentemente é chamada de resposta ao estado nulo, ou seja, a resposta quando a condição ou estado inicial é zero.

A primeira parcela no membro direito da Equação 10.152 é interpretada como a transformada unilateral da resposta à entrada nula, ou seja, a resposta do sistema quando a entrada é zero ($\alpha = 0$), a resposta à entrada nula é uma função linear do valor β da condição inicial. Além do mais, a Equação 10.152 ilustra o fato de que a solução de uma equação de diferenças lineares com coeficientes constantes com estado inicial não nulo é a sobreposição das respostas ao estado nulo e à entrada nula. A resposta ao estado nulo, obtida definindo-se as condições iniciais como zero, corresponde à resposta do sistema LIT causal definido pela equação de diferenças e a condição de repouso inicial. A resposta à entrada nula é a resposta à condição inicial isolada com a entrada definida como zero. Os problemas 10.20 e 10.42 fornecem outros exemplos que ilustram o uso de transformadas unilaterais para solucionar equações de diferenças com condições iniciais diferentes de zero.

Por fim, para quaisquer valores de α e β, podemos expandir $\mathcal{Y}(z)$ na Equação 10.152 pelo método de expansão em frações parciais e inverter para obter $y[n]$. Por exemplo, se $\alpha = 8$ e $\beta = 1$,

$$\mathcal{Y}(z) = \frac{3}{1+3z^{-1}} + \frac{2}{1-z^{-1}}, \quad (10.153)$$

e aplicando o par de transformadas unilateral do Exemplo 10.32 a cada termo, obtemos

$$y[n] = [3(-3)^n + 2]\,u[n], \quad \text{para } n \geq 0. \quad (10.154)$$

10.10 Resumo

Neste capítulo, apresentamos a transformada z para sinais e sistemas de tempo discreto. A abordagem e a apresentação são análogas ao tratamento correspondente da transformada de Laplace para sinais de tempo contínuo, mas com algumas diferenças importantes. Por exemplo, no plano s complexo, a transformada de Laplace reduz-se à transformada de Fourier no eixo imaginário, enquanto no plano z complexo, a transformada z reduz-se à transformada de Fourier na circunferência unitária. Para a transformada de Laplace, a RDC consiste em uma faixa ou semiplano (ou seja, uma faixa que se estende até o infinito em uma direção), enquanto para a transformada z a RDC é um anel, talvez se estendendo para fora até infinito e para dentro, para incluir a origem. Assim como a transformada de Laplace, características no domínio do tempo, como a sequência ser lateral direita, lateral esquerda ou bilateral e a causalidade ou estabilidade de um sistema LIT, podem ser associadas às propriedades da região de convergência. Em particular, para transformadas z racionais, essas características de domínio de tempo podem ser associadas à localização dos polos em relação à região de convergência.

Devido às propriedades das transformadas z, os sistemas LIT, incluindo aqueles descritos por equações de diferenças lineares com coeficientes constantes, podem ser analisados no domínio transformado por manipulações algébricas. A álgebra da função de sistema também é uma ferramenta muito útil para a análise de interconexões de sistemas LIT e para a construção de representações por diagrama de blocos dos sistemas LIT descritos por equações de diferenças.

Na maior parte deste capítulo, focamos as transformadas z bilaterais. Porém, assim como a transformada de Laplace, também apresentamos uma segunda forma da transformada z, conhecida como transformada z unilateral. A transformada unilateral, que pode ser vista como a transformada bilateral de um sinal cujos valores para $n < 0$ foram definidos como zero, é particularmente útil para analisarmos sistemas descritos por equações de diferenças lineares com coeficientes constantes, com condições iniciais diferentes de zero.

Capítulo 10 – Problemas

A primeira seção de problemas pertence à categoria básica, e as respostas são fornecidas no final do livro. As três seções posteriores contêm problemas que pertencem, respectivamente, às categorias básica, avançada e de extensão.

Problemas básicos com respostas

10.1 Determine a restrição sobre $r = |z|$ para cada uma das seguintes somas convergir:

(a) $\displaystyle\sum_{n=-1}^{\infty} (\tfrac{1}{2})^{n+1} z^{-n}$

(b) $\displaystyle\sum_{n=1}^{\infty} (\tfrac{1}{2})^{-n+1} z^{n}$

(c) $\displaystyle\sum_{n=0}^{\infty} \{\tfrac{1+(-1)^n}{2}\} z^{-n}$

(d) $\displaystyle\sum_{n=-\infty}^{\infty} (\tfrac{1}{2})^{|n|} \cos(\tfrac{\pi}{4}n) z^{-n}$

10.2 Considere o sinal

$$x[n] = \left(\frac{1}{5}\right)^n u[n-3].$$

Use a Equação 10.3 para calcular a transformada z desse sinal e especifique a região de convergência correspondente.

10.3 Seja

$$x[n] = (-1)^n u[n] + \alpha^n u[-n-n_0].$$

Determine as restrições sobre o número complexo α e o inteiro n_0, dado que a RDC de $X(z)$ é

$$1 < |z| < 2.$$

10.4 Considere o sinal

$$x[n] = \begin{cases} (\tfrac{1}{3})^n \cos(\tfrac{1}{4}n), & n \leq 0 \\ 0, & n > 0 \end{cases}.$$

Determine os polos e a RDC para $X(z)$.

10.5 Para cada uma das seguintes expressões algébricas para a transformada z de um sinal, determine o número de zeros no plano z finito e o número de zeros no infinito.

(a) $\dfrac{z^{-1}(1-\frac{1}{2}z^{-1})}{(1-\frac{1}{3}z^{-1})(1-\frac{1}{4}z^{-1})}$

(b) $\dfrac{(1-z^{-1})(1-2z^{-1})}{(1-3z^{-1})(1-4z^{-1})}$

(c) $\dfrac{z^{-2}(1-z^{-1})}{(1-\frac{1}{4}z^{-1})(1+\frac{1}{4}z^{-1})}$

10.6 Seja $x[n]$ um sinal absolutamente somável com transformada z racional $X(z)$. Se $X(z)$ tem um polo em $z = 1/2$, $x[n]$ poderia ser

(a) um sinal de duração finita?

(b) um sinal lateral esquerdo?

(c) um sinal lateral direito?

(d) um sinal bilateral?

10.7 Suponha que a expressão algébrica para a transformada z de $x[n]$ seja

$$X(z) = \dfrac{1-\frac{1}{4}z^{-2}}{(1+\frac{1}{4}z^{-2})(1+\frac{5}{4}z^{-1}+\frac{3}{8}z^{-2})}.$$

Quantas regiões de convergência diferentes poderiam corresponder a $X(z)$?

10.8 Seja $x[n]$ um sinal cuja transformada z racional $X(z)$ contenha um polo em $z = 1/2$. Dado que

$$x_1[n] = \left(\dfrac{1}{4}\right)^n x[n]$$

é absolutamente somável e

$$x_2[n] = \left(\dfrac{1}{8}\right)^n x[n]$$

não é absolutamente somável, determine se $x[n]$ é lateral esquerdo, lateral direito ou bilateral.

10.9 Usando a expansão em frações parciais e o fato de que

$$a^n u[n] \xleftrightarrow{z} \dfrac{1}{1-az^{-1}}, \quad |z| > a,$$

encontre a transformada z inversa de

$$X(z) = \dfrac{1-\frac{1}{3}z^{-1}}{(1-z^{-1})(1+2z^{-1})}, \quad |z| > 2.$$

10.10 Considere a seguinte expressão algébrica para a transformada z $X(z)$ de um sinal $x[n]$:

$$X(z) = \dfrac{1+z^{-1}}{1+\frac{1}{3}z^{-1}}.$$

(a) Supondo que a RDC seja $|z| > 1/3$, use a divisão longa para determinar os valores de $x[0]$, $x[1]$ e $x[2]$.

(b) Supondo que a RDC seja $|z| < 1/3$, use a divisão longa para determinar os valores de $x[0]$, $x[-1]$ e $x[-2]$.

10.11 Encontre a transformada z inversa de

$$X(z) = \dfrac{1}{1.024}\left[\dfrac{1.024-z^{-10}}{1-\frac{1}{2}z^{-1}}\right], \quad |z| > 0.$$

10.12 Considerando a interpretação geométrica da magnitude da transformada de Fourier a partir do diagrama de polos e zeros, determine, para cada uma das seguintes transformadas z, se o sinal correspondente tem uma característica aproximadamente de passa-baixas, passa-faixa ou passa-altas:

(a) $X(z) = \dfrac{z^{-1}}{1+\frac{8}{9}z^{-1}}, \quad |z| > \frac{8}{9}$

(b) $X(z) = \dfrac{1+\frac{8}{9}z^{-1}}{1-\frac{16}{9}z^{-1}+\frac{64}{81}z^{-2}}, \quad |z| > \frac{8}{9}$

(c) $X(z) = \dfrac{1}{1+\frac{64}{81}z^{-2}}, \quad |z| > \frac{8}{9}$

10.13 Considere o sinal retangular

$$x[n] = \begin{cases} 1, & 0 \leq n \leq 5 \\ 0, & \text{caso contrário} \end{cases}.$$

Seja

$$g[n] = x[n] - x[n-1].$$

(a) Encontre o sinal $g[n]$ e calcule diretamente sua transformada z.

(b) Notando que

$$x[n] = \sum_{k=-\infty}^{N} g[k],$$

use a Tabela 10.1 para determinar a transformada z de $x[n]$.

10.14 Considere o sinal triangular

$$x[n] = \begin{cases} n-1, & 2 \leq n \leq 7 \\ 13-n, & 8 \leq n \leq 12 \\ 0, & \text{caso contrário} \end{cases}.$$

(a) Determine o valor de n_0 de modo que

$$g[n] = x[n] * x[n-n_0],$$

sendo $x[n]$ o sinal retangular considerado no Problema 10.13.

(b) Use as propriedades de convolução e deslocamento em conjunto com $X(z)$ obtido no Problema 10.13

para determinar $G(z)$. Verifique se sua resposta satisfaz o teorema do valor inicial.

10.15 Seja
$$y[n] = \left(\frac{1}{9}\right)^n u[n].$$

Determine dois sinais distintos tais que cada um tenha uma transformada z $X(z)$ que satisfaça estas duas condições:

1. $[X(z) + X(-z)]/2 = Y(z^2)$.
2. $X(z)$ tem apenas um polo e apenas um zero no plano z.

10.16 Considere as seguintes funções de sistema para sistemas LIT estáveis. Sem utilizar a transformada z inversa, determine, em cada caso, se o sistema correspondente é causal ou não.

(a) $\dfrac{1 - \frac{4}{3}z^{-1} + \frac{1}{2}z^{-2}}{z^{-1}(1 - \frac{1}{2}z^{-1})(1 - \frac{1}{3}z^{-1})}$

(b) $\dfrac{1 - \frac{1}{2}}{z^2 + \frac{1}{2}z - \frac{3}{16}}$

(c) $\dfrac{z+1}{z + \frac{4}{3} - \frac{1}{2}z^{-2} - \frac{2}{3}z^{-3}}$

10.17 Suponha que tenhamos os seguintes cinco fatos sobre um sistema LIT S em particular, com resposta ao impulso $h[n]$ e transformada z $H(z)$:

1. $h[n]$ é real.
2. $h[n]$ é lateral direito.
3. $\lim_{z \to \infty} H(z) = 1$
4. $H(z)$ não possui zeros.
5. $H(z)$ tem um de seus polos em um local não real na circunferência definida por $|z| = 3/4$.

Responda às duas perguntas a seguir:

(a) S é causal?
(b) S é estável?

10.18 Considere um sistema LIT causal cuja entrada $x[n]$ e saída $y[n]$ estão relacionadas por meio da representação por diagrama de blocos mostrada na Figura P10.18.

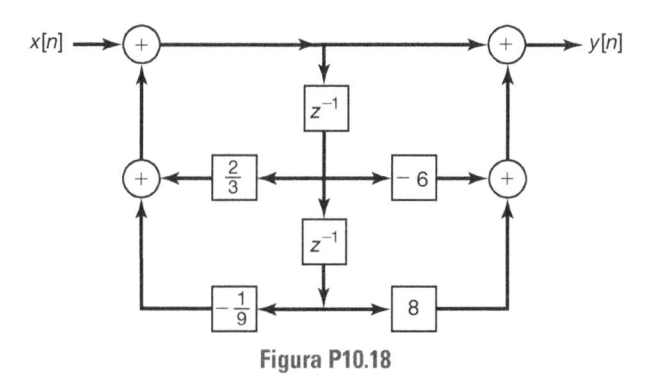

Figura P10.18

(a) Determine a equação de diferenças relacionando $y[n]$ e $x[n]$.
(b) Esse sistema é estável?

10.19 Determine a transformada z unilateral de cada um dos seguintes sinais e especifique as regiões de convergência correspondentes:

(a) $x_1[n] = (\frac{1}{4})^n u[n+5]$
(b) $x_2[n] = \delta[n+3] + \delta[n] + 2^n u[-n]$
(c) $x_3[n] = (\frac{1}{2})^{|n|}$

10.20 Considere um sistema cuja entrada $x[n]$ e saída $y[n]$ estão relacionadas por
$$y[n-1] + 2y[n] = x[n].$$

(a) Determine a resposta à entrada nula desse sistema se $y[-1] = 2$.
(b) Determine a resposta ao estado nulo do sistema para a entrada $x[n] = (1/4)^n u[n]$.
(c) Determine a saída do sistema para $n \geq 0$ quando $x[n] = (1/4)^n u[n]$ e $y[-1] = 2$.

Problemas básicos

10.21 Determine a transformada z para cada uma das seguintes sequências. Esboce o diagrama de polos e zeros e indique a região de convergência. Indique se a transformada de Fourier da sequência existe ou não.

(a) $\delta[n+5]$
(b) $\delta[n-5]$
(c) $(-1)^n u[n]$
(d) $(\frac{1}{2})^{n+1} u[n+3]$
(e) $(-\frac{1}{3})^n u[-n-2]$
(f) $(\frac{1}{4})^n u[3-n]$
(g) $2^n u[-n] + (\frac{1}{4})^n u[n-1]$
(h) $(\frac{1}{3})^{n-2} u[n-2]$

10.22 Determine a transformada z para as sequências a seguir. Expresse todas as somas em forma fechada. Esboce o diagrama de polos e zeros e indique a região de convergência. Indique se a transformada de Fourier da sequência existe.

(a) $(\frac{1}{2})^n \{u[n+4] - u[n-5]\}$
(b) $n(\frac{1}{2})^{|n|}$
(c) $|n|(\frac{1}{2})^{|n|}$
(d) $4^n \cos[\frac{2\pi}{6}n + \frac{\pi}{4}]u[-n-1]$

10.23 A seguir estão várias transformadas z. Para cada uma, determine a transformada z inversa usando o método baseado na expansão em frações parciais e o método da série de Taylor com base no uso da divisão longa.

$$X(z) = \frac{1 - z^{-1}}{1 - \frac{1}{4}z^{-2}}, \quad |z| > \frac{1}{2}.$$

$$X(z) = \frac{1-z^{-1}}{1-\frac{1}{4}z^{-2}}, \qquad |z| < \frac{1}{2}.$$

$$X(z) = \frac{z^{-1}-\frac{1}{2}}{1-\frac{1}{2}z^{-1}}, \qquad |z| > \frac{1}{2}.$$

$$X(z) = \frac{z^{-1}-\frac{1}{2}}{1-\frac{1}{2}z^{-1}}, \qquad |z| < \frac{1}{2}.$$

$$X(z) = \frac{z^{-1}-\frac{1}{2}}{(1-\frac{1}{2}z^{-1})^2}, \qquad |z| > \frac{1}{2}.$$

$$X(z) = \frac{z^{-1}-\frac{1}{2}}{(1-\frac{1}{2}z^{-1})^2}, \qquad |z| < \frac{1}{2}.$$

10.24 Usando o método indicado, determine a sequência relacionada a cada uma das seguintes transformadas z:

(a) Frações parciais:

$$X(z) = \frac{1-2z^{-1}}{1+\frac{5}{2}z^{-1}+z^{-2}}, \text{e } x[n] \text{ é absolutamente somável.}$$

(b) Divisão longa:

$$X(z) = \frac{1-\frac{1}{2}z^{-1}}{1+\frac{1}{2}z^{-1}}, \text{ e } x[n] \text{ é lateral direita.}$$

(c) Frações parciais:

$$X(z) = \frac{3}{z-\frac{1}{4}-\frac{1}{8}z^{-1}}, \text{e } x[n] \text{ é absolutamente somável.}$$

10.25 Considere uma sequência laretal direita $x[n]$ com transformada z

$$X(z) = \frac{1}{(1-\frac{1}{2}z^{-1})(1-z^{-1})}. \qquad \textbf{(P10.25-1)}$$

(a) Execute uma expansão em frações parciais da Equação P10.25-1 expressa como uma razão de polinômios em z^{-1} e, a partir dessa expansão, determine $x[n]$.

(b) Reescreva a Equação P10.25-1 como uma razão de polinômios em z e execute uma expansão em frações parciais de $X(z)$ expressa em termos de polinômios em z. A partir dessa expansão, determine $x[n]$ e demonstre que a sequência obtida é idêntica àquela obtida no item (a).

10.26 Considere uma sequência lateral esquerda $x[n]$ com transformada z

$$X(z) = \frac{1}{(1-\frac{1}{2}z^{-1})(1-z^{-1})}.$$

(a) Escreva $X(z)$ como uma razão de polinômios em z em vez de z^{-1}.

(b) Usando a expressão em frações parciais, expresse $X(z)$ como uma soma de parcelas, em que cada parcela representa um polo da sua resposta no item (a).

(c) Determine $x[n]$.

10.27 Uma sequência lateral direita $x[n]$ tem transformada z

$$X(z) = \frac{3z^{-10}+z^{-7}-5z^{-2}+4z^{-1}+1}{z^{-10}-5z^{-7}+z^{-3}}.$$

Determine $x[n]$ para $n < 0$.

10.28 (a) Determine a transformada z da sequência

$$x[n] = \delta[n] - 0{,}95\delta[n-6].$$

(b) Esboce o diagrama de polos e zeros para a sequência no item (a).

(c) Considerando o comportamento dos vetores de polos e zeros à medida que a circunferência unitária é percorrida, desenvolva um esboço aproximado da magnitude da transformada de Fourier de $x[n]$.

10.29 Considerando a determinação geométrica da resposta em frequência, conforme se discutiu na Seção 10.4, esboce, para cada um dos diagramas de polos e zeros na Figura P10.29, a magnitude da transformada de Fourier associada.

10.30 Considere um sinal $y[n]$ que está relacionado a dois sinais $x_1[n]$ e $X_2[n]$ por

$$y[n] = x_1[n+3] * x_2[-n+1],$$

em que

$$x_1[n] = \left(\frac{1}{2}\right)^n u[n] \quad \text{e} \quad x_2[n] = \left(\frac{1}{3}\right)^n u[n].$$

Dado que

$$a^n u[n] \xleftrightarrow{z} \frac{1}{1-az^{-1}}, \quad |z| > |a|,$$

use as propriedades da transformada z para determinar a transformada z $Y(z)$ de $y[n]$.

10.31 Temos os cinco fatos a seguir sobre um sinal de tempo discreto $x[n]$ com transformada $X(z)$:

1. $x[n]$ é real e lateral direito.
2. $X(z)$ tem exatamente dois polos.
3. $X(z)$ tem dois zeros na origem.
4. $X(z)$ tem um polo em $z = \frac{1}{2}e^{j\pi/3}$.
5. $X(1) = \frac{8}{3}$.

Determine $X(z)$ e especifique sua região de convergência.

10.32 Considere um sistema LIT com resposta ao impulso

$$h[n] = \begin{cases} a^n, & n \geq 0 \\ 0, & n < 0 \end{cases}$$

e entrada

$$h[n] = \begin{cases} 1, & 0 \leq n \leq N-1 \\ 0, & \text{caso contrário} \end{cases}.$$

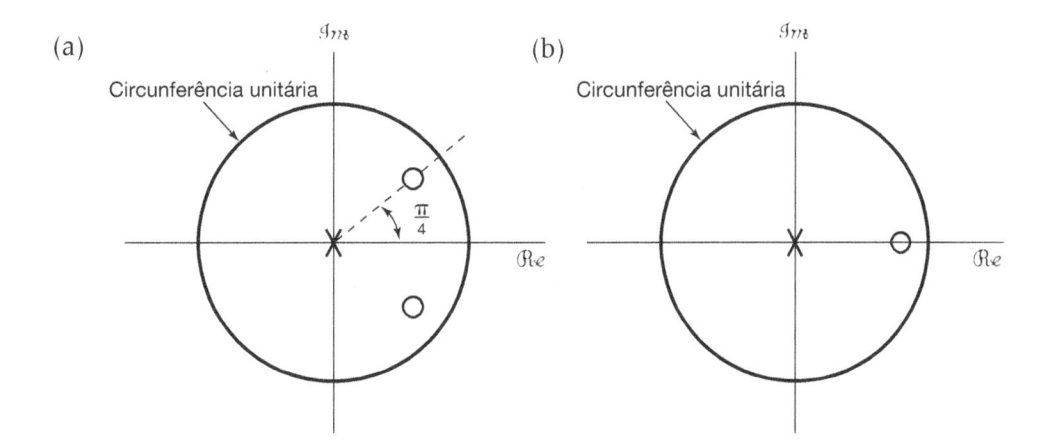

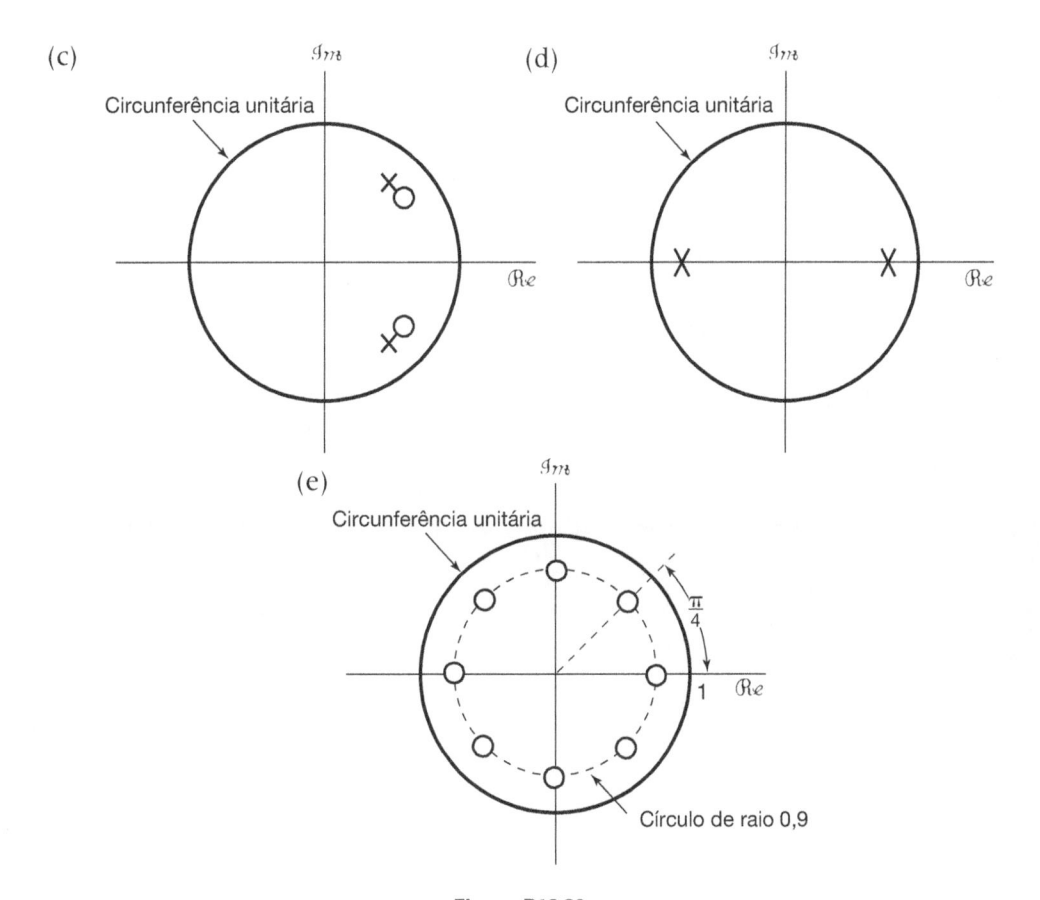

Figura P10.29

(a) Determine a saída $y[n]$ calculando explicitamente a convolução discreta de $x[n]$ e $h[n]$.

(b) Determine a saída $y[n]$ calculando a transformada z inversa do produto das transformadas z da entrada e da resposta à amostra unitária.

10.33 (a) Determine a função de sistema para o sistema LIT causal com equação de diferenças

$$y[n] - \frac{1}{2}y[n-1] + \frac{1}{4}y[n-2] = x[n].$$

(b) Usando transformadas z, determine $y[n]$ se

$$x[n] = \left(\frac{1}{2}\right)^n u[n].$$

10.34 Um sistema LIT causal é descrito pela equação de diferenças

$$y[n] = y[n-1] + y[n-2] + x[n-1].$$

(a) Encontre a função de sistema $H(z) = Y(z)/X(z)$ para esse sistema. Esboce os polos e zeros de $H(z)$ e indique a região de convergência.

(b) Encontre a resposta à amostra unitária do sistema.

(c) Você deve ter percebido que o sistema é instável. Encontre uma resposta à amostra unitária estável (não causal) que satisfaça a equação de diferenças.

10.35 Considere um sistema LIT com entrada $x[n]$ e saída $y[n]$ para o qual

$$y[n-1] - \frac{5}{2}y[n] + y[n+1] = x[n].$$

O sistema pode ou não ser estável ou causal.

Considerando o diagrama de polos e zeros associado à equação de diferença anterior, determine três escolhas possíveis para a resposta à amostra unitária do sistema. Mostre que cada escolha satisfaz a equação de diferença.

10.36 Considere o sistema linear, de tempo discreto e invariante a deslocamentos com entrada $x[n]$ e saída $y[n]$ para o qual

$$y[n-1] - \frac{10}{3}y[n] + y[n+1] = x[n].$$

O sistema é estável. Determine a resposta à amostra unitária.

10.37 A entrada $x[n]$ e a saída $y[n]$ de um sistema LIT causal estão relacionadas por meio da representação por diagrama de blocos mostrada na Figura P10.37.

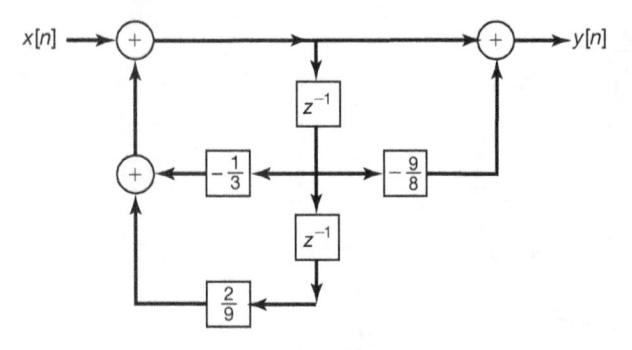

Figura P10.37

(a) Determine uma equação de diferenças relacionando $y[n]$ e $x[n]$.

(b) Esse sistema é estável?

10.38 Considere um sistema LIT causal S com entrada $x[n]$ e uma função de sistema especificada como

$$H(z) = H_1(z)H_2(z),$$

sendo

$$H_1(z) = \frac{1}{1 + \frac{1}{4}z^{-1} - \frac{1}{8}z^{-2}}$$

e

$$H_2(z) = 1 - \frac{7}{4}z^{-1} - \frac{1}{2}z^{-2}.$$

Um diagrama em blocos correspondente a $H(z)$ pode ser obtido como uma conexão em cascata de um diagrama em blocos para $H_1(z)$ seguido por um diagrama em blocos para $H_2(z)$. O resultado é mostrado na Figura P10.38, em que também rotulamos os sinais intermediários $e_1[n]$, $e_2[n]$, $f_1[n]$ e $f_2[n]$.

(a) Como $e_1[n]$ está relacionado a $f_1[n]$?

(b) Como $e_2[n]$ está relacionado a $f_2[n]$?

(c) Usando suas respostas dos itens anteriores como guia, construa um diagrama em blocos em forma direta para S que contenha apenas dois elementos de atraso.

(d) Esboce uma representação por diagrama de blocos em forma de cascata para S com base na observação de que

$$H(z) = \left(\frac{1 + \frac{1}{4}z^{-1}}{1 + \frac{1}{2}z^{-1}}\right)\left(\frac{1 - 2z^{-1}}{1 - \frac{1}{4}z^{-1}}\right).$$

(e) Esboce uma representação por diagrama de blocos em forma paralela para S com base na observação de que

$$H(z) = 4 + \frac{5/3}{1 + \frac{1}{2}z^{-1}} - \frac{14/3}{1 - \frac{1}{4}z^{-1}}.$$

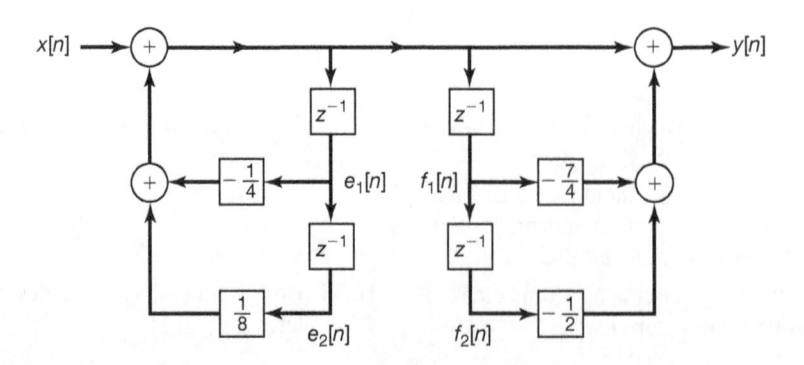

Figura P10.38

10.39 Considere as três funções de sistema a seguir correspondendo a sistemas LIT causais:

$$H_1(z) = \frac{1}{(1-z^{-1}+\frac{1}{4}z^{-2})(1-\frac{2}{3}z^{-1}+\frac{1}{9}z^{-2})},$$

$$H_2(z) = \frac{1}{(1-z^{-1}+\frac{1}{2}z^{-2})(1-\frac{1}{2}z^{-1}+z^{-2})},$$

$$H_3(z) = \frac{1}{(1-z^{-1}+\frac{1}{2}z^{-2})(1-z^{-1}+\frac{1}{4}z^{-2})}.$$

(a) Para cada função de sistema, esboce um diagrama de blocos na forma direta.

(b) Para cada função de sistema, esboce um diagrama de blocos que corresponda à conexão em cascata de dois diagramas de blocos de segunda ordem. Cada diagrama de blocos de segunda ordem deve estar na forma direta.

(c) Para cada função de sistema, determine se existe uma representação por diagrama de blocos que é a cascata de quatro diagramas de blocos de primeira ordem com a restrição de que todas as constantes dos multiplicadores devam ser reais.

10.40 Determine a transformada z unilateral para cada uma das sequências no Problema 10.21.

10.41 Considere os dois sinais a seguir:

$$x_1[n] = \left(\frac{1}{2}\right)^{n+1} u[n+1],$$

$$x_2[n] = \left(\frac{1}{4}\right)^n u[n].$$

Sejam $\mathcal{X}_1(z)$ e $X_1(z)$, respectivamente, as transformadas z unilateral e bilateral de $x_1[n]$, e sejam $\mathcal{X}_2(z)$ e $X_2(z)$, respectivamente, as transformadas z unilateral e bilateral de $x_2[n]$.

(a) Calcule a transformada z bilateral inversa de $X_1(z)X_2(z)$ para determinar $g[n] = x_1[n] * x_2[n]$.

(b) Calcule a transformada z unilateral inversa de $\mathcal{X}_1(z)\mathcal{X}_2(z)$ para obter um sinal $q[n]$ para $n \geq 0$. Observe que $q[n]$ e $g[n]$ não são idênticos para $n \geq 0$.

10.42 Para cada uma das seguintes equações de diferenças e condições iniciais e entradas associadas, determine as respostas à entrada nula e ao estado nulo usando a transformada z unilateral:

(a) $y[n] + 3y[n-1] = x[n]$,

$$x[n] = \left(\frac{1}{2}\right)^n u[n],$$

$$y[-1] = 1.$$

(b) $y[n] - \frac{1}{2}y[n-1] = x[n] - \frac{1}{2}x[n-1]$,

$$x[n] = u[n],$$

$$y[-1] = 0.$$

(c) $y[n] - \frac{1}{2}y[n-1] = x[n] - \frac{1}{2}x[n-1]$,

$$x[n] = u[n],$$

$$y[-1] = 1.$$

Problemas avançados

10.43 Considere uma sequência $x[n]$ par (ou seja, $x[n] = x[-n]$) com transformada z racional $X(z)$.

(a) Pela definição da transformada z, mostre que

$$X(z) = X\left(\frac{1}{z}\right).$$

(b) Pelos seus resultados no item (a), mostre que, se um polo (zero) de $X(z)$ ocorre em $z = z_0$, então um polo (zero) também deve ocorrer em $z = 1/z_0$.

(c) Verifique o resultado no item (b) para cada uma das seguintes sequências:
  1. $\delta[n+1] + \delta[n-1]$
  2. $\delta[n+1] - \frac{5}{2}\delta[n] + \delta[n-1]$

10.44 Seja $x[n]$ um sinal de tempo discreto com transformada z $X(z)$. Para cada um dos sinais a seguir, determine a transformada z em termos de $X(z)$:

(a) $\Delta x[n]$, sendo Δ o operador de primeira diferença definido por

$$\Delta x[n] = x[n] - x[n-1]$$

(b) $x_1[n] = \begin{cases} x[n/2], & n \text{ par} \\ 0, & n \text{ ímpar} \end{cases}$

(c) $x_1[n] = x[2n]$

10.45 Determine quais das seguintes transformadas z poderiam ser a função de transferência de um sistema linear de tempo discreto que não é necessariamente estável, mas para o qual a resposta à amostra unitária é zero para $n < 0$. Indique suas razões claramente.

(a) $\dfrac{(1-z^{-1})^2}{1-\frac{1}{2}z^{-1}}$

(b) $\dfrac{(z-1)^2}{z-\frac{1}{2}}$

(c) $\dfrac{(z-\frac{1}{4})^5}{(z-\frac{1}{2})^6}$

(d) $\dfrac{(z-\frac{1}{4})^6}{(z-\frac{1}{2})^5}$

10.46 Uma sequência $x[n]$ é a saída de um sistema LIT cuja entrada é $s[n]$. O sistema é descrito pela equação de diferença

$$x[n] = s[n] - e^{8\alpha} s[n-8],$$

sendo $0 < \alpha < 1$.

(a) Encontre a função de sistema

$$H_1(z) = \frac{X(z)}{S(z)},$$

e esboce seus polos e zeros no plano z. Indique a região de convergência.

(b) Queremos recuperar $s[n]$ a partir de $x[n]$ com um sistema LIT. Encontre a função de sistema

$$H_2(z) = \frac{Y(z)}{X(z)}$$

tal que $y[n] = s[n]$. Encontre todas as regiões de convergência possíveis para $H_2(z)$, e para cada uma diga se o sistema é ou não causal ou estável.

(c) Encontre todas as escolhas possíveis para a resposta ao impulso $h_2[n]$ tal que

$$y[n] = h_2[n] * x[n] = s[n].$$

10.47 O seguinte é conhecido a respeito de um sistema LIT de tempo discreto com entrada $x[n]$ e saída $y[n]$:

1. Se $x[n] = (-2)^n$ para todo n, então $y[n] = 0$ para todo n.
2. Se $x[n] = (1/2)^n u[n]$ para todo n, então $y[n]$ para todo n tem a forma

$$y[n] = \delta[n] + a\left(\frac{1}{4}\right)^n u[n],$$

sendo a uma constante.

(a) Determine o valor da constante a.

(b) Determine a resposta $y[n]$ se a entrada $x[n]$ for

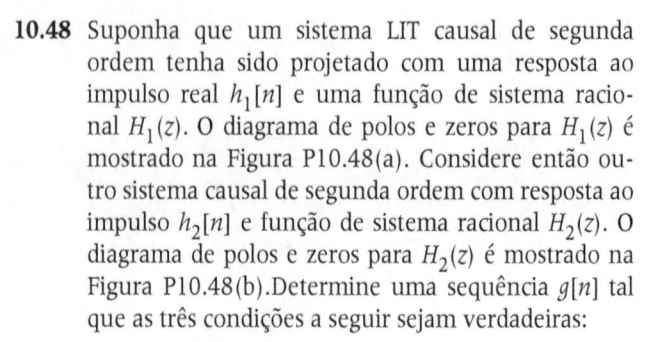

$$x[n] = 1, \text{ para todo } n.$$

10.48 Suponha que um sistema LIT causal de segunda ordem tenha sido projetado com uma resposta ao impulso real $h_1[n]$ e uma função de sistema racional $H_1(z)$. O diagrama de polos e zeros para $H_1(z)$ é mostrado na Figura P10.48(a). Considere então outro sistema causal de segunda ordem com resposta ao impulso $h_2[n]$ e função de sistema racional $H_2(z)$. O diagrama de polos e zeros para $H_2(z)$ é mostrado na Figura P10.48(b). Determine uma sequência $g[n]$ tal que as três condições a seguir sejam verdadeiras:

1. $h_2[n] = g[n]h_1[n]$
2. $g[n] = 0$ para $n < 0$
3. $\sum_{k=0}^{\infty} |g[k]| = 3$

10.49 Na Propriedade 4 da Seção 10.2, foi afirmado que se $x[n]$ é uma sequência lateral direita e se a circunferência $|z| = r_0$ está na RDC, então todos os valores finitos de z para os quais $|z| > r_0$ também estarão na RDC. Nessa discussão, uma explicação intuitiva foi dada. Um argumento mais formal assemelha-se àquele usado para a Propriedade 4 da Seção 9.2, relacionado à transformada de Laplace. Especificamente, considere uma sequência lateral direita

$$x[n] = 0, \quad n < N_1,$$

e para a qual

$$\sum_{n=-\infty}^{\infty} |x[n]| r_0^{-n} = \sum_{n=N_1}^{\infty} |x[n]| r_0^{-n} < \infty.$$

Então, se $r_0 \leq r_1$,

$$\sum_{n=N_1}^{\infty} |x[n]| r_1^{-n} \leq A \sum_{n=N_1}^{\infty} |x[n]| r_0^{-n}, \quad \textbf{(P10.49–1)}$$

sendo A uma constante positiva.

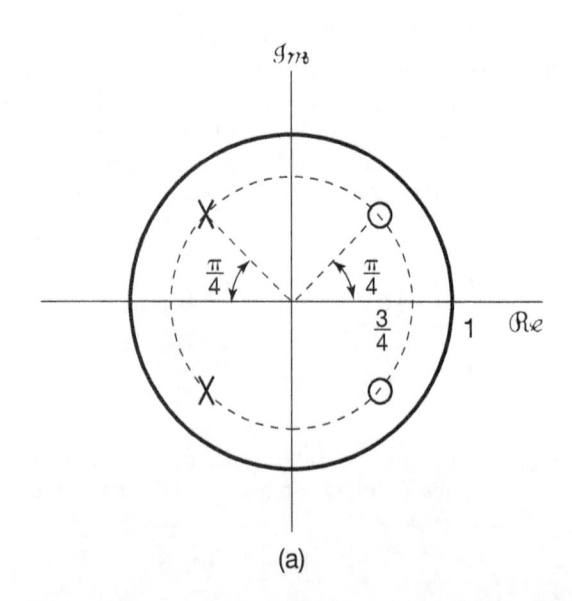

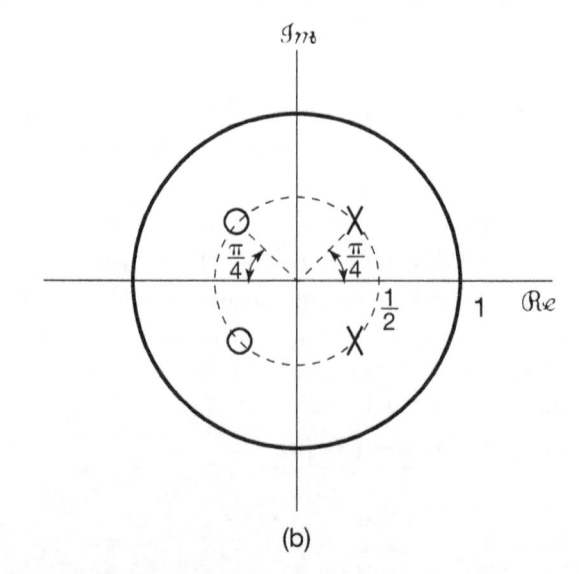

Figura P10.48

(a) Mostre que a Equação P10.49-1 é verdadeira e determine a constante A em termos de r_0, r_1 e N_1.

(b) A partir do seu resultado no item (a), mostre que a Propriedade 4 da Seção 10.2 procede.

(c) Desenvolva um argumento semelhante ao anterior para demonstrar a validade da Propriedade 5 da Seção 10.2.

10.50 Um sistema de tempo discreto com o diagrama de polos e zeros mostrado na Figura P10.50(a) é conhecido como um sistema passa-tudo de primeira ordem, pois a magnitude da resposta em frequência é constante, independentemente da frequência.

(a) Demonstre algebricamente que $|H(e^{j\omega})|$ é constante.

Para demonstrar a mesma propriedade geometricamente, considere o diagrama de vetores na Figura P10.50(b). Queremos mostrar que o comprimento de v_2 é proporcional ao comprimento de v_1 independentemente da frequência ω.

(b) Expresse o comprimento de v_1 usando a lei dos cossenos e o fato de que v_1 é um lado de um triângulo para o qual os outros dois lados são o vetor unitário e um vetor de comprimento a.

(c) De maneira semelhante à do item (b), determine o comprimento de v_2 e mostre que é proporcional em comprimento a v_1, independentemente de ω.

10.51 Considere uma sequência real $x[n]$ com transformada z racional $X(z)$.

(a) Pela definição da transformada z, mostre que

$$X(z) = X^*(z^*).$$

(b) Pelo seu resultado no item (a), mostre que, se um polo (zero) de $X(z)$ ocorre em $z = z_0$, então um polo (zero) também precisa ocorrer em $z = z_0^*$.

(c) Verifique o resultado no item (b) para cada uma das seguintes sequências:
1. $x[n] = (\frac{1}{2})^n u[n]$
2. $x[n] = \delta[n] - \frac{1}{2}\delta[n-1] + \frac{1}{4}\delta[n-2]$

(d) Combinando seus resultados no item (b) com o resultado do Problema 10.43(b), mostre que, para uma sequência real e par, se houver um polo (zero) de $H(z)$ em $z = \rho e^{j\theta}$, então haverá também um polo (zero) de $H(z)$ em $z = (1/\rho)e^{j\theta}$ e em $z = (1/\rho)e^{-j\theta}$.

10.52 Considere uma sequência $x_1[n]$ com transformada z $X_1(z)$ e uma sequência $x_2[n]$ com transformada z $X_2(z)$, sendo

$$x_2[n] = x_1[-n].$$

Mostre que $X_2(z) = X_1(1/z)$ e, a partir disso, mostre que, se $X_1(z)$ tem um polo (ou zero) em $z = z_0$, então $X_2(z)$ tem um polo (ou zero) em $z = 1/z_0$.

10.53 (a) Demonstre cada uma das seguintes propriedades da Tabela 10.1:
1. Propriedade estabelecida na Seção 10.5.2.
2. Propriedade estabelecida na Seção 10.5.3.
3. Propriedade estabelecida na Seção 10.5.4.

(b) Com $X(z)$ indicando a transformada z de $x[n]$ e R_x, a RDC de $X(z)$, determine, em termos de $X(z)$ e R_x, a transformada z e a RDC associada para cada uma das seguintes sequências:
1. $x^*[n]$
2. $z_0^n x[n]$, sendo z_0 um número complexo.

10.54 Na Seção 10.5.9, enunciamos e provamos o teorema do valor inicial para sequências causais.

(a) Enuncie e prove o teorema correspondente se $x[n]$ é anticausal (ou seja, se $x[n] = 0$, $n > 0$).

(b) Mostre que, se $x[n] = 0$, $n < 0$, então

$$x[1] = \lim_{z \to \infty} z(X(z) - x[0]).$$

10.55 Seja $x[n]$ uma sequência causal (ou seja, $x[n] = 0$, $n < 0$) para a qual $x[0]$ é não nulo e finito.

(a) Usando o teorema do valor inicial, mostre que não existem polos ou zeros de $X(z)$ em $z = \infty$.

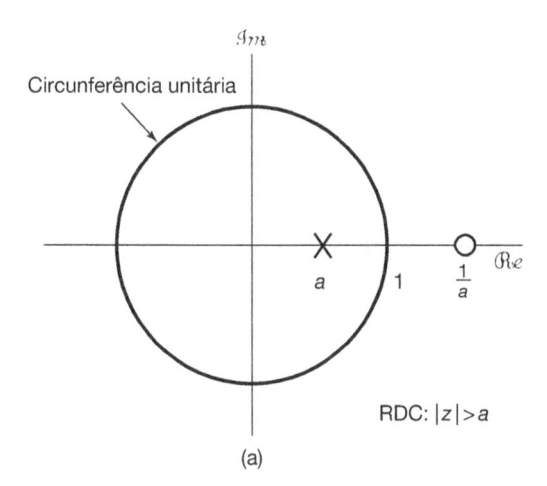

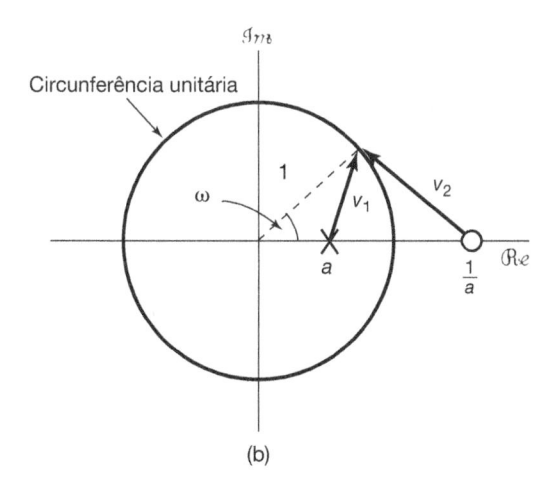

Figura P10.50

(b) Mostre que, como consequência do seu resultado no item (a), o número de polos de $X(z)$ no plano z finito é igual ao número de zeros de $X(z)$ no plano z finito. (O plano z finito exclui $z = \infty$.)

10.56 Na Seção 10.5.7, enunciamos a propriedade da convolução para a transformada z. Para mostrar que essa propriedade é verdadeira, começamos com a soma de convolução expressa como

$$x_3[n] = x_1[n] * x_2[n] = \sum_{k=-\infty}^{\infty} x_1[k]x_2[n-k]. \quad \text{(P10.56-1)}$$

(a) Tomando a transformada z da Equação P10.56-1 e usando a Equação 10.3, mostre que

$$X_3(z) = \sum_{k=-\infty}^{\infty} x_1[k]\hat{X}_2(z),$$

em que $\hat{X}_2(z)$ é a transformada de $x_2[n-k]$.

(b) Usando seu resultado do item (a) e a propriedade 10.5.2 na Tabela 10.1, mostre que

$$X_3(z) = X_2(z) \sum_{k=-\infty}^{\infty} x_1[k](z)^{-k}.$$

(c) Do item (b), mostre que

$$X_3(z) = X_1(z)X_2(z),$$

como enunciado na Equação 10.81.

10.57 Seja

$$X_1(z) = x_1[0] + x_1[1]z^{-1} + \cdots + x_1[N_1]z^{-N_1},$$
$$X_2(z) = x_2[0] + x_2[1]z^{-1} + \cdots + x_2[N_2]z^{-N_2}.$$

Defina

$$Y(z) = X_1(z)X_2(z),$$

e seja

$$Y(z) = \sum_{k=0}^{M} y[k]z^{-k}.$$

(a) Expresse M em termos de N_1 e N_2.

(b) Use a multiplicação polinomial para determinar $y[0]$, $y[1]$ e $y[2]$.

(c) Use a multiplicação polinomial para mostrar que, para $0 \leq k \leq M$,

$$y(k) = \sum_{m=-\infty}^{\infty} x_1[m]x_2[k-m].$$

10.58 Um sistema de fase mínima é um sistema que é causal e estável e para o qual o sistema inverso também é causal e estável. Determine as restrições necessárias sobre a localização no plano z dos polos e zeros da função de sistema de um sistema de fase mínima.

10.59 Considere a estrutura de filtro digital mostrada na Figura P10.59.

(a) Encontre $H(z)$ para esse filtro causal. Esboce o diagrama de polos e zeros e indique a região de convergência.

(b) Para quais valores de k o sistema é estável?

(c) Determine $y[n]$ se $k = 1$ e $x[n] = (2/3)^n$ para todo n.

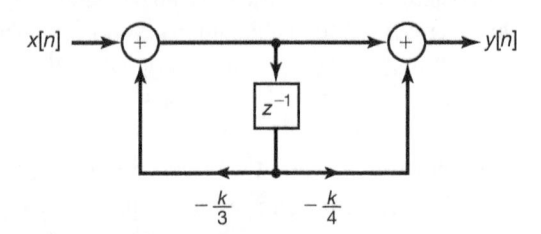

Figura P10.59

10.60 Considere um sinal $x[n]$ cuja transformada z unilateral é $\mathcal{X}(z)$. Mostre que a transformada z unilateral de $y[n] = x[n+1]$ pode ser escrita como

$$\mathcal{Y}(z) = z\mathcal{X}(z) - zx[0].$$

10.61 Se $\mathcal{X}(z)$ indica a transformada z unilateral de $x[n]$, determine, em termos de $\mathcal{X}(z)$, a transformada z unilateral de:

(a) $x[n+3]$

(b) $x[n-3]$

(c) $\sum_{k=-\infty}^{n} x[k]$

Problemas de extensão

10.62 A sequência de autocorrelação de uma sequência $x[n]$ é definida como

$$\phi_{xx}[n] = \sum_{k=-\infty}^{\infty} x[k]x[n+k].$$

Determine a transformada z de $\phi_{xx}[n]$ em termos da transformada z de $x[n]$.

10.63 Usando a expansão em série de potência

$$\log(1-w) = -\sum_{i=1}^{\infty} \frac{w^i}{i}, \quad |w| < 1,$$

determine o inverso de cada uma das seguintes transformadas z:

(a) $X(z) = \log(1-2z)$, $|z| < \frac{1}{2}$

(b) $X(z) = \log(1-\frac{1}{2}z^{-1})$, $|z| > \frac{1}{2}$

10.64 Diferenciando primeiro $X(z)$ e usando as propriedades apropriadas da transformada z, determine a sequência para a qual a transformada z é:

(a) $X(z) = \log(1-2z)$, $|z| < \frac{1}{2}$

(b) $X(z) = \log(1-\frac{1}{2}z^{-1})$, $|z| > \frac{1}{2}$

Compare seus resultados para (a) e (b) com os resultados obtidos no Problema 10.63, em que a expansão em série de potência foi usada.

10.65 A *transformação bilinear* é um mapeamento para se obter uma transformada z racional $H_d(z)$ a partir da transformada de Laplace $H_c(s)$. Esse mapeamento tem duas propriedades importantes:

1. Se $H_c(s)$ é a transformada de Laplace de um sistema LIT causal e estável, então $H_d(z)$ é a transformada z de um sistema LIT causal e estável.
2. Certas características importantes de $|H_c(j\omega)|$ são preservadas em $|H_d(e^{j\omega})|$.

Neste problema, ilustramos a segunda dessas propriedades para o caso de filtros passa-tudo.

(a) Seja
$$H_c(s) = \frac{a-s}{s+a}$$
sendo a real e positivo. Mostre que
$$|H_c(j\omega)| = 1.$$

(b) Agora, vamos aplicar a transformação bilinear a $H_c(s)$ a fim de obter $H_d(z)$. Ou seja,
$$H_d(z) = H_c(s)\Big|_{s=\frac{1-z^{-1}}{1+z^{-1}}}.$$
Mostre que $H_d(z)$ tem um polo (que está dentro do círculo unitário) e um zero (que está fora do círculo unitário).

(c) Para a função de sistema $H_d(z)$ obtida no item (b), mostre que $|H_d(e^{j\omega})| = 1$.

10.66 A transformação bilinear, apresentada no problema anterior, também pode ser usada para se obter um filtro de tempo discreto, cuja magnitude da resposta em frequência é semelhante à magnitude da resposta em frequência de determinado filtro passa-baixas de tempo contínuo. Neste problema, ilustramos a semelhança por meio do exemplo de um filtro Butterworth de segunda ordem de tempo contínuo com função de sistema $H_c(s)$.

(a) Seja
$$H_d(z) = H_c(s)\Big|_{s=\frac{1-z^{-1}}{1+z^{-1}}}.$$
Mostre que
$$H_d(e^{j\omega}) = H_c\left(j\,\text{tg}\,\frac{\omega}{2}\right).$$

(b) Dado que
$$H_c(s) = \frac{1}{(s+e^{j\pi/4})(s+e^{-j\pi/4})}$$
e que o filtro correspondente é causal, verifique que $H_c(0) = 1$, que $|H_c(j\omega)|$ diminui monotonicamente com valores positivos crescentes de ω, que $|H_c(j)|^2 = 1/2$ (ou seja, que $\omega_c = 1$ é a frequência de meia potência) e que $H_c(\infty) = 0$.

(c) Mostre que, se a transformação bilinear for aplicada a $H_c(s)$ do item (b) a fim de se obter $H_d(z)$, então o seguinte pode ser afirmado sobre $H_d(z)$ e $H_d(e^{j\omega})$:

1. $H_d(z)$ tem apenas dois polos, ambos *dentro* do círculo unitário.
2. $H_d(e^{j0}) = 1$.
3. $|H_d(e^{j\omega})|$ diminui monotonicamente à medida que ω vai de 0 até π.
4. A frequência de meia potência de $H_d(e^{j\omega})$ é $\pi/2$.

Capítulo 11
Sistemas lineares com realimentação

11.0 Introdução

Há muito tempo que se reconhece que, em muitas situações, existem vantagens em se utilizar realimentação – ou seja, usar a saída de um sistema para controlar ou modificar a entrada. Por exemplo, em sistemas eletromecânicos, como um motor cuja posição do eixo deve ser mantida em um ângulo constante, é comum medir o erro entre a posição desejada e a posição verdadeira e usar esse sinal de erro para girar o eixo na direção apropriada. Isso é ilustrado na Figura 11.1, na qual representamos o uso de um motor dc para o direcionamento preciso do telescópio. Na Figura 11.1(a), indicamos esquematicamente como esse sistema se pareceria, sendo $v(t)$ a tensão de entrada do motor e $\theta(t)$ a posição angular da plataforma do telescópio. O diagrama de blocos para o sistema de direcionamento controlado por motor é mostrado na Figura 11.1(b). Um sistema de realimentação para controlar a posição do telescópio é ilustrado na Figura 11.1(c), e um diagrama de blocos equivalente a esse sistema é mostrado na Figura 11.1(d). A entrada externa ou de *referência* para esse sistema de realimentação é o ângulo do eixo desejado θ_D. Um potenciômetro é usado para converter esse ângulo desejado em uma tensão $K_1\theta_D$ proporcional a θ_D. De modo semelhante, um segundo potenciômetro produz uma tensão $K_1\theta(t)$ proporcional ao ângulo verdadeiro da plataforma. Essas duas tensões são comparadas, produzindo uma tensão de erro $K_1(\theta_D - \theta(t))$, que é amplificada e depois usada para impulsionar o motor elétrico.

A Figura 11.1 sugere dois métodos diferentes para direcionar o telescópio. Um deles é o sistema com realimentação das figuras 11.1(c) e (d). Aqui, a entrada que devemos fornecer é o ângulo desejado ou de referência θ_D. Alternativamente, se o ângulo inicial, o ângulo desejado e as características elétricas e mecânicas detalhadas do conjunto motor-eixo fossem conhecidas exatamente, poderíamos especificar o histórico preciso da tensão de entrada $v(t)$ que primeiro aceleraria e depois desaceleraria o eixo, fazendo a plataforma parar na posição desejada sem o uso da realimentação, como nas figuras 11.1(a) e (b). Um sistema em operação como nas figuras 11.1(a) e (b) é tipicamente chamado de *sistema em malha aberta*, em contraste com o *sistema em malha fechada* das figuras 11.1(c) e (d). Em um ambiente prático, existem claras vantagens em se controlar o ângulo do eixo do motor com o sistema de malha fechada, em vez do sistema de malha aberta. Por exemplo, no sistema de malha fechada, até o eixo ser rotacionado na posição correta, qualquer distúrbio dessa posição será sentido e o erro resultante será usado para fornecer uma correção. No sistema de malha aberta, não existe um mecanismo para fornecer uma correção. Como outra vantagem do sistema de malha fechada, considere o efeito dos erros na modelagem das características do conjunto motor-eixo. No sistema de malha aberta, uma caracterização precisa do sistema é necessária para projetar a entrada correta. No sistema de malha fechada, a entrada é simplesmente o ângulo desejado do eixo e não requer um conhecimento exato do sistema. Essa insensibilidade do sistema de malha fechada aos distúrbios e ao conhecimento impreciso do sistema são duas vantagens importantes da realimentação.

O controle de um motor elétrico é apenas uma das grandes variedades de exemplos em que a realimentação desempenha um papel importante. Usos semelhantes da realimentação podem ser encontrados em uma grande variedade de aplicações, como o controle de processos químicos, sistemas de combustível automotivo, sistemas de aquecimento doméstico e sistemas aeroespaciais, para citar apenas alguns. Além disso, a realimentação também está presente em muitos processos biológicos e no controle do movimento humano. Por exemplo, ao apanhar um objeto, é usual, durante esse processo, monitorar visualmente a distância entre a mão e o objeto de modo que a velocidade

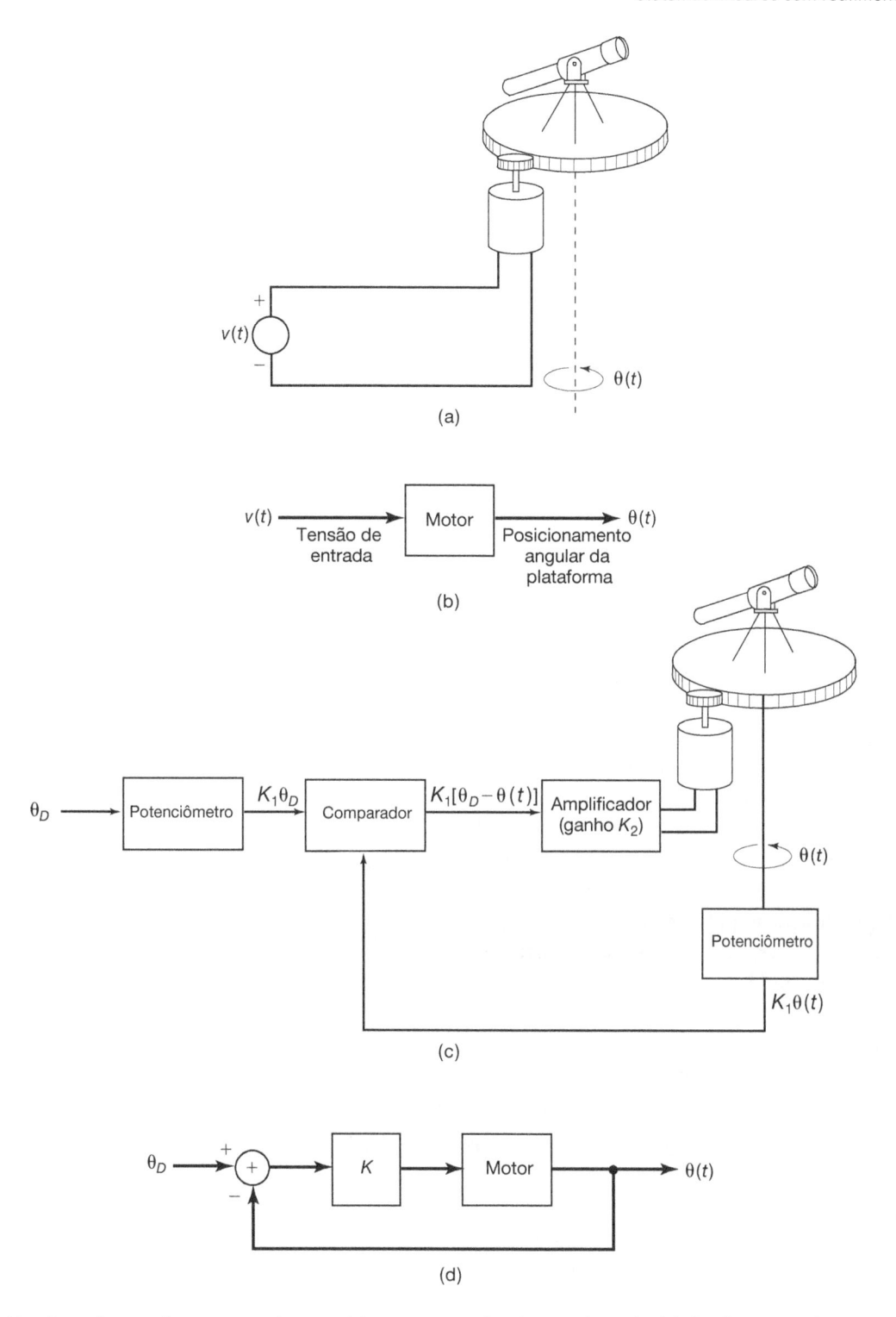

Figura 11.1 Uso de realimentação para controlar o posicionamento angular de um telescópio: (a) plataforma de telescópio controlada por motor dc; (b) diagrama de blocos do sistema em (a); (c) sistema de realimentação para o direcionamento do telescópio; (d) diagrama de blocos do sistema em (c) (aqui, $K = K_1 K_2$).

da mão possa ser reduzida suavemente à medida que a distância (ou seja, o erro) entre a mão e o objeto diminui. A eficácia do uso da saída do sistema (posição da mão) para controlar a entrada é claramente demonstrada ao tentar apanhar um objeto com e sem o uso da realimentação visual.

Além do seu uso em fornecer um mecanismo de correção de erro que pode reduzir a sensibilidade aos distúrbios e a erros na modelagem do sistema que deve ser controlado, outra característica importante da realimentação é o seu potencial para estabilizar um sistema que é inerentemente instável. Considere o problema de se tentar equilibrar um cabo de vassoura na palma da mão. Se a mão ficar parada, pequenos distúrbios (como uma ligeira brisa ou um movimento inadvertido da mão) farão que a vassoura caia. Naturalmente, se alguém souber com exatidão que distúrbios ocorrerão e puder controlar o movimento da mão perfeitamente, é possível determinar de modo antecipado como mover a mão para balancear o cabo. Isso, logicamente, é irrealista; porém, movendo sempre a mão na direção em que a vassoura está caindo, ela pode ser equilibrada. Certamente, isso *requer* realimentação, a fim de sentir a direção em que a vassoura está caindo. Um segundo exemplo bastante relacionado ao equilíbrio de uma vassoura é o problema de se controlar um pêndulo invertido, que é ilustrado na Figura 11.2. Como mostrado, um pêndulo invertido consiste em uma haste fina com um peso no topo. A parte inferior da haste é montada sobre um carrinho que pode mover-se em qualquer direção ao longo de uma trilha. Novamente, se o carrinho for mantido parado, o pêndulo invertido tombará. O problema de estabilizar o pêndulo invertido é o de projetar um sistema de realimentação que moverá o carrinho para manter o pêndulo vertical. Esse exemplo é examinado no Problema 11.56. Um terceiro exemplo, que novamente tem semelhança com o equilíbrio de uma vassoura, é o problema de se controlar a trajetória de um foguete. Nesse caso, assim como o movimento da mão é usado para compensar os distúrbios na posição da vassoura, a direção do impulso do foguete é usada para corrigir mudanças nas forças aerodinâmicas e distúrbios de vento que, de outra forma, fariam que o foguete se desviasse de seu curso. Mais uma vez, a realimentação é importante, pois essas forças e distúrbios nunca são precisamente conhecidos de antemão.

Os exemplos anteriores oferecem alguma indicação do motivo para a utilidade da realimentação. Nas duas seções seguintes, introduzimos os diagramas de blocos e as equações básicas para sistemas lineares com realimentação e discutimos com mais detalhes uma série de aplicações da realimentação e do controle, tanto em tempo contínuo quanto em tempo discreto. Também explicamos como a realimentação pode ter tanto efeitos prejudiciais como efeitos úteis. Esses exemplos dos usos e efeitos da realimentação nos darão alguma ideia de como as mudanças nos parâmetros em um sistema de controle de realimentação ocasionam mudanças no comportamento do sistema. Entender essa relação é essencial no projeto de sistemas de realimentação que possuem certas características desejáveis. Com esse material como base, desenvolveremos então, nas próximas seções do capítulo, diversas técnicas específicas que possuem valor significativo na análise e no projeto de sistemas com realimentação em tempo contínuo e em tempo discreto.

11.1 Sistemas com realimentação linear

A configuração geral de um sistema LIT de tempo contínuo com realimentação é mostrado na Figura 11.3(a), e a de um sistema LIT de tempo discreto com realimentação, na Figura 11.3(b). Por causa das aplicações típicas em que a realimentação é utilizada, é natural restringir os sistemas nas figuras 11.3(a) e (b) a sistemas causais. Esta será nossa suposição no decorrer do capítulo. Nesse caso, as funções de sistema na Figura 11.3 podem ser interpretadas como transformadas unilaterais ou bilaterais, e, como uma consequência da causalidade, as RDCs associadas a elas sempre estarão à direita do polo mais à direita para transformadas de Laplace e fora do polo mais externo para transformadas z.

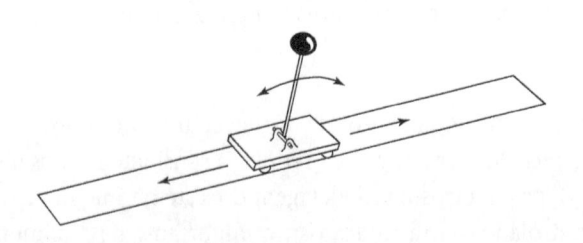

Figura 11.2 Um pêndulo invertido.

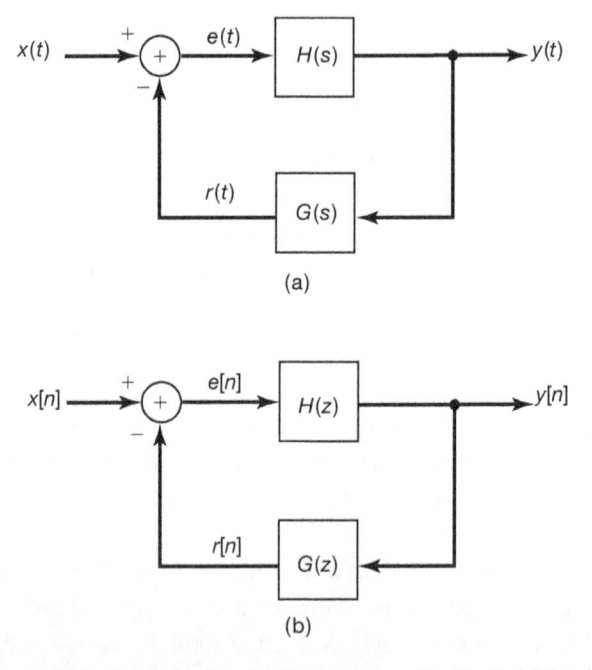

Figura 11.3 Configurações do sistema com realimentação básico de (a) tempo contínuo e (b) tempo discreto.

Também deve ser notado que a convenção usada na Figura 11.3(a) é de que $r(t)$, o sinal realimentado, é subtraído da entrada $x(t)$ para formar $e(t)$. A convenção idêntica é adotada em tempo discreto. Historicamente, essa convenção surgiu em aplicações de sistema de rastreamento, em que $x(t)$ representava um comando desejado e $e(t)$ representava o erro entre o comando e a resposta real $r(t)$. Este foi o caso, por exemplo, em nossa discussão sobre o direcionamento de um telescópio. Em sistemas de realimentação mais gerais, $e(t)$ e $e[n]$, a contraparte em tempo discreto de $e(t)$ pode não corresponder a ou ser diretamente interpretáveis como sinais de erro.

A função de sistema $H(s)$ na Figura 11.3(a) ou $H(z)$ na Figura 11.3(b) é chamado de *função de sistema do caminho direto*, e $G(s)$ ou $G(z)$, como *função de sistema do caminho de realimentação*. A função de sistema referente ao sistema total da Figura 11.3(a) ou (b) é conhecida como *função de sistema em malha fechada* e será indicada por $Q(s)$ ou $Q(z)$. Nas seções 9.8.1 e 10.8.1, obtivemos expressões para as funções de sistema das interconexões com realimentação dos sistemas LIT. Aplicando esses resultados aos sistemas com realimentação da Figura 11.3, obtemos

$$Q(s) = \frac{Y(s)}{X(s)} = \frac{H(s)}{1 + G(s)H(s)}, \quad (11.1)$$

$$Q(z) = \frac{Y(z)}{X(z)} = \frac{H(z)}{1 + G(z)H(z)}. \quad (11.2)$$

As equações 11.1 e 11.2 representam as equações fundamentais para o estudo de sistemas LIT com realimentação. Nas próximas seções, usamos essas equações como base para obter entendimento sobre as propriedades dos sistemas com realimentação e para desenvolver várias ferramentas para sua análise.

11.2 Algumas aplicações e consequências da realimentação

Na introdução, fornecemos uma breve visão intuitiva de algumas propriedades e usos dos sistemas com realimentação. Nesta seção, examinamos uma série de características e aplicações da realimentação em termos um pouco mais quantitativos, usando as equações básicas de realimentação 11.1 e 11.2 como ponto de partida. Nosso propósito é oferecer uma introdução e uma apreciação às aplicações da realimentação, em vez de desenvolver qualquer uma dessas aplicações com detalhes. Nas seções seguintes, focalizamos com mais profundidade diversas técnicas específicas para analisar sistemas com realimentação que são úteis em uma grande variedade de problemas, incluindo muitas das aplicações que vamos descrever.

11.2.1 Projeto de sistema inverso

Em algumas aplicações, deseja-se sintetizar o inverso de um dado sistema de tempo contínuo. Suponha que esse sistema tenha função de sistema $P(s)$ e considere o sistema com realimentação mostrado na Figura 11.4. Aplicando a Equação 11.1 a $H(s) = K$ e $G(s) = P(s)$, encontramos a função de sistema em malha fechada

$$Q(s) = \frac{K}{1 + KP(s)}. \quad (11.3)$$

Se o ganho K for suficientemente grande, de modo que $KP(s) \gg 1$, então

$$Q(s) \simeq \frac{1}{P(s)}, \quad (11.4)$$

caso em que o sistema com realimentação se aproxima do inverso do sistema com função de sistema $P(s)$.

É importante observar que o resultado na Equação 11.4 requer que o ganho K seja suficientemente alto, mas, por outro lado, não dependente do valor preciso do ganho. Os amplificadores operacionais são uma classe de dispositivos que oferecem esse tipo de ganho e são amplamente usados em sistemas com realimentação. Uma aplicação comum da inversão inerente da Equação 11.4 é na implementação de integradores. Um capacitor tem a propriedade de que sua corrente é proporcional à derivada da tensão. Inserindo um capacitor no caminho de realimentação em torno de um amplificador operacional, a propriedade de diferenciação do capacitor é invertida para fornecer integração. Essa aplicação específica é explorada com mais detalhes nos problemas 11.50 a 11.52.

Embora nossa discussão seja, em sua maior parte, restrita a sistemas lineares, é interessante observar que essa mesma técnica básica é comumente utilizada na inversão de uma não linearidade. Por exemplo, sistemas para os quais a saída é o logaritmo da entrada geralmente são implementados utilizando-se as características de corrente-tensão exponenciais de um diodo como realimentação em torno de um amplificador operacional. Esse fato é explorado com mais detalhes no Problema 11.53.

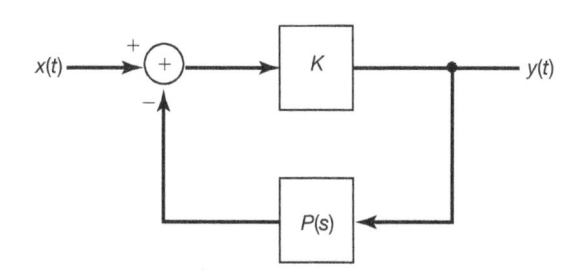

Figura 11.4 Forma de um sistema com realimentação usado na implementação do inverso do sistema com função de sistema $P(s)$.

11.2.2 Compensação de elementos não ideais

Outro uso comum da realimentação é para a correção de algumas das propriedades não ideais do sistema de malha aberta. Por exemplo, a realimentação frequentemente é usada no projeto de amplificadores para fornecer amplificação de ganho constante em determinada faixa de frequência e, de fato, é essa aplicação, cujo pioneiro foi H. S. Black, da Bell Telephone Laboratories, na década de 1920, que é geralmente considerada como a catalisadora para o desenvolvimento do controle por realimentação como uma metodologia prática e útil no projeto de sistemas.

Especificamente, considere uma resposta em frequência de malha aberta $H(j\omega)$ que fornece amplificação na banda de frequência especificada, mas não é constante nessa faixa. Por exemplo, os amplificadores operacionais ou os amplificadores a válvula, pelos quais Black e seus colegas se interessavam, tipicamente oferecem amplificação considerável, mas não controlada com precisão. Embora esses dispositivos possam oferecer níveis de amplificação brutos de várias ordens de grandeza, o preço que se paga por isso inclui níveis de amplificação incertos, que podem flutuar com a frequência, o tempo, a temperatura etc. e que também podem introduzir distorções de fase e não lineares indesejadas. O que Black propôs foi colocar tal amplificador poderoso, mas incerto e errático, em uma malha de realimentação, como na Figura 11.3(a), com $G(s)$ escolhido para ser constante, isto é, $G(s) = K$. Nesse caso, assumindo que o sistema em malha fechada seja estável, sua resposta em frequência será

$$Q(j\omega) = \frac{H(j\omega)}{1 + KH(j\omega)}. \quad (11.5)$$

Se, na faixa de frequência especificada,

$$|KH(j\omega)| \gg 1, \quad (11.6)$$

então

$$Q(j\omega) \simeq \frac{1}{K}. \quad (11.7)$$

Ou seja, a resposta em frequência de malha fechada é constante, conforme desejado. Esse resultado, naturalmente, considera que o sistema no caminho de realimentação possa ser projetado de modo que sua resposta em frequência $G(j\omega)$ tenha um ganho constante K na banda de frequência desejada, que é exatamente o que consideramos que *não* poderíamos garantir para $H(j\omega)$. A diferença entre o requisito sobre $H(j\omega)$ e sobre $G(j\omega)$, porém, é que $H(j\omega)$ deve fornecer amplificação, enquanto, pela Equação 11.7, vemos que, para o sistema de malha fechada global fornecer um ganho maior que a unidade, K deve ser menor que 1. Ou seja, $G(j\omega)$ deve ser um atenuador na faixa de frequências especificada. Em geral, um atenuador com características de frequência aproximadamente planas é muito mais fácil de realizar do que um amplificador com resposta em frequência aproximadamente plana (já que um atenuador pode ser construído a partir de elementos passivos).

O uso da realimentação para aplanar a resposta em frequência gera algum custo, e é esse fato que levou a um ceticismo considerável em relação à ideia de Black. Em particular, das equações 11.6 e 11.7, vemos que

$$|H(j\omega)| \gg \frac{1}{K} \simeq Q(j\omega), \quad (11.8)$$

de modo que o ganho de malha fechada $1/K$ será substancialmente menor que o ganho da malha aberta $|H(j\omega)|$. Essa perda de ganho aparentemente significativa, atribuída ao que Black chamou de realimentação *degenerativa* ou negativa, era vista inicialmente como uma fraqueza séria no amplificador de realimentação negativa de Black. De fato, esse efeito ficou conhecido por muitos anos e levou à convicção de que a realimentação negativa não era um mecanismo particularmente útil. No entanto, Black ressaltou que o que se deu no ganho global foi significativamente compensado pela sensibilidade reduzida do amplificador de malha fechada global: a função de sistema em malha fechada é basicamente igual à Equação 11.7, independentemente de variações em $H(j\omega)$, desde que $|H(j\omega)|$ seja grande o suficiente. Assim, se o amplificador de malha aberta for inicialmente projetado com ganho consideravelmente maior do que realmente é necessário, o amplificador de malha fechada fornecerá os níveis desejados de amplificação com sensibilidade bastante reduzida. Esse conceito e sua aplicação à extensão da largura de banda de um amplificador são explorados no Problema 11.49.

11.2.3 Estabilização de sistemas instáveis

Como mencionamos na introdução, outra aplicação dos sistemas de realimentação é estabilizar sistemas que, sem realimentação, são instáveis. Exemplos desse tipo de aplicação incluem o controle da trajetória de um foguete, a normalização de reações nucleares em uma usina nuclear, a estabilização de uma aeronave e o controle natural e regulamentar de populações de animais.

Para ilustrar como a realimentação pode ser usada para estabilizar um sistema instável, vamos considerar o sistema de tempo contínuo de primeira ordem

$$H(s) = \frac{b}{s-a}. \quad (11.9)$$

Com $a > 0$, o sistema é instável. Escolhendo a função de sistema $G(s)$ com um ganho constante K, vemos que a função de sistema de malha fechada na Equação 11.1 se torna

$$Q(s) = \frac{H(s)}{1 + KH(s)}$$
$$= \frac{b}{s - a + Kb}. \quad (11.10)$$

O sistema de malha fechada será estável se o polo for movido para o semiplano esquerdo do plano s. Este será o caso se

$$Kb > a. \quad (11.11)$$

Assim, podemos estabilizar esse sistema com um ganho constante na malha de realimentação se esse ganho for escolhido de modo que satisfaça a Equação 11.11. Esse tipo de sistema de realimentação é chamado *sistema de realimentação proporcional*, pois o sinal que é alimentado de volta é proporcional à saída do sistema.

Como outro exemplo, considere o sistema de segunda ordem

$$H(s) = \frac{b}{s^2 + a}. \quad (11.12)$$

Se $a > 0$, o sistema é um oscilador (ou seja, $H(s)$ tem seus polos no eixo $j\omega$), e a resposta ao impulso do sistema é senoidal. Se $a < 0$, $H(s)$ tem um polo no semiplano esquerdo e um no semiplano direito. Assim, em ambos os casos, o sistema é instável. De fato, conforme consideramos no Problema 11.56, a função de sistema dada na Equação 11.12 com $a < 0$ pode ser usada para modelar a dinâmica do pêndulo invertido, descrito na introdução.

Vamos, primeiro, considerar o uso da realimentação proporcional para esse sistema de segunda ordem; ou seja, tomamos

$$G(s) = K. \quad (11.13)$$

Substituindo na Equação 11.1, obtemos

$$Q(s) = \frac{b}{s^2 + (a + Kb)}. \quad (11.14)$$

Em nossa discussão dos sistemas de segunda ordem no Capítulo 6, consideramos uma função de transferência na forma

$$\frac{\omega_n^2}{s^2 + 2\zeta\omega_n s + \omega_n^2}. \quad (11.15)$$

Para que tal sistema seja estável, ω_n deve ser real e positivo (ou seja, $\omega_n^2 > 0$) e ζ deve ser positivo (correspondente ao amortecimento positivo). Das equações 11.14 e 11.15, segue que, com a realimentação proporcional, só podemos influenciar o valor de ω_n^2 e, consequentemente, não podemos estabilizar o sistema, pois não podemos introduzir qualquer amortecimento. Para sugerir um tipo de realimentação que possa ser usado para estabilizar esse sistema, notamos o sistema mecânico massa-mola-amortecedor, descrito em nosso estudo de sistemas de segunda ordem na Seção 6.5.2. Vimos que o amortecimento nesse sistema era o resultado da inclusão de um amortecedor, que fornecia uma força de restauração proporcional à *velocidade* da massa. Isso sugere que consideremos a realimentação *proporcional-derivativa*, ou seja, $G(s)$ na forma

$$G(s) = K_1 + K_2 s, \quad (11.16)$$

que resulta

$$Q(s) = \frac{b}{s^2 + bK_2 s + (a + K_1 b)}. \quad (11.17)$$

Os polos de malha fechada estarão no semiplano esquerdo e, portanto, o sistema de malha fechada será estável desde que escolhamos K_1 e K_2 de modo a garantir que

$$bK_2 > 0, \qquad a + K_1 b > 0. \quad (11.18)$$

A discussão acima ilustra como a realimentação pode ser usada para estabilizar sistemas de tempo contínuo. A estabilização de sistemas instáveis é uma aplicação importante da realimentação também para sistemas de tempo discreto. Alguns exemplos de sistemas de tempo discreto que são instáveis na ausência de realimentação são modelos de crescimento de população. Para ilustrar como a realimentação pode prevenir o crescimento exponencial de populações, vamos considerar um modelo simples para a evolução da população de uma única espécie de animal. Seja $y[n]$ o número de animais na n-ésima geração, e suponha que, sem a presença de quaisquer influências de impedimento, a taxa de nascimento é tal que a população dobraria a cada geração. Nesse caso, a equação básica para a dinâmica da população da espécie é

$$y[n] = 2y[n-1] + e[n], \quad (11.19)$$

em que $e[n]$ representa quaisquer acréscimos ou exclusões da população causados por influências externas.

Esse modelo de população é obviamente instável, com uma resposta ao impulso que cresce exponencialmente.

Entretanto, em qualquer ecossistema, existem diferentes fatores que inibirão o crescimento de uma população. Por exemplo, os limites sobre o fornecimento de alimentos para essa espécie se manifestarão na redução do crescimento da população quando o número de animais se tornar grande. De modo semelhante, se a espécie tiver inimigos naturais, é frequentemente razoável supor que a população dos predadores crescerá quando a população da presa aumentar e, consequentemente, que a presença de inimigos naturais retardará o crescimento da população. Além de influências naturais como estas, há efeitos introduzidos pelo homem, que visam ao controle populacional. Por exemplo, o fornecimento de alimentos ou população de predadores pode ficar sob controle humano. Além disso, a estocagem de peixes nos lagos ou a importação de animais de outras áreas podem ser usadas para promover o crescimento. O controle da caça ou da pesca também pode prover um efeito regulador. Como todas essas influências dependem do tamanho da população (naturalmente ou por projeto), elas representam efeitos de realimentação.

Com base nessa discussão, podemos separar $e[n]$ em duas partes por meio da equação

$$e[n] = x[n] - r[n], \qquad (11.20)$$

em que $r[n]$ representa o efeito das influências reguladoras descritas no parágrafo anterior e $x[n]$ incorpora quaisquer outros efeitos externos, como a migração de animais ou desastres naturais ou doenças. Observe que incluímos um sinal de menos na Equação 11.20. Isso é consistente com nossa convenção de usar a realimentação negativa, e aqui ele também tem a interpretação física de que, como o crescimento não inibido da população é instável, o termo de realimentação desempenha o papel de uma influência de *retardamento*. Para observar como a população pode ser controlada pela presença desse termo de realimentação, suponha que as influências reguladoras sejam responsáveis pela diminuição de uma proporção fixa β da população em cada geração. Como, de acordo com nosso modelo, a fração sobrevivente de cada geração dobrará em tamanho, temos, por conseguinte,

$$y[n] = 2(1 - \beta)y[n-1] + x[n]. \qquad (11.21)$$

Comparando a Equação 11.21 com as equações 11.19 e 11.20, observamos que

$$r[n] = 2\beta y[n-1]. \qquad (11.22)$$

O fator 2 aqui representa o fato de que a diminuição da população presente reduz o número de nascimentos na próxima geração.

Esse exemplo do uso da realimentação é ilustrado na Figura 11.5. Aqui, a função de sistema do caminho direto é obtida da Equação 11.19 como

$$H(z) = \frac{1}{1 - 2z^{-1}}, \qquad (11.23)$$

enquanto, da Equação 11.22, a função de sistema do caminho de realimentação é

$$G(z) = 2\beta z^{-1}. \qquad (11.24)$$

Como consequência, a função de sistema de malha fechada é

$$Q(z) = \frac{H(z)}{1 + G(z)H(z)} = \frac{1}{1 - 2(1-\beta)z^{-1}}. \qquad (11.25)$$

Se $\beta < 1/2$, o sistema de malha fechada ainda é instável, enquanto é estável[1] se $1/2 < \beta < 3/2$.

Claramente, esse exemplo de crescimento e controle da população é extremamente simplificado. Por exemplo, o modelo de realimentação da Equação 11.22 não considera o fato de que a parte de $r[n]$ devida à presença de inimigos naturais depende da população dos predadores, que, por sua vez, tem sua própria dinâmica de crescimento. Esses efeitos podem ser incorporados tornando o modelo de realimentação mais complexo, para refletir a presença de outras dinâmicas em um ecossistema, e os modelos resultantes para a evolução de espécie que interagem são extremamente importantes nos estudos ecológicos. Contudo, mesmo sem a incorporação desses efeitos, o modelo simples que descrevemos aqui, de fato, ilustra as ideias básicas de como a realimentação pode impedir a proliferação sem limites de uma espécie e sua extinção. Em particular, podemos ver em um nível elementar como os fatores induzidos por humanos podem ser usados. Por exemplo, se um desastre natural ou um aumento na

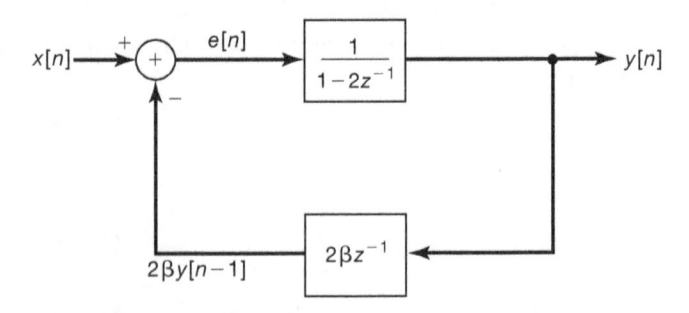

Figura 11.5 Diagrama de blocos de um modelo simples da dinâmica da população com realimentação.

---

[1] Embora, no contexto do nosso exemplo de população, β nunca possa exceder a unidade, pois $\beta > 1$ corresponde a remover mais de 100% da população.

população de inimigos naturais causar uma diminuição drástica na população de uma espécie, uma redução nos limites de caça ou pesca e esforços acelerados para aumentar a população podem ser usados para diminuir β a fim de *desestabilizar* o sistema para permitir o rápido crescimento até que o tamanho normal da população seja novamente alcançado.

Note também que, para esse tipo de problema, não se deseja usualmente uma estabilidade estrita. Especificamente, se as influências reguladoras forem tais que $\beta = 1/2$, e se todas as outras influências externas forem nulas (ou seja, se $x[n] = 0$), então $y[n] = y[n-1]$. Portanto, desde que $x[n]$ seja pequeno e tenha média nula em várias gerações, um valor de $\beta = 1/2$ resultará em uma população basicamente constante. Porém, para esse valor de β, o sistema é instável, pois, nesse caso, a Equação 11.21 se reduz a

$$y[n] = y[n-1] + x[n]. \quad (11.26)$$

Ou seja, o sistema é equivalente a um acumulador. Assim, se $x[n]$ for um degrau unitário, a saída crescerá sem limite. Consequentemente, se uma tendência constante for esperada em $x[n]$, por exemplo, causada por uma migração de animais para uma região, um valor de $\beta > 1/2$ deve ser usado para estabilizar o sistema e, portanto, manter a população dentro de limites e manter um equilíbrio ecológico.

11.2.4 Sistemas com realimentação de dados amostrados

Além de lidar com problemas como o que acabamos de descrever, as técnicas de realimentação em tempo discreto são de grande importância em uma grande variedade de aplicações envolvendo sistemas em tempo contínuo. A flexibilidade dos sistemas digitais tornou a implementação de *sistemas de realimentação com dados amostrados* uma opção extremamente atrativa. Nesse tipo de sistema, a saída de um sistema em tempo contínuo é amostrada, algum processamento é feito sobre a sequência de amostras resultante e uma sequência discreta de comandos de realimentação é gerada. Essa sequência é então convertida em um sinal de tempo contínuo, o qual é realimentado e subtraído da entrada externa para produzir a entrada real para o sistema em tempo contínuo.

Notadamente, a restrição de causalidade para sistemas com realimentação impõe uma restrição sobre o processo de converter o sinal de realimentação em tempo discreto para um sinal em tempo contínuo (por exemplo, a filtragem passa-baixas ideal ou qualquer aproximação não causal dela não é permitida). Um dos sistemas de conversão mais utilizados é o retentor de ordem nula (apresentado na Seção 7.1.2). A estrutura de um sistema com realimentação de dados amostrados envolvendo um retentor de ordem nula é representada na Figura 11.6(a). Na figura, temos um sistema LIT de tempo contínuo com função de sistema $H(s)$, que é amostrada para produzir uma sequência de tempo discreto

$$p[n] = y(nT). \quad (11.27)$$

A sequência $p[n]$ é então processada por um sistema LIT de tempo discreto com função de sistema $G(z)$, e a saída resultante passa por um retentor de ordem nula para produzir o sinal de tempo contínuo

$$z(t) = d[n] \quad \text{para} \quad nT \leq t < (n+1)T. \quad (11.28)$$

Esse sinal é subtraído da entrada externa $x(t)$ para produzir $e(t)$.

Suponha também que $x(t)$ seja constante em intervalos de comprimento T. Ou seja,

$$x(t) = r[n] \quad \text{para} \quad nT \leq t < (n+1)T, \quad (11.29)$$

em que $r[n]$ é uma sequência de tempo discreto. Essa é uma aproximação que usualmente é válida na prática, pois a taxa de amostragem geralmente é rápida o suficiente para que $x(t)$ não mude de forma apreciável em intervalos de tempo de comprimento T. Além do mais, em muitas aplicações, a entrada externa por si só é de fato gerada aplicando-se uma operação de retenção de ordem nula a uma sequência discreta. Por exemplo, em sistemas como os de aeronaves avançadas, as entradas externas representam comandos do operador humano que, por si sós, são primeiro processados digitalmente e depois convertidos de volta a sinais de entrada em tempo contínuo. Como a retenção de ordem nula é uma operação linear, o sistema com realimentação da Figura 11.6(a), quando $x(t)$ é dado pela Equação 11.29, é equivalente ao sistema da Figura 11.6(b).

Conforme mostramos no Problema 11.60, o sistema de tempo discreto com entrada $e[n]$ e saída $p[n]$ é um sistema LIT com função de sistema $F(z)$, que está relacionada à função de sistema em tempo contínuo $H(s)$ por meio de uma transformação *invariante em degrau*. Ou seja, se $s(t)$ for a resposta ao degrau do sistema de tempo contínuo, então a resposta ao degrau $q[n]$ do sistema de tempo discreto consistirá em amostras de $s(t)$ igualmente espaçadas. Matematicamente,

$$q[n] = s(nT) \quad \text{para todo } n. \quad (11.30)$$

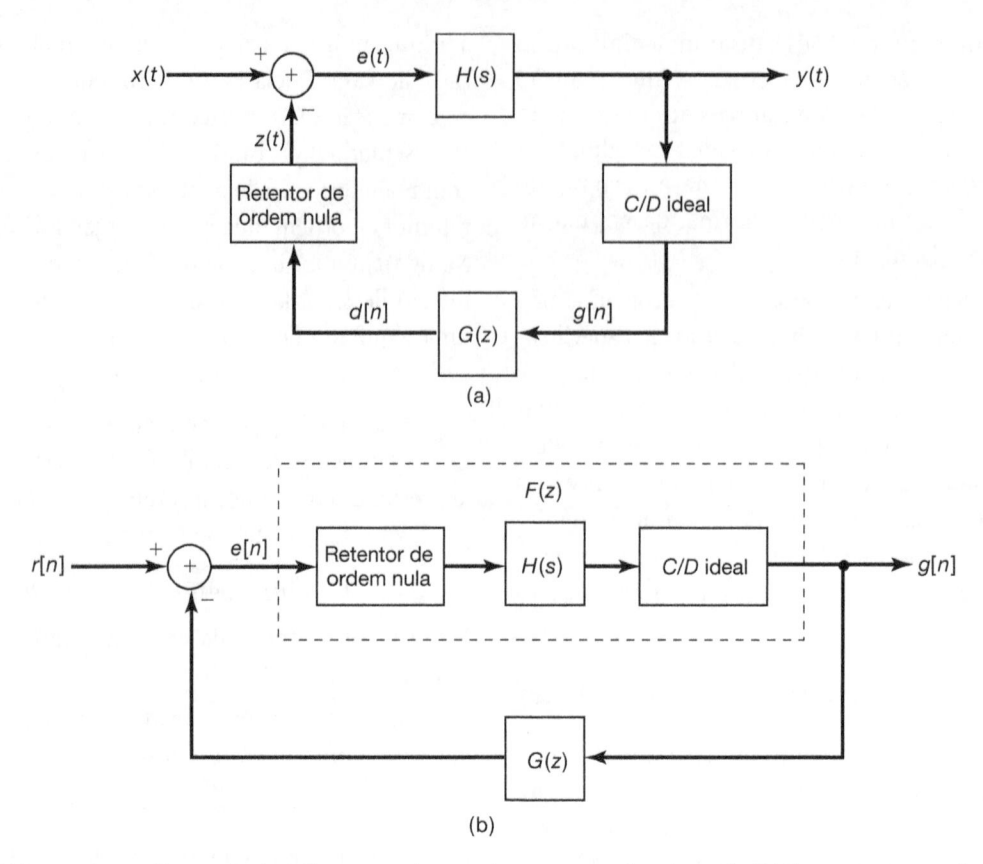

Figura 11.6 (a) Sistema com realimentação de dados amostrados usando um retentor de ordem nula. (b) Sistema em tempo discreto equivalente.

Uma vez determinado $F(z)$, teremos então um modelo de sistema com realimentação totalmente em tempo discreto [Figura 11.6(b)], representando exatamente o comportamento do sistema com realimentação de tempo contínuo [Figura 11.6(a)] nos instantes de amostragem $t = nT$, e poderemos, então, considerar o projeto da função de sistema com realimentação $G(z)$ para alcançar nossos objetivos desejados. Um exemplo do projeto desse tipo de sistema com realimentação de dados amostrados para estabilizar um sistema de tempo contínuo instável é examinado com detalhes no Problema 11.60.

11.2.5 Sistemas de rastreio

Como mencionamos na Seção 11.0, uma das aplicações importantes da realimentação é no projeto de sistemas em que o objetivo é fazer que a saída rastreie ou acompanhe a entrada. Há uma ampla quantidade de problemas em que o rastreio é um componente importante. Por exemplo, o problema de direcionamento do telescópio, discutido na Seção 11.0, é um problema de rastreio: o sistema de realimentação das figuras 11.1(c) e (d) tem como entrada o ângulo de direcionamento desejado, e a finalidade da malha de realimentação é prover um mecanismo para movimentar o telescópio a fim de que acompanhe a entrada. Em pilotos automáticos de aeronave, a entrada é o percurso de voo desejado do veículo, e o sistema com realimentação do piloto automático usa as superfícies de controle da aeronave (leme de direção, *ailerons* e leme de profundidade) e o controle de impulso para manter a aeronave no curso prescrito.

Para ilustrar alguns dos problemas que surgem no projeto de sistemas de rastreio, considere o sistema de realimentação de tempo discreto representado na Figura 11.7(a). O exame dos sistemas de rastreio em tempo discreto dessa forma frequentemente surge analisando-se as características de sistemas de rastreio de dados amostrados para aplicações em tempo contínuo. Um exemplo de tal sistema é um piloto automático digital. Na Figura 11.7(a), $H_p(z)$ denota a função de sistema para o sistema cuja saída deve ser controlada. Esse sistema é frequentemente conhecido como a *planta*, terminologia que se origina de aplicações como controle de plantas (ou usinas) de energia, sistemas de aquecimento e plantas (instalações) de processamento químico. A função de sistema $H_c(z)$ representa um compensador, que é o elemento a ser projetado. Aqui, a entrada do compensador é o erro de rastreio — ou seja, a diferença $e[n]$ entre a entrada $x[n]$ e a saída $y[n]$. A saída do compensador é a entrada da planta (por

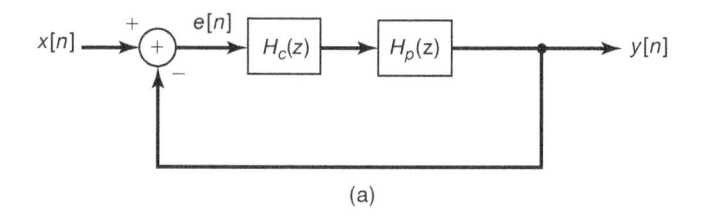

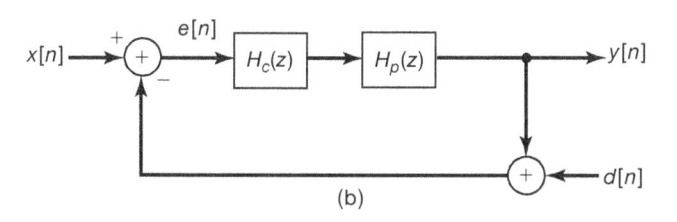

Figura 11.7 (a) Sistema de rastreio de tempo discreto. (b) Sistema de rastreio de (a) com distúrbio $d[n]$ no caminho de realimentação considerando a presença de erros de medida.

exemplo, a tensão real aplicada ao motor no sistema com realimentação das figuras 11.1(c) e (d) ou a entrada física real para o sistema de controle do leme de direção de uma aeronave).

Para simplificar a notação, seja $H(z) = H_c(z)H_p(z)$. Nesse caso, a aplicação da Equação 11.2 resulta na relação

$$Y(z) = \frac{H(z)}{1+H(z)}X(z). \quad (11.31)$$

Além disso, como $Y(z) = H(z)E(z)$, segue que

$$E(z) = \frac{1}{1+H(z)}X(z), \quad (11.32)$$

ou, restringindo para $z = e^{j\omega}$, obtemos

$$E(e^{j\omega}) = \frac{1}{1+H(e^{j\omega})}X(e^{j\omega}). \quad (11.33)$$

A Equação 11.33 nos fornece algumas ideias sobre o projeto de sistemas de rastreio. Especificamente, para um bom desempenho de rastreio, gostaríamos que $e[n]$ ou, de modo equivalente, $E(e^{j\omega})$, fosse pequeno. Ou seja,

$$z\frac{1}{1+H(e^{j\omega})}X(e^{j\omega}) \simeq 0. \quad (11.34)$$

Consequentemente, para o intervalo de frequências para o qual $X(e^{j\omega})$ é não nulo, gostaríamos que $|H(e^{j\omega})|$ fosse grande. Assim, temos um dos princípios fundamentais do projeto de sistema com realimentação: um bom desempenho de rastreio requer um ganho grande. Esse desejo de um ganho grande, no entanto, deve ser controlado, por vários motivos. Um deles é que, se o ganho for *muito* grande, o sistema de malha fechada pode ter características indesejáveis (como pouco amortecimento) ou pode de fato se tornar instável. Essa possibilidade é discutida na próxima seção e também analisada, usando-se métodos desenvolvidos nas seções subsequentes.

Além da questão da estabilidade, existem outros motivos para limitar o ganho em um sistema de rastreio. Por exemplo, na implementação de um sistema de rastreio, temos de medir a saída $y[n]$ a fim de compará-la com a entrada de comando $x[n]$, e qualquer dispositivo de medida usado terá imprecisões e fontes de erro (como o ruído térmico na eletrônica do dispositivo). Na Figura 11.7(b), incluímos esses erros na forma de um distúrbio $d[n]$ na entrada da malha de realimentação. Usando um pouco de álgebra com as funções de sistema chega-se à seguinte relação entre $Y(z)$ e as transformadas $X(z)$ e $D(z)$ de $x[n]$ e $d[n]$:

$$Y(z) = \left[\frac{H(z)}{1+H(z)}X(z)\right] - \left[\frac{H(z)}{1+H(z)}D(z)\right]. \quad (11.35)$$

Dessa expressão, observamos que, para minimizar a influência de $d[n]$ sobre $y[n]$, gostaríamos que $H(z)$ fosse pequeno, para que a segunda parcela no membro direito da Equação 11.35 seja pequena.

Pelo desenvolvimento apresentado, observamos que os objetivos de rastreio e minimização do efeito dos erros de medida são conflitantes, e devemos levar isso em consideração para chegar a um projeto de sistema aceitável. Em geral, o projeto depende de informações mais detalhadas com relação às características da entrada $x[n]$ e do distúrbio $d[n]$. Por exemplo, em muitas aplicações, $x[n]$ tem uma quantidade significativa de sua energia concentrada em frequências baixas, enquanto as fontes de erro de medida, como o ruído térmico, têm muita energia em altas frequências. Como consequência, o compensador $H_c(z)$ é geralmente projetado de modo que $|H(e^{j\omega})|$ seja grande em baixas frequências e pequeno para ω próximo de $\pm\pi$.

Há uma série de outras questões que precisam ser consideradas no projeto de sistemas de rastreio, como a presença de distúrbios em outros pontos na malha de realimentação. (Por exemplo, o efeito do vento sobre o movimento da aeronave deve ser levado em consideração no projeto de um piloto automático.) Os métodos de análise do sistema com realimentação introduzidos neste capítulo oferecem as ferramentas necessárias para se examinar cada uma dessas questões. No Problema 11.57, usamos algumas dessas ferramentas para investigar vários outros aspectos do problema de projeto de sistemas de rastreio.

11.2.6 Desestabilização causada pela realimentação

Além de ter muitas aplicações, a realimentação também pode ter efeitos indesejáveis e pode, de fato, causar instabilidade. Por exemplo, considere o sistema de direcionamento de telescópio, ilustrado na Figura 11.1. Pela discussão na seção anterior, sabemos que seria desejável ter um ganho de amplificador grande a fim de conseguir bom desempenho no rastreio do ângulo de direcionamento desejado. Por outro lado, à medida que aumentamos o ganho, provavelmente obtemos resposta de rastreio mais rápida à custa de uma redução no amortecimento do sistema, resultando em sobressinal e oscilação significativos em resposta a mudanças no ângulo desejado. Além do mais, um aumento acentuado do ganho pode resultar em instabilidade.

Outro exemplo comum do efeito desestabilizador possível da realimentação é a realimentação nos sistemas de áudio. Considere a situação representada na Figura 11.8(a). Aqui, um alto-falante produz um sinal de áudio que é uma versão amplificada dos sons coletados por um microfone. Note que, além de outras entradas de áudio, o som vindo do próprio alto-falante pode ser sentido pelo microfone. A força desse sinal em particular depende da distância entre o alto-falante e o microfone. Especificamente, devido às propriedades atenuantes do ar, a intensidade do sinal que alcança o microfone a partir do alto-falante diminui à medida que a distância entre o alto-falante e o microfone aumenta. Além do mais, devido à velocidade de propagação finita das ondas de som, existe atraso de tempo entre o sinal produzido pelo alto-falante e aquele sentido pelo microfone.

Esse sistema de realimentação de áudio é representado em forma de diagrama de blocos na Figura 11.8(b). Aqui, a constante K_2 no caminho de realimentação representa a atenuação, e T é o atraso de propagação. A constante K_1 é o ganho do amplificador. Note também que, a saída do caminho de realimentação é *somada* à entrada externa. Este é um exemplo de *realimentação positiva*. Como discutimos no início desta seção, o uso de um sinal negativo na definição de nosso sistema de realimentação básico da Figura 11.3 é puramente convencional, e sistemas de realimentação positivos e negativos podem ser analisados usando-se as mesmas ferramentas. Por exemplo, conforme ilustrado na Figura 11.8(c), o sistema de realimentação da Figura 11.8(b) pode ser escrito como um sistema de realimentação negativa acrescentando um sinal de menos à função de sistema do caminho de realimentação. Por essa figura e pela Equação 11.1, podemos determinar a função de sistema de malha fechada:

$$Q(s) = \frac{K_1}{1 - K_1 K_2 e^{-sT}}. \quad (11.36)$$

Posteriormente, retornaremos a este exemplo e, usando uma técnica que desenvolveremos na Seção 11.3, mostraremos que o sistema da Figura 11.8 é instável se

$$K_1 K_2 > 1. \quad (11.37)$$

Como a atenuação devida à propagação do som através do ar diminui (ou seja, K_2 *aumenta*) à medida que a distância entre o alto-falante e o microfone diminui, se o microfone for colocado muito próximo do alto-falante, de modo que a Equação 11.37 seja satisfeita, o sistema será instável. O resultado dessa instabilidade é uma amplificação excessiva e a distorção dos sinais de áudio.

É interessante notar que a realimentação positiva, ou o que H. S. Black chamou de *regenerativa*, também era conhecida algum tempo antes de ele inventar o amplificador de realimentação negativa e, ironicamente, era visto como um mecanismo muito útil (em contraste

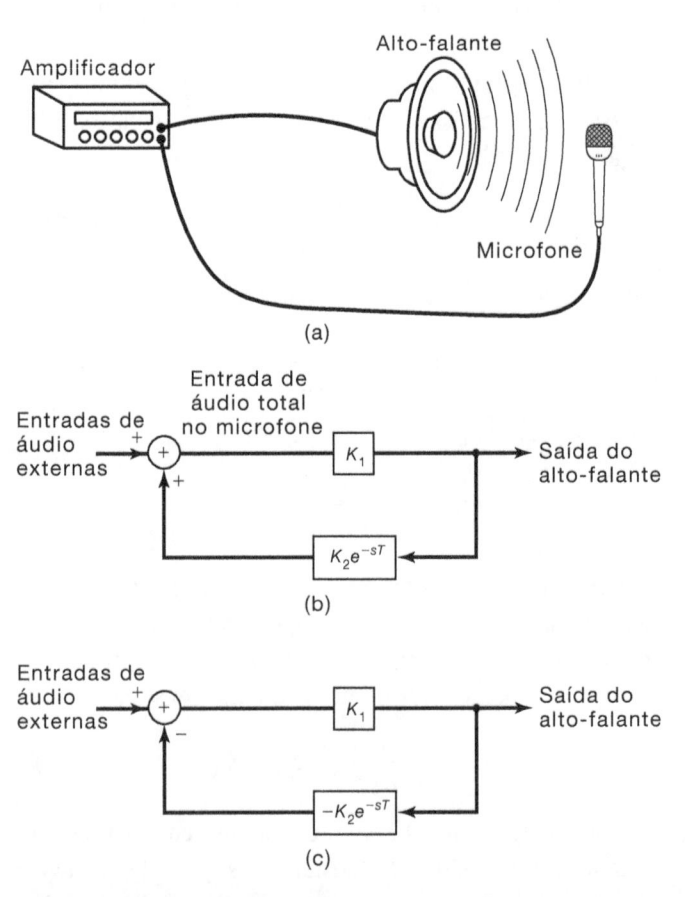

Figura 11.8 (a) Esquema do fenômeno da realimentação de áudio. (b) Representação em diagrama de blocos de (a). (c) Diagrama de blocos em (b) redesenhado como um sistema com realimentação negativa.

(*Nota*: e^{-sT} é a função de sistema de um atraso de tempo de T segundos.)

com a visão cética em relação à realimentação negativa). De fato, a realimentação positiva pode ser útil. Por exemplo, já era conhecido na década de 1920 que a influência desestabilizadora da realimentação positiva poderia ser usada para gerar sinais oscilatórios. Esse uso da realimentação positiva é ilustrado no Problema 11.54.

Nesta seção, descrevemos uma série de aplicações da realimentação. Estas e outras, como o uso da realimentação na implementação de filtros em tempo discreto recursivos (Problema 11.55), são consideradas com mais detalhes nos problemas ao final do capítulo. Pelo nosso exame dos usos da realimentação e dos possíveis efeitos estabilizantes e desestabilizantes que ela pode ter, é claro que algum cuidado precisa ser tomado no projeto e análise de sistemas de realimentação para garantir que o sistema de malha fechada se comporte de uma forma desejável. Especificamente, nas seções 11.2.3 e 11.2.6, vimos vários exemplos de sistemas de realimentação em que as características do sistema de malha fechada podem ser significativamente alteradas pela mudança dos valores de um ou dois parâmetros no sistema com realimentação. Nas próximas seções deste capítulo, desenvolvemos várias técnicas para analisar o efeito das mudanças em tais parâmetros sobre o sistema de malha fechada e para projetar sistemas para atender aos objetivos desejados, como estabilidade, amortecimento adequado etc.

11.3 Análise do lugar das raízes para sistemas lineares com realimentação

Conforme vimos em vários dos exemplos e aplicações que discutimos, um tipo útil de sistema com realimentação é aquele em que o sistema tem um ganho ajustável K associado a ele. À medida que esse ganho é variado, é de interesse examinar como os polos do sistema de malha fechada mudam, pois a localização desses polos nos dizem muito sobre o comportamento do sistema de malha fechada. Por exemplo, na estabilização de um sistema instável, o ganho ajustável é usado para mover os polos para o semiplano esquerdo, para um sistema de tempo contínuo, ou para dentro da circunferência unitária, para um sistema de tempo discreto. Além disso, no Problema 11.49, mostramos que a realimentação pode ser utilizada para ampliar a largura de banda de um sistema de primeira ordem movendo o polo de modo a diminuir a constante de tempo do sistema. Além do mais, assim como a realimentação pode ser empregada para reposicionar os polos visando melhorar o desempenho do sistema, como vimos na Seção 11.2.6, existe o perigo potencial de que, com uma escolha imprópria de realimentação, um sistema estável possa ser desestabilizado, o que é usualmente indesejável.

Nesta seção, discutimos um método em particular para examinar o lugar geométrico (ou seja, o caminho) no plano complexo dos polos do sistema de malha fechada à medida que um ganho ajustável é variado. O procedimento, conhecido como *método do lugar geométrico das raízes*, é uma técnica gráfica para representar os polos de malha fechada de uma função de sistema racional $Q(s)$ ou $Q(z)$ como uma função do valor do ganho. A técnica funciona de uma maneira idêntica tanto para sistemas de tempo contínuo quanto para sistemas de tempo discreto.

11.3.1 Um exemplo introdutório

Para ilustrar a natureza básica do método do lugar geométrico das raízes para um sistema com realimentação, vamos examinar novamente o exemplo de tempo discreto considerado na seção anterior e especificado pelas funções de sistema

[Equação 11.23] $\quad H(z) = \dfrac{1}{1 - 2z^{-1}} = \dfrac{z}{z-2}$ (11.38)

e

[Equação 11.24] $\quad G(z) = 2\beta z^{-1} = \dfrac{2\beta}{z},$ (11.39)

em que β agora é visto como um ganho ajustável. Então, como notamos anteriormente, a função de sistema de malha fechada é

[Equação 11.25] $\quad Q(z) = \dfrac{1}{1 - 2(1-\beta)z^{-1}} = \dfrac{z}{z - 2(1-\beta)}.$
(11.40)

Neste exemplo, é imediato identificar o polo de malha fechada como estando localizado em $z = 2(1-\beta)$. Na Figura 11.9(a), mostramos o lugar geométrico do polo para esse sistema à medida que β varia de 0 a $+\infty$. Na parte (b) dessa figura, mostramos o lugar geométrico à medida que β varia de 0 a $-\infty$. Em cada gráfico, indicamos o ponto $z = 2$, que é o polo de malha aberta [ou seja, é o polo de $Q(z)$ para $\beta = 0$]. À medida que β aumenta a partir de 0, o polo move-se para a esquerda do ponto $z = 2$, ao longo do eixo real, e indicamos esse fato incluindo uma seta na linha mais grossa, para mostrar como o polo muda quando β aumenta. De modo semelhante, para $\beta < 0$, o polo de $Q(z)$ move-se para a *direita* de $z = 2$, e a direção da seta na Figura 11.9(b) indica como o polo muda quando a magnitude de β aumenta. Para $1/2 < \beta < 3/2$, o polo encontra-se dentro da circunferência unitária, e assim, o sistema é estável.

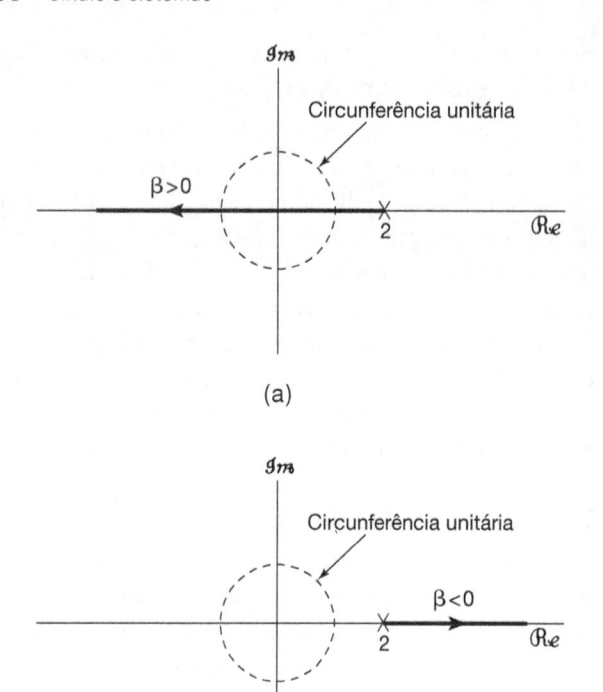

Figura 11.9 Lugar geométrico das raízes para o sistema de malha fechada da Equação 11.40 à medida que o valor de β varia: (a) $\beta > 0$; (b) $\beta < 0$. Note que marcamos o ponto $z = 2$ que corresponde ao local do polo quando $\beta = 0$.

Como um segundo exemplo, considere um sistema com realimentação em tempo contínuo com

$$H(s) = \frac{s}{s-2} \qquad (11.41)$$

e

$$G(s) = \frac{2\beta}{s}, \qquad (11.42)$$

em que β novamente representa o ganho ajustável. Como $H(s)$ e $G(s)$ neste exemplo são algebricamente idênticos a $H(z)$ e $G(z)$, respectivamente, no exemplo anterior, o mesmo será verdade para a função de sistema de malha fechada

$$Q(s) = \frac{s}{s - 2(1-\beta)} \qquad (11.43)$$

vis-à-vis $Q(z)$, e o lugar geométrico do polo como uma função de β será idêntico ao lugar geométrico naquele exemplo.

A relação entre esses dois exemplos enfatiza o fato de que o lugar geométrico dos polos é determinado pelas expressões algébricas para as funções de sistema dos caminhos direto e de realimentação, e não é inerentemente associado a se o sistema é um sistema de tempo contínuo ou de tempo discreto. Porém, a interpretação do resultado está diretamente ligada ao seu contexto de tempo contínuo ou tempo discreto. No caso de tempo discreto, é a localização dos polos em relação à circunferência unitária que é importante, ao passo que, no caso de tempo contínuo, é a sua localização em relação ao eixo imaginário. Assim, como vimos para o exemplo de tempo discreto da Equação 11.40, o sistema é estável para $1/2 < \beta < 3/2$, enquanto o sistema em tempo contínuo da Equação 11.43 é estável para $\beta > 1$.

11.3.2 Equação para os polos em malha fechada

No exemplo simples considerado na subseção anterior, o lugar geométrico das raízes foi fácil de representar, pois pudemos, primeiro, determinar explicitamente o polo de malha fechada como uma função do parâmetro de ganho e, depois, fazer um gráfico do lugar geométrico do polo à medida que mudávamos o ganho. Para sistemas mais complexos, não se pode esperar encontrar expressões simples em forma fechada para os polos de malha fechada. Porém, ainda é possível esboçar com precisão o lugar geométrico dos polos quando o valor do parâmetro de ganho é variado de $-\infty$ a $+\infty$, sem de fato encontrar o local dos polos para qualquer valor específico do ganho. Essa técnica para determinar o lugar geométrico das raízes é extremamente útil para se obter conhecimento sobre as características de um sistema com realimentação. Além disso, enquanto desenvolvermos o método, veremos que, uma vez estabelecido o lugar geométrico das raízes, há um procedimento relativamente direto para determinar o valor do parâmetro de ganho que produz um polo de malha fechada em qualquer localização especificada ao longo do lugar geométrico das raízes. Vamos expressar nossa discussão em termos da variável da transformada de Laplace s, sabendo que ela se aplica igualmente ao caso de tempo discreto.

Considere uma modificação do sistema de realimentação básico da Figura 11.3(a), em que $G(s)$ ou $H(s)$ é colocado em cascata com um ganho ajustável K. Essas situações são ilustradas na Figura 11.10. Em qualquer um desses casos, o denominador da função de sistema de malha fechada é $1 + KG(s)H(s)$.[2] Portanto, os polos do sistema de malha fechada são soluções da equação

$$1 + KG(s)H(s) = 0. \qquad (11.44)$$

---
[2] Na discussão a seguir, para simplificar, consideramos que não existe cancelamento de polos e zeros no produto $G(s)H(s)$. A presença de tais cancelamentos de polos e zeros não causa quaisquer dificuldades reais, e o procedimento que esboçaremos nesta seção é facilmente estendido para esse caso (Problema 11.32). De fato, o exemplo simples no início desta seção [equações 11.41 e 11.42] envolve um cancelamento de polos e zeros, em $s = 0$.

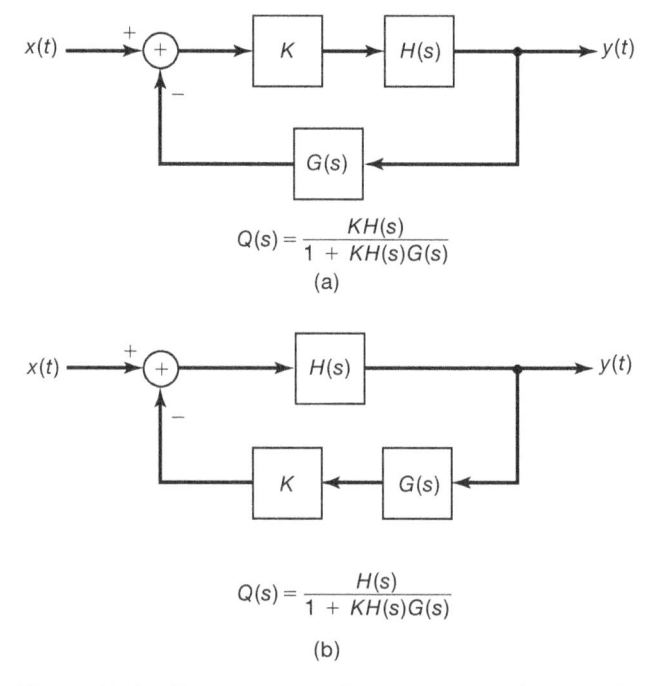

Figura 11.10 Sistemas com realimentação contendo um ganho ajustável: (a) sistema em que o ganho está localizado no caminho direto; (b) sistema com o ganho no caminho com realimentação.

Reescrevendo a Equação 11.44, obtemos a equação básica determinando os polos de malha fechada:

$$G(s)H(s) = -\frac{1}{K}. \quad (11.45)$$

A técnica para representar o lugar geométrico das raízes é baseada nas propriedades dessa equação e suas soluções. No restante desta seção, discutiremos algumas dessas propriedades e indicaremos como elas podem ser exploradas na determinação do lugar geométrico das raízes.

11.3.3 Pontos terminais do lugar das raízes: polos em malha fechada para $K = 0$ e $|K| = +\infty$

Talvez a observação mais imediata que se possa fazer sobre o lugar geométrico das raízes seja aquela obtida examinando-se a Equação 11.45 para $K = 0$ e $|K| = \infty$. Para $K = 0$, a solução dessa equação precisa resultar nos polos de $G(s)H(s)$, pois $1/K = \infty$. Para ilustrar, lembre-se do exemplo dado pelas equações 11.41 e 11.42. Se deixarmos β desempenhar o papel de K, vemos que a Equação 11.45 torna-se

$$\frac{2}{s-2} = -\frac{1}{\beta}. \quad (11.46)$$

Portanto, para $\beta = 0$, o polo do sistema estará localizado no polo de $2/(s-2)$ (ou seja, em $s = 2$), que corresponde ao que representamos na Figura 11.9.

Suponha agora que $|K| = \infty$. Então, $1/K = 0$, de modo que as soluções da Equação 11.45 devem aproximar-se dos *zeros* de $G(s)H(s)$. Se a ordem do numerador de $G(s)H(s)$ for menor que a do denominador, então alguns desses zeros, iguais em número à diferença na ordem entre o denominador e o numerador, estarão no infinito.

Novamente, com relação ao exemplo dado na Equação 11.46, como a ordem do denominador de $2/(s-2)$ é 1, embora a ordem do numerador seja nula, concluímos que, neste exemplo, existe um zero no infinito e nenhum zero no plano s finito. Assim, à medida que $|\beta| \to \infty$, o polo de malha fechada aproxima-se do infinito. Desta vez, esse fato está em acordo com a Figura 11.9, na qual a magnitude do polo aumenta sem limite enquanto $|\beta| \to \infty$ para $\beta > 0$ ou $\beta < 0$.

Embora as observações que acabamos de fazer nos ofereçam informações básicas quanto às localizações dos polos de malha fechada para os valores extremos de K, o resultado a seguir é a chave para que possamos representar graficamente o lugar geométrico das raízes sem de fato encontrar os polos de malha fechada como funções explícitas do ganho.

11.3.4 O critério de ângulo

Considere novamente a Equação 11.45. Como o membro direito dessa equação é real, um ponto s_0 só pode ser um polo de malha fechada se o membro esquerdo da equação, ou seja, $G(s_0)H(s_0)$, também for real. Escrevendo

$$G(s_0)H(s_0) = |G(s_0)H(s_0)|e^{j\sphericalangle G(s_0)H(s_0)}, \quad (11.47)$$

observamos que, para $G(s_0)H(s_0)$ ser real, deve ser verdade que

$$e^{j\sphericalangle G(s_0)H(s_0)} = \pm 1. \quad (11.48)$$

Ou seja, para s_0 ser um polo de malha fechada, devemos ter

$$\sphericalangle G(s_0)H(s_0) = \text{múltiplo inteiro de } \pi. \quad (11.49)$$

Retornando à Equação 11.46, vemos imediatamente que, para que $2/(s_0 - 2)$ seja real, é necessário que s_0 seja real. Para funções de sistema mais complexas, não é tão fácil determinar os valores de s_0 para os quais $G(s_0)H(s_0)$ é real. Contudo, conforme veremos, o uso do critério de ângulo dado pela Equação 11.49, juntamente com o método trigonométrico descrito no Capítulo 9 para calcular $\sphericalangle G(s_0)H(s_0)$, facilita significativamente a determinação do lugar geométrico das raízes.

O critério de ângulo dado pela Equação 11.49 fornece-nos um método direto para determinar se um ponto s_0 poderia ser um polo de malha fechada para *algum* valor do ganho K. Outro exame da Equação 11.45 fornece-nos um modo para calcular o valor do ganho correspondente a qualquer ponto no lugar geométrico das raízes. Especificamente, suponha que s_0 satisfaça

$$\sphericalangle G(s_0)H(s_0) = \text{múltiplo ímpar de } \pi. \quad (11.50)$$

Então $e^{j\sphericalangle G(s_0)H(s_0)} = -1$, e pela Equação 11.47, vemos que

$$G(s_0)H(s_0) = -|G(s_0)H(s_0)|. \quad (11.51)$$

Substituindo a Equação 11.51 na Equação 11.45, encontramos

$$K = -\frac{1}{|G(s_0)H(s_0)|}, \quad (11.52)$$

dessa forma, s_0 é uma solução da equação e, portanto, um polo de malha fechada.

De modo semelhante, se s_0 satisfaz a condição

$$\sphericalangle G(s_0)H(s_0) = \text{múltiplo par de } \pi, \quad (11.53)$$

então

$$G(s_0)H(s_0) = |G(s_0)H(s_0)|. \quad (11.54)$$

Assim, se

$$K = -\frac{1}{|G(s_0)H(s_0)|}, \quad (11.55)$$

logo s_0 é uma solução da Equação 11.45 e, portanto, um polo de malha fechada.

Para o exemplo dado na Equação 11.46, se s_0 está no eixo real e $s_0 < 2$, então

$$\sphericalangle \left(\frac{2}{s_0 - 2}\right) = -\pi, \quad (11.56)$$

e pela equação Equação 11.52, o valor de β para o qual s_0 é o polo de malha fechada é

$$\beta = \frac{1}{\left|\frac{2}{s_0-2}\right|} = \frac{2-s_0}{2}. \quad (11.57)$$

Ou seja,

$$s_0 = 2(1-\beta), \quad (11.58)$$

que está de acordo com a Equação 11.43.

Resumindo as duas últimas observações que fizemos, vemos que o *lugar geométrico das raízes* para o sistema de malha fechada, ou seja, o conjunto de pontos no plano s complexo que são polos de malha fechada para *algum* valor de K quando K varia de $-\infty$ a $+\infty$, são precisamente aqueles pontos que satisfazem a condição de ângulo da Equação 11.49. Além do mais:

---

1. Um ponto s_0 para o qual

$$\sphericalangle G(s_0)H(s_0) = \text{múltiplo ímpar de } \pi \quad (11.59)$$

está no lugar geométrico das raízes e é um polo de malha fechada para algum valor de $K > 0$. O valor do ganho que torna s_0 um polo de malha fechada é dado pela Equação 11.52.

2. Um ponto s_0 para o qual

$$\sphericalangle G(s_0)H(s_0) = \text{múltiplo par de } \pi \quad (11.60)$$

está no lugar geométrico das raízes e é um polo de malha fechada para algum valor de $K < 0$. O valor do ganho que torna s_0 um polo de malha fechada é dado pela Equação 11.55.

Portanto, reduzimos agora o problema de determinar o lugar geométrico das raízes ao de procurar pontos que satisfaçam os requisitos de ângulo dados pelas equações 11.59 e 11.60. Essas equações podem ser traduzidas em um conjunto de propriedades que auxiliem no esboço do lugar geométrico das raízes. Porém, antes de discutirmos algumas delas, vamos considerar um exemplo simples.

Exemplo 11.1

Seja

$$H(s) = \frac{1}{s+1}, \qquad G(s) = \frac{1}{s+2}. \quad (11.61)$$

Lembre-se de que na Seção 9.4 discutimos o cálculo geométrico das transformadas de Laplace. Naquela seção, vimos que o ângulo da transformada de Laplace racional

$$\frac{\prod_{k=1}^{m}(s-\beta_k)}{\prod_{k=1}^{n}(s-\alpha_k)} \quad (11.62)$$

calculado em algum ponto s_0 no plano complexo é igual à soma dos ângulos dos vetores a partir de cada um dos zeros até s_0 menos a soma dos ângulos a partir de cada um dos polos até s_0. Aplicando esse resultado ao produto de $G(s)H(s)$, sendo $G(s)$ e $H(s)$ dados na Equação 11.61, podemos determinar geometricamente os pontos no plano s que satisfazem os critérios de ângulo das equações 11.59 e 11.60 e, portanto, podemos esboçar o lugar geométrico das raízes.

Na Figura 11.11, mostramos os polos de $G(s)H(s)$ e indicamos por θ e ϕ os ângulos de cada um dos polos até o ponto s_0. Primeiro, vamos testar o critério de ângulo para os pontos s_0 no eixo real. Para começar, a contribuição do ângulo dos dois polos é nula quando s_0 está no eixo real à direita de -1. Assim,

$$\sphericalangle G(s_0)H(s_0) = 0 = 0 \cdot \pi, \quad s_0 \text{ real e maior que } -1, \quad (11.63)$$

e pela Equação 11.60, esses pontos estão no lugar geométrico das raízes para $K < 0$. Para os pontos entre os dois polos, o polo em -1 contribui com um ângulo de $-\pi$, e o polo em -2 contribui com 0. Assim,

$$\sphericalangle G(s_0)H(s_0) = -\pi, \quad s_0 \text{ real}, -2 < s_0 < -1. \quad (11.64)$$

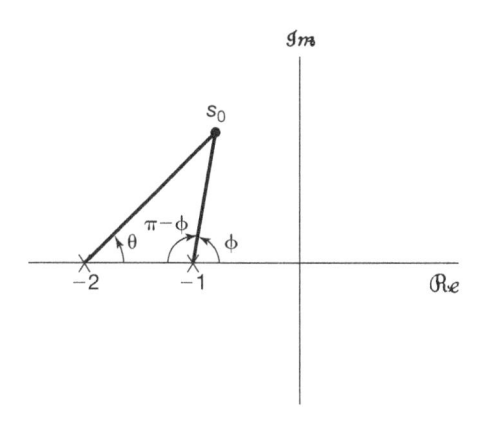

Figura 11.11 Procedimento geométrico para o cálculo do critério do ângulo para o Exemplo 11.1.

Esses pontos estão no lugar geométrico para $K > 0$. Por fim, cada polo contribui com um ângulo de $-\pi$ quando s_0 é real e menor que -2, de modo que

$$\sphericalangle G(s_0)H(s_0) = -2\pi, \quad s_0 \text{ real e menor que } -2.$$

Portanto, esses pontos estão no lugar geométrico para $K < 0$.

Vamos agora examinar os pontos no semiplano superior do plano s. (Como as respostas ao impulso têm valor real, os polos complexos ocorrem em pares conjugados. Dessa forma, podemos imediatamente determinar os polos no semiplano inferior depois que tivermos examinado o semiplano superior.) Pela Figura 11.11, o ângulo de $G(s_0)H(s_0)$ no ponto s_0 é

$$\sphericalangle G(s_0)H(s_0) = -(\theta + \phi). \quad \textbf{(11.65)}$$

Além disso, fica claro que, enquanto s_0 varia sobre o semiplano superior (mas não sobre o eixo real), temos

$$0 < \theta < \pi, \quad 0 < \phi < \pi. \quad \textbf{(11.66)}$$

Assim,

$$-2\pi < \sphericalangle G(s)H(s) < 0. \quad \textbf{(11.67)}$$

Portanto, vemos imediatamente que *nenhum* ponto no semiplano superior pode estar no lugar geométrico para $K < 0$ [pois $\sphericalangle G(s)H(s)$ nunca é igual a um múltiplo par de π]. Além disso, se s_0 tiver de estar no lugar geométrico para $K > 0$, precisamos ter

$$\sphericalangle G(s_0)H(s_0) = -(\theta + \phi) = -\pi, \quad \textbf{(11.68)}$$

ou

$$\theta = \pi - \phi. \quad \textbf{(11.69)}$$

Examinando a geometria da Figura 11.11, vemos que isso só ocorre para aqueles pontos localizados na reta que é paralela ao eixo imaginário e que bissecta o segmento que une os polos em -1 e -2. Examinamos o plano s inteiro e determinamos todos os pontos no lugar geométrico das raízes. Além disso, sabemos que, para $K = 0$, os polos de malha fechada são iguais aos polos de $G(s)H(s)$, e à medida que $|K| \to \infty$, os polos de malha fechada vão para os zeros de $G(s)H(s)$, que, nesse caso, estão ambos no infinito. Juntando esses resultados, podemos esboçar o lugar geométrico das raízes inteiro, representado na Figura 11.12, em que indicamos a direção do aumento de $|K|$, tanto para $K > 0$ quanto para $K < 0$.

Observe pela figura que, para $K > 0$, existem dois ramos do lugar das raízes e que este é verdade para $K < 0$. O motivo para a existência de dois ramos é que, nesse exemplo, o sistema de malha fechada é um sistema de segunda ordem e, consequentemente, tem dois polos para qualquer valor especificado de K. Portanto, o lugar das raízes tem dois ramos, cada um traçando o local de um dos polos de malha fechada enquanto K varia, e para qualquer valor em particular de K existe um polo de malha fechada em cada ramo. Novamente, se quisermos calcular o valor de K para o qual um ponto específico s_0 no local é um polo de malha fechada, podemos usar as equações 11.52 e 11.55.

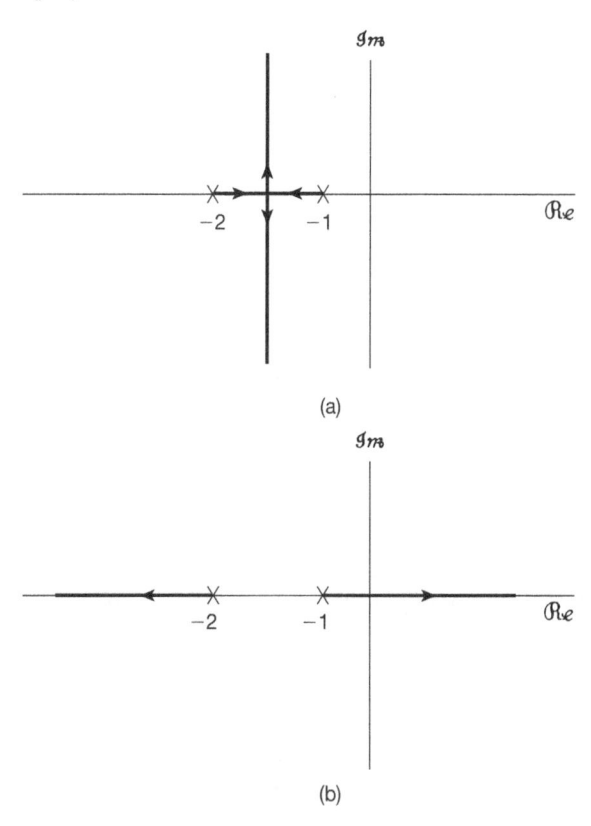

Figura 11.12 Lugar geométrico das raízes para o Exemplo 11.1: (a) $K > 0$; (b) $K < 0$ são indicados. Os polos de $G(s)H(s)$ estão localizados em $s = -1$ e $s = -2$.

11.3.5 Propriedades do lugar das raízes

O procedimento esboçado na seção anterior oferece-nos um método para determinar o lugar geométrico das raízes para qualquer sistema com realimentação LIT de tempo contínuo ou tempo discreto. Ou seja, simplesmente determinamos, graficamente ou não, todos os pontos que satisfazem a Equação 11.59 ou a Equação 11.60. Felizmente, existem diversas outras propriedades geométricas referentes a lugares geométricos das raízes que tornam o esboço de um lugar geométrico muito menos tedioso. Para começar nossa discussão dessas propriedades, vamos supor que tenhamos colocado $G(s)H(s)$ na forma padrão:

$$G(s)H(s) = \frac{s^m + b_{m-1}s^{m-1} + \cdots + b_0}{s^n + a_{n-1}s^{n-1} + \cdots + a_0} = \frac{\prod_{k=1}^{m}(s - \beta_k)}{\prod_{k=1}^{n}(s - \alpha_k)},$$

(11.70)

em que os β_k's indicam os zeros e os α_k's, os polos. Em geral, eles podem ser complexos. Além disso, vemos pela Equação 11.70 que estamos assumindo que o coeficiente inicial no numerador e denominador de $G(s)H(s)$ é +1. Isso sempre pode ser obtido dividindo-se o numerador e o denominador pelo coeficiente de s^n do denominador e absorvendo o coeficiente do numerador resultante de s^m no ganho K. Por exemplo,

$$K\frac{2s+1}{3s^2+5s+2} = K\frac{\frac{2}{3}s+\frac{1}{3}}{s^2+\frac{5}{3}s+\frac{2}{3}} = \left(\frac{2}{3}\right)K\frac{s+\frac{1}{2}}{s^2+\frac{5}{3}s+\frac{2}{3}},$$

(11.71)

e a quantidade $(2/3)K$ é então considerada como o ganho total que não altera a determinação do lugar geométrico das raízes.

Também assumimos que

$$m \leq n, \quad (11.72)$$

que é usualmente o caso encontrado na prática. (O Problema 11.33 considera o caso $m > n$.) A seguir estão algumas propriedades que incluem observações anteriores e que auxiliam no esboço do lugar geométrico das raízes.

> **Propriedade 1:** Para $K = 0$, as soluções da Equação 11.45 são os polos de $G(s)H(s)$. Como estamos assumindo n polos, o lugar geométrico das raízes tem n ramos, cada um começando (para $K = 0$) em um polo de $G(s)H(s)$.

A Propriedade 1 inclui a versão geral do fato que observamos no Exemplo 11.1: que existe um ramo do lugar geométrico das raízes para cada polo de malha fechada. A próxima propriedade também é simplesmente uma reafirmação de uma de nossas observações anteriores.

> **Propriedade 2:** Quando $|K| \to \infty$, cada ramo do lugar geométrico das raízes aproxima-se de um zero de $G(s)H(s)$. Como estamos assumindo que $m \leq n$, $n - m$ desses zeros estão no infinito.

> **Propriedade 3:** Partes do eixo s real que se encontram à esquerda de um número *ímpar* de polos e zeros reais de $G(s)H(s)$ estão no lugar geométrico das raízes para $K > 0$. Partes do eixo s real que se encontram à esquerda de um número *par* (possivelmente zero) de polos e zeros de $G(s)H(s)$ estão no lugar geométrico das raízes para $K < 0$.

Podemos mostrar que a Propriedade 3 é verdadeira da seguinte forma: pela nossa discussão no Exemplo 11.1 e da Figura 11.13(a), vemos que, se um ponto no eixo s real está à direita de um polo ou zero real de $G(s)H(s)$, esse polo ou zero contribui com zero para $\sphericalangle G(s_0)H(s_0)$. Por outro lado, se s_0 está à esquerda de um zero, este contribui com $+\pi$, enquanto, se s_0 estiver à esquerda de um polo, temos uma contribuição de $-\pi$ (pois subtraímos os ângulos dos polos). Logo, se s_0 estiver à esquerda de um número ímpar de polos e zeros reais, a contribuição total desses polos e zeros é um múltiplo ímpar de π, ao passo que, se s_0 estiver à esquerda de um número par de polos e zeros reais, a contribuição total é um múltiplo par de π. Pelas equações 11.59 e 11.60, teremos o resultado indicado na Propriedade 3 se pudermos mostrar que a contribuição total de todos os polos e zeros com partes imaginárias diferentes de zero for um múltiplo par de π. A chave aqui é que esses polos e zeros ocorrem em pares conjugados complexos, e podemos considerar a contribuição de cada par desse tipo, conforme ilustrado na

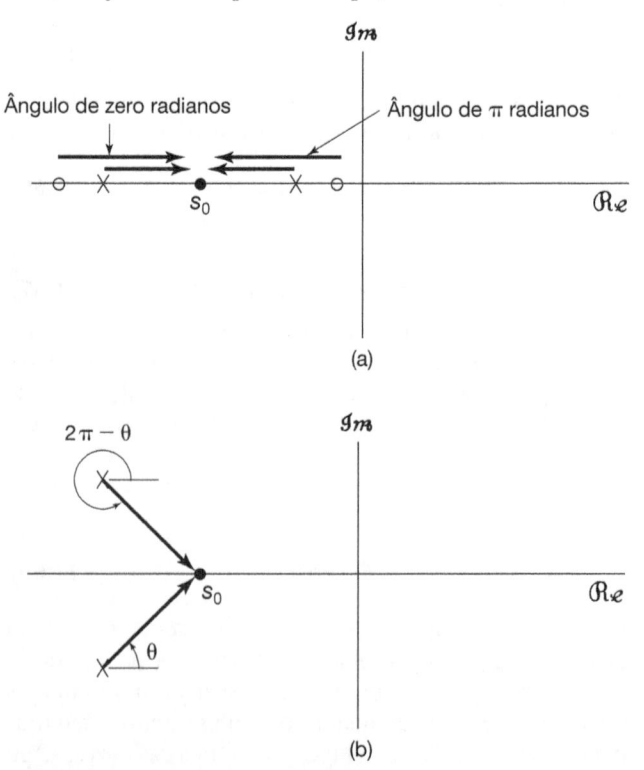

Figura 11.13 (a) Contribuição angular dos polos e zeros reais a um ponto no eixo real. (b) Contribuição angular total de um par de polos complexos conjugados a um ponto no eixo real.

Figura 11.13(b). A simetria na figura indica claramente que a soma dos ângulos a partir desse par até qualquer ponto s_0 no eixo real é exatamente 2π. Somando as contribuições de todos os pares de zero conjugados e subtraindo as de todos os pares de polos conjugados, obtemos o resultado desejado. Assim, *qualquer* segmento da reta real entre os polos e zeros reais está no lugar geométrico das raízes ou para $K > 0$ ou para $K < 0$, dependendo se está à esquerda de um número ímpar ou par de polos e zeros de $G(s)H(s)$.

Como uma consequência das propriedades 1 a 3, considere um segmento do eixo real entre dois polos de $G(s)H(s)$, sem zeros entre esses polos. Pela Propriedade 1, o lugar geométrico das raízes começa nos polos, e pela Propriedade 3, todo o trecho do eixo real entre esses dois polos estará no lugar geométrico das raízes para um intervalo positivo ou negativo de valores de K. Portanto, à medida que $|K|$ aumenta a partir de zero, os dois ramos do lugar geométrico das raízes que começam nesses polos movem-se um em direção ao outro ao longo do segmento do eixo real entre os polos. Pela Propriedade 2, à medida que $|K|$ aumenta em direção ao infinito, cada ramo do lugar geométrico das raízes deve aproximar-se de um zero. Como não existem zeros nessa parte do eixo real, o único modo como isso pode acontecer é se os ramos saírem para o plano complexo para um $|K|$ suficientemente grande. Isso é ilustrado na Figura 11.12, em que o lugar geométrico das raízes para $K > 0$ contém um trecho entre dois polos reais. À medida que K aumenta, o lugar geométrico das raízes eventualmente deixa o eixo real, formando dois ramos complexos conjugados. Resumindo essa discussão, temos a seguinte propriedade do lugar geométrico das raízes:

> **Propriedade 4:** Os ramos do lugar geométrico das raízes entre dois polos reais devem sair para o plano complexo para um $|K|$ grande.

As propriedades 1 a 4 servem para ilustrar como características do lugar geométrico das raízes podem ser deduzidas a partir das equações 11.45, 11.59 e 11.60. Em muitos casos, representar os polos e zeros de $G(s)H(s)$ e depois usar essas quatro propriedades é suficiente para fornecer um esboço razoavelmente preciso do lugar geométrico (ver exemplos 11.2 e 11.3). Além dessas propriedades, porém, existem diversas outras características do lugar geométrico das raízes que permitem que se obtenham esboços com melhor precisão. Por exemplo, da Propriedade 2, sabemos que $n - m$ ramos do lugar geométrico das raízes se aproximam do infinito. De fato, esses ramos aproximam-se do infinito em ângulos específicos que podem ser calculados e, portanto, esses ramos são assintoticamente paralelos a retas com esses ângulos. Além do mais, é possível traçar as assíntotas e depois determinar o ponto em que as assíntotas se cruzam. Essas duas propriedades e várias outras são ilustradas nos problemas 11.34 a 11.36 e 11.41 e 11.42. Um desenvolvimento mais detalhado do método do lugar geométrico das raízes pode ser encontrado em textos avançados, como aqueles listados na Bibliografia ao final do livro.

No restante desta seção, apresentamos dois exemplos, um em tempo contínuo e um em tempo discreto, que ilustram como as quatro propriedades que acabamos de descrever nos permitem esboçar o lugar geométrico das raízes e deduzir as características de estabilidade de um sistema com realimentação quando o ganho K varia.

Exemplo 11.2

Seja

$$G(s)H(s) = \frac{s-1}{(s+1)(s+2)}. \quad (11.73)$$

Das propriedades 1 e 2, o lugar geométrico das raízes para K positivo ou K negativo começa nos pontos $s = -1$ e $s = -2$. Um ramo termina no zero em $s = 1$, e o outro, no infinito.

Primeiro, vamos considerar $K > 0$. O lugar geométrico das raízes nesse caso é ilustrado na Figura 11.14(a). Pela Propriedade 3, podemos identificar as regiões do eixo real que estão no lugar geométrico das raízes para $K > 0$, especificamente, $\mathcal{R}e\{s\} < -2$ e $-1 < \mathcal{R}e\{s\} < 1$. Portanto, um ramo do lugar das raízes para $K > 0$ origina-se em $s = -1$ e aproxima-se de $s = 1$ quando $K \to \infty$. O outro começa em $s = -2$ e estende-se para a esquerda em direção a $\mathcal{R}e\{s\} = -\infty$, quando $K \to +\infty$.

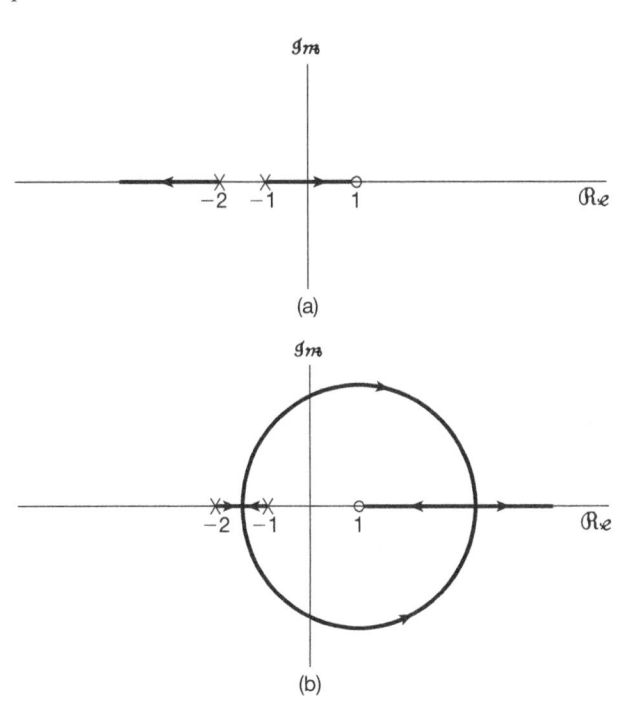

Figura 11.14 Lugar geométrico das raízes para o Exemplo 11.2: (a) $K > 0$; (b) $K < 0$. Os polos de $G(s)H(s)$ em $s = -1$ e $s = -2$ e o zero de $G(s)H(s)$ em $s = 1$ são indicados na figura.

Assim, vemos que, para $K > 0$, se K for suficientemente grande, o sistema se tornará instável, quando um dos polos de malha fechada se move para o semiplano direito. O procedimento que usamos para desenhar o lugar das raízes naturalmente não indica o valor de K para o qual essa instabilidade ocorre. Porém, para esse exemplo em particular, vemos que o valor de K para o qual a instabilidade ocorre corresponde ao lugar geométrico das raízes passando por $s = 0$. Consequentemente, pela Equação 11.52, o valor correspondente de K é

$$K = \frac{1}{|G(0)H(0)|} = 2. \quad (11.74)$$

Assim, o sistema é estável para $0 \leq K < 2$, mas é instável para $K \geq 2$.

Para $K < 0$, as partes do eixo real que estão no lugar geométrico das raízes são $\Re e\{s\} > 1$ e $-2 < \Re e\{s\} < -1$. Assim, o lugar das raízes novamente começa nos pontos $s = -2$ e $s = -1$, movendo-se para a região $-2 < \Re e\{s\} < -1$. Em algum ponto, ele adentra no plano complexo e segue uma trajetória que retorna ao eixo real para $s > 1$. No retorno do lugar geométrico das raízes para o eixo real, um ramo move-se para a esquerda em direção ao zero em $s = 1$, e o outro, para a direita em direção a $s = \infty$, conforme indica a Figura 11.14(b), em que mostramos um diagrama detalhado do local das raízes para $K < 0$.

Regras também podem ser desenvolvidas para indicar os pontos em que o lugar geométrico das raízes sai e entra no eixo real. Porém, mesmo sem essa descrição precisa, podemos desenhar a forma geral do lugar geométrico das raízes na Figura 11.14(b) e, portanto, podemos deduzir que, para $K < 0$, o sistema também se torna instável para $|K|$ suficientemente grande.

Exemplo 11.3

Considere o sistema de tempo discreto com realimentação ilustrado na Figura 11.15. Nesse caso,

$$G(z)H(z) = \frac{z^{-1}}{\left(1 - \frac{1}{2}z^{-1}\right)\left(1 - \frac{1}{4}z^{-1}\right)} = \frac{z}{\left(z - \frac{1}{2}\right)\left(z - \frac{1}{4}\right)}. \quad (11.75)$$

Como discutimos no início desta seção, as técnicas para desenhar o lugar geométrico das raízes de um sistema de tempo discreto com realimentação são idênticas àquelas usadas no caso de tempo contínuo. Portanto, de uma maneira exatamente análoga àquela usada no exemplo anterior, podemos deduzir a forma básica do lugar geométrico das raízes para este exemplo, que é ilustrado na Figura 11.16. Nesse caso, a parte do eixo real entre os dois polos de $G(z)H(z)$ (em $z = 1/4$ e $z = 1/2$) está no lugar geométrico das raízes para $K > 0$, e conforme K aumenta, o lugar geométrico das raízes entra no plano complexo e retorna ao eixo em algum ponto no semiplano esquerdo. A partir de lá, um ramo se aproxima do zero de $G(z)H(z)$ em $z = 0$, e o outro se aproxima do infinito quando $K \to \infty$. A forma do lugar geométrico das raízes para $K < 0$ consiste em dois ramos no eixo real, um aproximando-se de 0, e o outro, do infinito.

Como comentamos anteriormente, embora a forma do lugar geométrico das raízes não dependa de o sistema ser um sistema de tempo contínuo ou de tempo discreto, qualquer conclusão referente à estabilidade baseada no exame do lugar geométrico certamente depende. Para este exemplo, podemos concluir que, para $|K|$ suficientemente grande, o sistema é instável, pois um dos dois polos tem magnitude maior que 1. Em particular, pelo lugar geométrico das raízes para $K > 0$ na Figura 11.16(a), (veja p. 505), vemos que a transição de estabilidade para instabilidade ocorre quando um dos polos de malha fechada está em $z = -1$. Da Equação 11.52, o valor correspondente de K é

$$K = \frac{1}{|G(-1)H(-1)|} = \frac{15}{8}. \quad (11.76)$$

De modo semelhante, pela Figura 11.16(b), a transição entre estabilidade-instabilidade ocorre quando um dos polos de malha fechada está em $z = 1$, e, pela Equação 11.55, o valor correspondente de K é

$$K = -\frac{1}{|G(1)H(1)|} = -\frac{3}{8}. \quad (11.77)$$

Juntando esses resultados, vemos que o sistema de malha fechada na Figura 11.16 é estável se

$$-\frac{3}{8} < K < \frac{15}{8} \quad (11.78)$$

e é instável para K fora desse intervalo.

11.4 O critério de estabilidade de Nyquist

Conforme desenvolvido na Seção 11.3, a técnica de lugar geométrico das raízes fornece informações detalhadas com relação à localização dos polos de malha fechada à medida que o ganho do sistema varia. A partir dos diagramas do lugar geométrico das raízes, o amortecimento do sistema e suas características de estabilidade podem ser determinados à medida que K varia. A determinação do lugar geométrico das raízes requer a descrição analítica das funções de sistema dos caminhos direto e de realimentação e aplica-se apenas quando essas transformadas são racionais. Por exemplo, ela não pode ser aplicada diretamente em situações nas quais nosso co-

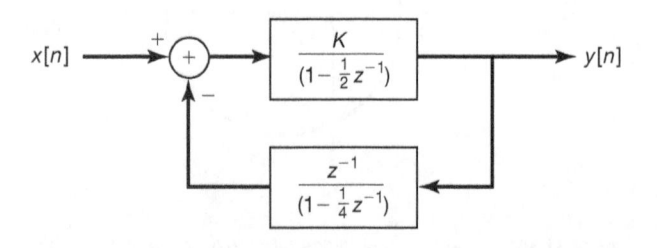

Figura 11.15 Sistema com realimentação de tempo discreto do Exemplo 11.3.

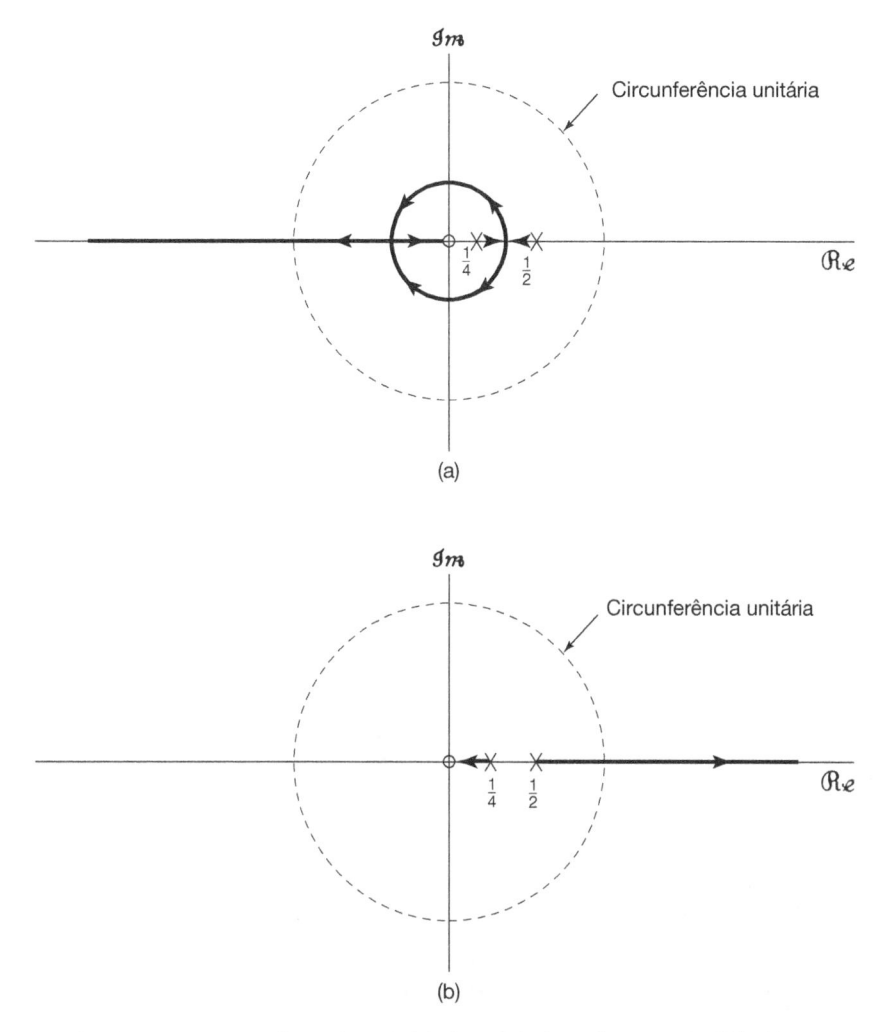

Figura 11.16 Lugar geométrico das raízes para o Exemplo 11.3: (a) $K > 0$; (b) $K < 0$. Os polos de $G(z)H(z)$ em $z = 1/4$ e $z = 1/2$ e o zero de $G(z)H(z)$ em $z = 0$ são indicados na figura.

nhecimento dessas funções de sistema é obtido puramente de modo experimental.

Nesta seção, apresentamos outro método para determinar a estabilidade dos sistemas com realimentação como uma função de um parâmetro de ganho ajustável. Essa técnica, conhecida como *critério de Nyquist*, difere do método do lugar das raízes de duas formas distintas. Diferente do método do lugar geométrico das raízes, o critério de Nyquist *não* provê informações detalhadas com relação à localização dos polos de malha fechada em função de K, mas simplesmente determina se o sistema é estável ou não para qualquer valor especificado de K. Por outro lado, o critério de Nyquist pode ser aplicado a funções de sistema não racionais e em situações em que nenhuma descrição analítica das funções de sistema de caminho direto e de realimentação esteja disponível.

Nosso objetivo nesta seção é esboçar as ideias básicas por trás do critério de Nyquist para sistemas de tempo contínuo e tempo discreto. Conforme veremos, os testes de Nyquist em tempo discreto e tempo contínuo são o resultado do mesmo conceito fundamental, embora, assim como o método do lugar geométrico das raízes, os critérios de fato para estabilidade sejam diferentes devido às diferenças entre tempo contínuo e tempo discreto. Desenvolvimentos mais detalhados das ideias por trás do critério de Nyquist e seu uso no projeto de sistemas com realimentação podem ser encontrados em textos sobre a análise e síntese com sistemas de realimentação e sistemas de controle automático, incluindo aqueles listados na Bibliografia ao final do livro.

Para introduzir o método, vamos lembrar que os polos dos sistemas de malha fechada da Figura 11.10 e seus correspondentes em tempo discreto são as soluções da equação

$$1 + KG(s)H(s) = 0 \text{ (tempo contínuo)} \quad \textbf{(11.79)}$$

e

$$1 + KG(z)H(z) = 0 \text{ (tempo discreto).} \quad \textbf{(11.80)}$$

Para sistemas de tempo discreto, queremos determinar se qualquer uma das soluções da Equação 11.80 se encontra fora da circunferência unitária e, para sistemas em tempo contínuo, se qualquer uma das soluções da Equação 11.79 se encontra no semiplano direito do plano s. O critério de Nyquist obtém essa informação avaliando os valores de $G(s)H(s)$ ao longo do eixo $j\omega$ e dos valores de $G(z)H(z)$ ao longo da circunferência unitária. A base para esses critérios é a propriedade do mapeamento, que desenvolvemos na próxima subseção.

11.4.1 A propriedade do mapeamento

Considere uma função racional geral $W(p)$, em que p é uma variável complexa,[3] e suponha que representemos $W(p)$ para valores de p ao longo de um contorno fechado no plano p que percorreremos no sentido horário. Essa situação é ilustrada na Figura 11.17 para uma função $W(p)$ que tem dois zeros e nenhum polo. Na Figura 11.17(a), mostramos um contorno fechado C no plano p, e na Figura 11.17(b), desenhamos o contorno fechado dos valores de $W(p)$ enquanto p varia ao longo de C. Neste exemplo, existe um zero de $W(p)$ dentro do contorno e um zero de $W(p)$ fora do contorno. Em qualquer ponto p em C, o ângulo de $W(p)$ é a soma dos ângulos dos dois vetores $\mathbf{v}_1$ e $\mathbf{v}_2$ até o ponto p. À medida que percorremos o contorno uma vez, o ângulo ϕ_1 do vetor a partir de zero *dentro* do contorno sofre uma variação total de -2π radianos, enquanto o ângulo ϕ_2 do vetor a partir de zero *fora* do contorno não sofre variação total. Assim, no gráfico de $W(p)$, existe uma variação total em ângulo de -2π. Em outras palavras, o diagrama de $W(p)$ na Figura 11.17(b) circunda a origem uma vez no sentido horário. De forma mais geral, para um $W(p)$ racional qualquer, quando percorremos um contorno fechado no sentido horário, quaisquer polos e zeros de $W(p)$ fora do contorno não contribuem para qualquer variação total no ângulo de $W(p)$, ao passo que cada zero dentro do contorno contribui para uma variação total de -2π e cada polo no interior contribui para uma variação total de $+2\pi$. Como cada variação total de -2π em $W(p)$ é mapeada em uma circundação em sentido horário da origem no diagrama de $W(p)$, podemos formular a seguinte *propriedade do mapeamento* básica:

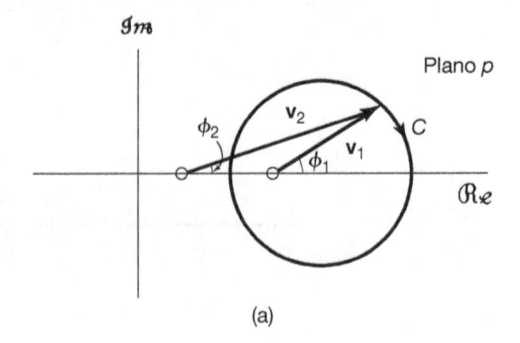

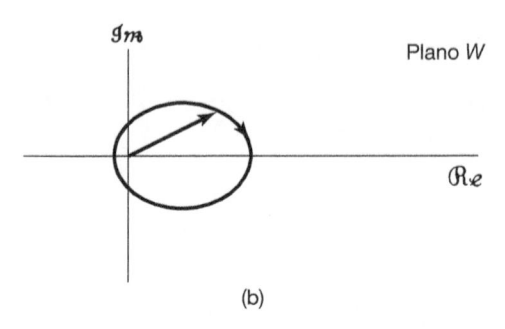

Figura 11.17 Propriedade de mapeamento básica. A curva fechada em (b) representa um gráfico dos valores de $W(p)$ para valores de p ao longo da curva C em (a). Aqui, a seta na curva C em (a) indica a direção em que C é percorrida, e a seta em (b) indica a direção correspondente ao longo do contorno de valores de $W(p)$.

Propriedade do mapeamento: Quando um contorno fechado C no plano p é percorrido uma vez em sentido horário, o diagrama correspondente de $W(p)$ para valores de p ao longo do contorno circunda a origem no sentido horário um número de vezes igual ao número de zeros menos o número de polos contidos dentro do contorno.

Ao se aplicar essa afirmação, uma circundação em sentido anti-horário é interpretado como o negativo de uma circundação em sentido horário. Por exemplo, se existir um polo e nenhum zero dentro do contorno, haverá uma circundação em sentido anti-horário ou, de modo equivalente, menos uma em sentido horário.

Exemplo 11.4

Considere a função

$$W(p) = \frac{p-1}{(p+1)(p^2+p+1)}. \qquad (11.81)$$

Na Figura 11.18, representamos vários contornos fechados no plano p complexo e os gráficos correspondentes de $W(p)$ ao longo de cada um desses contornos. Na Figura 11.18(a), o contorno C_1 não circunda qualquer um dos polos ou ze-

---

[3] Como usaremos a propriedade que estamos desenvolvendo para sistemas com realimentação de tempo contínuo e tempo discreto, decidimos descrever a propriedade geral em termos de uma variável complexa p. Na próxima subseção, utilizaremos essa propriedade para analisar sistemas com realimentação de tempo contínuo sendo s a variável complexa. Depois disso, na Seção 11.4.3, usaremos a propriedade do mapeamento para sistemas com realimentação de tempo discreto em que o contexto da variável complexa é z.

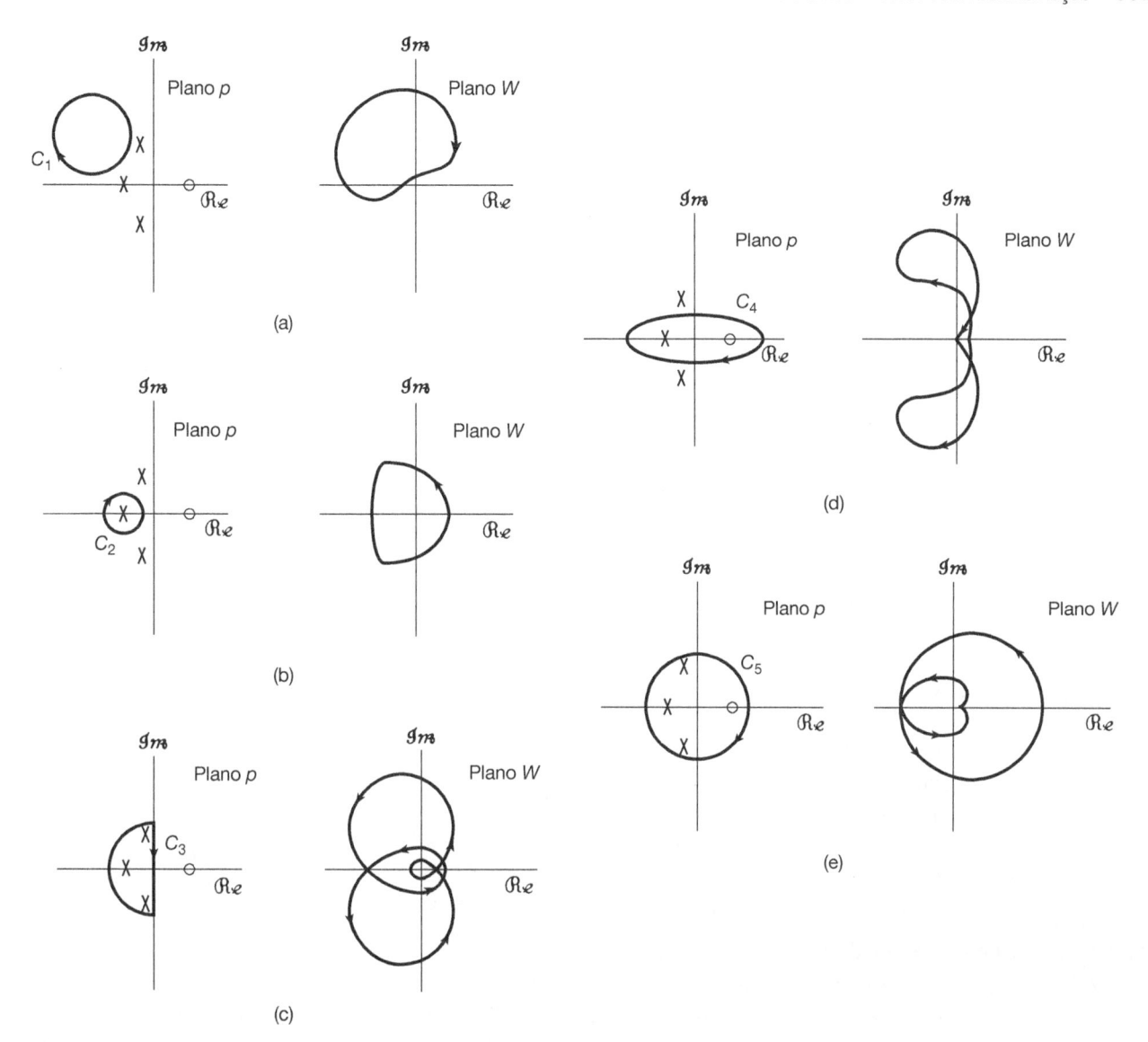

Figura 11.18 Propriedade de mapeamento básica para o Exemplo 11.4: (a) o contorno não circunda polos ou zeros e, consequentemente, $W(p)$ não tem circundações da origem; (b) o contorno circunda um polo e, logo, $W(p)$ possui uma circundação da origem; (c) o contorno circunda três polos e, portanto, $W(p)$ tem três circundações da origem; (d) o contorno circunda um polo e um zero e, dessa forma, $W(p)$ não apresenta circundações da origem; (e) o contorno circunda três polos e um zero. $W(p)$ possui duas circundações da origem.

ros de $W(p)$ e, consequentemente, o diagrama de $W(p)$ não possui circundações da origem. Na Figura 11.18(b), somente o polo em $p = -1$ está contido dentro do contorno C_2, e o diagrama de $W(p)$ circunda a origem uma vez no sentido anti-horário (menos uma circundação em sentido horário). Na Figura 11.18(c), C_3 circunda todos os três polos, e o diagrama de $W(p)$ circunda a origem três vezes em sentido anti-horário. Na Figura 11.18(d), C_4 circunda um polo e um zero, e, portanto, o diagrama de $W(p)$ não possui circundações da origem. Por fim, na Figura 11.18(e), todos os polos e o único zero de $W(p)$ estão contidos dentro de C_5, e, portanto, o diagrama de $W(p)$ ao longo desse contorno tem duas circundações completas da origem em sentido anti-horário.

11.4.2 O critério de Nyquist para sistemas de tempo contínuo com realimentação

Nesta seção, exploramos a propriedade do mapeamento examinando a estabilidade do sistema com realimentação de tempo contínuo da Figura 11.10. A estabilidade desse sistema requer que nenhum zero de $1 + KG(s)H(s)$ ou, de forma equivalente, da função

$$R(s) = \frac{1}{K} + G(s)H(s) \quad (11.82)$$

se encontre no semiplano direito do plano s. Assim, aplicando o resultado geral desenvolvido na subseção anterior, podemos considerar o contorno indicado na Figura 11.19. Pelo diagrama de $R(s)$, enquanto s percorre o contorno C, podemos obter o total do número de zeros, menos o número de polos de $R(s)$ contidos dentro do contorno, contando o número de circundamentos da origem em sentido horário. Enquanto M aumenta até infinito, isso então corresponde ao número de zeros menos o número de polos de $R(s)$ na metade direita do plano s.

Vamos examinar o cálculo de $R(s)$ ao longo do contorno da Figura 11.19 à medida que M aumenta até infinito. Ao longo da parte semicircular do contorno que se estende para o semiplano direito, temos de garantir que $R(s)$ permaneça limitado à medida que M aumenta. Consequentemente, assumiremos que $R(s)$ tem pelo menos tantos polos quanto zeros. Nesse caso,

$$R(s) = \frac{b_n s^n + b_{n-1} s^{n-1} + \cdots + b_0}{a_n s^n + a_{n-1} s^{n-1} + \cdots + a_0} \quad (11.83)$$

e

$$\lim_{|s| \to \infty} R(s) = \frac{b_n}{a_n} = \text{constante}. \quad (11.84)$$

Portanto, à medida que M aumenta até infinito, o valor de $R(s)$ não muda quando percorremos a parte semicircular do contorno e, consequentemente, o valor constante ao longo dessa parte é igual ao valor de $R(s)$ nos pontos extremos [ou seja, $R(j\omega)$ em $\omega = \pm\infty$].

Portanto, o gráfico de $R(s)$ ao longo do contorno da Figura 11.19 pode ser obtido pela representação gráfica de $R(s)$ ao longo da parte do contorno que coincide com o eixo imaginário, ou seja, o gráfico de $R(j\omega)$ quando ω varia de $-\infty$ para $+\infty$. Como $R(j\omega)$ é igual a $1/K + G(j\omega)H(j\omega)$, $R(s)$ ao longo do contorno pode ser traçado a partir do conhecimento de $G(j\omega)$ e $H(j\omega)$. Se os sistemas do caminho direto e de realimentação forem ambos estáveis, $G(j\omega)$ e $H(j\omega)$ são simplesmente as funções de resposta em frequência desses sistemas. Porém, a propriedade de mapeamento para a função geral $W(p)$ é simplesmente uma propriedade de funções complexas; ela não tem ligação alguma com o fato de $W(p)$ ter surgido como a transformada de Laplace ou transformada z de qualquer sinal e, consequentemente, não tem nada a ver com regiões de convergência. Assim, mesmo que os sistemas de caminho direto e de realimentação sejam instáveis, se examinamos o gráfico da *função* $R(j\omega) = 1/K + G(j\omega)H(j\omega)$ para $-\infty < \omega < \infty$, sabemos que o número de circundação em sentido horário da origem será igual ao número de zeros menos o número de polos de $R(s)$ que se encontram no semiplano direito.

Além do mais, pela Equação 11.82, vemos que os polos de $R(s)$ são simplesmente os polos de $G(s)H(s)$, enquanto os zeros de $R(s)$ são os polos de malha fechada. Além disso, como $G(j\omega)H(j\omega) = R(j\omega) - 1/K$, segue-se que o gráfico de $G(j\omega)H(j\omega)$ circunda o ponto $-1/K$ *exatamente tantas vezes quanto $R(j\omega)$ circunda a origem*. O diagrama de $G(j\omega)H(j\omega)$ à medida que ω varia de $-\infty$ a $+\infty$ é denominado *diagrama de Nyquist*. Pela propriedade do mapeamento, observamos então que

| O número de circundações em sentido horário do ponto $-1/K$ pelo diagrama de Nyquist. | = | O número de polos de malha fechada do semiplano direito menos o número de polos do semiplano direito de $G(s)H(s)$. | (11.85) |

Embora o sistema em malha aberta $G(s)H(s)$ possa ter polos instáveis, exigimos que não haja polos de malha fechada no semiplano direito, para o sistema de malha fechada ser estável. Isso resulta no *critério de estabilidade de Nyquist em tempo contínuo*:

> **Critério de estabilidade de Nyquist em tempo contínuo:** Para o sistema em malha fechada ser estável, o número de circundações em sentido horário do ponto $-1/K$ no diagrama de Nyquist de $G(j\omega)H(j\omega)$ deve ser igual a *menos* o número de polos no semiplano direito de $G(s)H(s)$. De modo equivalente, o número de circundações *em sentido anti-horário* do ponto $-1/K$ no diagrama de Nyquist de $G(j\omega)H(j\omega)$ deve ser *igual* ao número de polos do semiplano direito de $G(s)H(s)$.

Por exemplo, se os sistemas de caminho direto e de realimentação são estáveis, então o diagrama de Nyquist é simplesmente o diagrama da resposta em frequência da cascata desses dois sistemas. Nesse caso, como não existem polos de $G(s)H(s)$ no semiplano direito, o critério de Ny-

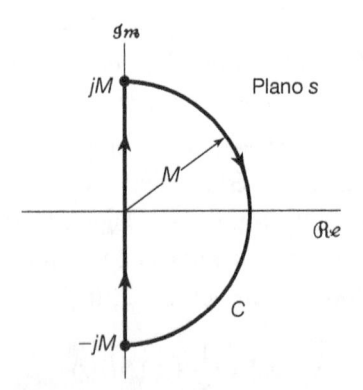

Figura 11.19 Contorno fechado contendo uma parte do semiplano direito; à medida que $M \to \infty$, o contorno delimita o semiplano direito inteiro.

quist requer que, para estabilidade, o número de circundações completas do ponto $-1/K$ seja nulo.

Exemplo 11.5

Seja

$$G(s) = \frac{1}{s+1}, \quad H(s) = \frac{1}{\frac{1}{2}s+1}. \quad (11.86)$$

O diagrama de Bode para $G(j\omega)H(j\omega)$ é mostrado na Figura 11.20. O diagrama de Nyquist representado na Figura 11.21 é construído diretamente a partir dos gráficos logarítmicos de magnitude e fase de $G(j\omega)H(j\omega)$. Ou seja, cada ponto no diagrama de Nyquist tem coordenadas polares consistindo na magnitude $|G(j\omega)H(j\omega)|$ e ângulo $\sphericalangle G(j\omega)H(j\omega)$ para algum valor de ω. As coordenadas de $G(j\omega)H(j\omega)$ para $\omega < 0$ são obtidas a partir dos valores para $\omega > 0$ pelo uso da propriedade de simetria conjugada de $G(j\omega)H(j\omega)$. Essa propriedade manifesta-se geometricamente de uma forma muito simples, que facilita o esboço do diagrama de Nyquist para qualquer sistema com realimentação composto por sistemas com respostas ao impulso reais. Especificamente, como $|G(-j\omega)H(-j\omega)| = |G(j\omega)H(j\omega)|$ e $\sphericalangle G(-j\omega)H(-j\omega) = -\sphericalangle G(j\omega)H(j\omega)$, o diagrama de Nyquist de $G(j\omega)H(j\omega)$ para $\omega \leq 0$ é reflexão sobre o eixo real do gráfico para $\omega \geq 0$. Observe também que incluímos uma seta no diagrama de Nyquist da Figura 11.21. Essa seta indica a direção do aumento de ω. Ou seja, indica a direção em que o diagrama de Nyquist é percorrido (quando ω varia de $-\infty$ a $+\infty$) para a contagem de circundações na aplicação do critério de Nyquist.

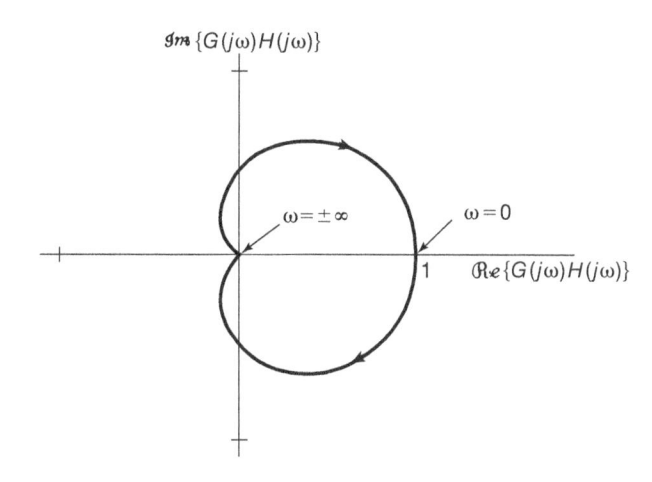

Figura 11.21 Diagrama de Nyquist de $G(j\omega)H(j\omega)$ para o Exemplo 11.5. A seta na curva indica a direção de ω crescente.

Neste exemplo, não existem polos de malha aberta no semiplano direito, e, consequentemente, o critério de Nyquist requer que, para estabilidade, não haja circundações do ponto $-1/K$. Assim, por inspeção da Figura 11.21, o sistema de malha fechada será estável se o ponto $-1/K$ ficar fora do contorno de Nyquist — ou seja, se

$$-\frac{1}{K} \leq 0 \quad \text{ou} \quad -\frac{1}{K} > 1, \quad (11.87)$$

que é equivalente a

$$K \geq 0 \quad \text{ou} \quad 0 > K > -1. \quad (11.88)$$

Combinando essas duas condições, o resultado é que o sistema de malha fechada será estável para qualquer escolha de K maior que -1.

Exemplo 11.6

Considere agora

$$G(s)H(s) = \frac{s+1}{(s-1)(\frac{1}{2}s+1)}. \quad (11.89)$$

O diagrama de Nyquist para este sistema é indicado na Figura 11.22. Para este exemplo, $G(s)H(s)$ tem um polo no semiplano direito. Assim, para estabilidade, exigimos uma circundação em sentido anti-horário do ponto $-1/K$, que, por sua vez, requer que o ponto $-1/K$ fique dentro do contorno. Logo, teremos estabilidade se e somente se $-1 < -1/K < 0$, ou seja, se $K > 1$.

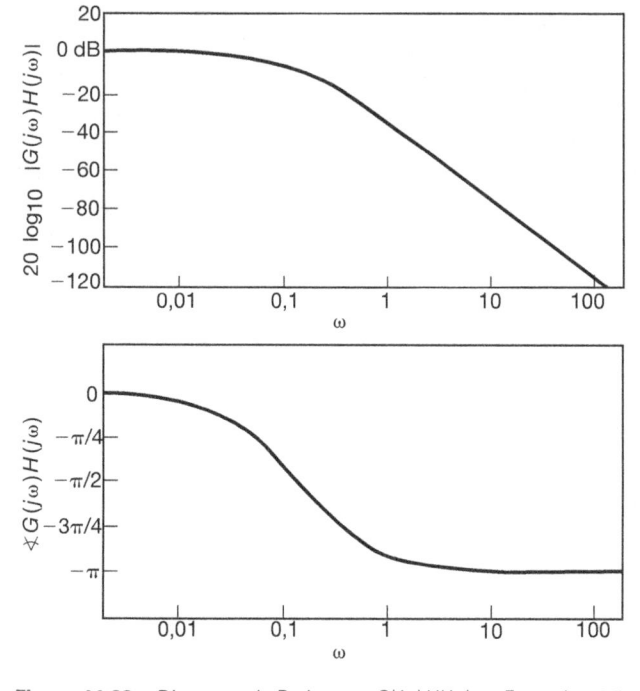

Figura 11.20 Diagrama de Bode para $G(j\omega)H(j\omega)$ no Exemplo 11.5.

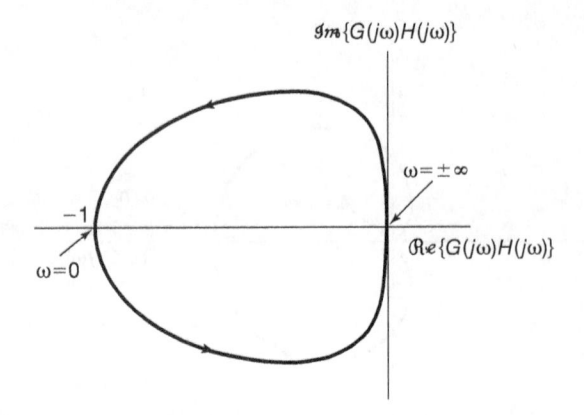

Figura 11.22 Diagrama de Nyquist para o Exemplo 11.6. A seta na curva indica a direção de ω crescente.

Na discussão anterior, introduzimos e ilustramos uma forma para o critério de estabilidade de Nyquist que se aplica a uma classe relativamente grande de sistemas com realimentação. Adicionalmente, existe uma série de refinamentos e extensões do critério que lhe permite ser usado também para muitos outros sistemas com realimentação. Por exemplo, conforme desenvolvemos, o diagrama de Nyquist pode ser traçado sem quaisquer dificuldades para $G(s)H(s)$ estável ou instável, desde que não haja polos de $G(s)H(s)$ exatamente *sobre* o eixo $j\omega$. Quando ocorrem tais polos, o valor de $G(j\omega)H(j\omega)$ é infinito nesses pontos. Porém, conforme consideramos no Problema 11.44, o critério de Nyquist pode ser modificado para permitir polos de $G(s)H(s)$ sobre o eixo $j\omega$. Além disso, como mencionamos no início desta seção, o critério de Nyquist também pode ser estendido ao caso em que $G(s)$ e $H(s)$ não são racionais. Por exemplo, pode-se mostrar que, se os sistemas de caminho direto e de realimentação forem ambos estáveis, o critério de Nyquist é o mesmo quando as funções de sistema são irracionais e quando são racionais. Ou seja, o sistema de malha fechada é estável se não houver circundações do ponto $-1/K$. Para ilustrar a aplicação do critério de Nyquist para funções de sistema irracionais, apresentamos o exemplo a seguir.

Exemplo 11.7

Considere o exemplo de realimentação acústica discutido na Seção 11.2.6. Referindo-se à Figura 11.8(b), seja $K = K_1 K_2$ e

$$G(s)H(s) = -e^{-sT} = e^{-(sT+j\pi)}, \qquad (11.90)$$

em que usamos o fato de que $e^{-j\pi} = -1$. Nesse caso,

$$G(j\omega)H(j\omega) = e^{-j(\omega T+\pi)}, \qquad (11.91)$$

e quando ω varia de $-\infty$ a ∞, $G(j\omega)H(j\omega)$ traça uma circunferência de raio 1 no sentido horário, com uma volta completa para cada mudança de $2\pi/T$ em ω. Esse fato é ilustrado na Figura 11.23. Como os sistemas de caminho direto e de realimentação são estáveis [a cascata $G(s)H(s)$ é simplesmente um atraso no tempo], o critério de estabilidade de Nyquist indica que o sistema de malha fechada será estável se e somente se $-1/K$ não ficar dentro da circunferência unitária. De modo equivalente, exigimos para estabilidade que

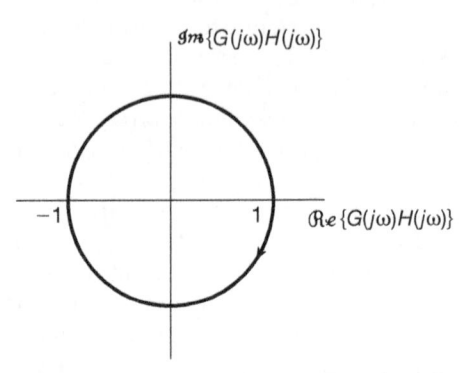

$$|K| < 1. \qquad (11.92)$$

Figura 11.23 Diagrama de Nyquist para o Exemplo 11.7.

Como K_1 e K_2 representam ganho e atenuação acústicos, respectivamente, ambos são positivos, levando ao critério de estabilidade

$$K_1 K_2 < 1. \qquad (11.93)$$

11.4.3 O critério de Nyquist para sistemas de tempo discreto com realimentação

Assim como no caso de tempo contínuo, o critério de estabilidade de Nyquist para os sistemas de tempo discreto é baseado no fato de que a diferença no número de polos e zeros dentro de um contorno, para uma função racional, pode ser determinada examinando-se um gráfico do valor da função ao longo do contorno. A diferença entre os casos de tempo contínuo e tempo discreto é a escolha do contorno. Para o caso em tempo discreto, a estabilidade do sistema de realimentação de malha fechada requer que nenhum zero de

$$R(z) = \frac{1}{K} + G(z)H(z) \qquad (11.94)$$

se encontre fora da circunferência unitária.

Lembre-se de que a propriedade de mapeamento se relaciona a polos e zeros *dentro* de qualquer contorno especificado. Por outro lado, examinando a estabilidade de um sistema em tempo discreto, temos interesse nos zeros de $R(z)$ *fora* da circunferência unitária. Portanto, para usar a propriedade de mapeamento, primeiro fazemos uma modificação simples. Vamos considerar a função racional

$$\hat{R}(z) = R\left(\frac{1}{z}\right) \quad (11.95)$$

obtida substituindo-se z por seu recíproco. Como visto no Problema 10.43, se z_0 é um zero (polo) de $R(z)$, então $1/z_0$ é um zero (polo) de $\hat{R}(z)$. Como $1/|z_0|$ é menor que 1 se $|z_0| > 1$, qualquer zero ou polo de $R(z)$ *fora* da circunferência unitária corresponde a um zero ou polo de $\hat{R}(z)$ *dentro* da circunferência unitária.

Pela propriedade de mapeamento básico, sabemos que, quando z percorre a circunferência unitária na direção horária, o número completo de circundações em sentido horário da origem por $\hat{R}(z)$ é igual à diferença entre o número de zeros e polos dentro da circunferência unitária. Entretanto, sabemos pelo parágrafo anterior que esta é igual à diferença entre o número de zeros e polos de $R(z)$ *fora* da circunferência unitária. Além disso, na circunferência unitária, $z = e^{j\omega}$ e $1/z = e^{-j\omega}$. Portanto,

$$\hat{R}(e^{j\omega}) = R(e^{-j\omega}). \quad (11.96)$$

Com isso, vemos que calcular $\hat{R}(z)$ quando z percorre a circunferência unitária no sentido horário é idêntico a calcular $R(z)$ à medida que z percorre a circunferência unitária no sentido *anti-horário*. Resumindo, então,

| O número de circundações no sentido horário da origem pelo diagrama de $R(e^{j\omega})$ à medida que a circunferência unitária é percorrida no sentido anti-horário (por exemplo, quando ω aumenta de 0 a 2π.) | = | Número de zeros de $R(z)$ fora da circunferência unitária menos o número de polos de $R(z)$ fora da circunferência unitária. | (11.97) |

Como no caso em tempo contínuo, contar as circundações da origem por $R(e^{j\omega})$ é equivalente a contar o número de circundações do ponto $-1/K$ pelo gráfico de $G(e^{j\omega})H(e^{j\omega})$, novamente chamado de diagrama de Nyquist, que é esboçado quando ω varia de 0 para 2π. Além disso, os polos de $R(z)$ são exatamente os polos de $G(z)H(z)$, e os zeros de $R(z)$ são os polos de malha fechada. Portanto, a propriedade de mapeamento indicada no parágrafo anterior implica que o número resultante de circundações em sentido horário pelo diagrama de Nyquist do ponto $-1/K$ é igual ao número de polos de malha fechada fora da circunferência unitária menos o número de polos de $G(z)H(z)$ fora da circunferência unitária. Para que o sistema de malha fechada seja estável, exigimos que nenhum polo de malha fechada fique fora da circunferência unitária. Isso resulta no *critério de estabilidade de Nyquist em tempo discreto*:

> **Critério de estabilidade de Nyquist em tempo discreto:** Para que o sistema em malha fechada seja estável, o número resultante de circundações em *sentido horário* do ponto $-1/K$ pelo diagrama de Nyquist de $G(e^{j\omega})H(e^{j\omega})$ para ω variando de 0 a 2π deve ser igual a *menos* o número de polos de $G(z)H(z)$ que se encontram fora da circunferência unitária. De modo equivalente, o número resultante de circundações no *sentido anti-horário* do ponto $-1/K$ pelo diagrama de Nyquist de $G(e^{j\omega})H(e^{j\omega})$ para ω variando de 0 a 2π deve ser *igual* ao número de polos de $G(z)H(z)$ fora da circunferência unitária.

Exemplo 11.8

Seja

$$G(z)H(z) = \frac{z^{-2}}{1 + \frac{1}{2}z^{-1}} = \frac{1}{z(z + \frac{1}{2})}. \quad (11.98)$$

O diagrama de Nyquist desta curva é mostrado na Figura 11.24. Como $G(z)H(z)$ não tem polos fora da circunferência unitária, para a estabilidade do sistema de malha fechada não deve haver circundações do ponto $-1/K$. Pela figura, vemos que este será o caso tanto se $-1/K < -1$ como se $-1/K > 2$. Assim, o sistema é estável para $-1/2 < K < 1$.

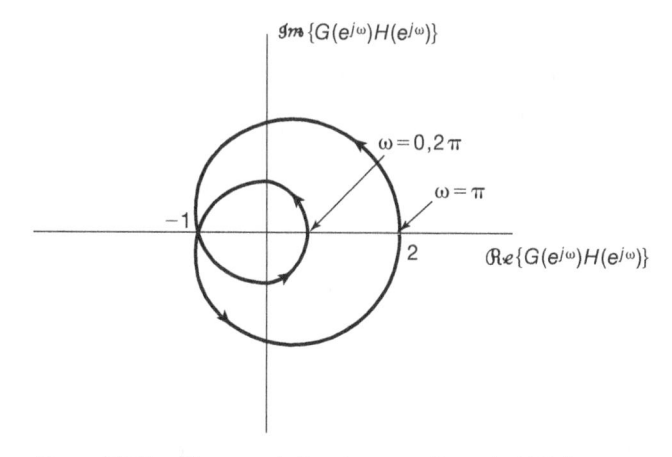

Figura 11.24 Diagrama de Nyquist para o Exemplo 11.8. A seta na curva indica a direção em que a curva é percorrida à medida que ω aumenta de 0 a 2π.

Assim como em tempo contínuo, se os caminhos direto e de realimentação são estáveis, então o diagrama de

Nyquist pode ser obtido a partir das respostas em frequência $H(e^{j\omega})$ e $G(e^{j\omega})$ desses sistemas. Se os caminhos direto e de realimentação são instáveis, então essas respostas em frequência não são definidas. Apesar disso, a *função* $G(z)H(z)$ ainda pode ser calculada na circunferência unitária, e o critério de estabilidade de Nyquist pode ser aplicado.

Como vimos nesta seção, o critério de estabilidade de Nyquist fornece um método útil para determinar o intervalo de valores do ganho K para os quais uma realimentação de tempo contínuo ou tempo discreto é estável (ou instável). Esse critério e o método do lugar geométrico das raízes são ferramentas extremamente importantes no projeto e implementação de sistemas com realimentação, e cada uma tem seus próprios usos e limitações. Por exemplo, o critério de Nyquist pode ser aplicado a funções de sistema não racionais, enquanto o método do lugar das raízes não pode. Por outro lado, os gráficos de lugar das raízes nos permitem examinar não apenas a estabilidade, mas também outras características da resposta do sistema de malha fechada, como amortecimento, frequência de oscilação e assim por diante, que são prontamente identificáveis a partir da localização dos polos do sistema de malha fechada. Na próxima seção, apresentaremos uma ferramenta adicional para a análise de sistemas com realimentação, que realça outra característica importante do comportamento do sistema de malha fechada.

11.5 Margens de ganho e de fase

Nesta seção, apresentamos e examinamos o conceito da *margem de estabilidade* em um sistema com realimentação. Com frequência, é interessante não apenas saber *se* um sistema com realimentação é estável, mas também determinar quanto o ganho do sistema pode ser perturbado e quanto deslocamento de fase adicional pode ser acrescentado ao sistema antes que ele se torne instável. Uma informação como esta é importante porque, em muitas aplicações, as funções de sistema direta e de realimentação são conhecidas apenas aproximadamente ou podem mudar ligeiramente durante a operação, devido ao desgaste, ao efeito de altas temperaturas sobre os componentes ou a influências semelhantes.

Como um exemplo, considere o sistema de direcionamento do telescópio descrito na Seção 11.0 e ilustrado nas figuras 11.1(c) e (d). Esse sistema consiste em um motor, um potenciômetro convertendo o ângulo do eixo em uma tensão e um amplificador que é usado para amplificar a tensão representando a diferença entre os ângulos de eixo desejado e real. Considerando que obtivemos descrições aproximadas de cada um desses componentes, podemos ajustar o ganho do amplificador de modo que o sistema seja estável se essas descrições forem precisas. Contudo, o ganho do amplificador e a constante de proporcionalidade que descreve a característica de ângulo-tensão do potenciômetro nunca são conhecidos exatamente, e, portanto, o ganho real no sistema de realimentação pode diferir do valor nominal considerado no projeto do sistema. Além do mais, as características de amortecimento do motor não podem ser determinadas com precisão absoluta, e, portanto, a constante de tempo real da resposta do motor pode diferir do valor aproximado na especificação do sistema. Por exemplo, se a constante de tempo real do motor for maior que o valor nominal usado no projeto, o motor responderá mais lentamente do que foi antecipado, produzindo assim um atraso de tempo efetivo no sistema de realimentação. Conforme discutimos nos capítulos anteriores, e faremos novamente no Exemplo 11.11, os atrasos de tempo têm o efeito de aumentar a fase negativa na resposta em frequência de um sistema, e esse deslocamento de fase pode ter uma influência desestabilizante sobre o sistema. Devido à possível presença de erros de ganho e de fase como aqueles que acabamos de descrever, é claramente desejável ajustar o ganho do amplificador de modo que haja alguma margem para erro — ou seja, de modo que o sistema real permaneça estável mesmo que difira de alguma forma do modelo aproximado, usado no projeto.

Nesta seção, apresentamos um método para quantificar a margem de estabilidade em um sistema com realimentação. Para fazer isso, consideramos um sistema de malha fechada conforme representado na Figura 11.25, que foi projetado para ser estável com base nos valores nominais para as funções de sistema de caminho direto e de realimentação. Para nossa discussão aqui, consideramos que $H(s)$ e $G(s)$ denotam, esses valores nominais. Além disso, como os conceitos básicos são idênticos para sistemas de tempo contínuo e tempo discreto, novamente focamos nosso desenvolvimento no caso em tempo contínuo e, ao final da seção, ilustramos a aplicação dessas ideias a um exemplo em tempo discreto.

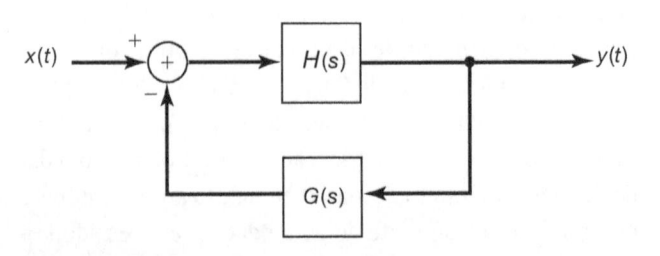

Figura 11.25 Sistema com realimentação típico projetado para ser estável considerando as descrições nominais para $H(s)$ e $G(s)$.

Para avaliar a margem de estabilidade em nosso sistema com realimentação, suponha que o sistema real seja conforme representado na Figura 11.26, em que permitimos a possibilidade de um ganho K e deslocamento de fase ϕ no caminho da realimentação. No sistema nominal, K é igual a unidade e ϕ é nulo, mas, no sistema real, um ou ambos podem ter um valor diferente. Portanto, é interessante saber o quanto de variação pode ser tolerada nessas quantidades sem perder a estabilidade do sistema de malha fechada. Em particular, a *margem de ganho* do sistema de realimentação é definida como a quantidade mínima de ganho adicional K, com $\phi = 0$, que é exigido para que o sistema de malha fechada se torne instável. De modo semelhante, a *margem de fase* é a quantidade adicional de deslocamento de fase, com $K = 1$, que é exigida para que o sistema seja instável. Por convenção, a margem de fase é expressa como uma quantidade positiva; ou seja, ela é igual à magnitude do deslocamento de fase negativo adicional em que o sistema de realimentação se torna instável.

Como o sistema de malha fechada da Figura 11.25 é estável, o sistema da Figura 11.26 pode tornar-se instável se, à medida que K e ϕ variam, pelo menos um polo do sistema de malha fechada cruzar o eixo $j\omega$. Se um polo do sistema de malha fechada estiver no eixo $j\omega$ em, digamos, $\omega = \omega_0$, então, nesta frequência

$$1 + Ke^{-j\phi}G(j\omega_0)H(j\omega_0) = 0 \quad \text{(11.99)}$$

ou

$$Ke^{-j\phi}G(j\omega_0)H(j\omega_0) = -1. \quad \text{(11.100)}$$

Note que, com $K = 1$ e $\phi = 0$, pela nossa suposição de estabilidade para o sistema de realimentação nominal da Figura 11.25, não existe valor de ω_0 para o qual a Equação 11.100 seja satisfeita. A margem de ganho desse sistema é o valor mínimo de $K > 1$ para o qual a Equação 11.100 tem uma solução para *algum* ω_0 com $\phi = 0$. Ou seja, a margem de ganho é o menor valor de K para o qual a equação

$$KG(j\omega_0)H(j\omega_0) = -1 \quad \text{(11.101)}$$

tem uma solução ω_0. De modo semelhante, a margem de fase é o valor mínimo de ϕ para o qual a Equação 11.100 tem uma solução para algum ω_0 quando $K = 1$. Em outras palavras, a margem de fase é o menor valor de $\phi > 0$ para o qual a equação

$$e^{-j\phi}G(j\omega_0)H(j\omega_0) = -1 \quad \text{(11.102)}$$

tem uma solução.

Para ilustrar o cálculo e a interpretação gráfica das margens de ganho e de fase, consideramos o exemplo a seguir.

Exemplo 11.9

Seja

$$G(s)H(s) = \frac{4(1+\frac{1}{2}s)}{s(1+2s)(1+0{,}05s+(0{,}125s)^2)}. \quad \text{(11.103)}$$

O diagrama de Bode para este exemplo é mostrado na Figura 11.27. Note que, conforme discutimos no Problema 6.31, o fator $1/j\omega$ em $G(j\omega)H(j\omega)$ contribui com $-90°$ ($-\pi/2$ radianos) de deslocamento de fase e um aumento de 20 dB por década em $|G(j\omega)H(j\omega)|$. Para determinar a margem de ganho, observamos que, com $\phi = 0$, a única frequência em que a Equação 11.101 pode ser satisfeita é aquela para a qual $\sphericalangle G(j\omega_0)H(j\omega_0) = -\pi$. Nessa frequência, a margem de ganho em decibéis pode ser identificada por inspeção da Figura 11.27. Primeiro, examinamos a Figura 11.27(b) para determinar a frequência ω_1 em que a curva do ângulo cruza a linha de $-\pi$ radianos. Localizando o ponto nessa mesma frequência na Figura 11.27(a) obtemos o valor de $|G(j\omega_1)H(j\omega_1)|$. Para que a Equação 11.101 seja satisfeita para $\omega_0 = \omega_1$, K deve ser igual a $1/|G(j\omega_1)H(j\omega_1)|$. Esse valor é a margem de ganho. Conforme ilustrado na Figura 11.27(a), a margem de ganho expressa em decibéis pode ser identificada como o valor que a curva de logaritmo de magnitude teria de ser deslocada para cima de modo que a curva cruzasse a linha de 0 dB na frequência ω_1.

De forma semelhante, podemos determinar a margem de fase. Observe primeiro que a única frequência

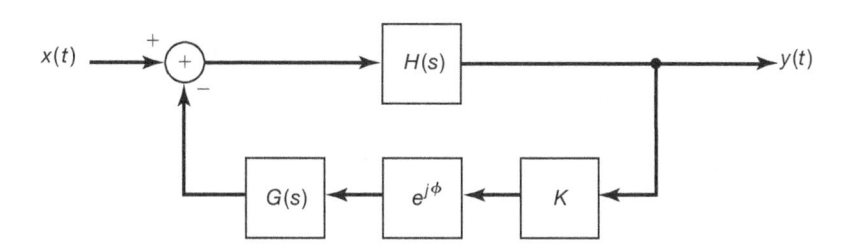

Figura 11.26 Sistema com realimentação contendo possíveis desvios de ganho e fase da descrição nominal representada na Figura 11.25.

em que a Equação 11.102 pode ser satisfeita é aquela para a qual $|G(j\omega_0)H(j\omega_0)| = 1$ ou, de forma equivalente, $20 \log_{10} |G(j\omega_0)H(j\omega_0)| = 0$. Para determinar a margem de fase, primeiro encontramos a frequência ω_2 na Figura 11.27(a) em que a curva de logaritmo de magnitude cruza a linha de 0 dB. Localizando o ponto nessa mesma frequência na Figura 11.27(b), então, obtemos o valor de $\sphericalangle G(j\omega_2)H(j\omega_2)$. Para que a Equação 11.102 seja satisfeita para $\omega_0 = \omega_2$, o ângulo do membro esquerdo dessa equação deve ser $-\pi$. O valor de ϕ para o qual isso é verdadeiro é a margem de fase. Como ilustramos na Figura 11.27(b), a margem de fase pode ser identificada como o valor que a curva de ângulo teria de ser deslocada para baixo de modo que a curva cruzasse a linha $-\pi$ na frequência ω_2.

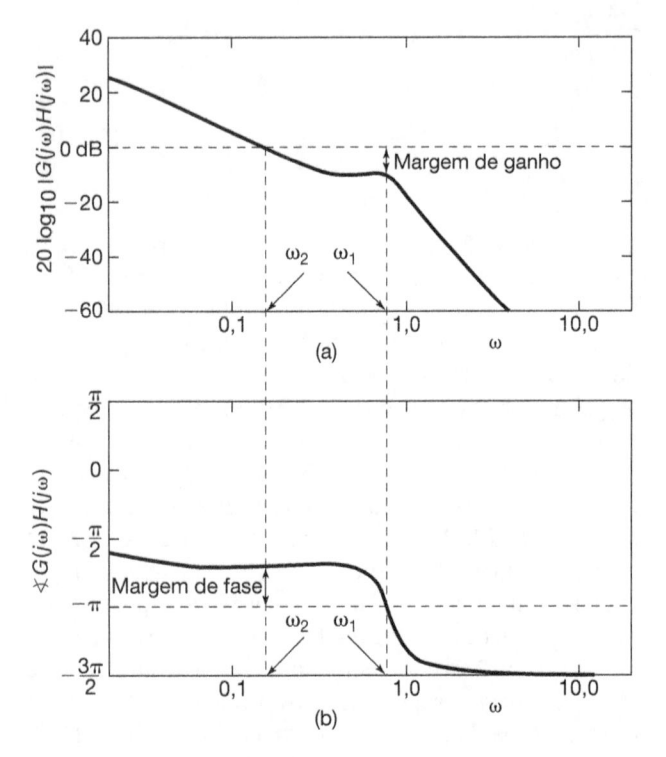

Figura 11.27 Uso de diagramas de Bode para calcular margens de ganho e de fase para o sistema do Exemplo 11.9.

Ao determinar as margens de ganho e fase, nem sempre é de interesse identificar explicitamente a *frequência* em que os polos cruzarão o eixo $j\omega$. Como alternativa, também podemos identificar as margens de ganho e fase a partir de um *diagrama logarítmico de magnitude-fase*. Por exemplo, o diagrama logarítmico de magnitude-fase para o sitema da Figura 11.27 é mostrado na Figura 11.28. Nessa figura, fazemos um gráfico de $20 \log_{10} |G(j\omega)H(j\omega)|$ por $\sphericalangle G(j\omega)H(j\omega)$ com ω variando de 0 a $+\infty$. Portanto, devido à simetria conjugada de $G(j\omega)H(j\omega)$, o gráfico contém a mesma informação que o gráfico de Nyquist, em que $\mathfrak{Re}\{G(j\omega)H(j\omega)\}$ é representado em fun-

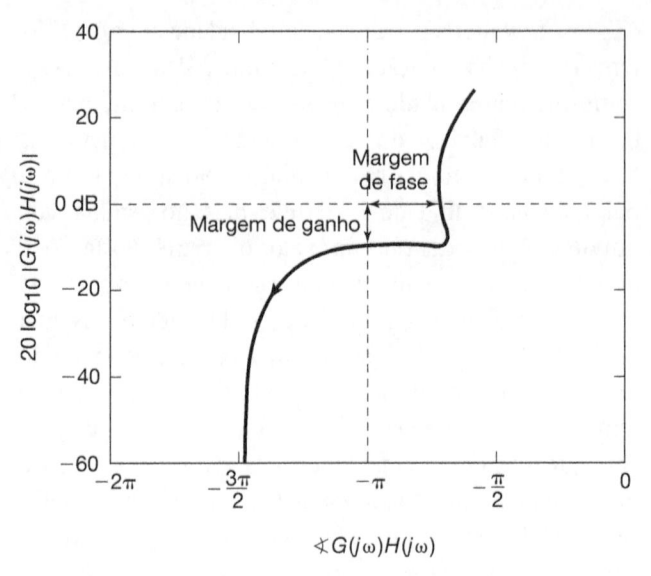

Figura 11.28 Gráfico logarítmico de magnitude-fase para o sistema do Exemplo 11.9.

ção de $\mathfrak{Im}\{G(j\omega)H(j\omega)\}$ para $-\infty < \omega < \infty$. Conforme indicamos, a margem de fase pode ser lida localizando-se a intersecção do gráfico logarítmico de magnitude-fase com a linha de 0 dB. Ou seja, a margem de fase é a quantidade de deslocamento de fase negativo adicional exigida para deslocar a curva logarítmica de magnitude-fase de modo que cruze a linha de 0 dB com exatamente 180° (π radianos) de deslocamento de fase. De modo semelhante, a margem de ganho é obtida diretamente pela intersecção da curva logarítmica de magnitude-fase com a linha de $-\pi$ radianos, e representa a quantidade de ganho adicional necessária para que a curva cruze a linha $-\pi$ com uma magnitude de 0 dB.

Os exemplos a seguir fornecem outras ilustrações elementares de diagramas logarítmicos de magnitude-fase:

Exemplo 11.10

Seja

$$G(s)H(s) = \frac{1}{\tau s + 1}, \quad \tau > 0. \quad (11.104)$$

Nesse caso, obtemos o gráfico logarítmico de magnitude-fase representado na Figura 11.29. O sistema tem uma margem de fase de π, e como a curva não cruza a linha $-\pi$, esse sistema tem margem de ganho infinita (ou seja, podemos aumentar o ganho como quisermos e manter a estabilidade). Isso é coerente com a conclusão a que podemos chegar examinando o sistema ilustrado na Figura 11.30(a). Na Figura 11.30(b), representamos o lugar das raízes para esse sistema com $\phi = 0$ e $K > 0$. Por essa figura, é evidente

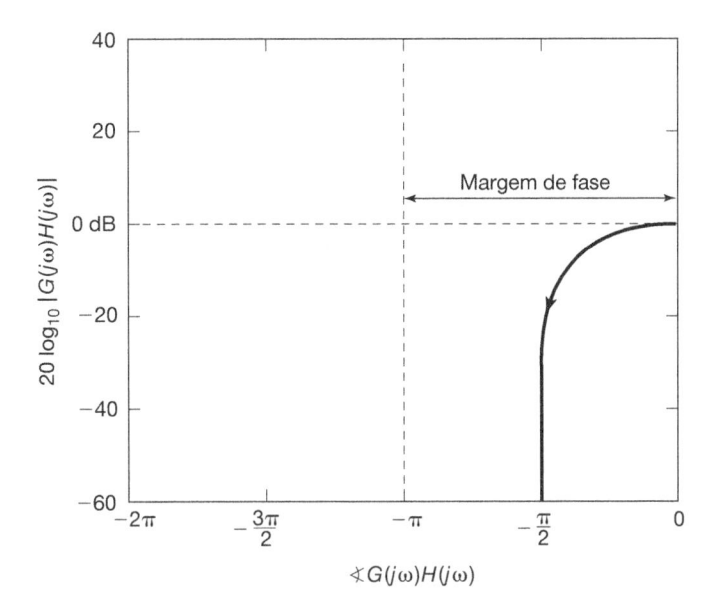

Figura 11.29 Gráfico logarítmico de magnitude-fase para o sistema de primeira ordem do Exemplo 11.10.

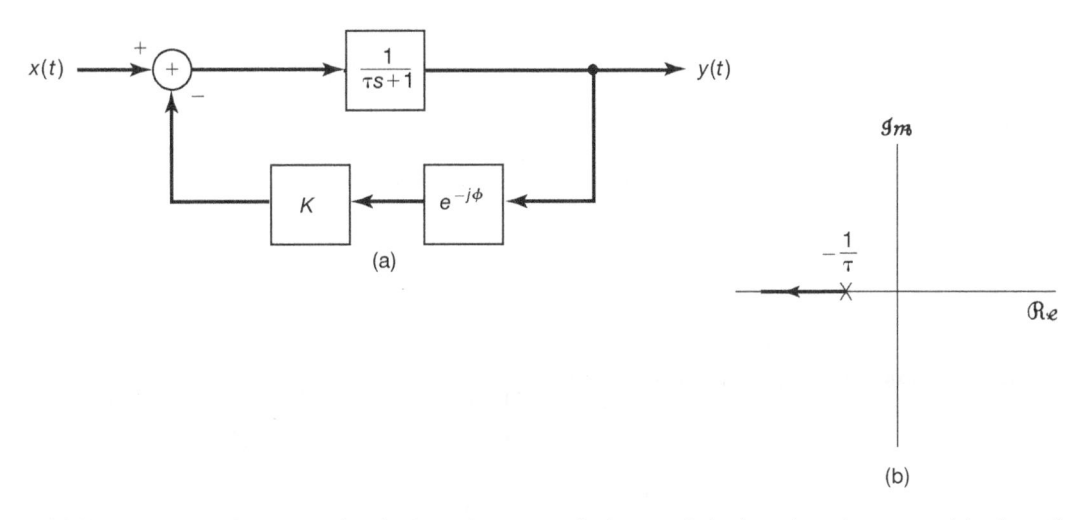

Figura 11.30 (a) Sistema com realimentação de primeira ordem com variações possíveis de ganho e fase no caminho de realimentação. (b) Lugar das raízes para este sistema com $\phi = 0$, $K > 0$.

que o sistema é estável para qualquer valor positivo de K. Além disso, se $K = 1$ e $\phi = \pi$, de modo que $e^{j\phi} = -1$, a função de sistema de malha fechada para o sistema da Figura 11.30(a) é $1/\tau s$, que tem um polo em $s = 0$, de modo que o sistema é instável.

Exemplo 11.11

Suponha que agora consideremos um sistema de segunda ordem

$$H(s) = \frac{1}{s^2 + s + 1}, \qquad G(s) = 1. \qquad (11.105)$$

O sistema $H(s)$ tem uma frequência natural não amortecida de 1 e uma taxa de amortecimento de 0,5. O gráfico logarítmico de magnitude-fase para esse sistema é ilustrado na Figura 11.31. Novamente, temos margem de ganho infinita, mas uma margem de fase de apenas $\pi/2$, pois pode ser mostrado por um cálculo direto que $|H(j\omega)| = 1$ para $\omega = 1$, e, nessa frequência, $\sphericalangle H(j\omega) = -\pi/2$.

Agora, podemos ilustrar o tipo de problema que pode ser solucionado usando-se os conceitos de margens de ganho e fase. Suponha que o sistema com realimentação especificado pela Equação 11.105 não possa ser realizado. Em vez disso, algum atraso de tempo inevitável é introduzido no caminho de realimentação. Ou seja,

$$G(s) = e^{-s\tau}, \qquad (11.106)$$

sendo τ um atraso de tempo. O que gostaríamos de saber é quão pequeno esse atraso de tempo precisa ser para garantir a estabilidade do sistema de malha fechada.

O primeiro ponto a se observar é que

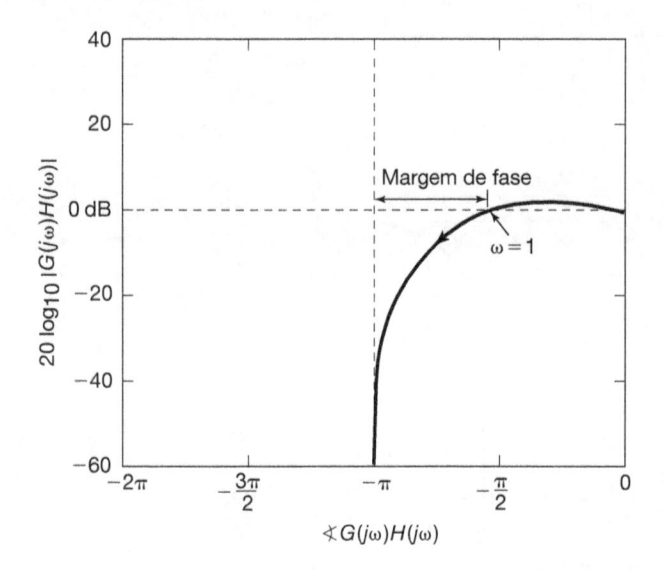

Figura 11.31 Gráfico logarítmico de magnitude-fase para o sistema de segunda ordem do Exemplo 11.11.

$$|e^{-j\omega\tau}| = 1, \qquad (11.107)$$

de modo que o atraso não muda a magnitude de $H(j\omega)G(j\omega)$. Por outro lado,

$$\sphericalangle e^{-j\omega\tau} = -\omega\tau \text{ radianos.} \qquad (11.108)$$

Assim, cada ponto na curva da Figura 11.31 é deslocado para a *esquerda*. A quantidade de deslocamento é proporcional ao valor de ω para cada ponto na curva logarítmica de magnitude-fase.

A partir desta discussão, vemos que a instabilidade ocorrerá quando a margem de fase for reduzida a zero, e isso acontecerá quando o deslocamento de fase introduzido pelo atraso for igual a $-\pi/2$ em $\omega = 1$. Ou seja, o valor crítico τ^* do atraso de tempo satisfaz

$$\sphericalangle e^{-j\tau^*} = -\tau^* = -\frac{\pi}{2}, \qquad (11.109)$$

ou (considerando-se que a unidade de ω esteja em radianos/segundo)

$$\tau^* \approx 1{,}57 \text{ segundo.} \qquad (11.110)$$

Assim, para qualquer atraso de tempo $\tau < \tau^*$, o sistema permanece estável.

Exemplo 11.12

Considere novamente o sistema de realimentação acústica discutido na Seção 11.2.6 e no Exemplo 11.7. Aqui, assumimos que o sistema da Figura 11.8 tenha sido projetado com $K_1 K_2 < 1$, de modo que o sistema de malha fechada seja estável. Nesse caso, o gráfico logarítmico de magnitude-fase para $G(s)H(s) = K_1 K_2 e^{-(sT+j\pi)}$ é ilustrado na Figura 11.32. A partir dessa figura, vemos que o sistema tem margem de fase infinita e uma margem de ganho em decibéis de $-20 \log_{10}(K_1 K_2)$ (ou seja, este é exatamente o fator de ganho que, quando multiplicado por $K_1 K_2$, é igual a 1).

Como indicado no início da seção, as definições de margens de ganho e de fase são as mesmas para sistemas com realimentação de tempo discreto e de tempo contínuo. Especificamente, se tivermos um sistema com realimentação de tempo discreto estável, a margem de ganho será a quantidade mínima de ganho adicional exigida no sistema de realimentação de modo que o sistema de malha fechada se torne instável. De modo semelhante, a margem de fase é a quantidade mínima de deslocamento de fase negativo adicional necessária para que o sistema com realimentação seja instável. O exemplo a seguir ilustra o cálculo gráfico das margens de fase e de ganho para um sistema com realimentação de tempo discreto; o procedimento é essencialmente o mesmo que aquele para sistemas de tempo contínuo.

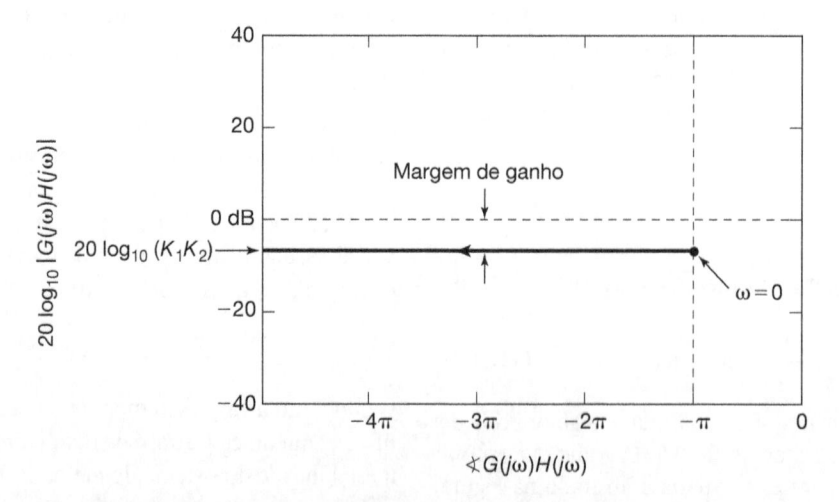

Figura 11.32 Gráfico logarítmico de magnitude-fase para o Exemplo 11.12.

Exemplo 11.13

Neste exemplo, ilustramos o conceito de margem de ganho e de fase para o sistema com realimentação de tempo discreto mostrado na Figura 11.33. Aqui,

$$G(z)H(z) = \frac{\frac{7\sqrt{2}}{4}z^{-1}}{1 - \frac{7\sqrt{2}}{8}z^{-1} + \frac{49}{64}z^{-2}}, \quad (11.111)$$

e por cálculo direto podemos verificar que o sistema com realimentação é estável para $K = 1$ e $\phi = 0$. Na Figura 11.34, exibimos o diagrama logarítmico de magnitude-fase para este sistema; ou seja, representamos graficamente $20 \log_{10} |G(e^{j\omega})H(e^{j\omega})|$ versus $\sphericalangle G(e^{j\omega})H(e^{j\omega})$ à medida que ω varia de 0 a 2π. O sistema tem uma margem de ganho de 1,68 dB e uma margem de fase de 0,0685 radianos (3,93°).

Concluindo esta seção, devemos enfatizar que a margem de ganho é o valor *mínimo* de ganho que move um ou mais dos polos de malha fechada para o eixo $j\omega$ em tempo contínuo ou para a circunferência unitária em tempo discreto e, consequentemente, faz que o sistema se torne instável.

Entretanto, é importante notar que isso *não* implica que o sistema seja instável para *todos* os valores de ganho acima do valor especificado pela margem de ganho. Por exemplo, conforme ilustrado no Problema 11.47, à medida que K aumenta, o lugar das raízes pode mover-se do semiplano esquerdo para o semiplano direito e depois cruzar de volta para o semiplano esquerdo. A margem de ganho informa-nos sobre quanto o ganho pode ser aumentado até que os polos alcancem *pela primeira vez* o eixo $j\omega$, mas ela não diz nada sobre a possibilidade de que o sistema possa novamente ser estável para valores ainda maiores do ganho. Para obter essa informação, temos de utilizar o lugar das raízes ou usar o critério de estabilidade de Nyquist. (Ver Problema 11.47.)[4]

11.6 Resumo

Neste capítulo, examinamos uma série de aplicações e várias técnicas para a análise de sistemas com realimentação. Especificamente, vimos como o uso da transformada de Laplace e das transformadas z nos permite analisar

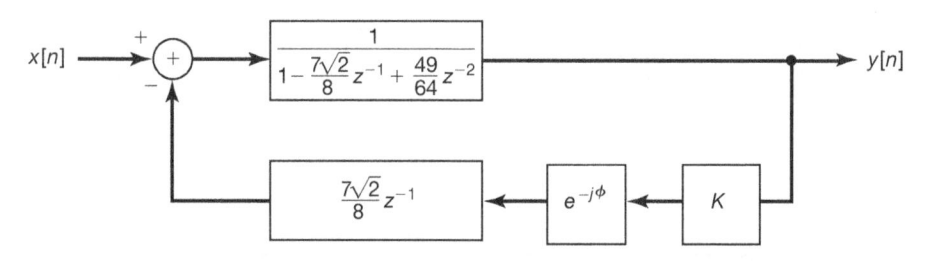

Figura 11.33 Sistema com realimentação de tempo discreto do Exemplo 11.13.

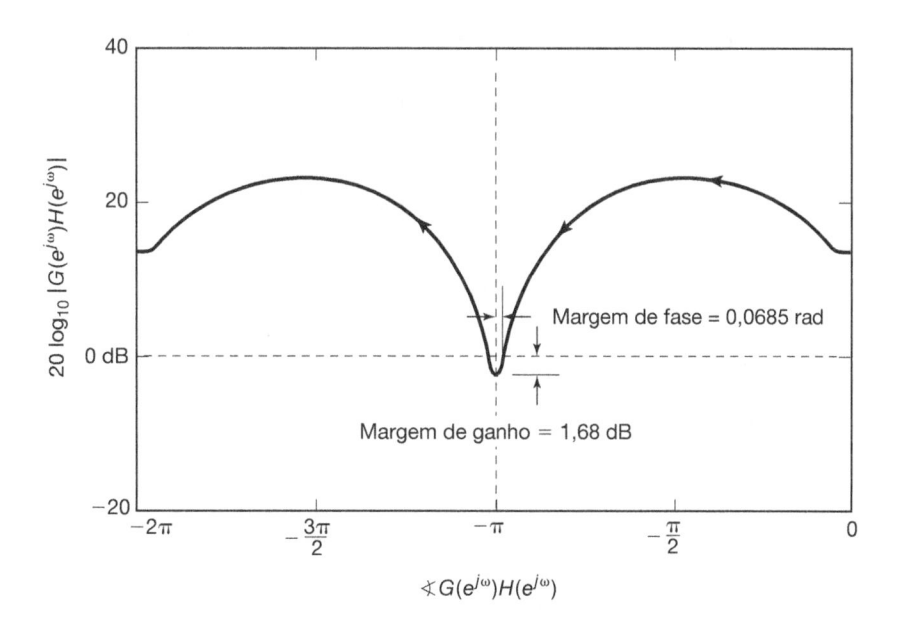

Figura 11.34 Gráfico logarítmico de magnitude-fase para o sistema com realimentação de tempo discreto do Exemplo 11.13.

---

[4] Para discussões detalhadas desse ponto e também sobre margens de ganho e fase, bem como gráficos logarítmicos de magnitude-fase em geral, consulte os textos sobre realimentação listados na Bibliografia, ao final do livro.

esses sistemas algébrica e graficamente. Na Seção 11.2, indicamos várias das aplicações da realimentação, incluindo o projeto de sistemas inversos, a estabilização de sistemas instáveis e o projeto de sistemas de rastreio. Também vimos que a realimentação pode desestabilizar, bem como estabilizar um sistema.

Na Seção 11.3, descrevemos o método do lugar das raízes para representar os polos do sistema de malha fechada como uma função de um parâmetro de ganho. Vimos que a avaliação geométrica da fase de uma transformada de Laplace ou transformada z racional nos permite ter uma ideia significativa das propriedades do lugar das raízes. Essas propriedades frequentemente nos permitem obter um esboço razoavelmente preciso do lugar das raízes sem realizar cálculos complexos.

Em contraste com o método do lugar das raízes, o critério de Nyquist da Seção 11.4 é uma técnica para se determinar a estabilidade de um sistema com realimentação, novamente como uma função de um ganho variável, *sem* obter uma descrição detalhada da localização dos polos de malha fechada. O critério de Nyquist é aplicável a funções de sistema não racionais e, portanto, pode ser usado quando tudo o que há disponível são respostas em frequência determinadas experimentalmente. O mesmo vale para as margens de ganho e de fase descritas na Seção 11.5. Essas quantidades oferecem uma medida da margem de estabilidade em um sistema com realimentação e, portanto, são importantes para projetistas porque permitem que eles determinem quão robusto um sistema com realimentação é a discrepância entre estimativas das funções de sistema em relação ao caminho direto e de realimentação e seus valores reais.

Capítulo 11 – Problemas

A primeira seção de problemas pertence à categoria básica, e as respostas são fornecidas no final do livro. As três seções posteriores contêm problemas que pertencem, respectivamente, às categorias básica, avançada e de extensão.

Problemas básicos com respostas

11.1 Considere a interconexão de sistemas LIT de tempo discreto mostrada na Figura P11.1. Expresse a função de sistema global para essa interconexão em termos de $H_0(z)$, $H_1(z)$ e $G(z)$.

11.2 Considere a interconexão de sistemas LIT de tempo contínuo mostrada na Figura P11.2. Expresse a função do sistema global para essa interconexão em termos de $H_1(s)$, $H_2(s)$, $G_1(s)$ e $G_2(s)$.

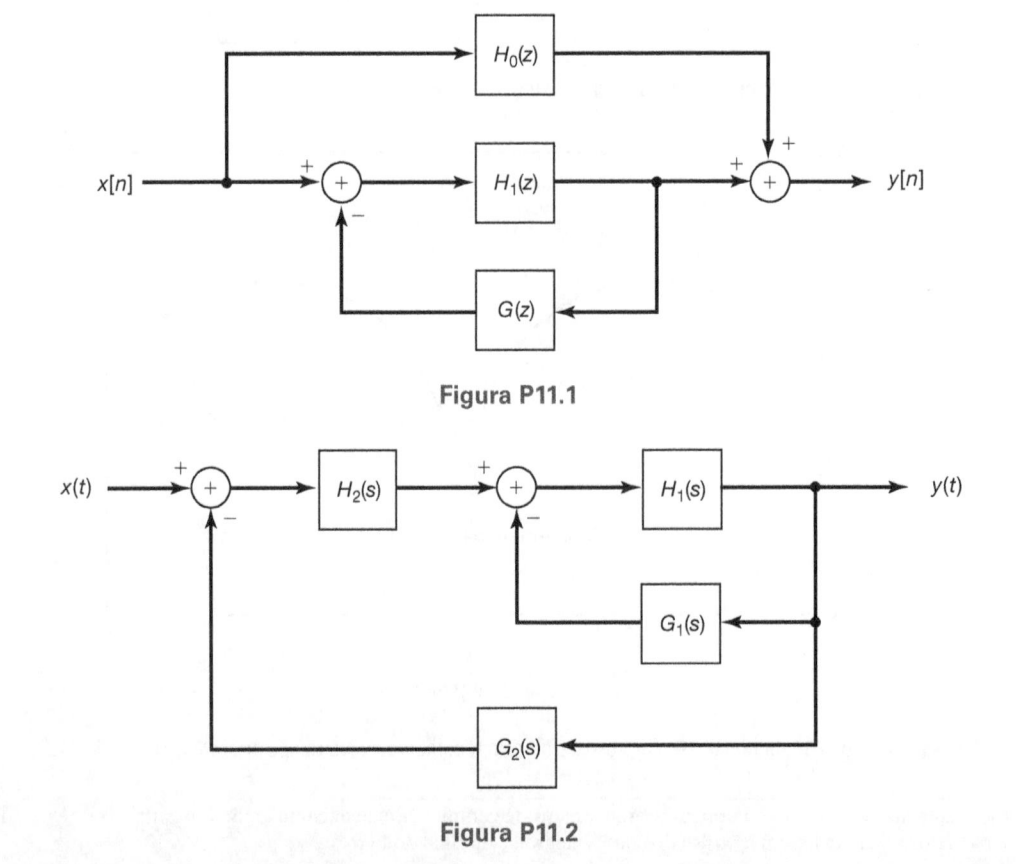

Figura P11.1

Figura P11.2

11.3 Considere o sistema com realimentação de tempo contínuo representado na Figura 11.3(a) com

$$H(s) = \frac{1}{s-1} \quad \text{e} \quad G(s) = s - b.$$

Para que valores reais de b o sistema de realimentação é estável?

11.4 Um sistema LIT causal S com entrada $x(t)$ e saída $y(t)$ é representado pela equação diferencial

$$\frac{d^2 y(t)}{dt^2} + \frac{dy(t)}{dt} + y(t) = \frac{dx(t)}{dt}.$$

S deve ser implementado usando-se a configuração de realimentação da Figura 11.3(a) com $H(s) = 1/(s+1)$. Determine $G(s)$.

11.5 Considere o sistema com realimentação em tempo discreto representado na Figura 11.3(b) com

$$H(z) = \frac{1}{1 - \frac{1}{2}z^{-1}} \quad \text{e} \quad G(z) = 1 - bz^{-1}.$$

Para que valores reais de b o sistema com realimentação é estável?

11.6 Considere o sistema com realimentação de tempo discreto representado na Figura 11.3(b) com

$$H(z) = 1 - z^{-N} \quad \text{e} \quad G(z) = \frac{z^{-1}}{1 - z^{-N}}.$$

Esse sistema é IIR ou FIR?

11.7 Suponha que os polos de malha fechada de um sistema com realimentação satisfaçam

$$\frac{1}{(s+2)(s+3)} = -\frac{1}{K}.$$

Use o método do lugar das raízes para determinar os valores de K para os quais garante-se que o sistema com realimentação é estável.

11.8 Suponha que os polos de malha fechada de um sistema com realimentação satisfaçam

$$\frac{s-1}{(s+1)(s+2)} = -\frac{1}{K}.$$

Use o método de lugar das raízes para determinar os valores negativos de K para os quais garante-se que o sistema de realimentação é estável.

11.9 Suponha que os polos de malha fechada de um sistema com realimentação satisfaçam

$$\frac{(s+1)(s+3)}{(s+2)(s+4)} = -\frac{1}{K}.$$

Use o método do lugar das raízes para determinar se existem valores do ganho ajustável K para os quais a resposta ao impulso do sistema tem um componente oscilatório na forma $e^{-at}\cos(\omega_0 t + \phi)$, com $\omega_0 \neq 0$.

11.10 O lugar das raízes correspondente a $G(s)H(s) = -1/K$ é ilustrado na Figura P11.10. Nessa figura, o início ($K = 0$) e o final de cada ramo do lugar das raízes são marcados por um símbolo '•'. Especifique os polos e zeros de $G(s)H(s)$.

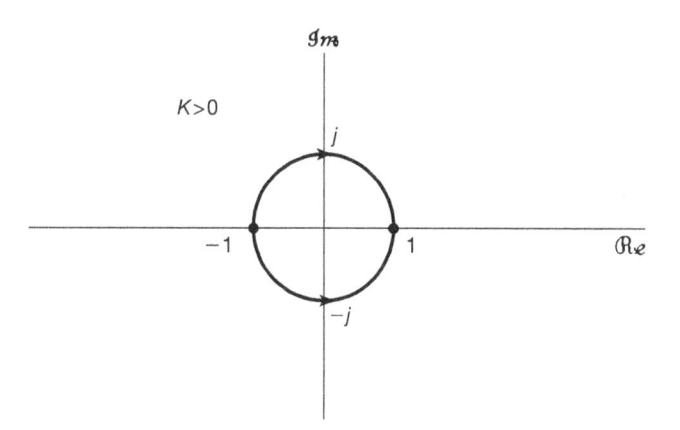

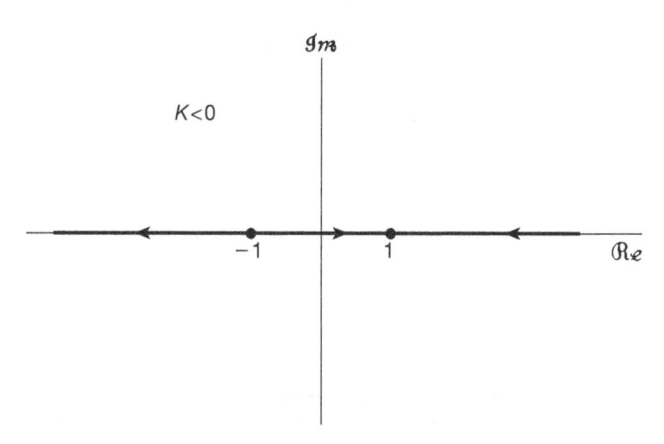

Figura P11.10

11.11 Suponha que os polos de malha fechada de um sistema com realimentação de tempo discreto satisfaçam

$$\frac{z^{-2}}{(1 - \frac{1}{2}z^{-1})(1 + \frac{1}{2}z^{-1})} = -\frac{1}{K}.$$

Usando o método do lugar das raízes, determine os valores positivos de K para os quais esse sistema é estável.

11.12 Cada um dos quatro locais $z = 1/2$, $z = 1/4$, $z = 0$ e $z = -1/2$ é um polo ou zero simples de $G(z)H(z)$. Além disso, sabe-se que $G(z)H(z)$ tem apenas dois polos. Que informação você pode deduzir sobre os polos e zeros de $G(z)H(z)$ pelo fato de que, para todo K, o lugar das raízes correspondente a

$$G(z)H(z) = -\frac{1}{K}$$

está no eixo real?

11.13 Considere o diagrama de blocos da Figura P11.13 para um sistema de tempo discreto. Use o método do

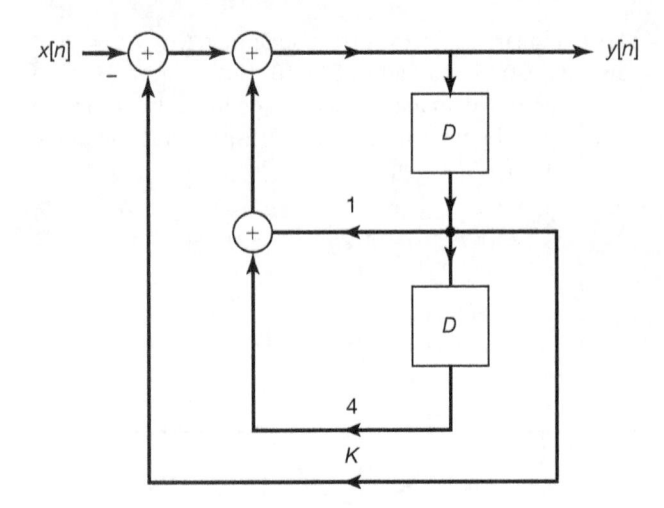

Figura P11.13

lugar das raízes para determinar os valores de K para os quais garante-se que o sistema é estável.

11.14 Seja C um caminho fechado que se encontra na circunferência unitária no plano p e que é percorrido no sentido horário calculando-se $W(p)$. Para cada uma das seguintes expressões para $W(p)$, determine o número resultante de vezes que o gráfico de $W(p)$ circunda a origem em sentido horário:

(a) $W(p) = \dfrac{(1 - \frac{1}{2}p^{-1})}{(1 - \frac{1}{4}p^{-1})}$

(b) $W(p) = \dfrac{(1 - 2p^{-1})}{(1 - \frac{1}{2}p^{-1})(1 - 2p^{-1} + 4p^{-2})}$

11.15 Considere um sistema com realimentação de tempo contínuo cujos polos de malha fechada satisfaçam

$$G(s)H(s) = \frac{1}{(s+1)} = -\frac{1}{K}.$$

Use o diagrama de Nyquist e o critério de estabilidade de Nyquist para determinar o intervalo de valores de K para os quais o sistema de malha fechada seja estável. *Dica*: No esboço do diagrama de Nyquist, você pode achar útil esboçar primeiro o diagrama de Bode correspondente. Também é útil determinar os valores de ω para os quais $G(j\omega)H(j\omega)$ é real.

11.16 Considere um sistema com realimentação de tempo contínuo cujos polos de malha fechada satisfaçam

$$G(s)H(s) = \frac{1}{(s+1)(s/10+1)} = -\frac{1}{K}.$$

Utilize o diagrama de Nyquist e o critério de estabilidade de Nyquist para determinar o intervalo de valores de K para os quais o sistema de malha fechada é estável.

11.17 Considere um sistema com realimentação de tempo contínuo cujos polos de malha fechada satisfazem

$$G(s)H(s) = \frac{1}{(s+1)^4} = -\frac{1}{K}.$$

Use o diagrama de Nyquist e o critério de estabilidade de Nyquist para determinar o intervalo de valores de K para os quais o sistema de malha fechada é estável.

11.18 Considere um sistema com realimentação de tempo discreto cujos polos de malha fechada satisfaçam

$$G(z)H(z) = z^{-3} = -\frac{1}{K}.$$

Utilize o diagrama de Nyquist e o critério de estabilidade de Nyquist para determinar o intervalo de valores de K para os quais o sistema de malha fechada é estável.

11.19 Considere um sistema com realimentação de tempo contínuo ou tempo discreto, e suponha que o diagrama de Nyquist para o sistema passa pelo ponto $-1/K$. O sistema com realimentação é estável ou instável para esse valor do ganho? Explique sua resposta.

11.20 Considere o sistema com realimentação de tempo contínuo básico da Figura 11.3(a). Determine a margem de fase e de ganho para a especificação a seguir de $H(s)$ e $G(s)$:

$$H(s) = \frac{s+1}{s^2+s+1}, \qquad G(s) = 1.$$

Problemas básicos

11.21 Considere o sistema com realimentação da Figura P11.21. Encontre os polos e zeros de malha fechada desse sistema para os seguintes valores de K:

(i) $K = 0,1$

(ii) $K = 1$

(iii) $K = 10$

(iv) $K = 100$

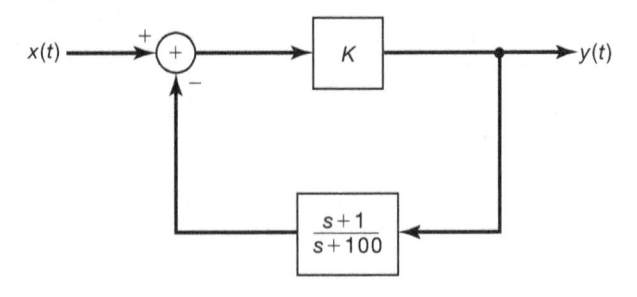

Figura P11.21

11.22 Considere o sistema com realimentação básico da Figura 11.3(a). Determine a resposta ao impulso do sistema de malha fechada para cada uma das seguintes especificações das funções de sistema nos caminhos direto e de realimentação:

(a) $H(s) = \dfrac{1}{(s+1)(s+3)}$, $G(s) = 1$

(b) $H(s) = \dfrac{1}{s+3}$, $G(s) = \dfrac{1}{s+1}$

(c) $H(s) = \dfrac{1}{2}$, $G(s) = e^{-s/3}$

11.23 Considere os sistemas com realimentação básicos da Figura 11.3(b). Determine a resposta ao impulso do sistema de malha fechada para cada uma das seguintes especificações das funções de sistema nos caminhos direto e de realimentação:

(a) $H(z) = \frac{z^{-1}}{1-\frac{1}{2}z^{-1}}$, $G(z) = \frac{2}{3} - \frac{1}{6}z^{-1}$

(b) $H(z) = \frac{2}{3} - \frac{1}{6}z^{-1}$, $G(z) = \frac{z^{-1}}{1-\frac{1}{2}z^{-1}}$

11.24 Esboce o lugar das raízes para $K > 0$ e $K < 0$ para cada um dos seguintes itens:

(a) $G(s)H(s) = \frac{1}{s+1}$

(b) $G(s)H(s) = \frac{1}{(s-1)(s+3)}$

(c) $G(s)H(s) = \frac{1}{s^2+s+1}$

(d) $G(s)H(s) = \frac{s+1}{s^2}$

(e) $G(s)H(s) = \frac{(s+1)^2}{s^3}$

(f) $G(s)H(s) = \frac{s^2+2s+2}{s^2(s-1)}$

(g) $G(s)H(s) = \frac{(s+1)(s-1)}{s(s^2+2s+2)}$

(h) $G(s)H(s) = \frac{(1-s)}{(s+2)(s+3)}$

11.25 Esboce o lugar das raízes para $K > 0$ e $K < 0$ para cada um dos seguintes itens:

(a) $G(z)H(z) = \frac{z-1}{z^2-\frac{1}{4}}$

(b) $G(z)H(z) = \frac{2}{z^2-\frac{1}{4}}$

(c) $G(z)H(z) = \frac{z^{-1}(1+z^{-1})}{1-\frac{1}{4}z^{-2}}$

(d) $G(z)H(z) = z^{-1} - z^{-2}$

(e) $G(z)H(z)$ é a função de sistema do sistema LIT causal descrito pela equação de diferenças

$y[n] - 2y[n-1] = x[n-1] - x[n-2]$.

11.26 Considere um sistema com realimentação

$$G(s)H(s) = \frac{(s-a)(s-b)}{s(s+3)(s+6)}.$$

Esboce o lugar das raízes para $K > 0$ e $K < 0$ para os seguintes valores de a e b:

(a) $a = 1$, $b = 2$
(b) $a = -2$, $b = 2$
(c) $a = -4$, $b = 2$
(d) $a = -7$, $b = 2$
(e) $a = -1$, $b = -2$
(f) $a = -4$, $b = -2$
(g) $a = -7$, $b = -2$
(h) $a = -5$, $b = -4$
(i) $a = -7$, $b = -4$
(j) $a = -7$, $b = -8$

11.27 Considere um sistema com realimentação

$$H(s) = \frac{s+2}{s^2+2s+4}, \quad G(s) = K.$$

(a) Esboce o lugar das raízes para $K > 0$.
(b) Esboce o lugar das raízes para $K < 0$.
(c) Encontre o menor valor positivo de K para o qual a resposta ao impulso de malha fechada não exibe qualquer comportamento oscilatório.

11.28 Esboce o diagrama de Nyquist para cada uma das especificações a seguir de $G(s)H(s)$ e use o critério de Nyquist de tempo contínuo para determinar o intervalo de valores de K (se houver esse intervalo) para o qual o sistema de malha fechada é estável. *Nota*: Nos esboços dos diagramas de Nyquist, você pode achar útil esboçar primeiro os diagramas de Bode correspondentes. Também é útil determinar os valores de ω para os quais $G(j\omega)H(j\omega)$ é real.

(a) $G(s)H(s) = \frac{1}{s-1}$

(b) $G(s)H(s) = \frac{1}{s^2-1}$

(c) $G(s)H(s) = \frac{1}{(s+1)^2}$

(d) $G(s)H(s) = \frac{1}{(s+1)^3}$

(e) $G(s)H(s) = \frac{1-s}{(s+1)^2}$

(f) $G(s)H(s) = \frac{s+1}{(s-1)^2}$

(g) $G(s)H(s) = \frac{s+1}{s^2-4}$

(h) $G(s)H(s) = \frac{1}{s^2+2s+2}$

(i) $G(s)H(s) = \frac{s+1}{s^2-2s+2}$

(j) $G(s)H(s) = \frac{s+1}{(s+100)(s-1)^2}$

(k) $G(s)H(s) = \frac{s^2}{(s+1)^3}$

11.29 Considere o sistema com realimentação básico de tempo contínuo da Figura 11.3(a). Esboce o diagrama logarítmico de magnitude-fase e determine aproximadamente a margem de fase e ganho para cada uma das seguintes escolhas de $G(s)$ e $H(s)$. Você pode achar útil usar as aproximações por retas dos diagramas de Bode desenvolvidas no Capítulo 6 para auxiliá-lo no esboço dos diagramas logarítmicos de magnitude-fase. Porém, tenha o cuidado de levar em consideração como a resposta em frequência real se desvia de sua aproximação perto das frequências de quebra quando existem parcelas de segunda ordem subamortecidas presentes. (Ver Seção 6.5.2.)

(a) $H(s) = \frac{10s+1}{s^2+s+1}$, $G(s) = 1$

(b) $H(s) = \frac{s/10+1}{s^2+s+1}$, $G(s) = 1$

(c) $H(s) = \frac{1}{(s+1)^2(s+10)}$, $G(s) = 100$

(d) $H(s) = \frac{1}{(s+1)^3}$, $G(s) = \frac{1}{s+1}$

(e) $H(s) = \frac{1-s}{(s+1)(s+10)}$, $G(s) = 1$

(f) $H(s) = \frac{1-s/100}{(s+1)^2}$, $G(s) = \frac{10s+1}{s/10+1}$

(g) $H(s) = \frac{1}{s(s+1)}$, $G(s) = \frac{1}{s+1}$

Nota: Seu esboço para o item (g) deve refletir o fato de que, para esse sistema com realimentação, $|G(j\omega)H(j\omega)| \to \infty$ quando $\omega \to 0$. Qual é a fase de $G(j\omega)H(j\omega)$ para $\omega = 0^+$, ou seja, quando ω é uma quantidade infinitesimal maior que 0?

11.30 Esboce o diagrama de Nyquist para cada uma das seguintes especificações de $G(z)H(z)$ e use o critério de Nyquist de tempo discreto para determinar o intervalo de valores de K (se tal intervalo existir) para os quais o sistema de malha fechada é estável. [*Nota*: No esboço dos diagramas de Nyquist, você pode achar útil desenhar primeiro os diagramas de magnitude e fase como função da frequência ou pelo menos calcular $|G(e^{j\omega})H(e^{j\omega})|$ e $\sphericalangle G(e^{j\omega})H(e^{j\omega})$ em vários pontos. Além disso, é útil determinar os valores de ω para os quais $G(e^{j\omega})H(e^{j\omega})$ é real.]

(a) $G(z)H(z) = \frac{1}{z-\frac{1}{2}}$

(b) $G(z)H(z) = \frac{1}{z-2}$

(c) $G(z)H(z) = z^{-1}$

(d) $G(z)H(z) = z^{-2}$

(e) $G(z)H(z) = \frac{1}{(z+\frac{1}{2})(z-\frac{3}{2})}$

(f) $G(z)H(z) = \frac{z-\sqrt{3}}{z(z+1/\sqrt{3})}$

(g) $G(z)H(z) = \frac{1}{z^2-z+\frac{1}{3}}$

(h) $G(z) = \frac{z-\frac{1}{2}}{z(z-2)}$

(i) $G(z)H(z) = \frac{(z+1)^2}{z^3}$

11.31 Considere o sistema básico de tempo discreto na Figura 11.3(b). Esboce o diagrama logarítmico de magnitude-fase e determine aproximadamente a margem de fase e de ganho para cada uma das seguintes escolhas de $G(z)$ e $H(z)$. Você pode achar útil determinar os valores de ω para os quais $|G(e^{j\omega})H(e^{j\omega})| = 1$ ou $\sphericalangle G(e^{j\omega}) = -\pi$.

(a) $H(z) = z^{-1}$, $G(z) = \frac{1}{2}$

(b) $H(z) = \frac{z^{-1}}{1-\frac{1}{2}z^{-1}}$, $G(z) = \frac{1}{2}$

(c) $H(z) = \frac{1}{(1-\frac{1}{2}z^{-1})(1+\frac{1}{2}z^{-1})}$, $G(z) = z^{-2}$

(d) $H(z) = \frac{2}{z-2}$, $G(z) = 1$

(e) $H(z) = \frac{1}{z+\frac{1}{2}}$, $G(z) = \frac{1}{z-\frac{3}{2}}$

(f) $H(z) = \frac{1}{z+\frac{1}{2}}$, $G(z) = 1-\frac{3}{2}z^{-1}$

(g) $H(z) = \frac{\frac{1}{2}}{z^2-z+\frac{1}{3}}$, $G(z) = 1$

(h) $H(z) = \frac{1}{z-1}$, $G(z) = \frac{1}{4}z^{-1}$

(*Nota*: Seu esboço para o item (h) deve refletir o fato de que, para esse sistema com realimentação, $G(z)H(z)$ tem um polo em $z = 1$. Quais são os valores de $\sphericalangle G(e^{j\omega})H(e^{j\omega})$ para $e^{j\omega}$ próximo de cada lado do ponto $z = 1$?)

Problemas avançados

11.32 (a) Considere o sistema com realimentação da Figura 11.10(b) com

$$H(s) = \frac{N_1(s)}{D_1(s)}, \quad G(s) = \frac{N_2(s)}{D_2(s)}. \quad \text{(P11.32--1)}$$

Assuma que não haja cancelamento de polos e zeros no produto $G(s)H(s)$. Mostre que os zeros da função de sistema de malha fechada consistem em zeros de $H(s)$ e polos de $G(s)$.

(b) Use o resultado do item (a) juntamente com a propriedade apropriada do lugar das raízes para confirmar que, com $K = 0$, os zeros do sistema de malha fechada são os zeros de $H(s)$ e os polos de malha fechada são os polos de $H(s)$.

(c) Embora seja usual que $H(s)$ e $G(s)$ na Equação P11.32–1 estejam em forma reduzida [ou seja, que os polinômios $N_1(s)$ e $D_1(s)$ não possuam fatores comuns e que o mesmo seja válido para $N_2(s)$ e $D_2(s)$], pode acontecer que $N_1(s)$ e $D_2(s)$ tenham fatores comuns ou que $N_2(s)$ e $D_1(s)$ tenham fatores comuns. Para ver o que ocorre quando esses fatores comuns estão presentes, seja $p(s)$ o maior fator comum de $N_1(s)$ e $D_2(s)$. Ou seja,

$$\frac{N_1(s)}{p(s)} \quad \text{e} \quad \frac{D_2(s)}{p(s)}$$

são ambos polinômios e *não* possuem fatores comuns. De modo semelhante,

$$\frac{N_2(s)}{q(s)} \quad \text{e} \quad \frac{D_1(s)}{q(s)}$$

são polinômios e não possuem fatores comuns. Mostre que a função de sistema de malha fechada pode ser escrita como

$$Q(s) = \frac{p(s)}{q(s)}\left[\frac{\hat{H}(s)}{1+K\hat{G}(s)\hat{H}(s)}\right], \quad \text{(P11.32--2)}$$

sendo
$$\hat{H}(s) = \frac{N_1(s)/p(s)}{D_1(s)/q(s)}$$
e
$$\hat{G}(s) = \frac{N_2(s)/q(s)}{D_2(s)/p(s)}.$$

Portanto, pela Equação P11.32-2 e pelo item (a), vemos que os zeros de $Q(s)$ são os zeros de $p(s)$, os zeros de $\hat{H}(s)$ e os polos de $\hat{G}(s)$, enquanto os polos de $Q(s)$ são os zeros de $q(s)$ e as soluções de

$$1 + K\hat{G}(s)\hat{H}(s) = 0. \qquad \textbf{(P11.32-3)}$$

Por construção, não existe cancelamento de polos e zeros no produto $\hat{G}(s)\hat{H}(s)$, e, assim, podemos aplicar o método do lugar das raízes descrito na Seção 11.3 para esboçar as soluções da Equação P11.32-3 à medida que K varia.

(d) Use o procedimento descrito no item (c) para determinar os zeros de malha fechada, quaisquer polos de malha fechada cujas localizações sejam independentes de K e o lugar dos polos de malha fechada restantes para $K > 0$ quando

$$H(s) = \frac{s+1}{(s+4)(s+2)}, \quad G(s) = \frac{s+2}{s+1}.$$

(e) Repita o item (d) para

$$H(z) = \frac{1+z^{-1}}{1-\frac{1}{2}z^{-1}}, \quad G(z) = \frac{z^{-1}}{1+z^{-1}}.$$

(f) Seja

$$H(z) = \frac{z^2}{(z-2)(z+2)}, \quad G(z) = \frac{1}{z^2}.$$

(i) Desenhe o lugar das raízes para $K > 0$ e para $K < 0$.

(ii) Encontre todos os valores de K para os quais o sistema global é estável.

(iii) Encontre a resposta ao impulso do sistema de malha fechada quando $K = 4$.

11.33 Considere o sistema com realimentação da Figura 11.10(a) e suponha que com $m > n$.[5] Neste caso, $G(s)H(s)$ tem $m - n$ polos no infinito (ver

$$G(s)H(s) = \frac{\prod_{k=1}^{m}(s-\beta_k)}{\prod_{k=1}^{n}(s-\alpha_k)}$$

Capítulo 9), e podemos adaptar as regras do lugar das raízes dadas no texto observando que (1) existem m ramos do lugar das raízes e (2) para $K = 0$, todos os ramos do lugar das raízes começam nos polos de $G(s)H(s)$, dos quais $m - n$ estão no infinito. Além do mais, à medida que $|K| \to \infty$, esses ramos convergem para os m zeros de $G(s)H(s)$, a saber, β_1, β_2, ..., β_m. Use esses fatos para ajudá-lo no esboço do lugar das raízes (para $K > 0$ e para $K < 0$) para cada um dos seguintes itens:

(a) $G(s)H(s) = s - 1$

(b) $G(s)H(s) = (s+1)(s+2)$

(c) $G(s)H(s) = \dfrac{(s+1)(s+2)}{s-1}$

11.34 Na Seção 11.3, deduzimos uma série de propriedades que podem ser valiosas para determinar o lugar das raízes para um sistema com realimentação. Neste problema, desenvolvemos várias propriedades adicionais. Deduzimos essas propriedades em termos de sistemas de tempo contínuo, mas, assim como as propriedades do lugar das raízes, elas também são verdadeiras para lugar das raízes de tempo discreto. Para a nossa discus-

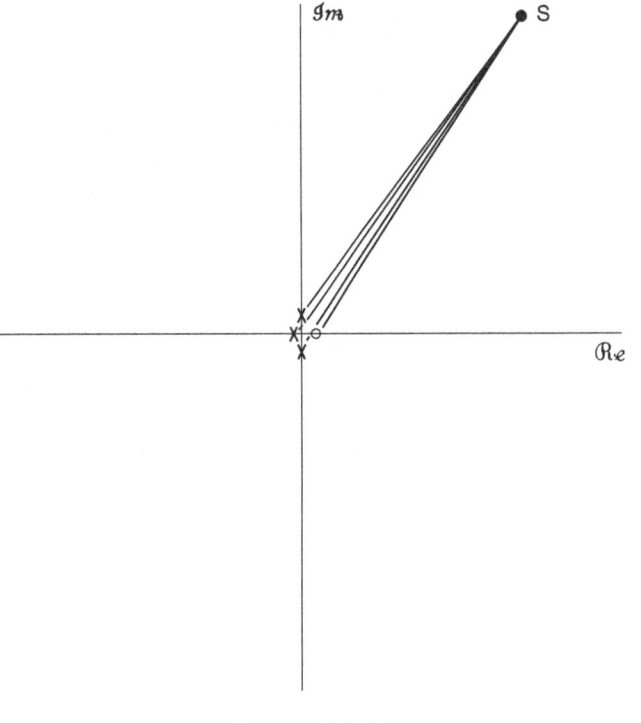

Figura P11.34

---

[5] Note que, para um sistema de tempo contínuo, a condição $m > n$ implica que o sistema com função de sistema $G(s)H(s)$ envolva diferenciação da entrada. [De fato, a transformada inversa de $G(s)H(s)$ inclui funções de singularidade até a ordem $m - n$.] Em tempo discreto, se $G(z)H(z)$, escritos como uma razão de polinômios em z, tiver $m > n$, esta será necessariamente a função de sistema de um sistema não causal. [De fato, a transformada inversa de $G(z)H(z)$ tem um valor não nulo no instante $n - m < 0$.] Assim, o caso considerado neste problema, na realidade, é de interesse apenas para sistemas de tempo contínuo.

são dessas propriedades, vamos nos referir à equação básica satisfeita pelos polos de malha fechada,

$$G(s)H(s) = -\frac{1}{K}, \qquad \text{(P11.34-1)}$$

sendo

$$G(s)H(s) = \frac{\prod_{k=1}^{m}(s-\beta_k)}{\prod_{k=1}^{n}(s-\alpha_k)} = \frac{\sum_{k=0}^{m}b_k s^k}{\sum_{k=0}^{n}a_k s^k}. \qquad \text{(P11.34-2)}$$

No decorrer deste problema, assumimos que $m \leq n$.

(a) Pela Propriedade 2, sabemos que $n - m$ ramos do lugar das raízes vão para zeros de $G(s)H(s)$ localizados no infinito. Nesta primeira parte, demonstramos que é direto determinar os ângulos em que esses ramos se aproximam do infinito. Especificamente, considere analisar a parte remota do plano s [ou seja, a região em que $|s|$ é relativamente grande e distante de qualquer um dos polos e zeros de $G(s)H(s)$]. Essa região é ilustrada na Figura P11.34. Use a geometria da figura juntamente com o critério de ângulo para $K > 0$ e para $K < 0$ para deduzir que:

- Para $K > 0$, os $n - m$ ramos do lugar das raízes que se aproximam de infinito fazem isso sob ângulos

$$\frac{(2k+1)\pi}{n-m}, \quad k = 0, 1, \ldots, n-m-1.$$

- Para $K < 0$, os $n - m$ ramos do lugar das raízes que se aproximam do infinito fazem isso sob ângulos

$$\frac{2k\pi}{n-m}, \quad k = 0, 1, \ldots, n-m-1.$$

Assim, os ramos do lugar das raízes que se aproximam de infinito o fazem em ângulos especificados com um arranjo simétrico. Por exemplo, para $n - m = 3$ e $K > 0$, vemos que os ângulos assintóticos são $\pi/3$, π e $5\pi/3$. O resultado do item (a), juntamente com um fato adicional, permite-nos traçar as assíntotas para os ramos do lugar das raízes que se aproximam do infinito. Especificamente, todas as $n - m$ assíntotas cruzam-se em um único ponto no eixo real. Este fato é deduzido na próxima parte do problema.

(b) (i) Como um primeiro passo, considere uma equação polinomial geral

$$s^r + f_{r-1}s^{r-1} + \cdots + f_0 = (s - \xi_1)(s - \xi_2)\cdots(s - \xi_r) = 0.$$

Mostre que

$$f_{r-1} = -\sum_{i=1}^{r} \xi i.$$

(ii) Faça a divisão longa de $1/G(s)H(s)$ para escrever

$$\frac{1}{G(s)H(s)} = s^{n-m} + \gamma_{n-m-1}s^{n-m-1} + \cdots. \qquad \text{(P11.34-3)}$$

Mostre que

$$\gamma_{n-m-1} = a_{n-1} - b_{m-1} = \sum_{k=1}^{m}\beta_k - \sum_{k=1}^{n}\alpha_k.$$

[Ver Equação P11.34-2.]

(iii) Argumente que a solução da Equação P11.34-1 para s *grande* é uma solução aproximada da equação

$$s^{n-m} + \gamma_{n-m-1}s^{n-m-1} + \gamma_{n-m-2}s^{n-m-2} + \cdots + \gamma_0 + K = 0.$$

(iv) Use os resultados de (i) a (iii) para deduzir que a soma dos $n - m$ polos de malha fechada que se aproximam do infinito é assintoticamente igual a

$$b_{m-1} - a_{n-1}.$$

Assim, o centro de gravidade desses $n - m$ polos é

$$\frac{b_{m-1} - a_{n-1}}{n - m},$$

que não depende de K. Consequentemente, temos $n - m$ polos de malha fechada que se aproximam de $|s| = \infty$ em ângulos uniformemente espaçados e que têm um centro de gravidade independente de K. A partir deste fato, podemos deduzir que:

As assíntotas dos $n - m$ ramos do lugar das raízes que se aproximam do infinito se cruzam no ponto

$$\frac{b_{m-1} - a_{n-1}}{n - m} = \frac{\sum_{k=1}^{n}\alpha_k - \sum_{k=1}^{m}\beta_k}{n - m}.$$

Esse ponto de intersecção das assíntotas é o mesmo para $K > 0$ e $K < 0$.

(c) Suponha que

$$G(s)H(s) = \frac{1}{(s+1)(s+3)(s+5)}.$$

(i) Quais são os ângulos assintóticos para os polos de malha fechada que se aproximam de infinito para $K > 0$ e para $K < 0$?

(ii) Qual é o ponto de intersecção das assíntotas?

(iii) Trace as assíntotas e use-as como ajuda para esboçar o lugar das raízes para $K > 0$ e para $K < 0$.

(d) Repita o item (c) para cada uma das seguintes especificações:

(i) $G(s)H(s) = \frac{s+1}{s(s+2)(s+4)}$

(ii) $G(s)H(s) = \frac{1}{s^4}$

(iii) $G(s)H(s) = \frac{1}{s(s+1)(s+5)(s+6)}$

(iv) $G(s)H(s) = \frac{1}{(s+2)^2(s-1)^2}$

(v) $G(s)H(s) = \frac{s+3}{(s+1)(s^2+2s+2)}$

(vi) $G(s)H(s) = \frac{s+1}{(s+2)^2(s^2+2s+2)}$

(vii) $G(s)H(s) = \frac{s+1}{(s+100)(s-1)(s-2)}$

(e) Use o resultado do item (a) para explicar por que a seguinte declaração é verdadeira: para qualquer sistema com realimentação de tempo contínuo, com $G(s)H(s)$ dado pela Equação P11.34-2, se $n - m \geq 3$, podemos tornar o sistema de malha fechada instável escolhendo $|K|$ grande o suficiente.

(f) Repita o item (c) para o sistema com realimentação de tempo discreto especificado por

$$G(z)H(z) = \frac{z^{-3}}{(1-z^{-1})(1+\frac{1}{2}z^{-1})}.$$

(g) Explique por que a seguinte declaração é verdadeira: para qualquer sistema com realimentação de tempo discreto com

$$G(z)H(z) = \frac{z^m + b_{m-1}z^{m-1} + \cdots + b_0}{z^n + a_{n-1}z^{n-1} + \cdots + a_0},$$

se $n > m$, podemos tornar o sistema de malha fechada instável escolhendo $|K|$ grande o suficiente.

11.35 (a) Considere novamente o sistema com realimentação do Exemplo 11.2:

$$G(s)H(s) = \frac{s-1}{(s+1)(s+2)}.$$

O lugar das raízes para $K < 0$ é representado na Figura 11.14(b). Para algum valor de K, os polos de malha fechada estão no eixo $j\omega$. Determine esse valor de K e os locais correspondentes dos polos de malha fechada examinando as partes real e imaginária da equação

$$G(j\omega)H(j\omega) = -\frac{1}{K},$$

que precisa ser satisfeita se o ponto $s = j\omega$ estiver no lugar das raízes para quaisquer valores dados de K. Use esse resultado mais a análise no Exemplo 11.2 para encontrar o intervalo completo de valores de K (positivos e negativos) para os quais o sistema de malha fechada é estável.

(b) Note que o sistema com realimentação é instável para $|K|$ suficientemente grande. Explique por que isso de geral é verdade para sistemas de realimentação de tempo contínuo para os quais $G(s)H(s)$ tem um zero no semiplano direito e para sistemas com realimentação de tempo discreto para os quais $G(z)H(z)$ tem um zero fora da circunferência unitária.

11.36 Considere um sistema com realimentação de tempo contínuo com

$$G(s)H(s) = \frac{1}{s(s+1)(s+2)}. \qquad \textbf{(P11.36-1)}$$

(a) Esboce o lugar das raízes para $K > 0$ e para $K < 0$. (*Dica*: Os resultados do Problema 11.34 são úteis aqui.)

(b) Se você tiver esboçado o lugar corretamente, verá que, para $K > 0$, dois ramos do lugar das raízes cruzam o eixo $j\omega$, passando do semiplano esquerdo para o direito. Consequentemente, podemos concluir que o sistema de malha fechada é estável para $0 < K < K_0$, em que K_0 é o valor do ganho para o qual os dois ramos do lugar das raízes cruzam o eixo $j\omega$. Observe que o esboço do lugar das raízes por si só não nos informa qual é o valor de K_0 ou o ponto exato no eixo $j\omega$ em que os ramos cruzam. Assim como no Problema 11.35, determine K_0 solucionando o par de equações obtidas das partes real e imaginária de

$$G(j\omega)H(j\omega) = -\frac{1}{K_0}. \qquad \textbf{(P11.36-2)}$$

Determine os dois valores correspondentes de ω (que são os negativos um do outro, pois os polos ocorrem em pares de conjugados complexos).

Pelos seus esboços do lugar das raízes no item (a), note que existe um segmento do eixo real entre dois polos que está no lugar das raízes para $K > 0$, e um segmento diferente está no lugar para $K < 0$. Nos dois casos, o lugar das raízes sai do eixo real em algum ponto. Na próxima parte deste problema, ilustramos como é possível calcular esses pontos de saída.

(c) Considere a equação indicando os polos de malha fechada:

$$G(s)H(s) = -\frac{1}{K}. \qquad \textbf{(P11.36-3)}$$

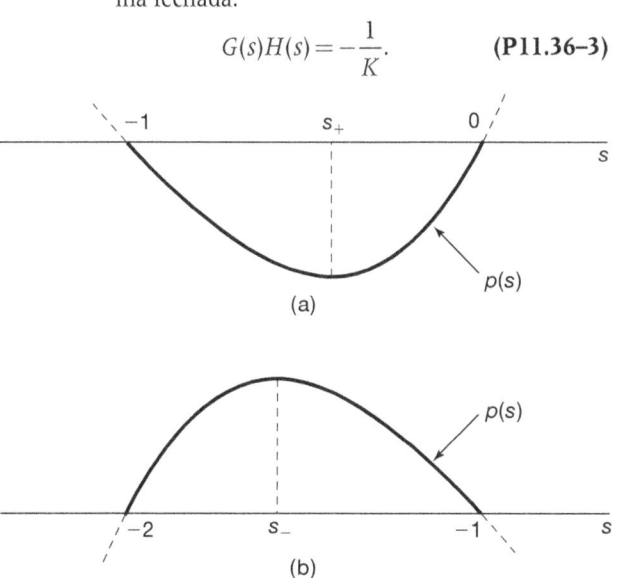

Figura P11.36

Usando a Equação P11.36-1, mostre que uma equação equivalente para os polos de malha fechada é

$$p(s) = s^3 + 3s^2 + 2s = -K. \quad \text{(P11.36-4)}$$

Considere o segmento do eixo real entre 0 e –1. Esse segmento está no lugar das raízes para $K \geq 0$. Para $K = 0$, dois ramos do lugar começam em 0 e –1 e aproximam-se um do outro quando K aumenta.

(i) Use os fatos relatados juntamente com a Equação P11.36-4 para explicar por que a função $p(s)$ tem a forma mostrada na Figura P11.36(a) para $-1 \leq s \leq 0$ e por que o ponto s_+ em que ocorre o mínimo é o ponto de saída (ou seja, o ponto em que os dois ramos do lugar para $K > 0$ saem do segmento do eixo real entre –1 e 0).

De modo semelhante, considere o lugar das raízes para $K < 0$ e, mais especificamente, o segmento do eixo real entre –1 e –2 que faz parte desse lugar. Para $K = 0$, dois ramos do lugar das raízes começam em –1 e –2, e à medida que K diminui, esses polos aproximam-se um do outro.

(ii) De modo semelhante ao que foi usado no item (i), explique por que a função $p(s)$ tem a forma mostrada na Figura P11.36(b) e por que o ponto s_-, em que ocorre o máximo, é o ponto de saída para $K < 0$.

Assim, os pontos de saída correspondem aos máximos e mínimos de $p(s)$ para s variando sobre a reta real negativa.

(iii) Os pontos em que $p(s)$ tem um máximo ou mínimo são as soluções da equação

$$\frac{d\,p(s)}{ds} = 0.$$

Use esse fato para encontrar os pontos de saída s_+ e s_-, e depois utilize a Equação P11.36-4 para encontrar os ganhos em que esses pontos são polos de malha fechada.

Além do método ilustrado no item (c), existem outros métodos, parcialmente analíticos, parcialmente gráficos, para determinar os pontos de saída. Também é possível usar um procedimento semelhante ao que acabamos de ilustrar no item (c) para descobrir os pontos de 'entrada', em que dois ramos do lugar das raízes se mesclam no eixo real. Esses métodos mais o ilustrado são descritos em textos avançados, como aqueles listados na Bibliografia ao final do livro.

11.37 Uma questão que sempre precisa ser levada em conta pelo projetista de sistemas é o efeito possível de aspectos não modelados do sistema que se tenta estabilizar ou modificar por meio de realimentação. Neste problema, mostramos uma ilustração de por que isso acontece. Considere um sistema de realimentação em tempo contínuo e suponha que

$$H(s) = \frac{1}{(s+10)(s-2)} \quad \text{(P11.37-1)}$$

e

$$G(s) = K. \quad \text{(P11.37-2)}$$

(a) Use técnicas de lugar das raízes para mostrar que o sistema de malha fechada será estável se K for escolhido grande o suficiente.

(b) Suponha que o sistema que estamos tentando estabilizar pela realimentação na realidade tem uma função de sistema

$$H(s) = \frac{1}{(s+10)(s-2)(10^{-3}s+1)}. \quad \text{(P11.37-3)}$$

O fator adicional pode ser considerado como representando um sistema de primeira ordem em cascata com o sistema da Equação P11.37-1. Note que a constante de tempo do sistema de primeira ordem adicionado é extremamente pequena e, portanto, parecerá ter uma resposta ao degrau que é quase instantânea. Por esse motivo, esses fatores são normalmente deixados de lado para a obtenção de modelos mais simples e de mais fácil trato que capturam todas as características importantes do sistema. Porém, é preciso ter em mente essa dinâmica negligenciada na obtenção de um projeto de realimentação útil. Para ver por que isso acontece, mostre que se $G(s)$ for dado pela Equação P11.37-2 e $H(s)$ for como na Equação P11.37-3, então o sistema de malha fechada será instável se a escolha de K for *muito* grande. *Dica*: veja o Problema 11.34.

(c) Use técnicas de lugar das raízes para mostrar que se

$$G(s) = K(s + 100),$$

então o sistema com realimentação será estável para todos os valores de K suficientemente grandes se $H(s)$ for dado pela Equação P11.37-1 *ou* pela Equação P11.37-3.

11.38 Considere o sistema com realimentação da Figura 11.3(b) com

$$H(z) = \frac{Kz^{-1}}{1 - z^{-1}}$$

e

$$G(z) = 1 - az^{-1}.$$

(a) Esboce o lugar das raízes para $K > 0$ e $K < 0$ quando $a = 1/2$.

(b) Repita o item (a) quando $a = -1/2$.

(c) Com $a = -1/2$, encontre um valor de K para o qual a resposta ao impulso em malha fechada tenha a forma

$$(A + Bn)\alpha^n$$

para alguns valores das constantes A, B e α, com $|\alpha| < 1$. (*Dica*: como deve ser o denominador da função de sistema em malha fechada nesse caso?)

11.39 Considere o sistema com realimentação da Figura P11.39 com

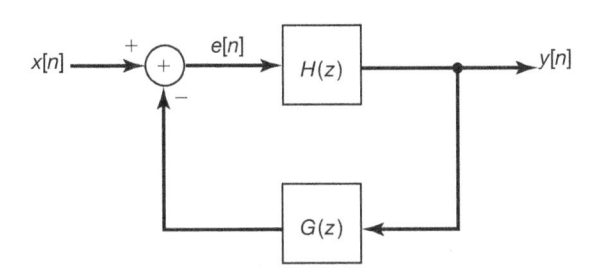

$$H(z) = \frac{1}{1 - \frac{1}{2}z^{-1}}, \quad G(z) = K. \quad \text{(P11.39-1)}$$

Figura P11.39

(a) Trace o lugar das raízes para $K > 0$.

(b) Trace o lugar das raízes para $K < 0$. (*Nota*: Cuidado com esse lugar das raízes. Aplicando o critério de ângulo no eixo real, você verá que, quando K diminui a partir de zero, a malha fechada aproxima-se de $z = +\infty$ ao longo do eixo real positivo e depois retorna ao longo do eixo real negativo a partir de $z = -\infty$. Verifique que isso realmente acontece encontrando explicitamente para o polo de malha fechada em função de K. Em que valor de K o polo está em $|z| = \infty$?)

(c) Encontre o intervalo completo de valores de K para o qual o sistema de malha fechada é estável.

(d) O fenômeno observado no item (b) é uma consequência direta do fato de que, neste exemplo, o numerador e o denominador de $G(z)H(z)$ têm o mesmo grau. Quando isso ocorre em um sistema com realimentação de tempo discreto, significa que existe uma malha sem atraso no sistema. Ou seja, a saída em determinado ponto no tempo está sendo alimentada de volta ao sistema e, por sua vez, afeta seu próprio valor no mesmo instante de tempo. Para ver que isso acontece no sistema que estamos considerando aqui, escreva a equação de diferença relacionando $y[n]$ e $e[n]$. Depois, escreva $e[n]$ em termos da entrada e da saída para o sistema com realimentação. Contraste esse resultado com o do sistema de realimentação com

$$H(z) = \frac{1}{1 - \frac{1}{2}z^{-1}}, \quad G(z) = Kz^{-1}. \quad \text{(P11.39-2)}$$

A principal consequência de ter malhas sem atraso é que esses sistemas de realimentação não podem ser implementados na forma descrita. Por exemplo, para o sistema da Equação P11.39-1, não podemos calcular primeiro $e[n]$ e depois $y[n]$, porque $e[n]$ depende de $y[n]$. Observe que *podemos* realizar esse tipo de cálculo para o sistema da Equação P11.39-2, pois $e[n]$ depende de $y[n-1]$.

(e) Mostre que o sistema de realimentação da Equação P11.39-1 representa um sistema causal, exceto para o valor de K para o qual o polo de malha fechada está em $|z| = \infty$.

11.40 Considere o sistema com realimentação de tempo discreto descrito na Figura P11.40. O sistema no caminho direto não é muito amortecido, e gostaríamos de escolher a função de sistema de realimentação de modo a melhorar o amortecimento geral. Usando o método de lugar das raízes, mostre que isso pode ser feito com

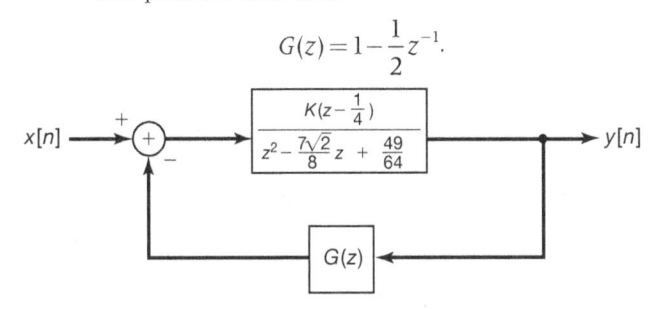

$$G(z) = 1 - \frac{1}{2}z^{-1}.$$

Figura P11.40

Especificamente, esboce o lugar das raízes para $K > 0$ e determine o valor do ganho K para o qual é obtida uma melhoria significativa no amortecimento.

11.41 (a) Considere um sistema com realimentação com

$$H(z) = \frac{z+1}{z^2 + z + \frac{1}{4}}, \quad G(z) = \frac{K}{z-1}.$$

(i) Escreva a função de sistema de malha fechada explicitamente como uma razão de dois polinômios. (O polinômio do denominador terá coeficientes que dependem de K.)

(ii) Mostre que a soma dos polos de malha fechada é independente de K.

(b) De uma forma mais geral, considere um sistema de realimentação com função de sistema

$$G(z)H(z) = K \frac{z^m + b_{m-1}z^{m-1} + \cdots + b_0}{z^n + a_{n-1}z^{n-1} + \cdots + a_0}.$$

Mostre que, se $m \leq n - 2$, a soma dos polos de malha fechada é independente de K.

11.42 Considere novamente o sistema com realimentação de tempo discreto do Exemplo 11.3:

$$G(z)H(z) = \frac{z}{(z - \frac{1}{2})(z - \frac{1}{4})}.$$

Os lugares das raízes para $K > 0$ e $K < 0$ são mostrados na Figura 11.16.

(a) Considere o lugar das raízes para $K > 0$. Nesse caso, o sistema torna-se instável quando um dos polos de malha fechada for menor ou igual a -1. Encontre o valor de K para o qual $z = -1$ é um polo de malha fechada.

(b) Considere o lugar das raízes para $K < 0$. Nesse caso, o sistema torna-se instável quando um dos polos de malha fechada for maior ou igual a 1. Encontre o valor de K para o qual $z = 1$ é um polo de malha fechada.

(c) Qual é o intervalo de valores completo de K para os quais o sistema em malha fechada é estável?

11.43 Considere um sistema com realimentação de tempo discreto com

$$G(z)H(z) = \frac{1}{z(z-1)}.$$

(a) Esboce o lugar das raízes para $K > 0$ e para $K < 0$.

(b) Se você tiver esboçado o lugar das raízes corretamente para $K > 0$, verá que os dois ramos do lugar das raízes cruzam e saem da circunferência unitária. Consequentemente, podemos concluir que o sistema de malha fechada é estável para $0 < K < K_0$, em que K_0 é o valor do ganho para o qual os dois ramos cruzam a circunferência unitária. Em que pontos na circunferência unitária os ramos saem? Qual é o valor de K_0?

11.44 Conforme mencionamos na Seção 11.4, o critério de Nyquist em tempo contínuo pode ser estendido para permitir polos de $G(s)H(s)$ no eixo $j\omega$. Neste problema, ilustraremos a técnica geral para isso por meio de vários exemplos. Considere um sistema com realimentação de tempo contínuo com

$$G(s)H(s) = \frac{1}{s(s+1)}. \quad \text{(P11.44-1)}$$

Quando $G(s)H(s)$ tem um polo em $s = 0$, modificamos o contorno da Figura 11.19, evitando a origem. Para isso, recortamos o contorno, acrescentando um semicírculo de raio infinitesimal ϵ no semiplano direito. [Ver Figura P11.44(a).] Dessa forma, apenas uma pequena parte do semiplano direito não está delimitada pelo contorno modificado, e sua área vai para zero enquanto consideramos $\epsilon \to 0$. Consequentemente, quando $M \to \infty$, o contorno delimitará o plano da direita inteiro. Como no texto, $G(s)H(s)$ é uma constante (nesse caso, nula) ao longo do círculo de raio infinito. Assim, para representar $G(s)H(s)$ ao longo do contorno, só precisamos representá-lo para a parte do contorno que consiste no eixo $j\omega$ e no círculo infinitesimal.

(a) Mostre que

$$\sphericalangle G(j0^+)H(j0^+) = -\frac{\pi}{2}$$

e

$$\sphericalangle G(j0^-)H(j0^-) = \frac{\pi}{2},$$

sendo $s = j0^-$ o ponto em que a semicircunferência infinitesimal encontra o eixo $j\omega$ logo abaixo da origem e $s = j0^+$ é o ponto correspondente logo acima da origem.

(b) Use o resultado do item (a) juntamente com a

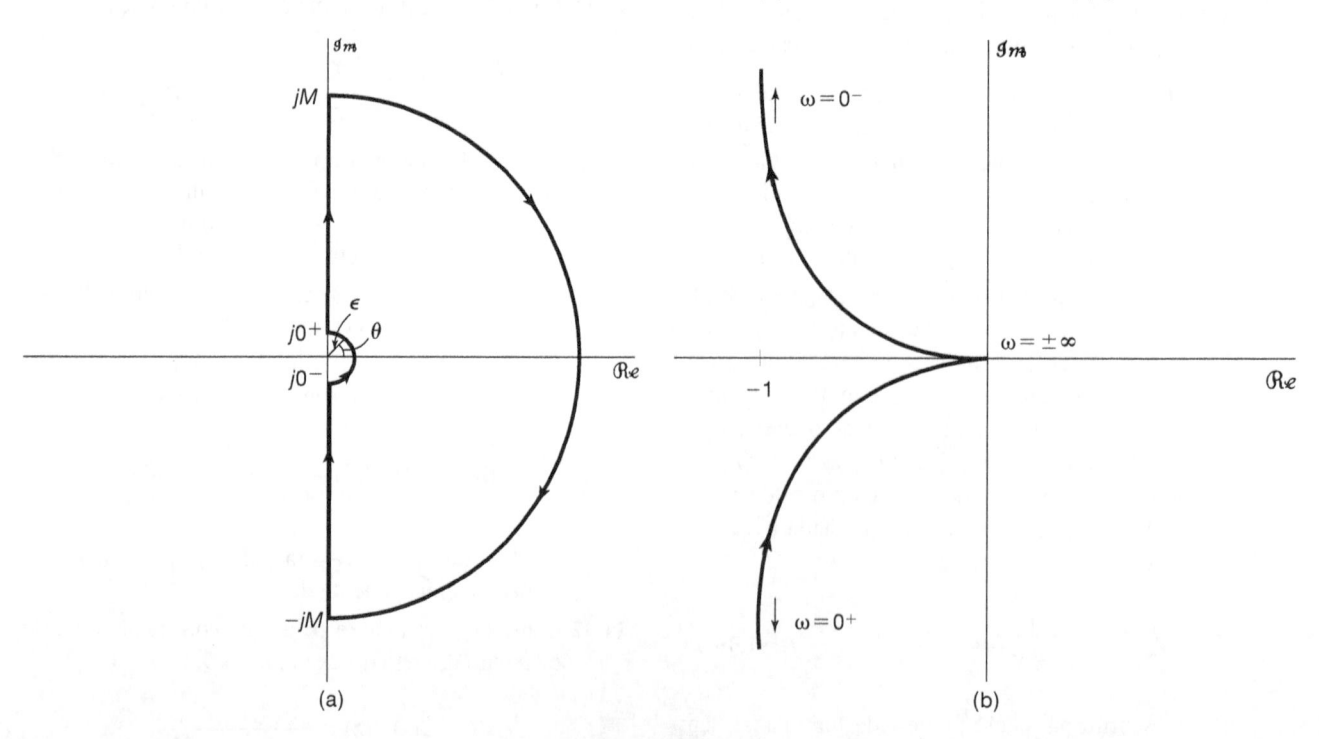

Figura P11.44

(continua)

(continuação)

Figura P11.44

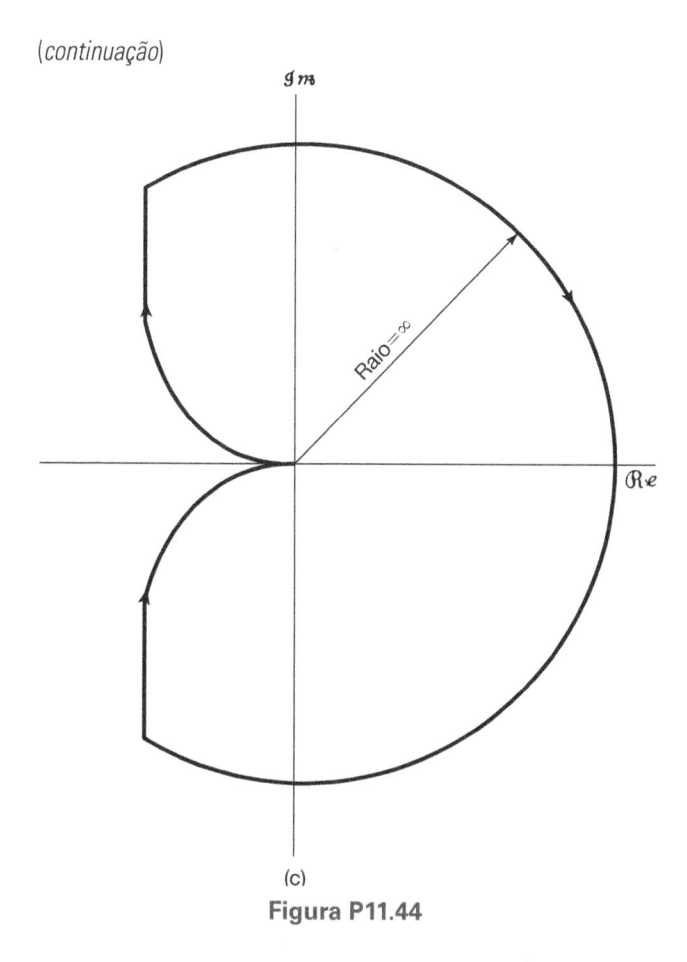

Equação P11.44-1 para verificar que a Figura P11.44(b) é um esboço preciso de $G(s)H(s)$ ao longo das partes do contorno de $-j\infty$ a $j0^-$ e $j0^+$ a $j\infty$. Em particular, verifique se $\sphericalangle G(j\omega)H(j\omega)$ e $|G(j\omega)H(j\omega)|$ se comportam da maneira descrita na figura.

(c) Tudo o que resta a ser feito é determinar o gráfico de $G(s)H(s)$ ao longo do pequeno semicírculo em torno de $s = 0$. Note que, à medida que $\epsilon \to 0$, a magnitude de $G(s)H(s)$ ao longo desse contorno vai para infinito. Mostre que, à medida que $\epsilon \to 0$, a contribuição do polo em $s = -1$ para $\sphericalangle G(s)H(s)$ ao longo do semicírculo é nula. Depois, mostre que, à medida que $\epsilon \to 0$,

$$\sphericalangle G(s)H(s) = -\theta,$$

sendo θ como definido na Figura P11.44(a). Assim, como θ varia de $-\pi/2$ em $s = j0^-$ a $+\pi/2$ em $s = j0^+$ no sentido anti-horário, $\sphericalangle G(s)H(s)$ deve seguir de $+\pi/2$ em $s = j0^-$ até $-\pi/2$ em $s = j0^+$ no sentido horário. O resultado é o diagrama de Nyquist completo, representado na Figura P11.44(c).

d) Usando o diagrama de Nyquist da Figura P11.44(c), encontre o intervalo de valores de K para os quais o sistema com realimentação em malha fechada é estável. (*Nota*: Conforme apresentado no texto, o critério de Nyquist de tempo contínuo afirma que, para a estabilidade do sistema de malha fechada, o número resultante de circundações em sentido horário do ponto $-1/K$ precisa ser igual a menos o número resultante de polos no semiplano direito de $G(s)H(s)$. Neste exemplo, note que o polo de $G(s)H(s)$ em $s = 0$ está *fora* do contorno modificado. Consequentemente, ele *não* está incluído na contagem dos polos de $G(s)H(s)$ no semiplano direito [ou seja, somente os polos de $G(s)H(s)$ estritamente *dentro* do semiplano direito são contados na aplicação do critério de Nyquist]. Assim, nesse caso, como $G(s)H(s)$ não tem polos estritamente dentro do semiplano direito, *não* devemos ter circundações do ponto $s = -1/K$ para a estabilidade do sistema de malha fechada.)

(e) Siga as etapas descritas nos itens (a) a (c) para esboçar os diagramas de Nyquist para cada uma das seguintes especificações:

(i) $G(s)H(s) = \frac{(s/10)+1}{s(s+1)}$

(ii) $G(s)H(s) = \frac{1}{s(s+1)^2}$

(iii) $G(s)H(s) = \frac{1}{s^2}$ [muito cuidado no cálculo de $\sphericalangle G(s)H(s)$ ao longo da semicircunferência infinitesimal]

(iv) $G(s)H(s) = \frac{s+1}{s(1-s)}$ [cuidado no cálculo de $\sphericalangle G(j\omega)H(j\omega)$ quando ω varia; não se esqueça de levar em conta o sinal de menos no denominador]

(v) $G(s)H(s) = \frac{s+1}{s^2}$ [mesmo comentário de (iii)]

Em cada caso, use o critério de Nyquist para determinar o intervalo de valores de K (se houver tal intervalo) para o qual o sistema de malha fechada é estável. Além disso, use outro método (lugar das raízes ou cálculo direto dos polos de malha fechada em função de K) para fornecer uma verificação parcial da exatidão do seu diagrama de Nyquist. [*Nota*: No esboço dos diagramas de Nyquist, você pode achar útil esboçar primeiro os diagramas de Bode de $G(s)H(s)$. Também pode ser útil determinar os valores de ω para os quais $G(j\omega)H(j\omega)$ é real.]

(f) Repita o item (e) para:

(i) $G(s)H(s) = \frac{1}{s^2+1}$

(ii) $G(s)H(s) = \frac{s+1}{s^2+1}$

Nota: Nesses casos, existem *dois* polos no eixo imaginário; consequentemente, você precisará modificar o contorno da Figura 11.19 para evitar cada um deles. Use semicírculos infinitesimais, como na Figura P11.44(a).

11.45 Considere um sistema com função de sistema

$$H(s) = \frac{1}{(s+1)(s-2)}. \qquad \text{(P11.45-1)}$$

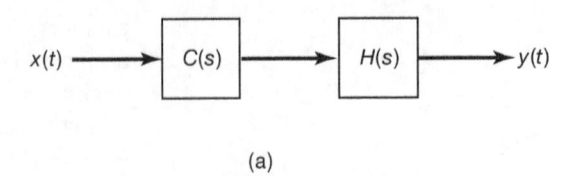

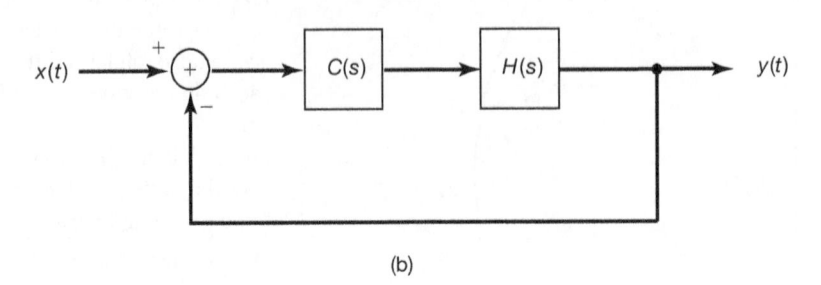

Figura P11.45

Como esse sistema é instável, gostaríamos de planejar algum método para sua estabilização.

(a) Considere primeiro um esquema de compensação em série conforme ilustrado na Figura P11.45(a). Mostre que o sistema global; dessa figura é estável se a função de sistema

$$C(s) = \frac{s-2}{s+3}.$$

Na prática, esta *não* é considerada uma maneira particularmente útil de tentar estabilizar um sistema. Explique por quê.

(b) Suponha que, em vez disso, usemos um sistema de realimentação conforme representado na Figura P11.45(b). É possível estabilizar esse sistema usando um ganho constante, ou seja,

$$C(s) = K,$$

para o elemento estabilizador? Justifique sua resposta, usando técnicas de Nyquist.

(c) Mostre que o sistema da Figura P11.45(b) pode ser estabilizado se $C(s)$ for um sistema proporcional mais derivativo — ou seja, se

$$C(s) = K(s + a).$$

Considere tanto o caso de $0 < a < 1$ quanto de $a > 1$.

(d) Suponha que

$$C(s) = K(s + 2).$$

Escolha o valor de K tal que o sistema de malha fechada tenha um par de polos complexos com uma razão de amortecimento $\zeta = 1/2$. (*Dica*: Nesse caso, o denominador do sistema de malha fechada precisa ter a forma

$$s^2 + \omega_n s + \omega_n^2$$

para algum valor de $\omega_n > 0$.)

(e) A compensação derivativa pura é tanto impossível de obter quanto indesejável na prática. Isso porque a amplificação exigida de frequências arbitrariamente altas não pode ser obtida nem é aconselhável, pois todos os sistemas reais são sujeitos a algum nível de distúrbios de alta frequência. Assim, suponha que consideremos um compensador na forma

$$C(s) = K\left(\frac{s+a}{s+b}\right), \quad a, b > 0. \quad \text{(P11.45-2)}$$

Se $b < a$, esta é uma *rede de atraso*: $\angle C(j\omega) < 0$ para todo $\omega > 0$, de modo que a fase da saída do sistema está atrasada em relação à fase da entrada. Se $b > a$, $\angle C(j\omega) > 0$ para todo $\omega > 0$, e o sistema é então denominado *rede de avanço*.

(i) Mostre que é possível estabilizar o sistema com o compensador de avanço

$$C(s) = K\frac{s+\frac{1}{2}}{s+2} \quad \text{(P11.45-3)}$$

se K for escolhido grande o suficiente.

(ii) Mostre que não é possível estabilizar o sistema de realimentação da Figura P11.45(b) usando a rede de atraso

$$C(s) = K\frac{s+3}{s+2}.$$

Dica: Use os resultados do Problema 11.34 no esboço do lugar das raízes. Depois, determine os pontos no eixo $j\omega$ que estão no lugar das raízes e os valores de K para os quais cada

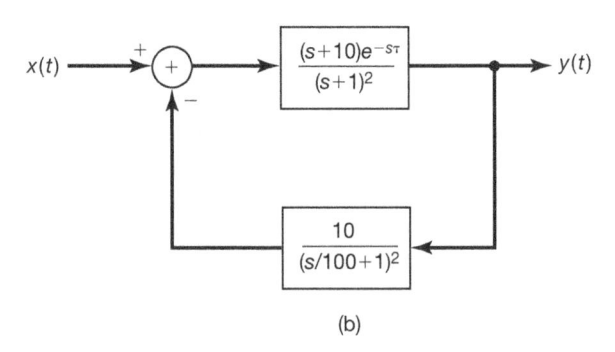

Figura P11.46

um desses pontos é um polo de malha fechada. Utilize essa informação para provar que, para nenhum valor de K, *todos* os polos de malha fechada estão no semiplano esquerdo.

11.46 Considere o sistema com realimentação de tempo contínuo representado na Figura P11.46(a).

(a) Use as aproximações por retas dos diagramas de Bode, desenvolvidas no Capítulo 6, para obter um esboço do gráfico logarítmico de magnitude-fase desse sistema. Estime as margens de fase e de ganho a partir do seu gráfico.

(b) Suponha que haja um atraso desconhecido dentro do sistema com realimentação, de modo que o sistema com realimentação real seja conforme mostra a Figura P11.46(b). Aproximadamente, qual é o maior atraso τ que pode ser tolerado antes que o sistema com realimentação se torne instável? Utilize seus resultados do item (a) para esse cálculo.

(c) Calcule valores mais exatos das margens de fase e de ganho e compare-os com os seus resultados do item (a). Isso deve dar-lhe alguma ideia dos erros que são causados pelo uso dos diagramas de Bode aproximados.

11.47 Como mencionamos no final da Seção 11.5, as margens de fase e de ganho podem oferecer condições *suficientes* para garantir que um sistema de realimentação estável permaneça estável. Por exemplo, mostramos que um sistema com realimentação estável permanecerá estável à medida que o ganho aumente, até que alcancemos um limite especificado pela margem de ganho. Isso *não* significa (a) que o sistema de realimentação não pode tornar-se instável *diminuindo* o ganho ou (b) que o sistema será instável para *todos* os valores de ganho maiores que o limite da margem de ganho. Neste problema, ilustramos esses dois pontos.

(a) Considere um sistema com realimentação de tempo contínuo com

$$G(s)H(s) = \frac{1}{(s-1)(s+2)(s+3)}.$$

Esboce o lugar das raízes para esse sistema para K > 0. Use as propriedades do lugar das raízes descritas no texto e no Problema 11.34 para ajudá-lo a traçar o lugar com precisão. Feito isso, você deverá ver que: para valores pequenos do ganho K, o sistema é instável; para valores maiores de K, o sistema é estável; e para valores ainda maiores de K, o sistema novamente se torna instável. Encontre o intervalo de valores de K para os quais o sistema é estável. *Dica*: Use o mesmo método empregado no Exemplo 11.2 e no Problema 11.35 para determinar os valores de K em que os ramos do lugar das raízes passam pela origem e cruzam o eixo $j\omega$.

Se ajustamos nosso ganho em algum ponto dentro do intervalo estável que você acabou de descobrir, poderemos aumentar o ganho um pouco e manter a estabilidade, mas um aumento grande o suficiente no ganho faz que o sistema se torne instável. Esse valor máximo de aumento no ganho em que o sistema de malha fechada se torna instável é a margem de ganho. Observe que, se *diminuirmos* muito o ganho, também poderemos causar instabilidade.

(b) Considere o sistema de realimentação do item (a) com o ganho K ajustado em 7. Mostre que o sistema de malha fechada é estável. Esboce o gráfico logarítmico de magnitude-fase desse sistema e mostre que existem dois valores não negativos de ω para os quais $\sphericalangle G(j\omega)H(j\omega) = -\pi$. Além disso, mostre que para um desses valores, $7|G(j\omega)H(j\omega)| < 1$, e para o outro, $7|G(j\omega)H(j\omega)| > 1$. O primeiro valor nos fornece a margem de ganho usual — ou seja, o fator $1/|7G(j\omega)H(j\omega)|$ pelo qual podemos aumentar o ganho e causar instabilidade. O segundo fornece-nos o fator $1/|7G(j\omega)H(j\omega)|$ pelo qual podemos diminuir o ganho e causar instabilidade.

(c) Considere um sistema com realimentação com

$$G(s)H(s) = \frac{(s/100+1)^2}{(s+1)^3}.$$

Esboce o lugar das raízes para K > 0. Mostre que dois ramos do lugar das raízes começam no semiplano esquerdo e, conforme K aumenta, movem-se para o semiplano direito e depois de volta ao semiplano esquerdo. Faça isso examinando a equação

$$G(j\omega)H(j\omega) = -\frac{1}{K}.$$

Especificamente, igualando as partes real e imaginária dessa equação, mostre que existem dois valores de $K \geq 0$ para os quais os polos de malha fechada se encontram no eixo $j\omega$.

Assim, se ajustamos o ganho em um valor pequeno o suficiente, de modo que o sistema seja estável, então poderemos aumentar o ganho até o ponto em que os dois ramos do lugar das raízes cruzem o eixo $j\omega$. Para um intervalo de valores de ganho além desse ponto, o sistema de malha fechada é instável. Porém, se *continuarmos* a aumentar o ganho, o sistema novamente se tornará estável para K grande o suficiente.

(d) Esboce o diagrama de Nyquist para o sistema do item (c) e confirme as conclusões alcançadas no item (c) aplicando o critério de Nyquist. (Certifique-se de contar o número *resultante* de circundações de $-1/K$.)

Sistemas como o considerado nos itens (c) e (d) deste problema geralmente são conhecidos como sistemas *condicionalmente estáveis*, pois suas propriedades de estabilidade podem mudar muitas vezes quando o ganho varia.

11.48 Neste problema, ilustramos o correspondente em tempo discreto da técnica descrita no Problema 11.44. Especificamente, o critério de Nyquist de tempo discreto pode ser estendido para permitir polos de $G(z)H(z)$ na circunferência unitária.

Considere um sistema com realimentação de tempo discreto com

$$G(z)H(z) = \frac{z^{-2}}{1-z^{-1}} = \frac{1}{z(z-1)}. \quad \textbf{(P11.48-1)}$$

Nesse caso, modificamos o contorno no qual avaliamos $G(z)H(z)$, como ilustrado na Figura P11.48(a).

(a) Mostre que

$$\sphericalangle G(e^{j0^+})H(e^{j0^+}) = -\frac{\pi}{2}$$

e

$$\sphericalangle G(e^{j2\pi^-})H(e^{j2\pi^-}) = \frac{\pi}{2},$$

em que $z = e^{j2\pi^-}$ é o ponto abaixo do eixo real em que a pequena semicircunferência intercepta a circunferência unitária e $z = e^{j0^+}$ é o ponto correspondente acima do eixo real.

(b) Use os resultados do item (a) juntamente com a Equação P11.48-1 para verificar que a Figura P11.48(b) é um esboço preciso de $G(z)H(z)$ ao longo da parte do contorno $z = e^{j\omega}$ para ω variando entre 0^+ e $2\pi^-$ em sentido anti-horário. Em particular, verifique que a variação angular de $G(e^{j\omega})H(e^{j\omega})$ é como indicada.

(c) Encontre o valor de ω para o qual $\sphericalangle G(e^{j\omega})H(e^{j\omega}) = -\pi$ e verifique que

$$|G(e^{j\omega})H(e^{j\omega})| = 1$$

nesse ponto. [*Dica*: Use o método geométrico para calcular $\sphericalangle G(e^{j\omega})H(e^{j\omega})$ juntamente com geometria elementar para determinar o valor de ω.]

(a)

(b)

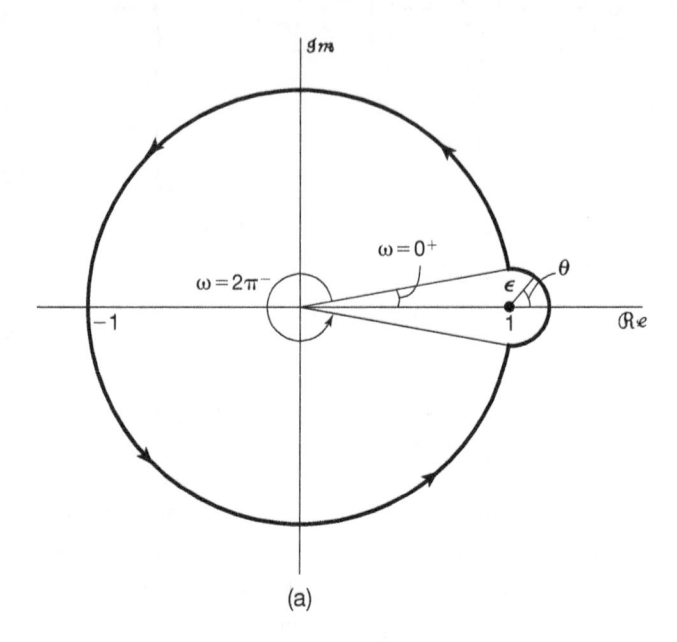

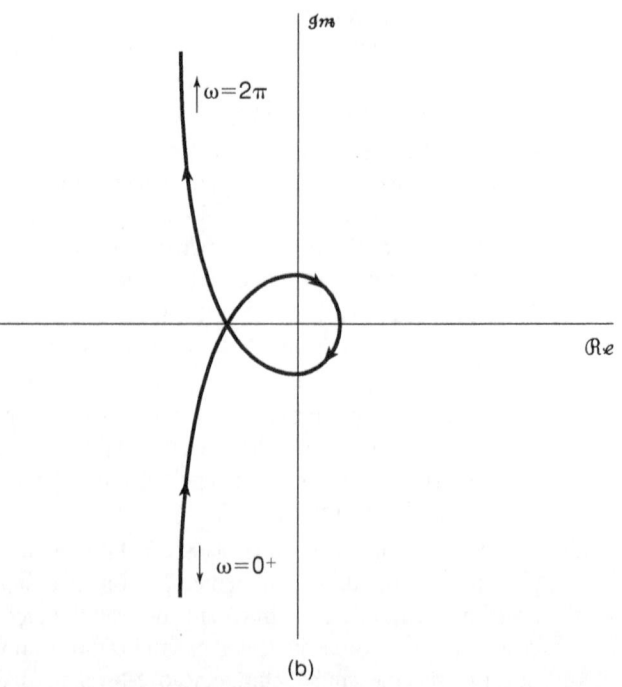

Figura P11.48

(*continua*)

(*continuação*)

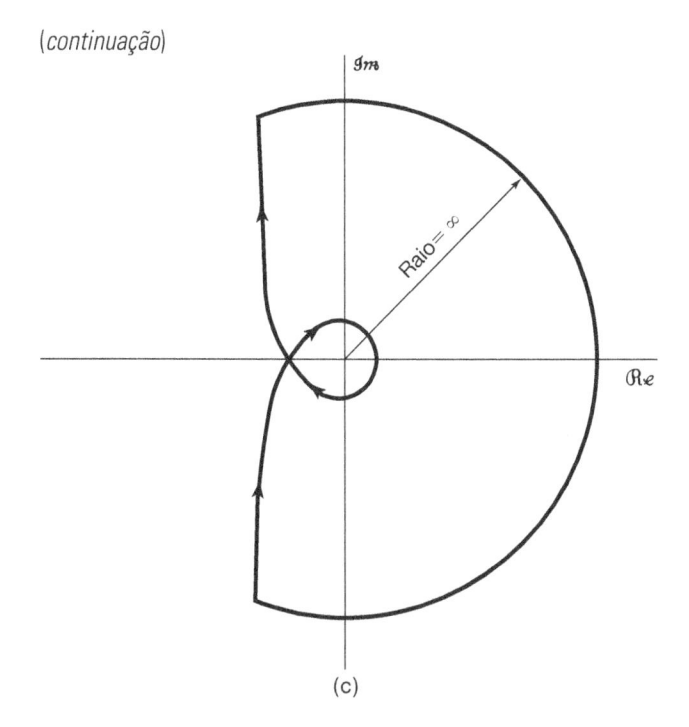

Figura P11.48

(c)

(d) Em seguida, considere o gráfico de $G(z)H(z)$ ao longo da pequena circunferência em torno de $z = 1$. Note que, à medida que $\epsilon \to 0$, a magnitude de $G(z)H(z)$ ao longo desse contorno vai para o infinito. Mostre que, à medida que $\epsilon \to 0$, a contribuição do polo em $z = 0$ para $\sphericalangle G(z)H(z)$ ao longo da semicircunferência é nula. Depois, mostre que à medida que $\epsilon \to 0$,

$$\sphericalangle G(z)H(z) = -\theta,$$

em que θ é indicado na Figura P11.48(a).

Assim, como θ varia de $-\pi/2$ a $+\pi/2$ no sentido anti-horário, $\sphericalangle G(z)H(z)$ varia de $+\pi/2$ a $-\pi/2$ no sentido horário. O resultado é o diagrama de Nyquist completo da Figura P11.48(c).

(e) Usando o diagrama de Nyquist, encontre o intervalo de valores de K para os quais o sistema com realimentação de malha fechada é estável. [*Nota*: Como o polo de $G(z)H(z)$ em $z = 1$ está *dentro* do contorno modificado, ele não está incluído na contagem dos polos de $G(z)H(z)$ fora da circunferência unitária. Ou seja, somente polos *estritamente fora* da circunferência unitária são contados na aplicação do critério de Nyquist. Assim, nesse caso, como $G(z)H(z)$ não tem polos estritamente fora da circundações unitária, não devemos ter circundações do ponto $z = -1/K$ para estabilidade em malha fechada.]

(f) Siga as etapas descritas nos itens (a), (b) e (d) para esboçar os diagramas de Nyquist para cada um dos seguintes itens:

(i) $\frac{z + \frac{1}{2} + \sqrt{3}}{z - 1}$

(ii) $\frac{1}{(z-1)(z + \frac{1}{2} + \sqrt{3})}$

(iii) $\frac{z+1}{z(z-1)}$

(iv) $\frac{z - 1/\sqrt{3}}{(z-1)^2}$ [cuidado no cálculo de $\sphericalangle G(z)H(z)$ ao longo da semicircunferência infinitesimal]

Para cada um dos itens anteriores, use o critério de Nyquist para determinar o intervalo de valores de K (se houver tal intervalo) para os quais o sistema em malha fechada é estável. Além disso, use outro método (lugar das raízes ou cálculo direto dos polos em malha fechada como uma função de K) para fornecer uma verificação parcial da exatidão do seu diagrama de Nyquist. *Nota*: Para esboçar os diagramas de Nyquist, você pode achar útil esboçar primeiro os diagramas de magnitude e de fase como uma função da frequência ou, pelo menos, calcular $|G(e^{j\omega})H(e^{j\omega})|$ e $\sphericalangle G(e^{j\omega})H(e^{j\omega})$ em vários pontos. Além disso, é útil determinar os valores de ω para os quais $G(e^{j\omega})H(e^{j\omega})$ é real.

(g) Repita o item (f) para

$$G(z)H(z) = \frac{1}{z^2 - 1}.$$

Nesse caso, existem dois polos sobre a circunferência unitária; então, você precisa modificar o contorno em volta de cada um deles incluindo uma semicircunferência infinitesimal que se estende fora da circunferência unitária, posicionando assim o polo dentro do contorno.

Problemas de extensão

11.49 Neste problema, oferecemos uma ilustração de como a realimentação pode ser usada para aumentar a largura de banda de um amplificador. Consideramos um amplificador cujo ganho cai em frequências altas. Ou seja, suponha que a função de sistema desse amplificador seja

$$H(s) = \frac{Ga}{s + a}.$$

(a) Qual é o ganho CC do amplificador (ou seja, a magnitude de sua resposta em frequência na frequência 0)?

(b) Qual é a constante de tempo do sistema?

(c) Suponha que tenhamos definido a largura de banda do sistema como a frequência em que a magnitude da resposta em frequência do amplificador é $1/\sqrt{2}$ vezes sua magnitude em CC. Qual é a largura de banda do amplificador?

(d) Suponha que coloquemos o amplificador em uma malha de realimentação conforme representado na Figura P11.49. Qual é o ganho CC do sistema de malha fechada? Quais são a constante de tempo e a largura de banda do sistema de malha fechada?

(e) Encontre o valor de K que leva a uma largura de banda de malha fechada que é exatamente o dobro da largura de banda do amplificador de malha aberta. Quais são as constantes de tempo e de ganho CC do sistema de malha fechada correspondente?

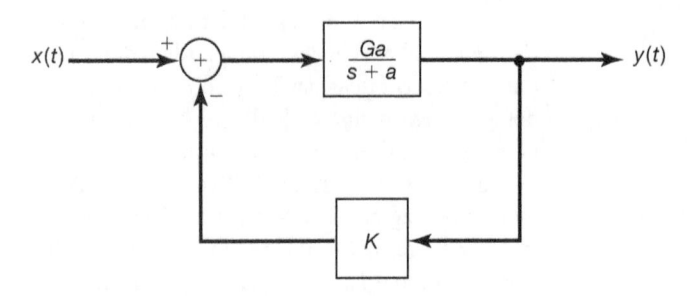

Figura P11.49

11.50 Como mencionado no texto, uma classe importante de dispositivos usados na implementação com sistemas com realimentação é a classe de amplificadores operacionais. Um modelo desse amplificador é representado na Figura P11.50(a). A entrada do amplificador é a diferença entre duas tensões $v_2(t)$ e $v_1(t)$, e a tensão de saída é uma versão amplificada da entrada; ou seja,

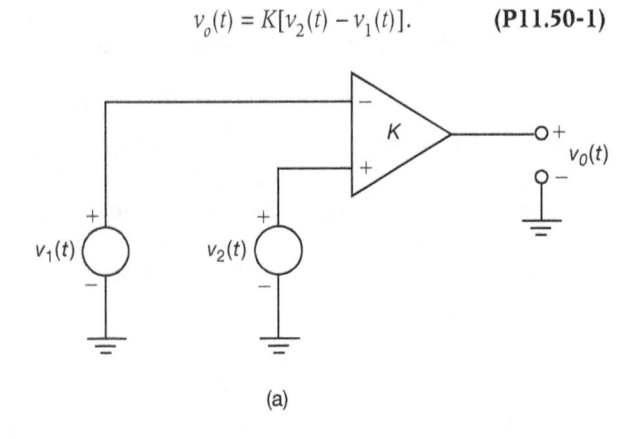

$$v_o(t) = K[v_2(t) - v_1(t)]. \quad \text{(P11.50-1)}$$

Figura P11.50a

Considere uma conexão de amplificador operacional mostrada na Figura P11.50(b). Nessa figura, $Z_1(s)$ e $Z_2(s)$ são impedâncias. (Ou seja, cada uma é a função de sistema de um sistema LIT cuja entrada é a corrente fluindo pelo elemento de impedância e cuja saída é a tensão no elemento.) Tomando a aproximação de que a impedância de entrada do amplificador operacional é infinita e que sua impedância de saída é nula, obtemos a seguinte relação entre $V_1(s)$, $V_i(s)$ e $V_o(s)$, as transformadas de Laplace de $v_1(t)$, $v_i(t)$ e $v_o(t)$, respectivamente:

$$V_1 = \left[\frac{Z_2(s)}{Z_1(s) + Z_2(s)}\right] V_i(s) + \left[\frac{Z_1(s)}{Z_1(s) + Z_2(s)}\right] V_o(s). \quad \text{(P11.50-2)}$$

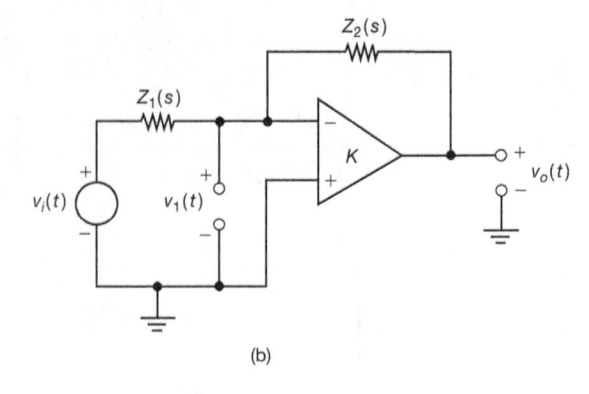

Figura P11.50b

Além disso, pela Equação P11.50-1 e Figura P11.50(b), vemos que

$$V_o(s) = -KV_1(s). \quad \text{(P11.50-3)}$$

(a) Mostre que a função de sistema

$$H(s) = \frac{V_o(s)}{V_i(s)}$$

para a interconexão da Figura P11.50(b) é idêntica à função de sistema de malha fechada global para o sistema da Figura P11.50(c).

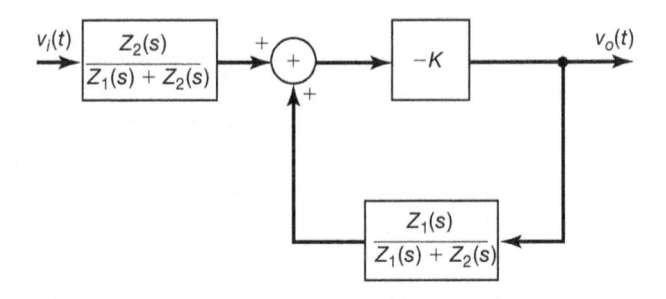

Figura P11.50c

(b) Mostre que, se $K \gg 1$, então

$$H(s) \approx -\frac{Z_2(s)}{Z_1(s)}.$$

11.51 (a) Suponha que, na Figura P11.50(b), $Z_1(s)$ e $Z_2(s)$ sejam ambos resistências puras, digamos, R_1 e R_2, respectivamente. Um valor típico para R_2/R_1 está na faixa de 1 a 10^3, enquanto um valor típico para K é 10^6. Usando os resultados do Problema 11.50(a), calcule a função de sistema real para esse valor de K e para R_2/R_1 igual a 1 e, depois, a 10^3 e compare cada valor resultante com $-R_2/R_1$. Isso deve dar-lhe alguma ideia da validade da aproximação do Problema 11.50(b).

(b) Um dos usos importantes da realimentação é na redução da sensibilidade do sistema a variações nos parâmetros. Isso é particularmente importante para circuitos envolvendo amplificadores operacionais, que possuem altos ganhos, que só podem ser conhecidos aproximadamente.

  (i) Considere o circuito discutido no item (a), com $R_2/R_1 = 10^2$. Qual é a mudança percentual no ganho de malha fechada do sistema se K mudar de 10^6 para 5×10^5?

  (ii) Qual o valor que K deve ter para que uma redução de 50% em seu valor resulte em apenas uma redução de 1% no ganho de malha fechada? Novamente, considere $R_2/R_1 = 10^2$.

11.52 Considere o circuito da Figura P11.52. Esse circuito é obtido utilizando

$$Z_1(s) = R, \qquad Z_2(s) = \frac{1}{CS}$$

na Figura P11.50(b). Usando os resultados do Problema 11.50, mostre que o sistema se comporta aproximadamente como um integrador. Em que intervalo de frequência (expresso em termos de K, R e C) essa aproximação se desfaz?

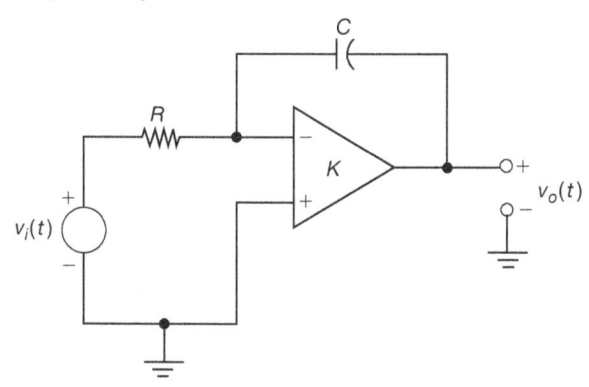

Figura P11.52

11.53 Considere o circuito representado na Figura P11.53(a), que é obtido do circuito da Figura P11.50(b) usando $Z_1(s) = R$ e substituindo $Z_2(s)$ por um diodo que tem uma relação exponencial entre corrente e tensão. Suponha que esse relacionamento tenha a forma

$$i_d(t) = M e^{q v_d(t)/kT}, \qquad \text{(P11.53-1)}$$

sendo M uma constante que depende da construção do diodo, q a carga de um elétron, k a constante de Boltzmann e T a temperatura absoluta. Note que a relação idealizada da Equação P11.53-1 considera que não existe possibilidade de uma corrente de diodo negativa. Normalmente, *existe* algum valor negativo máximo pequeno da corrente de diodo, mas vamos desconsiderar essa possibilidade em nossa análise.

(a) Supondo que a impedância de entrada do amplificador operacional seja infinita e que sua impedância de saída seja nula, mostre que as seguintes relações são verdadeiras:

$$v_o(t) = v_d(t) + R i_d(t) + v_i(t), \qquad \text{(P11.53-2)}$$

$$v_o(t) = -K[v_o(t) - v_d(t)]. \qquad \text{(P11.53-3)}$$

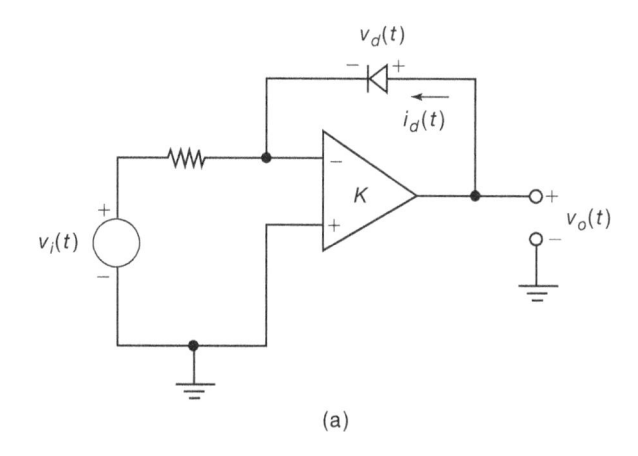

Figura P11.53a

(b) Mostre que, para um valor de K grande, a relação entre $v_o(t)$ e $v_i(t)$ é essencialmente a mesma que no sistema de realimentação da Figura P11.53(b), em que o sistema no caminho de realimentação é um sistema não linear sem memória com entrada $v_o(t)$ e saída

$$w(t) = RM e^{q v_o(t)/kT}.$$

(c) Mostre que, para um valor de K grande,

$$v_o(t) \approx \frac{kT}{q} \ln\left(-\frac{v_i(t)}{RM}\right). \qquad \text{(P11.53-4)}$$

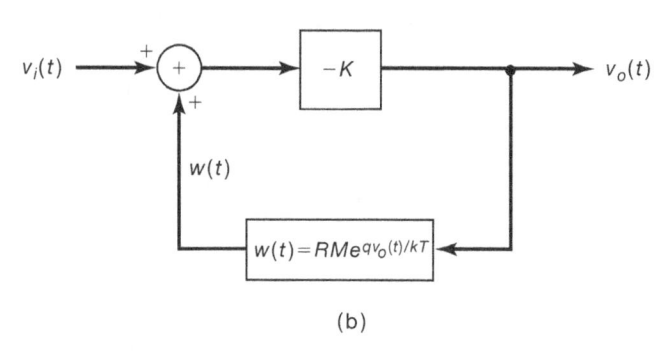

Figura P11.53b

Observe que a Equação P11.53-4 só faz sentido para um $v_i(t)$ negativo, que é coerente com o requisito de que a corrente do diodo não pode ser negativa. Se um $v_i(t)$ positivo for aplicado, a corrente $i_d(t)$ não poderá balancear a corrente que atravessa o resistor. Assim, uma corrente não insignificante é alimentada no amplificador, causando saturação.

11.54 Neste problema, exploramos o uso da realimentação positiva para gerar sinais oscilatórios.

(a) Considere o sistema ilustrado na Figura P11.54(a). Mostre que $x_f(t) = x_i(t)$ se

$$G(s)H(s) = -1. \quad \text{(P11.54-1)}$$

Suponha que conectemos os terminais 1 e 2 na Figura P11.54(a) e façamos $x_i(t) = 0$. Então, a saída do sistema deverá permanecer inalterada se satisfizermos a Equação P11.54-1. O sistema agora produz uma saída sem qualquer entrada. Portanto, o sistema mostrado na Figura P11.54(b) é um oscilador, desde que a Equação P11.54-1 seja satisfeita.

(b) Um oscilador comumente usado na prática é o oscilador senoidal. Para tal oscilador, podemos reescrever a condição da Equação P11.54-1 como

$$G(j\omega_0)H(j\omega_0) = -1. \quad \text{(P11.54-2)}$$

Qual é o valor do ganho em malha fechada para o sistema mostrado na Figura P11.54(b) em ω_0 quando a Equação P11.54-2 é satisfeita?

(c) Um oscilador senoidal pode ser construído com base no princípio esboçado anteriormente, usando o circuito mostrado na Figura P11.54(c). A entrada do amplificador é a diferença entre as tensões $v_1(t)$ e $v_2(t)$. Nesse circuito, o amplificador tem um ganho A e uma resistência de saída R_0. $Z_1(s)$, $Z_2(s)$ e $Z_3(s)$ são impedâncias. (Ou seja, cada uma é função de sistema de um sistema LIT cuja entrada é a corrente fluindo pelo elemento de impedância e cuja saída é a tensão pelo elemento.) Pode-se mostrar que, para esse circuito,

$$H(s) = \frac{-AZ_L(s)}{Z_L(s) + R_0},$$

em que

$$Z_L = \frac{Z_2(s)(Z_1(s) + Z_3(s))}{Z_1(s) + Z_2(s) + Z_3(s)}.$$

Além disso, podemos mostrar que

$$G(s) = \frac{-Z_1(s)}{Z_1(s) + Z_3(s)}.$$

(i) Mostre que

$$G(s)H(s) = \frac{AZ_1(s)Z_2(s)}{R_0(Z_1(s) + Z_2(s) + Z_3(s)) + Z_2(s)(Z_1(s) + Z_3(s))}.$$

(ii) Se $Z_1(s)$, $Z_2(s)$ e $Z_3(s)$ são reatâncias puras (ou seja, indutâncias ou capacitâncias), podemos escrever $Z_1(j\omega) = jX_1(j\omega)$, $Z_2(j\omega) = jX_2(j\omega)$ e $Z_3(j\omega) = jX_3(j\omega)$, em que $X_i(j\omega)$, $i = 1, 2, 3$, são todas reais. Usando os resultados dos itens (b) e (i), mostre que uma condição necessária para o circuito produzir oscilação é

$$X_1(j\omega) + X_2(j\omega) + X_3(j\omega) = 0.$$

(iii) Mostre também que, além da restrição do item (ii), a restrição $AX_1(j\omega) = X_2(j\omega)$ precisa ser satisfeita para o circuito produzir oscilações. [Como $X_i(j\omega)$ é positivo para indutâncias e negativo para capacitâncias, a última restrição requer que $Z_1(s)$ e $Z_2(s)$ sejam reatâncias do mesmo tipo (ou seja, ambas devem ser indutâncias ou ambas devem ser capacitâncias).

(iv) Vamos supor que $Z_1(s)$ e $Z_2(s)$ sejam ambas indutâncias de forma que

$$X_1(j\omega) = X_2(j\omega) = \omega L.$$

Vamos também assumir que

$$X_3(j\omega) = -1/(\omega C)$$

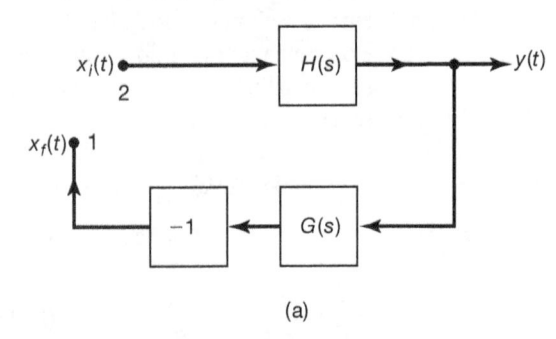

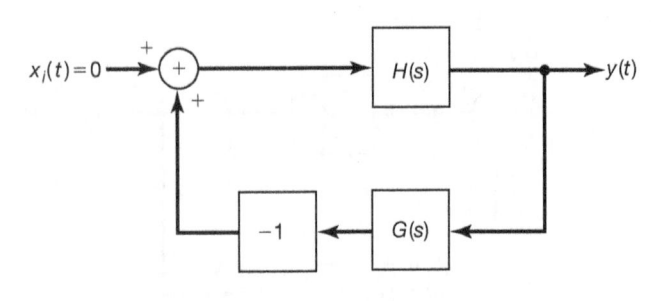

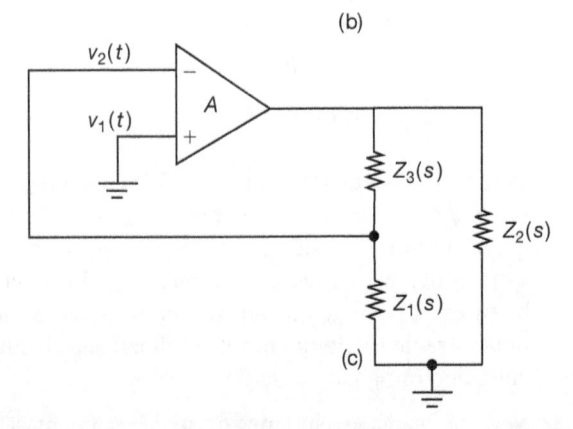

Figura P11.54

é uma capacitância. Use a condição deduzida em (ii) para determinar a frequência (em termos de L e C) em que o circuito oscila.

11.55 **(a)** Considere o filtro LIT de tempo discreto não recursivo representado na Figura P11.55(a). Pelo uso da realimentação em torno desse sistema não recursivo, um filtro recursivo pode ser implementado. Para fazer isso, considere a configuração mostrada na Figura P11.55(b), em que $H(z)$ é a função de sistema do sistema LIT não recursivo da Figura P11.55(a). Determine a função de sistema global desse sistema de realimentação e encontre a equação de diferença relacionando a entrada à saída do sistema global.

(b) Agora, suponha que $H(z)$ na Figura P11.55(b) seja a função de sistema de um sistema LIT recursivo. Especificamente, suponha que

$$H(z) = \frac{\sum_{i=1}^{N} c_i z^{-i}}{\sum_{i=1}^{N} d_i z^{-i}}.$$

Mostre como se podem encontrar valores dos coeficientes K, c_1, ..., c_N e d_0, ..., d_N, de modo que a função de sistema de malha fechada seja

$$Q(z) = \frac{\sum_{i=0}^{N} b_i z^{-i}}{\sum_{i=0}^{N} d_i z^{-i}},$$

em que a_i e b_i são coeficientes especificados.

Neste problema, vimos que o uso da realimentação nos oferece implementações alternativas de sistemas LIT especificados por equações de diferenças lineares com coeficientes constantes. A implementação no item (a), consistindo em realimentação em torno de um sistema não recursivo, é particularmente interessante, pois algumas tecnologias são idealmente adequadas para implementar estruturas de linha de atraso com derivações (ou seja, sistemas consistindo em cadeias de atraso com derivações em cada atraso cujas saídas são ponderadas e depois somadas).

11.56 Considere um pêndulo invertido, montado sobre um carrinho móvel, conforme representado na Figura P11.56. Aqui, modelamos o pêndulo como consistindo em uma haste sem massa considerável, de comprimento L, com uma massa m presa na ponta. A variável $\theta(t)$ indica a deflexão angular do pêndulo a partir da vertical, g é a aceleração gravitacional, $s(t)$ é a posição do carrinho com relação a algum ponto de referência, $a(t)$ é a aceleração do carrinho e $x(t)$ representa a aceleração angular resultante de quaisquer distúrbios, como rajadas de vento.

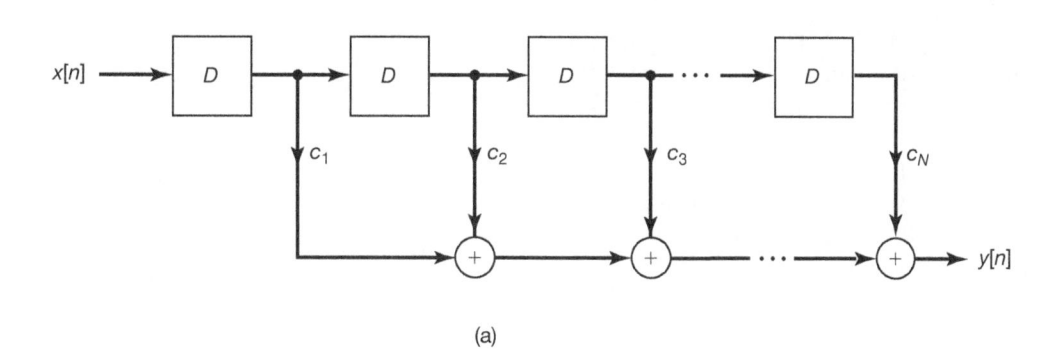

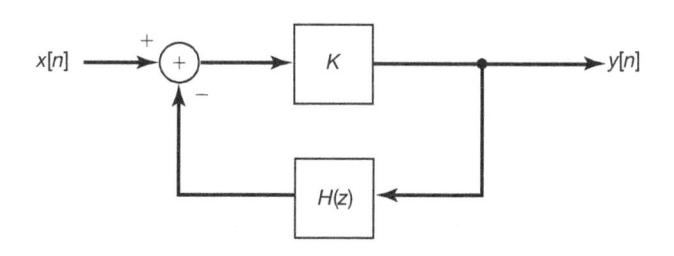

Figura P11.55

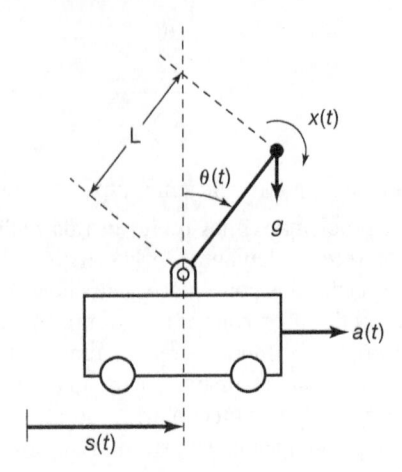

Figura P11.56

Nosso objetivo neste problema é analisar a dinâmica do pêndulo invertido e, mais especificamente, investigar o problema de equilíbrio do pêndulo por uma escolha adequada da aceleração $a(t)$ do carrinho. A equação diferencial relacionando $\theta(t)$, $a(t)$ e $x(t)$ é

$$L\frac{d^2\theta(t)}{dt^2} = g\,\text{sen}[\theta(t)] - a(t)\cos[\theta(t)] + Lx(t). \quad \textbf{(P11.56-1)}$$

Essa relação simplesmente iguala a aceleração real da massa, ao longo de uma direção perpendicular à haste, às acelerações aplicadas [gravidade, a aceleração de distúrbio devido a $x(t)$ e a aceleração do carrinho] ao longo dessa direção.

Note que a Equação P11.56-1 é uma equação diferencial não linear. A análise detalhada, exata, do comportamento do pêndulo requer que examinemos essa equação; porém, podemos obter muitas ideias sobre a dinâmica do pêndulo realizando uma análise linearizada. Especificamente, vamos examinar a dinâmica do pêndulo quando ele estiver quase vertical [ou seja, quando $\theta(t)$ for pequeno]. Nesse caso, poderemos fazer as aproximações

$$\text{sen}[\theta(t)] \approx \theta(t), \cos[\theta(t)] \approx 1. \quad \textbf{(P11.56-2)}$$

(a) Suponha que o carrinho esteja parado [ou seja, $a(t) = 0$] e considere o sistema LIT causal com entrada $x(t)$ e saída $\theta(t)$ descrita pela Equação P11.56-1, juntamente com as aproximações dadas na Equação P11.56-2. Encontre a função de sistema para esse sistema e mostre que ele tem um polo no semiplano direito, implicando que o sistema seja instável.

(b) O resultado do item (a) indica que, se o carrinho estiver parado, qualquer pequeno distúrbio angular causado por $x(t)$ levará a desvios angulares crescentes a partir da vertical. Claramente, em algum ponto esses desvios se tornarão suficientemente grandes para que as aproximações da Equação P11.56-2 não sejam mais válidas. Neste ponto, a análise linearizada não é mais precisa, mas o fato de que ela é precisa para pequenos deslocamentos angulares permite-nos concluir que a posição de equilíbrio vertical é instável, pois pequenos deslocamentos angulares crescerão, em vez de diminuir.

Agora, queremos considerar o problema de estabilizar a posição vertical do pêndulo movendo o carrinho de uma forma apropriada. Suponha que tentemos a realimentação proporcional — ou seja,

$$a(t) = K\theta(t).$$

Suponha que $\theta(t)$ seja pequeno, de modo que as aproximações na Equação P11.56-2 sejam válidas. Desenhe um diagrama de blocos do sistema linearizado com $\theta(t)$ como saída, $x(t)$ como entrada externa e $a(t)$ como sinal que é realimentado. Mostre que o sistema de malha fechada resultante é instável. Encontre um valor de K tal que se $x(t) = \delta(t)$, o pêndulo balance de um lado para o outro em um padrão oscilatório não amortecido.

(c) Considere o uso da realimentação proporcional-mais-derivativa (PD),

$$a(t) = K_1\theta(t) + K_2\frac{d\theta(t)}{dt}.$$

Mostre que é possível encontrar os valores de K_1 e K_2 que estabilizam o pêndulo. De fato, usando

$$g = 9{,}8 \text{ m/s}^2$$
e $\quad\quad\quad\quad\quad\quad\quad\quad\quad\quad$ **(P11.56-3)**
$$L = 0{,}5 \text{ m},$$

escolha valores de K_1 e K_2 de modo que a razão de amortecimento do sistema em malha fechada seja 1 e a frequência natural seja 3 rad/s.

11.57 Neste problema, consideramos vários exemplos do projeto de sistemas de rastreio. Considere o sistema representado na Figura P11.57. Aqui, $H_p(s)$ é o sistema cuja saída deve ser controlada e $H_c(s)$ é o compensador a ser projetado. Nosso objetivo na escolha de $H_c(s)$ é que a saída $y(t)$ siga a entrada $x(t)$. Em particular, além de estabilizar o sistema, também gostaríamos de projetar o sistema de modo que o erro $e(t)$ caia para zero para certas entradas especificadas.

(a) Suponha que

$$H_p(s) = \frac{\alpha}{s+\alpha}, \quad \alpha \neq 0. \quad \textbf{(P11.57-1)}$$

Mostre que, se $H_c(s) = K$ (que é conhecido como controle *proporcional*, ou *P*), podemos escolher K de modo a estabilizar o sistema e de modo que $e(t) \to 0$ se $x(t) = \delta(t)$. Mostre que *não podemos* conseguir $e(t) \to 0$ se $x(t) = u(t)$.

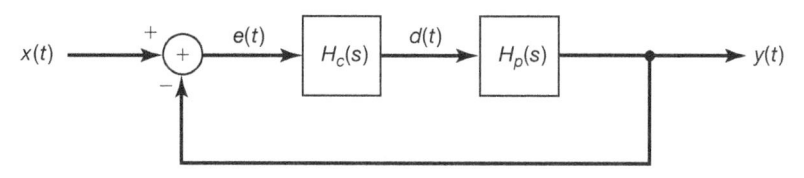

Figura P11.57

(b) Novamente, seja $H_p(s)$ como na Equação P11.57-1. Suponha que usemos o controle *proporcional-mais-integral* (PI) — ou seja,

$$H_c(s) = K_1 + \frac{K_2}{s}.$$

Mostre que podemos escolher K_1 e K_2 de modo a estabilizar o sistema e também podemos conseguir $e(t) \to 0$ se $x(t) = u(t)$. Assim, o sistema pode rastrear um degrau. De fato, isso ilustra um princípio básico e importante no projeto de sistema com realimentação: para rastrear um degrau [$X(s) = 1/s$], precisamos de um integrador ($1/s$) no sistema de realimentação. Uma extensão desse princípio será considerada no próximo problema.

(c) Suponha que

$$H_p(s) = \frac{1}{(s-1)^2}.$$

Mostre que não podemos estabilizar esse sistema com um controlador PI, mas podemos estabilizá-lo e fazer que rastreie um degrau se usarmos o controle *proporcional-mais-integral-mais-diferencial* (PID), ou seja,

$$H_c(s) = K_1 + \frac{K_2}{s} + K_3 s.$$

11.58 No Problema 11.57, discutimos como a presença de um integrador em um sistema de realimentação pode tornar possível para um sistema rastrear uma entrada degrau com erro nulo no regime permanente. Neste problema, estendemos a ideia. Considere o sistema de realimentação representado na Figura P11.58 e suponha que o sistema de malha fechada geral seja estável. Suponha também que

$$H(s) = \frac{K \prod_{k=1}^{m}(s-\beta_k)}{s^l \prod_{k=1}^{n-1}(s-\alpha_k)},$$

em que α_k e β_k são números diferentes de zero dados e l é um inteiro positivo. O sistema com realimentação da Figura P11.58 frequentemente é chamado sistema de realimentação *Tipo l*.

(a) Use o teorema do valor final (Seção 9.5.10) para mostrar que um sistema de realimentação Tipo 1 pode rastrear um degrau — ou seja, que

$$e(t) \to 0 \quad \text{se} \quad x(t) = u(t).$$

(b) De modo semelhante, mostre que um sistema Tipo 1 não pode rastrear uma rampa, mas sim que

$$e(t) \to \text{uma constante finita se} \quad x(t) = u_{-2}(t).$$

(c) Mostre que, para um sistema Tipo 1, ocorrem resultados não limitados se

$$x(t) = u_{-k}(t)$$

com $k > 2$.

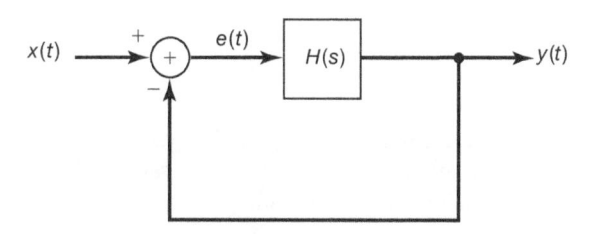

Figura P11.58

(d) De modo mais geral, mostre que, para um sistema Tipo l:

(i) $e(t) \to 0$ se $x(t) = u_{-k}(t)$ com $k \leq l$

(ii) $e(t) \to$ uma constante finita se $x(t) = u_{(-l+1)}(t)$

(iii) $e(t) \to \infty$ se $x(t) = u_{-k}(t)$ com $k > l+1$

11.59 (a) Considere o sistema com realimentação de tempo discreto da Figura P11.59. Suponha que

$$H(z) = \frac{1}{(z-1)(z+\tfrac{1}{2})}.$$

Mostre que esse sistema pode rastrear um degrau unitário no sentido de que, se $x[n] = u[n]$, então

$$\lim_{n \to \infty} e[n] = 0. \quad \textbf{(P11.59-1)}$$

(b) De modo mais geral, considere o sistema com realimentação da Figura P11.59 e assuma que o sistema de malha fechada seja estável. Suponha que $H(z)$ tenha um polo em $z = 1$. Mostre que o sistema pode rastrear um degrau unitário. [*Dica*: Expresse a transformada $E(z)$ de $e[n]$ em termos de $H(z)$ e da transformada de $u[n]$; explique por que todos os polos de $E(z)$ estão dentro da circunferência unitária.]

(c) Os resultados dos itens (a) e (b) são correspondentes em tempo discreto dos resultados para sistemas de tempo contínuo discutidos nos problemas 11.57 e 11.58. Em tempo discreto, também podemos considerar o projeto dos sistemas que rastreiam entradas especificadas *perfeitamente* após um número finito de passos. Esses sistemas são conhecidos como *sistemas de realimentação de tempo finito* (ou *deadbeat*).

Considere o sistema em tempo discreto da Figura P11.59 com

$$H(z) = \frac{z^{-1}}{1-z^{-1}}.$$

Mostre que o sistema global de malha fechada é um sistema de realimentação de tempo finito com a propriedade de rastrear uma entrada degrau exatamente após um passo: ou seja, se $x[n] = u[n]$, então $e[n] = 0$, $n \geq 1$.

(d) Mostre que o sistema de realimentação da Figura P11.59 com

$$H(z) = \frac{\frac{3}{4}z^{-1} + \frac{1}{4}z^{-2}}{(1+\frac{1}{4}z^{-1})(1-z^{-1})}$$

é um sistema de tempo finito com a propriedade de que a saída rastreia um degrau unitário perfeitamente após um número finito de passos. Em que passo de tempo o erro $e[n]$ torna-se zero?

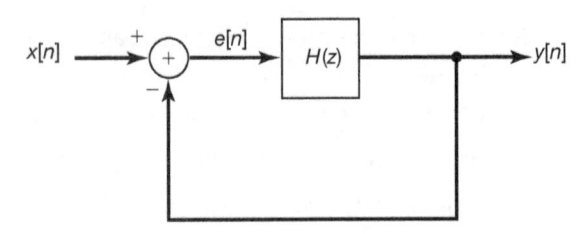

Figura P11.59

(e) De forma mais geral, para o sistema de realimentação da Figura P11.59, encontre $H(z)$ de modo que $y[n]$ rastreie perfeitamente um degrau unitário para $n \geq N$, de modo que

$$e[n] = \sum_{k=0}^{N-1} a_k \delta[n-k], \qquad \text{(P11.59-2)}$$

em que a_k são constantes especificadas. *Dica*: Use a relação entre $H(z)$ e $E(z)$ quando a entrada é um degrau unitário e $e[n]$ é dado pela Equação P11.59-2.

(f) Considere o sistema da Figura P11.59 com

$$H(z) = \frac{z^{-1} + z^{-2} - z^{-3}}{(1+z^{-1})(1-z^{-1})^2}.$$

Mostre que esse sistema rastreia uma rampa $x[n] = (n+1)u[n]$ exatamente após dois passos de tempo.

11.60 Neste problema, investigamos algumas das propriedades dos sistemas de realimentação de dados amostrados e ilustramos o uso desses sistemas. Lembre-se, da Seção 11.2.4, de que em um sistema de realimentação de dados amostrados, a saída de um sistema de tempo contínuo é amostrada. A sequência resultante de amostras é processada por um sistema de tempo discreto cuja saída é convertida em um sinal de tempo contínuo que, por sua vez, é realimentado e subtraído da entrada externa para produzir a entrada real do sistema em tempo contínuo.

(a) Considere o sistema dentro das linhas tracejadas na Figura 11.6(b). Este é um sistema em tempo discreto com entrada $e[n]$ e saída $p[n]$. Mostre que este é um sistema LIT. Como indicamos na figura, $F(z)$ indicará a função de sistema desse sistema.

(b) Mostre que, na Figura 11.6(b), o sistema de tempo discreto com função de sistema $F(z)$ está relacionado ao sistema em tempo contínuo com função de sistema $H(s)$ por meio de uma transformação *invariante em degrau*. Ou seja, se $s(t)$ é a resposta ao degrau do sistema em tempo contínuo e $q[n]$ é a resposta ao degrau do sistema em tempo discreto, então

$$q[n] = s(nT) \qquad \text{para todo } n.$$

(c) Suponha que
$$H(s) = \frac{1}{s-1}, \quad \mathcal{Re}\{s\} > 1.$$

Mostre que
$$F(z) = \frac{(e^T - 1)z^{-1}}{1 - e^T z^{-1}}, \quad |z| > e^T.$$

(d) Suponha que $H(s)$ é como no item (c) e que $G(z) = K$. Encontre o intervalo de valores de K para os quais o sistema em tempo discreto de malha fechada da Figura 11.6(b) é estável.

(e) Suponha que
$$G(z) = \frac{K}{1 + \frac{1}{2}z^{-1}}.$$

Sob que condições em T podemos encontrar um valor de K que estabilize o sistema total? Encontre um par de valores em particular para K e T que resulte em um sistema estável de malha fechada. *Dica*: Examine o lugar das raízes e encontre os valores para os quais os polos entram ou saem da circunferência unitária.

Expansão em frações parciais

A.1 Introdução

A finalidade deste apêndice é descrever a técnica de expansão em frações parciais. Essa ferramenta tem grande valor no estudo de sinais e sistemas; em particular, ela é muito útil na inversão de transformadas de Fourier, transformadas de Laplace e transformadas z, bem como na análise de sistemas LIT descritos por equações diferenciais ou de diferenças lineares com coeficientes constantes. O método de expansão em frações parciais consiste em tomar uma função que é a razão de polinômios e expandi-la como uma combinação linear de termos mais simples do mesmo tipo. A determinação dos coeficientes nessa combinação linear é o problema básico a ser solucionado na obtenção da expansão. Como veremos, este é um problema relativamente simples em álgebra, que pode ser resolvido de modo muito eficiente com alguma 'manipulação'.

Para ilustrar a ideia básica por trás e o papel da expansão em frações parciais, considere a análise desenvolvida na Seção 6.5.2 para um sistema LIT de segunda ordem em tempo contínuo especificado pela equação diferencial

$$\frac{d^2 y(t)}{dt^2} + 2\zeta\omega_n \frac{dy(t)}{dt} + \omega_n^2 y(t) = \omega_n^2 x(t). \quad \textbf{(A.1)}$$

A resposta em frequência desse sistema é

$$H(j\omega) = \frac{\omega_n^2}{(j\omega)^2 + 2\zeta\omega_n(j\omega) + \omega_n^2}, \quad \textbf{(A.2)}$$

ou, se fatorarmos o denominador,

$$H(j\omega) = \frac{\omega_n^2}{(j\omega - c_1)(j\omega - c_2)}, \quad \textbf{(A.3)}$$

sendo

$$c_1 = -\zeta\omega_n + \omega_n\sqrt{\zeta^2 - 1}, \quad \textbf{(A.4)}$$
$$c_2 = -\zeta\omega_n - \omega_n\sqrt{\zeta^2 - 1}.$$

Tendo $H(j\omega)$, estamos em posição de responder a uma série de perguntas relacionadas a esse sistema. Por exemplo, para determinar a resposta em impulso do sistema, lembre-se de que, para qualquer número α com $\mathcal{R}e\{s\} < 0$, a transformada de Fourier de

$$x_1(t) = e^{\alpha t} u(t) \quad \textbf{(A.5)}$$

é

$$X_1(j\omega) = \frac{1}{j\omega - \alpha}, \quad \textbf{(A.6)}$$

enquanto se

$$x_2(t) = t e^{\alpha t} u(t) \quad \textbf{(A.7)}$$

então

$$X_2(j\omega) = \frac{1}{(j\omega - \alpha)^2}. \quad \textbf{(A.8)}$$

Portanto, se pudermos expandir $H(j\omega)$ como uma soma de termos na forma da Equação A.6 ou A.8, poderemos determinar a transformada inversa de $H(j\omega)$ por inspeção. Por exemplo, na Seção 6.5.2, observamos que, quando $c_1 \neq c_2$, $H(j\omega)$ na Equação A.3 pode ser reescrito na forma

$$H(j\omega) = \left(\frac{\omega_n^2}{c_1 - c_2}\right)\frac{1}{j\omega - c_1} + \left(\frac{\omega_n^2}{c_2 - c_1}\right)\frac{1}{j\omega - c_2}. \quad \textbf{(A.9)}$$

Nesse caso, o par de transformadas de Fourier das equações A.5 e A.6 permite-nos escrever imediatamente a transformada inversa de $H(j\omega)$ como

$$h(t) = \left[\frac{\omega_n^2}{c_1 - c_2} e^{c_1 t} + \frac{\omega_n^2}{c_2 - c_1} e^{c_2 t}\right] u(t). \quad \textbf{(A.10)}$$

Embora tenhamos descrito a discussão anterior em termos de transformadas de Fourier em tempo contínuo, conceitos semelhantes também surgem na análise de Fourier em tempo discreto e no uso das transformadas de Laplace e transformadas z. Especificamente, em todos esses casos, encontramos a importante classe de *transformadas racionais*, ou seja, transformadas que são razões de polinômios em alguma variável. Além disso, em cada um desses contextos, achamos motivos para expandir essas transformadas como somas de termos mais simples, como na Equação A.9. Nesta seção, para desenvolver um procedimento geral para calcular tais expansões, consideramos funções racionais de uma variável geral v. Ou seja, examinamos funções na forma

$$H(v) = \frac{\beta_m v^m + \beta_{m-1} v^{m-1} + \ldots + \beta_1 v + \beta_0}{\alpha_n v^n + \alpha_{n-1} v^{n-1} + \ldots + \alpha_1 v + \alpha_0}. \quad \textbf{(A.11)}$$

Para a análise de Fourier em tempo contínuo, $(j\omega)$ desempenha o papel de v, ao passo que, para transformadas de Laplace, esse papel é desempenhado pela variável complexa s. Na análise de Fourier em tempo discreto, v é usualmente considerado como $e^{-j\omega}$, enquanto, para transformadas z, podemos usar z^{-1} ou z. Depois que tivermos desenvolvido as técnicas básicas de expansão em frações parciais, ilustraremos sua aplicação para a análise de sistemas LIT em tempo contínuo e em tempo discreto.

A.2 Expansão em frações parciais e sinais e sistemas de tempo contínuo

Para os nossos propósitos, é conveniente considerar as funções racionais de uma de duas maneiras-padrão. A segunda delas, que usualmente é útil na análise de sinais e sistemas em tempo discreto, será discutida em breve. A primeira das formas-padrão é

$$G(v) = \frac{b_{n-1} v^{n-1} + b_{n-2} v^{n-2} + \ldots + b_1 v + b_0}{v^n + a_{n-1} v^{n-1} + \ldots + a_1 v + a_0}. \quad \textbf{(A.12)}$$

Nessa forma, o coeficiente do termo de mais alta ordem no denominador é 1, e a ordem do numerador é pelo menos um a menos que a ordem do denominador. (A ordem do numerador será menor que $n-1$ se $b_{n-1} = 0$.)

Se é dado $H(v)$ na forma da Equação A.11, podemos obter uma função racional na forma da Equação A.12 realizando dois cálculos simples. Primeiro, dividimos o numerador e o denominador de $H(v)$ por α_n. Isso resulta em

$$H(v) = \frac{\gamma_m v^m + \gamma_{m-1} v^{m-1} + \ldots + \gamma_1 v + \gamma_0}{v^n + a_{n-1} v^{n-1} + \ldots + a_1 v + a_0}, \quad \textbf{(A.13)}$$

em que

$$\gamma_m = \frac{\beta_m}{\alpha_n}, \quad \gamma_{m-1} = \frac{\beta_{m-1}}{\alpha_n}, \quad \ldots$$

$$a_{n-1} = \frac{\alpha_{n-1}}{\alpha_n}, \quad a_{n-2} = \frac{\alpha_{n-2}}{\alpha_n}, \quad \ldots$$

Se $m < n$, $H(v)$ é chamada de função racional *estritamente própria* e, nesse caso, $b_0 = \gamma_0$, $b_1 = \gamma_1$, ..., $b_m = \gamma_m$, e definindo quaisquer b restantes como zero, vemos que $H(v)$ na Equação A.13 já tem a forma da Equação A.12. Na maior parte da discussão neste livro em que as funções racionais são consideradas, preocupamo-nos principalmente com funções racionais estritamente próprias. Porém, se $H(v)$ não for própria (ou seja, se $m \geq n$), podemos realizar um cálculo preliminar que nos permite escrever $H(v)$ como a soma de um polinômio em v e uma função racional estritamente própria. Ou seja,

$$H(v) = c_{m-n} v^{m-n} + c_{m-n-1} v^{m-n-1} + \ldots + c_1 v + c_0$$
$$+ \frac{b_{n-1} v^{n-1} + b_{n-2} v^{n-2} + \ldots + b_1 v + b_0}{v^n + a_{n-1} v^{n-1} + \ldots + a_1 v + a_0}. \quad \textbf{(A.14)}$$

Os coeficientes $c_0, c_1, \ldots, c_{m-n}$ e $b_0, b_1, \ldots, b_{n-1}$ podem ser obtidos igualando-se as equações A.13 e A.14 e depois multiplicando pelo denominador. Isso resulta em

$$\gamma_m v^m + \ldots + \gamma_1 v + \gamma_0 = b_{n-1} v^{n-1} + \ldots + b_1 v + b_0 \quad \textbf{(A.15)}$$
$$+ (c_{m-n} v^{m-n} + \ldots + c_0)$$
$$(v^n + a_{n-1} v^{n-1} + \ldots + a_0).$$

Igualando-se os coeficientes de potências iguais de v nos dois membros da Equação A.15, podemos determinar os c e b em termos dos a e g. Por exemplo, se $m = 2$ e $n = 1$, de modo que

$$H(v) = \frac{\gamma_2 v^2 + \gamma_1 v + \gamma_0}{v + a_1} = c_1 v + c_0 + \frac{b_0}{v + a_1}, \quad \textbf{(A.16)}$$

então a Equação A.15 se torna

$$\gamma_2 v^2 + \gamma_1 v + \gamma_0 = b_0 + (c_1 v + c_0)(v + a_1)$$
$$= b_0 + c_1 v^2 + (c_0 + a_1 c_1) v + a_1 c_0.$$

Igualando-se os coeficientes de potências iguais de v, obtemos as equações

$$\gamma_2 = c_1,$$
$$\gamma_1 = c_0 + a_1 c_1,$$
$$\gamma_0 = b_0 + a_1 c_0.$$

A primeira equação fornece o valor de c_1, que pode então ser usado na segunda para encontrar c_0, que, por sua vez, pode ser usado na terceira para encontrar b_0. O resultado é

$$c_1 = \gamma_2,$$
$$c_0 = \gamma_1 - a_1 \gamma_2,$$
$$b_0 = \gamma_0 - a_1(\gamma_1 - a_1 \gamma_2).$$

O caso geral da Equação A.15 pode ser solucionado de maneira análoga.

Nosso objetivo agora é focalizar a função racional própria $G(v)$ na Equação A.12 e expandi-la para uma soma de funções racionais próprias mais simples. Para ver como isso pode ser feito, considere o caso de $n = 3$, de modo que a Equação A.12 se reduz a

$$G(v) = \frac{b_2 v^2 + b_1 v + b_0}{v^3 + a_2 v^2 + a_1 v + a_0}. \quad \textbf{(A.17)}$$

Como um primeiro passo, fatoramos o denominador de $G(v)$ a fim de escrevê-lo na forma

$$G(v) = \frac{b_2 v^2 + b_1 v + b_0}{(v - \rho_1)(v - \rho_2)(v - \rho_3)}. \quad \textbf{(A.18)}$$

Supondo por um momento que as raízes ρ_1, ρ_2 e ρ_3 do denominador sejam todas distintas, gostaríamos de expandir $G(v)$ em uma soma na forma

$$G(v) = \frac{A_1}{v - \rho_1} + \frac{A_2}{v - \rho_2} + \frac{A_3}{v - \rho_3}. \quad \textbf{(A.19)}$$

O problema, então, é determinar as constantes A_1, A_2 e A_3. Uma técnica é igualar as equações A.18 e A.19 e multiplicar pelo denominador. Nesse caso, obtemos a equação

$$b_2 v^2 + b_1 v + b_0 = A_1 (v - \rho_2)(v - \rho_3)$$
$$+ A_2 (v - \rho_1)(v - \rho_3)$$
$$+ A_3 (v - \rho_1)(v - \rho_2). \quad \textbf{(A.20)}$$

Expandindo o membro direito da Equação A.20 e depois igualando os coeficientes de potências iguais de v, obtemos um conjunto de equações lineares que podem ser resolvidas para A_1, A_2 e A_3.

Embora essa técnica sempre funcione, existe um método muito mais fácil. Considere a Equação A.19 e suponha que queiramos calcular A_1. Então, multiplicando-se por $v - \rho_1$, obtemos

$$(v - \rho_1) G(v) = A_1 + \frac{A_2 (v - \rho_1)}{v - \rho_2} + \frac{A_3 (v - \rho_1)}{v - \rho_3}. \quad \textbf{(A.21)}$$

Como ρ_1, ρ_2 e ρ_3 são distintos, às duas últimas parcelas no membro direito da Equação A.21 são nulas para $v = \rho_1$. Portanto,

$$A_1 = [(v - \rho_1) G(v)]\big|_{v = \rho_1} \quad \textbf{(A.22)}$$

ou, usando a Equação A.18,

$$A_1 = \frac{b_2 \rho_1^2 + b_1 \rho_1 + b_0}{(\rho_1 - \rho_2)(\rho_1 - \rho_3)}. \quad \textbf{(A.23)}$$

De modo semelhante,

$$A_2 = [(v - \rho_2) G(v)]\big|_{v = \rho_2} = \frac{b_2 \rho_2^2 + b_1 \rho_2 + b_0}{(\rho_2 - \rho_1)(\rho_2 - \rho_3)}, \quad \textbf{(A.24)}$$

$$A_3 = [(v - \rho_3) G(v)]\big|_{v = \rho_3} = \frac{b_2 \rho_3^2 + b_1 \rho_3 + b_0}{(\rho_3 - \rho_1)(\rho_3 - \rho_2)}. \quad \textbf{(A.25)}$$

Agora, suponha que $\rho_1 = \rho_3 \neq \rho_2$, ou seja,

$$G(v) = \frac{b_2 v^2 + b_1 v + b_0}{(v - p_1)^2 (v - p_2)}. \quad \textbf{(A.26)}$$

Nesse caso, procuramos uma expansão da forma

$$G(v) = \frac{A_{11}}{v - \rho_1} + \frac{A_{12}}{(v - \rho_1)^2} + \frac{A_{21}}{v - \rho_2}. \quad \textbf{(A.27)}$$

Aqui, precisamos do termo $1/(v - \rho_1)^2$ a fim de obter o denominador correto na Equação A.26, quando agrupamos termos sob um mínimo denominador comum. Também precisamos incluir o termo $1/(v - \rho_1)$ em geral. Para ver por que, considere igualar as equações A.26 e A.27 e multiplicá-las pelo denominador da Equação A.26:

$$b_2 v^2 + b_1 v + b_0 = A_{11}(v - \rho_1)(v - \rho_2)$$
$$+ A_{12}(v - \rho_2) + A_{21}(v - \rho_1)^2. \quad \textbf{(A.28)}$$

Novamente, se igualamos os coeficientes de potências iguais de v, obtemos três equações (para os coeficientes dos termos v^0, v^1 e v^2). Se omitirmos o termo A_{11} na Equação A.27, então teremos três equações em duas incógnitas, que, em geral, não terão uma solução. Incluindo esse termo, sempre podemos encontrar uma solução. No entanto, também, nesse caso, existe um método muito mais simples. Considere a Equação A.27 e multiplique por $(v - \rho_1)^2$:

$$(v - \rho_1)^2 G(v) = A_{11}(v - \rho_1) + A_{12} + \frac{A_{21}(v - \rho_1)^2}{v - p_2}. \quad \textbf{(A.29)}$$

Pelo exemplo anterior, vemos imediatamente como determinar A_{12}:

$$A_{12} = [(v - \rho_1)^2 G(v)]\big|_{v = \rho_1} = \frac{b_2 \rho_1^2 + b_1 \rho_1 + b_0}{\rho_1 - \rho_2}. \quad \textbf{(A.30)}$$

Quanto a A_{11}, suponha que diferenciemos a Equação A.29 com relação a v:

$$\frac{d}{dv}[(v - \rho_1)^2 G(v)] = A_{11} + A_{21} \left[\frac{2(v - \rho_1)}{v - \rho_2} - \frac{(v - \rho_1)^2}{(v - \rho_2)^2} \right].$$
$$\textbf{(A.31)}$$

Então, fica aparente que o termo final na Equação A.31 é nula para $v = \rho_1$, e, portanto,

$$A_{11} = \left[\frac{d}{dv}(v - \rho_1)^2 G(v) \right]\bigg|_{v = \rho_1}$$
$$= \frac{2 b_2 \rho_1 + b_1}{\rho_1 - \rho_2} - \frac{b_2 \rho_1^2 + b_1 \rho_1 + b_0}{(\rho_1 - \rho_2)^2}. \quad \textbf{(A.32)}$$

Por fim, multiplicando a Equação A.27 por $v - \rho_2$, descobrimos que

$$A_{21} = [(v-\rho_2)G(v)]\big|_{v=\rho_2} = \frac{b_2\rho_2^2 + b_1\rho_2 + b_0}{(\rho_2 - \rho_1)^2}. \quad \text{(A.33)}$$

Esse exemplo ilustra todas as ideias básicas por trás da expansão em frações parciais no caso geral. Especificamente, suponha que o denominador de $G(v)$ na Equação A.12 tenha raízes distintas $\rho_1, ..., \rho_\tau$ com *multiplicidades* $\sigma_1, ..., \sigma_\tau$, ou seja,

$$G(v) = \frac{b_{n-1}v^{n-1} + ... + b_1 v + b_0}{(v-\rho_1)^{\sigma_1}(v-\rho_2)^{\sigma_2}...(v-\rho_r)^{\sigma_r}}. \quad \text{(A.34)}$$

Nesse caso, $G(v)$ tem uma expansão em frações parciais na forma

$$\begin{aligned}G(v) &= \frac{A_{11}}{v-\rho_1} + \frac{A_{12}}{(v-\rho_1)^2} + ... + \frac{A_{1\sigma_1}}{(v-\rho_1)^{\sigma_1}}\\ &+ \frac{A_{21}}{v-\rho_2} + ... + \frac{A_{2\sigma_2}}{(v-\rho_2)^{\sigma_2}}\\ &+ ... + \frac{A_{r1}}{v-\rho_r} + ... + \frac{A_{r\sigma_r}}{(v-\rho_2)^{\sigma_r}}\\ &= \sum_{i=1}^{r}\sum_{k=1}^{\sigma_i}\frac{A_{ik}}{(v-\rho_1)^k},\end{aligned} \quad \text{(A.35)}$$

como os A_{ik} são calculados a partir da equação[1]

$$\boxed{A_{ik} = \frac{1}{(\sigma_i - k)!}\left[\frac{d^{\sigma_i - k}}{dv^{\sigma_i - k}}[(v-\rho_i)^{\sigma_i}G(v)]\right]\bigg|_{v=\rho_i}.} \quad \text{(A.36)}$$

Esse resultado pode ser verificado da mesma forma no exemplo: multiplique os dois membros da Equação A.35 por $(v - \rho_i)^{\sigma i}$ e diferencie repetidamente até que A_{ik} não seja mais multiplicado por uma potência de $v - \rho_i$. Depois, defina $v = \rho_i$.

Exemplo A.1

No Exemplo 4.25, examinamos um sistema LIT descrito pela equação diferencial

$$\frac{d^2 y(t)}{dt^2} + 4\frac{dy(t)}{dt} + 3y(t) = \frac{dx(t)}{dt} + 2x(t). \quad \text{(A.37)}$$

A resposta em frequência desse sistema é

$$H(j\omega) = \frac{j\omega + 2}{(j\omega)^2 + 4j\omega + 3}. \quad \text{(A.38)}$$

Para determinar a resposta ao impulso para esse sistema, expandimos $H(j\omega)$ em uma soma de termos mais simples cujas transformadas inversas podem ser obtidas por inspeção.

---
[1] Aqui, usamos a notação fatorial $r!$ para o produto $r(r-1)(r-2)...2 \cdot 1$. A quantidade 0! é definida para ser igual a 1.

Fazendo a substituição de $j\omega$ por v, obtemos a seguinte função:

$$G(v) = \frac{v+2}{v^2 + 4v + 3} = \frac{v+2}{(v+1)(v+3)}. \quad \text{(A.39)}$$

A expansão em frações parciais para $G(v)$ é, então,

$$G(v) = \frac{A_{11}}{v+1} + \frac{A_{21}}{v+3}, \quad \text{(A.40)}$$

em que

$$A_{11} = [(v+1)G(v)]\big|_{v=-1} = \frac{-1+2}{-1+3} = \frac{1}{2}, \quad \text{(A.41)}$$

$$A_{21} = [(v+3)G(v)]\big|_{v=-3} = \frac{-3+2}{-3+1} = \frac{1}{2}. \quad \text{(A.42)}$$

Assim,

$$H(j\omega) = \frac{\frac{1}{2}}{j\omega + 1} + \frac{\frac{1}{2}}{j\omega + 3} \quad \text{(A.43)}$$

e a resposta ao impulso do sistema, obtida pela inversão da Equação A.43, é

$$h(t) = \frac{1}{2}e^{-t}u(t) + \frac{1}{2}e^{-3t}u(t). \quad \text{(A.44)}$$

O sistema descrito pela Equação A.37 também pode ser analisado usando as técnicas de análise de transformada de Laplace, como desenvolvidas no Capítulo 9. A função de sistema para esse sistema é

$$H(s) = \frac{s+2}{s^2 + 4s + 3} \quad \text{(A.45)}$$

e, se usarmos v no lugar de s, obtemos o mesmo $G(v)$ dado na Equação A.39. Assim, a expansão em frações parciais prossegue exatamente como nas equações A.40 a A.42, resultando em

$$H(s) = \frac{\frac{1}{2}}{s+1} + \frac{\frac{1}{2}}{s+3}. \quad \text{(A.46)}$$

Invertendo essa transformada, novamente obtemos a resposta ao impulso como dada na Equação A.44.

Exemplo A.2

Agora, ilustramos o método de expansão em frações parciais quando existem fatores repetidos no denominador. No Exemplo 4.26, consideramos a resposta do sistema descrita na Equação A.37 quando a entrada era

$$x(t) = e^{-t}u(t). \quad \text{(A.47)}$$

Pela Equação 4.81, a transformada de Fourier da saída do sistema é

$$Y(j\omega) = \frac{j\omega + 2}{(j\omega + 1)^2(j\omega + 3)}. \quad \text{(A.48)}$$

Substituindo $j\omega$ por v, obtemos a função racional

$$G(v) = \frac{v+2}{(v+1)^2(v+3)}. \quad \text{(A.49)}$$

A expansão em frações parciais para essa função é

$$G(v) = \frac{A_{11}}{v+1} + \frac{A_{12}}{(v+1)^2} + \frac{A_{21}}{v+3}, \quad \text{(A.50)}$$

em que, pela Equação A.36,

$$A_{11} = \frac{1}{(2-1)!} \frac{d}{dv}[(v+1)^2 G(v)]\Big|_{v=-1} = \frac{1}{4}, \quad \text{(A.51)}$$

$$A_{12} = [(v+1)^2 G(v)]\Big|_{v=-1} = \frac{1}{2}, \quad \text{(A.52)}$$

$$A_{12} = [(v+3) G(v)]\Big|_{v=-3} = -\frac{1}{4}. \quad \text{(A.53)}$$

Portanto,

$$Y(j\omega) = \frac{\frac{1}{4}}{j\omega+1} + \frac{\frac{1}{2}}{(j\omega+1)^2} - \frac{\frac{1}{4}}{j\omega+3}, \quad \text{(A.54)}$$

e com as transformadas inversas, obtemos

$$y(t) = \left[\frac{1}{4}e^{-t} + \frac{1}{2}te^{-t} - \frac{1}{4}e^{-3t}\right]u(t). \quad \text{(A.55)}$$

Novamente, essa análise também poderia ter sido realizada usando transformadas de Laplace, e a álgebra agora seria idêntica à que foi dada nas equações A.49 a A.55.

A.3 Expansão em frações parciais e sinais e sistemas de tempo discreto

Como já dissemos, ao realizar expansões em frações parciais para transformadas de Fourier em tempo discreto ou para transformadas z, em geral, é mais conveniente lidar com um formato ligeiramente diferente para funções racionais. Agora, especificamente, vamos supor que temos uma função racional no formato

$$G(v) = \frac{d_{n-1}v^{n-1} + \ldots + d_1 v + d_0}{f_n v^n + \ldots + f_1 v + 1}. \quad \text{(A.56)}$$

Esse formato para $G(v)$ pode ser obtido a partir de $G(v)$ na Equação A.12 dividindo numerador e denominador por a_0.

Com $G(v)$ dado como na Equação A.56, a fatoração correspondente tem o formato

$$G(v) = \frac{d_{n-1}v^{n-1} + \ldots + d_1 v + d_0}{(1-\rho_1^{-1}v)^{\sigma_1}(1-\rho_2^{-1}v)^{\sigma_2}\ldots(1-\rho_r^{-1}v)^{\sigma_r}} \quad \text{(A.57)}$$

e o formato da expansão em frações parciais resultante é

$$G(v) = \sum_{i=1}^{r}\sum_{k=1}^{\sigma_i} \frac{B_{ik}}{(1-\rho_i^{-1}v)^k}. \quad \text{(A.58)}$$

O B_{ik} pode ser calculado de uma maneira semelhante à que usamos anteriormente:

$$\boxed{B_{ik} = \frac{1}{(\sigma_i - k)!}(-\rho_i)^{\sigma_i - k}\left[\frac{d^{\sigma_i - k}}{dv^{\sigma_i - k}}[(1-\rho_i^{-1}v)^{\sigma_i} G(v)]\right]\Bigg|_{v=\rho_i}.}$$

(A.59)

Como antes, a validade da Equação A.59 pode ser determinada multiplicando os dois membros da Equação A.58 por $(1-\rho_i^{-1}v)^{\sigma_i}$, depois diferenciando repetidamente com relação a v, até que B_{ik} não seja mais multiplicado por uma potência de $1-\rho_i^{-1}v$, e, finalmente, fazendo $v = \rho_i$.

Exemplo A.3

Considere o sistema LIT causal no Exemplo 5.19 caracterizado pela equação de diferença

$$y[n] - \frac{3}{4}y[n-1] + \frac{1}{8}y[n-2] = 2x[n]. \quad \text{(A.60)}$$

A resposta em frequência do sistema é

$$H(e^{j\omega}) = \frac{2}{1 - \frac{3}{4}e^{-j\omega} + \frac{1}{8}e^{-2j\omega}}. \quad \text{(A.61)}$$

Para transformadas em tempo discreto como esta, é mais conveniente substituir $e^{-j\omega}$ por v. Fazendo a substituição, obtemos a função racional

$$G(v) = \frac{2}{1 - \frac{3}{4}v + \frac{1}{8}v^2} = \frac{2}{(1-\frac{1}{2}v)(1-\frac{1}{4}v)}. \quad \text{(A.62)}$$

Usando a expansão em funções parciais especificada pelas equações A.57 a A.59, obtemos

$$G(v) = \frac{B_{11}}{1 - \frac{1}{2}v} = \frac{B_{21}}{1 - \frac{1}{4}v}, \quad \text{(A.63)}$$

$$B_{11} = \left[\left(1 - \frac{1}{2}v\right) G(v)\right]\Bigg|_{v=2} = \frac{2}{1 - \frac{1}{2}} = 4, \quad \text{(A.64)}$$

$$B_{21} = \left[\left(1 - \frac{1}{4}v\right) G(v)\right]\Bigg|_{v=4} = \frac{2}{1-2} = -2. \quad \text{(A.65)}$$

Assim,

$$H(e^{j\omega}) = \frac{4}{1 - \frac{1}{2}e^{-j\omega}} - \frac{2}{1 - \frac{1}{4}e^{-j\omega}}, \quad \text{(A.66)}$$

e tomando a transformada inversa da Equação A.66, obtemos a resposta ao impulso unitário

$$h[n] = 4\left(\frac{1}{2}\right)^n u[n] - 2\left(\frac{1}{4}\right)^n u[n]. \quad \text{(A.67)}$$

Na Seção 10.7, desenvolvemos as ferramentas de análise de transformada z para o exame de sistemas LIT em tempo discreto especificados por equações de diferença lineares com coeficientes constantes. Aplicando essas técnicas a este exemplo, descobrimos que a função de sistema pode ser determinada por inspeção a partir da Equação A.60 e é

$$H(z) = \frac{2}{1 - \frac{3}{4}z^{-1} + \frac{1}{8}z^{-2}}. \quad \text{(A.68)}$$

Então, substituindo z^{-1} por v, obtemos $G(v)$ como na Equação A.62. Assim, usando os cálculos de expansão de frações parciais nas equações A.63 a A.65, encontramos que

$$H(z) = \frac{4}{1 - \frac{1}{2}z^{-1}} - \frac{2}{1 - \frac{1}{4}z^{-1}}, \quad \text{(A.69)}$$

que, quando invertida, novamente gera a resposta ao impulso da Equação A.67.

Exemplo A.4

Suponha que a entrada do sistema considerada no Exemplo A.3 seja

$$x[n] = \left(\frac{1}{4}\right)^n u[n]. \quad \text{(A.70)}$$

Então, pelo Exemplo 5.20, a transformada de Fourier da saída é

$$Y(e^{j\omega}) = \frac{2}{(1 - \frac{1}{2}e^{-j\omega})(1 - \frac{1}{4}e^{-j\omega})^2}. \quad \text{(A.71)}$$

Substituindo $e^{-j\omega}$ por v resulta em

$$G(v) = \frac{2}{(1 - \frac{1}{2}v)(1 - \frac{1}{4}v)^2}. \quad \text{(A.72)}$$

Assim, usando as equações A.58 e A.59, obtemos a expansão em frações parciais

$$G(v) = \frac{B_{11}}{1 - \frac{1}{4}v} + \frac{B_{12}}{(1 - \frac{1}{4}v)^2} + \frac{B_{21}}{1 - \frac{1}{2}v} \quad \text{(A.73)}$$

e encontramos

$$B_{11} = (-4)\left[\frac{d}{dv}\left(1 - \frac{1}{4}v\right)^2 G(v)\right]\bigg|_{v=4} = -4, \quad \text{(A.74)}$$

$$B_{12} = \left[\left(1 - \frac{1}{4}v\right)^2 G(v)\right]\bigg|_{v=4} = -2, \quad \text{(A.75)}$$

$$B_{21} = \left[\left(1 - \frac{1}{2}v\right)G(v)\right]\bigg|_{v=2} = 8. \quad \text{(A.76)}$$

Portanto,

$$Y(j\omega) = -\frac{4}{1 - \frac{1}{4}e^{-j\omega}} - \frac{2}{(1 - \frac{1}{4}e^{-j\omega})^2} + \frac{8}{1 - \frac{1}{2}e^{-j\omega}}, \quad \text{(A.77)}$$

que pode ser invertida por inspeção, usando os pares de transformada de Fourier da Tabela 4.2:

$$y[n] = \left\{-4\left(\frac{1}{4}\right)^n - 2(n+1)\left(\frac{1}{4}\right)^n + 8\left(\frac{1}{2}\right)^n\right\} u[n]. \quad \text{(A.78)}$$

Exemplo A.5

Funções racionais impróprias frequentemente são encontradas na análise de sistemas em tempo discreto. Para ilustrar e também para mostrar como elas podem ser analisadas usando as técnicas desenvolvidas aqui, considere o sistema LIT causal caracterizado pela equação de diferença

$$y[n] + \frac{5}{6}y[n-1] + \frac{1}{6}y[n-2] = x[n] + 3x[n-1]$$
$$+ \frac{11}{6}x[n-2] + \frac{1}{3}x[n-3].$$

A resposta em frequência desse sistema é

$$H(e^{j\omega}) = \frac{1 + 3e^{-j\omega} + \frac{11}{6}e^{-j2\omega} + \frac{1}{3}e^{-j3\omega}}{1 + \frac{5}{6}e^{-j\omega} + \frac{1}{6}e^{-j2\omega}}. \quad \text{(A.79)}$$

Substituindo $e^{-j\omega}$ por v, obtemos

$$G(v) = \frac{1 + 3v + \frac{11}{6}v^2 + \frac{1}{3}v^3}{1 + \frac{5}{6}v + \frac{1}{6}v^2}. \quad \text{(A.80)}$$

Essa função racional pode ser escrita como a soma de um polinômio e uma função racional própria:

$$G(v) = c_0 + c_1 v + \frac{b_1 v + b_0}{1 + \frac{5}{6}v + \frac{1}{6}v^2}. \quad \text{(A.81)}$$

Igualando as equações A.80 e A.81 e multiplicando por $1 + \frac{5}{6}v + \frac{1}{6}v^2$, obtemos

$$1 + 3v + \frac{11}{6}v^2 + \frac{1}{3}v^3 = (c_0 + b_0) + \left(\frac{5}{6}c_0 + c_1 + b_1\right)v$$
$$+ \left(\frac{1}{6}c_0 + \frac{5}{6}c_1\right)v^2 + \frac{1}{6}c_1 v^3. \quad \text{(A.82)}$$

Igualando os coeficientes, vemos que

$$\frac{1}{6}c_1 = \frac{1}{3} \rightarrow c_1 = 2,$$
$$\frac{1}{6}c_0 + \frac{5}{6}c_1 = \frac{11}{6} \rightarrow c_0 = 1,$$
$$\frac{5}{6}c_0 + c_1 + b_1 = 3 \rightarrow b_1 = \frac{1}{6},$$
$$c_0 + b_0 = 1 \rightarrow b_0 = 0. \quad \text{(A.83)}$$

Assim,

$$H(e^{j\omega}) = 1 + 2e^{-j\omega} + \frac{\frac{1}{6}e^{-j\omega}}{1 + \frac{5}{6}e^{-j\omega} + \frac{1}{6}e^{-j2\omega}}. \quad \text{(A.84)}$$

Além disso, podemos usar o método desenvolvido aqui para expandir a função racional própria na Equação A.81:

$$\frac{\frac{1}{6}v}{1+\frac{5}{6}v+\frac{1}{6}v^2} = \frac{\frac{1}{6}v}{(1+\frac{1}{3}v)(1+\frac{1}{2}v)}$$
$$= \frac{B_{11}}{(1+\frac{1}{3}v)} + \frac{B_{21}}{(1+\frac{1}{2}v)}. \quad \text{(A.85)}$$

Os coeficientes são

$$B_{11} = \left(\frac{\frac{1}{6}v}{1+\frac{1}{2}v}\right)\bigg|_{v=-3} = 1,$$

$$B_{21} = \left(\frac{\frac{1}{6}v}{1+\frac{1}{3}v}\right)\bigg|_{v=-2} = -1.$$

Portanto, descobrimos que

$$H(e^{j\omega}) = 1 + 2e^{-j\omega} + \frac{1}{1+\frac{1}{3}e^{-j\omega}} - \frac{1}{1+\frac{1}{2}e^{-j\omega}}, \quad \text{(A.86)}$$

e, por inspeção, podemos determinar a resposta ao impulso desse sistema:

$$h[n] = \delta[n] + 2\delta[n-1] + \left[\left(-\frac{1}{3}\right)^n - \left(-\frac{1}{2}\right)^n\right]u[n]. \quad \text{(A.87)}$$

Bibliografia

A finalidade desta bibliografia é oferecer ao leitor fontes de abordagem adicional e mais avançada sobre os tópicos de análise de sinais e de sistemas. Esta, de forma alguma, é uma lista completa, mas serve para indicar rumos para estudo adicional e várias referências para cada assunto.

Dividimos a bibliografia em 16 áreas de assuntos diferentes. As primeiras tratam das técnicas matemáticas de análise de sinais e de sistemas, incluindo textos sobre matemática básica (cálculo, equações diferenciais e de diferenças, variáveis complexas), a teoria da série de Fourier e das transformadas de Fourier, Laplace e z, além de tópicos adicionais sobre matemática, que comumente são encontrados e usados na análise de sinais e de sistemas. Várias seções seguintes possuem abordagens mais profundas e especializadas dos tópicos sobre sinais e sistemas introduzidos neste texto, incluindo filtragem, amostragem e processamento de sinal de tempo discreto, comunicações e realimentação e controle. Também oferecemos uma lista de outros livros básicos sobre sinais e sistemas, bem como diversos textos sobre teoria de circuitos. Além disso, fornecemos listas de referências sobre vários tópicos que representam temas de estudo mais avançados, para aqueles interessados em expandir seu conhecimento dos métodos de sinais e de sistemas ou em explorar aplicações que utilizam essas técnicas avançadas. Em particular, incluímos seções sobre modelos de espaço de estados, processamento multidimensional de sinais e imagens, processamento de voz, análise de sinal multitaxa e multirresolução, sinais aleatórios e processamento estatístico de sinais e sistemas não lineares. Por fim, incluímos uma lista de referências que trata de uma amostragem de outras aplicações e tópicos avançados. Juntas, as referências coletadas nesta bibliografia deverão oferecer ao leitor uma ideia da quantidade de tópicos e aplicações que compreendem o campo de sinais e sistemas.

B.1 Fundamentos e matemática básica
B.1.1 Cálculo, análise e matemática avançada
Arfken, G.; Weber, H. J. *Mathematical methods for physicists*. 4. ed. Boston, MA: Academic Press, 1995.

Hildebrand, F. B. *Advanced calculus for applications*. 2. ed. Englewood Cliffs, NJ: Prentice-Hall, 1976.

Thomas, G. B., Jr.; Finney, R. L. *Calculus and analytic geometry*. 9. ed. Reading, MA: Addison-Wesley, 1996.

B.1.2 Equações diferenciais e de diferenças
Birkhoff, G.; Rota, G.-C. *Ordinary differential equations*. 3. ed. Nova York, NY: John Wiley, 1978.

Boyce, W. E.; DiPrima, R. C. *Elementary differential equations*. 3. ed. Nova York, NY: John Wiley, 1977.

Hildebrand, F. B. *Finite difference equations and simulations*. Englewood Cliffs, NJ: Prentice-Hall, 1968.

Levy, H.; Lessman, H. *Finite difference equations*. Nova York, NY: Macmillan, 1961.

Simmons, G. F. *Differential equations: with applications and historical notes*. Nova York, NY: McGraw-Hill, 1972.

B.1.3 Variáveis complexas
Carrier, G. F.; Krook, M.; Pearson, C. E. *Functions of a complex variable: theory and technique*. Ithaca, NY: Hod Books, 1983.

Churchill, R. V.; Brown, J. W.; Verhey, R. F. *Complex variables and applications*. 5. ed. Nova York, NY: McGraw-Hill, 1990.

B.2 Expansões em série e transformadas
B.2.1 Série de Fourier, transformadas e aplicações
Bracewell, R. N. *The Fourier transform and its applications*. 2. ed. Nova York, NY: McGraw-Hill, 1986.

Churchill, R. V.; Brown, J. W. *Fourier series and boundary value problems*. 3. ed. Nova York, NY: McGraw-Hill, 1978.

Dym, H.; McKean, H. P. *Fourier series and integrals*. Nova York, NY: Academic Press, 1972.

Edwards, R. E. *Fourier series: a modern introduction*. 2. ed. Nova York, NY: Springer-Verlag, 1979.

Gray, R. M.; Goodman, J. W. *Fourier transforms: an introduction for engineers*. Boston, MA: Kluwer Academic Publishers, 1995.

Lighthill, M. J. *Introduction to Fourier analysis and generalized functions*. Nova York, NY: Cambridge University Press, 1962.

Papoulis, A. *The Fourier integral and its applications*. Nova York, NY: McGraw-Hill, 1987.

Walker, P. L. *The theory of Fourier series and integrals*. Nova York, NY: John Wiley, 1986.

B.2.2 Transformadas de Laplace

Doetsch, G. *Introduction to the theory and applications of the Laplace transformation with a table of Laplace transformations*. Nova York, NY: Springer Verlag, 1974.

LePage, W. R. *Complex variables and the Laplace transform for engineers*. Nova York, NY: McGraw-Hill, 1961.

Rainville, E. D. *The Laplace transform: an introduction*. Nova York, NY: Macmillan, 1963.

B.2.3 Transformadas z

Jury, E. I. *Theory and application of the z-transform method*. Malabar, FL: R. E. Krieger, 1982.

Vich, R. *Z transform theory and applications*. Boston, MA: D. Reidel, 1987.

B.3 Tópicos adicionais em matemática

B.3.1 Funções generalizadas

Arsac, J. *Fourier transforms and the theory of distributions*. Tradução de A. Nussbaum e G. C. Heim. Englewood Cliffs, NJ: Prentice-Hall, 1966.

Gelfand, I. M. et al. *Generalized functions*. 5 v. Tradução de E. Saletan et al. Nova York, NY: Academic Press, 1964-1968.

Hoskins, R. R. *Generalised functions*. Nova York, NY: Halsted Press, 1979.

Zemanian, A. H. *Distribution theory and transform analysis*. Nova York, NY: McGraw-Hill, 1965.

B.3.2 Álgebra linear

Golub, G. H.; Van Loan, C. R. *Matrix computations*. 2. ed. Baltimore: The Johns Hopkins University Press, 1989.

Horn, R. A.; Johnson, C. R. *Matrix analysis*. Nova York, NY: Cambridge University Press, 1985.

Strang, G. *Introduction to linear algebra*. Wellesley, MA: Wellesley-Cambridge Press, 1993.

B.4 Teoria de circuitos

Bobrow, L. S. *Elementary linear circuit analysis*. Nova York, NY: Holt, Rinehart, and Winston, 1981.

Chua, L. O.; Desoer, C. A.; Kuh, E. S. *Basic circuit theory*. Nova York: McGraw-Hill, 1987.

Irvine, R. G. *Operational amplifier characteristics and applications*. Englewood Cliffs, NJ: Prentice-Hall, 1994.

Roberge, J. K. *Operational amplifiers: theory and practice*. Nova York, NY: John Wiley, 1975.

Van Valkenburg, M. E. *Network analysis*. 3. ed. Englewood Cliffs, NJ: Prentice-Hall, 1974.

B.5 Sinais e sistemas básicos

Cadzow, J. A.; Van Landingham, H. R. *Signals and systems*. Englewood Cliffs, NJ: Prentice-Hall, 1985.

Cruz, J. B.; Van Valkenburg, M. E. *Signals in linear circuits*. Boston, MA: Houghton Mifflin, 1974.

Gabel, R. A.; Roberts, R. A. *Signals and linear systems*. 3. ed. Nova York, NY: John Wiley, 1987.

Glisson, T. H. *Introduction to system analysis*. Nova York, NY: McGraw-Hill, 1985.

Houts, R. C. *Signal analysis in linear systems*. Nova York, NY: Saunders College, 1991.

Jackson, L. B. *Signals, systems, and transforms*. Reading, MA: Addison-Wesley, 1991.

Kamen, E. *Introduction to signals and systems*. Nova York, NY: Macmillan, 1987.

Lathi, B. P. *Linear systems and signals*. Carmichael, CA: Berkeley-Cambridge Press, 1992.

Liu, C. L.; Liu, J. W. *Linear systems analysis*. Nova York: McGraw-Hill, 1975.

Mayhan, R. J. *Discrete-time and continuous-time linear systems*. Reading, MA: Addison-Wesley, 1984.

McGillem, C. D.; Cooper, G. R. *Continuous and discrete signal and system analysis*. 3. ed. Nova York, NY: Holt, Rinehart and Winston, 1991.

Neef, H. P. *Continuous and discrete linear systems*. Nova York, NY: Harper and Row, 1984.

Papoulis, A. *Signal analysis*. Nova York, NY: McGraw-Hill, 1977.

Siebert, W. M. *Circuits, signals, and systems*. Cambridge, MA: The MIT Press, 1986.

Soliman, S.; Srinath, M. *Continuous and discrete signals and systems*. Nova York, NY: Prentice-Hall, 1990.

Taylor, F. J. *Principles of signals and systems*. McGraw-Hill Series in Electrical and Computer Engineering. Nova York, NY: McGraw-Hill, 1994.

Ziemer, R. E.; Tranter, W. H.; Fannin, D. R. *Signals and systems: continuous and discrete*. 2. ed. Nova York, NY: Macmillan, 1989.

B.6 Processamento de sinal de tempo discreto

Brigham, O. E. *The fast Fourier transform and its applications*. Englewood Cliffs, NJ: Prentice-Hall, 1988.

Burrus, C. S.; McClellan, J. H.; Oppenheim, A. V.; Parks, T. W.; Schafer, R. W.; Schuessler, H. W. *Computer-based exercises for signal processing using MATLAB*. Englewood Cliffs, NJ: Prentice-Hall, Inc., 1994.

Gold, B.; Rader, C. M. *Digital processing of signals*. Lincoln Laboratory Publications. Nova York, NY: McGraw-Hill, 1969.

Oppenheim, A. V.; Schafer, R. W. *Digital signal processing*. Englewood Cliffs, NJ: Prentice-Hall, 1975.

Oppenheim, A. V.; Schafer, R. W. *Discrete-time signal processing*. Englewood Cliffs, NJ: Prentice- Hall, 1989.

Peled, A.; Liu, B. *Digital signal processing: theory design and implementation*. Nova York, NY: John Wiley, 1976.

Proakis, J. G.; Manolakis, D. G. *Digital signal processing principles, algorithms, and applications*. 3. ed. Englewood Cliffs, NJ: Prentice-Hall, 1996.

Rabiner, L. R.; Gold, B. *Theory and application of digital signal processing*. Englewood Cliffs, NJ: Prentice-Hall, 1975.

Roberts, R. A.; Mullis, C. T. *Digital signal processing*. Reading, MA: Addison-Wesley, 1987.

Strum, R. D.; Kirk, D. E. *First principles of discrete systems and digital signal processing*. Addison-Wesley Series in Electrical Engineering. Reading, MA: Addison-Wesley, 1988.

Tretter, S. A. *Introduction to discrete-time signal processing*. Nova York, NY: John Wiley, 1976.

B.7 Projeto de filtro

Antoniou, A. *Digital filters, analysis, design, and applications*. 2. ed. Nova York, NY: McGraw-Hill, 1993.

Christian, E.; Eisenmann, E. *Filter design tables and graphs*. Knightdale, NC: Transmission Networks International, 1977.

Hamming, R. W. *Digital filters*. 3. ed. Englewood Cliffs, NJ: Prentice-Hall, 1989.

Huelsman, L. P.; Allen, P. E. *Introduction to the theory and design of active filters*. Nova York, NY: McGraw-Hill, 1980.

Parks, T. W.; Burrus, C. S. *Digital filter design*. Nova York, NY: John Wiley, 1987.

Van Valkenburg, M. E. *Analog filter design*. Nova York, NY: Holt, Rinehart and Winston, 1982.

Weinberg, L. *Network analysis and synthesis*. Nova York, NY: McGraw-Hill, 1962.

Zverev, A. I. *Handbook of filter synthesis*. Nova York, NY: John Wiley, 1967.

B.8 Modelos e métodos no espaço de estados

Brockett, R. *Finite dimensional linear systems*. Nova York, NY: John Wiley, 1970.

Chen, C. T. *Linear system theory and design*. Nova York, NY: Holt, Rinehart, and Winston, 1984.

Close, C. M.; Frederick, D. K. *Modeling and analysis of dynamic systems*. Boston, MA: Houghton Mifflin, 1978.

Gupta, S. C. *Transform and state variable methods in linear systems*. Nova York, NY: John Wiley, 1966.

Kailath, T. *Linear systems*. Englewood Cliffs, NJ: Prentice-Hall, 1980.

Ljung, L. *System identification: theory for the user*. Englewood Cliffs, NJ: Prentice-Hall, 1987.

Luenberger, D. G. *Introduction to dynamic systems: theory, models, and applications*. Nova York, NY: John Wiley, 1979.

Zadeh, L. A.; Desoer, C. A. *Linear system theory: the state space approach*. Nova York, NY: McGraw-Hill, 1963.

B.9 Realimentação e controle

Anderson, B. D. O.; Moore, J. B. *Optimal control: linear quadratic methods*. Englewood Cliffs, NJ: Prentice-Hall, 1990.

D'azzo, J. J.; Houpis, C. H. *Linear control system analysis and design: conventional and modern*. 4. ed. Nova York, NY: McGraw-Hill, 1995.

Dorf, R. C.; Bishop, R. H. *Modern control systems*. 7. ed. Reading, MA: Addison-Wesley Publishing Company, 1995.

Doyle, J. C.; Francis, B. A.; Tannenbaum, A. R. *Feedback control theory*. Nova York, NY: Macmillan Publishing Company, 1992.

Hostetter, G. H.; Savant, Jr., C. J.; Stefani, R. T. *Design of feedback control systems*. 2. ed. Saunders College Publishing, a Division of Holt, Reinhart and Winston, Inc., 1989.

Kuo, B. C. *Automatic control systems*. 7. ed. Englewood Cliffs, NJ: Prentice-Hall, 1995.

Ogata, K. *Modern control engineering*. 2. ed. Englewood Cliffs, NJ: Prentice-Hall, 1990.

Ogata, K. *Discrete-time control systems*. 2. ed. Englewood Cliffs, NJ: Prentice-Hall, 1994.

Ragazzini, J. R.; Franklin, G. F. *Sampled-data control systems*. Nova York, NY: McGraw-Hill, 1958.

Rohrs, C. E.; Melsa, J. L.; Schultz, D. G. *Linear control systems*. Nova York, NY: McGraw-Hill, 1993.

Vaccaro, R. J.; *Digital control: a state-space approach*. Nova York, NY: McGraw-Hill, 1995.

B.10 Comunicações

Bennett, W. R. *Introduction to signal transmission*. Nova York, NY: McGraw-Hill, 1970.

Blahut, R. E. *Digital transmission of information*. Reading, MA: Addison-Wesley Publishing Company, 1990.

Blahut, R. E. *Algebraic methods for signal processing and communications coding*. Nova York, NY: Springer-Verlag, 1992.

Carlson, A. B. *Communication systems: an introduction to signals and noise in electrical communication*. 3. ed. Nova York, NY: McGraw-Hill, 1986.

Couch, II, L. W. *Modern communication systems principles and applications*. Upper Saddle River, NJ: Prentice-Hall, Inc., 1995.

Cover, T. M.; Thomas, J. B. *Elements of information theory*. Nova York, NY: John Wiley and Sons, Inc., 1991.

Gallager, R. M. *Information theory and reliable communication*. Nova York, NY: John Wiley and Sons, Inc., 1968.

Haykin, S. *Digital communications*. Nova York, NY: John Wiley & Sons, 1988.

Jayant, N. S.; Noll, P. *Digital coding of waveforms: principles and applications to speech and video*. Englewood Cliffs, NJ: Prentice-Hall, Inc., 1984.

Lathi, B. P. *Modern digital and analog communication systems*. 2. ed. Nova York, NY: Holt, Rinehart and Winston, Inc., 1989.

Lee, E. A.; Messerschmitt, D. G. *Digital communication*. 2. ed. Boston, MA: Kluwer Academic Publishers, 1994.

Peebles, Jr., P. Z. *Communication system principles*. Reading, MA: Addison-Wesley Publishing Company, 1976.

Proakis, J. G. *Digital communications*. 3. ed. Nova York, NY: McGraw-Hill, 1995.

Proakis, J. G.; Salehi, M. *Communication systems engineering*. Englewood Cliffs, NJ: Prentice- Hall, 1994.

Roden, M. S. *Analog and digital communication systems*. 4. ed. Upper Saddle River, NJ: Prentice- Hall, Inc., 1996.

Schwartz, M. *Information transmission, modulation, and noise*. 4. ed. Nova York, NY: McGraw-Hill, 1990.

Simon, M. K., et al. (eds.). *Spread spectrum communication handbook*. Rev. ed., Nova York, NY: McGraw-Hill, 1994.

Stremler, F. G. *Introduction to communication systems*. 3. ed. Addison-Wesley Series in Electrical Engineering, Reading, MA: Addison-Wesley, 1990.

Taub, H.; Schilling, D. L. *Principles of communication systems*. 2. ed. Nova York, NY: McGraw-Hill, 1986.

Viterbi, A. J.; Omura, J. K. *Principles of digital communication and coding*. Nova York, NY: McGraw-Hill, 1979.

Ziemer, R. E.; Tranter, W. H. *Principles of communications systems, modulation, and noise*. 4. ed. Boston, MA: Houghton Mifflin Co., 1995.

B.11 Processamento de imagens e sinais multidimensionais

Bracewell, R. N. *Two-dimensional imaging*. Englewood Cliffs, NJ: Prentice-Hall, Inc., 1995.

Castleman, K. R. *Digital image processing*. Englewood Cliffs, NJ: Prentice-Hall, Inc., 1996.

Dudgeon, D. E.; Mersereau, R. M. *Multidimensional digital signal processing*. Englewood Cliffs, NJ: Prentice-Hall, Inc., 1984.

Gonzalez, R. C.; Woods, R. E. *Digital image processing*. Reading, MA: Addison-Wesley, 1993.

Jain, A. K. *Fundamentals of digital image processing*. Englewood Cliffs, NJ: Prentice-Hall, 1989.

Lim, J. S. *Two-dimensional signal and image processing*. Englewood Cliffs, NJ: Prentice-Hall, Inc., 1990.

Netravali, A. N.; Haskell, B. G. *Digital pictures: representation, compression, and standards*. 2. ed. Nova York, NY: Plenum Press, 1995.

Pratt, W. K. *Digital image processing*. 2. ed. Nova York, NY: John Wiley and Sons, 1991.

Tekalp, A. M. *Digital video processing*. Upper Saddle River, NJ: Prentice-Hall, Inc., 1995.

B.12 Processamento de voz

Deller, J. R.; Proakis, J. G.; Hansen, J. H. L. *Discrete-time processing of speech signals*. Upper Saddle River, NJ: Prentice-Hall, 1987.

Kleijn, W. B.; P., K. K. *Speech coding and synthesis*. Amsterdã: Elsevier, 1995.

Lim, J. S. (ed.). *Speech enhancement*. Englewood Cliffs, NJ: Prentice-Hall, 1983.

Markel, J. D.; Gray, A. H. *Linear prediction of speech*. Nova York, NY: Springer-Verlag, 1976.

Rabiner, L. R.; Juang, B.-H. *Fundamentals of speech recognition*. Englewood Cliffs, NJ: Prentice-Hall, 1993.

Rabiner, L. R.; Schafer, R. W. *Digital processing of speech signals*. Englewood Cliffs, NJ: Prentice- Hall, 1978.

B.13 Análise de sinal multitaxa e multirresolução

Akansu, A. N.; Haddad, R. A. *Multiresolution signal decomposition: transforms, subbands and wavelets*. San Diego, CA: Academic Press, Inc., 1992.

Chui, C. K. *An introduction to wavelets*. San Diego, CA: Academic Press Inc., 1992.

Crochiere, R. E.; Rabiner, L. R. *Multirate signal processing*. Englewood Cliffs, NJ: Prentice-Hall, 1983.

Daubechies, I. *Ten lectures on wavelets*. CBMS-NSF Series on Applied Mathematics, Filadélfia: SIAM, 1992.

Malvar, H. S. *Signal processing with lapped transforms*. Norwood, MA: Artech House, 1992.

Vaidyanathan, P. P. *Multirate systems and filter banks*. Englewood Cliffs, NJ: Prentice-Hall, Inc., 1993.

Vetterli, M.; Kovacevic, J. *Wavelets and subband coding*. Englewood Cliffs, NJ: Prentice-Hall, Inc., 1995.

Wornell, G. W. *Signal processing with fractals: a wavelet-based approach*. Upper Saddle River, NJ: Prentice-Hall, Inc., 1996.

B.14 Sinais aleatórios e processamento estatístico de sinais

B.14.1 Probabilidade básica

Drake, A. W. *Fundamentals of applied probability theory*. Nova York, NY: McGraw-Hill, 1967.

Ross, S. *Introduction to probability models*. 5. ed. Boston, MA: Academic Press, 1993.

B.14.2 Processos estocásticos, detecção e estimativa

Kay, S. M. *Fundamentals of statistical signal processing: estimation theory*. Englewood Cliffs, NJ: Prentice-Hall, Inc., 1993.

Leon-Garcia, A. *Probability and random processes for electrical engineering*. 2. ed. Reading, MA: Addison-Wesley Publishing Co., 1994.

Papoulis, A. *Probability, random variables, and stochastic processes*. 3. ed. Nova York, NY: McGraw-Hill, 1991.

Peebles, Jr., P. Z. *Probability, random variables, and random signal principles*. 3. ed. Nova York, NY: McGraw-Hill, 1993.

Porat, B. *Digital processing of random signals: theory and methods*. Englewood Cliffs, NJ: Prentice- Hall, Inc., 1994.

Therrien, C. W. *Discrete random signals and statistical signal processing*. Englewood Cliffs, NJ: Prentice-Hall, Inc., 1992.

Van Trees, H. L. *Detection, estimation, and modulation theory: part I*. Nova York, NY: John Wiley and Sons, Inc., 1968.

B.15 Sistemas não lineares e variantes no tempo

Chua, L. O. *Introduction to nonlinear network theory*. Nova York, NY: McGraw-Hill, 1969.

D'Angelo, H. *Linear time-varying systems: analysis and synthesis*. Boston, MA: Allyn and Bacon, 1970.

Graham, D.; McRuer, D. *Analysis of nonlinear control systems*. Nova York, NY: Dover, 1971.

Hillborn, R. C. *Chaos and nonlinear dynamics: an introduction for scientists and engineers*. Nova York, NY: Oxford University Press, 1994.

Khalil, H. K. *Nonlinear systems*. Nova York, NY: Macmillan Publishing Company, 1992.

Lefschetz, S. *Stability of nonlinear control systems*. Mathematics in Science and Engineering, n. 13. Nova York, NY: Academic Press, 1965.

Richards, J. A. *Analysis of periodically time-varying systems*. Nova York, NY: Springer-Verlag, 1983.

Strogatz, S. S. *Nonlinear dynamics and chaos*. Reading, MA: Addison-Wesley Publishing Company, 1994.

Vidyasager, M. *Nonlinear systems analysis*. 2. ed. Englewood Cliffs, NJ: Prentice-Hall, 1993.

B.16 Outras aplicações e tópicos avançados

Box, G. E. P.; Jenkins, G. M. *Time series analysis: forecasting and control*. Rev. ed. São Francisco, CA: Holden-Day, 1976.

Hamilton, J. D. *Time series analysis*. Princeton, NJ: Princeton University Press, 1994.

Haykin, S. *Adaptive filter theory*. 2. ed. Englewood Cliffs, NJ: Prentice-Hall, 1991.

Herman, G. T. *Image reconstruction from projections*. Nova York, NY: Academic Press, 1980.

Johnson, D. H.; Dudgeon, D. E. *Array signal processing: concepts and techniques*. Englewood Cliffs, NJ: Prentice-Hall, Inc., 1993.

Kak, A. C.; Slaney, M. *Principles of computerized tomography*. Englewood Cliffs, NJ: Prentice-Hall, 1989.

Kay, S. M. *Modern spectral estimation: theory and application*. Englewood Cliffs, NJ: Prentice-Hall, 1988.

Macovski, A. *Medical imaging systems*. Englewood Cliffs, NJ: Prentice-Hall, 1983.

Marple, Jr., S. L. *Digital spectral analysis with applications*. Englewood Cliffs, NJ: Prentice-Hall, 1987.

Oppenheim, A. V. (ed.). *Applications of digital signal processing*. Englewood Cliffs, NJ: Prentice-Hall, 1978.

Robinson, E. A. et al. *Geophysical signal processing*. Englewood Cliffs, NJ: Prentice-Hall, 1986.

Van Trees, H. L. *Detection, estimation, and modulation theory, part III: radar-sonar signal processing and Gaussian signals in noise*. Nova York, NY: John Wiley, 1971.

Widrow, B.; Stearns, S. D. *Adaptive signal processing*. Englewood Cliffs, NJ: Prentice-Hall, 1985.

Respostas

Respostas do Capítulo 1

1.1 $-0{,}5, -0{,}5, j, -j, j, 1+j, 1+j, 1-j, 1-j$

1.2 $5e^{j0}, 2e^{j\pi}, 3e^{-j\pi/2}, e^{-j\pi/3}, \sqrt{2}e^{j\pi/4}, 2e^{-j\pi/2}, \sqrt{2}e^{j\pi/4}, e^{j\pi/2}, e^{-j\pi/12}$

1.3
- (a) $P_\infty = 0, E_\infty = \frac{1}{4}$
- (b) $P_\infty = 1, E_\infty = \infty$
- (c) $P_\infty = \frac{1}{2}, E_\infty = \infty$
- (d) $P_\infty = 0, E_\infty = \frac{4}{3}$
- (e) $P_\infty = 1, E_\infty = \infty$
- (f) $P_\infty = \frac{1}{2}, E_\infty = \infty$

1.4
- (a) $n < 1$ e $n > 7$
- (b) $n < -6$ e $n > 0$
- (c) $n < -4$ e $n > 2$
- (d) $n < -2$ e $n > 4$
- (e) $n < -6$ e $n > 0$

1.5
- (a) $t > -2$
- (b) $t > -1$
- (c) $t > -2$
- (d) $t < 1$
- (e) $t < 9$

1.6
- (a) Não
- (b) Não
- (c) Sim

1.7
- (a) $|n| > 3$
- (b) tudo t
- (c) $|n| < 3, |n| \to \infty$
- (d) $|t| \to \infty$

1.8
- (a) $A = 2, a = 0, \omega = 0, \phi = \pi$
- (b) $A = 1, a = 0, \omega = 3, \phi = 0$
- (c) $A = 1, a = 1, \omega = 3, \phi = \frac{\pi}{2}$
- (d) $A = 1, a = 2, \omega = 100, \phi = \frac{\pi}{2}$

1.9
- (a) $T = \frac{\pi}{5}$
- (b) Não periódico
- (c) $N = 2$
- (d) $N = 10$
- (e) Não periódico

1.10 π

1.11 35

1.12 $M = -1, n_0 = -3$

1.13 4

1.14 $A_1 = 3, t_1 = 0, A_2 = -3, t_2 = 1$

1.15
- (a) $y[n] = 2x[n-2] + 5x[n-3] + 2x[n-4]$
- (b) Não

1.16
- (a) Não
- (b) 0
- (c) Não

1.17
- (a) Não; por exemplo, $y(-\pi) = x(0)$
- (b) Sim

1.18
- (a) Sim
- (b) Sim
- (c) $C \leq (2n_0 + 1)B$

1.19
- (a) Linear, não invariante no tempo
- (b) Não linear, invariante no tempo
- (c) Linear, invariante no tempo
- (d) Linear, não invariante no tempo

1.20
- (a) $\cos(3t)$
- (b) $\cos(3t - 1)$

Respostas do Capítulo 2

2.1
(a) $y_1[n] = 2\delta[n+1] + 4\delta[n] + 2\delta[n-1] + 2\delta[n-2] - 2\delta[n-4]$
(b) $y_2[n] = y_1[n+2]$
(c) $y_3[n] = y_2[n]$

2.2 $A = n - 9$, $B = n + 3$

2.3 $2\left[1 - \frac{1}{2}^{n+1}\right]u[n]$

2.4 $y[n] = \begin{cases} n-6, & 7 \leq n \leq 11 \\ 6, & 12 \leq n \leq 18 \\ 24-n, & 16 \leq n \leq 23 \\ 0, & \text{caso contrário} \end{cases}$

2.5 $N = 4$

2.6 $y[n] = \begin{cases} \frac{3^{11}}{2}, & n < 0 \\ \frac{1}{2}, & n \geq 0 \end{cases}$

2.7
(a) $u[n-2] - u[n-6]$
(b) $u[n-4] - u[n-8]$
(c) Não
(d) $y[n] = 2u[n] - \delta[n] - \delta[n-1]$

2.8 $y(t) = \begin{cases} t+3, & -2 < t \leq -1 \\ t+4, & -1 < t \leq 0 \\ 2-2t, & 0 < t \leq 1 \\ 0, & \text{caso contrário} \end{cases}$

2.9 $A = t - 5$, $B = t - 4$

2.10
(a) $y(t) = \begin{cases} t, & 0 \leq t \leq \alpha \\ \alpha, & \alpha \leq t \leq 1 \\ 1 + \alpha - t, & 1 \leq t \leq 1 + \alpha \\ 0, & \text{caso contrário} \end{cases}$
(b) $\alpha = 1$

2.11
(a) $y(t) = \begin{cases} 0, & -\infty < t \leq 3 \\ \frac{1 - e^{-3(t-3)}}{3}, & 3 < t \leq 5 \\ \frac{(1 - e^{-6})e^{-3(t-5)}}{3}, & 5 < t \leq \infty \end{cases}$
(b) $g(t) = e^{-3(t-3)}u(t-3) - e^{-3(t-5)}u(t-5)$
(c) $g(t) = \frac{dy(t)}{dt}$

2.12 $A = \frac{1}{1 - e^{-3}}$

2.13
(a) $A = \frac{1}{5}$
(b) $g(n) = \delta[n] - \frac{1}{5}\delta[n-1]$

2.14 $h_1(t), h_2(t)$

2.15 $h_2[n]$

2.16
(a) Verdadeiro
(b) Falso
(c) Verdadeiro
(d) Verdadeiro

2.17
(a) $y(t) = \frac{1-j}{6}[e^{(-1+3j)t} - e^{-4t}]u(t)$
(b) $y(t) = \frac{1}{6}[e^{-t}(\cos 3t + \text{sen } 3t) - e^{-4t}]u(t)$

2.18 $(1/4)^{n-1}u[n-1]$

2.19
(a) $\alpha = \frac{1}{4}$, $\beta = 1$
(b) $\left[2\left(\frac{1}{2}\right)^n - \left(\frac{1}{4}\right)^n\right]u[n]$

2.20
(a) 1
(b) 0
(c) 0

Respostas do Capítulo 3

3.1 $x(t) = 4\cos\left(\frac{\pi}{4}t\right) - 8\cos\left(\frac{3\pi}{4}t + \frac{\pi}{2}\right)$

3.2 $x[n] = 1 + 2\text{sen}\left(\frac{4\pi}{5}n + \frac{3\pi}{4}\right) + 4\text{sen}\left(\frac{8\pi}{5}n + \frac{5\pi}{6}\right)$

3.3 $\omega_0 = \frac{\pi}{3}$, $a_0 = 2$, $a_2 = a_{-2} = \frac{1}{2}$, $a_5 = a_{-5}^* = -2j$

3.4 $a_k = \begin{cases} 0, & k = 0 \\ e^{-jk\pi/2} \frac{3\text{sen}\left(\frac{k\pi}{2}\right)}{k\pi}, & k \neq 0 \end{cases}$

3.5 $\omega_2 = \omega_1$, $b_k = e^{-jk\omega_1}[a_{-k} + a_k]$

3.6
(a) $x_2(t)$, $x_3(t)$
(b) $x_2(t)$

3.7 $a_k = \begin{cases} \frac{2}{T}, & k = 0 \\ \frac{bk}{j\frac{2\pi}{T}k}, & k \neq 0 \end{cases}$

3.8 $x_1(t) = \sqrt{2}\text{ sen}(\pi t)$, $x_2(t) = -\sqrt{2}\text{ sen}(\pi t)$

3.9 $a_0 = 3$, $a_1 = 1 - 2j$, $a_2 = -1$, $a_3 = 1 + 2j$

3.10 $a_0 = 0$, $a_{-1} = -j$, $a_{-2} = -2j$, $a_{-3} = -3j$

3.11 $A = 10$, $B = \frac{\pi}{5}$, $C = 0$

3.12 $c_k = 6$ para todo k

3.13 $y(t) = 0$

3.14 $H(e^{j\pi/2}) = H^*(e^{j3\pi/2}) = 2e^{j\pi/4}$, $H(e^{j0}) = H(e^{j\pi}) = 0$

3.15 $|k| > 8$

3.16
(a) 0
(b) $\text{sen}\left(\frac{3\pi}{8}n + \frac{\pi}{4}\right)$
(c) 0

3.17 S_1 e S_3 não são LIT.

3.18 S_1 e S_2 não são LIT.

3.19
(a) $\frac{dy(t)}{dt} + y(t) = x(t)$
(b) $H(j\omega) = \left(\frac{1}{1 + j\omega}\right)$
(c) $y(t) = \frac{1}{\sqrt{2}}\cos\left(t - \frac{\pi}{4}\right)$

3.20
 (a) $\frac{d^2y(t)}{dt^2} + \frac{dy(t)}{dt} + y(t) = x(t)$
 (b) $H(j\omega) = \left(\frac{1}{1+j\omega-\omega^2}\right)$
 (c) $-\cos t$

Respostas do Capítulo 4

4.1
 (a) $\frac{e^{-j\omega}}{2+j\omega}$
 (b) $\frac{4e^{-j\omega}}{4+\omega^2}$

4.2
 (a) $2\cos\omega$
 (b) $-2j\,\text{sen}\,2\omega$

4.3
 (a) $\frac{\pi}{j}[e^{j\pi/4}\delta(\omega-2\pi) - e^{-j\pi/4}\delta(\omega+2\pi)]$
 (b) $2\pi\delta(\omega) + \pi[e^{j\pi/8}\delta(\omega-6\pi) + e^{-j\pi/8}\delta(\omega+6\pi)]$

4.4
 (a) $1 + \cos 4\pi t$
 (b) $\frac{4j\,\text{sen}^2 t}{\pi t}$

4.5 $x(t) = -\frac{2\,\text{sen}(3(t-3/2))}{\pi(t-3/2)}$, $t = \frac{k\pi}{3} + \frac{3}{2}$ para inteiros diferentes de zero k

4.6
 (a) $X_1(j\omega) = 2X(-j\omega)\cos\omega$
 (b) $X_2(j\omega) = \frac{1}{3}e^{-j2\omega}X\left(j\frac{\omega}{3}\right)$
 (c) $X_3(j\omega) = -\omega^2 e^{-j\omega}X(j\omega)$

4.7
 (a) nenhum, nenhum
 (b) imaginário, ímpar
 (c) imaginário, nenhum
 (d) real, par

4.8
 (a) $\frac{2\,\text{sen}(\omega/2)}{j\omega^2} + \pi\delta(\omega)$
 (b) $\frac{2\,\text{sen}(\omega/2)}{j\omega^2}$

4.9
 (a) $\frac{\text{sen}\,\omega}{j\omega^2} - \frac{e^{-j\omega}}{j\omega}$
 (b) $\frac{\text{sen}\,\omega}{\omega}$
 (c) $\frac{\text{sen}\,\omega}{j\omega^2} - \frac{\cos\omega}{j\omega}$

4.10
 (a) $X(j\omega) = \begin{cases} j/2\pi, & -2 \leq \omega < 0 \\ -j/2\pi, & 0 \leq \omega < 2 \\ 0, & \text{caso contrário} \end{cases}$
 (b) $A = \frac{1}{2\pi^3}$

4.11 $A = \frac{1}{3}$, $B = 3$

4.12
 (a) $-\frac{4j\omega}{(1+\omega^2)^2}$
 (b) $-j2\pi\omega e^{-|\omega|}$

4.13
 (a) Não
 (b) Sim
 (c) Sim

4.14 $x(t) = \sqrt{12}[e^{-t} - e^{-2t}]u(t)$

4.15 $x(t) = 2te^{-|t|}u(t)$

4.16
 (a) $g(t) = \pi\sum_{k=-\infty}^{\infty}\delta\left(t - \frac{k\pi}{4}\right)$
 (b) $X(j\omega) = \begin{cases} 4, & |\omega| \leq 1 \\ 0, & 1 < |\omega| \leq 4 \end{cases}$

4.17
 (a) Falso
 (b) Verdadeiro

4.18 $h(t) = \begin{cases} \frac{5}{4}, & |t| < 1 \\ -\frac{|t|}{4} + \frac{3}{2}, & 1 \leq |t| \leq 5 \\ -\frac{|t|}{8} + \frac{7}{8}, & 5 < |t| < 7 \\ 0, & \text{caso contrário} \end{cases}$

4.19 $x(t) = e^{-4t}u(t)$

4.20 $h(t) = \frac{2}{\sqrt{3}}e^{-t/2}\,\text{sen}\left(\frac{\sqrt{3}}{2}t\right)u(t)$

Respostas do Capítulo 5

5.1
 (a) $\frac{e^{-j\omega}}{1-\frac{1}{2}e^{-j\omega}}$
 (b) $\frac{0{,}75e^{-j\omega}}{1{,}25-\cos\omega}$

5.2
 (a) $2\cos\omega$
 (b) $2j\,\text{sen}(2\omega)$

5.3
 (a) $\frac{\pi}{j}\left\{e^{j\pi/4}\delta\left(\omega-\frac{\pi}{3}\right) - e^{-j\pi/4}\delta\left(\omega+\frac{\pi}{3}\right)\right\}$
 (b) $4\pi\delta(\omega) + \pi\left\{e^{j\pi/8}\delta\left(\omega-\frac{\pi}{6}\right) + e^{-j\pi/8}\delta\left(\omega+\frac{\pi}{6}\right)\right\}$

5.4
 (a) $x_1[n] = 1 + \cos\left(\frac{\pi}{2}n\right)$
 (b) $-4\frac{\text{sen}^2\left(\frac{\pi}{2}n\right)}{\pi n}$

5.5 $x[n] = \frac{\text{sen}\left[\frac{\pi}{4}\left(n-\frac{3}{2}\right)\right]}{\pi\left(n-\frac{3}{2}\right)}$ e $x[n] = 0$ para $n = \pm\infty$

5.6
 (a) $X_1(e^{j\omega}) = (2\cos\omega)X(e^{-j\omega})$
 (b) $X_2(e^{j\omega}) = \Re e\{X(e^{j\omega})\}$
 (c) $X_3(e^{j\omega}) = -\frac{d^2}{d\omega^2}X(e^{j\omega}) - 2j\frac{d}{d\omega}X(e^{j\omega}) + X(e^{j\omega})$

5.7
 (a) imaginário, nenhum
 (b) real, ímpar
 (c) real, nenhum

5.8 $x[n] = \begin{cases} 1, & n \leq -2 \\ n+3, & -1 \leq n \leq 1 \\ 4, & n \geq 2 \end{cases}$

5.9 $x[n] = -\delta[n+2] + \delta[n+1] + \delta[n]$

5.10 $A = 2$

5.11 $\alpha = \pi$

5.12 $\frac{\pi}{2} \leq |\omega_c| \leq \pi$

5.13 $h_2[n] = -2\left(\frac{1}{4}\right)^n u[n]$

5.14 $h[n] = \frac{16}{17}\delta[n] - \frac{1}{17}\delta[n-2]$

5.15 $\omega_c = 3\pi/4$

5.16
(a) $\alpha = \frac{1}{4}$
(b) $N = 4$
(c) Não

5.17 $b_k = \frac{1}{2}(-1)^k$

5.18 $a_k = \frac{1}{3}\left(\frac{1}{2}\right)^{|k|}$

5.19
(a) $H(e^{j\omega}) = \frac{1}{\left(1 - \frac{1}{2}e^{-j\omega}\right)\left(1 + \frac{1}{3}e^{-j\omega}\right)}$
(b) $h[n] = \frac{3}{5}\left(\frac{1}{2}\right)^n u[n] + \frac{2}{5}\left(-\frac{1}{3}\right)^n u[n]$

5.20
(a) $H(e^{j\omega}) = \frac{\frac{4}{5}e^{-j\omega}}{1 - \frac{4}{5}e^{-j\omega}}$
(b) $y[n] - \frac{4}{5}y[n-1] = \frac{4}{5}x[n-1]$

Respostas do Capítulo 6

6.1
(a) $A = |H(j\omega_0)|$
(b) $t_0 = -\frac{\sphericalangle H(j\omega_0)}{\omega_0}$

6.2 $\sphericalangle H(e^{j\omega_0}) = -n_0(\omega_0) + 2\pi k$ para algum inteiro k.

6.3
(a) $A = 1$
(b) $\tau(\omega) > 0$ para $\omega > 0$

6.4
(a) $2\cos\left(\frac{\pi}{2}n - \pi\right)$
(b) $2\,\text{sen}\left(\frac{7\pi}{2}n - \frac{3\pi}{4}\right)$

6.5
(a) $g(t) = 2\cos(2\omega_c t)$
(b) mais concentrado

6.6
(a) $g[n] = (-1)^n$
(b) mais concentrado

6.7
(a) 1.000 Hz e 3.000 Hz
(b) 800 Hz e 3.200 Hz

6.8 $\pi - \omega_p \leq \omega \leq \pi$

6.9 Valor final = 2/5, $t_0 = 2/5$ segundos(s)

6.10
(a) $20\log_{10}|H(j\omega)| \approx \begin{cases} -20, & \omega \ll 0,1 \\ 20\log_{10}(\omega), & 0,1 \ll \omega \ll 40 \\ 32, & \omega \gg 40 \end{cases}$

(b) $20\log_{10}|H(j\omega)| \approx \begin{cases} 20, & \omega \ll 0,2 \\ -20\log_{10}(\omega) + 6, & 0,2 \ll \omega \ll 50 \\ -28, & \omega \gg 50 \end{cases}$

6.11
(a) $20\log_{10}|H(j\omega)| \approx \begin{cases} 20, & \omega \ll 0,5 \\ -20\log_{10}(\omega) + 14, & 0,5 \ll \omega \ll 50 \\ -40\log_{10}(\omega) + 48, & \omega \gg 50 \end{cases}$

(b) $20\log_{10}|H(j\omega)| \approx \begin{cases} 0, & \omega \ll 1 \\ -40\log_{10}\omega, & 1 \ll \omega \ll 50 \\ -20\log_{10}\omega - 34, & \omega \gg 50 \end{cases}$

6.12 $H_2(j\omega) = \frac{0,01(j\omega + 40)}{(j\omega + 1)(j\omega + 8)}$

6.13
(a) não exclusivo
(b) exclusivo

6.14 $H_1(j\omega) = 0,2 \times 10^{-4} \frac{(j\omega + 50)(j\omega + 10)}{(j\omega + 0,2)^2}$

6.15
(a) criticamente amortecido
(b) subamortecido
(c) sobreamortecido
(d) subamortecido

6.16 $y[n] + \frac{1}{2}y[n-1] = \frac{3}{2}x[n]$

6.17
(a) oscilatório
(b) não oscilatório

6.18 Não

6.19 $R \geq 2\sqrt{\frac{L}{C}}$

6.20 $\tau(\omega) = 2$

Respostas do Capítulo 7

7.1 $|\omega| > 5.000\pi$

7.2 (a) e (c)

7.3
(a) 8.000π
(b) 8.000π
(c) 16.000π

7.4
(a) ω_0
(b) ω_0
(c) $2\omega_0$
(d) $3\omega_0$

7.5 $|H(j\omega)| = \begin{cases} T, & |\omega| \leq \omega_c \\ 0, & \text{caso contrário} \end{cases}$ onde $\frac{\omega_0}{2} < \omega_c < \frac{2\pi}{T} - \frac{\omega_0}{2}$, $\sphericalangle H(j\omega) = 0$

7.6 $T_{\max} = \frac{\pi}{\omega_1 + \omega_2}$

7.7 $H(j\omega) = \frac{2\text{sen}(\omega T/2)}{\omega T} \times e^{(j\omega T/2)}$

7.8
- (a) Sim
- (b) $g(t) = \sum_{k=-4}^{4} a_k e^{jk\pi t}$,

  onde $a_k = \begin{cases} 0, & k=0 \\ -j\left(\frac{1}{2}\right)^{k+1}, & 1 \leq k \leq 4 \\ j\left(\frac{1}{2}\right)^{-k+1}, & -4 \leq k \leq -1 \end{cases}$

7.9 $\omega_0 = 50\pi$

7.10
- (a) Falso
- (b) Verdadeiro
- (c) Verdadeiro

7.11
- (a) $X_c(j\omega)$ é real
- (b) $\text{Max}\{X_c(j\omega)\} = 0{,}5 \times 10^{-3}$
- (c) $X_c(j\omega) = 0$ para $|\omega| \geq 1.500\pi$
- (d) $X_c(j\omega) = X_c(j(\omega - 2.000\pi))$ para $0 \leq \omega \leq 2.000\pi$

7.12 $|\omega| \geq 750\pi$

7.13 $h[n] = \delta[n-2]$

7.14 $h[n] = -\frac{\text{sen}\left[\pi\left(n-\frac{1}{2}\right)\right]}{T\pi\left(n-\frac{1}{2}\right)^2}$

7.15 $N = 2$

7.16 $x[n] = 4\left(\frac{\text{sen}(\pi n/2)}{\pi n}\right)^2$

7.17 Filtro passa-baixas ideal com frequência de corte $\pi/2$ e ganho de banda de passagem unitário

7.18 Filtro passa-baixas ideal com frequência de corte $\pi/4$ e ganho de banda de passagem 2.

7.19
- (a) $y[n] = \frac{\text{sen}(5\omega_1 n/3)}{5\pi n}$
- (b) $y[n] = \frac{1}{5}\delta[n]$

7.20
- (a) Sim
- (b) Não

Respostas do Capítulo 8

8.1 $m(t) = \frac{1}{2}e^{-j\omega_c t}$

8.2
- (a) Nenhuma restrição necessária
- (b) $|\omega_c| > 1.000\pi$

8.3 $y(t) = 0$

8.4 $y(t) = \text{sen } 200\pi t$

8.5 $m = \frac{3}{2\pi}$

8.6 $A = 4$

8.7 $\omega_0 = 2\omega_c$, $A = 2$

8.8
- (a) Sim
- (b) Sim, $x(t) = \{y(t) \text{ sen } \omega_c t\} * \frac{2 \text{ sen } \omega_c t}{\pi t}$

8.9
- (a) $|\omega| > 2\omega_c$
- (b) $\omega_0 = \omega_c$, $A = 2$

8.10
- (a) $X(j\omega) = 0$ para $|\omega| \geq 1.000\pi$
- (b) $\omega_c = 1.000\pi$, $A = 4$

8.11
- (a) $\frac{\omega_c}{2} \leq |\omega| \leq \frac{3\omega_c}{2}$, Ganho = 1
- (b) $A = 2|a_1|$, $\phi = \sphericalangle a_1$

8.12 $\Delta = 0{,}5 \times 10^{-4}$

8.13
- (a) $p(0) = \frac{1}{T_1}$
- (b) $p(kT_1) = 0$

8.14 $Y(j\omega) = \pi\delta(\omega - \omega_c) - \frac{m\pi}{2j}\delta(\omega - \omega_c - \omega_m) - \frac{m\pi}{2j}\delta(\omega - \omega_c - \omega_m)$

8.15 $\omega_0 = 0$ e $\omega_0 = \pi$

8.16 $0 \leq \omega \leq \frac{3\pi}{8}$ e $\frac{5\pi}{8} \leq \omega \leq \pi$

8.17 $0 \leq |\omega| \leq \frac{\pi}{2}$

8.18 $H(e^{j\omega}) = \begin{cases} j, & 0 < \omega \leq \frac{\pi}{4} \\ -j, & -\frac{\pi}{4} \leq \omega < 0 \end{cases}$

8.19 $N = 20$

8.20 $p[n] = \sum_{k=-\infty}^{\infty} \delta[n - 2k]$

Respostas do Capítulo 9

9.1
- (a) $\sigma = -5$
- (b) $\sigma < -5$
- (c) $-\infty \leq \sigma \leq \infty$
- (d) nenhum valor de σ
- (e) $|\sigma| < 5$
- (f) $\sigma < 5$

9.2
- (a) $\frac{e^{-(s+5)}}{s+5}$, $\mathcal{R}e\{s\} > -5$
- (b) $A = -1$, $t_0 = -1$, $\mathcal{R}e\{s\} < -5$

9.3 $\mathcal{R}e\{\beta\} = 3$, $\mathcal{I}m\{\beta\}$ qualquer

9.4 $1 + 2j$, $1 - 2j$, $\mathcal{R}e\{s\} < 1$

9.5
- (a) 1,1
- (b) 0,1
- (c) 1,0

9.6
  (a) não
  (b) sim
  (c) não
  (d) sim

9.7 4

9.8 dois lados

9.9 $x(t) = 4e^{-4t}u(t) - 2e^{-3t}u(t)$

9.10
  (a) passa-baixas
  (b) passa-faixa
  (c) passa-altas

9.11 $|X(j\omega)| = 1$

9.12
  (a) não coerente
  (b) coerente
  (c) coerente

9.13 $\alpha = -1$, $\beta = \frac{1}{2}$

9.14 $X(s) = 1/\left[4\left(s^2 - \frac{s}{\sqrt{2}} + \frac{1}{4}\right)\left(s^2 + \frac{s}{\sqrt{2}} + \frac{1}{4}\right)\right]$, $-\frac{\sqrt{2}}{4} < \Re e\{s\} < \frac{\sqrt{2}}{4}$

9.15 $X(s) = \frac{s}{s_2+4}$; $\Re e\{s\} > 0$, $\quad Y(s) = \frac{2}{s_2+4}$; $\Re e\{s\} > 0$

9.16
  (a) 2
  (b) $\alpha > 0$

9.17 $\frac{d^2y(t)}{dt^2} + 10\frac{dy(t)}{dt} + 16y(t) = 12x(t) + 3\frac{dx(t)}{dt}$

9.18
  (a) $H(s) = \frac{1}{s^2+s+1}$, $\Re e\{s\} > -\frac{1}{2}$
  (b) Passa-baixas
  (c) $H(s) = \frac{1}{s^2+10^{+3}s+1}$, $\Re e\{s\} > -0{,}0005$
  (d) Passa-faixa

9.19
  (a) $\frac{1}{s+2}$, $\Re e\{s\} > -2$
  (b) $1 + \frac{e^{-6}}{s+2}$, $\Re e\{s\} > -2$
  (c) $\frac{1}{s+4} + \frac{1}{s+2}$, $\Re e\{s\} > -2$

9.20
  (a) $e^{-t}u(t) - e^{-2t}u(t)$
  (b) $e^{-t}u(t)$
  (c) $2e^{-t}u(t) - e^{-2t}u(t)$

Respostas do Capítulo 10

10.1
  (a) $|z| > \frac{1}{2}$
  (b) $|z| < \frac{1}{2}$
  (c) $|z| > 1$
  (d) $\frac{1}{2} < |z| < 2$

10.2 $X(z)\frac{1}{125}\frac{z^{-3}}{1-\frac{1}{5}z^{-1}}$; $|z| > \frac{1}{5}$

10.3 $|\alpha| = 2$, n_0 qualquer

10.4 polos em $z = \frac{1}{3}e^{\pm j\pi/4}$, RDC: $|z| < \frac{1}{3}$

10.5
  (a) 1,1
  (b) 2,0
  (c) 1,2

10.6
  (a) Não
  (b) Não
  (c) Sim
  (d) Sim

10.7 3

10.8 dois lados

10.9 $x[n] = \frac{2}{9}u[n] + \frac{7}{9}(-2)^n u[n]$

10.10
  (a) $x[0] = 1$, $x[1] = \frac{2}{3}$, $x[2] = -\frac{2}{9}$
  (b) $x[0] = 3$, $x[-1] = -6$, $x[-2] = 18$

10.11 $x[n] = \begin{cases}\left(\frac{1}{2}\right)^n, & 0 \leq n \leq 9 \\ 0, & \text{caso contrário}\end{cases}$

10.12
  (a) passa-altas
  (b) passa-baixas
  (c) passa-faixa

10.13
  (a) $G(z) = 1 - z^{-6}$; $|z| > 0$
  (b) $X(z) = \frac{1-z^{-6}}{1-z^{-1}}$; $|z| > 0$

10.14
  (a) $n_0 = 2$
  (b) $G(z) = \left(\frac{z^{-1}-z^{-7}}{1-z^{-1}}\right)^2$

10.15 $\left(\frac{1}{3}\right)^n u[n]$ e $\left(-\frac{1}{3}\right)^n u[n]$

10.16
  (a) Não causal
  (b) Causal
  (c) Não causal

10.17
  (a) Sim
  (b) Sim

10.18
  (a) $y[n] - \frac{2}{3}y[n-1] + \frac{1}{9}y[n-2] = x[n] - 6x[n-1] + 8x[n-2]$
  (b) Sim

10.19
  (a) $\chi_1(z) = \frac{1}{1-\frac{1}{4}z^{-1}}$, $|z| > \frac{1}{4}$
  (b) $\chi_2(z) = 2$, Todo z
  (c) $\chi_3(z) = \frac{1}{1-\frac{1}{2}z^{-1}}$, $|z| > \frac{1}{2}$

10.20

(a) $-\left(-\frac{1}{2}\right)^n u[n]$

(b) $\frac{1}{3}\left(-\frac{1}{2}\right)^n u[n] + \frac{1}{6}\left(\frac{1}{4}\right)^n u[n]$

(c) $-\frac{2}{3}\left(-\frac{1}{2}\right)^n u[n] + \frac{1}{6}\left(\frac{1}{4}\right)^n u[n]$

Respostas do Capítulo 11

11.1 $H_0(z) + \dfrac{H_1(z)}{1 + G(z)H_1(z)}$

11.2 $\dfrac{H_1(s)H_2(s)}{1 + H_1(s)G_1(s) + H_1(s)H_2(s)G_2(s)}$

11.3 $b < -1$

11.4 $G(s) = \frac{1}{S}$

11.5 $-\frac{5}{2} < b < \frac{3}{2}$

11.6 FIR

11.7 $K > -6$

11.8 $-3 < K < 0$

11.9 Não. O lugar geométrico permanece no eixo real

11.10 Polo duplo em $s = -1$, duplo zero em $s = 1$

11.11 $0 < k < \frac{5}{4}$

11.12 Posições de polos e zeros se alternam no eixo real

11.13 Instável para todo K

11.14

(a) 0

(b) 1

11.15 $K > -1$

11.16 $K > -1$

11.17 $-1 < K < 4$

11.18 $-1 < K < 1$

11.19 Instável

11.20 Margem de ganho é infinita, margem de fase é $2\tan^{-1}\sqrt{2}$

Índice remissivo

A

Acumulador, 29
Adiantamento de fase, 292
Algoritmo para transformada 'chirp', 389
Aliasing, 311-316
AM. *Veja* Amplitude Modulada (AM)
Amostragem, 19, 25, 305-344
   aliasing, 311-316
   com retentor de ordem zero, 307-311
   processamento de tempo discreto de sinais
      de tempo contínuo, 316-323
         atraso de meia amostra, 322-323
         diferenciador digital, 321-322
   reconstrução usando interpolação, 309-311
   sinais de tempo contínuo, 1
   sinais de tempo discreto, 324-329
   sinal passa-faixa, 334
      dizimação e interpolação, 325-330
      trem de impulsos, 324-325
Amostragem do trem de impulsos, 306, 324
Amplificador
   Chopper, 390
   Operacional, 489
Amplificador chopper, 390
Amplificadores operacionais, 489, 534-535
Amplitude Modulada (AM),
   141, 364-365, 381
   banda lateral única, 356-358
   portadora senoidal, 347-349
   portadora trem de pulsos, 358-360
   senoidal, 346-348
      demodulação para, 348-353
   portadora exponencial complexa, 346-347
      tempo discreto, 370-373
      uso da multiplexação por divisão de
         frequência (FDM), 353-355
Analisador harmônico, 117
Análise do lugar das raízes, 497-504
   critério de ângulo, 499-501
   equação para os polos em malha fechada,
      498-499, 501
   pontos terminais, 499
   propriedades da, 502-504
Análise do sistema de suspensão, 280-282
Ângulo (fase) do número complexo, 45
Anticausalidade, 415
Atraso de fase, 292
Atraso, 29
   de grupo, 250-255
   de meia amostra, 322-323
   unitário, 75
Atraso, tempo de, 235
Autofunções, 108,159-160
Autovalor, 108-109, 160

B

Banda de transição, 261
Bernoulli, D., 105
Bit, 364

C

Capacitor, 29
Caracterização do domínio da frequência.
   Veja Caracterização do domínio da
   frequência e do domínio de tempo
Caracterização do domínio da frequência e do
   domínio de tempo, 245-304
   exemplos de, 280-287
      filtro não recursivo de tempo discreto,
         282-287
      sistema de suspensão dos automóveis,
         280-282
   filtros não ideais, 258-262
   representação do módulo e da fase da
      transformada de Fourier, 245-248
   resposta em frequência dos sistemas LIT,
      248-256
   sistemas de tempo contínuo, 262-270
      de primeira ordem, 262-265
      de segunda ordem, 265-268
      diagramas de Bode para respostas em
         frequência racional e, 268-270
   sistemas de tempo discreto, 270-280
      de primeira ordem, 270-272
      de segunda ordem, 272-280
Caracterização no domínio de tempo e no
   domínio de frequência dos filtros não
   ideais, 258-262

Circuito, qualidade Q do, 268
Círculo unitário, 464
Codificação sem perdas, 30
Coeficiente espectral. *Veja* Coeficientes da
   série de Fourier
Coeficientes da série de Fourier
   partes reais e imaginárias dos, 128
   propriedade de convolução dos, 134
   tempo contínuo, 112-113, 165
   tempo discreto, 124-134
Combinações lineares harmonicamente
   relacionadas. *Veja* Coeficientes da
   série de Fourier
   modulação em amplitude senoidal, 346
   periódicas, 112
   resposta do sistema LIT às, 107-109
Compensação de elementos não ideais, 490
Complexo conjugado, 45
Componentes de segunda harmônica, 110
Componentes fundamentais, 111
Componentes harmônicos, 110
Comprimento de onda, 107
Comutação em frequência (FSK – *frequency
   shift keying*), 386
Condições de Dirichlet, 116-117, 168, 183
Constante de tempo dominante, 297
Constantes de tempo, 262
   dominantes, 297
Controlador PI (proporcional-mais-integral),
   539
Controlador PID (proporcional-mais-integral-
   mais-diferencial), 539
Controle P (proporcional), 538
Convergência. *Veja também* Região de
   convergência
   série de Fourier de tempo contínuo, 118-119
   série de Fourier de tempo discreto, 131-132
   transformada de Fourier de tempo
      contínuo, 165-166
   transformada de Fourier de tempo discreto,
      207-209
Conversão de tempo contínuo para tempo
   discreto, 317-318
Conversor analógico-digital (A/D), 317
Conversor digital-analógico (D/A), 317

Convolução
  aperiódica, 132
  definindo a função impulso unitário em tempo contínuo por meio da, 77-77
  operação de, 49, 53
  periódica, 132, 224-225
  propriedade associativa da, 64-65
  propriedade comutativa da, 62-63
  propriedade distributiva da, 63-64
Convolução aperiódica, 132
Convolução periódica, 132, 224-225
  série de Fourier de tempo contínuo, 121
  série de Fourier de tempo discreto, 131-132
Critério de ângulo, 499-500
Critério de estabilidade de Nyquist, 504-512
  de tempo contínuo, 507-510
  de tempo discreto, 510-512
  propriedade do circundamento, 506-507

D

Decibéis (dB), 137, 255
Demodulação, 347
  definição, 345
  modulação senoidal em amplitude, 347-353
    assíncrona, 350-353
    síncrona, 348-350
    tempo discreto, 371
Descontinuidades, 115-118
Deslizamento, 53
Deslocamento de fase, 249, 380
Detector de envoltória, 351, 352
Diagrama de blocos em forma paralela, 424-425, 469-470
Diagrama de blocos na forma direta, 424-425, 469-470
Diagrama de blocos usando somadores, 76
Diagrama(s) de blocos, 27
  forma direta, 436, 469-470
  forma em cascata, 436, 469-470
  forma paralela, 436, 469-470
  sistemas de primeira ordem descritos por equações diferenciais e de diferenças, 74-76
  sistemas LIT causais, 422-426
Diagrama(s) de polos e zeros
  sistemas de primeira ordem, 403-404, 455
  sistemas de segunda ordem, 405, 455-457
  sistemas passa-tudo, 407-408
  transformada z, 454-455
  transformadas de Laplace, 394-395, 402-408
Diagramas de blocos de forma em cascata, 436, 469-470
Diagramas de Bode, 255
  resposta em frequência racional, 269
  sistema de suspensão de automóveis, 280
Diagramas de Nyquist, 508-511
Diferença, 74-76
Diferenciação
  no domínio do tempo, 411-411
  no domínio s, 410
  no domínio z, 458

Diferenciador
  digital, 321-322
  representação em diagrama de blocos do, 76
Difusão e propagação de calor, 106
Dirichlet, P. L., 106
Dispersão, 252
Distorção
  fase e magnitude de módulo e de fase, 249
  quadratura, 368
Distorção por quadratura, 380
Dizimação, 325-329
Dualidade
  entre a transformada de Fourier de tempo discreto e a série de Fourier de tempo contínuo, 231
  transformada de Fourier em tempo contínuo, 165, 174-175, 183
  transformada de Fourier em tempo discreto, 229-230

E

Efeito estroboscópico, 316-317
Energia dos sinais, 4-5
Equação de análise
  série de Fourier de tempo contínuo, 113
  série de Fourier de tempo discreto, 125
  transformada de Fourier de tempo contínuo, 165
  transformada de Fourier de tempo discreto, 223
Equação de síntese
  série de Fourier de tempo contínuo, 113
  série de Fourier de tempo discreto, 126
  transformada de Fourier de tempo contínuo, 165, 174, 183
  transformada de Fourier de tempo discreto, 212, 227, 228
Equações de diferença
  filtros de tempo discreto descritos por, 145-149
  não recursivas, 147-149
  recursivas de primeira ordem, 146-147
  lineares com coeficientes constantes. Veja Equações de diferença lineares com coeficientes constantes
Equações de diferença lineares com coeficientes constantes, 70, 73, 74, 229-230, 465
  não recursivas, 73
  recursivas, 73
  respostas naturais como soluções das, 73
  sistema (FIR) de resposta ao impulso de duração finita, 73
  sistema (IIR) de resposta ao impulso de duração infinita, 74
  transformada z unilateral para resolver, 474-475
Equações de diferença lineares e não recursivas com coeficientes constantes, 73-74

Equações de diferença lineares recursivas com coeficientes constantes, 73-74
Equações diferenciais
  filtro passa-altas RC, 144-145
  filtro passa-baixas RC, 143-144
  filtros de tempo contínuo descritos por, 142-145
  lineares com coeficientes constantes. Veja Equações diferenciais lineares com coeficientes constantes
Equações diferenciais lineares com coeficientes constantes, 69, 70-73, 192-194, 417-418
  condição de repouso inicial, 71-73
  representação em diagrama de blocos das, 74-76
  respostas naturais como soluções das, 71-72
  soluções homogêneas e particulares das, 71
  transformada unilateral de Laplace para resolver, 429-430
Equalização, 389
  de canal, 364
Equalizador zero-forcing (ZF), 389
Equalizadores, circuitos, 138
Espectro, 167, 209. *Veja também* Transformada de Fourier
  densidade de energia, 180, 220
Espectro de densidade de energia, 180, 201, 220
Estabilidade, 30-33
  sistemas de realimentação, 512-517
  sistemas LIT, 67-68, 412-413, 462-463
Estabilização com realimentação, 476-479
Estágio intermediário de modulação (IF), 354
Euler, L., 104-105
Expansão em frações parciais, 541
  sinais e sistemas de tempo contínuo e, 542
  sinais e sistemas de tempo discreto e, 545
Exponenciais. *Veja* Exponencial complexa
Exponenciais complexas gerais, 13-14, 15, 16
Exponenciais complexos harmonicamente relacionados, 13
Exponenciais periódicos(as) complexos(as), 11-13, 109
Exponencial complexa
  geral, 13-14
  harmonicamente relacionadas, 20
  tempo discreto, propriedades de periodicidade, 16-20

F

Fase (angular) (ângulo) do número complexo, 45
Fase estendida, 252
Fator de amortecimento, 266-267
Fator de escala de amplitude, 286
Fenômeno de Gibbs, 118, 129, 170
Filtragem, definida, 137
Filtro (de resposta ao impulso infinita) recursivo, 74, 282
Filtro casado, 99-101, 161
Filtro elíptico, 262-263

Filtro passa-altas, 141-142
  característica rejeita banda ideal, 223
  RC, 144-145
  resposta em frequência do, 217
Filtro passa-altas RC, 144-145
Filtro passa-baixas RC, 143-144
Filtro seletivo em frequência, 141-142, 188, 245
  frequência central variável, 188-189
  ideal, 141, 260-261
    propriedades do domínio de tempo de
      um, 256-258
  passa-altas, 141-142, 144-145, 217
  passa-baixas, 187
  passa-faixa, 141-142, 188
Filtro(s), 137-149
  casado, 99-101
  de *Butterworth*, 262-263, 299-300, 420-421
  de conformadores de frequência, 137-141
    filtros diferenciadores, 138-139
    filtros LIT de tempo discreto, 138-139
  de média móvel, 281-284
  de tempo contínuo descrito por equações
    diferenciais, 142-145
    filtro passa-altas RC, 144-145
    filtro passa-baixas RC, 143-144
  de tempo discreto descritos por equações
    de diferença, 146-147
    não recursivas, 147-149
  recursivos de primeira ordem, 146-147
  diferenciadores de tempo contínuo, 137-138, 139, 321
  elíptico, 262-263
  não ideal, 258-262
  resposta ao impulso de duração finita (FIR)
    resposta ao impulso de duração finita, 73
    simétrico, causal, de fase linear, 344
  tempo discreto, 280-287
  resposta ao impulso de duração infinita
    (IIR), 74, 282
  seletivo em frequência, 137, 141-142, 188, 245
    com frequência central variável, 188-189
    ideal, 141, 260-261
    passa-altas, 141-142, 144-145, 217, 223
    passa-baixas, 141, 184, 185, 187, 216-217,
      221-223, 256, 257, 258
    passa-faixa, 141-142, 188
    propriedades do domínio de tempo do
      filtro ideal, 258-262
Filtros Butterworth, 262-263, 299-300,
  420-421
Filtros com resposta ao impulso de duração
  finita (FIR), 73
  de tempo discreto, 147-149, 280-287
  simétrico, causal, de fase linear, 344
Filtros conformadores em frequência, 137-141
  filtros diferenciadores, 139
  filtros LIT de tempo discreto, 139
Filtros de média móvel, 147-149, 282-287
Filtros de resposta ao impulso de duração
  infinita (IIR – *Infinite impulse response*), 74, 282

Filtros diferenciadores
  de tempo contínuo, 139
  de tempo discreto, 321-322
Filtros LIT de tempo discreto, 139
Filtros não recursivos. *Veja* Filtros com
  resposta ao impulso de duração finita (FIR)
Filtros não recursivos de tempo discreto,
  282-287
Filtros passa-baixas, 141
  ideais
    de tempo contínuo, 256, 257
    de tempo discreto, 221-222, 256, 257
    resposta ao degrau dos, 260
    resposta ao impulso dos, 186,
      221-222, 259
    resposta em frequência dos, 184
  RC, 143-144
  resposta em frequência dos, 216-217
Filtros passa-faixa, 141
Filtros recursivos de primeira ordem de
  tempo discreto, 146-147
Filtros seletivos em frequência ideal, 141-142
  propriedades no domínio de tempo do,
    142-145
Forma (cartesiana) retangular para número
  complexo, 44-45
Forma polar para número complexo, 45
Forma retangular ou cartesiana, 44-45
Fórmula da soma finita, 46
Fórmula da soma infinita, 46, 55
Fourier, coeficientes das séries de. *Veja*
  Coeficientes da série de Fourier
Fourier, Jean Baptiste Joseph, 104-107
Frequência(s)
  amostragem da, 307
  banda de passagem, 141
  banda de rejeição, 141
  de corte, 141
  de Nyquist, 307
  de quebra, 264
  diferenciação na, 220
  fundamental, 12
  instantânea, 365
  natural não amortecida, 266, 267
  de portadora, 346
Função(ões)
  amostragem, 306
  de correlação, 41
  de sistema da malha fechada, 486
  de sistema de malha de realimentação, 486
  de sistema em malha aberta, 486
  envoltória, 166
  fase principal, 251, 252
  rampa unitária, 82
  transferência. *Veja* Função(ões) sistema
Função(ões) sistema, 135
  caminho de realimentação, 489
  caminho direto, 489
  interconexões de sistemas LIT, 422
  malha fechada, 489
  transformada de Laplace como, 412, 420-426
    filtros Butterworth, 420-421

    interconexões de sistemas LIT, 422
    representações em diagrama de blocos,
      422-426
  transformada z, 462-467
    interconexões de sistemas LIT, 467
    representações em diagrama de blocos,
      467-470
Funções de autocorrelação, 41, 98, 99
Funções de correlação cruzada, 41, 98, 99
Funções de singularidade, 24, 42, 76-77
  Veja também Impulso unitário
Funções de Walsh, 99, 161-162
Funções do degrau unitário, 20-25
  de tempo discreto, 20-21
Funções generalizadas, 24, 82
Funções normalizadas, 160
Funções ortogonais, 160-161
Funções ortonormais, 160-161
Funções sinc, 171

G

Ganho, 249
  sistema de rastreio, 495
  sistemas de realimentação linear,
    497, 512-57
Gráfico de logaritmo de magnitude, 513-514
Gráfico logarítmico de magnitude-fase, 514

I

Idealização, 42
Impulso unitário, 20-25
  cascata de dois sistemas LIT e, 65
  de tempo contínuo, 21-25, 76, 83
    como pulso curto idealizado, 77-79
    definição por meio da convolução, 79-80
    propriedade de alteração do, 56-58
    representação dos sistemas LIT de tempo
      contínuo em termos de, 56
    representação dos sistemas LIT de tempo
      discreto em termos de, 47-48
  tempo discreto, 20-21, 212
    propriedade de alteração do, 49
Índice de modulação, 352, 367
Integração no domínio do tempo, 411-412, 428
Integrador, 76
Integral de convolução, 56-62
  calculando a, 60
Integral de superposição. *Veja* Integral de
  convolução
Interconexão
  paralela, 27
  propriedade da convolução e análise da, 221
  propriedade distributiva da convolução e, 63
  realimentação, 27
  sistemas LIT
    funções sistema para, 422
    transformada de Laplace para, 422
    transformada z para, 467
Interconexão com realimentação, 27
Interconexão de séries (em cascata), 28
Interconexão em série, 29

Interconexão paralela, 27
Interferência intersimbólica, 361-364
Interpolação, 328
    de banda limitada, 309-311
    linear, 309-311, 313
    reconstrução por, 309-313
Interpolação de banda limitada, 323
Interpolação linear, 309-311, 313
Intersimbólica, interferência, 361-364
Invariância do tempo, 32, 33, 34-36, 47
Inversão da fase, 316
Inversibilidade dos sistemas LIT, 66-67

J

Janela de Hanning, 243
Janela de tempo, 243
Janela retangular, 243

L

Lacroix, S. F., 106
Lagrange, J. L., 104-107
Laplace, P. S. de, 106
Limite da banda de passagem, 261
Limite da banda de rejeição, 261
Linearidade, 34-36
LIT. *Veja* Sistemas lineares invariáveis no tempo (LIT)

M

Margem de fase nos sistemas de realimentação linear, 512-517
Média ponderada, 147
Método de expansão em série de potências, 453-454
Michelson, Albert, 117
Misturador (*scrambler*) de voz, 378-379
Modelo de realimentação da dinâmica de populações, 492-494
Modulação. *Veja também* Modulação em amplitude senoidal
    angular, 365
    banda larga, 367-369
    de banda lateral dupla (DSB), 356
    de fase, 367
    de tempo discreto, 370-372
    definição, 346
    em frequência senoidal, 345, 364-366
        banda estreita, 366-367
        sinal modulador periódico de onda quadrada, 369-370
    percentual, 352
    por amplitude de pulso, 360-364
        digital, 364
        interferência intersimbólica na, 361-364
    por código de pulso, 364
Modulação angular, 365
Modulação de fase, 365-366
Modulação de frequência em banda estreita, 366-367
Modulação de frequência em banda larga, 367-369

Modulação de tempo discreto, 370-372
    banda lateral única, 356-358
    com portadora senoidal, 347-348
    demodulação para, 348-353
        assíncrona, 350-353
        síncrona, 348-350
Modulação em amplitude senoidal, 346-348
Modulação em banda lateral dupla (DSB), 356
Modulação em frequência senoidal, 345, 364-370
    banda estreita, 366-367
    banda larga, 367-369
        sinal modulante de onda quadrada periódica, 369-370
Modulação percentual, 352
Modulação por amplitude de pulso, 360-364
    digital, 364
    interferência intersimbólica na, 361-364
Modulação por código de pulso, 364
Modulação senoidal em amplitude de banda lateral única, 356-358
Módulo de número complexo, 45
Monge, G., 106
Mudança de escala no domínio z, 458-459, 472
Mudança de escala no tempo, 6, 7
    série de Fourier de tempo contínuo, 118-121
    série de Fourier de tempo discreto, 131-132
    transformada de Fourier de tempo contínuo, 165-166
    transformada de Fourier de tempo discreto, 217-218
    transformada de Laplace, 408-409
        unilateral, 426
    transformada z, 458
        unilateral, 470-471
Mudança no tempo e na frequência da transformada de Fourier de tempo contínuo, 174-175
Multiplexação
    definição, 345
    em quadratura, 387
    por divisão de frequência (FDM), 353-355
    por divisão do tempo (TDM), 360, 361
Multiplexação em quadratura, 387
Multiplexação por divisão de frequência (FDM – *frequency-division multiplexing*), 353-355
    portadora de exponencial complexa, 346-347
    tempo discreto, 370-372
Multiplexação por divisão de tempo, 360
Multiplicação por um coeficiente, 75
Multiplicidades, 92

N

Nível dc, 122
Números complexos, 45

O

Onda quadrada. *Veja* Onda quadrada periódica
Onda quadrada periódica
    de tempo contínuo, 114, 117-118, 123, 165-166, 172-173
    de tempo discreto, 129-131, 132
Oscilação da banda de passagem, 261-262
Oscilação da banda de rejeição, 261-262
Osciloscópio de amostragem, 316

P

Par de série de Fourier de tempo discreto, 126
Pares da transformada de Fourier, 179
    tempo contínuo, 183
    tempo discreto, 207, 225
Parte imaginária
    coeficientes da série de Fourier, 127, 128
    número complexo, 45
Parte real
    coeficientes da série de Fourier, 127, 128
    número complexo, 45
Pêndulo invertido, 488
Período de amostragem, 306
Período fundamental, 9
    sinal periódico de tempo contínuo, 112
    sinal periódico de tempo discreto, 124
Plano lateral esquerdo, 397
Planta, 494
Polinômios de Laguerre, 440
Polos
    malha fechada, 497
    transformada de Laplace, 394
Portadora trem de pulsos, 358-359, 360
Posição angular do telescópio, 486-488
Potência dos sinais, 4-5, 180
Primeira diferença, 21, 132. *Veja também* Propriedade da diferenciação,
Primeiros componentes harmônicos, 110
Problemas complementares, 96
Processamento de imagem
    filtros diferenciadores para, 139
    representação da fase e, 248-249
Projeto de sistema inverso, 489
Propriedade associativa dos sistemas LIT, 65-66
Propriedade comutativa dos sistemas LIT, 64
Propriedade da aditividade, 34
Propriedade da conjugação
    série de Fourier de tempo contínuo, 120
    série de Fourier de tempo discreto, 131-132
    transformada de Fourier de tempo contínuo, 176-177
    transformada de Fourier de tempo discreto, 217
    transformada de Laplace, 410
        unilateral, 426
    transformada z, 459
        unilateral, 470-471

Propriedade da diferenciação
  série de Fourier de tempo contínuo, 121, 132
  transformada de Fourier de tempo contínuo, 174, 215
  transformada de Fourier de tempo discreto, 215-216
  transformada de Laplace, 410, 412
  transformada z, 459-460
  unilateral, 470-471
Propriedade da mudança de escala ou da homogeneidade, 34
Propriedade da periodicidade da transformada de Fourier de tempo discreto, 216
Propriedade de acumulação do somatório
  série de Fourier de tempo discreto, 129
  transformada de Fourier de tempo discreto, 217
  transformada z unilateral, 470-472
Propriedade de amostragem do impulso de tempo contínuo, 23
Propriedade de avanço do tempo da transformada z unilateral, 470
Propriedade de convolução
  série de Fourier de tempo contínuo, 121
  série de Fourier de tempo discreto, 131-132
  transformada de Fourier de tempo contínuo, 181-186
  transformada de Fourier de tempo discreto, 221-224
  transformada de Laplace, 408
    unilateral, 426
  transformada z, 460-461
    unilateral, 470-471
Propriedade de deslocamento
  domínio s, 428
  Impulso de tempo contínuo, 56-57
  impulso unitário de tempo discreto, 49
  transformada z unilateral, 470-471
Propriedade de expansão do tempo
  série de Fourier de tempo discreto, 131
  transformada de Fourier de tempo discreto, 218-220
  transformada z, 459
  unilateral, 470-471
Propriedade de integração
  série de Fourier de tempo contínuo, 121
  transformada de Fourier de tempo contínuo, 177-178
Propriedade de inversão do tempo (reflexão), 6
  série de Fourier de tempo contínuo, 119-121
  série de Fourier de tempo discreto, 131
  transformada de Fourier de tempo contínuo, 174
  transformada de Fourier de tempo discreto, 217-218
  transformada de Laplace, 410
  transformada z, 459
Propriedade de linearidade
  série de Fourier de tempo contínuo, 119-121
  série de Fourier de tempo discreto, 131
  transformada de Fourier de tempo contínuo, 175

transformada de Fourier de tempo discreto, 216
transformada de Laplace, 408-409
  unilateral, 426
transformada z, 457-458
  unilateral, 472
Propriedade de modulação, 186. *Veja também* Propriedade de multiplicação
Propriedade de multiplicação
  série de Fourier de tempo contínuo, 119-121
  série de Fourier de tempo discreto, 131, 132
  transformada de Fourier de tempo contínuo, 186-189
  transformada de Fourier de tempo discreto, 224
Propriedade de superposição, 34
Propriedade deslocamento no tempo, 5,6
  série de Fourier de tempo contínuo, 119-121
  série de Fourier de tempo discreto, 131
  transformada de Fourier de tempo contínuo, 175
  transformada de Fourier de tempo discreto, 216-217
  transformada de Laplace, 408-409
  transformada z, 458
Propriedade distributiva dos sistemas LIT, 63-64
Propriedade do atraso de tempo da transformada z unilateral, 474
Propriedade do circundamento, 508
Propriedade do deslocamento em frequência
  série de Fourier de tempo contínuo, 121
  série de Fourier de tempo discreto, 131
  transformada de Fourier de tempo contínuo, 188, 190
  transformada de Fourier de tempo discreto, 216-217
Pulso retangular
  de tempo contínuo, 170
  de tempo discreto, 211-212

Q

Qualidade do circuito, 268

R

Realimentação. *Veja também* Sistemas lineares com realimentação
  aplicações de, 489-497
  áudio, 496-497
    compensação de elementos não ideais, 490
    dinâmica de populações, 490-493
    estabilização de sistemas instáveis, 490-493
    pêndulo invertido, 486-488
    posição angular de telescópio, 486-488
    projeto de sistema inverso, 489
    sistemas de dados amostrados, 493-494
    sistemas de rastreio, 494-495
  degenerativa (negativa), 490, 496-497

desestabilização causada por, 496-497
polos de malha fechada, 497
positiva (regenerativa), 496-497
proporcional, 491
proporcional-derivativa, 491
Realimentação (degenerativa) negativa, 490, 496-497
Realimentação (positiva) regenerativa, 496-497
Realimentação (regenerativa) positiva, 496-497
Realimentação acústica, 496-497, 510
Realimentação degenerativa (negativa), 490, 496-497
Realimentação para estabilizar sistemas instáveis, 490-493
Realimentação proporcional-derivativa, 491
Realização na Forma Direta I, 95
Realização na Forma Direta II, 95, 96
Rede de atraso, 530
Rede de avanço, 530
Redes de atraso e avanço, 530
Redução da taxa de amostragem (*Downsampling*), 328
Região de convergência
  transformada de Laplace, 393, 395-400
    sinal bilateral, 398-399
    sinal lateral direito, 397
    sinal lateral esquerdo, 398
    transformada racional, 399
  transformada z, 443, 445-451
    centralizada na origem, 446
    limitada por polos ou infinito, 450
    sequência bilateral, 449-451
    sequência de duração finita, 446
    sequência lateral direita, 447-449
    sequência lateral esquerda, 447, 451
Relação de Euler, 11-14
Relação de Parseval
  série de Fourier de tempo contínuo, 120-121
  série de Fourier de tempo discreto, 132
  transformada de Fourier de tempo contínuo, 180-181
  transformada de Fourier de tempo discreto, 220-221
Representação de fase e de módulo
  resposta em frequência dos sistemas LIT, 248-256
    atraso de grupo, 250-255
    diagramas de Bode e módulo em escala logarítmica, 255-256
    fase linear e não linear, 249-250
  transformada de Fourier, 245-248
Resposta à entrada nula, 36, 429-430
Resposta ao degrau, 69
  filtro passa-baixas ideal de tempo contínuo, 260, 261
  filtro passa-baixas ideal de tempo discreto, 260, 261
  sistema de tempo discreto de primeira ordem, 271-272
  sistemas de suspensão automotiva, 280

sistemas de tempo discreto de segunda ordem, 272, 275-276
Resposta ao degrau unitário dos sistemas LIT, 69
Resposta ao estado nulo, 429
Resposta ao impulso
  absolutamente integrável, 68
  absolutamente somável, 68
  associada ao atraso de grupo, 251
  filtro passa-baixas ideal, 186, 222
  filtro passa-baixas ideal de tempo contínuo, 259
  filtro passa-baixas ideal de tempo discreto, 259
  sistema de primeira ordem de tempo discreto 271-272
  sistema LIT causal, 67
  sistemas de segunda ordem, 404-407
  sistemas de tempo discreto, 271-272
Resposta ao impulso unitário de tempo discreto, 48-56. *Veja também* Resposta ao impulso
Resposta em frequência, 134-135
  análise de sistemas LIT e, 182
  atraso em tempo contínuo, 323
  atraso em tempo discreto, 323
  cosseno levantado, 376
  diferenciador ideal de banda limitada em tempo contínuo, 321
  filtro de tempo discreto, 322
  filtro passa-altas, 217
  filtro passa-baixas, 217
    ideal, 184
    ideal em tempo discreto, 222
    malha aberta, 490
  racional, diagramas de Bode para, 268-270
  sistema de primeira ordem, 404
  sistemas de segunda ordem, 404-405
  sistemas LIT, 248-256
Resposta em frequência de cosseno levantado, 376
Resposta em frequência de malha aberta, 490
Resposta forçada, 71
Respostas naturais, 72, 73
Retentor de ordem zero, 307-309, 310, 311
Retentor(es)
  de ordem elevada, 311
  de ordem zero, 307-309, 310, 311
Retentores de ordem elevada, 311
Ringing (oscilação), 258, 266

S

Semiplano lateral direito, 397
Senoidais amortecidas, 14
Sequência dc, 133
Série de Fourier. *Veja também* Filtro(s), 104-164
  tempo contínuo, 109-124
    combinações lineares de exponenciais complexas harmonicamente relacionadas, 109-112
    condições de Dirichlet, 116
    conjugação e simetria conjugada da, 120
    convergência da, 115-118
    determinação da, 112-114
    dualidade entre transformada de Fourier de tempo discreto e, 227-229
    equação de análise da, 113
    equação de síntese da, 112-113
    exemplos, 122-124
    fenômeno de Gibbs, 117-118, 129
    onda quadrada, 114, 115, 117, 118, 123, 129, 130, 133
    propriedade de deslocamento no tempo da, 119-120
    propriedade de escala do tempo da, 120
    propriedade de linearidade da, 119
    propriedade de multiplicação da, 120
    propriedade de reflexão do tempo da, 119-120
    relação de Parseval para, 120-121, 121
    tabela de propriedades, 121
  tempo discreto, 124-131
    combinações lineares de exponenciais complexas harmonicamente relacionadas, 125
    convergência da, 129-131
    determinação da, 125-131
    equação de análise da, 126
    equação de síntese da, 126
    propriedade da primeira diferença da, 132
    propriedade de multiplicação da, 132
    relação de Parseval para, 132
    tabela de propriedades, 131
    perspectiva histórica, 104-107
    sistemas LIT e, 134-137
Série infinita de Taylor, 162
Séries trigonométricas, 105-106
Simetria conjugada, 120, 121, 131, 176-177, 217
Sinais de entrada de banda limitada, 320
Sinais de tempo contínuo
  amostragem dos, 3
  energia e potência dos, 4-5
  exemplos e representação matemática dos, 1-4
Sinais de tempo discreto, 124
  amostragem dos, 324-329
    decimação e interpolação, 325-329
    trem de impulsos, 306-307
  energia e potência dos, 4-5
  exemplos e representação matemática dos, 1-4
Sinais exponenciais, 10-20
  complexas de tempo contínuo, 10-14
  complexas de tempo discreto, 14-20
  reais, 14-15, 15
Sinais exponenciais complexos, gerais, 15
Sinais exponenciais reais, 10, 14-15
Sinais ortogonais, 160
Sinais ortonormais, 160
Sinais pares, 121
  série de Fourier de tempo contínuo, 121
  série de Fourier de tempo discreto, 131
Sinais periódicos, 7-9. *Veja também* Transformada de Fourier; Série de Fourier; Exponenciais periódicos(as) complexos(as); Sinais senoidais
  de tempo contínuo, 7-9
  de tempo discreto, 9
  potência dos, 180
Sinais senoidais, 10-20
  complexos de tempo contínuo, 9-14
  complexos de tempo discreto, 14-20
  de tempo discreto, 15
  reais, 14-15
Sinal aperiódico, 9, 106
  transformada de Fourier de tempo contínuo para, 165-168
  transformada de Fourier de tempo discreto para, 207-209
Sinal bilateral, 398-399
Sinal de portadora, 346
Sinal em tempo contínuo periódico harmônico ímpar, 155
  série de Fourier de tempo contínuo, 121
  série de Fourier de tempo discreto, 131
  sinais com simetria ímpar, 9-10
Sinal lateral direito, 397
Sinal lateral esquerdo, 398
Sinal modulador, 345
Sinal passa-faixa, 334
Sinal periódico harmônico ímpar, 155
Sinal(is), 1-25. *Veja também* Sinais periódicos;
  exponenciais e senoidais, 10-20, 109
    complexas de tempo contínuo, 10-14
    complexas de tempo discreto, 14-20
    reais, 14, 15
  impulso unitário e Funções do degrau unitário, 20-25
    amostragem do, 3-4, 324-325
    exemplos e representação matemática do, 1-4
    energia e potência do, 4-5
    tempo contínuo, 21-25
    tempo discreto, 20-21
    tempo discreto e tempo contínuo, 1-5
    transformação da variável independente, 5-7
    exemplos de, 5-7
Sistema de malha aberta, 486
Sistema de malha fechada, 486
Sistema de média não causal, 31
Sistema de média (ou de medianização) não causal, 31
Sistema de realimentação
  de dados amostrados, 493-494
  realimentação proporcional, 491
  realimentação tipo 1, 539
Sistema de suspensão de automóveis, análise de um, 280-282
Sistema identidade, 29
Sistema LIT inverso, 438
Sistema mecânico de amortecedor de mola e massa, 491

Sistema não amortecido, 267
Sistema não antecipativo, 30
Sistema superamortecido, 266
Sistemas, 25-36
   de tempo discreto e de tempo contínuo, 25-28
   de primeira ordem, 262-265, 270-272
   de segunda ordem, 265-268, 272-279
   exemplos de, 25-26
   interconexões de, 27-28
      propriedades dos, 28-36
   com e sem memória, 29
   de causalidade, 29-31
   de estabilidade, 31-33
   de invariância de tempo, 33-34
   de linearidade, 34-36
   inversíveis e inversos, 29-30
Sistemas condicionalmente estáveis, 532
Sistemas criticamente amortecidos, 266, 276
Sistemas de áudio
   filtros conformadores de frequência em, 137
   realimentação nos, 496-497
Sistemas de comunicação, 345-350
   modulação de tempo discreto, 370-372
   modulação em amplitude com portadora trem de pulsos, 358-360
   modulação em frequência senoidal, 364-370
      banda estreita, 366-367
      banda larga, 367-368
      sinal modulante onda quadrada periódica, 369-370
   modulação por amplitude de pulso, 360-364
      digital, 364
      interferência intersimbólica em, 361-364
   modulação em amplitude senoidal, 346-348
      banda lateral única, 356-358
      com uma portadora exponencial complexa, 346-347
      demodulação para, 348-353
      multiplexação por divisão de frequência (FDM), usando a, 353
      portadora senoidal, 347-348
      tempo discreto, 370-372
Sistemas de primeira ordem de tempo contínuo, 262-265
Sistemas de primeira ordem de tempo discreto, 271-272
Sistemas de rastreio, 494-495
Sistemas de tempo contínuo, 262-268
   diagramas de Bode para respostas em frequência racionais e, 268-270
   exemplos de, 25-26
   interconexões dos, 27-28
   primeira ordem, 262-265
   segunda ordem, 262-268
Sistemas de tempo contínuo de segunda ordem, 262-268
Sistemas de tempo discreto, 270-280
   primeira ordem, 270-272

   segunda ordem, 272-280
Sistemas inversos, 29-30
Sistemas lineares com realimentação, 486-540. *Veja também* Realimentação
   análise do lugar geométrico das raízes, 497-504
   critério de ângulo, 499-501
      equação para os polos em malha fechada, 498-499
      pontos terminais, 499
      propriedades do, 501-504
   critério de estabilidade de Nyquist, 504-506
      propriedade do mapeamento, 506-507
      tempo contínuo, 507-510
      tempo discreto, 510-512
   dados amostrados, 493-494
   malha aberta, 486
   malha fechada, 486
   margem de ganho e de fase, 512-517
   propriedades e usos dos, 486-488
Sistemas lineares incrementais, 36
Sistemas lineares invariantes no tempo (LIT), 27, 36, 47,-103. *Veja também* Equações de diferença lineares com coeficientes constantes; Equações diferenciais lineares com coeficientes constantes
   causais, 30-31, 69-70
   descritos por equações de diferenças lineares com coeficientes constantes, 70, 73-74, 229-231
   descritos por equações diferenciais lineares com coeficientes constantes, 70-73
      representações em diagrama de blocos dos, 74-76, 422-426, 467-470
      suficiência da propriedade da parte real, 241
   com e sem memória, 65-66
      estabilidade para, 68-69
      filtragem com, 137-140
      funções de sistema para interconexões dos, 422
      interconexão da transformada de Laplace para os, 422-423
      transformada z para, 465
   invertíveis, 66-67
   largura de banda dos, 203
   propriedade de convolução e, 181-183
   propriedades dos, 62
      associativas, 64-65
      comutativas, 62-63
      distributivas, 63-64
realimentação. *Veja* Sistemas lineares com realimentação
   representação magnitude fase da resposta em, 248-256
   resposta ao degrau unitário dos, 69
   resposta ao impulso unitário da cascata de dois, 65
   resposta às exponenciais complexas, 107-109, 134-135

   resposta em frequência dos, 181
   série de Fourier e, 134-137
   tempo contínuo, 56-62
   caracterizados por equações diferenciais lineares com coeficientes constantes, 192-193
      representação da integral de convolução dos, 58-62
      representação em termos de impulsos, 56-58
   tempo discreto, 47-56
      representação em termos de impulsos, 47-48
      representação por soma de convolução dos, 48-56
   transformada de Laplace para analisar e caracterizar, 412-421
      causalidade, 413-415, 418
   equações diferenciais lineares com coeficientes constantes, 417-418
      estabilidade, 415-417
   transformada z para analisar e caracterizar, 462-467
      causalidade, 463
      estabilidade, 463-464
Sistemas LIT causais, 422-426
   representações em diagramas de blocos para, 422-426, 467-470
   transformada de Laplace para, 412
Sistemas LIT com e sem memória, 65-66
Sistemas passa-tudo, 237, 250, 407-408
Sistemas sem memória, 29
Sistemas subamortecidos, 266
Sobreamostragem, 314
Sobressinal, 266
Soma acumulada da série de Fourier de tempo discreto, 131
Soma de superposição. *Veja* Somatório de convolução
Somador, 29
Somatório de convolução, 48-56
   calculando o, 52-53
Subamostragem, 311-316
Suficiência da parte real, 202, 241

T

Taxa de Nyquist, 307, 331
Técnicas de amostragem passa-faixa, 334
Tempo, 1-4
Tempo de subida, 203, 258
Teorema da amostragem, 305-306, 307
Teorema do valor final, 412
Teorema do valor inicial
   transformada de Laplace, 412
   transformada z, 461-462
Teoria das distribuições, 24, 82
Transformação
   bilinear, 485
   de variável independente, 5-9
   invariante em degrau, 493

passa-altas para passa-baixas, 295
passa-baixas para passa-altas, 295
Transformações de passa-altas para
   passa-baixas, 295
Transformações de passa-baixas para
   passa-altas, 295
Transformada bilateral de Laplace. *Veja*
   Transformada de Laplace
Transformada de Fourier, 106
   avaliação geométrica a partir do diagrama
      de polos e zeros, 402-408, 454-457
      sistemas de primeira ordem, 403-404, 455
      sistemas de segunda ordem, 404-407,
         455-457
      sistemas passa-tudo, 407-408
   inversa, 167, 170
   rápida ou FFT (*fast Fourier transform*), 107,
      241
   representação da fase e magnitude da,
      245-248
Transformada de Fourier de tempo contínuo,
   165-206. *Veja também* Transformada
   de Laplace
   bidimensional, 205
   condições de Dirichlet, 168, 183
   convergência das, 168-169
   de impulso unitário, 169-170
   de um sinal aperiódico, 165-168
   equação de síntese para, 167, 177, 181
   equações de análise, 174
   exemplos de, 169-171
   fenômeno de Gibbs, 170
   função par, 176
   função ímpar, 176
   funções sinc, 171
   inversa, 165, 167
   onda quadrada periódica simétrica, 173
   parte imaginária da, 176
   parte real da, 176
   propriedades de, 174-191
      conjugação e simetria
         conjugada, 176-177
      convolução, 181-186
      deslocamento no tempo, 175
      diferenciação e integração, 177-178
      dualidade, 171, 179-180
      linearidade, 175
      mudança de escala no tempo e na
         frequência, 178-179
      multiplicação, 186-189
      relação de Parseval, 180-181
      tabelas de, 189-191
   sinais periódicos, 171-174
   sinal pulso retangular, 170
   trem de impulsos, 173-174
Transformada de Fourier de tempo discreto,
   207-244
   desenvolvimento da, 207-209
   equação de análise, 209, 223
   equação de síntese, 209, 221-222
   exemplos de, 209-212

impulso unitário, 212
problemas de convergência associados
   com, 212
propriedades da, 215-221
   conjugação e simetria conjugada, 217
   convolução, 221-224
   deslocamento no tempo e deslocamento
      na frequência, 216-217
   diferenciação e acumulação, 217-218
   diferenciação na frequência, 220
   dualidade, 227-229
   expansão no tempo, 218-220
   linearidade, 216
   multiplicação, 224
   periodicidade, 216
   reflexão no tempo, 218
   relação de Parseval, 220-221
   tabelas de, 224-226
pulso retangular, 211-212
   sinais de duração finita, 241
   sinais periódicos, 212-215
   transformada z e, 432
   trem de impulsos, 212-214, 215
Transformada de Laplace, 391-441
   bilateral, 391, 426
   cálculo geométrico da, 402-408
      sistemas passa-tudo, 407-408
      sistemas de primeira ordem, 403-404
      sistemas de segunda ordem, 404-407
   caracterização e análise de sistema LIT
      usando a, 412-421
      causalidade, 413-415, 418
      equações diferenciais lineares com
         coeficientes constantes, 417-418
      estabilidade, 415-417
   como função de sistema, 413, 418-426
      filtros de Butterworth, 420-421
      interconexões dos sistemas LIT, 422
      representações por diagrama de blocos,
         422-426
   diagrama de polos e zeros da,
      395, 399, 402-408
   inversa, 400-402
   pares de transformadas, 412
   polos da, 394
   propriedades da, 408-412
      conjugação, 410
      convolução, 410
      deslocamento no domínio *s*, 409
      deslocamento no tempo, 408-409
      diferenciação no domínio do tempo,
         410-411
      diferenciação no domínio *s*, 411
      escala no, 409-410
      integração no domínio do tempo,
         411-412
      linearidade, 408
      tabela de, 412
      teoremas dos valores inicial e final, 412
   região de convergência das, 393, 394,
      395-400

sinal bilateral, 398
sinal lateral direito, 397, 398
sinal lateral esquerdo, 398, 399, 400
transformada racional, 399
representação no plano *s* da, 393, 394-395
unilateral, 426-430
   exemplos da, 426-427
   propriedades da, 427-429
   resolvendo equações diferenciais
      usando a, 429-430
   zeros da, 395
Transformada discreta de Fourier para sinais
   de duração finita, 241
Transformada inversa de Fourier, 165, 167
Transformada inversa de Laplace, 400, 401
Transformada rápida de Fourier (FFT), 107, 241
Transformada de Laplace unilateral, 426-430
   exemplos de, 426-427
   propriedades da, 427-429
   resolvendo equações diferenciais usando a,
      429-430
Transformada z, 442-485
   análise e caracterização dos sistemas LIT
      usando, 462-467
      causalidade, 463
      equações de diferença lineares com
         coeficientes constantes, 465
      estabilidade, 463-464
   avaliação geométrica da, 454-457
      sistemas de primeira ordem, 455
      sistemas de segunda ordem, 455-457
   bilateral, 442, 470-471
   definição, 442
   diagramas de polos e zeros, 454-457
   função de sistema, 463-467
      para interconexões de sistemas LIT, 467
      representações em diagrama de blocos,
         467-470
   inversa, 451-454
      exemplos de, 51-56
   pares da transformada z, 462, 464
   propriedades da, 457-462
      conjugação, 459
      convolução, 459-460
      deslocamento do tempo, 458
      diferenciação no domínio z, 460-461
      escala no domínio z, 458-459
      expansão do tempo, 459
      linearidade, 457-458
      reflexão no tempo, 459
      tabela de, 461
      teorema do valor inicial, 461-462
   região de convergência para,
      443, 444, 446-451
      centrado na origem, 446
      limitada pelos polos ou infinidade, 449
      sequência bilateral, 449
      sequência de duração finita, 446
      sequência lateral direita, 447, 448

sequência lateral esquerda, 447, 448
transformada de Fourier de tempo
  discreto e, 442
  unilateral, 442, 470-475
  exemplos de, 471-475
  propriedades de, 472-474
  resolvendo equações de diferença
    usando, 474-475
Transformada z inversa, 451-454
  exemplos de, 451-454
Transformada z unilateral, 442, 460, 470-475
  exemplos de, 471-475
  propriedades da, 472-474
  resolvendo equações de diferença usando
    a, 474-475
Transmodulação (transmultiplexação) de
  tempo discreto, 372-373
Trem de impulsos periódico
  série de Fourier de tempo contínuo do,
    121-124
  transformada de Fourier de tempo
    contínuo do, 173-174

transformada de Fourier de tempo discreto
  do, 215-216, 216

V

Variável independente, 1-3
  transformação da, 5-10
Verificação de paridade, 364

Z

Zeros da transformada de Laplace, 394